中山大学学报七十年学术文选

中山大學學報

社会科学版（1955—2025）

语言文学卷

彭玉平　李青果　主编
张慕华　执行主编

中山大學出版社
·广州·

版权所有　翻印必究

图书在版编目（CIP）数据

中山大学学报社会科学版：1955—2025．语言文学卷 / 彭玉平，李青果主编；张慕华执行主编．－－广州：中山大学出版社，2025.6．－－（中山大学学报七十年学术文选）．－－ ISBN 978-7-306-08431-6

Ⅰ．C53

中国国家版本馆CIP数据核字第2025N0S170号

ZHONGSHAN DAXUE XUEBAO SHEHUI KEXUE BAN（1955—2025）·YuYan WenXue Juan

出 版 人：	王天琪
策划编辑：	徐诗荣　陈晓阳
责任编辑：	陈晓阳
封面设计：	林绵华
责任校对：	徐平华
责任技编：	靳晓虹
出版发行：	中山大学出版社
电　　话：	编辑部 020-84111996，84113349，84111997，84110779
	发行部 020-84111998，84111981，84111160
地　　址：	广州市新港西路135号
邮　　编：	510275　传　真：020-84036565
网　　址：	http://www.zsup.com.cn　E-mail：zdcbs@mail.sysu.edu.cn
印 刷 者：	恒美印务（广州）有限公司
规　　格：	787 mm×1094 mm　1/16　44印张　1043千字
版次印次：	2025年6月第1版　2025年6月第1次印刷
定　　价：	168.00元

如发现本书因印装质量影响阅读，请与出版社发行部联系调换

总　序

更有春光七十年

彭玉平　李青果

1955年6月15日,《中山大学学报(社会科学版)》(以下简称《学报》)创刊,今年适逢创刊70周年。70年发展的不凡历程,值得我们认真总结和反思,也理当庆贺。有所庆必有所纪,我们编选这套"中山大学学报七十年学术文选",以资纪念那些曾经的岁月,以期开启未来的道路。

《学报》甫一出版,就受到党和国家领导人的高度关注和重视。1955年11月23日,《学报》创刊才5个月,学校就收到中共中央办公厅秘书室来信:"你校出版的《中山大学学报》,我们准备从第一期开始,给毛主席订阅两份。但是已经出版的两期,在北京的书店买不到。这两期如果你校出版机构还有存的,可否售给我们两份。《中山大学学报》自明年第一季度起,我们已在北京邮局订到。"信中不仅转达了毛泽东主席订阅两份《中山大学学报》的情况,而且说要购买此前出版的两期,可见主席要一期不落地阅读。这份70年前的殷殷关切之情,至今温度犹存。

《学报》创刊伊始,就展现了不少中大学人的宏论佳构。一代学术名家陈寅恪、岑仲勉、许崇清、陈序经、容庚、商承祚、梁方仲、杨荣国等,先后在此发表了一批力作,如《述东晋王导之功业》《书世说新语文学类钟会撰四本论始毕条后》《西汉对南洋的海道交通》《青铜器的起源和发展》《共同纲领与宪法在社会主义事业中的作用》《哲学的命运——哲学改革的设想》《人的全面发展的教育任务》等,均成为学术史、教育史上引人瞩目的名篇。特殊的读者和一流的作者在《学报》内外交相辉映,这种特别的机缘,至今仍是令人感怀的。

从创刊之日起,《学报》就制定了坚持学术宗旨、加强思想性内容、服务祖国社会主义建设的编辑方针;改革开放后,《学报》立足改革开放前沿，发表了一大批结合时代、具有创新性理论的学术成果，有力地推动了新形势下我国经济社会的发展；党的十八大以后，《学报》明确提出"体现中国特色学术"的办刊宗旨，积极响应习近平总书记在哲学社会科学工作者座谈会上的讲话精神，致力于构建中国特色哲学社会科学体系与自主知识体系，取得了比较明显的成效。职是之故，《学报》也受到了国家有关部门的高度重视，陆续入选"教育部高校哲学社会科学名刊工程""国家社会科学基金资助期刊"，连续三届获得"全国百强报刊"称号。2024年，《学报》"中国文体学研究"栏目入选中宣部首批哲学社会科学重点专栏建设名单；同年，以此专栏为重要发表平台的"中国古代文体学"成果，入选"中国哲学社会科学十大原创学术理论"。

一直以来，《学报》的中心工作是以哲学社会科学的理论创新推进中国自主知识体系建构，把核心目标牢牢锁定在坚持具有中国特色、体现时代精神、不断开拓创新的学术发展道路上。特别是在近十年间，《学报》针对高校综合性学报"全、散、小、弱"的情况，按照中宣部繁荣发展中国特色哲学社会科学和教育部把高校学报建设成"专、特、大、强"学术期刊的指导精神，创新办刊思路，实行开门办刊，重点建设特色专栏，逐步形成品牌效应。

一是"返本开新"，开设"中国文体学研究""词学研究"等专栏，立足中国文学文化的本土语境和文学研究领域的核心与主干，围绕中国自身学术的主体性，深入阐释中华优秀传统文化，打造具有引领性和标识性的特色化、专业化精品学术栏目，追寻和建设具有现代意义的中国文史学术，致力于形成具有中国特色的学术体系和学科体系。

二是"会通中西"和"通变古今"，开设"近代中国的知识与制度转型""经典与解释"等专栏，旨在透过近代知识与制度的转型，重审中国历史发展的脉络，重建中国自主的学术话语系统和知识体系，以及通过对中国古代经典的追根溯源与重新审视，为中国自主的学术文化的现代化转型和创新性发展，寻根源、识路径、辨优劣、定指归。

三是重视"冷门绝学"，开设"出土文献与古文字研究"专栏。这个专栏是直接响应习近平总书记关于加强"冷门绝学"研究的重要指示，依托中山大学学科优势开设的，也是高校综合性学报唯一固定开设的古文字研究专栏。由于古文字学学科的规模不大，该专栏一时存在"叫好不叫座"的情况，在二次文献转载方面，尽管与《学报》上其他学科比较，成绩并不突出，但我们并不因为这个状况就对它有所轻视，而是一以贯之，予以重点扶持。

四是"东海西海，心理攸同"，开设"中西文明互鉴""亚欧文化研究""文明与宗教研究"等专栏，主打"中国学"与"国际化"，汇聚中外优秀学者共同研究中国问题，作者队伍的国际化程度较高。中外学者联手利用《学报》平台，"用学术语言讲好中国故事"，让世界更好地认识中国、了解中国，弘扬中国精神，同时也让中国与世界之联系更加密切。

五是"经世致用"，开设"新时代高质量发展研究"等社会学科的专题专栏，研究、阐释党的创新理论，推动经济社会的发展，增强文化自信，坚持中国道路，致力于为新时代中国特色社会主义建设贡献学术力量和理论支撑。

"中山大学学报七十年学术文选"依托70年来办刊的实际情况，尽力体现上述主要办刊思路和持之以恒的编辑方针，充分展示既往沉甸甸的学术成果。萧统在《文选》序中曾说，《文选》关乎"记事之史，系年之书"，其编选原则遵循"凡次文之体，各以汇聚。诗赋体既不一，又以类分；类分之中，各以时代相次"。"中山大学学报七十年学术文选"的编选大致按照这个方法和体例，分为"语言文学卷""史学卷""哲学卷"和"社会科学卷"，各卷由相关学科的责任编辑分任执行主编，以文章发表的时间先后为序，将70年来具有代表性和较高学术水平的论文编次成册，以此彰显《中山大学学报（社会科学版）》走过的漫长道路和取得的丰硕成果，以此映射中山大学文科的发展历程和中国哲学社会科学的学术变迁轨迹。由于70年来《中山大学学报（社会科学版）》出版了300余期，卷帙浩繁、佳作众多，然限于篇幅，只能萃取部分论文，窥豹于一斑，虽有以少总多之心，但还是不免有遗珠之憾。宋代鲍锐有"更有春光七十年"诗句，因录以为题。这七十年的春光，属于我们与之同行的新中国，属于坚毅挺拔的中山大学，属于关心和支持《学报》发展的所有作者、读者以及各界友人。过去未去，未来已来，我们将坚守初心，努力让《学报》发展之路走得更为稳健、更有格局、更有气势，为中国的学术文化建设贡献我们应有的力量。

2025年5月8日于广州中山大学康乐园

编辑说明

一、本书编选《中山大学学报（社会科学版）》语言文学学科七十年来刊发的优秀文章，依次分为"中国语言文字学研究""中国古代文学研究""中国近现当代文学研究""外国文学研究"四辑。

二、本书编选的文章时间跨度大，分属不同时代，为尊重历史，除对明显的文字、符号等错误进行修订外，一仍其旧。

三、本书所辑录的文章，均在文末注明刊发时间；由于时间跨度较大，刊版名称略有差异，本书均按照当年刊版名称表述。

四、《中山大学学报（社会科学版）》创刊七十周年，传统深厚，名家辈出，成果丰富，因编者识力与本书篇幅所限，遗漏或不当之处，敬请专家读者指教。

目 录
CONTENTS

第一辑　中国语言文字学研究

关于先秦韵部的"合韵"问题	方孝岳	003
荀子成相篇韵读补释	朱师辙	022
语言发展的内部规律	高华年	027
青铜器的起源和发展	容　庚　张维持	035
"姑發臀反"即吴王"诸樊"别议	商承祚	043
鸟书考	容　庚	048
汉字起源试论	陈炜湛	084
试谈银雀山汉墓竹书《孙子兵法》	曾宪通	091
《关于利簋铭文的释读》一文的几点意见	于省吾	101
汉字部首略论	马国权	103
《石刻篆文编》字说（二十七则）	商承祚	108
谈汉语方言的语音调查	黄家教　詹伯慧	116
四方风新义	饶宗颐	127
甲骨文"唯宾动"式及其蜕变	唐钰明	133
从方言读音看上古汉语入声韵的复韵尾	李新魁	142
释新出战国楚简中的"湛"字	黄德宽	154

第二辑　中国古代文学研究

论刘勰的文学主张
　　——文心雕龙研究之一 …… 黄海章　163

论洪昇与长生殿 …… 黄天骥　178

清代六省戏班在广东 …… 冼玉清　191

《西厢记》发覆 …… 董每戡遗作　206

论章句
　　——词学研究之四 …… 詹安泰遗作　汤擎民整理　223

怎样理解和欣赏《西洲曲》 …… 王季思　239

记黄海章、詹安泰两教授的酬唱 …… 邱世友　244

韩愈诗对岭南诗派的影响 …… 陈永正　250

梵曲"啰哩嗹"与中国戏曲的传播 …… 康保成　255

论明代小说学的基础观念 …… 谭　帆　263

文章憎命达：再议瞿佑及其《剪灯新话》的遭遇 …… [美]孙康宜　278

中国中古文人对俚俗文学与时俗文学的态度 …… 王运熙　291

我国古代文体定名的若干问题 …… 罗宗强　299

歌谣、乐章、徒诗
　　——论诗歌史的三大分野 …… 钱志熙　312

黄庭坚诗注的形成与黄㽦《山谷年谱》
　　——以真迹及石刻的利用为中心 …… [日]浅见洋二　331

刘长卿七律的诗史定位及其诗学依据 …… 葛晓音　351

赵壹生平补论 …… 赵逵夫　366

略说先秦的语体与语书 …… 傅　刚　376

《过秦论》三题 …… 刘跃进　385

《四库全书总目》论散文的文体形态特征 …… 郭英德　398

追寻中国文体学的向上一路 …… 吴承学　414

陶渊明"心好异书"解 …… 范子烨　432

重审中国的"文学"概念 …… 张伯伟　452

战乱、民瘼与文图记忆
　　——论余治《江南铁泪图》 …… 张宏生　473

易代之际子书的文学书写观念 …… 左东岭　490

论辛弃疾词的象征意象和灵境……………………………………陶文鹏 511
《陌上桑》的生成与汉代的"流行艺术"……………………………赵敏俐 525
辛弃疾《菩萨蛮·书江西造口壁》的现场勘查与历史钩沉………王兆鹏 肖 鹏 539

第三辑　中国近现当代文学研究

关于未名社结束情况再答客问………………………………………李霁野 557
读鲁迅《秋夜有感》诗
　　——兼与张恩和同志商榷………………………………………严迪昌 559
抗战文艺在中国现代文学史上的地位………………………………吴宏聪 564
中国现代文学史的建构、解构和重构………………………………黄修己 568
古典散文的现代阐释…………………………………………………陈平原 579
特色文论与兴辞诗学…………………………………………………王一川 592
我们见证历史
　　——从中国当代文学的研究现状和问题意识谈起……………谢 冕 598
回眸与前瞻
　　——中国现代文学研究的"入场"与"水磨工夫"……………陆耀东 604
分论易　整合难
　　——现代通俗文学的整合入史研究……………………………范伯群 609
华语语系文学：边界想像与越界建构……………………………[美]王德威 617
后现代语境下的文学价值理论……………………………………[美]顾明栋 621
一场未曾发生的文白论争
　　——林纾一则晚年佚文的发现与释读…………………………夏晓虹 633
文化的应激反应
　　——再论五四新思潮………………………………………………林 岗 644

第四辑　外国文学研究

论布莱克的《伦敦》……………………………………………………戴镏龄 657
涵化与本土化：18—19世纪法国文学界对中国诗歌艺术的诠释
　　……………………………………………[法]包世潭著　郭丽娜译注 666

后记 ………………………………………………………………………………691

第一辑

中国语言文字学研究

关于先秦韵部的"合韵"问题

方孝岳

"合韵"是指先秦押韵上一切出韵的例子而言。这是借用段玉裁的名词,也就是其他各家所谓韵部的通转。①这里虽借用段氏的名词,但并不是照着他所谓17部来说的,应该先声明一下。

先秦韵部的合韵问题,是研究中国音韵史首先要谈到的问题,也就是有关语音演变的趋势是由简到繁或由繁到简的问题。

先秦的韵部少。②切韵的韵部多。好像从先秦到隋唐,语音演变是由简到繁,和隋唐以后到近代北音势力的形成,是由繁到简,情形迥不相同。但其实这不过是表面的现象。过去古音学家研究先秦用韵,多少都有点求同略异的心理。早期古音学家对于古韵的分部,所谓只知"就唐韵求其合",③诚然是过于简单,而且也正是拿后世语音已经简化的情形上来论先秦,或者是牵于汉以后用韵之音,甚至是牵于唐代诗人用韵之音;这些做法当然是不合理的。至于所谓"能离析唐韵以求其分"的人,虽然分得较细,加多几个韵部,但也还离不了求同略异的心理,对于出韵的问题没有很好的解决,详于正韵而略于通韵。结果,很少数的先秦韵部,和广韵95部之间,④古简今繁的局面,得不到很好的说明。甚至先秦时代有些特殊出韵的例子,如-ŋ、-m之混,-n、-ŋ之混,等等,⑤就切韵的系统看来,已是变乱韵部的大系,走近近代语音的趋势,⑥对于这些特

---

① 段氏以前,顾炎武江永只谈音变,没有"古合韵"的说法。段氏开始用"古合韵"的名称。戴震开始谈韵部通转。宋吴棫韵补虽有通转之名,但他是以古本韵为通韵,许多地方还搞不清楚的。通转之学到戴氏才算成立。

② 清代各家所定先秦韵部,大致确定于王念孙、江有诰。王江都是21部。至于戴震的9类25部并不能当作先秦韵部来看。他并不是专以先秦用韵之文为主的。黄侃28部把先秦时代和阴声合用的入声各部独立起来,也是戴震一派。

③ 江有诰古韵凡例:"郑氏庠作古音辨,始分6部。虽分部至少,仍有出韵。盖专就唐韵求其合,不能析唐韵求其分。宜无当也。……国朝昆山顾氏始能离析唐韵以求古韵,然犹牵于汉以后之音。"段玉裁六书音均表论郑庠古韵分部:"其说合于汉魏及唐之杜甫韩愈所用,而于周秦未能合也。"

④ 广韵206部,如不管声调,通平入而言,实共95部。

⑤ 即所谓东侵或中侵之合,和真耕之合。

⑥ 如康熙字典前字母切韵要法的"根""干"两摄,和现在的方音,如闽语-m、-ŋ之混,客家话-ŋ、-n之混等等。

殊的例子，也只是指出来就了事。其他又欢喜随便改字以迁就自己的看法，①维护所定韵部的统一性。多注意统一，少注意分歧。总的趋向，是把先秦的音过于简单化，对先秦音的整个面貌毕竟不能反映出来。变成先秦简而切韵繁，切韵以后又转而为简，②两头细而中间粗的现象。

  本来切韵是包罗古今南北，不是一时代一地区的语音。从那个音系看后来北音势力渐盛以至现代普通话语音的形成那是由繁而简，当然不成问题。但切韵以前，有系统的语音材料现在所存的就是诗经。我们说先秦音系，主要也就是说诗经音系。诗经押韵共1112章，③固然有相当一致的韵部，但它里面分明有许多出韵的例子。我们不妨就用段玉裁的名词，统而名之曰"合韵"。合韵，对每一部说来，都是有的。无论把先秦韵部分得怎样简单，也还是不能没有。④这当然都是方音的反映。顾炎武、江永、戴震都看到这一点。这正是诗经的价值，既代表共同语音，也没有埋没方音。所以我们讲诗经音系，不应该把它过于简单化。诗经和切韵，性质上有相似的地方。先秦简而切韵繁，这句话是不能成立的。我们只能说先秦的共同音系是比较简；而整个音系，连方音也算在内，并不很简。这和切韵音系包括隋唐长安音系，是差不多的情形。切韵是中古时代古今南北的总汇。诗经是上古时代古今南北的总汇。我们应该从切韵的综合古今南北的规模上来了解诗经。江永的四声切韵表和戴震的声类表，把古音系统配搭在切韵系统里来谈；这种做法，是很有意义的。⑤

  总的来说，清代古音学家谈先秦合韵问题，都不及谈先秦正韵那样详细。但虽然如此，各人的看法也都各有可取的地方。不过需要我们加以分别。现在让我们结合各家的看法来谈谈这个问题。

  首先我们要知道，诗经的押韵是非常严格的。正韵固然严格，合韵也不是一两个字的偶然乱合，而实在是代表一系列的音变。整个诗经音系不是几个正韵可以解决的。

  诗经押韵的严格，段玉裁早已说过。就是他所谓"古音韵至谐"⑥。这和陆德明一派，认为古人用韵范围很宽，所谓"古人韵缓不烦改字"的说法，⑦好像是两种看法。但其实不是。陆氏所谓"韵缓"，是有关古本韵的问题。如果知道古本韵不同今韵，就可以知道古人并不"韵缓"，也就无所谓"改字"。这从明代的陈第，已经把这个问题解决了。⑧段玉裁所谓"古音韵至谐"，正是指古本韵而言，也正是对"出韵"的问题

---

  ① 如江永认女曰鸡鸣"来""赠"押韵的"赠"字为"贻"字之误，等等。江永尚未知对转，但后来的江有诰仍反对孔广森的之蒸对转，而引用江永这个说法。
  ② 从广韵的"独用""同用"以至元明以后的北音音系。
  ③ 江有诰古韵凡例："350篇，除周颂，共1112章。通韵60见，不得其韵者数句而已。"
  ④ 江有诰古音凡例："郑氏庠虽分部至少，而仍有出韵。"
  ⑤ 江永四声切韵表有"分古今"一例，将古音不同的部分，分别出来，附列在切韵各部的里面。戴震的声类表也是这样。
  ⑥ 段玉裁六书音均表的"古音韵至谐说"："明乎古本音，则知古人用韵精严，无出韵之句矣。"
  ⑦ 诗邶风燕燕的释文。
  ⑧ 陈第的"毛诗古音考"序中有论古今异音本无所谓改协的话。顾炎武音论又引陆德明所谓"古人韵缓不烦改字"的话来和陈第相发明。大意是指斥后人拿后世的反切来改协诗音，而不知所改即原在古本韵之内。古本韵一个韵部可以包括后世几个韵部。这正是陆德明之所谓"韵缓"。

而言。他认为古无出韵之句。凡有出韵，皆是合韵。合韵也有它的轨道。就是他所谓"以异平同入为枢纽"①。事实上，也和戴震、孔广森之所谓互转与对转，是一样的性质。②不过条理还不很细密。

由于段玉裁不肯利用后来的等韵来参考古韵，③在音理方面不无欠缺。虽然提出"古音韵至谐"的原则，但没有发挥得很好，因此他所认的合韵也太多。除对转不算外，有些是正韵而以为合韵，有些合韵而以为正韵。例如他把"质""栉""屑"配"真""臻""先"而不配"脂""微""齐""皆""灰"，看不出这两个异平同入。把"脂"部的正韵"疾""至""闷"等字看作合韵。又不让"祭"部独立，而归在"脂"部。把"脂""祭"两部的合韵看作是正韵。这就是由于他对于入声质术栉等和脂部的开合相配，像江有诰所说的，不肯采取；④对戴震所说真以下14韵和脂微齐皆灰各韵相配，"皆同呼而具四等者二"，所以祭部和脂部其他的入声实在是两不相涉的东西，这些地方他也没有看清楚；⑤所以他的分部和合韵都有待于后人的修正。其实先秦韵部的呼等虽不同于切韵的呼等，但从切韵的基础上来推论先秦，毕竟是一个好的办法。不过无论如何，段氏能提出合韵的问题，又特别为合韵的问题立出一个"合用分类表"，隐然有把合韵建立成一个系统的意思。在清代各家中，算是最能重视合韵问题的了。不过他认为"古本韵如唐宋人守官韵，古合韵如唐宋人用通韵"，⑥这些话是完全不对的。古无韵书，有什么官韵不官韵？此外他强调异平同入为合韵的枢纽，而事实上他所举的合韵有许多并不是这样。足见异平同入之外，还有许多不能包括。所以他的合韵，就不能不被人认为是一种"茫无界限"的东西。⑦戴震、孔广森指出通转条例，贡献很大。但流为严可均、章炳麟诸家，又是无韵不可转，无部不可合。只有江有诰比较谨慎，专就自己所定韵部次序来讲通转。所谓"最近之部为通韵，隔一部为合韵"。但尽管这样简单化，仍不能没有例外的借韵。⑧本来通转之学实在只算是谈到音变的现象，而没有谈到原理。古文献上的材料本很零碎。戴震所谓"古人用韵之文传者希矣。或偶用此数字，或偶用彼数字"。大家就这些材料来摸索，当然现象方面都还不容易搞清楚。尽管基本的作用是有，而原理还谈不到。不过江永和戴震二人曾经从古谚语方面研究音变的道理，例如他们指出"艰难"一语，"艰"从"难"变；"穹窿"一语，"穹"从"窿"变，等等。这样具体看音节上的相互影响。这条道路，还是可走的。⑨

不过，我们现在还不能充分这样做，仍是要把先秦音的整个面貌包括方音在内先反映一下。仍是要做好现象罗列的工作，第二步才能把问题找得出来。我们现在不妨就根

---

① 见段玉裁的古17部合用类分表。
② 戴震的阴阳入相配互转，孔广森的对转。
③ 段答江晋三论韵："足下以等韵言之。等韵之法，起于近世。岂古音有是说乎？"
④ 见段答江晋三论韵。
⑤ 见戴震答段若膺论韵。
⑥ 见段诗经韵分17部表。
⑦ 见江有诰寄段懋堂先生书。
⑧ 江有诰古韵凡例。
⑨ 江永古韵标准第四部第二部总论及第十部弓字注。古韵标准，戴震也曾参定。

据江有诰所举古韵通合的例子，①整理出一个先秦合韵音系。因为江氏之说毕竟比较谨慎。他所说的通合，事实上是修正段玉裁，而与戴孔诸家也并无冲突。尽管他不讲异平同入，更反对阴阳对转，②但内容可以相通。

首先我们一定要否定段氏"古合韵如唐宋人用通韵"的说法，而认定这些合韵是方音自然的流变。顾炎武、江永都是这样看的。③顾炎武在讨论上古正韵的时候，尽管是牵于汉以后纸片上的音；而提到上古的方音，倒是能拿实际语音来参证。在他本是看轻方音，而不知道恰恰是正确的道路。戴震也说："五方之音不同，古犹今也。"又说："流变所入，各如其方之音。在古人不訾为非，正音不疑其误。盖列国之音，即各为正音。"④这些话更是十分通达。我们现在不妨认为合韵的音可以另成一种音系，而不是什么异部通押。就是说，凡有合韵的押韵，那些字必都变成一种音，或甲部的音变成乙部的音，或乙部的音变成甲部的音。对转固然是这样，旁转也是这样。决不是什么甲乙两部的音近通押。我们可以采用戴震"故有合韵，必转其读，彼此不同，乃为合韵"的说法。⑤就是说凡有合韵的字，必是改变了正音，和原来那个字的正音不同，这样叫作合韵。但是我们还可以更进一步说，凡有合韵，必是某处方音有了相当大的变化，不光是一两个字的问题。合来的字倒可以不必改读，不必变音；而被合的正韵，恐怕反而要改从那个方音。由于有合来的字，可以看出那几个正韵的字都变了音了。这并不是以多从少的问题，而正是语音渐渐演变的问题。这和戴震的看法又有些不同了。现在各方言地区的民歌还有这样例子。⑥至于孔广森认为有些韵部通合只是"用韵之疏，间有数字借协，非可全部混淆"⑦这个看法，更未必正确。我前面所说详于正韵而略于通韵，尤其是针对这种看法而言。

我现在特别要表彰的，就是江永的看法。江永古韵标准第一部总论，论到诗经押韵有东冬锺与真蒸侵相混，他说：

> 以今证古，以近证远，如吾徽郡六邑有呼东韵似阳唐者，有呼东冬锺似真蒸侵者。诗韵固已有之。文王以躬韵天，似第四部音。（真韵）小戎以中韵骖，似十二部音。（侵韵）其诗皆西周及秦豳。岂非关中有此音乎？夫子传易，于屯，于比，于恒，于艮，以穷中终容凶功韵禽深心，皆在侵韵。岂非鲁地亦有此音乎？又于蒙于比于未济，用应字皆与中蒙功从穷诸字韵。应之平声在蒸韵。要皆转东冬锺以就侵蒸，非转侵蒸以就东冬锺也。

---

① 江有诰诗经韵读中所注通合诸例。
② 江的古韵凡例提到自己古韵分部的次序说："专以古音联络，而不用后人分配入声为纽合，似更有条理。"他的古韵凡例和古韵总论又常有驳斥孔广森阴阳相配的说法。
③ 见顾炎武音论里面"古诗无叶音"，和江永古韵标准平声各部总论。
④ 见戴声韵考论古音。
⑤ 见戴答段若膺论韵。
⑥ 友人张为纲先生告诉我赣南客家民歌有此例。例如："该家东道做唔惯，茶又冇食饭又晏。俚想要佢几个钱，佢就要俺一条命。"这里"惯""晏"和"命"是合韵，都读成收ŋ的韵。
⑦ 见孔诗声类序。

就是说，秦豳周鲁等地，真蒸侵的字夹杂在东冬锺的韵里，必是这些东冬锺的字在那个方音里变成真蒸侵的音，而不是真蒸侵读同东冬锺，也不是真蒸侵和东冬锺的音近通押。尽管在一个押韵里，前者的字少而后者的字多，（如未济一"应"字韵"中""终"等字），那都没有关系。假定上古东是oŋ，真是en，蒸是əŋ，侵是əm，那就是

$$oŋ > en$$
$$oŋ > əŋ$$
$$oŋ > əm$$

而不是

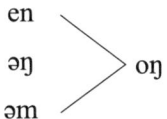

他这个意见，我认为极好。只有-ŋ>-m应该反过来说是-m>-ŋ，才合于我们语音史上一般的实例。这一点要纠正。其他的认识都是很正确的。从整个音变来看合韵的问题，参考方音的实例，这些方法都是极好的。不然，合韵的字究竟怎样读法呢？为什么近代的方音流变，在先秦就一定不会有，至多只能认为"变音之滥觞"，好象只是一两个字，不必重视，而不简直承认这种变音呢？我们如果把方音的押韵随便改一两个字，而不从整个音变上去看，何去何从，实在不容易决定。例如女曰鸡鸣的"来""赠"押韵，段玉裁读"来"为"凌"以协"赠"，①孔广森读"赠"为"载"以协"来"，②到底是哪个对呢？宋代朱熹把"来"字读成入声，③又差不多是高本汉的派头了。④这在中国方音上有什么证据呢？江永在古韵标准第八部总论里又说到方音证古，他说"按凡一韵之音变，则同类之音皆随之变。……入其地，听其一两字之不同，则其它可类推"。这就是从整个音变来看问题。所以他看秦豳等地是改东冬锺以就真蒸侵了。顾炎武在唐韵正卷三里也说："古人于耕清青往往读入真谆臻（-ŋ>-n）。当由方音不同，未可为据。孔子传易，于屯于观，'平''正'皆从'民'字读。今吴人读耕清青皆作真音。以此知方音虽圣人不能改。"所谓"未可为据"，虽然是轻轻放过了这个问题，但他也是以方音证古，说明语音流变，而不是强当时的方音以就正音，和江永的观点是一致的。尽管他们开始谈古韵，对这些问题还谈得不多。正韵还没有搞清楚，出韵当然更搞不清楚。但上面所引这一点初步认识，毕竟十分可贵。比较拿后来的官韵通韵来拟于不伦，或认为古人偶然用韵之疏，都要高明得多。

诗经押韵是严格的。所谓"古音韵至谐"，应该是洪细等列都很分明的。这样才算是"至谐"。出韵相押，必是彼此变成一韵，而不是一两个字的偶然借用，不

---

① 见段诗经韵表第六部古合韵"来"字注。
② 见孔诗声类阴声五下兼入嶝韵一字注。
③ 朱熹诗集传女曰鸡鸣传："来，六直反。赠，叶音则。"
④ 高本汉诗经研究拟上古阴声韵多为塞音韵尾。他拟"之"部"来"类为əg。

是原来一部至谐的韵偶然出了一个不谐的韵。古韵是自然语音的表现，并没有什么韵书，本无所谓"借用"。况且有许多部的合韵，是常见，而不是偶见，是许多字而不是一两个字。这是普通的音变，而不是个别的音变。钱大昕在古声母方面贡献很大。但说到转音方面，强调个别的字双声互转，认为与韵部无关，反对顾炎武方音之说，①实在大错。

诗经的押韵，应该是洪押洪而细押细。有不是这样的，那是由于古今的洪细不同，或古今声母不同的影响。韵分洪细，实在是"韵摄"的性质。严格的韵部应该是洪归洪而细归细。诗经韵部决不是"韵摄"。切韵的韵部，事实上等于一个小"韵摄"。②但诗经押韵不是这样。诗经是口头自然的表现。惟其如此，可以说正是陆法言之所谓"赏知音"的东西，而不同于后世文人的"广文路"。后世的韵图，主要精神尚且在于横呼；③300篇的韵律精严，毕竟可信。跨等的押韵，应该是不正常的。出韵更是比较大的问题。由音近而转为一韵，而不是随便乱合。出了这一部，入了那一部，仍然是"至谐"。如果音近通押，就是不谐。音远乱合，更是不谐。这种出入必是某处方音有了这一类的表现，可以划出来另成立一个韵部。尽管同字异呼，而不嫌分为两韵，如广韵之"冯""薸"两收，"畲""苴"互见。④这样一来，就是拿切韵的精神来部署先秦韵部，而先秦韵部并不是很少的了。

首先我们不妨检查一下诗经正韵押韵的洪细分别。例如一东的一等（东一）和三鍾四江在先秦是一部。应该说，凡东一和鍾江的字押韵，那些鍾江的字在先秦也本是一等。现在按江有诰诗经韵读，把诗经里面和东一押韵的字抄在下面：

诗经里一东（一等）的押韵又和三鍾四江押韵的有下列这些章。

采蘩三章	僮，公，
羔羊三章	缝，总，公，
小星三章	东，公，同，
驺虞二章	蓬，豵，
桑中三章	葑，东，庸，
伯兮二章	东，蓬，容，
兔爰三章	罿，庸，凶，聪，

---

① 钱大昕潜研堂文集论古今音之别一文："古人亦有一字而异读者。文字偏旁相谐，谓之正音。语言清浊相近，谓之转音。音之正有定，而转无方。正音可分别部居。转音则只就一字相近假借互用，而不通他字。……此古人双声假借之例。非举两部混而一之。……顾氏不知转音。有扞格不入者，则谓之方音。不然也。"他没有注意有许多转音不是一两个字而是成类的字。而且他所谓"语言清浊相近"，不也就是方音吗？

② 陈澧切韵考卷六："既分二类三类（指切韵每韵或分二类或分三类）而犹合为一韵，此亦不欲过为繁碎也。盖审音则有分，而文辞用韵则不妨合。正如唐以后诗赋许数韵同用耳。东红等字与中戎等字合为东韵，犹后来冬鍾二韵同用也。颜奸等字与还关等字合为删韵，犹后来寒桓二韵同用也。"这几句话很可以说明广韵韵部等于一个小韵摄。王仁煦刊谬补缺切韵里所谓"大韵一百九十五，小韵三千七百六十一"，一个韵部里有许多小韵，正可以名为"小韵摄"。

③ 韵镜张麟之序："配以五音清浊之属，其端又在于横呼。"

④ 广韵"冯""薸"等字分见东蒸两韵，"畲""苴"等字分见鱼麻两韵。

大叔于田二章	控，送，
山有扶苏二章	松，龙，充，童，
丰一章	丰，巷，送，
采苓三章	葑，葑，东，从，
七月四章	同，功，狨，公，
七月七章	同，功，
东山一二三四章	东，濛，
六月三章	颙，公，
车攻一章	攻，同，庞，东，
吉日二章	同，从，
祈父三章	聪，饔，
大东二章	东，东，空，
瞻彼洛矣三章	同，邦，
宾之初筵一章	同，功，
采菽四章	蓬，邦，同，从，
思齐二章	公，恫，邦，
灵台五章	鍾，廱，逢，功，
文王有声二章	功，豐，
文王有声六章	廱，东，
生民四章	幪，唪，
卷阿九章	奉，雍，
崧高二章	邦，功，
崧高三章	邦，庸，
常武六章	同，功，
召旻二章	讧，共，邦，
雍	雍，公，
泮水六章	訩，功，
閟宫三章	公，东，庸，
閟宫六章	蒙，东，邦，同，从，功，

再照后来等韵所谓"通摄"，列成一图，以便说明：

（二十三行等韵图是等韵旧法，[①]能表现等列衍变的关系。又等韵既照分二三，喻分三四，"庄""初""神""山""于"不另立母也未尝不可。）

[①] 韵镜张麟之序："旧体以一纸列二十三字母为行，以纬行于上。其下间附一十三字母，尽于三十六。一目无遗。杨（指杨倓韵谱）变三十六，分二纸，肩行而绳引。至横调，则淆乱不协。"

等韵通摄

	见	溪	群	疑	端知	透彻	定澄	泥娘	帮非	滂敷	並奉	明微	精照	清穿	从床	心审	邪禅	影	晓	匣	喻	来	日
一等	公东 功东 攻东	控送 空东			东东	僮东 同东 量东 恫送 童东			蓬东 奉董	濛东 幪东 蒙东	总东 董	聪东	送送						江东				
二等																							
三等			共锺	颙锺					葑锺 丰锺 豐	缝锺 蓬锺 唪锺	锺锺	充东						凶锺					
四等													从锺		松锺	賨锺 雝锺 雍锺	讻锺				容锺 庸锺	龙锺	

照这样排法，好象是个"韵摄"了。但其实不是。应该都是一等。

等韵只有微元东（东三）锺等10个韵有轻唇三等，① 反过来正可以说明轻唇三等是随变韵而起，所以古无轻唇。葑丰豐缝逢奉唪等字在这里当然是重唇，不是轻唇；是一等，不是三等。

舌头只有一四等。喻母归定。庸容等字，在这里也当然是一等。

共字群母。松字邪母。一二等韵本无群母，一等韵本无邪母。

齿音最复杂。所以等韵门法关于齿音最多。我们只要记住知照皆是颚化。三十六字母表正是参考梵文字母表表现这种音理。不过梵文照系是见系的颚化，其音略后。②

---

① 见切韵指南后玄关歌诀"轻唇十韵"条。

② A. A. Macdonell's "Sanskrit Grammar", Chapter 1: "The Palalals (指 च c छ c-h 一类，即"照"组) being largely derived from original gutturals (指 क k ख k-h 一类，即"见"组) under the influence of palatal vowels."

"They (指 ट ṭ ठ ṭ-h 一类，所谓 Cerebrals，即"知"组) are as a rule derived from original dentals (指 त t थ t-h 一类，即"端"组) under the influence of neighbouring cerebral ṣ or r sound."

我们的照系比较复杂，齿头舌头都是来源，也有其他来源。这里照三的"锺"原从东得声，"充"从育省声，都应是舌头一等字。齿头"从"字也是一等。等韵门法，精邪五母，一四相通。①而且切韵的东有四等，那是假四等；在先秦东一更不应协四等。

谐声"禺"系的字，在先秦属侯部，在广韵是十虞的字。但在先秦既归侯部，就不能不是洪音。侯东对转，这里"颙"字也是洪音。

影晓诸母的雍饔雁凶讻等字，来母的龙字，都可以是一等。如广州烘胸同音，洪雄同音。而翁和饔（雍饔雁同组），笼和龙，方音也多相同。总之洪细太远，先秦的东决无四等。

至于邦庞巷等字，在后来等韵为江摄，为二等韵。在先秦是一等，更无问题。而且四江之为二等，是音变之后对11唐而言。先秦是江读如东一之工，窗读如东一之聪，邦读如董韵之琫，庞读如东一之蓬，巷读如东一之讧。都是合口一等韵。江既归东，就不能不是合口。不是什么"见邦晓喻开，知照来日合"了。②

以上是借后世的等韵图来说明它之不能范围先秦。其实如果直截了当的说，就是"古法只有双声叠韵"③。古声韵不同于今声韵，但双声叠韵本是取其"音和"。否则就不能和反切的道理相通，而所谓"二声合为一字之音"，所合的就不一定成为那一个字的音。口语出之自然，上古是不会有这许多"门法"的。例如"同""降"如不同韵，"和同"就不能合成"降"字。"窗""聪"如不同母，"窗笼"就不会合成"聪"字。④诗经的押韵也就是叠韵。叠韵要"音和"，押韵也要"音和"。而且大家也都知道，等韵门法正是与古今音变有关。开合门正是有关古今开合的不同，类隔门（广义的类隔）正是有关古今等列的不同。"古双"切"江"，则"江"字原不必为开口。"昌来"切"犙"，"犙"字原不必为照三。⑤后世等韵不能范围先秦，像前人所说，虞韵入侯，音就不能不洪；豪韵入幽，音就不能细；⑥这些话都是可信的。先秦东一所押全是洪音。东三所押全是细音。尤其从唇音方面，可以看出。凡有东三所押的韵，其中没有东一的，就完全没有唇音的字。现在列出如下：

中宫（采蘩）　虫螽仲降（草虫）　仲宋仲（击鼓）　冬穹（谷

---

① 切韵指南玄关歌诀"精邪若见一为韵，定向两中一上认"。
② 切韵指南江摄图小注。
③ 段玉裁"答江晋三论韵"里面的话。
④ 顾炎武音论"反切之始"："左传，六卿三族降听政。注，降，和同也。'和同'正切'降'字。……灵枢经，少阳根于窈阴，结于窗笼。窗笼者，耳中也。'窗笼'正切'聪'字。"
⑤ 广韵，江，古双切。等韵，江韵是独韵，自为开合。见邦晓喻为开口，知照来日为合口。"双"字是照组，拿来切"江"，是以合切开。门法所谓"开合不定"，即在本图之内。事实上江韵的反切既只有"江""双"一类相联系，开合相互为切，正是开则均开，合则均合。到了切韵指掌图，把江韵完全放在宕摄的合口。在先秦，它是东韵，自然也是合口。这种先后沿革，和它的反切并无冲突。

又广韵咍韵，犙，昌来切。昌，穿三。来，一等。玉钥匙门法所谓"寄韵凭切"，犙字仍为三等。其实反过来说，原来切上"昌"字本归舌头，也是一等。史记读尚书昌言为讟言。所以"昌"字和切下的"来"同与"犙"为音和。犙字原是一等。
⑥ 夏燮述均卷三"论古音洪细"。

风） 躬中（式微） 中宫中宫（桑中） 中宫（定之方中） 中骖（小戎） 冲阴（七月） 虫螽忡降仲戎（出车） 虫宫宗临躬（云汉） 中降（旱麓） 雍宫临（思齐） 融终（既醉） 谌终（荡） 顒中弘躬（召旻） 崇墉（良耜）

都没有唇音的字，即是没有轻唇。凡押后世轻唇字的，倒是东一。已见上表。看唇音所押的等，古今不同，也正可以辨韵。先秦东三所押全是三等（即孔广森冬部江有诰中部），东一是一等，是无可怀疑的。所以先秦的"东""中"二部不能不分。不仅考古要分，审音也要分。孔广森虽已指出东侯对转冬幽对转为东冬两部的分界，但我们还可以进一步指出：侯韵里面的虞既然不能不是洪，东韵里面的锺当然也不能不是洪。这样就成为东洪而中细，音韵才是至谐。否则，如果仍抱着后世反切的读音来看，敷戎切豐，豐在东部，戎在中部，那又何必多此一分呢？

现在我们可以谈合韵了。合韵必为音近。要洪细相近才有转音的条件。现在我们也可以先就东中一类的合韵来谈。东与中有合韵。中与侵更有合韵。江有诰举东中合韵三条：

邶旄丘   戎（中）东（东）同（东）
小雅蓼萧   浓（中）冲（中）雍（东）同（东）
周颂小毖   蜂（东）虫（中）

这三条，我只承认一条。即周颂小毖的一条。旄丘之"戎"，可以娘日归泥，可以是东一，并非合韵。也可以认为"戎"字不入韵。蓼萧的上下两韵可以分开。凡是可合可不合的，就不必一定当它是合。只有小毖是合。这就是方音之变。表现东韵里面有变成中韵的了。"蜂"在广韵有两个音。一是东韵并母。一是锺韵敷母。在东韵的是本音。在锺韵的当然是后世的变音。而在先秦，大概是原来并母蜂字变为有了i介音，所以就合于中韵，洪细相等。像"蜂"字这样由"东"变"中"，也正是原来东一的重唇变为后来东三轻唇的条件。

至于中侵之合，江有诰所举的例子有下列各章：

秦风小戎，中（中）骖（侵） 豳风七月，冲（中）阴（侵） 小雅无羊，降（中）饮（侵）寝（侵） 大雅思齐，宫（中）临（侵） 大雅公刘，饮（侵）宗（中） 大雅荡，谌（侵）终（中） 大雅云汉，虫（中）宫（中）宗（中）临（侵）躬（中）

这里先牵涉到"中"韵存在的问题。如果照章炳麟晚年并冬（中）于侵的说法，那末，上面东中之合原是东侵之合，而这里中侵之合就原来不是合。但我们仍不妨认为先秦"中"韵是存在的。如果中韵不存在，前面所说洪细区分就会看不出来，就会认为先秦东韵是洪而兼细，①先秦的东韵就不是"至谐"。而小戎的蜂虫作为东侵之合，例子也太少。事实上先秦侵韵之有出韵变音，是一个显著的事实。我们可以看诗经里面凡侵韵和中（冬）韵合韵的字，在侵韵本身的押韵上，都没有用过。侵韵自己押韵只是下面这些字：

林，心，三，风，音，南，甚，耽，衿，钦，芩，琴，簟，锦，甚，枕，湛，骏，谂，僭，壬，煁，男，譖，琛，深，绥，黮；

而没有下面这些字：

骖，阴，饮，寝，临，谌。

这几个字只和中（冬）部合韵才见。我们暂不管谐声偏旁，只看押韵。在其他先秦韵文的押韵上，也是这样。后世同谐声可以不同部，先秦不是没有。②这似乎并非偶然。即便并冬于侵，也算是和后来变入东三及冬韵的字自成一类。总之先秦侵韵之有出韵变音，是显然的事实。这是先秦已有了-m>-ŋ，如同现在福州等处的音。先秦的侵还是切韵的侵。侵中同细音而韵尾转变，是音近相转而不是音近通押。③

以上专就东中的合韵作为举例来谈。现在我们可以把江有诰所举各部的合韵总起来谈一下。

江有诰修订段玉裁的十七部为二十一部。即是之，幽，宵，侯，鱼，歌，支，脂，祭，元，文，真，耕，阳，东，中，蒸，侵，谈，叶，缉。他简直是依合韵关系定韵部的次序。所谓"之第一，幽第二，宵第三。盖之部间通幽，幽部或通宵。……"又说"最近之部为通韵，隔一部为合韵"④，还有借韵等等。基本上仍是段玉裁的精神。不过他虽然拘泥韵部的次序，但他所举的合韵是比较谨严的。我们现在就按他所举的，除掉可疑的不算，都写在下面：

之幽通韵
唐有杕之杜—好（幽）食（之）　豳七月—穋（幽）麦（之）　小雅楚茨—备（之）戒（之）告（幽）　大雅思齐—造（幽）士（之）　大雅生民—夙（幽）育（幽）稷（之）　大雅抑—告（幽）则（之）　大雅瞻卬—有（之）收（幽）　大雅召旻—茂（幽）止（之）　周颂闵予小子—造（幽）疚（之）孝（幽）　访落—止（之）孝（幽）　丝衣—紑（之）俅（幽）牛（之）鼒（幽）柔（幽）休（幽）

---

① 夏燮述均论古音洪细，认为古东部是洪而兼细。
② 如"令"声见真耕两部，"员"从"囗"声而在文部，等等。
③ 先秦侵与中合，不与东合。切韵也是侵与东三皆三等。可以知道先秦的侵仍是切韵的侵。
④ 江有诰的"古韵凡例"。

幽宵通韵

王君子阳阳—陶（幽）翿（幽）敖（宵）　齐载驱—滔（幽）儦（宵）敖（宵）　七月—葽（宵）蜩（幽）　豳鸱鸮—谯（宵）翛（幽）翘（宵）摇（宵）哓（宵）　小雅正月—酒（幽）殽（宵）　小雅车辖—酒（幽）殽（宵）　大雅思齐—庙（宵）保（幽）　大雅抑—酒（幽）绍（宵）

宵侯通韵

小雅常棣—豆（侯）饫（宵）孺（侯）

侯鱼通韵

小雅鹤鸣—榖（侯）石（鱼）玉（侯）　小雅甫田—稼（鱼）庾（侯）　小雅大田—榖（侯）硕（鱼）若（鱼）　大雅皇矣—祸（鱼）附（侯）侮（侯）　周颂载芟—主（侯）旅（鱼）

歌支通韵

鄘君子偕老—狄（支）髢（歌）揥（支）晳（支）帝（支）　小雅斯干—地（歌）祸（支）瓦（歌）仪（歌）议（歌）罹（歌）

支脂通韵

召南殷其雷—雷（脂）斯斯（支）　小雅车攻—佽（脂）柴（支）　小雅渐渐之石—蹢（支）毕（脂）　大雅召旻—稗（支）替（脂）

脂祭通韵

邶旄丘—葛（祭）节（脂）日（脂）　曹候人—荟（祭）蔚（脂）　小雅出车—旆（祭）瘁（脂）　小雅正月—结（脂）厉（祭）灭（祭）灭（祭）　小雅十月之交—彻（祭）逸（脂）　雨无正—灭（祭）戾（脂）勩（祭）　小雅小宛—迈（祭）寐（脂）　小雅小弁—嘒（祭）淠（脂）届（脂）寐（脂）　宾之初筵—设（祭）逸（脂）　小雅采菽—淠（脂）嘒（祭）驷（脂）届（脂）　大雅皇矣—翳（脂）栵（祭）　大雅生民—旆（祭）穟（脂）　大雅桑柔—惫（脂）恤（脂）热（祭）　大雅瞻卬—惠（脂）厉（祭）瘵（祭）

祭元通韵

齐甫田—桀（祭）怛（元）　桧匪风—发（祭）偈（祭）怛（元）　大雅绵—拔（祭）兑（祭）駾（祭）喙（元）　周颂访落—艾（祭）涣（元）难（元）

元文通韵

邶新台—浼（元）殄（文）　王大车—啍（文）璊（元）奔（文）　秦小戎—群（文）錞（文）苑（元）　小雅楚茨—愆（元）孙（文）　大雅桑柔—慇（文）辰（文）西（元）瘨（文）

文真通韵

小雅正月—邻（真）云（文）慇（文）　小雅雨无正—天（真）僾（文）　大雅常武—臣（真）溃（文）　周颂维天之命—命（真）纯（文）

真耕通韵

小雅节南山—天（真）定（耕）生（耕）宁（耕）醒（耕）成（耕）政（耕）姓（耕） 又领（真）骋（耕） 小雅小宛—令（真）鸣（耕）征（耕）生（耕） 小雅何人斯—人（真）陈（真）声（耕）身（真）人（真）天（真） 小雅桑扈—领（真）屏（耕） 大雅荡—人（真）刑（耕）听（耕）倾（耕） 大雅云汉—天（真）人（真）臻（真）牲（耕）听（耕） 大雅瞻卬—天（真）宁（耕）定（耕）

耕阳通韵

小雅鹿鸣—鸣（耕）苹（耕）笙（耕）簧（阳）将（阳）行（阳） 大雅抑—王（阳）刑（耕）

阳东中合韵

周颂列文—公（东）疆（阳）邦（东）崇（中）功（东）皇（阳）

东中通韵

邶旄丘—戎（中）东（东）同（东） 小雅蓼萧—浓（中）冲（中）雍（东）同（东） 周颂小毖—蜂（东）虫（中）

蒸侵通韵

秦小戎—膺（蒸）弓（蒸）縢（蒸）兴（蒸）音（侵） 小雅正月—林（侵）蒸（蒸）梦（蒸）胜（蒸）憎（蒸） 大明—兴（蒸）心（侵） 大雅生民—登（蒸）升（蒸）歆（侵） 鲁颂閟宫—乘（蒸）縢（蒸）弓（蒸）绠（侵）膺（蒸）惩（蒸）承（蒸）

侵谈通韵

陈泽陂—菡（谈）俨（谈）枕（侵）

叶缉通韵

大雅烝民—业（叶）捷（叶）及（缉）

缉之通韵

小雅六月—服（之）炽（之）急（缉）国（之） 大雅思齐—式（之）入（缉）

幽侯合韵

豳东山—蠋（侯）宿（幽） 小雅白驹—驹（侯）侯（侯）游（幽） 小雅采菽—菽（侯）菊（幽）局（侯）沐（侯） 大雅棫朴—樕（幽）趣（侯） 大雅文王有声—欲（侯）孝（幽） 大雅生民—揄（侯）蹂（幽）叟（幽）浮（幽）

歌脂合韵

商颂玄鸟—祁（脂）河（歌）宜（歌）何（歌）

支祭合韵

大雅韩奕—犠（祭）厄（支）

脂元合韵

豳东山—山（元）归（脂） 小雅谷风—萎（脂）怨（元）

元真合韵
大雅生民——民（真）嫄（元）
文耕合韵
卫硕人——倩（耕）盼（文）
文真耕合韵
周颂烈文——人（真）训（文）刑（耕）
真阳合韵
小雅车舝——冈（阳）薪（真）
耕东合韵
大雅灵台——灵（耕）经（耕）营（耕）攻（东）成（耕）
中侵合韵
秦小戎——中（中）骖（侵）　豳七月——冲（中）阴（侵）　小雅无羊——降（中）饮（侵）寝（侵）　大雅思齐——宫（中）临（侵）　大雅公刘——饮（侵）宗（中）　大雅荡——谌（侵）终（中）　大雅云汉——虫（中）宫（中）宗（中）临（侵）躬（中）
之侯借韵
豳鸱鸮——取（侯）子（之）
之鱼借韵
鄘蝃蝀——雨（鱼）母（之）　小雅小旻——止（之）否（之）谋（鱼）。谋叶音模，在鱼部。
小雅巷伯——者（鱼）谋（之）虎（鱼）。谋叶谟虎反。
歌元借韵
陈东门之枌——差（歌）原（元）麻（歌）娑（歌）
支脂元借韵
邶风新台——泚（支）瀰（脂）鲜（元）
脂文借韵
邶北门——敦（文）遗（脂）摧（脂）　卫硕人——颀（文）衣（脂）妻（脂）姨（脂）私（脂）　陈墓门——萃（脂）讯（文）　小雅雨无正——退（脂）遂（脂）瘁（脂）讯（文）退（脂）

以上是江氏诗经韵读里所举古韵通合的全部材料，是比较取材谨严的。江氏不谈对转。所谓祭元通韵，歌元借韵等等，即是对转关系。其他我们可以拣几个重要的来谈。就是说，我们不妨认为先秦正韵之外有下列一些方音：

之＞幽

诗经合韵例字：之部"有""疚""牛""紑"等字合韵幽部"收""孝""造""柔""俅"等字。

诗经异文互证：之部"疚"字，异文作"究"。见周颂闵予小子释文。"究"在幽部。

等呼关系：先秦合韵的等呼关系，我们又可以借用江有诰的入声表来谈。江有诰的入声表本是利用切韵的等呼来说明先秦古韵与切韵之间的错综关系，事实上是本着江永四声切韵表的精神而更加精密，可以作为研究古韵等呼的基础。现在就按各部合韵的字在江有诰的表上的地位，组织成先秦各部的合韵表，以便研究。这里先列之幽合韵表。下面各合韵表，除有声明补充外，都是根据江表组织的，不再声明。

之幽合韵表

| 之部"有""疚""牛"等字 即切韵三等开口尤韵的字。 | 幽部"收""造""休"等字 即切韵三四等开口尤幽韵的字，和一等开口豪韵古通尤韵为三等开口的字。 |

幽＞宵
诗经合韵例字：幽部"滔""陶"等字合韵宵部"敖"字等。
诗经异文互证：幽部"翛"字，异文作"消"。见豳风鸱鸮正义。"消"在宵部。
等呼关系：

幽宵合韵表

| 幽部"陶""滔"等字 即切韵一等开口豪韵古通尤韵为三等开口的字。 | 宵部"敖"字等 即切韵一等开口豪韵的字。 |

宵＞侯
诗经合韵例字：宵部"饫"字，合韵侯部"豆""孺"等字。
诗经异文互证：宵部"饫"字，异文作"醧"。见文选魏都赋引小雅常棣诗。"醧"在侯部。
等呼关系：

宵侯合韵表

| 宵部"饫"字 即切韵三等合口鱼韵的字。 | 侯部"豆""孺"等字 即切韵三等合口虞韵古通侯韵为开口的字，和切韵一二等开口侯韵的字。 |

侯＞鱼
诗经合韵例字：侯部"穀""庚""附""侮"等字合韵鱼部"石""稼""祸"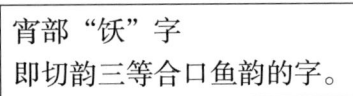等字。
诗经异文互证：侯部"蹋"字，异文作"蹠"。见文选注引韩诗邶风静女。"蹠"在鱼部。
等呼关系：

侯鱼合韵表

| 侯部"庾""榖""附""侮"等字
即切韵一二等开口侯韵的字，和三等合口虞韵古通侯韵为开口的字。 | 鱼部"石""稼""祸"等字
即切韵三等开口麻韵古通鱼韵的字，和二等开口麻韵古通模韵的字。 |

鱼歌合韵，诗经还没有。但诗经异文有。如节南山"家父"，汉书人表作"嘉父"；维天之命"假以溢我"，左传襄二十七作"何以溢我"。

歌＞支

诗经合韵例字：歌部"髢""仪""罹""地"等字，合韵支部"帝""禓""晢"等字。

诗经异文互证：歌部"髢"字，异文作"鬄"。见说文引鄘风君子偕老的诗。"鬄"在支部。

等呼关系：江有诰入声表没有歌部。因为他不采取歌祭元一系对转的说法，认为歌部无入，所以不列歌部。我们对于歌支合韵的等呼关系，可以兼考江永的四声切韵表列出如下：

歌支合韵表

| 歌部"髢""仪""罹""地"等字
即切韵三等开口呼支韵古通歌韵的字，和三等开口脂韵的字，又四等开口齐韵的字。 | 支部"帝""晢""禓"等字
即切韵四等开口齐韵的字。 |

音变与謰语关系：如"倭迟"一语，"倭"在歌部，"迟"在支部。"倭"受"迟"的同化而变入支。"支离"一语，"支"在支部，"离"在歌部。"离"受"支"的同化而变入"支"。①

真＞元

诗经合韵例字：真部"民"字，合韵元部"嫄"字。

诗经异文互证：真部"悃"字，异文作"谨"。见周礼大司徒疏引大雅民劳。"谨"在元部。

等呼关系：江有诰入声表均未列阳声韵。他不取阴阳入对转的说法，认为阳声无入，所以不列阳声韵。以下阳声各部合韵的等呼关系，均兼考江永四声切韵表来说明。

---

① 这里和下面所举謰语关系，据江永古韵标准。

真元合韵表

真部"民"字	元部"嫄"字
即切韵三等开口呼真韵的字。	即切韵三等合口呼元韵的字。

音变与謰语关系：如"艰难"一词，"艰"在文部，"难"在元部。"艰"受"难"的同化而变入元。

艰难

耕＞真

诗经押韵例字：真韵"天""人""令""身"等字，合韵耕部"定""生""声"等字。

诗经异文互证：如耕部"頛"字，异文作"蠻"。见说文引卫风硕人。"蠻"在真部。

等呼关系：

耕真合韵表

耕部"定""生""声"等字	真部"天""人""令""身"等字
即切韵三四等开口呼庚清青韵的字。	即切韵三等开口呼真韵，和四等开口先韵古通真韵的字又四等开口清韵字。

阳＞耕

诗经合韵例字：阳部"行""将"等字，合韵耕部"笙""鸣"等字。

诗经异文互证：阳部的"往"，异文作"征"。见韩诗大雅桑柔。"征"在耕部。

等呼关系：

阳耕合韵表

阳部"行""将"等字	耕部"笙""鸣"等字
即切韵三等开口呼阳韵的字，和二等开口呼庚韵古通唐韵的字。	即切韵三等开口呼庚韵的字。

东＞阳

诗经合韵例字：东部"邦"字，合韵阳部"疆""皇"等字。

诗经异文互证：如东部"逢"字，异文作"洋"。见淮南子引大雅灵台。"洋"在阳部。

等呼关系：

东阳合韵表

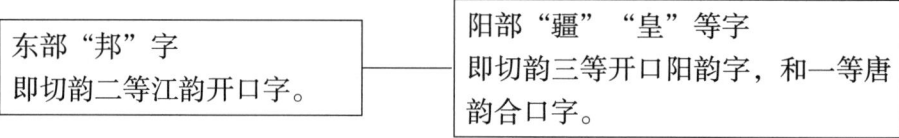

东>中
侵>中
说已见前。

从上列这些合韵表，它们音近相转的关系，大略可以看出。例如"支""歌"的洪细大不相同，但"支"之合"歌"，是合于"歌"之流入"支"的字，而不是其他。可见合韵是有轨道，不是乱合。远部相合，多是对转关系，用不着解释。这些方音韵部，正是后来切韵里面许多分韵的来源。切韵分韵之上通先秦音系，是很显然的。从前戴震曾提议把广韵的韵部，按照古今流变，再详细分析一下，别立一些韵部，附在原来各部之后。如把支部里面从古歌部流变而来的字，另立"仪"部，附在歌部的后面；把麻韵里面从古鱼部流变而来的字，另立"家"部，附在模部后面，等等。①他的声类表，和江永四声切韵表，实在都是本着这种精神而做的，都是从"五方之音不同，古犹今也"这句话出发；要把先秦到切韵，整个语音流变一贯地反映出来。戴震一生在音学上努力的方向就是这样，多半是从语音流变上来看古音系统。这正是他伟大的地方。所以他在音学上的贡献也最为特出。他的"答段若膺论韵"书，是他一生研究的总结，里面有许多值得探索的地方。他并不认为拘守几个先秦正韵，就能勉强反映出某一时代的语音实际。他是要本着陆法言论定南北是非古今通塞的精神而补充他古的方面的不足。他这个方法是很对的。只有这样做，才能整理出切韵以前一套较完整的语音历史。切韵音系实在是先秦音系的成熟，而不是互相脱节。先秦音系决不是很简单的。如果我们本着这种认识，把上面所举先秦时代几个重要合韵变音，附在先秦部21各部之后，那就是：

之部
幽部
之转幽之部
宵部
幽转宵之部
侯部
宵转侯之部
鱼部
侯转鱼之部
歌部

---

① 戴震声韵考卷三"古音"。

支部
脂部
歌转支脂之部
祭部
元部
文部
真部
真转元之部
耕部
耕转真之部
阳部
阳转耕之部
东部
东转阳之部
中部
东转中之部
蒸部
侵部
侵转中之部
谈部
葉部
缉部

如果再加上对转之部，那就更多了。先秦的共同音系和重要方音大致可以这样去看。其中耕转真，侵转中，当然更是特殊的方音。后世许多音变，在先秦实在已经有了。尽管字少，但决不能否认它的存在。这就是参考切韵的精神来部署先秦韵部。切韵各部之有音同韵异，是不可否认的。又音重纽，更可以说明。我们这样来排列先秦韵部，也是可以说得通的。我们可以总说一句，惟其先秦的音系并不是很简，所以"离析唐韵以求其分"，始终是最有效的办法，而且还可以分得更细的。

原载《中山大学学报（社会科学）》1956年第4期

荀子成相篇韵读补释

朱师辙

余夙读荀子成相篇，知其有韵，近于古歌谣，而未注意其为大鼓歌辞也。宋陈后山诗话，谓成相篇与屈骚何异，而朱熹楚辞后语，首选成相篇，以续楚辞，而为之注。后语序言："相者助也，举重劝力之歌，史所谓五羖大夫死，而舂者不相杵者也。"朱子语类，则谓荀卿全是申韩，观成相一篇，可见。……然其要归于明法制，执赏罚而已。卢文弨校，谓相为乐器，此篇如今弹词。近晤杜守素先生，复以此篇见询，谓近于凤阳花鼓曲，并以其先秦诸子批判见示。内有论荀子成相篇，谓为二千年前民间文学，与凤阳花鼓曲很象。余为之考证，相为小鼓，敲以唱歌，实为今时大鼓书之始祖，而其词之可考者，当推成相为最古矣。曾为书以复之，兹更杂采各家之说，为之韵读补释，以便学子讽诵，解明韵读详释者，则以江晋三先秦韵读中成相为备，共分三章，实亦本于杨倞注而分。余则谓篇中三举请成相，各有起讫。分三章，故不错，然当称三大段。以每段中有若干章，其第一第二两段，皆各有二十二章，其第三段，则只十二章，合为五十六章，成一整篇。其文虽分五十六章，而前后贯串，句调联合，法度甚密，开后代联章诗之轨则。其词则专言治道，用以讽世，而以其时俚俗歌调出之，以冀通行于社会，实可与屈骚抗衡，惜古之选诗歌者，皆未注意。今日提倡民间文学，则当注意此篇矣。古韵注明，以先大父说文通训定声，及江有诰廿一部韵目为标准，以备读者复考焉。公元1950年6月20日，黟县朱师辙少滨识于中山大学北斋十二号，时年七十有二。

成相篇每章叶韵，以○识之，其有换韵，以８识之，误韵以△识之。

1）请成相○世之殃○愚闇愚闇堕贤良○人主无贤○如瞽无相○何伥伥○相殃良伥叶，先大父说文通训定声壮部。江有诰廿一部阳部。

2）请布基○慎圣人△师辙按人非韵，江氏仅言字误，而无证明。辙谓乃才字之误。篆文勹与才形近，或以为丘字之误。篆Ⅲ字，脱去一半，则仅存勹，亦通。丘谓孔子，朱子言人叶兒，乃今韵，非古韵。愚而自专事不治○主忌苟胜　群臣莫谏　必逢灾○基治灾叶，通训颐部，江氏之部。师辙按人当为才，或丘之误，方叶韵。

3）论臣过○反其施○尊祖安国尚贤义○拒谏饰非○愚而尚同○国必祸○过施义祸叶，通训随部，江氏歌部。

4）曷谓罢○国多私○江氏叶音婆比周还主党与施○远贤近谗○忠臣蔽塞○主执移○罢施移叶，通训随部，江氏歌部。私通训履部，江氏脂部，江氏谓歌脂合韵，通训谓为转音。

5）曷谓贤○明君臣○上能尊主爱下民○主诚听之○天下为一○海内宾○通训坤部，江氏真部。

6）主之孽○谗人达○贤能遁逃国乃蹙○愚以重愚○闇以重闇○成为桀○通训泰部，江氏祭部。

7）世之灾○妒贤能○飞廉知政任恶来○卑其志意○大其园囿○高其台○灾能来台叶，通训颐部，江氏之部。辙按意囿亦叶，为同一部。江氏只知每章四韵，章四句，而不知每章实六句，而此两四字句，可用韵，亦可不用韵，用四韵者，乃其常例，用六韵者，乃其变例，且可证明一章实六句，卢文弨读为上四下七，顾千里、江有诰读为十一字为一句者，皆误也。

8）武王怒○师牧野○纣卒易乡启乃下○武王善之○封之于宋○立其祖○通训豫部，江氏鱼部。

9）世之衰○谗人归○比干见刳箕子累○武王诛之　吕尚招麾　殷民怀○通训履部，江氏脂部。

10）世之祸○恶贤士8子胥见杀百里徙8穆公任之○强配五伯○六卿施○祸施通训随部，江氏歌部。士徙通训颐部。师辙按江氏徙入歌部，而谓士当作智，智在脂部，以为歌脂通韵。辙按江氏强谓士误，改为智，以成歌脂通韵之说。不知成相用韵同诗，有一章换韵，或二韵者，亦有三韵者。如十六章，平倾耕部，人天真部，执拙祭部，实一章三韵。而江氏惑于一章只有四个韵，又必为同一个韵，故以为真耕通韵。并不知倘有执拙祭部一韵，此其疏也。

11）世之愚○恶大儒○逆斥不通孔子拘，展禽三绌○春申道缀○基毕输，通训需部，江氏侯部。

12）请牧基○贤者思○尧在万世如见之○谗人罔极○险陂倾侧○此之疑○通训颐部，江氏之部。辙按极侧亦叶韵，同在之部。

13）基必施○辨贤罢○文武之道同伏戏○江氏叶音呵。辙按伏戏，一作伏羲。羲在歌部，同韵。由之者治○不由者乱○何疑为○施罢为，通训随部，江氏歌部。戏通训豫部，江氏鱼部，江氏谓鱼歌通韵。辙按戏者作羲，则与歌一韵，不必言通韵矣。

14）凡成相○辨法方○至治之极法后王○法慎墨季惠○江氏删法字。百家之说○诚不详。通训壮部，江氏阳部。

15）治复一○修之吉○君子执之心如结○众人贰○之　谗夫弃○之　形是诘○一吉结贰弃诘，通训履部，江氏脂部，师辙按贰弃，江氏未言韵，疏。

16）水至平○端不倾○心顺如此象圣人8□而有执　直而用拙　必参天8平倾叶，通训鼎部。江氏耕部。人天，通训坤部，江氏真部，江氏以为真耕通韵，而未言执拙、祭部韵，通训泰部。师辙按此章三韵，实为三部。

17）世无王○穷贤良○暴人刍豢。仁人糟糠○王引之删下人字，江氏删糟字。礼乐灭息8圣人隐伏8墨术行○通训壮部，江氏旧部。辙按息伏亦叶韵。通训颐部，江氏之部。

18）治之经○礼与刑○君子以脩百姓宁○明德慎罚○国家既治○四海平○训通鼎部，江氏耕部。

19）治之志○后执富○君子诚之好以待○处之敦固○有深藏之○能远思○通训颐部，江氏之部。

20）思乃精○志之荣○好而壹之神以成○精神相反○一而不贰○为圣人○精荣成，通训鼎部。江氏耕部。人通训坤部。江氏真部，谓为真耕通韵。通训谓为转音。

21）治之道○美不老○君子由之佼以好○下以教诲子弟○上以事祖考。通训孚部，江氏幽部。

22）成相竭○辞不蹙○君子道之顺以达○宗其贤良○辨其殃孽○通训泰部，江氏祭部。

右第一段

23）请成相○道圣王○尧舜尚贤身辞让○许由善卷○重义轻利○行显明○通训壮部，江氏阳部。

24）尧让贤○以为民○氾利兼爱德施均○办治上下○贵贱有等○明君臣○通训坤部，江氏真部。

25）尧授能○舜遇时○尚贤推德天下治○虽有圣贤○适不遇世○孰知之○通训颐部，江氏之部。

26）尧不德○舜不辞○妻以二女任以事○大人哉舜○南面而立○万物备○通训颐部，江氏之部。

27）舜授禹○以天下○尚得推贤不失序○外不避仇○内不阿亲○贤者予○通训豫部，江氏鱼部。

28）禹劳心力○江氏删心字。尧有德○干戈不用三苗服○举舜畎亩○任之天下○自休息○通训颐部，江氏之部。

29）得后稷○五谷殖○夔为乐正鸟兽服○契为司徒○民知孝弟○尊有德○通训颐部，江氏之部。

30）禹有功○抑下鸿○辟除民害逐共工○北决九河○通十二渚○疏三江○通训丰部，江氏东部。

31）禹傅土○平天下○躬亲为民行劳苦○得益皋陶○横革直　辙按直下夺一窥字。直窥即真成，禹臣。见吕览求人篇高注。成为辅○通训豫部，江氏鱼部。

32）契玄王○生昭明○居于砥石迁于商○十有四世○乃有天乙○是成汤○通训壮部，江氏阳部。世乙亦可为祭脂通韵。

33）天乙汤○论举当○身让卞随举牟光○道古圣贤基必张○通训壮部，江氏阳部。

34）愿陈辞○王氏谓脱一句，江氏同。世乱恶善不此治○隐讳疾贤○良由奸诈○宋本作由，浙本作用。鲜无灾○通训颐部，江氏之部。

35）患难哉○阪为先△圣知不用愚者谋○前车已复○后未知更○何觉时○通训颐部，江氏之部。

师辙按先非韵，乃尤之误。篆文光尤形近，江氏亦以为尤字之讹。尤过也，阪，广雅释诂阪袤变也，吕览孟春，阪险原，高注，阪险倾危也。患难哉，阪为先，谓国患难之来，政治倾危为过失，杨注失之。

36）不觉悟○不知苦○迷惑失指易上下○中不上达○蒙掩耳目○塞门户○通训豫部，江氏鱼部。

37）门户塞○大迷惑○悖乱昏莫不终极○是非反易○比周欺上○恶正直○通训颐部，江氏之部。

38）正直恶○心无度○邪枉辟回失道途○已无邮人○我独自美○岂独无故○独字因上句而衍。通训豫部。江氏鱼部。

39）不知戒〇后必有〇杨注误以恨属上读。卢校有读如又，是。恨后逐过不肯悔〇谗夫多进〇反复言语〇生诈态〇通训颐部，江氏之部。

40）人之态〇不如备〇杨注如当作知，是。争宠嫉贤利恶忌〇妒功毁贤〇下敛党与〇上蔽匿〇通训颐部，江氏之部。

41）上壅蔽〇失辅执8任用谗夫不能制8孰公长父之难　杨注，执一作郭。师辙按吕览当染。周厉王染于虢公长父荣夷终，虢郭古通用。卢校谓之难属下，为七字句，非。厉王流于彘〇通训履部，江氏脂部。执制通训泰部，江氏祭部。

江氏以为脂祭通韵。师辙按虽可言通韵，实为二部，亦如十六章及十章之例。益证明成相如诗经，一章不必定一韵也。

42）周幽厉〇所以败〇不听规谏忠是害〇嗟我何人〇独不遇时〇当乱世〇通训泰部，江氏祭部。

43）欲衷〇对　按作对衷，方叶，江氏亦言如此。言不从〇恐为子胥身离凶〇进谏不听〇到而独鹿〇杨注，独鹿与属镂同本亦作属镂，吴王夫差赐子胥之剑名。辙按杨以独鹿为属镂，则而当训而犹以也。若以独鹿为小罟，则是杀而盛以小罟，弃之江，与史记盛以鸱夷革相类。弃之江〇通训丰部，江氏从凶、江，东部，衷中部，以为东中合韵。辙按观此，知先大父东中不分，所以省葛藤也。

44）观往事〇以自戒〇治乱是非亦可识〇托于成相以喻意〇通训颐部，江氏之部。

右第二段。师辙按观上两段末之句法多变，不限于两四字句，一三字句，且知其非有脱误。

45）请成相〇言治方〇君论有五约以明〇君谨守之〇下皆平正〇国乃昌〇通训壮部，江氏阳部。

46）臣下职〇莫游食　务本节用财无极〇事业听上〇莫得相使一民力〇通训颐部，江氏之部。

47）守其职〇衣食足〇厚薄有等明爵服〇利往卬上〇莫得擅与〇孰私得〇通训颐部，江氏之部。

48）君法明〇论有常〇表仪既设民知方〇进退有律〇莫得贵贱〇孰私王〇通训壮部，江氏阳部。

49）君法仪〇禁不为〇莫不说教名不移〇修之者荣〇离之者辱〇孰它〇师　辙按它当乙转。江氏谓误作它师，是。通训随部，江氏歌部。

50）刑称陈〇守其银〇银借为垠。杨注，守其分限。下不得用轻私门〇罪祸有律〇莫得轻重〇威不分〇银门分通训屯部。江氏文部。陈通训坤部，江氏真部，文真通部。

51）请牧祺〇明有基〇主好论议必善谋〇五听修领　莫不理续　主执持〇通训颐部，江氏之部。

52）听之经〇明其请〇杨注请当作情。听狱之经，在明其情。辙按请情假借。参伍明谨施赏刑〇显者必得〇隐者复显〇民反诚〇通训鼎部，江氏耕部。

53）言有节〇稽有实〇信诞以分赏罚必〇下不欺上〇皆以情言〇明若日〇通训履部，江氏脂部。

54）上通利〇隐远至〇观法不法见不视〇耳目既显〇吏敬法令〇莫敢恣〇通训履部，江氏脂部。

55）君教出〇行有律〇吏谨将之无铍滑　辙按诗我将我享，笺犹奉也。铍借为披，铍滑谓奸诈也。下不私请〇各以口宜　据杨注，各以所宜，则脱一所字。舍巧拙〇通训履部，江氏脂部。

56）臣谨脩　师辙按脩非韵，疑作修，为侃之讹。篆文 脩 侃 形近。侃刚直也。或谨修乙转，谨文部，元文合韵。王念孙谓修为循之误，言臣当谨循旧法而不变，其制变则在君也。循与变乱贯为韵，谅元通韵。君制变〇公察善思论不乱〇以治天下　后世法之　成律贯〇通训乾部，江氏元部。

右第三段

原载《中山大学学报（社会科学）》1957年第3期

语言发展的内部规律

高华年

一、语言发展的基础

马克思主义教导我们，现实的一切事物或现象都是处在不断地运动、发展和变化中的。语言也是一样的。有了社会的存在，就有语言的存在。语言是一种社会现象，它只能存在于社会之中。语言从产生的时候开始，就是不断地发展和变化着的。语言的变化表现在语言体系的各个环节中——语法构造、词汇和语音。语言是逐渐变化的，说话者本身往往不易觉察得出来，但是我们可以从不同时期的一种语言里看出来，好比把古代汉语和现代汉语比较一下，就可以知道古人讲的话和现代人讲的话是不同的。这就可以看出语言中的变化。我们还可以从不同地区的一种语言里看出来，好比只要把北京话和广州话比较一下，也可以看出语言中的变化。今天世界上大约有两千五百种语言，它们是从人类少数的原始语言发展来的。它们各有自己的语法构造、词汇和语音系统。现代语言是古代语言长期发展的结果。

语言是历史的范畴。这就是把语言看成不断发展和变化的现象。"语言是人类交际最重要的工具。"①语言作为人们的交际工具、交流思想的工具，服务于社会。社会发展了，语言就随着社会的发展而发展。人类的原始语言，词汇贫乏，语法简单，它只能替原始社会服务，当然不能满足今天复杂的社会交际需要。社会发展是语言发展的基础，这是由于语言的社会本质所决定的。

马克思主义教导我们："要了解某种语言及其发展的规律，只有密切联系社会发展的历史，密切联系创造这种语言、使用这种语言的人民历史，去进行研究，才有可能。"②人民是语言的创造者，是语言的所有者。语言发展的各种现象和规律只能存在于社会历史和人民历史中。人民的历史创造了语言变化的条件。语言的发展是随着人民的历史为转移的，是随着社会的发展而发展的。好比人类集体由氏族到部落，由部落到部族，由部族到民族，语言也跟着由氏族语言发展为部落语言，由部落语言发展为部族语言，由部族语言发展为民族语言。斯大林说过，使语言发生变化的那些历史条件："生产往前发展，出现了阶极，出现了文学，出现了国家的萌芽，国家进行管理工作需要比较有条理的文书，商业发展了，更需要有条理的来往书信，出现了印刷机，出版了印刷物——所有这一切都使语言发展起着重大的变化。在这个时期中许多部落和部族分

---

① 列宁：《论民族自决权》（汉文版），1950年，（莫斯科）外国文书籍出版局，第7页。
② 斯大林：《马克思主义与语言学问题》，1953年，人民出版社，第20页。

开了和分散了，聚合了和融合了。往后，出现了民族语言和国家，发生了革命，发生了旧社会制度与新社会制度的交替，所有这一切使语言及其发展发生了更大的变化。"① 社会发展促进了语言的发展。我们不知道社会历史，使用某种语言的人民历史，就不可能理解语言发展的历史。

语言的发展与语言的全民性有密切的关系。语言丧失掉全民性，偏爱某一个阶级，它就不能充当社会全体组成员的共同交际工具，它就会失去发展的能力，成为一种死的语言。好比梵语在过去曾经是全民的活的语言，后来只为某一个阶级服务，而变成了死的语言。语言一旦脱离了社会，失去了全民性，它就会退化和衰亡。斯大林写道："只要语言离开这个全民的立场，只要语言站到偏爱和支持某一社会集团而损害另一社会集团的立场上时，它就会丧失自己的本质，它就会终止其为人们在社会中交际的工具，它就会变成某一社会集团的同行语而退化下去，以至最终消失掉。"②

语言的发展和人类思维的发展也有密切的联系。思维依赖语言，语言也依赖思维。思维的发展，促进了语言的发展。日益复杂的思维形式，也需要日益复杂的句子形式。语言的发展不仅表现在日益增加新的规则和形式，而且还要有丰富的内容。由于人们的相互交际、生产力的进步、社会的变革、思维的发展，都促使语言的丰富和发展。

语言的发展依赖于社会的发展，但是我们也不能简单地理解为语言的发展就是社会发展的反映。恩格斯在1890年9月21日给约瑟夫·布洛赫的信里写道："……要想把以前和现在的每一个德意志小国的存在，或高德意志语辅音的转换（这辅音的转换把德国在地理上的，由苏台德到陶奴山的山脉所形成的障壁扩大成形式上的分裂）的起源给以经济上的说明而不至于闹笑话，那是很困难的。"③恩格斯认为经济现象不能解释德意志语辅音变化的原因，语言发展的内部规律不是经济现象所能说明的。

二、语言发展的一般的和特殊的内部规律

规律是现象间本质的必然联系，这种内在的联系决定了现象的有规律的发展。马克思主义教导我们，自然规律和社会规律都有它们的客观性质，这些规律是不以人们的意志和意识为转移的。自然现象和社会现象都是按照本身所固有的规律发展。斯大林写道："马克思主义把科学规律——无论是指自然科学规律和政治经济学规律都一样——了解为不以人们的意志为转移的客观过程的反映。人们能发现这些规律，认识它们，研究它们，在自己的行动中估计到它们，利用它们来为社会谋福利，但是人们不能废除这些规律，尤其不能制定或创造新的科学规律。"④语言是特殊的社会现象，它有自己的特殊规律。语言的发展是按照自己的特殊规律进行的。这些语言的特殊规律就是语言发展的内部规律。它可以反映语言发展过程中最本质的东西。

语言发展的内部规律是指语言各个构成部分如语音、词汇和语法构造各方面的变化规律。在语言发展的过程中，语言的结构和性质都在逐渐地变化着。我们把各种语言的

---

① 斯大林：《马克思主义与语言学问题》，第25页。
② 斯大林：《马克思主义与语言学问题》，第5页。
③ 《马克思恩格斯选集》（俄文版），卷上，1948年，第468页。
④ 斯大林：《苏联社会主义经济问题》，1957年，人民出版社，第2页。

这些变化很精细地、很全面地加以考察、概括，发掘出它的规律性，揭露它发展的基本倾向，这就叫做语言发展的内部规律。由于语言的各个构成部分都有自己的内部规律，因此我们才可能发现语音、词汇和语法的内部发展规律。语言发展的内部规律，就是语言中所发生的由量变逐渐过渡到质变的规律。

规律所包括的现象的范围有大有小，它的普遍性的程度也就不同。语言发展的一般内部规律和一切语言发生关系。这些规律不是由个别的语言结构特点来制约的，而是由人类一切语言的特殊本质来制约的。这些规律对一切语言来说，都是共同的东西，任何一种语言的发展都不可能没有这些规律。这就叫做语言发展的一般内部规律。

语言发展的渐变规律属于语言发展的一般内部规律。辩证唯物主义指出："有些飞跃不是一下子就改变事物、质，而是逐渐地、一部分一部分地从个别方面改变事物、质。在这种情况下，事物的质变是通过旧质要素的逐渐衰亡和新质要素的逐渐增长的方式实现的。"[①]语言的发展不是经过突然的爆发，不是把旧的语言消灭掉，然后凭空产生新的语言。"马克思主义不承认在语言发展中有突然的爆发，有现存语言的突然死亡和新语言的突然创造。"[②]新语言的产生不可能消灭旧语言，新语言只能在旧语言的基础上逐渐产生和形成。语言是一种历史范畴，有它的继承性。新语言接受了旧语言的语法构造和基本词汇，加以改进和丰富，成了自己的语法构造和基本词汇。好比古拉丁语发展为法兰西语、意大利语、西班牙语、葡萄牙语、罗马尼亚语和加泰隆语。在这种情况下，语言的发展发生了重大的变化，语言从一种旧的质转变为几种不同的新的质。一种语言形成了几种语言。语言的不断发展也形成了语言的新的变体。好比古代汉语让位给现代汉语，古俄罗斯语让位给新俄罗斯语，古法兰西语让位给新法兰西语。在这种情况下，语言的基础发展到了一个新的阶段。语言由量变过渡到了质变。一种语言形成了该语言的新的变体。如果否定了语言的历史继承性，新语言（或旧语言的新的变体）就会没有基本词汇和语法构造，那就不成为语言。语言的发展从来也没有采用爆发的方式，它只是通过逐渐扩大和改进语言的要素来实现的。语言的语法构造、词汇和语音系统都不可能一下子建立起来，它们是历史的产物，是社会历史发展的成果。在马克思列宁主义经典作家的指示里，这些发展的规律绝对不能按照人们主观的愿望突然地建立起来。

语言的各个构成部分发展速度的不平衡规律也属于语言发展的一般内部规律。语言的词汇直接反映社会生活和日常生活中各方面所发生的变化。任何一种新事物或新现象都要有一个名称，人们在交际和思维过程中才能够运用它。斯大林写道："工业和农业的不断发展，商业和运输业的不断发展，技术和科学的不断发展，就要求语言用工作需要的新的词和新的语来充实它的词汇。语言就直接反映这种需要，用新的词充实自己的词汇，改进自己的语法构造。"[③]词汇对于各种变化是最敏感的，它差不多处在不断的改变中。好比全国解放后，现代汉语里增加了许多新的词和语，如三反、反右、下

[①] 苏联科学院哲学研究所：《马克思主义哲学原理》，上册，1959年，人民出版社，第273-274页。

[②] 斯大林：《马克思主义与语言学问题》，第26页。

[③] 斯大林：《马克思主义与语言学问题》，第8页。

放、三结合、劳卫制、列车化、半导体、施肥器、反围盘、碎土器、车子化、万能灶、简古、一穷二白等等。另外一些旧的词和语是被人民所抛弃了的，如地租、债主、高利贷、工头、租界、巡捕、三青团等等。

　　语言的词汇差不多处在经常变动中，但是基本词汇变化得很慢，例如汉语里的人、手、天、地、山、水、树、鸟、鱼、一、二、五、你、我、他等等。这些词的历史都是很长的。它们经过了千百年代也没有失去效用。基本词汇比词汇发展得慢，但是随着社会历史的发展，基本词汇也是不断地发展和变化着的。基本词汇的发展只是意味着它的丰富。例如解放十年以来汉语里就增加了许多基本词，如总路线、人民公社、拖拉机、工人阶级、共产党、人民政府、共青团、少先队、干部、评比、斗争、集体、高产、爱人等等。我们认为这些词已经是汉语基本词汇的词。另外一些基本词如老爷、少爷、小姐、丫头、戏子、学堂等等都从基本词汇里淘汰出去。

　　语言的语法构造是人类思维长期抽象化工作的成果。它是在千百年里形成的，在语言中已经根深蒂固了。语法构造比基本词汇变化得更慢，是语言中最稳定的部分。马克思写道："……口语在其词汇方面是相当稳固的，特别在语法形式方面更显得稳固。……"①我们拿汉语来说，先秦语法的语序和现代汉语的语序基本上是相同的。主语在谓语的前面，附加语在被附加语的前面，数千年没有改变。例如"静女其姝，俟我于城隅"（《诗经·邶风·北风》）；"新台有泚，河水弥弥"（《诗经·新台》）；"子见南子，子路不说"（《论语·雍也》）。当然，语法构造也并不是完全不变的，不过比基本词汇变化得更慢。

　　语音是语言的物质外壳。语音的变化是比较慢的，通常经过几百年才能觉察得出来。一般来说，语音的变化比词汇慢，比语法快。

　　上面的这些规律都是语言发展的一般内部规律。各种语言发展的规律按照各该语言所特有的内部规律发展，它只涉及个别语言的变化，它受个别语言的结构特点所制约，那就是语言发展的特殊内部规律。

　　个别语言如汉语、藏语、僮语、俄语、英语、法语等的内部发展规律是该语言所特有的。例如中古汉语的声母k、k'、h在现代汉语i、y的前面，变成了tɕ、tɕ'、ɕ，如"基"tɕi、"居"tɕy、"启"tɕ'i、"圈"tɕ'yɛn、"香"ɕiaŋ、"虚"ɕy等。这种语音颚化的现象，并不见得在每种语言中都可以找到，即在汉语的某些方言如广州话，也还保存着不变。在词汇方面，古代汉语有单音词，也有复音词（包括合成词）。现代汉语的词汇向着以双音词为主流的复音词方向发展。许多古代的单音词，现在都已经变成了复音词，例如思→思想，桌→桌子，石→石头，虎→老虎，刀→刀子，指→手指，等等。由于词汇的不断发展和丰富，在现代汉语里产生了大量以双音词为主流的复音词，如铁路、火车、轮船、机器、飞机、电灯、电话、土钢、洋钢、评比、干部、公社化、工业化、红旗手、纸老虎、鲜明性、原子能、人民公社、工人阶级等等。在语法方面，现代汉语的判断句里常用系词，但是在先秦时代这类的判断句不用系词。例如"百里奚虞人也"（《孟子·万章上》）；"此予宅也"（《庄子·则阳》）；"滕，小国也"

---

① 《马克思恩格斯文集》（俄文版），第九卷，第79页。

（《孟子·梁惠王下》）；"余，而所嫁妇人之父也"（《左传·宣公十五年》）。到了西汉末年或东汉初叶，大约公元第一世纪前后，在判断句里就用了系词。例如"余是所嫁妇人之父也"（《论衡·死伪篇》）；"海外西南有珠树焉，察之是珠，然非鱼中之珠也"（《论衡·说日篇》）。这些变化都是某种具体语言所特有的内部发展规律。这种特殊的内部发展规律是为个别语言的结构特点所决定的。我们可以叫它做个别语言发展的内部规律或语言发展的特殊内部规律。

个别语言发展的内部规律是和语言发展的一般内部规律分不开的。个别语言发展的内部规律就是语言发展的一般内部规律在各种不同语言结构里的特殊表现。个别语言体现了语言的一般特性。它是特殊的和一般的内部规律的统一。它具有人类语言所共有的一般特性，它是在语言发展的一般内部规律的基础上发展的。但是任何一种语言都有和其他语言不同的特性，具有自己的结构特点。这些结构因素在语言体系里有规律的结合是不同的，因此，语言发展的一般内部规律在各种具体语言里表现的形式也是不同的。列宁说："一般的东西只在个别的东西中，通过个别的东西才能存在。"①语言发展的一般内部规律只有通过个别的、特殊的内部规律才能存在。

三、语言发展的内因和外因

一切事物或现象的发展都有它的内因和外因。毛主席教导我们："唯物辩证法的宇宙观主张从事物的内部、从一事物对他事物的关系去研究事物的发展，即把事物的发展看作是事物内部的必然的自己的运动，而每一事物的运动都和它的周围其他事物互相联系着和互相影响着。事物发展的根本原因，不是在事物的外部而是在事物的内部，在于事物内部的矛盾性。"②语言是按照自己的内部规律，通过内部矛盾的斗争和发展而发展的。语言的结构本身所具有的特殊内部矛盾是语言本质的矛盾。这些特殊的内部矛盾是语言结构本身所以起变化的内在因素。

语言的内部矛盾是语言发展中的本质矛盾。但是每一事物或现象跟其他事物或现象都有关系或联系，跟它们互相发生作用。因此，我们就不能忽视语言发展的外在因素。社会发展是语言发展的外因。在社会发展的过程中，由于科学、技术和文化的发展，生产力的进步，对大自然规律更深刻更全面的认识，都足以引起交际本身范围的扩大。这些因素促进了语言的变化，要求语言从各方面用新词补充自己的词汇，改进自己的语法构造来适应社会交际的需要。因此，社会的发展促进了语言的发展。社会变化是语言变化的原因。这是由于语言的社会本质具有交际工具的功能所决定的。

在语言发展的过程中，语言的内因和外因是处在统一和联系中的。好比社会的不断发展，要求汉语补充大量的新词，这是汉语词汇发展的外在因素。古代汉语有单音词，也有复音词。如果汉语词汇的发展向单音词的道路前进，增加大量单音节的新词，这就会使汉语增加大量的同音词。一种语言的同音词太多了，就会减低语言在社会中交际的作用。因此，汉语词汇的发展就向以双音词为主流的复音词道路前进。语言变化的形式

---

① 列宁：《黑格尔逻辑学一书摘要》，第216页。
② 毛泽东：《毛泽东选集》，第二卷，1952年，人民出版社，第767–768页。

是由它的内部发展规律的特性所制约的。这是语言发展的内在因素。语言结构形式的变化不表现出和社会历史的联系，但是社会历史的变化创造了语言发展的条件。我们一方面肯定社会发展对语言发展的作用，另一方面应该指出，语言结构本身的特殊矛盾才是语言发展的内在因素。

四、批判关于语言发展的某些唯心主义的观点

关于语言的发展，资产阶级语言学家有种种错误的看法。马尔把语言看作上层建筑，认为语言的发展和基础的发展完全相适应。基础改变了，就会引起语言革命性的改造。马尔和他的门徒们认为语言的发展要经过突然的爆发，而引起语言突然地变化。马尔这样地说："问题绝对不在于最近的这些改变中……问题在于以突变方式根本改变的源泉中，是在语言中各类型和各体系的更换的源泉中，这一源泉不是外部的大规模的变迁，而是彻底进行着革命变动……"①马尔的语言发展阶段论的公式是没有历史事实作根据的。语言在发展过程中，没有突然的爆发，没有一种新的语言突然地产生，也没有一种现存的语言突然地死亡。语言的语法构造和基本词汇是语言的基础，变化得很慢；它们是许多时代的产物，不可能在短时间内产生突然的变化。新语言没有语法构造和基本词汇，那就不成为语言。"马克思主义认为语言从旧的质到新的质的转变不是经过爆发，不是经过消灭现存的语言和创造新的语言，而是经过新质要素的逐渐积累，也就是经过旧质要素的逐渐衰亡来实现的。"②马尔的语言发展阶段论的公式不是马克思主义的。

有些语言学家认为语言的发展是"进步"的，但是并没有什么语言事实的根据。例如丹麦语言学家叶斯丕森的所谓"进步论"，就是对语言发展的性质加以歪曲的。他认为原始语言在结构上大概是综合的，即在表现语法意义的方法上接近于俄语和其他的斯拉夫语言。后来语言的发展是由综合结构转向分析结构，而分析结构是最完善的结构。只有那些依照分析方向发展的语言，才是进步的语言。英语是依照分析方向发展的，所以英语是进步的语言。叶斯丕森利用英语作为进步的尺度，而剥夺了其他语言发展的特性，这是极端错误的。任何一种语言都是按照它的本质特性和内部的发展规律向不同的方向发展的。从叶斯丕森的语言"进步论"里所推出来的种族主义者的结论，是完全为美英帝国主义者的侵略政策服务的。希特勒在发动战争时也宣布了一种种族理论，他说只有说德语的人才是真正的民族。丘吉尔也是用种族理论来发动战争的。丘吉尔认为只有说英语的人才是真正的民族，这个民族被赋予决定全世界命运的使命。

语言是作为人们的交际工具和交流思想的工具替人类集体服务的。汉语、俄语、英语和法语都是一样的。我们不能说它们有进步与不进步之分。语言是按照自己的特殊内部规律发展的。一种语言的结构形式不同于另一种语言的结构形式，因为各种语言发展的特殊形式是为它的特殊内部发展规律所制约的。叶斯丕森的语言"进步论"是极端反

---

① 马尔：《在世界范围内提出语言新学说的问题及阿尔哈兹语》，转引自契科巴瓦《语言学概论》，第一编，1956年，高等教育出版社，第83页。

② 斯大林：《马克思主义与语言学问题》，第26页。

动的，它是为帝国主义侵略政策服务的。

自然主义学派把语言看成是生物机体或生物机能。这一派的奠基人施莱赫尔认为在远古时代语言有过繁荣的时期，而现在逐渐处于衰落和夭亡的时期。施莱赫尔写道："语言是在史前时期形成的，而在有史时期，它们逐渐衰亡了。"①施莱赫尔认为史前时期的语言发展经过三个阶段。语言由简单变为复杂，语言的发展阶段是一个比一个高级。他说："一切比较复杂的语言形式都来源于比较简单的语言形式，语言的粘着形式产生于孤立形式，而屈折形式又产生于粘着形式。"②

施莱赫尔错误地理解语言的本质，把语言看成是生物的有机体。他把语言的发展和有机体的发展看成一样的东西。有机体是逐渐衰亡的，所以语言也是逐渐衰亡的。他认为孤立语是语言的童年时代，粘着语是语言的成年和壮年时代，屈折语是语言的老年时代。历史证明，语言只有不断发展，不断地改善和丰富，而没有退化和衰亡的现象。社会是发展的，语言就不可能停滞不前。只要语言为全民服务，不和社会脱离，它就处在不断发展的过程中。按照施莱赫尔的看法，语言象生物一样地生长，而不象社会现象那样继续不断地发展；那么，语言就没有什么发展的历史了。施莱赫尔这种观点是毫无科学根据的。

施莱赫尔把语言的发展分成三个阶段，认为语言有高级低级之分，把汉语列为最古老的孤立语的代表③，污蔑汉语是低级的语言。瑞典高本汉也说："一方面中国语是单音缀的，另一方面又是孤立语。"④

资产阶级学者把语言的发展分成三个阶段，认为孤立语是低级的语言，屈折语是高级的语言，这是极端错误的。这种形态学的分类法是不科学的，因为它只能把在结构上有显著不同的语言加以分类，而不能包括世界上一切语言的构造；同时，我们很难找到哪一种语言纯粹属于某一类型的。好比我们在屈折语类型的语言里可以遇到粘着语的成分，在粘着语类型的语言里也可以找到屈折语的成分。这种形态学分类法的界限是不容易划分的。历史上也找不到语言的发展由孤立语变为粘着语和屈折语的例子。施莱赫尔认为有史以前语言的发展分三个阶段，他也不能举出事实加以证明。资产阶级语言学家片面地看问题，只看到语法构造上的某一个特点，就断定某种语言是孤立语，某种语言是屈折语，某种语言是高级的，某种语言是低级的。这些都是彻头彻尾的唯心论调。

资产阶级语言学家对语言的发展有各种各样的错误看法，本文限于篇幅，不能一一加以介绍和批判。但是万变不离其宗，资产阶级学者形形色色的错误观点，都是由于他们的反动立场和唯心主义的哲学基础所造成的。他们的这些错误论点是形而上学的、唯心的，和马克思主义语言学的语言发展理论毫无相同之处。

---

① 施莱赫尔：《比较语言研究》（德文版），1848年，序言。
② 转引自杰格捷列娃的《欧洲语言学简述》，1958年，商务印书馆，第10页。
③ 参看库兹涅佐夫的《语言的形态学分类法》，见《语言学论文选译》，第五辑，1958年，中华书局，第53页。
④ 高本汉：《中国语与中国文》，1931年，商务印书馆，第19页。

五、小结

语言发展的一般内部规律是由作为特殊社会现象的一切语言的性质产生的。这些规律不受时间和空间的限制，可以适用于一切语言的各个发展的阶段。任何一种语言在任何一个时期没有这些规律，它的发展都是不可想象的。语言发展的特殊内部规律是由各种语言的特殊性质产生的。这些特殊内部规律要受时间和空间的限制。它们在各个语言的不同时期都可能有所不同。语言发展的一般内部规律是一切语言共同的规律，它要在语言发展的特殊内部规律中体现出来。

在语言的发展过程中，不同语言的发展速度也是不平衡的。例如我们把印欧语系日耳曼语族的英语和德语比较一下，就可以说明这种情况。英语和德语的语法结构在古代是很相似的，经过了长时期的发展，现代英语的语法结构和现代德语的语法结构已经有很大的不同。现代德语的语法结构基本上还是和古代的一样的，现代英语的语法结构和古代的已经差得很远。在同一时期内英语的语法结构比德语的语法结构发展的速度快得多，但是我们也不能说，现在英语比德语发达得多，或者好得多。我们不能根据发展的快慢，断定某一种语言比另一种语言更好或更发达。语言的变化有内因和外因。社会发展是语言发展的外在因素。语言结构本身所具有的特殊内部矛盾是语言起变化的内在因素。一种语言的结构形式是按照自己的特殊内部规律来发展的。语言的结构形式的变化是由该语言的特殊构造来制约的。在语言发展的过程中，语言的内因和外因处在统一和联系中，它们相互发生作用。

语言发展的内部规律是客观存在的，它是不以人们的意志为转移的客观过程的反映。但是人民是语言的主人，是语言的创造者和使用者，因此，人民群众在语言发展过程中所起的能动作用也不能忽视。人民群众对自然规律或社会规律并不是无能为力的。他们能够发现这些规律，认识这些规律，根据语言发展的内部规律，有计划、有步骤地来促进这些规律的发展，使语言在社会交际中，更好地为人民服务。这是完全可能的。党的各项语言政策如汉语规范化、推广普通话、简化汉字等也就是在这个理论的基础上，结合我国当前的历史条件而制定出来的。斯大林写道："语言学的主要任务是在于研究语言发展的内部规律。"① 但是我们并不是为研究规律而研究规律，我们的研究并不是停留在规律上面。好比我们研究汉语发展的内部规律，要善于在汉语结构里鉴别哪些规律是新生的、正在起作用的，哪些规律是失去作用的。这样就能够引导汉语向正确的方向发展，使汉语更好地为我国伟大的社会主义建设服务。

原载《中山大学学报（社会科学）》1960年第2期

---

① 斯大林：《马克思主义与语言学问题》，第28—29页。

青铜器的起源和发展

容　庚　张维持

一、中国青铜器文化的发生和发展

考古学者根据人类制造的工具和武器所用的原料，将人类文化的进化过程，区分为石器时代，青铜器时代，铁器时代。青铜器时代是揭示着一个社会已发展到青铜器文化了。

早在公元前第五千纪，在伊朗的德别-西阿里克地方和埃及的巴达利地方已出现了用天然铜制成的扣针状小物件；美索不达米亚地区也出现了红铜器皿。可见人们在未知道冶铸青铜制造器物之前，已利用天然铜当作石头加以打击制成器物。可是红铜质软，所制成的工具效用不高，在生产上不能起巨大的作用，因此在红铜时代燧石器还是占绝对的优势，在考古学上称为铜石并用时代。

我国的铜石并用时代比较明确的是齐家文化。在齐家文化的若干遗址中，发现过红铜器物。例如在甘肃武威皇娘娘台遗址中，发现红铜器物23件，计有刀、锥、凿、环，还有铜渣和铜器残片[①]。临夏大何庄遗址中，发现了匕；秦魏家墓葬中，发现小环、锥等小件红铜器[②]。在其他个别地区，也发现过红铜的器物。如在唐山大城山龙山文化晚期遗址中，发现有两块梯形红铜块[③]。云南剑川海口的古代遗址中，发现红铜器十四件，有斧、钺、刀、凿、环、鱼钩、饰物等[④]。这些小型工具和装饰品是用天然铜制成的，其中皇娘娘台遗址出土的铜器，曾作过化学分析，其含锡量仅0.1%—0.3%，这微量的锡是天然混入的，而不是人工加入成为合金。这种红铜是用直接砸锻或在单范上砸击方法制成的。这说明了当时铜的冶炼还未能掌握和大量的用于生产方面。这些文化遗址可能是代表我国地区性的文化，与中原的青铜器文化的区别，不是在于年代的先后，而是在于文化水平的高低。

大概人们在利用天然铜时，发现铜块能在火中熔解和它的可铸性。其后又知道锡和铜熔在一起可成为青铜的合金。这种合金的一般比率是铜95%—70%，锡5%—30%，古代

[①] 甘肃省博物馆：《甘肃武威皇娘娘台遗址发掘报告》，《考古学报》，1960年第2期。
[②] 黄河水库考古队甘肃分队：《临夏大何庄、秦魏家两处齐家文化遗址发掘简报》，《考古》，1960年第3期。
[③] 河北省文化管理委员会：《河北唐山市大城山遗址发掘报告》，《考古学报》，1959年第3期。
[④] 云南省博物馆筹备处：《（云南）剑川海口古文化遗址清理简报》，《考古通讯》，1958年第6期。

的青铜往往锡与同量程度的铅混入，也有其他金属混入，如镍、亚铅、铁、锑等，其总量约1%。这种合金的硬度比红铜高而熔点较低，纯铜的熔点为1084℃，青铜的熔点是在700℃—900℃之间。青铜具有金黄的颜色和光泽，很好的耐蚀性和耐磨性，优良的机械性能。因此，人们大量地利用这种合金铸造成各种工具、兵器和一些器皿，构成一个青铜器时代。

在青铜器时代，人类社会的各个方面都起了变化。青铜器的制造需要专门的技术，那就需要一批人专门从事这种手工业的生产。手工业的专门化，不仅与农业分开，而在手工业本身的分工也日益严格。这就产生了直接为交换而进行的生产，也促进了私有制的发展，随着社会的分工，劳动生产力的提高，剩余产品的增加，促使阶级的分化，也促进了生活的安定，人口的增加，居住范围的扩大。由于制造青铜的材料不象石头一样随地都有，可能是从远方开采或交换而来的，这就促进了交通和贸易的扩大和发展。

在氏族间的贸易过程中，常引起了战争，因为战争是掠夺别人的剩余产物和劳动力的一个手段。正如恩格斯说："邻人的财富刺激了各部族的贪欲，获得财富已成为他们最重要的生活目的之一。他们是野蛮人，掠夺在他们看来是比创造的劳动更容易甚至更荣誉的事情。以前他们进行战争，仅仅为的报复侵犯，或者为的扩大已不敷用的领土，现在进行战争只是为的掠夺，战争成为经常的职业。"①战争的频繁也加深了阶级的对立，遂导致或加强国家王朝的建立。从这些一系列的变革看来，人们已经从低级文化阶段转向更高阶段了。

青铜器时代大概起于公元前第三千纪，最初可能是发生于两河流域，在埃及和中国是稍后于这个时期。其他各个地域在其生产力发展的一定条件下，也相继发生了青铜器文化。青铜器文化在各个区域的发生和发展是不平衡的。但从整个青铜器时代的界限来说，大约是从公元前第三千纪初到第一千纪中叶。

我国青铜器文化的遗址的发现，在解放以前，只局限于河南安阳一处。可是殷墟的青铜器文化已达到了高度的发展，那些高度的青铜工艺自有其历史的嬗变和来源。在安阳后冈发现了仰韶、龙山、小屯三期文化的地层关系，但不足以证明殷墟的青铜工艺是直接源于龙山文化。梁思永说："假若后冈中层的堆积在公元前二千年就停止了，中层与上层之间有六百年时间的间隔。在这期间小屯文化的陶制器物有充分演化的时间，但是否能演化出兽形装饰、青铜器、文字等小屯文化的精华，是个不易解决的问题。""这文化在它没有出现于小屯之前，必定有一段很长的历史。要想解决殷代青铜、文字、兽形装饰的问题，还有待于这（小屯文化前身的）文化的遗存的发现。"②

西方资产阶级的学者就抓住我国从石器时代过渡到青铜器时代的漏空，就认为我国的青铜器的制造技术是外来的，甚至推断商族也是外来的。有人认为商族原来居住在伯令海峡沿岸，接受了印度的制铜技术后，迁徙到中国而发展成为殷墟青铜文化。③有

---

① 恩格斯：《家庭、私有制和国家的起源》，《马克思恩格斯文选》（两卷集）第二卷，外国文书籍出版局1953年版，第185页。
② 梁思永：《小屯龙山与仰韶》，《梁思永考古论文集》，科学出版社1959年版，第97页。
③ H. G. Creel：*Studies in Early Chinese Culture*，Baltimore，p. 168，1937.

人认为我国的青铜工艺是经中亚草原地带传来的。①有人认为安阳殷墟青铜文化在年代上是比较晚于西方的青铜文化，就企图以西方的青铜器的形制来连接起殷代的青铜工艺。②他们的研究方法都是型式学的比较方法，那就是从几种器物的型制相似，制作年代的先后，作出这些推论。例如殷墟出土的空头斧，它的形制极象欧洲青铜晚期与西伯利亚一带所出的空头斧。有人认为欧洲的这种空头斧是从平面斧、凸缘斧、翅斧发展而来的。但中国的空头斧在本土上找不到它的前驱，所以这种斧是从外国输入的。其实，铜空头斧也可能从石斧发展而来的。石斧由于质料的限制，发展到穿孔和有肩便不能再有所改进。到青铜铸造才有"空头"这一种形制出现，这不一定要象欧洲的空头斧有三种别样的形制作它的前驱。至于商殷的青铜容器，许多器类显然是源于新石器时代的陶器。如鼎、鬲、甗、斝、豆等器在龙山文化时代已有陶制的。即使有个别的器物或纹饰是受外来影响而制成的，但也不能得出整个青铜工艺和文化外来的论证。他们的理论根据无非是文化传播、迁移和借用的反动学说。这种学说是具有仇视人类观点的种族主义性质、企图歪曲我国的社会发展规律。

解放后，我国的考古工作在中国共产党的领导下，以大规模组织进行，田野发掘配合了空前的经济基本建设，各地发现了许多古代遗址、墓葬和遗物。其中不少是属于青铜文化的。在河南郑州洛达庙南关外，尪奋王等地发现了夏代或早商的文化遗存。这种文化遗存出土的陶器更接近于河南龙山文化，如陶器的纹饰，最多是绳纹，其次是篮纹，但也有其特异点，如棕色陶器，器形上也与殷中期的有所区别。这里没有鬲类空足器，但发现三足盘状器。殷墟的灰陶可能通过这里的棕色陶器演变而来的，与龙山文化的黑陶传统区别出来。这里虽然没有发现青铜器，但在这同一类型文化遗存的洛阳东干沟、偃师二里头等处，发现了少数的青铜小刀。这种文化遗存还未能肯定是夏文化，但在时代上是属于夏代。在山西南部发现的铜器，现大致可以肯定为"夏"人遗物。③同时，证诸"夏铸九鼎""禹穴之时，以铜为兵""昔者夏后开使蜚廉折金于山，而铸鼎于昆吾"等传说，这都足以说明夏代已有了冶铸铜器的手工业了。

1952年在郑州商代遗址的发掘，证明商代的早期文化遗存，在二里冈发掘出上、下两层的商代文化堆积。在人民公园商代遗址中发现上、中、下三层。从这两个遗址与小屯殷墟的出土物互相比较，郑州二里冈期的商代遗址稍早于小屯殷墟，可以看出二里冈期是属于商代文化的中期。最早的二里冈上期的上限应在商初，而很可能其一部分是夏代的商族文化。④从郑州遗址发现的早期铜器，除镞、刀、戈、矛、钺等兵器和工具外，还有鬲、鼎、斝、爵、觚、罍、壶、盆等器皿。工具和兵器是仿自石器骨器的，但已有了改进。如铜戈的"内""援"之间有了凸起的"阑"，用以防止戈头后脱；斧、矛的尾端有銎，用以装柄。箭镞发展成倒须式的，镞身中有凸背，侧有两翼，翼边有锐

---

① Berthold Laufer: "The Beginning of North and South in China", *Pacific Affairs*, Vol. 7, p. 307, 1934.

② Max Loehr: "Weapons and Tools from Anyang, and Siberian Analogies", *American Journal of Archaeology* LⅢ, N0.2, 1949.

③ 吕振羽：《史前期中国社会研究》，三联书店1962年版，第106页。

④ 李学勤：《近年考古发现与中国早期奴隶制社会》，《新建设》，1958年第8期。

刃，末端聚成锐尖。容器的形制仿自早期的陶器，但具有其特征。如在鼎、鬲的口缘上，有了直立的双耳。爵、斝的"流"上有双柱。在体制上已奠定了晚商期的兵器和容器的基本形式。在技艺方面，与晚商期的比较，显有精粗之别。试以早期的铜爵为例：平底，扁体，薄壁，狭流，两柱较矮小、成椎形，位置较前，三椎足支点不很稳固，腹部饰一道饕餮纹。一般的铜容器多平底，质薄、工粗、一层花纹，细线粗疏。纹饰已出现了单一的饕餮纹，弦纹，三角纹，圆圈纹，牛头纹，云雷纹等。无铭文。在合金成分方面，早期铜器的含锡量较低。经化学分析的一件早期铜尊，其含锡量只7.1%，而铜占91.29%。可见早期对合金成分的比例，还没有很好的掌握。

这一系列的发现使我们了解一些关于青铜器文化的来源问题，也把龙山文化和安阳殷墟文化之间的距离大为缩小，也说明了中国青铜器文化的发生和发展是符合一般社会发展的法则的。那就是从简单到复杂，从工具、兵器到日常用器。但也有其特殊的风格，如戈、礼乐器是中国所特有的。所以中国青铜器文化是其社会生产力自身不断发展过程中的必然产物，并不是外来的。

二、彝器的产生及其用途

金石学家对我国古代青铜器有不同的名称："礼器"，谓古人宗庙朝会大典礼时的用具。故《史记·孔子世家赞》说：司马迁"适鲁观仲尼庙堂、车服、礼器"。"彝器"，彝常也，谓钟鼎为宗庙的日常用器。这些名称只包括了青铜容器和乐器方面。其实青铜器范围，除礼乐器外，还有工具，兵器，日常用器，车马饰，度量衡器，符牌，玺印，镜鉴，货币，造象等等。本书的研究范围，只限于商殷、西周、春秋、战国这几个时期的礼乐器。

从青铜器文化的发展规律及其遗物的实际情况来考察，青铜器时代是从铜制工具和兵器开始的，然后及于日常用器及工艺奢侈品。所谓工具是包括手工业生产工具和农具。可是青铜农具还未普遍的使用，仍以石制和木制的为主，这是青铜时代的一般规律。在我国只发现两三件青铜农器，可能为节省用铜，有些农具是用青铜套刃的，所以在发掘中发现得较少。手工业生产工具和兵器是优先使用青铜制造的。至于用青铜来制造工艺奢侈品，是要在青铜器鼎盛期才普遍。

在北欧瑞典的青铜器时代的第三期，青铜容器才替代了木器系统。又如欧洲中部的原始社会时期以铜容器为代表而铜制品最多的哈尔胥达特（Hallstatte）时代意大利伊特芦利阿（Etruria）的遗物，在古典希腊技术超出铸铜之上的雕象及其他各种铜制工艺品，高加索库斑（Kuban）地方铁器时代初期的铜制品，都足以证明要在青铜器的盛期，或铁兵器出现的时代，铜始用为兵器以外各种器物的原料。在苏联境内青铜器时代的早期，青铜制器一般也是刀、针、扣针等等小型器物，除较大的平面斧外，没有其他大型的金属器物。晚期才发见青铜手镯等奢侈品。①这种青铜器文化发展的阶段性，在中国也是这样。

---

① 参考梅原末治：《中国青铜器时代考》，胡原宣译，商务印书馆1936年版，第7、8页，及A. B. 阿尔茨霍夫斯基：《考古学通论》，科学出版社，1956年译本，第72-75页。

我国比较早期的青铜器文化遗址中，如洛阳东干沟、偃师二里头等处，发现了数量很少的青铜小刀。商代早期文化的郑州遗址中，除了铜镞、刀等兵器和工具外，还有些铜容器。在安阳殷墟遗址中，晚期主要是容器和礼乐器。就铜容器来说，有食器、酒器、水器等。这些铜器的制造原为供给统治阶级生活上的实用器，可是因用于祭祀燕享，这些铜器便形成了所谓彝器。由于这种彝器的制造特别发达，形制多采多样，文饰的繁缛奇异，这样就构成了一种非日常用品的所谓彝器体系。

彝器的制造，一方面反映商代的铸铜技术有了高度的造就，另方面反映出商代奴隶占有制国家的特点。古代国家的大事所谓"在祀与戎"，在青铜器铸造上，也反映出这一特征。奴隶制的商殷王朝，奴隶主除了用武力来镇压和掠夺奴隶外，还用一种神权统治。统治阶级拥有武装队伍、监狱，以及其他种种强迫机关。具体表现在于兵器铸造的普遍，以及类别之多，这是加强阶级统治的必要条件。统治阶级还掌握了祭祀的特权，而掌司祭祀就成为一种专职。当时人们对自然界的现象不大了解，他们相信有一个上帝的存在，一切人间的利害吉凶祸福都由上帝操纵着，他们认为祖先的神灵是通达上帝的媒介，上帝的意旨表现在鬼神的启示，所以殷人尚鬼、崇拜祖先。统治阶级利用人们这种宗教意识，自认代表天命统治人世，他们也代表被统治者通过祖先的神灵向天帝有所吁请和祈求，或利用神鬼来威吓被统治阶级。从《盘庚》上、中、下三篇的训词中，可以看到统治阶级利用神权来实行统治的意义了。神权统治的具体表现在青铜铸造业上，就是彝器的丰富和多采，彝器就是在这种历史条件下产生的。

到了周代更发展了殷代的宗教观念，制定了祭天地、宗庙、社稷的制度，于是产生了所谓"礼治"。青铜礼器除供祭祀之用外，还作为一种礼治的象征，作为贵族政治的藏礼工具。如后来儒家所说的"器者，所以藏礼，故孔子曰：'唯器与名，不可以假人。'先王之制器也，齐其度量，同其文字，别其尊卑，用之于朝觐、燕享，则见天子之尊，锡命之宠，虽有强国，不敢问鼎之轻重焉。用之于祭祀、饮射，则见德功之美，勋赏之名，孝子、孝孙，永享其祖考而宝用之焉。且天子、诸侯、卿大夫，非有德位保其富贵，则不能制其器；非有问学通其文词，则不能铭其器。然则器者，先王所以驯天下尊王、敬祖之心，教天下习礼博文之学"[①]。阮元之所谓器，就是指钟鼎彝器。可见这些"器"是用以明贵贱，别等列的。更进一步，变为纪功烈，昭明德的重器。据《左传》襄公十九年，臧武仲谓季孙曰："大伐小，取其所得以作彝器，铭其功烈以示子孙，昭明德而惩无礼也。"杜预注："彝，常也，谓钟鼎为宗庙之常器。"又昭公十五年文伯揖籍谈对曰："诸侯之封也，皆受明器于王室，以镇抚其社稷，故能荐彝器于王。"杜预注："彝，常也，谓钟鼎为宗庙之器。"可见彝器为王权统治的象征，为建邦立国的重器。故有夏铸九鼎及其传授经过的传说。如《史记·封禅书》："夏收九牧之金，铸九鼎。皆尝亨鬺上帝、鬼神，遭圣则兴，夏、商、周德衰，宋之社亡，鼎乃沦伏而不见。"所以自汉至唐，偶然发现古鼎，视为神瑞。如汉武帝时，汾阴巫锦掘地得铜鼎，因而改年号为"元鼎"。唐玄宗开元十年得铜鼎，改河中府的县名为宝鼎县。

[①] 阮元：《商周铜器说》上篇，见《积古斋钟鼎彝器款识》。

彝器除具有上述的重大意义外，还有下列的用途：（一）赏赐的礼物。有诸侯大夫朝享而赐以彝器的。如周王赐虢公以爵，晋侯赐子产以莒国的两个方鼎。（二）征旅的用器。诸侯出外征伐或旅行时，另铸的用具，以便携带。如史免簠铭文："史免作旅匡，从王征行。"又虢仲盨铭文："虢仲以王南征，伐南淮夷，在成周，作旅盨，兹盨友十又二。"（三）陪嫁的用具。诸侯嫁女有以彝器陪嫁，所谓媵器。如白家父鬲铭："白家父作孟姜媵鬲。"（四）贿赂品。如齐侯赂晋以地而先以"纪甗"；鲁公贿晋卿以寿梦的鼎，郑贿晋以"襄钟"。（五）约剂器。诸侯贵族遇有大的要盟，诉讼纠纷的事情，往往作器记载其经过，以传示于子孙。如格伯簋记载格伯与倗生析田树界事。矢人盘记载矢人扑伐散邑，因而划分疆界及盟誓事。（六）陪葬品。统治者死后，有把他们日常宝重器物陪葬，彝器也是陪葬品的一种。有的专为陪葬而铸造的，制作粗劣，只具器物形状，不能实用，也有用锡代铜铸造的。

三、彝器在艺术和历史上的价值

商周彝器种类很多，形制多采多样，文饰繁缛奇异，在古典艺术上，构成了一种我国独特的艺术形式。这些精美的青铜工艺，虽然为当时统治阶级服务，而且披上一层宗教的外衣，可是它是历史的产物，是我国古代劳动人民用高度的智慧和卓越的技能创造出来的，是我国优秀的艺术遗产，值得我们重视和研究的。

我们研究这些青铜器不是因为它是古董难得，也不是单纯作为艺术品来收藏和鉴赏。即使从艺术观点来说，这些艺术文物也具有很大的价值，因为它是一种古代灿烂的青铜器文化，中国特有的民族风格。它无论在造型上和装饰上都表现出艺术高峰，在世界上任何一个青铜器时代的青铜工艺都无与伦比。这是值得我们自豪的，可以激发我们爱国主义的热忱，增强我们民族的自信心。同时，这些艺术成就是值得我们学习，掌握和利用，更好地承继和发扬民族艺术传统，推陈出新，创造出新的工艺品，为人民大众服务。解放以来，工艺美术的工作者对于这些文物艺术已有了新的认识，而且企图继承和发展其精华部分，创造出许多适合时代要求的新产品。但古铜器的造型艺术和花纹图案，目前整理、研究、介绍还不多，这是值得我们努力的。

这些艺术文物集中地反映出时代的特点和工艺技术的高度水平，从而帮助我们探讨当时社会制度、性质和经济发展的一些情况。

在铜器制造方面：在郑州的南关外和紫荆山北部发现了商代早期的铸铜遗址，前者的范围达一千平方米，出土的陶范一千多块。在安阳小屯东南发现了晚商的铸铜遗址，据推测其面积达一万平方米以上，出土的陶范达三千八百多块。这个遗址还包含有不少的房屋。在山西牛村古城遗址的东南郊，发掘出规模宏大的铸铜器作坊，出了几万块陶片，花纹异常精美。从这些制铜器作坊的规模来考察，也充分说明了在早商时期，青铜工业已经成为一个独立的手工业生产部门，这种手工业的生产规模是随着时代日益扩大了。

再从各个遗址的铸铜遗物来考察，也可说明各个时代铸铜技术的发展。在早商时代的冶铜坩锅是用草泥土制成的，或利用大口尊和缸，在内外壁再涂以草泥土，这些坩锅的高度和口径约为30厘米，容量都不大。商代晚期的坩锅是用大块的泥条盘筑成的，直径达83厘米，其内壁还附有烧流。还发现有烧土面的"流道"，这可能是当铜液熔好以后，便使铜液经过流道注入陶范，铸成青铜器。这基本上可以解决铸造大型铜器所需的大量铜液的问题，所以能铸造出九百多公斤的"司母戊鼎"的大铜器，这显然比早商的进步得多了。

在山西侯马市南的东周遗址，发现了四座熔铜炉，炉的平面呈圆形，底径约70厘米，离炉底高35厘米有一层炉箅。有一座炉子的底部有一堆手捏成的红烧土块，这可能是用来砌炉子用的，这是起着"耐火砖"的作用。这比早期在露天进行冶炼的方法有了很大的进步。

从器物的类别上也可以反映一些当时社会生活情况。具体的例证，如商代铜器中酒器特别多，这说明了商人好饮酒的社会风尚，也标志着商代农业生产已经相当发达，商人已掌握了用粮食酿酒的技术。西周中期以后，酒器便少了，特别那些象征酗酒的卣、爵、斝等酒器消失了，说明了当时好饮酒的风尚有所改变。西周中后期还创造了一些新的铜器，如簠、盨、匜。簠是仿自竹木器、盨是从簋变化来的，都是进食用具，多用于旅行。匜是从觥变化来的，更与盘组成成套的盥洗器。这可反映当时贵族所用的器皿的多样化。成套的列鼎也出现了，从列鼎的组合数目，也表明了当时贵族间的等级差别，有着不同的礼制。春秋以后，更出现了敦、鉴、缶等铜器，可知用铜铸器的范围日益扩大。编钟组合由三个发展到十三个，也说明了音乐的水平不断的提高。

铜器上的铭文，在文字学上有很大的价值。从这些铭文可以了解当时的文字、书体和我国文字的发展过程。我国最古的汉字是甲骨文和稍后的金文，现用的汉字是从甲骨文、金文演变而来的。在形体上怎样从图形变为笔画，象形变为象征，复杂变为简单，例如从周初四件"德"器的铭文书体，可知殷人已在进行汉字的简化[1]。又从金文的研究，可以有助于分析文字的形体构造，并考证字义，补正《说文》的解说。《说文》中的文字，有许多不得其解的，也有许多解得不恰当的。这可借金文而加以校正。例如："得"字，《说文》的古文省彳，写作从"见"从"寸"，其义并不明了。今据金字"㝵""𢔶"等，本从手持贝，其义才可了解。"革"字，《说文》的古文作"𠦶"谓从三十，三十年为一世，而道更也，曰声。实不得其解。金文作"革"，"𦥑"（勒字偏旁）是象形字，与"牛"字象形同意。《说文》误为会意字，解说很牵强。"射"字，《说文》作从身从矢，而在金文作"𰃑"，实象张弓注矢形，可见从身是弓形之误。象这些例证不必列举，也可见一斑。

铭文里还保存了不少的历史资料。郭沫若先生说："然而这些古物正是目前研究中国古代史的绝好资料，特别是那铭文，那所记录的是当时社会的史实。这儿没有经过后人的窜改，也还没有甚么牵强附会的疏注的麻烦。我们可以短刀直入地便看定一个社会的真实相，而且还可借以判明以前的旧史料—多半都是虚伪。我们让这些青铜器来说出它们所创生的时代。"[2]我们利用这些材料来补充历史，证实历史，纠正历史也做出了不少的成绩。例如：矢人盘铭，可考见周厉王时矢、散两国的划分田界。虢季子白盘

---

[1] 郭沫若：《由周初四德器的考释谈到殷代已在进行文字简化》，《文物》，1959年第7期。
[2] 郭沫若：《中国古代社会研究》，科学出版社1960年版，第280页。

铭，可以佐证周宣王伐猃狁的经过。大克鼎、敔簋的铭文，可知西周后期，周王还赏赐大量的土地和奴隶。盂鼎（小字的一个）铭，得知盂伐鬼方俘获之多。询簋铭中的诸夷是俘自异族的种族奴隶。趞曹鼎铭，得知周共王在位十年与十二年之说的错误。从金文中可知五等爵制是东周中期以后的创制。这些只是一些零碎的例子而已。铭文中还有许多材料还未被充分研究和利用，这有待于我们继续发现与深入探讨。

原载《中山大学学报（社会科学）》1962年第3期

"姑發𦱃反"即吴王"诸樊"别议

商承祚

《姑發𦱃反剑》一九五九年发现于安徽省淮南市的一座古墓中，据一九六〇年《文物》第七期七十一页简报叙述：墓内有铜器两堆，共七十五件，其一堆为剑十柄，《姑發𦱃反剑》即其中之一。一九六二年夏，殷涤非同志寄视拓本，并附鸟篆错金《蔡侯产剑》摹写本两纸，这剑每柄六字，分成两行，其一作"蔡侯产之用㺇（剑）"；另二剑为一对，前三字铭文为"蔡侯产"，后三字目前尚不识。这三把剑亦属于十柄剑之内的。他们据剑铭，推断此墓为"蔡声侯产"的墓葬。

墓被盗过，在清理时的情况是："清理封土时发现盗洞与墓口几乎吻合。"封土既与扰土几乎合一，则其被盗年限当在千年以上，否则不会有这种情况，而且墓中有"汉砖"出现，值得我们注意和研究。

今年《考古》第四期载有安徽省文化局文物工作队《安徽淮南市蔡家岗赵家孤堆战国墓》的发掘报导，谓此地有南北两孤堆，《姑發𦱃反剑》出自北面的孤堆，编号为第二号墓。报导将墓内盗余随葬品全部发表，给研究此墓的历史很大的便利。同期有郭沫若同志《跋江陵与寿县出土铜器群》一文，内容偏重谈"诸樊"剑。其释文和一些问题的看法，与我初稿基本相同。

《姑發𦱃反剑》的铭文分铸于剑腊两旁，字体不大，凡三十六字，包括重文一，合体字二。剑腊下部有不少细小拆纹及伤蚀，影响部分文字笔划的完整。我的释文是：

　　工歔大子"姑發𦱃反"，自乍（作）元用。才（在）□之□，吕（以）
　　用吕（以）隻（獲），莫敢卸（禦）余。余处江之阳，𢧢（至于）南，𢧢（至于）西行。

现再就我见分述其铭文如下。

1. 工歔大子姑發𦱃反，自乍（作）元用

吴自称其国名除"吴"与"邗"以外还有三种不同的名称和写法，攻吴：见于《攻吴王夫差鉴》一；攻敔：见于《攻敔王光戈》二，《攻敔王夫差剑》一；工歔：见于《攻歔王皮然之子者减钟》十三（内十一器见《西清续鉴》甲编卷十七，末一钟无字）以及此剑。可知用"攻吴"或"攻敔"其第一字必作"攻"；用"工歔"则作"工"，不从"攴"作攻，判然明白，不相混淆。因此，这三种同音不同字的名称，显然在书写国名的配合上不是任意拼合而有其规律的。

"姑發臂反"系人名，为吴王寿梦长子诸樊，在铸剑时尚未即王位，故称"大子"。于其时，他负责管辖临近楚、越边境重要军事基地——今之淮南市一带地区。

"姑發臂反"何以为诸樊？当从各字的音训与文献进行考核。《史记·吴世家》："二十五年，吴王寿梦卒。"《索引》："《系本》曰：'吴孰姑徙句吴。'①宋衷曰：'孰姑，寿梦也，代谓祝梦，乘诸也。'寿、孰音相近，姑之言诸也；《毛诗·传》读姑为诸，知孰姑、寿梦是一人，又名乘也。"姑、诸同部，则此铭姑之为诸当可肯定。

※字见甲骨文，我释之为《说文》"以足蹋夷草的癹字"（《殷墟文字类编》卷二）。"以足蹋夷草"义属后起。从甲骨文的形体结构看，象人以手投镖枪，飞出所站的位置，是一个会意字，亦即"發"字初文。古钵"墰城發弩"的發作※，"左發弩"的發作※，字形和甲骨文没多大的区别，"癹"的初义就是这样的，再后增加了"弓"旁，发射的形意更易令人体会。金文《陈犹釜》的※（發）②从"躲"（射），易※为"射矢"形，意义更加完整，小篆是融会几种不同的發字结体而成的。

臂字从聑从A，与《伯侯父盘》的※字相类似。聑读蝶音，为此两字的声符，颇疑臂奭同字，A为大之省讹。

"反"与樊同部，中原人用樊来记"反"音。③

何以肯定"姑發臂反"之为"诸樊"？考《左传·襄公》十年："会于柤，会吴子寿梦也。"注："寿梦，吴子乘。"又十二年经："吴子乘卒。"疏引服虔云："寿梦，發声。吴蛮夷言多發声，数语共成一言，寿梦，一言也，经言乘，传言寿梦，欲使者知之也。"长孙讷言引而申之："吴楚则伤轻浅，惟轻浅，故多發音，数语合为一言，犹今之三合声四合声。吴为句吴，谒为诸樊，皆其征也。寿梦一

---

① "句吴"非地名，不少注释家已摘其误。
② 容庚：《金文编》附录下，第41页。科学出版社1959年版。
③ 以"發"字作为记音亦可，但从音近而言，则"反"胜于"發"。

言也者，言长言之为寿梦，疾呼之为乘，寿梦于文为二，吴人言之如乘之一言而已。"顾炎武根据服虔说法，谓"寿梦之'梦'，古音莫登反，寿梦二字合为'乘'字"（《音学五书》卷下，《反切之始》）。寿梦二字是否为反切之始，我不谈这问题。而问题在于顾氏据以为说者乃译音字，而非吴国方言的原来的名字，则寿梦之为"乘"，只可说译成"雅言"后的一种巧合，是不足为训的。寿梦之不得为乘，等于诸樊之不得为"遏"或"谒"，州于之不得为"僚"，阖庐（或阖闾）之不得为"光"，这些都是现实的例证，通于一而不能通于其余。南北方音区别很大，特别是人名，用这种的方式方法来说明问题，徒滋纷扰，是不妥当的。

周制规定，人各一名一号，名用一字，号用二字，若其人用二字为名，就要郑重其事的笔之于书加以指摘。晋魏襄子名"曼多"，《公羊·哀公》十三年："晋魏多帅师侵卫，此言晋魏曼多也。（按：哀七年又作"魏曼多帅师侵卫"。《穀梁》及《左传·经》皆作晋魏曼多。）曷为谓之晋魏多？讥二名，二名，非礼也。"于春秋时，二名不止魏曼多一人，《公羊》不过举一以概其余。正因"二名非礼"，于是他们硬把魏曼多的"曼"字去掉，而称之为"魏多"，以示大义谴责，那就难怪吴越等国的人，凡是用两字为名，或两字以上的号，可以任由己意删用一名及删用二字为号的了。郭沫若同志释《姑冯昏同之子句鑃》铭文的"姑冯昏同"，谓即越王勾践时之大夫"冯同"，而它书又或将"冯"字写为逢、扶①，其说至为精当。姑冯之为"逢"，昏同之为"同"，不可能为发声或合音，而是一种偶合的现

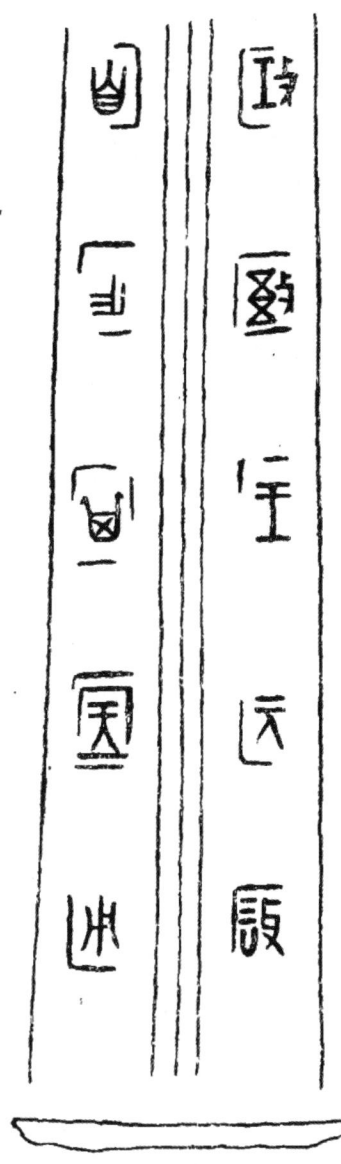

象，中原人任择其二字中之一字作为译音，舍"姑"而取"冯"以符其声，故又可作逢与扶。而于"昏同"则用其本字之"同"。衡之此剑之"姑發鐯反"，拟姑为"诸"，拟反为"樊"而作"诸樊"，以是知其对四字的取舍本无一定的标准，只考虑采用哪两字之音较近，不管其原来的字形如何，是很明显的。

"姑發鐯反"为诸樊的字既明，现考其名。《左传·襄公》十五年作"遏"，《公羊》《穀梁》作"谒"，遏、谒为两种拟音相近结构相类的写法，断非诸樊本名。往读

---

① 郭沫若：《两周金文辞大系图录考释》第四册第155页拓本、第八册第154页考释。科学出版社1957年版。

《两周金文辞大系图录考释》，载《攻敔王元剑》，郭氏谓"元"即诸樊，其言甚辩，至不惜改史以绳其说，心虽非之，而未暇考其错误产生之由，今释此铭，重温郭文，并检视拓本，几经覃思，始了然其疏失是将"元"下一字释为"啓"字所致，随而错断了句。该剑铭文是印模的，每个字在抑范时因用力不平衡，出现了某些字笔划模糊、边框隐现不一的情况，我们若是忽略这点，就会把部分框廓错觉为这字的结构，郭氏所谓的"啓"字，正是以此字的上、左边廓印痕认为笔划所造成的错误，而读其文为"攻敔王元，啓自作元用"了。"啓自作"一词不见于任何铭刻，郭氏知其难通，遂谓"犹言'肇自作'，乃语之变"①以圆其说。此剑见于八处著录②，范铸之初，印模的技术较差而且粗疏③，出土后，各书据以入录的拓本精粗互见，影印上石复有工拙，影响我们的诠释工作，我曾参校诸拓，注意文字笔道与框廓痕迹，摹写一纸较为准确的本子以利研究，肯定郭氏诸樊的论断，否定"啓"字为"讶"之误释。我在释蘁之为讶的过程，是受"邪"字货币的𨀒从𠄌（《说文》牙之古文同）和汉印牙作𠄌所启发的。讶从𠄌（牙），原无神秘之处，因部分变换了笔势，在思想上对这字的理解一时扭转不过来，就付出相当久的思考时间。讶字如其可信，则诸樊之名当作"元讶"而非名"元"，史籍作遏或竭，乃周人记其后一字之由亦可迎刃而解。《元讶剑》以与诸樊名有关，故附此一谈，并就正郭氏。

2. 才（在）□之□

此句字有残泐，一、三字尚可辨认，第四字与下句第一字的"以"字首部横笔似被锈掩，类似《鄂君启节》的𣄴（歲）字。如推理不差，则第二字当为十二支中的某一字，以未见实物，不敢决定。

3. 㠯（以）用㠯（以）隻（獲），莫敢卸（禦）余

𢀩为𢀩之异体字。隻即獲，古不从犬，见甲骨文及金文（《石鼓》作雙）。郭氏释"以"为"云"，谓"云在古文献中或作员，如石鼓文之'君子员猎，员猎员旑'，即其例证，后人以爰字代之"。又云："'云用云隻'，犹言'爰用爰隻'。"隻"在此殆假为护。'用'与'护'对文，用以表达进攻，护以表示自卫"。④我读"以""獲"如字。"以用以獲"者，喻以此剑出征，不但可以获胜，剑之所指，所向无敌，与下文之"莫敢禦余"意正相属。

4. 余处江之阳

此余字为上余字之重文。

---

① 《两周金文辞大系图录考释》第八册又155页。
② 《积古斋钟鼎彝器款识》卷十，第3页，误为汉器。《攈古录金文》卷二之一，第67页。《缀遗斋彝器考释》卷二十九，第6页。《奇觚室吉金文述》卷十，第3页。《簠斋吉金录》卷四之四，第10页。《周金文存》卷六，第96页。《小校经阁金文》卷十，第100页。《三代吉金文存》卷二十，第46页。《积古》《攈古》《缀遗》为摹本，《三代》翻印《校经》，《大系》翻印《周金》。各拓本，以《奇觚》第一次影印版最佳。《校金》两本乃重出。《周金》亦见二本，《大系·目录表》11页备考谓"一具仿刻"。尚待考。
③ 第二个"元"字重新钤印，形近楷书的"天"字。
④ 《跋江陵与寿县出土铜器群》，《考古》1963年第四期，考古杂志社版。

山南为阳，山北为阴，吴在淮河之南，故以河南的地带为阳。山与江河据所向以称阴阳，自无不可。

5. 𠭯（至于）南，𠭯（至于）西行

𠭯，即"至于"，为两字的合体书，《令狐君壶》作𠭯，此其省略。凡合体，必加两小点在字下做为标号，考此种标号有三种不同的用法：一、重文。此例最多，自商迄今，仍相沿用。二、复合词。可以根据两字的形体结构，及书写人认为其笔势可合书者则合书之，如"至于"之例。但字可合书而不合书，则又以书家之意志为转移，如《散盘》有三个"至于"皆分别书写，具有不拘一格的灵活性。三、不可割分的复合词。在某种情况之下必须合体，此例古铭最为突出，我们常见到的有职官、复姓等。职官有司马（包括司马复姓在内）、司工、司寇，及复姓中的韩侯、相如、马师、邯丹、鲜于、淳于，等等。双名亦可合书，有释之、丘子。以上的例子不胜枚举。这些合体字有简化有不简化，有借用上字末笔与不借用上字末笔之分。其原因：一视文字笔划繁简，二考虑字数多寡，当从几方面来作安排，为的铭的面积小，不如是，就不容易解决其内涵困难。金文合体字以兵器为多，如司马、工帀（师字皆借工字末笔，两点不一定有）等，虽说在书写上有其习惯性，而对行款与容纳部位可能皆有关系。诸樊剑铭文中的合体书，或有共同之处。

重文或合体的两点，一般在字的右下角，左下角的比较少见，此铭两者都一律偏左。

"南"下一字殷涤非、郭氏皆释之为"行"，细审仍是"至于"二字合书。"至于南，至于西行"，谓如其出师，南可至楚，西可至越，无往而不利于行。此"行"字直贯上句，故不须在"南"字下复出行字。

铭文隻（獲）、余为韵（鱼），阳、行为韵（阳）。如"在口之歲"确为岁字的话，则反、歲为韵（元）。

这篇短短三十六字的铭文，概括的叙及属于吴国要隘和踞淮河而南一带的行政情况，事涉诸樊，又为诸樊可贵的佚史资料；即寿梦时代，他身据要津，是一员既具有才能又抱有雄心壮志的勇将，为寿梦边疆开拓者得力的助手。

寿梦在位二十五年间，楚的附庸国家几尽入吴国版图，势日强而称王，被"上国"所重视，通于周室，这些功绩，是与诸樊分不开的。诸樊继位，吴楚疆场之事更为紧张，吴患未已，为楚隐忧，每思去之而后快，我们从《左传·襄公》二十五年可以看出些苗头："吴子诸樊伐楚，以报舟师之役，门于巢。巢牛臣曰：'吴王勇而轻，若启之，将亲门，我获射之，必毙。是君也死，疆其少安。'从之。吴子门焉，牛臣隐于短墙射之，卒。"[①] 诸樊死后至阖庐杀王僚止，楚受吴国的军事威胁并未减弱，此后且为夫差攻入郢都，国社几屋。由此可见，自寿梦始，国土向南扩张，为其既定国策，不管那个握掌政权，其矛头都指向楚地，从未改变，检视文献结合剑铭来看，这条线路似乎更加清楚了。

原载《中山大学学报（社会科学版）》1963年第3期

---

① 诸樊即位于公元前560年，卒于公元前548年十二月，在位十三年。

鸟书考

容 庚

许慎《说文序》云:"亡新居摄,使大司空甄丰等校文书之部,自以为应制作,颇改定古文,时有六书:一曰古文,孔子壁中书也。二曰奇字,即古文而异者也。三曰篆书,即小篆,秦始皇帝使下杜人程邈所作也。四曰左书,即秦隶书。五曰缪篆,所以摹印也。六曰鸟虫书,所以书幡信也。"鸟书之名,始见于此。《汉书·艺文志》言:汉兴,萧何草律,以六体试学童,云虫书而不云鸟虫书。卫恒《四体书势》言:甄丰改定古文,六曰鸟书,亦不云鸟虫书(《晋书·卫恒传》)。厥后鸟书、鸟篆之名,时见于史籍:

光和元年(公元一七八年)二月,"始置鸿都门学生"。李贤注:"鸿都,门名也,于内置学,其中诸生皆敕州郡三公举召能为尺牍辞赋及工书鸟篆者相课试,至千人焉。"(《后汉书·灵帝纪》)

初(灵)帝好学,自造《皇羲篇》五十章,因引诸生能为文赋者。本颇以经学相招。后诸为尺牍及工书鸟篆者,皆加引召,遂至数十人。(《后汉书·蔡邕传》)

阳球奏罢鸿都文学曰:"或献赋一篇,或鸟篆盈简,而位升郎中,形图丹青。"(《后汉书·阳球传》)

卫凯好古文,鸟篆、隶草,无所不善。(《魏志·卫凯传》)

今晋朝唯用白虎幡信,幡用鸟书,取其飞腾轻疾也。一曰以鸿雁燕鳦者,来去之信也。(崔豹《古今注·舆兴服第一》)

虫书之状,宛转盘屈,于玺印中时见之。鸟书之状,果何如乎?唐唐玄度《十体书》云:"鸟书,周史官史佚所撰。粤在文代,赤雀集户,降及武朝,丹鸟流室。今鸟书之法,是写二祥者也。用此以书题幡者,取其飞腾轻疾耳。一说,鸿燕有来去之信,故象之也。"(《墨池编》一:十五引)唐韦续《五十六种书》云:"周文王赤雀衔书集户,武王丹鸟入室,以二祥瑞,故作鸟书。"(《墨薮》页三)其言荒渺,皆不足信。鸟书之得见者,始于宋《博古图录》、薛尚功《历代钟鼎彝器款识》等书所载之钟一、戈一、带钩一,凡三器,皆春秋间物。宋人不识,或入之夏,或入之商、周。明代则有李日华所藏之汉婕伃妾娋印。清初则有孙承泽所藏之吴季子之子逞之剑。近数十年来,间出于圹墓,以时代言,则属于春秋、战国;以器物言,则为剑、为戈、为矛;以国别言，则有越、吴、楚、蔡、宋、等国之器。下及汉印、唐碑额，得四十五器，爰集录作《鸟书考》。

一、越国十五器

（一）越王剑（图一，铭文拓本）

　　著录：《贞松堂集古遗文续编》（下二三作王伐剑格）《小校经阁金文拓本》（十：九九全形拓本无背面）　《三代吉金文存》（二十：四八作王戉剑格无背面）　《双剑誃吉金图录》（下三六作王戉剑）　《颂斋吉金续录》（一二九）　今藏广州博物馆

剑长市尺一尺六寸五分，刃长一尺三寸三分，柄长三寸二分，剑格广一寸五分。色作水银古，上有绿锈。锋锷廉利，犹可杀人。铭在剑格上，左右各作"王戉"二字，两面共八字，双钩鸟书。一九三一年秋，得于北京式古斋。初释为"王戉"，以为即《史记·秦始皇本纪》之卿王戉也。后于《周汉遗宝》中得见戉王矛，乃知当释王戉，戉乃越之古文，倒读则为越王。

鸟书之器，以越国为多。所见有戉王、戉王者旨於赐、戉王丌北古、戉王州勾四人。其只言戉王而不名者，疑乃勾践也。案《史记·越王勾践世家》：勾践立，是为越王。元年，吴伐越，败于檇李。《索隐》云："事在《左传》鲁定公十四年。"（公元前四九六年）勾践卒。《索隐》云："《纪年》云：晋出公十年（公元前四六五）十一月，于粤子勾践卒，是为菼执。"《通鉴外纪目录》以为勾践立于周敬王二十四年（公元前四九六），卒于贞定王五年（公元前四六四），在位十三年，盖合其子鼯与元年计之。《吴越春秋》以为勾践二十七年卒，误也。

（二）越王矛

　　著录：《楚文物展览图录》（四二页，图七八称为奇字矛，图二）　湖南省文物管理委员会藏

矛长连木柄约市尺一尺○二分，矛长七寸四分。中作三棱，两旁各有花纹三。花纹之下，各作一"戉"字。两"戉"字下。中作一"王"字，皆鸟书。长沙市出土。

（三）越王者旨於赐钟

　　著录：《金石录》（十一：一作古钟铭）　《博古图录》（二二：一七作周蛟篆钟）　《历代彝器款识》（一：二作商钟，载一维扬石本，图三，二《古器物铭》本，三《博古录》本，字形略有异同）　《啸堂集古录》（页八二）　《两周金文辞大系》（补录一）　藏宋宗室赵仲爰家，后归宋内府

钟高宋尺七寸六分，甬长四寸九分。铭五十二字，错金，鸟书者约十字。《博古》《啸堂》两本行款皆经改易，惟维扬石本及《古器物铭》本尚存原式。兹释文如下：

　　　　隹（惟）正月王
　　　　春吉日丁（此二行在钲上）
　　　　亥，戉（越）王

者旨於
赐罨（择）乓（厥）（此三行在鼓左）
吉金，自
乍（作）禾（和）□
□，以乐（此三行在背面鼓右）
□□，□而
宾客。曰以（此二行在钲上）
鼓之，凤
莫（暮）不貪。
□余子（此三行在鼓左）
孙，万枼（世）
亡彊，用
之勿相。（此三行在正面鼓右）

案，越王者旨於赐六字，旧释"既望分召纯厘"，今据越王者旨於赐矛订正。子孙二字，维扬石本有重文，它本无之。

《史记·越王勾践世家》：自允常、勾践、鼫与、不寿、翁、翳、之侯至无彊，凡八世。《越绝书》（八：三《四部丛刊》本）作允常、勾践、与夷、子翁、不扬、无彊、之侯、尊时、亲，凡九世。《吴越春秋》（十：二五《四部丛刊》本）作元常、勾践、兴夷、翁（下表有"不寿"而无"翁"）、不扬、无彊、王侯、尊亲，凡八世。《竹书纪年》作勾践、鹿郢、不寿、朱勾、翳、诸咎粤滑、错枝、无余之、无颛、无彊，凡十世。非特名号异，即世次亦异。其者旨於赐果为何王？余假定以为勾践之子鼫与。陈梦家《蔡器三记》（《考古》一九六三年第七期）以为"鼫与，《国语·吴语》作诸稽郢；……《越绝书》作与夷，'诸稽'是'者旨'之对音，'与夷'是'於赐'之对音"。案，诸稽并是者旨之孳乳字，未尝不可以通假。但《吴语》："乃命诸稽郢行成于吴。"（注）："诸稽郢，越大夫"，而非勾践之子。《左传》闵公二年："晋侯使大子申生伐东山皋落氏。里克谏曰：'大子奉冢祀社稷之粢盛，以朝夕视君膳者也，故曰冢子。君行则守，有守则从。从曰抚军，守曰监国，古之制也。'"审是，则行成非大子之事也。又《史记·越王勾践世家》："使范蠡与大夫柘稽行成为质于吴。"《索隐》云："越大夫也，《国语》作诸稽郢。"明言其为大夫。且《史记》柘稽与鼫与不当岐出，陈氏之言，不足据也。

林沄云："鼫与一名，和者旨於赐是声音相通的。因为，鼫从石声，石字是禅母三等字，者字则是照母三等字，上古音照审禅母三等字归端透定母，所以石、者两字古代都读舌头音。……彼此音同或音近，正是古音的保留。《毛诗·终南》：'颜如渥丹'，《韩诗》作'颜如渥沰'（《经典释文》引），《韩诗外传》作'颜如渥赭'，可证古代从石声之字和从者声之字音通互假。……至于与字和於字，则同为喉音字，同属鱼部。……所以，缓言之为者旨於赐，急言之则为鼫与。这就象《国语》上的寺人勃鞮，《左传》上写作寺人披一样，是同一人名的不同记音方法。"（《考古》一九六三

年第八期《越王者旨於赐考》)

《史记·索隐》："按《纪年》云，鹿郢立六年卒（公元前四六四年—四五九年）。乐资云：'越语谓鹿郢为鼫与也。'"《左传》哀公二十四年作适郢。《越绝书》（八：三）作与夷。《吴越春秋》作兴夷，即位一年卒。今见者旨於赐所作，有钟、矛、剑、戈各器，殆非一年所能成，当以六年卒为是。

（四）越王者旨於赐矛（图四，摹本）

著录：日本《周汉遗宝》（图五四作金错矛） 《燕京学报》（第十七期《鸟书考补正》补图十） 《两周金文辞大系》（补录二） 日本《书道全集》（一：一〇五，一九五四年新版作越鸟书矛） 日本细川护立藏

矛长市尺一尺一寸一分。柄有鼻可系绳，旁作三角形夔龙纹。铭："戉王者旨於赐"两行六字，错金，鸟书者五字。《遗宝》本仅辨首行戉王二字。一九三四年，贻书梅原末治君请求摄影。承赠影本，字字清晰，乃摹其文。

（五）越王者旨於赐剑

著录：《燕京学报》（第二十三期《鸟书三考》图四，图五）

剑约长市尺一尺六寸九分，剑格广一寸五分半。铭在剑格上，面左右各二字，文曰"王戉"，与越王剑同。背左右各二字，右曰"者旨"，左曰"於赐"。八字均鸟书。或谓面文与越王剑同，则当是一人所作之器。余谓鼫与为勾践之子，勾践死后，铸剑工人犹有存者，故文字可能相同。而背文改为"者旨於赐"，以示别于只称"戉王"者，故余假定为两人也。《商周金文录遗》（五九二）著录越王剑，与此同铭异器，文字模糊，故不录。

（六）越王者旨於赐剑二

著录：《燕京学报》（第二十三期《鸟书三考》图五） 《商周金文录遗》（五九四，图六）

剑长市尺一尺六寸一分，剑格广一寸五分。铭在剑格上，面左右各二字，文曰"邨王"，顺逆相背，与前剑异，邨字从邑。背左右各二字，右曰"者旨"，左曰"於赐"。鸟书者二字。与前剑均出于寿县。

（七）越王者旨於赐戈（图七，摹本）

著录：《考古》（一九六三年第四期《安徽淮南市蔡家岗赵家孤堆战国墓》） 安徽省博物馆藏

戈援长市尺四寸六分，胡残长四寸，内残长一寸。胡正面铭"戉王者旨於赐"两行六字，戉旨二字泐蚀不可辨；背面铭两行六字，不可识，均错金，鸟书者三字。一九五九年淮南市八公山区蔡家岗出土。尚有一戈，正面泐存者赐二字，背面泐存每行下一字，文字相同，故不录。

（八）越王之子剑

著录：《商周金文录遗》（五九三，图八）

剑大小未详。铭在剑格上，正面左右各作"王戉"二字，鸟书。背面右为"之子"二字，左二字不可识。其勾践之子乎？

（九）越王丌北古剑

著录：《文物》（一九六二年第十二期马承源《越王剑》，图九）　上海博物馆藏

剑长市尺一尺八寸一分，剑格广一寸五分，剑首直径一寸二分。铭剑格正面左右各"戉王丌北古"五字，背面左右各"自乍用□自"五字，剑首环列"戉王丌北自乍元之用之佥（剑）□"十二字，皆错金，鸟书者约十字。剑身已断为四截，并有残缺。

马承源谓"越王丌北古就是越王盲姑，盲姑即不寿，他是勾践的孙子。……按丌、北同属之部韵，韵尾相同，速读时易于省去一个音，即只剩北字音。……北、盲旁纽双声字，借盲声为北声，乃是声转的关系，古、姑是双声叠韵字"。

《史记·索隐》："《纪年》云，不寿立十年见杀（公元前四五八—四四九），是为盲姑。"

《周金文存》（六：一〇五）著录簠斋所藏古兵，剑首环列十二字；《善斋吉金十录》中《古兵录》奇字剑一（下九），剑首错金书十二字，又奇字剑二（下十），剑首存七字，又卯剑（下十一），剑首错银书十二字，剑格正背面字模糊不辨字数，字体与越王丌北古剑略同，乃同时所制也。

（十）越王州勾矛

著录：英国威廉瓦生著《古代中国铜器》（页七六，图十）　《书道全集》（一：一〇四，新版）　大英博物馆藏

矛长市尺八寸六分。锈色斑驳。形制与越王者旨於赐矛略同。铭"戉王州勾自乍用矛"，两行八字，错金，皆鸟书。

《越世家》《越绝书》《吴越春秋》均作不扬，《索隐》："《纪年》：於粤子朱勾，三十四年灭滕，三十五年灭郯，三十七年卒。"（公元前四四八—四一二）今所见矛、剑均作州勾。朱，古音在侯部，州，古音在幽部，侯、幽可以旁转。

（十一）越王州勾剑

著录：《周金文存》（六：一〇六作宝用剑全形拓本，图十一）　《三代吉金文存》（二十：四八作鸟篆剑格）　《贞松堂集古遗文》（十二：二三同）　《燕京学报》（第十六期《鸟书考》图六，断后影本）　王懿荣旧藏

剑长市尺一尺八寸二分，剑格广二寸。剑格正面右为"戉州勾"三字，左为"王州勾"三字；背面左右各为"自乍用佥"四字，回环读之。鸟书者共十字。

王懿荣《天壤阁杂记》云："辛巳年（光绪七年，公元一八八一年）八月，由川北上回京馆试。到陕西。……先是过宝鸡，渡河，祷于宝鸡祠陈宝之神，愿得古器。门未启，叩于外。到长安，得………小苏估剑一，当为天下第一。鸟形阳文，篆如花如字，字下又有花，锋如新。……陈宝之神所祐也。"陈介旗与王懿荣书云："尊释'宝鐱永用'。蒙谓用鐱释信，鐱省金。宝字作冟，与薛书商钟自字同，当释自。其一字当是人名，读曰某自用剑，与逗之永用剑文同，其字竟不可强释。其一面似有饰宝，亦左右同文，似三字。其一下半作𠂤，上作二鸟，似是分字。其一近成字，其一字长而泑，不可释。"（《簠斋尺牍》涵芬楼印本第七册）戉王州句四字，前人均不认识。余据越王者

旨於赐矛，得识戉王二字，近据越王州勾矛，复识州勾二字，识字信不易也。此剑全形拓本传世极少，《周文金存》所印，乃王氏以赠吴大澂者。陈氏书又云："全剑精拓，乞再惠三四纸，以一多题字尤企。"未知王氏曾与之否？此剑后归武进陶祖光。剑之上半及柄均佚，惟存剑格及中段。一九三三年，陶君出以见示，乃为摄影。今陶君逝世，不可踪迹矣。

（十二）越王州勾剑二

著录：英国叶慈（W. Perceval Yetts）《中国古剑上之鸟书》（《大不列颠及爱尔兰皇家亚洲学会学报》一九三四年七月号，图十二）《燕京学报》（第十七期《鸟书考补正》补图七）法国巴黎Cernuschi博物院藏

剑长市尺一尺五寸三分，剑格广一寸六分。铭文正面六字，背面八字，与前剑同。文字中错以蓝玉，间有脱落。锈蚀太甚，剑身中断。

（十三）越王州勾剑三

著录：《燕京学报》（第十七期《鸟书考补正》图二三，图十三）美国纽约温士洛（G. L. Winthrop）藏

剑长市尺一尺三寸七分，刃长一尺二寸三分，剑格广一寸五分。铭文正面六字，背面八字，与前剑同。一九三五年，梅原末治君以拓本寄示。

（十四）越王州勾剑四

著录：《商周金文录遗》（五九八）《书道全集》（一：一〇八，新版，图十四）

剑长市尺一尺五寸五分，剑格广一寸七分。铭文正面六字，背面八字，与前剑同。

（十五）越王州勾剑五

著录：《善斋古兵录》（下八，作自作用剑，图十五）《小校经阁金文拓本》（十：九九作戉王剑一）《三代吉金文存》（二十：四八作鸟篆剑格一）

剑长市尺一尺五寸七分，剑格广一寸三分。铭文正面六字，背面八字，与前剑同，泐蚀不尽可辨。

二、吴国四器

（十六）王子于戈（图十六，摹本）

著录：《文物》（一九六二年第四、五期，张颔《万荣出土错金鸟书戈铭文考释》）山西博物馆藏

戈援长市尺四寸八分，胡长二寸九分，内长二寸四分。铭正面"王子于之用戈"六字，错金，鸟书者三字。背面一字不可识，与攻敔王光戈背面一字相同而反书。之用二字与逗之剑相同，故可确定为吴国之器。一九六一年，山西万荣县后土庙附近贾家崖出土。

张颔云："《左传》昭公二十年：'（伍）员如吴，言伐楚之利于州于。'杜预注'州于吴子僚'。州于的于字，与王子于戈上的于字，形音皆同，所以王子于之用戈，当即吴王僚为王子时之器。至于州于本为两个字，而戈上只称于，这种例子，在有关资

料上是屡见不鲜的。"又云："假如州于为吴王余昧之子的话，则此戈当是在王余昧元年（公元前五三〇年）至吴王僚元年（公元前五二六年）四年间所铸造的。假若如《公羊传》所说，州于为吴王寿梦庶子的话，则此戈当是在吴王寿梦元年（公元前五八五年）至吴王僚元年五十多年内所铸造的。"

（十七）吴王光逗戈（图十七，摹本）

著录：《周金文存》（六：十七） 上海博物馆藏

戈援长市尺五寸一分，胡长二寸九分，内长二寸五分。铭正面"大（吴）王光逗自作"六字，由胡至援，背面"用戈"二字，在胡上。王用二字略作鸟形。西周铜器铭文有大王，余疑为吴王，吴字省口，犹周字省口作用也。此戈余初释为大王，但吴字在春秋、战国间，如吴王光鉴、攻吴王夫差鉴，吴字皆从口从大，则大王疑亦省口为吴王。光吴王名，《左传》又称为阖庐。楚子西称为吴光（《左传》昭公三十年）。此称光逗，未见于他书。余初欲据子可戈读法，由援至胡，释为"逗自作吴王光用戈"，但与攻敔王光戈读法相校，由胡至援，仍当以前释为是。《周金文存》印本模糊，光字未识。马承源君寄赠拓本及摹本。

同铭者二器：其一《攈古录金文》（二之一：三一）著录作趠贞戈，《周金文存》（六：十五）作趠戈，钱塘何嘉祥藏。戈援长市尺四寸六分，胡长三寸三分，内长二寸三分。其一《周金文存》（六：十六）著录，嘉定瞿中溶藏。戈援长市尺五寸一分，胡长二寸九分，内长二寸四分。文字略同，不录。

（十八）攻敔王光戈

著录《十二家吉金图录》（双三作光戈） 《双剑誃古器物图录》（上四四作春秋攻敔王光错金戈，错金非。图十八）

戈援长市尺四寸四分，胡长二寸九分，内长二寸二分。铭"攻敔王光自"五字，前三字在胡上，后二字在援上，背胡上一字不可识。《史记·吴太伯世家》："太伯之奔荆蛮，自号句吴。"或引作勾吾。攻吴王夫差鉴作攻吴，工𢊈王钟作工𢊈，此作攻敔，皆吴之别称也。前以王字与攻字偏旁之工字相同，误释为工，故知古文字变化多端，未尽可以偏旁推断者。王字与吴王光逗戈略同，鸟书之形不显，以文字与它器相类，故附著之。内作八兽，颠倒相逐，兽形与越王者旨于赐矛柄上雕刻者相同，可见吴、越两国文字、花纹为一家眷属也。

（十九）吴季子之子逞之剑

著录：程瑶田《通艺录·桃氏为剑考》（页八） 《积古斋钟鼎彝器款识》（八：二十作吴季子之子剑，图十九） 《攈古录金文》（二之一：五七作吴季子剑） 《缀遗斋彝器考释》（二九：九） 《周金文存》（六：九四全形拓本） 《小校经阁金文拓本》（十：九九作吴季子之子逞剑） 孙承泽旧藏

剑长一尺五寸九分（据《周金文存》拓本）。铭"吴季子之子逞之元用剑"，两行十字，在剑身上，错金，鸟书者三字。各家著录不尽相同，皆出于摹本。程瑶田云："胡生得孙退谷所藏吴季子之子剑剑铭拓本，遂以遗余。其篆为鸟虫书，十字二行。退谷手书释之曰：'吴季子之子保之永用剑。'又为跋尾手书之，其略云：昔季子有剑，

为徐君所爱。此则其子之剑。吾见三代诸器款识多矣，鲜有及此者。旧在睢阳袁氏，曾向余言，买时一字酬以十金。"康熙九年（公元一六七〇）十二月，朱彝尊偕嘉兴李良年、吴江潘耒、上海蔡湘过孙承泽蛰室，出延陵季子佩剑相示，因联句咏之，得四十韵。诗成摹铭文于前，俾彝尊书联句于后，装界为册，藏之砚山书屋（见《曝书亭集》四六：四）。王士禛为作双剑行（见《精华录》二：十四）。得二公之赞美，故喧赫于世。翁方纲谓"读其拓本，而可疑者凡有五焉"（《复初斋文集》十九：十）。盖由于当时所见错金鸟书少，故疑所不必疑也。

"元"旧释"永"，余据攻敔王夫差剑"攻敔王夫差自乍其元用"，秦子戈及秦子矛"公族元用"，吉日壬午剑"乍为元用"，皆有"元用"之文。而𪴏公剑"为用元剑"，元字鸟书与此略同，故定为元字。

《陶斋吉金录》（三：四七）所录吴季子剑，铭为"吴季子用永用之鐱"，两行八字，只前一用字为鸟书，文义不通，笔画柔弱，盖仿前剑而伪。李葆恂尝辨之云："光绪丁未（公元一九〇七年），陕西回人苏估持此剑来金陵，售于端忠敏公（方），公命余考定真赝。余曰：'此仿孙退谷所藏吴季子之子逞之永用剑而伪凿者。彼器字画细筋入骨，精劲绝伦，岂似此之痴肥耶？'公颔之。而苏估力言其何处出土，真器无疑。公以苏估曾为王文敏公（懿荣）所赏，所言当不谬，遂以重金购之，载入《陶斋吉金录》矣。"（《三邕翠墨簃题跋》一：五）

三、楚国二器

（二十）楚王孙渔戈（图二十，摹本）

　　著录：《文物》（一九六三年第三期，石志廉《楚王孙鱼铜戈》）　北京历史博物馆藏

戈援长市尺四寸九分，胡长三寸九分，内长二寸三分。内作错金蟠螭纹。铭"楚王孙渔之用"六字，三在援上，三在胡上，错金，鸟书者二字。湖北江陵县新民泗场长湖边出土。

《左传》昭公十七年（公元前五二五），"吴伐楚，阳匄为令尹，卜战不吉。司马子鱼曰：'我得上流，何故不吉？且楚故，司马令龟，我请改卜。'令曰：'鲂也以其属死之，楚师继之，尚大克之，吉。'战于长岸，子鱼先死，楚师继之，大败吴师，获其乘舟余皇"。杜注："子鱼，公子鲂也。"楚之公族，有称公子者，如公子元是也。有称王孙者，如王孙游是也。有称王子者，如王子职是也。有称太子者，如太子建是也。有称公孙者，如公孙燕是也。王孙渔当即子鱼，不知何王之子或孙。除王朝及吴国公族外，他国无称王子、王孙者。

（二十一）楚王酓璋戈

　　著录：于省吾《双剑誃古器物图录》（上四五，图二十一）　故宫博物院藏

戈援长市尺四寸五分，胡及内各长二寸二分，胡下微缺。一九三六年春，忽闻上海有十八字错金鸟书戈，同好皆色喜相告语。郭沫若君在日本为致影本，以为已东渡矣。后戈由上海北来，归于于省吾君。铭云"楚王酓璋严龏寅，乍铊戈，以邵扬文武之

戈用"，错金十八字，鸟书者四字。洛阳出土。楚王之名熊者，金文作酓，楚王酓璋即楚惠王熊章，楚王酓忎即楚幽王熊悍也。《史记·楚世家》：楚昭王卒于军中，子闾与子西、子綦谋，迎越女之子章立之，是为惠王。五十七年，惠王卒（公元前四八八—四三二）。酓章所作器，有钟二，宋代安陆出土，一铭三十四字，一铭二十一字，见于《历代钟鼎彝器款识》（六：七）。有剑一，一九三三年，寿县出土，铭两行十四字，可辨者仅"楚酓章为士用征"七字，见于刘节《楚器图释》（页九）。字均作章不作璋。

四、蔡国四器

（二十二）蔡侯产戈

著录：《考古图》（六：十二作戈）　《历代钟鼎彝器款识》（一：一作夏珊戈，图二十二）

戈以汉弩机尺度之，刃广寸半，内长四寸半，胡长六寸，援长七寸半。胡铭"蔡侯产之用戈"六字，错金，鸟书者五字。宋李公麟得于寿阳紫金山汉淮南王之故宫。薛尚功云："庾肩吾《书品》论曰：'蛟脚旁舒，鹄首仰立'，正此书也。"黄庭坚《跋李伯时所藏篆戟文》云："龙眠道人于市人处得金铜戟，汉制也。泥金六字，字家不能读，虫书妙绝。于今诸家，未见此一种，乃知唐玄度、僧梦英皆妄作耳。"（《豫章黄先生文集》二八：二四）案，黄氏以戈为戟，以春秋为汉物，以鸟书为虫书，均误。

蔡侯产三字，余初不之识。现据新出蔡侯产剑，可确知之。薛氏本较吕氏本摹写放大，且均有误笔。

《史记·管蔡世家》："十九年，成侯卒，子声侯产立。声侯十五年卒（公元前四七一—四五七），子元侯立。"

（二十三）蔡侯产剑（图二十三，摹本略大）

著录：《考古》（一九六三年第四期《安徽淮南市蔡家岗赵家孤堆战国墓》）　安徽省博物馆藏

剑长市尺一尺七寸八分，刃长一尺五寸二分，广一寸四分半。铭"蔡侯产之用剑（剑）"，两行六字，错金，鸟书者四字。淮南市八公山区蔡家岗出土。

（二十四）蔡侯产剑二（图二十四，摹本略大）

著录：同前

剑长市尺一尺六寸七分，刃长一尺三寸六分，广一寸一分。无镡无格。铭"蔡侯产□□□"，两行六字，鸟书错金，与前剑同出土。

（二十五）蔡侯产剑三（图二十五，摹本略大）

著录：同前

剑长市尺一尺五寸七分，刃长一尺三寸，广一寸五分。柄及格饰云纹及绿松石。铭"蔡侯产□□□"，两行六字，鸟书错金，次行三字，与前剑文同不可识。以上三剑与越王者旨於赐戈二器同出土。

五、宋国二器

（二十六）宋公䜌戈（图二十六）

著录：《燕京学报》（第二十三期《鸟书三考》）　《双剑誃古器物图录》（上三四）

戈援长市尺四寸二分，胡长二寸八分，内长二寸五分。铭"宋公䜌（栾）之赀（造）戈"，面二行四字，背二字，均在胡上，错金，鸟书者一字。一九三六年，寿县出土。寿县陈济庸君寄赠影本。

《左传》昭公二十年："癸卯，取太子栾与母弟辰、公子地以为质。"注："栾、景公也。"二十五年："十一月，宋元公将为公故如晋，梦大子栾即位于庙，已与平公服而相之。"《史记·宋微子世家》：元公卒，子景公头曼立。六十四年，景公卒（公元前五一四—四五一）。《汉书·古今人表下上》宋景公名兜栾。

宋元祐间，宋公栾鼎出于南都，藏秘阁，底盖皆有铭（见《金石录》十一：四），其图见于《续考古图》（五：十六）云："克一姪得之于南京。"或后归秘阁也。《博古图录》（三：三七）著录有盖而无器，铭"宋公䜌之饎鼒"，二行六字。先此戈出土八百四十余年。黄伯思引汲冢《师春书》云："宋之世次曰景公䜌者，昭公子。"（《东观余论》上六一）与《左传》及《史记》皆以景公为昭公父者不合。

（二十七）宋公得戈

著录：《书道全集》（一：一〇三，新版，图二十七）

戈援长市尺四寸三分，胡长三寸七分，内长二寸四分。铭"宋公䙷（得）之赀（造）戈"，面二行四字，背二字，均在胡上，错金，鸟书者三字。寿县出土。

《左传》哀公二十六年：宋景公无子，取公孙周之子得与启畜诸公宫，未有立焉。冬十月，公游于空泽，卒于连中。大尹立启。六卿不服，共攻之。大尹奉启以奔楚，乃立得。注："周、元公孙子高也，得，昭公也，启，得弟。"《史记·宋微子世家》："六十四年景公卒。宋公子特攻杀太子而自立，是为昭公。……昭公四十七年卒。"（公元前四五〇—四〇四）《索隐》："特，一作得。按，《左传》景公无子，取元公庶曾孙公孙周之子得及启畜于公宫。及景公卒，先立启，后立得，是为昭公。与此全乖，未知太史公据何为此说？"案，景公即位至昭公卒，相距一百一十年。今二戈形制及文字略同，铸年当相距不远。

六、不知国名十三器

（二十八）𠭯公剑

著录：《贞松堂集古遗文》（十二：十九，图二十八）

剑大小未详。铭"𠭯公自□吉□金，其以乍为用元剑"，面背各一行七字，错金，鸟书者五字。

（二十九）子□戈

著录：《燕京学报》（第二十三期《鸟书三考》）　《商周金文录遗》（五六七，图二十九）

戈援长市尺四寸一分，胡长三寸一分，内长二寸四分。铭"子□之用戈"五字，皆鸟书，由援至胡。一九三五年，寿县出土。

（三十）敚□戈（图三十，摹本）

著录：《燕京学报》（第十七期《鸟书考补正》图二六作玄镠戈）

戈内长市尺三寸三分，胡长三寸八分，援长未详。铭"敚□之用玄镠"六字，错金，鸟书者三字。之用二字与前器相同，当是同一国之器。

（三十一）蔡□戈（图三十一）

未著录　上海博物馆藏

戈援长市尺三寸五分，上端微断，胡长三寸六分，内长二寸三分。铭"蔡□之用玄翏（镠）"六字，四字在援，两字在胡。之字略作鸟形，用字泐。马承源君以拓本寄赠。

（三十二）新弨戈（图三十二，摹本）

著录：《文物》（一九六二年第十一期）　湖北襄阳专区博物馆藏

戈援长市尺五寸，胡长三寸七分，内已折断。铭"新弨自敲（命）弗戈"六字，惟戈字略作鸟形。郾王朕戈铭"郾王朕作㇄萃鏼鏺"八字，鏼鏺乃戈之别名。此弗字不从金，文义相同。一九五五年，湖北南漳出土。

（三十三）玄镠戈

著录：《燕京学报》（第十七期《鸟书考补正》图二五）　《商周金文录遗》（五六三，图三十三）

戈援长市尺四寸四分，胡长三寸二分，内长二寸四分。铭"玄翏（镠）"二字，在胡上，错金鸟书。一九二六年，河北曲阳出土。

翏即镠之古文。邵钟、郐公华钟、郐公牼钟、吉日壬午剑皆有"玄镠"。《尔雅·释器》："黄金谓之璗，其美者谓之镠。"注："镠即紫磨金。"彝器上所云玄镠，乃指青铜而言也。

（三十四）玄镠戈二（图三十四，摹本）

著录：《贞松堂集古遗文》（十一：二三）　《贞松堂吉金图》（中五六）

戈援长市尺三寸四分，胡长二寸，皆有断折，内长二寸二分。铭"玄翏（镠）"二字，在胡上，错金，翏字下半泐。

（三十五）自作用戈

著录：《贞松堂集古遗文》（十一：二六作□□用戈）　《三代吉金文存》（十九：三七作鸟篆戈，图三十五）

戈援长市尺三寸一分，胡长二寸七分，内长二寸一分。铭"自作用戈"四字，鸟书，在援及胡上。

（三十六）□之用戈

著录：《周金文存》（六：六十作琱戈二）　《梦郼草堂吉金图》（中九作金书雕戈，图三十六）　《三代吉金文存》（十九：三七作鸟篆戈二）　《小校经阁金文》（十：三十作□作用戈）

戈援长市尺二寸三分，上端断折，胡长三寸一分，内长二寸。铭存"□之用戈"四字，错金，鸟书者一字，在援及胡上。

（三十七）之用戈

著录：《善斋吉金录·古兵录》（上二五作永用戈，图三十七）　《小校经阁金文》（十：二九同上）

戈援连内长市尺九寸九分，胡长四寸五分。铭"之用戈"三字，错金鸟书，在胡上。寿县出土。

（三十八）用戈（图三十八）

著录：《颂斋吉金续录》（图一二八）

戈通长市尺六寸，援长三寸八分，胡长二寸九分，内长二寸二分。铭"用"字，鸟书，在胡上。一九三三年，山西汾阳县出土。

（三十九）册□带钩

著录：《历代钟鼎彝器款识》（一：十七作夏带钩）　《啸堂集古录》（六九，图三十九）

形制大小未详。铭三十三字，错金，鸟兽书，文义不可晓。约略可识者：首行册母反往，二行不利产，三行不，四行则相旨，十一字而已。《彝器款识》云："尾四字，喙一字，钩腹二十八字。"《啸堂》云："钩首四字，钩尾一字。"未知孰是。

（四十）之利残片

著录：《文物》（一九六一年第十期摹本，图四十）

残片高市尺六寸（摹本高五寸，云"原大"，与影本不符，未知孰是）。铭存六行四十七字，错金，鸟书者约十字，只存残铜一片，如半月形，文义不可晓。约略可识者，首行之利寺之奴，二行董於於兴，三行利利玄鏐之，四行邵成书釶，五行女长邵古易女，二十余字而已。与奇字钟有相似处而不尽同。

从上列各器观之，其有人名可考者，始于吴王子于（即位于公元前五二六年），楚王孙渔（卒于公元前五二五年）；其次则宋公栾（公元前五一四—四五一年），楚王畲璋（公元前四八八—四三五年），蔡侯产（公元前四七一—四五七年），越王者旨於赐（公元前四六四—四五九年），越王丌古北（公元前四五八—四四九年），宋公得（公元前四五〇—四〇四年），终于越王州勾（公元前四四八—四一二年）。假定王子于及王孙渔作器于公元前五五四年，至宋公得之卒于公元前四〇四年，则鸟书之流行不过一百五十年。其有国名可考者，为越、吴、楚、蔡、宋五国，而以越国所作器为最多。其字数以越王者旨於赐钟五十二字为最多，鸟书约十字。楚王畲璋戈十八字，鸟书四字。曑公剑十四字，鸟书五字。吴季子之子逞之剑十字，鸟书三字。鸟书之器不尽作鸟书。册□带钩三十三字，均作鸟书，其中三数字则作兽形。其鸟书亦有种种不同，原字之外，有加一鸟形于旁，以为纹饰；去其鸟形仍可成字者，如用戈是。有加一鸟形于下者，如玄鏐戈是。有加两鸟于左右者，如救□戈是。有加一鸟及二鸟者，如曑公剑是。有笔画与鸟形混合不分者，如自作用戈是。有笔画作双钩鸟纹者，如越王剑是。如子□戈□字作一鸟，用字作两鸟，戈字鸟形与笔画混合，子字、之字作简单之鸟纹，五字而四者备焉。

七、汉印三方

（四十一）緁伃妾娋玉印（图四十一）

著录：鲍昌熙《金石屑》（三：一） 《十钟山房印举》（四：五）

印方七分，凫纽纯白，纽旁有朱斑半黍，玉泽温润，入手凝脂。文："緁伃妾娋"四字。明李日华六砚斋旧藏。李氏跋云："汉宫赵飞燕为緁伃时印，不知何年流落人间。嘉靖间，曾藏严氏（嵩），后归项墨林（元汴），又归锡山华氏（夏）。余爱慕十余载，购得藏于六砚斋，为一奇品，永为至宝。若愿以十五城岂能易也。"清嘉庆七年（公元一八〇二），归于文鼎，朱为弼有咏文后山鼎所藏汉赵婕妤玉印诗（《蕉声馆诗集》三：十）。道光五年（公元一八二五）十二月十九日，归于龚自珍，喜极赋诗四首（《定庵文集补》上），为寰中倡，欲得地十笏于玉山之侧，构宝燕阁居之。后归番禺潘仕成海山仙馆及高要何昆玉。同治十一年（公元一八七二），何氏携此印及潘有为看篆楼古印，叶志诜平安馆节署烬余古印售于潍县陈介祺。陈氏复出旧藏，益以东武李璋煜爱吾鼎斋、海丰吴式芬双虞壶斋及李佐贤、鲍康各家藏印，成《十钟山房印举》。

印文昔人皆释为"緁伃妾赵"，或谓为钩弋夫人，或谓为飞燕、合德。余谓末乃娋字，是名非姓。緁伃妾娋，犹言丞相臣斯也。緁伃，《汉书·外戚列传》作倢伃，位视上卿，爵比列侯。

（四十二）熊得玉印（图四十二）

著录：《燕京学报》（第十七期《鸟书考补正》图二七）

印方市尺五分半。印花罗福颐君赠。

（四十三）张猛铜印（图四十三）

著录：《十钟山房印举》（十一：五一） 于省吾藏

印方市尺五分。与上印笔画均作简单之鸟首；与緁伃妾娋玉印字体相肖，其时代当属于汉。可知汉人所谓鸟书者，皆此类也。于省吾君闻余重定《鸟书考》，以印花寄赠。

八、唐碑额一

（四十四）昇仙太子碑额（图四十四，拓本缩小）

著录：褚峻《金石图》（第四册缩刻）

碑周武后曌御制御书。碑文草书，碑额六字，明赵崡称为"飞白书作鸟形"，乃飞白书之别体也。"太子碑"三字皆作一鸟，"昇"字为三鸟，"仙"字为四鸟，六字之中，十鸟集焉。碑立于圣历二年（公元六九九），碑连额高一丈七尺四寸，在今河南偃师南四十里缑山仙君庙。额鸟书如绘画，可见武后之多才多艺。又唐高宗御书孝敬皇帝叡德纪，书于上元二年（公元六七五），碑文草书，碑额飞白书。书法与昇仙太子碑相似。《唐书·武后本纪》云："高宗自显庆后，多苦风疾，百司奏事，时时令后决之，常称旨，由是参豫国政。"《资治通鉴》（卷二〇二）上元二年三月，云："上苦风眩甚，议使天后摄知国政。"叡德纪疑由武后仿高宗书而代笔。武后生于武德七年（公元六二四）。上元二年，时年五十二；圣历二年，时年七十六，相距二十四年。或谓《唐书·高宗本纪》：上元二年四月："天后杀皇太子"（即孝敬皇帝），必不为之书碑。然《旧唐书》只云："皇太子弘薨于合璧宫之绮云殿。"皇太子乃武后亲生子，沈瘵婴身，卒年仅二十一，即使受禅，不能制武后之专政，鸩杀断非事实。碑文云："天后心缠积悼，痛结深慈。"则书碑实有可能。《唐书》对于武后称帝，每多污蔑之词，如鸩杀皇太子，乃其一也。

九、伪秦玺一方

尚有一伪物足记者，乃秦玺也。薛尚功《彝器款识》（十八：二）所载凡二，其一文云："受天之命，皇帝寿昌。"其二文云："受命于天，既寿永昌。"其二乃鸟书也。薛氏所录，一向巨源传本，二蔡仲平传本（图四十五，缩小），方市尺三寸四分，二者笔画微异。宋赵彦卫《云麓漫钞》（十五：一）所录一博陵崔逢《传国玺谱》内所载玺二，二元符所得玺，三魏玺，四碑本二。惟元符本为鸟书，然与薛氏本亦微异。考《宋史·哲宗本纪》（卷十八）：元符元年（公元一〇九八）三月乙丑，诏翰林学士承旨蔡京等辨验段义所献玉玺。定议以闻。五月戊申朔：御大庆殿受天授传国受命宝，行朝会礼。癸丑，受宝恭谢景灵宫。庚申，诏献宝人段义为右班殿直，赐绢二百匹。《云麓漫钞》所记尤群，云：

元符元年春正月甲寅，永兴军咸阳县民段义劚地得古玉印，诏尚书礼部、御史台、学士院、秘书省、太常寺官定验以闻。三月丙辰，翰林学士承旨蔡京等奏：奉敕讲议定验咸阳民段义所献玉玺。义称绍圣三年（公元一〇九六）十二月内河南乡刘银村掘土得之。臣等按所献玺色绿如蓝，温润而泽，其文曰："受命于天，既寿永昌。"其背螭纽五盘纽间，亦有贯组小窍。其面检文与玺相合，大小不差毫发。篆文工作，皆非近世所为。臣等以历代正史考之：玺之文曰"皇帝寿昌"者，晋玺也。曰"受命于天"者，后魏玺也。"惟德允昌"者，石晋玺也。则"既寿永昌"者，秦玺可知。今得玺于咸阳，其玉乃蓝田之色，其篆与李斯小篆体合，饰以龙凤鸟鱼，其虫书鸟迹之法，于今传古书莫可比拟，非汉以后所能作明矣。今陛下嗣守大宝，而神玺自出，其文曰："受命于天，既寿永昌。"则天之所畀，乌可忽哉。晋、汉以来，得宝鼎瑞物，犹告庙改元，肆眚上寿，况传国之器乎。其缘宝法物礼仪，乞下所属施行。诏礼部、太常寺考按故事，详定以闻。有司讨论故实来上，择日祇受。改元曰元符。大赦天下，百寮称贺。

然此玺实伪制，故赵氏复辨之曰：

谨案《汉官仪》：天子不佩玺，侍中组负以从。秦以前为方寸玺。卫宏亦云，秦以前为方寸玺。秦以来天子独称玺，又以玉，群下莫得用。《徐璆传》（见《后汉书》卷七八）："献帝迁许。璆以廷尉征当诣京师，道为袁术所劫。术死军破，璆得其盗国玺，还许，上之。司徒赵温谓曰："君遭大难,犹存此邪?"璆曰:"昔苏武困于匈奴,不坠七尺之节,况此方寸印乎?"《吴书》亦云:方围四寸,则知秦玺方寸耳。后之玺大若此,其为伪无疑。

案,宋代君臣,侈言祥瑞。真宗深以澶渊之盟为辱,尝怏怏不乐。王钦若曰:"惟封禅可以镇服四海,夸示外国。然自古封禅,当得天瑞,希世绝伦之事,乃可耳。"既而又曰:"天瑞安可必得,前代盖有以人力为之者,惟人主深信而崇奉之,以明示天下,则与天瑞无异也。陛下谓河图洛书果有邪?圣人以神道设教耳。"(《宋史纪事本末·天书封祀》)蔡京之秦玺,等于王钦若之天书,皆人为之瑞也。赵氏从制度上之大小辨其伪,以"证谱家之谬,祛后来之惑",其言至确。明沈德符著《秦玺始末》,纪载更详,其旨在辩传国玺之不足宝。然此可窥见宋人意想上之鸟书,故附著之。

余于一九三四年作《鸟书考》,一九三五年作《鸟书考补正》,一九三八年作《鸟书三考》,均载于《燕京学报》。兹续有所见,合三篇而成此文。摹本多承商承祚、曾毅两君见贻,敬申谢意。

一九六四年一月

图一 越王剑

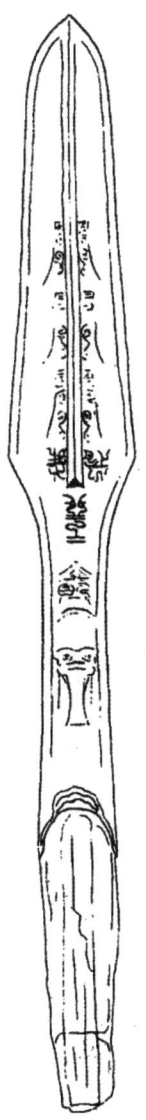

图二 越王矛

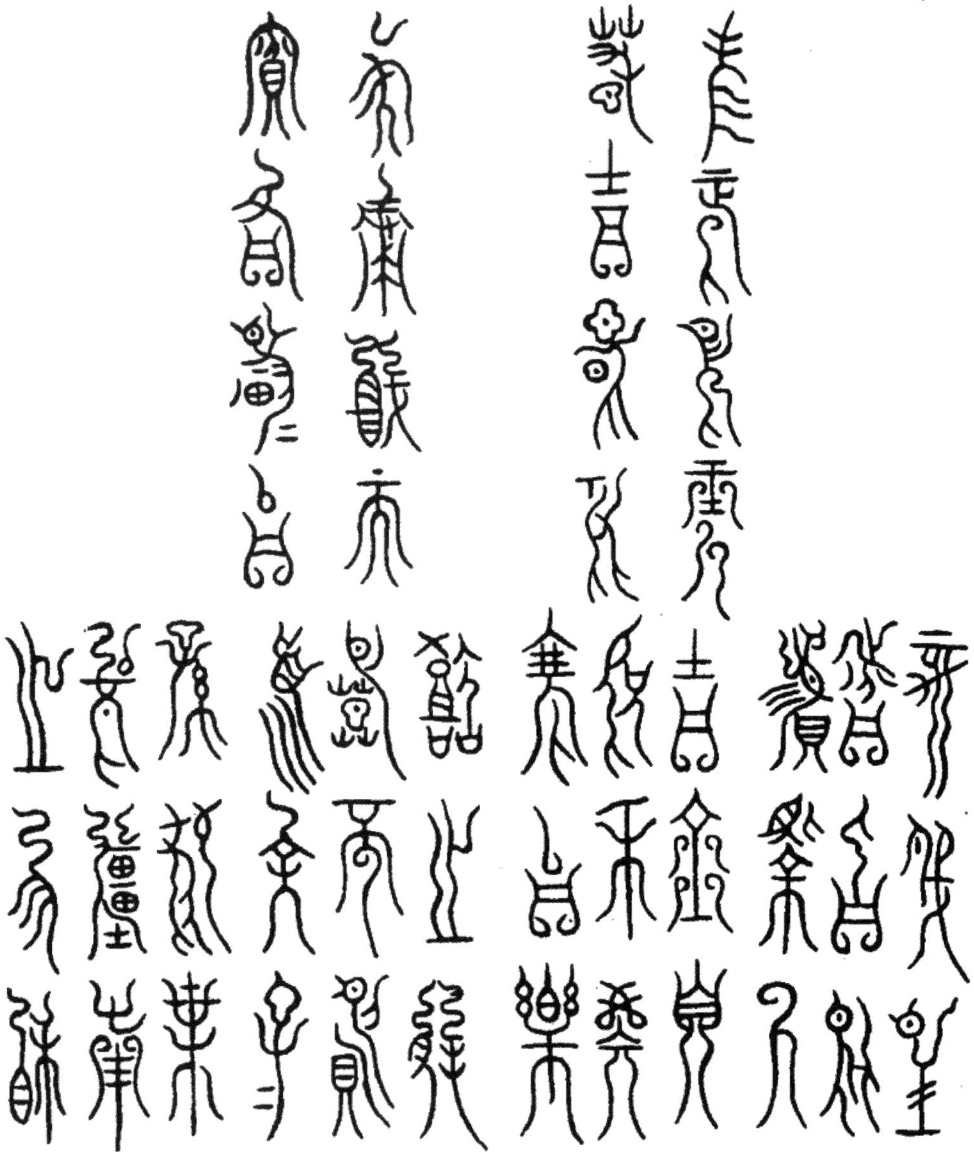

图三　越王者旨於赐钟

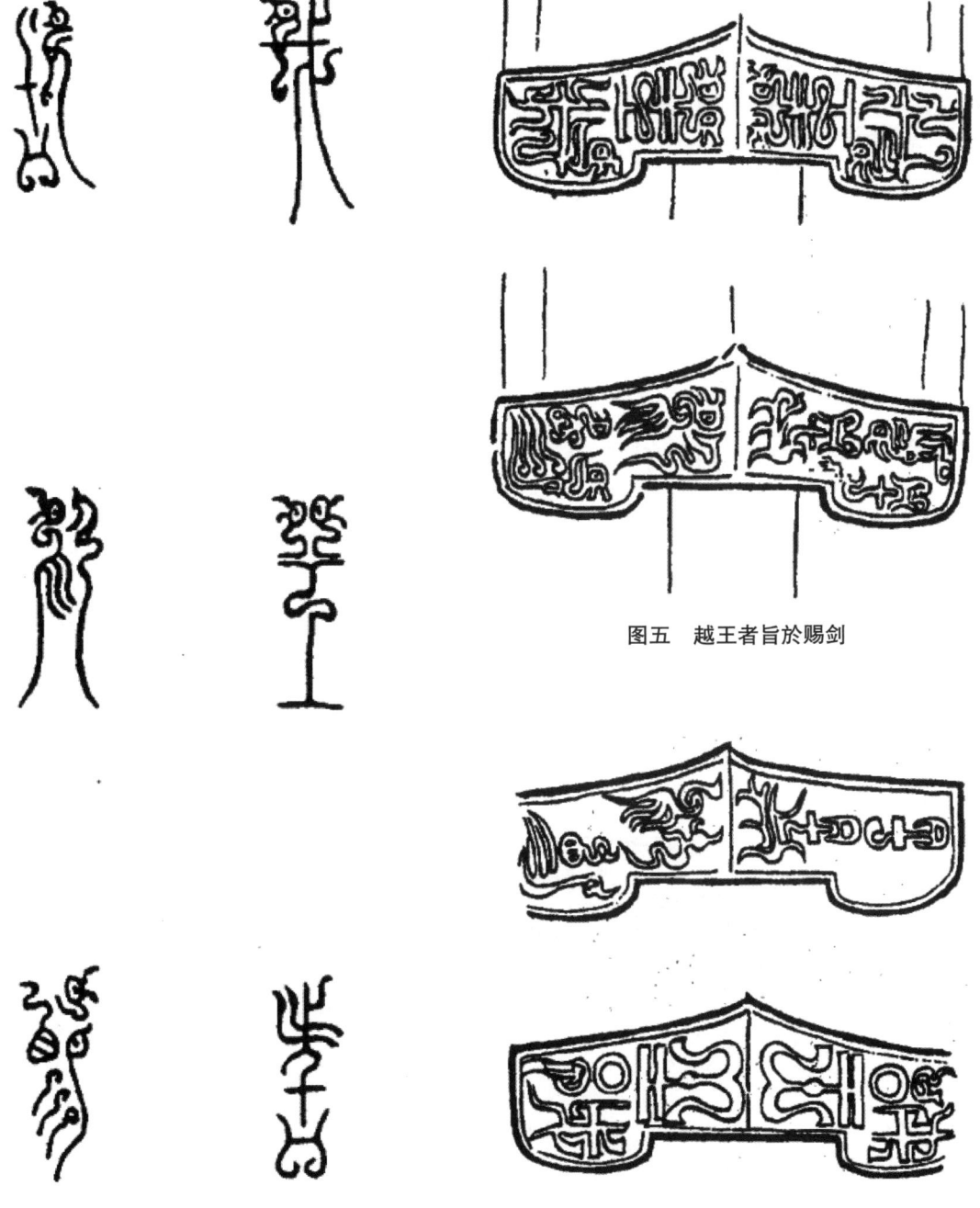

图四　越王者旨於赐矛

图五　越王者旨於赐剑

图六　越王者旨於赐剑二

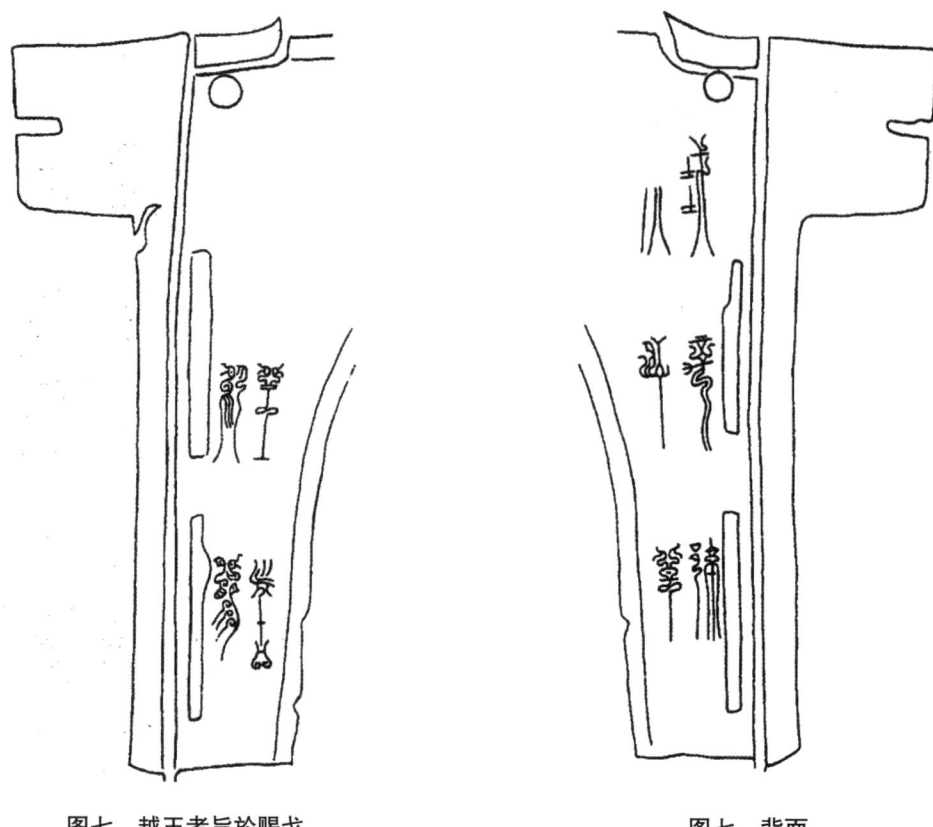

图七　越王者旨於赐戈　　　　　　　　图七　背面

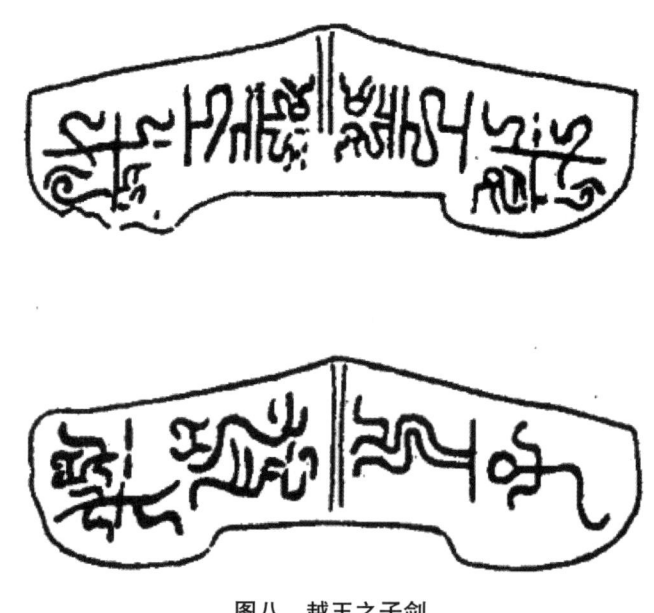

图八　越王之子剑

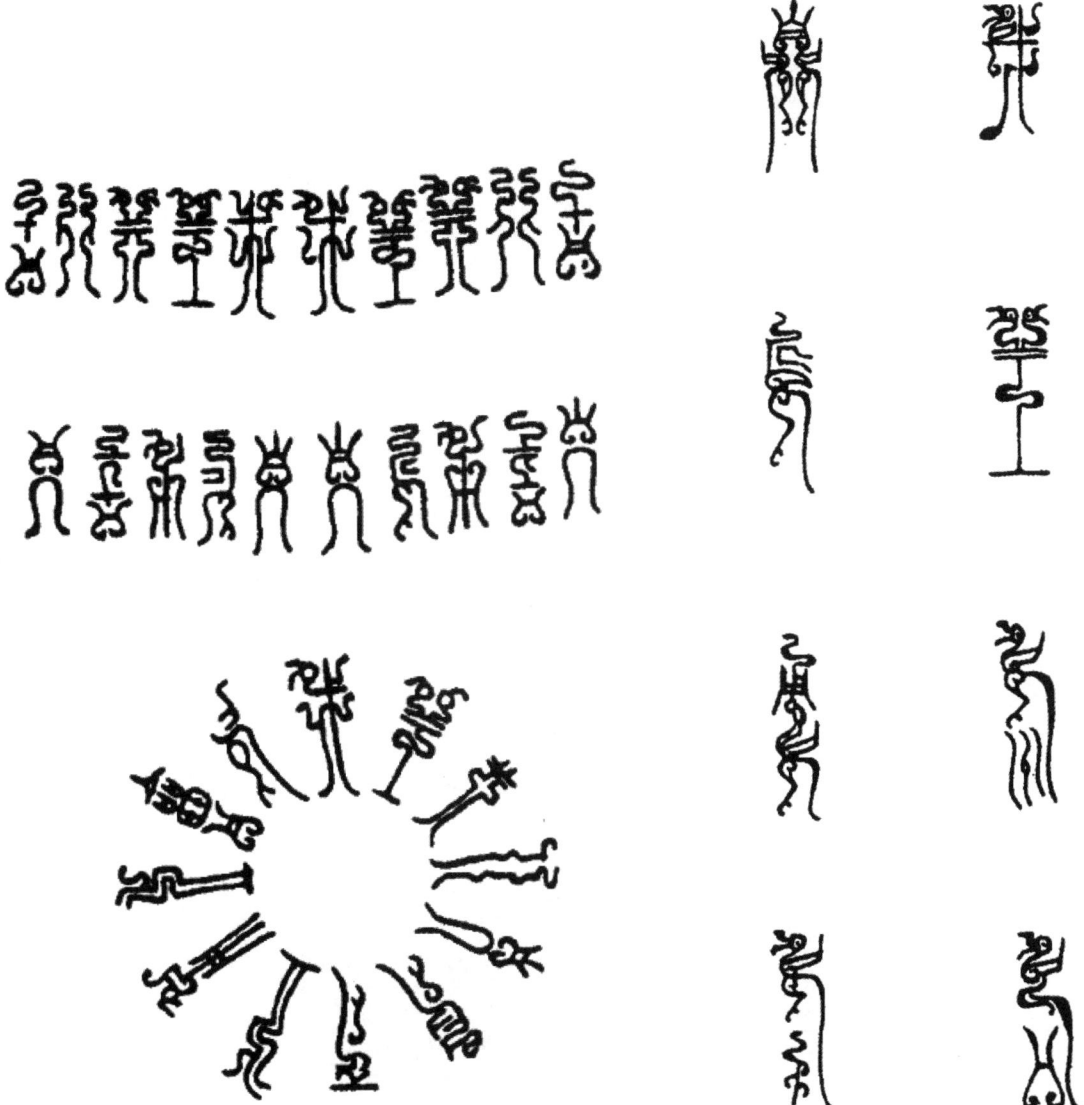

图九　越王丌北古剑　　　　　　　　图十　越王州勾矛

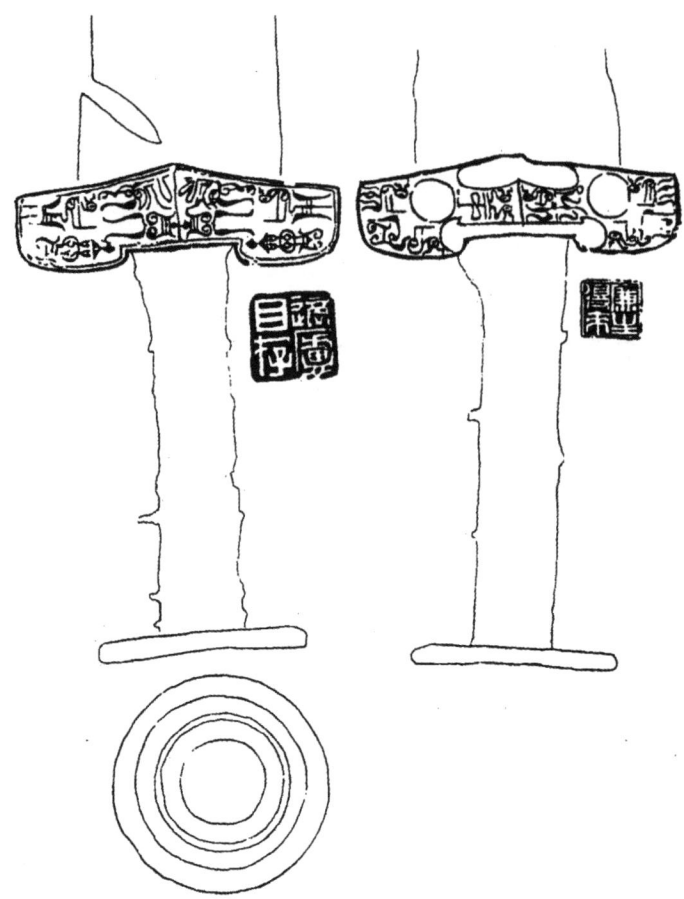

图十一　越王州勾剑

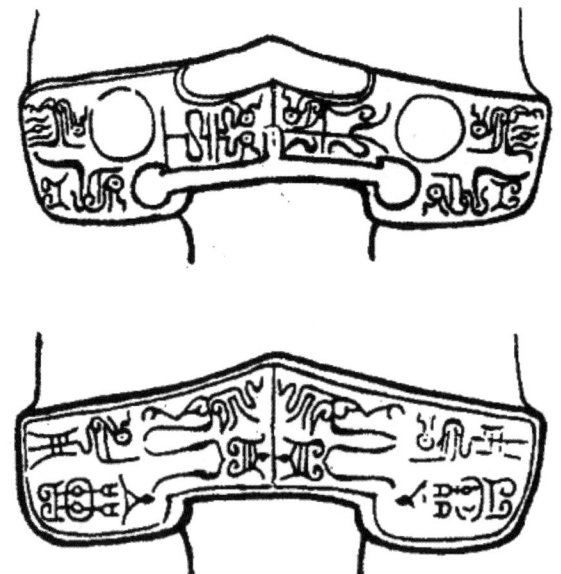

图十二　越王州勾剑二

图十三　越王州勾剑三

图十四　越王州勾剑四

图十五　越王州勾剑五

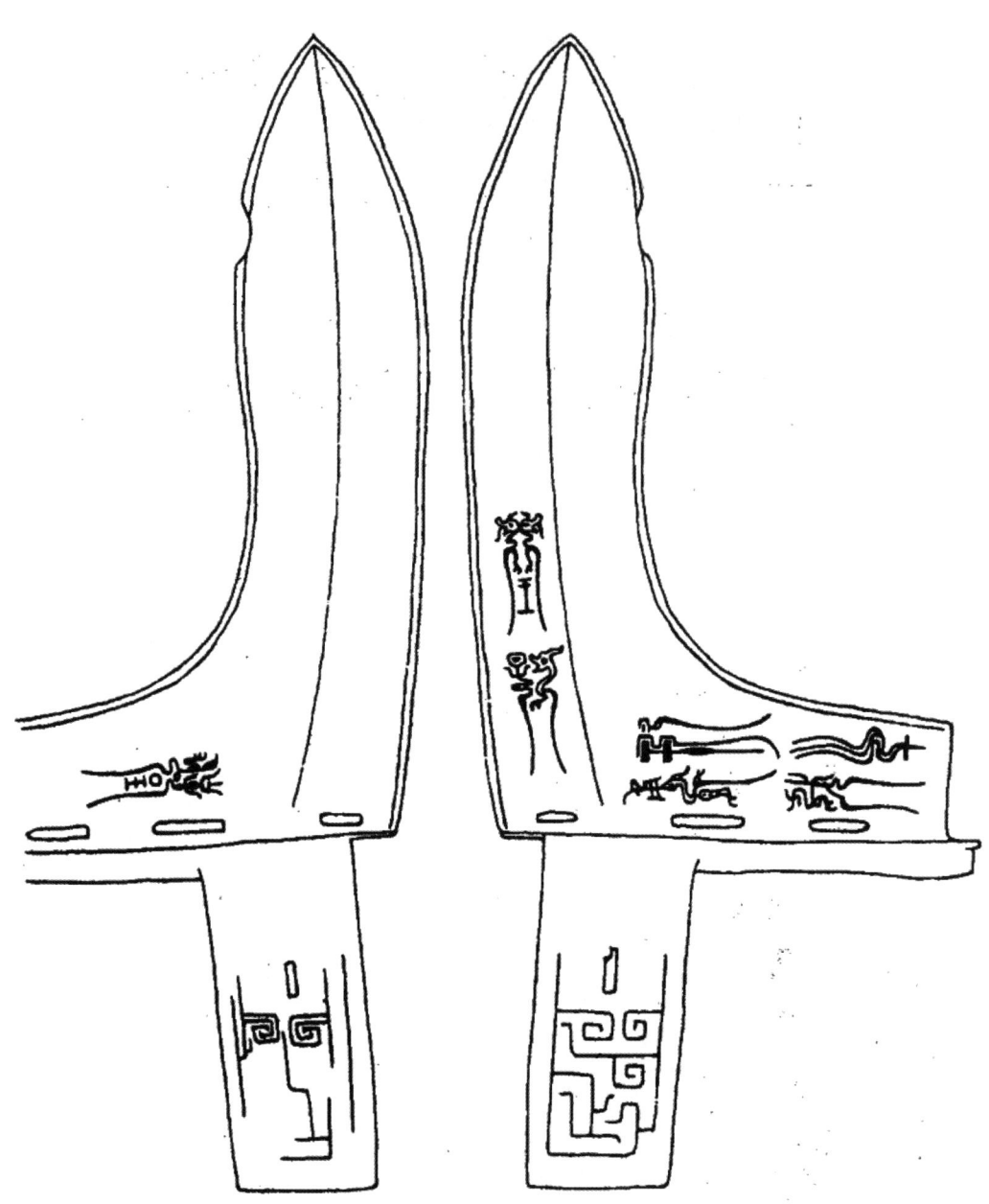

图十六　王子于戈

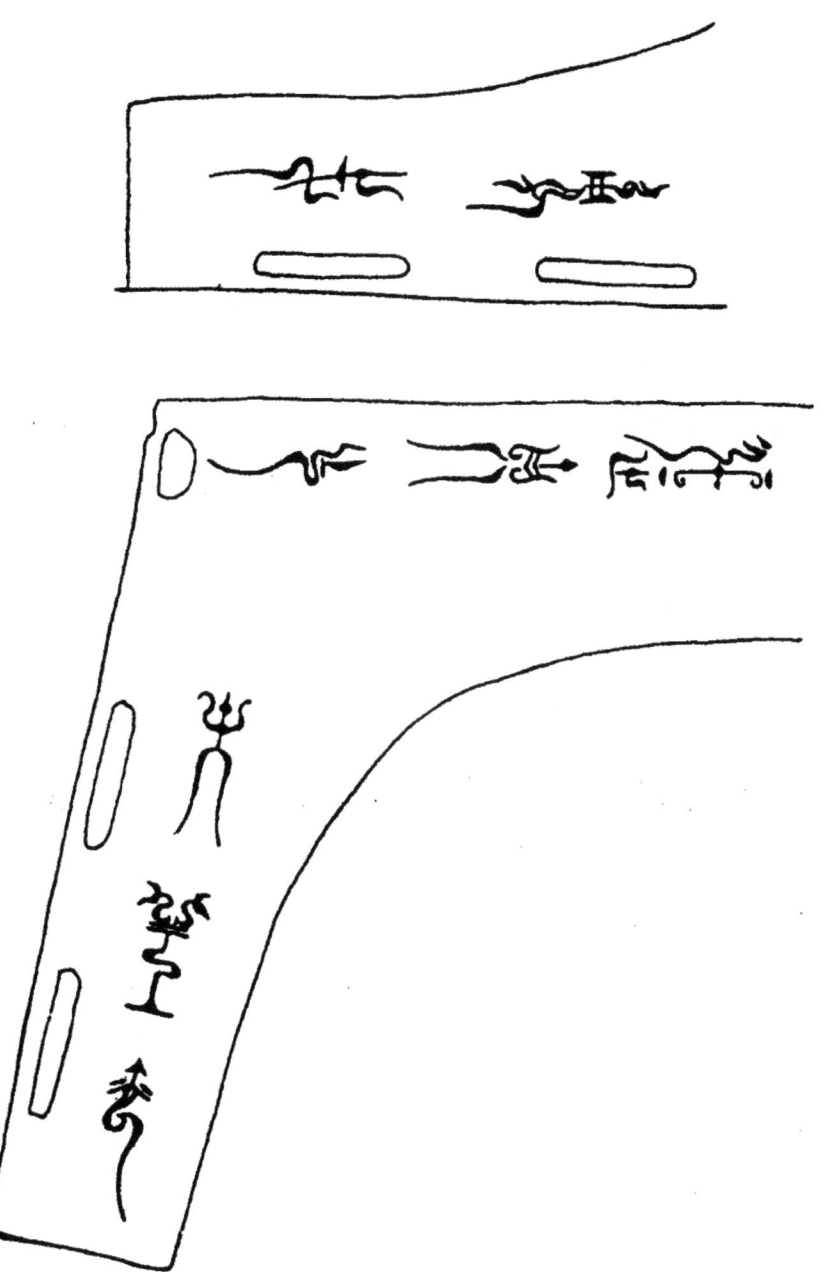

图十七　吴王光逗戈

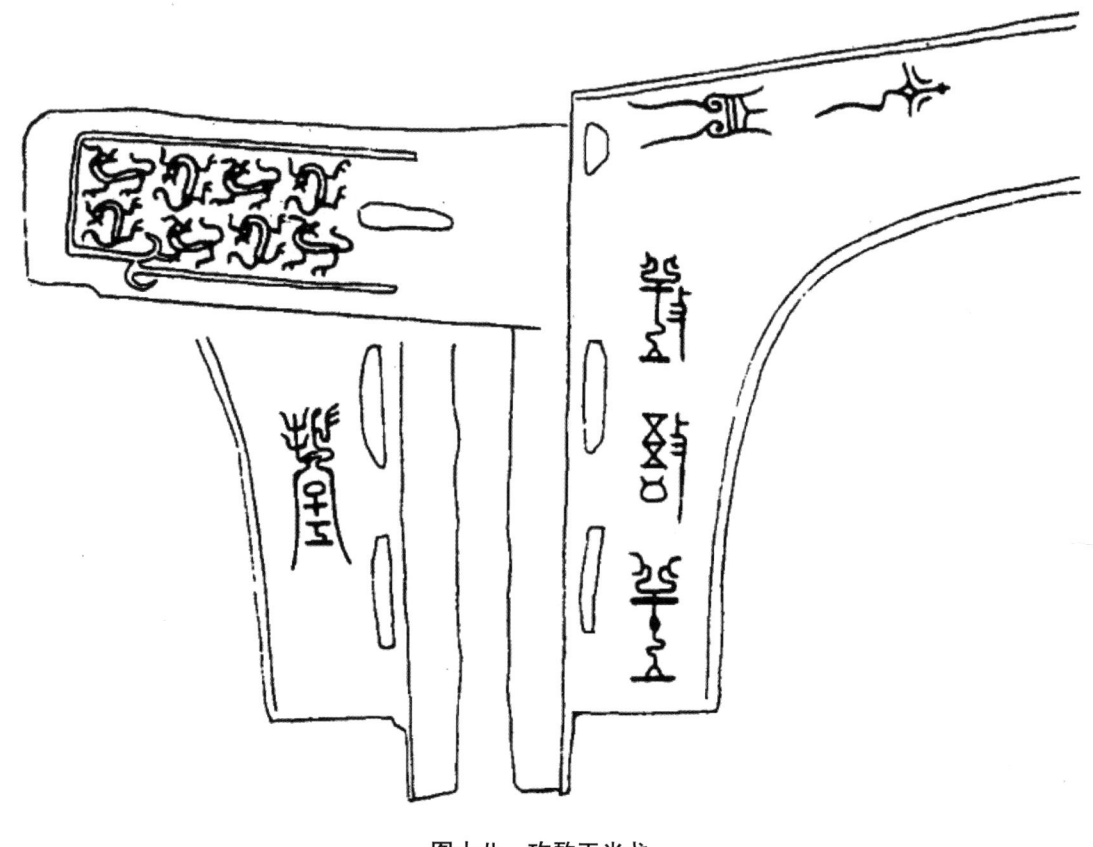

图十八　攻敔王光戈

图十九　吴季子之子逞之剑

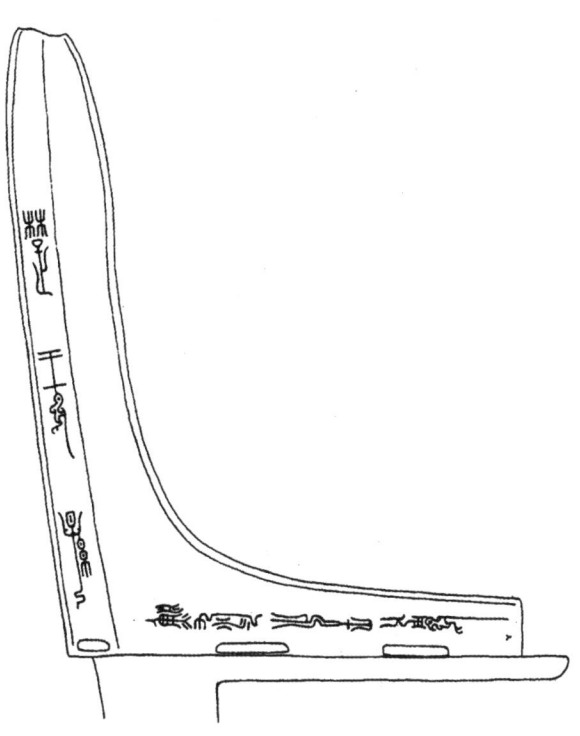

图二十　楚王孙渔戈

图二一　楚王酓璋戈

图二二　蔡侯产戈

图二三　蔡侯产剑

图二四　蔡侯产剑二

图二五　蔡侯产剑三

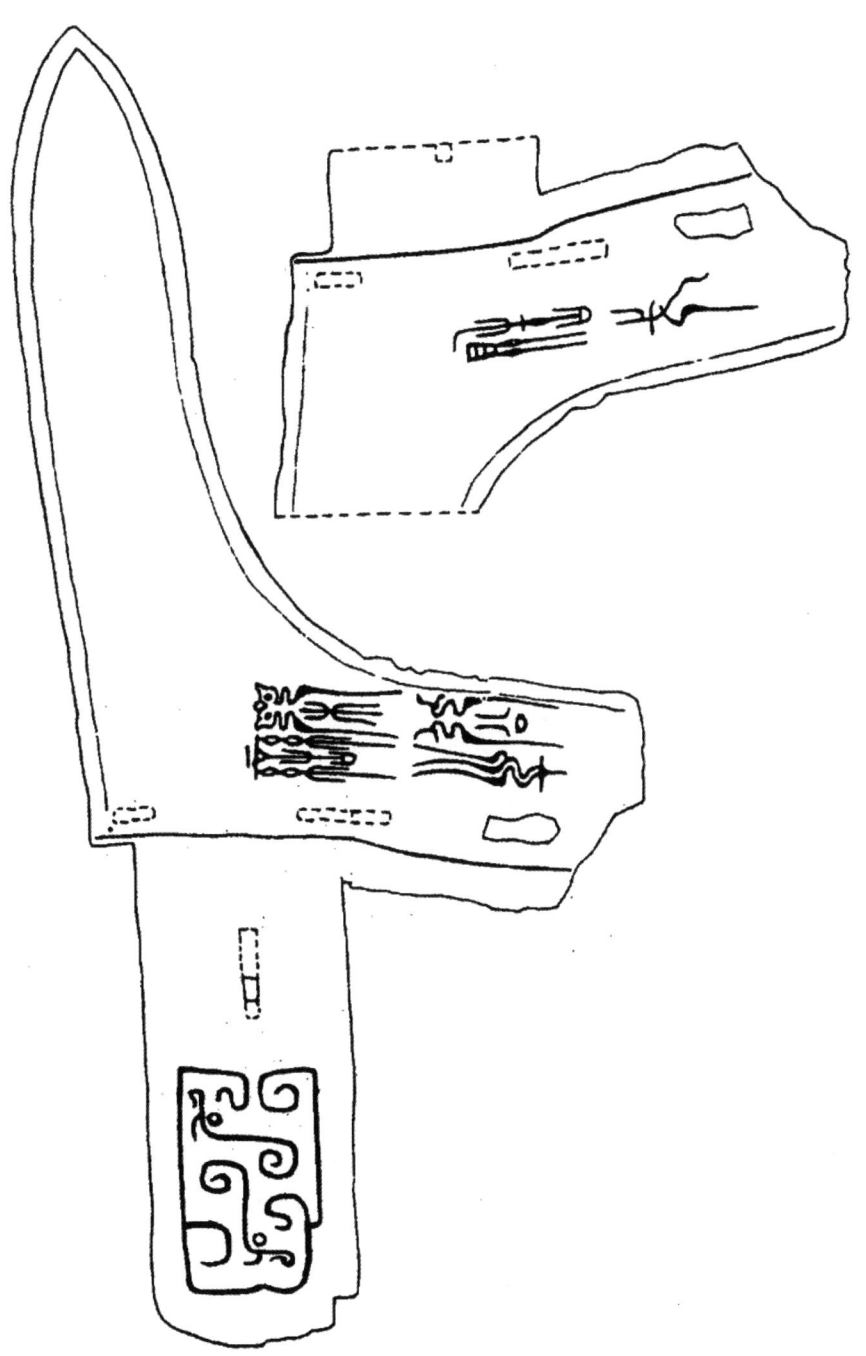

图二六　宋公栾戈

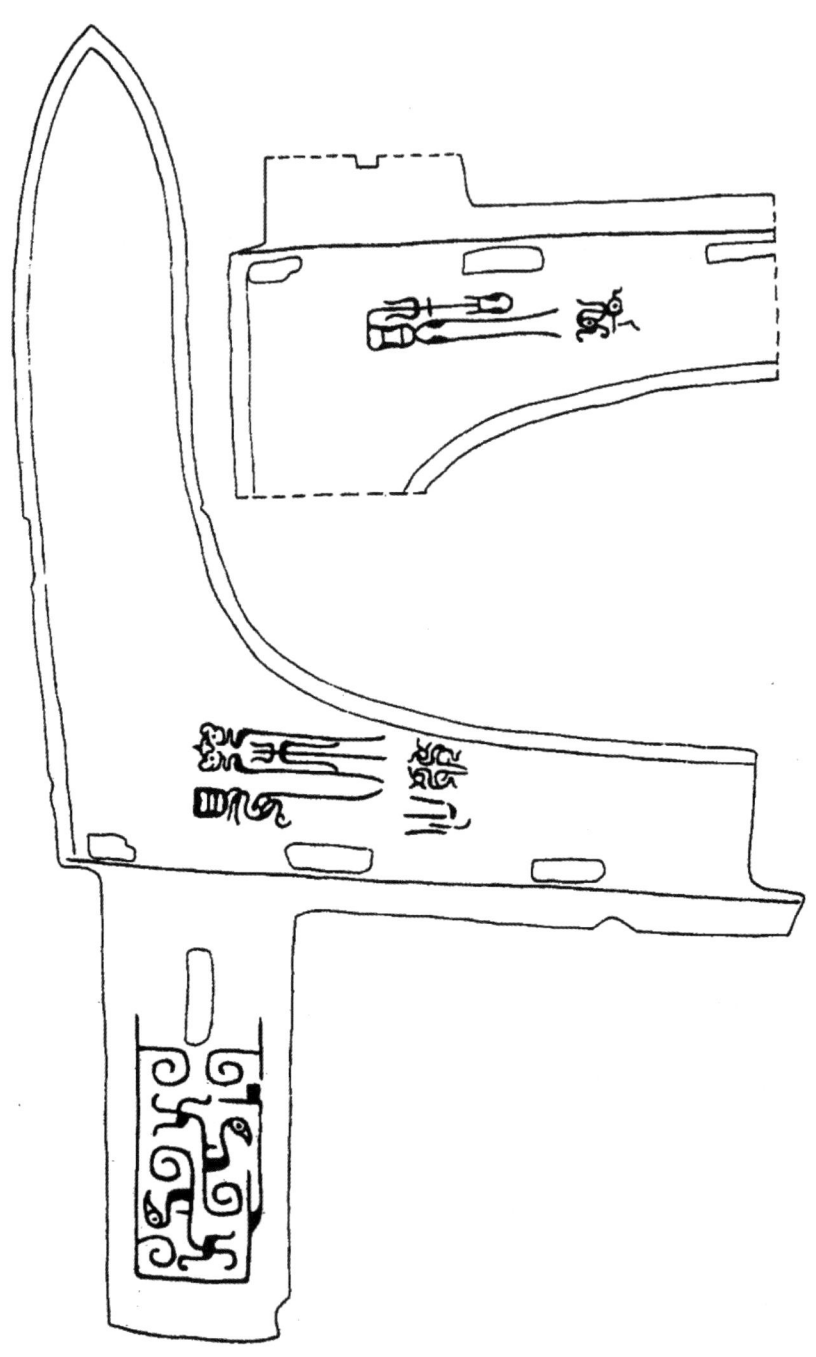

图二七　宋公得戈

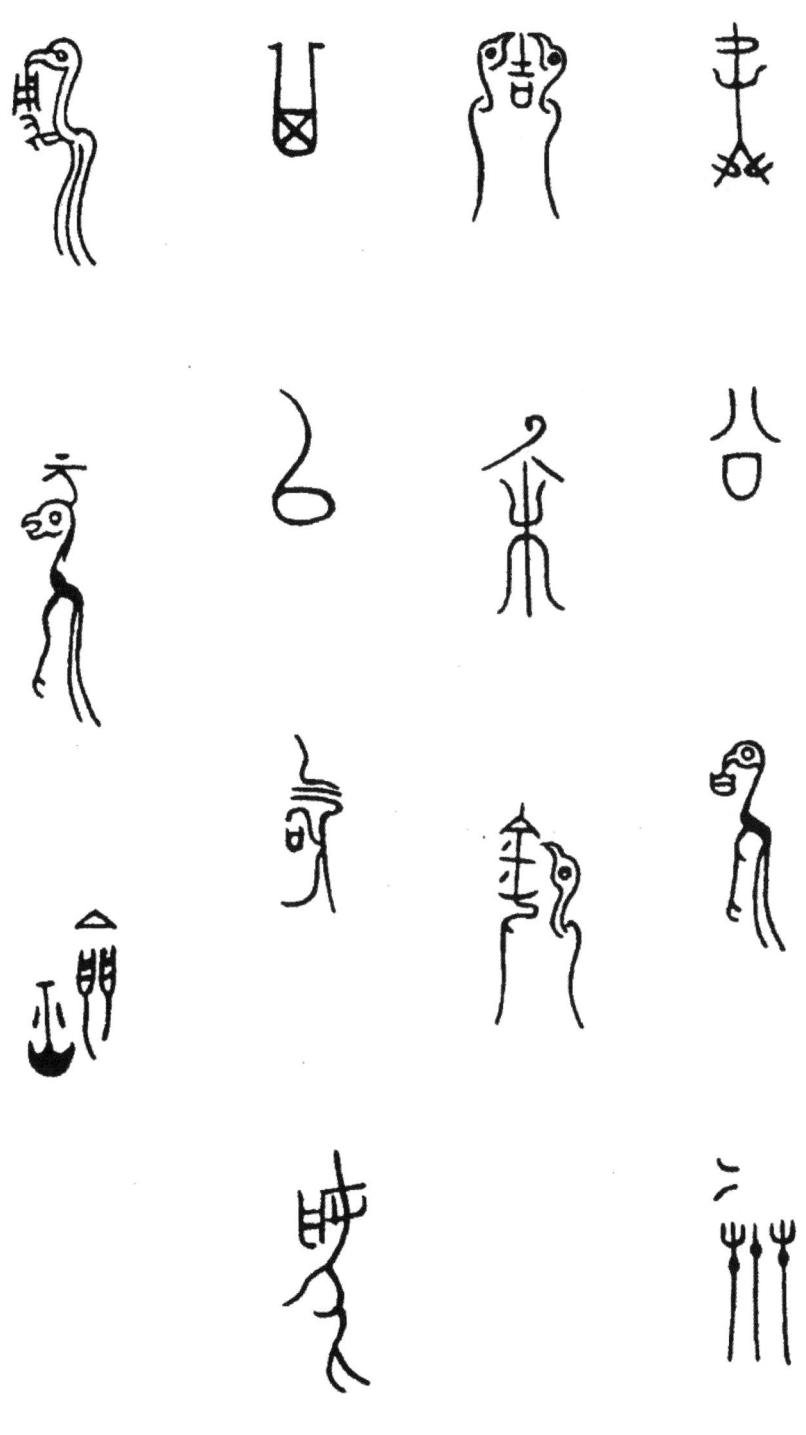

图二八　羛公剑

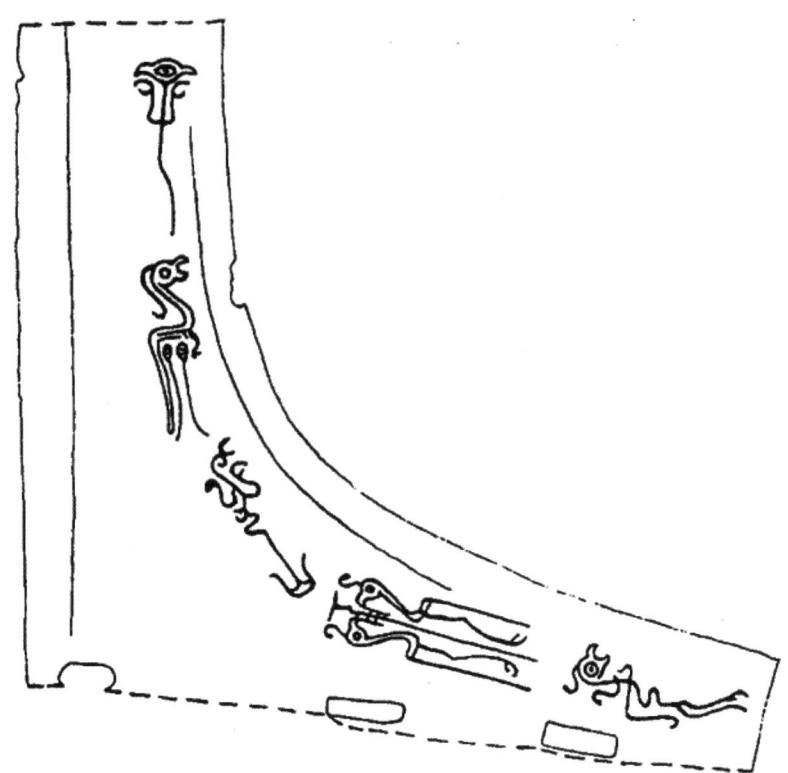

图二九　子□戈

图三十　敖□戈

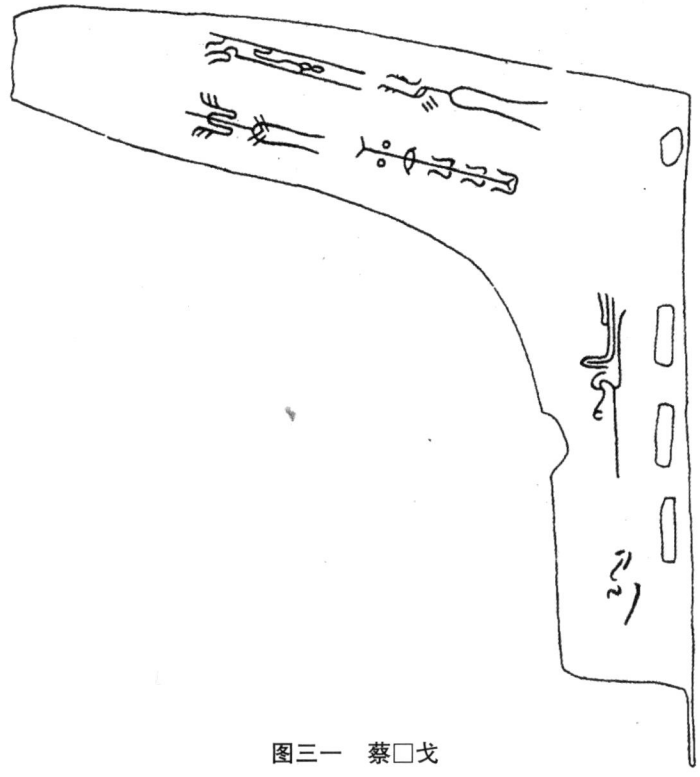

图三一　蔡□戈

图三二　新弨矛

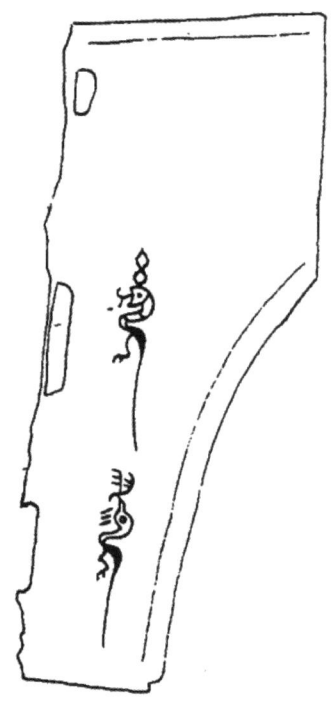

图三三　玄镠戈

图三四　玄镠戈二

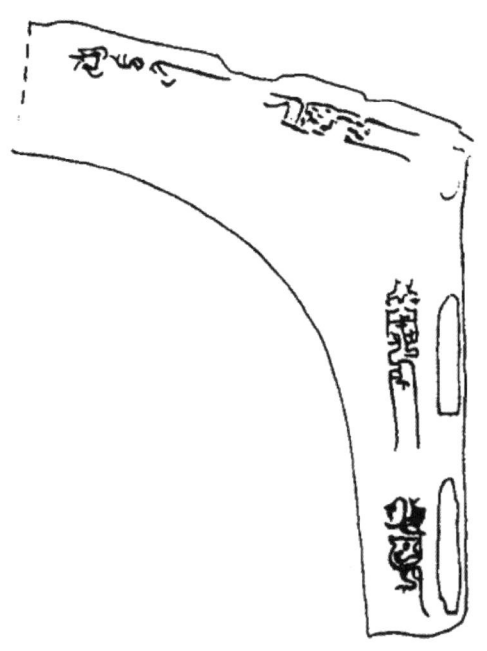

图三五　自作用戈

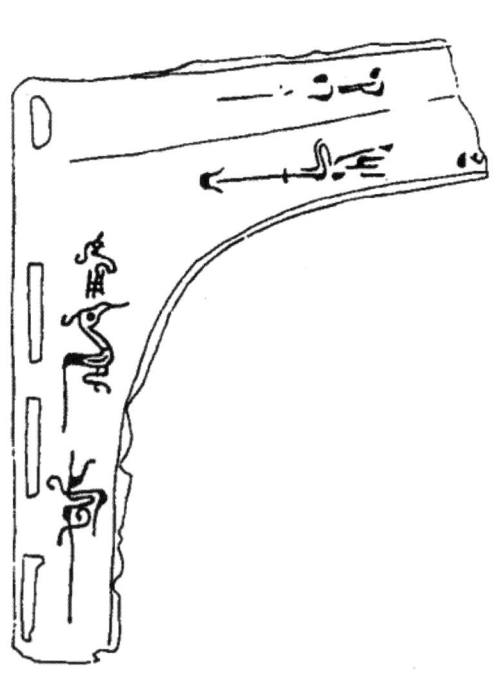

图三六　□之用戈

图三七　之用戈

图三八　用戈

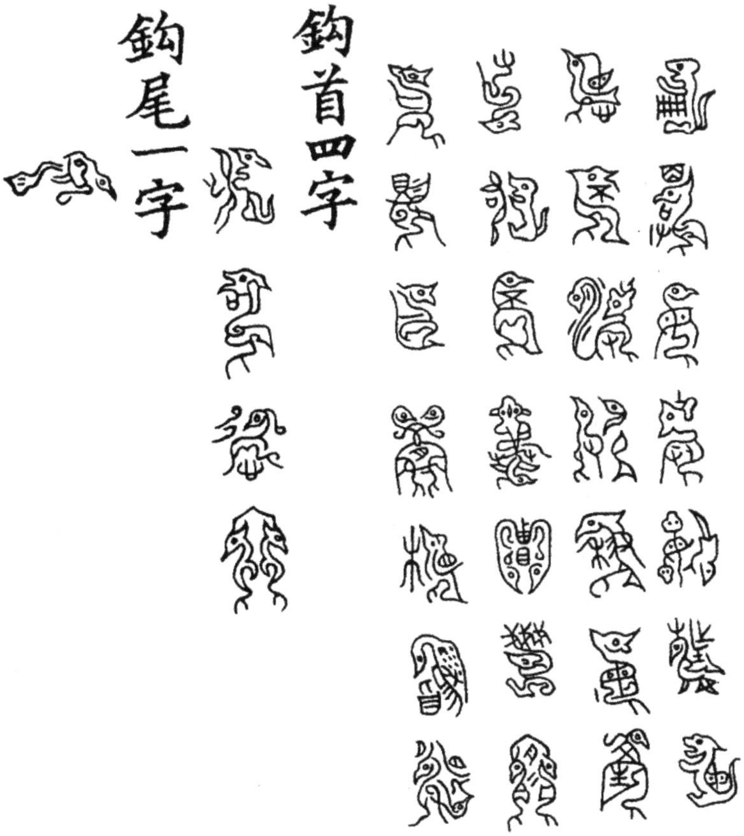

图三九　册□带钩

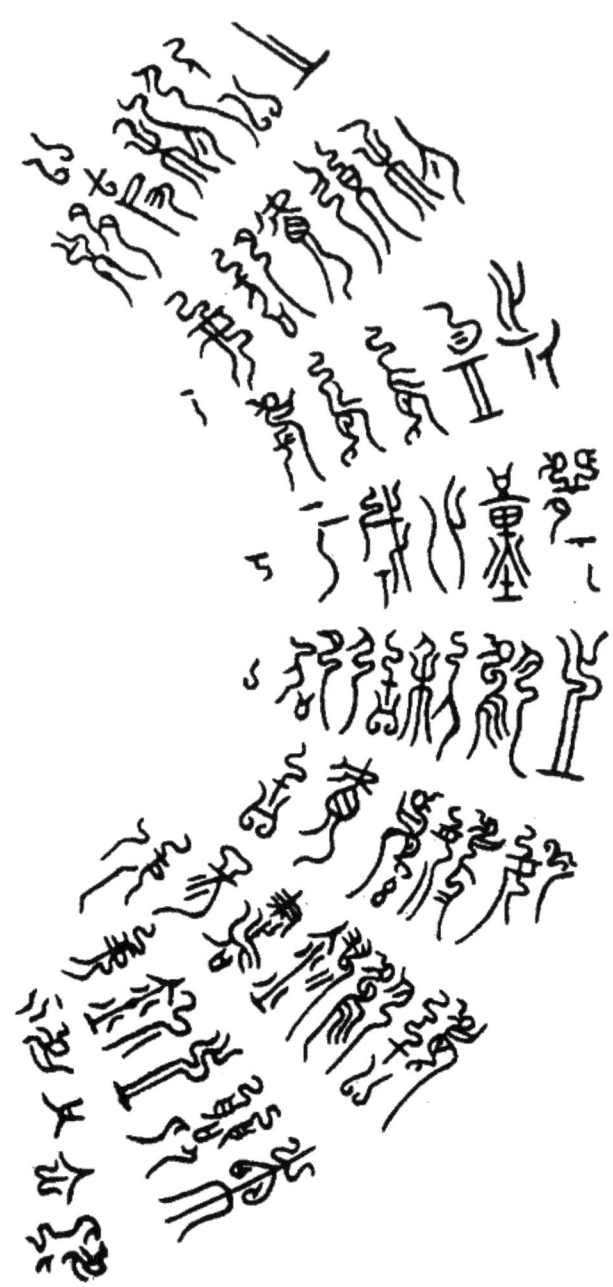

图四十　之利残片

图四一　緁伃妾娋玉印

图四二　熊得玉印

图四三　张猛铜印

图四四　昇仙太子碑额

图四五　伪秦玺

原载《中山大学学报（哲学社会科学版）》1964年第1期

汉字起源试论

陈炜湛

汉字,是世界上使用人口最多的文字。它的历史悠久,这是举世公认的。但它究竟萌芽于何时,形成于何代,意见就不一致了。这些问题是人们所普遍关注的,也是古文字学领域里的一个重要研究课题。本文想就此谈些粗浅的看法,希望同志们指正。

一

在我国,关于汉字起源问题,至迟在战国时就提出来了。《易·系辞下》就说:"上古结绳而治,后世圣人易之以书契。"书契,就是以刀刻划文字。这个"圣人"是谁呢?有的说是伏羲氏,一般都认为是仓颉。仓颉是何许人?好多书都说他是黄帝的史官。有人还为造字的仓颉编造了神话故事,说他有四只眼睛,特别聪明;他造字的时候,上帝高兴,降下无数粮食赏赐给他;鬼神恐惧,半夜里大哭大叫;连蛟龙也害怕,潜伏深渊。[1]到了东汉,《说文解字》的作者许慎,更把仓颉造字的传说与对汉字形体结构的分析联系起来,发了一大通议论,说仓颉观察了飞禽走兽的足迹后悟出造字的窍门,于是"依类象形"造出了独体字,又靠"形声相益"的办法拼凑出了合体字[2]。这一来,就使仓颉造字的神话似乎有了几分真实性,更加容易骗人了。

仓颉造字的神话传说,是唯心主义的英雄史观在文字起源问题上的表现,有点历史常识的当代读者中是不会有人相信的。这种说法,既无事实根据,也不符合一般新生事物从无到有、从少到多的客观规律。历代统治阶级限于立场,囿于见闻,当然不可能正确解释汉字起源问题,他们之所以津津乐道所谓仓颉造字,说得神乎其神,无非是为了给方块汉字蒙上一层神秘的色彩,以便垄断文字,愚弄人民,维护其统治地位罢了。其实,对这类传说,我国古代进步思想家也早就提出过怀疑。如荀子就认为文字并非一人所造,即使真有仓颉其人,也只不过是做过些收集整理的工作而已[3]。

仓颉造字的传说虽不合乎情理,但透过其神秘的外衣,分析它所提到的种种条件,不难窥见汉字起源的一些机缘。同时,它表明,中国方块汉字的历史同中华民族的传说历史一样古老。这都是值得认真分析、探讨的。

---

[1] 《淮南子·本经训》:"昔者仓颉作书,而天雨粟,鬼夜哭。"《路史》(宋罗泌撰)前纪卷六则说仓颉"龙颜侈哆,四目灵光……天为雨粟,鬼为夜哭,龙乃潜藏。"

[2] 许慎《说文解字叙》:"黄帝之史仓颉,见鸟兽蹄迒之迹,知分理之可相别异也,初造书契,百工以乂,万品以察。"又云:"仓颉之初作书,盖依类象形,故谓之文,其后形声相益,即谓之字。"

[3] 《荀子·解蔽》:"好书者众矣,而仓颉独传者,壹也。"

二

十九世纪末，在河南省安阳小屯村发现了刻在龟甲兽骨上的文字，这就是著名的"殷墟甲骨文"。

从东汉时起，近两千年来，学者们都喜欢用"古文"这个词，可谁又见过真正的古文？许慎可算是历史上大名鼎鼎的文字学家，他虽是东汉时人，可他所见的西周铜器铭文恐怕很少，甚或没有见过。他所说的"古文"，不过是西汉时在孔丘老家墙壁里发现的"壁中书"之类的战国文字。宋代以后，近千年来，商周有铭文的青铜器不断出土，但也只是笼统地"古"到商代，不能确指。殷墟甲骨文的发现，使学者们如获至宝。一些学者曾认为这是中国最古老的文字，是最古的"古文"了。

但是，经过较深入的研究，却发现殷墟甲骨文已有相当完备的文字体系。就单字来说，粗粗计算，已有四千五六百个。而且书法纯熟，刻工精细，显然决非原始形态的文字。单是甲骨文的文字体系，起码形成了几百年或上千年，其文字的始创期，则当更加遥远。所以，尽管甲骨文距今已有三千三百多年的历史，确实很"古"，但可断言，甲骨文并非最古，它仍然只是汉字的流，而不是源。

那么，甲骨文从何而来？是象帝国主义国家的某些学者胡诌的那样，从非洲巴比伦的苏美尔（Sumer）或别的什么地方来的吗？肯定不是！这种妄说既违背辩证唯物论的基本常识，又不符合中国历史发展的客观实际，简直是对我国民族的污蔑。

正如其他古老民族的文字有其起源、发展、变革的历史一样，汉字也自有其起源、发展、变革的历史。人民群众是历史的创造者，也是文字的创造者，而文字则是人类社会发展到一定阶段的必然产物。分布在地球上各个地区的各个不同种族，发展到一定的阶段都会出现创造文字的迫切需要和可能，先后不同地创造出自己的文字，也正因如此，在世界上才会出现各种不同的文字体系，百花齐放，各显其长。

大家知道，为了生产斗争和日常生活中交际和交流思想的需要，人类在劳动中逐渐产生并丰富了语言。可是随着农业生产力的不断提高和社会的不断发展，由原始人群进入母系氏族社会，又由此而转变为父系氏族社会，人与人、家族与家族、部落与部落、氏族与氏族之间的交际来往愈益广泛频繁，交流思想、交换经验和意见的需要更加显得重要、迫切。在这种历史条件下，仅有语言就不足以满足人们的需要，因为说话过程中语音一发即逝，受到很大的限制，除当场听到者外，不在场的人都听不到，更不必谈后世的人了。这就得另想别法，使语言能传诸远方，留诸后人。当然，最理想的是立即造出一套符号系统，把语言原原本本记录下来，使别人一看就明白。但是，在早期的人类社会里，这样一套符号系统的产生该经历多长的历史过程！

三

中国早期历史上，有一个相当漫长的历史阶段，先民们是借助于结绳和契刻来帮助记忆、交流思想、传播信息的。

所谓结绳，是遇事打一个结，不同的事便打出不同式样的结①。不过上古的结绳，究竟如何，现已无法知道。想必很复杂繁难。解放前，我国的独龙族还有结绳记事的习俗。亲朋约会，则用两根细绳打上相等数目的结，各持一根。一个结表示一天，过一天则解去一个结，结绳全部解完，双方便在约定之处相会。在我国江南一些地区，民间碰到重要事情，人们还往往说："裤带上打个结。"在汉语中，把一件事处理完毕，叫作"了结"或"完结"。这大概是上古结绳记事的一些"遗风"吧！

所谓契刻，是遇到什么事或要向别人和异地传达什么消息，就在木板或木片上刻些缺口及其它记号，留作回忆的凭藉或持以向有关人员交代解释。上古的这类契刻材料也没有保存下来，但我国一些少数民族在创造文字以前也有刻木记事现象，很可供我们参考。解放初，中央访问团在云南发现傈僳族的一块刻木，上刻"ⅢO×Ⅲ"。这些符号表示两层意思，一是说，来的三个人，月亮圆时和我们会面了；一是说，现在送上大中小三包土物，分别送给大中小三个领导。据我校历史系考古教研室的调查，瓦族几十年前也还保留着刻木记事的习惯。例如关于和谈通讯的一片刻木，长八点五厘米，一边刻五个缺口，表示两个意义：①五天内到某地和谈，②和谈时先作两天准备，三天开会谈判。另一边刻一个缺口，表示开会地点。刻好后劈为两半，自执其半，另一半派人交付对方，并讲清木刻中的意思。开会时要互相合符，否则作罢。

结绳和契刻之外，画画也是帮助记忆、表达思想、交流情况的辅助手段。在当时，如要表示杀头，就画一个人，脖子上加一把斧头；为表示一个操刀劏猪的意思，就画一只猪，上面再画一把刀，刀上加只手。而要表示一个武士的形象，则画一个人，一手执戈，一手持盾；要表示一个人搬取东西，就画一个手中提、头上顶的形象，如此等等。甲骨文和金文中还保留着不少这类图画的遗迹，不过已趋省易和线条化了（图一）。但画画毕竟也很难，而且意思也不易猜透，同一个画面各人的理解也不一样。

图一　金文中有关砍首、杀猪等方面的图象文字

---

①《易·系辞下》疏："结绳者，郑康成注云：事大，大结其绳；事小，小结其绳，或然也。"

这样过了不知几多岁月，人们在结绳、契刻和图画的基础上，创造出一些符号，不少符号实际就是图画的简化。每个符号有了比较固定的音和义。大家约定俗成，成为较前者更为便利的交际工具。我国纳西族曾使用过一种图形文字，叫"东巴文"。直译应为"木石痕迹"，可能初期这种文字是刻在木石上面的。该民族的学者们用东巴文书写了几百种经书。东巴文的历史只有一千多年，比甲骨文晚了两千多年，它肯定不是甲骨文的始祖；但甲骨文的祖先，可能就是类似东巴文的图形文字。甲骨文中保留着大量的象形字和图画式的文字就是一个佐证。

从汉字结构来说，一般总是先有独体的象形字，因为它有形可象，较实在，也容易造。而会意字和指示字则是在象形字的基础上产生出来的，因它无独立之形可象，所表示的都是较抽象的意思。形声字出现最晚，到它出现的时候，文字就已很成熟发达了。

近代考古学，特别是新中国成立以来，考古工作取得的一系列丰硕成果，使我们对汉字的起源的认识建立在实物资料的基础上，从而能得出比较合乎实际的结论。

一九五四年在陕西省西安市半坡村开始发掘的仰韶文化遗址，距今约六千年左右。遗址中出土的陶器上发现零零星星地刻有若干"符号"。这些符号大都刻划于饰有宽带纹或大的垂三角纹饰的直口钵的外口缘部分，共发现一百一十三个标本，笔划简单，形状规则，可归纳为二十二种①。这些符号与安阳出土的甲骨文很近似，大多可以释读，可略分两类：一是数字，如五、七、八、十等，可能是表示陶器的标号次序或种类；一是单字，如竹、玉、阜、采等（图二），可能是器物所有者或器物制造者的称号。这种符号，有些人不承认它们是文字，只看作是一般的刻划。其实，这些符号，正是我国文字的原始形态或原始阶段，它比甲骨文更古得多，是中国文字的源。郭沫若先生说得好："半坡遗址的年代，距今有六千年左右，我认为，这也就是汉字发展的历史。"②

图二　西安半坡遗址出土的文字符号（部分）

---

① 《西安半坡》，中国科学院考古研究所、陕西省西安半坡博物馆编，文物出版社，一九六三年。

② 郭沫若：《古代文字之辩证的发展》，《考古学报》一九七二年第一期。

半坡遗址发现后十九年，一九七三年在半坡以东几十里的地方再次发现了这种符号，这就是临潼姜寨陶器上的文字，其造形、风格与半坡的极为相似，结构组合更为复杂。据说姜寨文字归纳起来比半坡的还多一倍以上。一九七四年，在半坡以西几千里的地方，也发现了在陶器上刻画着的大量文字符号，多达五十二种。这就是青海省乐都县柳湾文字符号。它同半坡、姜寨的符号比较，非常相近，似更容易辨认，有些字一望可识，如日、巾、五、其、册等等，它们比甲骨文古老得多，可同甲骨文很近似，同样是中国文字的源（图三）。

图三　姜寨、柳湾文字举例

半坡、姜寨、柳湾的符号，都是在黄河中上游发现的。略晚于半坡、地处黄河下游的山东大汶口文化遗址中出土的图形文字也是很能说明问题的宝贵资料。在两个遗址的三件器物上都出现一个非常形象化的字：下面山峰并立，山之上是云气，云气之上是太阳，意思是一轮红日在云气缭绕中冉冉上升，高出山颠。这实在是旦字的最初形式。在另一些器物上这个字省去山形，但太阳初升之义也仍明显①，甲骨文的旦字和金文的旦字在结构上都与之接近，亦即由此演变的结果。（图四）

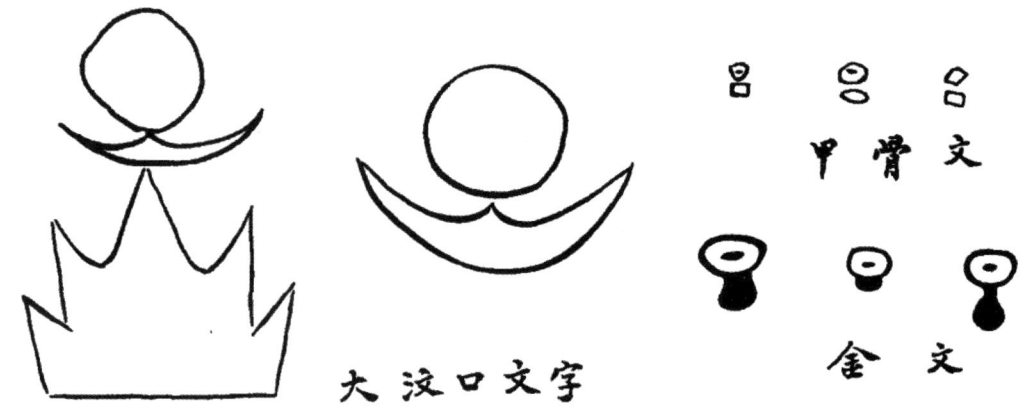

图四　大汶口文字与甲骨文、金文的比较

---

① 《大汶口》，山东省文物管理处、济南市博物馆编，文物出版社，一九七四年。

上述新石器时代遗址考古发掘的成果说明，汉字起源于原始社会晚期。创造这文字的，不是什么"四目灵光"的仓颉，而是普普通通的人民大众的集体创作。

当时，在黄河流域的各部落，部族、氏族、各地区的人们大概都在不约而同地造字，或"近取诸身"，或"远取诸物"，大家根据对事物的观察体会，进行抽象、概括，各造各的，各显智慧。目前已发现的半坡、姜寨、柳湾、大汶口和解放前在山东城子崖陶器上发现的文字，恐怕只是原始形态的各种文字中的极小的部分。保存在甲骨文、金文里的大量象形字和图形文字（有些是族徽和图腾），也许就是这个时期所造。相信随着考古工作的开展，会有更多的原始社会晚期创造的原始文字被发现。

四

伟大的马克思主义者斯大林在论述语言的发展问题时，也提到了文字问题，写道："生产往前发展，出现了阶级，出现了文字，出现了国家的萌芽，国家进行管理工作需要比较有条理的文书，商业发展了，更需要有条理的来往书信，出现了印刷机，出现了出版物——所有这一切都使语言发展起着重大的变化。"[1] 这里把文字的出现与阶级的出现和国家的萌芽并提，十分重要。如何正确理解这段话，关系到对文字起源的看法问题。我认为，斯大林的意思显然不是象过去一些人所解释的那样，好像只有出现了阶级，才可能出现文字。这里所说的"文字"，应当理解为"比较有条理的"、已形成为体系的文字，而不是指萌芽状态的文字。

那么，何谓文字"体系"？上古先民始创的文字符号，只能记录些单词；进而可记录些简单的句子；当发展到形成一套比较完整的符号，可以记录一连串的句子，表达比较复杂的思想时，这种文字就形成了自己的体系。如甲骨文，有了几千个单字，其形、音、义已相对固定，文法也有比较固定的要求，使用起来比较准确，表明它已相当成熟。

文字，从单个创造到形成一个完整的体系，不仅要经历漫长的岁月，还需要很多条件。其中最重要的一个条件就是私有制的确立，阶级的形成，出现了脑力劳动与体力劳动的分工，有了脱离生产的"巫""史"之类专业人员从事文字的收集、整理以及统一的工作。所以说，文字体系是伴随着阶级、国家的出现而形成的。

汉字的"体系"又是什么时候形成的呢？从目前材料推测，大约形成于夏代的中、晚期。在我国的传说中，尧舜时代是所谓大同世界，实即没有阶级区分的原始氏族社会。到了夏就不同了，禹死后，儿子启继位，启又传位给他的儿子太康，变公天下为家天下，原始氏族社会便分崩离析，贫富日益分化，形成阶级，出现酷刑，奴隶制国家也就逐渐形成。相传到夏代晚期已有图书档案资料，可见当时文字已形成体系。据《吕氏春秋》记载，夏桀快完蛋的时候，掌管文书档案的终古就抱着图书逃到商汤那里去了[2]。说夏桀时有"图书"，这虽系后人著述，但恐非臆造。从文字发展的角度

---

[1] 斯大林：《马克思主义与语言学问题》。
[2] 《太平御览》卷六百十八引《吕氏春秋·先识览》："桀将亡，太史令终古执其图书而奔于商。"今本《吕氏春秋》卷十六《先识》篇云："夏太史令终古出其图法，执而泣之。夏桀迷惑、暴乱愈甚，太史令终古乃出奔如商。"文句略有出入，但其基本意思是一致的。《路史》后纪卷五："终古，夏太史，乘乱归商。"

来考虑，我觉得，桀时有"图书"是可能的。很难设想，夏代的文字没有相当发达的基础，殷商的甲骨文会有那么高度的成就。没有几百年的长期积累，怎么可能出现象卜辞那样丰富多采的词汇，灵活多变的文法，风格多样的书法和精湛的刻字艺术？再说，夏的城堡夯土城墙已有三道，表明它早已进入文明时代了，其有文字图书当是不成问题的。

中国的国家形成于何时，是个值得讨论的重大课题。从文字发展角度考虑，有理由认为，汉字的体系至少在夏代中期，或更早的时候已基本形成。

还应该指出，汉字体系基本形成以后，也仍在不断发展，即使到了商周时代，乃至战国时代，各地域的文字也仍处在不断地创造、归纳整理和统一之中。周宣王太史籀曾作大篆十五篇以图统一文字①，但因诸侯割据，国家不统一，收效甚微。直到秦始皇统一了全国，建立了中央集权制，颁布了"书同文"的政令，汉字才以小篆的形式基本上固定下来。又经过了两千多年的发展变化，才形成目前所使用的方块汉字。可见汉字体系的形成和统一，与国家的形成和统一有着密切的关系。

五

综上所述，汉字起源于原始社会开始崩溃的仰韶文化时期，距今约六千年左右；而其形成为一个体系，则在夏代的中期或晚期，距今约三千六百年至三千八百年，确实是源远流长。人民大众是汉字的创造者，汉字的主人。

汉字在中国历史上，曾起过重大的作用。它对于中华民族的发展、文化的交流，以及国家的统一，都有过重大的历史功绩。今天，它也仍然是数亿人口的交际工具之一。可是汉字基本上是表意文字，数量繁多，结构复杂，难认难记，使用和书写都很不便。几千年来，它虽曾有过一些改良，但始终没有过彻底改革。今天，在一日千里的社会主义革命和社会主义建设事业中，它越来越显得不相适应了。在历史上，它曾是先进者，现在，它却成了落后者，非彻底改革不行。鲁迅先生曾经十分幽默而深刻地指出："不错，汉字是古代传下来的宝贝，但我们的祖先，比汉字还要古，所以，我们更是古代传下来的宝贝。为汉字而牺牲我们，还是为我们而牺牲汉字呢？这是只要还没有丧心病狂的人，都能够马上回答的。"②鲁迅先生所说"牺牲汉字"，实际上也就是要根本改革的意思。伟大领袖毛主席生前十分关心文字改革，指出"文字必须在一定条件下加以改革"③，必须走世界文字共同的拼音化方向。我们一定要顺应文字发展的客观规律，做文字改革的促进派，为完成这一光荣而伟大的历史性任务而努力奋斗！

原载《中山大学学报（哲学社会科学版）》1978年第1期

---

① 见《说文叙》及《汉书·艺文志》。
② 鲁迅：《花边文学·汉字和拉丁化》，《鲁迅全集》卷五，第六一五页。
③ 毛主席：《新民主主义论》，《毛泽东选集》第二卷第七〇一页。

试谈银雀山汉墓竹书《孙子兵法》

曾宪通

一九七二年四月间，山东临沂银雀山一号墓出土了大批古代兵书，我国现存最早的两部军事名著《孙子兵法》和《孙膑兵法》也被同时发现①。这不但使失传一千多年的《孙膑兵法》重新问世；同时，由于有了二千多年前的古本竹书可资参校，对《孙子兵法》历来存在的悬案和争论，也有可能解决。本文试就几个有关问题谈谈个人的认识。

一、竹书《孙子兵法》的概貌

竹书发现时，编绳早已腐朽，竹简散乱，部份还和淤泥相胶结。残断情况严重，要恢复竹书《孙子兵法》的原貌已不可能。经过精心的冲洗修复，竹简整理小组依据书体、文义、编组痕迹和残简断口等关系，进行拼复系联，终于整理出属于《孙子兵法》十三篇的整简和残简近三百枚，计二千六百多字，超过宋本《孙子》全文的三分之一②；另外，还发现与《孙子兵法》有关的佚文五篇，计一千三百多字。现这两部份已编为上下两编出版③，我们从中可以看到距今二千多年的竹书《孙子兵法》的概貌。

古本竹书与通行本宋本《孙子》有何异同呢？只要把两者加以对照，就不难发现，竹书《孙子兵法》与宋本《孙子》内容基本相符，但也存在明显的差异，表现在：

1) 竹书行文简约。如宋本《虚实》篇"能因敌变化而取胜者谓之神"，竹书作"能与敌化之谓神"；宋本《九地》篇"此谓巧能成事者也"，竹书作"此谓巧事"；宋本同上篇"施无法之赏，悬无政之令"，竹书上下句首无"施""悬"二字；宋本《用间》篇"必取于人知敌之情者"，竹书作"必取于人知者"。

2) 竹书多用借字、古字。借字如胃（谓）、皮（彼）、立（位）、冬（终）；轻（经）、视（示）、适（敌）、请（情）；绩（策）、拳（倦）、贼（测）、葆（宝）等，约七、八十个。古字如埶（势）、敺（驱）、县（悬）、恿（勇）等。宋本则一般都改用本字、今字。

3) 竹书不避皇帝名讳。竹书《实虚》篇"兵无成势，无恒形""五行无恒胜"，《九地》篇"衜然者恒山之〔蛇也〕④"，"恒"宋本作"常"，当是汉人避文帝刘恒名讳所改。竹书《九地》篇"四彻者衢地也"，"彻"十一家本作"达"，武经本作

---

① 山东省博物馆、临沂文物组：《临沂银雀山汉墓发掘简报》，《文物》一九七四年第二期。
② 据孙诒让统计，宋本《孙子》共五九一三字。（见《札迻》卷十）
③ 银雀山汉墓竹简整理小组编：《孙子兵法》，文物出版社一九七六年版。
④ 六角括号内表示原简已残而据宋本或上下文义可以补出的字。下仿此。

"通",亦是汉人避武帝刘彻名讳所改。竹书《军争》篇"〔鼓金〕旌旗者所以壹人之耳目也,民澶已抟……","民"宋本作"人",当是唐人避太宗李世民名讳所改。

4)竹书用字有较宋本优胜处。如宋本《形》篇"胜者之战民也",竹书句首有"称"字。称者,权衡、较量也。结合上下文意,似竹书更符合孙子军事思想。宋本《虚实》篇"行千里而不劳者,行无人之地也","劳"字竹书作"畏",联系下句来看,"畏"更切合实际。宋本《行军》篇"战隆无登","隆"字竹书作"降",隆从降声,二字古可通用,但细审文义,作"降"更为合理。宋本同上篇"汲而先饮",竹书与《通典》《御览》引文同作"汲役先饮"。据《公羊·宣公十二年传》"汲水浆者曰役",可见,作"汲役先饮"者文义见长。宋本《九地》篇:"非霸王之兵也","霸王"竹书作"王霸",考之古籍,作"王霸"更合乎古代用语习惯。宋本《用间》篇"三军之事,莫亲于间",竹书作"三军之亲,莫亲于间",文意更加联贯。

从竹书《孙子兵法》,还可以看到古代书籍的具体形制。竹书是造纸术尚未发明或已发明而未广泛应用之前,我国流行的早期书籍形态。它用竹签作书写材料。单一的竹签叫简,把简编联起来的叫册或篇。竹书《孙子兵法》简长27厘米,宽0.5至0.9厘米,厚0.1至0.2厘米。简与简之间用三道编绳编联,上下留天头地脚。虽编绳多已腐蚀,然仍留有明显的痕迹,可以看出这批简是先编后写的。写时用毛笔蘸墨在简上单行直书,每简三十余字,也有超过四十字的。通常把一组首尾完整的文字写完,就是一篇完整的竹书。

单篇竹书,首简为篇首,简背写篇名;末简为篇末,一般记有全篇字数。收藏时从末简卷起,由里到外。正文向内,利于保存;篇题向外,便于寻找。阅览时打开篇卷可以左右舒卷,这就是后世线装书称篇、卷所由来。竹书出土时,竹简上置两枚"半两钱"和一枚"三铢钱",可能是穿在竹简绳头上以便捆缚,像后世函套上的骨别子一样。

竹书字体属早期隶书,较规整,但各篇书体和行款不尽一致,非一人一时所书。《九变》《火攻》篇书体更特殊,分明出自不同手笔。又《形》篇文字多重复,原是两个抄本。就已出现的文字而言,两个抄本完全一致,当时抄书之谨慎和严格可见一斑。

同竹书一起出土的,还有一些系在书囊外面的抄列竹书篇题的木牍。书囊后来发展为帙或函,木牍则相当于后世书籍的目录。估计竹书各篇篇次就是照这个目录排列的。可惜《孙子兵法》篇题木牍已经残碎。从残存的六片碎片拼成的残牍上,还可以隐约看出《孙子兵法》的部份篇名。以篇名排列行次分析,可以进一步判断木牍原有十三个篇题,分上下两部分。上部六篇,下部七篇。部下记字数总计。尽管木牍的篇名、篇次与今本稍有出入,但拿它与简本内容互相参证,则可推知十三篇的《孙子兵法》原是足本。由此可以断言,早在西汉前期,它就是一部独立的、完整的兵书。

二、竹书《孙子兵法》的抄写年代

竹书既出土于银雀山一号汉墓,则墓葬年代就成为判断竹书抄写年代的重要依据。

前面谈到,墓中出有"三铢钱"和"半两钱"。据《汉书》记载:武帝建元元年行三铢钱,五年罢三铢钱行半两钱,元狩五年罢半两钱行五铢钱。后历宣、元、成、哀、平五世，均未改变①。由于墓葬没有发现"五铢钱"，便可推断墓葬当在汉武帝建元元年（公元前一四〇年）至元狩五年（前一一八年）之间。这是竹书抄写年代的下限。

至于上限，目前尚无确切凭证。从避讳看，在同墓出土竹书里，邦（高帝名）、盈（惠帝名）、恒（文帝名）、彻（武帝名）诸字常见；雉（吕后名）、启（景帝名）二字偶有出现。虽汉初避讳不严，但与同时期的其它资料相比，竹书不避讳的现象当非偶然。从文字看，属竹书《孙子兵法》一类早期隶书，结构与湖北云梦睡虎地秦简接近，笔法体势却介于马王堆帛书《老子》甲、乙本之间，即篆书气味不及甲本浓，用笔体势也不及乙本平直方正。这样，《孙子兵法》一类早期隶书可能比《老子》乙本还要早。但《老子》乙本都改甲本中的"邦"字为"国"字，抄写者避刘邦名讳是显而易见的。如果说，《老子》乙本是在刘邦称帝后抄写的②，那么，竹书《孙子兵法》比《老子》乙本更带篆意的早期隶书，又不避刘邦等名讳，就可能是刘邦称帝前抄写的了。另外，同墓出土竹书中还有一种风格特殊的斜体字（如即将出版的竹书《六韬》），它比《孙子兵法》一类的书体，更带浓厚的篆书意味，其抄写年代或许还要早些。它们和《孙子兵法》一样，都应是墓主生前珍藏的旧抄本，其年代上限，可能在汉初或至秦末。顺便指出，墓中出有大量兵书和其它随葬器物，唯独没有发现兵器，似乎可以说明墓主生前并非武职官员，可能只是一位古代兵法的爱好者，或者是一位熟知兵法的兵家。他生前注意搜集和保存这么丰富的兵书，死后把它作为殉葬品，也是合乎情理的。

此外，今本《孙子·用间》篇上说："昔殷之兴也，伊挚在夏，周之兴也，吕牙在殷"，竹书《孙子兵法》于此段文字后增"燕之兴也，苏秦在齐"等语。苏秦时代远在孙武之后，则竹书溢出的这些话大概是战国末期齐人作为"用间"的典型事例而掺入本文的。临沂古属齐地，似乎可以认为竹书《孙子兵法》是流行于齐地的一个抄本。它与今本《孙子》略有出入，但却与《通典》《北堂书钞》《长短经》《太平御览》等保存下来的《孙子》引文往往相合，或隋唐之际尚可见到这个抄本，亦有可能。

三、竹书《孙子兵法》解决若干有争议的问题

1. 关于作者问题

《孙子兵法》是春秋末期吴国孙武所作，自汉至唐均无异议。北宋梅尧臣首先发疑，以为《孙子兵法》乃"战国相倾之说"③。南宋叶适更以孙武事迹不见《左传》，极力贬斥孙子书为春秋战国初山林处士所假托④。此后聚讼纷纭，至近代尤甚。学者中有主张《孙子兵法》的作者是孙武的，有认定孙膑的，有以为奠基于孙武而成书于孙膑的，还有认为现行十三篇是由魏武帝曹操删削而成的。清姚际恒《古今伪书考》写道："孙武者，其有耶？其无耶？其有之而不必如史迁之所云耶？其书自为耶？抑其后之徒为之耶？皆不得而知也。"可见《孙子兵法》的作者问题仍然悬而未决。

最早记载《孙子兵法》的是《史记》，该书《孙子吴起列传》上说："孙子武者，

---

① 见《汉书》：《武帝纪》《食货志》。
② 高亨、池曦明：《试谈马王堆汉慕的帛书〈老子〉》。
③ 见梅尧臣：《孙子注》中欧阳修《后序》。
④ 见叶适：《习学纪言》中《读孙子》。

齐人也。以兵法见于吴王阖庐。阖庐曰：'子之十三篇，吾尽观之矣。'""阖庐知孙子能用兵，卒以为将。西破强楚，入郢，北威齐晋，名显诸侯。"又说："孙武既死，后百余岁有孙膑。膑生于阿、鄄之间，膑亦武之后世子孙也。""（田）忌进孙子于威王，威王问兵法，遂以为师……""孙膑以此名显天下，世传其兵法。"这里说明孙武和孙膑确有其人，他们各有兵法传世，而兵法十三篇的作者是孙武。班固《汉书·艺文志》兵权谋家下也载有《吴孙子》和《齐孙子》二书。其后后者失传，《隋书·经籍志》遂不见著录。由于历史上有两个孙子而只传下一部兵法，且传下的《孙子兵法》篇数与《汉书》所记《吴孙子》不合，这就引起后代学者对《孙子兵法》作者的争论。

现在，银雀山汉墓竹书中果然出现两个孙子：一个与吴王阖庐论晋国六卿兵制得失（《孙子兵法》佚文《吴问》）并以兵法试诸妇人（《孙子兵法》佚文《见吴王》）的，是孙武；一个与齐威王、田忌论兵（见《孙膑兵法》中《见威王》《威王问》《陈忌问垒》诸篇），并于桂陵之役擒获庞涓（《孙膑兵法·擒庞涓》）的，是孙膑。两人相隔一百多年，都有兵法传世。出土的《孙子兵法》和《孙膑兵法》是两部兵书，各有具体内容和时代特色，是《吴孙子》和《齐孙子》的前身当不成问题。尤其是《孙子兵法》佚文《见吴王》篇中两处提到"十三篇"，更是《史记》所说孙武以兵法十三篇进见吴王阖庐的确证。由于竹书的抄写比司马迁写《史记》的年代早得多①，这就更加有力地证明：《史记》关于孙子的记述是可靠的；《汉书·艺文志》关于《吴孙子》和《齐孙子》的著录也是有根据的。《孙子兵法》的作者是春秋末吴国的孙武也就可以确定了。这样，因《孙膑兵法》失传而产生的这宗疑案，终究由于《孙子兵法》与《孙膑兵法》的同时被发现而顺利解决了。

2. 关于篇卷问题

《孙子兵法》的篇卷数目，历代著录虽有异同，而汉魏间的记载差异尤大。《史记》称《孙子兵法》十三篇；《汉书·艺文志》著录《吴孙子》八十二篇，图九卷；《魏志·武帝纪》注引孙盛《异同杂录》谓曹操注《孙子兵法》十三篇。真是大起大落，相去悬殊。

这里有两个问题值得注意：一、按书籍传布的一般情况，时代在后的篇数应少于前，《汉书》在《史记》后一百多年，为什么著录篇数反多几倍？二、曹操又晚六十多年，所注《孙子兵法》十三篇篇数已少于前，但为何竟与《史记》所称篇数相合？

对于这些问题，历代学者间有过种种解释。

唐杜牧认为，曹注十三篇是曹操删削十余万言的兵书而重编的。他在《孙子注·自序》中说："武所著书，凡十数万言，曹魏武削其繁剩，笔其精切，凡十三篇，成为一编。"南宋叶适却怀疑《汉书·艺文志》八十二篇只是章节顺序之类而非兵书篇数。他在《习学纪言》中说："司马迁称孙子十三篇，两言之，而班固艺文志乃言吴孙子兵

---

① 据王国维《太史公行年考》，考定司马迁《报任安书》写于汉武帝太始四年（前九三年）冬十一月。此时《史记》一百三十篇才基本完成。竹书《孙子兵法》抄写年代的下限（前一一八年）比此还要早些。

法八十二篇。又吴起四十八篇，而今吴起六篇而已。又中庸一篇，而志称四十九篇。岂昔所谓篇者，特章次之比，非今之粹书也。"清孙星衍则在《刻书序》中说："宋雕本《孙子》三卷，魏武帝注，见《汉书·艺文志》者，《孙子》篇卷不止此。然《史记》已称十三篇，则此为完书。篇多者反由汉人辑录。"孙氏以为曹注十三篇与《史记》所称十三篇相同，都是《孙子兵法》的足本，《汉书》多出的六十九篇乃汉人所辑录。

竹书《孙子兵法》的出土，证明孙星衍的判断正确。如前所述，早在《史记》以前，《兵法》十三篇已经是一部独立的、完整的军事著作。十三篇以外的其它篇章，尽管有的写作年代很早①，但仍属后人的辑录，与十三篇本文有着严格的区别。孝武时期的司马迁大概有鉴于此，才单独举称《兵法》十三篇为孙武所作，而把后人辑录的其它篇章排除在十三篇之外。可见当时两者的界限十分明确。到了成哀时期，刘向据步兵校尉任宏所校兵书，"条其篇目，撮其旨要，录而奏之"。《太平御览》卷二百七十六引刘向《新序》说："孙武、乐毅之徒，皆前世之贤将也，久远深奥，其事难知。"可见，刘向已经感到孙子其人其事深奥难知，因而对其书其目，对十三篇与其它篇章的界限，也就没有司马迁当时那样清楚。向死后，子刘歆继承父业，"总群书而奏其七略"。《七略》今虽不传，但从后人辑录的佚文可以看到，刘氏父子校订群书的程序，一般都经过广集众本，订正讹误，比勘异同，删除重复，定著篇数，条列篇目，最后才杀青缮写的。其中，"广集众本，删除重复"，是他们的基本方法。其所定著的篇数和条列的篇目，就是用这个基本方法所得的结果。就是说，向歆父子集中当时能搜罗到的官私藏本，去同存异，把不重复的依次编录，定著为若干篇。这样一来，固然可以把不同来源的同一类书兼收并蓄，但也就失之芜杂，定著的篇数和条列的篇目也必空前膨胀。班固《汉书·艺文志》既据《七略》成文，则《吴孙子》篇数激增至八十二篇的原因恐怕就在这里。

东汉末年，作为卓越的军事家的曹操，十分推崇《孙子兵法》②，并做了许多有意义的工作。一方面，他亲自为《孙子兵法》作注。他说：孙武"为吴王阖庐作兵法一十三篇……审计重举，明画深图，不可相诬。而但世人未之深亮训说，况文烦富，行于世者，失其旨要，故撰为略解焉"③。另一方面，又据十三篇的《孙子兵法》对八十二篇的《吴孙子》做了一番甄别、清理工作，把后人辑录的六十九篇剔除，另为《续孙子兵法》二卷④。曹操的这些工作，是《孙子兵法》得以长期流传下来的重要因素之一。

曹操另辑的《续孙子兵法》二卷，似隋唐时尚可见到。张守节《史记正义》引梁阮

---

① 竹书《孙子兵法》佚文《吴问》篇，据吴树平同志考定，是在智氏亡到赵韩魏三家自立为侯（前四五三年至前四零三年）这五十年内撰写的，距离孙武在吴主要活动于吴王阖庐当政之时（前五一四年至前四九六年）相去不远。见《从银雀山汉墓竹简〈吴问〉看孙武的法家思想》。
② 曹操："吾观兵书战策多矣，孙武所著深矣。"（见《孙子兵法序》）
③ 曹操：《孙子兵法序》。
④ 姚振宗：《三国艺文志》载，魏武帝《续孙子兵法》二卷。并按：此疑取《孙子》十三篇外之文以为是编。

孝绪《七录》云：《孙子兵法》三卷。并按：十三篇为上卷，又有中、下二卷。或中下二卷即曹辑的《续孙子兵法》二卷，亦即十三篇以外的六十九篇。此外，散见于隋唐志及诸书征引的还有数种：如《孙子八阵图》（郑玄注《周礼》所引）、《孙子牝八变阵图》、《孙子战斗六甲兵法》（见《隋志》）、《孙子三十二垒经》（见《通典》）、《孙子兵法杂占》（见《隋志》及《太平御览》）等，可能就是《续孙子兵法》的遗文。

过去有人怀疑杜牧关于曹操删削兵法的可靠性①。试把汉初竹书与曹注本相比较，即可发现二者的一致性，证明曹操删削的不是十三篇的《孙子兵法》，而是八十二篇的《吴孙子》。杜牧说"武书十数万言"，显然指八十二篇而言。兵法从十三篇到八十二篇，有个增益的过程，这是刘氏父子鉴别未精所致；从八十二篇到十三篇，也有个删削的过程，这就要归功于曹操。总之，十三篇是《孙子兵法》的定数，它早就是一部完整的、独立的兵书，二千五百年来未尝失佚过②。《吴孙子》八十二篇中也包含十三篇，另外六十九篇是后人辑录的，与十三篇本文有严格的区别。曹操删削兵法，若指其摘取八十二篇之文重新编定为十三篇则误，若指其剔除十三篇以外的六十九篇，则是合乎实际的。

3. 关于《九变》篇问题

《九变》篇篇名也是历代注家争论的问题。那是由于篇首所举十事与篇名数目不侔引起的。《九变》篇开头一段是："孙子曰：凡用兵之法，将受命于君，合军聚众。圮地无舍，衢地交合，绝地无留，围地则谋，死地则战。涂有所不由，军有所不击，城有所不攻，地有所不争，君命有所不受。故将通于九变之利者，知用兵矣。将不通于九变之利者，虽知地形，不能得地之利矣。治兵不知九变之术，虽知五利，不能得人之用矣。"

宋何延锡说："孙子以九变名篇，解者十有余家，皆不条其九变之目者何也？盖自圮地无舍而下，至军命有所不受，其数十矣，使人不得不惑。"名《九变》而举十事，就成为争论的焦点。对此，从曹操起就存在两种解释。曹操说："变其正，得其所用者九也。""九"是泛指多数。正如王晳所说："九者，数之极也。"但为何《九地》篇中又刚好列举了有利于用兵克敌的九种地事名目？《九变》篇开头如此整齐地排举十事，岂与篇名完全无关？所以，泛指多数的说法还不能令人满意。曹操又在"虽知五利"句下注解说："谓下五事也。九变，一曰五变。"意思是说，自"涂有所不由"至"君命有所不受"五事为五利，也叫五变。这是他提出的另一解释。唐李筌、宋梅尧臣皆主此说。但正如宋郑友贤所指摘的，"李筌以涂有所不由而下五利兼之为十变，误也。复指下文为五利，何尝有五利之义也"。所以，五变五利说也有令人费解之处。

于是，又有"九变"即"九地之变"之说，张预、郑友贤、何延锡等皆持此

---

① 见《四库全书提要》；章学诚：《校雠通义》；顾实：《汉书艺文志讲疏》等。
② 据《史记·伍子胥列传》，吴王阖庐三年（前五一二年）孙武谏阻吴王入郢。则孙武当在前此入吴。《孙子吴起列传》，吴王阖庐初见孙武时说："子之十三篇，吾尽观之矣。"则十三篇又当作于孙武入吴之前，距今差不多二千五百年了。

论。理由是篇首所举十事中，前五事都属地事，下文"将不通于九变之利者，虽知地形，不能得地利矣"，所言九变也与地形、地利有关，故知九变乃指九地之变。但既为九地之变，为何"九变"而只言"五事"？张预以为"举其大略"，郑友贤怪其"阙而失次"，而何氏自己更怀疑说："十事之中，君命有所不受且非地事，昭然不类矣。"

因此又有一说，称十事中的前九事为"九变"，而单独断开末句"君命有所不受"，另作解释。如贾林说："变之则九，数之则十，故君命不在常变例也。"此说与竹书《孙子兵法》佚文《四变》篇所言基本相符。这篇佚文在解释"涂有所不由"以下四句后接着说："君命有所不行者，君命有反此四变者，则弗行也。"据此，知"涂有所不由"以下四事为"四变"，则"九变"当指"圮地无舍"至"地有所不争"九事而言，就一目了然。张预注引"或曰"说："自圮地无舍至地有所不争为九变，谓此九事皆不从中覆，但临时制宜，故统之以君命有所不受。"这至少同上述佚文作者的解释是一致的。至于明人刘寅、赵本学因怀疑《九变》篇篇名而乱改原文[①]，则是一种轻率的态度。

四、竹书《孙子兵法》可作为订正今本的参考

竹书的重要价值还在于可据以订正今本。概括起来，有下列三个方面。

1. 订正篇名篇次

竹书篇名见于《孙子兵法》篇题残牍的有：《势》《行军》《军争》《实虚》《地形》《九地》《用间》《火攻》八篇，见于竹书篇首简背的有：《作战》《形》《势》《实虚》《九地》《火攻》《用间》七篇。两者互为补充，可见到的竹书篇名有十。十三篇中，尚有《计》《谋攻》《九变》三篇篇名未见，但有残简发现，肯定各自是十三篇中的一篇。用竹书订正今本篇名篇次有四点可资参考。

其一，竹书《实虚》篇今本作《虚实》，按十三篇排列次序总是先讲物质基础后讲主观指导作用，先讲常法后讲变法来分析，以"实虚"名篇，当更切合孙子军事思想[②]。

其二，已发现的十篇篇名，除《实虚》篇外，都与宋本《十一家注孙子》相同，而与《武经七书》本《孙子》小异。竹书之《形》篇、《势》篇，武经本分别作《军形》《兵势》。此大概是后人据曹注所增益。曹操题解《形》篇曰："军之形也。"题解《势》篇曰："用兵任势也。"《军形》《兵势》之名或即由此而来。

其三，据《孙子兵法》篇题残牍，十三篇原分两部分：木牍第一排和第二排前二行记前六篇篇名及总字数，属上部；第二排后三行及第三排记后七篇篇名及总字数，属下部。证以《隋书·经籍志》，兵部载有：魏武帝注《孙子兵法》二卷；张子尚注《孙子兵经》二卷；吴沈友撰《孙子兵法》二卷。据《三国志·吴志·孙权传》裴松之注所引《吴录》，知沈友生于汉灵帝熹平五年（公元一七六年），卒于汉献帝建安九年（公元

---

① 见刘寅：《孙子直解》；赵本学：《孙子注》。
② 詹立波：《略谈银雀山汉墓竹简〈孙子兵法〉》。

二〇四年），其书或成于曹注之前。又支伟成《孙子兵法史证》谓张子尚为曹魏时人。要之，沈友、曹操、张子尚均为汉末三国时人，是最早为《孙子兵法》作注的三家。他们都析《孙子兵法》十三篇为二卷，绝非巧合。此外，《隋书·经籍志》载：梁有孟氏解诂《孙子兵法》二卷；《通志·兵略》载：萧吉注《孙子兵法》二卷；《新唐书》有：唐李筌注《孙子兵法》二卷。孟、萧、李是六朝隋唐间人，他们与前三家一样都把《孙子兵法》析为上下卷，亦必有所本。它们同《孙子兵法》篇题木牍分十三篇为上下两部分正好一致，可以互相印证。可见今本《孙子》析十三篇为三卷或十三卷者，都是后起的分法。

其四，竹书十三篇据木牍排列次序，与今本出入较大。如竹书《实虚》在《军争》之后，属下部；今本《虚实》却在《军争》之前。竹书《行军》篇在《军争》之前，属上部；今本《行军》则在《军争》《九变》之后。又竹书《火攻》在《用间》之后，置于书末；今本《用间》在书末，而置《火攻》于《用间》之前。虽竹书篇次因木牍残缺而不能完全确定，但仅就《用间》《火攻》先后而论，亦可见其优劣。曹操曰："战者必用间谍以知敌之情实也。"大凡火攻之前总须派间谍侦察敌情而后行事，似可说明竹书篇次较今本为优。

2. 校正文字讹误

宋本《孙子》的误字，前人已有所披露。孙星衍依《通典》《太平御览》引文整理《孙子》，改正了不少误字①。现据竹书与宋本校雠，证明孙氏改正的误字，不少是可信的。如宋本《势》篇："兵之所加，如以碬投卵者，虚实是也。"孙氏谓碬为碬之误字，竹书果作"叚"，叚碬字通。十一家本《虚实》篇："故佚能劳之，饱能饑之。"孙氏以饑为饥字之误，竹书果作"饥"。按饑为饑荒之饑，而饥才是饥饿之饥，作饥者是。又宋本同上篇："出其所不趋，趋其所不意"，竹书作"出其所必〔趋也〕"，其下无"趋其所不意"句。孙氏据曹注改"不趋"为"必趋"，亦与竹书合。宋本同上篇："水之形避高而趋下，兵之形避实而击虚。"孙氏据《通典》《御览》引文改"水之形"为"水之行"，竹书亦作"行"。又下句"水因地而制流"之"流"，竹书作"行"，据文义亦当以"行"为是。宋本《行军》篇："其所居易者，利也。"孙氏据《通典》《御览》改为"其所居者易利也"，并云："杜佑、贾林诸家，皆以此承上文言之，不别为一事，则'者'字应在'易'字上，后人以上下文比例之，臆改在下耳。"竹书"者"字果在"易"字之上，与孙说正合。又宋本同上篇："粟马肉食，军无悬瓿，不返其舍者，穷寇也。"瓿字竹书作垂。疑瓿乃甀字之形误。甀为汲水器，垂甀字通。孙氏据《通典》谓缶为垂字之误，其说可信。宋本同上篇："卒已亲附而罚不行。"《群书治要》《通典》引文"亲附"作"附亲"，《长短经·禁令》引作"专亲"。竹书作"抟亲"，专抟字通，与《长短经》所引相合。又宋本上句"卒未亲附"的"亲附"，亦当是"抟亲"之误。宋本《九地》篇之"圮地"，《长短经·地形》引作"汜地"，《御览》引《九变》篇之"圮地"亦作"汜地"，疑宋本之"圮"乃"汜"字之误，汜、泛字通，故竹书作"泛地"。宋本《用间》篇："非微妙不能得间

---

① 见孙星衍校本：《孙子十家注》。

之实。""实"字竹书作"葆",知宋本作"实"者,乃"宝"字之形讹。

竹书还可据以校正传本的衍字衍句。属注文误入正文而衍的,如宋本《计》篇:"故经之以五事",竹书无"事"字。宋本《作战》篇:"力屈财殚中原内虚于家。"竹书无"财殚"二字。宋本《九地》篇:"当其同舟而济,遇风,其相救也如左右手。"竹书无"遇风"二字。以上盖因注中有"五事""财殚""遇风"之言而误入正文。属涉上下文而衍的,如宋本《虚实》篇:"故备前则后寡,备后则前寡,备左则右寡,备右则左寡。"竹书只作"备前〔者后寡,备左〕者右寡"二句。宋本多出二句十字,疑系涉下文有以前、后、左、右分别为句而误衍的。宋本《军争》篇:"故夜战多火鼓,昼战多旌旗,所以变人耳目也。"竹书此段文字次序不同,亦无"所以变人耳目"之句,疑涉上文"所以一人之耳目"句而误衍。属于因讹字而致衍的,如宋本《火攻》篇:"行火必有因,烟火必素具。"竹书作"〔行〕火有因,因必素具"。古隶火必二字形近易混,疑上句因火、必形近误衍一"必"字,下句亦因火、必形近而误衍一"火"字,二句讹作"行火必有因,因火必素具",后抄写者又改下"因"字为"烟"(武经本正作烟)以应之,"煙"为"烟"之异体,遂成今句。此外,宋本《计》篇:"而不畏危"的"畏"字,《虚实》篇"亦奚益于胜败哉"的"败"字,"故兵无常势,水无常形"的"水"字,《军争》篇"则蹶上将军"的"军"字,《行军》篇"奔走而阵兵车者"的"车"字,竹书皆无,且据文义亦不当有,疑是后人臆增之文。十一家本《九地》篇"而发其机,焚舟破釜,若驱群羊",竹书与武经本皆无"焚舟破釜"句,则可证其为衍句。至于宋本《谋攻》篇"攻城之法,为不得已"的"为不得已",《形》篇"善守者藏于九地之下,善攻者动于九天之上"的"善攻者",竹书皆无,但却直接涉及孙子的军事思想,似是后人有意的改动,这有待进一步研究。

3. 乙正简策错乱

错字误句只要寻绎文义,移易个别字句,便可贯通。若因简策错乱,有误至数十字的,则文义难通,须用心参校,文义才能通畅。四部丛刊影印明嘉靖谈恺刻本《孙子集注》,是过去通行的传本,但其《行军》篇与宋本相校,整段文字不合者甚多。如:

1)"旌旗动者乱也"至"兵非贵多,惟无武进"一段九十六字,宋本在"军扰者将不重也"之后,"足以并力料敌,取人而已"之前;而谈刻本则置于"必依水草而背众树"之后,"奔走而阵兵车者期也"之前。

2)"奔走而阵兵车者期也"至"军扰者将不重也"一段五十四字,宋本在"无约而请和者谋也"之后,"旌旗动者乱也"之前;而谈刻本则置于"兵非贵多,惟无武进"之后,"鸟起者伏也"之前。

3)"鸟起者伏也"至"无约而请和者谋也"一段七十五字,宋本在"众草所障者疑也"之后,"奔走而阵兵车者期也"之前;而谈恺本则置于"军扰者将不重也"之后,"凡地有绝涧"之前。

4)"凡地有绝涧"至"众草多障者疑也"一段九十九字,宋本在"欲涉者待其定也"之后,"鸟起者伏也"之前;而谈恺本则置于"无约而请和者谋也"之后,"此处斥泽之军也"之前。

5)"此处斥泽之军也"至"欲涉者待其定也"一段九十八字,宋本在"必依水草而背众树"之后,"凡地有绝涧"之前;而谈刻本则置于"众草多障者疑也"之后,"足以并力料敌,取人而已"之前。

这些不合之处,可据竹书简本订正。竹书《行军》篇简文发现二百九十六字,接近宋本的一半。但从已见的文字看来,竹书多与宋本相合,说明宋本次序符合《孙子兵法》原书。因此,可据宋本参照竹书以正谈刻本之误。下面四简更能说明竹书与宋本的一致性。

(1) 无百疾,陵丘堤□处其阳,而右倍(背)之,此兵之利,地之助也。上雨水,水流至,止涉侍(待)其定。〔凡地有〕

(2) 天井、天窖、天离、天魁、天郤,必亟去之,勿〔近也。吾〕远之,敌近之。吾……

(3) 军者也。□庳(卑)而备益者,进也。辞强而〔进〕敺(驱)者,退也。轻车先出居厕(侧)者,〔阵也。无约而〕

(4) 请和者,谋也。奔走陈兵者,期也。半进者,诱也。杖而立者,饥也。汲役先饮……

以上简(1)末句与简(2)首句,简(3)末句与简(4)首句,各自相连为文。"凡地有天井、天窖、天离、天魁、天郤"紧接在"上雨水,水流至,止涉待其定"之后;"无约而请和者,谋也"紧接在"轻车先出居侧者,阵也"之后。句法、序次与宋本完全一致,证明竹书简本与宋本相合而与明谈刻本不符。据竹书可以断言,按照宋本的文字顺序乙正明谈刻本的错简,是符合《孙子兵法》原来的简次的。

英明领袖华主席在全国科学大会上发出伟大号召,一定要极大地提高整个中华民族的科学文化水平。敬爱的叶副主席在纪念中国军事科学院成立二十周年的文章中也着重指出:"在我们中华民族悠久灿烂的文化宝库中,有着极其丰富的军事典籍和军事学术遗产。我们要吸取其精华,批判地继承下来。使我国无产阶级的军事科学更加绚丽多彩。"[①]《孙子兵法》是我国古代军事学术宝库中放发异彩的军事典籍,它总结我国春秋战国之交战争频繁年代的战争经验和战略战术,发现了不少用于作战指导的军事规律,具有朴素唯物论和原始辩证法,在中外军事学术史上占有相当重要的地位。书中一些军事格言,至今仍然脍炙人口。革命导师毛主席就曾称赞说:"孙子的规律,'知己知彼,百战不殆',仍是科学的真理。"[②]银雀山汉墓竹书《孙子兵法》的出土,对我们研究孙子的军事规律,批判地继承我国古代军事学术遗产,是很有意义的。让我们在华主席为首的党中央领导下,努力工作,把新时代赋予我们的新任务勇敢地担当起来,为提高整个中华民族的科学文化水平而奋斗!

原载《中山大学学报(哲学社会科学版)》1978年第5期

---

① 叶剑英:《发展我国无产阶级的先进军事科学》,《人民日报》一九七八年三月十五日。
② 《毛泽东选集》二卷四八〇页。

《关于利簋铭文的释读》一文的几点意见

于省吾

商承祚同志以本年第二期《中山大学学报》见寄。其中有《关于利簋铭文的释读》一文，副题为"与唐兰、于省吾同志商榷"。其与我商榷之处，我提出六条意见于下：

一，商文说："利簋铭文是周灭商的胜利纪录，且在武王立命之后不久。既然他们认为世界一切皆上帝所安排，灭商是'受天命'者，在既成事实，实现上帝这一意旨之后，哪里还有必要再提伐商的贞卜呢？"按，商说语意含混。"立命"二字不知有何根据？什么叫立命？武王在什么时候立命？均没有加以说明。既然周人以为是受天命而灭商，则灭商之后追述"岁贞克闻"之事，而强调灭商出于天意，本极自然，商文为什么说"哪里还有必要再提伐商的贞卜呢？"

二，商文既据我的原文所引的第二条而解释为："从岁贞、岁卜来看，可知卜得当年五月或其它月的事皆用岁卜这词，并不限于贞问一岁之大事为言。由此可见，岁贞并无特殊意义。"按，卜辞末尾的纪月，是记载进行某项占卜之月，但所占卜之事，则不限于该月，这是卜辞的常识。而商文不理解这一点，竟以卜辞末尾纪月，"并不限于贞问一岁之大事为言"，由此而否定岁卜为贞问一岁之大事，未免荒疏。而且，我的原文所引第三条的"蛊今岁若"，是占卜今岁顺利与否（原辞自系对贞），自然不是小事。不仅如此，卜辞还称："今岁亡大水；其有大水。"（金三七七）难道说，今岁有无大水为灾，也无特殊意义吗？

三，我原文所释的"岁贞克闻"，乃"岁贞克闻于上帝"之简语。商文谓："尽管古代文字简练，但关键字必不可省，以省语为由，作萦回解释，是不必要的。"我的原文还引本簋铭文"珷征商"珷下省"王"为证，商文则置之不理。商文说："于甲子早上这个时候进军。"如所周知，没有军队是无法打仗的。可是利簋铭文并没有提及"师旅"，难道说，师旅字还不够关键吗？

四，商文把"唯甲子朝岁"作一句读，并谓："岁字在此用作时字解。"姑不论"唯甲子朝"这句话很明白，用不着再添上"岁"字，而且岁字在甲骨文、金文或古典文献中，从没有当作抽象"时"字解者。为什么商文不举例为证呢？

五，商文把"鼎克"二字当作一句读，并谓："鼎为传国之重器，引申有重大、举足轻重之意，与鼎言、鼎力之鼎意义相近。鼎克即取得重大的胜利。"按，甲骨文、金文和先秦典籍中，既没有鼎言、鼎力的词例，更没有训"鼎克"为"取得重大的胜利"的词例。商文是用后代词意以相附会。然则商文所谓"萦回的解释"，无非是自蹈其弊而已。

六，商文把"昏夙有商"四字当作一句读，并谓："昏指黄昏天刚黑时，夙是早上，牧野这场殊死战斗，是从早晨开始战至天快黑时结束的。铭文作昏夙，为倒装句，于古常有。"按古文倒装的确是常有的，但在纪日夜或早晚的时间上，根本没有倒装句的例子；而且并无押韵的关系，为什么要用倒装句呢？卜辞的"旦至于昏不雨"（京津四四五〇）和"旦湄（湄，读昧）至昏不雨"（邺初下三三·三），均指早晚为言，但没有旦昏互倒者。至于周代金文中言"夙夜"或"夙夕"者习见迭出，均指早夜或早晚为言，哪有作"夜夙"或"夕夙"的倒句呢？商文谓倒装句"于古常有"，为什么不举例为证呢？

总而言之，我认为，利簋铭文的"珷征商，唯甲子朝，岁贞克闻，夙有商"四句话，是文从义顺的。而商文把这四句话割裂为"唯甲子朝岁，鼎克，昏夙有商"三句话，加以牵强曲戾的解释，无一可通。今引用商文原话的"而无使人信服的论据"，作为商文的评语，该是相符的。

原载《中山大学学报（哲学社会科学版）》1978年第5期

汉字部首略论

马国权

一、部首的产生

把繁多庞杂的汉字分门别类，使之各有归宿，这是我国东汉时期著名的语文学者许慎的一大发明。那时，通行的汉字，数目大约在一万左右。许慎根据当时对文字形音义关系的认识，并以"六书说"的理论为指导，发现汉字有些是"依类象形"的"独体"的"文"，而更多的是"形声相益"的"合体"的"字"，特别是周代以来，人们造字已惯用这一方法，因之数目有了飞跃的发展；在它们当中，有些结构单位是彼此常用的，植物的东西，多数带有"木"旁、"艹"旁，或"竹"旁，动物的大抵是"牛"旁、"马"旁、"羊"旁、"犬"旁、"豕"旁、"鱼"旁、"虫"旁等等，经过一番爬梳整理，按照字形结构的特点，从中归纳为五百四十个彼此偏旁相同的部类。凡同一偏旁的字，都统属于其中。这就是许慎在他所著的《说文解字（以下简称《说文》）·叙》中所说的："分别部居，不相杂厕"，和"其建首也……方以类聚，物以群分，同牵条属，共理相贯，杂而不越，据形系联"。例如：城、垣、基、塞等字，"土"是它们相同的部分，这个"土"字便成了这个部类——"土部"中的领头的字，也就是"部首"。纷纭无比的汉字，有了这一归类方法，真的可以象段玉裁所称赞的那样："若网在纲，如裘挈领"，"举一形以统众形"了。

《说文》之所以成为我国第一部有系统的字书，主要是创造了部首归类的方法。凡是按照字形结构分类排列的字书，不管是以小篆字体为准的《说文》也好，以楷书为准的《字汇》《康熙字典》也好，它的每一部里的第一个字——有些实际并不成字，如《说文》里的丿、乁、丨、乚，《字汇》《康熙字典》中的丶、亠等——也都叫作部首。部首字，同时也是分部的名称。

二、部首与偏旁、意符的异同

部首、偏旁、意符，这三者有时是统一的，但有时又是歧异的。从概念来说，三者各有不同的含义。

部首是编纂字书的人分析汉字字形结构，把相同部分归于一个部类的为首的字。

偏旁与部首有它同与异的方面。按照传统的叫法，汉字中合体字的左边称为"偏"，右边称为"旁"。但习惯上上下左右都可以用偏旁来统称。例如"珠江"两字，"珠"的"王"（即玉）和"朱"，"江"的"氵"（即水）和"工"，这四个结构单位都可以叫作偏旁。"玉"和"水"是表示意义的，在文字学里叫作"意符"。这一部分，常与部首相吻合。"朱"和"工"表示读音，称为"声符"。除《说文》有个别部首为声符外，声符一般都不作部首。因此，偏旁与部首还是有分别的。

意符，也叫作形旁。在形声字中，这是表示意义的部分，与表示读音的声符相对而言。它与对所统属的各个字的部首，有着不同的概念。但是，由于形声字的意符在结构分析上常常作为部首，在《说文》的九千多字中，它百分之八十以上都是形声字，大多数意符也就是部首，因此很容易给人以错觉：以为意符即等于部首。然而，这样的认识是不正确的。应该看到，部首所属的不可能全部是形声字，例如"又部"的叟、叔、及、秉、反、取等字，它们都是会意字，那部首就不该是它们的意符。同时，《说文》中的有些部首，它们是由两个以上结构单位组成的，如部首"放""雠""冓""舛"等，这些字本身就不是形声字的意符，在它的统属之下，也没有一个形声字。因此，尽管在绝大多数的情况下，部首可以说是意符，但不能得出结论说，意符就是部首。

通过这些探讨，我们可以明确地了解，部首、偏旁、意符，三者的界说是不同的。偏旁与意符在一定条件下常常是部首，两者相较，意符作为部首的条件更多，但不能在彼此之间画上等号。

三、部首的类别与归并改良

汉字部首可以分为两类：一类是以"六书"体系，也就是汉字造字法为原则的部首，这一类，应以《说文》为代表；一类是从检字法为原则的，也就是在一定程度上摆脱了"六书"体系的部首，《字汇》《康熙字典》等即属此类。

《说文》的五百四十个部首，是从该书所收的九千三百五十三字的篆书形体中归纳出来的。少数字在字形分析上有所谓"二形一声"（如"箕"从竹皿，甫声）与"三形一声"（如"宝"从宀从玉贝，缶声）的类别，但在分部上则只能选其列在最前面的一种。凡是偏旁相同的，便编在一部，把共有的偏旁立为部首，所以在每部部首之下都写道："凡某之属皆从某。"它坚持这样的原则，只要有从某一偏旁的字，就给它另立一部。例如，"茻"（音冈）本可隶属在"艸部"之下，"玨"（音角）可隶属在"玉部"之下，但因为汉字中有从茻的"莫""莽""葬"（仅三字），有从玨的"班""瑝"（仅两字），所以"茻""玨"自为一部。至于同字异写的，如"人"与"儿"，"自"与"囟"，亦以各有所从的字，也都分立了部首。部首的绝大多数都是意符，只有"丩部""句部"等少数几个部首是声符。以声符作部首，这是与许慎编纂旨趣不相合的，颇疑为后人所窜改。这书的编排，对了解文字的构造和意义确有它的好处。但也有缺点：那就是分部太细，数目太大，部首有应增的，也有应减的，有些字归部亦未能十分合理，而部首之间也缺乏科学的内在联系，和适当的顺序排列，有十几个部首，竟没有一个统属的字。

自从"隶变"到如今通行的楷书，汉字形体起了很大的变化，《说文》的部首已不适应于楷书。如"茻部"的"莫"字，楷书已不写作"茻"，而写为"莫"，这样，"茻部"便没有存在的必要。再如："服"字（篆作𦩅），《说文》在"舟部"；"有"字（篆作𠂇），是从又从肉，会意；这几个字，不管从舟也好，从肉也好，后世都写作月亮的"月"，与"朗"字的部属相同。不熟悉篆书的人，谁也无法了解它们原来分属在几个不同的部首。明人梅膺祚所作的《字汇》，就是针对这一改变了的情况，进行大胆的改革，另行分部编纂的。

《字汇》根据楷书的形体，从检字法的角度，不但把《说文》的五百四十个减为二百一十四部，而且在归部上也作了颇大的调整，好些地方把《说文》部首的辨别词义的作用扔掉了。例如，"舅"字从男，臼声，《说文》在男部，《字汇》在臼部。当然，象这样的情况，在全书中是不多的。作为字典来看，《字汇》具有很大的进步性：一、大大地简化了部首；二、部首的排列和各部中的文字先后，都按笔画多少为序，这比《说文》用"始一终亥"和"据形系联"的编次强得多了。它是检字法的一个跃进。《康熙字典》《辞海》等书，其分部和列字即承此而来。

建国以后，新编的《新华字典》又把原定的部首作了进一步的减并，归字亦有所不同。该书一九六二年修订本分一百九十一部，一九七一年修订本改为一百八十九部，它删去了旧有的"黹""鼎""鼓""齊""龜""龠"等若干部；又把过去字典的变形部首，如亻（同人）、忄（同心）、氵（同水）、犭（同犬）、灬（同火）等，分别另立一部；一些外形不通俗的，如"阜部""邑部"，现在都直接写为阝（在左）、阝（在右），以便一般读者的翻查。至于归部问题，如"汉字"两字，"汉"旧属"水部"，它放在"氵部"；"字"字旧属"子部"，现改属在"宀部"。这些，人们把它称为改良部首。为了方便广大群众的检字，和适应简化了的汉字的实际情况，这种改良部首还在不断改良之中。

四、部首对辨识词义的作用及其存在问题

前面谈到，绝大多数的部首都是意符。据此我们可以知道，凡是部首相同的，在取义上或多或少地都与部首所标示的事物或行为有关。这就是意符对辨识词义的指示作用。例如，凡是从"口"的字，它的含义，都跟"口"有密切关系。区别而言，大概可以分为四方面：一类是跟口有关的器官，如喉、吻（嘴边）、喙（音晦，兽嘴）等；二类是跟口有关的行为，如含、嚼、吮、噬（音誓，咬）、啼、叫等；三类是象声词，如呱、啾等；四类是属于语言方面的事情，如命（从口从令，会意）、问（从口，门声）、唯（答应）、咨（谘询）等。

在古代典籍中，有些词义，由于用的不是本义，而是引申义或假借义，如果不懂得一些文字学的知识，知道可以通过字形分析，也就是从部首方面，帮助对词义的认识，那就会百思不得其解。例如"责"字，我们平素只知道它有：一、要求，如"责成"；二、指摘别人的过失，如"诘责""斥责"；三、责任，如"尽责"等几个意思。这其实都是它的引申义。《说文》说："责，求也。从贝，朿（音次）声。""责"是"债"的先造字。所谓"求也"，就是向欠债的人讨还债务。责字之所以从贝，是因为它可以表示与财货有关。《战国策·齐策》："先生不羞，乃有意欲为文收责于薛者乎？""责"就是"债"，"收责"就是"讨债"，这是"责"的本义。《左传》桓公十三年："宋多责赂于郑。""责赂"意即"要求财物"，由索讨到要求，这是意思的引申。成语所说的"求全责备"，更由物质方面的要求推展到对人的品德的要求了。这都有脉络可寻。又如"校"字，现在有用作"学校"的"校"、"校正"的"校"，这

都是假借义；据《说文》说，它的本义是"木囚"（古代用来囚禁犯人的一种木制器械），因此字应从"木"。由此可见，通过部首来辨识词义，了解词义的变化发展，有着十分重要的启导作用。

但是，我们也应当看到部首的宽泛、含混和不确切的方面。

1）部首只能表示总的类属的性质，如上面所举的"口部"，名词、动词、形容词等都有，我们不可能根据部首便把它们所代表的不同的词的具体概念区别开来。

2）有些部首表意并不确切，而且往往用两个以上的符号来担当，例如：钵缽、蝦鰕、勦剿、溯遡、燈鐙、掃埽等；三个以上不同部首的，有踐衙俴、豬豬腊等；四个以上不同部首的，有袜絖襪韈等；五个以上不同部首的，有盌甆椀碗鋺等。这些情况的存在，部首的示意作用便大大影响了。

3）少数部首由于汉字形体的演变，原来的字形变化了，造字的原意也就不易为人们所了解。如"戚"字，是斧钺一类的武器，本作戚，从戉，未声，戉变成了戊，便无从察形知义了。至于省略了的，如"亭"为从高省，丁声，"考"为从老省，丂声，没有阅读过《说文》的人，就不可能知其为省变。

4）有些部首示意根本不正确。如"猿"本兽类，不是昆虫，汉代有人却把猿的异体字"猨"，再写而为"蝯"；"萤"是"似鸡鼠尾"的鸟类；"虹"是自然现象，也都入了"虫部"。这样便容易造成对字义的误解。

5）部首本身是固定的，它没有随着词义的发展而不断更迭，所以往往使人对失掉了原义的部首难于索解。例如，杯、椀、樽、槃，古代是用木料制成的，因此都从"木"。现在这些东西用料却是多方面的，而且大都不用木造，如果硬从"木"去求其质，那肯定不能得其确解。

6）假借的广泛使用，使不少字的部首完全失去了它原来的示意作用。如"骗"字，本义为跃而乘马，现用为欺骗字；"罪"，本义为捕鱼竹网，从网非，现用为犯罪字；"帅"，本为佩巾，现用为将帅字；原来从"马"、从"网"、从"巾"的指示词义的功能，已不起任何的作用。

五、部首位置的探讨

除了象形字、指事字、会意字之外，占汉字百分之九十以上的形声字，它是建立在一个意符和一个声符相结合的基础上的。但意符、声符的结合形式很不一致，特别是在小篆以前，同一个字，意符可以在左，可以在右，也可以在上或在下，而且还可以用义近的意符代替。经过秦代"书同文"的大力改革，字的结构虽然基本上被定型了下来，但主要是就现有的字形给予肯定或否定，不可能进行全盘改革，因此，大多数字的意符和声符的位置，还没有一个统一的格式。意符位置的不固定，在很大程度上意味着部首位置的不固定，这对人们研习汉字是颇有妨碍的。

汉字部首的位置，常见的有左、右、上、下、内、外六种，如果加上其它的十一种，一共有十七种形式，举例如下。

1. 对等式

1）部首在左：如佗、城等字；

2）部首在右：如剃、頭等字；
3）部首在上：如花、笺等字；
4）部首在下：如婆、盒等字；
5）部首在内：如问、闻等字；
6）部首在外：如圈、閘、匾等字。

2. **分散式**

1）部首在左右：如街（从行，圭声）、衙（从行，吾声）等字；
2）部首在多列结构字形的中间：如雠（从言，雔声）、辨（从刀，辡声）等字；
3）部首在上下：如衷（从衣，中声）、歲（从步，戌声）等字；
4）部首在多重结构字形的中间：如哀（从口，衣声）、嚚（从㗊，臣声）等字。

3. **偏角式**

1）部首半包在左边和右上：如疾（从疒，矢声）、旗（从㫃，其声）等字；
2）部首半包在左边和右下：如颱（从风，台声）、超（从走，召声）等字；
3）部首半包在右边和左上：如戭（从戈，令声）、匍（从勹，甫声）等字；
4）部首在左上角：如聖（从耳，呈声）、荆（从艸，刑声）等字；
5）部首在左下角：如颖（从水，顷声）、疆（从土，彊声）等字；
6）部首在右上角：如题（从页，是声）、匙（从匕，是声）等字；
7）部首在右下角：如佞（从女，仁声）、脩（从肉，攸声）等字。

这样错综复杂的现象，部首对辨识词义的指示作用不可避免地被削弱了，这是毫无疑义的。

由于部首位置的安排对意义并不起决定的作用，因此，原有形声字的意符和声符的部位，往往有挪动的情况，也就造成了部首位置的变移。例如，部首在左的，有时变成了在下（如坡、垄等字）；部首在右的，有时变成了在下（如期、萁等字）；部首在左的，有时变成了在上（如峰、峯等字）；部首在右的，有时变成了在左（如氇、毧等字）；部首在内的，有时变成了在外（如雠、讎等字）。象这样的同时并行的异体字，为数并不少。当然，有些字是不能移位的，如忙、忘、纹、紊、裸、裹，就是例子。部首位置的能否移动，这主要取决于应用上的约定俗成。

但是，我们因此不能说，汉字部首的位置是杂乱无章的。有一部分的部首，如"艸""竹""宀""厂""广""尸""气""疒""癶""虍""髟"等，它们毫无例外都在上面；"皿""夊""辶"则一律在下面；"欠""支"在右面；"口""行""门"必在外。"金"、"木"、"水"（氵）、"火"、"土"的，多数在左，少数在下。只是这一系统性和规律性不够严密，比较难于掌握吧了。

原载《中山大学学报（哲学社会科学版）》1979年第2期

《石刻篆文编》字说（二十七则）

商承祚

丕　卷一、第二页

秦诅楚文："亲仰不显。"案，古无丕字。金文中凡"丕显"字皆作"不显"。《诗·周颂·清庙》"不显不承"，《维天之命》"于乎不显"，以及其它的"不显"皆应读为丕；郑玄笺谓"读如字"，如果他见到汉刘熊碑中的"相继不显"则当作何解邪？不字在古文字有于书写时注其中笔作丕，如金文筥侯少子簋及古匋文之例，后人隶作夲，如日本唐写本《书·盘庚上》"夲乃敢大言"之例，再变而为丕矣。

氣　卷一、第十八页

汉祀三公山碑："和氣不臻。"《说文》氣："馈客刍米也……《春秋》（桓公六年）传曰：'齐人来氣（今本无来字，氣作餼）诸侯。……餼，氣，或从食。"又气："云气也，象形"。氣气二字形义有别，后以米餼之氣代云气字，遂增食旁作餼，而以氣作气，以气为气求字，并省去一笔为乞。甲骨文凡气求之乞作三，中划特短以示与三有所区别。金文洹子孟姜壶"用三嘉命"，汉鲁峻碑"气拜议郎"，《玉篇》气，"求也"，《广韵》气，"同乞"，汉武梁祠画象题字两乞字皆作气。

兹　卷一、第二十二页

汉开母庙石阙，"芬兹楸于圃畤"，篆作茲。《说文》茲："艸木多益，从艸丝省声。"又兹，"黑也，从二玄"。徐锴曰："借为兹，此也。"此篆既从二玄，又增艸，结构重迭，遂成误体。古今人同样，如一时不慎就会写错、别字，因此，我们不宜笃信古人，对某些字，应予分析，慎重使用。汉隶兹从艸，或从二玄，经典同。又或借为滋字。《左传》哀公八年："何故使吾水滋。"注："滋音玄，本亦作兹，子丝反，《字林》云'黑也'。"又通兹。《汉书·五行志》"赋钦兹重"，扬雄《太玄经》"天不之兹"皆同。金文幺玄同字，凡"玄衣"，"玄鏐"等皆作幺。丝同兹，毛公鼎之"兹×"、昌鼎之"兹夫"，录伯戎簋之"兹休"以及其它皆作丝，《集韵》滋之古文从丝作滋，兹、兹、滋、滋互相通用。

洹　卷二、第六页

魏三体石经《春秋·僖公》："卫元洹出奔晋"，古文作垣。按，此乃垣字之古文，借作洹。《说文》垣之籀文作𪉱，《玉篇》同。又城字金文城虢遣生簋作𤣥，散氏盘作㙛；坒字作㙛，坏字作㙛；堵字邵钟作㙛，埚字史颂簋作㙛（亦有从土作者，如城，坏），而《说文》之籀文城堵陴（与埤同）及《玉篇》之籀文莫不从𠅤。《玉篇》埔之古文亦作𠅤，《说文》以为籀文而《玉篇》及此以为古文者，古籀文每有相同之字也，陈侯因𦥎资、錞、趄字从𠅤，此则省去上下两笔。《隶释》所载石经"葬蔡桓公"，桓字作㮓亦从𠅤。垣咺声同，故此假垣为咺。

趄　卷二、第十六页

石碣（即石鼓文）銮车："趄趄走马。"郭沫若《石鼓文研究》谓即《诗·四牡》之"啴啴骆马"，"《说文》瘏下引作瘏瘏骆马，趄乃正字，瘏从多得声，借字。多声歌部，啴声元部，歌元对转，故或借啴为趄"。案《诗·猗嗟》"巧趋跄号"，释文："趋本作趄。"《尔雅·释地》郭注"趋则顿"释文"趋本作趄"。《淮南子·修务训》"夫墨子跌蹶而趄千里以存楚宋"（王引之云，跌当作"趹"是也），《抱朴子·论仙》"趄捨所当"，汉耿勋碑"功课趄时"，西狭颂"属县趄教"，唐写本《论语·乡党》"趄进翼如也"，趋皆用趄。又与躅同，字亦作趶。《大戴礼·保傅》"趶行不得"注："故书躅作趶，郑司农云，'趶当为躅，书亦或为趄'。"则趄乃趋之初字（《广韵》以趄为趋之俗，非），从走多会意，亦如奔从三走也。《玉篇》趄，走也，越也，与趋义同。敦煌本《书·盘庚下》多字作㣎，增一则为㣎，见汉隶鄒、驺；横笔上出则为㣎，见汉匋文驺，即小篆所本。此辞读为"趄趄走马"，文义协洽。《说文》引作瘏，又趄之借字也。

隮　卷二、第三十三页

石碣田车："邀以隮于邊。"《说文》𨺅，等也；隮，登也。《集韵》隮"或作陵"，即此隮字之省。辞曰"邀以隮于邊"，即登隮字，从阜、从片，𨺅声。金文齐子仲姜镈从辵作㣎。隋、隮、陵皆为陵遂之省变，礼经则作隮或隋。《诗·蒹葭》"道阻且隮"，《书·顾命》"由宾阶隮"。《易·震卦》"隮于九陵"，释文"本又作隋"，《书·微子》"予颠隋"，《说文》引作隮，敦煌本作峨，日本唐写本作济，皆借字。阜、足、辵，虽所从不同，示登意则一。

鬲　卷三、第十七页

䰜殆鬲之或体，非古文。《玉篇》鬲亦作䰜，不云古文。此从𠂇，或即三体石经古文作两手形之𠂇而变，再讹而为气形之𠂇。陈公子甗鬻字作䰜，从𠂇，与篆文近，其形乃象釜，左右者耳也。鬲从盍之鬲作䰜，是其证。后人不明此意，以为象气，失之。开母庙石阙"□□彌化"，即鬲化，读与融同。《史记·秦始皇本纪》"昭隔内外"，注：隔一作融。此作鬲，鬲、隔古今字。

簋　卷三、第二十四页

兹簋铭范母："以簋。"此字宋人释作敦，后世相承，钱坫《十六长乐堂古器款识》谓为簋，即"《说文解字》簋，从竹从皿从皀，此所写之皀，即皀字，皀读如香，此则改竹皿为从攴。若敦字从攴从臺，臺从羊从亯，笔迹不能相近，是不得释敦之明证"。黄绍基申钱氏说作《说殷》，谓"殷簋皆以皀为主，簋下古文作匦，殷亦有从食，敦字从攴从臺，宋人见隶书䛅字与殷仿佛形似，遂以当之。实则亯非皀，攴又非殳，迥然不同。簋器最多，用最广，天子庶人皆用之祭祀，宾客饔飧皆用之，少则二簋，多则十二簋，今所见古器殷为最多，又时有一人所作数器同文者。敦字惟《仪礼》屡见，然与簋字多相混，疑隶写时已多讹乱"（详见《翠墨园语》）。容庚复据彝器铭文及礼经广其义曰："函皇父殷、毛公旅鼎皆鼎殷连言，与《周礼》合，而经传无以鼎敦连言者。《仪礼》所载敦之数不过四，《诗·伐木》'陈馈八簋'，《礼经》、《仪礼》等屡言八簋，而函皇父殷亦有殷八之文。新郑古器有簋有殷而无盨，而殷之数八，非即八簋欤。其所以无盨者，盖盨非簋，乃旅器而非宗器也（案遟盨"用亯孝于姑公"，杜伯盨"其用亯孝于皇申祖考"，克盨"其用朝夕亯孝于皇祖考"，皆宗器，容说非）。簋簠为常用之器，故簠殷有以为媵器，称簋之盨十七皆言旅盨，无言媵盨者，凡此皆足以佐证殷之为簋。"（详见《燕京学报》第一期《殷周礼乐器考略》）。其说辨矣。盨之误簋，殆由𥂴𥂴形隶写为盨盨而成，增竹而成簋，舛讹之迹，昭然若揭。殷字虽有从皿、从𥂴𥂴者，然百不值一，自以殷为正文，而礼经隶写多讹乱为簋，信如黄容二氏所说。

眚　卷四、第二页

石碣銮车"眚车馹术"，眚字作𣎵，用为省视字。《史记·宋世家》"王眚维岁"，今《书·洪范》作省，《左传》庄公二十二年"肆大眚"，《谷梁》同，《公羊》作省。敦煌本《尚书·说命中》"惟干戈眚厥躬"，今本（释文："一本作眚"）及《礼·缁衣》作省、以及此碣之"眚车馹术"，甲骨文之"𣎵在南𦦬"（《前》五、六、二）、"王𣎵从西"（《后上》一、一四）、"王往𣎵西"（《后上》二九、一二）、"𣎵田"（《后上》三〇、六，《后下》二〇、四），"王往𣎵牛"（《前》三、二三、二），皆即眚字而读为省者。古有眚无省，省乃由𣎵左捩其一为丿而成。又金文中之既𣎵霸当读为既眚霸，眚为目生瞖蒙胧可见，今书皆改作生，非是。

離　卷四、第七页

吴禅国山碑："璧流離。"武梁祠祥瑞图题字同。《汉书·地理志下》"俱入海市明珠璧流离"；《西域传上》，罽宾国出"璧流離"。注："孟康曰：流离青色如玉。师古曰：魏略云，'大秦国出……十种流离'。"扬雄《甘泉赋》《羽猎赋》亦作流离。字又作瑠璃。《说文》珋："石之有光者璧珋也，出西胡中。"《玉篇》作玬、瑠。《说文》无璃字，《玉篇》璃："瑠璃。"焦仲卿妻诗："移我瑠璃榻。"瑠又作琉。盖流璃为西域物，作流、琉、珋、瑠、離、璃，皆拟其音，故无定字也。言其质如玉则从玉，状其光之流动则从水耳，作流漓未为不可也。

汉祀三公山碑："遭离羌寇。"离通罹，《诗·兔爰》"逢此百罹"，释文："本又作離。"《书·洪范》"不罹于咎"，释文，罹"力驰反"。《史记·宋微子世家》

作离。罹通羅,《书·汤诰》"罹其凶害",释文:"罹,本亦作羅。"《尔雅·释诂》"罹,忧也"。此与《诗·新臺》"鸿则离之"、汉尹宙碑"遭离寝疾"之义同,而離、罹、羅、声同义通也。

鼎　卷四、第十七页

金文则字皆从鼎作鼑,秦诅楚文、石碣皆然。后汉安帝延光二年之开母庙石阙亦如此作,乃知两周战国时代之古文而保存于汉篆中者此其一也。秦始皇统一六国,统一文字,罢其不与秦文合者,但则字见于秦权、量、诏版百分之九十九作鼑,其从贝作则者百不及一。我怀疑此则字并未简,至于从贝作者,当为民间简体,而影响至上层者。

虞　卷五、第十三页

石碣吴人:"吴人懋亟。"吴人即虞人,掌山泽之官。《孟子·滕文公下》"招虞人以旌"。王国维兮甲盘跋云:"虞,古文鱼字……《周礼·天官·獻人》释文'本或作敼',獻(祚案汎儿钟亦作獻与此同)、敼同字,知虞鱼亦同字矣。"(《观堂集林·别集二》)案,甲骨文鱼亦作𤉢,与齐子仲姜镈、兮甲盘同。虍于书法可增减,如《诗·丝衣》"不吴不敖",《史记·孝武本纪》作"不虞不骜";《公羊传》定公四年"伐鲜虞",释文:"本作吴。"《论语·微子》"虞仲",《吴越春秋·太伯传》作"吴仲",《集韵》吴"古文虞",皆其证也。敦煌本《尚书·西伯戡黎》"不虞天性",虞《六书统》作从云"古文虞字",不知所自。

巫　卷六、第十四页

吴天玺纪功碑:"敷垂億载。"《说文》巫:"艹木华叶垂,象形。"垂:"远边也。从土巫声。"二字形义有别。经典相承用边垂之垂为下巫之垂,巫废而不用。《诗·都人士》"垂带而厉",《后汉书·邓禹传》"垂功名于竹帛"是也。然亦有用本字者,《左传》成公十三年"虔刘我边垂",《汉书·谷永传》"方今四垂宴然",《荀子·臣道》"边境之臣处则疆垂不丧"是也。后人又以《说文》训"危也"之陲代垂。

郤　卷六、第二十页

秦《诅楚文》曰:"衞诸侯之兵,以临加我郤,划伐我社稷,伐灭我百姓。"容庚《古石刻零拾》释文于以临加我截句,郤字属下读,殆因郤字不得其解,又因郤与欲字形近,遂径改作欲字,非也。郤当读作隙,孔也,空也,字与隙通用。《周礼·党正》"至此农隙",释文:"隙本作郤。"《礼记·三年问》同。《左传》襄公二十八年:"宋盟有衷甲之隙",释文:"隙本作郤。"《汉书·孙宝传》"与红阳有郤",注"与隙同"。《庄子·知北游》"若白驹之过郤",释文:"郤本作隙。"皆其佐证。此云率诸侯之兵乘其隙而伐之也,意至明白,不必改字就文。

厒　卷七、第三页

魏三体石经《书·无逸》："自朝至于日中厒。"《说文》："厒，日在西方时侧也。《易》曰：'日厒之离'。"小徐据宋本引作昃，大徐以为俗，非。甲骨文作 ⿰相昳（从大），与此古文同，则铉说非。从矢之字古文或从大，见金文吴字；或从天，见甲骨文大乙作天乙，大乙商作天邑商。盖大、天、矢三字形义近互用，故《玉篇》昃之古文作厌，《说文》新附昳训日厒，《玉篇》有昊（矢乃矢之写讹）、昃、昳，厂部仄下出厃，《说文》仄之籀文作厌。案，昃、昊为初字，厒、昃、厃其孳乳，仄、厌为省文，昳则误字也。

昔　卷七、第四页

昔字甲骨文作 ⿰⿰⿰，金文同，但亦有析其斜笔作 ⿰ 者。叶玉森《说契》谓："《说文》昔，'乾肉也，从残肉，日以晞之，与俎同意。籀文作 ⿰。'按，义乃腊字，古必先有昔，乃孳乳腊。契文昔作 ⿰⿰，从 〰 〰〰，乃象洪水之 巛，故制昔字取意于洪水之日。"其说确切不易。借昔为腊，又小变水形为残肉，二字分而音义亦别。腊从昔是有其道理的，昔（陈久意）肉之所以能久不变味，是因为加工后晒过，其专名谓之腊，当时二字通用不别，金文昔亦作 ⿰，可见。后来多采用笔划整齐的 ⿰，而又变析其笔势从 㣔 以为残肉。灾意遂亡，如不见古文，则不能知其渊源所自矣。

巛，甲骨文有如昔字所从同，又或作 ⿰，《说文》巛："害也，从一雝川。"川雝而溃，故泛滥成灾。甲骨文又作 ⿰，整齐之而为 ⿰，象川道被土石雝塞之形，为其初义，至用 屮 为声符，乃后世事。

旛　卷七、第五页

石碣田车"左骖旛旛"，马叙伦《石鼓文疏记》（后简称《疏记》）谓："旛旛，状马之壮也，盖借为骉……《说文》：'骉，马盛也'……与《诗·车攻》'四牡庞庞'同。毛传：庞庞，充实也，庞亦借为骉。"祚案，此当读如字。旛即幡，音义同。《释名·释兵》："旛，幡也，其貌幡幡然也。"《诗·瓠叶》"幡幡瓠叶"，幡幡犹翩翩。亦见《巷伯》"捷捷幡幡"传。又飞扬貌，见《史记·司马相如传》索隐，石碣兼此两义，不必因下辞"右骖騝騝"，其字从马而改为骉。下文"其□有旞"，旞字虽不识，义当与此近，形容麀鹿雉兔奔窜惊翔之貌。

寔　卷七、第十八页

汉开母庙石阙："寔勤斯民。"秦诅楚文："是缪力同心。"寔与是同义。《尔雅·释诂》"寔，是也"，《诗·小星》"寔命不同"，传："寔，是也。"《书·秦誓》"是能容之"，《大学》引作寔。又寔与实通，《释诂》"寔，实也"，《礼·坊记》"寔受其福"注同。《仪礼·觐礼》"伯父实来"注，"今文作寔"。《诗·小星》"寔命不同"，《韩诗》作实。《韩奕》"实墉实壑，实亩实籍"注，"实，当作寔"。汉刘熊碑"寔我列父"，景君铭"寔溔寔刚"，与此阙皆用为实。又通是。

《诗·燕燕》"实劳我心"，释文："实，是也。本亦作寔。"《颃弁》"实维伊何"。笺"实犹是也"。《战国策·西周策》"是攻用兵"，《淮南子·修务》"则贵是而同今古"，注："是，实也。"诅楚文之是即用作实。是实、寔、是三字古通。

何　卷八、第四页

石碣汧殹："可以橐之。"可读何，古文不从人。《左传》昭公七年"嗣吉何建。"释文："本或作可建。"昭公八年"若何不弔"，释文"本或作可"。襄公十年"则何谓正矣"，释文："何或作可。"何为负何之本字，后以可为可否字，遂以何代可，以荷蕖之荷而为负何字矣。

豜　卷九、第二十五页

石碣遴车："射其豵蜀。"豜字从豕从肩声，《说文》未收。《诗·还》"并驱从两肩兮"，传："兽三岁曰肩。"《广雅释兽》及《后汉书·马融传》注同。《说文》引作豜。训为三岁豕。《诗·七月》"献豜于公"，传"豜，三岁豕也"。《周礼·大司马之职》"大兽公之肩"，注："四岁为肩。"案豜为豵豕之专字，豜肩为借字，训大兽及三岁豕、四岁豕皆非本谊。据此辞云"麀鹿速速……射其豵蜀"，蜀，独也。豵为豕之凶猛者，麀鹿皆得之，则豵亦射获之。《尔雅·释兽》"鹿，绝有力麇"，《说文》同。《释兽》"麢，绝有力豜"，以豜义释麢。豕绝有力者为豵，鹿绝有力者为麇、为豜，犬之猨者为豜，则豵当是麑属矣。

駓　卷十、第三页

石碣遴车："遴马既駓。"駓字《说文》未收，《疏记》疑借为饱，云："《说文》缶，瓦器也；匋，瓦器也，从缶，包省声。史篇读与缶同。匋为缶之双声转注字。《说文》鞠或从包作鲍，此駓可借为饱之证。"祚案《诗·车攻》"我马既阜"，《駉駽》"駉駽孔阜"，传"阜，大也"。与此駓皆状马肥大意，不必改读为饱也。

逸　卷十、第六页

魏三体石经多士："诞淫厥逸。"逸古文作𢓜。《集韵》逸古文作𢓘，自以此为近，然亦讹舛过甚。王国维谓："《尚书》逸、泆诸字古多作屑或作佾……考屑、佾一字，《说文》无佾，盖以为屑之俗字，从亻从丿在古并无区别……此字盖从水从屑转讹。"祚案日本唐《尚书》写本逸作佾，此从丿乃亻讹，右旁与此极近，多两笔作纟而易其部位，上则不知所从矣。郭沫若《卜辞通纂考释》谓乃泆字之异。

壹　卷十、第十四页

秦权："皆明壹之。"《说文》："壹、专壹也。从壺，吉声。"又"壹，壹壹也。从凶，从壺，不得渫也，《易》曰：'天地壹壹。'"。案，凡一字礼经皆以壹为之，《仪礼·士相见礼》"主人答壹拜"。注："古文壹为一"，又"君答一拜"。《公食大夫礼》"公壹揖壹让升"，注："古文壹作一。"史汉书亦多以壹为一。其实壹壺乃晚周道家字，与气之作气同，而为吉凶字之别构。《说文》所据周易及经典之壹皆是借字，壺闭则气蕴结，故壹鬱字用之（《汉书·贾谊传》注）。道家贵养气，说吉凶，故壹壺字从吉凶在壶中，譬元气浑然而吉凶未分也。秦并天下，防奸易，故以壹为一，后世相承。

奓　卷八、第四页

秦诅楚文："宣奓競从。"《说文》奢之籀文作奓，与此同。大者人也，亦即侈字。奢训张，侈训大，同义。故经传亦多以侈为奢。《左传》昭公三年"于臣侈矣"，注"侈，奢也"；《荀子·正论》"然而暴国独侈，安能诛之"，注"侈谓奢汰放纵"；《论语·八佾》"与其奢也"，疏"奢，侈也"；《西京赋》"纷瑰丽以奢靡"，又"心奓体泰"，注引《声类》"奓，侈字"。《说文》侈"一曰奢也"，《集韵》侈或作奓，是奓为古文侈，而奢通侈也。

消　卷十一、第十三页

摇　卷十二、第十二页

汉开母庙石阙："则文燿以消摇。"消摇即逍遥，《礼·檀弓》"消摇于门"，释文："本又作逍遥。"《上林赋》"消摇乎襄羊"，注引司马彪："消摇，逍遥也。"《诗·清人》"河上乎逍遥"，释文："本又作消摇。"又《周礼·小师》注"持其柄摇之"，释文："本亦作遥。"《考工记·矢人》"夹而摇之"，释文："本又作摺。"《汉书·郊祀志下》集注：遥，古遥字。其形与此或同或否，或用本字或用借字也。

戮　卷十二、第十八页

秦诅楚文："刑戮孕妇。"《说文》："戮，杀也，从戈，翏声。""勠，并力也，从力，翏声。"此从戈。案戮勠一字。于《说文》训并力也之勠，经典多用戮。《国语·晋语》"戮力一心"，《吴语》"戮力同德"，《战国策·中山策》"戮力同德"，《汉书·高祖本纪》"戮力攻秦"，《书·汤诰》"与之戮力"是也。又与僇同。《史记·夏本纪》"不用命僇于社"，《大学》"辟则为天下僇矣"。又或从刀作剹，《列子·力命》"子产执而戮之"，释文："戮或作剹。"敦煌本《尚书》"予则奴戮汝"，作<ruby>戮</ruby>。《匡谬正俗二》引同，即剹字也。是戮、勠、剹、僇一字而写法不同耳。

繇　卷十二、第二十三页

魏品式石经咎繇谟"咎繇曰"，三体石经多士"王曰繇"一作繇，一作繇，二字同。《说文》"繇，随从也"，大徐云，"今俗从䌛"。案徐说非。《说文》木部樆，从木，从繇；繇从䌛。敦煌本《尚书·盘庚下》及品式石经、汉校官碑、魏上尊号皆作繇从䌛，《玉篇》繇同繇，是异文，非俗体，亦如遥亦作遥也。汉礼器碑及汉西狭颂之繇从音则是误字。古隶多用为徭役和犹字，经典同。又用为由，《汉书·武帝纪》"厥路亡繇"，《爰盎传》"盎繇此名重朝廷"，注："繇，读与由同。"又《史记·仲尼弟子列传》"颜无繇"，《家语》作"无由"；《汉书·古今人表》"繇余"，《韩非子·十过》作"由余"；《玉篇》亦谓由与繇、䌛同，䌛、由同音，古字通也，后趋简易，遂用由字。

原载《中山大学学报（哲学社会科学版）》1980年第1期

谈汉语方言的语音调查

黄家教　詹伯慧

调查汉语方言语音，当以研究语音构造为中心内容，自然也要顾及语音对应，以至考察语音演变的趋势。

语音的构造是指一个方言的语音系统所包含的音素，这些音素的特性，以及它们间的组合关系。语音的对应主要是指方言语音与民族共同语的标准音的对应关系，当然也包括不同方言之间的语音对应关系。方言是民族语言的地方分支，方言语音首先必须与标准音相比较，从比较中考察其同异之点及其对应规律，使之为当前的推广普通话工作服务。方音与标准音的差异，以至各方言语音之间的差异，都反映了古音发展演变到今方音，各音类分（分化）、合（合流）的不平衡性。调查汉语方言语音，除了与标准音进行平面的比较外，还可以系统地进行方音与古音的对应比较，更详尽地了解各种音类演变到今方音的规律。

调查汉语方言语音系统，必须充分利用汉语音韵研究的成果。这就是通过记录社会科学院语言研究所编的《方言调查字表》所收的例字来作为调查方音的基础。

《方言调查字表》（以下简称《字表》），就是以广韵音系为框架来设计的。它的科学性就表现在抓住语音构造、对应与演变这个中心。

记录了《字表》的三千七百多个例字，进行初步的整理，便可得出：①方言音系的轮廓；②方音和标准音对应关系的线索；③古音演变到今方言的梗概。这就是运用在研究语音构造的基础上，进行辨对应而通古今的研究方法。

记录方音材料和整理方音系统的工作还不能就此了结。一是因为有些语音材料存在方言口语词中，光靠记《字表》的例字是发掘不到的，二是记录了单字音，还未能接触到音节的互相结合而引起的音变实况。不言而喻，光是记录和整理单字音，还不能掌握到方言语音在人们的交际实践中所表现出来的全貌。

语言是音义的结合体。从总的来说，汉语一个字代表汉语一个音节，每个字或为词或为词素，都有一定的意义。记辨单字音时，必须抓住音义关系这个重要环节。

一、记录方言语音材料

要记录方言语音，必须具有审辨语音的能力，包括听音辨音和发音辨音两个方面。发音的训练不但有助于听音的训练，而且只有能听音辨音兼能发音辨音的人，才能跟发音合作人进行有效的合作。发音合作人要鉴定记音人所记的音是否准确，通常不是靠看记下来的音标符号，而是听记音人按所记的音标符号来发音，从而做出判断的。

（一）辨调

汉语的音节都有一定的音高，这就是通常所说的"声调"。记录方音材料时，不妨先探测一下方言的声调系统，往下记单字音时，就不致为声调的辨认所困扰。例如先通过记录《字表》的声调例字，探悉了广州话去声分阴去阳去两类，两个调的调型都是平调，而阴去的调值是（33），阳去的调值是（22）。记单字时，碰到属阴去的字，就不必费心去捉摸到底是（33）还是（22）了。

在辨记单字音的声调时，首先是测探调型，摸一摸是平、是升、是降，还是先升后降，或者是先降后升。例如记北京语音的声调，初时察觉到上声的调型是降升型的，再经过一番仔细比较，才能确认上声的调值是（214）。这就是先摸调型后辨调值的方法。有几种不同的调值的声调类别，也就是有几个调类。北京语音有四种不同的调值类型，也就是有四个调类。至于这四个调类叫做阴平、阳平、上声、去声，简称阴、阳、上、去，那是联系历史音类来命名的。

汉语的声调有辨义的作用，要确定某一方言到底有多少个调，当以能否区别意义为准绳。例如广州话"好够"（很够）hou^{35} kɐu^{33}，"好旧"（很旧）hou^{35} kɐu^{22}。"够"属阴去（33），"旧"属阳去（22），其差别不在声母和韵母，而在声调。可见要确定调类，必须弄清调值，而要确定不同的调值有没有起辨义的作用，最好是找同声母和同韵母的来比较。

（二）辨声

辨析声母，首先是观察置于音节前头充当声母的是哪些音素，辅音是哪些，有没有两个辅音组成的声母，有没有以元音充当声母。

1）要从发音部位来看，例如唇音声母有哪几个。北京话有p、pʻ、m、f，闽方言没有f。还要从发音方法来看，上海话不仅有p、pʻ，而且有b。p是清音，b是浊音。可见发音部位相同，发音方法不同，也会增减声母的类别。

进一步就要考察方言与北京话同样有p、pʻ的辅音声母类别，p和pʻ两个声母所管的字是否相同。例如梅县话也有p和pʻ，可是许多北京话属p声母的字，梅县话归属于pʻ声母。"布"和"步"梅县话就都读双唇送气清音。究其原因，只有从历史语音才能得到说明。古代汉语全浊声母，吴方言还保留着，北方方言不保留，于平声读清音送气，于仄声读清音不送气，客家方言则不论平声、仄声，一概读清音送气。

2）要考察有没有复辅音声母。汉语方言中有没有复辅音声母，是一个值得注意的问题。有的方言如山西晋中地区的方言，就有pl和kl之类的声母，究竟算不算复辅音声母，这得看p、k之后有没有带元音ə。如果这个ə念得很轻微，人们在耳感上觉得pᵊlaŋ或kᵊlaŋ是一个音节而不是两个音节，那就可以承认这是汉语的复辅音声母。

北京话的"旮旯儿"kalaər快读就成klaər。广州话的"冚唪唥"hɐm paŋ laŋ（全部、统统的意思），快说就成hɐmplaŋ。快读形式的复辅音声母，在方言音系里可不收列。

潮汕方言的"马"bɛ和"牛"gu，慢读是ᵐbɛ和ᵑgu。这m和ŋ颇能启示人们去注意潮汕方言的b、g声母是来自古音的鼻音声母"明"和"疑"。ᵐb和ᵑg的m、ŋ是b和g的同部位前置音，可不算复辅音。山西文水话的"谜"读ᵐbi，"藐"读ᵐbiu，都是古音"明"

母m转化为b的过渡状态。"鹅"读ᵑgɒ，"难"读ᵑdã，也反映了同一性质的转化。海南话的s声母，有时略带送气（sʻ），流露出来自古音声母"清"和"穿"的痕迹。

海南话有两个浊塞音声母，其音色不同于吴方言的b、d。仔细辨认可知发这两个声母时，声门先关闭一下，然后声带才颤动，因而显得声带颤动减弱。这两个声母当记为ʔb、ʔd，不算复辅音，也不是吸气音。

还有某些辅音声母具有某种特色，如海南万宁话的t，带齿间色彩，"双"读tθiŋ①，广东韶关话的边音带鼻化，"娘"读l̃iŋ，都不必当复辅音声母对待。

3）要考察有没有元音充当声母。北京话的"优"iou、"汪"uaŋ和"冤"yan中的i、u、y都是处于声母的位置，但因韵母系统有iou、uaŋ、yan，又都跟辅音声母相拼，故i、u、y当是介音，而不作声母看待。湖南浏阳南乡话的ua、uai、uei、uan、uən、uəŋ不跟辅音声母相拼，故可把u看作声母，上列诸韵母就和a、ai、ei、an、ən、əŋ韵母合并。ia、io、ie、iau、iəu、ĩ、iaŋ、ioŋ等跟辅音声母可以相拼，i就不能作为声母看待②。可见处理这个问题要看方言整个音系的构造，而不能孤立地去比较音质的小差异。介音是介乎声母和韵母的主要元音之间的音素，如果主要元音之前的音素不跟辅音声母相拼，也就不成为介音了。描写一个音系，根本没有必要去计较要不要"节约"声母或韵母的问题。广州话正是因为ia、iɛ、iɐi、iɐu、iœy、iɐm、iɛm、iœn、iɛŋ、iœŋ、iuŋ、iɐp、iɐt、iak、iœk、iuk，不跟任何辅音声母相拼；ua、uai、uan、uat、uaŋ、uak、ɔu、uɔŋ、uɔk、uei、uɐn、uɐt、uɐŋ、uiŋ、uik，除了跟k、kʻ相拼外，不跟别的辅音声母相拼，才有可能得出广州话无介音的结论。同时，也就有必要承认广州话的舌根塞音声母有非圆唇的k、kʻ和圆唇的kw、kwʻ以及j、w。承认了无介音，自然就不存在四呼了③。

（三）辨韵

韵母是汉语音节的重心所在。汉语的音节几乎不可缺少主要元音，主要元音就存在韵母之中。

听记韵母，首先要辨认韵母的主要元音，再看主要元音的前后还有什么音素与之结合在一起。这就是说，辨韵应辨认韵母的主要元音及其组合的形式。我们不妨摆一摆标准音韵母的组合形式，好让方言与之比较。

标准音韵母的组合形式，有由元音组成的，有由元音和辅音组成的。试看以a为主要元音的韵母：

第一类　元　音

单元音　　　　　　　复元音
a（啊）　　　ai（爱）、ia（压）、au（熬）、ua（蛙）、iau（腰）、uai（歪）

---

① 参看詹伯慧《万宁方音概述》，《武汉大学学报》一九五八年第一期。
② 参看夏剑钦《浏阳南乡方言记略》，《方言》一九八三年第一期。
③ 参看黄家教《广州话无介音说》，《学术研究》一九六四年第四期。

第二类　元音+辅音

an（安）、aŋ（昂）、ian（烟）、yan（渊）、uan（弯）、iaŋ（央）、uaŋ（汪）

标准音音节的组合形式又是怎样的呢？

上述两类韵母的组合形式跟音节的第一类和第二类的组合形式相同。把第一类和第二类韵母加上声母，就是音节的第三类和第四类的组合形式了：

第三类　辅音+元音

p'a（怕）、t'ai（太）、k'uai（快）

第四类　辅音+元音+辅音

san（三）、ʂaŋ（商）、t'ian（天）、tɕyan（捐）、kuan（关）、tɕ'iaŋ（强）、k'uaŋ（狂）

这样一摆，既可比比方言的韵母，也可比比方言的音节，可谓两便。

综观标准音两类韵母的特点：一是都有主要元音；二是有的还包含着介音（i、u、y的一种），有的还包含着韵尾（i、u、n、ŋ的一种）。就此便可归纳出标准音有a、ə、o、u、i、y、ɿ、ʅ、ər等主要元音，有i、u、y三个介音，有i、u、n、ŋ四个韵尾。我们可以由此出发去考察方言的韵母有多少个主要元音，有多少个介音，有多少个韵尾。标准音的ɿ、ʅ、ər，有的方言如厦门话、福州话就没有。方言也有的主要元音是标准音所没有的，如广州话的œ，福州话的ø。方言与标准音的介音和韵尾也不尽一致。梅县话和昆明话就缺少y介音，广州话则没有介音。广州话不仅有i、u、n、ŋ韵尾，而且有y、m、p、t、k韵尾。潮州话ŋ可以充当韵母，如"远"hŋ³⁵（口语词，比较"恨"读huɯŋ³⁵）。m、l在标准音只能充当声母，ŋ只能充当韵尾。广州话m、ŋ不但可以充当声母，而且都可以充当韵尾。苏州话l还可以充当韵尾，如"线"sil。有的方言m、n、ŋ、l可以自成音节。例如：梅县话"唔"m̩、南昌话"你"n̩、广州话"吴"ŋ̍、杭州话"儿"l̩。

辨析方言的韵母系统，还必须注意：

1. **有没有介音**

前面讨论声母的辨析时已经说过，介音是介于声母和韵母主要元音之间的音素，如声母不与主要元音之前的音素相拼，也就不成为介音了。这是从语音的结构来说的。还可以从语音对应关系得到旁证。例如"家乡"tɕia ɕiaŋ，广州话是ka hœŋ；"条件"t'iau tɕian，广州话是t'iu kin。广州话的韵母是由一至二个音素组成的，并没有由三个音素组成的，可知广州话是没有介音的。

还得注意有没有复介音。例如y介音是不是纯粹的y，还是i与u的结合体。

2. **有没有复韵尾**

当我们碰到福建建瓯话"曾"（读tsaiŋ），"明"（读meiŋ）时，能把tsaiŋ中的

a和meiŋ中的e当作介音吗？显然是不可以的。因为a和e在音节中的响亮度最大，是主要元音。a和e之后的i只能是韵尾。这么一来，iŋ就是元音i和鼻音ŋ结合的复韵尾了。"贩"字建瓯话读xuaiŋ，a之前已有了个u介音，更可证明a是主要元音，因而iŋ只能是复韵尾了。闽北方言里不仅有复韵尾iŋ，还有复韵尾uŋ，例如沙县话"聋"（读souŋ）。还有复韵尾yŋ，例如松溪话"粪"（读pœyŋ）。北京音的音节最多包含四个音素，建瓯话的音节则多至五个音素。无疑，音节中音素的多寡会影响到语音的结构。

除了元音和鼻音相结合的复韵尾外，还要观察有无其他类型的复韵尾。广东韶关话，青年人读"吻"为mant，读"陇"为laŋʔ。这是鼻音和塞音相结合的另一类型复韵尾。苏州话"铁"读作tʻilʔ，这是边音和塞音相结合的又一类型的复韵尾。

3. 塞音ʔ有没有出现在韵母中间

塞音ʔ通常出现在声母的位置，以及出现在韵尾的位置。还要注意考察有没有出现在别的位置的。经过考察，我们知道有出现在韵母中间位置，它使一个音节有如两个音节紧密结合在一起似的。例知海南澄迈话，"惨"saʔam、"产"saʔan、"爽"taʔaŋ。声调是依附于韵母而存在的，韵母中间出现了喉塞音ʔ，声调也就在发ʔ时稍为停顿，即发个低降调，停顿后再发个高平调。广东韶关话也有类似的情况[①]。

4. 有没有鼻化韵母

鼻化韵母是指韵母元音鼻化，它有别于鼻韵母。例如：ã—an。要分析一个方言中鼻化韵的类别。例如：ã、ãĩ、ĩã、ĩãũ、ũãĩ、ũãĩ等。

从上面略举的语音材料来看，今方言的音系比之广韵音系，有所突破了。这并无碍于我们利用广韵音系来考察今方言语音系统有什么独特的地方。应该说，上面提到的今方音的种种特点，正是广韵音系启发我们去考察今方音所得的一点结果。

二、记录《字表》的例字

声、韵、调的例字记完之后，对所调查的方言的语音就有了一个初步的了解。这好比是侦察战，而全面出击，当从记录《字表》表格里的例字开始。

下面就记录《字表》例字作几点说明：

1）《字表》例字的排列，反映了汉语语音自古至今内部结构的基本轮廓。各个例字都有各自的音韵地位，记录每个例字的读音都要注意到声韵调的综合体系。也就是说，记录每个字音，都要兼顾到声、韵、调三个方面。

2）《字表》的例字排列，并不是按《广韵》206韵的一东、二冬、三钟、四江……也就是说，并非从阳声韵的通摄排起，而是从阴声韵排起，然后排阳声韵。阴声韵从低元音排起，即果摄、假摄、模摄、遇摄。阳声韵则以韵尾m、n、ŋ为序，即：咸摄、深摄、山摄、臻摄、宕摄、江摄、曾摄、梗摄、通摄。通摄反而排在末尾。入声韵依次附阳声韵之后，如"东"—"屋"。如此排列就更为系统化了。现代汉语方言语音系统的归纳，以及声、韵、调配合表的制作，都必须参考《字表》这个体系。

---

① 参看黄家教、崔荣昌《广东韶关方言新派老派的主要差异》，《中国语文》一九八三年第二期。

3）记录《字表》例字，必须注意单字音的音读跟口语的实际念法常有不同。例如山西平遥话，单字音平声不分阴平、阳平，但在口语连读中，第一字多数可以分阴平和阳平[①]。又如江西义安话单字音没有浊声母，而在言语间则有浊声母，又如湖北宜城话，"子"字单念是tsꞮ，而作为后缀，如"桌子""儿子"的"子"，则念rə。r是个滚音。这就提醒了我们，调查汉语方言语音，不可满足于记录单字音，而应十分重视字音在口语中的各种变化。属于闽南方言的潮汕话，"工人"是kaŋ$^{33-24}$ ziŋ^{55}，"人工"则是naŋ$^{55-13}$ kaŋ^{33}。汉字有一字多音的现象，这要从词的角度来加以辨别。甚至标记双音词的两个单字，也要注意异读的现象。例如"琢磨"普通话有两读，一念tʂuo^{35} mo^{35}（zhuó mó），是①雕刻和打磨玉石、②加工使精美（指文章等）的意思。一念tsuo^{35} mo（zuó-mo）是思索、考虑的意思[②]。"石"ʂꞮ^{35}（shí），又读tan^{51}（dàn）。这已经牵涉到又读、文白异读、训读等问题，必须分别讨论。

4）记录《字表》的例字，光是记录例字音，就会遗漏某些语音材料，以致不能掌握到方言语音的全貌。因此要注意通过单字记音，去发掘口语词的语音材料。例如属于闽南方言的广东海丰话，"打"口语叫做hmʔ^{11}。潮汕话"睡"口语叫做ŋʔ^{55}。

还有连读变音，也非光记单字音所能了解到的。例如福州话的连读变音，就出现了β、γ这类光读单字音无法发现的音素。例如："花盆"xua puoŋ→xua βuoŋ；"交代"kau tai→kau γai。又如潮汕话连读变调引起意义的变化，也颇为典型。有一条有关计划生育的标语是"最好生一个"，有三种读法，意思全不一样。

最好生一个
（1）tsue$^{213-31}$ hɔ^{42} sẽ^{33} tsek$^{55-11}$ kai^{55}
（意思是：最好生一个，即只生一个。）
（2）tsue$^{213-31}$ hɔ$^{42-13}$ sẽ^{33} tsek$^{55-11}$ kai^{55}
（意思是：生这一胎最顺利。）
（3）tsue$^{213-31}$ hɔ^{42} sẽ^{33} tsek$^{55-11}$ kai$^{55-11}$
（意思是：不管怎样都要生一个。）

这就是为什么读起单字音来方言间的差异性不那么大，而在交谈中的可懂性却很小的一个重要原因。

5）在《字表》的同一格子里的字是同韵母、同声调的。同格中同排的字，不仅同韵、同调，而且同声。这是从广韵的体系来说的。现代方言是否如此，就得逐一分辨。例如《字表》第九页哈韵的去声代韵，透母的"态""贷"二字，本是同音，《广韵》都是他代切。普通话标准音"态"仍念tʻai去声，可是"贷"却读成tai去声，声母有所变异了。这是因为从代得声的字，如："代、岱、黛、𫘧"都读为t声母，因而"贷"字的声母也就类化为t了。方言可不一定如此，广州话、南昌话"贷"字的声母仍是tʻ。

[①] 参看侯精一《平遥方言简志》，第62页。
[②] 见《现代汉语词典》，第1362，1381页。

闽、粤方言都把"鲸"字读成k'iŋ，阳平，这是符合《广韵》渠京切的。"鲸"字在《字表》第七十二页，庚韵平声，与"擎"字同属群母，方言读阳平是于古有据的。北京音不按"渠京切"，而以"京"读"鲸"，声母不送气，声调归阴平。这就使得方言区的人说普通话时错读了"鲸"字。同类性质的转读，还可以举"汞"字为例。"汞"字见《字表》第七十七页，本属匣母，北京音不读xoŋ上声，而读koŋ上声，也是随从"工"字得声的转读。

　　6）一字多音的审核。

　　一字多音的情况，北京话与方言并不一致，必须做仔细的分辨工作。

　　a. 有的字北京话有两读，例如"担"字，名词性和动词性分读，方言也是这样。有的字北京话有两读，有的方言则不分读。例如"校"字，北京话一读ɕiau去声（学校）；一读tɕiau去声（校对），梅县话却都读为kau上声。也有相反的例子，例如"话"字，广州话名词读wa阴上，动词读wa阳去。又如"淡"字，广州话分读的情况是这样：

　　　　t'am（阴上）口淡 咸淡 淡色 淡水
　　　　tam（阳去）淡季 淡月 冷淡 淡水（地名）

　　从例词来看，上行诸词都是口语词，下行诸词都是书面语词，可见字音于方言还有书面语读音与口语读音的分别。这就是字有文白异读的现象。

　　从这些有限的例子，可以看到书写形式相同，语音形式未必一致，意义也可能有差异。字是词或词素的书写形式，必须把它放在词或词素的位置上来考察其语音形式，并考察不同的语音形式有没有意义的区分。

　　b. 文白异读的现象，有的方言非常突出，应作为一个重要项目来研究。举几个例来看看。

　　苏州话"人民"的"人"读zən阳平，"男人"的"人"读ɲin阳平。还要进一步考察两种音读是否可以互换。厦门话"释放"的"放"只能读hoŋ阴去，而"放走"（"放走伊"即"放他走"）的"放"则读paŋ阴去。"释放"显然是个书面语词，读成sik（阴入）paŋ（阴去）就令人费解了。"放假"是个书面语词，口语也常用。这里的"放"读成hoŋ（阴去），也能听懂，只是有点文绉绉罢了。只要不引起误解费解，文读音接近普通话，就有取代白读音的可能。

　　文白异读的现象，南北方言都有。例如山西临猗方言，"床"文读pf'õ（阳平），白读为pf'o（阳平），则成"小板凳"的意思。"姐夫"白读音tɕia（上声）fu（阴平），义为"姐夫"；文读音tɕie（上声）fu（阴平），竟成"女婿"的意思了。这已从同义异音发展变化到异义异音的地步了。

　　文白异读的现象是汉语音韵在特定地区历史演变所形成的。正因为如此，要揭示文白异读的真相，必须注意文白异读的现象所包含的时间层次和地域层次。上面所举的例字于方言都是文白读音各一的。还要考察有没有于普通话是一字二音的，于方言又各分文白异读的多层次情况的呢。例如"长"字，普通话有二读，一是tʂaŋ（上声）"家长"；一是tṣ'aŋ（阳平）"长短"。一字两音，各有来源。《广韵》"长"，知丈切，又直张切。潮汕话"长"字各分文白两读，层次更为复杂。例释如下：

长₁ { 文读 tsiaŋ（阴上）（家长——一家之长）
　　　白读 tiẽ（阴上）（家长——旧称私营商行经理）

长₂ { 文读 ts'iaŋ（阳平）（专长、长途）
　　　白读 tuɯŋ（阳平）（长短）

从词语的使用情况来看，"长短"的"长"口语词读tuɯŋ（阳平），"各有所长""专长"的"长"只能念ts'iaŋ（阳平）。两个不同意义的"家长"的读音绝不许相混。"长短"的"长"口语念tuɯŋ，"家长"（旧称私营商行经理）的"长"念tiẽ，反映了"长"字在潮汕话中还保存了古声母知系的音读。

收集了文白异读的语音材料之后，还要进行类型的分析。声母可以从发音部位和发音方法来考察文白对应的类型。韵母可以从主要元音、介音和韵尾来考察文白对应的类型。声调所表现的文白异读的类型，可以考察平、上、去、入各分阴阳的类别及其对应的关系。

总之，要弄清《字表》里的常用字，有无文白两种读音，表现在声、韵、调哪个方面，以及文白异读两方面的使用范围。哪些词语文白异读可以互换；哪些词语文白读音只能二者必居其一。

再深入一步就要考察文白异读所反映的语音发展的历史层次。文读音系和白读音系，哪一套接近《广韵》音系。白读音的历史次是否较为复杂，是否保留了《广韵》以前甚至更早时期的古音痕迹。

7）两字一音的审核。"夜"字闽南方言读yâ（见《闽南方言拼音方案》注音）"夜间""夜班""夜景"的"夜"读yâ。可是"三日三夜"，闽南方言口语说成"三日三暝"snā lit snā bbní，"日长夜短"lit dńg bbní dǎ①。这样就是"夜"和"暝"两个字同读一个音了。潮汕话走得更远，不管读书还是口语，"夜"字一概读暝，即以"暝"字的读音来兼代"夜"字的读音。这就是"训读"的现象。

训读指的就是用此字的读音来读彼字的现象。也就是用方言口语的常用词的语音来兼代同义或近义的词语的语音。当我们在调查海南话时，发音合作人见"不"读"无"，见"怕"读"惊"，就可知海南话口语不说"不怕"，而说"无惊"。当听到海南人读"不"为mo（阳平）时，就应从同义或近义的字来论证海南话哪两个字发生训读的关系。这就是判断训读字的基本方法。用这个方法便可断定下列诸例字的训读关系了。

　　腹—肚　思—想　看—望

---

① 参看《普通话闽南方言词典》，第913页，音标是抄录本词典的。

眼—目　剪—铰　衣—衫

从这些例子中，可以知道说海南话的人，为什么把"唯物主义思想"读成"唯物主义想想"了①。由此可知，"训读"的现象是方言口语与书面语分离而产生的。训读的现象汉语方言或多或少会有一点，以海南话最为突出。一般的情况是口语尽管不说"腹、思、眼、剪、衣"等，可是在读书时，仍然用本字字音来读，不至于出现张冠李戴的现象。在调查海南话时，不妨举出诸如"朝思暮想""不怕惊涛骇浪""无风不起浪""将前日宝玉嘱咐他没做完的香袋儿，拿起剪刀来就铰"（《红楼梦》第200页）一类的例子，来请发音合作人读，发音合作人就能理解我们调查这个项目的用意，并能主动提供更多的训读例字来。

"训读"与"文白异读"的性质是不一样的。可是在使用上又交错在一起，必须区别对待。例如"望"和"惊"海南话读为ʔbaŋ（阳去）和kɛŋ（阴平），这是读书音；读为mo（阳去）和kia（阴平），这是白读音。总之这是文白异读。而把"看"和"怕"读成mo（阳去）和kia（阴平）则是训读。分清了"文白异读"和"训读"的界限，才能判断哪些字，海南有人是读错了的。例如"行"字，文读是haŋ（阳平），白读是kia（阳平），"情"字文读是siaŋ（阳平），白读是siŋ（阳平）。若问"行情"（商业用语），照理应该说haŋ（阳平）siaŋ（阳平），可有人误读为kia（阳平）siŋ（阳平）。

在探究方言的"训读"现象时，必须把有关的字出现的各种不同环境都摆一摆，这样才能避免遗漏重要的语音材料。例如海南人见"思"读想，这是一般的情况。我们还可以问"马克思"三个字怎么读，海南人并没有把无产阶级革命导师的名字误读为"马克想"，而是读"马克思"。这就便于因势利导，促使海南人逐步改变"训读"的习惯，以利于提高海南方言区的文化水平②。

有的方言词语的语音不一定是某个字的读音，这就不属于文白异读或训读的问题。例如"睡"字潮汕话读sui（阳上）。口语词"睡"有uk（阳入）、ŋʔ（阳入）、i（阳上）、ũĩʔ（阳入）等说法，都与"睡"字sui（阳上）的读音没有什么历史渊源。

有些方言口语词有音无字，其中有的经过考证，可知原是有字的。例如"掰开"的"掰"，苏州话叫做paʔ（阴入）。查《广韵》手部："擘，分擘，博厄切。"《说文》手部："擘，扐也。……扐，裂也。"音义正合。又如"健壮"，深县方言叫做piau（阴平），查《集韵》平声宵韵，髟，卑遥切，体壮也。音义均合。③ 有的方言词本有其字，因不明其本字而另创方言字的例子，如广州话"浪费"叫ʃai（阴平），广州通常写作"嘥"。查《集韵》皆韵，𢱕，山皆切，散失也。音义正合。求本字必须音义俱合才算。也就是读音必须符合古今音演变规律，字义要确切。要力避牵强附会。

求本字工作是有意义的，这可促使我们去弄清方言词的来源。可是不能认为方言词

---

① 参看詹伯慧《海南方言中同义字的"训读"现象》，《中国语文》一九五七年第六期。
② 引自李荣《吴语本字举例》，《方言》一九八〇年第四期。
③ 引自高玉振《深县方言本字考》，《方言》一九八〇年第四期。

有音必有字。一是方言口语词的产生有先有后，并非皆是古已有之。后出的方言口语词怎能到早期的韵书、字书中去查证本字呢？另一方面，方言产生了口语词未必都相应产生本字。还可能有的方言口语词是古代少数民族语言的词语存在汉语方言中底层。所以不能认为方言口语词有音必有字。

三、方言语音材料的整理

方言语音材料的整理，一是要从音节材料中分析出有多少个声母、多少个韵母和多少个声调。二是要通过声、韵、调的配合表来体现声、韵、调的组合关系，构成方言的音韵体系。

还要进一步分析在构成音韵体系中的辅音音素和元音音素，哪些音素具有区别意义的作用。普通话"饱了"与"跑了"，靠处于声母地位的双唇辅音p与p'来区分。湘方言耒阳话"打"tia（阴上）与"假"ʈia（阴上），靠t与ʈ来区别。普通话"上船"与"上床"，靠处于韵尾地位的鼻辅音n与ŋ来区别。"船"tʂ'uan（阳平），"床"tʂ'uaŋ（阳平）。"比一比"与"补一补"，"比"是pi（上声），"补"pu（上声），靠音节里的两个主要元音i、u来区别。照此方法比对方言的音节材料，就能求得方言的辅音音位和元音音位。

从上述的分析，可以得出两点认识：一是考察辅音音位必须从分析汉语的声母和韵尾入手。普通话有二十二个辅音音位，而声母只有二十一个，就是因为ŋ音位只出现于韵尾地位而不出现于声母的地位的缘故。二是归纳音位系统不能不观察音韵系统，即从辅音和元音在音节里的同等音韵地位来看有没有辨义作用。各个方言的音韵系统不尽相同，考察音素在音节里的地位必须从实际出发。普通话"麻"ma（阳平），"拿"na（阳平），m和n是两个辅音音位。广州话m、n两个辅音音位，既可以在音节的前头表现有辨义作用，如"麻""拿"，也可以在音节的末尾表现有辨义的作用，如"金"kɐm（阴平）、"斤"kɐn（阴平）①。

汉语的音高有辨义作用，应该承认汉语的声调在音位系统中的地位。

归纳辅音音位或元音音位，都得把辅音或元音放在同一的条件来考察。归纳调位的方法应该是把同声、同韵而不同调的字放在一起来比较，有多少个不同的音高起辨义作用的，就算多少个调位。

辅音音位或元音音位在不同的语音环境里的变化，就是辅音音位或元音音位的变体。同理，某一调位在特定的语音环境的变化，也就是它的变体。

有入声韵的方言，入声调除了短促这一特点外，其高低升降与非入声韵的某个调类相同的，也可视为非入声韵声调的变体。如果带塞音尾的入声韵，其音高与非入声韵的音高不相同，即舒促不同高低，这样的入声调就不能归并了。

古入声韵于今方言虽不存塞音韵尾的，但这类韵母的声调跟其他声调对立，应承认是自成一类，仍可沿用传统的名称，叫做入声。这样处理，意在使人明白这类字是来自古入声韵和入声调的。如果认为丢掉了塞音韵尾就不成为入声韵，依附于它的声调也就

---

① 引自白宛如《广州话本字考》，《方言》一九八〇年第三期。

不成为入声调。那么，管它做别的什么名称也不是不可以的。

　　有的方言的声调类别很多，这就要考察其分化的条件了。在四声平、上、去、入，按声母之清浊，各分阴阳。还要看有没有再分化的情况，如阳调类又按不送气和送气再行分类，于是平、上、去、入就各分化成三个小类的局面。江苏吴江松陵同里镇的话正是这样①：

　　调类从四类分化为十二类，然而新派次阴平并入阳平，次阴上并入阴去。次阴去和阳去的调值非常接近，如果声母没有清浊之分，很可能又会并类。广州话阴入又分阴入和中入，从现状看，入声调是多了；从倾向看，这是入声走向消亡的表现②。

原载《中山大学学报（哲学社会科学版）》1986年第4期

---

　　① 参看叶祥苓《吴江方言声调再调查》，《方言》一九八三年第一期。
　　② 参看黄家教《从"等"来看广州方言入声消失的迹象》，《音韵学研究》第一辑。

四方风新义

饶宗颐

人立于天地之中，对自然界物象的观察，最基本的是方向的辨认。因为空间的区划是人的周遭最重要的定点，《周礼》一书在开端便说："辨方正位"，"以为民极"，方位的确定是人民活动的指针。人类对于四方（Four quarters）之观念产生甚早，华夏与西亚及印度在远古文化史上都同样有四方风的名称。

先说西亚，巴比仑的《开辟史诗》（*Enumaelis*）第四版里面已出现四方风（Four winds），东、西、南、北四方风具有无上威力，是上神安排来对付反叛者蒂阿默（Tiamat）的武器，史诗说：

> 彼（上神）乃布下罗网，纳蒂阿默于其中。彼安置四风，使她无所逃（于天地之间），（是为）南风、北风、东风、西风。

四方（楔形文ulu）之风，其名如下：

南风　　　　sūtu
北风　　　　istānu
东风　　　　šadū
西风　　　　amwru

下面又有七风之称，其最厉害之风名曰imhullu，一般称风为Sârum，亦表示"以息相吹"的气。

华夏的四方风名在殷代有非常具体的记载，殷代文字借"凤"字为风，凤是一种神鸟，《说文》引黄帝臣的天老说，"凤出于东方，暮宿风穴，见则天下大安宁"。风所从出的北方称为风穴（《淮南子》注引许慎云）。殷人常年祈求"宁风"，希望风调雨顺，求宁风的占卜记录甚多。殷人对于四方之祭礼，有燎，有帝（禘），如云"燎于东"（《合集》14319正），"燎于西"（《合集》14325—14330），"燎于北"……不一而足。帝于四方谓之"方帝"（"贞方帝"见《合集》14296—14310），殷人对于四方，和印度一样，都给予专名；四方的风，亦有特别的称谓，有两条最重要的资料：

（1）胛骨　大字，武丁时物，《合集》14294，原见《京津》520。

（2）腹甲 《合集》14295，原是《乙编》4548+《京津》428，亦见《丙编》中册上216。

以上两版，经过胡厚宣、于省吾、杨树达、严一萍等人的考证讨论，大家已耳熟能详，不用复述。我现在要提出的有一些新的看法。

1. 听协风之听与虞幕

在卜辞所记祭祀四方风是为着祈年，《乙编》龟甲是张秉权与严氏所缀合（见《丙编》中册上216；《甲骨古文字研究》，188页），贞人为内，时间都是一月的辛亥日，四方风名之下都有秉（祈）年一语。最重要的是下面左右还记着下列两句：

戌㞢𦔻　佳尤
戌亡其𦔻

这几句卜辞应该和四方风与祈年之事有点关系，可是没有人加以注意。张秉权把𦔻字隶定作咣（《丙编》考释，296页），此字右边分明从耳（𦔻）。𦔻在新《甲骨文编》释为圣字，余谓和𦔻当是一文之异写，可以释为听。"㞢𦔻"与他辞之"㞢𦔻"相同。

听字，《国语·郑语》说："虞幕能听协风以成乐物生者也。"听协风的事甚古，起于夏以前虞时的幕，幕在这方面的贡献，后人崇拜他，和禹、契、弃相比伦，请看下表：

虞 幕	能听协风以成乐而生物
夏 禹	能单平水土以品处庶类
商 契	能和合五教保于百姓
周 弃	能播殖百谷蔬以衣食民人

《左传》言舜祭幕，"有虞氏报焉"，报即甲骨文的𠃌，《路史》引孔晁云："幕能修道，功不及祖，德不及宗，故每于岁之大烝而报祭之。"然则𠃌祭之由来也远矣！"东方曰析、凤曰劦"下面的"㞢𦔻"（听）、"其𦔻"，当指听协风的事。《周语》："先时五日，瞽告有协风至。"又云："是日也，瞽师音官以土风。"韦注："瞽，乐太师，知风声者也。"又："音官，乐官。风土，以音律省土风，风气和则土气养也。"协风的来临，由乐官瞽师负责报告，瞽职在掌乐兼知天时，幕的任务想是和瞽师一样。《史记·律书》云："武王伐纣，吹律听声，推孟春以至于季冬，杀气相并，而音尚宫，同声相泛。"《正义》引《兵书》云："夫战，太师吹律，合商则战胜……宫则军和，主卒同心。"战争亦需要吹律听声，与省土风之用音律，都是听音声的事情。戌字张秉权释戉，以为是人名。如此说可信，则"戉"当是武丁时听协风的乐师之名字。这一版所记的"㞢听""其听"，在这里可以得到合理的解释了。

2. 协风与酓田、藉田之礼

武丁卜辞有酓田之卜，以祈丰年。

卜殷贞：王大令众人曰：叶田，其受年，十一月。（《合集》1、2、4）

叶田在殷代是非常重要的农业活动。《诗小雅·甫田》"琴瑟击鼓，以御田祖，以祈甘雨"。《周礼·春官·籥章》"凡国，祈年于田祖"，郑玄注："祈年，祈丰年也，田祖，始耕田者谓农神也。"*年即是祈年。《吕览》："孟冬之月……天子乃祈来年于天宗。"殷正建丑，十一月即夏正的十二月，是时叶田以祈年，说明春的来临。

东方曰析，其风曰劦，劦即协风。据《周语》，宣王时虢文公的谈话"先耕时五日瞽师告有协风至"，韦昭注："协，和也，风气和、时候至也，立春曰融风也。"融风一名见左昭十八年传梓慎的说话，慎登大庭氏之库以望气。《淮南子·天文训》："距日冬至四十五日条风至"，高注："一名融，为笙也。"它配以八音，其乐器属笙。韦昭谓协风即是立春日的融风，它又名条风。《白虎通·八风篇》说："风之为言萌也，养物成功……距冬至四十五日条风至，条者，生也。"后代讲卦气的书云："坎初六冬至，广漠风，九二小寒，六三大寒，六四立春条风，九五雨水，上六惊蛰。"在坎的爻位六四爻是立春，在八风是条风，可见协风在节气是代表立春。融风、条风都是后来的别名。

自虞幕能听协风以来，瞽师音官都以音律去省土风。藉田之礼，是由太史顺时覗土，而膳夫农正陈藉礼，所以戒农用而利民时，殷时已见藉田的记录，司其职者曰小藉臣。其卜辞云："乎藉屮（生）"，"乎藉仓（㐭＝廪）北氵止"，"……贞众乍藉不丧"（《合集》8）。藉字作𦔩，象人秉耒，表示"王耕一坺"，春气主生，其风曰条风。条者，生也（《白虎通》），其乐器用笙，笙者生也。"乎藉生"之生，义盖如是。藉田必在立春前后，此时之风即为劦风。"乎藉㐭"者，周语云"是日也……廪于藉、东南钟而藏之，而时布之于农"。韦注"廪，御廪也，一名神仓，东南，生长之处，钟，聚也，谓廪以藏王所藉田，以奉粢盛也"。是谓为廪以藏王所藉之物。"于氵止之北"他辞又云"卜㝷：令多农"（《前》4.10.3），多农即农正也。又"卜争：乎宙（囿）秜于姐受有年，宙藉于姐受年"（《乙编》3212），宙是地名即囿田。秜，《说文》云："稻今年落，来年自生谓之秜"。《类篇》禾部："秖秜，一曰再种，或作秜。"甲骨文作"𥝫"，即此字。

有关藉的事例陈氏《综述》（页533—）论之已详，惟未及藉田之礼。听协风是依据音律来省察土气，所以与藉田之礼有着密切的关系。

3. 田畯、先农

周礼籥章"以乐田畯"，郑玄引郑司农云："田畯，古之先教田者。"《说文》："畯，农夫也，即先农，死而为神则祭之。"古代祈年于田祖，田祖亦称为畯，即后代的先农。大蜡的时候亦作为飨祭的对象，故郊特牲云"大蜡飨农"。殷卜辞有畎字应读为畯，其辞云：

丙寅卜㝷贞子鬲畜畯四方十月。（《后》7、8、1）
丙寅卜兄贞令邠鬲畜……（《前》5、4、2）

二版是同日同事之卜，而贞人有㝷与兄之异，畜说文读若蘖，广韵入声十二曷："啐，哖哖啁啁，戒也。"《后》下之辞言令子禹其人戒田祖（畯）于四方。四方为祭方之祭，有时为宁风，如云：

宁风于四方其五犬。（《合集》34147）

东、西方之禘，与祈年之事有关，如：

庚戌卜争贞𥘉于西，囲一犬一青（彀）。
𥘉四豕三羊青一卯十牛青一。（《英国》250巨骨正面）
……二羊青三，卯于东方析，三牛三羊青三……屮曰千秝，王𥘉于之，八犬八豕。（《英国》1288，即《金璋》472）

其云"屮（侑）曰千秝"，目的即祈求丰收。"千秝"（或森），犹言千耦、千亩，故知其所祈求之神明当是田祖，即农神的畯。殷时祭四方必祷于田畯亦出于藉田之礼。

4. 正风，出入风与出入日

《山海经》记四方风名，胡先生论之已详，惟对于"出入风"一义未能说明。兹录其文如下：

日月所出名曰析丹，东方曰析，来风曰俊，处东极以出入风。（大荒东经）
有神名曰因，因乎南方，乎夸风，处南极以出入风。（大荒南经）
有人名曰石夷，来风曰韦，处西北隅，以司日月长短。（大荒西经）
北方"曰鹓，来风曰猵，是处东极隅以止（正）日月使无相间，出没，司其短长。（大荒经）

文中言及"日月出没，司其短长"，当指日之长至短至。古代的乐官负责以音律去省土风兼以知天时，《周语》虢文公述藉田之日瞽师音官以风土，韦注云"风土以音律省土风"，在立春日行藉田礼之前，乐官用音律来正风，确定时间的定点来配合乐律。《吕氏春秋·古乐》云：

帝颛顼……乃登为帝，惟天之合，正风乃行。

又云：

大圣至理之世，天地之气合而生风，日至则月钟，其风以生十二律：
仲冬，日短至则生黄钟。
仲夏，日长至则生蕤宾。
……

孟冬生应钟。

天地之风正。则十二律定矣。

可见风正则十二律定，欲求天地之气相合，必以日之短、长至作为定点，乐律上十二律的编制亦相与配合。换句话说，乐律上的定点必符合天文上的定点，故以冬至为黄钟，夏至为蕤宾，如是则风正，四方风可以司日月短长，其道理即在于此。

至于出入风之义则与出入日有关，《尧典》上言"寅宾出日"，"寅饯纳日"，和卜辞的出入日，经过许多人的研究，意义相同。殷历以建丑之月为正月，故夏至在六月。冬至在十二月，出日入日可以说是殷人对"春分朝日，秋分夕月"的认识，和后世的"春朝朝日，秋暮夕月"的祭礼正是一脉相承（参宋镇豪：《甲骨文出日入日考》）。上面说正风必依据日的短、长至，故知出入风即是正风，古代许多土功都从冬至开始，至日是一个极重要的日子。卜辞中至日的占卜很多，略举如下：

至日　　　　　　　　　　（《合集》29701）
弜至日　　　　　　　　　（《合集》29702）
壬辰卜至日　　　　　　　（《乙编》5399）
壬辰卜弜至日　　　　　　（《乙编》5399）
至日甲　　　　　　　　　（《屯南》2271）
弜至日　　　　　　　　　（《屯南》2271）
其至日
夒尞至日酚吉兹用
其至日
夒尞卯大乙大吉兹用　　　（《屯南》4582）

这些新资料证明殷代对至日的重视，先公的大夒和大乙亦在至日举行燎祭，至日是历法和乐律的定点，春秋分则是出入日的定点，都是正风的天文上的基本标志。正风本来和"正时月"实际上是一事之不同方面。

风生于四方，《周语》说"方不应时，不应时则乱"，方与时要相应，即是说时间和空间要取得一致，否则必定发生乱子。

5. 析丹与俊风

杨树达主张四方风名即是神名，职司草木之神，以"卯于东方析"之语为证。严一萍则论四方风名亦是地名，举析㠯（《乙》475），彐白（《乙》2156+2211），命玮（《前》4、26、4）诸辞为证。卜辞中人名往往亦是地名，其例习见。地名亦可从人名或神名而来。山海经之言四方风，每称"有人名曰某"，具见四方各有其所主之神，古来实有此说。

《山海经》东方之折丹，以卜辞证之，折当作析，然析与折义亦互通（《广雅》：析，折分也）。折可指析木之津，《尔雅·释天》："析木谓之津，在箕斗之间。"《离骚》："朝发轫于天津兮，夕余至乎西极。"析津为东方之极，五臣吕延济云：

"东极曰天津，西极，日所入也。"丹谓丹穴，《尔雅》四荒"自齐州以南戴昌丹穴"，东方的析丹，可以说是析木与丹穴的合称，指日出日入之处。故大荒东经说日月所出名曰析丹。下面又说"来风曰俊，处东极以出入风"，东极是他的居处所在，所谓"东极曰天津"，此即其地为析木之证。山经"来风曰俊"，属于东方，但《大戴礼·夏小正》则称："（正月）时有俊风。俊者，大也。大风，南风也。"把俊风说成南风，与山经不同，说较晚出。

大荒东经在俊风上面称其地是日月所出，下面说他能"出入风"。我疑心其风名曰俊风，也许和帝俊有点关系。楚帛书言"日月夋生"，又云"帝夋乃为日月之行"。大荒南经谓"帝俊妻羲和生十日"，大荒西经说"帝俊妻常羲生月十有二"。帝俊是造物主，可以生日月，可以出入风。《易·说卦》云："帝出乎震。"震是东方，帝亦可指帝俊，他是至上神。这样说来，四方风的命名，和天神有不可分的关系。郭璞在"析丹"下注云"神人也下"，很难说它与神名无关，俊风正是一个好的例子。

余　　论

古代远东和近东都尊重日神。巴比仑人称日曰utu，其史诗亦言"升于东山而沉于西山"，呼山曰Sădwum，好象卜辞的出入日。殷代卜辞屡见东土南土西土北土受年的记录（《合集》9734—9751），祝丰稔、求安宁，是当时人们共同的祈求。巴比仑在Nippur搜集的一块泥版上刻着公元四千年前有名的四土颂，我在这里根据S. N. Kramer的英文翻译，重译如下：

> 其日也，亡壱，亡厉，亡鼷犬，
> 亡狮子，亡野犬，亡狼，
> 亡惧，亡怖，
> 民斯无敌矣。
> 于斯时也，东土（Shubur）则沃野千里，皆正道之地；
> 南土（Sumer）则充满和气，为王族政令大行之邦；
> 北土（uri）各应其所求；
> 西土（martu）则既安且康。
> 普天之下，民俱时雍，
> 于巨神恩立尔（Enlil）同声共谖。
> （见氏所著《苏美尔神话》的首页，他称道这是人类的黄金时代。）

巴比仑是以商业贸易为主，和殷代主要生产为农业的社会性质很是不同，但对四方四土的祈求是一样的，求福禳灾，有着共同的愿望，其大神恩立尔是造分天地的大气之神，可以和我们的造物主，能为日月之行的帝俊相比拟。这篇颂词，我第一次把它介绍给我国研究古代史的同行们，谨以作为探讨人类活动在比较神话学开展下的一个献礼。

原载《中山大学学报（哲学社会科学版）》1988年第4期

甲骨文"唯宾动"式及其蜕变

唐钰明

一

甲骨文的宾语通常在动词后面,构成"主+动+宾"的语序,如:

(1) 王征土方?(6441)①
(2) 王从侯告?(3339)〔"侯告",人名〕

有时为了强调宾语,就在宾语前添加功词"惠",然后移置动词前,构成"主+惠+宾+动"式。例如上述两句可分别变换为:

(3) 王惠土方征?(6442)
(4) 王惠侯告从?(3340)

如果是否定句,则改用"唯"为标志:

(5) 王勿唯土方征?(6444)
(6) 王勿唯侯告从?(6460正)

由此可见,甲骨文宾语前置的变换公式是:主+动+宾──→主+惠(唯)+宾+动。这种变换在甲骨文中是相当常见的,例如:

(7) a.王其省丧田,湄日亡灾?(28977)〔"省",视察;"丧田",丧地之田;"湄日",整日〕
    b.王惠丧田省,亡灾?(18978)
(8) a.贞:勿令臼般?(4217)〔"臼般",人名〕
    b.贞:勿唯臼般令?(4219)
(9) 王伐劳方,受有佑?
    王惠劳方征,受有佑?(6550)

---

① 例句末凡未另行注明的号码,均为《甲骨文合集》的片号,下同。

（10）辛酉卜㱿贞：王从沚㦰？①
　　　辛酉卜㱿贞：王勿从沚㦰？
　　　辛酉卜㱿贞：王惠沚㦰从？
　　　辛酉卜㱿贞：王勿唯沚㦰从？（6483正）〔"沚㦰"，人名〕

例（7）（8）是异文变换，例（9）（10）是同文变换②。例（10）包含同版对贞的四条卜辞，尤具启发性。

甲骨文的"主+动+宾"式还可以扩展为"主+动$_1$+宾$_1$+动$_2$+宾$_2$"。比如例（10）的"王从沚㦰"和"王勿从沚㦰"就可扩展为：

（11）王从沚㦰伐巴？
　　　王勿从沚㦰伐巴？（6475正）〔"巴"，巴方的简称〕

"沚㦰"在这个扩展式中，既是动$_1$"从"的宾语，又是动$_2$"伐"的主语，人们通常称之为"兼语"。由于它具有宾语的功能，所以同样可遵循宾语前置的规则。比如例（11）可变换为：

（12）王惠沚㦰从伐巴方？
　　　王勿唯沚㦰从伐巴方？（6473正）

这种变换在甲骨文中也颇为常见，如：

（13）a.王从望乘伐下危？（6483正）〔"望乘"，人名〕
　　　b.王惠望乘从伐下危？（6477正）
（14）a.王从沚㦰伐土方？（6419）
　　　b.王惠沚㦰从伐土方？（6415）
（15）贞：王勿从沚㦰伐巴？
　　　贞：王惠沚㦰从伐〔巴〕？（32正）

助词"惠"和"唯"在使用上虽有差别，但作为提宾标志在本质上是相同的。从历

---

① "沚㦰"原为"沚戜"。为方便起见，"戜"均用"㦰"为代替字。
② 笔者认为：讨论历史语言的变换应尽量以文献固有的用例为依据。因此，笔者把同篇中的变换称为"同文变换"，把不同篇之间的变换称为"异文变换"。例如："今殷王纣维妇人言是用……今殷王纣乃用其妇人之言"（《史记·周本纪》），是同文变换；"周公趋而进曰：'臣闻之也，各安其宅，各田其田，毋故毋私，惟仁之亲'"（《尚书大传·大战篇》）→"周公曰：'使各居其宅，田其田，无变旧新，唯仁是亲'"（《说苑·贵德》），是异文变换。就甲骨文而言，"同文变换"指同版卜辞的变换，"异文变换"指不同版卜辞的变换。

史流变的角度去看，"惠"在后代已消亡①，而"唯"（注意：甲骨文本作"隹"）则以孳乳字"唯""惟""维"等形式继续活跃在古汉语中。为了便于说明源流，我们把以"惠""唯"为标志的提宾式统称为"唯宾动"式。

管燮初先生指出：甲骨文"凡宾语在他动词之前，这个宾语前头一定有一个介词'惠'或'唯'做标记"②。通过对已刊布的全部甲骨文资料的考察，我认为管先生的看法是可信的。"唯宾动"式的确是甲骨文宾语前置（除"否定句代词宾语须前置"之外）的唯一方式③。

二

陈梦家先生认为甲骨文宾语前置是自由的，可以有标志，也可以没有标志。他说："宾词的先置，即'O—V'的形式，在卜辞中还是很常见的……无论其附有介词或不附有介词，都可以先置于动词之前。……我们以为宾词先置，不一定需要介词'惠'，'唯'。"④这种观点，实际上是杨树达先生最先提出来的⑤，经陈梦家先生补充论证之后，在学术界中产生了较大影响，相继得到侯镜昶、李瑾等一批学者的赞同。俞敏、黄盛璋、高仲华等先生更以此为依据，进一步推断远古汉语的语序与汉藏语系某些语言相同，是"主宾动"，而不是"主动宾"⑥。这样一来，甲骨文是否存在无标志、无限制的前置宾语，就成为一个重大的学术问题了。

让我们来看看陈梦家先生最有代表性的例证⑦：

（16）九壳于祖辛（林1·12·17）
（17）于夒燎牛六（古史新证）
（18）河燎三牛（粹39）
（19）三百羌用于丁（续2·16·3）

查例（16）在同版中还有对贞之辞，引全了当作："侑于祖辛九壳？九壳于祖辛？"〔"侑"，侑祭；"九壳"，祭品〕，可见"九壳于祖辛"省略了动词"侑"。与此同例者如：

---

① 在甲骨文以后的资料中，"惠"也偶用作虚词（如《诗经》"子惠思我"），但已无提宾的作用。
② 《殷虚甲骨刻辞的语法研究》第17页，中国科学院出版，1953年。
③ 古汉语须前置的疑问代词以及指示词"是"字，甲骨文未见。甲骨文常见"兹用""兹御"，有人认为"兹"是前置的代词宾语，笔者认为仍然是受事主语。
④ 《殷虚卜辞综述》第101至第102页，科学出版社，1996年。
⑤ 杨先生的引例不可信，陈炜湛先生已力辨其非。参见杨树达《甲文中之先置宾辞》（收入《积微居甲文说》）和陈炜湛《卜辞文法三题》（刊中华书局1980年《古文字研究》第4辑）。
⑥ 俞敏《倒句探源》，刊《语言研究》创刊号1981年；黄盛璋《先秦汉语指示词研究》，刊《语言研究》1983年第2期；高仲华《古文字与古语言》，收入香港中文大学出版社1983年《古文字学论集·初编》。侯镜昶、李瑾之说分见P137注②、P138注①的引文。
⑦ 详见《殷虚卜辞综述》第101页。

（20）贞：侑于上甲三牢？

贞：一牢于上甲？（6664正）

如要给省略句"九壳于祖辛"和"一牢于上甲"重新补上动词"侑"，应补在哪个位置呢？根据卜辞通例，无疑应补在宾语"九壳"和"一牢"之前，分别构成"〔侑〕九壳于祖辛"和"〔侑〕一牢于上甲"。请看未省动词的句例：

（21）侑于祖乙五豕？

酌六豕于祖乙？（1526）〔"酌"，酌祭。〕

（22）侑于父甲犬？

勿侑犬于父甲？（2115）

宾语"豕"和"犬"虽然可以移位（作"动补宾"或"动宾补"），但都要置于动词之后①。由此可见，例（16）虽然省了动词，"九壳"仍应理解为后置的宾语，陈先生将"九壳"当作前置宾语，显然是失察的。

例（17）"于夔燎牛六"〔"夔"，神灵名；"燎"，燎祭〕的"于夔"，在陈先生看来是置于动词"燎"之前的宾语，在我看来却是作状语的"于+宾"结构。"于+宾"结构在甲骨文的位置是相当灵活的，既可置于动词后作补语，又可置于动词前作状语，如：

（23）a.贞：告于妣庚？（2464正）

b.贞：于妣庚告？（2463）

（24）燊禾于河？

于河燊禾？（32028）〔"燊"，求〕

对这种"于+宾"结构的性质，学术界是有不同看法的，的确有学者把它们都理解为宾语，而不管它们是前置还是后置。然而退一步说，即使我们同意把它们当作宾语，却也无法归之为无标志的自由式宾语，因为"于夔"本身，不正是有介词"于"字作为标志吗？

例（18）"河燎三牛"和例（19）"三百羌用于丁"是陈先生及其支持者所主张的无标志前置宾语的主要类型，这种类型的确是问题的焦点所在，它们在甲骨文中是屡见不鲜的，例如：

（25）a.召祖乙二牢，王受佑？（27195）〔"召"，召祭〕

b.祖乙召三牢，王受佑？（27191）

---

① 这种宾语偶有置于动词前的，但仍须依通例加助词"惠"，如"惠九牢酌大甲"（1445）。

（26）舌方其戋长？
　　　长戋？（6366）〔"戋"，伤害、侵扰；"长"，地名〕
（27）其用羌方囟于□，王受佑？
　　　羌方囟其用，王受佑？（28093）〔"囟"，囟门，指代头颅；"用"，杀祭〕

上述每例都分别含有"动+名"句和"名+动"句，后者就是陈梦家等先生所认为的"宾语前置句"。这两种句式之间，无疑是存在着变换关系的。比如陈先生所举的"三百羌用于丁"和"河燎三牛"，就可以分别变换为：

（28）用三百羌于丁（293）
（29）燎于河三牛（掇1·462）

这表明它们具有相同的深层结构。但深层结构相同并不等于表层结构相同。"动+名"句的名词无疑是宾语，变换为"名+动"后，名词是否还能理解为宾语呢？回答是否定的。

"用三百羌于丁"和"燎于河三牛"这类"动+名"句实质上是省略了主语的句子，必要时完全可以重新补上主语，如：

用三百羌于丁⟶〔王〕用三百羌于丁
燎于河三牛⟶〔王〕燎于河三牛

这种变换式可以成立是不言而喻的，例多不引。而"三百羌用于丁""河燎三牛""长戋"这类"名+动"句，是否如某些学者所认为的同样是"省略了主语"呢？[①]如果确实，这类句式理应可以还原为：

*〔王〕三百羌用于丁
*〔王〕河燎三牛
*〔舌方〕长戋

而实际上遍检甲骨文，均找不到这种句例[②]，这就说明这种变换式是不能成立的（*表示该式不成立，下同）。在常见的完全句中，我们能更清楚地观察到这种变换的非现实性，例如：

[①] 陈初生《早期处置式略论》，刊《中国语文》1983年第3期。
[②] 侯镜昶《论甲骨刻辞语法研究的方向》（收入上海古籍出版社1982年《中华文史论丛·语言文字研究专辑》）曾引证一例："王其咒获"（粹937）。然而我们核对原片后，却发现该片四周残断，实属不宜用为确证的残片。就该片仅存的四字而论，依文例仍可读作"王其获咒"。

王征人方 ⟶ *王人方征
王伐土方 ⟶ *王土方伐
王亥崇我 ⟶ *王亥我崇
帝受我佑 ⟶ *帝我受佑

由此可见，所谓甲骨文宾语可以自由前置的说法，是难以站住脚的。

　　李瑾先生为了证明甲骨文宾语前置无须标志，除卜辞外还进一步引证了金文的用例：①

壬午卜宾贞：河萃？（戬P1第14片）
麦赐赤金（麦方尊鼎）
臣卿赐金（臣卿鼎）

同类句式的征引，无疑是合理的延长。然而这种视界的扩大，却恰好成为他们立论不足信的反证。因为像"麦赐赤金"这种句例，后世也比比皆是，如：

　　（30）比干剖心。（《荀子·尧问》）
　　（31）襄子围于晋阳。（《韩非子·难一》）
　　（32）田常徒用德，而简公弑；子罕徒用刑，而宋君劫。（《韩非子·二柄》）

这类句子作为受事主语句（亦即意念被动句），在学术界已有定评，它们往往可以变换为有标志的被动式，如：

麦赐赤金 ⟶ 麦赐金于辟侯（麦尊）
比干剖心 ⟶ 比干不见剖心乎（《荀子·宥坐》）
襄子围于晋阳 ⟶ 襄子见围于晋阳（《说苑·贵德》）
简公弑宋君劫 ⟶ 简公见弑，宋君见劫（《韩非子·二柄》）

既然金文和典籍的用例都已确定为受事主语句，那么甲骨文的同类句式又怎能破例地定为"宾语前置句"呢？实际上，连主张最力的陈梦家先生对此也是拿不定主意的，他一面将卜辞此类句式确定为宾语前置句，另一方面又说："我们前述先置宾语词之属于'O₂—V'式者，宾词先置于动词前而无主词，此O₂可有介词。当其无介词时，此先置之O₂亦不妨认为它是主词，其动词可认为被动词。"②〔按：着重号为笔者所加〕诚如上文所示，这个O₂之前根本不能再添加主语，所以"亦不妨认为它是主词"云云，实应

---

① 《汉语殷周语法问题探讨》，收入上海古籍出版社1982年《语言文字研究专辑》。
② 《殷墟卜辞综述》第103页。

改为："只能认为它是主词。"

综上所述，我认为甲骨文并不存在无限制的自由式的前置宾语①。有些学者拿汉藏语系某些语言与甲骨文类比，认为早期汉语存在类似"我他打""我书读"的语序②，看来是缺乏根据的。

三

语法现象通常具有渐变的线性发展的过程。然而甲骨文中曾大量出现的"唯宾动"式，在西周金文以及上古典籍中却突然衰减，只剩下寥寥无几的用例，如：

（33）用禝后人享，唯丁公报。（令簋）

（34）曶又以匡季告东宫。曶曰："必唯朕〔禾〕偿。"东宫迺曰："偿曶禾十秭秭。"（曶鼎）

（35）我民迪小子，惟土物爱。（《尚书·酒诰》）

（36）王惟德用，和怿先后迷民。（《尚书·梓材》）

（37）〔秦伯欲以怀嬴许配晋公子重耳，〕公子谓子犯曰："何如？"对曰："将夺其国，何有于妻！唯秦所命从也。"（《国语·晋语四》）

（38）天休于安帝室，兴我汉国，惟卜用，克绥受兹命。（《汉书·翟方进传·王莽仿周书所作》）

对这种超乎常态的陡变，该作何解释呢？我认为：与其说是走向消亡，毋宁说是发生了蜕变。蜕变的途径是："唯宾动"+"宾是动"──→"唯宾是动"。

"宾是动"式在甲骨文和西周金文中尚未见，它是西周春秋之交出现的。如：

（39）亹亹申伯，王缵之事，于邑于谢，南国是式。（《诗经·大雅·崧高》）

（40）余镠鏞是择，允唯吉金，作铸和钟。（甚六之妻鼎）〔"镠鏞"，金之美者〕

这种句式借助结构助词"是"将宾语提置动词之前，它可以变换还原为"动宾"式：

南国是式──→式是南邦（《诗经·大雅·崧高》）

镠鏞是择←──择厥吉金玄镠赤鏞（邾公华钟）

由此可见，"唯宾动"与"宾是动"虽然历史层次不同（前者大体属殷商、后者大体属西周春秋），结构方式也有差异（前者用语气助词"唯"缀于宾语前、后者用结构助词

---

① 笔者在《古文字资料的语法研究述评》（刊《中山大学学报》1988年第4期）一文中的立场与本文有所不同，应以本文为准。

② 陈初生《早期处置式略论》，刊《中国语文》1983年第3期。

"是"缀于宾语后），但它们作为宾语前置句却具有质的同一性。

两种句式何以会进一步结合成"唯宾是动"式呢？这与它们的提宾信息较弱有关。"唯"，有时只起强调语气的作用，而并非提宾的固定标志，如："惠王从沚馘？勿唯王从沚馘？"（7494）"是"，作结构助词也不是唯一功能，它作代词甚至更为常见，如："昭王南征而不复，寡人是问。"（《左传·僖公四年》）正由于"唯""是"的多功能性，形同而实异的歧义现象便很容易发生，这点尤以"宾是动"式为甚。例如：

(41) 王命仲山甫，式是百辟，缵戎祖考，王躬是保。（《诗经·大雅·烝民》）
(42) 陈氏裔孙逆作为皇祖大宗䵼，以丏永命眉寿，子孙是保。（《陈逆簠》）
(43) 赫赫姜嫄，其德不回，上帝是依。（《诗经·鲁颂·宫》）

例（41）与例（42）构形相仿，乍一看很容易将二者都当作"宾是动"式。只有根据上下文细加考究，才能确定"王躬是保"是"宾是动"式，而"子孙是保"则相当"子孙保之"，"是"不过是指代器物"䵼"的前置代词罢了。例（43）的"上帝是依"，学术界至今仍存在歧见。例如高亨《诗经今注》看作"宾是动"式，理解为"姜嫄依靠上帝"，而周予同主编《中国历史文选》则看作指代词"是"前置，理解为"天帝凭依姜嫄"。类似的歧见常常发生于"宾是动"式，充分说明这种格式的缺陷。为了消除歧义和促进功能的完善，"宾是动"式与"唯宾动"式自然而然地结合起来，构成了新型的"唯宾是动"式。"唯宾是动"式具有明确的规定性，成为了古汉语固定的提宾式，甚至绵延至今而未绝，这已是众所周知的事实了。

由于"宾是动"式与"唯宾是动"式较长时间处于共存状态，所以学者们通常将这二式等同起来，这无疑是模糊了这两种句式的历史层次。但近年却有人走向了另一端，完全否定这两种句式的同一性①，这又是有违语言的历史事实的。请看：

(44) a.颠复厥德，荒谌于酒，女唯湛乐从。（《诗经·大雅·抑》）
    b.暂劳永逸，无为而治，耽乐是从。（张衡《西京赋》）
    c.惟王不知艰难，唯耽乐是从。（《汉书·郑崇传》）
(45) a.纣惟妇言用。（《汉书·五行志第七中之上》）
    b.〔纣〕湛湎荒淫，妇言是从。（《汉书·谷永传》）
    c.纣维妇人言是用。（《史记·周本纪》）

以上例子展示了"唯宾动""宾是动"和"唯宾是动"的变换关系，充分证明了它们的一致性。至于它们的区别，最根本的则在于它们之间所具有的不同的历史层次性。由于"唯宾是动"式最晚出现而又最有生命力，因而历代训诂家常用它来训释其它句式。例

---

① 杨合鸣、李云贵《〈诗经〉"名是动"式新考》，刊《武汉大学学报》1987年第4期。

如朱熹在《诗集传》中用"惟上帝是敬"来训《商颂·长发》的"上帝是祇",用"惟正直是助"训《小雅·小明》的"正直是与",这已经是不自觉地采用了变换的方法,相当于我们所说的"历时变换"了①。

结论:"宾是动"是"唯宾动"向"唯宾是动"蜕变的中介环节,三者实属不同层次的历史变体。

原载《中山大学学报(哲学社会科学版)》1990年第3期

---

① 笔者把同时代所发生的变换叫"共时变换",如:"我周之东迁,晋郑焉依"(《左传·僖公二十四年》)——"我周之东迁,晋郑是依"(《国语·周语中》)。把不同时代所发生的变换叫"历时变换",如:"〔王〕不知稼穑之艰难……惟耽乐之从"(《尚书·无逸》)——"惟王不知艰难,唯耽乐是从"(《汉书·郑崇传》)。

从方言读音看上古汉语入声韵的复韵尾

李新魁

上古汉语的入声韵带什么样的韵尾以及有没有复韵尾，是近若干年来音韵学界所探究的重要问题。这个问题与汉语声调的起源有关。上古汉语的声调，到底可以分为多少类，哪些调类是古已有之，哪些是后来才产生的，这些问题，现在还存在一些不同的看法。本文主要论述上古汉语的入声韵是否带有复韵尾，同时兼及一些与此有牵涉的论题。

一

上古汉语的韵母分为阴声韵、阳声韵和入声韵三类，这是大家比较一致的看法。上古时的入声韵一般都赞成收有-p、-t、-k三种塞音韵尾。但也有人认为上古之前，这些塞音韵尾是浊塞音-b、-d、-g。当然，也有人认为上古的阴声韵收的是-b、-d、-g，此外还可能有-r、-kw、-gw、-ɣ、-w、-wk、-l等韵尾。

近些年来，一些学者（如张琨、严学宭先生）认为原始汉语中的阴、阳、入声韵还可能有复韵尾，例如鼻韵尾-m、-n、-ŋ或塞韵尾-b、-d、-g、-p、-t、-k之后带有-s，即具有-ms、-ns、-ŋs、-ps、-ts、-ks等结构。这些不同韵母带-s的收音与汉语声调的起源有关。

汉语声调的起源，据目前国内外一些学者的主张，主要是认为汉语声调的发生，是由不同的韵尾转化而来的。值得注意的几种说法是：

1）上古汉语的上声是由收-ʔ尾的字转化而来（梅祖麟，1970年）。

2）去声是由收-s尾的字转化而来。

这两说种法，显然是认为上古汉语本来没有上声和去声，这两种声调的产生，是不同韵尾消变的结果。

关于上声由收喉塞音韵尾的字转变而来的说法，跟本文的论题关系不大，这里姑置勿论。而去声的产生来源于带-s尾的字的说法，与我们所要探究的问题关系十分密切，这里必须详加论述。

去声字是由古代收-s尾的字转变来的，这一说法，是奥德里古尔（Haudricourt）在1954年提出来的。早在1916年，马伯乐在研究越南语时，就认为越南的六种声调中，其中的"问声"（hỏi）和"跌声"（ngã）源出于韵尾收-h的字，而-h又是从-s变来的。奥氏根据马伯乐的说法，进一步提出汉语的去声与这两声相当。他依据古代汉越语中某些汉语借字（词）的读音，认为越南语这两种声调的字收有-s韵尾，与之相应的汉语的去声字也应当收有-s。他举了21个汉语借字来证明"问声""跌声"与汉语去声的关系，企图证明上古汉语的去声字本来也收有-s韵尾。

蒲立本（Pulleyblank）对奥氏这种论断进一步加以推阐，并且用梵文的对音材料来作证明。他说中古以前中国的译经及其他译音材料中，常常用去声字去对译外语中带有-s尾的音节，如用"都赖"的"赖"、"罽宾"的"罽"、"贵霜"的"贵"等字，以此证明古代汉语的去声字也带有-s尾。

奥氏的说法得到一些学者的赞同，也受到一些人的反对。苏联雅洪托夫基本上采纳了他的论断并加以改进。他在《上古汉语的韵母系统》一文（载《汉语史论集》，北京大学出版社，1986年）中说："奥德里古对去声提出了与众不同的解决办法。他推测去声字最初曾存在具有构词后缀作用的辅音韵尾*-s。*-s能跟任何字、甚至带-p、-t、-k韵尾的字合在一起。后来*-s前的辅音起了变化或脱落了，带*-s的字（不管是阴声还是阳声）变成去声；最后，*-s本身也脱落了。奥德里古为属入声韵或单独成韵的去声字（即'背puai^3''萃dz^{w}i^3'这些字）构拟了复辅音韵尾*-ks、*-ts、*-ps。至于平声或上声的阴声字，奥德里古则同王力一样，推测它们曾是开音节或曾有过半元音韵尾。"（17—18页）雅氏在引述了奥氏的说法之后，进一步说："但奥德里古关于*-s的理论也需要改进。假设'背puai^3'有复辅音韵尾*-ks，我们可以明白它为什么既跟中古去声字（上古有*-s韵尾）相押，又跟有*-k韵尾的字相押。但对上古单独成韵的阴声韵去声字，应该构拟什么样的辅音韵尾呢？'萃dz^{w}i^3'一类字属祭部和脂部；其中一些字跟有-t韵尾的字同源，另一些字跟有-p韵尾的字同源，而且这两部分随意相押。看来，在《诗经》时代，*-s前的*-p和*-t已经变成了别的音（接近于t和r，跟p则较远）。所以，汉语最初除了有中古的六个辅音韵尾，脂部还有过*-r，所有音节还有过*-s。*-s能缀于其他辅音韵尾之后。"（19页）

雅洪托夫在另一篇题为《上古汉语》（同载《汉语史论集》）的文章中明确主张"远古时期的汉语，有可以连接于任何语音成分的词之上的后缀-s。这表示，音节尾可能有类似ms、ks、rs这样的辅音组合（两个辅音之间并可以有形态界限）"。他认为到了形声字出现后，-s前的p、t、r与-s互相影响而使p、t、r变为一音，都收-s。到了公元前三世纪，-s前的k也消失，变为h（或x），而在这时它们都读为去声（参见该书第201页）。总之，他也认为去声的出现是由于-s韵尾的转化。

国外学者的这些看法，使中国的音韵学家也不得不考虑到声调与韵尾辅音的关系问题。李方桂在《上古音研究》中说："把上古的韵尾辅音跟四声合并讨论的缘故，是因为韵尾与四声的关系相当密切。""《诗经》的用韵究竟反映上古有声调，还是上古有不同的韵尾，这个问题不容易决定。""因为《诗经》的押韵的关系，我们不承认我们写成*-m跟*-mx或*-mh，*-g跟*-gx、*-gh、*-k有什么音位的区别，只认为这是标声调的方法。但是我们也不反对在《诗经》以前四声的分别可能仍是由于韵尾辅音的不同而发生的，尤其是韵尾有复辅音的可能，如*-ms、*-gs、*-ks等。但是就汉语本身来看，我们已无法推测出来了。藏汉系的比较研究将对此有重要的贡献。"（34页）李方桂对这个问题没有持明确的见解，只是对这些看法表示有实际存在的可能。

1979年，严学宭先生发表《原始汉语韵尾后缀-s试探》一文（载《华中师范学院学报》1979年第1期），指出在古藏文中有10个后置字母所代表的10个单辅音韵尾，其中有韵尾-s；在由后置字母组成的复辅音韵尾中，也有-gs、-ŋs、-bs、-ms等。在现代的羌语和嘉戎语中，也存在-s韵尾。古藏语的-s，可以表示不同的语法范畴，例如"取"的现在时是len，过去时是blaŋs，命令式是loŋs。他进一步从古代典籍所载的联绵词的读音证明其读法可能与古汉语收-s韵尾有关，如他举《楚辞·山鬼》中的"灵修"为例，拟其音为lens；《左传·隐公四年》中的"褊小"，拟音为pjans；《方言》卷九中的"䐹䐾"，拟音为muks；《诗经·山有扶苏》中的"扶苏"，拟音为bjags；《论语·季氏》中的"离析"，拟音为liegs，等等。他认为这些双音词中后一个音节带有s声母，是原始汉语-s尾的表现。因此，他认为《诗经》之前的汉语应当有-s作为韵尾后缀。这个-s可以出现于-d、-g、-b之后，也可以出现于鼻音韵尾-n、-ŋ、-m之后。-s消失了变为上古时的声调。他说："总之，-s尾的消失和声调的产生是有密切关系的。"又说："-s的消失转化为调类的不同，特别是入声调和去声调的差别，更明显的是中古时代阴声韵去声调的产生和-s的消失有密切的关系。这至少可以说明韵尾后缀-s的消失是阴声韵去声调产生的条件之一，所以清段玉裁所提古无去声说的问题是值得考虑的。"他的看法，与雅洪托夫等人的说法大致相同。

后来，严学宭先生在提交第十四届国际汉藏语言学讨论会的另一篇题为《原始汉语词尾后缀-s消失的遗迹》的论文中，说他受到旅美中国学者张琨先生拟"铁"字的古音为qhleks的启发，为他作这篇补苴之作。张琨先生根据许多少数民族语言的材料把"铁"的原始汉藏语读音形式拟成这个音。严先生则举了一些方言和古代韵书（如《广韵》）的又读以及经传异文、谐声偏旁、少数民族语言读音等方面的例证，说明至晚在周秦时代已出现辅音韵尾从-k变为-t的现象。上古有-ks、-ps等韵尾，而-k变为-t是-s消失的结果，并且影响到声调的分化。其意思是说，"铁"字后代读为-t，是由-ks变来的。他为张琨之说作了补充。

还有其他一些学者也赞同上古去声字收-s之说，如郑张尚芳《上古韵母系统和四等、介音、声调的发源问题》（载《温州师范学院学报》1987年第4期），指出有几个朝鲜语中的古汉语借词带有-s韵尾，如"石磨"的磨读为mais，"芥菜"的芥读为kas，"制作"的制读为tsis，"味"读为mas，都是去声字带有-s尾。他又引据俞敏先生的说法：早期汉语译经常用去声字去对译梵文-s尾的音，如奈nas、陛pas、会bhǎs等。他也认为-s可以在-m、-n、-ŋ、-b、-d、-g（入声韵的收尾）等之后出现。古代的去声字就带有-s，而这个-s，"在发展中可能变成喉音-ʔ、-h。古藏文的-s尾，今藏语即变-ʔ。汉语方言中徽语祁门历口、洪村石坑，东至木塔的阴去都带喉塞或带紧喉作用，黟县、休宁儒村浊去跟清入同调都带喉塞-ʔ，可视为-s变-ʔ的遗迹，并证明去声有过辅音尾"。他的看法，与奥氏及严先生等人相近。

但是，台湾学者丁邦新却不同意奥氏和蒲立本等人的说法。他在《汉语声调源于韵尾说之检讨》一文（载《"中央"研究院国际汉学会议论文集》，1981年）中加以驳正，认为他们的论证缺乏可靠性，不能引导出汉语声调源于韵尾的结论。

二

关于上古汉语（或原始汉语）是否有声调，上古有没有去声以及去声是否由带-s尾的音节转化而来，-s尾是否普遍存在于-m、-n、-ŋ、-p、-t、-k等之后，这些问题，都至关重要。研究汉语语音史，确是有必要把它们弄清楚。前此的学者的各种论断和说明，颇有启发性，但也有明显的不足为据之处。这里，我们将就上古汉语的去、入声字是否带有-s韵尾的问题，作一个探讨。

我们认为，上古时期汉语的去声字（原也为入声）带有-s韵尾，是有可能的。奥氏的说法有一定的道理，但其证据，诚如丁邦新先生所批评的，其论证力显然不足。汉越语中的汉语借音，其时间大约相当于唐代，其"问声"和"跌声"字中带有-s尾，反映的最早只能是魏晋以后、隋唐之际的读音现象，不能拉到上古去。而且，越南语中的汉语借字的方言来源也有问题。蒲立本所举的对音材料也有一些不甚可靠之处。至于严先生从联绵词来推证古代有-s韵尾，不失为一条论证的路子，但所举的例证也有一些问题，如他所举的"离析""褊小""灵修"等，有的不是联绵词而是同义合成词；有的后面的音节不一定是由-s尾变来。例如-s为什么在"灵修"中变为"修"，难以解释得清楚。

上古汉语是否没有声调，这个问题，目前不能轻易确定。至于上古的去声字带有-s韵尾，我认为是有这种可能性的。

中古时期的去声字，大多数是由上古的入声韵字变来，这一点，得到许多学者的承认。比如说，《广韵》的祭、泰、夬、废诸韵字，只有独立的去声一类而没有相应的平、上声，这些韵字与入声字有十分密切的关系。从谐声关系上看，这些去声字与入声字同出一源。如：

  愒—曷 害—辖 蔡—察 赖—剌 蜕—脱 最—撮 逝—折
  例—列 夬—缺 税—说 废—发

它们有共同的谐声偏旁，但一读为去声，一读为入声。这些去声字在中古时都收元音韵尾，其相应的入声字收-t韵尾。那么，在上古时，它们应当收什么韵尾呢？

我们认为，这些去声字和入声字不论在谐声系统上或是在经典异文、古音通假等方面，都表现了密切的关系，在《诗经》时期，其中的某些字可以与收-t韵尾的入声字通押，要把它们的韵尾拟构为不同的音，即一为-s或-ds、-ts，一为t，显然是不太合适的。它们的韵尾应该相同，即与入声韵字一样同为-t或一样同为-ts，这样才能解释其谐声上的关系。但是，在先秦时，它们又与其他的阴声韵字相押，如果仍拟其音为-t，又难于解释这种现象。因此，我在拙著《汉语音韵学》一书中，把它们归之于"次入韵"，并认为它们带有一个塞音韵尾，但已不是原来的-t，而是喉塞音的-ʔ。我认为，在谐声时代，这些次入韵的字（魏晋之时变为去声字）与相应的入声韵一样，都收-t韵尾，后来，即发展到《诗经》时代，这个-t变为-ʔ，收-ʔ的字仍然保存了入声韵的特点，但又与后代典型的收-p、-t、-k韵尾的入声韵略有不同，所以称之为"次入韵"。

后代，这些次入韵字进一步丢失-ʔ韵尾，并入阴声韵，而在声调上也变为中古时的去声。收-ʔ尾的"次入韵"字从来源上说，是与入声韵字同源，都收-t；从《诗经》时代的现状上说，韵尾已由-t变为-ʔ，虽属入声韵，但究有不同，所以称为"次入韵"。收-ʔ的次入韵字，其发音特点与收-p、-t、-k尾的入声字有所不同，它的发音进一步与阴声韵靠近，所以离开入声韵而往往自相通押，如"逝"字在《二子乘舟》二章中与"害"字通押，在《东门之枌》三章中与"迈"通押，这是"次入韵"中的祭部自相押韵；但也仍有与入声韵相押的，如"逝"字在《抑》第六章中与"舌"字通押，等等。《诗经》中由-t变来的"次入韵"祭、废、至、队部很少与其他阴声韵字相押，这是因为它们仍保存有入声韵尾。

收-p及收-k韵尾的字则略有不同，它们在《诗经》时代之前，已有一些字失去-p、-k而变入阴声韵。在声调上这些字从入声变为去声，现在我们仍然可以看到这些字与原收-p、-k韵尾字的密切关系，如：

-p尾：盖—盍　内—纳　世—泄　位—立　隶—逮　荔—协
-k尾：厕—则　置—直　试—式　意—亿　异—翼　赦—赤
　　　邃—剧　赴—卜　裕—谷　暮—莫　措—昔　柞—作
　　　路—各　富—逼　啸—肃　耀—翟　诰—酷

由于它们变为阴声韵的时代较-t尾字之变为"次入韵"为早，所以《诗经》中有少量的这些去声字与其他阴声韵字押韵的现象。这些字在《诗经》时代，既不收-p、-k尾，也不收-b、-g尾。我们认为，它们已成为开音节或元音收尾的字。因此，我们所定的"次入韵"，主要是指由-t尾变来的几个韵部。由-p、-k尾变来的字由于已失去-ʔ尾合入阴声韵，便不再独立分部了。

三

那么，这些在《诗经》时代的"次入韵"（中古时的去声韵）字有没有可能带-s韵尾呢？换一句话说，先秦时代，有没有一部分入声韵字收有-s韵尾呢？我们研究了一些与古音有关的材料，认为这是有可能的。

第一，如果我们假设上古时的"次入韵"字收有-s尾的话，它们后代消失应当变为什么音？从汉语入声韵的收尾-p、-t、-k在后代各方言中的演变看来，它们一般是变为喉塞音收尾-ʔ。然后，-ʔ进一步变化而归于消失，成了元音收尾的字，其过程可以表述如下：

$$-p、-t、-k \rightarrow -ʔ \rightarrow \emptyset$$

当然，在不同的方言中，各种韵尾之间还可以互相转化，其演变可以有不同的途径。如有的是-p>-t，有的是-p>-k，有的是-t>-k，有的是-k>-t，等等。不过，当-p、-t、-k趋于消失的时候，往往是经由-ʔ的阶段，最后才归于消亡。

然而，在入声韵尾消失的过程之中或之后，有可能采取一种特殊的方式而留下痕迹。这从汉语的方言中可以窥见一斑。比如说，北方方言的-p、-t、-k等入声韵尾，先后在宋元时代之后消失了，现代除了在某些方言点（如山西、河南、河北某些地方）保留读为-ʔ外，大多数字已变为元音收尾的音节。但是，有一些字词的读音显示了有趣的现象。如北方话（或北京话）的口语中，有些原来收-p、-t、-k韵尾的字，它们通过一种衍音形式而保存了原来的韵尾。如收-p尾的"眨""杂""䶎""掐"等字，它们在口语中保存有各种词语的特殊读法：

涩→涩巴 səpə 涩。
眨→眨巴 tṣapa 眨眼睛的动作。
杂→杂巴凑儿 tsapatsʻouer 杂凑。
䶎→䶎巴 tɕʻiapa 互咬、殴斗。（《集韵》辖夹切，义为"尽纳口中"）
掐→掐巴 tɕʻiapa 苛责、刁难。（《集韵》乞洽切）

这些词中的pa（巴），其声母原是韵尾-p的遗留，它通过在-p之后再加上原音节的韵母形成"叠韵联绵词"而保存原来的入声韵尾。"眨"tṣap的-p尾在tṣapa中保留下来。这种情况，与日本语借用汉字音时对入声韵字的读法相似。

又如收-t尾的字"嘎""抹"等也有相似的情形：

嘎→嘎搭 kata 拿剪刀空剪作声。（《广韵》古黠切）
迾→迾跌 lietie 不谨饬，好说好笑。
瞎→瞎搭 ɕiata 瞎。
抹→抹搭 mata 小睡，眼皮下垂。

收-k尾的字"得""啬"等也如此：

恶→恶格 əkə "恶格子"，即出格。
得→得颏 təkʻə 可以，行（k变为送气的kʻ）。
啬→啬壳 səkʻə "啬壳子"，表示吝啬人。又作啬刻子。

上举这些词语，原都是入声字，其韵尾-p、-t、-k等从总体上说是消失了，但在某些词语中，它通过把韵尾重复拼上前面的韵母构成叠韵词的形式而保留下来。我们从这种衍音形式中可以探寻上古（或原始）时期某些韵尾的踪迹。因此，严学宭先生通过某些联绵词来寻找-s韵尾的是否存在，在方法上应是可行的。但是，不能认为凡是古代的双音节词中的第二个音节带有s，便是-s尾存在的证据。我们认为，要从古代双音词中寻究-s尾的残迹，必须掌握下述较为严格的原则：第一，必须是真正的联绵词。第二，应该是叠韵的词。也就是说，联绵词的第二个音节可以视为第一个音节的"衍音成份"。而且，仅仅是表示语音的繁衍，而不是两个同义或近义单音词的复合，如"褊小""离析"之类。第三，这些词的使用时代必须是与上古时期相靠近，不能仅仅出现于中古以后。时代太晚近，不足以证明是上古时-s韵尾的衍变或遗存。

根据上述这些原则，我们考察先秦及两汉时期各种古籍中的语词材料，发现确是存在不少符合这些条件的语词。它们的读音形式，可以透露出一点关于上古音-s韵尾存在的信息。例如：

朴樕 也写作"朴楝""枎樕""仆遬"等。它出现于《诗经·野有死麇》中的句子："林有朴樕。"这个词的意义是"小木"（见《玉篇》），有人说它相当于"扶苏""扶胥"等词。又《汉书·息夫躬传》："诸曹以下，仆遬不足数。"颜师古注："仆遬，凡短之貌也。"王先谦补注："钱大昭曰：《诗》林有朴樕，毛传：樕，小木也。仆遬与朴樕字异而义同，谓其材小弱不任用。沈钦韩曰：仆遬字当为朴樕。杜牧集《上吏部高尚书状》：'人惟朴樕'，又《贺平党项表》：'臣僻在小郡，朴樕散材'，皆用此。《尉缭子》：吴起与秦人战，仆遬之盖，足以蔽霜露，亦谓以小材作盖。"这与上一个词为同一根词。这个词的读音，按我们所拟构的上古语音系统，可以把它的上古读音拟为boksok。

朴属 《周礼·冬官·考工记》："凡察车之道，欲其朴属而微至，不朴属无以为完久也。"郑注："朴属，犹附着坚固貌也。"贾昌朝《群经音辨》木部："朴属，附着坚固也。"案：此词的拟音也作boksok。

促速 《礼记·乐记》："卫音趋数烦志。"郑注："趋数读为促速，声之误也。"《大戴礼记·曾子立事》："君子好人之为善而弗趣也。"北周卢辩注："弗趣者，不促速之，恐其倦也。"又："行无求数有名，事无求数有成。"卢注："数犹促速。"案：此词古又写作"戚速"。《周礼·冬官·考工记》："不微至，无以戚速也。"郑注："齐人有名疾为戚者。春秋传曰：盖以操之为已戚矣。速疾也。书或作数。"这个词的拟音也作ts'oksok。

僞俗 《切韵》残卷："僞，僞俗，动貌，又短貌。"《玉篇》人部：僞，时来反。僞俗，动头貌。此词的拟音为djoksok。

卓烁 刘勰《文心雕龙·体性》："壮丽者高论宏裁，卓烁异彩者也。""卓烁"是一个联绵词，描摹"异彩"之状。其音拟为tjoksjok。

跛躠 《文选·木玄虚·海赋》："噏波则洪涟跛躠，吹涝则百川倒流。"李善注："躠蹙，聚貌。"躠蹙即跛躠，上字音子六切，下字音所六切，拟音为tsoksok。

灼烁 《文选·左思·蜀都赋》："符采彪炳，晖丽灼烁。"李善注："灼烁，艳色也。"拟音为tjoksjok。

觳觫 《孟子·梁惠王上》："吾不忍其觳觫若无罪而就死地。"注：觳觫，牛当到死地处恐貌。此两字《玉篇》《广韵》又写作殈殔，"死貌"。钱大昕《潜研堂文集》卷十："问：觳之训尽，郭以为今直语，于经典亦有征乎？曰：《史记·李斯传》：虽监门之养不觳于此。小司马云：觳，尽也。监门下人饭犹不尽此也。觳悉连文，《孟子》吾不忍其觳觫，觳觫即觳悉之转，言其命将尽也。"此词的拟音为koksok。

艒縮 《方言》卷九："南楚江湘，凡船大者谓之舸，小舸谓之艖。艖谓之艒艒。”注：目宿二音。《广韵》艒，莫卜切，䑿，息逐切。其拟音为mboksok。

摸索　《淮南子·俶真训》：“以摸苏牵连物之微妙。”高诱注：“摸苏犹摸索。”“摸索”之义为“以手上下”。古又作“末杀”。拟音也可作mboksok。末杀即后代之抹煞或抹杀，《字林》《玉篇》：抹杀，灭也。

拔揬　《文选·王褒·洞箫赋》：“或杂遝以聚敛兮，或拔揬以奋弃。”注：拔揬，分散也。拔，扶割切，揬，苏割切，拟音为batsat。

弊揬　《淮南子·俶真训》：“独浮游无方之外，不与物相弊揬。”高诱注：弊揬，犹杂糅。弊，音跋涉之跋。揬，读楚人言杀。此词又写作蹩薛。《庄子·马蹄》“蹩薛为仁。”陆德明《释文》：向、崔本作弊杀。拟音为batsat。

密率　《洞箫赋》：“愀慄密率，掩以绝灭。”李注：“密率，安静也。”可拟音为mbɐtsɐt。

媻屑　司马相如《上林赋》（载《汉书》）：“便姗媻屑，与俗殊服。”颜师古注：“言其行步安详，容服绝异也。”此词的拟音为bjatsjat。

勃屑　《楚辞·七谏·怨世》：“西施媞媞而不得见兮，嫫母勃屑而日侍。”王逸注：“勃屑，犹媻姗，膝行貌。”洪兴祖补注：“屑，苏骨切，勃屑，行貌。”又写作“勃窣”。司马相如《子虚赋》（载《汉书》）：“媻姗勃窣上金堤。”颜师古注：“媻姗，勃窣，谓行于丛薄之间也。”“窣音先忽反。”王先谦补注曰：“沈钦韩曰：……《世说》‘张凭勃窣于理窟’，则勃窣亦蹩躠之状也。韦昭注：媻姗勃窣，匍匐上也。”“匍匐上”即膝行。其词可拟音为botsot。

蹩躠　《文选·张衡·南都赋》：“翘遥迁延，蹩躠蹁跹。”蹩躠指舞蹈之容状。《集韵》释为“旋行貌”。其音亦为bjatsjat。

蹀躞　慧琳《一切经音义》卷九十五引《考声》曰：“步小貌也。”音为恬协反、先浃反，可拟音为djapsjap。

拉飒　《晋书·五行志中》：“太元末，京口谣：黄雌鸡，莫作雄父啼。一旦去毛衣。衣被拉飒栖。寻而王恭起兵诛王国宝，旋为刘牢之所败，故言拉飒栖也。”“拉飒”义为秽杂。音卢合切、酥合切，可拟为lapsap。

霅霎　见《玉篇》，义释为“小雨”，音丑涉切、山洽切，可拟为t‘japsjap。

蹶泄　《尔雅·释木》：“蹶泄，苦枣。”郭璞注：“子味苦。”邢昺疏：蹶泄者，味苦之枣名也。《释文》注音为居卫反、息列反，可拟为kjatsjat。

阙泄　《尔雅·释兽》：“阙泄，多狃。”郭注：“说者云：脚饶指，未详。”邢疏：“旧读以为蹶泄兽名，其脚多狃，狃，指也。然其形所未详闻。”案此为兽名，可拟音为k‘jatsjat。

咳嗽　《素问·阴阳应象大论》：“秋伤于湿，冬生咳嗽。”案此两字本都读为入声。中古时变为去声。可拟为k‘əksək。此词留传至今。

上述各词都是联绵词，本都读入声。事实上，都是由一个音节衍化为两个音节，其第二个音节，其声母为s，而其韵母都以原音节（第一个音节）的韵母为韵母，形成了叠韵联绵词。其构成相当有规律。这些联绵词大多出现于先秦及两汉时期的典籍之中，其产生年代都比较早。这些词语中第二音节的声母s，可能就是第一个音节韵尾的遗存。这些词语的读音形式，可以暗示-s尾的存在。这第二个音节一般没有可以单独使用的含义，它不是"词素"，而仅仅是一种衍音成分。当然，也可能有一些词由一个根词衍生出第二个音节，形成联绵词之后，这第二个音节渐渐地出现与第一个音节相同或相近的意义，变为一个"词素"。这种情况，可以举"白皙"一词为例。《汉书·霍光传》："白皙，疏眉目，美须髯。"颜师古注曰："皙，洁白也。"这个皙字读为先历反。我们怀疑这个"皙"之所以具有"白"义，实由"白"bek衍生为beksek之后，在字形上写成"白皙"，由于"皙"字出现在书面语上经常与"白"连用，所以它也具有"洁白"之义。这是一个比较特殊的例子。其他的联绵词，多是第二个音节无义，它实是第一个音节的衍音成分。

除上举这些入声韵或次入韵字（如弊、娶、蹩等）有衍化为叠韵联绵词而带有s辅音之外，其他收鼻音韵尾-m、-n、-ŋ等也有少量的例子，如上举例证中提到的"便姗"可以视为bjansjan的读音，又如"蹒跚"也可以拟为mbansan，但相对于-p、-t、-k尾字来说，数量较少。因此，我们认为鼻音韵尾-m、-n、-ŋ之后不一定有-s尾存在。

从上面所举的例子中，我们可以看到单音节的入声韵字化为双音联绵词时出现了带s的音节。这个s显示，在上古的塞音韵尾身上，可能还带有一个-s尾，即念为-ps、-ts、-ks的音。到秦汉以后，这个-s发生消变。它的消失，在某些词语中留下痕迹，那就是通过化单音词为叠韵联绵词而使-s尾保存下来，就象上文所述的北方话把收-p尾的"眨"字念为tṣapa而保留-p尾一样。"朴樕"之类的语词，可能正是boks衍生为boksok之后在书面上的记录。这种衍音形式，正是-ks中的-s消变的结果。

第二，除了古籍中的这些叠韵联绵词可以显示一点上古时期以前-s尾存在的信息之外，我们从现代活的方言中也找到类似的语音现象。

属于闽南方言的潮州话，以保留古音特点较多而著称。在该方言中，保存有许多汉代或汉代以前的语音特点（说详另文）。我们从该方言中也发现一些-s尾存在的蛛丝马迹。

潮州方言保留着鼻音韵尾-m、-ŋ和三种塞音韵尾-p、-k、-ʔ。-n、-t韵尾在大部分地区已经消失，只保存于少数地区的方言点（如普宁、惠来等地）之中。中古时的入声韵尾-p、-t、-k，在该方言中已有相当一部分字变为喉塞音-ʔ。如：

鸭、塔、甲等字，从-p→-ʔ。
铁、缺、质等字，从-t→-ʔ。
壁、石、职等字，从-k→-ʔ。

当然，还有一些-p、-k尾字仍然保存着，这就出现-p、-k与-ʔ并存的局面。在收-ʔ尾的一些词中，也有从单音词衍生出s音节的现象，例如：

taʔ⁴saʔ⁴　搭（4表声调，4为阴入，8为阳入）
kʻiʔ⁴siʔ⁴　缺（物体）
kuaʔ⁴suaʔ⁴　割（交割财物等）

tuaʔ⁴suaʔ⁴　叱喝
buaʔ⁴suaʔ⁴　抹杀
pʻiaʔ⁴siaʔ⁴　偏僻
auʔ⁸sauʔ⁸　物体变坏
hauʔ⁸sauʔ⁸　瓜果吃起来较硬，不松软
pauʔ⁸sauʔ⁸　事情发生了问题
lauʔ⁸sauʔ⁸　物体有所损伤而未毁坏
oiʔ⁸soiʔ⁴　地方狭小
huaʔ⁸suaʔ⁸　跨越
niouʔ⁴siouʔ⁴　小气的样子

上举这些词，都是口语中很常用的词，它们一般是单音词衍化而来，如：

狭oiʔ⁸→oiʔ⁸soiʔ⁴
缺kʻiʔ⁴→kʻiʔ⁴siʔ⁴

必须指出的是，这些叠韵联绵词的出现，只存在于收-ʔ韵尾的词（字）中，基本上不出现于收-k尾的词中，比如说，没有kʻiksik、kaksak这样的语音结构。收鼻音韵尾的词，则有个别的例子，如：

am⁸sam³　幽暗的样子
puaŋ³suaŋ³　拼凑、铺排

这种现象，可以说基本上是-ʔ尾字所特有的。-s一般只与-ʔ结合而不与-k或-p结合（-t尾在该方言消失，当然也就不与-t结合）。如果说，本来有-ks的韵尾的话，那么，在这个方言中，-s前面的-k已经变为-ʔ，-k再也不与-s并存了。潮州话的这种现象说明，-s可能是上古时期韵尾的遗留，同时也表明，-s前的-k、-p（还有-t）等之所以不出现，大概是因为-p、-t、-k等受到-s的影响而变为-ʔ了。

第三，结合前举古籍和方言存在这种带有s辅音的叠韵联绵词以及过去学者们所提供的种种证据来加以分析，能否说明上古汉语或原始汉语之中存在-s韵尾呢？去声字是否保有这个-s尾呢？它与-p、-t、-k尾的关系又是如何呢？

这些问题，大致上可以有下述的几种分析：

1）上古或原始汉语时期，有一部分字音带有-p、-t、-k韵尾，它们变为中古的入声韵。而另有一部分字音有-s韵尾，在后代失去-s而变读为一种与其他字音不同的声调，可以称之为去声。后世去声的出现，与这部分失去-s尾的字音密切相关。其变化公式是：-p、-t、-k→-p、-t、-k（中古入声字）；-s→-∅（中古去声字）。

2）上古时那些带有-p、-t、-k韵尾的字音，在中古时变为入声韵，而另一部分字收-ps、-ts、-ks韵尾，它们在后代变为去声。其变化公式是：-p、-t、-k→-p、

-t、-k（中古入声字）；-ps、-ts、-ks→∅（中古去声字）。

3）上古时那些带有-p、-t、-k韵尾的字音，不是单纯的-p等，而是带有-s，读为-ps、-ts、-ks。后代，它们中的-s消失了，存下-p、-t、-k，它们便成了中古时的入声韵。而另一部分字，它们也与上一部分字一样，都念为-ps等。只是到了后代，-ps、-ts、-ks的p等受-s的影响而丧失变为ʔ，念成-ʔs等，后来，s也消失，念为-ʔ，这个-ʔ再变为∅，并入阴声韵，这一部分字读成去声。其变化轨迹，可用下列的公式表示：

$$-ps、-ts、-ks \begin{cases} -p、-t、-k（中古入声字）\\ -ʔs→ʔ→∅（中古去声字）\end{cases}$$

4）上古时只有带-p、-t、-k韵尾的一类字，后来，其中的一部分字变为喉塞音，读成-ʔ，前者演化为中古时的入声韵字，后者失去-ʔ之后演化为去声字。其变化过程可以表述如下：

$$-p、-t、-k \begin{cases} -p、-t、-k（中古入声字）\\ -ʔ→∅（中古去声字）\end{cases}$$

如果我们把中古时的入声韵字（收-p、-t、-k用甲表示）与去声韵字（收元音韵尾用乙表示）分为相对的两类字音的话，那么在上古时代，这两类字音的韵尾，可以有两种情况：一是上举1）、2）两项所假设的，甲、乙两类字的韵尾都不相同，二是上举3）、4）两项所假设的，甲、乙两类字的韵尾原来相同，后来才分化开来，产生歧异。这两种情况或上述的4种分析，哪一种比较接近于历史的真实、哪一种较能合理地解释各种语音现象呢？我们认为，把甲、乙两类字拟为不同的收尾，难以解释去、入两类字的同源关系，比如说，"辖"字读为gat而"害"字读为gas或gats是不太说得过去的。而把"辖"类的字拟为纯粹的-t尾，又难以说明为什么会有带s的由原入声韵字衍变而来的叠韵联绵词，如"促速"ts'oksok之类，这个s是从哪里来的（当然，也可以说这完全是一种偶合现象，完全不理会这类语音结构的存在。不过，这总不是认真的态度）。由于甲、乙两类字在谐声偏旁上以至其他方面都显示了十分密切的关系，而且在上古韵文中又经常在一起押韵，比较合理的推测，应是它们有共同的收尾，不就是全作-p、-t、-k，不就是全作-ps、-ts、-ks。考虑到叠韵联绵词的存在及其他方面的证据，我们倾向于认为，把它们的上古韵尾都拟为-ps、-ts、-ks较为合适。也就是说，肯定了上古汉语有带-s尾的复韵尾存在的可能。带-s的主要是入声韵字。这样可以较好地解释各种各样的语音现象。比如说，第一，由于它们都收-ps等，韵尾一致，有共同的来源，所以在形声字中可以互作偏旁，形成同一个谐声系列，在韵文中可以一起押韵。第二，它们原来都收-ps尾等，后来（在《诗经》时代），s尾在一部分字中丢失，只存下-p、-t、-k，成了入声韵；在另外一些字中，s尾促使前面的-p、-t、-k等变为喉塞音-ʔ，念为-ʔs。-ps与-ʔs都可以衍生出叠韵联绵词而保留s音存在的痕迹。这个-ʔs中的s进一步消失，念为-ʔ，这就是上古时"次入韵"的读音。因此，"次入韵"的收尾，既可以是较早阶段的-ʔs，也可以是较晚阶段的-ʔ。而入声韵与次入韵的分野也有足够的理由可以解释。第三，-ps、-ts、-ks在某一个历史时期都变为-ʔs，这可以解释为什么某些原来收-p尾的字如纳、立、盍等之变为内、位、盖等，它们较收-ts尾的字从入声韵变为"次入韵"为早。也可以解释"拉飒"lapsap中的s音从何而来。一般的s也许可以解释为从t变来（发音部位相近），而p后的s则较难解释为从p变来。第四，也可以较顺当地解释为什么既可以有ts'oksok（"促速"）的结构，又可以有k'iʔsiʔ的结构。潮州话里之所以只有后者而没有前者，大概是因为-ks已变为-ʔs了，它的语音发展阶段，显然已较ts'oksok为后。ts'oksok是"入声韵"阶段的衍音形式，k'iʔsiʔ是"次入韵"阶段的衍音形式。-ks中s尾的丢失，使韵母成了入声韵，-ʔs中s尾的丢失，使韵母成了次入韵。如果连-ʔ也丢失了，便成了阴声韵的去声字了。

综上所述，我们认为，上古音中的入声韵尾-p、-t、-k之后，可能存在-s，它与-p等结合成复辅音韵尾。复辅音韵尾朝不同的方向发展（这种发展，也许与韵尾前面的主要元音的发音情况有关），可能分化为后代的入声韵和阴声韵。在声调上，表现为入声与去声的分别。在分化去、入声字方面，-s尾的存在确是发生了作用。但我们并不认为，上古时完全没有声调的区别。上古时存在相当于中古时的平声、上声和入声，这是可以断言的。-s尾的存在，只与去声字从入声字中分化出来有关，而不与整个汉语从没有声调的语言发展为有声调的语言的全局变化有关。这是我们的基本看法。

原载《中山大学学报（社会科学版）》1991年第4期

释新出战国楚简中的"湛"字

黄德宽

新出战国楚简中有一个未能确释的字,见于新蔡简、上博简和清华简等材料,其形如下:

A. ▨（上博八·兰赋2）　▨（新蔡·甲三414、412）　▨（清华一·楚居8）

B. ▨（清华二·系年85）　▨（清华二·系年130）　▨（天星观）

该字"A"形隶定作㴧,"B"形隶定作沑（下文一般用A、B代替）,两形为一字之繁简,学界似无异议。这个字由"水"（或从两"水"）与"禾"两个偏旁构成。对这个字的释读,学术界有"黍""渊""湫""沭""氾""染"等不同意见,其中以释"氾"影响最大,但迄今尚无定论[1]。我们认为,这个字是以会意方式构成的"湛"字,也就是"沈"（沉）的古字,其构形模式与甲骨文表示"埋沈"的"湛"字一致。

在甲骨卜辞中,"湛"作以下各形[2]：

▨合780　▨合32028　▨合16186　▨合14558正　▨屯2232

王襄认为这个字是古"沈"字,谓"象沈牛于水中之形",祭名。罗振玉也指出此字是"埋沈"之"沈"的本字,"沈"是借字。该字构造表明,甲骨文"沈"的对象有"牢""牛""羊"等牺牲和"玉"。诸家释"沈",皆引《周礼》为证。《周礼·春官·大宗伯》："以埋沈祭山林川泽。"郑玄注："祭山林曰埋,川泽曰沈。"卜辞"沈"为用牲致祭之法,一般用于祭"河"以求"禾"。陈梦家早已指出："河为水神,而农事收获首赖雨水与土地,故河又为求雨求年之对象。"姚孝遂、肖丁认为："以'沈'为用牲之法,似乎是对于'河'的一种特殊待遇。于'河'之外,是极少以'沈'致祭的。"[3]甲骨卜辞沉祭求禾于河的记录,证明《周礼》所记有据。对甲骨文"沈"字的考释,现在已成定论。不过李孝定则认为,依据《说文解字》

---

[1] 李松儒：《清华简〈系年〉集释》,上海：中西书局,2015年,第230-233页。
[2] 刘钊主编：《新甲骨文编》（增订本）,福州：福建人民出版社,2014年,第630-631页。
[3] 陈梦家说见姚孝遂、肖丁《小屯南地甲骨考释》,北京：中华书局,1985年,第16页。

（以下简称《说文》），"此字即以意定之，亦当作'湛'，不作'沈'也"①。《说文》："湛，没也。从水甚声。一曰湛水，豫章〈州〉浸。"段玉裁注："古书浮沈字多作湛。湛、沈古今字，沉又沈之俗也。"②段注对字际关系的梳理是符合实际的。"湛""沈"都见于西周金文③，传世战国秦汉文献中"沈"多用为"湛"④。李孝定认为甲骨文字表"埋沈"义的这个字当释作"湛"，显然更符合该字发展演变和使用的历史实际。只是根据后世用字习惯，文献一般将这个字写作"沈"，现代简化字则作"沉"。

甲骨文"湛"的构形，对分析楚简"A"形是一个重要的参考。典籍记载的沉祭都是川泽之祭，沉祭的祭品有牛、马、豕、羊、璧、玉等。如《左传·昭公二十四年》："冬十月癸酉，王子朝用成周之宝珪沈于河。"杜注："祷河求福。"⑤《汉书·五行志》引作："王子朝以成周之宝圭湛于河，几以获神助。"颜师古注："以祭河也。《尔雅》曰：'祭川曰浮沈。'湛读曰沈。"⑥《左传·襄公十八年》："晋侯伐齐，将济河，献子以朱丝系玉二瑴，而祷曰：'齐环怙恃其险，负其众庶，弃好背盟，陵虐神主。曾臣彪将率诸侯以讨焉，其官臣偃实先后之。苟捷有功，无作神羞，官臣偃无敢复济。唯尔有神裁之。'沈玉而济。"⑦《诅楚文》谓秦穆公与楚成王结盟，"亲印（仰）大沈厥湫而质焉"，我们怀疑，"大沈厥湫"可能指在湫渊举行隆重的沉祭，"质"当指沉祭以为盟信。《国语·晋语四》"沈璧以质"，韦注："因沈璧以自誓为信。"《左传·哀公二十年》"先主与吴王有质"，杜注："质，盟信也。"⑧汉武帝元封二年（前109）亲临填塞黄河瓠子决口，并举行沉祭。《史记·河渠书》载："天子既封禅巡祭山川，其明年，旱，干封少雨。天子乃使汲仁、郭昌发卒数万人塞瓠子决。于是天子已用事万里沙，则还自临决河，沈白马玉璧于河，令群臣从官自将军已下皆负薪寘决河。"⑨在这次规模浩大的塞填决河的行动中，武帝"沈白马玉璧于河"，举行了沉祠。《史记·封禅书》也有记载："（天子）还至瓠子，自临塞决河，留二日，沈祠而去。"⑩《汉书·沟洫志》同样记载了此事："于是上以用事万里沙，则还自临决河，湛白马玉璧。"颜师古注："湛读曰沈。沈马及璧以礼水神也。"⑪在《史

---

① 以上引述甲骨文"沈"的考释意见，请参看于省吾主编，姚孝遂按语：《甲骨文字诂林》，北京：中华书局，1996年，第1526—1529页。
② 段玉裁：《说文解字注》，上海：上海古籍出版社，1981年，第556页。
③ 见容庚编著：《金文编》卷11，北京：中华书局，1985年，第736、737页。
④ 文献用字中"湛"与"沈"异文例甚多，参看《古字通假会典》"侵部第七"，济南：齐鲁书社，1989年，第237页。
⑤ "沈"字系据金泽文库本、《史记·周本纪》正义引《左传》而校补，见杨伯峻编著：《春秋左传注》，北京：中华书局，1981年，第1452页。
⑥ 班固：《汉书》，北京：中华书局，1962年，第1399页。
⑦ 杨伯峻：《春秋左传注》，第1036—1037页。
⑧ 《诅楚文》之真伪历来存在争议，现在看来《告厥湫文》确系真品，这个问题比较复杂，拟另行讨论。
⑨ 司马迁：《史记》，北京：中华书局，1959年，第1412—1413页。
⑩ 司马迁：《史记》，第1399页。
⑪ 班固：《汉书》，第1862页。

记·河渠书》武帝"悼功之不成"而作歌辞中,有"搴长茭兮沈美玉",《汉书·沟洫志》则作"搴长茭兮湛美玉"。《史记》用"沈",《汉书》作"湛",颜注则以为"湛"读曰"沈"。

根据以上文献资料,我们认为,楚简中"A"字的构形应该与沉祭文化背景相关。这个字大概就是楚文字中表示"埋沈"之"湛"的专用字,其构形模式与甲骨文相似。"A"形从"禾"从"灬",与甲骨文"湛"的构形相比,只是"禾"与"牛""羊"或"玉"的差异。从甲骨卜辞看,沉祭多与求禾祈年有关。农耕时代,粮食生产与气候状态密切相关,旱涝都会影响收成,因此,古人以沉祭礼敬河神,目的是祈求神灵保佑风调雨顺,谷登年丰。分析甲骨文该字的构形,对我们理解楚简"A"字的构形是富有启发意义的。楚简该字之所以从"禾"而不是从牺牲或玉璧,可能只是为了突出沉祭的本来功能。实际上,沉祭的功能是随着时代发展而逐步泛化的,大体上经历了由早期向河川神灵祈求丰年,进而向祈求一般福佑的发展,如上举《左传》《史记》《汉书》所记沉祭之事。

从构形分析来看,虽然释"A"("B")为"湛"较为合理,但这一分析还需要更加有力的证据来支撑,而且需要以该字的相关用例来验证。新发现的安徽大学藏战国楚简《诗经》为释"湛(沈)"提供了可靠的证据。《诗·鄘风·柏舟》"髧彼两髦"之"髦",《齐诗》《韩诗》皆作"統"(《说文》"髳"下引诗也如此),《释文》本又作"侃",楚简《柏舟》诗此字异文两章皆作"A"。"髦""統""侃"等"尤"声字属端纽或定纽侵部,"湛"也为定纽侵部字。此简"A"字作为"髦"的异文,从语音方面为释"A"为"湛"提供了一个确定无疑的证据①。

验之新出楚简材料有关这个字的用例,释"湛"亦无明显窒碍。下面我们讨论几个代表性用例。上博简八《兰赋》第2号简载"汗亓不雨可A而不沽",这一句中的"A"当释"湛"。"湛"本指沉物于水中,很自然可以引申出表示"水""潮湿""润泽"等义,如孙诒让《墨子间诂·杂守》:"令民家有三年畜(蓄)蔬食,以备湛旱岁不为",孙氏引王念孙《读书杂志·墨子第六》:"湛旱,水旱也。《论衡·明雩篇》:'久雨为湛。'言令民多畜(蓄)蔬食,以备水旱岁不为也。"②《诗·小雅·湛露》:"湛湛露斯,匪阳不晞。"《毛传》"湛湛,露茂盛皃",所谓"露茂盛皃",即露水浓重的样子,故下句接"匪阳不晞"。《毛传》:"晞,干也。"这里用的是"湛"的引申义"潮湿"。《管子·地员》:"五粟之土,干而不挌,湛而不泽,无高下葆泽以处,是谓粟土。"注:"言常润也。"③银雀山汉简《守·九》:"美霑(沈)泽蒲苇九五五……□□石,百而[当一]。"简文"霑(沈)泽"即"湛泽",指潮湿之沼泽地,故多生蒲苇。与"沈(湛)泽"相对的是"涸泽"。《管子·乘马》

---

① 关于楚简《诗经》的基本情况,参看笔者在中国古文字研究会第21届年会(2016年10月21—24日,北京)所作的大会报告《安徽大学藏战国楚简〈诗经〉概说》;楚简《诗经》的整理工作已经完成,近期将公开出版。

② 见《墨子间诂》卷15,《诸子集成》第四册,北京:中华书局,1954年,第371-372页;《论衡·明雩篇》之"久雨为湛","湛"或读"淫"。

③ 戴望:《管子校正·地员》,《诸子集成》第五册,第313页。

"地均"："地之不可食者，山之无木者，百而当一。涸泽，百而当一。"整理者认为，《守法守令》此篇"从内容看当属见于标题木牍之《田法》篇"①。此节内容是据"地之美恶为均之数"，因此，"霓（沈）泽"与《管子》"涸泽"一样，是对土地状况的描述，此简"霓（沈）"与《地员》"湛"的用法也一致。上博简《兰赋》"湛"字当指"潮湿"或"湿润"之义。这句诗似应如此读："汗（旱）亓（其）不雨可（兮），淋（湛）而不沽（涸）。"②"湛"与"涸"相对为文，指天虽干旱不雨，却湿润而不干涸。此处"湛"字与《地员》《守·九》表"湿润"义相同。兰草性喜幽深湿润之谷，即该诗所谓"凥（处）宅幽彔（麓）"，因此，天虽干旱不雨，其所生之地则能保持湿润而不至于干涸。兰草处身于幽谷，能"不失厥芳"，体现了其美好的品性，这正是《兰赋》的寓意所在。根据以上分析，将《兰赋》"A"字释"湛"是很恰当的。

江陵天星观一号墓卜筮简："罍祷B京渼豢西飤"，"B"或据《玉篇》释洣，以为是水名③。我们认为，此简"B"可以释"湛"，指沉祭。京渼是沉祭之水，豢、酒、飤是所荐祭品。这里的沉祭主要是祭祷以求福佑，与上举《左传》《汉书》沉祭"祷河求福""几以获神助"相类似。

清华简《系年》第85号简："楚龙（共）王立七年，命（令）尹子褆（重）伐奠（郑），为B之自（师）。"整理者将简文与《左传·成公七年》"秋，楚子重伐郑，师于氾"对读，将"B"对应读为"氾"。刘刚则将"B"字释为"染"，读作"湛"，指出"湛"即湛水。《左传·襄公十六年》："楚公子格帅师，及晋师战于湛阪。""湛阪"，《水经注》卷21"汝水"，谓"盖即湛水以名阪"。刘刚认为湛水"是楚君在氾攻郑的必经之地"，故此字可读"湛"④。我们认为，清华简《系年》第85号简"B"字可直接释为"湛"，"南氾"与"湛"相近，《左传》记"师于氾"，与《系年》"为湛之师"，可能是同一事件由于史官记载的不同而造成的差异。刘刚释"B"字为"染"，字形解释较为合理，且已将"B"读作"湛"，只是释字未达一间。

《系年》第130号简记载楚郎庄平君率师侵郑，有"楚人涉B"一语。整理者指出"B"可能就是新郑东北的氾水⑤。从郑师逃入于蔑与其后战事的发展来判断⑥，楚人此次北上侵郑可能还未深入北氾地区，双方交兵之地或许就在襄城的湛、氾一带。如果我们释"B"为"湛"成立，那么第130号简楚人所涉之"B"很可能也是湛水。

---

① 银雀山汉墓竹简整理小组编：《银雀山汉墓竹简（壹）》，北京：文物出版社，1985年，第146页。
② 释文参考马承源主编：《上海博物馆藏战国楚竹书》（八），上海：上海古籍出版社，2011年，第254-255页；李松儒：《清华简〈系年〉集释》，第230-233页。
③ 见滕壬生：《楚系简帛文字编》（增订本），武汉：湖北教育出版社，2008年，第950页。
④ 《清华大学藏战国竹简（贰）》下，上海：中西书局，2011年，第174-175页；李松儒：《清华简〈系年〉集释》，第230-233页。
⑤ 《清华大学藏战国竹简（贰）》下，第199页。
⑥ 关于"蔑"或以为指"邲"，或以为指"密"。见李松儒：《清华简〈系年〉集释》，第325-326页。

当然，在释"B"为"湛"的前提下，还有一种可能也不能绝对排除，那就是清华简《系年》中的"B"（湛）读作"氾"。无论如何，将《系年》"B"释作"湛"也是成立的。

在新出楚简文字材料中，"湛"还用作楚都邑名，即"淋郢"。根据清华简《楚居》记载，楚文王自疆涅徙居淋郢，其后又徙居樊郢、为郢、免郢（福丘）。堵敖自福丘徙袭郢郢。成王又自郢郢徙袭淋郢，最后又徙居睽郢。献惠王时白公起祸，徙袭淋郢。王太子（柬大王）以邦复于淋郢，其后又徙居疆郢。《楚居》所记，楚文王（前689—前676）徙淋郢，其后徙居他郢，成王（前671—前625）又徙袭淋郢，到楚献惠王（前488—前431）晚年，王太子（柬大王）又"以邦复于淋郢"，表明这座都邑延续时间较长。值得注意的是，根据《史记·楚世家》载："（楚文王）十一年，齐桓公始霸，楚亦始大。"楚国逐渐强大，陵江汉间小国，遂向北扩张。《系年》第29—30号简载："文王以北启，出方成（城）。"楚文王徙居淋郢很可能与这一历史背景有关。楚成王初即位，周天子赐胙，楚地千里。成王18年北伐许，22年伐黄，26年灭英，33年执辱宋公，34年郑朝楚、楚北伐宋，39年伐齐、灭夔，其势不可挡。直到46年，与晋战于城濮，始尝败绩。楚成王自郢郢徙袭淋郢，可能也是楚向北拓展之时。从楚国历史发展的走势看，我们认为，楚文王、成王徙居淋郢，大概与经略中原的战略相关。这启发我们，淋郢的地望很可能在汉水以北地区。我们将"淋"释为"湛"，则为进一步探讨其地望提供了语言学线索。《左传·哀公六年》："江、汉、雎、漳，楚之望也。"自武王都郢（疆涅），春秋战国时期，江、汉、雎、漳流域，是楚的核心区所在①。如果将淋郢直接联系到湛水流域，目前似乎还难以有令人信服的证据。对淋郢地望的确定，将是一个有待破解的难题②。尽管如此，楚简淋郢也不构成释"湛"的反证。

综上所述，我们的意见是，楚简中"湛"字的构形，与甲骨文表示沉祭的专用字构形模式一脉相承，从"禾"乃沿袭了沉祭于河以求丰年的传统。甲骨文和楚文字中表示沉祭的专用字，后来为"湛"字所替代。至于"湛"是甲骨文沉祭专用字的后起形声字抑或假借字，尚待研究。"湛"由沉祭义引申表示"沉没"义，进而又引申出"潮湿""润泽""沉湎""浸渐"等义。秦汉之后，"沈"多借作"湛"，于是文献用字中形成了"湛""沈"异文的现象，二字字义系统也变得相互交织。"沉"则是"沈"的俗体字，《说文》"沈"字下："臣铉等曰：今俗别作沉，冗不成字，非是。"③基于以上构形分析和用字考察，我们认为，将楚简中的"A"和"B"释作"湛"及其省

---

① 尹弘兵：《楚国都城与核心区探索》，武汉：湖北人民出版社，2009年，第116页。

② 据《左传·桓公八年》载："夏，楚子合诸侯于沈鹿。黄、随不会。使薳章让黄。楚子伐随，军于汉、淮之间。""秋，随及楚平……乃盟而去。"《史记·楚世家》："三十七年……乃自立，为武王，与随人盟而去。于是始开濮地而有之。"楚武王三十七年（前704），夏，于沈鹿会盟。秋，伐随并与随结盟。同年，自立为王，始开濮地而有之。可见，沈鹿会盟并寻机伐随，是楚日益强大的标志性事件。沈鹿作为会盟之地，当是楚武王时期的重要城邑。从文字学上看，"沈"可读"湛"。文王即位，楚势力更加强大，会不会因武王曾会盟沈鹿之故而于此地新建湛（沈）郢呢？这只是一个尚无证据的猜想而已。

③ 许慎：《说文解字》，北京：中华书局，2013年，第233页。

体，应该是可以成立的。

【补记】沈培先生来信指出：《墨子》"湛旱"之"湛"即"淫"，似不必看作"沈（湛）"的引申。又上博简《兰赋》也当读为"旱其不雨兮，湛（淫）而不涸"，两分句指干旱而不雨、多雨而又不干这两种情况，其中"旱"与"湛"相对，犹如《墨子》"湛旱"相对。此外，哀成叔鼎有个从水从禾从皿的字，此字后面是"蒦"字，刘刚读为"染污"，当读为"沈污"。"污""洿"一字，《战国策·楚策四》："今仆之不肖，阨于州部，堀穴穷巷，沈洿鄙俗之日久矣。"可见古人确实可以说"沈污"。

原载《中山大学学报（社会科学版）》2018年第1期

第二辑

中国古代文学研究

论刘勰的文学主张

——文心雕龙研究之一

黄海章

一、引论

欲知道文心雕龙的价值,先要看一看刘勰以前关于文学批评的主张。

在六艺和先秦诸子中,未尝没有关于文学批评的说话,然而东鳞西爪,不能算是真正的文学批评,到了汉代,扬雄作法言,对辞赋方面,稍有所论列。如说:

> 诗人之赋丽以则,辞人之赋丽以淫。
> 或问君子尚辞乎?曰:君子事之为尚。事胜辞则伉,辞胜事则赋,事辞称则经……

等等。大都尚道德,贱虚辞。一本于儒家的见地。但并没有批评文学的专篇,不过零碎的表露他的意见而已。王充在所著论衡中,反对辞赋浮靡的作风,主张文学要能够明辨是非,剖析真伪。如定贤篇说:

> 以敏于赋颂为宏丽之文为贤乎?则夫司马长卿扬子云是也。文丽而务巨,言眇而趋深,然而不能处定是非,辨然否之实。

便可以明白他的意向。他要作者"论发胸臆,文成手中"。意奋而笔纵,文见而实露,不要蹈袭古人,尤可以表现其创造性。然而论衡全书的主旨是在:"铨轻重之言,立真伪之平。"扬荡汉人五行阴阳灾异的谬说,而建立他自己哲学的体系,并非专意于文学批评。其纯就文学方面来作批评的,可说自曹丕的典论论文始。自此以后,有陆机的文赋,挚虞的文章流别论,李充的翰林论。他们对于文学的个性,情感,想像,体裁,风格,及形式与内容的关系等,都有所提出,但也还不过是简略的批评。如曹丕典论论文说:

> 文以气为主,气之清浊有体,不可力强而致。譬诸音乐,曲度虽均,节奏同检,至于引气不齐,巧拙有素,虽在父兄,不能以移子弟。

"气"是指作者的才性而言。他以为人的气质有刚柔，天资有高下，这些都是生成的，不可以人力变更。由于作者才性的不同，所以作为文章，也各有不同的风格，虽在同一时代中，也可以各异其面貌。但才性是否为天生成的？文学的产生是否有其更重要的社会背景，而非仅关于作者的才性？风格的构成，是否和时代有关？这些问题，还有待后人的解决。

典论论文又说：

> 盖奏议宜雅，书论宜理，铭诔尚实，诗赋欲丽。

这是说文章的体裁有各种不同，各有其不同的功用。亦即是说，文章的形式和它所表现的内容有关。如说理的文章，要条理明析，表情的诗歌，要加上声音词藻之美。如果所选择的体裁，不能和它的内容相称，形式便要限制内容的发展。但是内容决定形式呢？还是形式决定内容呢？这些问题，在典论论文中，还找不到答案。

典论论文又说：

> 盖文章经国之大业，不朽之盛事，年寿有时而尽，荣乐止乎其身。二者必至之常期，未若文章之无穷。是以古之作者，寄身于翰墨，见意于篇籍。不假良史之辞，不托飞驰之势，而声名自传于后。

这是认到文学本身，有其伟大的价值，有其无穷的生命，不必附丽事功，而自能传诸不朽。但怎样的文章才有伟大的价值？有无穷的生命？还是说得很模糊。

到了陆机的文赋，比曹丕是发展了一步。

文赋说：

> 遵四时以叹逝；瞻万物而思纷。悲落叶于劲秋；喜柔条于芳春。心懔懔以怀霜；志渺渺而临云……慨投篇而命笔；乃宣之乎斯文。

这是说人们受了客观自然界的种种刺激，才发生了喜怒哀乐诸种感情。感情是不能离开客观事物而独立存在的，这一点典论论文中并没有把他提出来，陆机是把他提出来了，但还说得不够充分。

文赋又说：

> 理扶质以立干；文垂条而结繁。
> 辞程才以效伎；意司契而为匠。
> 或遗理而存异，徒寻虚而逐微；言寡情而鲜爱，辞浮漂而不归。
> 其会意也尚巧；其遣言也贵妍。暨音声之迭代；若五色之相宣。

这是说文章要以"理""意""情"来做他的内容，再加上声音词藻之美，才能算是一篇好的作品。

他认到光是有美丽的形式，不能成为好的文章。但形式是否为内容所决定？他还没有提到。

文赋又说：

虽抒轴于予怀，怵他人之我先。苟伤廉而愆义，亦虽爱而必捐。
谢朝华于已披；启夕秀于未振。

这是说文学贵有创造性，不可蹈袭前人。但是不是要继承前人的优良传统呢？还是作者可以凭空创造呢？这也是还要解决的问题。

关于体裁方面，陆机把它分为十类，而且区别它不同的功用。

文赋说：

诗缘情而绮靡；赋体物而浏亮。碑披文以相质；诔缠绵而悽怆。铭博约而湿润；箴顿挫而清壮。颂优游以彬蔚；论精微而朗畅。奏平彻而闲雅；说炜烨而谲诳。

他比曹丕分析得较为精细了，但这十分法，是不是可以包举文学的体裁？

挚虞继曹丕陆机而兴，一方面纂集古今文章，类聚区分，以定其体制；一方面于定其体制之外，兼论其得失。他的文章流别，系总集的性质。

隋志说：

总集者，以建安之后，辞赋转繁，众家之集，日以滋广。晋代挚虞，苦览者之劳倦，于是采摘孔翠，芟剪繁芜，自诗赋下，各为条贯，合而编之，谓为流别。

由单篇的文章，进为总集，而且网罗各家，评其得失，较曹丕陆机又更为发展了一步。但全书已失传，据残存的数则，略可窥见他的用意。

他本儒家的见解，以说明文章的含义及其功用。

他说：

文章者，所以宣上下之象，明人伦之叙，穷理尽性，以究万物之宜者也。
王泽流而诗作，成功臻而颂兴，德勋立而铭著，嘉美众而诔集，说史陈辞，官箴王阙。（全晋文七十七）

文章与伦理政治是相切合的，他的见解，和曹丕陆机都有所不同。

他评论古今赋之不同及其优劣，虽仍本儒家的见地，但颇能着重内容方面，来做批评的标准，他说：

> 古诗之赋，以情义为主，以事类为佐。今之赋以事形为本，以义正为助。情义为主，则言省而文有例矣。事形为本，则言富而辞无常矣，文之繁省，辞之险易，盖由于此。夫假象过大，则与类相远。逸辞过壮，则与事相违。辩言过理，则与义相失。丽靡过美，则与情相悖。此四过者，所以背大体而害政教，是以司马迁割相如之浮说，扬雄疾词人之赋丽以淫也。（全晋文七十七）

"以情义为主"，是于描写客观的事物当中，显示作者主观的感情与寓意，"以事形为本"，是只着重客观事物之描写，便不免于铺张扬厉，泛滥无归。他运用这个标准来批评古今赋的优劣，是合理的。

可是全书残缺，一鳞一爪，不足以窥全貌，也不能满足我们的需求。

东晋时有李充的翰林论，全书亦复残缺。严可均全晋文五十三，曾辑录数条：

> 容象图而赞立，宜使辞简而义正。（初学记二十一御览九八五）
> 表宜以远大为本，不以华藻为先。（御览五九四）
> 研核名理，而论难生焉。论贵于允理，不求支离。（御览九九五）

这说明文章的各种体制，各有其不同的功用。和曹丕的"奏议宜雅，书论宜理，铭诔尚实，诗赋欲丽"的看法相类似。其他的主张怎样？现在无从臆测。

这是文心雕龙未出现以前，关于文学批评的大概情形。

等到刘勰出来，他对各家的批评，都有所不满。他的文心雕龙一书，一方面总结前人的理论，一方面提出自己的主张，在中国文学批评史上，是一种非常重要的著作。

文心雕龙序志篇说：

> 详观近代之论文者多矣。至如魏文述典（指典论论文），陈思序书（指与杨德祖书），应玚文论（指文质论），陆机文赋，仲洽（挚虞字）流别（指文章流别），弘范（李充字）翰林（指翰林论），各照隔隙，鲜观衢路。或臧否当世之才；或铨品前修之文。或汎举雅俗之旨；或撮题篇章之意。魏典密而不周；陈书辩而无当。应论华而疏略；陆赋巧而碎乱。流别精而少功；翰林浅而寡要。……并未能振叶以寻根；观澜而索源。不述先哲之诰；无益后生之虑。

"各照隅隙，鲜观衢路"是指他们止从片面观察，不能通观全貌，来下一个正确的批评。

序志篇又说：

> 夫铨序一文为易，弥论群言为难。……及其品列成文，有同乎旧谈者，非雷同也，势自不可异也。有异乎前论者，非苟异也，理自不可同也。同之与异，不屑古今。擘肌分理，惟务折衷。

"擘肌分理"，是把诸家作品加以精细的分析。"惟务折衷"，是经过分析批判后，得出一种他所认为比较正确的结论来。但这种工作，是他以前的人所没有尝试过的。他却披荆斩棘，开辟了一种新的园地，虽然还有许多使我们不能满意的地方，然而这种工作是难能可贵的。

二、刘勰的身世

南史刘勰本传说：

> 刘勰，字彦和，东莞莒人也。父尚，越骑校尉。勰早孤，笃志好学。家贫不婚娶，依沙门僧祐居，遂博通经论，因区别部类，录而序之。定林寺经藏，勰所定也。梁天监中，兼东官通事会人。……被昭明太子爱接。初勰撰文心雕龙五十篇，论古今义体。其序略云：予齿在逾立，尝夜梦执丹漆之礼器，随仲尼而南行。寤而喜曰：大哉圣人之难见也，乃小子之垂梦与。自生灵以来，未有如夫子者也。敷赞圣旨，莫若注经，而马郑诸儒，弘之已精，就有深解，未足名家；惟文章之用，实经典枝条。五礼资之以成，六典因之致用。于是搦笔和墨，乃始论文。其为文用，四十九篇而已。既成，未为时流所称。勰欲取定于沈约，无由自达，乃负书候约于车前，状若货鬻者。约取读，大重之，谓深得文理，尝陈诸几案。勰为文长于佛理，都下寺塔及名僧碑志，必请勰制文敕，与慧震沙门于定林寺撰经功毕，遂求出家。先燔须发自誓，敕许之，乃变服改名慧地云。

根据上面简单的记述，知道他平生主要事业，乃在于序录经藏，阐扬佛法。文心雕龙，系他早年所作，虽曾锐意经营，但后来他却由一个文学家而变为和尚了，并不曾把这部书当为最重要的作品。可是他能够在历史上放射出一种光芒，却不在于叙录经藏，而是在于文心雕龙一书，能阐发文学原理，建立文学批评的标准，分析文章各种体裁的功用，和探究文学创作的方法，这是齐梁以前所不曾有过的一部有系统的文学批评的著作，在整部中国文学批评史上，也有其伟大的贡献。

三、南朝文学的趋势及文心雕龙创作的主要动机

南朝为文学上形式主义发展的时期，由于当时的作家，多出身于贵族或官僚。门阀制度，造成他们特殊的政治经济地位，因而生活非常奢侈。如谢灵运借祖父之资，车服鲜妍，器物珍异。而游览山水，也是凿山浚湖，穿池植援。出入群从，结队惊众。豪华远达朝廷，邻郡疑为山贼。又如颜之推家训说：

> 梁世士大夫，皆尚褒衣博带，大冠高履。出则车舆，入则扶侍。郊郭之内，无乘马者。……江南朝士因晋中兴而渡江，……至今八九世，未有力田，悉资俸禄而食耳！假令有者，皆命僮仆为之，未尝目观起一撮土耘一株苗；不知几日当下？几日当收？安识世间余务乎？故治官则不了，营家则不办，皆优闲之过也。

他们生活在特殊的小天地当中，毫不了解触会人生有若何痛苦的事象，所以作为文章，往往内容空虚，只从形式方面来争胜。

文心雕龙明诗篇说：

> 宋初文咏，体有因革。……俪采百字之偶；争价一句之奇。情必极貌以写物；辞必穷力而追新。此近世之所竞也。

物色篇说：

> 自近代以来，文贵形似。窥情风景之上；钻研草木之中。

钟嵘诗品序说：

> 大明（宋武帝年号）泰始（宋明帝年号）中，文章殆同书钞，近任昉王元长等，辞不贵奇，竞须新事。遂乃句无虚语，语无虚字。拘挛补衲，蠹文已甚！

南史·肩吾传说：

> 齐永明（齐武帝年号）中，王融，谢朓，沈约文章，始用四声，以为新变。至是转拘声韵，弥为丽靡。

可见南朝的文坛趋向是：①雕琢词句，②精研声律，③堆砌典故。

由于作者缺乏真实的思想感情，所以要讲究辞藻声律，要多用典故以掩盖内容的空虚，最后且发展到专门描写男女色情的宫体诗，这些诗都是贫血的，病态的，是专制帝王和士大夫生活堕落的表现。

这些腐化堕落的大地主大官僚阶级，是必然趋于没落的。他们淫靡腐烂的作品，是极端缺乏人民性的。在文学发展的趋势看来，这是一种逆流，社会上正在酝酿着一种新的文学潮流来代替它，敏感的人，是会见到的。刘勰虽出身于官僚地主的家庭，但是他早年死去了父亲，家道很贫穷，孑然一身，还不能不走到佛寺中，依僧祐来过活，在统治阶级内部来说，他是一个被压迫者，对那些拥有特殊的政治经济地位而生活腐化堕落的官僚们，当然是憎恶的。他在少年时代，思想上颇受儒家的影响，有崇尚实际的倾向，对那些贵族官僚们把文学来当做消遣品，纯粹趋向形式主义的作风，也当然是反抗的。文心雕龙序志篇说：

> 去圣久远，文体解散。词人爱奇，言贵浮诡。饰羽尚画，文绣鞶帨。离本弥甚，将遂讹滥。……于是搦笔和墨，乃始论文。

他所谓"本"，是指儒家的经典而言。（序志篇说：详其本源，莫非经典。）儒家的经典，在今天看来，诚然含有许多封建毒素，但从那些著作中，有关于文学的批评，都是贬斥浮辞，崇尚实际。如易系辞说："其旨远，其辞文。"如周书说："辞尚体要，弗惟好异。"有文无旨，或好为浮滥诡异之辞，都是儒家所排斥的。刘勰在当时把它提出来，是在矫正"饰羽尚画，文绣鞶帨"的一种形式主义的颓风，使文学重回到现实主义路上，他是统治阶级中一个头脑清醒者，他制作文心雕龙，正是反抗当时南朝文学趋势一种有力的表示。他的主张，是与正在酝酿着的新文学潮流相适应的，所以也是具有进步性的。

有人以为文心雕龙出世以后，在文士方面来说，并没有什么影响，而且还一步一步的发展到极度淫靡腐烂的宫体。在社会方面，也没有起过什么作用，所以这部书是无足重轻的，是没有什么进步性的。我们以为这种看法，是错误的。一种正在兴起的新的文学潮流，当旧势力还在高涨而未达到崩溃的时候，在当时所起的影响，是很难看出来的。但它还是暗长潜滋，一步向前发展一步，因为它是和客观形势相适应的，所以是不可阻挠的。我们试看：比文心雕龙出世稍后的钟嵘诗品极力反对用典，反对声病，以为："观古今胜语，多非补假，皆由直寻"；以为："文制本须讽诵，但令清浊流通，口吻调利，斯为足矣。"他认到文章是从真性情发抒出来，凡讲求典故声病的，都是要不得的。这种主张，和刘勰是一贯的，不过批评的范围有广狭的不同吧了！由萧梁奔到北齐的颜之推也说："今世相承，趋末弃本；率多浮艳。辞与理竞，辞胜而理伏；事与文争；事繁而才损。放逸者流荡而忘归；穿凿者补缀而不足。"也是对于崇尚浮艳的形式主义者一种严厉的批判。这种主张，也是和刘勰一贯的，不过时代略有先后的不同吧了。于此可见新兴的文学潮流，正在暗长潜滋。直至隋代，李谔也曾指斥齐梁文士："竞一韵之奇，争一字之巧。连篇累牍，无非月露之形；积案盈箱，惟是风云之状。文章日繁，其政日乱。"这也和刘勰遥相呼应。再至初唐陈子昂，以为："仆尝暇时观齐梁间诗，采丽竞繁，而兴寄都绝。每以永叹，窃思古人。尝恐逶迤颓废，风雅不作，以耿耿也。"新兴的文学潮流，到这个时候既经酝酿成熟了，于是爆发出唐代诗坛的革新运动，而刘勰的文心雕龙，却远远为唐代诗坛革新运动打下了理论上的基础，你难道说它对于社会上并没有起过什么作用么？

说到南朝反抗形式主义的新兴潮流，不惟见之于文学方面，而且见之于艺术方面。如南齐谢赫，著古画品录，为吾国论画的重要著作。以为画有六法："六法者何？一气韵生动是也；二骨法用笔是也；三应物象形是也；四随类赋彩是也；五经营位置是也；六传移摹写是也。"六法诚然是不可以分割的，然以气韵生动为最上，传移摹写为最下。所谓传移摹写，是拘于事物的形式；所谓气韵生动，是把人物的精神性格，山川云物的动态，逼真的表现出来，不拘于细节的描写，这是最典型最集中的表现。他列张墨，荀勗等为第一品，以为："风范气候；极妙参神。但取精灵，遗其骨法。若拘以体物，则未见精粹。……"以丁光等为第六品，以为："非不精谨，乏于生气。"这都是反对形式主义的表现。（虽然他自己的作品未能符合他的理论）"梁张僧繇于金陵乐安寺画四白龙，不点眼睛，每云点睛即飞去，人以为妄诞，固请点之，须臾，雷电破壁，两龙乘云腾去上天，二龙未点眼者现在。"（见张彦远历代名画记卷七）这种神话，是可以理解的，即说明眼睛为龙的全身最生动最传神的部分，龙的死活，全在这一点。正如顾恺之画人物，不点眼睛，谓"四体研蚩，本无关于妙处，传神写照，正在阿堵之中"（阿堵犹言这个，是指人的眼睛而言）。这些遗貌取神的理论，看去似很玄妙，其实是最典型最突出的描写，是反形式主义的积极表现。

在学术方面来说，南朝继承晋人清谈的风气，竞尚玄虚。如宋书何尚之传说：

> 尚之为丹阳尹，立宅南郊外，置玄学，聚生徒。东海徐秀，庐江，何昙，黄回，颍川荀子华，太原孙宗昌，王延秀，鲁郡孔惠宣，并慕道来游，谓之南学。

颜之推家训勉学篇说：

> ……何晏王弼，祖述玄宗，递相夸尚，景附草靡。皆以黄农之化，存乎己身，周孔之业，弃之度外。……洎乎梁氏，兹风复阐。庄老周易，总谓三玄。武皇简文，躬自讲论。周宏正奉赞大猷，化行都邑，学徒千余，实为美盛。元帝在荆江间，复所爱习。召置学生，亲为教授。废寝忘食，以夜继朝。至乃倦剧愁愤，辄以讲自释。

可知南朝由帝王以至士大夫，都以清谈老庄周易为务。但在这种氛围气中，也还有祖冲之一流的伟大科学家出现。冲之生于刘裕建立王朝后的第十年——公元429年。他的曾祖父，曾做过东晋王朝的大官。祖父和父亲，也都在刘宋王朝做过官。然而他却反对浮虚的作风，从事科学的研究，利用浑天仪等天文仪器，找出日月星辰运行的规律，用来校正何承天的元嘉历，重新制订一个新历法。又利用机械的原理，制造了指南车，和不靠风力，水力，更不需要人力能够自己开动的车子。又还制造了一条千里船，里面装着机器，在长江行驶，一天可以走一百多里。而最伟大的贡献，则在于圆周率的研究。证明圆周率应该在3.1415926与3.1415927之间。至今苏联莫斯科大学大礼堂的走廊上，还镶嵌着他的遗像，为我们祖国科学界放射出无限的光芒。他的儿子祖暅之，也是一个数学家，曾发明计算圆球体积的公式。这个公式，就是圆球的体积$=\frac{1}{6}\pi D^3$（D代表直径），他的孙子祖皓也懂得天文，擅长数学（参考：《中国古代大科学家》承新著，少年儿童出版社印行），这是反玄虚的一股科学潜流。萧梁时代，也曾出现了伟大的唯物论者范缜。他著"神灭论"，来反对佛家神不灭之说。以为："形存则神存，形谢则神灭。""神之于质,犹利之于刃;形之于用,犹刃之于利。利之名非刃也;刃之名非利也。然而舍利无刃,舍刃无利。未闻刃没而利存,岂容形亡而神在。"这也是反玄虚的一股哲学潜流。

把当时艺术界、科学界、哲学界的情形配合起来,知道刘勰的文心雕龙在这个时候产生,并不是偶然的,他是与正在发展的潜流相应的,(刘勰相信佛法,和范缜等当然有所不同,但在反对浮华的文学方面来说,他还是同一条路向的。他对前代的文学批评有所不满,要提出自己的主张来,也是创作动机之一,但不是最主要的。)他能推动这种潜流的发展,也是应该肯定的。

四、刘勰的文学主张

刘勰的文学主张,约可分为下面六点:

1. **文学和社会环境的关系**

刘勰以为文学的产生和变化,主要是受社会环境的影响。

时序篇说:

> 时运交移,质文代变。……幽厉昏而板荡怒,平王微而黍离哀。故知歌谣文理,与世推移。风动于上,而波震于下。

这是说明板荡、黍离诗篇的产生,和当时昏乱的政治,衰微的国力,有密切的关系。

其论建安文学说:

> 观其时文,雅好慷慨。良由世积乱离,风衰俗怨。俱志深而笔长,故梗概而多气也。

这是说建安文士悲凉慷慨的作风,系由当时纷乱的局势所造成。如曹植的送应氏诗,王粲的七哀诗,都是很好的例证。

其论东晋文学说:

> 自中朝贵玄,江左称盛。因谈余气,流成文体。是以世极迍邅,而辞意夷泰。诗必柱下之旨归;赋乃漆园之议疏。……

这是说东晋文士清谈老庄的风气,系承袭正始及西晋而来。他们在时代极度纷乱中,找不到正当的出路,在统治者高压之下,不敢对政治有所批评,因而逃避现实,以庄老自娱。在他们轻淡玄远的制作中,看不出时代的色彩,这并非时代和文学绝缘,而是时代极度的纷乱,和政治上采取高压手段的结果。

他的最后结论是:

> 故知文变染乎世情,兴废关乎时序。原始以要终,虽百世可知也。

这把文学和社会环境的关系，表示得更明显。

曹丕陆机，止知道强调作者的天才，而不知文学的产生和变化，要受到社会环境绝大的影响；止知道文学的风格，是由于作者的才性所形成，而忽略了他社会的影响一方面。刘勰比他们算是跨进了一大步。虽然他还不能把经济作为决定文学的最主要的因素，但他以为当时的政治风俗学术等，对文学都有极大的影响，已经初步建立了文艺与社会生活的正确关系。

2. 文学和自然环境的关系

文心雕龙物色篇说：

> 春秋代序，阴阳惨舒。物色之动，心亦摇焉。……情以物迁，辞以情发。……是以诗人物感，联类不穷。流连万象之际；沉吟视听之区。写气图貌，既随物以宛转；属采附声，亦与心而徘徊。

"物色之动，心亦摇焉。"可知道人们思想情感的发动，决不能离开客观事物而独立存在。文学是反映客观现实的，没有客观现实，便没有所谓反映。然而反映客观现实，并不是和照相机摄取物象一样，而是渗入了作者悲欢爱憎的感情。通过了作者的感情，运用艺术手法表现出来，才成为文学。不过感情的发动不能离开客观事物而独立存在吧了。所谓"情以物迁，辞以情发"就是这种意思。

陆机文赋说：

> 遵四时以叹逝，瞻万物而思纷。悲落叶于劲秋，喜柔条于芳春。心懔懔以怀霜，志渺渺而临云……慨投篇而援笔，聊宣之乎斯文。

这和刘勰的看法也是一贯的。然而客观现实，是包括自然界和人类社会诸种事象来说的，而文学尤以反映客观社会现实为最重要，所以刘勰在时序篇中畅发其理。这一点是陆机所没有提到的。

3. 论文宜兼顾到作者的个性和他在学术上的修养

一种文学思潮的造成，当然是由时代所决定，但由于作者的阶级出身不同，所受教育不同，学术上的修养不同，便造成他不同的个性特征。所以同在一个大时代中，他对社会观察的角度，亦有所不同。好像整个太阳的光，通过三棱镜的分析，呈现着不同的色彩来一样。如果单就时代环境来作决定，而抹煞了作者的个性，那就成为机械的看法。

文心雕龙体性篇说：

> 夫情动而言形；理发而文见。盖沿隐以至显，因内而符外者也。然才有庸俊，气有刚柔，学有浅深，习有雅郑，并情性所铄，陶染所凝。各师成心，其异如面。

他以为作者的天资有高下，气质有刚柔，学问有浅深，习染有邪正。由于赋禀和后天教育的关系，便造成作者各种不同的倾向，因而表现在文学上，形成各种不同的风格。他说：

> 贾生俊发，故文洁而体清。长卿傲诞，故理侈而辞溢。子云沈寂，故志隐而味深。子政简易，故趣昭而事博。孟坚雅懿，故裁密而思靡。平子淹通，故虑周而藻密。仲宣躁锐，故颖出而才果。公干气偏，故言壮而情骇。嗣宗俶傥，故响逸而调远。叔夜儁侠，故兴高而采烈。安仁轻敏，故风发而韵流。士衡矜重，故情繁而辞隐。触类以推，表里必符。岂非自然之恒姿；才气之大略哉。（体性篇）

这是作者才性不同，形成不同的风格的例证。

他又说：

> 才由天资，学慎始习；斲梓染丝，功在初化。器成采定，难可翻移。

可知道后天的习染，对人的赋禀有很大的影响。

事类篇亦说：

> 夫姜桂同地，辛在本性，文章由学，能在天资。才自内发，学以外成。有学饱而才馁；有才富而学贫。学贫者迍邅于事义；才馁者劬劳于情辞。此内外之殊分也。

"才自内发，学以外成。"光靠一点聪明，不加以学术上的修养，必不能有伟大的成就。要不辜负先天的赋禀，必须努力教育自己，锻练自己，才能把原有的美质逐步发展出来，才能在文学上有所建树。

曹丕以为才性是一成不易，"虽在父兄，不能以移子弟"，这完全忽视了后天的修养。陆机也强调天才，以为"譬犹舞者赴节以投袂，歌者应弦而遣声。是故轮扁所不得言，亦非华说之所能精"（文赋）。刘勰并不否认天才，但以为天才是从生活实践中，从后天的教养中锻练出来，否则虽然有一点美质，也要把他葬送。他比曹丕陆机的看法，是进步得多了。

综观上面的说法，刘勰一方面能注意到社会环境和自然环境对文学作家的重大影响；一方面能注意到作者的个性和他在学术上的修养。他把两者紧密的联系起来。这种文学理论，是相当进步的。

4. 内容和形式的联系

在真实的艺术作品中，深刻的贯穿着有完美意义的内容，而且每每包含在优美的精巧的形式中。这即是说，有丰富的内容，还须有优美的形式。只有内容与形式统一的作品才成为真实的艺术作品。如果是缺乏丰富的内容，失去了内容与形式的联系，便成为虚伪的雕琢的文学。

文心雕龙情采篇说：

> 水性虚而沦漪结，木体实而花萼振，文附质也，虎豹无文，则鞟同犬羊。犀兕有皮，而色丹漆，质待文也。
>
> 夫能设谟以位理，拟地以置心。心定而后结音，理正而后摛藻。使文不灭质，博不溺心。正采耀乎朱蓝，间色屏于红紫。乃可谓雕琢其章，彬彬君子矣。

所谓"质"，即文学的内容。所谓"文"，即文学的形式。"文附质"，"质待文"，"文不灭质，博不溺心。"即内容和形式要紧密的联系。

陆机文赋也曾说过：

> 理扶质以立干，文垂条而结繁。
> 辞程才以效伎，意司契而为匠。

对内容和形式的联系也已经看到了。但是内容决定形式呢？还是形式决定内容呢？陆机并没有明白的指出来，刘勰却很鲜明的提出内容决定形式的主张。如：

情采篇说：

> 夫铅黛所以饰容，而盼倩生于淑姿；文采所以饰言，而辩丽本于情性。故情者，文之经，辞者，理之纬。经正而后纬成；理定而后辞畅。此立文之本源也。
>
> 是以联辞结采，将欲明经。采滥辞诡，则心理愈翳。固知翠纶桂饵，反所以失鱼。言隐荣华，殆谓此也。

辞和采无非是所以表达情和理，换句话说，形式无非所以表达内容。如果没有充实的内容，辞采便无所附丽。他对于两者的轻重，不是看得很明显么？就这点来说，他比陆机又向前跨进了一大步。

又如风骨篇说：

> 辞之待骨，如体之树骸。情之含风，犹形之包气。……若丰藻克瞻，风骨不飞，则振采失鲜，负声无力。是以缀虑裁篇，务盈守气。刚健已实，辉光乃新。……若瘠义肥辞，繁杂失统，则无骨之征也。思不环周，索莫乏气，则无风之验也。

"辞之待骨，如体之树骸。"人无骸骨，则形不能自树；文无骨干，则辞不能自树。骨是什么？在内容方面来说，就是真实的思想，真挚的感情，丰富的想象，有了这些才能构成文学，好像人身的骨干一样。在形式方面来说，则为文章的结构。有了结构，文章才能有条理，有系统。但是文章的结构，根本上有待于充实的内容，否则成为空架子。从这里亦可以看出形式须待内容来决定它。所谓："缀虑裁篇，务盈守气。刚健已实，辉光乃新。"

"情之含风，犹形之包气。"有形无气，则成为僵死的形骸；有情无风，则干巴巴的没有感人的力量。这所谓"风"当是指"风致""风韵"而言，即是表情生动活泼。从这方面说，内容固有待于形式的表达，但是如果根本上没有所谓"情"，那就无所谓表现得生动不生动，这和内容决定形式的说法，还是根本不相违背的。

有人以为刘勰对于"内容"两字，并没有明显地指出：是腐朽的内容呢？还是有进步性的内容呢？如果笼统地说来，则腐朽的内容，也未尝不是一种内容。它和艺术形式结合起来，也未尝不可以说是内容和形式的联系。而且艺术性愈高，它流毒于社会愈大。所以刘勰内容和形式的联系的看法，实在是非常含糊的。我以为这不是刘勰的含糊，而是读者未能理解刘勰的真意。刘勰在情采篇中明明这样的说："风雅之兴，志思蓄愤，而吟咏情性，以讽其上，此为情而造文也，诸子之徒，心非郁陶，苟驰夸饰，鬻声钓世，此为情而造文也。故为情者要约而写真；为文者淫丽而繁滥。"可知他所肯定的，是风雅一类的文学。因为它能表达人民对当时腐恶的社会政治的憎恶与反抗的心情，含有强烈的讽刺作用。像汉代司马相如、枚乘之流，作为歌功颂德的词赋，不过是卖名声于天下，企图爬上政治舞台，邀宠于专制帝王而已！这一类淫丽繁滥的文章，刘勰以为纯粹系形式主义的表现。齐梁文士，只知效法词赋的作风，所以"体情之制日疏，逐文之篇愈盛"。他所肯定的和所否定的是如此分明，还责备他说得很含糊；甚至连腐朽的内容，都在赞同之列，真令我非常惊怪！

再看时序篇所说："幽厉昏而板荡怒；平王微而黍离哀。"指出板荡黍离一类的诗歌，由于反抗幽厉的昏暴，与慨叹周室的衰微而作。又推究建安文学慷慨、任气、磊落才使这种作风之形成，是由于"世积乱离，风衰俗怨"。当时的作家，亲见人民在战争中饱受死亡流离之祸，而自己亦在飘摇流转，所以作为诗歌，能声诉人民的痛苦，和自己悲凉的遭遇。他对于富有人民性现实性的文学如许的赞扬，对于华而不实的词赋，则加以严厉的谴责，是否对于"内容"两字说得很含糊，是否连腐朽的内容都在赞同之列？

根据上文的辨正，我们可以肯定的说：刘勰内容和形式的联系的看法，是含有进步性的。而内容决定形式的主张，更是突过前人的。

5. 为文贵能通变

文心雕龙通变篇说：

> 夫设文之体有常，变通之数无方。……凡诗赋书记，名理相因，此有常之体也；文辞气力，通变则久，此无方之数也，名理有常，体必资于故实；通变无方，数必酌于新声。故能骋无穷之路；饮不竭之源。

又说：

> 文律运周,日新其业。变则可久,通则不乏。

他所谓:"酌于新声",虽然是说酌取新的声律,但不是说除了酌取新声外,其他一切皆可以仍其旧。文章因为时代的不同,人们生活实践和心理的差异便产生了许许多多和前代不同其内容和不同其风格的作品,楚辞不同于诗经,唐宋之文不同于魏晋,皆属变之为用,要使他停留在某一阶段,势有所不能,后人如果一味摹仿前人文章,也要陷于僵死的状态。文学作家,虽可以在文学遗产中吸收许多精华,但他的文章却和前人并不一样。惟其这样,文学才能不断的继续发展。

以上五点是刘勰论文的卓越的见解,这五点是互相联系,不可分割的。譬如说到自然环境,足以刺激作者的思想感情,而作者的思想感情,是从社会环境中孕育出来,并不是单纯的由于自然界诸种事物的刺激。社会环境,足以造成文学的总倾向,而作者的个性特征,可以使同在一个社会环境中表示出种种不同的风格,但作者个性的构成,又不能脱离社会环境而独立。文学要能够深刻的反映社会现实,要能够表现作者的伟大的思想感情,要具有特殊的风格,而风格的构成,和作者的思想感情有密切的联系,至于当时的社会环境,除影响到文学内容外,对风格也能给以极大的影响,因而文学的内容和形式,都不能不为社会环境和作者个性所决定。而社会是不断的向前发展的,人们的情感思想,也随着社会的发展而发展,不能停留在某一阶段,所以为文贵能通变。这五者之间,是交互错综的。如果孤立起来,便不免流于机械,可惜刘勰对此还没有充分的说明。

刘勰论文,有其卓越的一方面,但也有比较落后的一方面。因为他欲矫正当时浮华的风气,其结果往往不免有复古的思想。如征圣篇说:

> 征之周孔,则文有师矣。是以子政论文,必征于圣。稚圭劝学,必宗于经。……若征圣立言,则文其庶矣。

宗经篇说:

> 经也者,恒久之至道,不刊之鸿教也。故象天地,效鬼神,参物序,制人纪,洞性灵之奥区,极文章之骨髓者也。故论说辞序,则易统其首。诏策章奏,则书发其源。赋颂歌赞,则诗立其本。铭诔箴祝,则礼总其端。纪传盟檄,则春秋为根。并穷高以树表,极远以启疆,所以百家腾跃,终入环内者也。若秉经以制式,酌雅以富言,是仰山而铸铜,煮海而为盐也。……夫文以行立,行以文传。四教所先,符采相济。励德树声,莫不师圣,而建言修辞,鲜克宗经。是以楚艳汉侈,流弊不还。正未归本,不其懿欤!

这全是充满复古的气味。文学未尝不可取材于六经,但谓一切文学,其源皆出于六经,则不免局于儒家正统派的理论。这和刘勰自己的主张也是相矛盾的。文学的产生,已有其社会背景,已从人类的情感思想流露出来,那么,客观的社会环境有了变化,反映客观现实的文学，当然也随着起了变化。处在阶级社会里，人们的阶级意识，有种种不同，对于社会的观察，也可以映现出种种不同的色彩。譬如同在春秋战国的社会，老庄孟荀韩非公孙龙之文，不但内容有所不同，即形式亦了不相似。我们不能把这些文章，当做"六经之支与流裔"。所谓"百家腾跃，终入环内"，全是无稽之谈。严格说起来，这种主张，是违反文学发展趋势的。

以前梁绳袆作文学批评家刘彦和评传以为：

> 本来刘彦和很可以自由发表他的主张，不必借什么经，什么圣，来做招牌，但也因为增加他言论的效力，所以取了这种陈仓暗渡的办法。信古不信今，几乎成了国人的特性，告他说你要这样作，他是不相信的，要说古圣人是这样，他便无异辞了。因此古来许多思想家创出许多经天纬地的学说，都喜欢托之不相干的人，刘氏也只是抄演旧戏就是了。（见小说月报中国文学研究号下册）

他以为以法古作解放在文学史上有很多的例。如"韩退之矫骈俪的毛病，却提倡古文"。这种解释，初看起来，亦颇合理，然而刘勰实在受儒家的影响太深了，你看他序志篇里头的话：

> 齿在踰立，则尝夜梦执丹漆之礼器，随仲尼而行。旦而寤，乃怡然而喜。大哉圣人之难见哉，乃小子之垂梦与！自生人以来，未有如夫子者也。

你看他对于孔子是何等倾倒，他再说：

> 敷赞圣旨，莫若注经，而马郑诸儒，宏之已精，就有深解，未足立家。惟文章之用，实经典枝条。五礼资之以成，六典因之致用。君臣所以炳焕；军国所以昭明。详其本源，莫非经典。

可知他很想发挥儒家经典的道理，阐明圣人的用意，不过前为马郑所掩，所以只好别出一途，用文章来"敷赞圣旨"。所谓"托古改制"，完全非刘勰的本意。我以为在南朝竞尚浮靡的风气中用儒家崇实的主张来补偏救弊，对当时说，也有其一定作用的（这在前面已经提到），虽然从根本说来，这种思想，还不免是落后的。不过这一点我认为不必过于责备他，刘勰处在这样的时代，受儒家思想的影响这么深，他的文学主张尽管十分进步，但也不能不受到一定的历史条件的限制。这个问题是很容易理解的。

原载《中山大学学报（社会科学）》1956年第3期

论洪昇与长生殿

黄天骥

在洪昇那本被埋没多年的《稗畦集》里,有一首颇凄艳的、容易被人忽略的小诗,它是这样的:

> 垂鞭偶过玉钩斜,芳草青青复浅沙;一片春魂风里叶,万行血泪雨中花;于今艳色埋山麓,昔日多情属帝家;遥指雷塘一坏土,荒烟何处问繁华?
>
> ——玉钩斜

玉钩斜是隋炀帝埋葬宫女的地方,作者一方面对被损害的宫女寄予深厚的同情,透露出凭吊兴亡的隐痛;但另一方面对那虐杀宫女的刽子手隋杨广,却不仅不加谴责,反而把他的荒淫看作多情。从这里可以看出洪昇思想的矛盾与复杂,作者在这首诗中对统治阶级、对爱情、对兴亡的态度,和在《长生殿》中大致是相近的。近年来,有些同志把洪昇评价得很高,仿佛他是个反封建反侵略的英雄人物;有些人又提出新的看法,认为他是个违反历史真实的反现实主义作家。这些意见,很难令人同意。依我看,洪昇不是个应抹上全红脸或者全白脸的人。理由何在,下面细表。

一

十七世纪中叶,清朝侵略者的铁蹄蹂躏了整个中原大地,中国经济受到严重的破坏,人民惨遭残酷的杀戮。洪昇就是生长在这动乱的年代里。他的曾祖父原作过明朝大官,外族的入侵,使他那地主官僚的门庭破落为赤贫户。据说他的母亲也只能在破草房中迎接这位戏剧家出世。

洪昇在少年时代就一身担负起家族和民族的灾难,因此,他对外族侵略者是不满的,他写过《京东杂感》,抒发追怀故国的感情:"白头遗老在,指点十三陵。"在《衢州杂感》中他又唱道:"一片夕阳横白骨,江枫红作战场花。"这些同情人民反对战事的诗句,无疑是对外族侵略分子有力的鞭挞。

清初是我国民主思想启蒙的时代,大思想家黄宗羲、王夫之等都在这时候出现。生活在这民主浪潮中的洪昇,也通过戏剧形象提出自己先进的思想。他在杂剧《四婵娟》里,怀着崇敬的心情歌颂女性的才能,他写了胜过男儿百倍的女诗人谢道韫;写了使书法大家王羲之倒拜裙下的卫夫人。他的传奇《回文锦》把苏蕙写成为一个文武全材的女人;《闹高唐》也提到女性的伟大:"其写皇城夫人之烈,柴大娘子之贞,公孙胜母之节,则以巾帼须眉,有水浒所未及者。"①对爱情,洪昇的见解也是进步的,他将古往今来的夫妻分为"美满夫妻,恩爱夫妻,生死夫妻,离合夫妻"四种,将历来为道学先生所不齿的张生莺莺等人,划入"美满夫妻"或者"恩爱夫妻"之列,甚至还借赵明诚的口,公开赞许相如文君违反封建礼教的举动。在当时,这实在是大胆的、敢于和封建道德抗衡的见解。

洪昇具有这样朴素的爱国思想和民主思想,他必然不愿和一般向统治者摇尾乞怜的小人同流合污;反过来,他的兀傲的性格又必然遭到这批小人的嫉妒。赵执信说他"常不满人,亦不满于人",正好说明他倔强的性格和困难的处境。所以,洪昇一生都没有踏进清朝统治集团的大门槛,惨澹地度过了廿多年太学生生涯。

人的思想总是复杂的,在某些问题上,他的立场可能正确,而在另一些问题上,他又可能发生错误。在这里,阶级利益就是决定人的思想的关键。洪昇出身在名门大族,对于地主阶级的利益,他是维护的。在"周节母诗兼呈令嗣介公宪副"一诗中,他竟污蔑人民起义军:"郓州郊外昼鸣鼓,十万黄巾猛如虎;金戈耀日旗蔽天,马后累累皆妇女。"大家知道,清初人民起义,除了具有阶级矛盾的性质外,很大程度还和反抗侵略者有关。洪昇虽然不满外来侵略者,但为了阶级的利益,竟污蔑起人民起义军来。

洪昇思想的全部矛盾,就在于他有一定的正义感,不满当时的政权,但是地主阶级的思想又使他感到只有仕宦"济世"才是唯一的出路。他不想向统治集团献媚乞怜,因而踞傲疏狂,却又不甘心永远被排斥在统治集团之外。他的《枫江渔父图题词》就隐约透露这种复杂的心境:

> 俺不能含香簪笔金门步,只落得穷途痛哭。山中尚少三间屋,待归林,转又踌躇;不能做白鸥江上新渔父,只混着丹凤城中旧酒徒。几回把新图觑,生疏了半篙野水,冷落了十里寒芜。②

当然,这里说的都只是洪昇在被谪前的思想面貌。在"长生殿之祸"以后,他失却了一切作官的机会,功名利禄的念头变得冰冷。"巾箱说"记他归隐后常诵"明朝未必春风在,更为桃花立少时"之句,这及时行乐的思想正是他对统治阶级消极抗议的反映。

洪昇的思想是复杂的,我们肯定他有进步的倾向,但也要揭露他思想的阴暗面。不这样,我们将无法理解:他为什么会写出"玉钩斜"那样充满矛盾的诗;更无法理解他为什么会写出光彩照人的《长生殿》,而这个杰出的剧本又为什么会有这么多不可饶恕的缺点。

---

① 见山楼丛考。
② 转录自卢前续曲雅。

二

《长生殿》是洪昇苦心经营了几十年的、以描写李隆基杨玉环宫庭生活为主的历史剧。

衡量历史剧的好坏,最重要的原则是看它是否合乎历史的真实。所谓合乎历史真实并不是不容许作家想象虚构,而是要求作家笔下的形象符合他所处的历史地位,符合他原来的精神面貌,符合历史上人民对他的评价。在这个基础上,历史剧作家可以把历史人物写得更具广泛性和典型性,郭沫若说得好:"史学家是发掘历史的精神,史剧家是发展历史的精神。"①但是,话得说回来,发展历史精神必须是沿着客观的真实的方向发展,总不能把黑的发展为白,把值得诅咒的蟊贼发展为可以讴歌的英雄。

拿这个原则来评价《长生殿》,看它是否符合历史真实,就有必要回顾一下唐代杨李关系的真相。李隆基,在他即位初年,也曾励精图治,对发展生产作了一些积极的措施,但是,他晚年却变为一条糊涂虫,终日流连在酒色场中,任用小人,为非作歹,政权日益腐朽,这又引起了外族侵略者的睥睨,使人民蒙受了莫大的苦难。

从开元到天宝,这由盛而衰的历程本是封建制度不可避免的命运,而李隆基对杨玉环的宠幸,则是加速唐帝国崩溃的催化剂。杨玉环原是李隆基的儿媳,他见她生得漂亮聪明,便据为己有。他们过着极其淫乱的生活,"帝深居燕适,沉蛊衽席,主德衰矣!"②。唐书卷七六"杨贵妃传"中有一条很有趣的材料:"(杨玉环)始为寿王妃,开元二十四年,武惠妃薨,后庭无当帝意者;或言妃姿质天挺,宜充掖廷,遂召入禁中。异之,即为自出妃意者。"一个青年媳妇为什么会爱上这个比她年纪大一倍的家翁?这只能说明其中包含着政治阴谋。果然,杨妃得宠之后,杨氏家族就仗着裙带关系大交红运,真是"姊妹弟兄皆列士,可怜光彩生门户"。恩格斯说过:"在统治阶级中,结婚乃是一种政治行为,乃是一种借新的联姻以加强自己势力的机会。"③历史上杨李的"爱情"正是如此。

对于杨李的"爱情",封建文人是很感兴趣的,历来咏贵妃袜、贵妃乳、贵妃脚、贵妃出浴者不知多少。但人民却憎恶杨李的结合,陈鸿"长恨歌传"记录了当时民谣:"生女勿悲酸,生男勿喜欢""男不封侯女作妃,看女却为门上楣"。这含蓄的讽刺说明了民间根本不把杨李的结合看作为什么爱情,只认为这是杨氏家族向上爬的伎俩。在唐以后,不少戏曲、小说、说唱文学的作者(包括民间艺人),也对杨李加以谴责,这些作品大都有两个共同的内容,一是写杨玉环和安禄山的污行;另一则是写"马践杨妃"④,这些关目表达了人民对杨李嫌恶轻蔑的情绪。

洪昇的《长生殿》则是以歌颂历史上杨、李那污垢的"爱情"为主,"例言"开宗

---

① 郭沫若沸羹集,"历史、戏剧、现实"。
② 旧唐书卷106李林甫传。
③ 恩格斯:"家庭、私有制度和国家的起源"。
④ 马践杨妃的关目在白朴的梧桐雨中还保留着。此外宦门子弟错立身有"马踩杨妃"条,王伯成天宝遗事诸宫调残篇提到"万马蹄边妃子亡";罗光远梦断杨贵妃杂剧残篇也提到"可惜将一个杨妃马践了"。这证明马践杨妃是当时相当流行的关目。

明义地说："念情之所钟，在帝王家为罕有"；剧本一开头就唱："今古情场，问谁个真心到底？但果有精诚不散，终成连理。"结局最后一曲又重复这一基调："情根历劫无生死，看到底终相共。"整部《长生殿》贯串着这条歌颂爱情的线索。显然，这种做法和历史人物爱情的真实面貌颇有距离，因而《长生殿》一直受到不少人正当的责难。

不过，我们却不能单抓着《长生殿》歌颂杨李爱情这一点，就说它违反历史真实，完全否定它的价值。A.奥斯特罗夫斯基说得好："任何一部艺术作品都表现思想——并不是一种思想，而是多种思想的总和。"[1]洪昇一方面顽固地维护封建阶级，一方面又具有朴素的民主思想，他的《长生殿》便是由多种思想孕育而成的产儿。解剖这个产儿，除了要批判那由落后思想形成的消极因素外，还应该注意由先进思想导致的合乎历史真实的一面。

洪昇创作《长生殿》的思想动机是很复杂的，他一方面企图歌颂杨李的爱情，象上面提到的那样；一方面又想批判杨李的误国。他说："借天宝遗事缀成此剧……然而乐极哀来，垂戒来世，意即寓焉。且古今来逞侈心而穷人欲，祸败随之，未有不悔者也。玉环误国，卒至殒身，死而有知，情悔何极。"[2]显然，他是要把杨李"逞侈心而穷人欲"的祸败情况公之于世，以求达到"垂戒来世"的效果。

在这里，我们要注意作者这种批判杨李的念头。从《长生殿》的形象看，他所描写的宫庭是争权夺利的战场，是罪恶祸乱的渊薮。他虽想竭力歌颂杨李的"爱情"，但他笔下的形象也不见得是"真挚爱情"的化身，甚至他还借剧中人郭从谨的口尖刻地谴责杨李："我想天宝皇帝，只为了宠爱贵妃娘娘，朝欢暮乐，弄坏了朝纲，致使干戈四起，生民涂炭。"杨妃死后，有人出重价买她的袜子，郭从谨也大骂："这样遗臭之物，要他何用！"（看袜）从《长生殿》批判揭露杨李的腐朽这一点上看，它无疑在一定程度上反映了历史的真实。

当然，我们不能忽略作者最主要的创作动机还是为了歌颂杨李，批判他俩也无非是欲扬先抑，说他俩"过而能改""情悔何极"，于是就"嘉其败而能悔"。这出自作者阶级本能的错误想头，给作品添了个大赘疣。然而，形象每每大于思想，正如别林斯基说的："作品中内在的逻辑，诗的逻辑，诗的观察深邃的智慧，自然而然地克服了诗人的不正确的思考。"更何况洪昇创作《长生殿》的动机本身就大有文章。我以为，尽管作者是想以歌颂杨李为主，批判杨李为辅，而结果，由于他有较先进的世界观；由于他用和这较先进的世界观相联系的现实主义方法去创作，这样，形象内在的逻辑力量使他在错误地歌颂杨李"爱情"的同时，又揭开了美丽的面纱，让我们看透那藏在面纱底下的丑陋腐朽的面貌。因此，《长生殿》最有价值之处，不在于作者着力最多的对杨李"爱情"的歌颂，而在于对杨李误国的批判。

《长生殿》还以相当篇幅写到外族侵略中国的情况，在清初外族侵略者统治中国的条件下，这样的描写是有很深的涵义的。它表明中国的失败并不是由于外族的强大，而是由于中国统治阶级的腐败无能。唐代天宝年间的情况，和明代统治政权灭亡的情况有

---

[1] 转录自学习译丛1958年10月号"再论世界观和创作的联系"一文。

[2] 长生殿自序。

相似之点，虽然洪昇并不一定想影射什么，但是敏感的观众却很容易从天宝之乱联想到清初的现实。清朝统治者之所以禁演《长生殿》，名义上是说它的演出违反了禁例，实际上是惧怕它会引起人民各种各样的联想。这点，虽然不是《长生殿》的主要内容，不过在文字狱盛行的年代里也实在是难能可贵的。

三

在研究《长生殿》杨李的爱情时，曾出现过一些十分错误的修正主义的观点，周来祥、徐文斗同志在他们所写的"《长生殿》的主题思想是什么？"一文中，就赤裸裸地以资产阶级的人性论来分析《长生殿》。他们认为："统治阶级总还是人，如果某些人没有完全被他的阶级本性所吞蚀，那么他就可能具有人类所共有的东西之———真挚的爱情。"从这一论点出发，他们热烈地歌颂杨李的爱，说"李隆基在他荒淫的生活中，也有着纯真的人性在闪耀"。说杨玉环"追求的是人们自由幸福的爱情生活，为了真正的爱情，她情愿牺牲掉一切"。在这里，周、徐首先把杨李看成是超阶级的，把他们之间的关系看成是没有阶级属性的、纯粹的"人"的东西，接着就用"真挚"作为评价作品的尺度。毛主席教导我们："在阶级社会中，只有带着阶级性的人性，而没有什么超阶级的人性。"杨李之间的关系，就是他们的阶级性的具体表现。周徐两位同志既承认杨李属于封建地主阶级，又说他们"没有完全被他的阶级本性所吞蚀"，显然，他们是认为在阶级性以外，还存在着一种超阶级的为人类共有的人性，这种看法和巴人的人性论论调有什么不同呢？同时，在阶级社会中，不同阶级的人对事物的看法各有不同的标准，对待作为意识形态的感情也是如此。往往统治阶级认为是真挚贞诚的行为，人民却看作是荒淫污秽的，反过来，统治阶级也不会同意人民追求自由幸福的爱情。因此，把"真挚"作为爱情的人民性的表现，这实际上是抽掉爱情的具体内容，以超阶级的虚伪观点来对待爱情，这种手法，与那些以"真实"作为现实主义原则的修正主义观点同出一辙。周徐的文章，就是这样公开地以人性论代替马列主义的阶级论的。

究竟杨李是何等样人？他们的爱情是何等样的爱情呢？让我们通过《长生殿》的形象具体分析。

在金碧辉煌的宫殿上，杨玉环第一次"承恩"，她情不自禁地高歌一曲："天恩自喜从天降，浴罢妆成趋彩仗"，宫女们跟着唱："六宫未见一时愁，齐立金阶偷眼望。"同是一曲《玉楼春》，两种感情截然不同：杨玉环是欢天喜地，而宫女们则满怀幽怨。这两种不同的感情构成了"定情之夕"微妙的气氛，曲折地反映了宫廷内部不可调和的矛盾。杨玉环就是在这样的环境中走出场来的。

杨玉环是踌躇满志的，但这和少女们得到爱情那种喜悦的心情并不一样，倒象是商人发了一笔横财。她最强烈的感觉是"一霎时身判人间天上"，使她醉心的是玉楼金屋的生活代替了宫女淡泊的生涯。她更意识到自己的得宠，给整个家族带来了利益："荷蒙圣眷，拔自宫嫔，位列贵妃，礼同皇后，有兄杨国忠，拜为右相，三姊尽封夫人，一门荣宠极矣！"正是因为她拔自宫嫔，受过"人间"的苦恼，当一霎时爬上"天上"，自然就要求保着这个"天上"的地位。因此，在这第一次得到皇帝钟爱时，她便立下了"永持彤管伴君旁"的宏愿。

杨玉环很清楚，要保住这侥幸取得的地位，并不是容易的，后宫三千粉黛就是三千个竞争者，得宠固然是快意的，但一旦失宠，冷宫生活比什么还要可怕。就在"定情"之际，她也是以忐忑的心情迎接皇帝的宠爱，一则是如鱼得水；一则是如履薄冰。李隆基赞她绝世无双，许她擅宠瑶宫，她却"沉吟半响，怕庸姿下体，不堪陪从椒房"。这回答并非谦让之辞，"沉吟半响"四个字包藏着她复杂的内心活动。洪昇是很突出地写她这种忧惧的心情的，她第一次叩见李隆基时透露了这种思想；第一次答复李隆基的赞美时又透露了这种思想；等到李隆基送金钗钿盒给她时，她还是说："只恐寒姿，消不得天家雨露团。"

整个定情之夕，杨玉环都在喜惧交错的情绪中渡过。这心情从一开始就支配着她的性格和行动。她很自然地想到，要保住自己的地位，最重要的是要取得李隆基的欢心，排斥一切可能转移皇帝注意力的对手。因此，她入宫第一个回合，就是逼梅妃迁置"上阳楼"。

尽管杨玉环对宫庭斗争有所戒备，但对宫庭内部的复杂性还未有足够的估计。李隆基贪新厌旧的迁置梅妃，她就以为从此可以独宠椒房，可以放松对李隆基的警惕了。"春睡"一出她就流露这种悠然自得的情感。正因如此，所以她一方面逼走了美丽的梅妃，一方面又向李隆基介绍了自己美丽的姊姊。想不到李隆基听在耳里，记在心里，一有机会，就要和虢国夫人鬼混。这样，杨李矛盾就第一次表面化。

有些同志以为杨玉环连姊妹也不愿分一杯羹，这是真挚的爱情不容许第三者参加的表现。其实，要求独占荣华情欲的思想与爱情不能混为一谈。封建社会多少士大夫对妻子毫无感情，但仍要她忠于自己，把她当作私有财产，这难道也是什么爱情？和这些同志的意见相反，我仔细分析了"幸恩""献发""复召"等几出，倒觉得从这次事件中可以看出杨玉环是如何想尽方法来维护自己的地位。

当杨玉环晓得了李隆基和虢国夫人勾搭以后，她就怫然回宫，只管哭哭啼啼。问题虽然严重，但她并不准备和李隆基闹得太过分，倒是李隆基认真起来，一怒之下，把她谴还。这时杨玉环心情很难过，她也怨李隆基薄幸，但主要却是自悔。本来她只想撒一下娇，"我含娇带嗔，往常间他百事都依顺"（献发）。谁料这回犯了经验主义的错误，弄出了僵局。更重要的是，她害怕因此而断绝了富贵荣华的门路，她太息"禁中明月，永无照影之期，苑外飞花，已绝上枝之望"（献发）。因此她一回杨府，就盼望李隆基回心转意，并且剪寄头发，表示自己的后悔和对皇帝的眷恋。这时，她唯一的愿望就是能够重享荣华，而不是再计较"独宠椒房"的问题了。所以她在复召见驾时，就向李隆基保证："今自艾，愿承鱼贯，敢妒娥眉。"

从"幸恩"这一事件看，杨玉环是没有什么过错的，但倒是她主动地献发悔罪，主动地保证不敢再妒娥眉，这种反常的悔罪行为驳斥了所谓真挚爱情的说法。如果说真挚的爱情是不容许第三者插手，而现在杨玉环的情况恰恰不是如此。她是重视爱情呢？还是重视地位呢？这不是很明显了吗？

在这次斗争中，杨玉环得到了宝贵的经验教训，她看到皇帝是不可靠的，而同时也看到了皇帝的弱点，知道自己有可能驾驭这匹野性的马。这些对她是有利的，使她以后能更小心地应付一切局面，并为后来彻底打败梅妃打下基础。

杨玉环被复召以后，仍然得到李隆基宠爱，她不仅没有改变独占专宠的要求，而且还变本加厉。这也难怪她，"幸恩"的事件使她更深刻的理解到，如果不是倾全力束缚着李隆基，如果不彻底打垮一切竞争者，在那你虞我诈你死我活的宫庭里，谁能保住自己侥幸夺来的席位？谁能担保自己不作别人的牺牲？这个险恶的环境使她不能不要出全身解数。在当时，暂被迁置上阳楼的梅妃仍是主要对手，所以，杨玉环回宫后首先就把注意力放在这可怕的情敌身上。梅妃很风雅，她便"思另制一曲，掩出其上"，显示那文采风流；梅妃善歌舞，她就亲上翠盘曼舞霓裳，显示那绰约风姿；总之，她要在一切方面压倒梅妃。

这些手段很有效，这一碗接着一碗的迷汤把李隆基灌得七颠八倒，在宫庭中她也占了很大的优势。但是，她的两个对手是不容易对付的，梅妃虽处于劣势，却仍然能用办法打动李隆基的心，那两句"长门自是无梳洗，何必珍珠慰寂寥"的诗，说明她并非等闲之辈；另一个对手李隆基则是个用情不专的风流天子。因此，即使杨玉环用心防范，也不可能不出乱子。命运逼使杨玉环进行殊死的搏斗，这就产生了"絮阁"一场戏。

杨玉环在这场斗争中巧妙地利用了李隆基的弱点，运用了软硬兼施的手段。她怒气冲冲地走进留宿梅妃的清华阁，向李隆基说了一番堂皇冠冕的话，指责他日上三竿还不早朝，"负他凤墀前鹄立群僚"，"外人不知呵，却只说殢君王是我这庸姿劣貌"。这时李隆基虽然觉得杨玉环盛气凌人，却又宠幸她，不想轻易打发她，而且在这堂而皇哉的理论面前也不好发作，只好勉强视朝去了。

看来，杨玉环的态度很强硬，而其实，她的内心是诸多顾忌的，特别是李隆基上朝后，高力士对她说："不是奴婢擅自多口，如今满朝臣宰，谁个没有大妻小妾。"言外之意是说杨玉环太嫉妒了。这句话正好击中了她的要害，使色厉内荏的她想起了上一回自己就因嫉妒而被贬，想起自己在被复召时"敢妒娥眉"的诺言。现在如果蛮干下去，"君心不可测"，说不定自己的地位又有危险。这一来，她一面连忙向高力士掩饰那嫉妒行为，一面就临崖勒马，改变"战术"，施展一套软索功夫。在李隆基退朝回宫时，她只背立掩泣不语，改强硬的抗议为撒娇。当看出李隆基没有发怒时，她便以退为进，回身跪下，假惺惺地自请引退。尽管她考虑到李隆基是不会真的谴发她的，但她又是惊弓之鸟，天晓得他会不会突然同意自己的请求，所以当李隆基叫她不要如此时，她立刻起身说："陛下诚不弃妾，妾复何言！"洪昇的朋友毛舒皋的眼光相当厉害。他看出了杨玉环"请退"的虚假，在眉批上写道"一语回心，急作收科，仍是狡狯"。其实，这不过是一个方面。更重要的是，从急作收科中可以看出她内心的颤动。

"絮阁"前半段杨玉环施展的是硬功夫，后半段施展的是软功夫，这手段转换的关键在于听了高力士的一席话。说明白一点，当她发觉硬功夫可能对自己的地位不利时，就立即改变战术，更多的采取守势。从这里，我们不能不佩服她机灵聪颖的头脑。同时，我们也可以清楚地看出，主宰着她的行动的是地位思想，而不在于"真挚的爱情"。假如她确实是真情的话，她就不会搞出这样多虚情假意的把戏。

经过剧烈的斗争，杨玉环总算收拾了梅妃。但那场孤注一掷的赌博还是使她心有余悸。到了七夕，她看见牛女双星，触景生情，禁不住又透露出心底里的焦虑，祈求神仙保佑她"钗盒情缘长久订，莫使做秋风扇冷"。并进一步要求李隆基盟誓，以求在胜利的基础上巩固阵地。

后来，马嵬兵变，杨玉环眼见李隆基这时是泥菩萨过江，自身难保，再没有权力阻挡兵士们愤怒的要求，于是还不失明智地自动投缳，暂时缓和一下阶级的矛盾。她一死，尽管后头还有戏，但其性格已经完成，我们已清楚地看出她是个聪明美丽而又泼辣专横的宠妃。

从"定情"到"密誓"，杨玉环梦寐追求的是名位利益，她整天盘算怎样提高自己的地位，也整天害怕自己会失去地位。"得宠忧移失宠愁"，结果是，她要别人为她的利益作出牺牲，而自己又牺牲在李隆基喜怒无常的手掌上，牺牲在长年累月苦闷的泥沼里。杨玉环这种性格是封建时代宫廷妇女的典型，它在统治阶级内部矛盾的环境中形成，又反过来显示出统治阶级腐朽的面貌。

再让我们谈谈李隆基的性格吧。

李隆基，作为一个端冕中天统治万民的皇帝，他的生活的最高目的是什么呢？这点，他一上场时就自我介绍："愿此生终老温柔，白云不愿仙乡。"这个生活目的指导着他的性格和行动，使他不同于其他类型的昏君。

正因为李隆基渴望的是"此生终老温柔"，而杨妃又恰恰能给予他官能最美的享受，所以他也给予她以别人不可企及的温存。你看他多么细心：杨玉环睡了，他竟甘屈皇帝之尊，不忍要她起来接驾，还吩咐不要把她惊醒；杨玉环倦了，他宁可摆脱政事，陪着她游逛消遣；杨玉环谱曲，他就亲自点勘，赞不绝口；杨玉环跳舞，他就亲击羯鼓，神意飞扬。华清池里，他扶着她双双出浴；牡丹亭畔，他捧着杯亲自劝酒；甚至在"渔阳鼙鼓动地来"之际，他还在那里怜香惜玉，好象使他最为难的是"累她玉容花貌，驱驰道路"。的确，李隆基对杨玉环的温柔体贴，可以说是超乎一切封建帝王可能的限度，怪不得有人因此便说是"爱情真挚"。

但是，李隆基之所以宠爱杨玉环，不过是爱其姿色而已。在封建社会中，男女之情也往往以色作为媒介，但真挚的爱情绝不是仅仅为了色。李隆基则不然，从"定情"到"惊变"，他爱杨妃的不过是她春睡的娇态，出浴的媚态，翡翠盘中的舞态，沉香亭畔的醉态。这种好色的情感，使他在每次称赞杨妃时，所说出的不能不是近于猥亵的话。有时他也称许杨妃的才能，例如在"制谱"一出他就很欣赏她的聪明伶俐。而在欣赏其才能之后立刻又说："觑仙姿、想前身原是月中娃。"显然，杨妃的才能，在他眼中不过作为是容貌的衬托和点缀。李隆基这种好色的心，杨玉环是看透了的，所以她才会担心以后自己人老珠黄，会象垃圾一样的被李隆基抛弃。

"爱色"和"真挚的爱情"，相差何止十万八千里。正因为李隆基爱的是"色"，因此从"定情"到"惊变"，他对杨玉环始终是以对待玩物的态度，极其量也只是"镇日里高擎在掌""一日几摩挲"而已。当这件玩物玩得有点儿腻了，他就翻脸无情，把她送回杨府或者另寻新欢，只因为她实在有过人的姿色，才没有把她抛弃。

既然李隆基是个见异思迁的好色之徒，这样，他对杨妃等人越是温柔多情，就越显得他的荒淫腐朽，比如说，他细看杨妃睡态，亲扶杨妃出浴，好象是十分风流温柔，然而这又是多么荒淫无耻啊。

　　同时，作为一个最高统治者，他的风流多情和昏庸无道又是统一的。由于昏庸无道使他热中于风流酒色，而热中于风流酒色又更显得他昏庸无道。朝廷选用安禄山是件大事，他却忙着和杨玉环游玩消遣，草率地把一切交给杨国忠处理；外族侵略者已经兵临城下，他却忙着和杨玉环制曲跳舞……

　　李隆基就是这样的一个人。象他这样的皇帝，历史上是屡见不鲜的，李后主、陈后主，乃至南明的福王，都是这一类货色。《长生殿》中李隆基的性格，正是集中地细致地反映了这种类型的统治阶级的形象。生活在封建时代的作者，敢于揭露皇帝的精神面貌，实在是难能可贵，这显然和他的民主思想是有联系的。不过，李隆基的性格，在杨玉环死了以后，有了一百八十度的转变，关于这点，下面还要论述。

　　好了，从上面对杨李性格的分析中，我们大致可以看出他们的关系到底是什么一回事。我不否认他们是颇亲密的一对，然而甜言密意的情话并不是真诚纯洁，月夕花朝的生活充斥着矛盾斗争。他们的关系还导致一系列连锁反应：玉环专宠，杨国忠得以横行无忌；皇帝昏庸，安禄山得以乘机入寇；统治阶级纸醉金迷，天下百姓流离失所；于是有郭子仪无路请缨；于是有雷海青掷琴骂贼……别林斯基说过："（历史）小说在我们面前暴露了历史事实的内幕背景，引导我们走进历史人物的私室和卧房之中，让我们清楚的看见他们的家庭生活和私人秘密，不仅是打扮着很漂亮的历史伪装，而且也使我们看见戴着寝帽、披着睡衣的姿态"。①如果说长生殿具有一定价值的话，就在于它带领我们穿过锦绣的帷幕，窥看宫帏生活的秘密，洞悉统治阶级的真相。

四

　　洪昇创作《长生殿》的动机是矛盾的，这使他的创作实践也呈现出很复杂的现象。一方面，他批判了杨李，客观地反映了杨李的腐朽生活；一方面又认为杨李虽"弛了朝纲"，却"占了情场"。在他看来，"占了情场"是应该大书特书的，"情之所钟，在帝王家罕有"。因此，他即使在通过形象揭露杨李生活的时候，也大力称赞他们"爱情"的"真挚"。例如他极写杨玉环嫉妒，却以为这种嫉妒正是爱情真挚的表现，借李隆基的口说她"情深妒亦真"；又如他一面极写李隆基用情不专，一面又借高力士的口为他开脱："如今满朝文武，谁没个大妻小妾。"这一来，李隆基的行为不仅被看作为理所当然的，而且成为多情的表征了。这些矛盾，无疑是大大地削弱了作品对统治阶级批判的意义。

　　作者在揭露杨李的腐朽生活时尚且认为他们的"爱情"值得歌颂，那么在马嵬之变之后，他就更有理由将杨李的"爱情"深化和净化。李隆基，在杨玉环死后，完全变成为另一个人，他对杨妃的感情变得很纯洁真率。在他整个逃难过程中，思念杨妃的痛苦始终咬啮着他的心，行宫见月，夜雨闻铃，都勾起了无限的愁丝恨绪。他以最哀伤的调子唱出了令人凄然的歌曲：

---

① 转录自"彼得大帝"（A. 托尔斯泰著）译后记。

渐渐零零，一片凄然心暗惊。遥听隔山隔树，战合风雨，高响低鸣。一点一滴又一声，一点一滴又一声，和愁人血泪相交迸。对这伤情处，转自忆荒茔。白杨萧瑟雨纵横，此际孤魂凄冷，鬼火光寒，草间湿乱萤。只悔仓皇负了卿，负了卿！我独在人间，委实的不愿生！语娉婷：相将早晚伴幽冥。一恸空山寂，铃声相应，阁道崚嶒，似我回肠恨怎平！

——第廿九出，闻铃

他又用檀香木雕成了杨妃的身象，亲临酹酒哭祭，使那些曾经嫉忌的宫女们也感动得同声一哭，连木偶也流出了珠泪。他回到京师，朝思暮想，怏然成病，结果感动了上天，神仙们就让他飞上月宫，和杨玉环重为夫妇。至于杨玉环的性格，死后和死前也大不相同。她精诚不散，到处找寻李隆基的行辇（这倒有点象杜丽娘死后找寻柳梦梅那样，难怪洪昇同意别人说《长生殿》是本"热闹的《牡丹亭》"了）。结果也是感动了上天，重归月府。其实，马嵬之变以后，杨李二人的性格已经合而为一，再没有什么区别了。

依照李隆基性格的发展逻辑看，他在《长生殿》后半卷的行为是不可能的。我们说过，他是个好色而不专的人，这种人很难想象他能对爱情矢志不渝。依照他在《长生殿》前半卷的表现来看，当他失去了杨玉环时，他可能很悲痛，就象一个富翁失掉了一笔财宝那样。但是，日子久了，或者又得到新的对象了，对旧欢的印象就会渐渐淡薄，渐渐忘记……但是洪昇却扭转笔锋，写李隆基的恋情愈来愈深，乃至于为此而死。显然，在这里作者不是现实主义地根据人物性格发展的前景处理形象，而是把自己对爱情的理解加在杨李身上。因此，杨李的性格就离开了原来的轨道，他们都变成为用情真挚，值得歌颂的形象。

歌颂杨李的爱情对不对？这个问题应该仔细地分析。我们知道，杨李二人命运的毁灭，是他们自己一手做成，而又假手外族侵略者促其实现的。古代不少作家，往往只注目于侵略者促使杨李分离这点上，因而对杨李很表同情，特别在遭逢丧乱之际，对杨李的同情便往往和怀念祖国的感情结合在一起。杜甫在《哀江头》中说："人生有情泪沾臆，江草江花岂终极。"白居易在《长恨歌》中说："天长地久有时尽，此恨绵绵无绝期。"这些诗句无疑都有其积极的意义的。

但是，无论如何，这些作家同情杨李的态度，也说明了他们对杨李命运的认识是错误的，因为毁灭杨李命运的主凶不是别人，正是杨李自己。并且他们还造成了社会混乱，毁灭了千千万万人民安定的生活。过份原谅杨李，就只能使人对杨李罪恶的本质产生误解。关于这点，伟大的现实主义者杜甫和白居易终于认识清楚了，当离乱告一段落，他们痛定思痛，就改变了对杨李的态度。杜甫在写了《哀江头》以后，又写了《北征》一诗，这诗就把杨妃看成是误国殃民的妹喜妲己，赞美那迫杀杨妃的陈元礼："不闻夏殷衰，中自诛妺妲"，"桓桓陈将军，仗钺奋忠烈"。白居易在与元九书这篇阐述现实主义思想的文章中说过："今仆之诗，人所爱者，悉不过杂律诗与《长恨歌》以下耳，时之所重，仆之所轻。"他认为《长恨歌》和他的现实主义诗篇有距离，把它归入"仆之所轻"之列。总之，杜、白到底是看到了杨李的罪恶本质。（这里我只是谈杜、

白对杨李的认识,我并没有否定《长恨歌》和《哀江头》的意思。对这两诗应另作更具体的分析)

洪昇所处的环境和天宝时代有共同之点,他对杨李命运的同情也有一定的意义。但总的来说是错误的,他不仅承继了白居易自我批判了的原先的观点,而且还大大加以发挥,他强调杨李的爱情生死不渝,甚至把杨妃的死说成是为社稷而死,为爱情而死。这样过份的歌颂只能起了掩饰杨李罪恶的作用。

歌颂爱情,是洪昇一贯的理想,他的《四婵娟》就很突出地表现了对爱情民主的见解。《长生殿》歌颂杨李"爱情"的思想显然也由此而来。一般地说,在提倡"男女授受不亲"的封建社会中,歌颂爱情是进步的,洪昇能歌颂爱情,在这点上,我们应该肯定其进步意义。但是,歌颂一般爱情是一回事,歌颂杨李的"爱情"又是另一回事;歌颂爱情是对的,而歌颂落在杨李身上的"爱情"就大费踌躇。洪昇向往"美满夫妻""恩爱夫妻"的甜蜜生活,只想顽强地表现他对爱情的理想,而没有考虑到杨李的形象能否承担这种理想,这就表明了洪昇对爱情的追求是片面的、抽象的,更表明他对皇帝虽有批判,但毕竟还是呵护的。不然,他就不会把"真挚的爱情"加在杨李的身上了。

我们并不以为封建帝王就一定没有爱情,问题在于在《长生殿》中的杨李的形象,究竟有没有体现出他们之间有什么和人民相通的真挚的情感;问题在于他们的"爱情"建立在什么基础之上。上面,我们分析杨李的性格时已经接触到他们"爱情"的实质,的确,他们也形影相随,但这难道是"真挚的爱情"维系着的吗?李隆基爱杨玉环不过是她的声色最能满足他的欲望,杨玉环紧紧缠着李隆基主要是为了荣华富贵。有人说,李隆基对杨玉环的态度是由不真挚到真挚,由一般爱色发展到敬畏。这种说法很难令人同意,我并不觉得李隆基在杨妃春睡时和后来出浴时爱色的态度有什么发展,如果说他后来爱得真挚了,爱她的才能了,敬她的情真了,那为什么在"制谱""幸恩"之后还发生了杨梅事宠的事件。

爱情不是抽象的东西。在杨李,"占了情场"和"弛了朝纲"是统一的。他们"占了情场",导致"弛了朝纲",因为"弛了朝纲",才能"占了情场";"占了情场"是通过"弛了朝纲"而体现,离开了"弛了朝纲"就无所谓"占了情场"。李隆基为了宠爱杨玉环,替杨氏家族大兴土木,"一座厅堂,足花上千万贯钱钞",爱屋及乌,关怀极矣,可是那些朱甍碧瓦,涂满了人民的血汗;为了宠爱杨玉环,他命人从海南、涪州飞送荔枝,千里鹅毛,体贴极矣,可是为了荔枝,不知毁坏了多少庄稼,损害了多少性命……如果说杨李有爱情的话,那么它是用人民的鲜血眼泪换来的,没有算命瞎子等人民为他们牺牲性命财产,他们也就没有什么温柔体贴之可言。洪昇批判了杨李的"弛了朝纲",但是他没有认识到"情场"和"朝纲"的联系,他既不得不承认他们的"爱情"产生了罪恶,却又离开这点去歌颂那培育罪恶的土壤。这很明显是个大错误。

杨李腐朽的生活和他们的"情"既是不可分的,要歌颂他们实际是困难的事,为了解决这个矛盾,洪昇借助于传统的人道主义精神,根据"过而能改,善莫大焉"的准则,让杨李痛悔前愆。李隆基悔的是:"国忠构衅,禄山谋反,寡人那里知道";杨玉环悔的是："只想我在生所为，那一桩不是罪恶？况且弟兄姊妹，挟势弄权，罪恶滔天，总皆由我。"经过这样自我忏悔，再结合梦寐追怀，杨李的性格就前后判若两人。马嵬事件以前杨是飞扬跋扈的宠妃，李是用情不专的昏王，马嵬事件以后都成为了矢志不渝的情种。所谓"情悔"，正是他们转变的关键。

我也不认为坏人注定不能变成好人，更不认为皇帝贵妃一定不会"觉悟"。不过，我们必须看看人物性格转变得是否合情合理，必须观察他们的"悔悟"有没有基础，是空洞抽象的还是具体真实的。由于作者看不到杨李"占了情场"和"弛了朝纲"的关系，他虽写了他们自悔政治上的错误，但又写他们怀念着那导致政治黑暗的"爱情"。比如说，千里送荔枝的"情意"是踢死人民的凶手，杨李既然都自责"罪恶滔天"，却是越来越想念那个凶手，这样的"悔悟"，岂不是表面的、落空的吗？因此，任凭作者"嘉其败而能悔"，替他们说了不少内疚的话，而我们在形象里却看不出杨李悔了些什么具体的东西，看不出其性格的转变是合乎逻辑的发展。以前，也有人认为杨李的性格前后不统一，我看正是由于其转变关键没有血肉，不能说服观众之故。

更坏的是，由于作者抽象地理解"情"，顽固地维护封建地主的利益，因而当人民惩罚杨李时，他便认为人民冒犯了皇帝的尊严，破坏了真挚的爱情，并对马嵬事件采取了错误的态度。他三番四复借杨李的口谴责陈元礼等正义的将士。杨妃说："陈元礼陈元礼，你兵威不向逆寇加，逼奴自杀。"（埋玉）李隆基说："恨不诛他肆逆三军众，祭汝含酸一国殇。"（哭象）在"雨梦"一出中，作者还用梦的形式，使李隆基杀死陈元礼来雪仇解恨。这里不必谈论历史上马嵬之变的性质，就从《长生殿》的形象看，杨李的"爱情"也应受到制裁。人民在马嵬驿前判决他俩罪恶的勾当是完全正义的。洪昇为了同情杨李而谴责代表人民意志的陈元礼，只能大大地影响了作品的价值。同时，这做法恰好证实杨李"悔悟"的空洞，如果他们真的自悔罪恶深重，那就应该服膺人民的判决。可是恰恰相反，他们恨人民入骨。这样即使流下的眼泪再多，也很难令人相信他们的悔悟是真实的，相信他们性格的转变是真实的。洪昇倒去歌颂他们，只能说明自己是在空中砌楼叠阁。

文章写到这里，大致可以结束了。总之，我认为洪昇的思想是复杂的，他看到了封建统治阶级的黑暗腐朽，他要挽救它，想它不再腐烂下去，便不能不现实主义地摊开那腐朽的尸首来"垂戒来世"，这样《长生殿》就反映了和杨李"爱情"纽成一片的统治阶级政权崩溃的情景；但由于他对皇帝抱有幻想，抽象地理解爱情，又想用杨李本身并不存在的"爱情"来为他们洗刷政治上的罪恶，结果是，他的正确的和错误的美学理想同时掺入作品中，使《长生殿》的形象变得十分复杂。这里，读者如果有兴趣的话，不妨回顾一下开头说过的小诗"玉钩斜"，你将会发现它那矛盾的思想和《长生殿》多么相近，你将会理解《长生殿》出现的复杂情况并不是出于偶然。

尽管洪昇创作《长生殿》最主要的动机是歌颂杨李的"爱情"，然而，由于在洪昇的世界观中有民主的先进的因素，由于作品形象的客观意义和他的初衷不一致，所以，《长生殿》的价值，不在于歌颂了什么"真挚的爱情"，而在于现实主义地揭露了以杨李为首的统治阶级腐朽的生活，和他们内部尖锐的矛盾。我以为，《长生殿》所暴露出来的缺点是严重的，而成绩却还是主要的。几百年来人民一直喜爱《长生殿》，这就是最公允的评价。对于《长生殿》的功和过，前人也有过较中肯的见解，顾曲尘谈认为"长生殿取天宝间遗事收罗殆尽，故上本每多佳制，下半则多由昉思自运，如冥追、尸解、情悔、神诉诸折、乃至凿空不实"。所谓"上本每多佳制"，正是因为作者现实主义地反映了杨妃生前的历史真实；所谓"凿空不实"，不是指它后半部完全出于虚构（历史剧也容许虚构，甚至是浪漫主义的想象），而是说它离开了现实基础、离开了形象性格发展的逻辑去虚构。

综上所述，可以得出这样的结论：历史剧作家如果不是从历史真实的基础上去虚构人物，而是凭自己的剥削阶级的偏见来设想历史人物的形象，就只能大大削弱作品的价值。《长生殿》，它的成功和失败，也许可以为今天的剧作家们提供经验教训的。

原载《中山大学学报（社会科学）》1960年第4期

清代六省戏班在广东

冼玉清

清初，广东戏剧有两派：一是外江班，一是本地班。外江班这个名称，表面看来似乎很简单，其实里面却很复杂。根据广州魁巷"外江梨园会馆"的碑记，外江班大致是指苏皖赣三省的戏班。后来又加入湘班，合前三省而言，可以叫做四省梨园会馆。此外还查出有个"豫鸣班"，那么，所谓外江班就不止四省，还要加上豫省而成为五省外江班了。至于桂剧则不隶属于"外江梨园会馆"，它在清初已流行于广州和广东南路一带。桂剧是湘剧的支流，而唱腔又用桂林官话，为了全面地考察外省戏班在广东的活动情况，故把它归入六省戏班这个题目叙述，目的在追溯粤剧和外省戏的关系。在粤剧未正式形成之前，本地班所唱之戏，仍系外省戏腔。演唱者多是本地人，他们不是梨园会馆科班出身，受了"外江梨园会馆"的行会规章的排斥，不能在广州公开演唱，故称为本地班。因此，早期外江班和本地班的分别，并非由于唱腔之不同，舞台艺术的差异，所演剧本之悬殊，而是广州外江班的戏班行会，排斥本地人唱外江戏。外江班和本地班的区分，很可能是外江戏班行会做成的现象。

本文主要是根据梨园会馆碑刻原始资料，试图探讨鸦片战争前后，广州由一口通商变为五口通商时期，各省行商来粤贸易和外江戏班联袂随来的关系及其变化。概述六省戏班演唱的历史；着重研究外江班戏剧行会的组织；使我们认识通商时期的广州，其对外贸易的兴衰和外省戏班的直接关系；为研究广州史、戏剧史，以及行会制度史，提供一些意见。

一、外省戏班来粤演唱的经济背景

清代乾隆间，广东有成百个外江班戏种来这里演出。在封建社会，以一个都市，而容纳徽、吴、湘、赣这许多剧种，是有它的经济背景的。此点欧阳予倩同志亦已见到。他说："广州很早就是一个通商的都市，乾嘉年间又是比较安定的时期，无怪有许多戏班到广州。除掉外江班（指外省来的班子），还有本地班。"① 现在我把这些实况，作较详的论述。

乾隆二十四年（一七五九年），高宗下令限广州一口通商，以此广州便成为清朝对外贸易最大的商港，全国各地出口货都集中在此地出口。其商品都是由安徽、江西、福建、湖南，以及江浙的商人贩运来的。广州集中了商舶和商人，真是"阿城大舶映云

---

① 《一得余抄》第249页。

日，贾客千家又百家"，可称天下商贾聚处。其商人有湖南帮、江西帮、福建帮、江浙帮。同时在广州进行贸易的外国商人，有英吉利、荷兰、法兰西、丹麦、瑞典、普鲁士等国，而以英国占首要地位。对外贸易的发展，引起清朝财政上发生很大的变化。回溯康熙二十四年（一六八五年），清政府设立粤海关，管理日益增长的广州一口对外贸易和征收关税的事务。自设立海关后，广州对外贸易发生巨变。它要有一个皇商组织起来应付这些事务，是年正式改组广东十三行为十三洋行，以便更好地管理和专揽对外贸易。洋行发展到二十家，全国茶丝全部都要运来广州由十三洋行办理出口。随着对外贸易的发展，广州商业资本为全国最活跃的口岸。于是出口货单和白银，都集中在广州来了。平均每年输入银子1,308,407元（一七零零——一七五零年），有屈大均"钱银堆满十三行"的诗句可以为证①，商业资本和商品流通的发达，刺激了信用制度的发达。广州有银业公会"忠信堂"的产生，全盛时期，拥有会员34家，山西票庄在广州亦设有分店。贸易既然集中一口，于是全国商帮云集广州。由于文献不足，当时广州整个市面的繁荣，未易得其全貌。单举市内最繁盛的一条街市"濠畔街"可以概见。"濠畔街当盛平时，香珠犀象如山，花鸟如海。番夷辐凑，日费数千万金。饮食之盛，歌舞之多，过于秦淮数倍。"②外省商人多来广州掘金，"歌舞"事业，就跟着兴盛。珠江风月，花艇歌妓，足供商客"销魂"的，有潮帮和扬帮。扬帮歌妓"来自扬州，余皆湖广、江西人也"③。甚至有的远从河南省买来广州当歌妓的。这是不正常的娱乐。另有正常娱乐的戏班，亦争相涌来演戏掘金。以一个商客云集的大都市，商客要求娱乐，戏班自然跟着大大兴旺起来。

外省戏班有成百个流寓广州，也是广州客商云集的一个旁证。艺人作客他乡，在封建时代，为了保护同帮的利益，在行会制度作统治地位时代，他们共同在广州组织戏人行会"梨园会馆"④。乾隆二十四年建筑馆所在广州魁巷，祀九皇，前殿则奉老郎之神⑤。

梨园事业之兴衰，与来粤客商之兴衰，是有直接关系的。演戏的兴衰，又决定"梨园会馆"的兴废的经济条件。梨园会馆建成后，外江戏班也跟着商人的尾后来淘金了。而且"夷人到广，货物繁多，虽不能一时全数销售，但各省客商来广装买洋货者，亦复不少"⑥。但碑文乾隆三十四至四十年间，各省客商"来粤贸易者寡"，当时贸易既操纵在十三洋行之手，是则"来粤贸易者寡"，是十三洋行衰落之候也。此时行商破产，是其中的一部分原因。行商由于本身的骄奢淫逸，无可避免外商的债务负担。然根本原因，则由于清朝官吏的苛敛勒索所致。行商破产，对外贸易暂受波及，故外省客商不来。本来广州的外江班，全靠商客为票友。商客票友少，则戏班生意淡。戏班暂时不能自顾，那有余款捐资修会馆呢？不过外江班的观众，主要是靠客商，但它们仍有很多其

---

① 《广东新语》卷十五，第28页货语。
② 《广东新语》卷十七，第16页宫语。
③ 沈复：《浮生六记·浪游记快》。
④ 杨掌生：《京尘杂录》卷四，第38页。
⑤ 杨掌生：《京尘杂录》卷四，第37页。
⑥ 梁嘉彬：《广东十三行考》第139页。

他的观众。碑文记"除本行衙门与士商各行等"观众之外,还有"各乡到城定戏",可知外江班在乡村也有一定的观众。宋朝李格非《洛阳名园记序》有云:"且天下之治乱,候于洛阳之盛衰。而知洛阳之盛衰,候于园囿之兴废。"这几句话,可以借来说明清代"广州之盛衰,候于外江梨园之兴废"。有碑为证,乾隆四十五年(一七八零)"外江梨园会馆"碑记云:

> 三十四年及四十年,刘守俊邀各班捐费修整二次,奈此时来粤贸易者寡,偶助公款,亦不敷用。至近年接踵来者有十余班,于是公议……各班踊跃捐得千余金。

乾隆三十四年至四十年间,由于这时"来粤贸易者寡",故捐款修整梨园会馆是偶然的乐助,是不够修建所需的。到了乾隆四十年左右,各省客商来粤贸易者众,于是各省戏班也跟着"接踵来者有十余班"。贸易上升,直接影响戏班收入增加,捐款因之容易筹集,"各班踊跃捐得千余金"。可见梨园的盛衰,是各省客商来粤贸易的测候所。

上文指出在鸦片战争前,全国商品集中在广州一口输出,当时中英贸易上的主要出口货以茶叶占首位,次为生丝、土布,此外还有丝织品、陶瓷、糖、大黄、樟脑、水银等等,而茶叶、生丝、土布,是三项对英国输出的首要货物。这三项首要出口货,多数不是广东出产的。

丝是从江浙贩运来粤的。乾隆二十四年(一七五九)两广总督李侍尧奏称:"惟外洋各国夷船到粤贩运出口货物,均以丝货为重。每年贩卖湖丝并绸缎等货,自二十余万斤至三十二万斤不等。统计所卖丝货,一岁之中,价值七八十万或百余万两。至少之年,亦卖至三十余万两之多。其货均系江浙等省商民贩运来粤,卖与各行商,转售外夷。"①广东和江浙之间的驿运,为民间雇佣的"千里马"。"而且近年各夷商分遣多人前往江浙等省购买货物,不时雇觅'千里马'往来,探听货价低昂。"②

茶叶来自福建、江南、徽州、湖南等地。乾隆四十三年,广东十三行复广东巡抚李湖禀内称:"茶叶一项,向于福建武夷及江南徽州等地采买,经由江西运入粤省……"③这些货物,由几十万个挑夫徒步经运输要津南安而运到广州。茶丝商贩,把它们卖给广东十三行。行商设立公行,专包揽对外茶丝贸易,又加上江西景德镇陶瓷外销,于是茶丝及陶瓷均集中广州。由于间接贸易,货物来广州交给十三行转售,要等待脱手后,云集广州的商帮才能回去。他们在广州作短期寄寓,客中需要消遣,商人又挥金如土,随着各商帮之后,各省的戏班亦相继接商帮之踵而来。江浙帮商人,必然爱看爱听昆腔。所以乾隆三十一年有姑苏红雪班。安徽商帮必然爱听徽剧。乾隆四十五年,为徽班极盛时期,来粤有八个戏班,共238人,可知皖茶叶运广占优势,而徽剧又有不少昆腔班,如春台班唱昆腔,江浙寓公亦可以听。赣剧两班62人,半供江西商帮观赏。湘剧一班26

---

① 《史料旬刊》第五期,茅天,158页。李侍尧折。
② 《史料旬刊》第五期,茅天,307页。乾隆二十四年英吉利通商案。
③ 梁嘉彬:《广东十三行考》,第137页。

人,多供湘人观看。乾隆五十六年,来粤外省戏班四十四个:其中徽剧班七个;湘剧十八个;赣剧二个;苏剧十一个。湘剧占40.9%,它居然超过徽剧二倍半。决定湘剧占优势的因素是:陆路运输,湘南比江西多一条路;一条是靠近粤北的郴州,它从来是广东手工业品和湖南农产品交换的冲要之区;另一条是湘潭,中国丝茶之远销外国者,必先在湘潭装箱,然后再运广东放洋。以故,"湘潭及广州间商业异常繁盛,交通皆以陆,劳动工人肩货往来于南风岭者,不下十万人"[①]。以上虽然是指五十年代的事,但由湘剧之鼎盛,大有取徽剧而代之之势,可知鸦片战争前十八世纪九十年代,湘南对粤的货运已发达了。否则湘剧突然增加,是不可想象的事了。

二、六省戏班在广东演唱概述

随着各省贩运特产的客商麇集广州,各省戏班也跟着各该省客商涌来广州掘金,形成十八世纪后半期长江以南各剧种集中在广州发展的盛况,大有百花齐放的繁荣气象。

外省戏班集中广州,乾隆二十四年在旧德门外魁巷建立"外江梨园会馆"。现存有十一个碑记。这许多碑记,对于研究吴剧、徽剧、赣剧、湘剧的发展历史及其传播很有参考价值。现在的粤剧源于皮黄,而赣剧、湘剧又是徽剧的支流。徽剧是皮黄戏,桂剧也属于皮黄系统,桂剧是通过湘剧接受皮黄的。研究"外江梨园会馆"碑记以及桂剧在广东的演唱和传播,对于粤剧的历史提供重要的线索。戏剧是一种富有浓厚地方情调的舞台艺术,虽然同出于皮黄,他们之间的关系,是相当复杂的。粤剧通过湘剧和桂剧,接受徽剧的艺术。

中国民间梨园职业团体史料,系统地保存并不多。除了苏州保留一部分外,广州"外江梨园会馆",为长江以南四省及黄河以南一省戏剧保存了许多珍贵的史料。许多旅粤有省别的戏班名字及每班人数人名,赖以较完整地保存。早期来广州演唱的戏班,没有一个能例外地不题名石刻上的。要不是广州的商业繁荣,吸引了那么多客商来贸迁,各省的戏班不会发展到这样盛况的。可以说广州商业促进了四省旅粤戏班的发展,而四省戏剧在粤的发展,可能比较各该省在省内发展更快一些。"梨园会馆"的成立,是说明外江班在广东盛极一时的纪念碑。最难得的是,在四省文献里,都不可能找到这样详细的戏班名称及每班名单。因此要研究十八世纪后半期长江以南四省的戏剧历史,不能不研究外江梨园会馆碑记。这些碑记的发现,为中国戏剧史提供第一手资料。象这样重要的史料,以前研究粤剧的人都不曾注意及之,也不曾知道。听说以前每年老郎诞辰,粤剧都选优秀的艺人在"梨园会馆"演戏。艺人数典不忘祖之情,可以想见。

广州"梨园会馆"碑记的开始被重视,是在一九五四年欧阳予倩同志来粤,要求广州市文物管理委员会到魁巷调查梨园会馆,拓出碑记十一张。我曾去该会馆探查,仍发现有残碎断片弃在地上,可能还有一部分被毁坏的。然而大部分重要碑记被保存下来,从此我们对二百年前广州剧坛的盛业得到一份原始资料,这是从来广东文献所未经著录,不能不说是一大发现。

综合诸碑记来考察一下各省戏班来粤的消长情况,得出如下说明:

---

① 容闳:《西学东渐记》。

1）乾隆二十七年（一七六二）外省来粤戏班十五个，总人数为384名（其中另有合成会议，是有人数的）。每班人数，多者由40—43人，为文聚班与太和班两班；17—19人者有三班；22—38人者有六班；最少者为豫鸣班，只有9人。

2）乾隆三十一年（一七六六），外来四班共107人。其中标明地区的有两班：一为集湘班，一为姑苏红雪班（39人）。

3）乾隆四十五年（一七八零），来粤十三班，总人数349名。其中徽剧八班，占61.5%，人数238人，占65.6%。其他江西二班，人数62人。湖南一班，26人。

4）乾隆五十六年（一七九一），来粤共四十四班，其中徽剧七班，占22.72%，湘剧十八班，占40.99%，吴剧十一班，占25%，赣剧二班，占4.5%。前一时期，徽剧占绝对优势。这一时期，则来粤者减少一班，而湘剧忽然由一班上升为十八班。增加很快，为什么呢？它标志着湘粤贸易突趋频繁，湘帮客商多，需要湘剧为娱乐，湘剧班来粤就更多了。

以下分述各省剧种来粤的情况：

1）姑苏戏班：姑苏班大部唱昆腔，属于雅部。它在明末已经为广东官场和士大夫阶层所爱听的文戏。当时博罗张萱（一五八八——一六四一）家蓄姬人黛玉轩，能以《太和正音谱》唱曲，张萱为刻《北雅》一书。天启二年（一六二二）宛陵（安徽宣城县）梨园以汤宾尹书至，乞他以《北雅》唱昆腔①。由此可知他对昆腔的精熟。南海陈子升（一六一四——六九一）亦擅昆曲，有《昆腔绝句》云：

　　九节琅玕作洞箫，九宫腔板阿侬调。
　　千人石上听秋月，万斛愁心也早销。
　　苏州字眼唱昆腔，任是他州总要降。
　　含着幽兰辞未吐，不知香艳发珠江。
　　青藤玉茗浪填词，余子纷纷俚且卑。
　　我爱吴侬号荀鸭②，异香偷出送歌儿。
　　游戏当年拜老郎，水磨清曲厌排场。
　　而今总付东流去，剩取潮音满忤堂。③

明末姑苏昆腔歌者张丽人，为当时广东士大夫所倾倒。她死后还得到几百个广东士大夫送葬，有为她建立百花冢的韵事。到了清初，昆腔戏班更多在广州出现。乾隆三十一年（一七六六）有姑苏红雪班，当是昆腔班。乾隆五十六年（一七九一）所立《外江梨园会馆上会碑记》载有该年来粤四十四班，姑苏班占十一班，题名如下：

　　姑苏庆云班　　姑苏万福班　　姑苏五福班

---

① 张萱《西园存稿》卷十五，第1页，北雅序。
② 荀鸭，填词人假名也。见原注。
③ 《中洲草书遗集》卷十七，第7页。

姑苏清音班	姑苏庆春班	姑苏添秀班
姑苏集秀班	姑苏嘉庆班	姑苏春星班
姑苏吉祥班	福祥班	

欧阳予倩同志说:"姑苏的十一班,可能全是昆腔。"①我也认为全是昆腔班的可能性很大。从明末至乾隆后,昆腔在广东官场和大商家之间,是有相当观众的。同一碑记中,有"湖南集秀班"和"姑苏集秀班"同名,"姑苏集秀班"是昆腔,"湖南集秀班"也是昆腔无疑了②。考乾隆四十五年(一七八零)《外江梨园会馆碑记》载有保和班演员产泰周。五十六年《碑记》安徽产泰周则担任姑苏班管班,又可知安徽保和班也是昆腔。欧阳同志又指出安徽春台班是昆腔,计算起来,已有十四个昆腔班了。其余(三十班)的班社中,也可能还有昆腔班,于此可见昆腔戏在广州是曾经相当盛行的。

及至嘉庆年间,广东盐商还以私人组织昆腔班。俞洵庆《荷廊笔记》卷二载:

嘉庆季年,粤东鹾商李氏家蓄雏伶一部,延吴中曲师教之。舞态歌喉,极一时之选,工昆杂剧。

李氏所组的幼童昆腔班,是广东子弟,拜苏州昆曲师傅授艺,这是本地外江班的典型。

2) 安徽戏班:徽剧当时是未定型的。它虽属皮黄系统,但也还有相当昆腔存在。清初,"广东在一个时期徽班很盛行。徽班不仅传给广东伶工西皮(梆子)二黄的一套,同时也把武术带了进去"③。据会馆碑记,乾隆四十五年,来粤戏班十三班,徽班占八班,人数258人。

安徽文秀班	安徽上升班	安徽保和班
安徽翠庆班	安徽上明班	安徽百福班
安徽春台班	安徽荣升班	集庆班(疑亦徽班)

在许多徽剧当中,明确知道的,安徽春台班和安徽保和班都是昆腔班。乾隆五十六年碑记徽剧有七班:

安徽保庆班	安徽胜春班	安徽宝名班
安徽荣升班	安徽裕升班	安徽贵和班
安徽春台班		

七班之中,只有安徽春台班和安徽荣升班是四十五年留下来的,其余五班都是新班子。

---

① 《一得余抄》第248页。
② 《一得余抄》第248页。
③ 《一得余抄》第246页。

四十五年的荣升班管班鲁国聘，春台班管班汪飞云；五十六年荣升班管班汪朝班，春台班管班汪云献，几乎全部易人。只有安徽保和班产国泰上升为管班，他离开保和班跟郝秀官组集秀班。照会馆规约，在不违背行规的限度内，可以"投别班"或"搭别班"。产国泰由徽班转入姑苏班是合法的。徽剧和粤剧本地班的关系，据欧阳同志说，粤剧"直接受徽班的影响的确很大"。

3）江西戏班：江西班即唱弋阳腔的赣剧。明徐渭《南词叙录》载："弋阳腔出于江西，流行两京、湖南、闽广。"按《南词叙录》作于嘉靖三十八年（一五五九），麦啸霞《广东戏剧史略》①根据徐渭的话，断定嘉靖年间广东戏曲唱的是弋阳腔。如果说早期广州府本地班唱的是弋阳腔，是没有可靠根据的。徐渭所述"闽广"的涵义值得注意。若果指接近江西的潮州本地班在明代已采用弋阳腔，那就对了。弋阳腔是高腔，唱法主要是一个人出台，许多人在后台帮腔，兼用锣鼓等打击乐器伴奏。潮剧在明代已流行，较广府的本地班要早一百多年。明代广府却流行昆腔而非弋阳腔，麦氏弄错了。欧阳同志也有模糊的地方，他说："琼花会馆，佛山有，广州也有，广州的在琼花大街。"据粤剧老艺人说："在明万历间，广东的伶工，已经有行帮组织——琼花会馆。""琼花会馆旧址的琼花大街，就是沙面东桥附近的对门。"②在清初乾隆间，沙面是歌妓麇集之地，当时的沙面靠近沙基。我认为"琼花大街"是指歌妓聚处而言，非指戏班而言，和佛山琼花会馆不能混为一谈。

弋阳腔传来广东还是外江人，"据说雍正年间，有个湖北籍的名伶张五（绰号摊手五）因为得罪了官府，从北京逃到佛山，把京腔（即弋阳腔又名高腔）和昆腔、武功教给红船子弟，成立戏班"，"在佛山大基尾的琼花会馆，可能是建在粤剧演员之手，而是在张五之后，而广州的琼花会馆，可能是弋阳班子所组织成的"③。这无异把嘉靖年间弋阳腔传入广府之说，改为万历年间传入而已。如果前一说不可靠，后一说同样不可靠。更不能由张五祖师影响下建立的琼花会馆来推论琼花大街有过不存在的琼花会馆，说是弋阳班子组成的。

乾隆四十五年《梨园会馆碑记》载江西班有二个：江西贵华班、江右江易班。乾隆五十六年碑记载江西班有五个：江西华秀班、江西玉秀班、江西上升班、江西绮春班、绣春班。当中江西上升班和乾隆四十五年的安徽上升班同名。但江西上升班是唱江西弋阳腔，而安徽上升班是唱安徽弋阳腔。

4）湖南戏班：湘剧是属于皮黄系统。汉剧、湘剧、桂剧称西皮为北路，称二黄为南路，故称南北路。乾隆年间，湖南班到广东的很多：有的是昆腔班，有的唱南北路。到广东的湖南班子，以衡阳和祁阳班为主。衡阳班子多数是唱昆腔的，祁阳班是以唱南北路为主④。我们已知道长沙班有一个班子，是由昆腔转唱乱弹的。

乾隆三十一年（一七六六）《外江梨园会馆碑配》载有集湘班，人数为21人。四十五年（一七八零）的碑记载有湖南祥泰班，共36人。五十六年（一七九一）《上会

---

① 《广东文物》卷八，第793页。
② 《一得余抄》第252页。
③ 《一得余抄》第251页。
④ 《一得余抄》第245页。

碑记》载来粤外江班共四十四班，湖南戏占十九班：

湖南悦普班	湖南天庆班	湖南集秀班
湖南万胜班	湖南双福班	湖南阳泰班
湖南凝福班	湖南连升班	湖南大观班
湖南福寿班	湖南瑞华班	湖南普庆班
湖南庆芳班	湖南彩云班	湖南景台班
湖南丽华班	极乐天班	祥麟班　宜庆班

乾隆五十六年《重修梨园会馆碑记》尚有祥泰班题名。上列十九个湖南班子中，确知籍贯的有两班：一是长沙班：查碑记中有湖南普庆班，一见于五十六年《重修梨园会馆碑记》，另一见于五十六年的《上会碑记》。考杨掌生《京尘杂录》有"长沙普庆部"，广州"湖南普庆班"当是袭用"长沙普庆班"之名，它是长沙戏班无疑了①。周贻白同志指出："道光十八年（一八三八）长沙已有习唱南北曲的普庆部，是合赣剧和汉剧为一炉。赣剧的成分：它前身是弋阳的高腔；汉剧的成分是南北路。道光十八年后，湖南戏曲由昆曲完全换上乱弹，而'普庆部'在长沙一带，似即此转变的关捩。"②另一班是"湖南集秀班"：同一碑记里，又有"姑苏集秀班"，因此确知"湖南集秀班"是昆腔班。

衡阳戏在旅粤湖南班子中，亦占重要地位。嘉庆乙丑（一八零五）《重修会馆各殿碑记》有"天福班"和"瑞麟班"，从捐款数字来看，单正礼是戏班老板中较富有的。例如嘉庆乙丑，他以个人名义捐助100两，同年又以两个戏班名义各捐50两。道光三年（一八二三）以瑞麟班名义捐银10两。道光十七年，单正礼仍有题名。可见单正礼所组的戏班是生意好的。大约衡阳和广东贸易运输比较接近，衡人居广州者多，遂刺激衡阳班的兴盛。单正礼所领的天福班和瑞麟班，应属于祁阳戏系统。祁阳戏包括昆曲和乱弹，亦即南北路的总称，它的声调接近长沙戏。广东本地班的乱弹，是以祁阳戏作为基础的③。而欧阳同志则认为"衡阳班子多是唱昆腔的"④，但并不排斥那唱南北路的祁阳戏。祁阳戏的声调接近长沙戏，很可能走长沙普庆班路子，由昆腔改唱乱弹。

湖南戏在十八世纪二十年代的广州剧坛，是享有盛名的。嵇致亮《珠江观剧记》载：

嘉庆戊辰（一八二零）暮春，观剧散闷。添福菊部即为余所赏，索团扇拂暑急，允其索。因与缪莲仙合题诗于扇面云：

"客邸无聊唤奈何，逢场相约听清歌。

凤郎一曲移情甚，眉有春痕眼有波。"

---

① 同文版《京尘杂录》卷四，第46页。
② 周贻白：《中国戏曲论丛》，1952年版，第104–105页。
③ 周贻白：《中国戏曲论丛》，第103页。
④ 《一得余抄》第246页。

> "珠江雅集奏云傲，梁绕余音格调高，
> 斜日毡毹翻舞袖，可怜人似小樱桃。"
> （原注云）"凤郎姓周，楚南人，又名阿凤。粤东梨园不乏佳丽，而添福菊部尤著于时。"①

查现存《外江梨园会馆碑记》无嘉庆庚辰年者，则添福班是又一湖南班。除非官戏不入会，或这个碑记已经被毁了。不然，象添福这样著名的戏班，若果不入会，很难在广州立足的。因会馆规定"官戏任唱，民戏不准"。

5）广西戏班：广西戏班不在外江梨园馆之列，因此会馆碑记没有桂戏的题名。本文以六省戏班为题，在梨园会馆所有的五省戏班之外，附带说说桂戏，以合成六省之数。在清代桂剧不仅来广州演唱，而且在广东南路民间很流行。据旧稿本绿天所撰《粤游纪程》述雍正十一年间（一七三三）桂剧在广州演唱情形：

> 广州府题扇桥为梨园之薮，女优尤众，歌价倍于男优。桂林有独秀班，为元藩台所品题，以独秀峰得名，能昆腔苏白，与吴优相若。
>
> 榴月朔，署中演戏，为郁林土班。不昆不广，殊不耐听。探其曲本，只有《白兔》《西厢》《十五贯》，余俱不知是何故事也。②

桂林独秀班能操苏州话演唱昆腔，碑上的徽剧春台班，和与姑苏集秀班同名的湘剧集秀班，都是昆腔。桂剧是通过湘剧接受昆腔的。考梨园会馆设立于乾隆二十四年，在未立会馆以前，广州剧坛没有戏班行会排他性的组织，所以雍正十一年桂林独秀班能来广州演唱。自有外江梨园会馆后，就不复见有民戏桂林班来广州了。可能是外江班排斥它，不准独秀班在广州演唱。

桂剧除了桂林班外，还有郁林土班子。所唱的"不昆不广"，是一种郁林方音化的昆调，介乎桂林官话和昆腔之间。是在创造一种适合于广东一般人的腔调，便于广大群众的观听。观于旧钞本《成案备录》"谋故杀人"所载：

> 道光三年正月内，有电白县人郭观陇带领戏班戏子逐日到各村演唱。是月二十三日，郭观陇因各村神戏都已演完，就令各戏子雇坐船自把戏箱运回籍。
>
> 据郭观陇系电白县人，向掌戏班生理，雇广西郁林县人吴老晓、易阿金在班演戏，并雇陈阿四、放阿复帮工煮饭。吴老晓戏曲生疏，屡次唱演错误。易阿金常向讥诮，吴老晓因此挟嫌……③

---

① 缪莲仙辑：《梦笔生花》四编，卷五。
② 蒋星煜：《李文茂前的广东剧坛》，1961年2月3日《羊城晚报》。
③ 《成案备录》卷之二，中山大学图书馆藏旧钞本。

电白县人组织郁林班，雇请桂剧艺人吴老晓、易阿金作班底，在广东南路一带农村流动演戏。易阿金讥诮吴老晓演唱错误，致被他杀死。郁林班的变腔（即变昆腔）更能适合广东农民的听觉。这样"不广不昆"的腔调，可能就是当时及后来广东本地班流行的"戏棚官话"——即桂林系方音。这种变腔的"外江班"，几乎接近本地班了。

6）河南戏班和伊州舞：外江班还有唯一的河南梆子戏。乾隆二十七年题名碑有豫鸣班，有9人。豫鸣当指河南班子。"广东称西皮为梆子，故称梆黄。……梆子这个名，比西皮早一些，因此想见广东的伶工，接受乱弹比较早。"①乾隆初年河南梆子已在广州演唱。沈复述："喜儿亦豫产，本姓欧阳，父亡母醮，为恶叔所卖。"②她可能是唱梆子腔的。

在嘉庆间，广东还有新疆维吾尔族的伊州歌舞艺人出现。嘉庆壬申（一八一二）惠州花面伶善歌舞，吴兰修有《花面伶歌》云：

花面伶，年十五。回鹘装，伊州舞。一曲高歌有鬼神，声泪无人识倾吐。将军开筵徵菊部，十丈毡毹奏箫鼓。③

从花面伶的服装和歌曲，有箫鼓伴奏，当是外省行当。伊州即伊吾县，本西伊州，今新疆哈密县。《唐书·礼乐志》载"伊州为天宝曲名，伊州商调曲为西凉节度使盖嘉运所进，故调牌名"伊州令"。

三、外江班和本地班的关系

欧阳予倩同志认为广东剧坛"由外江全盛，渐成为本地班与外江班并立。再成为彼此合并，最后本地班独盛"④。这儿提出外江和本地班的对立观念问题，是值得商榷的。

所谓外江班和本地班的界说，也不很严格。两者既有联系又有区别。早期联系多一些，后期区别多一些。不能把后期两者的区别来表述早期两者的区别。尤不能将近定型的本地班——粤剧来解释早期未定型的本地班。未定型的本地班和外江班区别不很大，而且外江班也有数种的不同：

（1）外江班
（2）本地外江班
（3）洋行外江班
（4）落籍外江班

道光十七年（一八三七）条规定"新收徒弟，照第二条处理"。他们定居和传授下一

---

① 《一得余抄》第245页。
② 沈复：《浮生六记·浪游记快》。
③ 《楚庭耆旧遗诗后集一》第14-15页。
④ 《一得余抄》第252页。

代，很容易变成"落籍外江班"。而其徒弟散出，自然成为"本地外江班"的队伍。根据现存《梨园会馆碑记》，从乾隆二十七年至道光十七年，外江班从分地区到不分地区。它好象说明早期的外江班还是就所来的省区分别的。到后来就不分了。是否暗示外江班已落籍广州呢？光绪十二年（一八八九）《重修梨园会馆碑记》有"吉庆公所"捐银100元。吉庆公所在广州城外，为本地班的会馆，它捐款修梨园会馆，可知本地班和外江班的关系。其关系是相对的，并非绝对的。乾隆三十一年（一七九六）碑记有集湘班、姑苏红雪班之别，又有洋行班之名。前二者为外省外江班，后一者为洋行外江班。洋行班是广东十三洋行商帮共同出钱组织的外江班，从碑记上可以看出洋行班的组织：一班有班主、管班、师傅、众信8人，子弟14人。该班师傅为李文凤，考乾隆二十七（一七六二）建造会馆碑记有李文凤，原属文聚班成员。查洋行商人，十之八九为福建人。住粤日久，便为粤人。与同孚行有关的大商人潘仕成是福建人，而隶南海籍。洋行班虽名为外江班，但因它的班主是洋行商人，因此洋行班和洋行商人一样，已是属于广东外江班了。它是外省外江班转化为本地外江班的具体例子。但外省外江班也是不稳定的：它们有的可能长期留寓广东，变为象现在的"广州京剧团"了。有的因行会衰落而出班，在广东另组织外江班，而成为本地外江班。外江班和本地班有区别，也有联系。俞洵庆云：

> 嘉庆季年，粤东醝商李氏家蓄雏伶一部，延吴中曲师教之。……其后相传，教授乐部，统名曰外江班。而今已六十余年，何戡老去，笛板飘零，班内子弟，多非旧人。康昆仑琵琶，已染邪声，不能复奏大雅之音矣。犹目为外江班者，沿其名耳。①

李氏所组的幼童昆腔班，是广东子弟，拜苏州昆曲师傅，这也是本地外江班。"其后相传，数授乐部，名外江班。而今已六十余年。"这种相传教授，不一定从外省请师傅来教，而是本地外江班的师傅任教了。它"统名外江班"，自然要加入"梨园会馆"去。考梨园会馆碑乾隆五十六年（一七九一）戏班题名，已不分省区和剧种，其原因可能是落籍外江班与本地外江班合流。"犹目为外江班者，沿其名耳。"它在"嘉庆季年"已如此了。这是外江班演变之迹，即从客籍外江班变为落籍外江班，还有本地外江班。早期所谓"本地班"事实即本地外江班。同唱外江戏，其所以分为本地班与外江班者，外江班是有行会的班子，本地班则属于"民戏"，这一点在讨论戏班行会制度时再详说。再从本地班是外江班的变种说，《荷廊笔记》谓"本地班专工乱弹、秦腔、角觚之戏"，即用桂林官话（即广腔）唱高腔，名为桂林官话的本地班。本地班和外江班两个名词的概念不是很稳定，因此两者的区别不是很严格的。不能把本地班作为粤剧的同义语，外江班作为外省的戏班，因为考虑到清代广东还有"沿其名耳"的外江班。

潮剧，外省人叫做外江班，潮州人则叫本地班。龚志清《潮州澄海四时竹枝词》云：

---

① 《荷廊笔记》卷二。

> 正月花灯二月戏，乡风喜唱外江班。①

这儿所谓外江班是指弋阳腔，它已经潮州方言化了，因而又叫本地班。张心泰《粤游小记》说：

> 潮剧所演传奇，多习南音，（欧阳予倩案语"就是说用潮州话唱。"）而操土风，听者忘倦。

潮剧也可叫潮州的"本地班"，它还不脱弋阳腔的外江班风格。广州府所谓"本地班"，仅仅是粤剧萌芽过程中的胚胎，还不能称为粤剧。早期广州府"本地班"也唱高腔（详前江西戏），是属于弋阳腔系统。然则潮剧用潮州话唱高腔，而粤剧却用桂林官语（即广腔）唱高腔，名为"本地班"。可知"本地班"又有地区之不同，唱腔之差别。

欧阳予倩同志说粤剧的形成过程是这样："由外江班全盛，渐为本地班与外江班并立，再成为彼此合并，最后本地班独盛。"这就是把本地班和外江班绝对化了。"外江梨园会馆"早就有了十三洋行商人组的"洋行班"，和盐商组的昆腔班。"洋行班"是本地外江班的萌芽（郭观陇组的郁林班亦属此例），本地班是从外江班派生出来的本地外江班。它不断地地方化，越来越和外江班分离，以至创造自己的独特形式的剧种。它不是"和外江班合并"，而是和外江班对立。"派生"是外江班内部的东西，它从这儿派生出来，必然茁壮而脱离母胎——外江班，也就是和母班"对立"。既然和母班对立，怎能说是两者再合并呢？合并只能是外江班吞并本地班，而不能使本地班去合并外江班。由史实考查，外江班和本地班对立，至少在同治末年还是存在的。绍兴人杜凤治（藩台幕客）《特调南海县正堂日记》说：

> 同治十二年（一八七三）正月十八日，将"普丰年"移入上房演唱。……中堂太太不喜看"贵华外江班"。
> 十八日又请中堂太太去看广东班。
> 五月十三日，预备第一班"普丰年"，第二班"周天乐"，该两班适在肇庆清远等处，将"尧天乐"（第三班）又名"普尧天"班留住。
> 五月十二日在豫章会馆演挂衣班。（玉清案疑即弋阳腔班。）
> 我们两县……共送本地戏班，演戏四日。②

同治末年，广州尚有"外江班""本地班"之分。"普丰年""周天乐""尧天乐"三班是外江班，它不标明外江班者，可知已经本地化了。它和桂华外江班不同。本地化的外江班，还是不能和本地班合并，这是合乎规律的。至光绪十二年（一八八六）《重修梨园会馆碑记》有本地班吉庆公所捐款一百元，尧天乐班捐二十元，可知两班亦未尝合

---

① 缪莲仙：《梦笔生花三编》卷三，第1页。
② 杜凤治：《羊城寄寓日记·总日记》第24册。

并。考"尧天乐"即上引《杜凤治日记》同治十二年第三班的"尧天乐"。

四、十八世纪后期广州外江戏班行会制度之研究

前段说到早期外江班和本地班的区别，仅仅是在广州有没有加入戏班行会的区别。外江班是有大型行会组织的班子，本地班则属于"民戏"。研究六省戏班在广东的演唱，不能不研究梨园行会制度。

清初中国行会很发达。已发展到行会晚期。广州外江梨园会馆是戏班的行帮组织，在全国来说，这种史料保存并不多。象广州外江梨园会馆，为戏班行会制度保存这么多的史料，可补行会制度这方面的空白。查全汉升《中国行会制度史》，没有只字提及戏班行会。广州梨园会馆碑记的系统保存，可以丰富这方面的资料，供我们作初步研究。

我对行会制度并没有什么研究。为了研究戏班行会制度，曾经阅读束世澂同志《行会规律发展的研究》①，得了一些有关经典作家论行会制度的教益。知道行会是封建下市民阶层的一个组成部分，具有它的特殊政治性质，即孤立的，脱离社会上其他部分的政治地位。

会馆是一种行会性质，中国人安土重迁，为生计所迫而作客他乡，他乡人地生疏，乡人为保护其生命财产，以同乡之谊组成团体。所谓同乡，有大同乡和小同乡之别。例如安徽省可以作为一个同乡的单位，而外省旅粤的人又可以把"外江"作为同乡。但"梨园会馆"是一个特殊的职业行会组织，标出"外江梨园会馆"的牌子，表明"外江"是作为大同乡，而"梨园会馆"则指伶界团体。今依次介绍如下：

（一）外江总寓：（当时简称，即总会，是以戏班为上会单位）

1）组织：先说戏班的组织。根据梨园会馆碑记综合研究，知道一个戏班有班主、管班、众信（指场面人）、子弟（指杂役），下至管箱，专管衣箱。

由各省戏班组成外江梨园会馆，是一个总行会。道光七年（一八三七）《梨园箱上长佛会碑记》载：

盖闻梨园总会，向有长生、长庚、长庆、长聚、等会，惟箱上原有福和会……

总会之外，分为若干分会，符合于马克思所说"现在行会，就会自行分裂为若干附属行会"②。总会有值事或首事，管理会馆一切对内对外事宜。

2）上会与会费：会馆的设立，以增加同乡或同业间的感情为宗旨，所以在通例上，只要来会馆所在地的同乡或同业者，不论那省、那一戏班都有入会的资格。但会馆是同乡或同业的行会，有事业独占的作用。故为保护原有戏班的利益计，不能不对新来戏班上会有所限制③。乾隆四十五年《外江梨园会馆碑记》订立行会规条十六款，刻石

---

① 《华东师大学报》（人文版）1958年第三期。
② 《资本论》第一卷，人民出版社版，第433页。
③ 参见全汉升《中国行会制度史》，第105页加以演绎。

示众，清规戒律很严：

　　a. 上会："凡来粤新班，俱宴客上会。如有充官班不上会，则官戏任唱、民戏不准。"限制新班要公宴和交会费若千金。但官戏可以例外，民戏则不公宴不能入会，不得任唱，这是戏班行会排他性的地方。戏班入会后，准在会馆挂班牌。新班到广东，先交会费银一百两，入会开台酒三席。但据乾隆五十年《梨园会馆上会碑记》入会戏班题名四十三班，上费有出五十两者，也有少至十两者。

　　b. 限制：关于新班的管班，其活动也有限制。"凡新班到穗，管班先上会银十两，然后方可出名拜客投手本，如无不准。"

　　c. 公费：会费之外，又有公费。"各班下乡，每场提花钱一元，在城每本（戏）一钱，充入会馆以作公费。"

　　3）各班的关系："各班邀请脚色及场面人等，须凭会馆言明，两班自情愿方可。不得私自刁峻。凡包者须一年，分者公议。还清公账，方可出班。为有本人私自投别班者公罚，各班不许收留。"

　　"两班合演，有赏则公分。恐唤各班另赏，仍归与本班。"

　　"官差误下定，听其定家另调别班。本班送往别班可也。"

　　"班内有事，赴会馆理论，先备茶点，理亏者凭公处罚。"

　　"倘有在各衙门主东处谈论别班长短者，查出听罚。"

　　4）定戏："各班招牌，俱挂入会馆。凡赐顾者，必期至会馆指明欲定某班，定戏付钱。""各班不许私自上门揽戏，查出戏金充公，管班罚戏一本。"

　　城乡戏价不同，"老城内外，每台戏抽十二元，加箱四元。新城外每台戏十二元，加箱四元。下乡则加开台四元"。

　　"各乡到城定戏，以先后为主。价钱高者可做。如不依，其戏银尽罚入会馆。"

　　"定戏鞋金：除本城衙门及士商各行等，俱无鞋金。"

　　（二）各会：会馆内另有分会：长生、长庚、长庆、长聚等会。它们的性质，是保障各班内场面各人的利益的

　　1）长庚会：据道光十七年（一八三七）《长庚会碑记》，知长庚会是包招场面和八音两种人。"接班人以一年为期。如班主开发不用，其工银照一年算足。如自己未满辞班，其工银亦照一年赔还，方许搭别班。""凡新来场面做班者和八音做班者，都要向长庚会交会费（一个月工资）。""凡新收徒弟，要交会费和一个月工资。""年老不能做班者，帮助回乡盘费四元。死亡者亦帮助四元。"长庚会包括贵华班10人，绮春班7人，福寿班8人，洪福班9人，福华班8人，天福班8人。

　　2）长佛会：是管理箱上的行会，亦即戏箱的负责人。戏箱内的戏服道具，是戏班的重要财产。戏服价值高，严防失窃。班主组织行会管理"箱上"是必要的。"倘有归箱物件遭失，理应赔还。""失漏服色物件，照例于开箱时间管戏箱人赔还。""如有生面之人入戏房，招呼乱坐箱上者，一应箱上失去物件，问招呼之人赔还。"

　　3）财神会：（以个人为单位入会）财神会是梨园会馆的互济组织，供奉"福德财神"。会馆众人必须加入。道光十七年（一八三七）所立《财神会碑》，订约八条。

　　a. 上会："本行朋友，来粤若搭那班，限半月上会。见十扣一，问班主实

问。""会众上会费,由班主在工资内见十扣一","所收银交直持僧管理,锁匙交四季头人管理。倘有失误,头人是问"。"会存银照典行息,倘有私图利息,查出重罚。"

b.分配:"年老身衰不能做班者,救济公议。""会员五年以上,须归家者,给与路费。""若有本行红白事,送花银。"

"会员中有人借银,会齐各友方可借出。若无到齐,不得私借。倘有私借,查出重罚。"

如上所述,无论管班人、会员,都有严格的规条管理。象这样完整的戏班行会制度,历史和私人著述都没有记载过,可算是全国仅有的,是研究清代广州行会制度的绝好资料。它和当时的银行会馆、十三洋行,可称为清初广东三大行会吧!

外江梨园会馆以封建行会的排他性,排斥广东人的戏班,不准入"梨园会馆"。它们惟有从外江班区别出来,只可叫做本地班了。

至于广州"外江梨园会馆"的衰落,和来粤客商的衰落有直接关系。到了广州有本地班行会"吉庆公所"之时,即表示外江戏班行会已不能在广州独霸一方了。

结　语

本文可以总括为三要点。

1)清初六省戏剧,有老剧种和新剧种之不同。老剧种为江西弋阳腔和姑苏昆腔,前者是花部,后者是雅部。而徽剧、湘剧、桂剧则腔调与老剧种有交叉关系(河南梆子除外)。徽剧有唱昆腔的,如春台、保和班;上升班则唱弋阳腔。湘剧集秀班唱昆腔,而普庆班则唱南北路。桂剧则"不昆不广"。三省新剧种似未定型,仍要向老剧种吸取艺术营养逐渐本地化。长沙普庆班由昆腔改唱乱弹,最后则唱南北路。找寻本地班的定型形式,桂剧"不昆不广",也正是走向本地班化的中间状态。从这些新剧种的研究,可以得出一个地方剧种发展的通例,即由老剧种派生出来的地方新剧种,要经过一个未定型阶段。广东本地班也不能例外。

2)民间戏剧的发展,和城市工商业的繁荣有密切关系。城市工商业繁荣,刺激剧坛的繁荣。外省戏班在本乡可能是少数的职业团体。随各省客商来粤的戏班众多,尤其是湖南班大有集中来粤发展的趋势。可知戏剧艺术,有些在本乡得不到发展,来粤则大展鸿图,百花齐放。又可见城市经济对于戏剧发展起决定的作用。

3)早期外江班和本地班的差别,不是根本的差别,而是在外江戏班行会的排斥下,本地人没有行会保障,被排斥于外江班之外,名为本地班。洋行班是本地外江班的最早形式,它能容身于外江班者,就因十三洋行商人财可通神,故得挂名"梨园会馆"。它和本地外江班不能上会,成为鲜明对比。

外江梨园行会的组织是严密的,分总会与小会。凡戏班和个人,都要受行会章程的限制,不能自由行动,违犯章程就要受处罚了。

原载《中山大学学报(社会科学)》1963年第3期

《西厢记》发覆

董每戡遗作

一、反映的历史真实

《西厢记》是很早就获得了国际声誉的剧本，但历来不论是中国人或外国人，绝少有从作品的思想意义上去欣赏它，评论它，都只以为它的故事风流艳冶，曲辞藻采雅丽，毕竟如斯而已。今天，我们必须发掘它的真价值，把本质的东西和非本质的东西划分开来。

近数十年来，有不少专家学者从《西厢记》的思想性着眼进行探索。很多人都知道它的主题思想是反封建的不合理的婚姻制度，然还不曾注意到它那特殊的历史内容。其实，它跟元、明、清三代所有的反封建制度的作品"迥然不同"，这正是王实甫洞察唐代历史的内容而对当时制度的弊端予以揭露、打击之作，很值得我们"小题大作"一番。

这里，我先谈谈《西厢记》在反映历史生活真实方面的特殊成就——两点关键性的东西。也就是说，倘使它的作者能够把这两点处理得符合于剧本所特定的唐代封建社会的历史生活真实的话，作品的艺术性，尤其是作为艺术灵魂的思想性就会大大提高；反之，它充其量只能跟处理同类爱情婚姻问题的明、清两代的传奇作品"同日而语"，便没有什么高度的思想性可言。这两点究竟是什么呢？一是崔老夫人之所以要一而再，再而三地赖婚的依据。而这是剧本主题思想之主要的依据，主要矛盾的渊源。依照历来研究《西厢记》专家们的看法，全戏截到第四本止，仅有一次赖，若承认第五本是原有的，也只有两次赖婚，没有我说的"再而三"。二是张君瑞在《拷艳》折末——临结婚之前不得不离开崔莺莺上京去应进士科的依据。五六百年来，很多人虽然熟读精研《西厢记》，却都没有注意到唐代的封建社会有它寓于普遍性之中的特殊性，这就不能认识《西厢记》所反映的主要矛盾是什么，也没办法理解它的思想性和艺术性达到如何程度，特别是《西厢记》究竟是四剧抑五剧这样一个为五六百年来"悬而未决"的大问题。所以，必须首先提出来，而且要较详尽地谈一下。这儿，先谈第一点。

崔老夫人之所以一再要赖掉崔、张联姻，不限于经济的关系，而是含有政治的因素。这跟一般剧本所常写仅因双方"贫富悬殊"而赖婚的"大异其趣"，才在此特别提出来请读者注意。在唐代，"贫富悬殊"往往不算门不当户不对的重大问题，只要家世特殊显赫，纵已成为破落户，儿郎还是有富贵人家争配，闺女还是有富贵人家争娶，反之，纵然富有，也被世族瞧不起。《西厢记》的作者认识事物的才识不弱，竟发掘到事物的本质。《西厢记》中的纠葛起决定作用的是"家世的利益"，正如恩格斯在《家庭、私有制和国家的起源》一书里所指出的："对于骑士或男爵，以及对于王公本身，结婚是一种政治的行为，是一种借新的联姻来扩大自己势力的机会；起决定作用的是家世的利益，而决不是个人的意愿。"这是对封建婚姻制度"一针见血"的"至理名言"。不少研究《西厢记》的人历来认为崔老夫人所以赖婚是由于爱自己娘家的侄儿郑恒这种"个人的情感"作祟之故，事实上是看错了。这一错，抹煞了全剧的思想性。事实上，即使老夫人想将"掌上明珠"嫁给自己亲侄儿这"亲上加亲"一点理由算了进去，也是非本质的东西，侄儿姓郑倒是本质的东西。也就是说，尽管君瑞和崔家并不"沾亲带故"，只要他不姓张，而是卢、李、郑、王君瑞，说不定老夫人连一赖都不赖，遑说有再赖，三赖。就由于初、中唐都因袭魏、晋以来所谓"上品无寒门，下品无世族"的习惯影响，崔、卢、李、郑、王门女，是不入寻常百姓家的，这才是风流艳冶故事的主要矛盾，是《西厢记》的根本性的问题。《西厢记》对此有所讥贬，所以被元代人誉为《春秋》。因此，我认为，应把《西厢记》看作一部新兴意识——也即"自由观念"和"世族观念"的斗争史。

董解元、王实甫两位金、元的"书会才人"比他们的后辈明、清两代传奇作家们头脑清醒，眼光犀利，能够抓住唐代封建婚姻制度的特殊病症来予以深刻的揭露和致命的打击，为这部作品增添了不少光彩。

明代万历年间人胡应麟（元瑞）在他的《少室山房笔丛》卷四十一辛部《庄岳委谈》下载：

> 《西厢记》虽出唐人《莺莺传》，实本金董解元。董曲今尚行世，精工巧丽，备极才情，而字字本色，言言古意，当是古今传奇鼻祖，金人一代文献尽此矣。然其曲乃优人弦索弹唱者，非搬演杂剧也。

不错，《西厢记》的直接蓝本是金董解元的《西厢记挡弹词》，而两者的同一基础是唐元稹（微之）的传奇《莺莺传》。

《莺莺传》（《会真记》）本身，显然是唐代诗人元微之自己的"行状"。古人写自己的"行状"，总难得过分坦率，藏头露尾，三虚七实，在所难免。因此，引起了后世有考据癖的专家们的兴趣，曾出现一些考而证之的文章，虽为人"津津乐道"，却不关我的事。我要说的是《西厢记》的原始基础《莺莺传》所隐约透露出来的唐代封建社会士大夫阶层的婚姻情况，他们要求必须"门当户对"。固然，这在任何封建的一代都考究，然独唐代的大姓最重视。《贞观政要》卷七《礼乐》：

> 贞观六年，太宗谓尚书左仆射房玄龄曰："比有山东崔、卢、李、郑四姓，虽累叶陵迟，犹恃其旧地，好自矜大，称为士大夫。每嫁女他族，必广索聘财，以多为贵，论数定约，同于市贾，甚损风俗，有紊礼经。既轻重失宜，理须改革。"

这儿说的"每嫁女他族"，仍指大姓，并非嫁累世有显赫郡望以外的族姓。当时有些世

族大家,极力抬高门第而"广索聘财",这一点,《西厢记叙说》作者王季思氏也看到了,在该文注(八)里说:

> 《莺莺传》记张生的话:"若因媒氏而娶,纳采问名,则三数月间,索我于枯鱼之肆矣。"《霍小玉传》记李生就婚卢氏说:"卢亦甲族也,嫁女于他门,聘财必以百万为约,不满此数,义在不行。生家素贫,事须求贷,便托假故,远投亲知,涉历江淮,自秋及夏。"都可想见当时士大夫阶层结婚的不容易。

确是不容易,不过,这也只是任何一代封建社会的普遍现象,并非唐代封建社会所独有的特殊现象。一般人只见到这一层,还不曾再深入去找出特征性的东西,也即还没有看到另外的一点,那就是姓李的和姓卢的同系甲族,只有聘财高昂那一点障碍;姓张的就不一样,充其量是"近代新门",高攀世族就很不容易,同时,甲族对甲族,有时事不得已也可廉价出售,甚至男方可以不花一个铜子儿,女方双手奉送的情况也常出现。没有看到这一点障碍,便不可能理解《西厢》五剧中最根本性的矛盾,也就是没有看到王实甫《西厢记》的思想深度和历史内容。当时大族很多就因为"广索聘财",使求婚者"望门却步",弄得闺女老不能嫁,结果不能不降低价格,不,情愿"断送",即所谓以囊盛千金小姐,而且偷偷的送往大姓有未婚儿郎的家里去,强成婚配,保持族望的尊荣。唐刘𫗧《隋唐嘉话》载:

> 高宗朝,以太原王,范阳卢,荥阳郑,清河、博陵二崔,陇西,赵郡二李等七姓,恃其族望,耻与他姓为婚,乃禁其自姻娶,于是不敢复行婚礼,饰其女以送夫家。

唐高宗显庆四年十月十五日诏书中所称"七姓十一家"禁婚家,这七姓在魏太和中便已定下,一直是互结婚姻的,到这时越禁越自为姻娶,深怕贬低门阀,抗拒禁令如故,说明了当时重视门第的顽固性所达到的严重程度了。本来,汉代起,尤其东汉时期的阀阅制度极盛,南北朝时,江左则王、谢、何、庾;北方则崔、卢、李、郑,族显姓著。这儿有个故事很能说明问题,唐张鹭著《朝野佥载》里说:

> 后魏时,陇西李氏,恐不得与四姓列,乘明驼星夜入洛,而事已定,人号"驼李"。

这位老李就怕姓氏落选,焦急得用日行五或七百里而可以不饮不食的骆驼来赶路去进行活动,足见如何看重阀阅门第了。我更可举一个最显著的例子,《旧唐书·列传》第三十二《李义府传》:

> 义府既贵之后,又自言本出赵郡,始与诸李叙昭穆,而无赖之徒苟合,

藉其权势，拜伏为兄叔者甚众。给事中李崇德初亦与同谱叙昭穆，及义府出为普州刺史，遂即除削。义府闻而衔之，及重为宰相，乃令人诬构其罪，竟下狱自杀。初，贞观中，太宗命吏部尚书高士廉、御使大夫韦挺……等及四方士大夫谙练门阀者修《氏族志》，勒成百卷，升降去取，时称允当，颁下诸州，藏为永式。义府耻其家代无名，乃奏改此书，专委礼部郎中孔志约……重修。志约等遂立格云："皇朝得五品官者，皆升士流。"于是兵卒以军功致五品者，尽入书限，更名为《姓氏录》。由是缙绅士大夫多耻被甄叙，皆号此书为"勋格"。义府仍奏收天下《氏族志》本焚之。关东魏、齐旧姓，虽皆沦替，犹相矜尚，自为婚姻。义府为子求婚不得，乃奏陇西李等七家，不得相与为婚。

这条材料清楚地告诉我们两点：一、不管那个人怎样位高权重，非高门大族的仍不能入士流；二、非士族的就不能高攀联姻于世族。这是唐代历史生活真实。尤其后期，所谓望门大族固已不太多了，但那些旧望族里的人对于自己家世所有的威势，是极不愿放弃的，因而，这成为初、中唐社会的特征之一，也因而元微之有意地把《莺莺传》中的崔（《莺莺传》中并无指明就是清河、博陵的二崔，也许压根儿不姓崔）莺莺安置在所谓"七姓十一家禁婚家"之列，成为博陵崔氏和荥阳郑氏的千金小姐，使自己与有荣焉，又把自己的替身张君瑞跟郑家拉上了亲戚关系，说成是：

崔氏妇，郑女也。张出于郑，绪其亲，乃异派之从母。

这么一来，张生的地位和郑恒的不就对等了吗？纵有亲疏远近之别，毕竟都系中表关系，"无可轩轾"了。可是，依据唐代那个历史生活真实，郑也罢，张也罢，跟老夫人的姑侄关系实在是次要的，首先重要的是姓氏的关系，别说郑和张很少可能产生婚姻瓜葛，即使偶然如所云云，也是不太多的。况莺莺年轻貌美，即使她长得丑陋，崔老夫人心目中仍只要"七姓十一家"的子弟作女婿，决不愿降低门第。南北朝时就有先例，如崔巨伦的姐姐瞎了一只眼睛，家里不得不商议下嫁，而他的姑母悲泣着说："岂可令此女屈事卑族"！这大可说明世族观念的顽固性。董解元和王实甫都"洞悉底蕴"，干脆把张君瑞和崔莺莺如原《传》说的那点裙带关系一刀斩断，使戏剧的矛盾冲突增多了必然性。换句话说，就是戏里的崔莺莺是与她的豪华"家谱"素无瓜葛的，原非"七姓十一家"阀阅门第出身，甚至不入"百家类例"的张君瑞爱恋，这就不能算"门当户对"，"铢两相称"，必然会产生矛盾冲突。崔老夫人之有一而再，再而三地赖婚维护"家谱"的行为，正反映了这个历史生活的真实。按《莺莺传》作者元微之作《夏阳县令陆翰妻河南元氏墓志铭》说："我外祖睦阳郑公讳济。"又白乐天作微之母郑夫人志也说："父讳济，睦州刺史。"而唐《崔氏谱》载"永宁尉鹏，亦娶郑济女"，因而有疑莺莺即崔鹏之女，和微之为中表，考据家们都断定微之就是《传》中的张生了。这些在我们论文艺作品的人是可以把它搁在一边不去理它的，只看把中表关系改为本无瓜葛有否增多作品的矛盾冲突，也即是否提高了思想性而决定其好坏；而我则认为这个改动是颇有见地并很起作用的。同时，反过来，无显赫家世的张君瑞非硬要把崔莺莺爱到底不可，固然首先是因她有了"花容月貌"。张并不是个"恋爱至上主义"者，骨子里还是为着这位千金小姐非平常一般人家的闺秀可比，她系故崔相国之女和郑尚书之甥，有累世为名门大族的"家谱"。至于男女相悦这种"个人的情感"仅是起因，想把崔捞到手作为自己将来"飞黄腾达"的阶梯，是张不可避免的念头，甚之，这也许还是占较高的比重。而郑恒之所以要死争莺莺为妻，也不外乎这点儿道理。这可以说是崔、张、郑三个的阶级性和当时的社会影响所规定了的生活真实，艺术的真实也就在这历史生活的真实之上生发。董解元和王实甫都紧紧地抓住了这个唐代封建婚姻制之最具有特征性的处所，集中火力予以致命的打击，且"各显神通"地运用自己拿手又为当代人民最喜爱的艺术形式来说而唱之，或演而唱之。他们的艺术才华，都获得了不朽的殊荣。

整篇《莺莺传》反映了一种迥异于其它历史年代的历史真实——唐代封建婚姻制度的残酷性。当时士人要想"一帆风顺"地往上爬，必须娶个大姓的闺阁千金才行。《莺莺传》中的张生，未举其名，宋玉楙的《野客丛书》二十九卷称：

> 唐有张君瑞遇崔氏女于蒲，崔小名莺莺，元稹与李绅语其事，作《莺莺歌》。

未知何所本？后来人们都疑这个张生就是元稹自己，可靠与否？姑不管它，惟传中的张生如果真的遇上了崔相国郑氏夫人之女，正是"喜出望外"，"寤寐求之"，尚且难得，还能扔了不要？在唐代断无此理。

实际上，北魏拓跋氏自孝文帝提倡汉化，太和年间，改拓跋氏为元氏起，才算进一步确立门阀制度，定汉士族门第的高下，崔、卢、郑、王、李等五大姓自然被承认为最高的门第，又为了加速鲜卑族和汉族同化起见，实行通婚，自己带头取五姓女入宫，又强令六个兄弟各聘士族女为正妃，甚至将原有的正妃降为侧室，这些举措无非是争取汉族士族势力的支持，便于巩固元魏的政权。

到唐代就不同了，除了"选妃"，还有"尚主"，当时的世族大家子弟多有不愿尚主的，如宣宗时的郑颢便是其中之一。他既出生于望族郑家，父亲又是宰相，自己更是状元及第，颇有声名，待婚的对方也是望族名门卢氏，所以当时的宰相白敏中奏选尚宣宗女万寿公主，而颢不乐为国婚，深衔敏中。虽然唐代自太宗（公元六二七—六四四年）起就压抑崔、卢、王、郑四姓（崔有二），到唐文宗（公元八二七—八四〇年）时已足有二百年许，而崔、卢依然特别吃香，这便足够说明世族谱系观念严重地迷惑住当时的人心了；《西厢》五剧中所规定的时间正是四姓比前一阶段复往上升的当口——也即是唐德宗贞元中，较文宗朝还要早好几十年，那么，剧中那个家世并不特殊显赫的张君瑞岂有不想方设法爱恋崔莺莺到底反而将崔家小姐"始乱终弃"之理。传奇毕竟是虚构性多于真实性的，纵事实上崔莺莺是个"小家碧玉"，也无妨假托为贵族名姝，这才有张君瑞将崔莺莺始乱终弃那么个生活真实，甚至抛弃了她之后，他的好友们还公然推许他"善于补过"，等于说幸好没有把自己的"锦绣前程"断送在一个小娘们的手里。这便暴露了封建制度社会的现实。元稹的夫人虽不是上举五大姓的千金小姐，也是朝廷显宦韦氏之女（按韦氏在北朝齐时已为士族，被当时人所重视）。《韩昌黎集》卷二十四中有一篇《监察御史元君妻京兆韦氏夫人墓志铭》说：

> 仆射（韦夏卿）娶裴氏皋女……皋父宰相耀卿，夫人于仆射为季女，爱之，选婿得今御史河南元稹，稹时始以选校书秘书省中。

我过去曾有个唯心主义的臆想，认为董《西厢》里郑恒造谣说张珙做了卫尚书家的女婿，"卫"和"韦"音差相似，是不是有意以张珙为元微之的影子呢？当然，这种臆想可有，但不可以为实据，猜谜索隐毕竟是不足道的方法，这儿，也不过顺便提及而已。元稹后来当要路，作过短期宰相，跟韦家的"裙带关系"实在分不开来，这点可以说明唐代的社会习尚如此。凡寒门士子必须高攀贵族，结成姻亲，然后方有"扶摇直上"的可能，要不然，任你如何有才能，如何能努力，大都"前途茫茫"，一辈子别想有出息，终生食黄齑粗粉，到"寿终正寝"。这样残酷的现实，使许多士人自然而然地坏了良心，背信弃义，就毫不稀奇了。无疑，这样的情况，在任何封建时期的一代都不会少，有它典型的意义，所以金朝的董解元看重了这个故事，由金入元的王实甫也不例外。然而董、王两位为什么又将故事作了些变动呢？无疑是想点铁成金，为了作品的思想性起见，索性把张生将崔氏始乱终弃的罪恶转移，改成由于崔相郑氏夫人因累世大族的"家谱"而赖婚，比写一个士人因怕所爱的出身寒微累及自己的前途而抛弃更能揭露唐代封建婚姻制度的危害性，提高了作品应有的思想意义，同时，更能符合唐代的历史真实。这就是说，在唐代，如果大姓崔家的女儿跟人私下爱恋，不管这个人的家世显赫或低微，都只有崔家不愿而没有这个人舍得抛弃的。这是由现实生活所决定的。因此，在这一点上说，董解元的处理法是现实主义的；不过，他觉得如此写还不够，要进一步提高思想性，便结合理想，在作品末尾添加一个善良的愿望——"愿天下有情人都成眷属"，突出了新人新意识跟旧人旧思想进行激烈的斗争，终获胜利，证实人类历史决不会倒退而只有在不断的对立斗争中向前发展这一真理。作者从思想上希望彻底地推翻那个丑恶的封建婚姻制度，当然，这愿望在那个历史年代，显然还只是一种脱离现实的幻想，却符合当时广大人民群众的理想。确实，历史总会一步一步地把封建制度送进坟墓，那步伐也许缓慢得很，终点仍然是要到达的，这是历史发展的规律。那么，我们可以说《莺莺传》有它的现实主义的成就，而《西厢记挡弹词》和《西厢》五剧也有它试图将现实主义和浪漫主义结合的艺术构思及所获得的初步成就，两者都是值得推许的。要是根本没有元微之所给的那张蓝图，董、王的成就或许会打些折扣，而没有董、王二公的花样翻新，崔、张故事也不会深入六百许年来的人心，草创和发扬之功都不能偏废。

诚然，董解元还不能算是用说唱或演唱文体敷演"西厢"故事的先行者，在唐后金前曾有过宋秦观、毛滂用"调笑转踏"舞曲或赵令畤用"鼓子词"文体把《莺莺传》的故事表而出之，毕竟，文体本身简约限制了表达那样一个复杂而完整的故事情节，难能出色，所以也不可能太引人注意，反不如一篇文言文的唐代传奇那么古色古香，韵味盎然。不过，赵令畤的"鼓子词"《蝶恋花》十二首却可以重视，因有了它，才引起董解元进一步用"诸宫调"来大肆铺排了说唱。赵令畤无疑是《莺莺传》最初的"有功之臣"。

"鼓子词"是说唱体，商调《蝶恋花》十二曲为基本的组成部分，一曲引起，一曲结束，中间十曲分别叙述《莺莺传》所有的本事，每曲之前或后各附原《传》文，大致整个故事情节被隐括了，所以毛西河认为它系后世戏曲之祖，王静安也以为视后世戏曲之格律，几于具体而微。对的，无论从《西厢记》的承传关系，或从戏剧发展史的见地来说，数典何能忘祖？都不能抹煞赵令畤初变文言小说为说唱曲子的功劳；且他还有一点，在今天看来可誉之为卓见的东西，就是他揭露了《莺莺传》作者的谎言——元微之为自己掩饰错误行为的话——是虚伪的，不宽恕他这个玩够了女人而把她扔了的大错误。那就是《莺莺传》末说的："时人多许张善为补过者"一语，把自己装扮成个好人，掩盖不了"始乱终弃"这荒唐的罪恶行为。从《莺莺传》原文看来，张生负心是千真万确的。稍留意一下，便可知道实际情况是张另有所娶，而崔只得委身于人，既"弃之如敝屣"，后又想见面，见不到还要发脾气，无赖之至！因之，赵令畤不宽恕这个无情无义的薄幸者，给他一记脆亮的耳光，为莺莺泄恨，这是正确的。所以"鼓子词"的第一阕《蝶恋花》末便斥之为"最恨多才情太浅，等闲不念离人怨"，径直指出由于他昧良心地"始乱终弃"。第十二阕末又以"地久天长终有尽，绵绵不似无穷恨"作结，倒显出了赵令畤是明眼人，坐实了张那种行为并非"善于补过"，相反是造成了负心的不可饶恕的罪过，才使"小家碧玉"崔莺莺成为"弃妇"。作者的创作方法是现实主义的。

可是，到了董解元的手里，故事的情节结构起了大变化，最突出的是加了团圆的结局：

> 君瑞、莺莺，美满团圆，还都上任；郑恒衔忿，自耻怀羞，投阶而死，方表才子施恩，足见佳人报德。怎见得有此事来？蓬莱刘汭题诗曰："蒲东佳遇古无多，镂板将令镜不磨，若使微之见新调，不教专美伯劳歌。"

李公垂作"伯劳飞迟燕飞疾"为起首的《莺莺歌》，并不值得专美，元稹的《莺莺传》已将真实情况藏了头仍然露出尾，明眼人自然看得出来，董解元索性将它花样翻新，致微之劳燕分飞之传，成董氏凤凰于飞之曲，这岂不贻人以违反现实主义的口实？我说不，正因为董解元另有难能可贵的艺术构思，他要把现实主义的真实跟浪漫主义的理想结合起来，写出了"愿天下有情人都成眷属"这个团圆的"大收煞"，"另辟蹊径"，"别开生面"，尤其在思想上狠狠地鞭挞大姓自为姻娶、不嫁布衣之士这种唐代封建制度特征的婚姻制度。还有，写此结局，是董解元懂得那个历史年代的人民心理，也即知道当时人民大众有乐观主义的精神，喜爱听有团圆结局的"诸宫调"，或爱看有团圆结局的"戏文"。在今天看来，可能以为写团圆是"未能免俗"，而董解元却认为非如此不可，因这已成为我们的民族风格，理该尊重。

王实甫《西厢记》的结局仍跟董所写的一样，这恰说明它一是以《西厢记挡弹词》为蓝本；二是继承宋末南戏文的作风。但是，"有情人都成眷属"不为当时的现实所能有，浪漫主义的想象固可宝贵，要跟现实主义的真实相结合得"融洽无间"，并非易事。这本《西厢记》第五剧的情节结构和曲子辞藻，看来都不及前四本，也因而产生了王作关续，或关作王续等缠夹不清的猜测。我认为无论是王抑关，两位都是有才华的大作手，谁也不比谁差到那儿去，续起来都该是跟前四本工力匹敌的，决不会显出前头好后头差的现象。实际上五剧出于一人之手，其所以后不如前，与其说由于系另一人续作第五剧，毋宁说因为现实主义的真实和浪漫主义的理想结合不大容易之故；同时，凡作任何文体的作品，难的就是一起和一结。起固不易，结则更难。所以历来的大作家也少能写好作品的结尾。高则诚的《琵琶记》便是一例。王实甫写好了前四本，仍写不好末一本。于是人们觉得倒不如以第四本第四折作结来得干脆，那样也许是"辞尽意不尽"，或者"辞意两不尽"，留些未尽的余情给读者和观众自己去遐想也得，何必定要加上个团圆结局，弄得"辞意两尽"，了无"言外之意，弦外之音"呢？这自然也有一定的道理。然而，王实甫当初究竟写了第五本没有，则又是另外一个问题。我依然不相信王《西厢》仅四本。一因蓝本《西厢记挡弹词》已有团圆的结局，王实甫未必愿意独抛弃它只写到第四本就煞住；二因宫大用在剧中推崇的曲中"春秋"《西厢记》，也可能就是五本的，因为到一三二四年周德清所举的"自古，相女，配夫"六字三韵难句恰在今本《西厢》第五剧中，怎么也不可能如有些人说的在一三三〇年以后才有《西厢记》，或者才有《西厢记》的第五剧。后边我还要从作品的内容和形式上提出六点证据，切实证明它必有第五剧，且那最后一本四折戏，肯定是由王实甫一手写成的。把多少年来"悬而未决"的疑议作一个暂时的小结，哪怕我说得不正确，也敢于试试看。总而言之，我个人仅只承认王氏《西厢记》五剧的曲辞藻采或"如所云云"是陆续经多人的手予以润色过，渐离朴素，愈趋绮丽，以至被明朱权颂扬为"极有佳句，若玉环之出浴华清，绿珠之采莲南浦"。其实，《西厢记》原是五剧而不是四剧，所谓"续"，不过是后人臆测而已。

王《西厢》之所以成为六百多年来"屈指可数"的大名作，不独由于有绮丽的曲辞，实赖于有较高的思想，这思想正符合恩格斯所曾经指出的："每一种新的进步都必然表现为对某一神圣事物的亵渎，表现为对陈旧的、日渐衰亡的、但为习惯所崇奉的秩序的叛逆。"张君瑞、崔莺莺和红娘就是有了新的进步的叛逆者。王实甫在董解元《西厢记挡弹词》良好的基础上再提高发展，认定整个剧本最主要的是鞭挞唐代社会的封建婚姻制度，所以"开门见山"在首折"楔子"崔老夫人的"报家门"里就说：

> 老身姓郑，夫主姓崔，官拜前朝相国，不幸因病告殂。只生得个小姐，小字莺莺，年一十九岁，针指女工，诗词书算，无不能者。老相公在日，曾许下老身之侄——乃郑尚书之长子郑恒为妻。因俺孩儿父丧未满，未得成合。

读《西厢》五剧者倘把这全剧开首的几句话作为"报家门"的"照例行事"而等闲视之，未免浪费了王实甫先摆出大姓自为婚娶这个历史真实——唐代封建婚姻制度的特征性的用意，实在可惜。董解元原已在此着力，而王实甫比他更抓紧这点社会现实，极力描摹头顶族望而"心怀叵测"的郑氏崔老夫人既在第二剧第三折中赖第一次婚——"明许明赖";又在第四剧第二折中赖第二次婚——"明许暗赖";更在第五剧第四折中赖第三次婚——"虚推实赖",以三次赖婚所产生的矛盾冲突构成了《西厢》五剧。作者以犀利的毫锋深入地击刺了整个封建时期,尤其是唐代更为严厉的"恃其族望,耻与他姓为婚"这种罪恶的封建婚姻制度,把这个主题思想既抓得紧,又刺得深,使整个剧本的思想性与艺术性凌驾于元、明、清三代任何一个处理同类题材的剧本之上。王实甫比他的前辈或后辈都提供了较多较新的东西,这不消说是他在戏剧发展史上的功绩,值得我们敬佩!可是世人少有从这样的角度去看《西厢记》,所以认为第五剧是他人续作的,如明末卓珂月作《新西厢》自序说:

> 崔莺莺之事以悲终,霍小玉之事以死终,小说中如此者不可胜计,乃何以王实甫、汤若士不能脱传奇之窠臼耶!……《西厢》全不合传,若王实甫所作,犹存其意;至关汉卿续之,则本意全失矣。……

倘真的如卓氏所云云,《西厢记》确终于第四剧,在艺术性上也许不很低,然而在思想性上说怎么也不够高的,因为想要打击的主要事物没有被鞭挞到"体无完肤",崔老夫人的性格也未被刻划得"深入骨髓"。反之,有了第五剧,在形式上看来似落入一般团圆结尾的窠臼,其实不然,因这形式在元代初期尚未成为令人厌腻的老一套,相反是当时的人民群众所喜闻乐见的形式,且在作品的思想性与艺术性上正为了脱唐传奇"以悲终"的窠臼而提得更高了,更新颖了。明袁中郎说:

> 《西厢》开锦绣,《水浒》藏雷电。

我则以为《西厢》五剧外披锦绣而内藏雷电,才令人屡读不厌,累演不衰。

二、表达的思想深度

"拷艳",不独是《西厢》五剧的一个大关目,且是全剧的"高潮"所在,是岗峦起伏、层峰叠嶂中的最高峰,是全剧最精采的关目,这是谁都知道的。而我要提一点不少人未注意的来说明王实甫发挥了卓越的创造性,有深厚的艺术功底和较高的思想认识。蓝本董《西厢》写得平淡无奇,并没有拷打红娘逼供,仅仅是严厉地盘问,问出了张、崔确已偷期。崔老夫人终于只得照一般老妇的做法,不但愿将女儿嫁给情人,甚至出面请宴乞求:

> ……赴夫入约,坐不安席。酒行,夫人起曰:"昨不幸相公殁,携稚幼留寺,群贼方兴,非先生矜悯,母子几为鱼肉矣!无以报德。虽先相以莺许郑恒,而未受定约。今欲以莺妻君,聊以报,可乎?"
>
> (大石调)(玉翼蝉)夫人道"张解元",美酒斟来满。道:"不幸当时,群贼困普救,全家莫能逃难。赖先生,便画妙策,以此登时免。今日

以莺莺，酬贤救命恩，问足下愿那不愿？"夫人曰："如先生许，则满饮一盏。"张生闻语，急把头来暗点。小生目下，身居贫贱，粗无德行，情性荒疏学艺浅。相公的娇女有何不恋？何必夫人苦劝？吃他一盏，忽地推了心头一座山。

生取金以奉夫人曰："贫生旅食，姑此为礼，无以微见却。"夫人不受，曰："何必乃尔！"红娘曰："物虽薄，礼不可废也。"夫人受金，生拜堂下。

在这个当口也没有逼张生上京应试（而是张生庸俗地看重功名要离开去应试），这便说明了姻缘美满，从此没有矛盾，必然无下文，最末的那些波折也可有可无了。王实甫不只为了艺术，而且也是为了思想，运用了他的"生花妙笔"。若论封建势力和新生力量面对面地交手，在整个剧本中只有两次。前一回合是以曲、白的语言表达压力，以内心的反感表示抗议，那就是"请宴赖婚"。对立面所采取的是"文"手段，在客客气气的"请宴"中实行无聊下作的赖婚。老夫人装出无可奈何的样子来"耍赖"，以乞求原谅的神情来征求张生同意退约另娶。王实甫在"舞台指示"里并没有写明"老夫人流泪科"，董解元是这样写的：

夫人泣下，徐而言曰："先生之言，深会雅意。莺莺女子，容质粗陋，如若委身足下，其幸有三……"

可是等到张生忙即起谢许婚，老猾头马上一转而说，莺莺已由故相许给了郑恒，自己不能不遵循遗言，要不然当然嫁他，以此来"赖"。这样写似乎比较婉转些，曲折些，也狡狯些，并更能说明崔老夫人阴险狡猾的性格。但话得说回来，董解元和王实甫的写法之所以不同，是由于两部作品的文体不同，说唱本该写得详尽些，戏曲简略些，一写泣，一没写，实则由演员自己去斟酌办理，至少老夫人是用软手法的。"拷艳"则不然，所采取的是"武"手段——责打红娘。自然，这儿的红娘作了莺莺的替身。这一回合在表面上跟前一回合是不同的，实质则一样，结果还是用阴谋诡计——"明许暗赖"（这是我个人的看法，为历来不少人所疏忽的）。前一回合是"置之死地"，张、崔的姻缘反"而后生"；后一回合是置之生地，相反地，倒大有可能"而后死"，论恶毒的性质和程度，后者超过了前者，不细心的人就会被蒙住了眼睛。《西厢记》的高明处就在这些处理方法上。它不同于一般的剧本，只讲究两种力量在现象上的斗争火爆来显示作品的思想性；它的思想性就是这样隐隐约约地从本质上来揭示，接近于莎士比亚，而不同于席勒。王氏手上的刻刀不多在表面上"浮雕"，往往只寥寥几刀，却刀刀用劲，深入本质，艺术手法是不寻常的。

在"寺警"时，老夫人怕女儿落入贼手致辱没了"家谱"，由于有这种卑鄙自私的封建理念，才在"束手待毙"的慌急情况中以女儿为"悬赏品"，过后，又由于自私要把女儿嫁自己娘家的侄儿，不，主要为的他是郑家郎，才赖婚。现在，知道了女儿已被张生弄到手，当然"老羞成怒"，"大发雷霆"；但是"生米已煮成熟饭"，怎么办？

终因封建顽固，对这样的事决不能干休，势必还要下毒手。只是被红娘那小丫头抓住了崔老夫人卑鄙自私的弱点才摊出这张牌：

> ……目下老夫人若不息其事，一来辱没相国家谱；二来张生日后名重天下，施恩于人，忍令反受其辱哉？使至官司，夫人亦得治家不严之罪。官司若推其详，亦知老夫人背义而忘恩，岂得为贤哉？红娘不敢自专，乞望夫人台鉴：莫若恕其小过，成就大事，捐之以去其污，岂不为长便乎？

红娘左说右说说不动崔老夫人的心，这一下才刺中相国夫人的要害。堂堂相国夫人，岂可落个负义忘恩，不，这还是小事，就恐落个"帷薄不修"的罪名，换句话说，封建家庭最怕的就是"家丑外扬"，才连忙说：

> 这小贱人也道得是，我不合养了这个不肖之女。待经官呵，玷辱家门。罢，罢！俺家无犯法之男，再婚之女，与了这厮罢，红娘唤那贱人来！

这不很干脆吗？不，老虔婆是不会"死心塌地"罢手的，要不，封建势力就是"稀松平常"，一推便倒的东西了，在远离我们千多年的唐代社会，决无可能。因之，老夫人明做的"善罢"，暗地里必然还生"恶计"，这样描绘，才是现实主义的，证实了王氏对唐代那个历史现实有深刻的认识。倘由庸手办来，定依一般封建社会的情况来处理，认为老夫人若恨女儿偷人丢脸，就逼她自杀，来个悲剧结局；否则就立刻要小两口补行婚礼，掩盖前一阶段的非礼行为，来个喜剧收煞。元以后的很多作品大致如此，不能说《西厢记》不好。纵使崔老夫人定要她的女婿有功名，也得，只能在结婚以后要他去争取，不可能在补行婚礼之前，为什么？一般封建顽固的老妇人的心理，在这当口，就只怕女婿走开，玩了她的女儿就算了。《莺莺传》里的张生就是那样地"始乱终弃"，难道有她一点也不担心，反而促使女婿在婚前便离此远行求名之理？所以说，老夫人不至于愚笨到如此地步，一定另有打算。

在戏情方面说，"拷艳"这个戏剧的"危机"罪消之后，跟上来的必然是团圆，合乎逻辑，戏的结尾同样是"有情人成眷属"，也可以使观众"皆大欢喜"，所以历来不懂《西厢记》为戏曲，而只知它是词曲。曲论家们认为《西厢记》只能到"长亭送别"或至多到"草桥惊梦"为止，即使第五剧辞藻还好，也不该"画蛇添足"，这都是拿一般的尺来量《西厢记》。王实甫是否在"画蛇"？甚且还"添足"呢？恰恰相反，他在"画龙"，而且"点睛"。看法相反为何如此之甚？固然由于他们把它当词曲看，我则把它当作戏曲看的缘故，这距离还不太远，距离远的是在于看作品的思想深度。王实甫（董解元也近似）的卓越处非曲论家们所能认识，他们只能这样想：长亭送别后至多只莺莺依恋，来个梦里私奔；而张生的结局"不言而喻"，必然"金榜题名"，满足了崔老夫人的欲望，荣归时"洞房花烛"，依例行事，可以不写不演。这种看法，无疑是肤浅之至！殊不知生活未必就那么简单，况王实甫此剧的最高任务到此为止尚未达成，定要予唐代封建婚姻制度最富特征性的东西以沉重打击才甘心，他想在董解元《西厢》的良好基础上提高作品的思想性，才决心把它改编为舞台剧，自必抓紧自己的卓见来发挥才情。不说别的，就从写文章的艺术看，那样的收煞，文情也未见动荡的极致，这是小写者，可不去说，真正重要的是大要害未被击中，这个作品的思想性不够高；再则，老夫人的性格还仅被"浮雕"，刀尖未深入她的本质，艺术性也不够高，那么《西厢》五剧何以能够大名剧的格？王实甫何以能够名作手的格？因而后头必然还有戏，而且第五本戏绝不因词曲藻采不太好而丧失其为好戏的格。

按整部戏而言，所谓新生的力量是薄弱的，计有张生、莺莺、红娘三个人；而对立面虽只有老夫人一人（郑恒是附着于她的，可不算在内），却"居高临下"，是相当顽强的，倘使不深入地把对立面的卑鄙、狡狯、狠毒的性格和行为描写够，便显得她所象征的封建制度并不太强有力，那么，跟它斗争并非太难，获得胜利极容易；反过来也看不出新生力量是如何发展壮大的了。基于这样的理由，就得把主要的对立面——封建道统及其代表者老夫人在作垂死挣扎的详况描绘得清清楚楚，这才算办到了尽善尽美，也就是雕镂她的性格到"入骨三分"才好。董解元本就有这种意念，王实甫继承而发扬了它，都等到张生这个"银样镴枪头"出场后，另生枝节。

（夫人云）好秀才呵，岂不闻"非先王之德行不敢行"。我待送你去官司里去来，恐辱没了俺家谱。我如今将莺莺与你为妻，只是俺三辈儿不招白衣女婿，你明日便上朝取应去。我与你养着媳妇，得官阿，来见我；驳落呵，休来见我。（红云）张生早则喜也。

注意！这儿老夫人说的最末四句话，不，实则十分重要的只最末了一句话，可惜历来不少词曲研究家没有深思，竟也会相信老夫人不是"耍花枪"，而是诚心许婚了。其实，真正的许婚，哪能有这样许法的？真正许婚的人纵怕张生此科落第，定要他赶快回来结婚，并等下一科再去应举。况唐代的士子若不是世族大家出身的，在应举前未有多人"温卷"予以奖掖揄扬，就很难及第。张生如何能绝对保证不被驳落呢？即使抛开这一点不说，真心诚意许婚的人也绝不会说出"驳落呵，休来见我"的话。她既然说为张生养着媳妇，又说你考不中不要回来，前后两语分明存在着矛盾，难道要莺莺守活寡不成？不合逻辑。我认为，这句精到的戏剧语言本含着"诡计"——即"明许暗赖"，突出了老夫人思想意识上仍被"世族观念"牢牢咬住不放，这样才提高了作品的思想性，增加了情节的复杂性，王实甫的作剧才华确是非常了不起。若把这一句变得更明白易懂些，那就是：你考不起，别来！我是要把闺女另嫁践故相遗言的。这样的许婚究竟是真心地许呢？抑是居心耍赖呢？明眼人自知。这儿台辞虽只一句，却内涵无限丰富的"潜台辞"，是真正的戏剧语言，精炼的诗句。由这一语便可以看出老夫人的整个思想。这正是王实甫作为一个剧作家特有的匠心。董《西厢》原写张生主动提出要上京去求名，这就不仅使张生的性格不及王氏笔下所写的性格之有进步因素，重要的是没有这个暗藏矛盾冲突的诡计。只要婚前上京求名一事变为被动，戏剧性就陡然增多，更带来后边长亭送别时的情境倍增哀怨凄苦，更能动人心魄。

再说，"老奸巨猾"的崔相国郑氏夫人虽被新生力量战败了，要是她就此罢手的话，她就算不得"老奸巨猾"，也不配作封建势力的象征，必然还鼓余勇挣扎着图取"转败为胜"，这才装出无可奈何的神气亲口许配，这样才好支使张生走开，免得莺莺被他霸占，然后再想办法下毒手，让郑恒来端现成的，于是说"只是俺三辈儿不招白衣女婿"。实际上是否这样呢？据我看，这不过是一句漂亮的借口，纵使张生这一去得到了功名，老顽固未必就死了心，乖乖地把女儿给了他，这是可以预卜的。历来许多读《西厢记》的人并没有看透这一点，才不知这次的许配也是为了赖婚，那么，《西厢》五剧就只有两次赖婚了。若照我的看法，《西厢记》是经过三次赖婚然后才团圆，斗争过程是不简单的，只要看张君瑞的对立面郑恒的情况就可明白。郑恒在这以前不曾有过功名，而今后也未必就有功名，不是老夫人并不曾计较他是个白衣衙内吗？就说明老夫人在这时偏对张生提出这个要求，目的不在乎功名，而是"别有用心"。这用心即是我在本文开头说过的唐代大姓"恃其族望，耻与他姓为婚"的缘故。这是最封建性的妖魔鬼怪，危害性比什么都来得大，倘不揭露和打击到它，《西厢记》的思想性也不会高到哪儿去。本来崔、郑两姓自南北朝起就为著姓，老夫人中毒之深自不待言，因而最后还提条件。我说的"明许暗赖"，就由此来，明许是为了好拖延时日，让自己"好整以暇"地"另起炉灶"，到了收到预期的效果时，便可再赖，正是"将欲取之，必先予之"的战略。五六百年来研究《西厢记》的专家们都不曾看透老夫人这个阴谋诡计，才产生了《西厢记》只能有四本，不可能有五本的错觉，因为他们都只看到了现象的"予"，没有懂得老夫人的目的是在于"取"——也即"赖婚"，而作者能写出老夫人这种阴毒的用心，才使作品更加一层思想深度，提高了作品的思想性，增加了情节的复杂性，尤其人物性格更鲜明地突出起来，比任何元杂剧和明、清传奇都胜一筹。但是，老夫人提出那样条件也不是不经心地"脱口而出"的，而是"灵机一动，计上心来"时考虑好了。她料到张生无法驳回这要求，因这在当时可说是颇合社会习尚的所谓合理要求。这样，便进一步证实老夫人的"情性偠，心数多"的狡猾而阴狠的性格特征，也证实封建制度是相当顽强的。同时还说明了崔老夫人这一下"回马枪"是十分厉害的，至少比"寺警"后"请宴"时的"明许明赖"隐蔽，也比后来张、郑争婚时的"虚推实赖"狡猾。

　　从而，新生的一代人张君瑞和崔莺莺险些儿被社会经验丰富的老夫人的"回马枪"挑下马来；不过读者和观众千万勿误认为张、崔幼稚才险些儿上当，不是的，必须深入本质去理解。时代的局限，阶级的烙印，无论如何是轻易揩抹不净的，张君瑞、崔莺莺，甚至红娘都不能没有受时代、阶级的影响。

　　从当时的现实生活去推想，张生该会有怎样的看法呢？以他所隶属的阶级来论，他不可能没有思想局限性，自然会相信老夫人所说是真诚可靠的，而且是合理的要求，决不怀疑这里面还有什么阴谋诡计，何况老夫人既然那样看重崔、郑两大姓的"家谱"，还会让已经跟他发生过皮肉关系的闺女另配他人？这是不可能的，那么自己暂时离开这儿上京去取应可以放心；况且唐代那个社会看重的就是功名，尤其是看重进士出身这一点。按隋代设置明经、进士科，唐朝继承隋制，且为广收才彦，又设制科来搜扬拔擢；然而制举出身，名望固然美，犹居进士之下，即名望虽也为当时的士人所趋，仍然不及进士远甚。所以当代人以进士登第为"登龙门"，言由此一跃便声价百倍，在仕宦方面可以不历余官而直登宰相,拟迹庙堂,当时一般士子大都有往上爬的思想,哪有不企羡这条"终南捷径"的呢!这起码从晋代起就是这种样子,所谓"世族"即"士族",士大夫出身都得由当时认为正途的"取士制"。尤其南北朝时特别重视这一点,连做皇帝的也不可能令非士的成为士,至少,得到士族中有权威的认可才成,否则虽位列三公,也还不能入士林。如宋文帝对宠臣中书舍人宏兴宗说:"卿欲作士人,得就王球坐,乃当判耳。若往诣球,可称旨就席。"于是他到球处,将坐,球举扇禁止说:"卿不得尔!"宏还奏,帝说:"我便无如此何。"另一天,帝以此劝王球,球说:"士庶区别,国之常也,臣不敢奉诏。"同一阶级中的阶层之分竟严格到如此,非士和士族不能同席而坐。又如纪僧真尝启宋武帝说:"臣小人出自本州武吏,他无所须,惟就陛下乞作士大夫。"帝说:"此事由江敩、谢瀹,我不得措意,可自诣之。"僧真承旨去访江敩,登榻,坐定,敩命左右从人"移吾床让客",僧真丧气退出告帝说:"士大夫固非天子所命。"到唐代,仍然继承了这些坏传统。例如薛元超,唐刘铢《隋唐嘉话》卷中有这么一条,薛中书元超谓所亲曰:"吾不才,富贵过分,然平生有三恨:'始不以进士擢第;娶五姓女;不得修国史。'"这三恨,实际上第一、第二难,第三比较容易,只要得帝、后宠,便可办到,如李义府也监修国史。总之,这说明了唐代的社会现实如此。剧中人的张君瑞是否系元稹的替身?抑薛元超的"志同道合"者?我们可以不去管他;但我确信张生不是第八、九世纪唐代社会特出优秀的"超人",王实甫已经"恰如其分"地改塑了这个人物形象,予以在董《西厢》中张生所没有的那种今天我们所说的"小资产阶级的狂热性",那个历史年代青年人所可能有的进步性,也即我称之为"狂"的成分,所以他跟当时的士大夫阶层的一群不同,能蔑视功名;然因为时代、阶级所局限,还无能完全例外,"狂"有时也受到了时尚的束缚。再,张生也因为有点儿"狂",对自己的才华非常自负,自信有满肚子的学问,考个把状头如"囊中取物"那么容易,为什么不乘机显显身手?即使不为着满足老夫人的欲望,为了使心上人莺莺更称心,也得去争取"金榜题名",回来时好欢欢喜喜地举行"洞房花烛"。唐代的士子必然有这样的欲念,虽说王实甫把这个人物形象塑成为蔑视功名,具有叛逆的性格。处在那个年代的人不可能是彻头彻尾的革命者,况张生据他自己说父亲也是个尚书,他不可能"出污泥而不染",阶级烙印深刻得很,怎样也涂抹不去痕迹的。同时,王实甫如实地要在他的性格中表现出来,正合乎辩证地看事物的原则,这正是现实主义作家所理该如此做的。唐代的社会本是那样的社会,极重科名,唐《语林》卷二《文学》篇说:

> 进士为时所尚久矣,俊乂实在其中,由此者为闻人,争名常切,为俗亦弊。……其风俗系于先进,其制置存于有司,虽然,贤者得其大者,故位极人臣常十有二三,登显列常有六七……

士子要"飞黄腾达",就只有这一条路可走,所以当时俗语有"进士初擢第,头上七尺焰光"(见《语林》卷八)。张君瑞的阶级出身命定他希望头上有"七尺焰光"。崔老夫人不消说起,便是莺莺小姐也难保证她必无这样的希望。固然,张君瑞的性格不同于当时的一些"登科迷",性格中有"狂"的特征,蔑视功名,但阶级性和时尚对他的薰染，是无法彻底抗拒的，只要遇到需要功名作为手段来达到攀大姓姻亲这目的的时机，他即使不主动地，也会被动地出现争取功名的念头。作者这样刻划这一形象，我认为是现实主义的，比一味描写他为彻头彻尾的进步人物要真实得多，形象多点儿血肉。正因为这样，张君瑞当临行之时，莺莺小姐要他中与不中都须迅速归来，他便脱口而说：

> 小生这一去白夺一个状元，正是"青霄有路终须到，金榜无名誓不归"。

这就下决心去夺状头，虽然今后如何还不知道，且他跟她心里都有依恋难舍的情绪，也只得忍耐一时。然而，这样写，在董《西厢》是不致发生问题的，因为董解元笔下的张生性格本看重功名；王《西厢》则不然，自始至终刻划张生蔑视功名，如何到末了又转了弯呢？这是处于唐代封建期张生的矛盾，同时也是处于金末元初的王实甫自己思想上的矛盾。无论人物形象张生也罢，作者董解元、王实甫也罢，虽然都有他的进步性，却仍然不能完全摆脱时代、阶级、环境所扣上来的羁绊，因此显露出思想局限性。因而张生为了争取大姓小姐，想先去白夺个状元，也是很必然的事情，况他在"实逼处此"的情况之下才如此考虑的，并非完全由于主动，更未可"以此厚非"，在唐代的现实生活中确以有无功名为最高标准。张生即使不为自己着想，为心上人莺莺将来不致被亲朋戚友瞧不起，受奚落起见，也不能不为她去应举。在封建社会里就是这样，人情冷暖在中举不中举一事上最易表现出来，何况在封建盛期的唐代！

那么，莺莺怎样呢？当然有所不同，然而也只是"大同小异"，不同的是：一、对前次赖婚颇有戒心，深怕"情性乖，心数多"的顽固母亲又说话不算话；二、纵使母亲说到做到，张生能否得到进士及第呢？也还在不可知之数。挣到，老夫人固无话可说，挣不到呢？说不定又会赖，同时老夫人也明说"驳落呵，休来见我"，所以长亭送别时嘱咐这样的话：

> 张生，此一行得官不得官，疾便回来！

这的确可以显示在蔑视功名一点上，莺莺比张生彻底些，自是莺莺的大优点。不过我们也勿过分夸大了莺莺的进步性。她之所以说"此一行得官不得官，疾便回来"，主要是恐生变故，且变故不仅一面，也许另一面更有可能，就是既怕老母亲又赖，又怕张生抛弃她，后者比前者更可担心些。她这才说：

> 此一节君须记：若见了那异乡花草，再休似此处栖迟！

所以，我们若把莺莺要张生疾回来的话看作是她思想上的高度进步，我以为未免片面。当然，这只是莺莺作为唐代社会一女性必有的忧虑。她当时对张生是钟情到无能再有更高的境地了；但为什么偏又好端端地忽然出现了使她和张生不得不离开的情况呢？这个罪全归于老夫人，因之她对母亲有一肚子的怨恨之情，只苦于处在典型环境里没有做女儿的说话顶撞的份儿，只得怀着满腔哀怨。这里，我想顺便插说一下崔莺莺为什么那么怕张生走后在京"沾花惹草"不回来，甚至再娶而抛弃她的历史依据。向来有人疑《会真记》中的崔莺莺是个明的或暗的娼妓，不是真的崔相国的千金。加之剧本中又有怕他另玩别个妓女的曲辞，更以为王实甫也有同样的怀疑。我不那样看。我只认为崔莺莺不一定姓崔，那只是《会真记》作者有意抬高她的门第，本是个"小家碧玉"。剧本有那样的曲文，不过由《莺莺传》载她的复信里"长安行乐之地，触绪牵情"两语的演绎，也只因她有"但恨鄙陋之人，永以遐弃"的忧虑；在历史生活真实上说，是因唐代士子应试时往往在京中公开玩妓，王氏针对此症而发，莺莺所唱的不是"无的放矢"。这也说明王氏深通唐代的社会生活，非一般作手可比。

至于红娘，她倒有跟张生相近似的看法，也不能以为她就是不进步，或说王实甫歪曲了红娘的阶级性。事情没有那么简单，生活是多种多样的，不能刻板地从阶级性去确定一切。红娘是处于那个社会的典型环境中的人，她自会觉得大户人家嫁女都选择女婿有功名的。纵她最恨这东西，那只是她自己，不能强要崔、张跟她一样。如果读者不健忘，回忆一下第三本第一折张生托她传信时的回答便明白。她说：

这简帖儿我与你将去，先生当以功名为念，休堕了志气者！
（寄生草）你将那偷香手，准备着折桂枝。休教那淫词儿污了龙蛇字，藕丝儿缚定鹍鹏翅，黄莺儿夺了鸿鹄志；休为这翠帏锦帐一佳人，误了你玉堂金马三学士。

在阶级社会里，占统治地位的思想给任何阶级的人以毒害，小红娘在日常生活中是无法抵抗那种侵蚀的。我们不能怪她不该说那样的话，也不能认为她嘴上说了那样的话就表示思想落后。这只是现象，不是她的本质。本质的东西跟张、崔所有的是绝对大有不同的；同时，她一向就认为"秀才是文章魁首，姐姐是仕女斑头"，应该要"妻荣夫贵"，所以听到老夫人的话就说"张生早则喜也"！一点儿也不多心怀疑老夫人在许配一事上还有别的心计，还要在战败之余回转马头乘机使"回马枪"或"杀手锏"的。

谁都说红娘既勇敢又聪明，她又早知道老夫人"情性佥，心数多"，这儿却又不提防老夫人再使"绝招"，是不是王实甫的败笔？我是想这样解释的：红娘不是没有那样的估计，有，却因为对封建制度所产生的一切东西不完全都了解，也就是认识还远不够。她知道封建家庭老妇最怕"家丑外扬"，又执着于封建礼教的"无犯法之男、再婚之女"，决不会让千金小姐"吃重茶"而再嫁另一人，所以就认为只要老夫人许配，今后就不会变卦了。前一点认识得对，后一点就认识不够。封建礼教有极度的虚伪性，封建人物也不过只借它来吓唬别人，对自己还要灵活运用它。老奸巨滑的老夫人只是利用它而不是"正心诚意"地信仰它，为了利己，可以"便宜行事"，可以牺牲礼教的尊严，胡作非为。红娘虽然聪明、乖觉，却忽视了这一点现实。王实甫并不想否定红娘的聪明伶俐，恰现实主义地揭示了她因年幼而缺少经验，致有此失。这就把红娘的形象塑造得更丰满完整，聪明豪爽，"侠骨柔肠"，兼而有之。

依我如上的论析，肯定了在举行婚礼之前，老夫人特打发张生上京去求名是一种诡计，不是甘愿违"故相遗言"和侄儿郑恒的利益，相反地是"诈败佯输"来个"明许暗赖"。戏这才不能到第四本便结束，因为张、崔毕竟能否结婚成礼？尚在不可知之数；同时，若没有第五本，就不能把这"明许暗赖"的诡计揭穿，当时的勾阑观众未必满意；况且第四本"拷艳"末的"驳落呵，休来见我"一语不是为了"明许暗赖"，则第五本真成"蛇足"。为什么？崔相郑氏夫人竟会那么幼稚，轻信得可怜，只要争娶女儿的人在她面前造一下谣就会信以为真，情愿不要已及第的且跟女儿已同居的张生，天下安有是理？足见第二次确是"明许暗赖"，因而非有第五本不可。说明她本来居心要赖，稍抓到借口便"虚推实赖"，也就由于不是赖婚一次即可能团圆，经过一而再，再而三地赖婚，斗争了几个回合，然后得到团圆，矛盾丛生，波澜重叠，文情动荡，摇曳生姿，生动性、复杂性、历史的内容和思想的深度都达到可观的地步。这既是《西厢记》之为大名剧的所以，也可以作为《西厢记》决非四剧而必然是五剧的证据之一。本来，事情是很明显的，不管你老夫人有多大的能耐，今后使"回马枪"也好，"杀手锏"也好，必然枉费心计，为的事实上封建制度的威权已经被这小两口的"倚翠偷期"扫精光了，挽救不了必然没落的命运。"拷艳"之后固然还有戏演，在老夫人方面说来，只是"回光返照"。封建势力，在这个剧本里已到了"夕阳无限好，只是近黄昏"的当口；相反地，张、崔和红娘这些新生力量，正散发出蓬勃的朝气，斗志昂扬，一步一步地走向胜利。观众正期待着看胜利的场面出现，怀着无比的热情在翘望着。

原载《中山大学学报（哲学社会科学版）》1980年第2期

论章句

——词学研究之四

詹安泰遗作　汤擎民整理

积字成句，积句成章，故论词之格局之先，必讲求字、句与章法。

词之用字，于音义外，更有添、减、偷、衬之法。于调中本字，不足于意，而添字以助之者，谓之"添字"；减调中本字别成新调，而仍不失本调声情者，谓之"减字"；调中本字，于声觉有未足，而加字以衬声者，谓之"衬字"；约调中之虚声本字别成新调而仍保持本调声情者，谓之"偷声"。词之有"添字""减字""衬字""偷声"，推其始，殆皆以声为主，历时稍久，增其声者实以字，损其字者亦不存其声，于是除调中特加标明者外，仅得钩稽其字数增损之迹，以测其增损之状；声情之原，已无可按。倘以诗乐衡之，其初必有如"妃呼豨"之类徒有其声羌无实义可寻者，顾已不可得而考见矣。（万树谓词无衬字，殆亦以其难以考见耳。）

词属长短句，故其句法特为参差：少或一字，多至九字，而同字数之句，亦因所入之调不同而生乖异。如同为五字句，入《扬州慢》者与入《生查子》《千秋岁》者不同；同为七字句，入《唐多令》者与入《浣溪沙》《鹧鸪天》者不同；同为八字句，入《还京乐》者（"中有万点相思清泪"）与入《淡黄柳》（"怕梨花落尽成秋色"）、《侍香金童》者（"念一瞬韶光堪重惜"）不同；同为九字句，入《解蹀躞》（"泪珠都作秋宵枕前雨"）、《暗香疏影》（"凝寒又不与众芳同歇"）者与入《相见欢》《虞美人》者不同。更有同在一调中，同字数之句调连用而句法各自不同者，如《雨霖铃》之"念去去千里烟波，暮霭沉沉楚天阔"，《绮罗香》之"渐惊他秋老梧桐，萧萧金井断蛩暮"，《霜花腴》之"记年时旧宿凄凉，暮烟秋雨野桥寒"。上句句法为上三下四，下句句法为上四下三，绝不得以对偶法填入。此外，词中拗句尤多，如《大酺》"虫网吹粘帘竹"，《关河令》"秋阴时晴渐向暝"，《秋宵吟》"今夕何夕恨未了"，《凄凉犯》"怕匆匆不肯寄与误后约"等句，平仄拗口，不可改用顺适。诸如此类，学者均宜特加之意也。

词之章法，以言运用，自属变化无方，不易划成定式；即其有成式可按者，亦甚繁复，须加探讨。以名称言，有令、引、近、慢、犯、摘遍、序子等；以篇幅言，有单调、双叠、三叠、四叠、转踏等；复有不换头、换头、双拽头之别，有一题联章、分题联章之分。凡此诸体，各不相犯，著有成式，可得遵循。

兹编所述，于字则言其音、义、虚、实；于句则言其长短、平仄之异同；于章则言其组织离合之方式。俾学者可由字以造句，合句以成章。至遣辞谋篇之优劣美丑，属诸技巧问题者，则于后论格局、修辞时讨究。章句止于成章，成章而后可与言美富精妙也。

一、字

字有义异而音亦随之而异者，其在声律之文，关系至大。如思想之"思"为平声，而"芳思"之"思"当读仄；睡觉之"觉"为去声，而知觉之"觉"当读入。类此者，苟不细审，极易误用。略举数例，以资隅反：

"中兴"　此"中"字当读若"众"。毛公《烝民》诗序云："任贤使能，周室中兴"；杜预《左传》序云："祈天永命，绍开中兴"，陆德明并音丁仲反。杜甫诗："今朝汉社稷，新数中兴年。"又："万里伤心严遣日，百年垂死中兴时。"李商隐诗："路有论冤谪，言皆在中兴"，皆本陆音。与中外之"中"不同音。

"斤斤"　此"斤"字当读"仅"。《诗》："斤斤其明"，毛传："明察也，又重慎也。"《后汉书·吴汉传》："斤斤谨质，形于体貌。"皆读去声也。与斤两之"斤"不同音。

"大较""较然"　此"较"字并应读入声，音"角"。《左传》襄二十一年杜注"较然正直"。陆德明曰："较音角。"《史记·律书》："岂与世儒阖于大较。"《索隐》注："较音角。"与计较、比较之"较"不同音。

"无尽藏"　此"藏"字音"脏"，读去声。《易》："谩藏诲盗"；《诗》："亶侯多藏"，并音才浪反。洪迈《容斋随笔》载《玉津园喜晴诗》："上苑春光无尽藏，可须羯鼓更催花。"亦以"藏"作仄读，与"中心藏之"之"藏"不同音。

此皆常用之字而时至不自觉察者。他如吴梅《词学通论》中所举：

| 屈信申 | 信义迅 | 造作早 | 造就糙 | 矛盾忍 | 甲盾遁 | 窒塞色 |
| 边塞赛 | 冯妇逢 | 冯河平 | 女红工 | 红紫洪 | 戕害祥 | 牁戕威 |

之类，皆音义随所用而不同，为学词者所当留意。又有诗词中曾用之单字其音义易致忽略者，如：

"泥"，作软缠用时读乃计切。杜甫诗："忽忽穷愁泥杀人。"元稹诗："泥他沽酒拔金钗。"杜牧诗："为郡异乡徒泥酒。"杨乘诗："昼泥琴声夜泥书。"柳永词："泥儜邀宠最难禁。"邓文原词："银灯影里泥人娇。"均读去声，与泥涂之"泥"字不同音。

"凝"，作固结用时读牛孕切。白居易诗："落絮无风凝不飞。"又："舞繁红袖凝，歌切翠眉愁。"张先词："莲台香烛残痕凝。"柳永词："爱把歌喉当筵逞，遏天边乱云愁凝。"均读去声，与凝妆、凝眸之"凝"字不同音。

类此者多，能于读词时用心体会，自无失粘之病。有用叠字或一助字而义同一字者，如"人儿""人人""奴奴"之类，亦不可不知。（言奴奴者始自黄庭坚词"奴奴睡，奴奴睡也奴奴睡"。实鄙俚，不可为训。）

词中添、减、偷、衬之字，多不可考，减偷尤为难知。其添衬字不别成新调犹得按索者，大率用虚字也。如周邦彦《浪淘沙慢》"正拂面垂杨堪揽结"句，陈允平和作云："恨入回肠千万结。"减少一字，则周词之"正"字，衬字也。如周邦彦《风流子》："羡金屋去来，旧时巢燕，土花缭绕，前度莓墙。"以"羡"字领四句；贺铸词作"彩笔赋诗，禁池芳草，香鞯调马，辇路垂杨"。去一领字，则周词之"羡"字，衬字也。《满江红》下阕两七字句，各家皆然。赵鼎作云："欲待忘忧除是酒，奈酒行欲尽愁无极。"则"奈"字是添衬字也。（《词学集成》曾拈出此例）《满庭芳》过阕第一句各家均用五字句，而张耒作"嗟吁人生随分足"；则"嗟吁"两字，添衬字也。《烛影摇红》第二句，各家皆作七字句，王诜词云"向夜阑乍酒醒心情懒"；则"向"字"乍"字皆衬字也。尹鹗《拨棹子》第四句，第一首作"小槛细腰无力"六字句，而第二首作"将一朵琼花堪比"为七字句；则"将"字为衬字也。《青玉案》第二句，各家均作六字句，而史浩作三首均为七字句，是史作多一衬字也。又若《唐多令》第三句，各家均作七字句，而吴文英作"纵芭蕉不雨也飕飕"，为八字句，是吴作多一衬字也。（《词统》注"纵"字为衬字）《浪淘沙》后阕第三句原七字，吴遵岩作八字句，是吴作多一衬字也。《青玉案》过片第二句，各家用七字句，曹勋二首均用八字句——"咏好句须还凤楼手""糁十里冰姿步时绕"，则曹作有一字为衬字也。比较宋元人名作（其不成家数者自不可信），凡同调或和作而字句互相出入者，均可视为添衬之例。沈际飞谓"文义偶不联贯，用一二字衬之，密按其音节虚实间，正文自在"是也。（见《古香岑草堂诗余·发凡》）其明标添字如《添字采桑子》之类，其为添字，更不待言。惟衬字与添字亦微有别，衬字无标作调名者，故仍以虚字为多；添字则已标明调名，故虚声均已填入实字，按调倚声，亦未有视为虚声者。观赵长卿《摊破丑奴儿》，于前后阕均增入"也啰，真个是可人香"八字，则当时于本调增损之例，犹得仿佛，特不易考索耳。

　　张炎云："词与诗不同，词之句语，有二字三字四字至六字七八字者，若推叠实字，读且不通，况付之雪儿乎？合用虚字呼唤。单字如'正''但''任''甚'之类。两字如'莫是''还又''那堪'之类。三字如'更能消''最无端''又却是'之类。此等虚字，却要用之得其所。若使尽用虚字，句语又俗，必不质实，恐不无掩卷之诮。"（《词源》）虽为运用立论，属诸技巧问题。然虚字之于词，其重要性可见。故张德瀛论用字之法，谓"虚字宜详，实义可略"。（《词征》）盖实字孔繁，势难列举；虚字有限，略可揭出；因之，历来论字法者，多详虚字，而研习之者，亦于虚字特别留意也。兹依张例，再举习见之虚字于下。

　　单字："只""漫""纵""奈""便""算""况""更""想""料""怕""看""记""问""怎""莫""正""念""叹"。

　　两字："那堪""那知""漫道""况值""好是""莫是""试问""记曾""纵把""争道""未许"。

　　三字："更那堪""怎知道""君不见""倩何人""空负了""最无端""君知否""莫不是""且消受""都忘却""况而今""待分付""都付与"。

　　此外，有词人所用生僻字，虽不尽可以效法，而亦不可不知者，并列于后。

瞓　欧阳修词"今朝陡觉凋零瞓"。瞓，助辞也。东坡词"时与瞓渔簑"。"瞓"，同"晒"。

　　幰　黄庭坚词"画出西楼一幰秋"。（山谷词多怪字，兹举一例）幰，陟孟反，开张画缯也。见《龙龛手鉴》。

　　挼　唐无名氏词"碎挼花打人"。冯延巳词"手挼红杏蕊"。黄简词"妆成挼镜问春风"。挼，奴讹切，又奴回切，两手相切摩也。见《说文》。

　　挩　尹焕词"点点爱轻挩"。蒋捷词"漫细把寒花轻挩"。"挩"与"绝"同，断也。见《词征》。又即"捩"字，见《雨村词话》。

　　耍　周邦彦词"贪耍不成妆"。蒋捷词"羞与闹蛾争耍"。耍，嬉也。

　　舀　秦观词"半缺椰瓢共舀"。舀音拗，见《古今词话》。

　　矬　欧阳炯词"豆蔻花间矬晚日"。矬，昨和切，短也。见《词征》。

　　拚　晏几道词"已拚长在别离中"。李甲词"拚则而今已拚了"。拚，判同。楚人挥弃物谓之拚，见《方言》。

　　趠　高观国词"趠将花落"。趠，散走也。见《玉篇》。

　　赚　欧阳修词"谁把佳期赚"。赚，稚陷切，诳骗也。

　　叵　温庭筠词"虽叵耐"。薛昭蕴词"叵耐无端处"。"叵""叵"同，不可也。见《说文》。

　　尽　许岷词"当初不合尽饶伊"。晏几道词"尽无端尽日东风恶"。此"尽"字犹"任"也，即忍切。见《词征》。

　　絮　刘夷叔词"休絮，休絮"。方言以濡滞不决为絮，见《通雅》。

　　划地　毛开词"划地春寒"。辛弃疾词"划地东风欺客梦"，又"绿窗划地调红妆"。划，平也。见《集韵》。划地，言快便也。见《古今词话》。

　　腾腾　杨炎正词"捧杯更著腾腾唱"。腾腾，江西土语，犹言随意也。见《雨村词话》。

　　端的　高观国词"端的此心苦"。端的，犹的确也。

　　假饶　柳永《木兰花》"假饶花落未消愁"。杨无咎词"假饶薄命"。蒋捷词"假饶无分入雕阑"。假饶，犹纵令也。

　　不成　荣樵仲词"不成天也、不容我去乐清闲"。张翥词"不成便没相逢日"。不成，犹难道也。

二、句

　　词之句法，虽参差不齐，而字数相同之句，以所入之调不同，每生歧异，此中确有成规，不容混用。兹将一字句至九字句之平仄，先行剖析，然后论列各种句法之构造与变化。

　　一字句。此惟《十六字令》首句有之。平声，起韵。如周晴川《十六字令》"眠，月影穿窗白玉钱"是。

　　二字句。二字句，大率不出"平仄""仄平""平平""仄仄"四种。用于换头作"平仄"句者，如柳永《白苎》之"追惜，燕然画角"，姜夔《霓裳中序第一》之

"幽寂，乱蛩吟壁"，王沂孙《无闷》之"清致，悄无似"是。用于换头作"平平"句者，如姚云文《紫萸香慢》之"凄清，浅醉还醒"；周邦彦《渡江云》之"堪嗟，清江东注，画舸西流，指长安日下"是。用于中间之短句作"平仄"者，如唐庄宗《如梦令》之"如梦，如梦，残月落花烟重"；欧阳炯《定风波》之"独凭绣床方寸乱，肠断，泪珠穿破脸边花"；吴文英《惜秋华》之"清浅，瞰沧波静衔秋痕一线"是。用于中间之短句作"平平"者，如冯延巳《南乡子》之"薄幸不来门半掩，斜阳，负你残春泪几行"，柳永《临江仙慢》之"心摇，奈寒漏永，孤帏悄，泪烛空烧"，苏轼《醉翁操》之"琅然，清圆，谁弹？响空山，无言"是。至若顾敻《河传》起句之"曲槛"，柳永《笛家弄》过片之"别久"，则为"仄仄"句。温庭筠《河传》之"少年，好花新满船""柳堤，不闻郎马嘶"，顾敻《河传》之"断肠，为花须尽狂"，则为"仄平"句。凡用"仄仄""仄平"之句，其上一字多可通平，故四种中，实以"平仄""平平"为正格。惟毛滂《忆秦娥》起句作"夜夜"，叠仄字，且用韵，不可用作"平仄"。

三字句。三字句平仄凡八种："平仄仄""仄平平""平平仄""仄仄平""平仄平""仄平仄""平平平""仄仄仄"是也。"平仄仄"句，如《梦江南》之"兰烬落"，《归国谣》之"江水碧"，《破阵乐》之"云际寺，林下路"是。"仄平平"句如《更漏子》之"柳丝长"，《一萼红》之"古城阴"，《夏云峰》之"宴堂深"，《十二时慢》之"晚晴初"，《多丽》之"晚山青"，《春从天上来》之"酒微醒"，《如鱼水》之"劝琼瓯"是。"平平仄"句，如《谒金门》之"空相忆"，《鹤冲天》之"馀花乱"，《大酺》之"春禽静"，《瑞龙吟》之"章台路"是。"仄仄平"句，如《喜迁莺》之"锦翼鲜"，《喜春来》之"问暮鸦"，《翠羽吟》之"绀露浓，映素空"是。"平仄平"句，如《河传》之"溪水西"，《更漏子》之"南浦情"，平韵《满江红》之"闻佩环""帘影间"是。"仄平仄"句如《天仙子》之"泪珠滴"，《角招》之"为春瘦"，《兰陵王》之"柳阴直""恨堆积"是。"平平平"句，如平韵《忆秦娥》之"栖乌惊"，《寿楼春》之"良宵长"，《六州歌头》之"思悲翁"是。"仄仄仄"句，如《相见欢》之"剪不断"，《一叶落》之"一叶落"，《浪淘沙慢》之"弄夜色"，《梅花引》之"缚虎手"是。

四字句。四字句平仄凡十六种。兹各举一例并说明如下：①"平平仄仄"，如《琐窗寒》"窗涵月影"。②"仄仄平平"，如《扬州慢》"十里扬州"。③"平仄仄平"，如《四园竹》"萤度破窗"。④"仄平平仄"，如《倾杯乐》"水横斜照"。⑤"平平平仄"，如《潇湘逢故人慢》"熏风初动"。⑥"仄仄仄平"，如《感皇恩》"往事旧欢"。⑦"平仄平平"，如《探春慢》"衰草愁烟"。⑧"仄平仄仄"，如《恋芳春慢》"燕泥破润"。⑨"平平仄平"，如《绮寮怨》"何须渭城"。⑩"仄仄平仄"，如《月中仙》"已醉离别"。⑪"平仄平仄"，如《索酒》"天地如绣"。⑫"仄平仄平"，如《醉太平》"小冠晋人"。⑬"仄平平平"，如《寿楼春》"照花斜阳"。⑭"平仄仄仄"，如《戚氏》"风露渐变"。⑮"仄仄仄仄"，如《吊严陵》"暝霭向敛"。⑯"平平平平"，如《歌头》"西园长宵"。

五字句。五字句平仄约有二十四种，分别举例于后：①"仄仄平平仄"，如《醉妆词》"莫厌金杯酒"。②"平平仄仄平",如《醉公子》"金铺向晚扃"。③"平平平仄仄",如《梦芙蓉》"仙云深路杳"。④"仄仄仄平平",如《诉衷情》"柳弱蝶交飞"。⑤"仄仄仄平仄",如《惜秋华》"十载寄吴苑"。⑥"平平平仄平",如《诉衷情》"辽阳音信稀"。⑦"平仄平平仄",如《凄凉犯》"追念西湖上"。⑧"仄平仄仄平",如《生查子》"那知本未眠"。⑨"仄仄平仄平",如《绮寮怨》"晓风吹未醒"。⑩"平仄仄平平",如《南浦》"波暖绿粼粼"。⑪"平仄平仄仄",如《扫地游》"春事能几许"。⑫"仄平仄平平",如《兰陵王》"奈鸾凤欢疏"。⑬"仄平平平仄",如《尾犯》"想丹青难貌"。⑭"仄平平仄仄",如《酒泉子》"洞房空寂寞"。⑮"平仄仄平平",如《荷叶杯》"携手暗相期"。⑯"平平仄平平"。如《四槛花》"疏篁晓风清"。⑰"仄仄平仄仄",如《凤池吟》"几百年见此"。⑱"仄仄平仄平",如《无闷》"放绣帘半钩"。⑲"平仄仄平仄",如《暗香》"香冷入瑶席"。⑳"平平仄平仄",如《应天长》"沉沉暗寒食"。㉑"仄仄仄仄平",如《惜黄花慢》"衬落日坠红"。㉒"平平平平仄",如《大酺》"邮亭无人处"。㉓"平平平平平",如《寿楼春》"裁春衫寻芳"。㉔"仄仄仄仄仄",如《浣溪沙慢》"水竹旧院落"。

  六字句。六字句平仄约三十二种。①"平平仄仄平平",例:《乌夜啼》"帘帏飒飒秋声"。②"仄仄平平仄仄",例:《红窗听》"莫惜明珠百琲"。③"平平平仄平平",例:《相思儿令》"谁教杨柳千丝"。④"仄仄仄平仄仄",例:《破阵子》"蜡烛到明垂泪"。⑤"仄仄平平平仄",例:《解蹀躞》"候馆丹枫吹尽"。⑥"平平平仄平平",例:《玉蝴蝶》"秋风凄切伤离"。⑦"平仄平平平仄",例:《折红梅》"红梅数枝争发"。⑧"仄仄平仄平仄",例:《多丽》"浩月千里澄辉"。⑨"平仄仄仄平平",例:《河传》"遥见翠槛红墙"。⑩"仄平仄平仄仄",例:《梦还京》"旅馆虚度残岁"。⑪"仄仄平平仄仄",例:《鹤冲天》"未省展眉则个"。⑫"仄平仄仄平平",例:《新荷叶》"放船且向前汀"。⑬"仄平仄平仄仄",例:《瑶阶草》"那堪昼间日永"。⑭"平仄仄仄平仄",例:《散馀霞》"春梦枉恼人肠"。⑮"平仄平平仄仄",例:《昭君怨》"春到南楼雪尽"。⑯"仄平平仄平平",例:《华清引》"独留烟树苍苍"。⑰"平仄平平平仄",例:《珠帘卷》"烟雨蒙蒙如画"。⑱"仄平平仄平仄",例:《握金钗》"晚来红浅香尽"。⑲"平仄仄平平仄",例:《风入松》"临镜舞鸾离照"。⑳"平仄仄平平平",例:《过涧近》"千里火云烧空"。㉑"仄仄平仄仄仄",例:《子夜歌》"酒醒不知何处"。㉒"平平平仄平仄",例:《哨遍》"琴书中有真味"。㉓"仄平仄仄平仄",例:《夜半乐》"冻云黯淡天气"。㉔"平仄平平仄仄",例:《玉女摇仙佩》"须信画堂绣阁"。㉕"平仄仄仄仄仄",例:《临江仙引》"凝情望断泪眼"。㉖"仄仄仄仄平平",例:《临江仙引》"尽日独立斜阳"。㉗"仄仄仄仄平仄",例:《莺啼序》"泪墨惨淡尘土"。㉘"平平平仄仄仄",例:《霓裳中序第一》"沉思年少浪迹"。㉙"平平仄平仄仄",例:《莺啼序》"残寒正欺病酒"。㉚"平仄平仄平平",例:《河传》"烟浦花桥路遥"。㉛"平仄平仄平平",例:《一萼红》"云意还又沉沉"。㉜"平平平平平仄",例:《瑞龙吟》"纤纤池塘飞雨"。(整理者按：④于③重出，⑭于⑨重出，实为三十种。）

七字句。七字句平仄约四十三种。①"平平仄仄仄平平"，例：《木兰花慢》"情知雁杳与鸿冥"。②"仄仄平平仄仄平"，例：《偷声木兰花》"柳外秋千出画墙"。③"仄仄平平平仄仄"，例：《安公子》"拾翠汀洲人寂静"。④"平平仄仄仄平平"，例：《西河》"山围故国绕清江"。⑤"平平仄仄平平仄"，例：《六丑》"钗钿坠处遗芳泽"。⑥"仄仄平仄平平仄"，例：《八归》"倚竹愁生步罗袜"。⑦"平仄平平仄平仄"，例：《兰陵王》"应折柔条过千尺"。⑧"仄仄平仄平平仄"，例：《夜半乐》"断鸿声远长天暮"。⑨"仄平仄平平仄仄"，例：《多丽》"有翩若惊鸿体态"。⑩"平仄仄平平仄仄"，例：《吊严陵》"回首暮云千古碧"。⑪"仄平仄平平仄仄"，例：《接贤宾》"几回饮散良宵永"。⑫"仄仄仄平平仄仄"，例：《送征衣》"竟就日瞻云献寿"。⑬"仄仄平平平仄平"，例：《春风袅娜》"笑挽罗衫须少留"。⑭"平平仄仄仄平仄"，例：《期夜月》"香檀急扣转清切"。⑮"平平平仄仄平平"，例：《惜黄花慢》"牛山何必独沾衣"。⑯"平平仄仄平平仄"，例：《醉公子》"相思暗惊清吟客"。⑰"平平仄平仄平仄"，例：《归朝欢》"新春残腊相催迫"。⑱"平仄平平仄仄平"，例：《忆瑶姬》"千里沉沉障翠峰"。⑲"仄平平仄平仄仄"，例：《轮台子》"九疑山畔才雨遏"。⑳"仄平仄平仄平仄"，例：《秋霁》"爱渠入眼南山碧"。㉑"平仄平平仄平平"，例：《换巢鸾凤》"天念王昌忒多情"。㉒"仄仄平平仄平平"，例：《马家春慢》"命化工倾国风流"。㉓"平仄仄仄平平仄"，例：《阳春》"因甚自觉腰肢瘦"。㉔"仄平仄平仄平仄"，例：《望江怨》"马嘶残雨春芜湿"。㉕"仄平平仄仄平平"，例：《翠羽吟》"冷光摇荡古青松"。㉖"仄仄仄仄平平仄"，例：《过涧歇近》"幸有散发披襟处"。㉗"仄平平仄仄仄仄"，例：《三台》"见梨花初带夜月"。㉘"仄仄仄仄平平仄"，例：《高山流水》"素弦一一起秋风"。㉙"平平仄仄平仄仄"，例：《解红慢》"尘寰百岁能几许"。㉚"仄仄仄平平平仄"，例：《破阵乐》"望故苑楼台霏雾"。㉛"平仄平平平仄仄"，例：《宝鼎现》"浓焰烧空连锦砌"。㉜"仄平仄平平平仄"，例：《马家春慢》"渐庭馆帘栊春晓"。㉝"平平仄平仄平平"，例《花犯》"今年对花太匆匆"。㉞"平仄平平平平仄"，例：《贺新郎》"吹尽残花无人见"。㉟"仄仄仄仄仄平平"，例：《紫萸香慢》"又忆漉酒插花人"。㊱"仄平仄平仄仄仄"，例：《瑶阶草》"照花独自怜瘦影"。㊲"仄仄平平平平仄"，例：《大圣乐》"画舫西湖浑如旧"。㊳"平仄平平仄平仄"，例《花发状元红慢》"娇燕语雕梁留客"。㊴"仄平仄仄仄仄仄"，例：《西河》"酒旗戏鼓甚处市"。㊵"仄平平平平平仄"，例：《哨遍》"觉从前皆非今是"。㊶"仄仄平平平平平"，例：《寿楼春》"自少年消磨疏狂"。㊷"平平平平仄仄仄"，例：《关河令》"秋阴时晴渐向暝"。㊸"平平仄平平平平"，例《醉翁操》"惟翁醉中知其天"。（整理者按：④于①重出，⑳于⑪重出，㉔于⑧重出，实为四十种。）

以上七格，词句中平仄之法略尽矣。至八字句如《尉迟杯》之"算九衢红粉皆难比"，乃合"一七"句法而成；如《哨遍》之"但知临水登山啸咏"，乃合"二六"句法而成；如《金缕曲》之"枉教人梦断瑶台月"，乃合"三五"句法而成。九字句如

《江神子慢》"金莲衬小小凌波罗袜",乃合"三六"字句而成;如《虞美人》之"恰似一江春水向东流",乃合"二七"字句而成;如《相见欢》之"寂寞梧桐深院锁清秋",乃合"六三"字句而成。此外,八字句如《还京乐》之"中有万点相思清泪",《换巢鸾凤》之"定知我今无魂可销",《龙山会》之"待月向井梧梢上摇",《惜花春起早慢》之"流莺海棠枝上弄舌",《彩云归》之"惟有临歧一句难忘",《西平乐》之"争知向此征途迢递"之类;九字句如《江城子慢》之"想伊不整啼妆影帘侧",《留客住》之"怎生向主人未肯交去",《暗香疏影》之"凝寒又不与众芳同歇"之类,非由字数较少之句合成者,其平仄均不得轻为移易。数量较少,不另分列句中之平仄。

句之平仄既明,可进而言句之组织与正变:

通常二字句,多为一字组,自无研讨之必要。三字句虽较可变化,然亦不过名词、形容词之组合,或名词动词之组合而已。如"柳丝长,春雨细",名词在前,形容词在后之句法也。如"花阴月,柳梢莺",本名在后,而形容之者居前之句法也。又如"春日宴",则成名词与动词组合之一完全句矣。亦有仅为极简单之一字组者,如"一叶叶,一声声"之类是。至若"莫无情""将奈何"之类,仍可视同一字组,表现之语气不同耳。大抵三字句至多不过两步(顿),其可分为三步者,除叠字外不可见,三叠字如"莫,莫,莫"之类,则又不得归入三字句也。

四字句之组织法约有三种:一、"二,二"句,如《雨霖铃》"寒蝉凄切"是。二、"一,三"句,如《迷神引》"引胡笳怨"是。三、"一、二、一"句,如《八声甘州》"上琴台去"是。第一种最普通,第二、三两种,非有定格之调,不得乱用。第三种亦有认为"上三下一"句者,其例极少。

五字句之组织法约有四种:一、"二、三"句,如《卜算子》"漏断人初静"是。此类最多,通常之五字句多如此。二、"一、四"句,如《无闷》"放绣帘半钩"是。此类以一字领四字之句亦不少。三、"三、二"句,如《秋蕊香》"浑未识清妍"是。此类最少,与上一下四者极易混同。四、"二、二、一"句,如《菩萨蛮》"敛眉含笑惊"。此类与第一种相似,惟如牛峤此句,必分三步也。

六字句之组织法约有四种:一、"二、四"句,如《红窗听》"莫惜明珠百琲"是。此类最多,间或用作对句。亦有以两字领四字而与下句四字对者。二、"二、二、二"句,如《百宜娇》"灯火裁缝砧杵"。类此作三步者殊少。三、"四、二"句,如《宴琼林》"皓雪肌肤相亚"。此类句法亦不多,易与作三步者混也。四、"一、五"句,如《留春令》"便添起春怀抱"。此类以一字领五字者不多见。

七字句之组织法约有四种:一、"四、三"句,例如《中兴乐》"池塘暖碧浸晴晖"。此类最多,与七言诗句同。二、"三、四"句,例如《唐多令》"燕辞归客尚淹留"。此类较少,在第三字着逗者则甚多,然非纯属七字句,故不得并论。三、"二、五"句,例如《柳含烟》"乐府吹为横笛曲"。此类与第一种除下五字须与下句五字对者外,与第一类可通,不甚拘执。四、"一、六"句,例如《西平乐》"叹事与孤鸿尽去"。此类以一字领六字,每与下六字句作偶句。

八字句之组织,有"一、七""二、六""三、五"三种,例见前。九字句之组织，有"二、七""三、六""四、五"三种，例亦见前，兹不复出。

折腰句。词中有所谓"折腰句"者，实则六字句中在第三字可以点逗者。如《眉妩》之"乘一舸镇长见"，《夜游宫》之"看黄昏灯火市"，《凤衔杯》之"空目断遥山翠"等是。以句中间可以折断，故名"折腰"。

尖头句。陈锐《词比》中有"尖头句"之例，移录如下：尖头五言偶句，"对暮山横翠，衬梧叶飘黄"（《临江仙》），"绣鸳鸯枕暖，画孔雀屏高"（《献衷心》），"系长江舴艋，拂深院秋千"（《行香子》）。尖头七字偶句，"惊粉重蝶宿西园；喜泥润燕归南浦"（《绮罗香》），"念双燕难凭远信；指暮天空识归艎"（《玉蝴蝶》）。"正依约冰丝射眼；更荏苒蟾玉西飞"（《步月》）。所谓尖头句，盖即五字句中用"一、四"法，与七字句中用"三、四"法者，以上轻下重，故名"尖头"。推之，则四字句中之用"一、三"句法，六字句中之用"一、五"或"二、四"句法，八字句中之用"一、七""二、六""三、五"句法者，均可谓之尖头句也。

偶句。三字偶句，如"柳丝长，春雨细"是。四字偶句，如"做冷欺花，将烟困柳"是。五字偶句，如"飘零疏酒盏，离别宽衣带"是。六字偶句，如"云度小钗浓鬓，雪透轻绡香臂"是。七字偶句，如"无可奈何花落去，似曾相识燕归来"是。

叠句。一字句叠，如《思帝乡》"花，花"是。二字句叠，如《如梦令》"如梦，如梦"是。三字句叠，如《潇湘神》"斑竹枝，斑竹枝"是。四字叠，如《采桑子》"爱上层楼，爱上层楼"是。五字句叠，如《东坡引》"光阴如撚指，光阴如撚指"是。叠句最多不过五字，五字以上句叠者不经见。

复句。篇中复用句，如赵长卿《摊破丑奴儿》前阕结"也罗，真个是可人香"，后阕结复用此八字。苏轼之《皂罗特髻》"采菱拾翠"四字，篇中凡七见。类此者无别首可覆按，殆有定格，不得随意入以不同之句调也。

三、章

词之句法，长短不一，章法亦然。唐宋人言词，多直呼本调调名，至明顾梧芳刻《草堂诗余》，始有小令、中调、长调之分，亦以篇幅之长短约为界划云尔。（说已见前）然前人于此，已多驳议；依仍其说，恐滋误会。兹以单调、双叠、三叠、四叠等分说。

1. 单调

单调词以十六字令（张于湖作称《苍梧谣》）为最短（万树《词律》首列皇甫松《竹枝词》，仅为两句七言诗，犹未成词体也），以《寿山曲》为最长——六十字，三十字前后者为最多。随举一例如下：

　　路入南中，桄榔叶暗蓼花红。两岸人家微雨后，收红豆，树底纤纤抬素手。（欧阳炯《南乡子》）

2. 双叠

前后两段者谓之双叠，以朱敦儒之《柳枝》——三十二字为最短，他如《归自谣》《定西番》《长相思》《相见欢》《风光好》等，亦均在四十字内。以苏轼之《哨遍》——二百零三字为最长。他如《抛球乐》《穆护砂》等，均在一百六十字以外。双叠在词调中占最多数。例如：

> 渐亭皋叶下，陇首云飞，素秋新霁。华阙中天，锁葱葱佳气。嫩菊黄深，拒霜红浅，近宝阶香砌。玉宇无尘，金茎有露，碧天如水。　正值升平，万几多暇，夜色澄鲜，漏声迢递。南极星中，有老人呈瑞。此际宸游，凤辇何处，度管弦清脆。太液波翻，披香帘卷，月明风细。（柳永《醉蓬莱》）

此前后段字数句法不同者，慢词多如此。慢词之前后段同者，如：

> 缚虎手，悬河口，车如鸡栖马如狗。白纶巾，扑黄尘，不知我辈，可是蓬蒿人。衰兰送客咸阳道，天若有情天亦老。作雷颠，不论钱，谁问旗亭，美酒斗十千？　酌大斗，更为寿，青鬓长青古无有。笑嫣然，舞翩然，当垆秦女，十五语如弦。遗音能记秋风曲，事去千年犹恨促。揽流光，系扶桑，争奈愁来，一日却为长。（贺铸《梅花引》）

此则前后段字数句法完全吻合，其在慢词，殊不多见。短调则类此者多，殆双叠之名所由出也。例如：

> 情高意真，眉长鬓青。小楼明月调筝，写春风数声。　思君忆君，魂牵梦萦。翠绡香暖云屏，更那堪酒醒！（刘过《醉太平》）

3. 三叠

有双拽头与非双拽头之别。双拽头者，第一，二段之句法平仄均同也。如：

> 章台路，还见褪粉梅梢，试花桃树。愔愔坊陌人家，定巢燕子，归来旧处。　黯凝伫，因念个人痴小，乍窥门户。侵晨浅约宫黄，障风映袖，盈盈笑语。　前度刘郎重到，访邻寻里，同时歌舞，唯有旧家秋娘，声价如故。吟笺赋笔，犹记燕台句。知谁伴，名园露饮，东城闲步？事与孤鸿去，探春尽是，伤离意绪。官柳低金缕，归骑晚、纤纤池塘飞雨；断肠院落，一帘风絮。（周邦彦《瑞龙吟》）

自"章台路"至"归来旧处"，与"黯凝伫"至"盈盈笑语"，句法平仄全同，即属双拽头。此类甚少，非双拽头者则较多。非双拽头者亦称"三换头"。例如：

> 冻云黯淡天气，扁舟一叶，乘兴离江渚。渡万壑千岩，越溪深处。怒涛渐息，樵风乍起，更闻商旅相呼，片帆高举。泛画鹢，翩翩过南浦。　　望中酒旆闪闪，一簇烟村，数行霜树。残日下、渔人鸣榔归去。败荷零落，衰柳掩映，岸边两两三三，浣纱游女，避行客，含羞笑相语。　　到此因念，绣阁轻抛，浪萍难驻。叹后约、丁宁竟何据？惨离怀、空恨岁晚归期阻。凝泪眼、杳杳神京路。断鸿声远长天暮。（柳永《夜半乐》）

三叠之调，现存者，据《词谱》，仅《西河》《十二时慢》《兰陵王》《瑞龙吟》《夜半乐》《宝鼎现》《三台》《戚氏》八调，未确。《剑器近》《绕佛阁》与《秋宵吟》均双拽头，应分三叠也。（《塞翁吟》依万氏注，亦当分三叠，为双拽头。）至王安石《甘露歌》，虽《乐府雅词》录入作三叠词，《词谱》从之，曹元忠跋《临川先生歌曲》已辨其非词，自难列入。

4. 四叠

四叠又称"序子"。词调以四叠为最长，而四叠以吴文英之《莺啼序》三篇为最著，盖文英自度曲也。陈耀文《花草粹编》载郑意娘《胜州令》，亦四叠，今可考见者，仅此两调而已。兹录吴文英《莺啼序》之一于后：（彭致中《鸣鹤余音》载吕洞宾《莺啼序》一首，与吴作律调不符，或系别调，或有阙失。）

> 残寒正欺病酒，掩沉香绣户。燕来晚、飞入西城，似说春事迟暮。画船载、清明过却，晴烟冉冉吴宫树。念羁情，游荡随风，化为轻絮。　　十载西湖，傍柳系马，趁娇尘软雾。溯红渐、招入仙溪，锦儿偷寄幽素。倚银屏、春宽梦窄，断红湿、歌纨金缕。暝堤空，轻把斜阳，总还鸥鹭。　　幽兰旋老，杜若还生，水乡尚寄旅。别后访、六桥无信，事往花萎，瘗玉埋香，几番风雨？长波妒盼，遥山羞黛，渔灯分影春江宿，记当时、短楫桃根渡。青楼仿佛，临分败壁题诗，泪墨惨淡尘土。　　危亭望极，草色天涯，叹鬓侵半苎。暗点检、离痕欢唾，尚染鲛绡；嚲凤迷归，破鸾慵舞。殷勤待写，书中长恨，蓝霞辽海沉过雁，漫相思、弹入哀筝柱。伤心千里江南，怨曲重招，断魂在否？

摘遍。此体盖摘取大曲或法曲中之一遍而成。如《泛清波摘遍》，即摘《泛清波大曲》中之一遍而成；《薄媚摘遍》，即摘《薄媚大曲》中之一遍而成。亦犹《霓裳中序第一》之从《霓裳曲》十二叠中摘出第七叠成"中序第一"也。既已成为散词，则亦与慢词无甚分别。例如晏几道《泛清波摘遍》：

> 催花雨小，着柳风柔，都似去年时候好。露红烟绿，尽有狂情斗春草。长安道，秋千影里，丝管声中，谁放艳阳轻过了。倦客登临，暗惜光阴恨多少。　　楚天渺，归思正如乱云，短梦未成芳草。空把吴霜点鬓华，自悲清晓。帝城香，双凤旧约渐虚，孤鸿后期难到。且趁朝花夜月，翠樽频倒。

《宋志》有林钟商《泛清波大曲》。沈括云："凡曲有数叠者，裁截用之，谓之'摘遍'，此盖摘《泛清波》曲之一遍也。"（《梦溪笔谈》）赵以夫之《薄媚摘遍》亦然，摘取《薄媚大曲》中"入破第一"之一遍为之，故句法全与《薄媚大曲》"入破第一"相合。他若《采莲令》《水调歌头》《法曲献仙音》《氐州第一》《八声甘州》《梁州令叠韵》《六么令》《大圣乐》《万年欢》《感皇恩》《石州慢》《六州歌头》《剑器近》等，诸凡大曲、法曲中所有之调名，均系就大曲、法曲中摘其一段而成，特其原有之大曲、法曲多不流传，又或经文人增润删易之后，不得一一据实考明耳。吴梦窗《梦行云》词，自注："一名六么花十八。""六么"本大曲，此特其中之一叠，亦摘遍类也。

转踏。此属联章体，一称"缠达"，亦称"传踏"。或以多词咏一题；或各首分题，而互相联系，体式不一，类多于本词外，穿插诗文以当叙述，如曲之插入诗话及科、白然。兹举洪适《番禺调笑》如下：

番禺调笑
句队

盖闻五岭分疆，说番禺之大府；一尊属客，见南伯之高情。摭遗事于前闻，度新词而屡舞，宫商递奏，调笑入场。

羊仙

黄木湾头声哄然，碧云深处起非烟。骑羊执穗衣分锦，快睹浮空五列仙。腾空昔日持铜虎，嘉瑞能名灼前古，羽人叱石会重来，治行于今最南土。

南土，贤铜虎，黄木湾头腾好语，骑羊执穗神仙五，拭目摩肩争睹。无双治行今犹古，嘉瑞流传乐府。

药洲

传闻南汉学飞仙，炼药名洲雉堞边。炉寒灶毁无踪迹，古木闲花不计年。惟余九曜巉岩石，寸寸沦漪湛天碧；画桥彩舫列歌亭，长与邦人作寒食。

寒食，人如织，藉草临流罗饮席。阳春有脚森双戟，和气欢声洋溢。洲边药灶成陈迹，九曜摩挲奇石。

海山楼

高楼百尺迤严城，披拂雄风襟袂清。云气笼山朝雨急，海涛侵岸暮潮生。楼前箫鼓声相和，戢戢归樯排几柁？须信官廉蚌蛤回，望中山积皆奇货。

奇货，归帆过，击鼓吹箫相应和。楼前高浪风掀簸；渔唱一声山左。胡床邀月轻云破，玉尘飞谈惊座！

素馨巷

南国英华赋众芳，素馨声价独无双；未知蟾桂能相比，不是人间草木香。轻丝结蕊长盈穗，一片瑞云萦宝髻；水沉为骨麝为衣，剩馥三薰亦名世。

　　名世，花无二，高压阇提倾末利，素丝缕缕联芳蕊，一片云生宝髻，屑沉碎麝香肌细，剩馥薰成心字。

朝汉台

　　尉佗怒臂帝番禺，远屈王人陆大夫；只用一言回倔强，遂令魋结换襟裾。使归已实千金橐，朝汉心倾比葵藿，高台突兀切星辰，后代登临奏音乐。

　　音乐，传佳作。盖海旌幢开观阁，绮霞飞渡青油幕。好是登临行乐。当时朝汉心倾藿，望断长安城郭。

浴日亭

　　扶胥之口控南溟，谁凿山尖筑此亭？俯窥贝阙蛟龙跃，远见扶桑朝日升。蜃楼缥缈擎天际，鹏翼缤翻借风势。蓬莱可望不可亲，安得轻舟凌弱水。

　　弱水，天无际，相去扶胥知几里？高亭东望阳乌起，杲杲晨光初洗。蓬莱欲往宁无计，一展弥天鹏翅。

蒲涧

　　古涧清泉不歇声，昌蒲多节四时青。安期驾鹤丹霄去，万古相传此化城。依然丹灶留岩穴，桃竹连山仙境别。年年正月扫松关，飞盖倾城赏佳节。

　　佳节，初春月，飞盖倾城尊俎列。安期驾鹤朝金阙，丹灶分留岩穴。山中花笑秦皇拙，祠殿荒凉虚设。

贪泉

　　桃榔色暗芭蕉繁，中有贪泉涌石门，一杯便使人心改，属意金珠万事昏。晋时贤牧夷齐比，酌水题诗心转厉。只今方伯擅真清，日日取泉供饮器。

　　饮器，贪泉水，山乳涓滑甘似醴。怀金嗜宝随人意，枉受恶名难洗。真清方伯端无比，未使吴君专美。

沉香浦

　　炎区万国侈奇香，捆载归来有巨航。谁人不作芳馨观？巾箧宁无一片藏？饮泉太守回瓜戍，搜索越装舟未去。蘦苡何从起谤言？沉香不惜投深浦。

　　深浦，停舟处，只恐越装相染污。奇香一见如泥土，投着水中归去。令公早晚回朝著，无物迟留鸣橹。

清远峡

　　腰支尺六代难双，雾鬓风鬟巧作妆。人间不似山间乐，身在帝乡思故乡。南来万里舟初歇，三峡重过惊久别。玉环留着缀相思，归向青山啸明月。

　　明月，舟初歇，三峡重过惊久别！玉环留与人间说。诗罢离肠千结。相思朝暮流泉咽，雾锁青山愁绝！

　　　　　　　　　破子

　　南海，繁华最，城郭山川雄岭外，遗踪嘉话垂千载，竹帛班班俱在。元戎好古新声改，调笑花前分队。

　　高会，尊罍对，笑眼茸茸回盼睐，蹋筵低唱眉弯黛。翔凤惊鸾多态。清风不用一钱买，醉客何妨倒载。

　　　　　　　　　遣队

　　十眉争艳眼波横，霓袖回风曲已成。绛蜡飘花香卷穗，月林乌鹊两三声。歌舞既终，相将好去。

以"调笑词"分咏羊仙、药洲、海山楼、素馨巷、朝汉台、浴日亭、蒲涧、贪泉、沉香浦、清远峡十景，而总名曰《番禺调笑》，联章分咏法也，并"破子"两首，词凡十二首。开端先用"句队"，总叙缘起，以下每首用七言诗八句，四平韵，四仄韵，即以诗末两字为词首；大抵诗则徒诵，而词则歌唱也。末缀"破子"两首，然后以"遣队"收场。开端"句队"或名"揍，白语"，见毛滂《东堂词》。收场"遣队"，或名"放队"，见宋无名氏《调笑集句》及郑仅（彦能）《调笑转踏》。"遣队"多仅七绝一首，不缀"歌舞既终，相将好去"八字。又毛滂作每首所咏之题，均列于正文之后，余则多同此式。董解元《西厢》，先有诗句而后弹曲子，与此体绝类，殆同出一源也。

联章。此体不以"转踏"名，无"句队""破子"等名目。有数首相联而只咏一题者，如欧阳修之《采桑子》十一首，咏西湖之胜，而首冠以序引是。有多首相联以咏一种故事者，如赵德麟之《商调蝶恋花》十首，咏崔莺莺张君瑞事是（原词见德麟《侯鲭录》）。亦有以一调而咏四时或十二月如鼓子词者，如欧阳修之《渔家傲》十二首是。兹举欧词为例：

　　　　　　　　　采桑子

　　昔者王子猷之爱竹，造门不问于主人；陶渊明之卧舆，遇酒便留于道上。况西湖之胜概，擅东颍之佳名。虽美景良辰，固多于高会，而清风明月，幸属于闲人。并游或结于良朋，乘兴有时而独往。鸣蛙暂听，安问属官而属私；曲水临流，自可一觞而一咏。至欢然而会意，亦傍若于无人。乃知偶来常胜于特来，前言可信；所有虽非于己有，其得已多。因翻旧阕之词，写以新声之调。敢陈薄伎，聊佐清欢。

　　　　　　　　　一

　　轻舟短棹西湖好，绿水逶迤，芳草长堤，隐隐笙歌处处随。　　无风水面琉璃滑，不觉船移，微动涟漪，惊起沙禽掠岸飞。

　　　　　　　　　二

　　春深雨过西湖好，百卉争妍，蝶乱蜂喧，晴日催花暖欲然。　　兰桡画舸悠悠去，疑是神仙，返照波间，水阔风高飏管弦。

三

画船载酒西湖好，急管繁弦，玉盏催传，稳泛平波任醉眠。行云却在行舟下，空水澄鲜，俯仰流连，疑是湖中别有天。

四

群芳过后西湖好，狼藉残红，飞絮蒙蒙，垂柳阑干尽日风。笙歌散尽游人去，始觉春空，垂下帘栊，双燕归来细雨中。

五

何人解赏西湖好，佳景无时，飞盖相追，贪向花间醉玉卮。谁知闲凭阑干处，芳草斜晖，水远烟微，一点沧洲白鹭飞。

六

清明上巳西湖好，满目繁华，争道谁家，绿柳朱轮走钿车。游人日暮相将去，醒醉喧哗，路转堤斜，直到城头总是花。

七

荷花开后西湖好，载酒来时，不用旌旗，前后红幢绿盖随。画船撑入花深处，香泛金卮。烟雨微微，一片笙歌醉里归。

八

天容水色西湖好，云物俱鲜，鸥鹭闲眠，应惯寻常听管弦。风清月白偏宜夜，一片琼田，谁羡骖鸾？人在舟中便是仙。

九

残霞夕照西湖好，花坞苹汀，十项波平，野岸无人舟自横。西南月上浮云散，轩槛凉生，莲芰香清，水面风来酒面醒。

十

平生为爱西湖好，来拥朱轮，富贵浮云，俯仰流年二十春。归来恰似辽东鹤，城郭人民，触目皆新，谁识当年旧主人。

十一

画楼钟动君休唱，往事无踪，聚散匆匆，今日欢娱几客同。去年绿鬓今年白，不觉衰容。明月清风，把酒何人忆谢公。

十一首中，惟末首首句无"西湖好"三字，殆亦有"收场"之意，与首"序引"遥相呼应，特联章体不着"句队""遣队"等名称耳。至若周密以《木兰花慢》十阕分咏十景，张龙荣以《应天长》十阕分咏西湖十景之类，则各自标调，不必联系，非联章体也。此外如宋无名氏之《九张机》，《乐府雅词》以之入"转踏"类，而九首相联，虽有小序及诗引起，七绝及"敛袂而归，相将好去"八字收场（另一首无小序及收场），而无"句队""遣队"等名称，体例介乎"转踏"与"联章"之间，不另立名目。

大曲。大曲原与散词不同，然宋人词集中亦有冠以大曲者，史浩《鄮峰真隐大曲》，尤其著者也。史氏大曲，有《采莲》《采莲舞》《太清舞》《柘枝舞》《花舞》《剑舞》《渔父舞》等，其著"舞"字诸首，均有叙白，惟《采莲》纯系词体。《采莲》凡八首相连，第一延遍，第二撷遍，第三入破，第四衮遍，第五实催，第六衮，第七歇拍，第八煞衮，盖徒歌无舞，纯乎其为词也。《乐府雅词》有专列大曲栏，内录董颖《道宫薄媚》，旁标"西子词"，子目为排遍第八、排遍第九，第十攧，入破第一，第二虚催，第三衮遍，第四摧拍，第五衮遍，第六歇拍，第七煞衮。诸首中字数句法不同，且以第八居首，而以第七煞，不知何故。其各首用韵，亦以同部之平仄韵通协，法同作曲，特曾慥以之选入《乐府雅词》，则亦如史氏大曲类也。词之结构，至于大曲，最为完备矣。（篇幅过长，不引例，学者自览观焉。）

原载《中山大学学报（哲学社会科学版）》1981年第4期

怎样理解和欣赏《西洲曲》

王季思

忆梅下西洲,折梅寄江北;单衫杏子红,双鬓鸦雏色。
西洲在何处?两桨桥头渡;日暮伯劳飞,风吹乌臼树。
树下即门前,门中露翠钿;开门郎不至,出门采红莲。
采莲南塘秋,莲花过人头;低头弄莲子,莲子清如水。
置莲怀袖中,莲心彻底红;忆郎郎不至,仰首望飞鸿。
鸿飞满西洲,望郎上青楼;楼高望不见,尽日栏杆头。
栏杆十二曲,垂手明如玉;卷帘天自高,海水摇空绿。
海水梦悠悠,君愁我亦愁;南风知我意,吹梦到西洲。

《西洲曲》[①]

这首南朝乐府诗在艺术上赢得古今读者普遍的爱好。明钟惺选《古诗归》,说它"声情摇曳而纡回"。清沈德潜选《古诗源》,说它"摇曳无穷,情味愈出"。我手头的几部文学史在介绍南朝乐府民歌时,有的说它"是'吴歌''西曲'最成熟最精致阶段的作品",有的说它"标志着南朝民歌在艺术发展上的最高成就"。可是对它的思想意义普遍不敢肯定,有的古典诗歌选本还说它"情调感伤,意义不大"。

为什么一首思想意义难于肯定的诗,在艺术上却赢得古今读者的高度赞赏?是不是一首情调感伤的诗就不可能有较大的思想意义?我们今天应该怎样联系这首诗的思想内容看它的艺术成就?要回答这些问题,我想得从解放前夕北京大学和清华大学几位古典文学研究工作者对《西洲曲》的争论谈起。

1948年上半年,在《申报·文史副刊》上展开一场关于《西洲曲》的争论。争论先在游国恩、叶玉华二先生之间展开,后来余冠英先生也参加了。游先生说西洲在江南,是诗中女方的住处,叶先生说西洲在江北,是诗中男方的住处;游先生说从开头到"海水摇空绿"都是男子的口气,叶先生说全诗都是女子的口吻;游先生说"忆梅下西洲"的梅,可能是女子的名或姓,叶先生说它是指梅花开的季节,这是他们之间明显的三点分歧。

余先生在看了游、叶两先生的文章后,又提出另一种看法。他说:"'忆梅下西洲'的'下'字,是'洞庭波兮木叶下'的下,就是落。它属梅不属人。西洲必是诗中

[①] 《西洲曲》:见《乐府诗集·杂曲歌辞》。

男女共同纪念的地方，落梅时节必是他们共同纪念的时节。这两句诗是说一个女子忆起梅落西洲那一值得纪念的时节，便折一枝梅花寄给现居江北的情人，来唤起他相同的记忆。句中省略了主词，主词不是'我'而是'她'，这两句不是男子或女子自己的口气，而是作者或歌者叙述的口气。"又说篇末四句是女子的口气，是从第三者的叙述忽然变为诗中人物说话；西洲不在江南，也不在江北，是名副其实的江中洲。后来余先生在《汉魏乐府诗选》里又对《西洲曲》的内容作了更为简要的说明：

> 这首诗写一个女子对所欢的思和忆。开头说她忆起梅落西洲那可纪念的情景，便寄一枝梅花给现在江北的所欢，来唤起他相同的回忆。以下便写她从春到秋、从早到晚的相思。

"诗无达诂"，对同一首诗的不同理解是常见的。提出不同的看法，展开争论，有利于问题的解决。可惜解放后这争论没有继续下去，余先生的说法就成为定论，为解放后各种文学史所采用。今天看来，余先生的看法仍有可以商量的地方，这得从《西洲曲》的第一句说起。这句诗我同意游先生的说法，写男方正在怀念着梅而想到西洲去。不过这梅是象征性的、暗示性的，跟下文女方拿莲来象征她所爱的男子一样，不一定是她的名或姓。余先生引"洞庭波兮木叶下"作根据，以为梅下就是梅落。从南朝民歌的"梅花落已尽""梅花落满道""梅花已落枝"等句看，从来没有说梅花落作"梅下"的。而另一方面，凡是连在地名上用的"下"字，如南朝民歌的"闻欢下扬州"，唐人诗的"思君下巴陵""昨日下西洲"，都是作"到"或"去"用的。因此我没有采取余先生的说法。

西洲究竟在哪里？根据温庭筠的一篇同题作品"悠悠复悠悠，昨日下西洲；西洲风色好，遥见武昌楼"看，应在武昌附近。有人说是武昌的东湖，我看却不象。《西洲曲》开头说"忆梅下西洲，折梅寄江北"，结尾说"南风知我意，吹梦到西洲"，西洲当然在江北，而东湖则在江南。从诗中"开门郎不至，出门采红莲"到"鸿飞满西洲，望郎上青楼"的大段描写看，西洲当是女方生活的地方。这样，诗中人物活动的地点问题可以确定下来，有待解决的还有诗中人物活动的时间问题。

余先生认为"梅是冬春的花"，"单衫是春夏之交的服装"，杏子也"在春夏之交红熟"，而"南塘秋"是初秋，"鸿飞满西洲"是深秋。因此，他采取游先生的说法，认为《西洲曲》是写"四季相思"。我以为忆梅的梅既不是梅花，折梅的梅也不是写实，而是用典，是写意，象前人用"鱼书""来鸿"表示寄信之意。陆凯赠范晔诗："折梅逢驿使，寄与陇头人。"是南朝名篇，民间不一定流传，加工的诗人不会不知道。至于"单衫杏子红，双鬓鸦雏色"，以自然景色衬托女方的天真、美好，它表现男方对女方的印象记忆犹深，也是诗人为他诗中主人公的着意设色，不能把它看得太实了。正如唐人诗的"双眸剪秋水，一笑开芙蓉""裙拖六幅湘江水，鬓挽巫山一段云"，如果都当作写实，不仅格扞难通，也觉毫无意味。

这首节四句是一意，它写男方对梅的深沉怀念，并隐约透露要到西洲去会面的信息。首二句点出人和地，三四两句紧接着渲染梅的衣衫、鬓发。一点一染，是五言诗首节常用的手法。余先生把它分成两截：上二句一截，写寄梅的时候是冬春之交；下二句一截，写杏子红、鸦雏出的春夏之交。因而得出"表示自春徂夏的时节变迁"的结论。把这个论点跟下文"采莲南塘秋"的描写联系起来看，就把全诗看成了一首南朝的"四季相思调"。我们对首节诗作了如上的理解，时间的问题就连带可以解决。它写的是江南一带农村妇女采莲的大好季节，也是青年男女高唱莲歌、此起彼和、表达双方情意的大好时机。"乘月种芙蓉，夜夜得莲子""处处种芙蓉，婉转得莲子"，当时吴声歌曲还为我们留下他们的歌声。

"西洲在何处，两桨桥头渡"，被女方称作莲的男子是知道梅的住处，并乘采莲的大好季节来约会她的。"日暮伯劳飞，风吹乌臼树"是一种含蓄的写法，写他徘徊至暮，只见鸟飞树动，始终没有见到她。《楚辞·湘君》写湘君对湘夫人的追求："朝骋骛兮江皋，夕弭节（按辔徐步）兮北渚；鸟次兮屋上，水周兮堂下。"鸟还停在屋上，水还流在堂下，但是人到哪里去了呢？是同样的写法。

以下五节二十句转入女方的梅对男方的莲的怀念、追求，以至失望。写得情致缠绵，姿态摇曳，达到思想与艺术的高度统一，是全篇的精华所在。"树下即门前"四句说明一个问题，原来莲曾约好了到西洲看梅，梅也在家里等着莲来（"门中露翠钿"表明了这一点），为什么摇了双桨来，到了梅门前的乌桕/臼树下却看不到梅呢？因为梅"出门采红莲"去了。在封建社会，梅不可能象今天的女青年一样，在门上写几个字："莲，我采莲去了！"莲也不可能象今天的男青年一样，向左邻右舍打听梅的下落。这样，他们双方就各自怀着焦急的心情，在不同的场合，作无望的期待和追求。

"采莲南塘秋"以下四节，写梅在采莲时怎样"低头弄莲子"，想起莲的清白，"置莲怀袖中"，想起莲的热情；又怎样登楼远望，直至"海水摇空绿"，都见不到莲的影子。这样，一个天真而热烈地追求美好爱情的少女形象，就愈来愈鲜明地展现在读者的眼前。这在旧社会，可能会被认为淫荡，可耻。对今天的青年读者来说，她对爱情的热烈、专一，值得我们赞许，她的痴心、失望，应引起我们的同情。至于对恋爱婚姻的问题，我们应有更高一层的理解，这是不言自喻的。

这里的"海水摇空绿"，颇为费解，因为在武昌附近的西洲是不可能看到海水的。我想这可能是夸张的写法，把武汉一带辽阔的江面说成海；或者是南方特殊用语，象今天广州人称珠江作珠海，称渡江作渡海一样。西洲在江北，莲在江南，梅登楼南望，自然只见摇空的茫茫江水。

最后一节与首二节相应，又改为莲的口气，意说：当你对着悠悠江水，魂梦飞驰的时候，我也跟你一样地对着悠悠江水发愁。这就是"海水梦悠悠，君愁我亦愁"的含意。向来读者以为"君"字是对男方的称呼，把这四句看作女方的口气，不知上文女方称男方作"郎"，此处改称"君"，这称呼的改变，正表明人物的属性的不同。况且男方称女方作君，古代并不少见。东方朔称妻作"细君"，白居易《赠内》诗："生为同室亲，死为同穴尘，他人尚相勉，而况我与君。"都是明显的例子。最后说幸而还有南风知道我的心意，把我的梦魂吹到西洲去。这表现他们在现实里所不能达到的愿望，仍将在梦想中实现，赋予诗中主人公以一往情深的品格，又给读者以"余音袅袅、不绝如缕"的感觉，是结束得再好没有了。就全诗说，我同意余先生的意见，是叙述人的口气，但他先叙什么，后叙什么，仍得弄清楚。我看是先叙莲对梅的约会，接着叙梅对莲的怀念，最后以"君愁我亦愁"双收。初看好象似断非断，似续非续；认真体会，才觉层次分明，首尾相应，章法也无懈可击。

在对这首诗的人、地、时等内容弄清楚之后，对它所抒发的感情的评价和艺术上有什么成功经验，大半可以连带解决。现在总括起来提几点给大家参考。

一、诗中描写的江南水乡青年在采莲季节所表达的思想感情，不同于后来描写书生、小姐私订终身的作品那样带有封建文人的酸溜溜气和贵族小姐的过分矜持。当然，它也不能跟我们今天进步青年的爱情相比，因为后者反映了我们时代的社会生活和先进思想。但我们今天吟诵时仍觉得它的天真可爱，正象我们面对童年时期的照片，虽然十分稚气，始终觉得逗人一样。

二、诗中写梅莲双方，彼此互爱，一往情深，带有自由恋爱的性质，是双方自愿结合的美好婚姻的基础，但在当时不但不可能实现，连见一次面都困难重重。在这种情况下，诗中的主人公不能不感伤。吴歌、西曲唱出了他们的感伤，表现人民对这种现实的不满；诗人写出了他们的感伤，表现对他们处境的同情。放在封建社会来看，有它的进步意义。即在今天，比起残留在我们社会的封建买卖婚姻和变相的门当户对观念，也高尚得多。当然，它不能跟《天云山传奇》中冯晴岚对罗群、《第二次握手》中丁洁琼对苏冠兰的爱情相比，因为它们带有"未来性爱"的性质，属于更高一层的思想境界。

三、这样一对彼此相爱、一往情深的青年为什么要见一次面都如此困难，而只能寄希望于梦中的一次欢会？这不能不引起读者的深思。我国一些优秀的爱情文学作品，总是在温馨旖旎的风光中反映出严肃的重大的社会问题。《西洲曲》也是如此。当然，当时的民间歌手或进步诗人，都不可能象今天的进步作家一样，给青年指出一条既从现实出发又带有理想色彩的道路，这是他们不可逾越的历史局限。

从艺术上的成功经验来说，它是多方面结合的，初步想到的有下列几点：

一、以长江中游明丽的自然风光，衬托水乡青年在采莲季节的生活和情思。这诗估计产生在齐梁时期，离开我们已一千几百年，可是在我们吟诵到"日暮伯劳飞，风吹乌臼树""采莲南塘秋，莲花过人头"等诗节时，祖国南方明丽的秋光就清晰地在我们眼前浮现。

二、以富有暗示性的诗句和欲断还连的诗节，表现诗中主人公一往情深而又欲言难言的内心活动。"雾露隐芙蓉，见莲不分明""果得一莲时，流离婴辛苦""乘月采芙蓉，夜夜得莲子"，当时吴歌、西曲有不少类似的例子。它表现当时水乡青年、民间歌手在语言运用上的灵活与巧思。

三、回环宛转，摇曳生姿，充分表现诗歌音节上的美。具体分析，有三点值得我们注意。

1）在古体诗中运用近体诗的声律，如"树下即门前"一联，"忆郎郎不至"一联，"海水梦悠悠"一节，都是近体诗的声律，跟一些古体诗的句调如"忆梅下西洲"一联，"开门郎不至"一联结合起来念，特别好听。它是从古体诗向近体诗过渡时期的产物。因此能这样自然地把两种诗声律结合起来运用。

2）四句或两句一换韵，韵随意转，声情密切结合。后来《春江花月夜》《长恨歌》《圆圆曲》等长篇七言诗都继承这传统发展。

3）多用联珠合璧或顶针续麻句法，上下钩联，回环宛转，恰好表现诗中主人公缠绵不断的情思。后来李白、张潮的《长干行》主要是从这些地方吸取它的艺术成就。

原载《中山大学学报（哲学社会科学版）》1981年第4期

记黄海章、詹安泰两教授的酬唱

邱世友

一

黄海章先生和詹安泰先生,为现代岭南诗人、学者。今天看来,真可称婆娑二老,照映一时。他们都前后研习于两广高等师范,而初次见面却在潮州分别执教于金山中学和韩山师范的时候。但他们互相景仰又是在相识之前。1929年,正是革命低潮,日本帝国主义虎视眈眈,风雨如晦的时候。黄先生怀着忧生念乱和嘤嘤求友之忱,从金山中学渡过潮安韩江的湘子桥去看望詹先生。两人相见自有一番深挚而复杂的情味。促膝谈心,或议时局,或言创作,或论治学,谈言微中,竟日而别。从此黄、詹两先生时或游览名胜古迹,时或共赏高楼皓月;韩江岸上,倾听惊涛;古刹坛边,静闻梵响。这些活动都足以兴发他们的诗思而相与酬唱。可是,三年的潮州相聚,终于分袂了。1931年秋,黄先生回到梅县,在梅州中学执教,旋又振铎广西。这时詹先生对黄先生的思想性格和为人有了更深刻的了解,交谊更深挚了;加之日本帝国主义正在侵略东北三省,时局的感伤,别情的萦绕,使詹先生情不自禁地写了不少寄怀诗词。让我们看看这时期所写的《念奴娇·简黄叶海章》吧:

> 过江人暮。怅韶华、岸草征袍摇碧。鸾鹤风高余几辈?爽朗平生第一。梵土情悬,郁金梦冷,肝胆明冰日。飘然来去,吟鞭何处栖息? 肠断词赋中年,关河极目,依旧鹃痕幂。慧剑长埋根性净,忍听玉龙哀笛?簇草城湾,环林湖畔,踏碎楼心白。半龛诗就,山猿水鸟能识。

"过江"两句点出离别。"江"指韩江。韶华易逝,看看岸上的青草迎风摇荡,就像离别者的征袍,无限惆怅!因岸草联想离别,与吴梅村"芳草乍疑歌扇绿"(《后东皋草堂歌》)同一抒情手法。据黄先生说:"人暮",初稿作"人渺"。这本来是一般的写法,作者为了表现深重的离别之情,改"人渺"为"人暮",与"韶华"相应,感慨就更深沉了。"鸾鹤"两句写黄先生的高风亮节和爽朗的性格特点。"梵土"三句又具体写黄先生的高风、爽朗,用对比法。黄先生早岁学佛,曾有出家之念,实未尝出家。但素情仍悬诸梵土,追求着佛家的净土境界,超逸乎尘俗之表,旷宕乎名利之外。如黄先生自己所说"梵土何遥遥,倦鸟长栖栖"(《春日郊行》),而以"禅意逐年荒"(《杂诗》七首之四)自警。郁金堂的富贵梦也就自然冷漠了。因此,肝胆相照犹如日光之与冰雪交映,清明透澈。黄先生又说:"明冰日"初稿为"明冰雪"。冰雪同质,没有增加意象。后来把"雪"改为"日",增强了词的意象,因而更深于抒情了。"飘然"二句,写别后詹先生对黄先生的飘泊生涯的顾念和关注;同时也写出黄先生的飘然来去,无拘无束的个性特点,如行脚僧的云游。但就是在这种个性描写中,蕴含了对离别者的深情厚意。"何处栖息"令人难以卒读。换头"断肠"三句,写时局可忧和同入中年的哀乐,典出《世说新语》;并以词赋相酬唱来抒发家国身世之感。关河极目,战乱频仍,杜鹃泣血,斑痕幂布。而友人的飘泊生活在这时局中更使人忧虑。"慧剑"二句作一转笔,言友人的才智未被所用,有如慧剑之长埋,而本性无营无欲,如佛徒的根性清净无为,想来也可以忍听国家危难的玉龙哀笛吧?!姜白石"又却怨玉龙哀曲"(《疏影》)。这是怨愤语。两句既是慰藉黄先生,也是詹先生的自慰。"簇草"以下,又回写潮州相聚日的优游酬唱生活,潮州的韩山和西湖,都有他们的高躅,前尘影事,更增离别之情。"踏碎楼心白",黄先生说:初稿"白"作"月",改此一字,月之精光灿然,句从晏小山"舞低杨柳楼心月"化出,同写深夜赏月联吟的欢愉。而欢愉难再,徒增离恨罢了。从《念奴娇》可以看出,黄、詹两先生的交谊是极深挚的。在词的风格方面,还有一点值得提出的是,这首词的情意深挚是藉词的丽密和疏宕表现的。这首词颇丽密,如"梵土"三句,但"飘然"两句又有疏宕之气。程千帆教授在《题祝南遗集》中有句云:"本与海绡为后进,却疑兰甫是前身。"在岭南,陈洵词学梦窗的丽密;陈澧词学浙派的清疏。詹先生的词既丽密又清疏。程教授评詹先生的词是很对的。在这首词里,就体现了丽密和疏宕或者清疏的统一的风格。而这种风格无疑更适宜于表达离别者的深挚之情和疏放的个性特征。如果说,《念奴娇》阕没有记下具体的写作时间,那末《翠楼吟》"乙亥清明前三日写寄黄叶"阕创作时间就在1935年清明前三日。

> 画舸清波,垂杨院落,欢盟俊游何许。扶娇春力软,笑轻薄轻离轻聚。东风无主,任划地流红,还招天妒。都尘土。嫁桃昏杏,燕莺休诉。　　最苦,过翼年光,算借云留月,玉箫迟暮。清明羞梦到,又惊见、穿帘花雨。遥峰眉妩,问脉脉青鬟,斜阳前路。消魂误,倚阑何计,不如归去。

开头和《念奴娇》过片一样,追忆在潮州时的畅游欢聚。寒食清明过后即暮春,所以易生"扶娇春力软"之感,致使如落花飞絮,"轻离轻聚",中著一"笑"字,离别惆怅之情见于言外。"东风无主"以下写清明前的落花飞絮,景象凄黯,语极沉痛。因无主,无端的落花流红已无可如何,凄然欲绝了,何况"还招天妒"。"都尘土"二句又凄然一结。用这种递迭法把离情写得何等深折。以华艳写离情,这是詹先生学梦窗得意处,而所寄者深。詹先生论词主常州派的比兴寄托而有所修正(见《詹安泰词学论稿》)。他的词作基本上也是这一路。这种创作特点,从这首《翠楼吟》可以看到。众所周知,1935年的局势也和作《念奴娇》时一样。"寇氛载途"(《玲珑四犯》为民国二四年即一九三五年作),"骚怨难寄"的时局和作者情绪,这些主客因素,詹先生寄之于对黄先生怀念的词作中,所以寄托是遥深的,并非泛写一般朋友的离情。过片写年光如过翼,欢愉难再。"算借云留月",也不免美人迟暮。说"羞梦"正是不堪回首当年的"欢盟俊游",回应了起调三句,不但羞梦清明的到来,更"惊见穿帘花雨",迷濛空际,又回应前片的"嫁桃昏(婚)杏",从梦境写到实境。这样把离别黯然之情,身世家国之感一齐迸发,使人魂销。在艺术上"穿帘花雨"情景相融。如张炎云:"离情须当如此作,全在情景交炼,得言外意。"(《词源》下卷)"遥峰"三句,承前句转,遥峰眉妩,就象含情脉脉的少女。可曾向她问前路?然而斜阳前路,徒增离索。数语设想既奇,又于妙丽中见自然灵宕。所以歇拍"倚阑何计,不如归去!"正是不能归去!归隐之愿,幽愤之思,顾念之情,并而发之,既道出了久别的怀思,又道出了当时爱国知识分子忧时伤乱的心境。总之,詹先生写寄黄先生的词,都表现了他和黄先生的深挚的友谊。而这种友谊,又是在当时国难深重,知识分子前途暗淡的时局中培养起来的,诚然个人的气质、情趣和学养等某些方面的相契,又是重要的因素。

1936年,黄先生应中山大学文学院中文系之聘,1938年学校因抗战烽火,迁云南澄江,黄先生又回到梅县去了。这时詹先生被聘为中大中文系教授,随学校迁澄江。由于时局日亟,国家多难,詹先生身在滇海、点苍间,感慨所寄,吟咏为多。黄先生也颇多吟惊。如"僻地尚虞豺虎出,孤生长系乱离情"(《滇行未成,夷氛寝炽,山居僻地,不能为怀》),"费尽苍生泪,难消战伐谋","碛黑征人骨,思深少妇楼"(《东夷未靖欧祸重来……》),"愤世可堪肠自抉,余生忍见国为墟"(《哀妙岸》),沉郁苍凉,杜工部离乱之情再见。这一时期,黄、詹二先生千里遥隔,酬唱不必说了。值得提出的是,1940年秋,中大迁回粤北坪石,詹先生随校迁徙,蛰居坪石铁岭,日对武江,山城寂寞,不无孤独之感,自然想起在梅县的黄先生,想起他如能复聘于中大中文系,来坪石共同教学研究,相与吟咏,是多好呀!出于对故人的深挚之忧,詹先生曾向学校当局为之介绍,无奈人微力弱,未能成愿,愤然有怀,抒写了七律《寄黄挽波海章梅州》二首。其中一首颔联云:"帆肚能肥春奈老,故人有梦语难专。"自注云"时介挽波(黄先生的字)未遂"。意谓得意诸公虽说大发国难财,装满船舱,奈何青春遽老;而自己呢?梦魂相绕,出语未得专行,不遂介绍之愿。又愤懑又惭愧之意溢于言表。颈联指出,黄先生自安于朴讷,违背时尚,当权者各爱其所亲,自然不会承认黄先生是贤才了:"自安朴讷违时尚,各爱交亲肯汝贤。"又尾联云:"惭与草虫争骨气,高情日夕怅云天。"詹先生愤世念友之情,也就云天高表了。当然这两句诗还是从黄先生方面说的。次首中间两联又写出在战乱政暗的日子里迫于心灰意冷之余,实在再不能忍受那劫残的时局了,国运兴衰绝续不必问,即朋友杯盘相饮以叙平生之思,也难得呀!"岂必贞元问消息,每怀朋旧到杯盘。"这样递进的描写,更能使诗意深化。这种对朋旧的深切关注和怀念,对国家兴衰绝续的忧虑,就是詹先生寄怀黄先生的诗的基调。诗中用了唐德宗贞元间为兴衰绝续之交这一历史典故,贴切而又深刻地体现了抗战中期爱国知识分子的思想情绪。黄先生也不无同感。黄先生说,"两首诗从未见过"。黄先生后来再进中大中文系任教,詹先生既因此还了心愿,自然不会再把这两首律诗出示。

黄先生经黄际遇教授介绍,于1941年秋重回中大中文系任教。詹先生1942年有《壬午岁除书示挽波辛旨》。可见《寄黄挽波海章梅州》诗当在1941年春夏前,1940年秋冬后。1942年黄詹二先生和吴三立（辛旨）先生同在坪石铁岭中大文学院教学，朝夕相见，相与酬唱，自有一种故人新意，但皖南事变之后，时局更动荡了，日寇的气焰更严迫了，爱国知识分子不但艰苦备尝，而且职业也一样的动荡。"无根客"成为当时知识分子的写照。他们的酬唱不无世积乱离，人事飘忽的感慨。《壬午岁除书示挽波辛旨》大概是詹先生发抒这种感慨，用以自慰慰友的。我们看诗的颈联和尾联，"乱余酒劝无根客，归及花开谁是郎。生事艰虞莫重数，留分诗胆与公尝"。"乱余"句以酒劝慰飘泊，言之沉痛。除夕能回家团聚的，自然是那些在国难中得志诸公。在这里詹先生用了颇具艳情的典故。语出苏轼《陌上花》诗，小序云："吴越王妃每岁春必归临安。王以书遗妃曰：'陌上花开，可缓缓归矣。'"（《集注分类东坡诗》卷十四）可见"归及"句是詹先生对当时人事的愤慨。末句"留分诗胆"，自然是詹先生作诗出示黄、吴二先生的深意了。谁都知道，胆是苦的，诗胆无疑更苦，因为它经过诗人对现实人生的种种苦味概括集中典型化了。这诗胆往往要通过读者的联想体会，低徊沉吟得之。但是爱国知识分子还有另一面，即如黄、詹诸先生贞洁若冰雪，不与世俗沉浮的一面。因此，他们并没有被这种苦味呛死。正如黄先生同年写的诗说："艰难家国成何事，冰雪心期与月亲。"（《壬午中秋》）

二

黄、詹二先生诗词酬唱数十年来无间断。这是大家知道的。二位先生通过这样的创作活动，培养了友谊，剖析了人生；家国身世之感又互相交流、深化，从而体现了一个时代的时代精神。我们前面分析了詹先生寄酬黄先生的诗词。这里再看看黄先生的诗吧。我们说了，1941年秋黄先生重回坪石中大中文系执教，与詹先生铁岭酬唱。武江联吟，金鸡岭的游观，都成了黄先生文化生活的重要内容。黄先生有《再游金鸡岭偕安泰陶常》七律二首。其中一首首联云："乱岫排空上，苍然阅世纷。"写金鸡岭的高峻，气势嵯峨，登高望远，世间的纷扰，在苍茫中摄入诗人的视野，从而抒发诗人对当时时局的忧念。然而五岭逶迤，峰峦云海的奇观，又吸引了诗人，使他暂时忘怀那纷扰的现实，感受到山色之美，登山之乐。所以尾联又说："举头舒远目，相对语欣欣。"詹先生是潮州人，潮州人讲究品茗，所谓工夫茶。当时的黄先生只身寄栖铁岭，与詹先生交情又那么深，所以经常到詹先生处品茗。这段又困苦又愉快的生活，黄先生是十分追恋的。如果说李清照和赵明诚在归来堂赌茶校帖是夫妇生活的雅韵；那末，黄詹二先生在无想庵（詹先生的斋名，也称无庵）品茗就是朋友生活的逸韵了。让我们看看黄先生的《过无想庵》诗吧：

> 风雨犹能共一庵，奇愁莽莽发深谈。
> 终知儒士填沟坚，胜有诗书饱蠹蟫。
> 瞥眼沧桑吾未死，撑胸郁勃汝何堪。
> 松涛响震人间世，且听清音彻耳酣。

抗战中后期，风雨飘摇，世事难论，"民饥官自富"（《春尽偶书》）的种种可怪可愕的现象，盘郁在诗人的胸臆而成莽莽奇愁，奇者，不寻常之谓，如他前些时所说："万怪撑胸出，繁忧集此宵。"（《戊寅除夕》）这些奇愁，过访詹先生藉渝茗促膝的机会，为之抒发，深作评论。这是诗的首联点明过无想庵的意图。颔联写深谈的内容，表明爱国知识分子在国事蜩螗，世乱时艰之秋，随时有如孟子所说"填沟壑"的可能。但到底胜于于国事无所感的蛀书虫。至颈联一转，言自己则瞥见世变，所以未死者，良由系念国家民族的前途，正因此，奇愁更难销解啊！而对方呢？詹先生也奇愁郁勃，如胸撑芒角（用东坡意），当然也难忍受了。这怎么办呢？尾联听松涛以求解脱。"小丛解唱，倩松风为我吹笙。"（白石《汉宫春》）黄詹二先生这时候虽然没有盛小丛这样的歌女相伴，而松涛清韵，自然天籁，也足令莽莽奇愁暂得一时的解脱。全诗既豪宕又沉挚。当然，黄先生过无想庵与詹先生渝茗谈心的诗作是不少的。如作这首诗的前三年，即1941年冬大雪封山，在无想庵围炉烘暖时所写的一首五古，言抗战五年了，日寇未灭，国难日深，诗人对死者生者表示无限哀痛。其中的一段云："融融火炉温，蔼蔼茗谈清。愧无一尊酒，相与话平生。重念甲兵兴，五载胡未平。死者填沟壑，存者亦伶俜。"1945年的1月中旬，日寇分4路从广州、衡阳进攻韶关，把粤汉路全线打通。中大师生怆惶疏散。在疏散前时局的紧张，犹如黑云压城，鲸鲵震澨，是可以想像的。因此黄、詹二先生提前在1944年冬各自回到梅县、潮州去了。在这战云密布，哀鸿遍野的日子里，黄先生对詹先生别后的怀念，是很深沉的。那时写了如《寄安泰潮州》五律：

残梦忆湘桥，高楼月共邀。浇肠忧酒尽，放眼看云飘。
离乱身何托，劳生气易凋。一斋寒似水，书至荡心潮。

起二句回忆1929年至1931年潮州欢聚，彷如残梦。"高楼邀月"，如前所引詹先生词"踏碎楼心白"，深夜对月联吟。颔联从残梦回到写实境，避难梅州山区，朋友星散，萧条孤寂，有谁共语，惟有沽酒解愁，而愁绪萦系，终无了时，所以，有酒尽之忧。这时惟有看看飘风的白云。"看云飘"与陶渊明"蔼蔼停云"语异而情同，都有思亲友的意义。黄先生用之，可知怀念詹先生之情深。颔联写得既沉郁又飘逸。颈联进一步写身世之感，避难回乡，脱离学校，身无所寄，很可能又是1938年广州沦陷，避难回梅州，离开中大的历史重演。故离乱则有托身之忧；又因离乱，奔窜流徙，憔悴伤神，故劳生则有元气易凋之念。结联写接来信时心情的激动。寒斋似水，固是冬令，但更写出了避难回乡后的凄凉孤寂，因而读之倍觉激荡心灵，万感横集。

1945年中大本部迁梅州复课，黄詹两先生又有相聚联吟的机会。詹先生有《木兰花慢》"乙酉二月大学文学院东迁梅州赁居角塘。惊魂未定，又传风鹤，不知来者之何如今也"阕和《扫花游》"梅州盛暑"阕。是年冬，中大迁回广州石牌原址，一直到解放。这一时期黄先生虽住在广州市内，但到石牌上课时常去找詹先生，酬唱是不少的。

1957年反右后，詹先生被错划为右派，两先生彼此不便来往，形迹上是疏远了，而友谊却永远存在。詹先生殁后，无庵诗词原稿影印行世，黄先生为之题诗：

四十年前无想庵，武江瀹茗作深谈。
重看诗墨人何在？！庭树萧疏已不堪。

前面不是谈过《过无想庵》诗吗？四十年只取整数。武江瀹茗、铁岭围炉的联吟议论生活该在四十多年前。那时的种种情景，历历在目，而感时伤乱，还有一个共同的理想。今天詹先生的诗墨仍在而其人已逝，细睹墨痕，一种沉挚的友情，蕴涵在当中，令人无限凄感。黄先生抚今追昔，也就不免感到"庭树萧疏"了。

原载《中山大学学报（社会科学版）》1991年第2期

韩愈诗对岭南诗派的影响

陈永正

岭南诗派（也称做"广东诗派"或"粤东诗派"），是中国诗歌史上具有地方特色的诗派，岭南诗派向以"雄直"的诗风著称于中国诗坛。清人洪亮吉曾对岭南诗歌作过颇高的评价："尚得昔贤雄直气，岭南犹似胜江南。"（《论诗绝句》）所谓"雄直"，是指诗歌的境界雄伟，气势劲厉，音调高亢，直抒胸臆，得阳刚之美。这种雄直诗风的形成，主要有以下几方面因素：一是唐以后岭南历代不少诗人，为扭转当世颓靡的诗风，都主张溯源汉魏，取法三唐，每以雄浑劲直为宗；二是这些诗人多出在民族危难严重的末世，有志于救国匡时，其为诗亦多慷慨豪雄之语；三是岭南地区的民间歌谣十分兴盛，真率朴直的民歌直接地影响诗人的创作；四是广东特殊的地理形势：北枕巍峨的五岭，南滨壮阔的涨海，汉、瑶、苗、黎、回各族杂居，很早以来，广东就成为海外贸易的门口，也饱受海上强盗的侵扰，种种因素，形成岭南强悍放犷的民风，粤人性情豪纵，富有进取精神，故诗语亦多雄健发露。此外，还有最重要的一点就是，岭南诗歌是在中原诗歌的影响下发展起来的，唐宋以来，不少中原文士被贬谪岭南，每以诗歌抒发其愤激不平之气，其中尤以韩愈和苏轼雄奇险劲的诗作，更成为岭南诗人效法的榜样。可以这样说，岭南诗派是在"韩潮苏海"千年来的灌溉下成长起来的。钱仲联《近代诗人述评》云："岭南诗派，肇自曲江（指张九龄），昌黎、东坡，以流人习处是邦，流风余韵，久播岭表。宋元而后，沾溉靡穷。"可为的论。

韩愈对岭南文化有着巨大而深远的影响。无论在阳山，在潮州，他足迹所到之处，如龙宫滩、同冠峡、燕喜亭，都成了当地的名胜古迹，如韩江、韩山、侍郎亭，都因他而得名，这"文星一点光"（杨万里《韩山》）照耀着岭南，他兴办乡校，宣扬德化，使"蛮夷南荒"的里闾后生有所从学，岭南人民感戴他的惠政，修建了祠庙来祭祀这位"韩文公"。韩愈的文集，很早就在岭南地区编选流传，韩愈在潮州置乡校，延请海阳人赵德摄海阳尉，"以平生所作文授之"（《广东通志》）。赵德编成《昌黎文录》，并为作序，以教于乡。朱熹《韩文考异》云："吕夏卿以为明水赋通解，崔虞部书，河南同官记皆见于赵德文录，计必亲于文公者，比他本最为可信，而李汉不以入集。"吕大防、朱熹皆亲见此书，并据以入校，惜今已不传。此后宋元各代，续有刊集，如元《潮州三阳志》卷十载有大字《韩文公集》并《考异》一千二百板，中字《韩文公集》九百二十五板。由此可见岭南韩学的兴盛。

北宋初年，朝廷中流行着艳丽晦涩，内容贫乏的西昆体诗时，粤北诗人余靖以他骨格清苍、幽深劲峭的诗歌，给北宋诗坛带来了一些新鲜的气息。后来欧阳修发动诗文革新运动,主张变体复古,余靖也是这次革新运动的同盟者。他的诗"弃华取质","坚炼有法"(吴之振《宋诗钞》),颇近韩愈诗歌的风格。如《夏日江行》《送陈京廷评》等作,追步韩愈《洞庭湖阻风赠张十一署》。而其名作《子规》:"一叫一声残,声声万古冤。疏烟明月树,微雨落花村。易堕将乾泪,能伤欲断魂。名缰惭自束,为尔忆家园。"则仿韩愈《晚泊江口》诗。南宋名臣崔与之,广州人。忧国爱民、政绩彰著,为诗亦多抒发政治理想之语,感情深挚,笔力老健。其《菊坡集》中诗均"高华壮亮,犹有唐人遗音"(梁善长《广东诗粹》),如《送夔门丁帅赴召》《送范漕赴召》等诗,明显地取法杜、韩诗的高格。宋末番禺人李昂英,有《文溪存稿》二十卷。《四库全书总目提要》评其诗"不离宋格,而骨力遒健,亦非靡靡之音。盖言者心声,其刚直之气有自然不掩者矣"。如《三山亭》诗:

> 山中招提鼎足踞,路如丁字分头入。远看港汊纷长绳,俯见阜丘才小笠。班荆坐仆纵之息,争解绿荷撮红粒。群然饮涧忽喧噪,兀坐深丛如虎立。我起胡床划长啸,前峰响答松风急。举头云端尚天半,揩竹攀萝进千级。

此诗朴直,笔力老健,是典型的宋人学韩之作。

元人的诗,多丽缛轻薄之病,而岭南诗人却以博大高华的唐诗为宗,如罗蒙正《希吕集》,"圭臬盛唐,元气浑然,调高字响"(温汝能《粤东诗海》)。元末明初被称为"南园五先生"的孙蕡、王佐、赵介、李德、黄哲,力矫元诗之弊,以上追三唐。孙蕡有《西庵集》传世,朱彝尊《明诗综》谓其"五古远师汉魏,近体亦不失唐音,歌行犹琳琅可诵",黄佐《广州人物传》云其诗"初若不经意,而气象雄浑,兴喻深微"。明清诗论家亦多称许之,或谓其"豪迈玮丽",或谓其"豪富",迹其本源,亦多受杜、韩的影响。试观其流传的"炉锤独运,自铸伟词"(《粤东诗海》)的名篇:

> 人言滟滪大如马,瞿塘此时不可下。公家王事有期程,敢悼微躯作人鲊。人鲊瓮头翻白波,怒流触石为漩涡。长年敲板助船客,破浪一掷如飞梭。滩声橹声历乱聒,紧摇手滑橹易脱。沿洄划转如旋风,半侧船头水花没。船头半没船尾高,水花作雨飞鬟毛。争牵百丈上崖谷,两旁捷走如猿猱。(《下瞿塘》)

> 楚王台高对赤甲,四时猛风长飒飒。柁工鸣板避漩涡,橹声摇上黄牛峡。(《次归州》)

明显地看到摹仿韩愈《贞女峡》等南迁舟行诗的痕迹。南园诗社其余诸子,如王佐的"雄俊丰丽",李德的"雕镂肺肝",黄哲的"造晋唐门域",赵介的"刻厉奇崛",皆或多或少地受到韩诗的影响。南园五先生开岭南一代诗风,使岭南诗歌数百年来能沿着比较正确的方向发展,并形成岭南诗派,其功至伟。由于他们僻处岭南,少与中原文士相接,故未被文学史家所重视,这是很令人惋惜的。

明中叶诗人、学者黄佐,被称为"粤中昌黎",他的诗歌风格雄奇瑰丽,壮浪恣肆。朱彝尊云:"岭南诗派,文裕(黄佐的谥号)实为领袖功不可泯也。"(《静志居诗话》)并谓黄佐有"起衰"之功。黄佐为翰林学士,长期讲学,著作甚丰,其古文、诗歌对明代广东文人有很大的影响,如《粤东诗海》所谓"旗鼓振发,群英竞从",稍后的"南园后五先生",多出其门下。他的诗如《碧梧丹凤图为黎侍御一卿题》,纯用韩愈诗法,摹拟之迹较露,倒不如他那些吸取了韩诗特色而别具一格的作品:

拔剑起舞临高台,北斗插地银河回。长空赠我以明月,天下知心唯酒杯。门前马跃箫鼓动,栅上鸡啼天地开。倦游却忆少年事,笑拥如花歌落梅。(《春夜大醉言志》)

此诗"倜傥不群,神来气来"。在明代诗坛中,广东出现了这样的诗人,写出这样的诗篇,真是奇事。

嘉靖年间,欧大任、黎民表、梁有誉、李时行、吴旦等五位诗人,重振南园之风,被称为"南园后五先生"。明代中后期文坛,为前后七子所垄断,南园后五先生继承了岭南诗派的传统,其所为诗多反映社会现实,语言风格也较为雄直。即如后七子之一的梁有誉,由于"所得于师友者深,虽入王、李之林,而未受其习染"(《明诗综》)。短诗如李时行的《台夜》:"登台不见月,空有列星光。北斗踊地出,西风吹众芳。"骨力骞举,意境莽苍,逼肖韩、孟之作。

明代后期最重要的岭南诗人是区大相。屈大均《广东新语》云:"岭南诗自张曲江倡正始之音,而区海目(大相之号)继之,明三百年岭南诗之美者,海目为最。"区诗雄伟博大,"取材必新,说理能妙"(《粤东诗海》),真得韩诗之神髓。如其力作《纪朝鲜事》,写万历二十六年九月援朝失利之事,感慨深沉,似更在韩愈《感春》诸作之上。而其五言诗,则格高调响,力祛浮靡,《南行感怀》四十首,以古风之法入律诗,深厚雄奇,亦杜亦韩,有明一代诗中,或未之见。

明末天启、崇祯年间,岭南诗坛上涌现了一批爱国诗人。其中包括著名的爱国将领袁崇焕和在反清斗争中牺牲的烈士黎遂球、邝露、梁朝钟、陈子壮、陈邦彦、张家玉等,这些诗人的"耿耿孤忠",发而为诗,率皆"气啮长虹,骨凌秋隼"之作。黎遂球诗,在韩、孟之间,既有壮怀激越的歌声,也有悲怆欲绝的呼号:

醉卧仰视天,天星亦胡然。卷舌能食人,一卷百祸连。壮夫气如漆,血热吞九边。大地吹黄沙,白骨为尘烟。鬼伯舐复厌,心苦肉不甜。生年不满百,见此良忧煎。不如且行乐,乐意谁能宣。陌上多游魂,纷来缠管弦。(《拟古》)

此诗竟逼肖孟郊苦心孤诣之作,读之令人气结不舒。邝露是一位"畸人",热诚的爱国志士,邓之诚《清诗纪事初编》谓其"乐府古诗多及时事,寄慨无穷",其诗集《峤雅》中的五古,上追阮籍《咏怀》,复接韩愈《秋怀》诸作。如《拟古》《咏怀》《七哀》《送区启图出补平山》及《述征十首》，字字坚挺，纯是韩公笔法，至如七古《花田饮赠陶十一白郎》等，则全效韩愈《昼月》一路，怪诞险奇，借以讥刺南明污浊腐朽的政治现实：

> 燕昭高筑黄金台，孙阳爆爆奔驽骀，鱼目当御月不才，悬鹑含菽忾离哉，曲学阿世吾不回，中饮欲罢伤心怀，非酒与君孰堪谐。江干鸥下无嫌猜，花田仙酿足樽罍，专饮致醉能婴孩。连蜷桂树南山隈，四皓之出八公哀，淹留招尔行归来。（《花田饮陶十一白郎》）

陈邦彦诗笔力老健，气魄宏大；张家玉诗雄壮豪迈，慷慨淋漓。他们的诗作"率皆贯虹喷碧之语"，言语风格上虽受韩诗影响，而其思想内容则更突过韩诗了。

明朝灭亡后，不少具有民族气节的知识分子，为了反抗敌人压迫，维护民族尊严，顽强地用武器和文字对敌人进行斗争；也有些人蛰处山林，拒绝跟清政府合作，孤芳自赏，别有怀抱。诗人张穆、函可、陈子升、王邦畿、陶璜、张家珍就是其中的佼佼者。而屈大均、陈恭尹两位遗民诗人以及同时的梁佩兰，被称为"岭南三大家"，他们的诗作不仅在岭南，而且在全国都享有令誉。屈大均诗气势雄阔，笔力奇横，集李、杜、韩于一手，他自言："吾尝欲以《易》为诗，颠倒日月，鼓舞雷风，奔五岳而走江淮河汉，使天下万物皆听命于吾笔端，神化其情，鬼变其状，神出乎无声，鬼入乎无臭，以与造化者游于不测。"（《六莹堂诗集序》）屈氏以五律名世，而其五古如《咏古》诸诗，"突兀奇崛，多不经人道语"（陈田《明诗纪事》）。陈恭尹诗更是"雄厚浑成，警策古淡，天分人工，两造其极"（朱庭珍《筱园诗话》），五古如《王将军挽歌》，七古如《日本刀歌》《柏舟行》《木棉花歌》诸篇，力开生面。岭南诗派，至三家出，已奠下坚实的基础了。

清初王士禛、沈德潜、袁枚等推崇唐人，主张神韵、格调、性灵，其末流则往往空疏滑易，气格靡弱。而在乾、嘉年间，广东出了冯敏昌、黎简、宋湘三位优秀的诗人，他们摆脱这些"诗坛盟主"的笼罩，沿着张九龄以来逐渐形成的、由南园五子和岭南三大家加以发扬的岭南诗派的道路前进，卓然自树于中国诗林中。冯敏昌当时号称大家，其诗被誉为"昌明博大""力追正始"之作。张维屏曾称道冯诗"宗法杜、韩"，"学韩而得其骨之重"（《听松庐诗话》）。冯敏昌少时学韩愈、黄庭坚，上宗李白、杜甫，贯穿诸家，自辟蹊径。其诗气魄宏大，而又"典赡奥折，学余于诗，高格独标，清音遂远"（钱仲联《近代诗人述评》）。其《小罗浮草堂诗集》中，七古如《天马山》《铁冠峡》《萧尺木楚辞歌图》《祝融峰顶观云海歌》《河津观龙门歌》等，皆煌煌巨制；五古则澹远有味，颇近韩公晚年之作。他曾修《孟县志》，亲访韩愈祠墓，作长篇七古《孟县谒韩文公墓》、五排《谒韩文公祠》，具见倾倒之情。

黎简是位奇士，他鄙薄功名，洁身自好，足不逾岭而名震中原。自言"余幼好长吉，非长吉诗不读，且学为之，甚肖也"（《批点李长吉集题记》）。后由李贺而入黄庭坚，复"取劲于昌黎"（张维屏《听松庐文钞》），而终能"拔戟自成一队"（洪亮吉《北江诗话》）。黎简的七古，以杜、韩为宗，雄奇险劲，兼而有之，如《寄黄药樵》：

墙头暮鸦飞不起，鸦背松声冷于水。如山北风压破屋，拍枕大江浮两耳。窗竹偃寒欲折根，急雨落瓦寒有棱。饥鹘嗃嗃状啸鬼，纸窗琅琅如裂冰。风头越大雨点重，松子逾时尚跳动。灯危在壁寒不明，心战如波静还涌。我忆滇山西远征，冰天苦月寒崝嵘。两奴争被静一哄，独马恋人悲自鸣。身旁归惜妻孥苦，裘敝倏惊年岁更。煌煌肥马从朋友，趹趹飞鸢阅死生。生还喜尔情过绝，以病示人无病骨。明日梳头视青镜，今朝苦吟得白发。莫思广厦庇众寒，少陵诗翁古迂拙。

如此等诗，"通篇不肯作一易语""奇警至不可思议，令人目遇而眩，耳遇而悦，又尽在平日炼字炼句之工，非呫嗟可办"（丘炜萲《五百石洞天挥麈》）。其《五百四峰堂诗钞》中诗，均力避平熟，求生求新，洪亮吉评其"如怒猊饮涧，激电搜林"，可见其凌厉一世之气势了。

宋湘更是乾、嘉之世一代大家，其《红杏山房集》中诗，"独往独来，洵足开拓万古之心胸，推倒一世之豪杰"（张维屏《茶村诗话》），可以说是岭南"雄直"诗风的代表作品。黄钊《诗纫》云："先生以太白、东坡之胸次，运少陵、昌黎之气魄，豪情逸思，横绝一代。"论者亦多谓其诗从杜、韩出，"其高妙者，上师韩、杜"（《五百石洞天挥麈》），"五古多得于杜、韩，七古多得于韩、李"（陈柱《嘉应诗人宋芷湾》）。甚至谓"虽韩、杜复生，恐亦不能过"（潘飞声《在山泉诗话》），似嫌过誉，然宋湘襟抱豪迈，才气倜傥，实于韩愈更近。七古如《永昌道中度澜沧江铁索桥谒武侯祠作》等，落想奇特，出笔老健，具见诗人的襟抱。

冯敏昌、黎简、宋湘三家学韩，冯得其博大，黎得其险劲，宋得其豪纵，各执一端，便足名世，韩诗对岭南诗人的影响可谓至巨至深了。

道光、咸丰年间，国家多事，岭南成为国内外各方面矛盾斗争的焦点，也成为全国最早产生近代进步思想、最富于革新精神的地区。1840年鸦片战争时，面对外国的侵略，广东人民进行了英勇顽强的抵抗。张维屏就是最早用诗歌反映这一历史事件的诗人，他热情地歌颂英雄的广东人民的抗敌斗争、表彰为国牺牲的将士，名作如《三元里》《三将军歌》等，格调高昂，气势凌厉，笔墨酣畅，饱含激情，由于这大量的优秀作品，使他成为岭南一代诗坛领袖。与张维屏同时的岭南诗人，为诗多反映社会现实，故每取法杜、韩。如陈其锟，张维屏就评他"得力于杜、韩、苏三家为多"，如陈澧，程恩泽就称其诗"能于纸上跃起"，如温训，就自言："我文实学韩，而无韩质存。我诗愿师杜，而与韩同源。"如陈良玉，潘飞声就说"其雄健殆由韩、杜得来者"。可以这样说，两次鸦片战争时涌现出来的岭南诗人，通过宗杜学韩，以诗歌反映大变革时期的复杂的社会面貌，已经开了"诗界革命"的先河。

驯至近代，岭南诸大家如黄遵宪、康有为、丘逢甲、梁启超等，"皆负睥睨一世之才，抒悃时念乱之愤"，"摆脱格律，开拓心胸，惟陈言之务去，斯精义以入神"（钱仲联《近代诗人述评》），学杜而不囿于杜，学韩而更超于韩，他们的影响早已不局限于广东而遍及全国了。

原载《中山大学学报（社会科学版）》1993年第2期。

梵曲"啰哩嗹"与中国戏曲的传播

康保成

明代大戏剧家汤显祖在著名的《宜黄县戏神清源师庙记》中说："予闻清源，西川灌口神也，为人美好，以游戏得道，流此教于人间。讫无祠者。子弟开呵一醪之，唱啰哩嗹而已。"今知不仅宋元以来的诸宫调、南戏、杂剧、传奇普遍以"啰哩嗹"作衬词，帮腔合唱，而且南方至今仍在演出的某些地方戏、傀儡戏、民歌等，特别是少数民族的民歌和戏曲，仍在广泛运用"啰哩嗹"或类似"啰哩嗹"的衬词为和声。"啰哩嗹"究竟何义？为何会有如此强大的生命力和传播能力？本文拟对这一问题进行探讨。

一、对"啰哩嗹"的纵向求索

我们首先讨论"啰哩嗹"的来源和发展线索。

唐·南卓《羯鼓录》所附"诸宫曲"，于"太簇宫"下有《罗犁罗》曲名。《罗犁罗》曲当与后世戏曲中的"啰哩嗹"有关。羯鼓本是西北少数民族的乐器，故《罗犁罗》必为西域乐曲无疑。《四库全书提要》云："惟用太簇者，以羯鼓惟主太簇一均故也。又有诸佛曲十调，食曲三十二调，调名亦多用梵语，以本龟兹、高昌、疏勒、天竺四部所用故也。"可以推测，"罗犁罗"本为梵语。梵语、梵乐的传入不自唐代始，汉张骞通西域，带回《摩诃》《兜勒》二曲即是明证。《晋书·五行志》（中）："庾楷镇历阳，百姓歌曰：'重罗黎，重罗黎，使君南上无还时。'后楷奔桓玄，为玄所杀。"明方以智《通雅》卷二十九认为，这"重罗黎"即宋以后俗曲中的"来罗"之声。若此，《罗犁罗》曲传入中原的时间最迟应在西晋。

隋时，"来罗"之类已用于文人酒令。唐·牛僧孺《玄怪录》记隋炀帝时来君绰与秀才罗巡、罗逊、李万进结友逃难，至威污蠛家中饮酒行令：

（君绰）……因举觞曰："君绰请起一令，以坐中姓名双声者，犯罚如律。"君绰曰："威污蠛。"实讥其姓。众皆抚手大笑，以为得言。及至污蠛，改令曰："以坐中人姓为歌声，自二字至五字。"令曰："罗李，罗来李，罗李罗来，罗李罗李来。"众皆惭其辩捷。

既然能够作为即席编出的"酒令"，可见其在社会上流传已久。《乐府诗集》卷四十九有《来罗》四首，第三首末二句为："此事何足道，听我歌来罗。"又据《云溪友议》，唐时刘采春能唱"罗嗊之曲"，《通雅》认为"罗嗊"亦即"来罗"。

隋末唐初以后佛教特别是禅宗迅速流行起来，禅宗中唱的"啰哩"，在梵曲《罗犁罗》之后，其渊源关系是相当明显的。宋普济《五灯会元》卷十九记云：

> 文邃禅师……上堂顾视大众曰："有么？有么？如无，钦山唱菩萨蛮去也。啰啰哩哩。"透露出"啰哩"与"胡乐"〔菩萨蛮〕的关系。

"啰哩嗹"在宋代韵文中已出现，例略。宋元以降，"啰哩嗹"迅速进入戏曲中。元代北曲有〔浪来里〕、〔高过浪来里〕曲牌，疑即从"啰哩嗹"来。诸宫调《董西厢》，南戏《张协状元》，杂剧《西厢记》，明传奇《白兔记》（成化本）、《香囊记》、《荔镜记》、《荔枝记》、《刘希必金钗记》，明杂剧《丹桂钿合》等，都插有"啰哩嗹"的演唱。若将描写乞丐唱莲花落也包括在内的话，这类剧本会更多。直到现在，福建的梨园戏、莆仙戏、傀儡戏，广东潮州的白字戏，云南的彝剧，广西的师公戏，还都保留着或整段演唱，或在曲的开始、中间、结尾处用和声演唱"啰哩嗹"的习俗。1988年，笔者在福建南戏研讨会上观摩莆仙戏的演出，听到过开场前幕后合唱"啰哩嗹"的歌声，那种热烈、欢快的气氛至今犹然在耳。潮州出土的宣德写本《刘希必金钗记》第三十二、四十出，"啰哩嗹"均与"番曲"〔雁儿舞〕连在一起，似还保留着从西域传来的痕迹，是非常值得注意的。

明清以来从莲花落发展而成的地方戏，有不少以"啰哩嗹"作和声，最典型的要算北方的评剧和安徽的黄梅戏。这里仅举评剧为例。

评剧原名"嘣嘣"，其前身就是莲花落。民国初北京学古堂印行的一些嘣嘣剧本，保留了从莲花落向戏剧发展的轨迹。如《小老妈上京》中小老妈和丈夫怯货对唱〔金钱莲花落〕，每句唱词后都有"哩溜莲花，咿呀朵梅花落"，"也么嗨嗨老莲花，化了一朵莲花落"之类的和声，应即从"啰哩嗹"衍化而来。另一出《老妈辞活》，情节与《上京》相连，只是男主人公变成了"傻柱子"。剧本最后是小老妈唱〔太平年〕，第3、5、7、8、11、12句末尾以合唱"太平年"和"年太平"作结。其实〔太平年〕也是莲花落的一种。同治江西《新淦县志》卷一《地理志》引《静志居诗话》："落离莲，离落莲，历历落落太平年，此市井歌谣合唱之尾声，乃花开莲花落之同调也。"①朱有燉《曲江池》杂剧第四折〔莲花落〕，曲尾全以"太平年"三字作结。可见莲花落与"啰哩嗹"的密切关系。

据笔者所见，"啰哩嗹"之类的衬字或和声，还广泛运用于南方各族民歌中。例如广州石涌的疍家歌、贵州布依族民歌、广东瑶族民歌等，或在句尾、或在句中插上"罗里"之类的衬音。据介绍，太湖一带有一种"接乐来"的神歌："司祝用吴语诵唱，以七字句为基础，曲调介于湖歌与宣卷调，是早期的一种吴歌。每唱一节，香民接'乐啊乐乐来，乐啊哩哩哩乐啊乐哩乐来'，称'接乐来'，形成轻松愉悦气氛，以此娱神。"②可以推断，"接乐来"与"啰哩嗹"也是一回事。

---

① 同治十二年刻本12页B。
② 蔡铁民、陈俊才：《太湖渔民的保护神——夏禹》，《中国民间文化——地方神信仰》，学林出版社，1995年，第164页。

二、对"啰哩嗹"的横向考察

现在讨论"啰哩嗹"的使用场合。一般说来,"啰哩嗹"往往在以下四种场合被使用:

1)祭祀戏神所唱的咒语。据本文开头所引汤显祖《戏神庙记》,"啰哩嗹"是祭祀戏神的咒语。饶宗颐先生认为"啰哩嗹"是"南戏戏神咒"①,美国汉学家白之(C. Birch)在谈到成化本《白兔记》开场时的"哩罗嗹"时说:"末角开场,用'白舌赤口'这样的强硬语言把他的警告送上天送下地,以驱祟逐邪。然后,在鼓板喧天中,他唱起迎神曲。这支歌看来是唱给神仙听的,只有神仙明白这支歌是什么意思,因为全歌45个字全是'哩'、'罗'、'连'三个音节,毫无意义地颠来倒去。"②这样看来,"啰哩嗹"应带有驱邪的意味。在福建梨园戏、傀儡戏开场曲,全用"啰哩嗹"组成,用于"净棚",或"戏神田元帅踏棚",泉州傀儡戏艺人把"踏棚"唱"啰哩嗹"称为唱念"净台咒"。③"净台"的目的,当然也是为了驱邪。牛津大学龙彼得(Professor Piet van der Loon)教授介绍新加坡傀儡戏开场时,特别注意到傀儡师反复诵唱"啰哩嗹"咒文的情景。④"田都元帅"是南方的戏神。我们判断,在每出戏开场时反复演唱"啰哩嗹",具有迎接神灵降临的作用。神灵降临,则邪祟退避,驱邪与迎神相统一。

2)与婚恋有关的喜庆场合。"啰哩嗹"多用于与婚恋有关的喜庆场合,《董西厢》中的〔乔合笙〕便是,引文见后。王实甫《西厢记》三本二折末白:"小姐骂我都是假,书中之意,着我今夜花园里来,和他'哩也波哩也啰'哩。"又三本四折白:"小姐待和小生'哩也波'哩。"王季思师注引张炎《词源·讴曲旨要》:"哩字引浊啰字清,住乃哩啰顿唛喻。"并云:"哩啰盖歌曲结处腔声,此处则男女和欢之讳词也。"⑤《张协状元》十二出〔朱奴儿〕第三支:"我适来担至庙前,见一个苦胎与它厮缠,口里唱个嘀嗹啰啰嗹,把小二便来薄贱。"钱南扬先生注:"这里指男女调情,不欲明言,故以和声代之。"⑥

此外,安徽傩戏《孟姜女寻夫》第二场陈放刁唱:"筑起城墙,都放你回家、夫妻合唱啰哩嗹。"⑦《六十种曲》所收《香囊记》第十出〔哭岐婆〕:"金鞍骠袅,宫花压帽,封章奏了,新承恩诏。琼林赐宴集时髦,仙仪拥入蓬莱岛。(合)嗹哩,啰啰哩,嗹嗹哩哩,啰啰哩嗹。"宣德写本《刘希必金钗记》第五十八出,吉公唱:"宋忠生得聪俊、聪俊,娘子长得青春,青春。好好嗹哩动情浓,夫妻交颈似鳞鸿。"又,

---

① 饶宗颐:《南戏戏神咒"啰哩嗹"之谜》,《梵学集》,上海古籍出版社,1993年。
② 《一个戏剧题材的流化——〈白兔记〉诸异本比较》,《文艺研究》1987年第4期第71页。
③ 沈继生:《泉州傀儡戏中的唠哩嗹》,《泉州地方戏曲》1987年12月第2期。
④ 龙彼得:《中国戏剧源于宗教仪式考》,王秋桂、苏友贞译《中国文学论著译丛》,台湾学生书局,1985年,第540页。
⑤ 王季思校注:《西厢记》,上海古籍出版社,1978年,第114页。
⑥ 钱南扬:《永乐大典戏文三种校注》,中国戏剧出版社,1960年。
⑦ 《中国地方戏集成·安徽卷》,中华书局,1979年。

六十四出吉公唱〔水底鱼儿〕："……等他夫妇，两人啰嗹哩。"明嘉靖刻本《荔镜记》第六出净唱："同床同枕同坐起，同入销金帐内，共伊啰连哩。"《盛明杂剧·丹桂钿合》第七折，写婚礼上，"丑喜唱哩啰嗹介"。《二刻拍案惊奇》卷二十五："比至新人出轿，行起礼来，徐达没眼看得，一心只在新娘子身上，口里哩嗹啰嗹，把礼数多七颠八倒起来。"均系男女婚恋场合使用"啰哩嗹"的用例。

3）乞儿所唱莲花落。宋元以来乞丐所唱莲花落，也有类似"啰哩嗹"的和声。如《盛世新声》有无名氏《醉太平·叹子弟》小令："莲花落易学，桃李子难教。张打油啰啰连和得着。学不成打爻，牵着狗儿当街叫，提着个爽儿沿街调，拿着个鱼儿绕街敲。这的是子弟每下稍。"再如明邵景詹《觅灯因话·姚公子传》记姚公子"自作长歌，乞食于市。歌曰'……昼无饘粥夜无眠，学得街头唱哩莲'"。周楞伽注："哩莲，乞丐唱的莲花落，因唱词中间有'哩哩莲花落'，故称。"①可以认为，此二例中的"啰啰嗹""哩莲"亦即"啰哩嗹"。

据《五灯会元》卷十九，莲花落最迟形成于宋，基本与禅宗唱"啰哩"同时。宋元以降，莲花落、山歌都有"啰哩嗹"之类的和声，"啰哩嗹"与佛教的联系反而被忽略。例如清代小说《醉菩提》第五回，写济颠在元宵节晚领着一帮孩子，敲锣打鼓地唱歌，被众僧指责说："你一个和尚，啰哩啰哩的唱山歌，是正经么？"佛教禅宗本有唱"啰哩"的传统，却被"众僧指责"，可见随着时间的推移，"啰哩嗹"完全融入民歌之中，其本来面目反而被掩盖住了。这一事实，表明脱胎于宗教的艺术形式娱乐成分逐渐强化的过程。

4）作为衬字、帮腔使用的"啰哩嗹"。衬字、和声、帮腔虽无实义，但往往可以起到烘托气氛的作用。在不同的场合，配以"啰哩嗹"的演唱，可以把观众带到作者（演员）所设定的场景之中，让人认同、分享，甚至参与某种情感。祭祀戏神的咒语，本来也有利用"啰哩嗹"的反复演唱，制造庄重、严肃气氛的作用。在世俗场合，"啰哩嗹"的演唱，往往也可以制造气氛，使观众进入到或庄或谐的某种戏剧情感之中。

明传奇《荔镜记》多次出现"嗹柳哴""哴柳嗹"之类的和声，剧本均标明"内唱"，显属帮腔性质。如第二十六出的〔望吾乡〕、第四十八出的〔四朝元〕，分别用"嗹柳哴"和声表达不同情绪。

四川剑阁阳戏中，乔二娃出台唱："乔二娃生来怕婆娘"，台内合唱："弄弄弄喃哩啦"；乔唱："这是我祖传有秘方呀"，内合唱："唢唢哩喃呀"。②这里的后台合唱，属于插科打诨性质，让人感到轻松愉快。

云南彝族民歌中往往插有"罗哩罗"的和声。"罗哩罗"虽然没有明确、具体的意思，但却表达了某种情绪。例如牟定"三月会"，是彝族人民的传统节日，"在集市、街头、广场、院落，无处不唱，无处不舞。自左向右移转的舞圈不停地旋转，舞姿奔放洒脱、变化舒疾有致的'左脚舞'彻夜不歇。月琴的叮咚旋律指挥着整个舞群。间或伴有男女小嗓混声的'罗哩罗哩罗'的歌声，其情无限，其趣无穷，使人激昂振奋。年轻

---

① 周楞伽注：《剪灯新话》（外二种），上海古籍出版社，1982年，第317、318页。
② 王炎生、王兴志：《剑阁阳戏》，四川省傩戏研究学会编《傩戏文选》。

人每每相会于此,以至于相爱成婚,这种歌舞中的感情交流之微妙,实在不能言传"①。

广西壮师剧的唱腔,也带有类似"啰哩嗹"的衬字"辣辣哩","常用在两个乐句之间,或是用在每个分句的前后,它以短小的衬句或插句的形式出现,在唱腔起到承上启下、渲染、烘托气氛接换情绪,并将乐曲推向高潮的作用","使唱腔上下情绪连贯一致,曲调的欢快喜悦。嘲讽、情趣横生,壮乡山歌更为浓烈,曲调更引人入胜"。②

三、"啰哩人"与"路歧人"

"啰哩嗹"的几种演唱场合如何统一,是十分困扰人的问题。因为祭戏神、婚恋、乞讨、烘托气氛,这四项宗旨之间似乎没有什么联系。

无独有偶,元代有一种从波斯移居我国的"啰哩人","啰哩"也写作"罗里""剌里""卢里""柳里",波斯文发音为Luri或Lori,其意为无耻、放荡、可爱的、音乐家、轻浮的妇女、街头乞丐、吉普赛人等。③这几重意思间,也很难找到必然联系。有意思的是,不仅"啰哩人"与"啰哩嗹"在发音上相同,而且,唱"啰哩嗹"中的乞讨、婚恋场合与Luri意义中的"可爱的""街头乞丐"等相一致。这应当不是偶然的。

据杨志玖先生研究,Luri的原始意义是吉普赛。啰哩人原居印度,五世纪有万名歌手到达波斯(伊朗),十世纪被迫全部流入波斯,以后向西向北迁徙,遍布欧洲各地。元大德年间到中国,主要居住于甘肃、陕西一带。因他们信仰穆斯林,故被称为"啰哩回回",明清时又被称为"啰哩户"或"啰贼"。波斯诗人菲尔道西(约935—1020或1025年)曾这样描写"啰哩人"的生活:

> 今日啰哩人,仍如先王谕。足下无寸土,浪迹天涯里。流浪复流浪,犬狼为伴侣。盗窃与抢劫,聊以维生计。

众所周知,吉普赛人是以流动卖艺谋生的,参以菲尔道西的诗,可以说,吉普赛人——啰哩回回,与宋元时代以流动卖艺为生的路歧人非常相似。以下约略数之。

其一,"路歧人"与"啰哩人"均过着流动卖艺、近似乞讨的生活。南戏《错立身》第五出〔六幺序〕:"一意随它去,情愿为路歧。管什么抹土涂灰,折莫摇鼓吹笛,点拨收拾。更温习几本杂剧,问什么装孤扮末诸般会,更哪堪会跳索扑旗。只得同欢共乐同鸳被,冲州撞府,求衣觅食。"第十三回〔菊花新〕:"路歧歧路两悠悠,不到天涯未肯休。这的是子弟下场头。"又〔泣颜回〕:"撞府共冲州,遍走江湖之游。身为女婿,只得忍耻含羞。"这里所说的"路歧人"的生活,与上文所引"啰哩人"何其相似。

其二,宋洪迈《夷坚志》支乙卷六"合生诗词"条,指出"江浙间路歧伶女",

---

① 《云南民族民间文学艺术》,云南人民出版社,1985年,第214页。
② 蒙光朝:《壮师剧概论》,广西人民出版社,1993年,第103页。
③ 杨志玖:《元代的吉普赛人——啰哩回回》,《历史研究》1991年第3期。本文凡涉及与吉普赛人有关的部分,除特别注出者外,均参考此文。后文不另注出。

善于"合生"或"乔合生",而《董西厢》的〔乔合笙〕曲恰恰含有"啰哩"一类的幕后帮腔:"休将闲事苦萦怀,(和:哩哩啰,哩哩啰,哩哩来也。)取次摧残天赋才。(和)不意当初完妾命,(和)岂防今日作君灾。(和)仰酬厚德难从礼,(和)谨奉新诗可当媒。(和)寄语高唐休咏赋,(和)今宵端的云雨来。(和)"按,凡仅标"和"字处,均应是"哩哩啰"三句的省略。

其三,宋金时代禅家唱"啰哩"十分普遍,而路歧人与禅家有些瓜葛。南戏《错立身》第四出白:"老身幼习伶伦,生居散乐,曲按宫商知格调,词通大道入禅机。"这是"路歧人"与禅宗有关联的证据。

其四,前引非尔道西的诗,写"啰哩人"有"盗窃与抢劫,聊以维生计"语,而"路歧人"也有杀人越货、行为不轨的习惯。《太平广记》卷一三三引《野人闲话》:

> 章邵者,恒为商贾,巨有财帛,而终不舍路歧,贪猥诛求。因逢鹿,避人而去,鹿子为邵之所获,邵便打杀,弃之林中。其鹿母遥见悲号,其声不已。其日,邵欲夜行,意有所谋也。邵只有子一人,年方弱冠,先父一程行,及困,于大树下憩歇,以伺其父。未间,且寝于树荫中。邵乃不晓是子,但见衣襆在旁,一人熟寐而已。遂就抽腰刀,刺其喉,取衣襆而行。及天渐晓,见其衣襆,乃知杀者是己子也。

泼皮无赖、下贱无耻、不择手段,是吉普赛人给人留下的印象。不幸的是,这些行为,都可以在"路歧人"身上找到。

其五,按杨志玖先生的论断,"啰哩人"就是吉普赛人,而吉普赛人则往往从事被人歧视的贱役,且喜欢给人看手相等。"路歧人"也有此类习惯。元代《刘知远诸宫调》十一〔仙吕调·尾〕:"再见贪金锅底歧路,重逢卖假药底牙推。"此处李洪一说刘知远为"歧路"和"牙推",当非实指,但可看出"歧路"显系一种下贱职业。按,"牙推"有两义,一谓医生,一谓卜者,即算卦、看相、看风水的阴阳先生。①而这两种职业,都是吉普赛人所经常从事的。

其六,吉普赛人往往以家庭为组织外出流浪,"路歧人"亦如此。

总之,吉普赛人——啰哩回回与路歧人在谋生手段、性情、职业等方面极为相似。此外还有两点值得注意。第一,路歧可以叫"歧路",除上文引过的《错立身》十三出外,元杂剧《独角牛》一折折拆驴白:"路歧歧路两悠悠,不到天涯未肯休;有人学得轻巧艺,敢走南州共北州。"而"啰哩嗹"也是可以颠来倒去歌唱的。"路歧歧路"者,"罗哩哩罗"也。第二,今安徽贵池傩戏有"舞回子",王兆乾先生介绍说:"舞回子由二人扮演,均带棕色面具,颇似波斯人肤色。"②据《东京梦华录》等书,宋代路歧人往往在岁末驱傩——打野狐,而戴上貌似波斯人的面具跳傩舞,又可证吉普赛

---

① 详参张相《诗词曲语辞汇释》卷六"牙推"条,顾学颉、王学奇《元曲释调》(四),中国社会科学出版社,1990年,第148–150页。

② 王兆乾辑校:《安徽贵池傩戏剧本选》,台湾施合郑民俗文化基金会,1995年,第599页。

人——啰哩回回与路歧人确有联系。

根据上述分析，我们推断，"啰哩人"——吉普赛人，其实就是"路歧人"，《武林旧事》卷六"瓦子勾栏"条："或有路歧，不入勾栏，只在耍闹宽阔之处做场者，谓之'打野呵'。此又艺之次者。"艺人地位本已很低下了，而"路歧人"地位更低，因为他们是"啰哩回回"——吉普赛人。吉普赛人在世界各地都备受轻贱和歧视，因而"啰哩回回""路歧人"的称呼，不仅含有阶级、阶层的歧视成份，还有民族、种族的歧视成份。

以往对"路歧"的解释，多云其与道路有关。如张相《诗词曲语词汇释》卷六"路歧"条："伶人之别称也，其义由歧路而起。"①钱南扬也说："路歧，本指道路……后来才用以称走江湖的戏剧杂技团体。"②我们认为，这解释可能有望文生训之嫌。"路歧"与"啰哩"发音相近，既然"啰哩"是梵语的音译，可有多种写法，那也不妨写作"路歧"，这是相当于"可口可乐"之类兼顾音与义的高级译法。罗常培先生把用汉语翻译外来事物称为"借字"，其中最主要的是"声音的替代"（phonetic substitution）一项，此项之下又有"纯译音的""音兼义的""音加义的""译音误作译义的"四目。关于第四目，罗先生说："'爱美的'一词原是amateru的译音，意思是指非职业的爱好者。可是有人望文生训，把'爱美的戏剧家'误解作追逐女角儿的登徒子，那就未免唐突这班'票友'了！"③我认为，云路歧"本指道路"，正因不明其为波斯语Luri或梵语"啰哩"的借字。

至于啰哩回回——吉普赛人与作为戏神咒的"啰哩嗹"之间有什么联系？这一问题，须有待新的材料的发现，方能解决。

四、"啰哩嗹""路歧人"与中国戏曲的传播

饶宗颐先生在考察"啰哩嗹"曾传入越南时指出："南戏的'戏路'传播途径，是从温州经福建至潮州，然后到南洋群岛和越南各地。"④能够从"啰哩嗹"的使用联系到南戏的传播，对我们启发甚大。然而考虑到"啰哩嗹"在诸宫调、北杂剧和北方地方戏中亦颇多使用，故戏曲的传播，也不仅限于温州—福建—潮州—南洋、越南这条南戏戏路。

正如我们在第一节所说：《罗犁罗》这一梵曲，至迟晋时已传入中原，隋时文人已戏作酒令。那么，随着佛教僧人沿门化缘和"啰哩人"亦即"路歧人"沿门逐疫、沿门乞讨、沿门卖艺的活动，"啰哩嗹"的歌声完全可以从中原传向四面八方。从时间上来说，"啰哩嗹"进入"路歧人"的表演亦即莲花落的形成是在宋代，因此可以说：戏曲一经成熟，"啰哩嗹"就是其组成部分。从空间来看，"啰哩嗹"向各地的传播并非单线，而是呈扇形向外辐射，并由于"路歧人"的不断流动形成网状，因而覆盖面极广。

北宋，"路歧人"活跃在首都汴梁，从广场表演"打野狐"到挨门卖艺。他们在卖艺谋生、走街串巷时，不自觉地进行着艺术的传播活动。从某种意义上可以说，"啰

---

① 中华书局，1979年，第869页。
② 《永乐大典戏文三种校注》，第220页。
③ 罗常培：《语言与文化》（第四章）"从借字看文化的接触"，北京大学，1950年，第50页。
④ 《言路与戏路》，《国际潮迅》第十七期，第111页。

哩人""路歧人"聚集的地方，也可视作是艺术特别是戏曲传播的中心和集散地。这里，有必要谈谈绍兴的"堕民"。这些人从事的职业，"男人们是收旧货，卖鸡毛、捉青蛙，做戏；女的则每逢过年过节，到她所认为主人的家里去道喜，有庆吊事情就帮忙"。并且声明："我们是千年万代，要走下去的。"①关于"堕民"，日本的木山英雄氏和我国的陈亚如先生都有专文研究。②这里只想补充："堕民"有可能就是"路歧人""啰哩人"。现存有关"堕民"的史料，都说他们世袭"贱业"，性情贪婪，徐渭《会稽县志·风俗论》特别提到他们从事"打夜孤"，与宋代路歧人完全相同。清人的《三风十衍记》和《清朝文献通考》都明确说堕民即乐户，民国二十五年编的《浙江新志》说"堕民"最热衷于演戏，当时的"绍兴班"，"其演员皆'堕民'也"。这"绍兴班"，后来竟堂而皇之地进入我国第一大城市上海，演起了相当雅致的越剧。鲁迅先生不同意"堕民"先祖是焦光瓒部下的传说，他说："明太祖对于元朝，尚且不肯放肆，他是决不会来管隔一朝代的降金的宋将的；况且看他们的职业，分明还有'教坊'或'乐户'的余痕，所以他们的祖先，倒是明初的反抗洪武和永乐皇帝的忠臣义士也说不定。"③这是极有见识的看法。

"堕民"的产生既不完全和贫贱有关，故他们从事"打夜胡"（沿门逐疫）、演戏（最初的绍兴戏是沿门乞讨、卖艺的，称为"落地唱书"），就只能看成是一种习惯、习俗，而这和吉普赛人、"啰哩人"乐于从事"贱业"非常相似。所以，"堕民"可能就是"啰哩人""路歧人"。相比之下，甘肃永登县薛家湾人，其聚集地未使用"啰哩"的地名。但杨志玖先生根据他们祖辈流浪、以占卜算卦看手相谋生等奇特风俗，断定他们就是元代"啰哩回回"即吉普赛人的后裔。若此，薛家湾当然也是"啰哩人""路歧人"的居处。

这些人口唱"啰哩嗹"，打着"莲花落"出外谋生，对戏曲究竟构成了什么影响呢？概而言之，最少有以下三点值得提出来：

第一，随着沿门化缘的和尚、道士与"啰哩人""路歧人"的沿门说唱，"啰哩嗹"不仅与各地的民歌、山歌、神歌融成一体，而且成了戏曲中唱腔的和声；不少剧种和剧目专用"啰哩嗹"三字颠来倒去反复演唱，有的则直接采用〔莲花落〕为曲牌。

第二，"莲花落"一类的演唱，易于戏曲的传播和产生出新的戏曲剧种。北方的评剧、安徽的黄梅戏、绍兴的越剧等许多有影响的地方戏都是从这种简单的说唱发展起来的。甚至京剧也受其影响。

第三，元杂剧、明传奇等成熟的文人戏剧，除了将"啰哩嗹""莲花落"运用到剧本中之外，还逐步将"唱门师"的唱"啰哩"，路歧人的"打野孤"、唱"莲花落"，逐步化作了"开和""开""家门大意""副末开场""跳加官"。这是需要另文研究的。

原载《中山大学学报（社会科学版）》2000年第2期

---

① 鲁迅：《我谈"堕民"》，《准风月谈》，人民文学出版社，1973年，第24、23页。
② 分别参见木山英雄：《浙东"堕民"考》，《社会史研究》4，日本エイターースクール出版部，昭和五十九年；陈亚如：《绍兴"堕民"考》，《历史文献研究》，北京燕山出版社，1993年。
③ 鲁迅：《我谈"堕民"》，第23页。

论明代小说学的基础观念

谭 帆

所谓"基础观念"大致包括两种内涵：首先，"基础观念"是指明代小说学中最为基本的思想观念，是构成明代小说学思想观念的内在链结，梳理这一系列的观念，可以寻绎出明代小说学发展的思想脉络；其次，"基础观念"是指对明代小说创作的发展产生过直接影响的思想观念，制约和影响着明代小说的发展进程。我们从"基础观念"角度研究明代小说学是基于对明代小说学研究现状的思考：今人对明代小说学的研究常常采用两种方式，或以当今的小说学观念来套用传统小说学，如"性格""结构""叙述视角"等，于是明代小说学的思想观念在某种程度上成了现代小说学的翻版，而忽略了明代小说学自身的本位性；或在明代小说评点家的著作中寻求相关命题，但往往忽略了这些命题与小说发展实际的关系。故我们强调"基础观念"是要求明代小说学的研究贴近明代小说的自身发展，使小说学研究与小说发展实际相一致，从而真正成为明代小说史研究的一个有机组成部分。明人对于小说的认识观念突出地表现在三个层面上：一是对于"小说"这一文类的概念厘定；二是对通俗小说文体特性和创作风格的分析和评价；三是为提升通俗小说的"文化品位"和强化通俗小说的"文人性"而作出的理论阐释与评判。就整体言之，明代小说学中的思想观念主要针对通俗小说，文言小说并未形成自身独特的思想观念，往往是承袭前人之成说而缺乏创新。故本文对基础观念的梳理主要针对通俗小说。

一、"小说"与"演义"

"小说"在中国古代是一个庞大的文类，涉及的领域非常广泛，晚明冯梦龙以致有"六经国史而外，凡著述皆小说也"的感叹[①]，这当然有所夸张，但由此也可看出小说的庞杂。明人对"小说"这一文类所使用的术语颇多，有以"小说"称之，有以"演义"称之，有以"传奇"或"传记"称之，有以"稗官小说"称之，也有以"小传""外传""志怪"称之，不一而足。而其中使用最普遍、最为重要的是"小说"和"演义"两个术语。

"小说"一辞源远流长，其内涵在中国小说史上形成了两股线索，一是由《庄子》"饰小说以干县令，其于大达亦远矣"肇端，经桓谭"若其小说家，合丛残小语，近取

[①] 可一居士：《醒世恒言叙》，明叶敬池刻本，据《古本小说集成》影印本。以下所注刊本如不特别说明，均引自《古本小说集成》。

譬论，以作短书，治身理家，有可观之辞"和班固《汉志》"小说家者流，盖出于稗官，街谈巷语，道听途说者之所造也"的延续和发展，至唐刘知几《史通》的阐释，确认了"小说"的指称对象乃是唐前归入"子部"或"史部"的古小说，唐及唐以后的笔记小说亦置于这一"小说"概念名下。二是由民间"说话"一系衍生的"小说"概念，如裴松之注《三国志》引《魏略》之"俳优小说"、《唐会要》卷4之"人间小说"、段成式《酉阳杂俎》续集卷4之"市人小说"等，至宋代"说话"艺术繁兴，耐得翁《都城纪胜》、吴自牧《梦粱录》、罗烨《醉翁谈录》均将"小说"指称通俗的"说话"艺术。

明人对于"小说"一辞的使用基本上承上述两股线索而来，较早使用"小说"一辞的是都穆在弘治十八年（1505）为《续博物志》所作的《后记》："小说杂记，饮食之珍错也，有之不为大益，而无之不可，岂非以其能资人之多识而怪僻不足论邪。"①在这之前，人们对《剪灯新话》等作品多以"稗官""传奇""传记"称之。明人普遍使用"小说"一辞大约在嘉靖以后，郎瑛《七修类稿》卷22云："小说起宋仁宗，盖时太平盛久，国家闲暇，日欲进一奇怪之事以娱之。故小说'得胜回头'之后，即云'赵宋某年'。……若夫近时苏刻几十家小说者，乃文章家一体，诗话、传记之流也，又非如此之小说。"②《七修类稿》刊于嘉靖二十六年（1547），时《三国志通俗演义》和《水浒传》均已刊行多年，故郎瑛已将"小说"一辞直指通俗小说。嘉靖三十一年（1552），小说家熊大木刊出《新刊大宋演义中兴英烈传》，在序中，他对时人"谓小说不可紊之以正史"的观点提出驳论，申言"史书小说有不同者，无足怪矣"，亦将"小说"指称通俗小说。而嘉靖年间刊刻的洪楩《六十家小说》更有将文言传奇和通俗话本同置于"小说"名下的趋势，该书作为一部小说集，既选取了说经讲史话本如《花灯轿莲女成佛记》和《汉李广世号飞将军》，亦取传奇小说《蓝桥记》，只要其可供消遣和娱乐，都不妨称之为"小说"。此书分为《雨窗集》《欹枕集》《长灯集》《随航集》《解闲集》和《醒梦集》6集，其选择趋向已十分明晰。"小说"这一概念在嘉靖以来的变化与通俗小说的崛起密切相关，由《三国》《水浒》的刊行所发端，通俗小说的创作和刊刻在嘉靖以来有了很大的发展，这一局面致使小说称谓的使用有了相应的变化，其中之一就是"小说"一辞使用的普遍化。

在明中后期，与"小说"一辞相对应但专用于通俗小说的称谓是"演义"。"演义"一辞较早见于西晋潘岳的《西征赋》："灵壅川以止斗，晋演义以献说。"刘宋范晔《后汉书》卷83《周党传》亦谓："党等文不能演义，武不能死君。"故"演义"之本义是演说铺陈某种道理。以"演义"作为书籍之名较早见于唐人苏鹗的《苏氏演义》，《苏氏演义》原作《演义》，重于典制名物。后又有刘义刚《三经演义》11卷（演说《孝经》《论语》《孟子》）和钱时《尚书演义》。至元明时期，有胡经《易演义》18卷、徐师曾《今文周易演义》12卷、梁寅《诗演义》8卷等，且由经义逐渐进入

---

① 引自丁锡根编著：《中国历代小说序跋集》（上），北京：人民文学出版社，1996年，第91页。

② 郎瑛：《七修类稿》，北京：中华书局，1959年，第330页。

文学领域，如明陆容《菽园杂记》卷14记载元进士张伯成所作之《杜律演义》、明焦竑《玉堂丛语》卷1载杨慎《绝句演义》等。

将通俗小说称之为"演义"始于《三国志通俗演义》。嘉靖元年（1522），司礼监刊出《三国志通俗演义》，随即在社会上产生了巨大影响，"演义"一辞也随之流行。"演义"一辞作为通俗小说的一种文体概念，其最初的含义应是对陈寿《三国志》的"通俗化"，包括"故事"与"语言"，故"演义"者，其初始的含义应是以通俗的形式演正史之义。如梦藏道人于《三国志演义序》中谓："罗贯中氏取其书（指陈寿《三国志》）演之，更六十五为百二十回。"①但此一含义仅是其初始义，明人以"演义"指称通俗小说实则普遍越出了这一规定，即"演义"者，非为仅对某一史书的"通俗化"，而是广泛指称对历史现象、人物故事的通俗化叙述。从现有以"演义"命名的明人小说中我们即可清晰地看出这一趋向。故《三国志通俗演义》后世简化为《三国演义》也就成了一个自然而然的、普遍可以接受的现实。

明人拈出"演义"一辞指称通俗小说实则为了通俗小说的文体独立，故在追溯通俗小说的文体渊源时，人们便习惯地以"演义"一辞作界定，以区别于其他小说。笑花主人于《今古奇观序》中说：

> 小说者，正史之余也。《庄》《列》所载化人、佝偻丈人，昔事不列于史。《穆天子》《四公传》《吴越春秋》，皆小说之类也，《开元遗事》《红线》《无双》《香丸》《隐娘》诸传，《睽车》《夷坚》各志，名为小说，而其文雅驯，闾阎罕能道之。优人黄璠绰、敬新磨等，搬演杂剧，隐讽时事，事属乌有，虽通于俗，其本不传。至有宋孝皇以天下养太上，命侍从访民间奇事，日进一回，谓之说话人，而通俗演义一种，乃始盛行。②

从上述引文的追溯中，我们不难看到明人对小说流变的认识观念，他们以"演义"一辞来指称通俗小说，其目的正是要强化通俗小说的独特性和独立性。

一般认为，"演义"主要是指以历史为题材的小说作品，近人以"历史演义""英雄传奇""神魔小说""世情小说"来划归长篇章回小说之类型后，人们更视"演义"为"历史演义"或"讲史演义"之专称。但其实，这一认识并不符合实际情况，在明人看来，无论是历史题材还是神话传说，无论是长篇章回还是短篇话本，统统可用"演义"指称之。朱之蕃《三教开迷演义序》谓："顾世之演义传记颇多，如《三国》之智，《水浒》之侠，《西游》之幻，皆足以省醒魔而广智虑。"③天许斋《古今小说识语》云："本斋购得古今名人演义一百二十种，先以三分之一为初刻云。"④凌濛初亦将其《拍案惊奇》称之为"演义"："这本话文，出在《空缄记》，如今依传编成演义

---

① 明崇祯五年遗香堂刊本，据丁锡根编著：《中国历代小说序跋集》（下），第896页。
② 笑花主人：《今古奇观序》，《古本小说集成·今古奇观》，据上海图书馆藏影印本。
③ 朱之蕃：《三教开迷演义序》，白门万卷楼刻本。
④ 冯梦龙纂辑：《全像古今小说》，明天许斋刊本。

一回，所以奉劝世人为善。"①可见在明人的观念中，不仅《三国演义》《水浒传》称为"演义"，《西游记》亦可称为"演义"，甚至连"三言""二拍"也可称之为"演义"。故质言之，"演义"者，通俗小说之谓也。

明人以"演义"指称通俗小说，在概念的内涵上主要涉及两个方面：一是"通俗性"，雉衡山人《东西晋演义序》云："一代肇兴，必有一代之史，而有信史有野史。好事者聚取而演之，以通俗谕人，名曰演义，盖自罗贯中《水浒传》《三国传》始也。"②故"通俗"是"演义"区别于其他小说的首要特性。二是"风教性"，朱之蕃《三教开迷演义序》云"演义者，其取义在夫人身心性命、四肢百骸、情欲玩好之间，而究其极，在天地万物、人心底里、毛髓良知之内……于扶持世教风化岂欲小补哉"。由此可见，以"通俗"的形式来实施经书史传对于民众所无法完成的教化使命是"演义"的基本特性和价值功能。明人正是以此来确立"演义"的存在依据及其地位的。这一确立对通俗小说的发展具有积极的作用。

"小说"与"演义"是明人使用最为普遍的两个文体术语，两者之间的关系大致是这样："小说"早于"演义"而出现，其指称范围包括文言和通俗小说两大门类，故"小说"概念可以包容"演义"概念，反之则不能。"演义"是通俗小说的专称，而在指称通俗小说这一对象上，"小说"与"演义"在概念的外延上是重合的。③

二、"补史"与"通俗"

明代小说学中另一组重要的思想观念是"补史"与"通俗"。这一组思想观念一方面上承传统的"补史"观又有所发展，同时又是直接针对明代通俗小说的创作实际而提出的，这就是以历史为题材的小说作品的崛起与风行。

明代的通俗小说以《三国演义》与《水浒传》为起始，尤其是《三国演义》，其"据正史，采小说，证文辞，通好尚，非俗非虚，易观易入……陈叙百年，该括万事"④的创作特色对明代小说的创作有直接影响。所谓"讲史演义"在嘉靖以后成了通俗小说创作中最为兴盛的一种小说类型。"补史"观的重新兴起即是这一现象的反映。

从"补史"的角度看待，小说并不从明人始。在桓谭、班固有关小说概念和小说功能的阐释中已蕴含了小说可补经史之阙的认识。至汉末魏晋时期，文人杂史、杂传和杂记创作风行，小说的"补史"意识便更为昭晰。葛洪《西京杂记序》谓其《西京杂记》乃"裨《汉书》之阙"。郭宪《汉武帝别国洞冥记序》亦谓："愚谓古曩余事，不可得而弃……今籍旧史之所不载者，聊以闻见，撰《洞冥记》四卷，成一家之书，庶明博君子，该而异焉。""裨《汉书》之阙""籍旧史之所不载者"均已明确说明小说的补史意义。王嘉评张华《博物志》乃"捃采天下遗逸"，自署其书为《拾遗记》，亦已

---

① 《拍案惊奇》卷20"李克让竟达空函，刘元普双生贵子"。见凌濛初：《拍案惊奇》，北京：人民文学出版社，1991年，第361页。
② 《东西晋演义》，明周氏大业堂刊本。
③ 详见谭帆：《"演义"考》，《文学遗产》2002年第2期，第101-112页。
④ 高儒：《百川书志》卷6《史部·野史》，上海：上海古典文学出版社，1957年，第82页。

阐明小说的拾遗补阙功能。至唐代，刘知几《史通》在理论上作出了更细致的阐释，其拈出"偏记小说"一辞与"正史"相对举，且认为其"自成一家，而能与正史参行"。如"国史之任，记事记言，视听不该，必有遗逸，于是好奇之士，补其所亡，若和峤《汲冢纪年》、葛洪《西京杂记》、顾协《琐语》、谢绰《拾遗》"。如"街谈巷议，时有可观，小说卮言，犹贤于已，故好事君子，无所弃诸，若刘义庆《世说》、裴荣期《语林》、孔尚思《语录》、阳玠松《谈薮》"①。然从总体而言，刘知几对小说的"补史"功能颇多贬词，《史通·采撰》云："晋世杂书，谅非一族，若《语林》《世说》《幽明录》《搜神记》之徒，其所载或恢谐小辩，或神鬼怪物，其事非圣，扬雄所不观；其事乱神，宣尼所不语。皇朝新撰《晋史》，多采以为书。夫以干、邓之所粪除，王、虞之所糠粃，持为逸史，用补前传，此何异魏朝之撰《皇览》、梁世之修《偏略》，务多为美，聚博为功，虽取说于小人，终见嗤于君子矣。"而那些"妄者为之"的"逸事小说""苟载传闻，而无铨择，由是真伪不别，是非相乱，如郭子衡之《洞冥》，王子年之《拾遗》，全构虚辞，用惊愚俗，此其为弊之甚者也"。②刘知几以史家的眼光来看待小说，其观点是有合理内涵的，故其对小说的"补史"功能采取审慎的态度。倒是一些小说家进一步在张扬着这一功能，李肇《唐国史补自序》谓其撰《国史补》乃"虑史氏或缺则补之意"。李德裕作《次柳氏旧闻》是"愧史迁之该博，唯次旧闻，惧其失传，不足以对大君之问，谨录如左，以备史官之阙云"③。参寥子《唐阙史序》更认为小说之与经史"犹至味之有菹醢也"④。宋郑文宝撰《南唐近事序》乃虑"南唐烈祖、元宗、后主三世，共四十年……君臣用舍，朝庭典章，兵火之余，史籍荡尽，惜乎前事，十不存一"，故将"耳目所及，志于缣缃，聊资抵掌之谈，敢望获麟之誉"，明确其撰述的"补史"目的。⑤张贵谟序《清波杂志》亦谓该书"多有益风教及可补野史所阙者"。由此可见，将小说视为对正史拾遗补阙的观念乃源远流长，汉末以还，杂史笔记小说的创作风行正缘此而来。

明人的小说"补史"观念既有传统的影响，更是小说创作现实的反映，故其理论指向有显明的不同。如果说，传统的"补史"观念着重于小说乃是对正史的拾遗补阙，是对正史不屑记录的内容的叙述，其所要完成的是辅助经史的认识教化功能，那么，明人的"补史"观直接针对的是以《三国演义》为代表的讲史演义。评论对象的变更自然引出了不同的理论趋向，"正史之补"也好，"羽翼信史"也罢，明人的小说"补史"观均以"通俗"为其理论归结，将正史通俗化，以完成对民众的历史普及和思想教化，这是明人小说"补史"观的一个重要特点。

较早阐释这一问题的是明弘治年间的庸愚子蒋大器，在为抄本《三国志通俗演义》

---

① 刘知几撰，浦起龙释：《史通通释》（上），上海：上海古籍出版社，1978年，第273-274页。
② 刘知几撰，浦起龙释：《史通通释》（上），上海：上海古籍出版社，1978年，第116-117页。
③ 《文渊阁四库全书·子部十二·小说家类一·杂事之属·次柳氏旧闻》。
④ 《文渊阁四库全书·子部十二·小说家类二·异闻之属·唐阙史》。
⑤ 《文渊阁四库全书·子部十二·小说家类一·杂事之属·南唐近事》。

所作的"叙"中，蒋大器明确地表达了对于小说"补史"的认识观念。在他看来，正史"昭往昔之盛衰，鉴君臣之善恶，载政事之得失，观人才之吉凶，知邦家之休戚"，"有义存焉"。但其"理微义奥"，"其于众人观之，亦尝病焉"。而以正史为材料，"亦庶几乎史"的讲史小说却有着有别于正史的"通俗性"，它可以使人"读到古人忠处，便思自己忠与不忠；孝处，便思自己孝与不孝"，"欲读诵者，人人得而知之，若《诗》所谓里巷歌谣之义也"①。蒋大器以后，随着《三国演义》及讲史演义的流行，以此立论者不绝如缕，明嘉靖年间的修髯子张尚德在《三国志通俗演义引》中进一步申述了这一观点，并明确提出了小说"羽翼信史"的"补史"功能。其云：

  客问于余曰：刘先主、曹操、孙权，各据汉地为三国，史已志其颠末，传世久矣，复有所谓《三国志通俗演义》者，不几近于赘乎？余曰：否，史氏所志，事详而文古，义微而旨深，非通儒夙学，展卷间，鲜不便思困睡。故好事者以俗近语，隐括成编，欲天下之人，入耳而通其事，因事而悟其义，因义而兴乎感，不待研精覃思，知正统必当扶，窃位必当诛，忠孝节义必当师，奸贪谀佞必当去，是是非非，了然于心目之下，稗益风教，广且大焉，何病其赘耶？客仰而大噱曰：有是哉！子之不我诳也，是可谓羽翼信史而不违者矣。②

  张氏以"答客问"的形式阐述了他对小说"补史"功能的认识，认为小说与正史有着同等的价值，而小说对于民众而言，其超拔处更在于其"以俗近语，隐括成编"，可以"不待研精覃思"而能使民众知所趋崇，故可"羽翼信史"，"羽翼"者，辅助之谓也。而小说之所以有"辅助"之效，正在于其有正史所不逮的通俗性。林翰在万历巳未（四十七）刻本《批点隋唐两朝志传序》中亦提出小说"正史之补"的说法，在他看来，小说之所以可为"正史之补"，关键亦在于"两朝事实使愚夫愚妇一览可概见耳"的通俗性。

  明人由《三国演义》及讲史演义的风行而接续了传统的"补史"观念，又因讲史演义特殊的文体特性将"补史"之功能定位在"通俗性"上，而不再以"拾遗补阙"作为小说的基本的"补史"功能。这一内涵的转化使"通俗"这一范畴在明后期的小说学中越来越受到小说家的重视，并深深影响了小说的发展。人们或以通俗性阐述小说之根本特性，或以包含情感的笔墨描述小说由于通俗所带来的巨大功效，或干脆以"通俗"来为演义小说命名，总之，"通俗"一辞已成为界定小说的一个重要概念。由此，通俗小说、通俗演义作为指称有别于文言小说一脉的小说文体的专称在中国小说史上逐步固定并长久延用。

---

  ① 《三国志通俗演义》万历万卷楼本，据日本内阁文库藏本影印。
  ② 《三国志通俗演义》万历万卷楼本，据日本内阁文库藏本影印。

三、"虚实"与"幻真"

"虚实"与"幻真"在明代小说学中是两个既相异而又相关的命题,"虚实"范畴由讲史演义所引出,主要讨论的是小说与历史的关系问题;"幻真"范畴则由"虚"所延伸,所针对的既有《三国演义》等讲史演义,又有《西游记》等神魔小说,更有"三言""二拍"等注重于现实内涵的作品;而这两个范畴的最终落脚点均为小说的真实性问题。

"虚实"范畴是中国古代文学批评中的固有命题,它主要探讨两方面的内涵:一是艺术形象中的虚实关系,在这里,所谓"实"是指艺术作品中灼可感的直接形象,所谓"虚"是指由直接形象引发的、由想像联想所获得的间接形象,所谓"有无相生","虚实相间",从而创造出有余不尽的艺术妙境。这一脉理论的起始是老、庄哲学中的有无相生论,它在魏晋以来有了广泛的讨论,成为诗论、画论、书论中极为重要的审美原则,是中国古典艺术,尤其是诗歌、书画艺术的民族传统。二是指艺术表现中"虚构"与"真实"的关系问题,其中包括"虚构"与"历史真实"的关系和"虚构"与"客观事理"的关系。对这一问题的探讨同样有着悠远的传统,而成熟当在小说、戏曲等叙事文学发展以后。小说领域对于"虚实"关系的探讨主要是指后者。

在明代,所谓"虚实"问题的探讨是由《三国演义》等历史演义的创作所引发的,基本形成了两种颇为鲜明的观点。

一种意见认为,小说尤其是以历史为题材的小说固然应以正史为标尺,但亦不必拘泥于史实,小说与史书是两种不同的文本形态,应区别对待。熊大木《序武穆王演义》认为,小说创作"实记正史之未备","若使的以事迹显然不泯者得录,其是书竟难以成野史之余意矣",故其虽然"以王本传行状之实迹,按《通鉴纲目》而取义",但并不废弃与正史相异的内容,而表现这一内容,正是小说作为"野史"有别于正史之特点,因而"史书与小说有不同者,无足怪矣"[①]。熊大木的《大宋演义中兴英烈传》是据《精忠录》等小说改写而成,小说本身并不成功,实际上是杂揉正史材料及小说野史加以点染而成,与《三国演义》之差距不可以道里计,熊氏的其他几部历史小说如《唐书志传》《全汉志传》和《南北宋志传》均可作如是观。但在"事纪其实,亦庶几乎史""羽翼信史而不违"的理论背景下,熊氏为"小说不可紊之以正史"所作出的理论辩护却有一定的价值。熊大木的观点代表了当时的一种思想倾向,他们对这一创作观念的坚持及其创作实践实则肯定了小说创作的虚构特色,陈继儒为《唐书演义》作"序"即指出了这一特色:"载揽演义,亦颇能得意。独其文词时传正史,于流俗或不尽通。其事实时采谰狂,于正史或不尽合。"[②]其实,熊大木作为一个书坊主出身的小说家,取正史为素材是因其有选材上的便利,而拼合野史传说、话本小说并以通俗的语言演绎之却是出自商业传播的考虑,更是由书坊主自身的文化素质所决定的。但这一创作路向

---

① 熊大木:《新刊大宋演义中兴英烈传》,嘉靖三十一年杨氏清江堂刊本。
② 见陈继儒为《唐书志传通俗演义》所作之序,明唐氏世德堂刊本,转引自黄霖、韩同文:《中国历代小说论著选》(上),南昌:江西人民出版社,2000年,第138页。

是与《三国演义》一脉相承的,因为以正史为素材,融合杂史传说和话本小说的内涵正是《三国演义》的创作秘诀,而庸愚子评其"事纪其实,亦庶几乎史",修髯子评其"羽翼信史",不过是抬高其地位的一种手段而已。其中成就之高下则反映了小说家的素质及其对小说创作的投入程度。

另一种意见认为,小说既以历史为题材,则创作时应恪守"信史"的实录原则。这也有两种倾向,一是在创作中仍然走熊大木的老路,但在观念上则标榜对正史的刻意依附。如余邵鱼创作的《列国志传》,自谓"莫不谨按《五经》并《左传》《十七史纲目》《通鉴》《战国策》《吴越春秋》等书,而逐类分纪",宣称"其视徒凿为空言以炫人听闻者,信天渊相隔矣"。署名陈继儒的《叙列国传》也为其申说,认为其"事核而详""循名稽实",是"世宙间之大帐簿","虽与经史并传可也"。但《列国志传》的创作其实并非如此,其纰谬、疏漏处比比皆是,可观道人讥其"此等呓语,但可坐三家村田塍上,指手划脚醒锄犁臆睡,未可为稍通文理者道也","其它铺叙之疏漏、人物之颠倒、制度之失考、词句之恶劣,有不可胜言者矣"①。二是在描写现实政治的时事小说创作中,标榜实录原则以抬高其作品的身价。在明后期,小说史上出现了一批以描写现实政治为题材的作品,如《魏忠贤小说斥奸书》《辽海丹忠录》《于少保萃忠全传》《平虏传》等,这些作品均以现实政治为题材,力求忠实反映当时的政治斗争。在此,峥霄馆主人创作的《魏忠贤小说斥奸书》颇具代表性,其凡例谓:"是书自春徂秋,历三时而始成。阅过邸报,自万历四十八年至崇祯元年,不下丈许。且朝野之史,如正续《清朝圣政》两集、《太平洪业》、《三朝要典》、《钦颁爰书》、《玉镜新谭》,凡数十种,一本之见闻,非敢妄意点缀,以坠绮语之戒。"②其刻意追求真实的倾向非常明显。他甚至坦言:"是书动关政务,事系章疏,故不学《水浒》之组织世态,不效《西游》之布置幻景,不习《金瓶梅》之闺情,不祖《三国》诸志之机诈。"上述两种倾向就小说创作而言,其实都坠入了创作的"误区",前者因观念与创作实际的分离导致了作品的拙劣不堪;后者混淆了小说与史书的区别而限制了小说的创作空间。

在"虚实"关系上,晚明可观道人对《新列国志》的评判和冯梦龙"事真而理不赝,即事赝而理亦真"的观点代表了明人对历史小说创作中"虚构"与"历史真实"关系认识的最高水准。在《新列国志叙》中,可观道人尖锐地批评了余邵鱼的《列国志传》,高度评价了冯梦龙对《列国志传》"重加辑演"的《新列国志》,其云:

> 自罗贯中氏《三国志》一书,以国史演为通俗演义,汪洋百余回,为世所尚。嗣是效颦日众,因而有《夏书》《商书》《列国》《两汉》《唐书》《残唐》《南北宋》诸刻,其浩瀚几与正史分签并架,然悉出村学究杜撰……姑举《列国志》言之……墨憨氏重加辑演,为一百八回……本诸《左》《史》,

---

① 可观道人:《新列国志叙》,日本内阁文库藏叶敬池刻本影印本。
② 峥霄馆主人为《魏忠贤小说斥奸书》所作之凡例,明崇祯元年刻本,据北京大学图书馆藏本影印。

旁及诸书，考核甚详，搜罗极富，虽敷演不无增添，形容不无润色，而大要不敢尽违其实。凡国家之兴废存亡，行事之是非成毁，人品之好丑贞淫，一一胪列，如指诸掌。

在明代小说史上，从《三国演义》到冯梦龙《新列国志》正好是历史演义创作的前后两极，这不仅表现在创作时间上，同时也体现在创作成就上。明代的历史演义小说以成熟的《三国演义》发端，经历了嘉靖、万历两朝以书坊主为主体、以商业传播为旨归的创作过程，至冯梦龙《新列国志》，又复归于文人创作的成熟阶段。故可观道人对《三国演义》《列国志传》和《新列国志》的评判实则是对明代历史演义的总结和创作经验的揭示。在他看来，历史演义大致可分成《三国演义》、"村学究杜撰"的效颦之作和《新列国志》三个阶段，而在创作上，历史演义确乎应依据史书，所谓"以国史演为通俗演义"，但对史书的依附也有相应的"度"，即"大要不敢尽违史实"，应"敷演不无增添，形容不无润色"，从而创造出形象生动、有血有肉的历史小说；同时，历史演义在时代、政迹上要"考核甚详"，但其根本目的是要展示"国家之兴废存亡，行事之是非成毁，人品之好丑贞淫"。这一总结非常贴合历史演义的创作原理，也是对《三国演义》《新列国志》等成功的创作经验的总结。而冯梦龙"事真而理不赝，即事赝而理亦真"的认识则在更高层面上摆正了历史演义创作中"虚构"与"历史真实"的关系。

在"虚实"关系的认识上，当明人将目光投向更广阔的小说领域，而不局限于历史演义之一隅的时候，其思想就达到了更为通脱、成熟的境界，尤其是当将《水浒传》《西游记》甚至戏曲文学等同置于一个观察视野的时候，他们对"虚实"关系的认识就更为深刻了。较早作出这一评判的是天都外臣的《水浒传叙》（万历十七年，1589），他在分析《水浒传》与史书记载的关系时即明确认为小说与史书之虚实关系"不必深辨"，要紧的是能否产生"可喜"的效果，而所谓"可喜"者，即指作品在艺术描写时能给人以一种真实可信的效果。谢肇淛《五杂俎》卷15评论小说戏曲时更强调"虚实相半"为创作之"三昧"，"亦要情景造极而止，不必问其有无也"，若"必事事考之正史，年月不合，姓字不同，不敢作也。如此，则看史传足矣"。他甚至以此来批评《三国演义》等历史演义小说的不足："惟《三国演义》与《钱唐记》《宣和遗事》《杨六郎》等书，俚而无味矣。何者？事太实则近腐，可以悦里巷小儿，而不足为士君子道也。"这一评价就《三国演义》而言，当然有失公允，但其所批评的"事太实则近腐"的观点是合理的、深刻的，也切中当时小说创作的实际弊端[①]。王圻亦从"虚"处着眼分析《水浒传》与《西厢记》的成功经验，认为"《水浒传》从空中放出许多罡煞，又从梦里收拾一场怪诞，其与王实甫《西厢记》，始以蒲东邂逅，终以草桥扬灵，是二梦语，殆同机局。总之，惟虚故活耳"[②]。

[①] 引自黄霖、韩同文：《中国历代小说论著选》（上），第167–168页。
[②] 王圻：《稗史汇编》卷103《文史门·尺牍类·院本》，引自黄霖、韩同文：《中国历代小说论著选》（上），第165页。

署名怀林的《水浒传一百回文字优劣》中的一段话对小说创作"虚实"关系的认识最为深刻,他已突破了以往纠缠于小说与史实、小说能否虚构等思路的束缚,以小说反映生活的客观事理来为小说创作张目,其云:

> 世上先有《水浒传》一部,然后施耐庵、罗贯中借笔墨拈出。若夫姓某名某,不过劈空捏造,以实其事耳。如世上先有淫妇人,然后以杨雄之妻、武松之嫂实之;世上先有马泊六,然后以王婆实之;世上先有家奴与主母通奸,然后以卢俊义之贾氏、李固实之。若管营,若差拨,若董超,若薛霸,若富安,若陆谦,情状逼真,笑语欲活。非世上先有是事,即令文人面壁九年,呕血十石,亦何能至此哉,亦何能至此哉!此《水浒传》之所以与天地相终始也欤?①

"幻真"范畴亦为明代小说学之一大内涵,其中"幻"与"奇"相应,"真"与"正"相契,两两相对复又相应,终以"幻中求真""返奇归正"为归趋。而由"虚实"向"幻真"的转化,其转捩在于"虚"的深化和泛化。胡应麟在描述古代小说之发展时尝云:

> 凡变异之谈,盛于六朝,然多是传录舛讹,未必尽幻设语。至唐人乃作意好奇,假小说以寄笔端,如《毛颖》《南柯》之类尚可,若《东阳夜怪录》称成自虚,《玄怪录·元无有》,皆但可付之一笑,其文气亦卑下亡足论。宋人所记,乃多有近实者,而文采无足观。本朝《新》《馀》等话,本出名流,以皆幻设,而时益以俚俗,又在前数家下。②

胡氏所论单就文言小说而言,但从"虚实"关系厘定小说发展之迹却颇有眼力,所谓"幻设""作意好奇"即指小说创作可以突破"实"之束缚而表现虚幻的内容。在明代,通俗小说创作中亦很早就表现出了这一趋向,罗贯中《三遂平妖传》始开其端,至万历二十年(1592)《西游记》由世德堂刊出,随即形成了神魔小说的创作风潮,短短数十年间,神魔小说出版刊行近二十部,一时追奇逐幻之风弥漫于说部,且由神魔小说而扩大至其他小说题材领域。天启元年(1621),张无咎在为冯梦龙辑补的《三遂平妖传》作序时对此总结道:

> 小说家以真为正,以幻为奇。然语有之:"画鬼易,画人难。"《西游》幻极矣,所以不逮《水浒》者,人鬼之分也。鬼而不人,第可资齿牙,不可动肝肺。《三国志》,人矣,描写亦工;所不足者幻耳。然势不得幻,非才不能幻,其季孟之间乎?尝辟诸传奇:《水浒》,《西厢》也;《三国

---

① 《李卓吾先生批评忠义水浒传》,明容与堂刻本,据国家图书馆藏本影印。
② 胡应麟:《少室山房笔丛·二酉缀遗》(中),上海:上海书店,2001年,第371页。

志》,《琵琶记》也;《西游》,则近日《牡丹亭》之类矣。他如《玉娇梨》《金瓶梅》,另辟幽蹊,曲终奏雅,然一方之言,一家之政,可谓奇书,无当巨览,其《水浒》之亚乎。他如《七国》《两汉》《两唐宋》,如弋阳劣戏,一味锣鼓了事,效《三国志》而卑者也。《西洋记》如王巷金家神说谎乞布施,效《西游》而愚者也;至于《续三国志》《封神演义》等,如病人呓语,一味胡谈。《浪史》《野史》等,如老淫士娼,见之欲呕,又出诸杂刻之下矣。①

对于这股创作风潮,批评界很早就在理论上加以评述,褒扬者有之,贬抑者有之,并在深入反思小说创作的基础上提出了"幻中求真""返奇归正"的创作主张。较早对《西游记》的幻奇特色作出评判的是谢肇淛,他认为《西游记》"虽极幻妄无当,然亦有至理存焉"②。而袁于令在《西游记题辞》一文中更从"幻"与"真"的辩证角度分析了《西游记》的创作特色:"文不幻不文,幻不极不幻。是知天下极幻之事,乃极真之事;极幻之理,乃极真之理。"③袁于令对《西游记》及其"幻奇"特征的褒扬是合乎《西游记》的创作实际的,也指出了小说创作对生活至理的揭示不在于"事"的"真"与"幻",是一个思想颇为卓绝的理论见解。然而"幻奇"之事未必都能表现出卓绝的思想内涵,小说史上如"病人呓语,一味胡谈"的作品风行也是追求"幻奇"所引出的一个不良后果,故如何"幻中求真""返奇归正"是小说创作面临的一个紧迫问题。随着神魔小说创作弊端的逐步出现,也随着"三言""二拍"等注重描写现实内涵的作品的崛起,追求现实人情之"奇幻"成为晚明的普遍风尚。睡乡居士《二刻拍案惊奇序》(崇祯五年,1632)谓:

> 今小说之行世者,无虑百种,然而失真之病,起于好奇。知奇之为奇,而不知无奇之所以为奇。舍目前可纪之事,而驰骛于不论不议之乡。……至演义一家,幻易而真难,固不可相衡而论矣。即如《西游》一记,怪诞不经,读者皆知其谬。然据其所载,师弟四人,各一性情,各一动止,试摘取其一言一事,遂使暗中摩索,亦知其出自何人,则正以幻中有真,乃为传神阿堵,而已有不如《水浒》之讥。岂非真不真之关,固奇不奇之大较也哉!即空观主人者,其人奇,其文奇,其遇亦奇,因取其抑塞磊落之才,出绪余以为传奇,又降而为演义。此《拍案惊奇》之所以两刻也。④

---

① 张无咎:《批评北宋三遂新平妖传叙》,引自黄霖、韩同文:《中国历代小说论著选》(上),第242页。
② 谢肇淛:《五杂俎》卷15,引自黄霖、韩同文:《中国历代小说论著选》(上),第153页。
③ 《李卓吾批评西游记》,济南:齐鲁书社,1991年,第一回"前页"。
④ 睡乡居士:《二刻拍案惊奇序》,凌濛初:《二刻拍案惊奇》,日本内阁文库藏尚友堂刊四十卷影印本。

序文中对《西游记》和"二拍"的评价可谓中鹄中的，所谓"幻"与"真"、"奇"与"正"的关系也是对晚明小说创作中一种健康发展路向的真切揭示。对此，徐如翰的《云合奇踪序》早在万历四十四年（1616）就明确提出："天地间有奇人始有奇事。有奇事乃有奇文。夫所谓奇者，非奇衺、奇怪、奇诡、奇僻之奇，正惟奇正相生，足为英雄吐气豪杰壮谭，非若惊世骇俗，咋指而不可方物者。"①笑花主人作于崇祯十年左右（1637年左右）的《今古奇观序》在对明代小说史作了简略回顾之后，在理论上对"幻真""奇正"思想作了一次总结：

> 夫蜃楼海市，焰山火井，观非不奇，然非耳目经见之事，未免为疑冰之虫。故夫天下之真奇，在未有不出于庸常者也。仁义礼智谓之常心，忠孝节烈谓之常行，善恶果报谓之常理，圣贤豪杰，谓之常人。然常心不多葆，常行不多修，常理不多显，常人不多见，则相与惊而道之。闻者或悲或叹，或喜或愕，其善者知劝，而不善者亦有所惭恶悚惕，以共成风化之美。则夫动人以至奇者，乃训人以至常者也。②

综上所述，明人从"虚实""幻真"角度观照了小说的发展历史，其中虽有一定的分歧，但在总体上形成了一系列基本一致的认识观念，即在历史小说创作中，"敷演不无增添，形容不无润色，而大要不敢尽违其实"，这以《三国演义》《新列国志》等为典范；《水浒传》的"事虚"而"理实"、《西游记》的"事幻"而"理真"同样也为人所称道；而"三言""二拍"追求"人世之奇""人情之奇"则成了人们疗救小说创作中趋幻逐奇的良药。

四、"奇书"与"才子书"

在明代小说史上，还有一组属于通俗小说评价体系的重要观念，这就是"奇书"和"才子书"。"奇书"和"才子书"观念是晚明的文人士大夫为提升通俗小说的"文化品位"和强化通俗小说的"文人性"而作出的理论阐释与评判，可看成为相对超越于通俗小说之上的文人对通俗小说的一次价值认可和理论评判，对通俗小说的发展带有一定的"导向"意义。

"奇书"之概念古已有之，其内涵历代有异，细考之，约有如下数端：其一，所谓"奇书"是指内容精深，常人难以卒解之书。如《抱朴子·附录》云："考览奇书，既不少矣，率多隐语，难可卒解。自非至精，不能寻究，自非笃勤，不能悉见也。"其二，所谓"奇书"是指内容丰赡，流传稀少之好书。如《魏书》卷89所载："道元好学，历览奇书。撰注《水经》四十卷、《本志》十三篇，又为《七聘》及诸文，皆行于世。"宋刘祁更将"奇书"指称为士大夫秘而不宣、视若珍宝之好书："昔人云：'借

---

① 徐如翰：《云合奇踪序》，《古本小说集成·云合奇踪》，据大连图书馆藏本影印。
② 笑花主人：《今古奇观序》，《古本小说集成·今古奇观》，据上海图书馆藏影印本。

书一痴,还书亦一痴。'故世之士大夫有奇书多秘之,亦有假而不归者,必援此。"①其三,所谓"奇书"是指颇为怪异的书写文字。《晋书》卷72谓:"太兴初,会稽剡县人果于井中得一钟,长七寸二分,口径四寸半,上有古文奇书十八字,云'会稽岳命'。"

"才子书"一辞倒是晚明金圣叹的独创,自《第五才子书水浒传》刊行以后,成为清以来指称小说的一个常规术语。然"才子"一辞却出现较早,《左传》中即有"高辛氏有才子八人"一语,此八才子又称"八元",贾逵《集解》曰:"元,善也。"与"才子"相对,时亦有"不才子"之称谓,《史记》云:"鲧,颛顼氏不才子,天下谓之饕餮者也。"故此所谓"才子"主要指称有德之士。大约自南北朝始,"才子"一辞较多指称文墨之士,如《宋书》卷67:"自汉至魏,四百余年,辞人才子,文体三变。"降及唐代,以"才子"称呼文人者更是比比皆是,《旧唐书》卷160:"予顷与元微之唱和颇多,或在人口。尝戏微之云:'仆与足下二十年来为文友诗敌,幸也!亦不幸也。吟咏情性,播扬名声,其适遗形,其乐忘老,幸也!然江南士女语才子者,多云元、白,以子之故,使仆不得独步于吴、越间,此亦不幸也!今垂老复遇梦得,非重不幸耶?'"而元人辛文房为唐代诗人作传,即干脆将其书名名为《唐才子传》,可见"才子"一辞已成为文人尤其是优秀文人之专称。明人喜结诗派,或以地域或以年号,诗人群体以"才子"为名号者充斥于诗坛,如"吴中四才子"②、"嘉靖八才子"③等。金氏选取古今六大才子之文章,定为"六才子书",正与此一脉相承。

由此可见,明人以"奇书""才子书"指称通俗小说确有深意:"奇书"者,内容奇特、思想超拔之谓也;"才子书"者,文人才情文采之所寓焉。故将小说文本称为"奇书",小说作者称为"才子",既是明代文人对优秀通俗小说的极高褒扬,同时也是对尚处于民间状态的通俗小说创作所提出的一个新要求。从小说史和小说学史角度言之,这一观念的出现至少在三个方面强化了通俗小说的文体意识:

一是强化了通俗小说的作家独创意识。明中后期持续刊行的《三国演义》《水浒传》《西游记》和《金瓶梅》确乎是中国小说史发展中的一大奇观。在明人看来,这些作品虽然托体于卑微的小说文体,但从思想的超拔和艺术的成熟而言,他们都倾向于认为这是文人的独创之作。施耐庵、罗贯中为《三国演义》和《水浒传》的作者已是明中后期文人的共识;《金瓶梅》虽署为不知何人的"兰陵笑笑生",但这部被文人评为"极佳"④的作品,人们大多倾向于是出自"嘉靖间大名士手笔"⑤。而金圣叹将施耐庵评为才子,与屈原、庄子、司马迁、杜甫等并称也是强化了通俗小说的作家独创意识。强化作家独创实际上是承认文人对这种卑微文体的介入,而文人的介入正是通俗小

---

① 刘祁:《归潜志》卷13,北京:中华书局,1983年,第145页。
② 《明史》卷286:"祯卿少与祝允明、唐寅、文征明齐名,号'吴中四才子'。"见张廷玉,等著:《明史》,北京:中华书局,1974年,第7351页。
③ 《明史》卷287:"时有'嘉靖八才子'之称,谓束及王慎中、唐顺之、赵时春、熊过、任瀚、李开先、吕高也。"见张廷玉,等著:《明史》,第7370页。
④ 袁中道:《游居柿录》卷9,上海:上海远东出版社,1996年,第211页。
⑤ 沈德符:《万历野获编》卷25《金瓶梅》,北京:中华书局,1959年,第652页。

说在发展过程中所亟需的。

二是强化了通俗小说的情感寄寓意识。李卓吾《忠义水浒传叙》即以司马迁"发愤著书"说为理论基础，评价《水浒传》为"发愤"之作。吴从先《小窗自纪》评"《西游记》，一部定性书，《水浒传》，一部定情书，勘透方有分晓"①，亦旨在强化作品的情感寄寓意识。谢肇淛《五杂俎》卷15《事部》评"《西游记》曼衍虚诞，而其纵横变化，以猿为心之神，以猪为意之驰，其始之放纵，上天下地，莫能禁制，而归于紧箍一咒，能使心猿驯伏，至死麋他，盖亦求放心之喻，非浪作也"，突出的也是作品的寄寓性。

三是强化了通俗小说的文学意识。且看金圣叹对所谓"才子"之"才"的分析：

> 才之为言材也，凌云蔽日之姿，其初本于破核分荚，于破核分荚之时，具有凌云蔽日之势，于凌云蔽日之时，不出破核分荚之势，此所谓材之说也。又才之为言裁也，有全锦在手，无全锦在目，无全衣在目，有全衣在心，见其领，知其袖，见其襟，知其裾。夫领则非袖，而襟则非裾，然左右相就，前后相合，虽然各异，而宛然共成者，此所谓裁之说也。

金氏将"才"分解为"材"与"裁"两端，一为"材质"之"材"，一为"剪裁"之"裁"，其用意已不言自明，他所要强化的正是作为一个通俗小说家所必备的情感素质和表现才能。他进而分析了真正的"才子"在文学创作中的表现：

> 依世人之所谓才，则是文成于易者，才子也；依古人之所谓才，则必文成于难者，才子也。依文成于易之说，则是迅疾挥扫，神气扬扬者，才子也；依文成于难之说，则必心绝气尽，面犹死人者，才子也。故若庄周、屈平、马迁、杜甫，以及施耐庵、董解元之书，是皆所谓心绝气尽，面犹死人，然后其才前后缭绕，得成一书者也。②

金圣叹将施耐庵列为"才子"，将《水浒传》的创作评为"文成于难者"，实则肯定了《水浒传》也是作家呕心沥血之作，进而肯定了通俗小说创作是一种可以藏之名山的文学事业。清初李渔评曰："施耐庵之《水浒》、王实甫之《西厢》，世人尽作戏文小说看，金圣叹特标其名曰'五才子书''六才子书'者，其意何居？盖愤天下之小视其道，不知为古今来绝大文章，故作此等惊人语以标其目。"③亦可谓知言。

从"奇书"到"才子书"，明代文人对通俗小说的关注及其评价为通俗小说确立了一个新的评价体系，总其要者，一在于思想的"异端"，一关乎作家的"才情"，而思

---

① 吴从先：《格言四种·小窗自纪》，武汉：湖北辞书出版社，1998年，第180页。
② 金圣叹：《贯华堂第五才子书水浒传·序一》，崇祯十四年（1641）贯华堂刻本，北京：中华书局，1975年影印本。
③ 李渔：《闲情偶寄·词曲部·忌填塞》，上海：上海古籍出版社，2000年，第40页。

想超拔，才情迸发，正是通俗小说得以发展的重要前提①。

以上我们从四个方面梳理了明代小说学的"基础观念"，不难看出，小说学中的理论观念实际是与小说史的发展密切相关的。故我们只有将小说学研究与小说史研究紧密地结合起来，才能使小说学研究真正落到实处，从而改变以往小说学研究乃至文学批评史研究中的蹈虚不实之弊。

原载《中山大学学报（社会科学版）》2008年第2期

---

① 详见谭帆：《"奇书"与"才子书"——关于明末清初小说史上一种文化现象的解读》，《华东师范大学学报》（哲学社会科学版），2003年6期，第95-102页。

文章憎命达:再议瞿佑及其《剪灯新话》的遭遇

[美]孙康宜

近年来,有关瞿佑(1347—1433)的文言小说集《剪灯新话》,已有不少中外学者做过颇为深入的研究。在这篇文章里,我要进一步从文人的命运及其作品的遭遇、政治涵义、"跨国界"(transnational)的文化影响等方面①,来重新探讨作者瞿佑及其《剪灯新话》的多层意义。

首先,要重新探讨瞿佑的《剪灯新话》,必须从它的接受史谈起。应当说明的是,《剪灯新话》是中国历史上最早具有跨国界影响力的古典小说集。它从15世纪开始就风行于韩国,后来也一直在日本和越南盛传,然而惟独在中国,反随着时间的推移渐趋淹没。《剪灯新话》之所以长期在中国境内被遗忘,追根究底,实与它曾被明朝政府查禁有关。

一、有关自我审查、传抄、刊刻诸问题

不过,当初瞿佑的《剪灯新话》迟迟没有刊印,完全是由于瞿佑本人的"自我审查"(self-censorship),而非来自官方的阻止。该书早已于明初洪武十一年(1378)完成,但根据瞿佑的自序,他在写成《剪灯新话》之后,只敢"藏之书笥,不欲传出"。他自称,这是因为书中"涉于语怪,近于诲淫"。但我相信,瞿佑的"自我审查",主要还是怕触犯政治,因为书中的确含有不少影射作者对明朝官府的批评。瞿佑在年幼时即遭遇朝代变迁和动乱,一旦入明之后又值严酷的朱元璋统治时代,因此见证了许多文人因"莫须有"的罪名而遭到杀戮和贬谪。例如,瞿佑显然对诗人高启(1336—1374)因文字而招惹杀身之祸一事感到不平,所以他在《剪灯新话》的首篇《水宫庆会录》里,就委婉地反映了这种愤慨。故事描写一个名叫余善文的潮州文人,他一直怀才不遇,但有一天南海的海龙神广利王突然邀请他到了海龙国,请他为海底新建的宫殿作一篇《上梁文》。余善文的《上梁文》果然写得十分精彩,所以他备受广利王的礼遇。广利王不但设宴答谢余善文,请他题诗传盛事,而且还特赠珠宝,作为诗文的报酬。这个故事情节显然是将文人在人间与海龙国的不同遭遇作了强烈的对比。故事的背景虽在元朝末年的至正年间,但它的真正寓意可能指向高启的事件;尤其是,瞿佑与高启是年龄

---

① 有关《剪灯新话》及其跨国界的文化影响,可参考拙作:Kang-I Sun Chang, "The Circulation of Literary Knowledge Between Ming China and Other Countries in East Asia: The Case of Jiandeng xinhua," paper presented at the NACS Conference held at the University of Stockholm, Stockholm, Sweden, June 11–13, 2007.(See http: nacsorg.com/stockholmconf)

相当的同代人，《剪灯新话》成书时才是高启死后4年。在洪武年间，高启的冤狱乃是人们私下谈论最多的话题之一：原来高启因写了一篇《上梁文》（为恭贺新任的苏州知府魏观修复苏州府完工），因其中含有"龙蟠虎踞"之语，而被斩腰示众①。杜甫诗中所谓"文章憎命达，魑魅喜人过，应共冤魂语，投诗赠汨罗"②，正可以用来参照瞿佑对诗人高启悲剧命运之感慨。诚然，高启一事不得不令人想到：自古文章似乎特别憎恶命运通达的文人，因此文人才屡遭不幸，总让奸邪小人（魑魅）陷害，到头来只能和屈原的冤魂叙谈，只能作诗投赠汨罗。因此，同样撰的是《上梁文》，现实中高启的遭遇和小说里余善文的遭遇是截然不同的。这种强烈的对比，乃是瞿佑小说的特殊表现手法之一。因此，在《剪灯新话》里，我们也经常读到有关文人在世间受害，却在冥世受到重用的主题（如《修文舍人传》）。与是非颠倒的今世不同，冥世总是正义之所在——在《令狐生冥梦录》的故事中，我们目睹无数罪人正在受酷刑的折磨，有些被"剥皮刺血，剔心剜目"，有些让"毒虺噬其肉，饥鹰啄其髓"，所有人都按罪状的种类而受应有的惩罚。可以说，其情况之悲惨不下于但丁《神曲》中所描绘的地狱情景。另外，在《永州野庙记》里，那条长年作乱的"朱冠白蛇"（蛇妖）最后被英明的冥王押入地狱，才从此去妖除害。相信有些明初的读者会把故事中的"朱冠白蛇"读成朱元璋的化身，因为朱元璋早年曾以率红巾贼造反起家（虽然这种读法不能证明作者本人确有此意）。

问题是，在瞿佑当年所处的政治环境中，任何文本都会因得罪那个心怀猜忌的皇上，而招来杀身之祸。所以，在写完《剪灯新话》之后，瞿佑只得把书稿藏在家中，不敢立刻公开刊印。但不久有读者想借阅这部小说集，而且要求的人愈来愈多（"客闻而观者众"），瞿佑无法"尽却之"，于是书稿就在朋友之间流传了起来。后来书稿"传之四方"，就有了各种不同的抄写本和刻本③。到目前为止，有关《剪灯新话》初刊于何年何月，还是众说纷纭——有人以为此书初刊于1381年，也有人认为不会早于1389年④。但最近又有学者重新作了考证，以为初刻本大约出现在洪武年末建文年初——

---

① 洪武七年，高启和魏观两人同时在南京被斩腰示众。参见李盛华选注：《高启诗选》，北京：中华书局，2005年，第8页。笔者最近发现，乔光辉也认为瞿佑有关《上梁文》的描写乃是受高启案件的启发。见乔光辉：《明代剪灯系列小说研究》，北京：中国社会科学出版社，2006年，第188页。

② 杜甫：《天末怀李白》。注释请见梁鉴江选注，刘逸生主编：《杜甫诗选》，香港：三联书店香港分店，1984年，第32页。

③ 瞿佑为《剪灯新话》所写"自序"。瞿佑等著，周楞伽校注：《剪灯新话》外二种，上海：上海古籍出版社，1981年，第3页。瞿佑：《重校〈剪灯新话〉后序》（1421），见"古本小说集成"编委会编：《剪灯新话》（日本内阁文库藏韩国刻本《剪灯新话句解》上下两卷影印），上海：上海古籍出版社，1981年，第7页。

④ 例如，李庆认为该书初刊于1381年。见李庆：《瞿佑生平编年辑考》，《中国文哲研究通讯》第4卷第2期（1994年6月），第164页。但有些学者以为这时的《剪灯新话》仍以抄本流传，并未正式刊行。见薛贞芳、林风：《中国第一部禁毁小说〈剪灯新话〉摭谈》，《安徽大学学报》（哲学社会科学版）1995年第4期，第22页。其他另有学者则认为《剪灯新话》的初刊本不会早于1389年，见乔光辉在其《明代剪灯系列小说研究》中的转述（第25页）。

亦即1400年左右①。总之，尽管瞿佑始于"自我查禁"，但多年后此书终于透过传抄和"镂刻"，而传播四方。然而，值得注意的是，为了避免触犯政治，瞿佑从一开始就在自序（写于1378年）里小心地为自己辩解。他首先强调《剪灯新话》所含的道德寓意——既然《诗经》《书经》《易经》和《春秋》等圣贤典籍都含有虚构的成分，那么《剪灯新话》也可以藉其小说的形式向世人"劝善惩恶"，因而"言者"自然"无罪"，而"听者"也"足以戒之"②。瞿佑另外还请友人为他写序，以为助阵——例如，凌云翰的序（写于1380年）强调《剪灯新话》"动存鉴戒，不可谓无补于世"。后来，又有小说家桂衡于1389年为该书写序，再次提出其"褒善贬恶"的功能③。

这种以宣扬道德为策略的方法十分管用，因为至少当瞿佑在世时，《剪灯新话》尚未遭到政府的查禁（当然，瞿佑的后半生还是难逃"文章憎命达"的命运，因为他终于由于"诗祸"而下狱，长年被流放——详见下文）。事实上，尽管他后来因文字而惹祸，《剪灯新话》在当时读者群中，还是颇为流行，甚至引起一些作者的争相模仿（例如，1420年李昌祺的《剪灯余话》和1427年赵弼的《效颦集》即为当时著名的仿作）。在明代前期的文人中，瞿佑算是最有才情的作家之一，他著作等身，从诗词文赋到治经阅史、笔记等，无所不包。至于他的文言小说集《剪灯新话》之所以特别得到读者们的欢迎，显然与书中所描写的故事之生动有关。

然而，如上所说，身为文人的瞿佑还是难逃法网。在永乐皇帝登基后的第六年（即1408年），瞿佑不幸被捕入狱，在锦衣卫狱中度过数年，随后又流放保安（今河北省内），被迫服苦役长达18年之久。关于瞿佑下狱的原因，有人说是由于"诗祸"，有人以为是瞿佑给永乐皇帝之弟朱橞做"长史"时，由于"辅导失职"而犯了王法。但现代学者李庆则主张"诗祸"和"辅导失职"是"同一问题有关联的两个侧面"。这可能是因为朱橞所撰的《元宫词》与瞿佑《咏物诗》中"倚红偎翠"的诗风颇为相似，而这种诗风正与永乐"提倡儒学"的精神相悖。可见在当时永乐皇帝正在对诸王进行整肃的情况下，瞿佑因他的特殊诗风而被告"辅导失职"④。总之，由于朱橞的连累，瞿佑后半生不幸被长期流放，一直到1425年高龄79岁时（即永乐皇帝去世、洪熙帝即位那年）才因太师英国公张辅的帮助而终于获释；但在此之数月前，瞿佑的妻子已在家乡过世，诗人为之痛苦莫名。当时瞿佑给妻子的祭文云："花冠绣服，享荣华之日浅；荆钗布裙，守困厄之时多……"⑤后来，瞿佑终于在82岁时由张辅的家中回到故乡，发现其幼子也

---

① 见乔光辉：《明代剪灯系列小说研究》，第192-193页。
② 瞿佑为《剪灯新话》所作"自序"，《剪灯新话》外二种，第3页。
③ 有关瞿佑的"自序"和友人为《剪灯新话》所写的"序"，见《剪灯新话》外二种，第3-5页。
④ 李庆：《瞿佑及其时代——日本内阁文库所藏瞿佑〈乐全稿〉探析》，《中华文史论丛》第53辑，上海：上海古籍出版社，1994年，第273页。有关瞿佑的"偎红倚翠"诗风，见钱谦益：《列朝诗集小传》册1"瞿长史佑"条，上海：上海古籍出版社，1983年，第189页。但事实上，早在钱谦益以前，田汝成（1500？—1563？）已在他的《西湖游览志余》中用"偎红倚翠"来形容瞿佑的诗体。引自陈田：《明诗纪事》册2，台北：鼎文书局影印，1971年，第801页。
⑤ 瞿佑：《归田诗话》卷上，《历代诗话续编》册3，北京：中华书局，1983年，第1253页。

已过世，颇感凄凉①。

在瞿佑那段漫长的流放期间，尤其令人惋惜的乃是，诗人之被流放导致其文学作品的大量流失；他过去所苦苦经营的20多种著作稿本大多已"散亡零落，略无存者"。再者，由于手头早已没有这些书的稿本，有关过去的经验也逐渐"不能记忆"。这一切都使得晚年的瞿佑感到"心倦神疲"，只能"付之长叹息而已"②。然而，为了迫使自己尽量追忆，他还是努力撰写了《归田诗话》（1425年序），将自己过去"平日耳有所闻，目有所见"的经历写了出来③。同时，在极端的孤寂中，他也不断"追忆旧章"，开始编撰《咏物新题诗集》，"以备遗忘"④。然而，最让他耿耿于怀的乃是，《剪灯新话》的原稿已不知去向。有一回，当朋友唐岳向他询及《剪灯新话》时，他只感叹地答道："旧本失之已久，自恨终不得见矣。"⑤

但1420那年，友人胡子昂（即过去在锦衣卫狱中一同受苦受难的友人）于5月间到保安来访，给瞿佑在失望中带来了新的希望。在那次来访中，胡子昂谈及《剪灯新话》，并说他从前在四川时曾请人抄写过《剪灯新话》全书，但其中错误不少，想请瞿佑重新校订一遍。瞿佑自然喜出望外，因为《剪灯新话》在市面上早已失其"真本"。盖多年来，该书的版本已变得十分混乱，真假难分。这是因为，某些"好事者"在传播此书的过程中，经常抄写"失真"，甚至连"镂刻者"也"既略弥甚"，以致错误颇多⑥。所以胡子昂不久即托唐岳把《剪灯新话》抄本带给瞿佑，请瞿佑校订并写《重校剪灯新话后序》。这就是所谓的1421年重校本，其卷末收有瞿佑的《题剪灯录后绝句四首》⑦，其中有两句诗写道：

不知异日灯窗下，还有人能识此心？

可惜的是，瞿佑在世期间，这本《剪灯新话》重校本似乎并没得到刊印的机会⑧。这或许因为胡子昂突然于1422年去世，故无人联系有关刊刻之事（此"重校本"后来由瞿佑的侄子瞿暹出资刊印，此为后话）。然而，值得欣慰的是，瞿佑有幸长寿，又身历六朝（即元顺帝、明太祖、建文帝、明成祖、明仁宗、明宣宗六朝），目睹了从元末到明初的社会大动乱及朝廷中翻云覆雨的变化。因此，他于1425年获释之后，虽年已近八

---

① 李庆：《瞿佑生平编年辑考》，第173页。
② 瞿佑：《重校〈剪灯新话〉后序》（1421），第7页。
③ 瞿佑：《归田诗话自序》，《历代诗话续编》册3，第1234页。
④ 李庆：《瞿佑生平编年辑考》，第172页。
⑤ 唐岳：《剪灯新话卷后志》，见《剪灯新话》（日本内阁文库藏韩国刻本《剪灯新话句解》上下两卷影印），第5页。
⑥ 瞿佑：《重校〈剪灯新话〉后序》（1421），见《剪灯新话》（日本内阁文库藏韩国刻本《剪灯新话句解》上下两卷影印），第7页。
⑦ 瞿佑：《重校〈剪灯新话〉后序》（1421），见《剪灯新话》（日本内阁文库藏韩国刻本《剪灯新话句解》上下两卷影印），第9页。
⑧ 关于此"重校本"是否及时刊行，学术界仍未得到定论。例如，李庆以为重校本曾于1421年出版。见李庆：《瞿佑生平编年辑考》，第171页。

旬，仍能手不释卷，将自己宝贵的人生阅历化为文学，晚年一共完成了《乐全诗集》（1428）、《东游集》（1429）、《咏物新题诗集》（1429）、《乐全续集》（1430）等多部书稿，可谓自始至终一直是个多产作家。

二、《剪灯新话》被查禁的过程

至于瞿佑的《剪灯新话》，虽然1421年的重校本没能及时刊行，但市面上却仍存在着各种抄写本和旧刻本，使得该书继续在民间通行。然而，后来终因太受读者欢迎，在社会上带来了广泛的影响，而被政府查禁①。事情发生在1442年（即瞿佑死后九年）3月，国子监祭酒李时勉（1374—1450）突然上疏给英宗皇帝：

> 近年有俗儒，假托怪异之事，饰以无根之言，如《剪灯新话》之类，不惟市井轻浮之徒，争相诵读；至于经生儒士，多舍正学不讲，日夜记忆，以资谈论。若不严禁，恐邪说异端，日新月盛，惑乱人心……②

由此可见，当时《剪灯新话》的影响不但已深入民间，而且已成了读书人的心爱读物。因此，李时勉在奏疏中特别强调："凡遇此等书籍，即令焚毁，有印卖及藏习者，问罪如律，庶俾人知正道，不为邪妄所惑。"

这就是为什么瞿佑的《剪灯新话》成为中国历史上第一部禁毁小说的原因。当时连李昌祺的《剪灯余话》也一同被查禁了。当然还有一种可能就是，李时勉的真正攻击目标乃是他的同僚李昌祺——之所以奏禁瞿佑的《剪灯新话》，其实只是为了指责李昌祺的仿作《剪灯余话》。总之，这一切都可以说明，为何瞿佑的侄子瞿暹一直要等到朝廷大臣李时勉去世多年之后，才敢刊行自己伯父所亲自校订的重校本《剪灯新话》③。当然，还有一种可能就是，瞿暹早已在1442年以前——即李时勉上疏请求查禁以前——就已经刊印了《剪灯新话》的重校本，而这个瞿暹的刊刻本或许在市井和读书人中产生了巨大的影响，甚至到了威胁主流文化的程度，以致于后来导致官方对《剪灯新话》的全面查禁。再者，作为一个"能走四方"而又"善交士大夫"和"名公贵人"的大商人，瞿暹一向颇有影响力，所以他所刊刻的《剪灯新话》重校本也一定畅销——尤其是，他

---

① William Nienhauser以为《剪灯新话》之所以被禁，不是因其内容之关系，而是由于该书所带来的广泛影响。William H. Nienhauser, Jr., "Aspects of a Socio-Cultural Appraisal Ming Short Fiction-the Chine-teng hsin-hua and Its Sequel as Example," *Tamkang Review*, 10, 3-4（Spring–Summer 1980）: 557–558.

② 《明英宗实录》卷90，台北南港："中央"研究院历史语言研究所，1961—1966年，第1811-1813页。

③ 到目前为止，大部分研究《剪灯新话》的学者，都认为瞿佑的侄子瞿暹迟至天顺年间（李时勉死后多年）才刊行瞿佑的重校本《剪灯新话》，甚至有人以为此重校本一直要到成化初年才刊印。见陈益源：《剪灯新话与传奇漫话之比较研究》，台北：学生书局，1990年，第54页。

当时正在有计划地为瞿佑刊印一套精美的遗著系列①。当然，除非我们可以找到更有力的证据，笔者不敢在这个版本问题上随便下结论。但不久前已有人猜测，瞿暹可能早在1442年朝廷禁毁该书以前就已刊刻了《剪灯新话》的重校本②。最近学者乔光辉则以为，瞿暹不是在正统七年（1442）前就是在稍后的天顺年间（1457—1462）刊刻重校本《剪灯新话》③。

另外，从文学史的角度来看，《剪灯新话》被禁也是个有趣的现象：同样是用文言文写出的传奇小说，唐传奇没有遭禁，而瞿佑的明传奇却被禁了④。这显然与明初的政治和文化现象有极密切的关系。原来，瞿佑的时代是台阁文风（即以太平盛世为主题的文风）盛行的时代，而后来身居高位的李时勉等人更是以写台阁体的文章著名，他们在文中所表达的通常是一种对朝廷歌功颂德的心态——即现代学者黄卓越所谓的"颂世现象"；若用许倬云的话来说，那就是："绝对的皇权，保护了保守主义。"⑤另外，吴承学也曾经说过，明初作家和后来晚明作家有很大的差别：

> 严格地说，他们（指明初作家）并非"作家"，而是经国的大臣，他们的志向和兴趣是治国、平天下，而决不在于舞文弄墨。他们往往耻于当"文人"……⑥

但问题是，明初的瞿佑却与他同时代的作家十分不同。首先，他绝对是"舞文弄墨"的那种文人，他的诗文风格完全异于当时流行的台阁体。上头已经提及瞿佑或因"倚红偎翠"的诗风而在永乐年间招致"诗祸"（钱谦益在他的《列朝诗集小传》里也

---

① 陈敏政：《乐府遗音序》，见瞿佑：《乐府遗音》，收入赵尊岳辑：《明词汇刊》下册，上海：上海古籍出版社，1992年，第1203页。据陈敏政的《乐府遗音序》，瞿暹除了刊印瞿佑的《乐府遗音》（1463）以外，早已刊印了包括《剪灯新话》在内的一系列瞿佑书稿，即《兴观集》《咏物诗》《剪灯新话》《集览隽误》等书。而且，他说"其余盖将次第刊之未已也"。另外，瞿佑的《乐全稿》似乎早在1444年已由瞿遥和其兄弟赞助梓行。参见乔光辉：《明代剪灯系列小说研究》，第195页。

② 例如，学者陈大康与漆瑗以为，瞿暹的刊本早在1442年明廷查禁以前就已传入了韩国。见陈大康、漆瑗：《〈剪灯新话句解〉"明嘉靖刻本"辨——兼论该书在朝鲜李朝的流传与影响》，《文学遗产》1996年第5期，第106页。

③ 见乔光辉：《明代剪灯系列小说研究》，第196页。

④ 参见陶磊：《文人传奇小说的异化——论〈剪灯新话〉的世俗化倾向》，《中国文学研究》2002年第1期（总第64期），第83页。

⑤ 黄卓越：《明永乐至嘉靖初诗文观研究》，北京：北京师范大学出版社，2001年，第49-50页；许倬云：《万古江河：中国历史文化的转折与开展》，台北：英文汉声出版股份有限公司，2006年，第272页。有关台阁体的其他定义及其复杂的发展脉络，见简锦松：《明代文学批评研究》，台北：学生书局，1989年；魏崇新：《明代江西文人与台阁文学》，见朱万曙、徐道彬编：《明代文学与地域文化研究》，合肥：黄山书社，2005年，第523-535页；孙康宜：《台阁体、复古派和苏州文学的关系与比较》，见左东岭主编：《2005明代文学：国际学术研讨会论文集》，北京：学苑出版社，2005年，第50-67页。

⑥ 吴承学：《明代前中期散文》，《晚明小品研究》，南京：江苏古籍出版社，1998年，第11页。

用"风情丽逸"四字来形容瞿佑这种个人的特殊诗风）①。再者，瞿佑早于少年时代就以"香奁八题"著名乡里，被诗人杨维桢（1296—1370）誉为瞿家"千里驹"。同时，他的作品也特别注重文人的个人性和独立性。此外，他的语言倾向于深入浅出，尤其在市民文化逐渐兴起的时代，瞿佑这种文风正好投合了市井民众的普遍爱好②。这就是为什么《剪灯新话》后来被人们"争相诵习"的原因。难怪以儒者自豪的李时勉要称瞿佑为"俗儒"，认为《剪灯新话》与朝廷的主流文化已到了水火不兼容的程度，故非严格查禁不可。

三、《剪灯新话》流传东亚各国的情况

有趣的是，正当瞿佑的《剪灯新话》在中国遭到禁毁、逐渐从市面上消失时，该书开始在韩国盛行，后来居然成为朝鲜李朝的官方汉语经典——有些学者甚至以为，瞿暹所刊刻的《剪灯新话》重校本早在1442年明廷查禁以前就已传入了韩国③（这点也可与前述有关"重校本"刊刻时间的问题相呼应）。无论如何，现代韩国学者崔溶澈已在他有关《剪灯新话》的文章里特别强调《剪灯新话》在朝鲜"文人社会流传较广"的现象④。必须指出的是，当时的韩国也有些儒者对于《剪灯新话》的内容和文体提出严厉的批评，甚至痛斥该书"鄙亵"⑤（有关这一点，我要感谢崔溶澈教授本人给我的提醒）。据中国学者陈大康和漆瑗的考证，《剪灯新话》之所以尤受朝鲜官吏和文人的青睐，主要由于当时李朝仍以汉语为"官方通行语"，所以学汉语乃是知识分子就业的必要条件。同时，对许多朝鲜人来说，瞿佑那种平易近人的文言体学起来特别容易⑥。后来负责刊刻《剪灯新话句解》的朝鲜高官尹春年（1514—1567）就在他为该书所写的跋中称："上自儒生，下至胥吏，喜读此书，以为晓解文理之快捷方式。"⑦可见朝鲜人重视《剪灯新话》的程度了。当时韩国人学文言的热情，或许可以把它比成中世纪欧洲

---

① 见钱谦益：《列朝诗集小传》册1"瞿长史佑"条，第189页。
② 李庆先生曾经指出，这种诗文的"市民化"乃是中国元代以后的一个重要现象。见李庆：《瞿佑及其时代——日本内阁文库所藏瞿佑〈乐全稿〉探析》，《中国文史论丛》第53辑，1994年，第281页。参见吉川幸次郎《元明诗概说》的"序章"，《中国诗人选集·二集》本，岩波书店；并参见Yoshikawa Kojiro, *Five Hundred Years of Chinese Poetry*, 1150-1650: *The Chin, Yuan, and Ming Dynasties*, translated by John Timothy Wixted（Princeton：Princeton University Press, 1989）, p.9.
③ 陈大康、漆瑗：《〈剪灯新话句解〉"明嘉靖刻本"辨——兼论该书在朝鲜李朝的流传与影响》，第106页。
④ 崔溶澈：《中國小說과文化-『剪燈新話』의刊行과朝鮮에의傳播》，《中國小說論叢》2002年第2期，第31-53页。中文摘要见http：www.dbpia.co.kr/view/arview.asp?arid=655705&pid=791&isid=30589.（我要感谢刘宁教授的帮忙，让我能顺利在网上找到这篇文章的中文摘要）
⑤ 陈大康、漆瑗：《〈剪灯新话句解〉"明嘉靖刻本"辨——兼论该书在朝鲜李朝的流传与影响》，第107页。
⑥ 陈大康、漆瑗：《〈剪灯新话句解〉"明嘉靖刻本"辨——兼论该书在朝鲜李朝的流传与影响》，第106页。
⑦ 尹春年：《题注解剪灯新话后》，见《剪灯新话》（日本内阁文库藏韩国刻本《剪灯新话句解》上下两卷影印），第14页。

人学拉丁文的情况，二者均与文化政治的大环境息息相关。

当然另外一个重要的因素乃是，瞿佑所写的传奇故事很受韩国读者的欢迎，因此《剪灯新话》曾在韩国被多次翻刻。后来韩国作者金时习（Kim Si-sup，1435—1493）所写的《金鳌新话》（大约写于1470年）——即韩国史上第一部文言小说集——也直接受了《剪灯新话》的影响①。金时习乃一愤世嫉俗之人，他于世祖篡夺王位之后（1455），愤然退隐于金鳌山上（时年方二十），从此寄情于山水，专心写作。他成长于一个文人的家庭，据说他的名字即取自《论语》的"学而时习之，不亦说乎"。他自称是张骞的后代，"谱系汉臣家"（见《过蔚珍诗》），自幼即喜爱古文和中国诗词②。他所读到的《剪灯新话》很可能就是瞿佑亲自校订的"重校本"（即瞿暹刊刻的本子），因为他在《金鳌新话》的《龙宫赴宴录》中所写的诗句"挑灯永夜焚香坐，闲著人间不见书"，显然专为和瞿佑重校本《题剪灯录后》的诗句（"剪灯濡笔清无寐，录得人间未见书"）而写③。难怪韩国人总是把金时习的《金鳌新话》和瞿佑的《剪灯新话》联想在一起，把二者视为同类的文学经典。例如，以上曾经提到的朝鲜高官尹春年，他在1564年先后刊印了《金鳌新话》和《剪灯新话句解》，使得这两部小说相得益彰，从此更加普及于韩国读者之间。尹春年所刊的《金鳌新话》是目前所存此书的最早版本④（于1999年由学者崔溶澈在中国大连发现）。而《剪灯新话句解》（尹春年订正，垂胡子集释）则为世上最早的《剪灯新话》注释本。可见韩国人对瞿著的流传所作出的特殊贡献。

尤其重要的是，尹春年于1564年所刊印的《剪灯新话句解》后来传入日本，并有翻刻本，使瞿佑的文言小说也在日本境内盛行起来。但与韩国人热烈学习汉语的情况不同，日本人真正开始欣赏《剪灯新话》乃是在瞿佑的小说被译成日文（或改写成日文）

---

① 叶乾坤：《金鳌新话研究》，《国立政治大学学报》第17期（1968年5月），第219页。参见Kim Kunggyu, "Choson Fiction in Chinese," in Peter H. Lee, *A History of Korean Literature*（Cambridge: Cambridge University Press, 2003），261。并参见崔溶澈《中國小說과文化-『剪燈新話』의刊行과朝鮮에의傳播》，第31-53页。中文摘要见http://www.dbpia.co.kr/view/arview.asp?arid=655705&pid=791&isid=30589。

② 徐炳嫦：《剪灯新话与金鳌新话之比较研究》，"国立"台湾师范大学国文研究所硕士论文，1981年，第16页。

③ 有关金时习的诗句，见崔溶澈：《金鳌新话의板本》（Seoul: Kukhak Charyowǒn 국학자료원，2003），《金鳌新话朝鲜木板本（尹春年本）全文》部分，第108页。瞿佑的诗句，见《剪灯新话》（日本内阁文库藏韩国刻本《剪灯新话句解》上下两卷影印），第9页。参见陈益源：《剪灯新话与传奇漫话之比较研究》，第55页。

④ 崔溶澈（Choe Yong Chul），"Discovery of KEUMOSHINHWA Printed in Chosun Dynasty and Its Significance"（article in English），《民族文化研究》第36期，第322-324页。并见崔溶澈：《金鳌新话의板本》，第9-26页。崔溶澈于1999年在中国大连发现了1564年尹春年所刊行的《金鳌新话》，乃是学术上一个重大的发现。因为在此之前，学者们一致以为最早的《金鳌新话》版本都是在日本刊印的，例如1653年的承应本，1660年的万治本，1673年的宽文本以及1884年的明治本（大冢本）。但崔溶澈的新发现却改变了这个有关《金鳌新话》版本的结论，原来后来的日本刊印本都是根据尹春年的1564年版本而重新排印的。［在此，我要特别感谢Jeongsoo Shin（申正秀）在翻译方面的帮忙，他很耐心地为我把崔溶澈先生书中的"自序"译成英文，让我能充分了解崔溶澈在版本学上的贡献］

以后。最早约在1573—1591年，有人将《剪灯新话》中的《金凤钗记》《牡丹灯记》和《申阳洞记》三篇译成日文，后来收入《奇异杂谈集》，于1687年正式出版。但瞿佑第一次对日本文坛起了关键性的影响，乃是通过著名作家浅井了意（Asai Ryoi）所出版的《御伽婢子》（1660年出版）。在那本书中，浅井了意用日语改写了18篇取自《剪灯新话》的故事（同时有两篇取自金时习的《金鳌新话》）①。后来，18世纪时，上田秋成（Ueda Akinari，1734—1809）的小说集《雨夜物语》（Ugetsu monogatari）也受《剪灯新话》的影响。学者们一向以为《雨夜物语》中的《吉备津の釜》故事大多受了瞿佑《牡丹灯记》的启发，而该书名《雨夜》也似乎取自瞿佑《牡丹灯记》里的诗句："天阴雨湿之夜，月落参横之晨。"②与韩国的作家金时习相同，上田秋成也精通中国古文和诗词，故能真正欣赏瞿佑的文学艺术。但整体而言，在《剪灯新话》的研究方面，日本所作出的最大贡献就是在保存各种版本的事上。可以说，几乎所有现存的《剪灯新话》古刻本（包括韩国本《剪灯新话句解》）都来自日本图书馆的藏本。日本内阁文库甚至还藏有瞿佑晚年作品《乐全稿》的抄本，难怪学者李庆要说："在中国倒了霉的瞿佑在日本正走运。"③

《剪灯新话》在越南的传播管道似乎与韩国和日本的情况不同。到目前为止，有关瞿佑小说开始在越南传播的真实情况尚未得到定论。近年来有一种猜测就是：《剪灯新话》可能早在永乐年间（1403—1420）就已传入了越南。这是因为，太师英国公张辅曾在那段期间四次出征安南，而他一向崇拜瞿佑的才情，故有可能把《剪灯新话》带到当时的安南④（后来张辅终于成了瞿佑的恩主，因为他于1425年上奏章，让年高79岁的瞿佑自塞外安全归来，并请他在家教习子弟三年。此为后话）。无论如何，一般学者以为《剪灯新话》至迟在16世纪初就已经传入越南，因为越南作家阮屿（Nguyen Hung）所写的文言小说集《传奇漫录》（出版于1547年）已经呈现了《剪灯新话》的重大影响。越南学者何善汉当时在《传奇漫录》的序中就如此描述阮屿的风格："观其文辞，不出宗吉（瞿佑）藩篱之外。"⑤而且，与《剪灯新话》相同，《传奇漫录》也分成4卷，共有20个故事。书中也同样充满了有关书生"遭穷受屈"的情节。难怪现代学者陈益源说，《传奇漫录》"不仅仅是文辞上的蹈袭而已，即连结构、情节、风格、思想，亦（与《剪灯新话》）习习相关"⑥。总之，瞿佑的小说对越南文学的影响是十分深

---

① 王淑玲：《剪灯三种考析》，"国立"台湾大学中国文学研究所硕士论文，1982年，第158页。有关《御伽婢子》的出版年代（1660），见Earl Miner, Hiroko Odagiri, and Robert Morrell, *The Princeton Companion to Classical Japanese Literature*（Princeton：Princeton University Press, 1985），p. 143.

② 王淑玲：《剪灯三种考析》，第154页；Ueda Akinari, *Tales of Moonlight and Rain*, translated by Anthony H. Chambers，（New York：Columbia University Press），2007, p. 13.

③ 李庆：《瞿佑及其时代——日本内阁文库所藏瞿佑〈乐全稿〉探析》，第263页。

④ 徐朔方、铃木阳一：《瞿佑的〈剪灯新话〉及其在近邻韩越和日本的回响》，《中国文化》1995年第12期，第152页。

⑤ 阮屿：《传奇漫录》，见陈庆浩、王三庆编：《越南汉文小说丛刊》第一册，初版：法国，远东学院出版；台北：学生书局，1987年，第9页。

⑥ 陈益源：《剪灯新话与传奇漫话之比较研究》，第133、159页。

远的。

从《剪灯新话》在韩国、日本和越南的接受史来看,我们可以得到一个结论:瞿佑是一位懂得抓住大众读者且具魅力的作家。虽然当他在世时,由于明初官方思想的严禁,他并未享受一个"名家"所应当享受的愉悦和满足,但在他身后,他的文学声音却传播到海外诸国,使得《剪灯新话》成为异国的经典,因而终于被典藏下来。由此足见命运还是公平的:文人虽然生前遭遇迫害,但在身后可以借着文学作品变得"通达"。

四、《剪灯新话》的情节与话语方式

然而,我们必须问:是什么原因使得瞿佑的《剪灯新话》在韩国、日本和越南诸国如此长期地获得读者的爱好?前文已经说过,有一些外在的原因——例如当时汉语在这些东亚国家所占的霸权地位——使得《剪灯新话》脱颖而出。但我以为,《剪灯新话》之所以备受异国读者的欢迎,还有一层更深的原因——那就是,作为一个小说家,瞿佑所具有的独特叙事声音(narrative voice)。

为了充分讨论这种"叙事声音",我想在此借用西方叙事学(narratology)的观点来进行分析。据西摩·查特曼(Seymour Chatman)的看法,在了解一部叙事作品的作用(functioning)和结构(structure)以前,我们必须先分清楚该叙事作品的两个重要的成分——叙事中的what和how。根据这个理念,叙事中的"故事"情节(story, or narrative content)就是所谓的"what",而叙事的"话语"方式(discourse, or form)就是所谓的"how"①。所以,我们可以由此引申地说,《剪灯新话》在东亚诸国读者群中的成功,不但来自他们对作者瞿佑所呈现"故事"情节(what)的欣赏,也来自他们对瞿书的"话语"方式(how)的肯定。

据我看来,有关《剪灯新话》的"故事情节",它之所以特别诱人,乃是其叙事上的当代背景。瞿佑自己在该书的序中曾经说道:"好事者每以近事相闻,远不出百年,近止在数载",并说这些当代故事使他"欲罢不能,乃援笔为文以纪之"②。由于他所写的故事多半发生在元末明初,故对战乱所造成的伤亡尤多纪实的描写——应当指出的是,这段期间正是中国历史上少有的充满"尚武精神"的时代③。读这些故事,读者很容易读出作者瞿佑反对穷兵黩武的声音以及那直率而生动的文字所传达的凛然正义。同时,由战乱而引起的人间悲剧也特别令读者感动。在一篇被公认是作者自传的故事中(《秋香亭记》),女主角杨采采很直接地揭露了战争的罪恶:"只怨干戈不怨天。"

---

① Seymour Chatman, *Story and Discourse*: *Narrative Structure in Fiction and Film* (Ithaca and London: Cornell University Press, 1978), pp. 19-23.

② 瞿佑为《剪灯新话》所写"自序",《剪灯新话》外二种,第3页。

③ 著名的明史专家Frederick W. Mote曾说,元末明初是中国历史上少有的充满"尚武精神"(militarization)的时代:"China's normally unarmed, civilian-led society, as we have seen, underwent a process of militarization through the last half-century of the Yuan dynasty. 'Militarization' as used here means that arms became widely present, and direct recourse to force came to be a norm in a society whose established patterns were quite different."[F. W. Mote, *Imperial China*: 900–1800 (Cambridge: Harvard University Press, 1999), p. 554]

我以为这个有关战乱纪实的文学声音也正是瞿佑小说打动读者的关键所在。尤其是，当《剪灯新话》在韩国、日本、越南等国开始盛行的时候，也正是这些国家刚经变乱、还在动荡不安的期间。首先，当《剪灯新话》传入韩国时，李朝端宗（1452—1455在位）刚被世祖（1455—1468）篡位不久，当时的朝鲜读者应当仍记得政治动乱给百姓们所带来的痛苦。同时，金时习也正在这段期间开始撰写《金鳌新话》。在他的小说中，他经常模仿瞿佑，把故事的时代背景大多设在朝代转换的战乱中①。再者，他的故事也涉及高丽末年的红巾之乱（如《李生窥墙传》），让人不得不联想到元末的红巾起义。后来《剪灯新话》由韩国传入日本时，日本也同样才刚结束一段长时期的内乱（1467—1568），当时日本人正处在满目疮痍的情景中，还在哀悼那无数的战死者。至于越南，其情况也十分类似。当《剪灯新话》传入安南时——约1400到1527期间——那儿也正是"战祸频仍"的时代②。但不同的是，越南的"战祸"并非起于内战，而是由于明朝军队的屡次侵犯。讽刺的是，就在与明朝猛烈交战的期间，越南的读者们却迷上了中国小说《剪灯新话》，而阮屿也在此后不久开始撰写他的文言小说《传奇漫录》。同时，阮屿也喜欢把故事背景设在朝代转变的战乱期间，所以他的故事大都设在战火连绵的陈末黎初（约1400年）。总之，在乱世期间，瞿佑的《剪灯新话》给东亚各地的读者们带来了一种特殊的乱世心声。

此外，《剪灯新话》还有一个特别吸引读者的故事情节——有关人鬼相恋的主题。乱离之世一方面给人带来无限的灾难，一方面也供给爱情主题的营养。在瞿佑的小说里，有不少女主角不幸在战乱中去世，但她们的鬼魂经常回到阳世，重续生死不渝的情缘。例如，在一篇哀怨动人的故事《爱卿传》里，女主角罗爱爱遭逢乱世，她为了拒绝某位军官的强暴而自尽；后来她的丈夫于乱离之后归来，罗爱爱的鬼魂终于与丈夫相聚，两人"入室欢会，款若平生"。在另一篇故事《翠翠传》里，爱情的主题更明显地与元末明初的社会动乱紧密结合——故事中描写，当张士诚兄弟在高邮起兵时，一对相爱的男女被战争活活地拆散，妻子被掳为妓妾，丈夫被迫流落江淮。几经沧桑之后，两人终于相会，但又因无法团圆而双双自杀，幸而两人死后，鬼魂又得以团圆。另外，在《绿衣人传》里，人鬼相恋的主题更进一步强调男女情缘那种"海枯石烂，此恨难消；地老天荒，此情不泯"的超越生死之力量。这种故事特别引人注目，因为故事中的女鬼为了追求爱情，大多显得格外大胆而积极。可想而知，瞿佑这种"人鬼相恋"的主题对于后来韩国、日本和越南文学的影响十分深远③。以韩国作者金时习为例，在他的《金鳌新话》中，最让人难忘的女主角乃是那些由于姻缘未尽，而大胆谈情相恋的女鬼（如《万福寺》《李生窥墙记》）。而日本文学中的鬼故事（如上田秋成的《雨夜物语》）也受到瞿佑的启发。至于越南阮屿的《传奇漫录》，则书中有关人鬼姻缘的故事，几乎

---

① 叶乾坤：《金鳌新话研究》，《国立政治大学学报》第17期（1968年5月），第135页。
② 陈益源：《剪灯新话与传奇漫话之比较研究》，第33页。
③ Dominic Cheung, "The 'Ghost-wife' Theme in China, Japan, and Korea: New Tales of the Trimmed Lamp, Tales of Moonlight and Rain, and New Tales of the Golden Carp," *Tamkang Review*, 15, 1–4 (Autumn 1984/Spring 1985): pp. 151–174.

全都是《剪灯新话》故事的改写（如《丽娘传》《昌江妖怪录》）①。

有关《剪灯新话》的"话语"风格，我以为此书之所以特别受东亚诸国读者的欢迎，不仅因为瞿佑的小说语言特别浅显平易，而且因为书中采用了大量有趣的诗词。身为一位杰出的诗词家，瞿佑所写成的《剪灯新话》其实是一部创新的"诗文小说"（当然，这种夹有大量诗词的文言小说体也直接受了宋元传奇的影响）。有证据显示，当时的韩国读者非常喜欢《剪灯新话》这种"诗文体"的小说。在金时习的《金鳌新话》中，到处都有模仿瞿佑诗歌的痕迹。此外，《李朝实录》记载燕山君（1494—1506在位）曾派人到中国购买《剪灯新话》，其目的就是为了欣赏书中的诗词：

> 尝览《重增剪灯新话》有兰英、蕙英相与唱和，有诗百首，号《联芳集》，当时豪士，多传诵之，故令贸来耳。②

有趣的是，燕山君所谓《联芳集》，乃指瞿佑《剪灯新话》的《联芳楼记》中的香奁体诗歌——该诗体效法杨维桢（人称为"文妖"）的"淫词"，也正是明朝台阁体作家们所最忌讳的一种诗体。《联芳楼记》描写苏州富商的两个女儿薛兰英和薛蕙英，她们与年轻商人郑生夜夜私会偷情，互相赠诗吟咏，最后二女一男圆满结婚。当然从今日的文学观点来看，该故事难免显得肤浅，但在当时商业日渐发展的社会情况中，这样的恋爱故事正好符合市民意识的新趋向，也一定很新潮③。更重要的是，在整部《剪灯新话》中，男女因诗结缘乃是瞿佑所采用最重要的"话语"方式之一，而许多人鬼相恋的故事也是靠写诗赠诗来增加其抒情性的。例如，在《爱卿传》里，已经死去的罗爱爱居然能自制《沁园春》一词，向丈夫表达"一别三年，一日三秋，君何不归"的哀怨情绪。

其他有关瞿佑的特殊小说技巧，例如倒叙的手法、幻梦插曲的运用等，虽不能说是瞿佑首创，却是《剪灯新话》较为成功的方面。此外，瞿佑也擅长景物描写，其描写的细腻真切常有丰富故事情节和增强抒情性的效果（如《渭塘奇遇记》）。

以上简述《剪灯新话》在故事情节（what）和话语（how）方面对当时东亚读者的可能吸引力所在。然而，若说瞿佑的传奇小说只影响到韩国、日本和越南等国的文学，那也不够全面。《剪灯新话》后来在中国的影响也很大，尤其在16世纪期间，此书数次重刊，再度流行，明代中后期的不少小说戏剧都受其影响④。所以，就如陈益源所说，该书明代朝廷"禁而不绝"，但后来"转入地下"，被收入各种笔记、蒙书、丛书、选本等，因而逐渐失其本来面貌⑤。例如，冯梦龙的《情史类略》卷8即收入瞿佑的《爱

---

① 陈益源：《剪灯新话与传奇漫话之比较研究》，第132页。
② 引自陈大康、漆瑗：《〈剪灯新话句解〉"明嘉靖刻本"辨——兼论该书在朝鲜李朝的流传与影响》，第106页。
③ 参见陈美林、皋于厚注释《新译明传奇小说选》的"导读"，台北：三民书局，2004年，第5页。
④ 在戏剧方面，例如明人周朝俊的传奇《红梅记》即受瞿佑《绿衣人传》的影响；叶宪祖的杂剧《渭塘记》即改编瞿佑的《渭塘奇遇记》而成。参见陈美林、皋于厚注释《新译明传奇小说选》的"导读"，第163、65页。
⑤ 参见陈益源：《剪灯新话与传奇漫话之比较研究》，第58-59页。

卿传》（改名为《罗爱爱》）；凌蒙初的《拍案惊奇》卷23将瞿佑的《金凤钗记》改写成白话小说（题为《大姐魂游完夙愿，小妹病起续前缘》），但因中国传统文人没有注明出处的习惯，很少有人知道这些原来是瞿佑的作品，他的名字竟逐渐被人们遗忘。一直到20世纪初，有人在日本偶然发现了《剪灯新话》的版本，由国内华通书局铅印出版该书，中国学者才开始注意到瞿佑的存在①。可惜鲁迅在《中国小说史略》中对《剪灯新话》的评价不高（有"文笔殊冗弱""粉饰闺情""拈掇艳语"等评语）②，以致在后来编写的文学史中瞿佑被完全忽略。刘大杰在他的《中国文学发展史》中就写道："如瞿佑的《剪灯新话》……一类的作品，在这一时代（明朝），已经失去其重要性，只好从略了。"③

　　幸而近20年来，许多中外的学者们都开始重新评价瞿佑的《剪灯新话》，使有志重写文学史的学者有了足够的参考数据。当然，我并不是说，瞿佑的小说艺术是完美无缺的。我写这篇文章的目的只是在说明，我们有必要把一个作家的作品放在过去的时代背景来考虑。美国学者Wallace Martin就曾经把"叙事学"定义为"一种了解过去的方法"（"a method of understanding the past"）④。我希望此次借着分析瞿佑《剪灯新话》的文学性与其时代性，能对"过去"又多了更深一层的理解。

　　（本文原为一篇讲稿，曾在2007年8月30日至31日台湾"中央"研究院中国文哲研究所举办的"明清叙事理论与叙事文学"国际会议中宣读，今改写增补而成此文。特此声明。）

原载《中山大学学报（社会科学版）》2008年第3期

---

① 赵景深：《剪灯二种》，《文学》第1卷第3期（1934年7月），第389–394页。
② 鲁迅：《中国小说史略》，《鲁迅全集》第9卷，北京：人民文学出版社，1998年，第208页。
③ 刘大杰：《中国文学发展史》，台北：华正书局，1982年，第932页。参见陈益源：《剪灯新话与传奇漫话之比较研究》，第109页。
④ Wallace Martin, *Recent Theories of Narrative*（Ithaca and London：Cornell University Press，1986），p. 7.

中国中古文人对俚俗文学与时俗文学的态度

王运熙

中国中古文人对俚俗文学与时俗文学的评价,是一个值得注意的问题。俚俗文学(或通俗文学)与时俗文学,虽然同用"俗"字,但其意义与性质颇不相同。俚俗意为鄙俚粗俗,作品缺少文采,意思与文雅相对立。时俗意为时髦、趋时、追求时尚,作品大抵重视文采,意思与古雅相对立。俚俗文学与时俗文学二者虽然均不雅,但其对立面一为文雅,一为古雅,因而意义与性质颇不相同。俚俗文学初期常受上流社会鄙视,但逐渐被接受,并对文人作品产生很大影响。时俗文学在风行一段时期后,因其弊端明显,后来也受到批评和改革。

一

俚俗文学大抵是源出于民间下层的民间文学和风格与之接近的文人所作的通俗文学。在中古时期主要是汉魏的相和歌辞和六朝的以吴声歌曲、西曲歌为主的清商曲辞。在南朝文论发展繁盛时期,由于当时骈文发达,文人创作普遍重视对偶、辞藻等骈文文采,因而对缺少文采的俚俗文学往往抱轻蔑态度。《文心雕龙·乐府》评论魏无名氏乐府古辞曰:"艳歌婉娈,怨志诀绝,淫辞在曲,正响焉生。"又贬之为"诗声俱郑"。"艳歌",当指相和歌辞中的《艳歌何尝行》《艳歌行》,两篇题名艳歌,又表现了男女间的深厚情意,所以刘勰称为"艳歌婉娈"。"怨志诀绝",当指相和歌辞中的《白头吟》。《白头吟》有句云:"闻君有两意,故来相诀绝。"刘勰把《艳歌行》《白头吟》等篇斥为淫辞,认为其歌辞、采曲均属郑卫之音,对汉乐府古辞的内容、形式都加以贬斥。《后汉书·蔡邕传》载:东汉灵帝时,侍中祭酒乐松、贾护等在宫廷鸿都门下招集一批文人写作辞赋,多叙"方俗闾里小事",灵帝十分爱好。蔡邕上书攻击,说这类作品"连偶俗语,有类俳优"。《文心雕龙·时序》论述东汉文学时,指斥"乐松之徒,招集浅陋",同意蔡邕的看法。汉乐府古辞中有不少篇章,表现民间下层生活,也就是"方俗闾里小事",除已提到的《艳歌行》《白头吟》外,还有《东门行》《孤儿行》《妇病行》等等。这类歌辞语言通俗,由黄门乐人(俳优)演唱。鸿都门文人的作品虽已亡佚,但由蔡邕的话看,其内容文辞与汉乐府古辞相似,所以也为刘勰所鄙薄。《文心雕龙》的《谐隐》篇,论述滑稽性的通俗文学谐词、隐语,虽然承认它们部分篇章有"颇益讽诫"的积极作用,但又指出这类作品"本体不雅",即不满其俚俗。刘勰还不满民间的谚语,《书记》篇有曰:"文辞鄙俚,莫过于谚。"

钟嵘《诗品》对汉代无名氏《古诗》评价极高,有云:"文温以丽,意悲而远。

惊心动魄，可谓几乎一字千金。"但《诗品》对汉乐府无名氏古辞却不加品题，只字未提。《诗品》盛赞《古诗》"文温以丽"，而乐府古辞却是质直俚俗，缺少温丽。《诗品》评谢惠连诗有曰："又工为绮丽歌谣，风人第一。"钟嵘鄙薄俚俗的歌谣，但谢惠连的歌谣写得绮丽，因而予以赞赏。《诗品》评魏文帝诗有曰："新歌百许篇，率皆鄙直如俚语。"①"新歌"，指曹丕模拟汉乐府古辞的篇章文辞鄙俚质直，缺少华美的文采。《诗品》评应璩诗有曰："祖袭魏文，善为古语。""古语"，指古朴的语言。《诗品》因应璩诗语言质朴，以为源出曹丕，但又指出像"济济今日所"那样的诗句，却是"华靡可讽味"的。《诗品》认为陶潜诗"源出应璩"，"文体省净，殆无长语。笃意真古，辞性婉惬。……世叹其质直"。指出陶诗语言简净古朴，世人认为质朴率直，因而认为源出于善为古语的应璩。但《诗品》又指出陶潜像"欢言酌春酒""日暮天无云"等诗句，却"风华清靡"，即华美的，不是质直的"田家语"（农民质朴的日常用语）。应璩、陶潜诗语言，就其质朴率直讲，与乐府古民歌相同，但乐府民歌多写下层男女情爱，常被文人斥为郑卫之音，应、陶诗在这方面与民歌不同，《诗品》以"古语"称之，表示同样质朴的语言，又有鄙俚与古朴的区别。

南朝文人写作文章，大抵均重视文采。当时骈文盛行，文章的文采，是指对偶、辞藻、声韵、用典等修辞手段。《文心雕龙·风骨》提出，文章应兼有"风骨"与"采"，即明朗刚健的风貌与华美的文采二者兼备。《诗品序》也认为作诗应"干之以风力（即风骨），润之以丹采（即文采）"。可见刘勰、钟嵘两人对文采都是很重视的。我们翻阅《乐府诗集》，看到大量的南朝文人拟古乐府，他们拟汉乐府六题的篇章，如《陌上桑》《从军行》等等，往往注重文采，骈偶句多，辞藻华美，即此可见大多数南朝文人的创作风尚与审美标准。在此种风气下，刘勰、钟嵘鄙薄汉乐府古辞的俚俗质朴，是无足怪的。

上面说的主要是南朝文论对汉乐府古辞的评价。至于对流行于六朝时代的吴声歌曲，文人也持鄙薄态度。梁元帝《金楼子·箴诫》载："齐武帝有宠姬何美人死，帝深凄怆。后因射雉，登岩石以望其坟，乃命布席奏伎，呼歌工陈尚歌之，为吴声鄙曲。帝掩叹久之。"梁元帝把吴声呼为鄙曲，反映了当时文学修养较高的人们对吴声歌曲的态度。当时梁武帝、梁简文帝及其臣僚沈约等制作《江南弄》《上云乐》等新乐，辞语文雅，即是对吴声、西曲等俚俗文学的一种改造工作。刘勰把《艳歌行》等汉乐府古辞目为郑卫之声，那么表现男女之情更为大胆的吴声歌曲，在他看来显然是更加鄙俚而不屑齿及了。尽管南朝不少上层人士，上至帝王下至文臣武将，都深爱吴声、西曲，把它们当作娱乐生活的重要对象，然而某些崇尚高雅、正统的理论，对俚俗文学则持鄙薄态度。

然而，尽管崇尚高雅的文人鄙视出自民间的俚俗文学，但俚俗文学由于生动感人，一直受到许多贵族和不少文人的喜爱，满足他们日常生活追求消遣娱乐的需要。汉代宫廷使用的音乐，据《续汉书·礼仪志》注引蔡邕《礼乐志》记载，共分四类，其中天子享宴一类，主要即为较俚俗的相和歌、杂舞曲。《宋书·乐志》第3、4卷著录的相和歌

---

① 此处引用词句各本有歧异，此据曹旭：《诗品集注》，上海：上海古籍出版社，1994年。

辞、杂舞曲辞，大抵即为魏晋宫廷所演奏的①。其后南朝也沿袭演奏。刘宋张永《元嘉正声伎录》、南齐王僧虔《大明三年宴乐伎录》，于此均有具体叙述。陈释智匠《古今乐录》叙述尤详。以上三书虽已亡佚，但《乐府诗集》多有称引。《文心雕龙·乐府》在评述魏曹操、曹丕、曹叡三祖所作的相和歌辞时有曰："虽三调之正声，实韶夏之郑曲。""三调"，指平调曲、清调曲、瑟调曲，它们是相和歌的主要部分。相和歌在魏晋南朝时期，被称为宴乐中的正声，刘勰在这方面态度保守，斥之为"韶夏之郑曲"。

六朝时代新兴的俚俗歌曲《子夜歌》《读曲歌》等，也受到正统观念较强的文人的鄙视，但由于其新鲜活泼，也逐渐获得不少贵族与文人的喜爱。其不少歌曲除被配乐演唱外，东晋著名文人孙绰作《碧玉歌》，王献之作《桃叶歌》，以后作者更多。除乐府诗外，南朝时代许多文人所作的五言四句抒情小诗，也常常蒙受其影响。我们看《玉台新咏》第10卷，前面所选为晋宋文人与无名氏所作的吴声、西曲歌，后面则为王融、谢朓、沈约等众多文人所写的五言四句小诗，即可明了此中的渊源关系。

到了唐代，文人们更加重视源出民间的乐府诗中的俚俗歌曲。这鲜明地表现在他们的创作中间。唐人以讽谕为内容的新乐府辞，自杜甫《兵车行》《丽人行》等篇章开其端，至白居易的新乐府辞达到顶峰。这类歌辞，内容着重表现民众疾苦和政治、社会弊端，明显地表现出受到汉乐府古辞《东门行》《平陵东》《战城南》等篇的影响。

这类新乐府诗，其语言特色是比较质朴，较少文采。白居易自称其《新乐府》"其辞质而径"，"其言直而切"（《新乐府序》）；又称其讽谕诗"意激而言质"。汉代乐府古辞以至唐代杜甫、白居易的新乐府，往往形象鲜明，人物话语生动，今天看来它们的艺术性相当高。但唐代创作界、评论界的主流，仍沿袭南朝传统，以作品的辞采华美、音调流美为首要标准。所以白居易在《与元九书》中慨叹说："今仆之诗，人所爱者，悉不过杂律诗与《长恨歌》已下耳。时之所重，仆之所轻。"同时慨叹其讽谕诗因"意激言质"而为"人之不赏"。

对于六朝的吴声、西曲等俚俗歌曲，唐代文人也注意学习吸收并予以提高。崔颢《长干曲》，李白《静夜思》《越女词》《巴女词》是以乐府体写的五言四句小诗，风格通近吴声、西曲歌辞。文人们更多的五言、七言绝句，以明朗自然的语言抒写日常生活的情怀，即是继承了六朝民歌与南朝文人五言小诗的传统。

唐代文人重视汉魏六朝的俚俗歌曲，也表现在理论方面。唐代前期，出现了几种乐府解题一类的著作，它们是：吴兢《乐府古题要解》、刘悚《乐府解题》、郗昂《乐府古今题解》（一作王昌龄撰）。郗书已亡佚，见《新唐书·艺文志》著录；刘书仅残存小部分，见陶珽本《说郛》卷100。吴、刘二书，均不叙述郊庙、燕射等雅乐歌辞，而以叙述相和、杂舞等通俗乐曲为主。吴书除详述相和各曲外，还介绍了《子夜歌》《前溪歌》《石城乐》等六种吴声、西曲歌曲，可见当时编撰者对于乐府诗中通俗乐曲的重视。其后《通典·乐典》《旧唐书·音乐志》叙述通俗乐曲均较详细，即是沿袭南朝《古今乐采》与吴兢《乐府古题要解》的传统而来。又元稹的《乐府古题序》，特别

---

① 参考王运熙：《说黄门鼓吹乐》，《乐府诗述论》，上海：上海古籍出版社，2006年，第225-232页。

提到《木兰诗》《焦仲卿妻》两篇无名氏所作乐府古辞，并以之与文人名篇张衡《四愁诗》、王粲《七哀诗》相提并论，表现出唐人对汉魏六朝乐府古辞描写民间故事题材的重视。《汉书·艺文志》说从汉乐府古辞"可以观风俗，知厚薄"，还只是从政治角度肯定其认识价值，而唐人则更能肯定它们朴素的艺术美。

唐代文人对汉魏六朝乐府诗中俚俗歌曲的重视，有其特定的政治社会原因。唐玄宗时代，朝廷大力提倡儒学与质朴文风，促使许多文人不再追求华辞丽藻，而容易喜欢前代乐府诗中那些比较质朴刚健的篇章。再则，在唐代，贵族门阀势力大为削弱，唐代以科举取士，不少文人出身于下层社会，比较接近下层民众，了解并同情民众的疾苦，因而更容易注重并学习汉魏乐府古辞擅长表现民众哀乐的思想内容。

除写作新乐府辞外，唐代文人还喜欢写作新歌曲，即《乐府诗集》编录的近代曲辞，如《竹枝》《杨柳枝》《浪淘沙》《忆江南》《宫中调笑》等，刘禹锡、白居易、王建等人多有所作。他们成了后来长短句（词）的前驱者。其中有些曲调源出下层民间，刘禹锡《竹枝》即是其例。《乐府诗集》卷81《竹枝》题解曰："《竹枝》本出于巴渝。唐贞元中，刘禹锡在湘沅，以俚歌俗陋，乃依骚人《九歌》作《竹枝》新辞九章，教里中儿歌之。由是盛于贞元元和之间。"刘禹锡把巴渝地区（今四川东部）的鄙俚民歌加以改制，这是一个有代表性的事例，表明唐代的高层次文人思想比较开放，对当代的俚俗文学不是笼统鄙弃，而是加以改造提高。唐代文人还注意吸收当代的说话艺术和变文描写艺术，写出不少生动的传奇文，也表明唐代文人善于吸收、改造俚俗文学。

在中国文学史上，不少出自民间的俚俗文学，初期常常受到上层许多文人的鄙薄和排斥，但时间长了，它们终于被上层人们所接受，并加以改造提高，成为富有生命力的新体文学。在唐诗、唐五代宋词的发展过程中，都有种种明显的例子。

二

时俗文学是指迎合时尚、当代流行的新体文学。此种新体文学为一部分崇尚古雅的文人所鄙视，贬之为"俗"。

《文心雕龙》对时俗文学多有论及，认为其文风特点是新奇。《序志》篇批评近当代文风有曰："去圣久远，文体解散，辞人爱奇，言贵浮诡，饰羽尚画，文绣鞶帨，离本弥甚，将遂讹滥。"所谓"浮诡"，指在用词造句方面好用浮华艳丽的辞藻与新奇的手法。《通变》篇论历代文风有曰："魏晋浅而绮，宋初讹而新。"可知刘勰所不满的时俗文风，是在南朝刘宋初期流行起来的。《体性》篇认为，文章可分典雅、远奥、精约、显附、繁缛、壮丽、新奇、轻靡八体，其中新奇、轻靡两种，即是时俗文学的文风特征。《体性》诠释二体曰："新奇者，摈古竞今，危侧趣诡者也。轻靡者，浮文弱植，缥缈附俗者也。"其中"竞今""附俗"，即迎合时俗爱好之意；"趣诡""浮文"，即《序志》"言贵浮诡"之意。《定势》篇指出，当时追求新奇的一种方法是颠倒文句。文曰：

自近代辞人，率好诡巧。原其为体，讹势所变，厌黩归式，故穿凿取新。察其讹意,似难而实无他术也,反正而已。故文反正为乏,词反正为奇。效奇之法,必颠倒文句,上字而抑下,中辞而出外,回互不常,则新色耳。……正文明白,而常务反言者,适俗故也。

指出这种故意颠倒文句、追求新奇的做法,是为了"适俗",即适应时俗的爱好。这种颠倒文句的例子,孙德谦《六朝丽指》、范文澜《文心雕龙注》、刘永济《文心雕龙校释》等曾举出若干例子。如鲍照《石帆铭》"君子彼想",正常语序应为"想彼君子";江淹《恨赋》"孤臣危涕,孽子坠心",正常语序应为"孤臣涕危,孽子心坠";又其《别赋》"心折骨惊",正常语序应为"骨折心惊"。可知此种颠倒文句的作风,鲍照开其端,江淹又有所发展,在南朝文坛是一种时髦的写作方法。

刘勰并不笼统反对新奇,他只是要求适度新奇,不要流于怪癖。在《辨骚》篇中,他一开始就赞《离骚》"奇文郁起",下面分析楚辞各篇章的风格特色后,又赞美它们"惊采绝艳,难与并能矣"。但他又指出楚辞有部分逐奇失正的弊病,提出作文应倚靠《诗经》之雅颂,驾驭楚辞篇章,做到"酌奇而不失其贞,玩华而不坠其实",即执正驭奇,这成为《文心雕龙》的基本思想。对楚辞以后各代具有奇辞异采的作品,他也采取这种态度。《明诗》篇对汉代《古诗》,建安、正始、太康诗歌以至刘宋初期的山水诗,均有所赞美;《诠赋》篇对自汉至晋枚乘、司马相如以至郭璞、袁宏的辞赋,亦各有所肯定,均是明证。《定势》篇明确指出,作文应"执正以驭奇",不应"逐奇而失正",这是对《辨骚》篇的明显回应。《通变》篇论及如何纠正近代讹变的文风,有曰:"矫讹翻浅,还宗经诰。斯斟酌乎质文之间,而櫽括乎雅俗之际,可与言通变矣。"刘勰认为,出自圣人的经书,其特点是"雅丽"(《宗经》),既雅正又有文采,是典范之作。楚辞以后的作品,有逐奇失正之病,不够雅正,辞采过艳,趋于淫丽。因而矫正这类弊病,必须回过头来,"还宗经诰",这又是对《宗经》篇的明显回应。"櫽括乎雅俗之际"中的"俗",指当时流行的时俗文风,这里表明,刘勰认为作文应兼综古今之长,而不是笼统地反对新变。《通变》篇赞语曰:"望今制奇,参古定法。"这是"执正驭奇"的另一种提法。

上文提到,鲍照诗文追求新奇,有时颠倒词句。让我们再来看《诗品》《南齐书·文学传论》对他的评论。《诗品》评鲍诗有曰:"其源出于二张,善制形状写物之词,得景阳(张协)之诙诡,含茂先(张华)之靡嫚。……然贵尚巧似,不避危仄,颇伤清雅之调。故言险俗者,多以附照。"指出鲍照诗具有诙诡、靡嫚之风,又不避危仄(即险僻),因而为追求险俗的文人所宗奉。这里所谓"险俗",指追求险僻奇诡的时俗风尚。《南齐书·文学传论》认为,当时诗赋有三派,第二派由鲍照开启。其特点是,"发唱惊挺,操调险急,雕藻淫艳,倾炫心魂。亦犹五色之有朱紫,八音之有郑卫。斯鲍照之遗烈也"。所谓险急、淫艳,与《诗品》之诙诡、危仄、靡嫚,词意略同。鲍照此种奇诡靡丽的作品,为当时许多文人所宗尚,说明当时追求新奇的时俗文学创作风气的流行。南朝文人论诗,最重五言诗,《诗品》评诗,专评五言。《南齐书·文学传论》论鲍照诗,大抵亦指其五言。所谓鲍诗"发唱惊挺,操调险急"之风,当是指"羽檄起边亭,烽火入咸阳"(《出自蓟北门行》)、"伤禽恶弦惊,倦客恶离声"(《东门行》)、"真如朱丝绳,清如玉壶冰"(《白头吟》)一类诗句。鲍照诗也有俚俗一面。他写有《吴歌》三首,词语风格,酷肖当时流行的吴声歌曲。又有《中兴歌》十首,也较为通俗,风格也接近吴歌。但这类作品在其集子中比重很小,不占主导地位,"险俗"当指其五言诗而言。

南朝时期流行的时俗文学,如上所述,是指词句华艳和手法新奇的作品,当时鲍照是一位最具有代表性的作家。到了唐代,科举制度确立,朝廷以科举考试取士,因而唐代流行的时俗文学,便与科举考试发生密切的联系。唐代科举科目中最热门的是进士科,考进士科的,规定要考律诗、律赋。律体诗赋,除讲求骈偶、词藻的语言外形色彩美外,还在接受南朝永明声律论与新体诗影响的基础上又向前迈进,重视平仄调协的声律美。进士考中后要做官,还得经吏部考试写作判文(政府机关的判决书)的能力,被认可后方能授予官职。判文也要用骈体写作。这种考试制度促使广大士人注重骈偶、辞藻、声律之美,努力学习并掌握律体诗文的写作技能,以谋求政治出路。因而,律体诗赋以至判文等就成为唐代的时俗或时尚文学。

白居易是唐代兼长各体时俗文学的一位大家。他擅长各体律诗,数量很多,《白氏长庆集》中把它们称为杂律诗,意即指其律诗有各种体式。其中短者为五七言绝句,稍长者为五七言八句律诗,还有不少八句以上的律诗以至二十句以上的长律。他和元稹互相唱和酬答,写了不少数十韵的长律,百韵的也各有若干首。他的律体短诗,长于抒情,语言晓畅。据白居易《与元九书》自述,其诗广泛流行于社会上,"自长安抵江西三四千里,凡乡校、佛寺、逆旅、行舟之中,往往有题仆诗者;士庶、僧徒、孀妇、处女之口,每每有咏仆诗者"。元稹《白氏长庆集序》也有类似记载。这类广泛流行的诗大抵是律体短诗。白居易、元稹的长律,以词句精工、才学富赡见长,被当时不少士人所崇拜,竞相传写模仿。元、白两人的律诗,包括短篇、长篇,在当时被称为"元和体",影响很大①。白居易的律赋、判文,在当时名气也很大,被视为典范。据《与元九书》自述说:"日者又闻亲友间说,礼、吏部举选人,多以仆私试赋、判,传为准的。"

白居易对他的律体诗文,也持欣赏、肯定的态度。上引《与元九书》中叙述其律体诗歌、律赋、判文受到社会上广泛欢迎的情状,即反映了他对其律体诗文的沾沾自喜。《与元九书》后面自述在长安城南与元稹春游时"各咏新艳小律",其欢愉犹如登仙,更流露出浓厚的自我欣赏心态。在《与元九书》中,当白居易强调诗歌的政治功能时,特别重视其讽谕诗,同时贬抑其杂律诗,甚至认为日后别人编他的集子时,可以不收杂律诗和感伤诗;至于讽谕诗、闲适诗,则因"言质""词迂",为人们所不爱。质、迂,是说讽谕、闲适两类诗词语质朴迂拙,缺少辞藻华美、声调流利的骈体诗歌之美。这说明了当时人们爱好诗歌的首要艺术标准即是否具有骈体文学的语言之美。

元稹和白居易相同,也是十分欣赏、爱好律体诗。在《白氏长庆集序》中,他叙述了他与白居易两地往来酬答的不少律体诗,被人们广泛地传诵仿效,号称"元和诗"

---

① 参考陈寅恪:《元白诗笺证稿》附论《元和体诗》,上海:上海古籍出版社,1978年,第335—338页。

体。叙述中也是洋溢着自我欣赏情绪。元稹特别偏爱长律，互相酬答。在《唐故工部员外郎杜君墓系铭》中，元稹盛赞杜甫的长律写得好，"词气豪迈而风调清深，属对律切而脱弃凡近"，并认为李白在这方面的成就，比杜甫要差得很远。他是以长律为衡量标准发表李杜优劣论的。元、白两人的长律，正是在杜甫的先导下，写得更加富赡和精致，达到了唐代长律诗体的高峰。

《旧唐书·元稹白居易传》后面有一篇长论，纵论唐前至唐代文学，该论认为元白两人是唐代最杰出的作家，并指出过去有三个文学发达的时代：建安时代以曹植、刘桢为霸主；永明时代以沈约、谢朓为宗主；元和时代以元稹、白居易为盟主。这里论文学作品，固然以诗歌为首要对象，也兼括赋、文。成书于五代后晋的《旧唐书》，其编者以始终盛行的骈文为正宗，鄙视初步发展的古文，因而对元、白的律体作品评价最高。唐人的律体诗，正是在南齐永明时代沈约等人倡导的声律论和新体诗基础上发展而来的。《旧唐书》对元、白的崇高评价，是以当时流行的时俗文学即律体文学为标准进行的。传论末尾更有赞，曰："文章新体，建安永明。沈谢既往，元白挺生。"也是鲜明地表现了《旧唐书》编者拥护新体文学即律体文学的态度。

唐代中后期，古文运动逐步展开。古文家提倡写作词语质朴、风格较为刚健的古文，对诗歌则重视写古雅的古体诗。他们鄙视当时流行、风格华艳的律体诗文，并讥之为"俗"。肖颖士《赠韦司业书》自称："平生属文，格不近俗。凡所拟议，必希古人。魏晋以来，未尝留意。"魏晋以来正是骈体文学逐步发达的时期，古风丧失，因而他不曾留意学习。《新唐书·文艺传》载："颖士数称班彪、皇甫谧、张华、刘琨、潘尼能尚古，而混流俗不自振，曹植、陆机所不逮也。"肖颖士指出张华、刘琨等人的作品能宗法古人，但仍有混同于流俗（指骈俪文风）的一面。至于骈文大家曹植、陆机的作品，则更是不及张华等人了。另一古文家元结在其《箧中集序》中批评近世作者"拘限声病，喜尚形似"，喜欢写避免声律毛病、追求逼真描摹物象的近体诗，这类作品"且以流易为辞，不知丧于雅正"，即认为它们的风格很卑俗。元结一生提倡写作高雅的古体诗，不写他认为鄙俗的近体诗。

韩愈一生大力提倡古文，不满骈体诗文的弊病。他的《上宰相书》批评当时朝廷礼部、吏部，规定必须写讲求对偶、辞藻、声律的骈体作品，所谓"试之以绣绘雕琢之文，考之以声势之顺逆，章句之短长"，他认为这种考试不能真正选拔杰出的政治、军事人才。但是为了应对需要，韩愈也写作这类作品，其《与冯宿论文书》曰："时时应事作俗下文字，下笔令人惭。及示人，则人以为好矣。小惭者亦蒙谓之小好，大惭者即必以大好矣。不知古文真何用于今世也？"这里"俗下文字"即指当时时俗流行的骈体作品，韩愈于此表达了自己深刻的矛盾心情。

《新唐书·白居易传》末段评述白诗有曰："初，颇以规讽得失，及其多，更下偶俗好，至数千篇，当时士人争传。""下偶俗好"，指迎合世俗爱好。此处讥评白居易诗歌数量繁多，其中一部分作品迎合世俗爱好，华艳而不雅正。白居易一生写作了大量杂律诗，他在社会上流行最广、被称为元和体者，亦为杂律诗。《新唐书》编者欧阳修、宋祁均为古文家，因而对白居易律体诗的评价，与上引《旧唐书》的评价迥然不同。

由上可见，时俗文学是指某一时期在社会上广泛流行、受到大多数人爱好的文学作品。在南朝时期是指以鲍照为主要代表的新体诗赋，在唐代则是以白居易、元稹为代表的律体诗文。对于时俗文学的评价，应当一分为二，即有积极面和消极面。南朝鲍照的诗歌，诚如刘勰所指责，存在着不合理的故意颠倒字句的弊病，但他的雄健奔放的诗风，开创了诗歌创作的新局面，对唐诗的繁荣以至其后诗歌的发展都起了积极的推动作用，是不容忽视的历史现象。唐代的律体诗文，也应一分为二地进行评价。唐人创作了大量感情深挚、语言精美的八句律诗和四句的律体绝句，成为唐诗宝库的重要成份，这是大家所认同的。至于不少长律，往往长达数十句以至一百句，务在堆砌偶句，雕琢词采，风格板滞，读来使人生厌，则是唐代律体诗的消极部分，后代人也很少写作。唐代的律体赋、文，在不同程度上存在着与长律类似的弊病，因而不为大多数读者所喜爱，但也仍有少数佳作（《滕王阁序》）值得肯定。

唐代律体诗文的显著艺术特色是注意、锤炼辞藻、声调的语言美。语言美是构成文学作品富涵艺术特征和感染力的重要因素，不容漠视。唐代许多优秀诗人，在注意培养明朗刚健的文风时，又重视吸收魏晋南北朝以来的骈体、律体诗文的语言美，做到了能够融会古今之长，像《文心雕龙·通变》所说的"斟酌乎质文之间，櫽括乎雅俗之际"那样，因而创作出众多辉煌灿烂的作品。这方面杜甫的成就尤为伟大。他创作了许多格律严整而又感人至深的律体诗（特别是八句律诗），成为后人学习的典范。唐代一些古文家竭力排斥律体诗文（即时俗文学），致力于写古雅的文章，甚至一概排斥优美的语言。如元结，写古质的散文和古体诗，反对写近体诗，他的作品往往显得干枯。韩愈在大力提倡古文时，仍注意多方面吸取先秦两汉文章的语言美，因而成就突出。这些历史事实，是值得人们记取的。

宋代，古文运动取得胜利，文风大变，诗、赋、文的主导风貌均由华美趋向清雅。八句、四句的律体诗风貌虽有变化，但仍然流行，并重视格律和语言之美。只是很少有人写作长律了。唐人华丽雕琢的四六骈文也被清畅的宋四六取代。宋诗文对唐诗文，是既有继承，又有改革变化、发展创新，走出了一条新的路子。

原载《中山大学学报（社会科学版）》2009年第1期

我国古代文体定名的若干问题

罗宗强

  文体研究在古代文学和文学思想研究中有着重要的意义。但是无论文学史编写还是教学，文体问题在很长一段时间并未引起重视。之所以未加重视，主要是对文体在我国古代文学的发生和发展过程中的重要作用认识不足。近十余年来，这种情况有了很大的变化。北京大学、中山大学、北京师范大学、中国人民大学的文学研究学者，都在文体研究上做出了很好的成绩。尤其是中山大学的中国文体学研究中心，从发表的论著看，已具系统之规模。文体研究正在深入。
  已有学者指出，文体问题不仅仅涉及文学作品本身，它可能远超出作品之外。我想，史实可能比我们想到的更为复杂。决定文体生成、定名和发展的，都不是单一的因素，对于古人文体观念的理解与评价，也乱如理丝。我只想就古人的文体定名提出若干问题，以就教于同行。
  文体的定名涉及体裁与体貌两大类。我想谈四个问题：体裁定名、体貌定名、体貌定名与体裁定名之关系、文体定名涉及的文学与非文学问题。

一

  体裁的体，定名与其生成并无统一之关系，有的生成与定名源于其功用，有的却与功用无关。
  古代文论家常将各种文体之源头追索至五经。如刘勰就说："故论、说、辞、序，则《易》统其首；诏、策、章、奏，则《书》发其源；赋、颂、歌、赞，则《诗》立其本；铭、诔、箴、祝，则《礼》总其端；纪、传、盟、檄，则《春秋》为根；并穷高以树表，极远以起疆，所以百家腾跃，终入环内者也。"（《文心雕龙·宗经》）刘勰所说的"首""源""本""端""根"，我们可以作两种之理解。一种理解是这些体裁在五经中已有其早期的形态，如《易》之有辞，《诗》之有颂，《礼》之有铭、诔、祝，《春秋左氏传》之有盟。另一种理解是有的五经中并无其文体，刘勰所指，是有关文体的生成，其体制实源于五经之影响：五经为之"树表"，为之"起疆"，也就是说，为之确立体制与规模。把一切文体都说成源于五经，当然是极端的说法，昔贤已多有非议。自文体生成之思想政治基础言，或与五经有着这样那样的联系；但自文体体制之生成言，则多数与五经并无直接之关系。
  我国古代的文体，名称众多。这众多的文体的出现，经历一个漫长的过程，由少而多，由简而繁。《尚书》已有诰（如《大诰》《康诰》《酒诰》《召诰》《洛诰》

《梓材》《多士》《多方》《立政》等无诰名而有诰体）、誓（如《甘誓》《汤誓》《牧誓》《费誓》《秦誓》）、祝（如《金滕》）。《周礼》有祝（"太祝掌六祝之辞"）、诰、诔（"作六辞以通上下亲疏远近，一曰祠，二曰命，三曰诰，四曰会，五曰祷，六曰诔。"祠即辞，辞、命、会、祷，均属辞令，难称文体）、盟（《周礼》大司寇"凡邦之大盟约，莅其盟书，而登之于天府"）。到了西汉，文体数量大增。大增的原因有二，一是出于政教之需要，一是由于文学自身之发展。我们从今存汉人作品中，可以大略了解其时文体发展之面貌。我统计了八位作家，蔡邕作品涉及文体十九①；司马相如作品涉及文体五②；董仲舒作品涉及文体八③；东方朔作品涉及文体十④；刘向作品涉及文体十四⑤；王褒作品涉及文体四⑥；扬雄作品涉及文体八⑦。去其重复，得文体二十九种，加上西汉其他作者已用之文体：史传、教、状、诏、敕、令、制、册、劾、告谕诸体，共得文体三十九种。在这三十九种中，杂文之内各体的出现，显然并非出于实用之需要，而是文学自身发展的产物，或出于追求新的形式，或甚而出于游戏。刘勰说宋玉含才负俗，于是创造了"对问"一体，"枚乘摛艳，首制'七发'"；扬雄"碎文琐语，肇为'连珠'"。到了南北朝，文体又似有进一步发展之趋势。刘勰把文体分为三十四种⑧，这三十四种，西汉都已出现。但是，其中"杂文"中他又列出十九个细目⑨，"书记"列出二十五个细目⑩。总共八十一种。到了明代，文体数目又有极大之发展，吴讷《文章辨体序说》分文体为五十九种⑪，徐师曾《文体明

---

① 诗、赋、颂、碑、铭、诔、论、议、表、诰、书、记、疏、祝、章、赞、辞、策、杂文（此时之文体名目繁多，后来刘勰把一些细小体目归纳为杂文。今将答客难、解嘲、宾戏、达旨、应问、释诲、七体、连珠等归入杂文之内。而刘勰归入杂文的另外一些文体，和他归入《书记》之内的一些文体，如诰、疏、状之类，后来发展为作品数量极大之常用文体，此处单独列出）。
② 诗、赋、书、封禅文、檄。
③ 赋、论、书、说、对、奏、录。
④ 诗、颂、铭、论、书、记、对、杂文、谏、序。
⑤ 诗、赋、颂、铭、论、书、疏、封禅文、说、对、奏、录、杂文、谏。
⑥ 赋、颂、辞、杂文。
⑦ 赋、诔、书、对、录、杂文、骚、箴。
⑧ 骚、诗、乐府、赋、颂、赞、祝、盟、铭、箴、诔、碑、哀、吊、杂文、谐、隐、史传、诸子、论、说、诏、策、檄、移、封禅、章、表、奏、启、议、对、笺记。
⑨ 对问、七体、连珠、典、诰、誓、问、览、略、篇、章、曲、操、弄、引、吟、讽、谣、咏。
⑩ 笺、谱、籍、录、方、术、占、式、律、令、法、制、符、契、券、疏、关、刺、解、牒、状、列、辞、谚。
⑪ 古歌谣辞、古赋、乐府、古诗、谕告、玺书、批答、诏、册、制、诰、制册、表、露布、论谏、奏疏、议、弹文、檄、书、记、序、论、说、解、辨、原、戒、题跋、杂著、箴、铭、颂、赞、七体、问对、传、行状、谥法、谥议、碑、墓碑、墓碣、墓表、墓志、墓记、埋铭、诔辞、哀辞、祭文、连珠、判、律赋、律诗、排律、绝句、联句诗、杂体诗、近代曲辞。

辨序说》分文体为一百六十四种①。其中多有重复，如"表""书"都出现两次；诗又细分为若干体，奏也分为若干体，等等。赋、颂、铭、箴等等，是就体制分的，而诗分若干种，则是就语体分的，奏分若干种，则是就使用对象分的，标准并不相同，定名因之杂乱。其他诸体之设立，标准亦多混乱。到了清代，此类混乱之文体定名标准，依然沿袭下来。我们研究古代文体，首先面临的是文体定名问题：古人如何定名，这些定名的得失利弊，我们今天应该如何看待这些定名，等等。探讨这些问题，涉及到文体研究的进路。

早期的文体定名并不复杂，最初的文体产生于礼乐制度与政制的需要。我们可以举一些例子，如碑，刘勰在《文心雕龙·诔碑》中说："碑者，埤也。上古帝王，纪号封禅，树石埤岳，故曰碑也。周穆纪迹于弇山之石，亦古碑之意也。又宗庙有碑，树之两楹，事止丽牲，未勒勋绩，而庸器渐缺，故后代用碑，以代金石，同乎不朽，自庙徂坟，犹封墓也。"这是一段常被引用的话。这段话说碑体有两个来源，一是周穆王弇山树石纪迹，为古碑之始；一说碑始于宗庙树碑丽牲。关于第一说，出自《穆天子传》，此书之成书年代与史料价值，目前尚难定论。周穆王是否确曾树石于弇山以记迹，尚无可靠之史料证据，姑勿论。《管子》卷16《封禅》："古者封泰山，禅梁父者，七十二家。"禅为封土，是否树碑，亦无确证，亦勿论。封禅而树石刻文，或稍后出。关于后一说，则有大量证据，可证碑体之发展过程。碑树之宗庙，原先并无文字，只用以丽牲与测日影。《仪礼》卷21《聘礼》："陪鼎当内廉，东面北上，上当碑，南陈。"郑玄注："宫必有碑，所以识日景，引阴阳也。凡碑，引物者也，宗庙则丽牲焉，以取毛血。其材，宫庙以石，窆用木。"②贾公彦疏称宫庙、大夫士庙、庠序之内皆有碑。此种之碑，识日影、系牲，并无文字。但它与行礼过程之节度有关。士冠礼、昏礼、聘礼都有"三揖至于阶"之说，第二揖就对着碑。何以对着碑，碑在庭中三之一处，处两楹之间，贾公彦疏："当碑揖者，碑是庭中之大节，又宜揖。""至碑，碑在堂下三分庭之一，在北曲庭中之节，故亦须揖。"③其时碑之另一作用，是墓葬时用以引棺下圹。大木树于圹之前后四角，用以绕绋（大绳）为辘轳，挽棺下圹。此种之碑，因死者等级之不同，而有不同之数量④。由是可知，碑之为名，原并无文字，它只是礼制过程中之

---

① 歌、谣、讴、诵、诗、辞、谚、四言古诗、楚辞、赋、乐府、五言古诗、七言古诗、杂言古诗、近体歌行、近体律诗、排律诗、绝句诗、六言诗、和韵诗、联句诗、集句诗、命、谕告、诏、敕、敕榜、玺书、制、诰、册、批答、御札、赦文、德音文、铁券文、谕祭文、国书、誓、令、教、上书、章、表、笏记、笺、奏、奏疏、奏对、奏启、奏状、奏劄、封事、担事、盟、誓、符、檄、露布、公移、判、书、奏记、启、简、状、疏、约、策问、策、论、说、原、议、辩、解、释、问对、序、序略、小序、引、题、跋、书、读、文、杂著、七、书、连珠、义、说书、箴、规、戒、铭、颂、赞、评、碑文、碑阴文、记、志、记事、题名、字说、字序、字解、字辞、祝辞、名说、名序、女子名字说、行状、述、墓志铭、墓碑文、墓碣文、墓表、阡表、殡表、灵表、谥议、传、哀辞、诔、祭文、吊文、祝文、嘏辞、杂句诗、杂言诗、杂体诗、杂韵诗、杂数诗、杂名诗、杂合诗、口字诀、藏头诗、恢谐诗、诗余、玉牒文、符命、表本、口宣、宣答、致辞、祝辞、贴子辞、上梁文、宝瓶文说、上碑文、乐语、右语、道场榜、道场疏、表、青词、密辞、募缘疏、法堂疏。

② 《十三经注疏》本，北京：中华书局，1980年，第1059页。

③ 《十三经注疏》本，1980年，第951、961页。

④ 见《礼记·丧大纪》，《十三经注疏》本，第1584、1585页。

一种器物。后来就有人在树之于圹之碑上写上姓名爵里,以至行迹,或以石易木,遂有墓碑①。碑之作为一种文体,由是产生。朱子把碑的产生过程说得较为简洁,他说:"古人惟塚庙有碑。庙中者已系牲,塚上四角四个,以系索下棺,棺既下,则埋于四角,所谓丰碑是也。或因而刻字其上。"②后来或由木而易之以石,刻上文字之后,碑作为一种文体才产生。此种文体,至后汉而极盛。从上述碑生成之过程看,原缘于礼制之需要,由实物而发展至文字。而其命名,则早于碑有文字之前,因物而称名。

再举"颂"体之例。刘勰论"颂"体,称:"四始之至,颂居其首。颂者,容也,所以美盛德而述形容也。昔帝喾之世,咸黑为颂,以歌《九招》。自商而下,文理允备。……雅容告神谓之颂。"(《文心雕龙·颂赞》)他这里涉及三个问题,一是"颂"原于《诗》;二是最早之颂为咸黑的《九招》;三是颂之用,是雅容以告神。黄侃《颂赞》篇札记中表达了与刘勰有所不同的看法,他认为"颂本兼诵、容二义",而名至广。一是诵为以声节之的吟诵:"诵则非直背文,又为吟咏";"虽有声节,而仍不必与琴瑟相应也","是诗不与乐相依,即谓之诵"。此为颂字之本义。二是卜繇也谓之诵。三是风也谓之颂,"箫章以歌幽颂"可证。四是谏亦称颂。五是乐曲亦可称颂。他得出结论说:颂名至广,颂类至繁。他认为:"是则颂之为义,广之则笼罩成韵之文,狭之则唯取颂美功德。"③即颂有广狭二义。

颂之最初形态,已难考索。彦和引《吕氏春秋》以为出于咸黑之《九招》。《吕氏春秋》卷5《古乐》:"帝喾命咸黑作为声歌,九招、六列、六英。"陈奇猷称:"此文当读'帝喾命咸黑作为《康歌》——《九招》《六列》《六英》'。"④《墨子》卷1《三辩》称作《九招》的是汤:"汤放桀于大水,环天下自立以为王,事成功立,无大后患,因先王之乐,又自作乐,命曰《护》,又修《九招》。"⑤而《尚书》则称《九招》为舜乐。《九招》即《九韶》,《尚书·皋陶谟》:"《箫韶》九成",舜乐。《史记·五帝本纪》则称:"禹兴《九招》之乐。"而《山海经·大荒西经》又称"启始歌《九招》"。作《九招》者究竟是帝喾,是舜,是禹,是启,还是汤?传说之辞,殊难定说。《九招》为歌帝德,或为"颂"最初之义,然有颂意而无颂名。颂之初名,或始自诗教,《周礼》大师"教六诗,曰风曰赋曰比曰兴曰雅曰颂"。郑玄注:"颂之言诵也,容也。诵今之德,广以美之。"⑥《诗大序》称:"颂者,美盛德之

---

① 清赵翼《陔余丛考》卷32"碑表"条引孙宗鉴《东皋杂录》:"周秦皆以碑悬棺,或木或石,既葬,碑留圹中,不复出矣。后稍书姓名爵里于其上,后汉遂有文字。"又引李绰《尚书故实》:"古碑皆有圆空,盖本墟墓间物,所以悬窆者,后人因就纪功德,由是遂有碑表。"见该书第651页,石家庄:河北人民出版社,2003年。
② 《朱子语类》卷89,文渊阁四库全书本。"丰碑"为天子葬礼所用,大夫士碑数与绋数不同。朱子此处说得并不准确。今人刊校本的《朱子语类》首句作"古人唯家庙有碑",则接下全读不通,亦不合史实。此亦四库本非一无是处之一证。
③ 黄侃:《文心雕龙札记》,北京:中华书局,1962年,第68、69页。
④ 陈奇猷:《吕氏春秋校释》,上海:学林出版社,1984年,第300页。
⑤ 孙诒让撰,孙以楷点校:《墨子间诂》,北京:中华书局,1986年,第36页。
⑥ 《周礼注疏》卷23,《十三经注疏》本。

形容，以其成功告于神明也。"①颂之本义为诵，《周礼·春官宗伯》："以乐语教国子：兴、道、讽、诵、言、语。"郑注谓："以声节之曰诵。"②"以声节之"，是指配乐而歌。《礼记·文王世子》："春诵夏弦。"郑注："诵谓歌乐也。"③清人阎若璩谓："歌乐即诗也，以配乐而歌，故云歌乐，亦是以声节之。"④配乐用磬、钟（颂磬颂钟）。由是可知，颂之初名，是礼典仪式中配乐之颂歌，是指诗乐合一之一种仪式。颂之内容，则是美盛德，所谓"美盛德之形容"，是指颂美德业之广大。"容"，言其广大无所不被，非指舞容⑤。颂脱离乐而仅指其文，是为文体之"颂"。由是可知，颂之为体，原亦为礼典之一仪式，因礼之需要而产生。离乐而独立为文，颂体又一变。之后颂之内容（由颂功德而颂人、颂物等等）与体式（如颂而似赋、似碑、似诔、似铭等等），亦如其他文体一样，不断发展变化。此是后论。

铭体之产生，亦原于礼制。《仪礼·士丧礼》："为铭各以其物。"郑玄注："铭，明旌也。"⑥铭者，名也，书死者名于旌之上以识别。旌杆之长短尺寸，礼有明确规定：天子九尺、诸侯七尺、大夫五尺、士二尺。又，铭亦用以表功，《周礼》卷30："凡有功者，铭书于王之太常。"郑注："铭之言名也。生则书于王旌，以识其人与其功也。"⑦由书之旌而铭之器，铭之文体才正式产生。由是可知，铭体亦如碑、颂之体，先有礼典之仪式，后有文体之产生。铭体之命名，亦礼之一过程。

有的文体的产生与命名，则缘于政治运作之需要。蔡邕《独断》论文体，称：汉天子"其命令一曰策书，二曰制书，三曰诏书，四曰戒书。……凡群臣上书于天子者，有四名，一曰章，二曰奏，三曰表，四曰驳议。"⑧对此八种文体，他都有释名⑨。刘勰《文心雕龙·诏策》说："汉初定仪，则有四品：一曰策书，二曰制书，三曰诏书，四曰戒敕。"《章表》篇说："汉定礼仪，则有四品：一曰章，二曰奏，三曰表，四曰议。"刘勰认为，在汉代，此八种文体都与定礼仪有关。汉初之定礼仪，将礼用于政治运作之制度。之后此一类文体，深深契入政体之中，其写作与使用均有严格之规范。此一类文体还有檄、移、启、册等等，其定名依其功用，义界明确。

有的文体的产生，则与礼仪、政制无关，虽亦有作者之用心，或出于劝戒，或出于讽喻，然亦与礼仪之需要、政治之运作无关；盖为发抒一己之怀抱，有的甚且有卖弄才华以娱乐之意。如刘勰在《杂文》篇中说："智术之士，博雅之人，藻溢乎辞，辞盈乎气，苑囿文情，故日新殊致。"他说对问、七发、连珠这类文体，"凡此三者，文章

---

① 《毛诗正义》卷1，《十三经注疏》本。
② 《周礼注疏》卷22，《十三经注疏》本。
③ 《礼记正义》卷20，《十三经注疏》本。
④ 阎若璩：《潜邱劄记》卷1，文渊阁四库全书本。
⑤ 颂非舞容，常森先生在《〈诗经〉误读二题》[《北京大学学报》（哲学社会科学版）2008年第2期] 中已有详尽论说，可参阅。
⑥ 《仪礼》卷35《士丧礼》，《十三经注疏》本。
⑦ 《周礼·小司马》，《十三经注疏》本。
⑧ 蔡邕：《独断》，文渊阁四库全书本。
⑨ 刘跃进《〈独断〉与秦汉文体研究》对蔡邕文体论及其相关问题，有精审之论述，见其论文集《秦汉文学论丛》，南京：凤凰出版社，2008年。

之枝派，暇豫之末造也"。所谓"暇豫之末造"就是闲暇娱情的末流之作。此类文体之定名，非就其功用，而是就其表现形态言。此一种之定名方式，标准与义界都没有严格之规定性，不像颂就是颂，碑就是碑，诏就是诏，表就是表，有明确之功用、体制界线（至于不同文体之互相渗透，那是另一问题，虽渗透而称名不改）。由于称名之随意性，此一类之文体，发展繁杂，有以句式定名者，如徐师曾之分诗为四言古诗、五言古诗、六言古诗、七言古诗、杂言古诗；又从格律分出近体歌行、近体律诗、排律诗、绝句诗、和韵诗；又以创作方式分出联句诗、集句诗；又从律诗的变体分出拗体、蜂腰体、断弦体、隔句体等等。后来，甚至有从描写对象定名的，如鸟体、兽体、药名体等等。纷繁杂乱，体无定规。

由礼仪、政治运作之实际需要而产生、定名之文体，使用目的与体制，多有明确之要求，如颂、疏、表、奏等等。非出于礼仪与政治运作实际需要而产生与定名之文体，则可用于任何目的，如上述之四言诗、五言诗等等之类。

还有一些非常特殊的文体，如青词。它是道教斋醮科仪中奏告三清玉帝的文书。它的定名虽缘于用青藤纸书写，而"其颜色蕴含着宗教象征意义"。此一种之文体，对书写格式、书写者、书写过程都有严格规定[①]。类似宗教类文体之产生与定名，多与宗教活动有关。这是由实际功用而产生与定名的另一大类。

从上述简单的回顾中，我们可以看到我国古代文体定名之多重标准。此一种之多重标准，缘于"体"概念之不统一。越发展到后来，越繁琐杂乱无章。或一体多名，或体裁、体制、语体不分，或层级混淆。

我们在对待文体定名之此一种现象时，有两个问题无法回避：一是面对历史事实，对于每一种文体生成之原因与其特点作细致的研究，以厘清其本来面目。这方面，已有学者做出了很好的成绩，如吴承学先生和他带领的研究集体在这方面发表了不少文章；又如葛晓音先生对"代"乐府体、王长华先生对赋的另一渊源"成相杂辞"的探讨等等。我们必须面对的又一问题，是我们如何处理这些杂乱的文体定名。对文体定名的繁杂，古代学者有把它分成不同的层级的，如刘勰立"杂文"，内包十九体；"书记"，内包二十五体。"杂文"和"书记"是一级的体，与诗、赋、章、表、奏、议等等并列，而下包的十九体与二十五体则属下一层级的体。当代学者也有此种分法，如"诗"是一个层级，它之下的四言、五言、古体、律体等等，是下一个层级。将文体划分为不同层级，不失为一种处理的办法。但是此一种之处理办法，会有一些文体无法归类，作为一级文体不够格，作为二级文体又找不到它的上一层级文体可归属。随之而来的第二个问题，就是我们要不要提出一种大致的规范，将一些随意性很大的文体称名除掉，不承认它们是文体之一种，如鸟体、兽体、字解、字说、名说、名序、题名、记事之类，此一类"体"，明清之后举不胜举。总之，一是体名的归类排序，一是部分体名的清除。而此两点，都是为了将文体研究安放在一个较为明晰的范围之内。

[①] 张泽洪《道教斋醮史上的青词》对此有详细论述，见《世界宗教研究》2005年第2期。

二

在我国古代，文"体"的另一指称，是体貌。体貌涉及的问题更为复杂，不确定性更大；但是，它在文学研究中的地位也显得更为重要。

体貌之"体"，有时指作品之全貌，情辞事义、境界格调种种因素构成的作品的整体体貌特征；有时则仅指作品体貌之某一方面；有时指某一位作者作品之体貌特征；有时泛论作品体貌之某种类型；有时则指某一时期创作之总体风貌。

泛论"体"之体貌类型时，其定名往往使用描述性词语。刘勰有《体性》篇，论文章的体貌问题。他提出八种不同的"体"："若总其归涂，则数穷八体：一曰典雅，二曰远奥，三曰精约，四曰显附，五曰繁缛，六曰壮丽，七曰新奇，八曰轻靡。"他对这八种"体"的含义，都有解释。但他的解释自体貌所应具备之条件言，并无统一之标准，如对"典雅"一品的解释是："典雅者，方轨儒门者也。""方轨儒门"，就是宗经。他在《宗经》篇中说："文能宗经，则体有六义：一则情深而不诡，二则风清而不杂，三则事信而不诞，四则义贞而不回，五则体约而不芜，六则文丽而不淫。"六者兼及情、风、事、义、体、文六端。"远奥"是"复采曲文，经理玄宗"，仅指文采与义理。"精约"是"核字省句，剖析毫厘"，仅指文字精练，论说严密。"显附"是"辞直义畅，切理厌心"，仅指文辞事义。"繁缛"是"博喻酿采，炜烨枝派"，仅指文采。"壮丽"是"高论宏裁，卓烁异采"，仅指论理与文采。"新奇"是"摈古竞今，危侧趣诡"，可能兼指情辞义理。"轻靡"是"浮文弱植，缥缈附俗"，泛指文词与内容。各体所指不一，这就说明，刘勰对于体貌的"体"应包含何种之因素，并无完整之认识。他论体性，兼及才、性、学、习，谓才、性、学、习决定体貌，是则此四者均应在体貌中有所反映。但是他在描述八种体貌类型时，却并没有兼具此四者。理论的论述与具体的解释并不一致。

体貌类型定名应具备何种之因素，各体标准不一，在后来类似的论述中常有反映，皎然《诗式》辨体十九字：高、逸、贞、忠、节、志、气、情、思、德、诚、闲、达、悲、怨、意、力、静、动①。每一体他都用一句话解释，与刘勰一样，这些解释有的可能指的是词情义理所构成的整体风貌，如"高"：风韵朗畅；"远"：体格闲放。有的偏指情，如"气"：风情耿耿；"悲"：伤甚曰悲。有的偏指意，如"忠"：临危不变；"志"：立性不改；等等。王玄编《诗中旨格》有"拟皎然十九字体"，为皎然所说的十九体各配以例诗。他对每一体的含意的理解，都着眼于内容（《吟窗杂录》卷14）。齐己《风骚旨格》则并论述亦无之。他提出诗有十体：高古、清奇、远近、双分、背非、无虚、是非、清洁、覆妆、阃门。对每一体，他只举出例诗而未加说明。从例诗体会，他所说的"体"，或指写法，如"已知前古事，更结后人看"，就是"远近"体，前句写远，后句写近；或指内容，如"山寺钟楼月，江城鼓角风"，就是"无虚"体，两句均写虚灵之物象；"须知项籍剑，不及鲁阳戈"，就是"是非"体，指所写为义理之是非（《吟窗杂录》卷11）。然此一种之称名，纯出意会且随意性极大。此

---

① 陈应行编：《吟窗杂录》卷8，北京：中华书局，1997年。

一种之体名，实不具普遍使用之价值。署名王昌龄的《诗格》提出常用体十四，落句体七，其称名之思路，或着眼于内容，或着眼于写法，亦皆出于意会且随意性也极大。

对于体貌类型的较为完整的描述，是司空图的《二十四诗品》。他所描述的二十四品，就是指诗的二十四种体貌类型，相当于刘勰所说的"数穷八体"的"体"。无体名而有体义。但是他摆脱了刘勰的义理阐述，也摆脱了王昌龄们的意会的随意性，他描述了每一种体貌类型的完整风貌。这风貌，是由词采、情思、义理借助于物象描述的一种境界。每一品（体），都用同质的几个诗的意境加以呈现。如"典雅"一品用了三个境界：竹林茅屋中赏雨，飞瀑绿荫前鸣琴，和一种淡泊无所系念的心境，三个境界就是"典雅"。借助具象暗示，把人引入某种情思氛围，产生联想，感受到典雅的美的类型。我们拿它与刘勰对"典雅"的解释相比较，就会发现巨大的差别。这种差别，当然与论述的对象有关，刘勰并诗文而言；司空图则专论诗。但是更大的差别是他们的审美趋向的巨大差异，刘心目中的典雅，是宗经所能达到的思想境界；司空心目中的典雅，则是一种生活情趣，一种美的类型。刘借助理性思维与判断；司空则借助感性、联想来描述。司空的美的类型的称名，是建立在大量的诗歌阅读的基础之上的。在大量的诗歌阅读中借助于感悟、比较、体认、归类而区分不同的美的类型，然后给予称名①。从刘勰与司空图不同的称名特点，我们可以发现一个问题，那就是我国古代关于体貌的"体"的称名，由于称名者主观条件的不同（思想倾向、学识素养、审美趋向等等），他们对于体的称名并没有严格的规定性，甚至对于同一种"体"的理解也有着很大的差别。称名时既已缺乏严格之规定性，缺乏义界的明晰性，也就给解读者留下巨大的解读空间。特别是像司空图这类借助于感性联想使用形象性概念称名的"体"，解读空间就更大。而此一种的体貌的"体"的称名方式，又为我国古代文学批评和文学理论所经常使用，在诗歌、绘画、书法的评论中尤其如此。

体貌的"体"用以称美的类型，常用于指称某一时段之文体风貌，如建安体、黄初体、正始体、太康体、元嘉体、永明体、齐梁体、南北朝体、唐初体、盛唐体、大历体、元和体、晚唐体、元祐体等等（见严羽《沧浪诗话·诗体》）。此一种之"体"，究何所指，除少数有简略说明之外，并未解释称名之理由。唐人皮日休在《郢州孟亭记》中谓："明皇世，章句之风，大得建安体。论者推李翰林、杜工部为之尤。"②他说玄宗时以李、杜为代表的诗风像建安体。何以像，在什么地方像，他没有说。这实在不可理解。盛唐的昂扬气象怎么能与建安悲怆梗慨的文风一样呢？或者他是就感情的浓烈说的，但无可证。梁人萧子显在《南齐书》卷52《陆厥传》中提及"永明体"，称："永明末，盛为文章。吴兴沈约、陈郡谢朓、琅邪王融以气类相推毂。汝南周颙善识声韵。约等文皆用宫商，以平上去入为四声，以此制韵，不可增减，世呼为'永明体'。"③是则"永明体"之称名，只是就声韵说的，并非指其时诗风之整体风貌。严羽提及之十四个时段体貌，只列举各体之代表作者，并未对何以称某某体作解释。郭绍

---

① 拙作《我国古代诗歌风格论中的一个问题》对此有较为详细的论述，此处不赘。该文刊于《文学评论丛刊》第5辑，北京：中国社会科学出版社，1980年。
② 皮日休：《文薮》卷7，萧涤非、郑庆笃整理本，上海：上海古籍出版社，1981年。
③ 《南齐书》卷52，北京：中华书局，1972年，第898页。

虞先生以自己的理解，作了一些说明。例如，他对"齐梁体"的解释是：可有二义，一指风格，一指格律。他引姚范《援鹑堂笔记》解释"永明体"与"齐梁体"的不同，说："称永明体者，以其拘于声病也；称齐梁体者，以绮艳及咏物之纤丽也。"①一指声病，一指艺术风貌。当"体"被用来称名某一时段的文学风貌时，它究竟指的是什么？是其时普遍之文学风貌，还是指其时文学风貌之主流？抑或是指其时之某一文学现象（如"永明体""元和体"），这些称名准确与否，它的义界是什么，在文学史上具有何种之意义，与其时之文学思潮关系如何，似都有待研究。

体貌的"体"也被用来指称某一作者作品的体貌。严羽就说："以人而论，则有苏李体、曹刘体、陶体、谢体、徐庾体、沈宋体、陈拾遗体、王杨卢骆体、张曲江体、少陵体、太白体、高达夫体、孟浩然体、岑嘉州体、王右丞体、韦苏州体、韩昌黎体、柳子厚体、韦柳体、李长吉体、李商隐体、卢仝体、白乐天体、元白体、杜牧之体、张籍王建体、贾浪仙体、孟东野体、杜荀鹤体、东坡体、山谷体、后山体、王荆公体、邵康节体、陈简斋体、杨诚斋体。"②此一种之称名法，有一个前提，就是被称名的作者、作品必得具特别之体貌特征。但是此种称名法也有一个问题不易把握：就是特征具弹性，且构成特征之因素多种多样。有的特征表现得非常明显，如陶体、少陵体、太白体、李贺体、李商隐体、卢仝体、孟东野体；有的虽具特征，但并非独一无二之"这一个"，因之也就不易说清其独具之特色。孟浩然体与王维体，就有许多相似处，说出孟、王作品体貌区别之处须具细腻之审美能力；而说出他们相似处就容易得多。"韦柳体"则正好相反，韦与柳的差异更大于他们之相似，是否成为一"体"，亦存疑问。特征之把握不易，作者作品之能否称为一"体"，也就存在一个标准问题。此其一。

以作者称名的"体"，与体貌类型的"体"，定名有相似处，都带有感悟性质，多感悟而少辨析。体的构成要素既未加确指，边界也就模糊。此种义界模糊的"体"，也就留下了巨大的解读空间。后人或从其某一要素体认，而忽略其全貌；或以己意附会，以为彼体即此体。对于体貌特征异常明显的，解读者较易感知，如"李长吉体"。后来模仿"李长吉体"者，一般较能把握其特色。我们可以举一点例子：如欧阳修的《春寒效李长吉体》、王质的《和游子明效李长吉体》二首、范浚的《春融融效李长吉体》《三月二十六日夜同端臣端皋侄观异书效李长吉体》《四月十六日同弟侄效李长吉体分韵得首字》杨慎《红蕖引用李长吉体》、王士性《桂岭守岁效李长吉体》等③，这些诗或词采艳丽，或想像怪奇："东风吹云海天黑，饥龙冻云雨不滴"；"波纹摇尽九秋香，菱叶团团水花碧"；"杂树晓繁争白红，兰丛蕙根芳翠滴"；"赫蹏断烂千载书，青灯照字惊蟫鱼"；"篝痕半脱烟篁瘦，露裛幽香逗书牖"；"鱼尾霞烘卵色天，紫磨金轮月夕圆"；"坐来兼忆麻姑别，东海飞尘白如雪"④。从这些效"李长吉体"的诗，我们可以推知，仿效者对于"李长吉体"的理解，是想像奇特，词采艳丽，形式

---

① 郭绍虞：《沧浪诗话校释》，北京：人民文学出版社，1961年，第50页。
② 郭绍虞：《沧浪诗话校释》，北京：人民文学出版社，1961年，第54页。
③ 依次为欧阳修《文忠集》卷53，王质《雪山集》卷12，范浚《香溪集》卷2、3，杨慎《升菴集》卷24，《粤西诗载》卷9。
④ 依次为上引诗题中诗句。

上是把握了。当然,由于情思、性格的不同,他们不可能和李贺一样有着幻拟的非人间所有的心境,不可能有李贺那样希望与失落并存、悲怆与美丽同在的情思。"体"的效仿,只是形式上的。我们可以再举一个例子,说明效某某体,有时只能是效其一肢一节。杨慎有《曰川会诸同年分韵得时字因效韩体》、李光地有《家山公兄以南海神庙碑见贻漫赋学韩体》①,两诗均用叙述、散文句式,学的是韩诗散文化的特点,并无韩诗用词与意象怪奇的一面。有人明说效"卢仝体",却不像"卢仝体";说效"李商隐体",却不像"李商隐体";说效"温飞卿体",也不像"温飞卿体"等等。这都说明以作者称名的"体",有很大的弹性空间。效某某体还有一个很有意思的问题,效者本身的作品风貌与所效之"体"可能差别极大,而效起来却可能达到形似,如欧阳修、王质之与李贺。效的像与不像,或不效而像,如元末明初有的诗人之学唐人,并不标明效某某体。研究此种现象,或者对于文学发展过程中承传与变异的内在理路有着重要的意义。

  体貌类型的"体",还有以流派称名者,如宫体、西昆体、公安体、竟陵体等等。此种以流派称名的体,构成要素除创作倾向接近之外,还有理论主张之接近与一定的人物构成等条件,范围更为广泛。此处不详论。

  体貌的"体",还有从更广泛的范围称名的。如殷璠《河岳英灵集序》说:"夫文有神来气来情来,有雅体、野体、鄙体、俗体。"此四体,似都指体貌之类型,但是如何解读,却就存在问题。雅体与俗体,或者与雅俗观念有关,雅,典雅、高雅;俗,世俗、庸俗、低俗。那么野体与鄙体呢?沈德潜说:"诗不学古,谓之野体。"②不学古就是野体,那么所有不学古的诗就都是野体了,于是诗便分为两大"体",学古与不学古。鄙体未见解释。此四种"体",显然是一种涵盖面极广、不易解读、在判别诗的体貌类型时难以实际操作的指称,不具有认识体貌之实际意义,后代亦未见有广泛应用者。此一类之称名,似可不予置理。

  体貌的"体"的理论表述,有体性、体势、体韵等等,对这些术语的研究,属于又一个问题。这些术语与体貌类型,与以时代、以个人、以流派称名的"体",有些什么样的关系?比如,我们说"清逸"这个体貌类型,那么这"清逸"与体性、体势、体韵是什关系呢?它有没有传统承传与变异?又比如,我们称建安体,那么这建安体的体性、体势、体韵是什么样的呢?这些术语,是否也能用于研究李白体、李商隐体等等呢?这可能就涉及"体"的称名与创作实际的关系问题了。

三

  我国古代文体的定名,还涉及体裁与体貌的关系问题。

  言体裁与体貌之关系,不外二端:一是对不同之体裁提出不同体貌要求。一是不同体裁之间互相渗透而体貌之间存在交叉现象;而且体裁自身在发展过程中,由于写法的丰富与演变,也存在突破其基本体貌要求之现象。

---

 ① 依次见李东阳《怀麓堂集》卷4、李光地《榕村集》卷35。
 ② 沈德潜:《说诗晬语》卷上,霍松林校注本,北京:人民文学出版社,1979年。

自不同体裁之不同体貌要求言，不同之时代与不同之论者要求因之而不同。从蔡邕、曹丕、挚虞到陆机，对不同的体裁所应遵守的形制规范与基本体貌要求都有所论述。从他们的论述中我们可以看到此种之不同。蔡邕只就形制说，如："策者……其制长二尺，短者半之。其一长一短，两编。下附篆书，起年月日，称'皇帝曰'以命诸侯王公。……三公以罪免，亦赐策。文体如上策而隶书，以一尺木两行。"（蔡邕《独断》）曹丕则就体貌的基本要求说："奏议宜雅，书论宜理，铭诔尚实，诗赋欲丽。"①挚虞《文章流别论》仅存残篇，难以判别其体论之全貌。自残篇言，其论诗称："夫诗虽以情志为本，而以声成为节"；论"颂"称："颂，诗之美者也"；论"赋"称："赋者，敷陈之称，古诗之流也"；论"铭"称："夫古之铭至约，今之铭至烦"；论"哀辞"称："哀辞之体，以哀痛为主，缘以叹息之辞"。②陆机扩大为对于十体体貌的要求："诗缘情而绮靡，赋体物而浏亮，碑披文以相质，诔缠绵而悽怆，铭博约而温润，箴顿挫而清壮，颂优游以彬蔚，论精微而朗畅，奏平彻以闲雅，说炜晔而谲诳。"③刘勰对三十四种主要体裁，也都不同程度地提出过对其体貌之要求。如论"诗"："四言正体，则雅润为本；五言流调，则清丽居宗"；论"赋"："丽辞雅义"；论"诔"："传体而颂文，荣始而哀终。论其人也，儇乎若可觌；道其哀也，凄焉如可伤"；论"碑"："标序盛德，必见清风之华；昭纪鸿懿，必见峻伟之烈"；论"铭"："铭兼褒赞，体贵弘润"；论"箴"："箴全御过，故文资确切"；论"颂"："颂惟典雅，辞必清铄，敷写似赋，而不入华侈之区；敬慎如铭，而异乎规戒之域"；论"盟"："感激以立诚，切至以敷辞"；论"论"："义贵圆通，辞忌枝碎"；论"说"："必使时利而义贞……披肝胆以献主，飞文敏以济辞"；论"章"："章以造阙，风矩应明"；论"表"："表以致禁，骨采宜耀"；论"奏"："必使理有典型，辞有风轨，总法家之裁，秉儒家之文，不畏强御，气流墨中，无纵诡随，声动简外"；等等。从曹丕到刘勰，对于各种体裁提出的体貌要求丰富了、细化了。曹提出四科的体貌要求，陆提出十体的体貌要求，刘则发展至三十四体。对每体的要求也由简约而渐趋于具体。对诗体，曹并诗赋而言，要求是"丽"；陆则诗、赋分列，诗求"绮靡"，与曹之"丽"义近，而加上"情"；刘则分论四言雅润与五言清丽。在"丽"这一点上，他们有承传关系。此一种之关系，与诗歌发展趋向有关。对铭，曹言尚实；挚言贵约；陆在约之外，加上温润；刘亦贵乎弘润。"约""实"重在内容，与铭之古义为近，《礼记·祭统》论铭之古义可证。陆、刘在"约"之外，加上"润"，"润"为格调，是情思与文采方面的要求。对奏，曹、陆、刘都提到"雅"，但刘在"雅"之外，又加上了对理、气和文的具体要求。他之所以加上这些要求，因为在他之前，奏在写作实践中已经有了不少的发展。他举了贾谊、晁错、匡衡、王吉、温舒、谷永之奏，说他们的奏理切至而辞通畅；举了杨秉、陈蕃的奏，说它们耿介、愤懑、壮有骨梗。这或者就是他对奏体提出更为全面的要求的背景。对其他诸体的体貌要求，同样存在着发

---

① 曹丕：《典论论文》，《文选》卷52，清胡克家刻本。

② 依次见《太平御览》卷586、588、587、590、596，北京：中华书局，1985年，第2639、2647、2644、2657、2687页。

③ 张少康：《文赋集释》，上海：上海古籍出版社，1984年，第71页。

展的过程引发的变化。这或者与文学自身技巧的积累、丰富有关。每一种体裁就其性质之不同，各有其基本之体貌要求，而此一种之体貌要求，也在发展中有所丰富与变化。

体裁与体貌关系之又一点，是不同体裁的互相渗透，体貌亦随之交错的问题。有的文体从它产生与定名之初，就存在边界的交错重叠。黄侃在《颂赞》篇札记中所举例子，已说明此一点。他说最初的颂与风、诔、乐曲混称。刘勰在论文体时，也多处提到此种现象。论颂，他说班固的《车骑将军窦北征颂》和傅毅的《西征颂》"变为序引"；说马融的《广成颂》和《上林颂》"雅而似赋"。他说祝文之一种的哀策文，在写法上与诔、颂有联系。"义同于诔，而文实告哀，诔首而哀末，颂体而祝仪。"他说诔这种文体，"传体而颂文"，也涉写法的边界问题。他说碑的写法，"其序则传，其文则铭"。他说吊这种文体，"华而韵缓，则化而为赋"。这些都说明不同文体之间原就存在边界的交叠。它们之间的互相渗透是很自然的事。对于不同文体的互相渗透，已有不少学者作了研究，他们举出了不少碑而似赋、颂而似赋、铭而似赋、名颂实碑的例子。这些研究既有史实的征引，亦有创作实际的辨析①。不同文体间的互相渗透，既有文体产生之初，边界存在重叠的原因；也有文学发展过程由于表现技巧的积累、艺术手段的多样，自然而然地丰富文体表现力的问题。刘勰已经意识到这一点。他在论及对策文的时候，说"魏晋以来，稍务文丽，以文纪实，所失已多"。"所失"，是指失去对策文之本义。魏晋以来的对策文之所以"所失已多"，就是因为"文丽"。"文丽"正是魏晋以来文学自觉之后艺术表现力丰富的反映。他讲的是对策文，其实不少文体都如此。

不同文体的互相渗透，主要就写法而言，功用、目的不变，而写法（或者叫表现手法）相互影响。但也有称名不变而内容发生变化的，如颂。颂原为颂美功德，后来发展到颂物。发展到颂物时，颂之对象虽不同，而颂之义仍存。但是，发展到颂而论理，则颂名存而颂义已消失，用以称名的基础不复存在，如王融写了大量说理的颂②。这类颂，已无颂义，而称颂名。这是文体发展过程中一种值得探讨的现象。义既已失，何称名为？称名既为事实，则此类文体之定位与评价，当据何种之标准？这可能就涉及体裁的体与体貌的体的关系问题了。它们之间的规定性与自由度是一种什么样的关系？一种体裁，比如说"表"吧，它有基本的要求，什么情况可用表？表的体制（如蔡邕所说），它的写法（如刘勰所说），都有一个大概的底线。那么，在什么情况下突破这底线？我们应该给以怎样的评价？我们的标准是什么？自由度有多大？等等。

---

① 参见梁复明、费振刚《论汉代颂赞铭箴与汉赋的同体异用》，《学术论坛》2008年第7期；程章灿《论"碑文似赋"》，中山大学中文系、《文学遗产》编辑部：《中国文体学国际学术研讨会、〈文学遗产〉论坛论文集》，2008年12月；段立超博士论文《上古"颂类"文学精神及其体类特征》。

② 如《皇觉辨德篇颂》《开物归信篇颂》《涤除三业篇颂》《修理六根篇颂》《生老病死篇颂》《剋责身心篇颂》《出家怀道篇颂》《缘惊无碍篇颂》《十种惭愧篇颂》《净柱子颂》等等。这些颂，多阐佛理，也有阐发老子义者。

四

　　文体定名涉及文学与非文学的分辨，是一个纠缠不清，不易解决的问题。

　　我国古代文学为杂文学。所谓杂文学，似乎所有文体都在文学的范围之内，经史子集，一切存世文章都属文学。究竟是不是这样呢？杂文学指什么，似乎是一个未曾明确的问题。此一问题有几个层面必须回答。

　　一是所有文体（如刘勰说的三十四种，徐师曾说的一百六十四种等等），都算在文学之内？或者只是其中的一部分？如果只是其中的一部分，那么哪些体裁应排除在文学之外？诗、词、骚、赋、乐府、曲、小说这些类，当然是没问题的属于文学的范围。最麻烦的是"文"这一大类，是不是所有的"文"都可以算文学？

　　一是即使我们把它列入文学范围的体裁，是不是该体的所有文章都算文学？例如子书、史书、章、表、奏、议之类。如果不是，那么，具备什么样的条件才可以称之为文学？

　　一是我国古代文、史、哲、经等等是不分科的，都称为"文"。分科是现代学术发展的一种共同趋势，各科之间当然有交叉，但是研究的侧重点自是不同。我们当然不可能回到古代去，取消文学一科的独立存在。那么，我们以什么样的标准，区分文学与非文学呢？我们研究古代文学，强调历史还原，意在于尽量复原历史的真实情境，并不等于说回到古代不分科、将一切"文"都称为文学的状态，我们研究的毕竟还是文学。

　　其实，如果我们从体貌入手，可能会接触到大量问题。古人论体貌，似乎已经感觉到了一点什么。这一点"什么"，可能会为我们展开一条虽不清晰、但可能往前走的区分文学与非文学的进路。

原载《中山大学学报（社会科学版）》2009年第3期

歌谣、乐章、徒诗

——论诗歌史的三大分野

钱志熙

  诗歌的分野，向来处于一种模糊不清的状态。诗歌无疑是人类文学中最古老、原生的文学形式，同时也是最基本、最永恒、最有活力的文学形式。与它相比，其他的一些文学形式，如散文、小说、戏剧等，都有相对的时期性，都有比较清晰的、可探索的源头，而且至少就它们的成形的形态来说，都是在人类进入文明时代以后的产物。而诗歌的成形的艺术形态的发生，远在原始的时代，所谓"歌咏所兴，宜自生民始"①，实为古今众多学者的共同结论。而且从发生历史来看，散文、小说、戏剧等众多文体，追溯其源头，多是从诗歌中派生的，即使在它们独立之后，也往往仍与诗歌的形式与实质发生着种种联系。诗歌的研究，包括诗歌史、诗歌理论与批评等，也可以说是人类对文学进行理性探索方面历史最为悠久的，同时也是成果最为丰富的。众所周知，西方继承亚里士多德的观念，以"诗学"作为整个文学理论的通称。其实在我国古代的学术中也有类似的情况，清代学者章学诚就曾尝试过阐述广义的"诗"的概念，并初步建立起一个以"诗教"为基本范畴的纯文学史体系②。但是，正因为诗歌是这样性质的一种文体，所以其在艺术的形态、性质与功能方面，也可以说是几大文学体裁中幅员最为广阔、景观最为丰富，同时也是最为复杂的一种。一方面，诗歌是众多文体中最容易体认的，我们几乎可以跨越民族的审美与语言的局限，直观地判断诗歌的形态；这种情况，是其他文体所难以达到的（戏剧除外，戏剧就其文体性质来说，其实还是属于诗歌的一种）。但另一方面，诗歌又是历时和共时地存在于许多性质十分不同的人类的文化与精神生活的领域。这两方面的情况，使得诗歌分野的研究，不仅是十分必要，而且是饶有趣味的。文学研究的历史中，学者们曾以诗学为名目，创建过数量众多的文学或文艺的理论体系，但却没有见到多少按照严格的学术规范、以诗歌与诗歌史的全部分野为对象而建构的诗歌学的体系。这与文学史著述方面，整体文学史著述的数量远远地多于专门诗歌史的数量的情况有些相似，或者也有一些内部的共同的原因。当然，建立一门成熟的、系统的诗歌学，显然只能是一种向往或期待，这里所讨论的诗歌三大分野的问题，或许

---

  ① 沈约：《宋书》卷67《谢灵运传论》，北京：中华书局，1974年，第1778页。
  ② 章学诚：《文史通义·诗教》，关于章氏以诗教为中心的整体文学史观，笔者另有专文论述。

可以视为诗歌学的基本问题之一。在这里，我们尝试从功能与产生体制的不同着眼，将诗歌分为歌谣、乐章与徒诗三大体系。这不仅是诗歌史的三大分野，同时也可视为诗歌史所经历的三种形态。

一

歌谣在诗歌史方面的意义，在于它是最原始、最自然、最普遍、最永恒的诗歌形式。古今关于歌谣的专门阐述与研究很多，对歌谣的定义、范围、形式、内容以及各种具体的歌谣品种都有丰富的研究，但是这些研究绝大多数是将歌谣作为一种独立的民间文学形式来作相对静态的阐述，较少从诗歌史的整体与全部诗歌的有机构成来阐述歌谣在诗歌史中的地位与意义。这曾经是现代的歌谣研究先驱者关注歌谣的动机之一。另一方面，一般的诗歌史研究者也很少利用歌谣学方面的成果。这种歌谣研究与一般的诗歌史研究分流的现象，大大地削弱了歌谣研究的意义，也使一般的诗歌史研究在深度上受到了限制，甚至也妨碍了人们对诗歌艺术本质的准确理解。这种限制表现在一般的诗歌史研究方面，是由于忽略了歌谣在诗歌史上的意义，因而无法全面地把握诗歌史发生、发展的真相，也无法对高度发达的文人诗的诗歌史方面的原理作出有效的阐述。

歌谣为最原始的诗歌形式，其实也是文学的最原始的形式，近人卢前论文学之起源，认为"文体成于歌谣"①，这一看法无疑是精辟的。这是因为人类文学发生于文字产生之前，经历了漫长的口耳相传的时代。在口耳相传的时代，人类的一些原始的抒情方式逐渐审美化，发明出节奏、押韵等技术，以增强抒情效果，产生审美与娱乐功能，并有助于记忆，于是形成一种口头文学的形式。各原始民族所产生的第一批的原始的歌谣，即是原始诗学之成立。战国时代，由于侈乐、今乐的异常发达和古乐的衰落，一些学者开始讨论音乐的起源，也包括歌谣的起源问题。其中《吕氏春秋》的《音初》根据历史传说分别讨论过东、南、西、北歌曲的起源，显示了战国学者探索诗歌起源的理论兴趣。《吕氏春秋》的探讨在诗歌起源学说上，其实具有很高的价值，因为它是超越了儒家等具体的派别，纯粹从艺术起源角度来讨论的，所以它敢于从神话与传说中寻求诗歌的起源。可惜这一学术的开端，没有被后世的学者所继续发展。汉魏六朝时代的经学家与文史学家，在阐释诗歌发生原理的同时，也探讨过诗歌的起源问题，提出过一些朴素直观的诗歌发生论与起源论。汉儒郑玄《诗谱序》云："诗之兴也，谅不于上皇之世，大庭轩辕，逮于高辛，其时有亡，载籍亦蔑云焉。《虞书》曰：'诗言志，歌永言，声依咏，律和声。'然则诗之道，放于此乎。"②六朝时代，文学抒情理论发达，诗歌发生于抒情的观点越发清晰，刘勰《文心雕龙·明诗篇》即云："人禀七情，应物斯感，感物言志，莫非自然。"既然诗歌是基于人类这种自然的天性，则自有人类以来即有诗歌的观点，自然就合乎逻辑地出现了，于是就有如沈约《宋书·谢灵运传论》中

---

① 关于诗是最古老的文学，为中西古今学者常持之论。如卢前（冀野）《何谓文学》（1929年）第1章"文学之启源及其性质"引证中西学者之说，论定"诗为原始文学"，并云："总叙文学之启源，文机发于苦闷，文体始于歌谣，文用起于祷颂。"见《卢前文史论稿》，北京：中华书局，2006年，第9-10页。

② 郑玄：《诗谱序》，《十三经注疏》，北京：中华书局，1979年，第262页。

所说的"歌咏所兴，宜自生民始"这样的观点出现。上述诸家的观点，足以代表中国诗学中关于诗歌的起源、发生原理与诗史的实际源头的基本内容。所以有学者征引上述郑玄、刘勰、沈约三家之论，指出"郑氏昭其迹，刘、沈推其故"①。所谓昭其迹，即探索实际的中国古代诗歌史的源头，推其故，则是探讨其发生的原理。以此而言，汉魏六朝学者已经具备了一种相当科学的探讨诗歌史的学术方法。至于唐代的孔颖达，则从"燕雀表啁噍之感，鸾凤有歌舞之容"这种自然界发生的音乐现象，提出"诗理之先，同夫开辟"的观点②。这虽然已经超出探讨人类诗歌史起源的范畴，但其意义仍在于提示人们认识诗歌发生的原始性与自然性。

　　西方近现代艺术史家与人类学家，在探讨诗歌起源方面，作出了很大的贡献。他们通过大量的田野调查，证明了原始歌谣的存在，其中的基本观点，有与中国古代诗论家相通的地方。如德国艺术史家格罗塞在探讨诗歌的起源时，就十分重视诗歌与人类抒情本能的关系，他认为："没有一件东西对于人类有像他自身的感情那么密切的，所以抒情诗是诗的最自然的形式。没有一种表现方式对于人类有像语言的表现那么直接的，所以抒情诗是艺术中最自然的形式。"③这与前引刘勰的"人秉七情，应物斯感，感物言志，莫非自然"的说法，观点上极为神似。尽管原始歌谣的形式极为简单，"原始民族用以咏叹他们的悲伤和喜悦的歌谣，通常也不过是节奏的规律和重复等等最简单的审美形式作这种简单的表现而已"④。但这简单的形式，正如格氏所说的那样，是一种语言上的审美形式，所以具备诗歌艺术要素。同样，"大多数的原始诗歌，它的内容都是非常浅薄而粗野的"，"狩猎部落的抒情诗，很少表现高超的思想；它宁愿在低级感觉的快乐范围里选择材料。在原始的诗歌里，粗野的物质上的快感占据了极大的领域；我们如果批评他们说胃肠所给予他们的抒情诗的灵感，决没有比心灵所给的寡少一点，实在一点也不算诬蔑那些诗人"⑤。同时他还指出，后世所熟悉的表现两性关系的爱情诗，在原始歌谣中也很罕见，这是因为原始部落，像"在澳洲和格林兰的所谓爱，并不是精神的爱，只是一种很容易在享乐中冷却的肉体的爱"⑥。《吴越春秋》所记载的我国最古老歌谣传说为黄帝时代所作的《弹歌》："断竹，续竹，飞土，逐宍。"⑦这首歌，传说是孝子不忍其父母为禽兽所食，作弹以守之。这是对弹的起源的一种后起的解释，充满伦理的意义。我觉得，这首弹歌从内容来看，更像是一首狩猎的歌。它与格罗塞说的狩猎民族诗歌的特点正好符合，也就是灵感来自于胃肠之需要的一种抒情诗。格罗塞说的原始民歌表现两性肉欲的宣泄多于情感的抒发的情况，其实也不限于原始歌谣，民间的歌谣野曲中就有大量的证据，如清人冯梦龙的《山歌》《挂技儿》，其中不少作品，内容上充满了肉欲色彩。这让我们省觉到歌谣的某种本相。但是，不管原始歌谣是

---

① 李维：《诗史》，北京：东方出版社，1996年据石棱精舍1928年版编校再版，第1页。
② 孔颖达：《毛诗正义序》，《十三经注疏》，第261页。
③ ［德］格罗塞著，蔡慕晖译：《艺术的起源》，北京：商务印书馆，1987年，第176页。
④ ［德］格罗塞著，蔡慕晖译：《艺术的起源》，北京：商务印书馆，1987年，第176页。
⑤ ［德］格罗塞著，蔡慕晖译：《艺术的起源》，北京：商务印书馆，1987年，第184页。
⑥ ［德］格罗塞著，蔡慕晖译：《艺术的起源》，北京：商务印书馆，1987年，第185页。
⑦ 逯钦立辑：《先秦汉魏晋南北朝诗》"先秦诗"卷1，北京：中华书局，1982年，第1页。

如何的形式简单并且内容粗野，格罗塞还是坚定地认为它们是一种纯粹意义的抒情诗，是人类诗歌的原始状态的真实呈现，并且比之后来的高度发达的诗歌，更适宜于作为论证诗歌性质的依据。

歌谣作为最原始的一种诗歌形态，同时也是最自然的诗歌形式。正因为如此，歌谣也是最普遍，并且从人类自身角度来说，也可以说是最永恒的一种诗歌形态。所以，研究歌谣的意义，决不仅仅只是为诗歌史寻找一个起源，更重要的是为诗歌寻找一种发生的原理，体认人类诗歌的一种最广泛、最自然、最本真、最永恒状态。这是因为歌谣根植于人类讴咏性情、感物言志的天性。歌谣的创作是一种群体的创作，在原始的时代或文化落后的社会群体中，人们自然地传承一种最自然、最原始的诗歌形式，以最简单的技巧，创作着歌谣。比如我们会看到这样一种情况，人们会将发生在自己身边的一些生活事件与人物，随时随地编成一段形式上很粗糙的歌谣、顺口溜来诵唱。这里面其实含有一种鲜明的颂美、讽喻、调笑等功能，并能发生娱乐的效果。但是这类歌谣所表现的人与事，只有某一特定的社区、群体、时期中的人们才熟悉，所以它也只对特定的时空范围中的人物产生其艺术的效果，一般不可能扩大到更广大的时空范围。比如在村庄与社区中，会流传一些关于这个村庄、社区发生的人与事的歌谣，它一般只流行于这个村庄、社区的内部，并且只存在于这些人事还在现实地存在着的一个时期。这样的歌谣，与其所歌咏的人物与事件是完全连在一起的，甚至就是其中的一部分，歌谣与本事互为阐释，活生生地联系着，离开这个具体的事件背景，往往就难以阐释，也难以产生它在原生语境中的那种审美趣味。这样的歌谣，因为它不具备更高的艺术价值与典型意义，所以不会流传开去，也不会长久地存在，并且因为本身意义的微末，也不会被认真地记录下来。纵使记录下来，也不会有任何的价值。所以它就像一种浮沤，自生自灭。这是歌谣最自然的生态，也可以说是人类诗歌创作最原始、自然的生态。在原始性质的、文化落后的社会群体中，歌谣是随时随地产生着的，而在乐章尤其是徒诗发达的时代与群体中，歌谣的功能部分地为乐章和徒诗所取代。这种情况，在中国古代是比较典型的，中国是一个诗的国度，但这主要是就文人诗的发达一点而言，相反地，就歌谣而言，反而因为徒诗的发达而与一些原始性的文化国度相形见绌。对于诗歌创作者来说，我们还看到这样一种情况，徒诗创作者虽然拥有高超的诗歌创作能力，但其歌谣讴吟的天性反而被压制了，没有哪一首歌谣是出于文人之手的。诗人达到诗歌艺术的高峰的代价，是失去了他像一个普通的、原始性的人那样自然抒情的先天能力。可见，这种原始的诗歌创作形式，绝非只有艺术上低级的一面，还含有最自然、本真的诗性的一面，所以文人对自身歌谣创作能力的失去，也绝不是释然如去重负，决然地从低向高的一种心态，而是有着强烈的回归意识。这正是模仿歌谣、乐章成了文人诗经久不息的一种风尚的原因。而且还有一种情况，在文化发达较高的时代，当乐章与徒诗不能完全地满足社会群体的讴咏的需求时，这种原始性质的歌谣，仍会大量的产生。比如当今时代，文学的各种形式都十分发达，新旧体诗词、流行歌曲都很兴盛。但是歌谣仍然在不断地产生，流行，这是因为歌谣有比它发展程度更高的乐章、徒诗所代替不了的功能。尤其是歌谣的一种群体诗学的功能，是个体诗学的徒诗所无法代替的。但是当今产生在手机、网络中的大量歌谣、韵文段子，虽然借助媒体，流传的人群很广，范围很大，但绝大多数仍然只有当下的传播价值，在事随境迁之后，会自然地消失。所以至少从诗歌艺术的角度来说，没有太多整理、编集的必要。然而，这些歌谣本身虽然是一种自生自灭的浮沤，但其产生的原理，却是永恒的。与徒诗只是在诗歌发展的一定阶段上产生、乐章只是在音乐条件具备时出现不同，歌谣与人类的社会生活，几乎是同终始的。而且与乐章和徒诗的产生、发展往往更多地依靠社会文化背景，因而形成高低起伏、持续中断的种种态势以及因时代风气变化导致的不平衡的情况不同，歌谣则是在人类的各个时期、各个地域中，呈现着自然的平衡的生态。

歌谣不仅在时间与空间上是最普遍、永恒的一种诗歌形态，而且在内容与形式及艺术的表达上，也是一种最广阔、最丰富的诗歌形态。徒诗是对歌谣与乐章艺术的一种发展，但是这种发展主要是就更丰富的效果及高雅趣味与精致的表现来说的，就内容与形式及艺术表达的广阔性、丰富性来说，后起的徒诗相对于歌谣和乐章，非但不是发展，而且是一种弱化。高度发达的徒诗系统，是从歌谣中选择某些最有效的形式发展而成的。例如在押韵与篇章、句式等方面，歌谣是十分多样的，各地的歌谣呈现出来的样式可以说是千差万别的。但是后起的诗歌，比如中国古代的文人诗，它的诗歌体式是有限的，并且趋于规则化，而且一种新的文人诗的体式，相对旧的诗歌体式来说往往更加规范化。比如魏晋的五言诗，其艺术的形式相对汉乐府来讲更加固定化，形成五言七言与隔句押韵的体式，后起的格律诗，体制更趋于规范，并在押韵上人为地规定不能押仄声韵。为了弥补这种缺陷，唐宋诗人不仅坚持使用古体，而且广泛地模拟乐府体，并从乐府体上发展出歌行一体。而歌行的准确定义，正可以说是徒诗对歌谣与乐章的模仿体，但它在诗歌艺术形式上的丰富多样，仍然无法与真正的歌谣和乐章相比。唐代的曲子词，它的体式与押韵，远比同期古近体诗丰富多样。夏承焘先生曾作《词韵约例》一文，研究词的用韵之例，文中统计词的用韵之例有20多种①。词之所以会有这样丰富的用韵方式，正是因为其文体源于歌谣和乐章。可以说新兴的曲子词，在形式的丰富性上，比唐代的古近体诗有更大的优势，更接近诗歌的普遍形式。这是它最后取代齐言的声诗而成为乐章的主体并为文人广泛采用的原因。

同样，文人诗创作的基本方法，也来自于歌谣。但不是继承歌谣全部的表现方法，而是从中抽绎、选择一些方法，将它规范化。比如我国古代诗学家，就是从《诗经》抽绎出"六义"的规范，作为后世文人诗发展的基本原则。元人杨载《诗法家数》云："诗之六义，实则三体。风、雅、颂者，诗之体；赋、比、兴者，诗之法。故赋、比、兴者，又所以制作乎风、雅、颂者也。"②其实我们观察歌谣，可知诗歌的体，绝不止风、雅、颂三种，诗歌之法，也不限于赋、比、兴三者。可见文人诗从艺术的体制与方法来说，都是对歌谣艺术进行提炼、选择之后再加以发展的，从广泛的角度来说，反而是对歌谣的维度的一种减缩与削弱。从这个意义上说，歌谣永远是徒诗的母体与学习对象，中国古代文人诗艺术的发展的真相，正在于就文人诗的全体意趣来说，始终没有放弃对歌谣的模仿学习，并且始终承认歌谣在诗歌史中的祖祢地位。

---

① 《夏承焘集》第2册，杭州：浙江古籍出版社，1997年，第24页。
② 杨载：《诗法家数》，何文焕编：《历代诗话》，北京：中华书局，1982年，第727页。

歌谣的主体是徒歌,《毛传》解释《魏风·园有桃》"心之忧矣,我歌且谣"时说:"曲合乐曰歌,徒歌曰谣。"如果从这个意义上讲,歌谣一词,其侧重的意义在于谣。徒歌有两种,一种为歌谣学者称为"自来腔",包括诵与歌①。《传》称"不歌而诵谓之赋",这说明原始的口头文学时代的赋体,它也是属于徒歌的一种。自来腔的徒歌,是最自然、原始的一种诗歌形式。这种徒歌,经过一定的发展,在某种浓厚的群体的歌唱中,会形成一种更高级的曲调,我国历史上的十五国风、汉代的街陌谣讴、两晋南朝的吴声西曲,乃至敦煌曲子词、宋金之际流行的民间散曲、明清时调,以及我们今天所熟悉的西北信天游、花儿、爬山歌,西南的山歌、对歌,就是属于这一类。它们主要的形态还是徒歌,但已经形成曲调。这种曲调,正是从歌谣向乐章歌词与戏曲发展的一个桥梁。

上述所论,其实也在界定作为诗歌史的一个分野的歌谣的范围,即我们界定歌谣的范围,是从最原始、最自然、最普遍、最永恒这样一些性质,来确定一种具体的诗歌是否属于歌谣。凡不具备这些原生、自然性质的诗歌,相对于歌谣来说,都是后起的诗歌。这一区分的方法,看似抽象,实际上是很清晰的。与其从形式上斤斤计较地区分歌谣与一般的诗歌尤其是文人徒诗的界限,不如从上述的性质上理解歌谣与乐章、徒诗的不同分野。后起的诗歌一方面是诗歌艺术自然发展的结果,另一方面也是更多地依赖于文明时代的各种文化条件。也可以说,歌谣更是人类学意义上的一种诗歌,这也是为什么歌谣研究同时也属于人类学范畴的原因,而后起的诗歌史研究,却主要是属于文学史范畴的一种研究。

二

乐章即入乐歌词,指配合着舞蹈与器乐演奏的诗歌。原始歌谣的一部分,是与原始的舞蹈与器乐演奏结合在一起的。格罗塞曾指出这样的现象:"音乐在文化的最低阶段上,显见得跟舞蹈、诗歌结连得极密切。没有音乐伴奏的舞蹈,在原始部落间很少见,也和在文明民族中一样。'他们从来没有歌而不舞的时候,也可以反过来说从来没有舞而不歌的。'挨楞李希对于菩托库多人曾经说,'所以他们用同一字样称呼两者'。埃斯基摩人常用唱歌和打鼓来伴舞,而且音乐还在表演中占有这样重要的地位,使得他们不叫那跳舞的建筑为舞场,而叫为歌厅。"②我国古代的踏歌,也是一种配合着舞蹈的歌谣方式。《西曲歌·江陵乐》:"不复出场戏,蹋场生春草。试作两三回,蹋场方就好。"蹋即踏,所谓"蹋场",即踏歌戏乐之场,杨荫浏认为是"民间的舞蹈广场"③。这可能是后世戏场的一种雏形,因为是载歌载舞,所以称唱歌的场所为"蹋场",这与埃斯基摩人称跳舞的地方为歌厅,正是一样的称呼方式。我国古代的学者在讨论古乐的时候,也普遍认为古代的音乐是以舞蹈为主。《周礼·春官》:"大司乐掌成均之法,以乐舞教国子。"《周礼》及《礼记》等书记载古代舞蹈甚多,所以汉魏儒

---

① 朱自清:《中国歌谣》,上海:复旦大学出版社,2004年,第112页。
② [德]格罗塞著,蔡慕晖译:《艺术的起源》,第214页。
③ 杨荫浏:《中国古代音乐史稿》,北京:人民音乐出版社,1980年,第147页。

者在论到中国古代的音乐时，多认为"乐以舞为主"。《宋书》载："明帝太和初诏曰：礼乐之作，所以类物表庸，而不忘其本者也。凡音乐以舞为主，自黄帝《云门》以下至于周《大武》，皆太庙舞名也。然则其所司之官，皆曰太乐，所以总领诸物，不可以一物名。"①这就是说，中国上古至周代的庙堂音乐，是以舞蹈为主体的，但掌乐之官仍称太乐，而不以舞蹈为职掌之名，是因为舞蹈之外，还有器乐与声歌诸物。有学者论云："我国自古就是以礼乐治国的国家，乐字中固然以歌舞为重，礼字中含有舞的成分也不少，简单地说就是一个重舞的国家。"②中国古代王朝郊庙及典礼音乐中之所以重舞，正是原始先民重舞、载歌载舞的自然的歌舞艺术形态的延续与发展。传说及典籍中记载的上古与三代的郊庙乐舞，都没有歌词留传，因此有学者认为舞之有歌曲，始于东汉。揆以上述古代舞蹈与歌曲紧密联系的情形，这一看法还值得商榷。西汉宗庙祭祀之舞的有无歌曲，是一个需要进一步研究的问题。其实舞蹈并非只存在于以"舞"命名的那些大乐中，一般的歌唱也常常伴随着自然的舞蹈形态。上引《毛传》释《魏风·园有桃》中"我歌且谣"时说，"曲合乐曰歌，徒歌曰谣"。所谓"合乐"，是指声歌有器乐或舞蹈的配合，但从《园有桃》这首诗描写的情形来看，如果说"我歌且谣"的"歌"是指"合乐"，恐怕更大可能性是指舞蹈，也就是说诗人有时载歌载舞，有时站在那里徒歌。并且在整个过程中，这两种形态是交互着的，这或是"我歌且谣"的真正意思。同样，原始人在歌唱时，经常伴以拍打身体或生产、生活用具进行伴奏，李斯《谏逐客书》中形容秦国的音乐时说："夫击瓮叩缶，弹筝搏髀，而歌呼呜呜快耳目者，真秦之声也。"③所谓"击瓮叩缶""搏髀"正是拍打身体与生活器具，可见当时秦国的音乐，伴奏方面还是比较原始的。

  从上述所论可见，从源头与原始形态来看，乐章歌诗与徒歌谣，几乎是一样的悠久，但是从作为诗歌史一个分野的乐章来看，整体上是比歌谣更为高级的一种诗学形态。乐章里的俗乐歌诗，如《诗经》的《国风》，汉乐府的相和、杂曲歌辞，南朝乐府新声，宋金元之际的南北曲，其歌词都来自民间的歌谣与曲调。但是，相对于入乐之前的徒歌谣来说，其性质有很大的不同，甚至在文体上也发生了许多变化。第一，歌谣在流传的过程中是不断地变化着的，同一首歌谣在不同的地区流传，具有不同的版本。"歌谣起于文字之先，全靠口耳相传，心心相印，一代一代地保存着。它并无定形，可以自由地改变、适应。它是有生命的，它在成长与发展，正和别的有机体一样。"④顾颉刚在搜集歌谣的过程中也发现了这个现象："搜集的结果使我知道歌谣也和小说戏剧中的故事一样会得随时随地变化。同是一首歌，两个人唱着便有不同。就是一个人唱的歌也许有把一首分成大同小异的两首的。有的歌因为形式的改变，以致连意义也改变了。"⑤从这个意义上说，歌谣还不能算是一种正式的文学文本。入乐则使歌谣改变了这种原始的传播形态，它必须从歌谣的不同流传版本中选择一个版本，并且使这首入乐

---

① 沈约：《宋书》卷19《乐一》，第553页。
② 齐如山：《国剧艺术汇考》，沈阳：辽宁教育出版社，2010年，第9页。
③ 司马迁：《史记》卷87《李斯列传》，北京：中华书局，1959年，第2543-2544页。
④ 朱自清：《中国歌谣》，第8页。
⑤ 钱小柏编：《顾颉刚民俗学论集》，上海：上海文艺出版社，1998年，第3页。

的歌谣从此固定下来，成为一个具有固定的乐曲结构的歌诗。往往这之后，这首歌诗从此就停止了歌谣的传播进程，而进入乐章的传播过程，在一般的情况下，它的文本不再发生变化。所以，在乐章方面，我们几乎很少看到像歌谣那样的，一首乐章歌诗拥有众多版本的情况。第二，歌谣入乐后，文人会对其文字进行润饰，乐师也会因配乐的需要，对其文字进行修饰。这种情况，历来的学者多已注意到。据汉儒的说法："古有采诗之官，王者所以观风俗，知得失，自考正也。"①这种采诗之官又叫"行人"："孟春之月，群居者将散，行人振木铎徇于路以采诗，献之大师，比其音律，以闻于天子。故曰：王者不窥牖而知天下。"②许慎《说文解字》云："遒者，古之遒人，以木铎记诗言。"③他们是歌谣的最早记录者，将歌谣第一次整理为文本，在这过程中，已经对它们进行了文字上的整理。而在献给大师之后，大师在比其音律时，肯定又会对它们进行文字加工。因为这个原因，乐章在文学的修辞艺术方面，比之自然状态的歌谣，已经有很大的进步了。关于"诗三百篇"入乐的问题，先秦典籍多有记载，尤以《左传》襄公十九年所载季札于鲁观诗，《论语》所载孔子自卫返鲁然后乐正，雅颂各得其所，《史记》所载诗三百篇孔子皆弦歌之，以求合于韶武雅颂，以及《墨子·公孟篇》所载"诵诗三百，弦诗三百，歌诗三百，舞诗三百"等记载最富权威性，古人论之甚详④。歌谣是纯粹自然的诗歌，而诗三百篇从文体性质来看，是经过较复杂的音乐体系处理的乐诗，其在诗歌发展上的层次，实较自然状态的歌谣为高级。原因是在采集、配乐的过程中，诗歌艺术的诸种因素如体式、修辞、节奏、用韵，也得到了提高。唐楼颖《国秀集序》云："昔陆平原之论文，曰'诗缘情而绮靡'。是彩色相宣，烟霞交映，风流婉丽之谓也。仲尼定礼乐，正《雅》《颂》，采古诗三千余什，得三百五篇，皆舞而蹈之，弦而歌之，亦取其顺泽者也。"⑤又马瑞辰论诗入乐云："诗者，载其贞淫正变之词；乐者，订其清浊高下之节。古诗入乐，类皆有散声叠字，以协于音律；即后世汉魏诗入乐，其字数亦与本诗不同。则古诗之入乐，未必即今人诵读之文一无增损，盖可知也。"⑥这些观点都指出了合乐（舞、弦、歌）对诗歌语言的影响，在语言富于音乐性的同时，修辞上也有进步，这势必影响到它们文体上的变化。顾颉刚通过歌谣与乐歌的对比，指出像《诗经》中大量使用衬字、叠字、复沓的章法，不是原来徒歌的歌谣所有的，而是入乐后的改变⑦。这说明歌谣与乐章在文体上有很大的不同。但是入乐对《诗经》的修辞及文体发生何种影响，则古今学者研究得还是很不够的。汉乐府中的俗乐歌诗，其中大部分也采自民间。《汉书·礼乐志》载："至武帝定郊祀之礼，祠太一于甘泉，就乾位也；祭后土于汾阴，泽中方丘也。乃立乐府，采诗夜诵，有赵、代、秦、

---

① 班固：《汉书》卷30《艺文志》，北京：中华书局，1974年，第1708页。
② 班固：《汉书》卷24《食货志》，第1123页。
③ 许慎撰，段玉裁注：《说文解字注》"五篇上"，上海：上海古籍出版社影印经韵楼藏版，1981年，第199页。
④ 见马瑞辰：《毛诗传笺通释》卷1《诗入乐说》，北京：中华书局，1989年，第2页。
⑤ 《唐人选唐诗十种》，上海：上海古籍出版社，1978年。
⑥ 见马瑞辰：《毛诗传笺通释》卷1《诗入乐说》，第2页。
⑦ 顾颉刚：《论〈诗经〉所录全为乐歌》，原刊北京大学研究所《国学门周刊》1935年第10、11、12期。此据《顾颉刚民俗学论集》。

楚之讴。"这是采集民间歌谣以为祭祀时飨神之用,与司马相如等人所作的《郊祀歌》十九章配合使用。后者是正式的祭祀歌诗,前者则是作为娱神之用俗乐歌辞,类似后世祭祀神灵时的戏剧演出。这些采自民间的娱神的俗乐歌诗,当然经过乐师、文士艺术上的加工,不会将民间的歌曲原封不动拿来讴咏。《宋书·乐志》叙述汉乐府古辞时也说:"凡乐章古词,今之存者,皆汉世街陌谣讴,《江南可采莲》《乌生》《十五》、《白头吟》是也。"这是说这些歌词或曲调,原本出于街陌谣讴,后来成为乐章。可见,即就出于歌谣的一部乐章而言,其文体性质,也已经与原始歌谣不同,在文学艺术的层次上,是较歌谣更高一级的诗歌形态。

合乐对诗歌艺术是一个推进,也可以说合乐是诗歌开始讲究辞章艺术的开始。形成曲调的歌谣,比之"自由腔"的原始徒歌谣,在修辞上还是进了一步。等到与更高一级的器乐与舞蹈配合后,如前所述,其修辞艺术还要进一步的加强。郭绍虞曾经论述过合乐之歌诗比徒歌在修辞上有所进步的问题:"舞必合歌,歌必有辞。所歌的辞在未用文字记录之前是空间性的文学;在既用文字记录以后便成为时间性的文字。此等歌辞当然与普通的祝辞不同;祝辞可以用平常的语言,歌辞必用修饰的、协比的语调。所以,祝辞之不用韵语者,尚不足为文学的萌芽;而歌辞之以修饰协比的缘故,便已有文艺的技巧。这便是韵文的滥觞。"①郭氏这里所说的,还是指最早的舞歌等原始性的乐章对于韵文艺术发展的促进作用,但也可证以音乐为第一性的乐章歌诗,其对诗歌的文学进步所具有的促进作用。可以说,采歌谣入乐,正是诗歌创作从口头形式转向书面形式的开端。所以,从诗歌艺术的文学化进程来说,乐章也可以视为从歌谣(徒歌)到徒诗之间的一个中介性环节。

但是音乐对诗歌艺术的这种促进作用是有限的。乐章在其原生的体制里,是作为音乐的一部分而存在的。它的音乐性是第一位的,文学性是从属于音乐性的。宋代的学者郑樵就提出"诗在声不在义"的看法:"古之诗曰歌行,后之诗曰古近二体。歌行主声,二体主文。诗为声也,不为文也。""诗在于声,不在于义,犹今都邑有新声,巷陌竞歌之,岂为其辞义之美哉,直为其声新耳。"②郑樵这里所说的诗,包括歌谣与乐章。就乐章来说,它的主要美感效果是通过歌唱与配乐达到的,修辞立意是其次的。甚至存在着这样一种情况,由于演唱者的文化水平低下,他们不但不能准确地理解辞义,甚至会在历代传唱的过程中,发生文字上的讹误,如记录在《宋书·乐志》中的《巾舞歌诗》一首和《今鼓吹铙歌辞》三首,就是由于声辞相杂形成的讹误。《乐志》作者于后组诗下注明:"乐人以音声相传,训诂不可复解。"③可见,仅仅流传于配乐歌唱状态的乐章,如果没有书面文本的写作,仍然不能算是一种固定的诗歌文本。这也就是说,乐章的文本化程度虽较歌谣为高,但还具有某种变化性。也正因为这个原因,在乐章中,诗歌的修辞立意艺术的发展,是受到了一定限制的。纯粹诗歌艺术的进一步发

---

① 朱自清《中国歌谣》引郭绍虞《中国文学史纲要》稿本中"韵文先发生之痕迹"一节,见《中国歌谣》,第14页。
② 郑樵著,王树民点校:《通志二十略·乐略第一·正声序论》,北京:中华书局,1995年,第878页。
③ 沈约:《宋书》卷22《乐四》,第660页。

展，必须让位给以文学为第一性的徒诗。所以，从诗歌史的进程来说，乐章是继歌谣之后的一个诗歌史发展阶段，但非最高阶段。

除了采用歌谣入乐之外，乐章中的另一类，是专门为配合特定的器乐演奏或舞蹈而造作的。《宋书·乐志》在叙述俗乐歌诗时，曾指出这两类。《乐志》作者在列叙汉代乐章古词和《子夜》《前溪歌》《阿子歌》《团扇歌》《懊侬歌》《六变曲》《长史变》《读曲歌》等之后，总论云："凡此诸曲，始皆徒歌，既而被之管弦。又有因弦管金石造歌以被之，魏世三调歌词之类是也。"①魏世三调歌诗即《宋书·乐志》所载的魏氏三祖及曹植所作的乐府诗。刘勰论魏氏三调歌诗云："至于魏之三祖，气爽才丽，宰割辞调，音靡节平。观其《北上》众引，《秋风》列篇，或述酣宴，或伤羁戍，志不出于滔荡，辞不离于哀思，虽三调之正声，实韶夏之郑曲也。"②它们是依照汉代流传下来的俗乐曲调创作的，也就是说一开始就作为乐章来创作，又叫倚曲作歌或者倚调作歌，后世词曲创作中倚曲填词的模式可溯源于此。历代王朝的郊庙、鼓吹、朝会等雅颂歌诗，也都属于"因弦管金石造歌以被之"一类。《汉书·礼乐志》记载汉武帝祭祀太一于甘泉，祭后土于汾阴，用李延年为协律都尉，造十九章之歌，即是此类；上溯到《诗经》的三颂、大雅，也都是属于这一类。这一类的乐章，比之采歌谣入乐的一类，文本化的程度更高。

就中国古代诗歌史来说，乐章有雅颂之体、俗乐之体与介于雅俗之间的文人之体。即以《诗经》而言，大雅、三颂属于雅颂之体，其源出于原始民族部落集团的祭祀、典礼之乐；十五国风为俗乐之体，其源出于民间歌谣；小雅则为士人之制，其体制是对风诗的一种发展。又以汉代而言，《郊祀歌》《房中歌》属于雅颂之体；相和及杂曲歌辞属于俗乐之体；琴曲歌词则属于文人之体。雅颂之体与文人之体，虽都出于文士之制作，但一为文士代王朝立言，一为文士自身的抒情与创作。

乐章是配合舞蹈、器乐演奏和戏剧表演等音乐艺术形式的歌诗，中国古代的乐章常常是作为歌、乐、舞、戏的综合性艺术的一部分而存在的。从这个角度来说，中国古代的戏剧也是乐章的一部分。中国古代的戏曲来源于汉唐的歌舞大曲，这种歌舞大曲隋唐时代又叫歌舞伎，其文学的部分即为乐章歌诗。中国古代学者在追溯戏曲的源流时，都不约而同地上溯到古乐府，清代尤侗《叶九来乐府序》正是在诗歌史的源流中论述戏曲文体的：

> 古之人，不得志于时，往往发为诗歌，以鸣其不平。顾诗人之旨，怨而不怒，哀而不伤，抑扬含吐，言不尽意，则忧愁拂郁之思，终无自伸焉。既又变为词曲，假托故事，翻弄新声，夺人酒杯，浇己块垒，于是嬉笑怒骂，纵横肆出，淋漓极致而后已。小序所云：言之不足故嗟叹之，嗟叹之不足故永歌之，永歌之不足，不知手之舞之，足之蹈之也。则秦声赵瑟，郑卫

---

① 沈约：《宋书》卷19《乐一》，第550页。
② 《文心雕龙·乐府》，刘勰著，周振甫注释：《文心雕龙注释》，北京：人民文学出版社，1981年，第65页。

递代，观者目摇神愕，而作者幽愁抑郁之思，为之一快。然千载而下，读其书，想其无聊寄寓之怀，忾然有余悲焉。而一二俗人，乃以俳优小技目之，不亦异乎。予生世不谐，索居多恨，灌园余暇，间作弹词，如学画不成，去而学塑，固无足比数矣。然当酒酣耳热，仰天呜呜，旁若无人者，其类放言自废者与！吾友叶子九来，门地人材，并居最高，方以文笔掉鞅名场，夫何不乐，而潦倒于商黄丝竹之间，或者游戏之耳。虽然，以叶子之才，荏苒中年，风尘未偶，岂无邑邑于中者，忽然感触，或者借此为陶写之具，未可知也。是则予所引为同调者也。嗟乎，歌苦知希，曲高和寡，安得徐文长挝鼓，康对山弹琵琶，杨升庵傅粉挽双髻丫来演吾剧者，虽为之执爪，所忻慕焉。彼世间院本，满纸村沙，真赵承旨所谓戾家把戏耳。何足道哉。何足道哉。①

在作者看来，"假托故事，翻弄新声"的词曲即戏曲，正是从诗歌变化而来的，他还用《毛诗大序》的"言之不足故嗟叹之，嗟叹之不足故永歌之，永歌之不足，不知手之舞之，足之蹈之也"来说明戏曲的发生原理。可以说，中国古典戏剧，虽为综合性的叙事艺术，但却是从诗歌的抒情传统中发展出来的。这至少可以揭示文人戏剧发生的一种真相。

戏曲也可理解为乐章发展的最高的形式。我国的古典戏剧与西洋艺术中的歌剧，都是诗歌的抒情艺术与戏剧的表演、叙事艺术结合的产物。长期以来，我们对于戏曲中的诗歌部分，基本上将其划在诗歌史的范畴之外。之所以会造成这样的情形，就是对戏曲与诗歌的渊源关系没有充分地认识，在迄今执着于单一的徒诗形态的诗歌史中，无法为戏曲找到一个定位。现在我们将诗歌史分为歌谣、乐章、徒诗三大分野，认清戏曲为乐章的最高度、最综合、最复杂的形态，就可以将戏曲史与诗歌史有机地联系起来了。

古代的戏曲，从其乐章的部分来看，绝大部分都是来源于民间的歌谣小调，都是由民间的小调、说唱演变而来的。兹据齐如山《国剧艺术汇考》所论，略作列举：南戏、元杂剧的曲牌，最初都是小调，此看元明等朝的散曲、小令，便可明了。梆子腔乃是吸收了陕西的小调而成，最初名梆子腔，后因与昆腔等比并，并往各省演出，又特名秦腔。皮黄乃由汉中一带的小调变成。这种小调本地即名曰二簧，大致以汉阴、石皋等地最为发达。川腔即四川戏，原来的形态完全是梆子腔，后又吸收本地小调夹杂其间。滇腔，亦名云南戏，与川剧一样，也是由梆子腔嬗变而来，但吸收本地小调更多。蹦蹦戏，原为京东乐亭县一带民间摘棉花时所唱之民歌。滴笃腔，现在又叫做越剧，从前也是小调。齐如山在列举上述戏曲出于小调的情形后，更进一步指出："请看上述这些情形，全国所有戏剧，都是由小调变成的。在宋朝的杂剧，最初是唱什么腔调，不得而知，但自元朝起，则都是由小调变成的。杂剧受人欢迎，是因为他有歌有舞，所以不但他吸收小调，而各种小调也都自动的模仿他；模仿他的办法，就是唱自己的腔调，而利

---

① 尤侗：《西堂全集·西堂杂俎二集》卷3，顺治乙未刻本，日本东京大学汉籍中心森槐南原藏。

用他的舞等等。俟歌与舞及锣鼓，都能呼应合拍喽，那就算是变成了戏剧。"①民间小调之演变为戏剧，与汉乐府俗乐歌词出于赵代秦楚之讴，南朝吴声西曲歌舞伎来自于民间的吴声西曲，其原理是一样的。都是由歌谣发展为乐章。从这里我们更清楚地看到戏剧的乐章性质，所以戏剧的歌部分应该归属诗歌史三大分野中的乐章一类。

三

徒诗创作系统是诗歌史发展到一定阶段上发生的，是诗歌艺术的最高形态。徒诗创作系统的发生，是与个体诗人出现、群体诗学向个体诗学演变联系在一起的。这方面的问题，笔者曾经在以前发表的有关论文中做过一些探讨②。按照诗歌史的发展规律，世界各民族的徒诗系统，都有一个从作为自然诗歌的歌谣与音乐歌诗的乐章中发生的过程。俄国学者维谢洛夫斯基的《历史诗学》（1870—1906）曾对欧洲各民族中不同于"一般诗歌"的个体诗歌的发生问题作过一些探讨。如他叙述欧洲中世纪骑士抒情诗产生的情况：起初，"人民唱着自己古老的歌曲，如带有多神教遗迹的仪式歌唱，爱情歌曲，妇女歌曲，并天真地把这些歌曲带进了神殿庙宇。他们或是继承这些歌曲，或是按照以往的类型不自觉地进行创作，但并不把他们同创作、同个人价值观念联系在一起"。而中世纪的教会则是一方面"贬低这些歌曲，议论它们的多神教内容与罪孽的迷惑力"，另一方面为了教人们看书识字，为练习修辞的目的而翻看为数不多的、允许阅读的古典诗人的作品。这样就诱发了人们模仿性的创作。"人们从少数人才能适应的劳动概念过渡到创作的概念，起初是用典范作品的语言，小心翼翼地模仿他们的手法，同时个人和现代的主题逐步渗透进来。当民间语言稳固壮大起来，变得适合于诗歌表现（拉丁语学校在这方面也起了作用），而个人意识的发展又在寻找这种表现时，动机便已具备了。骑士抒情诗及其个体诗人和个体倾向只是本国的、民间的因素同外来的文明的因素相结合的一种新体现而已。这加速了民间诗歌的演变，并对它提出了重大的任务。"③他在这方面还有不少类似的研究性的阐述。我国古代的徒诗系统即中国古代的文人诗，不仅产生的时间很早，而且发展的历史极为长久，这在世界诗歌史中是罕见的。由于我国古代文人诗的高度发达，在近两千年中成为诗歌史的主体，而民间歌谣与音乐歌诗，相比之下显得不那么重要。于是，绝大多数的诗歌史研究者，在认识自己的研究对象时，几乎是不假思索地把文人诗歌史当成了惟一的研究对象。虽然在研究《诗经》、乐府及词曲的早期形态时，人们也注意到歌谣及音乐的问题，但是对于歌谣与乐章产生徒诗的必然性，一般的研究者，仍然是处于模糊的认识中的。而对中国古代徒诗

---

① 齐如山：《国剧艺术考》第2章"来源与变迁"，第31-36页。
② 参看钱志熙：《从群体诗学到个体诗学——前期诗史发展的一种基本规律》（《文学遗产》2005年第2期），《论汉代诗学的群体诗学特征及其内部的分野》（《中国中古文学研究——中国中古（汉—唐）文学国际学术研讨会论文集》，北京：学苑出版社，2005年），《中国古代诗学演进的几种趋势》（北京大学中文系、北京大学诗歌研究中心编：《立雪集》，北京：人民文学出版社，2005年）。
③ ［俄］维谢洛夫斯基著，刘宁译：《历史诗学》，天津：百花文艺出版社，2003年，第41-42页。

系统发生的真相，尤其是徒诗与歌谣、乐章在发展史中相联系的部分，我们还是缺乏研究。应该说，这些并不是按照已经认识的史实，简单地描述就能一蹴而就的，而是应该成为一种长期探索的课题。在这方面，西方学者对于各民族诗歌史中徒诗系统产生的研究，对我们有借鉴作用。因为从歌谣与乐章中产生徒诗，是诗歌发展史的一般规律，各个徒诗系统产生的文化方面的机制，也有一些相似的地方。比如上述维谢洛夫氏解释欧洲骑士抒情诗发生的情况，与我国汉魏时期文人诗的发生的情况，有些因素还是类似的。两汉时期的儒家教育，对诗歌的态度，也是有些矛盾，尤其是对于风诗中的爱情作品，也有类似中世纪教会"贬低这些歌曲，议论它们的多神教内容与罪孽的迷惑力"的情况，这就是"郑声淫"之类的看法；再如《毛诗》用政教主题曲解爱情主题，使人们对诗歌的真相发生迷惑，也使大多数儒者感受不到《诗经》蕴藏的抒情力量，压抑了模仿的动机。但是另一方面，儒家教育在汉代的普及与发展，又造成了一个具有高度的文学素养的士大夫群体，出现一批在诗学上具有较高造诣的儒者文士。最终，当儒家的礼教思想有所松动、社会的娱乐风气与士人群体内部的个性思潮产生时，中国古代的文人诗系统就在东汉中晚期这个历史空间适时地形成了。但是，这一发生是以汉魏时代的乐府歌词的兴盛为基本前提的。各民族的徒诗写作，发展的情况是不一样的。比如与我们近邻的日本、韩国、越南等民族古代的汉诗创作，就不是直接从其民族的歌谣与乐章的基础上发生的，而是从模仿中国古代已经高度发达的文人诗发展出来的。这在徒诗发展中又是一种新情况，即一些民族的徒诗系统，是从另一个民族已经高度发达的徒诗系统中移植过来的。这种移植又有两种情况：一是连语言都不改变地移植过来，如日本、韩国古代的汉诗，它们是以全面地接受徒诗原生国家的文化与语言为基础的。一是使用本民族的语言，移译另一民族的徒诗，在诗歌形式、语言风格乃至审美规范上，都将别的徒诗移译为本国的徒诗，形成本国的徒诗系统。中国、日本、韩国等东亚各国的现代诗，就部分地属于这样性质的一种徒诗系统。所以，表面上看，我们无法为中国现代诗找到歌谣与乐章的母体，其实它们是按照上述的特殊规律发生的徒诗。如果追溯其所移植自的西方诗歌，仍都有歌谣与乐章的母体。当然，我国现代的新诗，也仍有一部分渊源于民间的歌谣与乐章，有学者曾比较充分地论述过"民歌体新诗是'五四'新诗传统的重要组成部分"①。当然，中国古典诗歌也是构成新诗的一部分渊源。总之，新诗这样一个徒诗系统的发生，仍然可以从徒诗系统发生的一般规律中得到解释，它与歌谣与乐章还是有曲折的渊源关系的。

徒诗究竟主要是从歌谣发展过来，还是从比歌谣更高一级的乐章中发展过来，这是一个值得探讨的问题。后世的诗人创作，有一部分是直接模仿民间歌谣，如唐、宋诗人《竹枝词》及词中的《渔歌子》之类。并且，我们知道，在现代歌谣地位空前提高的历史背景下，新诗创作中的歌谣派，也尝试从歌谣中直接产生新诗。但这些例子，都不是典型的，而且都不是真正的发生的问题。从中国诗歌史的发展进程来讲，我们很少看到从自然的、民间的歌谣中直接发展出徒诗系统的情况，大宗诗歌体裁都是从乐章中发展

---

① 过伟：《民间诗律与新诗发展的思考》，段宝林、过伟等编：《中国民间诗律》，北京：北京大学出版社，1991年，第13页。

出来的。这个问题是值得进一步探讨的。尝试论之：我认为最关键的一点，是入乐不仅提高了诗歌的修辞艺术，而且提高了诗歌的文化层次。因为自然的、原始性质的歌谣，不仅在文学上处于低级阶段，而且由于多出于没有文化的匹夫匹妇之口，一般来说，是不被上层所看重的。但采诗入乐，则大大提高了这些歌谣的地位，入乐之后所形成的乐章，不仅修辞艺术提高，而且被赋予一种政治与教化的功能，产生一种思想价值。其性质就不仅是匹夫匹妇的作品，而是国家的乐章，属于礼乐的一部分。在我国的周代，甚至因为采诗入乐而形成了诗教。清人陈奂对于周代诗教之盛有很生动的描述："昔者周公制礼作乐，诗为乐章，用诸宗庙朝廷，达诸乡党邦国，当时贤士大夫皆能通于诗教。孔子以诗授群弟子曰：小子何莫学夫诗！又曰：不学诗，无以言。诚以诗教之入人者深，而声音之道与政通也。"① 从民间自娱的歌谣，到作为朝廷的教化之具的乐章，其地位的提高是不待言的。春秋战国时期的士大夫，又因诗教而形成学诗之风气，外交场合赋诗以言志，诸子之著述多引诗以明理，而且纷纷地阐述以诗言志的思想。虽然这个时期的诗教，只是歌诗、舞诗、诵诗②、用诗，而未发生创作的风气，但是正因为诗教与乐教的关系，中国古代士大夫阶层从此与诗歌发生了不解之缘。战国之世，礼崩乐解，聘问不行，学诗之士，逸在布衣，于是产生了恻隐古诗之义的贤人失志之赋，揭开了中国古代文人文学的序幕。"不歌而诵谓之赋"，辞赋原本也是歌谣的一种，春秋战国的辞赋家，虽然没有直接使用《诗经》的乐章体制，而是采用了也许与《诗经》有同样悠久的历史的诵体歌谣，同时接受了《诗经》的一些创作方法。这与后来的文人诗歌多由民间歌谣之体中发展的原理是一样的。汉代的文人，个别人开始模仿《诗经》写作诗、颂，开了个人作诗的先声；东汉以降，乐府五言流行，文人纷纷效作，至建安终于因文学风气与现实遭遇的交会，形成"五言腾踊"的风气，为中国古代文人诗史的正式的开端，亦即徒诗系统的开端。从这里我们可以看到，中国古代士大夫诗歌创作传统的形成，周、汉两代的采诗入乐，是最为关键的前提。可见采诗入乐，是诗歌文化与文学上地位的提高、导致文人诗歌传统的产生的基本前提。虽然从后来的徒诗创作的情况来看，文人也有直接向徒歌的歌谣借用体裁、吸取艺术的，但就整体而言，徒诗的创作系统并非直接从歌谣发展过来，而是由比歌谣更高一个层次的乐章发展过来的。这可以说具有普遍性的一个诗歌史规律。

乐章引发徒诗创作的机制，值得作深入的研究。中国古代徒诗创作的主体为士大夫阶层。士大夫阶层作为具有很高的文化修养的人群，其基本功能是造成一种精英的文化，我国从春秋到两汉的经学、子学与史学，就是这个群体的主要创造成果。另一方面，原始以来的文学的主体在于神话与歌谣，这两种东西都是群体的创造，民族的集体的精神财富，春秋以来的士大夫阶层，只是它的整理与引用者，非创造者；而且由于神话的多非理性内容、歌谣的朴野俚俗，与士大夫阶层主导的理性倾向与高雅趣味是不符合的。所以，歌谣虽为人类讴吟天性，但主要是产生于缺乏文化知识的下层人民，士大

---

① 陈奂：《诗毛氏传疏·叙》，北京：中国书店据漱芳斋1851年版影印，1984年，第1页。
② 《墨子·公孟篇》："弦诗三百，歌诗三百，舞诗三百。"《史记·孔子世家》："三百五篇，孔子皆弦歌之，以求合《韶》《武》《雅》《颂》之音。"

夫虽为人类之一群，但就歌谣的创作来说，却是最缺乏创作的动机与兴趣的一群，这正如他们也缺乏创造神话与传说的动机与能力一样。所以，在诗歌尚处于自然的、民众的歌谣的阶段，士大夫们一般来说是很难意识到自身具有诗歌创作职责的，换言之，诗歌创作并非士人群体固有的传统。同样，除了国家祭祀、仪式之外，一般的民间祭祀、仪式，其参加主体也是一般的民众，具有高度的文化修养的士大夫，恰恰是将之视为庶民愚昧、粗野的娱乐而远离它。但是，成为国家与上层文化的一部分的乐章，其与士大夫阶层的关系，就比歌谣要接近得多。乐章中俗乐歌诗的一部分虽采自民间，但是经过了一番文学上的润饰，这种工作自然是刺激文学修辞发生的一个契机；而祭祀功能的雅颂歌诗，在较原始的部落中，就是由具有较高文化的巫师们创作的。《诗经》中的三颂与大雅，部分来自古老的祭歌，大部分是当时人们为了配合乐舞而创作的，虽然我们不知道其具体的作者，但它们主要是由商周王朝具有最高的文化与修辞能力的卿士们所作，是可以肯定的。《大雅》的《崧高》云："吉甫作诵，其诗孔硕，其风肆好，以赠申伯。"又《烝民》："吉甫作颂，穆如清风，仲山甫永怀，以慰其心。"可见周王朝有专擅作诗颂的卿士，只是当时文人文学还未普遍发生，专业作家的身份尚未形成，卿士的写作诗颂，其性质更主要是作为王臣的职责，而非个人炫艺的需要。而且就乐舞来讲，音乐与舞蹈是主体，歌诗是附庸音乐舞蹈的，整个都是属于一种集体的创作，并且乐师、舞师们才是这个集体创作中的主要人物，所以诗人的个人著作权也就无从说起。但是介于雅颂与国风之间的小雅的创作，使情形发生了一些变化。由于朝廷乐章、贵族用乐之风的影响，一些地位较低的士大夫也开始创作乐歌，在一些私人性的宴乐场合使用。由于他们不是代王言，而是自娱，所以就较多地向自我抒情一边倾斜，形成"吟咏情性"的作风。《毛诗大序》透露了这一诗风转变的消息：

> 至于王道衰，礼义废，政教失，国异政，家殊俗，而变风、变雅作矣。国史明乎得失之迹，伤人伦之废，哀刑政之苛，吟咏情性，以风其上，达于事变而怀其旧俗也。故变风发乎情，止乎礼义；发乎情，民之性也；止乎礼义，先王之泽也。①

《大序》作者认为变风、变雅中有当时属于高级的知识阶层的"国史"即国士之作，这是一个值得探究的问题。《大序》中所阐发的诗歌理论，从整体来讲，正是对先秦以来的群体诗学的一种总结。《大序》作者强调诗歌效用时，认为"正得失，动天地，感鬼神，莫近于诗"，所以"先王以是经夫妇，成孝敬，厚人伦，美教化，移风俗"。在讲风、赋、比、兴、雅、颂六义时，也是鲜明地体现群体诗学的原则的，如它解释"风"的含义时，则说："上以风化下，下以风刺上，主文而谲谏，言之者无罪，闻之者足戒，故曰风。"这一切，讲的都还是群体的抒情言志问题，其所强调的是诗的群体功用。但当他讲到变风的时候，就转入个体的抒情问题。这是因为《小雅》的创作与后来的个体诗人的创作性质接近，可以说是在群体诗学的体系中个体诗学的发端，而

---

① 《十三经注疏》本《毛诗正义》卷1，第271–272页。

《大序》作者总结的这一类型的创作而提出的"吟咏情性"的思想，也就成为后来中国古代文人诗的基本的理论宗旨。《尚书·尧典》的"诗言志"，被学者视为中国古代诗学的开山纲领，这是没有错的。但《尧典》所说的"诗言志"，从本质上讲，所言仍为群体之志，非为个体之志。中国古代真正的个体抒情思想的表达，应该是《惜诵》中"惜诵以致愍兮，发愤以抒情"。然而屈原的这种发愤抒情的表白，与后来儒家诗学的温柔敦厚的诗教有一定的违碍，所以至少在理论上，此语并非中国古代诗学中个体抒情理论的经典。于是，真正成为后来文人诗创作的基本纲领的，还只能是《毛诗大序》的吟咏情性的思想，情性思想也由此而成为文人个体诗学的核心。此后的南朝诗学，"情性"又常转化"性灵""情灵"，可以说更加地向个体抒情、个人体验倾斜。从这里我们可以看到，我国古代的个体诗学的最早渊源，是可以追溯到小雅的。通过大雅、三颂及小雅的创作，士大夫阶层与诗歌传统取得一种联系，为后来文人徒诗创作传统的发生埋下了一颗种子。从这里我们可以看出，是乐章而非自然形态的歌谣，引发了个体诗歌的产生。

从《诗经》到民间歌谣及各种民间韵文，汉代可以说具有多种的诗歌资源。但文人五、七言徒诗创作系统，最后还是从乐府歌词中发展出来。《诗经》的四言诗具有很高的修辞艺术，但它在汉代已经完全成为一种经学文献了，而非活着的音乐歌诗。也许正是因为它已经不再是活着的音乐歌诗，所以无法引起文人们对它的模仿，一般来说，模仿总是从活着的乐章那里开始的。可以说，《诗经》的乐章引发文人徒诗创作的可能的历史机遇已经过去了。汉代的上层中还流行着一种与楚辞有同源的血缘关系的楚歌。这是一种徒歌，并且是一种个体性质的创作，但从其中也没有引发徒诗创作的风气。此外，汉代还流行众多的歌谣，和韵文体的谚、诵，他们的体式也很丰富，并且这些汉代歌谣，在后世还常被文人诗作者所借鉴，取效。但在当时，广泛流行的汉代谣谚也没有引发徒诗创作的风气。其原因仍像我们上面分析的那样，它是一种自然的、低级的诗歌形态，不会引起文人的模仿兴趣。最终我们看到，中古文人五言与拟乐府，终于只从汉魏的俗乐系统中发生。并且经过魏晋时期诗人的个体创作，确立中国古代文人徒诗创作系统。不但如此，在整个魏晋南北朝时期，各种诗体的发展与盛衰，仍在相当的程度上受到音乐的影响。比如七言体，其实在汉代的歌谣、楚歌体、镜铭、谚诵中都有广泛的使用，但自两汉至魏晋，在诗歌中一直未曾流行。究其原因也只有一个，就是汉魏乐府歌曲中，主要是五言的曲调，七言极罕见。齐梁以降，新声流行，七言歌曲开始比较多地出现，文人徒诗中也就相继产生了七言绝句、七律、七言歌行等多种体裁。这个情况可以进一步证明，徒诗，至少中国古代的徒诗创作，只能是从乐章系统中发展出来的。

与乐章以音乐为主体不同，徒诗是以文学为主体的；徒诗创作的发生，是以个体文学创作机制的成熟为条件的。歌谣是一种自然的诗歌艺术，服从于人类讴吟的天性，但也因为受到这种自然形态的限制，其诗歌艺术的发展是极为缓慢的，甚至可以说是很少有发展的；并且与徒诗系统有一种连续的发展历史不同，各个时代的歌谣之间，都是在各自的民间土壤中生长，并不存在后一代歌谣在前一代歌谣上发展的历史。从这个意义上，歌谣没有像徒诗那样的发展历史。这也可以说歌谣没有史。当一种歌谣在艺术上迅速发展时，它也就开始摆脱了自然发展历史，转化为一种自觉的诗歌艺术。乐章与歌谣相比，具有更多的社会文化内容，其在诗歌艺术的发展层次上高于歌谣，但它是以音乐为主体的，在语言艺术方面受到了一定的限制。高度发达的诗歌艺术，则只有产生了徒诗创作系统后才能产生。

首先，徒诗是诗人个体的创作，其创作的主体是具有高度修养的士人群体。在徒诗的创作中，不仅只有歌谣那样的讴吟情性与朴素的语言游戏的动机，而且有突出的个人表现的灵性与才情、显示艺术创造力的动机。钟嵘《诗品序》曾经对齐梁时期诗歌艺术普及之后，诗人追求、较量诗艺的情形作过生动的描写：

> 使穷贱易安，幽居靡闷，莫尚于诗矣。故词人作者，罔不爱好。今之士俗，斯风炽矣。才能胜衣，甫就小学，必甘心而驰骛焉。于是庸音杂体，人各为容。至使膏腴子弟，耻文不逮，终朝点缀，分夜呻吟，独观谓为警策，众睹终沦平钝。次有轻薄之徒，笑曹、刘为古拙，谓鲍照羲皇上人，谢朓今古独步，而师鲍照，终不及"日中市朝满"；学谢朓，劣得"黄鸟度青枝"，徒自弃于高明，无涉于文流矣。观王公缙绅之士，每博论之余，何尝不以诗为口实，随其嗜欲，商榷不同。淄渑并泛，朱紫相夺，喧议竞起，准的无依。①

钟氏在《诗品序》开端这一段中，首先阐述了诗歌创作的发生原理，诗发生于人们因自然界与社会生活的种种感触、遭遇而形成的抒情愿望，并且能使"穷贱易安，幽居靡闷"。也就是说，个体的诗歌创作，与群体的诗歌创作一样，都是服从于充分的抒情规律。但除了这一抒情规律之外，徒诗较之自然形态的歌谣，更易形成一种群体创作风气，形成一种较艺的风气。其实，在民间歌谣艺术方面，歌手之间也是有较量艺术的动机的，但是歌谣的较艺，主要是一种歌唱艺术的较艺，虽然也有修辞的因素，但不是主要的；并且，在古代的场合，歌声稍纵即逝，如果不凭借特殊的媒体，这种较艺只能存在于一个很短的时间与很小的空间之中。徒诗作为一种书面写作的文学，凭借文字的记录与文献的传播，完全超越这种局限，使得这种较量艺事成为存在于更广大的时间与空间中的社会事件。另一方面，在徒诗创作中，歌唱艺术与音乐艺术方面的较量已经不存在，徒诗的音乐因素也属于其修辞艺术的一部分。在中国古代，诗歌的吟咏方式，对于创作与传播有一定的影响，但是我们不能夸张这种作用。人们用来衡量一首徒诗的艺术，只是看文本，与临时性的诵读、吟咏毫无关系。所谓"三分诗七分吟"的故事，正说明诗人们的较量只在诗歌艺术本身，不像歌手的较量在于歌唱艺术，也不依靠某种曲调。所以徒诗的较量，是一种纯粹的语言艺术的较量，没有受时间与空间局限的音乐的因素。也正因为这样，只有到了徒诗系统中，纯粹的诗歌艺术才能得到一种无止境发展的可能性。

但是，徒诗艺术的这种无止境的发展，也会带来某些消极的因素。这种消极因素的最常见的表现就是因为片面追求修辞艺术、片面重视形式技巧，而削弱了诗歌艺术的

---

① 陈延杰：《诗品注》，北京：人民文学出版社，1980年，第3页。

抒情本质。这时候，一些有识之士，常常提出诗歌史上的一些经典的歌谣与乐章来启示人们重新认识诗歌的本质；同时在创作中，也会适时地采用当代的一些歌谣、乐章来打破徒诗发展过度形式化的僵局。比如，中古的文人诗经过了晋宋时代的发展，形成了一种过度的修辞化的风格，诗歌的音乐性、抒情性受到了削弱，形成"疏慢阐缓，膏肓之疾，典正可采，酷不入情"的作风①。齐梁的一部分诗人，适时地采用了吴声、西曲的歌曲风格来改革晋宋诗风，在理论上也提出"杂以风谣，轻唇利吻"的主张②。同样，唐人对国风与汉乐府的整体重视，也是为了从乐章与歌谣中体会诗歌的本质。国风与乐府甚至被奉为文人诗学习的经典。这一切，都是因为徒诗虽然是诗歌艺术的最高形态，但歌谣与乐章却体现了诗歌艺术的最自然、最普遍、最永恒的一种形态。事物的起源，总是与事物的本质联系在一起的，所谓起源，其实就是本质的一种体现。从方法论上说，我们体认、探讨一种事物的本质，最可取的做法不是从它的高级发展形态中寻找，而是应该从它的最自然、最原始的形态中寻找。因为在事物的原始形态中，本质是整个地呈现出来的，可以说，本质的第一次呈现，就是事物的形成，所以，发生学与原理学往往是联系在一起了，歌谣与乐章对于诗歌史研究的重要性，也在于这里。

徒诗与徒歌都是以文学为第一性的，乐章则是以音乐为第一性。从这个意义上说，徒诗可以视为原始的徒歌的一种回归，在形式上也有某种相似性。这种徒诗与徒歌的关系，体现了口头文学与书面文学的关系。这也是值得深入研究的③。但从诗歌史发展的进程来看，我们可以看到，在徒歌与徒诗之间，有乐章这个重要的环节。据此也可以说，徒诗是在更高级的阶段上回复了徒歌的功能与体性，在这里我们看到了人类诗歌的一致性。

余　　论

上面我们分别阐述了歌谣、乐章、徒诗这三个诗歌史的基本分野。从诗歌艺术的发展来讲，这三个分野具有某种历时性，即从歌谣到乐章再到徒诗，体现了人类诗歌发展的一般规律。但从诗歌艺术的形态来讲，它们又是并时存在的。在徒诗创作系统形成之后，歌谣与乐章仍然存在着，并且其存在的普遍性与恒久性，似乎都非徒诗可比。另外，徒诗系统是不断嬗替的，当一种徒诗系统发展到比较高的程度后，就会有新的徒诗系统从乐章系统中发展出来。在我国古代，继汉魏乐府产生文人五七言诗徒诗系统之后，词与曲的系统，都分别经历了从乐章到徒诗的发展历史。甚至戏曲中也出现了主要供案头欣赏的一种类型，借用文人诗的概念，似乎可以称为文人戏曲，或者前人所说的案头剧。现代的新诗创作中的歌谣派，也曾试图从歌谣中发展出一种白话诗体，同时新诗与现代流行歌曲的交互影响的现象也十分突出。这些现象都说明从歌谣、乐章到徒诗，是诗歌史发展的一种基本规律。对这一规律的理解，不仅为诗歌史研究提供着重要的线索，使诗歌史研究更加自觉化，而且对于诗歌创作，比如我们今天面临的新诗发展

---

① 萧子显：《南齐书·文学传论》，北京：中华书局，1974年，第908页。
② 萧子显：《南齐书·文学传论》，北京：中华书局，1974年，第908-909页。
③ 顾颉刚《论〈诗经〉所录全为乐歌》一文，论述到徒歌与徒诗在抒情方式、文体等方面有某种相同表现，而与乐章不同。参见《顾颉刚民俗学论集》，第257、258等页。

的问题，也有重要的启示作用。

　　从诗歌史的研究来看，歌谣、乐章、徒诗这三个分野的关系是密切而又复杂的。我们这里讲的都还是属于一般规律与基本分野的问题。其实在涉及具体的诗歌系统与诗歌作品时，三者的分野往往是很复杂的。比如，我们这里所说的徒诗的概念，只是从创作与产生的形态上说的，其实文学史上的歌谣与乐章，在其脱离了原生的环境，成为一种传世的文献之后，在功能上也已经变成徒诗的一种。另一方面，一部分的徒诗，在传播的过程中也会被乐章所采用，如唐代的声诗，就是属于这种情形。徒诗不仅有成为乐章的情况，甚至作为诗歌的高级形态的个体诗人的徒诗，有时在传播过程中也会因为其适俗性强而逐渐成为一种大众的诗歌，甚至著作权被模糊。这种情况，实际上是徒诗的歌谣化。在唐宋时期是存在着这种现象的。一部分文人诗，由于在民间流传广泛而成为俗诗之种。事实上，我们看到，在民间的说唱、评书、戏剧中，文人的诗歌是被大量配以小曲来演唱的。同样，在宋元话本小说中，也大量使用文人诗，有些说到作者的名氏，大部分则被当作无名氏之作来使用。这种情况，可以说就是徒诗的歌谣化。此外，民间对联，有学者也认为是民间文学的一种[①]。我们知道，民俗性的春联、婚联、挽联、墓联之中，也有大量采用以往的文人诗句的。可以说，个体的诗歌，在这种民俗的文化中，重新被熔化为一种群体的诗歌。这正是人类诗歌的本质性作用的结果。

　　将诗歌进行分野，目的不在于研究上的分治，而是通过分野达到一种整体性的诗歌史视野，因为只有通过将诗歌分为歌谣、乐章、徒诗三大分野，才能完整地把握诗歌史的全部，并明了全部中各局部的联系。同时也只有通过这种研究，才能将根据各种时间与空间而形成的具体诗歌史研究与一般的诗歌学理论及比较诗学的研究联系起来，形成一种真正意义上的诗歌学。

原载《中山大学学报（社会科学版）》2011年第1期

[①] 参见段宝林：《中国民间文学概要》，北京：北京大学出版社，2002年。

黄庭坚诗注的形成与黄䇸《山谷年谱》

——以真迹及石刻的利用为中心

[日] 浅见洋二

在宋代,文人们自发而有意识地开始了别集的整理编纂。伴随着这一工作的开展,对别集的注释也同时产生了。不仅是杜甫、韩愈等宋代以前的文人,苏轼、黄庭坚等宋代文人的别集也被加以注释。宋代别集的注释,特别是苏轼、黄庭坚诗的注释所表现出来的特征之一,就是对"真迹(墨迹)""石刻(石本)"等作者的亲笔原稿或相当于此类文本的利用。宋代的注释者们基于这样的文本,对诗的题目及本文的异同进行检讨;同时亦对作品的定本(最终稿)是如何制定的问题加以讨论。

宋代别集注释所表现出来的这一倾向,以及从中体现出相关的文献学、文学论上的特质,笔者已在《由"校勘"到"生成论"——有关宋代诗文集的注释特别是苏黄诗注中真迹及石刻的利用》[①](下文引及时简称"别稿")中,以苏轼和黄庭坚诗的注释为例作过考察。其中,在论及南宋前期黄庭坚诗的整理、注释史时,对与任渊的《山谷内集注》、史容的《山谷外集注》、史季温的《山谷别集诗注》等并肩而列的黄䇸的《山谷年谱(山谷先生年谱)》所具有的重要意义也曾作过些许说明。本文将探讨黄䇸编写的《山谷年谱》与任渊等所作的黄庭坚诗注的关联,同时对黄庭坚诗的真迹、石刻(含石刻拓本)在诗注中被如何利用,及诗注中所表现出来的文献学的倾向等问题进行考察。

一、黄庭坚诗的整理、注释史与黄䇸《山谷年谱》

黄庭坚(号山谷,1045—1105)的诗文,在其死后不久就于建炎二年(1128)经洪炎之手整理为《山谷内集(豫章黄先生文集)》三十卷刊行。其后,《内集》所遗漏的作品由李彤整理而成《山谷外集》十四卷,推测于建炎、绍兴年间(1127—1162)成书。而《内集》《外集》均未收之作品又经黄䇸整理而成《山谷别集》二十卷,有淳熙九年(1182)的自跋。此三集是诗文合集,诗歌部分的编排采取了古体、近体的分体形式[②]。与诗文集的编纂同步,诗歌的注释本也进行了编纂。首先,任渊以《内集》

---

① 中文稿载于"国立"东华大学中国语文学系《东华汉学》第8期,2008年12月;日语修订稿载于东洋史研究会《东洋史研究》第68卷第1号,2009年6月。

② 本稿中《内集》以《四部丛刊初编》本《豫章黄先生文集》为底本,《外集》《别集》以《文渊阁四库全书》本《山谷全书(山谷集)》为底本。

所收诗为对象，编纂了《山谷内集诗注》二十卷。虽附有政和元年（1111）的自序，而得以刊行的时间却是在绍兴二十五年（1155）前后。其次，史容以《外集》所收诗为对象，编纂了《山谷外集诗注》十七卷。有嘉定元年（1208）钱文子所作序。淳祐十年（1250），此集之修订本得以刊行。最后，史容之孙史季温以《别集》所收诗为内容编纂了《山谷别集诗注》二卷，成书年代不详。此三种注本皆未进行古体、近体诗的区分，而是采取了以创作年代的顺序对作品进行排列的编年形式①。如果以成立的先后对以上六种集本进行排列的话，就是以下的顺序②：洪炎编《内集》→李彤编《外集》→任渊注《内集诗注》→黄𮫨编《别集》→史容注《外集诗注》→史季温注《别集诗注》。

　　黄𮫨编《山谷年谱》三十卷成书于庆元五年（1199）。撰者黄𮫨（1150—1212），字子耕，号复斋，为黄庭坚表弟黄叔敖之孙，亦是《山谷别集》的编者。《年谱》《别集》之外，尚编撰有《黄文纂异》一卷。黄𮫨所编的《年谱》是在《内集》《内集诗注》《外集》以及其自己编纂的《别集》等成果的基础上而产生的。其成果亦为之后的《外集诗注》《别集诗注》所继承。可以说它是一部位于黄庭坚诗文的整理、注释史转折点上的重要著作③。

　　黄𮫨《年谱》的重要性体现在哪些方面呢？其一，正如在《年谱》自序中所叙述的"悉收豫章文集、外集、别集、尺牍、遗文、家藏旧稿、故家所收墨迹与夫四方碑刻、它集议论之所及者"那样，它广泛地参照采录了有关黄庭坚的各种文献资料。在自序所列举的各种文献资料中，本稿特别注目于真迹（墨迹）、石刻（碑刻）之类的资料。在《年谱》中，黄庭坚的真迹、石刻是怎样被利用的呢？且暂举绍圣元年十月一条（卷26）为例观之："今以先生前后书尺真迹石刻及彭泽池阳题名等，一一参考以月日，是岁先生自分宁赴宣城，舟行由海昏过城下赴官道间得祠。"这一年，奉命出任宣州（今安徽省宣城）的黄庭坚，由故乡分宁（江西省修水县）出发前往宣州赴任，路经海昏县（江西省永修县）到达洪州（江西省南昌）时，接到了朝廷授其为管勾亳州明道宫前往

---

① 三种黄庭坚诗注以《山谷诗集注》（光绪年间义宁陈氏景刊覆宋本，台北：艺文印书馆景印，1969年）为底本。但是，根据刘尚荣校点《黄庭坚诗集注》（北京：中华书局，2003年）以及黄宝华点校《山谷诗集注》（上海：上海古籍出版社，2003年）进行了部分文字的改动。另外，本稿中对《内集》和《内集诗注》、《外集》和《外集诗注》、《别集》和《别集诗注》的关系不作涉及，关于所收录的诗作的文本并不存在大幅度的字句差异，以下的论述以此为前提。

② 有关《外集》和《内集诗注》的先后，因为《外集》成书时期不明所以很难确定。在此从《内集诗注》卷20中《乞钟乳于曾公衮》诗的目录注引用被认为是《外集》的《豫章后集》的一事中，断定《内集诗注》的最终成立是在《外集》之后。但是，《内集诗注》的初稿被认为是于《外集》之前成立的。

③ 《山谷年谱》以《文渊阁四库全书》本《山谷全书（山谷集）》为底本。但是，根据吴洪泽、尹波主编《宋人年谱丛刊》（成都：四川大学出版社，2003年）第4册所收曹清华校点本做了部分文字的改动。另外，有关黄庭坚的各种诗文集以及《年谱》参照了大野修作《黄庭坚集的刊本》（《鹿儿岛大学文科报告》第19号第1分册，1983年）；祝尚书《宋人别集叙录》（北京：中华书局，1999年）；笕文生、野村鲇子《四库提要北宋五十家研究》（东京：汲古书院，2000年）；王岚注《宋人文集编刻流传丛考》（南京：江苏古籍出版社，2003年）；黄宝华点校《山谷诗集注》所揭载书籍之《前言》等。

开封府的命令（黄庭坚前往开封，是为了接受有关他本人曾参与编修的《神宗实录》的查问）。对于这其间的经纬，黄䎱说自己是以"书尺""真迹""石刻"以及其路经彭泽（江西省彭泽县）、池州（安徽省贵池县）时所书写的"题名"等文本为依据，按时间推移对其逐一进行了考证的。如此利用真迹、石刻等材料的态度，同样可以在黄䎱《别集》的编纂中看到。在《别集》自跋中黄䎱提到"凡真迹藏于士大夫家及见诸石刻者，咸疏于左"，对编纂过程中将有关黄庭坚"真迹""石刻"的注记附在作品之后的做法进行了说明①。实际上，在《别集》中附有"右真迹藏于某氏""右石刻藏于某氏""右家藏真迹""右家传"等注记的例子是为数不少的。

在利用黄庭坚的真迹、石刻这一方面，黄庭坚的同族后裔之身份给黄䎱提供了方便，拥有接触"家藏（传）"的真迹、石刻资料的便利条件。《别集》所附的注记亦多次记述了是以"家藏"资料的文本为依据的。关于《年谱》，诚如崇宁二年十二月一条（卷29）"今以先生《跋苦寒吟》考之，其跋云……此真迹见藏晋陵尤氏"所记述的那样，参照别人（此处指尤袤）所藏文本的例子也有。但是如元符三年五月一条（卷27）"按家藏先生与道微使君手书真迹云……"、同年五月己卯一条（卷27）"按家藏先生书老杜诗真迹跋云……"、崇宁四年九月三十日一条（卷30）"家藏先祖亲笔日记……"所表现出来的，参照"家藏"文本的例子依然占多数。

黄䎱的《年谱》，作为年谱的一种，无疑是以按照时间顺序整理明示黄庭坚事迹及作品为目的的著作。因此，如前所列举的绍圣元年十月一条的内容那样，真迹、石刻之类首先是被作为能够有助于实现这一目的的文本来利用的。然而，黄䎱的《年谱》又是超越了单纯的年谱范畴的著作，在真迹、石刻的利用方面也呈现出多样性。特别值得注目的是，这些资料是作为有助于黄庭坚作品（特别是诗）的整理、注释方面的文本来利用的。正是因为这一点，才使《年谱》得以与任渊《内集诗注》、史容《外集诗注》、史季温《别集诗注》等黄庭坚诗的各种注本相提并论。黄䎱《年谱》以及任渊、史容、史季温等注本中黄庭坚诗的真迹、石刻是如何被利用的呢？以下将试图从这些著作的相互关联处着眼，对其加以探讨②。

二、任渊《山谷内集诗注》与黄䎱《山谷年谱》

对洪炎所编《内集》进行注释的任渊《山谷内集诗注》，是现存最古的黄庭坚诗注本，也成为其后所编各种黄庭坚诗注本的典范之一。任渊《内集诗注》的成果亦为黄䎱《年谱》所吸收。例如，《年谱》卷7关于《古风二首上苏子瞻》诗的"蜀本诗集任氏旧注云……"的记载就是引用了《内集诗注》卷1目录注的内容，同时还可以从"右二诗，蜀本诗集任氏所注方始于此，其考证已为之者，悉从其旧"的说明中，了解到《年

---

① 《文渊阁四库全书》本《别集》中没有记载自跋。此处以刘琳、李勇先、王蓉贵校点《黄庭坚全集》（成都：四川大学出版社，2001年）附录《豫章别集跋》（嘉靖本《豫章别集》卷末）为底本。

② 《年谱》中整理年序的主要作品对象是诗、赋和楚辞。此外的各种文体基本是列为对象外的。一部分的书简等也仅是作为考证的资料而引用的。

谱》中有关黄庭坚的事迹、作品的年序等，基本上是依据任渊注本所考证的事实①。正如《年谱》卷1中所言"蜀本诗集任氏所注，搜校之功不为小补"，黄䇹对任渊注本特别是其"搜校之功"给予了很高的评价。

《年谱》是以对黄庭坚诗进行编年为主要目的而编纂的著作，任渊注本也是在这一方面独具特色的著作。因此两者的继承关系首先就体现在编年考证这一点上。虽然可以认为《年谱》的编年基本上是以任渊注本为基础的，但是也能够看到很多对于任渊注本的编年的修正。其中尤为值得注目的是，以黄庭坚的真迹、石刻为基础对任渊注本的编年进行修改的例子。例如，有关《效王仲至少监咏姚花用其韵四首》（卷25），《年谱》中有这样的注记："按此诗蜀本置之三年。按先生有手书真迹，此前后二首跋云：'元祐四年春末，偶入窦高州园。园中阒然，花之晚开者皆妙绝……仲至作四咏，因同韵作……今移附于此。'"《内集诗注》卷9将其作为元祐三年的作品，而《年谱》根据黄庭坚的"手书真迹"（亲笔原稿）的跋文，将其改定为元祐四年的作品。其次，有关《跋子瞻和陶诗》（卷28），《年谱》提到："先生有真迹石刻题云：'建中靖国元年四月，在荆州承天寺观此诗卷，叹息弥日，作小诗题其后。'……蜀本载之崇宁元年，今移附于此。"《内集诗注》卷17将其作为崇宁元年的作品，而《年谱》根据"真迹石刻"（真迹的石刻拓本）的题目将其改定为建中靖国元年。这些都是以任渊没有参照的真迹、石刻文本为资料的注记。

以上，从有关黄庭坚诗的编年考证方面考察了《年谱》和任渊注本的关联。然而，《年谱》不是单纯地停滞在年谱范畴内的著作，它同时也对黄庭坚诗进行了整理、注释，换个角度说，即它是对黄庭坚诗的文本进行文献学探讨的著作②。如果从文献学检讨这一角度来看，黄䇹《年谱》具有什么样的特点呢？以下，就从其与任渊注本的关联出发来进行探讨。

任渊注本在有关黄庭坚诗文本的探讨上也积极地利用了真迹、石刻，其成果亦为《年谱》所继承。有关于此的典型事例已经在别稿中进行了列举。在此，试举《年谱》中其他二例。首先，在关于《寄黄几复》（卷18）一诗中，是这样注记的："按《成都续帖》先生草书此诗跋云：'时几复在广州四会，予在德州德平镇。皆海濒也。'"③这里引用了黄庭坚"草书"帖（可以说其相当于亲笔原稿或是类似于此的文本）的跋文。而此处引用的文本，亦为《内集诗注》卷2所收本诗的第一二句诗注中所提及。此外，在关于《次韵几复和答所寄》（卷22）一诗中，可以看到这样的内容："先生有此诗真迹跋云：'丁卯岁，几复至吏部改官。追和予丁丑在德平所寄诗也。'"这里所引的"真迹"的跋文，与《内集诗注》卷8此诗目录注中所引的属于同一文本。以上所举二例中，任渊注虽然只是使用了"山谷尝有跋云""山谷旧跋此诗云"等说法，并未见"草书""真迹"等词语，但如果以《年谱》的记载为基础的话，亦可以看作其是指真

---

① "蜀本诗集任氏旧注"是指在蜀地刊行的任渊《内集诗注》。任渊、史容、史季温都是蜀地人。当时蜀地是黄庭坚集的整理、刊行的中心地之一，各种黄庭坚集的"蜀本"都有所出版。

② 在宋代诗文集注中，对于以"校勘"为代表的有关诗文文本进行文献学的探讨所占有的重要的地位，笔者已在别稿中进行过论述。

③ 《成都续帖》未详。或许是指在蜀地刊行的法帖之类。

迹之类吧。

　　下列有关《年谱》的记载亦可以说是继承了任渊注本的内容，但是，其和任渊注本之间还是存在着些许差异。比如关于《王才元惠梅三种皆绝妙戏答三首》（卷23）："先生有此诗跋云：'州南王才元舍人家有百叶黄梅绝妙。礼部锁院，不复得见。开院之明日，才元遣送数枝，盖是岁大雨雪寒甚，故梅亦晚开耳。'又一跋云：'元祐初，锁院礼部，阻春雪，还家已三月。王才元舍人送黄红多叶梅数种，为作三诗，付王家素素歌之。'今玉山汪氏有先生三诗真迹，如'城南名士遣春来'作'佳士'，'百叶细梅触拨人'作'苦恼人'。按《王立之诗话》，'触拨'字初作'苦恼'，其后改焉。"①此处引用了黄庭坚的跋文（有可能为其亲笔所书）。这些跋文，亦在《内集诗注》卷9所收该诗的第一首后注中有所引用。然而，"今玉山汪氏有先生三诗真迹……"的部分是任渊注本所没有的记载。另外，关于《颐轩诗六首》（卷25）："按家藏此诗真迹序云：'元祐四年正月癸酉。'又有与君素手书云：'颐轩诗，久草成。以真不工，久未写去。今漫遣，不知可意否。'后题'二十一日'。"这里引用了家藏的真迹和书简。关于此诗，任渊在《内集诗注》卷11的目录注中提到"张方回家本有此诗序云：'元祐四年正月癸酉黄某序'"，以再引用"张方回家本"的形式记载了序文中的一部分，并没有提及黄庭坚写给颐轩主人高君素（未详）的书简②。

　　上面所举的二例，不仅说明《年谱》并不只是单纯的对任渊注本的继承，同时也表明了对新发掘文本的重视，特别是增加了有关家藏真迹之类的资料。像这样利用了任渊所没有参照过的文本，可以说是《年谱》最大的功绩。这一点也是黄㽔所自负的。《年谱》卷1关于《溪上吟》《清江引》诗的记载中说到："右二诗见《豫章外集》，其后如《叔父幼子晬日》诗，则又《别集》所载。今蜀本止用《文集》，亦恐家藏遗稿及士大夫之所藏者，蜀中或未尽见。"③"蜀本"指任渊注本。《溪上吟》《清江引》二篇不属《文集》（即《内集》），是《外集（豫章外集）》所收（《外集》卷1、《外集诗注》卷1）作品，所以是以《内集》所收诗为对象的任渊注本的范围之外的作品。在引用的后段中黄㽔是这样说的：任渊或许没有能够充分看到黄氏家藏或者是其他士大夫所藏的遗稿吧。这可以说正是其对自己比任渊掌握了更多这样的资料的自负之语。

　　实际上正如下面所举的那样，有关《内集》所收诗作，《年谱》参照引用了任渊注本没有参照的刊本的例子是为数很多的。现于题下附注《年谱》和收录该诗的任渊注本

---

①　诗题《王才元惠梅三种皆妙绝戏答三首》在任渊本中作《出礼部试院王才元惠梅花三种妙绝戏答三首》。真迹所藏者"玉山汪氏"是指汪应辰或其同族。"王才元"指王械，《王直方诗话》著者王直方（字立之）的父亲。《王直方诗话》亦为任渊注所引，其记事是以真迹为基础之事，通过《年谱》得以证实。另外，任渊注中在引用跋文之后有"宗室赵子湜家有此录本，惜其翰墨不可复见，因附于此"的说明，对《年谱》没有言及的文本作了提及。此处也可以看到两者之间的相异之处。

②　"张方回家本"是指张渊（字方回，黄庭坚妹婿之孙）所编的集本，是成就任渊注本基础的集本（疑其为编年形式），在任渊注本中被广为言及。所引的《与素君手书》各种黄庭坚集中均未收。像这样，《年谱》采录多数集本未收的书简，仅从文献角度上来看也是重要的著作。

③　《叔父幼子晬日》诗即为《别集》卷1以及《别集诗注》卷上所收的《夷仲叔父幼子晬日》（《别集诗注》题为《嗣深尚书弟晬日》）。

的卷数：

《题山谷石牛洞》（《年谱》卷11，《内集诗注》卷1。下均简表卷次）：

先生有真迹石刻题云："题山谷寺石桥下。"

《子瞻继和复答二首》（卷19，卷3）：

先生有此诗墨迹题云："有闻帐中香，疑为熬蝤者，辄复戏用前韵。愿勿以示外人，恐不解事者或以为其言有味也。"①

《送郑彦能宣德知福昌县》（卷20，卷3）：

先生有此诗真迹跋云："吾友郑彦能今可为县令师也。以余寒乡士，不能重之于朝。故作诗赠行，以识吾愧。元祐元年丙寅，黄庭坚题。"②

《僧景宗相访，寄法王航禅师》（卷21，卷6）：

先生有此真迹石刻题云："因僧景宗还大法寺，寄航长老。"

《子瞻去岁春夏侍立迩英，子由秋冬间相继入侍，作诗各述所怀。予亦次韵四首》（卷21，卷7）：

先生有此四诗真迹题云："子瞻去岁春夏侍立迩英，子由秋冬间相继入侍，次韵四首，各述所怀，予亦次韵。"

《题画孔雀》（卷21，卷7）：

先生有此诗真迹石刻题云："题实师画孔雀。"

《题伯诗画顿尘马》（卷23，卷9）：

先生有此诗真迹题作"辗马"。今观诗句乃云："忽思马欲顿风尘。"则是"辗马"无疑。蜀中见有石刻。

---

① 此处所引墨迹之中"有闻帐中香，疑为熬蝤者，辄复戏用前韵"一节，为《内集诗注》卷3以及《内集》卷12中所收别的二首的诗题（但存在部分文字的异同）。另外，此处的二首《年谱》中没有关联记载。

② 史容《外集诗注》卷15所收《古意赠郑彦能八音歌》诗题下注中对此真迹有所言及。正如本稿第3节中所叙述，史容注本吸收了众多《年谱》的成果，这也是其中之一。

《出城送客过故人东平侯赵景珍墓》（卷25，卷11）：

> 按蜀本石刻真迹题云："春游偶到故人东平侯墓下。"①

《赵子充示竹夫人诗。盖凉寝竹器憩臂休膝，似非夫人之职。予为名曰青奴，并以小诗取之二首》（卷25，卷11）：

> 先生有此诗真迹，后一首题云："从赵端承议乞竹奴，俗所谓竹夫人者。"

《书磨崖碑后》（卷30，卷20）：

> 按先生有真迹石刻题云："崇宁三年己卯，风雨中来泊浯溪。进士陶豫、李格、僧伯新、道遵同至中兴颂崖下……三日，裴回碑次，请予赋诗。老矣，岂复能文？强作数语。惜秦少游下世，不得此妙墨劖之崖石耳。"

前面所述有关《效王仲至少监咏姚花用其韵四首》、《跋子瞻和陶诗》序跋的记载，也是可以将其列入此处所举的各例之中的。总之这里所引的黄庭坚真迹、石刻等文本在任渊注本中是没有记载的。

上面所举的《年谱》的记载，都是对相当于诗题、序跋文本的补充，或可说是提示其异文的内容。诗题、序跋是附属于诗本文的从属性文本。此类从属性文本与诗的本文相比，在集本的制定过程中被改定或排除的可能性是极高的。上面的记载记录了被改定或排除之前阶段所有的诗题、序跋的原形。以集本形式制定或刊行的文本带有一定的公认性，与此相对，可以说此处采录的诗题序跋等是具有一定隐私性质的文本。例如，上面所举的有关《子瞻继和复答二首》的记载中，就有黄庭坚写下的"愿勿以示外人，恐不解事者或以为其言有味也"之语。这正是在当时新旧两党格格不入的微妙政治局势下所做的隐私性发言。此类发言之所以从集本中被排除，在某种意义上可以说是理所当然的。将这些在集本中漏掉的文本尽可能收集利用，正是黄䉼《年谱》值得注目的地方，使其成为进一步深化并发展任渊注本的著作。

同样的情况在下面的二例中亦可以看到。《年谱》卷26收录的题为"杨明叔惠诗，格律词意皆熏沐去其旧习。予为之喜而不寐（石刻有'然'字）。文章者道之器也，言者行之枝叶也。故次韵做四诗报之，耕礼义之田而深其末（石刻作'本'字）。明叔言行有法（石刻作'物'），当官又敏于事而恤民，故予期之以（石刻作'故相期以'）远者大者"的诗就是其中之一。此诗在《内集诗注》卷12中题为《次韵杨明叔四首》，《年谱》中上述作为题目的内容被作为序文而揭载（但是《内集》卷6与《年谱》题目

---

① "蜀本石刻真迹"未详。此处的"蜀本"可以认为是异于任渊注本的别的文本，亦有可能是指在蜀地出版的黄庭坚的法帖之类。

相同)。首先在诗题上任渊注本和《年谱》是不同的,但并不是仅限于此。关于上面的诗题或是序文,《年谱》对任渊注本没有参照过的石刻文字的异同(即括号中插入的内容),采用小字双行的形式进行了注记。此外,《年谱》还加入了"按蜀本石刻真迹止写前两篇,题作《故次韵作二颂以为报》。而第三篇却别题为"荐辱明叔佳句,又作一颂奉报。老人作颂不复似诗,如蜂采花但取其味可也"的叙述,对"蜀本石刻真迹"所见诗题的异文进行了记录。而任渊注本并没有与此关联的记载。

另外,同样在《年谱》卷26中,上述《杨明叔惠诗……》的其次,题为"庭坚老懒衰堕(石刻作'老衰懒堕'),多年不作诗,已忘其体律。因明叔有意于斯文,试举一网而张万目。盖以俗为雅,以故为新,百战百胜。如孙吴(石刻作'孙武吴起')之兵,棘端可以破(石刻作'当')镞。如甘蝇飞卫之射。此诗人之奇也。明叔当自得之。公眉人,乡先生之妙语振耀(石刻作'惊')一世。我昔从公(石刻作'盖从此公')得之,故今以此事相付"的诗亦可以为例。此诗在《内集诗注》卷12中题为《再次韵》,上面所举的题目作为序文揭载(但是《内集》卷6与《年谱》题目相同)。关于此诗题或序文,《年谱》中亦同样以注记形式插入了任渊注本中没有参照过的石刻异文。在此之上还进行了"按蜀本石刻真迹添前篇第四首,却题云《再和二颂并序》"的叙述,对"蜀本石刻真迹"文本中《杨明叔惠诗……》第四首诗在此作第二首,诗题亦相异之事(因其为二首故作"二颂")作了指摘。

以上所举《年谱》所引用的真迹、石刻的文本,都是诗题、序跋之类,并没有涉及到诗的本文。而下面所举的记载中所引用的真迹、石刻都是有关诗的本文的。这都是任渊注所没有参照过的文本。

《赣上食莲有感》(《年谱》卷12,《内集诗注》卷1):

先生有此诗真迹稿本,谨附录于后:"莲实大如指,分甘念母慈……实中有么荷,拳如小儿爪……投箸去未能,窃禄以怀惭……食莲虽云多,知味良独少……安得免冠绂,归制芙蓉裳。"今集中亦有数字不同。①

《次韵子由绩溪病起被召,寄王定国》(卷18,卷2):

先生有此诗真迹稿本云:"种萱盈九畹,苏子忧国病……仍怀阻行舟,风水蛟鳄横……上书抵平津,蠹稿尚记省……天聪四门辟,国是九鼎定……西走已和戎,南还无哀郢。不图西逐臣,朝缰天街并……行当把书伝,载酒求是正。端如尝橄榄,苦过味方永。"②

---

① 现行任渊注本的本文"爪"作"手","投箸去未能,窃禄以怀惭"作"甘飧恐腊毒,素食则怀惭","虽云多"作"谁不甘","免冠绂"作"同袍子"。关于与《内集》的异同也和任渊注本几乎是同样的,但依然有些许差异(有关详细在此割爱不示,以下皆同)。

② 任渊注本本文"行舟"作"归舟","尚"作"初","国是"作"国势","南还"作"南迁","不图西逐臣"作"谁言两逐臣","把"作"怀"。

《再次韵四首》（卷21，卷7）：

　　先生有真迹题云："子由作四绝句，书起居郎时入侍迩英讲所见，辄以所闻次韵。"按第二篇首句"风根倒影日光寒"，先生真迹石刻作"风根倒竹影光寒"，政合《春明退朝录》所云降儒殿在迩英阁后丛竹中故事。①

《睡鸭》（卷21，卷7）：

　　先生有此诗真迹石刻，首句"山鸡照影"作山鸡临水。②

《往岁过广陵值早春，尝作诗云："春风十里珠帘卷，彷佛三生杜牧之。红药梢头初茧栗，扬州风物鬓成丝。"今春有自淮南来者道扬州事，戏以前韵寄王定国二首》（卷22，卷7）：

　　先生有此诗真迹云："后数年，京师尘土中，客有自扬州来，交继久之，道王定国事，因用前之字韵作二小诗寄定国。"按石刻第二诗"日边"作"目边"③。此诗后又书云："王晋卿数送诗来索和，老懒不喜作。此曹狡猾，又频送花来促诗。戏答'花气薰人欲破禅，心情其实过中泉。春来诗思何所似，八节滩头上水船'。"今集中偶不载，因附于后。

《次韵子瞻寄眉山王宣义》（卷23，卷9）：

　　先生有此诗真迹稿本云："参军但有四立壁，初无临江千木奴……鹡鸰作裘初服任，猩血染带邻翁无。昨来杜鹃劝归去，更得把酒听提壶……社瓮可漉溪可渔，更问黄鸡肥与臞……"④

《跋子瞻和陶诗》（卷28，卷17）：

　　先生有真迹石刻……"子瞻谪岭南，彭泽千载人"作"渊明千载人"，"气味乃相似"作"风味乃相似"。⑤

---

① 任渊注本本文作"风根倒影日光寒"。此诗是前面揭载《子瞻去岁春侍立迩英……》诗的续篇。宋敏求《春明退朝录》卷上有"迩英阁，讲讽之所也。阁后有隆儒殿在丛竹中"的记载。
② 任渊注本本文作"山鸡照影"。
③ 任渊注本本文作"日边"。
④ 任渊注本本文"任"作"在"，"更得"作"更待"。其他"鹡"作"鹈"，"臞"作"瘦"。另外，诗题作《次韵子瞻以红带寄王宣义》（但是目录中诗题与《年谱》相同）。
⑤ 任渊注本本文各作"彭泽千载人""风味乃相似"。在《年谱》记载中"子瞻谪岭南，彭泽千载人"的部分"子瞻谪岭南"之后疑有文字脱落，或者此五字为衍字。

前面揭载的关于《王才元惠梅三种皆妙绝戏答三首》诗的"玉山汪氏"所藏真迹的记载亦可以列入这些例子之中。总而言之，这里所引用的文本都包含有与现行任渊注本（以及《内集》）所收诗的本文相异的字句（《再次韵四首》《往岁过广陵……》等除本文的异文之外，诗题的异文、跋文之类亦有所引用）①。

从以上所举的《年谱》中关于黄庭坚诗的真迹、石刻的记载中所能够看到的，就是尽力保存黄庭坚诗的文本所有的多样性和力求将其流传后世的姿态。这样的姿态通过宋代诗文集的整理、注释是或多或少地能够体现出来的。而黄䇲《年谱》在彻底实践这一编纂态度上可以说是出类拔萃的著作。

三、史容《山谷外集诗注》与黄䇲《山谷年谱》

史容的《山谷外集诗注》是对李彤编《外集》卷1至7所收诗所做的注释（《外集》卷11至14所收诗除外）。当初是十四卷，史容其后将其改编为十七卷。十四卷本继承了《外集》的古体、近体的分体形式，而十七卷本则是纯粹的编年形式。本稿以十七卷本为探讨对象②。史容《外集诗注》为黄䇲《山谷年谱》之后所编，吸收了《年谱》众多的成果。前节中主要对从任渊注本到《年谱》的继承关系做了检讨，本节则将尝试对从《年谱》到史容注本的继承关系做检讨。以下所引用的史容注没有特别说明时均作题下注。

史容注本亦和任渊注本一样，是为黄庭坚诗编年而作的倾力之作。《年谱》的成果首先在其编年考证方面被吸收继承。例如，关于《溪上吟》（卷1）的"按黄䇲年谱载赵伯山《中外旧事》云……"、关于《冲雪宿新寨忽忽不乐》（卷2）的"又按黄氏年谱云……"的注记等，以引用《年谱》的形式进行编年考证的例子是很多的。当然，《外集诗注》和《年谱》之间在编年上的异处也是有的（共有十七题左右的诗的编年进行了改定），但基本上可以认为它是在《年谱》的框架上成立的。其中利用《年谱》所举的黄庭坚的真迹、石刻的例子也是可以看到的。例如，关于《次韵答叔原会寂照房呈稚川》（卷7）的"按山谷石刻《次韵王稚川客舍》题云：'王弼稚川元丰初调官京师'"、关于《古意赠郑彦能八音歌》（卷15）的"山谷有此诗真迹跋云'吾友郑彦能今可为县令师也……元祐元年壬寅黄庭坚题'"的注记，分别是将《年谱》卷11以及卷20所引用的真迹、石刻作为编年考证的数据进行利用的内容③。

史容注本在编年考证上的成就固然很重要，而特别值得注目的是其对黄庭坚诗的文

---

① 此外，虽非真迹之类，《年谱》卷23中所有的有关《题伯时画观鱼僧》诗"按旧本题云：'伯时作清江游鱼，有老僧映树身观之。'笔法甚妙。予为名曰：'玄沙畏影图。'并题数语云"的内容，是引用了《内集诗注》卷9所没有参照的"旧本"。

② 十四卷本《外集诗注》为《四部丛刊续编》所收。作为史容注本的补遗有清朝谢启昆编《山谷诗外集补》四卷，收集了史容注本所排除的《外集》卷11至14的作品。此为后世的著作，本稿不作涉及。

③ 但是，此处《年谱》中引用的真迹、石刻，是见于异于史容注本的别的诗注记载。前者即是关于《次韵王稚川客舍二首》（《内集》卷9，《内集诗注》卷1）的记载内容，后者即是关于《送郑彦能宣德知福昌县》（《内集》卷3，《内集诗注》卷3）的记载内容。史容注以转用《年谱》中关于同时期关联而作的别的诗的记载来利用于编年考证。

本在文献学上的探讨，尤其是在真迹、石刻的利用这方面体现出来的从《年谱》到史容注本的继承关系。正如别稿中列举的一部分例子所说明的那样，史容注本中以吸收《年谱》记载的黄庭坚诗的真迹、石刻的形式对黄庭坚诗文本的异同做检讨的注记是不少的。如《思亲汝州作》（《外集诗注》卷1）的史容注云："按黄氏《年谱》载，玉山汪氏有山谷此诗真迹题云：'戊申九月到汝州，时镇相富郑公。'……而首句与集中不同，云：'风力霜威侵短衣。'"①此外《太平州作二首》（卷17）的史容注云："黄䍐有家藏山谷真迹，前一首题云：'戏作观舞绝句，奉呈功甫兄。''片片梨花雨'作'细点梨花雨'。"呈示了以真迹为基础的诗题以及本文的异文，分别转载了属于《年谱》卷2以及卷29中该诗条所举的文本。以上二例明示了参照《年谱》的做法，史容注本中不经明示而引用《年谱》所举真迹、石刻文本的例子也有很多。以下就不厌其烦列举其例。题下附史容注本和《年谱》的相应卷数。此外，值得一提的是，史容直呼黄庭坚"山谷"（任渊、史季温亦直呼"山谷"），而黄䍐称其为"先生"，对于黄庭坚的态度是有差异的。史容注本和《年谱》的记载之间存在部分字句的差异，因其不影响文意，除却其中的一部分外，不作特别注记。

《乞猫》（《外集诗注》卷7，《年谱》卷10）：

  山谷手书此诗，题云："从随主簿乞猫。"

《题落星寺四首》（卷8，卷12）：

  山谷真迹，前二首题云："题落星寺。"第三首题云："题落星寺岚漪轩。"第四首题云："往与道纯醉卧岚漪轩，夜半取烛题壁间。"又有蜀本石刻，前一首题云："落星寺僧请题诗。"而首句作："游空天众有贾坠。"又"昼吟"作"昼倚"，"江撼床"作"波撼床"，"蜜房"作"蜂房"，"牖户"作"户牖"，"青云梯几级"作"虚空更几级"，"瘦藤"作"一藤"。而第四首石刻题作："醉书落星寺壁，时与刘道纯同饮，二僧在焉。"

《玉京轩》（卷9，卷12）：

  山谷有真迹跋语云："将旦起坐，复得长句，匆匆就竹舆，不暇写。岁行一周，道纯已凋落，为之陨涕。故书遗超上人，可刻石于吾二人醉处……元祐六年大寒，黄庭坚书。"

《发赣上寄余洪范》（卷9，卷13）：

---

① 真迹的所藏者"玉山汪氏"参照前揭第335页注①。

山谷真迹第三联却作："红衣传酒倾诸客，清夜中谈夸九州岛。"又有题名云："王诚之、柳诚甫、周道甫、魏伯殊、余洪范、徐适道、徐致虚、马固道、东禅惠老。"及诗一首："惠老有才气，往来三十年……"

《次韵郭明叔长歌》（卷14，卷17）：

案山谷真迹云："谨次韵上答知县奉议惠赐长歌，邑子黄庭坚再拜上。"其间不同者："何如高阳郦生醉落魄"作"都不如"；"蚓食而蝎跬"，"蝎跬"作"蜗跬"；"自可老斫轮"作"自奇老斫轮"；"公直起"作"公且起"；"黄花零落"作"零乱"。此帖见藏泉江刘荐家。①

《平原宴坐二首》（卷14，卷7）：

按蜀中刻山谷真迹，题作："平原郡斋。"而诗句小异，云："平生浪学不知株，江北江南去荷锄。窗风文字翻叶叶，犹似劝人勤读书。""成巢不处避岁鹊，得巢不安呼妇鸠。金钱满地无人费，一斛明珠薏苡秋。"②

《老杜浣花溪图引》（卷16，卷23）：

按《金陵续帖》，山谷有草书此诗，其间多不同。如"碧鸡坊西结茅屋，百花潭水濯冠缨"作"浣花溪边筑茅屋，百花潭底濯冠缨"，"空蟠"作"独蟠"，"探道"作"谭道"，"且眼前"作"但眼前"，"乐易"作"乐逸"，"园翁"作"田翁"，"皆去"作"皆出"，"酒船"作"江楼"，"无主看"作"烂漫列"，"解鞍脱"作"干戈解"，"不用"作"不愿"，"平安报"作"平安信"，"铺墙"作"铺壁"，"常使"作"长使"，"千古无"作"古今无"。③

《题大云仓达观台二首》（卷17，卷26）：

按山谷有手书石刻跋云："永利禅寺东偏，遵微径，攀古松，登高丘，

---

① 《年谱》中"邑子黄庭坚"作"邑子宣德郎黄庭坚"，"其间不同者"作"其间与印本有同异处"，提示了与印本之间的异同。真迹的所藏者"泉江刘荐"未详。

② 此处所引真迹是《别集诗注》卷上题为《平原郡斋》诗的本文，参照本稿第4节。有关此诗两者之间的系年不同，史氏作元丰七年，黄氏作元丰元年。

③ 《金陵续帖》未详。疑为于金陵刊行的法帖之类。史容注本于此诗之前收《松下渊明》诗。此《松下渊明》诗为《内集诗注》卷9中题为《题伯时画松下渊明》的诗（《内集》卷3题为《题松下渊明》），第三四句下注有"蜀中旧本元作'平生梦管葛，采菊见南山'"。此任渊注作为"蜀中旧本"所引的文本在《年谱》以及史容注本的有关《松下渊明》诗的注记中以"蜀本石刻真迹"的文本而被引用（稍有文字异同）。

四达而所瞻皆数百里间。其地主曰戴器之，因名曰达观台……崇宁元年五月朔，黄庭坚书。"

这些都呈示了诗的本文和诗题所存在的文字异同，并且补充了与此相关联的跋文、题名等。此外，史容对《谢送宣城笔》（卷16）一诗注释中引用"草书"的跋文叙述到"山谷草书此诗，又跋云……"，这和《年谱》卷24中该注释引用《成都续帖》所说的"按《成都续帖》中有先生手写此诗，题云《谢陈正字送宣城诸葛笔》，跋云……"之跋文是相同的①。另外，上面所举的例子中，史容注本题为"次韵郭明叔长歌"之作，黄庭坚的亲笔原稿题为"谨次韵上答知县奉议惠赐长歌，邑子黄庭坚再拜上"。实际上此诗在赠送郭知章（字明叔）之时，极有可能使用的是这种敬语诗题。像这样在编纂集本的过程中，这种与作诗现场密切关联的文字表现被删除，整理为简洁中立的文学表现的例子是具有一定深意的。

以上，对从《年谱》到史容注本的继承关系做了分析。史容注本是在继承《年谱》的同时又具有自身延展性的著作。其与《年谱》之间存在着不少的差异。以下就从这一角度来检讨两者的关系。首先来看为《年谱》所参照而史容注本没有参照的黄庭坚的真迹、石刻的例子。《年谱》中可以看到下面的例子。题下附注《年谱》及史容注本的所收卷数。

《仓后酒正厅，昔唐林夫谪官所作。十一月己卯，余纳秋租，隔墙芙蓉盛开》（《年谱》卷14，《外集诗注》卷11）：

> 先生有真迹题云："太和仓后酒正厅，昔唐林夫谪官所作。十一月己卯，余来受秋租，隔墙木芙蓉盛开。"

《题子瞻书诗后六言》（卷23，卷16）：

> 先生有此诗真迹题云："题东坡先生自书诗卷尾。"

《次韵答少章闻雁听鸡二首》（卷25，卷17）：

> 先生有此诗真迹题云："同陈无己和答秦少章闻雁听鸡二绝句。"

---

① 此外，史容注本以吸取《年谱》记载的形式添加有关文字异同的注记的例子也是很多的。例如《次韵外舅喜王正仲三丈奉诏相南兵回至襄阳舍驿马就舟见过三首》（卷2）其一之"别来悲叹事无穷"句下注中有"《垂虹诗话》云：'别来悲叹事无穷。'张孝先光祖云，曾见亲札作'歔'字。正如山谷改杜诗'少年合开万卷余'，不可拘平侧也"的叙述，以引用《垂虹诗话》的形式对黄庭坚的真迹中所表现出来的文字的异同，特别是此处所指摘的是涉及到平仄规则异同的内容。这是吸收了《年谱》卷7记载的内容（据周煇《清波杂志》卷8的记载，《垂虹诗话》是其堂叔周郔之撰，《年谱》中亦可见其他的引用例）。此外，不一定是以真迹、石刻为基础的内容，如《次韵李士雄子飞独游西园折牡丹忆弟子奇二首》（卷16）、《八音歌赠晁尧民》（卷6）的二首，分别以参照"旧本""别本"的叙述记录了文字的异同。有关这些《年谱》卷23以及卷9中有同样的记载。

此以真迹为依据列举了诗题文字的异同。而这些有关文字异同的记载在史容注本中是没有的①。这只是单纯的失误还是因为另有原因而作的处理，今人不得而知，但这可以看作是体现史容注本和《年谱》差异的例子的一部分。这些所举例子可以说并非举足轻重，而下面所要提示的三个诗例中所见的差异包含了值得注目的因素。

首先来看《同韵和元明兄知命弟九日相忆二首》。《年谱》卷13的有关记载中以真迹稿本为依据列举了诗的本文："先生有此诗真迹稿本，首篇云：'革囊南渡传诗句，兄弟相思意象真。九日黄花倾寿酒，几回青眼望车尘。早为学问文章误，老作东西南北人。安得田园可温饱，长抛簪线裹头巾。'后篇与集中，但'邻田'作'田邻'耳。"有关此诗，《外集诗注》卷9注中亦以真迹为依据叙述道："山谷有此诗草本真迹云：'万里云里孤飞雁，只听归声不见身。却把黄花同怅望，寄伝诗句更清新。'末句'奉观归制白纶巾'，傍注'改'。今本'南北'作'南渡'，'兄弟'作'摹写'，'老作'改'晚作'。次篇'田邻'作'邻田'。"《年谱》所举的真迹与现行《外集诗注》卷9（以及《外集》卷7）所收本文基本上属于同一文本（但是，在史容注本以及《外集》中"兄弟"作"摹写"，"车尘"作"归尘"，"老作"作"晚作"）。与此相对，史容注本所举的真迹是与此有较大文字差异的文本。由此可知，史容所见的真迹与黄䇮所见的是完全不一样的。

其次，关于《送徐隐父宰余干》一诗，《年谱》卷14中这样提到："先生有此诗真迹稿本云：'地方百里身南面，翻手冰霜覆手炎。赘壻得牛庭少讼，长公斋马吏争廉。邑中丞掾阴桃李，案上文书略米盐……''天上麒麟来下瑞，江南橘柚间生贤……半世功名初墨绶，同兄文字敌青钱。割鸡不合庖丁手，家传风流在著鞭。'"而《外集诗注》卷11的注是这样叙述的："山谷真迹稿本，'地方百里古诸侯，噸笑阴晴民具瞻'。'寒霜'改'冰霜'，又改'冷霜'。'皆廉'改'争廉'。第五句'樽前桃李亲朋友'，注云'改此'。次篇'瑞世'改'下瑞'，'同生'改'同兄'。"《年谱》所举真迹与现行《外集诗注》卷11（以及《外集》卷6）所收本文基本上属于同一文本（然而史容注本中"冰霜"作"冷霜"，"长公"作"长官"，"敌"作"直"，"在"作"更"。《外集》中除却"敌"字是照样使用以外，其他与史容注本同）。与上面的诗例相同，此处史容注所举的真迹亦为别的文本。

最后，关于《寄忠玉提刑》一诗，《年谱》卷26中这样叙述道："先生有真迹稿本题云'赠送忠玉提刑朝奉'：'市骨蕲千里，量珠买娉婷。驽骀骖逸驾，西子泣深屏。吾人材高秀，胸次别渭泾。严能喜剧部，持节按祥刑。葅蒲稍衰息，郡县或空图。读书头欲白，见士眼终青。今时斧斤地，虚次待发硎。早晚太微禁，占来有使星。'"而在《外集诗注》卷17中的注释内容是这样的："山谷有真迹稿本，题云：'赠送忠玉提刑朝奉。''市骨蕲千里'作'市骨收驵骏'，'别渭泾'作'有渭泾'，'喜剧部'作'宜剧部'，'稍衰息，作'颇衰息'，'眼终青'作'眼自青'，'紫微禁'作'太微垣'。"《年谱》所引真迹与现行《外集诗注》卷17（以及《外集》卷4）所

---

① 此外，《年谱》卷8中关于《薄薄酒二章》诗的记载例举了石刻跋文，而这在《外集诗注》卷5所收该诗的注记中是看不到的。

收本文基本上属于同一文本（然而史容注本以及《外集》中"骖"作"参"，"欲"作"愈"，"斧斤"作"斤斧"，"太微"作"紫微"）。有关此诗，史容注本所举的真迹依然是完全不同的文本（但是，在《赠送忠玉提刑朝奉》诗题上，与黄䇳所举真迹是相同的）。以上所举三例都是史容参照新发掘的《年谱》没有参照过的黄庭坚诗的真迹的内容。这是具有重要意义的。同样的情况在下面的例子里也是可以看到的。

《薄薄酒二章》（《外集诗注》卷5，《年谱》卷8）其一"小者谴诃大戮辱"句下注：

> 山谷写本作"谴何"，俗本误耳。

《次韵无咎阎子常携琴入村》（卷6，卷10）"晁子为之梁父吟"句下注：

> 尝见山谷写此诗，且跋云："陈寿叙：武侯躬耕陇亩，好为梁父吟……"

《次韵周法曹游青原寺》（卷12，卷15）后注：

> 碑本"葰"字韵下有两句云："莲子委箭镞，葵花仄金杯。"

《松下渊明》（卷16，卷23）：

> 画本今藏眉山陈氏，与板本小异，今录于此："南渡诚草草，长沙济艰难……客来欲开说，觞至不得言。"①

这些都是《年谱》里所没有的记载，是史容引用自己独自发掘的真迹、石刻文本的例子②。

以上，针对《外集》中所收的黄庭坚诗，考察了黄䇳《年谱》对其真迹、石刻的利用，以及史容注本以积极地吸收其成果的形式，在对黄庭坚诗的校勘和异文的采录上倾注精力的情况③。在真迹、石刻的利用这一点上，史容注本基本上是建立在《年谱》

---

① 此处所引"画本"的文本是《内集诗注》卷9所收题为《题伯时画松下渊明》诗的异文文本。参照前揭第342页注③。所谓"画本"就是指题有黄庭坚诗的李公麟（字伯时）的画。其所藏者"眉山陈氏"未详。

② 此处所举例之外，《外集诗注》卷14之《同刘景文游郭氏西园因留宿》诗后注中，列举了《外集》未收的《和蒲泰亨四首》（《别集诗注》卷下）以及《奉谢泰亨送酒》（同上）的本文并叙述到"此诗真本尚存，而《遗文》不载，因附见于此"（《遗文》未详）。而《年谱》卷21中该当此处没有类似于此的记载。

③ 史容注本对黄庭坚诗校勘所作的努力，以《和陈君仪读太真外传五首》（卷7）其一之"不觉胡雏心暗动"句下注中所作的"一作'付与山河买忠义'"的说明为代表，总共九题的诗中所附有的"一作……""一本云……"这样的有关字句异同的注记中也可以看出来的。

的框架之上的。而另一方面，也可以确认出史容注本的独自的发展①。关于《外集》所收黄庭坚诗，《年谱》卷1中是这样言及的："先生平生得意之作及手写者多在《外集》。"依此，黄庭坚亲笔原稿传世的作品在《外集》中应该是收集了很多的。本节中所论述的黄䔿、史容对黄庭坚诗所作的文献学上的探讨，应该说就是因为有了这样的遗存文献的支持而得以成功的吧。

此外，《年谱》的编纂者黄䔿同时也是《黄文纂异》的作者。此著作已经散佚，对于它的真实情况我们不得而知。赵希弁《郡斋读书附志》别集类三有"豫章先生别集二十卷黄文纂异一卷"的记载，对此赵希弁做了"右豫章先生别集，乃前集、外集之未载者。淳熙壬寅先生诸孙䔿所编也"的解说。由此可以推测，《黄文纂异》是记录关于附于黄䔿所编《别集》的黄庭坚诗文（包含《内集》《外集》所收的作品）校勘成果的书籍②。史容注本中多处引用了被认为是《黄文纂异》的内容，其对于黄䔿整理、注释黄庭坚诗的成果的继承值得注目。以下，就列举一些史容注以引用本书的形式对诗题、本文的文本异同做出注记的例子。

《还家呈伯氏》（《外集诗注》卷1）"四时驱逼少须臾，两鬓飘零成老丑"句下注：

《纂异》蜀本作："四时略无一日闲、两鬓已落年少后。"

《还家呈伯氏》（卷1）"斑衣奉亲伯与依，四方上下相依从"句下注：

《纂异》蜀本下句作："绝胜已致三千钟。"

《冲雪宿新寨忽忽不乐》（卷3）：

《纂异》眉州本及黄氏本："一梦江南据马鞍，梦中投宿夜阑干。山衔斗柄三星没，雪共月明千里寒。俗学近知回首晚，病身全觉折腰难……"③

《和师厚接花》（卷3）"妙手从心得，接花如有神。根株穰下土，颜色洛阳春"句下注：

---

① 史容注本正如《己未过太湖僧寺得宗汝为书寄山蘋白酒长韵寄答》（卷11）第84句下注"李建中《题杨凝式大字壁后》云……山谷喜书此诗"、《再次韵答吉老二首》（卷13）其1第4句下注"《传灯录》传大士颂云……山谷屡写此颂"那样，不仅是黄庭坚的书写自作的墨迹，对其书写他人著作的墨迹也表示了关心。

② 《郡斋读书附志》的解题并没有明言《黄文纂异》属于黄䔿之撰。因此，也许应该遵从王岚注（第332页注③）揭书所作的"编者姓氏不详"。此处遵从周裕锴《黄庭坚家世考》（《中华文史论丛》1986年第4辑）等所作的黄䔿撰的结论。可以认为《郡斋读书附志》的记载中也包含有这样的结论。

③ 现行史容注本的本文中《纂异》所引文本的第一二句作："县北县南何日了，又来新寨解征鞍。"第五六句作："小吏有时须束带，故人颇问不休官。"

《纂异》蜀本前四句作:"妙得花三昧,谁明幻与真。家风穰下土,笑面洛阳春。"

《同苏子平李德叟登擢秀阁》(卷8)"松竹二桥宅,雪云三祖山"句下注:

《纂异》一本作:"暮雨二桥宅,孤云三祖山。"

《玉京轩》(卷9):

按《纂异》蜀本云:"苍山其下白玉京,广成安期来访道……野僧云卧对开轩,炉香霏霏日杲杲。稻田衲子非黄冠,一钵安巢若飞鸟。莫见仙人乞玉泉,问取紫霄耶舍老。"①

《三月乙巳来赋盐万岁乡,且搜猕匿赋之家,晏饭此舍,遂留宿。是日大风,自采菊苗荐汤饼二首》(卷10):

《纂异》别本"汤饼"下有"红药盛开"四字,"二首"作"三首"。第三首云:"春风一曲花十八,拚得百醉玉东西。露叶烟枝见红叶,犹似舞余和汗蹄。"

《黄几复自海上寄惠金液三十两,且曰此有德之士宜享,将以排荡阴邪守卫真火,幸不以凡物畜之,戏答》(卷11)"只恐无名帝藉中"句下注:

《纂异》本作"党籍",蜀本作"常籍",旧本作"掌籍",皆误。

《从时中乞蒲团》(卷12):

《纂异》蜀本作"谢时中送蒲团",云:"织蒲投我最宜寒,政欲阴风雪作团。方竹火炉趺坐隐,何如钁铄据征鞍。"与今本句多不同。详诗意是谢"送蒲团",今本题作《从时中乞蒲团》,疑有误。

《元丰癸亥经行石潭寺,见旧和栖蟾诗,甚可笑。因削柎灭稿,别和一章》(卷13):

---

① 史容注本本文中《纂异》所引文本的"苍山……"二句作:"苍山其下白玉京,五城十二楼,郁仪结邻常杲杲。""野僧……"以下六句作:"野僧云卧对开轩,一钵安巢若飞鸟。北风卷沙过夜窗,枕底鲸波撼蓬岛。个中即是地行仙,但使心闲自难老。"

按《纂异》一本云："……梦回身卧竹窗日，院静鸦啼柿叶风。世路侵人头欲白，山僧笑我颊犹红。壁间佳句多丘垄，问讯髑髅聊撼蓬。"题云："癸卯岁过宿石潭寺，得前朝诗僧栖蟾长句和之。岁行二十一，重来读旧诗，复用其韵。"①

这些例子中有一些引用了几乎可以认为是别的作品的、含有大幅度文字异同的文本。不仅仅限于上面所举的例子，黄庭坚诗中存在大幅度文字异同的作品是很多的。称其为黄诗的最大特色可以说是毫不夸张的。此外，关于《纂异》所记载的"蜀本""眉州本""黄氏本"所指为何至今未详。

史容注所引用的这些《纂异》的记载在《年谱》中是怎样表现出来的呢？首先需要确认的是，《年谱》中并没有出现《纂异》的书名。其次，关于上面所举例子中的《还家呈伯氏》（《年谱》卷4）、《同苏子平李德叟登擢秀阁》（卷11）、《玉京轩》（卷12）、《黄几复自海上寄惠金液三十两……》（卷14）等作品，在《年谱》中并没有有关文本异同的记载。还有，关于《从时中乞蒲关》（卷15）一诗，《年谱》只作了"蜀本作《谢时中送蒲团》"的说明并没有列举本文的异同②。但是，在此之外的作品中，虽然没有使用《纂异》的书名，《年谱》中与史容注本同样的记载也是存在的。例如，关于《冲雪宿新寨忽忽不乐》（卷5）及《和师厚接花》（卷7）二诗，分别以"蜀集旧本全篇云""蜀本前四句云"的形式引用了与史容所引的《纂异》相同的异文③。关于《三月乙巳来赋盐万岁乡……》（卷13）一诗，在作了"别本'汤饼'下有'红药盛开'四字，且有三首"的叙述以后，引用了与"第三首"相同的异文（史容注本此诗作二首。此点与《年谱》相同）。而关于《元丰癸亥经行石潭寺……》（卷17）一诗，以"旧诗云"的形式引用了相同的异文（但是，没有史容注本所引用的"题云……"记载）。有关《纂异》和《年谱》是如何关联的问题有必要进行更深一步的探讨。不过就笔者管见，可以认为，《纂异》的成果为《年谱》发展性地吸收继承了下来。

四、史季温《山谷别集诗注》与黄𦬊《山谷年谱》

本节将对史季温注《山谷别集诗注》和黄𦬊《山谷年谱》的关联作一简单的叙述。史季温是史容之孙，其模仿史容注本将黄𦬊《山谷别集》所收诗作以编年形式进行排列并添加了注释。但是，在收录作品上与《别集》存在着大幅度的出入④。

---

① 史容注本的本文中《纂异》所引文本的"梦回……"以下六句作："空余祇夜数行墨，不见伽梨一臂风。俗眼只如当日白，我颜非复向来红。浮生不作游丝上，即在尘沙逐转蓬。"

② 史容注本将《从时中乞蒲团》诗作一首来看，而将《纂异》所引"蜀本"的文本作为异文进行了列举。对此，《年谱》将其作二首来看，并对《纂异》所引的文本属于《外集》卷14所收同题诗的后篇一事做了指摘。此后篇未为史容注本所收（《山谷诗外集补》卷4所收）。

③ 关于《冲雪宿新寨忽忽不乐》诗，《年谱》卷5在列举了《纂异》所举的文本之后又作了"今《豫章集》前六句皆不同耳"的叙述。由此黄𦬊所见《豫章集》即《外集》中，似乎前六句皆与《纂异》所引文本不同，而此处的第三四句与现行的《外集》卷6以及史容注本与《纂异》所引的文本相同。

④ 作为史季温注本的补遗有谢启昆编《山谷诗别集补》一卷，本稿不作涉及。

从史季温注本中，亦可以看到其所受黄䇹《年谱》的深刻影响，从利用黄庭坚诗的真迹、石刻这一点上也是一目了然的（以下所引史季温注皆为题下注）。例如，关于《书东坡画郭功父壁上墨竹》（卷下）是这样记载的："黄䇹《年谱》载家藏山谷此诗真迹，题云：'次韵东坡先生屏间墨竹。'止此六句。惟'草木春'作'草偃风'，'一棋'作'一壶'，'琼房'作'琳房'。并有功甫跋语云……"这里以真迹为依据记载了字句的异同，同时又补充了郭祥正（字功甫[父]）的跋文。这是吸收继承了《年谱》卷29的内容。另一方面，史季温注本也存在着许多与《年谱》相异的地方。例如，有关《明叔惠示二颂》（卷下）一诗是这样记载的："前集载其五，叙州墨妙亭碑刻其二，即此是也。彭山黄氏旧藏山谷墨迹七首并录。"①这里叙述了此诗以叙州（今四川省宜宾）的《墨妙亭碑刻》（未详）石本为依据的事实。然而，《年谱》卷26中对此诗只作了"按蜀本石刻真迹有此二篇而集中遗逸，故载于此"的叙述，没有提及"叙州墨妙亭碑刻"（或许黄䇹所说的"蜀本石刻真迹"和史季温所说的"叙州墨妙亭碑刻"石本同属一物。如此，则与《年谱》并无差异）。而下面所要列举的关于《题子瞻墨竹》（卷上）与《年谱》记载的差异是尤为明确的。史季温注中是这样叙述的："山谷尝有跋云：'东坡画竹数本，笔墨皆挟风霜，真神仙中人。惜无贺监赏之，但有众人皆欲杀之耳。'"这里列举了包含稍嫌夸张表现的跋文（或恐是亲笔）。对此，有关此诗的《年谱》卷24的记载中没有此跋文内容。可以说这是史季温新发掘采录的文本。

史季温总共新发掘收集了十五题（三十一首）黄䇹《别集》中未收的黄庭坚诗，添加在《别集诗注》中②。《年谱》中没有这些作品的记载也是理所当然的。此点证明了史季温注本是超出《年谱》框架的著作。而值得注意的是这些《别集》漏掉的诗作中有一部分是参照了真迹、石刻文本的事实。例如，有关《别集》未收的《和蒲泰亨四首》（卷下）以及《和东坡送仲天贶王元直六言韵》（卷下）二题，史季温注作了"墨迹今藏于秘撰杨公家"的说明③。从中可以一窥史季温以活用新发掘的墨迹数据的形式进行黄庭坚诗辑佚的情况。

从上面所举的例子中可以看到史季温注本的尽可能地收集包含诗的本文、题、序跋等各种异文的文本及集本中被遗漏掉的文本的编纂态度。这一姿态从《平原郡斋二首》（卷上）及所附的注记中也可以看出。此诗不为黄䇹《别集》所收，是史季温以真迹为依据新采录的作品。有关此诗，史季温注作了"《外集》有《平原宴坐》诗二首……与此不同"的说明，并列举了《外集诗注》卷14（以及《外集》卷6）所收《平原宴坐二首》（前揭）的本文。因此，史季温注本所收的《平原郡斋》诗是将持有史容注本所收《平原宴坐》诗的异文文本作为本文的作品。在此基础上，史季温注还作了"又按蜀本诗刻有山谷真迹，题云《平原郡斋》"的叙述，指摘黄庭坚的真迹中题为"平原郡斋"而不是"平原宴坐"的事实。更加值得注意的是，史季温注本在上面'平原郡斋'诗之

---

① 所谓"前集"或许是指《内集》。"其五"就是指在第2节中所举的《内集》卷6以及《内集诗注》卷12所收的《次韵杨明叔四首》和《再次韵》诗的总共五首作品。"七首"就是指次韵的五首和这里的二首。墨迹所藏者"彭山黄氏"未详。

② 但是，十五题之中《濂溪诗》一首，《内集》卷1作为楚辞所收（《内集诗注》未收）。

③ 墨迹所藏者"秘撰杨公"未详。或指杨万里也未可知。

后收录了《题邢敦夫扇》诗（卷上）。正如此诗的注中所说的"与《平原郡斋》诗大同小异"那样，《平原郡斋》和《题邢敦夫扇》二作虽然存在异文，但基本上是属于同一作品。也就是说，史容注本的《平原宴坐》，史季温注本的《平原郡斋》和史季温注本的《题邢敦夫扇》是处于持有三个异题的异文关系中的。《题邢敦夫扇》诗实际上是为邢居实（字敦夫）而挥毫扇面所作。而这一题目忠实地反映了当时的作诗状况①。像这样，黄庭坚的诗建立在同一基础上的诗的文本，以包含不同字句的文本或伴以不同诗题而传承的例子是很多的。史季温注本为广泛采录此类文本作出了努力。正如本文至此所分析论述的，这种姿态是与黄䌹、任渊、史容等的著作所共通的。

以上，主要从对黄庭坚诗的真迹、石刻利用的角度，分析了黄䌹《山谷年谱》和三种黄庭坚诗注以及它们相互之间的关系②。据此，可以首先肯定《年谱》与三种黄庭坚诗注所共通的重视真迹、石刻等此类作者的亲笔原稿抑或是相当于此类的文本所具有的多样性，并积极地进行参照、采录的文献学态度。此外，还可以确定，在这样的动向中，《年谱》在继承吸收任渊注本的结构的同时，也起到了为后继的史容注本、史季温注本提供新基础的重要作用。

黄䌹、任渊、史容、史季温等通过充分利用真迹、石刻等这些密切关系作者及作诗现场的文本所得到成果，向后世展现传达了黄庭坚诗文本的多样风采。这些不单是对黄庭坚诗的校勘极为重要，作为可以一窥在宋代诗的文本是如何制定、接受、传承等具体状况的文本，其本身也是具有极为重要的价值的。有关这一问题，今后尚需广泛地将宋代诗文集的整理、注释的全体状况纳入视野作进一步的考察。

原载《中山大学学报（社会科学版）》2011年第2期

---

① 正如从至此所举的例子中所看到的那样，黄庭坚的诗存在着为数极多的异文。这可以说是与黄庭坚擅长书法而相关联的。可以想见为了响应索字的要求而挥毫自己诗作的机会是很多的。文人在书写自己诗作时，即使是相同的作品在书写时也有有意改变字句之举（此案为京都大学金文京教授所赐）。黄庭坚诗的异文因此而生的可能性也是有的。从此意义上《题邢敦夫扇》诗的例子是很有深意的。此外，有关黄庭坚书写自己和他人诗作一事，参照莫砺锋《黄庭坚"换骨夺胎"辨》（同氏《江西诗派研究》，济南：齐鲁书社，1986年）。

② 关于诗以外的作品，有关赋、楚辞的真迹、石刻文本的例子在《年谱》中亦可以看到。例如《年谱》卷2中列举了《木之彬彬》（《内集》卷1）、《听履霜操》（《外集》卷11）、《邹操》（《外集》卷11）等楚辞，卷12中列举了《休亭赋》（《内集》卷1）的"初本"即初稿原稿的文本，卷24还列举了《寄老庵赋》（《内集》卷1）的真迹跋文，卷27列举了《苦笋赋》（《内集》卷1）的石刻跋文。

刘长卿七律的诗史定位及其诗学依据

葛晓音

刘长卿是与杜甫同时代的诗人,按理在唐诗史上应划入盛唐,但历代诗论对他的诗歌尤其是七律的定位,几乎一面倒地"列之中唐"。即使有少数学者对此提出质疑,也随即能找到解释的理由。当代学者则都倾向于将其视为在盛唐与中唐之间承上启下的作家,这一定位说明刘长卿虽然是盛唐人,却在风格体调等方面开启了中唐。既然结论不存在多大争议,似乎也没有再作探究的必要,但如果细察古人的有关评论,不难看出,究竟怎样认识刘长卿七律介于盛唐和中唐之间的特点,还是有一些见仁见智的不同看法。而且由于学界公认刘长卿七律的风格不同于杜甫七律的"变格",倒是更接近盛唐七律"正宗"王维、李颀的风貌,这就引出一个需要回答的问题:刘长卿七律被划入中唐,究竟依据什么诗学标准?今人的有关研究虽然也曾从某些角度提及刘长卿"承上启下"的作用,但笔者认为尚不足以回答以上这个较真的问题。因此本文拟联系宋以后诗论中的盛唐与中晚唐之争的诗学背景,辨析其划分诗人时代的诗学依据,并从七律体式建设的角度,对如何为长卿七律在诗史上定位的问题提出一些新的认识。

一

在历代诗论中,少数学者认为刘长卿属于盛唐的主要理据是其实际生活年代。如宋张戒说:"(随州诗)与杜子美并时,其得意处,子美之匹亚也。"①明宋濂《答章秀才论诗书》列举盛唐诗人谓:"开元、天宝中,杜子美复继出……真所谓集大成者,而诸作皆废矣……他如岑参、高达夫、刘长卿、孟浩然、元次山之属,咸以兴寄相高,取法建安。"②也是将刘长卿置于高、岑、孟、杜等开元天宝诗人之间的。清阎若璩《题刘随州诗集》说:"刘长卿之为盛唐也无可疑,而分刘为中。尝推其故,盖高棅误读《中兴间气集》,以'中兴'为'中唐',于是所迁钱起、刘长卿等二十六人,除孟云卿外,尽从而'中'之。此致误之由。水心犹未核及。"③又赞叶水心疑刘长卿为开元二十一年进士,为"具眼人"。潘德舆也说:"盖随州开元间进士,论诗必分时代,当

---

① 张戒:《岁寒堂诗话》卷上,见丁福保辑:《历代诗话续编》上册,北京:中华书局,1983年,第460页。
② 宋濂著,罗月霞主编:《宋濂全集》,杭州:浙江古籍出版社,1999年,第208页。
③ 阎若璩:《潜丘劄记》卷5,《景印文渊阁四库全书》第859册,第509-510页。

系盛唐。以文房为中唐者，误也。"①贺裳《载酒园诗话又编》说："昔人编诗，以开元、大历初为盛唐，刘长卿开元、至德间人，列之中唐，殊不解其故。"②但他随即对盛唐和刘长卿的诗歌声调加以分辨，自己解释了其中缘故。可见，他们认为如根据刘长卿的生活年代，是应当将其视之为盛唐诗人的。

另一种将刘长卿和盛唐王、李并提的看法，则是出自神韵派的王渔洋。他认为："七律宜读王右丞、李东川。尤宜熟玩刘文房诸作。"③并批评高仲武没有眼光："中兴高步属钱郎，拈得维摩一瓣香。不解雌黄高仲武，长城何意贬文房？"④指出钱起、刘长卿都是能承王维风格的中兴诗人。赞成此说的不乏其人，如乔亿说："文房固五言长城，七律亦最高，不矜才不使气，右丞、东川以下，无此韵调也。"⑤方东树说："七律宗派，李东川色相华美，所以李辅辋川为一派，而文房又所以辅东川者也。"⑥贺贻孙《诗筏》也说："刘长卿诗，能以苍秀接盛唐之绪"，"其命意造句，似欲揽少陵、摩诘二家之长而兼有之，而各有不相及不相似处"。⑦这些学者多从神韵风调着眼，将刘长卿的七律看作是王维、李颀一路。而王、李的七律在明代诗论中，是一向被视为盛唐之正宗的。笔者曾在《杜甫七律"变格"的原理和意义》一文中梳理过当时的七律审美取向之争，指出以李攀龙、高棅、王世贞、胡应麟、胡震亨为代表的明代诗家虽然在推尊王、李还是杜甫的问题上有所争议，但是实际上都认为王、李代表的盛唐七律是风雅和平的正调，杜甫的七律相对王、李而言是变格⑧。那么刘长卿七律究竟是否属于盛唐正格呢？

与王渔洋等有所不同的是，明清诗论中更多的学者虽然承认刘长卿七律能接盛唐余绪，却还是认为"刘即自成中唐，与盛唐分道矣"⑨。高棅的《唐诗品汇》在"总叙"里首先把刘长卿列入"中唐之再盛"的大历贞元诗人群中，各类诗体都排在"接武"的名家前列。此后多数诗家均承此说，刘长卿七律遂被列为中唐之首。如胡应麟说："七言律以才藻论，则初唐必首云卿，盛唐当推摩诘，中唐莫过文房，晚唐无出中山。不但七言律也，诸体皆然，由其才特高耳。"⑩同为盛唐派，评价之间却有这样的差异，主要是因为标准并不一致。众所周知，李攀龙等推崇盛唐重在气象格调，王渔洋等推崇盛唐则基于神韵。如果从气象格调来看，刘长卿就比王、李要差一等。各家论长卿，还从

---

① 潘德舆：《养一斋诗话》卷4，见郭绍虞、富寿荪编：《清诗话续编》第4册，上海：上海古籍出版社，1983年，第2063页。

② 《清诗话续编》第1册，第331页。

③ 王渔洋口授，何世璂述：《然灯记闻》第十八条，见王夫之等撰，丁福保辑录：《清诗话》上册，上海：上海古籍出版社，1963年，第120页。

④ 王士禛：《戏仿元遗山〈论诗绝句〉》三十二首之八，张健注：《王士禛论诗绝句三十二首笺证》，台北：文史哲出版社，1994年，第91页。

⑤ 乔亿选编，雷恩海笺注：《大历诗略笺释辑评》，天津：天津古籍出版社，2008年，第63页。

⑥ 方东树著，汪绍楹校点：《昭昧詹言》，北京：人民文学出版社，1961年，第419页。

⑦ 《清诗话续编》第1册，第185页。

⑧ 参见拙文：《论杜甫七律"变格"的原理和意义》，《北京大学学报》2011年第6期。

⑨ 胡应麟：《诗薮》内编卷5，上海：上海古籍出版社，1979年，第84页。

⑩ 《诗薮》外编卷4，第187页。

不同角度进一步说明了列之中唐的原因，综合观之，大体有以下几方面。

其一，气象不如盛唐高浑雄整，所以比盛唐降一格。以高浑为盛唐七律正格，是很多盛唐派的共识，如明方以智说："近体因陈隋之比俪，而初盛以高浑出之，气格正矣。"①贺裳也说："盛唐人无不高凝整浑。"②刘诗虽然工秀而渐失浑厚元气。如沈德潜所说："大历后渐近收敛，选言取胜，元气未完，辞意新而风格自降矣。""七律至随州，工绝亦秀绝矣，然前此浑厚兀奡之气不存。"③乔亿也说："随州'五言长城'，七律亦最佳。然气象骨力，降开、宝诸公一等。"④

其二，工于炼意炼句，思致新巧。明清盛唐派诗论家多认为这是中唐诗的基本特点，如沈德潜说："中唐诗渐秀渐平，近体句意日新。"⑤刘长卿则以隽巧见长，如陆时雍说："刘长卿体物情深，工于铸意，其胜处有迥出盛唐者"，但"巧还伤雅，中唐身手于此见矣"。⑥贺贻孙《诗筏》谓刘诗："亦未免以新隽开中晚之风。"⑦吴乔说："盛唐不巧，大历以后，力量不及前人，欲避陈浊麻木之病，渐入于巧。刘长卿云'身随敝履经残雪'，皇甫冉'菊为重阳冒雨开'，巧矣。"⑧不过刘熙载认为刘长卿虽长于炼句，却不损娴雅大方："刘文房诗以研炼字句见长，而清赡闲雅，蹈乎大方。其篇章亦尽有法度，所以能截断晚唐家数。"⑨这样的看法在清后期诗论中也有代表性。

其三，虚字增多，开中晚唐诗乃至宋诗端倪。谢榛认为律诗"实字多则意简而句健，虚字多则意繁而句弱"⑩，所以"中唐诗虚字愈多，则异乎少陵气象。刘文房七言律，《品汇》所取二十一首，中有虚字者半之"，"凡多用虚字便是讲，讲则宋调之根，岂独始于元白"⑪。

刘长卿诗被归为"中唐第一"⑫，其气象骨力不及盛唐，从根本上说是时代和他本人的遭遇所决定的，这一点不少学者都已提及。如明汤镦所说："随州之诗，其衰世之哀鸣者也。""岂亦长卿嗟世不如意，不觉其过于伤，犹屈平之《离骚》者欤？"⑬李东阳也说："《刘长卿集》凄婉清切，尽羁人怨士之思，盖其情性固然，非但以迁谪

---

① 方以智：《通雅·诗说》，《景印文渊阁四库全书》第857册，第46页。
② 贺裳：《载酒园诗话又编》，见《清诗话续编》第1册，第331页。
③ 分别见沈德潜：《说诗晬语》卷上，《清诗话》下册，第540页；沈德潜选编，刘福元等点校：《唐诗别裁集》，石家庄：河北人民出版社，1997年，第215页。
④ 乔亿：《剑溪说诗》，《景印文渊阁四库全书》第1701册，第224页。
⑤ 《唐诗别裁集》，第40页。
⑥ 陆时雍：《诗镜总论》，见《历代诗话续编》下册，第1418页。
⑦ 《清诗话续编》第1册，第185页。
⑧ 吴乔：《围炉诗话》卷3，见《清诗话续编》第1册，第556页。
⑨ 刘熙载：《艺概》卷2，上海：上海古籍出版社，1978年，第61页。
⑩ 谢榛：《四溟诗话》卷1，见《历代诗话续编》下册，第1147页。
⑪ 《四溟诗话》卷4，见《历代诗话续编》下册，第1224-1225页。
⑫ 《刘随州文集》韩明跋语："昔人评品随州诗为中唐第一。"（国家图书馆藏弘治十一年本）
⑬ 商务印书馆编：《四部丛刊》集部《刘随州集十卷外集一卷》汤镦序，上海涵芬楼用明正德刊本影印，第1、3页。

故。"①这种悲哀凄怨的调子确实已经异乎雄浑壮丽、和平温厚的盛唐气象。

不过从大多数论者的观点来看，时代和个人遭际的原因并非人们关注的重点。许多盛唐派将刘长卿划入中唐的主要原因还是在其艺术表现的特点，尤其是以上三点中的其二。由于新隽工巧而导致其诗不同于浑朴宏丽、不求工巧的盛唐诗，这是盛唐、中唐诗气格体调的主要差别。联系明清诗论中的唐宋诗之争的背景来看，盛唐派对中晚唐诗虽也有一些公正的评价，但审美取向大体是偏重于盛唐正格的。因此将刘长卿列入中唐，尽管标为第一，仍不免带有些许贬意。可见随州七律在唐诗史上的定位，在相当大程度上依据的是明清诗论划分初盛和中晚的审美标准。

中国诗学批评史上的唐宋诗之争贯串于从南宋到近代的诗学发展过程之中，伴随着诗学批评中各种理论派别、理论概念的生成和演变。其中包含着许多诗学问题的争论，例如唐诗研究中的盛唐和中晚唐之争，各种诗体的正宗与变格之争，实际上反映了中国诗学批评中的多种审美标准之争。这一争论对于深入理解中国古典诗歌的风貌、格调、神韵等等是有促进作用的，但也因其带有褒贬的倾向乃至于门户的偏见而掩盖了某些更深层面的问题。刘长卿七律的诗史定位正是如此。虽然由于盛唐派各家评价标准和角度不同的缘故，随州或被列为中唐第一，或置于盛唐和中唐之间，或仍属盛唐王、李一路，但评论者的注意力都是集中于以区分盛唐和中唐的审美标准去衡量其每首作品，而忽略了更关键的问题：在盛唐七律成熟不久、作品不多的这个特定阶段，刘长卿和杜甫各自以其可观的数量成为天宝、大历间七律成就最为突出的诗人。他们对于七律的建设和发展究竟起了什么作用？笔者曾在《杜甫七律"变格"的原理和意义》一文中指出：被视为"正宗"的盛唐七律优雅平和、高华壮丽，具有成熟初期的不可复制的特殊魅力，但由于题材品种和创作数量较少，也带来了艺术表现的单一性。由此探讨了杜甫七律被明清诗家公认为"变格"的深层原因，在于杜甫探索七律体式原理和发掘其表现潜力的自觉意识。其意义不仅在于题材、作法之多"变"，更在于其建设七律体式的重大贡献，为后人指出了继续探索七律独特表现规律的方向。那么被视为能接王维、李颀余绪的刘长卿，对七律表现潜力的进一步发掘又有什么贡献呢？这是本文希望能够跳出初盛、中晚之争的思维框架给刘长卿的七律重新定位的主要思路。以下试图从随州七律意境的营造、抒情的结构、情景组合的变化等三方面来回答这一问题。

二

明清一些论者视刘长卿七律为王、李之余绪，主要是取其意境清空、句调流畅这方面的相似之处，而不在气象的雄浑壮丽。王维七律计二十余首，有将近一半是应制颂圣及应酬之作，以"九天阊阖""万国衣冠"为代表，是典型的盛唐气象，李颀也有少数庄严宏丽的作品。但这类诗在刘长卿的七律中极少见，仅一首《献淮宁军节度使李相公》被称为"堪入盛唐者独此"②。除了这一类以外，王、李的七律多为送别、访客、

---

① 李东阳：《麓堂诗话》，见《历代诗话续编》下册，第1379页。
② 《唐诗归折衷》："唐云：文房七律，秀雅清新，骨力欠劲。堪入盛唐者独此。"见陈伯海主编：《唐诗汇评》，杭州：浙江教育出版社，1995年，第487页。

隐逸类题材，声调流畅，意境清新，格调优雅。刘长卿主要继承了这后一类七律的艺术特色。所以从格调来说，与杜甫七律的雄深浩荡、超忽纵横相比，随州七律基本上是属于"正宗"而非"变格"的。

刘长卿七律最明显的特点是善于写境，保持了盛唐诗以直寻兴会为主的创作传统。再加上其诗歌意象相对单调，多为青山、白云、芳草、夕阳之类，似乎在造境方面没有突出的创造性，只是王、孟等盛唐山水诗境的延续。但这里需要指出的是：王、孟、李颀等盛唐诗人的山水送别诗中的空灵清秀的意境营造，主要见于五言律诗，而并非七律的主要特点。王、李七律处理情景关系的主要特点是人景融合、景中寓情，且以送别为多，虽有写景鲜明清丽的佳句，但像王维五言律和五言绝句中那样空静清幽的意境，则较罕见。而诗风以秀雅清新为主的刘长卿不但善于在五律五绝的山水描写中营造清幽的意境，更将其移植到七律之中，从而进一步发掘了七律的艺术表现潜力。

在游览山水或送别的题材中，随州七律的意境内涵主要是欣赏自然或借景寄托离情，大体上与盛唐诗相同。山水游览诗如《上巳日越中与鲍侍御泛舟耶溪》："兰桡万转望汀沙，应接云峰到若耶。旧浦满来移渡口，垂杨深处有人家。永和春色千年在，曲水乡心万里赊。君见渔船时借问，前洲几路入烟花？"[①]此诗兴象与盛唐五言诗中描写若耶溪优美景色的篇章类似。但利用七律四联的结构分四层叙述泛舟耶溪的全过程：首起舟随汀转、水接云峰的游程；次截取水漫渡口、绿杨人家的画面；三用东晋永和九年兰亭雅集的典故，将耶溪千年不变的春色和眼前感触联系起来，又在抒发万里乡情的同时关联到当年曲水流觞的雅兴；最后借问路延伸出前洲更有无限烟花的想像，于是在动态的游览中再现了耶溪清幽的美景，又暗含了从王羲之兰亭诗到盛唐山水诗中内蕴的玄趣。又如《送惠法师游天台因怀知太师故居》："翠屏瀑水知何在？鸟道猿啼过几重？落日独摇金策去，深山谁向石桥逢？定攀岩上丛生桂，欲买云中若个峰。忆想东林禅诵处，寂寥唯听旧时钟！"[②]题目虽为送别，内容却是想象对方游览天台的情景。全诗以一连串的问句想像惠法师游天台的去向和踪迹，串连其沿途的青山、瀑布、石桥、岩桂，以东林寂寥的晚钟作为反衬，构成深山幽寂的意境。七律在初唐宫廷兴起时，也有不少山水游览诗，如武则天时期带领大臣们游览嵩山所写的一批《石淙》诗，还有中宗时期一些游览大臣别业的应制诗，但都是选择典型景物对仗罗列，且多颂圣之词，结构也都雷同，还谈不上意境。这两首诗四联的关系处理都采用了最能保持七律流畅声调的顺叙和罗列的线性结构，类似王维的《送杨少府贬郴州》和李颀的《送魏万之京》，均以行进的指向串连旅途景物和客游心情。但王、李均重在离情，而刘长卿利用这一特点通过动态的旅程来写景造境，便扩大了七律在山水游览题材中的表现力。

除山水游览以外，刘长卿更进一步在登望、送别等题材中，探索了七律在空间构图和营造空境方面的潜力。许学夷曾以"体尽流畅""语半清空"来概括其五七言律

---

① 刘长卿著，杨世明校注：《刘长卿集编年校注》，北京：人民文学出版社，1999年，第309页。

② 《刘长卿集编年校注》，第535页。

诗①，感觉是准确的。流畅指声调的特点，"清空"则指意境的营造更为合适。但五律和七律相比，虽然每句只差两个字，两种诗歌体式的发展途径和创作传统却并不相同。五言律每句只有五个字，便于以实字勾勒画面，减省意象。而且从齐梁到盛唐，在虚实、动静、远近、繁简等方面的处理已经积累了丰富的技巧，善于用四联的对仗关系组成静态的空间，在构图中尽量简化和淡化意象，以少见多，由虚见实，以求最大限度地增加想像的余地，很适宜表现各类清空的意境。七言律则是由乐府歌行和应制诗发展而来，成熟初期只求律赋式的全面平铺，不以取境为意；文字多妆点夸饰，风格富丽典雅，在体调上尚不易和古诗乐府区别开来。加上每句七个字，一般由两个语法独立的词组构成，如都用实字，意象便较五律为密；如要简化意象，则要多加虚字赘词，在空间构图方面还缺少五律那样丰富的经验。

　　刘长卿充分利用七律自应制诗以来往往以中间两联铺写景物的传统，化用了五律构图写境的原理，善于通过以小衬大、推远视野、简化和淡化意象等处理手法，拓展出空阔寥落的意境。如《登松江驿楼北望故园》："泪尽江楼北望归，田园已陷百重围。平芜万里无人去，落日千山空鸟飞。孤舟漾漾寒潮小，极浦苍苍远树微。白鸥渔父徒相待，未扫欃枪懒息机。"②首联和尾联点出动乱的时局，而中间两联则将微小的孤舟和飞鸟推到天边，反衬万里平芜和苍茫极浦，以落日千山、隐隐远树勾勒远景的轮廓，便在空阔无人的天地中暗示了诗人极目远望而无法北归的无限伤痛。《自夏口至鹦鹉洲夕望岳阳寄源中丞》："汀洲无浪复无烟，楚客相思益渺然。汉口夕阳斜渡鸟，洞庭秋水远连天。孤城背岭寒吹角，独戍临江夜泊船。贾谊上书忧汉室，长沙谪去古今怜！"③背岭的孤城和独泊的小舟与水天相连的洞庭秋色相互对照，夕阳衬托出飞鸟斜渡的剪影，又在最远处为这幅空茫的图景画出了边际，使被贬至此的楚客更形渺小可怜。《青溪口送人归岳州》："洞庭何处雁南飞？江菼苍苍客去稀。帆带夕阳千里没，天连秋水一人归。黄花裛露开沙岸，白鸟衔鱼上钓矶。歧路相逢无可赠，老年空有泪沾衣！"④远帆带着夕阳隐没在天边，沙岸的黄花、钓矶的白鹭等近处的细景又反衬出天连秋水的苍茫。由于强调了近景和远景的对比，凝望中的空间也被远远拓展到视野之外。七言倘用实字，一般每句要两个以上的意象，这三首诗由于将景物构图集中于中间两联，一句一景，意象得以减省。凡一句有两个意象者，都能自身组合成小大对比，如落日千山与飞鸟、夕阳与飞鸟或帆影、连天秋水与一人等，或是取远处视平线的淡淡景物勾勒轮廓，如极浦与远树、去客与平芜等，因而能像五律一样在简淡空远的构图中容纳无边的离情。此外如《和樊使君登润州城楼》："春草连天随北望，夕阳浮水共东流。江田漠漠全吴地，野树苍苍故蒋州。"⑤《送孙逸人归庐山》："彭蠡湖边香橘柚，浔阳郭外

---

① 许学夷《诗源辨体》："五七言律，刘体尽流畅，语半清空，而句意多相类。"见周维德集校：《全明诗话》，济南：齐鲁书社，2005年，第3312页。
② 《刘长卿集编年校注》，第88页。
③ 《刘长卿集编年校注》，第365页。
④ 《刘长卿集编年校注》，第395页。
⑤ 《刘长卿集编年校注》，第311页。

暗枫杉。青山不断三湘道,飞鸟空随万里帆。"①都是着意用中间两联取景构图,兴象和视野大体近似。

如果说以上几首诗例中清空寥落的意境主要是活用了盛唐五律山水送别诗构图处理空间的原理,那么《吴中赠别严士元》则是对盛唐诗处理动静关系的创新:"春风倚棹阖闾城,水国春寒阴复晴。细雨湿衣看不见,闲花落地听无声。日斜江上孤帆影,草绿湖南万里情。东道若逢相识问,青袍今已误儒生。"②此诗第三联的意象与上述几首基本相似,但"草绿湖南"一句中高朗的青春气象在长卿七律中比较少见。"细雨"一联因体物之新、感受之细,向来被推为"高妙"的名句。其实细雨、闲花的兴象在王维诗中也是常见的,这里巧妙地利用了七言句后三个字的独立性及其对前四字词组的补充关系,用"看不见"强调细雨的微濛滋润,以"听无声"强调落花的轻柔闲静,传神地表现了春风春雨无声无息的动态,而且将悄然沁透在离人心头的别愁和默然相对的静境也一并烘托出来了。可见刘长卿七律在化用盛唐五律造境原理的过程中,会因适应七律体式的需要而自然地促成艺术表现的变化。

刘长卿诗歌中的兴象虽然大体延续盛唐,但其诗歌中所营造的空境的内涵已悄然变化。盛唐山水诗的审美观照方式和精神旨趣继承东晋而来,典型的空境一般是因澄怀观道而形成的空明虚静之境,又与佛家的空性相印证,其内涵是面向自然的玄趣或禅境。而刘长卿由于身处乱世和自身遭际的原因,其清空意境颇多因怀古伤今而形成的萧瑟空漠之境,其内涵是面对人事和历史的空幻虚无感。如《登余干古县城》:"孤城上与白云齐,万古荒凉楚水西。官舍已空秋草绿,女墙犹在夜乌啼。平江渺渺来人远,落日亭亭向客低。沙鸟不知陵谷变,朝飞暮去弋阳溪!"③兀立在楚水西岸的孤城只剩下空芜的官舍、女墙上哀鸣的夜乌和溪水上飞回的沙鸟,使独对平江落日的远客在这空渺的意境中更易感受到万古的荒凉。《长沙过贾谊宅》:"三年谪宦此栖迟,万古惟留楚客悲。秋草独寻人去后,寒林空见日斜时。汉文有道恩犹薄,湘水无情吊岂知?寂寂江山摇落处,怜君何事到天涯!"④诗人独自寻访贾谊故宅,惟见斜阳下的秋草寒林。当其被贬到这草木摇落的湘江边上,才更体会到与贾谊万古相通的逐客之悲。"秋草"一联渲染故宅一片冷落荒凉的景色,"人去后""日斜时"又化入贾谊《鵩鸟赋》中"庚子日斜兮,鵩集余舍""野鸟入室,主人将去"的语义,巧妙自然地写出了诗人与先贤同命相怜的黯然心境。刘长卿特别善于在怀古和怀人诗里表现这种人去室空的怅惘。如《过裴舍人故居》:"惨惨天寒独掩扉,纷纷黄叶满空庭。孤坟何处依山木?百口无家学水萍!篱花犹及重阳发,邻笛那堪落日听!书幌无人长不卷,秋来芳草自为萤。"⑤裴敦复被李林甫害死,孤坟不知所在,家人流离他乡,惟见故居黄叶满庭、书幌不卷、篱花自开、秋草生萤,山阳闻笛的典故化为落日中的笛声,更增添了物是人非的感伤。有时这种人事变迁的落寞之感充溢在诗人谪宦的行程中,如《使次安陆寄友人》:"新

---

① 《刘长卿集编年校注》,第369页。
② 《刘长卿集编年校注》,第165页。
③ 《刘长卿集编年校注》,第200页。
④ 《刘长卿集编年校注》,第214页。
⑤ 《刘长卿集编年校注》,第49页。

年草色远萋萋，久客将归失路蹊。暮雨不知涢口处，春风共到穆陵西。孤城尽日空花落，三户无人自鸟啼。君在江南相忆否？门前五柳几枝低？"①诗人的旅程虽然有新年萋萋的草色和春风一路相伴，然而在满怀失路之悲的楚客眼里，暮雨中的孤城只是一个空有花落鸟啼的无人之境。有时诗人将自己辞别的悲凉融化在友人居处的空寂意境中，如《赴南中题褚少府湖上亭子》："种田东郭傍春陂，万事无情把钓丝。绿竹放侵行径里，青山常对卷帘时。纷纷花落门空闭，寂寂莺啼日更迟。从此别君千万里，白云流水忆佳期。"②这个湖上亭子绿竹遮径，青山对户，门闭花落，日迟莺啼，这固然是赞美主人褚少府吏隐所在的清寂远俗，但结尾设想别后彼此空对白云流水相忆的情景，又似以人去室空的景象烘托出友人独留湖亭的闲静落寞。《送皇甫曾赴上都》则是在行者的回首和送者的凝望中将两地的荒路、暮江连成了一片："东游久与故人违，西去荒凉旧路微。秋草不生三径处，行人独向五陵归。离心日远如流水，回首川长共落晖。楚客岂劳伤此别？沧江欲暮自沾衣！"③行人在西去的旧路上日行日远，归向三径就荒的五陵故园，回首虽然不见沧江边独自洒泪的楚客，但彼此的离情都像落晖中的长川流水，愈远愈长。于是，沧江日暮、三径秋草、五陵旧路这些不在同一视野中的景物，在两地同对夕阳和长川的互相思念中构成了清空悲凉的意境。其余如《送灵澈上人还越中》《将赴岭外留题萧寺远公院》等也大都类此。

以上这类诗中的清空萧瑟的意境，都不是依靠拓宽空间的构图处理，而是组合最能表现物是人非之感的若干景物，或是离人心目中共同的伤感印象，烘托出深刻的人事虚幻之感。这种空境实际上是诗人内心的失落空漠在山水景物中的外化和放大，在盛唐五律山水诗中并不多见。其表现则不限于七律中间两联构景的传统，而是可以利用四联的变化更自由地处理情景的关系。所以归纳刘长卿营造意境的上述几种特点，不难见出他对七律的主要贡献之一，就是创造性地运用五律山水送别诗营造清空意境的原理，以空茫廓落的境界抒发失意惆怅的情怀，并不露痕迹地将怀古伤今的人事感触融入静照自然的空寂境界，使七律具备了构造内涵更为丰富的意境的能力。

三

刘长卿的七律善用景物营造清空意境，固然是他最明显的特色，但还有一部分七律却是纯粹抒情而不依托景物，故其和杜甫一样开拓了七律抒情的表现功能。初唐七律与乐府歌行同源，在应制诗中成熟，抒情或为应付颂圣的需要，或为游子思妇的代言，少有个人真情的抒发。盛唐诗人提高了七律的抒情能力，使七律进入送别、访客、述怀、杂感、隐逸、登临等私人感情的表现范围，但是不借景物的纯抒情表现还很少。因此刘长卿在这方面的探索值得重视。

刘长卿的七律虽然大多是送别应酬之作，但其中包含的"羁人怨士之思"融合了身世之感和伤时之悲，不同于盛唐七律中常见的离情别绪、乡思旅愁。如《狱中闻收东

---

① 《刘长卿集编年校注》，第248页。
② 《刘长卿集编年校注》，第186页。
③ 《刘长卿集编年校注》，第276页。

京有赦》《非所上御史惟则》《送侯中丞流康州》等诗诉说下狱和被贬的冤屈；《自江西归至旧任官舍赠袁赞府》《送李录事兄归襄邓》《谪官后卧病官舍简贺兰侍郎》《岁日见新历因寄都官裴郎中》《送耿拾遗归上都》《避地江东留别淮南使院诸公》等诗直抒乱离中的谪居之悲，都是他开辟的情感主题。这类抒情不但真实地记录了刘长卿特殊的遭际和心境，而且在衰世的哀鸣中寄托了深刻的人生感触，在不遇的怨叹中蕴含着虚度光阴的焦灼无奈。如《北归入至德界偶逢洛阳邻家李光宰》："生涯心事已蹉跎，旧路依然此重过。近北始知黄叶落，向南空见白云多。炎州日日人将老，寒渚年年水自波。华发相逢俱若是，故园秋草复如何？"①在到处播迁的人生长途中，重过以前的旧路，偶遇昔日的旧邻，不能不惊觉生涯蹉跎，人已老去。展望前程，如北路黄叶之飘落；回顾往日，如南去白云之虚浮；光阴在贬谪炎州中日日消磨，流年如寒渚之水空见逝波。这类光阴催人、人生易老的感触虽然是汉代以来诗歌中的老调，却历来是五古咏怀诗的主题，初盛唐七律很少触及。在同时代的诗人中，只有杜甫的七律有相类似的人生感怀，但因境遇与刘长卿不同，也少见逐客骚人之怨。因此前人评刘长卿七律"意深"②，首先应理解为其含意的深刻复杂超过了初盛唐七律传统的抒情内涵。

抒情内涵的拓展和加深，必然要求七律进一步寻求自由地直抒情怀的表现方式。而直抒胸臆本来属于古诗之长，近体之短。自从近体诗在南朝初步形成之后，五言诗在律化的过程中逐渐形成了与古诗不同的创作传统。一般而言，古体结构容量较大、层次变化较多，便于自由直白地叙述、抒情和铺陈，而近调则结构简单，便于大幅度的浓缩概括而缺乏叙述功能；立意聚于一点、避免尽情直陈的创作方式，又发展了思致含蓄、求新求巧的表现倾向③。七言律诗在初唐形成的过程中，虽然因为与乐府歌行的同源性而不易在句调上区别于古诗，但其结构篇幅的限制与五律相同，也难以像古诗那样尽情直陈，而是要求立意集中，思致含蓄。因此早期七律的结构和表现方式都较单一，不能自由地抒发较为复杂深刻的思想感情。为此，杜甫探索了七律抒情结构的多种变化，刘长卿也同样如此，只不过他的变化是含而不露的，没有形成杜甫那样明显的"变格"。前人评其"工于炼意""研炼字句"，已经注意到其七律不同于盛唐七律的特点。所谓炼意炼句，主要表现为以构思带动抒情结构的变化，这是他和杜甫不约而同的一致追求。

刘长卿直抒情怀的七律看似句意平直顺畅，没有杜甫的拗折腾挪，但大都有一个构思的切入点，使全篇便于围绕立意调动各联各句的配合关系，形成不同的抒情结构，这个切入点便是"炼意"的结果。因此这类诗往往打破七律首揭事由、中间铺展、结尾抒情的传统结构程式，四联的安排顺着抒情逻辑自由展开。如《自江西归至旧任官舍赠袁赞府》："却见同官喜复悲，此生何幸有归期！空庭客至逢摇落，旧邑人稀经乱离。湘路来过回雁处，江城卧听捣衣时。南方风土劳君问，贾谊长沙岂不知？"④此诗作于

---

① 《刘长卿集编年校注》，第233页。
② 方回《瀛奎律髓》卷28评《（经）漂母墓》："长卿意深不露。"（《景印文渊阁四库全书》第1366册，第382页）方东树："文房言近而意皆深，耐人吟咏。"（《昭昧詹言》，第422页）
③ 参见拙文《南朝五言诗体调的古、近之变》，《中国社会科学》2010年第3期。
④ 《刘长卿集编年校注》，第239页。

上元二年秋，刘长卿由贬所播州南巴县北返，有敕令重推旧案，于是得以回到长洲县官舍。此时正遇扬州刘展之乱刚刚平复。如此复杂的背景和心境，在诗里凝聚为庆幸尚能归来的悲喜交集之情，这也正是此诗的切入点。因此一开头就急不可待地先向同官倾诉见面的激动，然后才由近到远倒叙其归路：颔联交代摇落时节回到旧任官舍，此地刚经过一场动乱的荒凉情景，空庭冷落和旧邑人稀的描述中隐含着回归的喜悦和乱离的悲哀。颈联由旧邑再倒推至贬所的路途："回雁""捣衣"既点秋季，又抒发了自己被远贬至回雁岭的凄凉，以及卧听捣衣所引起的羁愁客思。尾联与首联呼应，在答问中再次抒发了自己与贾谊被贬长沙相同的心情。这种先倾诉后倒推归程的结构，清晰地表现了与同官重逢的激情稍微平息之后才能慢慢自道经历的感情逻辑，又借一路归程概括了自己在乱世中谪宦三年的生涯，在七律结构中颇为新颖。《谪官后卧病官舍简贺兰侍郎》："青春衣绣共称宜，白首垂丝恨不遗。江上几回今夜月？镜中无复少年时！生还北阙谁相引？老向南邦众所悲。岁岁任他芳草绿，长沙未有定归期。"①此诗作于被贬睦州司马任上，也是直抒谪宦之悲，但着眼点在老年被贬、青春不再的绝望。首联以青春衣绣和白首垂丝的对比，画出自己垂老的形象。颔联更进一层，以语气强烈的反问句和感叹句再次强调来日无多，已非少年。颈联再用问句点出北归无望的处境，尾联直抒不见归期的悲哀，芳草岁岁变绿与首句"青春"呼应，将全篇的嗟叹归结到唯恐在长沙贬所消磨余生的焦虑。全诗形成前四句叹老和后四句伤贬的对称结构，每一联的意思对比都进一步强化上一联的抒情，最终才见出立意，于是产生了古诗般层层深入的抒情效果。《避地江东留别淮南使院诸公》："长安路绝鸟飞通，万里孤云西复东。旧业已应成茂草，余生只是任飘蓬。何辞向物开秦镜，却使他人得楚弓。此去行持一竿竹，等闲将狎钓鱼翁。"②德宗建中四年至五年，连续发生李希烈、朱泚、李怀光叛乱，朝廷瘫痪。原任随州刺史的刘长卿先居蔡州，后至扬州。贞元元年，贼将李惠登以随州降，朝廷便封惠登为随州刺史。失去原职的诗人心情之愤懑可以想见，所以此诗的切入点集中在失路飘泊的感叹，各联均围绕此意展开。首联以"长安路绝，万里孤云"兴起失路之悲，颔联直陈旧业荒芜，余生唯任飘蓬，点飘泊之感。颈联以比喻和典故暗示失路飘泊的原因：正因朝廷不能高悬明镜，才使自己失落随州刺史之职。"却使他人得楚弓"句用刘向《说苑·至公》篇中楚共王遗弓而不求，任楚人得弓的典故，既暗讽了朝廷的不明，又表达了自己难以明言的怨怼，用意相当微妙。最后联系"避地江东"的题目道出意欲隐居的无奈。全诗结构的特点是：一三五单数句均写长安无路，二四六偶数句均写自己失路，形成三层兴、赋、比的不同对照，层层紧扣立意。可见同是写谪宦之悲，由于立意的切入点不同，各首诗的结构也自然各不相同。

由于结构随立意变化，增加了句联安排的自由度，刘长卿的不少七律还能达到古诗那样曲折尽情的艺术效果。如《送耿拾遗归上都》："若为天畔独归秦？对水看山欲暮春。穷海别离无限路，隔河征战几归人！长安万里传双泪，建德千峰寄一身。想到邮亭

---

① 《刘长卿集编年校注》，第436页。
② 《刘长卿集编年校注》，第487页。

愁驻马，不堪西望见风尘。"①此诗切入点在友人乱离之中独自归秦的不易。诗人将送别诗首联一般先点事由的格式转化为突兀的问句，先问对方为什么独自归秦的理由，惊诧、欣羡、担忧等等复杂的心绪都从中涌出。然后再感叹穷海相别，路途遥远，尤其在北方征战未息之时，能有几人归去，这就更强调了"天畔独归秦"的艰难。颈联因含义丰富而成为人所激赏的名对：诗人欲"借"回归长安的友人传递万里之外的"双泪"，不仅是惜别之泪，更是报国无门的忧时之泪；而寄一身于建德千峰之中的对照，也不仅是夸张离别之后的孤独，更有无法离开山中的忧伤。至此意思似乎已经完足，尾联又跳过一步，添出一层忧虑：设想对方在途中邮亭驻马时定将愁绪满怀，此愁固然是"穷海别离无限路"之愁，更是隔河西望战争烟尘的家国之愁。全诗在万里相别的悲哀和穷海失路的凄凉中，交织着国破家亡的沉痛，对友人独自归秦的羡慕和途中风险的隐忧，多重含意由首句之问领起，表达得曲折尽情，而又天然清健。《送李录事兄归襄邓》："十年多难与君同，几处移家逐转蓬！白首相逢征战后，青春已过乱离中。行人杳杳看西月，归马萧萧向北风。汉水楚云千万里，天涯此别恨无穷！"②同是抒发乱离中的送人之悲，此诗着眼于行者和送者命运的分合和心境。前四句将两人相同命运合写，后四句以两人不同去向分写，形成递进的两大层次，而前后半首中的两联又自成递进：十年多灾多难，共同遭逢乱世，都似转蓬流离失所。等到战后相逢，却以白首相对，青春已在乱离中消逝。颔联中的人生况味只有亲身经历长期动乱的人才能体会，因此被方东树誉为"圆警精美，气味沉厚"③。然而短暂的重逢之后是更远的离别，所以"此别"之"恨无穷"，不仅因为云水阻隔、天涯相望，更承担了十年乱离的感情重压。其抒情的深度就非一般的离别可以相比。《戏题赠二小男》写老来得子的心情，虽是日常生活的题材，还是归结到流寓的身世之悲："异乡流落频生子，几许悲欢并在身。欲并老容羞白发，每看儿戏忆青春。未知门户谁堪主？且免琴书别与人。何幸暮年方有后，举家相对却沾巾。"④首联为全诗立意所在。以下三联都围绕悲欢交并的意思，抒发自己的矛盾心情：流寓之中得子固然可悲，却又因儿戏的天真而带来青春的回忆和欣喜；不知二子将来谁主门户的猜测，既有对后辈琴书传家的期望，也暗含着自己见不到幼子成人的悲哀；所以暮年有后虽值得庆幸，但举家流落异乡，又令人流涕。全诗句意淋漓，不断转折，使悲喜之情反复交错，可谓尽"曲折顿挫之致"⑤。

由以上诗例可以看出，刘长卿用七律直陈其乱世谪宦之悲，虽然多首情感主题类似，但因为切入点和结构多变而各有新意，且都能曲折尽情，这就拓展了七律抒情的容量和自由度。除此以外，其他主题的诗篇也往往能根据抒情的逻辑讲究结构的安排，尤其值得注意的是，有些诗加大了七律中间两联对比的力度和跨度，不但强化了抒情的效果，其顿挫感亦与杜甫七律相近。如《送开府佺随故使君旅榇却赴上都》："征西诸将

---

① 《刘长卿集编年校注》，第457页。
② 《刘长卿集编年校注》，第258页。
③ 《昭昧詹言》，第422页。
④ 《刘长卿集编年校注》，第437页。
⑤ 纪批："三句不明晰，五六极曲折顿挫之致。"纪晓岚批点，方回原选：《〈瀛奎律髓〉刊误》，台北：佩文书社，1960年，第1352页。

莫如君,报德谁能不顾勋? 身逐塞鸿来万里,手披荒草看孤坟。擒生绝漠经胡雪,怀旧长沙哭楚云。归去萧条灞陵上,几人看葬李将军!"①此诗立意在于赞美其侄护送开府李使君之棺木回京归葬,能不顾勋功而知恩报德。中两联先以其侄赴边万里的豪气与披草看坟的凄凉造成反差极大的对比;接着以绝漠擒敌的经历和长沙哭主的情景再度进行同样的对比,两次起落顿挫,突出了"开府侄"豪勇雄毅而又深重情义的形象。结尾以李广闲居灞陵为人欺辱的典故为喻,感叹已故使君身后的寂寞和世态的炎凉,更反衬出"开府侄"品格的可贵。又如《送侯中丞流康州》: "长江极目带枫林,疋马孤云不可寻。迁播共知臣道枉,猜谗却为主恩深。辕门画角三军思,驿路青山万里心。北阙九重谁许屈?独看湘水泪沾襟!"②侯令仪原为浙西节度使,上元二年被冤除名,流放康州。此诗首尾两联化用屈原《招魂》和宋玉《九辨》句意,同情其被流放岭南的命运,中两联直接为侯中丞大声叫屈。颔联将为臣的冤枉和君恩的寡薄加以鲜明对照,既为逐臣辩诬,又揭示了君主的信谗多疑,尤其大胆激烈。颈联以辕门画角所流露的三军之思和流放者途中的悲凉心情再作一层对照,军中对中丞的爱戴与君主的猜谗也形成一种对比,这就更进一步强调了诗人对"臣道枉"的深深不平。以上两首诗都因中二联对比的强烈而使诗情更加跌宕起伏,而中间两联确实是七律结构的重心,这也从一个侧面反映了刘长卿善于强化七律体式的特长以拓展其抒情容量的努力。

四

刘长卿对七律表现潜力的开拓,部分重在写景造境,部分重在直陈其情,但并不等于说这两类诗将情景截然分开,只是在表现的探索上有所侧重而已。其实,他更多的作品是在融合情景的表现中追求深刻的思致,故考察其善于炼意的特点、情景组合的创新和变化也是一个不可或缺的角度。

前人称刘长卿七律"皆有余味不尽之妙"③,特别是像《过贾谊宅》这类名作,因用典不着痕迹而特别耐人寻味。但除了擅长用典的原因以外,笔者认为还与他在写景中别有寓意的探索有关。这里所说的寓意,不是指他营造的清空意境中自然蕴含的失意落寞或人事虚无的感触,这类诗固然能做到兴在象外,但仍属于盛唐传统的表现。笔者所指是他另有一类诗,善于借助景物的组合表达特定的用意,亦即写景取象在兴会之外还别有其他意思可以体味。有时其兴象含义之深可以使诗中立意得到进一步生发,如《汉阳献李相公》: "退身高卧楚城幽,独掩闲门汉水头。春草雨中行径没,暮山江上卷帘愁。几人犹忆孙弘阁?百口同乘范蠡舟。早晚却还丞相印,十年空被白云留!"④李揆于乾元二年后罢相被贬,在江淮养病十余年。此诗前四句粗看只是写李相公幽居环境的清空幽雅。但春雨濛濛,草没行径,可见李揆罢相后门庭冷落,无人到访,令人想见世态的炎凉。江上卷帘,独对暮山,夕阳和江水的意象中又暗含流年之叹和迟暮之愁。这

---

① 《刘长卿集编年校注》,第536页。
② 《刘长卿集编年校注》,第236页。
③ 方东树: "七律宗派……文房诗多兴在象外,专以此求之,则成句皆有余味不尽之妙矣!"见《昭昧詹言》,第419页。
④ 《刘长卿集编年校注》,第351页。

就使结尾惋惜李相公在闲居中白白消磨十年的感慨更为深沉。《酬屈突陕》:"落叶纷纷满四邻,萧条环堵绝风尘。乡看秋草归无路,家对寒江病且贫。藜杖懒迎征骑客,菊花能醉去官人。怜君计画谁知者,但见蓬蒿空没身!"①诗里通过环境描写,刻画了一个陶渊明式的隐士形象。因此前四句都围绕着与世隔绝这一点来安排景物:四邻落满黄叶,家中环堵萧条,可见隐士的住所周围不见人迹。所住之乡只见秋草,不见归路;家对寒江,又增加了一道隔离世俗的深堑,说明隐士与外界的交通也已断绝,颔联两句将"乡"和"家"两个字置于句首,更突出了写景中的用意。《送陆澧仓曹西上》是一首用意委婉的名作:"长安此去欲何依?先达谁当荐陆机!日下凤翔双阙迥,雪中人去二陵稀。舟从故里难移棹,家住寒塘独掩扉。临水自伤流落久,赠君空有泪沾衣!"②诗人对陆澧西上投靠何人、能否得到推荐持有疑虑,因此首先连设两问。次联想像对方西上途中日远路遥、雪大人稀的景色,似乎只是渲染中原的萧条冷落。但"日"通常喻帝,凤翔双阙之远,不仅指唐肃宗行在的遥远,更有前途艰难无助、到达日边恐怕遥不可及的含义在。这一联实际上是用写景暗示了首联中的担忧之意。

有时其取景的意象可令读者在抒情主线之外产生更多的联想,如《双峰下哭故人李宥》:"怜君孤垄寄双峰,埋骨穷泉复几重!白露空沾九原草,青山犹闭数株松。图书经乱知何在?妻子移家失所从。惆怅东皋却归去,人间无处更相逢。"③全诗哀悼李宥埋骨穷泉之凄凉,双峰下孤垄周边一片空芜萧瑟,已足见其身后的幽独寂寞,而妻儿移家、图书散失,更可见与李宥有关的人事遗迹也一并化作空无。所以人间无处再相逢的悲哀就更加深切。颔联中取白露沾草的意象,固然是描写秋草凋零的荒凉,但也令人想到诗人空对坟茔、泪洒秋草的情景;几株青松,或是墓边实景,但"青山犹闭"四字不但关联到死者长闭于青山之中、与世长绝的意思,还隐约寄寓了诗人对故人品格的赞美以及对其命运的痛惜,其中深意颇耐寻味。《题灵祐和尚故居》:"叹逝翻悲有此身,禅房寂寞见流尘。多时行径空秋草?几日浮生哭故人!风竹自吟遥入磬,雨花随泪共沾巾。残经窗下依然在,忆得山中问许询。"④刘长卿怀人悼亡,善以空境烘托,但此诗中的逝者是一位僧人,所以取景中暗含禅意。首句直抒伤逝之情,却不悲逝者已去,反悲自己有身。因反观存者此身,本来如同禅房中之流尘,也将归于空无真境。于是首联次句就不仅仅是描写禅房寂寞,惟余积尘,而是包含了以佛家之空观看待生死的深微含义。由此再看禅房之外当初行径空余秋草,更加感叹尚有几日浮生可以痛哭故人。同样,风竹自吟,与寺里的钟磬之声遥相应和,固然是感慨景色依旧,斯人已亡,又似乎是借以警醒存者参透大化。全诗表面意思只是睹物思人,但如果联系写景中的这层似有若无的禅意来看,诗人又像是极力以禅理解脱,却终究不免伤情,这样理解就比一般的叹逝之作更加深刻。由以上诗例可见,长卿七律写景中的寓意或显或隐,有时须细读方能意会,有时虽能意会,也不易言传。这类深刻的思致在盛唐七律中较为罕见,且较之同样"意深"的杜诗更加不着痕迹。《唐诗镜》对五七律艺术表现感觉的区别有一

---

① 《刘长卿集编年校注》,第534页。
② 《刘长卿集编年校注》,第141页。
③ 《刘长卿集编年校注》,第532页。
④ 《刘长卿集编年校注》,第529页。

个精要的说明："五律贵响亮精工，七律贵深沈（沉）蕴藉。"①刘长卿七律因善于炼意而形成深沉蕴藉的特色，正是他在探索七律独特的艺术表现感觉方面所作出的重要贡献。

在情句和景句的组合方面，长卿七律的句式变化虽不如杜甫明显多样，但也有一些创新之处。如前引《题灵祐和尚故居》前六句分别以一句写景和一句抒情对仗，景句和情句的内在含义互相生发，对法比较少见，难度也大。《送马秀才落第归江南》："南客怀归乡梦频，东门怅别柳条新。殷勤斗酒城阴暮，荡漾孤舟楚水春。湘竹旧斑思帝子，江蓠初绿怨骚人。怜君此去未得意，陌上愁看泪满巾！"②从第二句到第六句，每句都是半句情加半句景。但颔联使春水暮色成为离别场景的烘托，颈联以骚人的失意移入湘竹江蓠，使对仗错落有致。《鄂上送韦司士归上都旧业》："前朝旧业想遗尘，今日他乡独尔身。鄂地国除为过客，杜陵家在有何人！苍苔白露生三径，古木寒蝉满四邻。西去茫茫问归路，关河渐近泪盈巾！"③韦司士祖上原封鄂上，如今却成他乡过客，而独归上都旧业，又无家人可依。此诗从韦司士的这一特殊境遇着想，前两联分别以鄂上封地和上都旧业交替对仗，强调其两地都有祖业却无处栖身的可伤。然后借颔联对句自然转折，扣住送归上都的题意，引出杜陵旧业的荒凉景色，使后两联顺势而下，情景过渡自然流畅。《喜朱拾遗承恩拜命赴任上都》："诏书征拜脱荷裳，身去东山闭草堂。闾阖九天通奏籍，华亭一鹤在朝行。沧洲离别风烟远，青琐幽深漏刻长。今日却回垂钓处，海鸥相见已高翔。"④全诗之意不过是祝贺朱拾遗被征为官，但句联关系的处理独特。四联将朱拾遗接受朝廷征辟与离开隐居所在的情景分四层对照：第一层为接受征拜，离开草堂；第二层写当初华亭一鹤，现已身列朝行；第三层再强调他已远离沧洲，身在宫廷；最后以垂钓之处海鸥高翔的比喻说明其旧居已经没有可与海鸥相狎的隐士。各联用不同句意将朝堂为官和在山隐居的两种生活情景反复对照，在顺叙的脉络中因不断回顾而形成顿挫。如果不看题目中的"喜"字，这样来回对比，尤其是嵌入华亭鹤和海鸥的典故，很容易使人猜想诗人在贺喜之外似乎还别有讽意。刘长卿像盛唐诗人一样只用浅近的常见语和习见字⑤，因此在句式结构方面的这些变化往往不易觉察，与他的构思一样巧而不露、深意内敛，所以前人又以"新隽"称之。可见他虽然能继承盛唐王、李的传统风韵，但只要继续探索七律的表现潜力，就必然走向工于炼意、研炼字句的方向。

综上所论，刘长卿和杜甫都处于盛唐七律已经成熟、但尚未形成独特体式优势的特定阶段，都具有进一步发掘七律表现潜力的自觉意识。与杜甫的"变格"不同，他接续了王维、李颀的余绪，其清空的风格、流畅的声调，更多地保持了盛唐七律"正宗"的

---

① 陆时雍：《唐诗镜》卷29，附《经漂母墓》后评。见《景印文渊阁四库全书》第1411册，第602页。
② 《刘长卿集编年校注》，第79页。
③ 《刘长卿集编年校注》，第486页。
④ 《刘长卿集编年校注》，第488–489页。
⑤ 方东树评《青溪口送人归岳州》："文房只用眼前习见字习见语，而无一意不深，无一字不灵。"见《昭昧詹言》，第423页。

风貌。在此基础上,他将盛唐五言山水送别诗写景造境的原理用于七律,开拓了七律营造意境的空间。同时突破早期七律程式的局限,以构思立意调动句联的配合,形成变化多端的抒情结构:既将古诗直抒胸臆、曲折尽情的功能引入七律;又深入探索了情景关系的多种处理手法,从而大大拓展了七律抒情的容量和深度。其深沉蕴藉的艺术特色,为七律增添了一种区别于五律和七古的表现感觉。明清诗论因其"工于铸意""巧而伤雅"而将他列入"中唐",主要基于尊尚盛唐气格的审美取向,未能着眼于七律体式建设的历史趋势。刘长卿的创变虽然含而不露,没有明显改变"正宗"的韵调,但与杜甫的"变格"不约而同地致力于构思和炼意,这就证明无论"正""变","工于铸意"其实是七律发展的一个必然方向。因此为刘长卿的七律在诗史上定位,应当摆脱初盛、中晚之争的偏见,以其在体式发展上的贡献作为评价的诗学依据。

原载《中山大学学报(社会科学版)》2013年第1期

赵壹生平补论

赵逵夫

拙文《赵壹生平著作考》[①]发表之后，引起学界的关注，亦有就某些问题加以商讨者。学术研究只有在讨论中才能发展。今对有关问题加以申论，并对新发现有关史料加以论说。

一、有关赵壹上计京师年代的几个问题

清诸以敦《熊氏后汉书年表校补》就熊氏光和元年（178）"河南尹"条"尚书令羊陟为河南尹"下云：

> 以敦按：《陟传》，陟以党事起免官禁锢，卒于家。陟为钩党著名之人，列于八顾之中，其以党事被收，在刘郃为司隶之时。（见《蔡邕传》注。）此时，郃为大鸿胪，其为司隶，又不知在何时，故邕称陟为故河南尹，徒以《陟传》有"时太尉张颢"一语，遂以为必在此年。殊不知史家行文，往往不检，即如《邕传》所称，司徒刘郃，亦在未拜此官之前，抑或张颢于建宁中曾为太尉，为陟所奏，亦未可知，若其以党事禁锢，则确有可据。卢氏载许永于建宁元年，尚不过一二年之差，而于郭防、曹陵诸人，则又补于此年，颇属矛盾。总之，陟为河南尹，当在钩党初起数年之间，其不与李、杜诸人同时收捕，仅遭禁锢，亦云幸矣，若光和年间，断不能容此党魁也。

> 又案：《赵壹传》云，光和元年，举郡上计，到京师往造河南尹羊陟，故熊氏据之，书于此年，愚以为《壹传》误也。传云，司徒袁逢受计，考袁逢未为司徒，则逢乃隗之讹。又云，西还经宏（弘）农，过候太守皇甫规，考规为宏（弘）农太守，在永康元年，后转护羌校尉，征还在熹平三年以前，安得至光和间尚为太守？惟陟所荐之幽州刺史刘熙、凉州刺史刘恭、益州刺史庞艾，即熹平六年蔡邕所上七事中之三刺史名，虽稍异，（《邕传》，"熙"作"憙"，"恭"作"虔"，"艾"作"芝"。）似即其人。

---

① 赵逵夫：《赵壹生平著作考》，《文学遗产》2003年第1期。

以此参观，颇成疑窦。①

诸氏的结论是：

第一，光和元年羊陟已不在河南尹任上，疑《赵壹传》言光和元年赵壹到京师造访羊陟的记载有误。

第二，《赵壹传》中所载受计并推荐赵壹的袁逢应作袁隗。

第三，《赵壹传》载赵壹经弘农，过候太守皇甫规，而皇甫规任弘农太守在永康元年（167），后转护羌校尉，征还在熹平三年（174）以前，光和元年不可能见到"宏农太守皇甫规"。

近年中江波同志有两篇论赵壹生平的论文，其《〈后汉书·赵壹传〉辨误》②基本上完全采用了诸以敦《熊氏后汉书年表校补》的观点，进一步确定了羊陟在熹平五年（176）闰五月或稍后陷第三次党祸，在熹平元年（172）六月至熹平五年六月任河南尹，并对拙文中皇甫规任弘农太守在永康元年之后，建宁二年（169）度辽将军桥玄任河南尹，皇甫规转为护羌校尉，故赵壹访皇甫规在建宁元年的看法提出质疑，说"详查四库本熊方《补〈后汉书〉年表》及中华书局出版《〈后汉书〉〈三国志〉补表三十种》之熊方《补〈后汉书〉年表》、褚（诸）以敦《熊氏〈《后汉书》年表〉校补》相关部分"，"均不见有建宁二年'皇甫规转护羌校尉'记录"，"未能直接从《后汉书》中引用该'文献'，实未知赵文何所为据"。

确实，范晔《后汉书》中没有建宁二年皇甫规转为护羌校尉的记载，其实今所见八家《后汉书》各种辑本中也未有建宁二年皇甫规转为护羌校尉的记载。因为历史事实的考求本身就是从已知求未知。江文关于羊陟在光和元年已被禁锢这个结论，就有几条推断：一是，言《党锢传》所载熹平五年因曹鸾上书大讼党人，引起灵帝大怒而"诏州郡更考党人门生故吏父子兄弟"等，促成又一次大规模的党锢，《孝灵帝纪》记其事于熹平五年闰五月，"羊陟，胡母班均为泰山人，又同列'三十五人'之中，易于罗织党名"。这是一种推断。二是，下面说"因此'飞章'中刘郃考胡母班所奉之诏当即是'州郡更考党人门生故吏父子兄弟'之诏"，这也是推断。三是，接着说"考掠时间当在下诏之后不久"，这也是一种推断。四是，再接着说"而因胡母班'辞与陟为党'使羊陟也随后被禁锢，且冠以'泰山党魁罪'名"，这也是推断。最后，文中说："如此，羊陟本传所云'会党事起，免官禁锢'事实便得落实，时间在熹平五年闰五月或稍后。"这是在以上推断基础上推断出羊陟任河南尹时间的上限。

上面所说几个环节中只要一个环节有意外，最后的结论便会与事实不合。

关于羊陟任河南尹时间之下限，江文说"笔者详查有关后汉史传碑刻史料"，得最近熹平五年的关于河南尹的时间划定。

因为皇甫规是由弘农太守转为护羌校尉的，故关于他几时离弘农太守之任，由最近

---

① 诸以敦：《熊氏后汉书年表校补》，见熊方等撰，刘祜仁点校：《后汉书三国志补表三十种》，北京：中华书局，1984年，第223页。

② 江波：《〈后汉书·赵壹传〉辨误》，《文献》2011年第4期。以下简称"江文"，文中所引该文内容以下均不再单列标注。

有谁由护羌校尉之职调迁,而确定皇甫规任弘农太守的时间下限。这种推断方法,与江文所用并无二致,而江文却因详查各种史书均并不见有建宁二年皇甫规任护羌校尉的记载,而说"实未知赵文何所依据",似有欠公正。

我之所以不轻易否定赵壹在光和元年举上计之事,因为"光和元年"是《赵壹传》中唯一的一个明确记年。范晔撰《后汉书》大多据他以前几种《后汉书》及东汉时所传文献,关于赵壹这样地位不高的人物的传记自然非依据当时史官所记,而是来自据传闻所记的材料。据传播学一般规律,事情在传播中总会略去一些细节,以至将大体相同的事件集中在其中比较突出的一件事上,使一些重要因素得到强化,成为流传与凝聚的核心。在赵壹上计中受到公卿大臣的褒奖与举荐这件事中,"光和元年"这一确切年份是一个要素,一般说来不会被传错。所以,如无可靠的事实依据,不宜轻易加以否定。

事实上,即使提出"陟为河南尹,当在钩党初起数年之间"①说的诸以敦,也认为从现有文献看,此说也存在不容否定的矛盾。这就是《后汉书·羊陟传》所载有五人经羊陟"荐举升进"②,而其中三人又见蔡邕所上封事的推荐名单中;《蔡邕传》所载熹平六年(177)七月"制书引咎,诏群臣各陈政要所当施行"③。此事在光和元年的前一年,如羊陟之荐在此前,人已升迁,蔡邕不会再有举荐之事,也不会在羊陟被禁锢之后不避嫌疑又提出升迁此三人。因而诸以敦最后说:"以此参观,颇成疑窦。"

《蔡邕传》载在光和元年七月应诏上书言灾异,其事泄而被人飞章劾奏,及蔡邕之上书自陈更在其后。则羊陟被禁锢之具体情形如何,也难以遽定。谢承《后汉书·羊陟传》载:"羊陟迁河南尹,下车,计日受俸,尝食干饭茹菜。禁断豪右嘱托,书疏不与交通。断理冤徒,进用善士,节操者旌表异行。"④在任勤劳谨慎,且在朝廷眼皮底下,难以被捏造陷害,因而在最后党锢之祸快结束之时被禁锢起来的可能性也不是没有。钱大昭的《后汉书补表》是在研究了熊方《补后汉书年表》,诸以敦《熊氏后汉书年表校补》,万斯同《东汉将相大臣年表》《东汉九卿年表》等以后所完成,表中仍然在光和元年于"河南尹"下标明"羊陟",并说明"尚书令太山羊陟嗣祖为河南尹"⑤,这也应是认真思考后的一种谨慎处理。

江波的另一篇论文《赵壹生卒年考论》⑥言陆侃如《中古文学系年》的推断"其前提和逻辑均误,陷入了循环假设的泥淖",但其文说:

---

① 诸以敦:《熊氏后汉书年表校补》,见熊方等撰,刘祜仁点校:《后汉书三国志补表三十种》,第223页。
② 范晔:《后汉书》卷67《羊陟传》,北京:中华书局,1965年,第2209页。
③ 范晔:《后汉书》卷60下《蔡邕传》,第1992页。
④ 谢承:《后汉书·羊陟传》,见周天游辑注:《八家后汉书辑注》,上海:上海古籍出版社,1986年,第131页。
⑤ 钱大昭:《后汉书补表》,见熊方等撰,刘祜仁点校:《后汉书三国志补表三十种》,第420页。
⑥ 江波:《赵壹生卒年考论》,《古籍整理研究学刊》2012年第4期,以下简称"江文二"。

据《后汉书·孝灵帝纪》张颢任太尉时间为光和元年（178）三月至九月。据传，则羊陟是在张颢任太尉之后任河南尹，即在光和元年三月后，这无疑是错的。除前文已证羊陟已于熹平五年遭遇党禁外，《羊陟传》也自相矛盾……

"羊陟已于熹平五年遭遇党禁"既是江波的结论，又作为江波的证据，也是循环论证。

至于所谓《羊陟传》之"自相矛盾"，本是诸以敦《熊氏后汉书年表校补》中所说。诸氏在《后汉书年表》"时司徒有樊陵，与太尉张颢同时，见《羊陟传》"下云："樊陵为司徒未必在此时，辨误'河南尹'条下。"①（"河南尹"条文字已见上）却不似大部分条目在"免去某某"之后即标出由谁来接任。但其实也未必矛盾。熊方《补后汉书年表》于熹平六年云："十二月庚辰，司徒赐免。"②到下一年即光和元年方云："三月癸丑，光禄勋袁滂为司徒。"③而东汉之时任官一二个月即免职另任他人之事，也不是没有。即如光和元年十月，太常陈球为太尉，十一月"以日食免"④。所以江文二所举《羊陟传》自相矛盾的例子"'太尉张颢''司徒樊陵'并未同时存在"的结论也难肯定地说能够成立。

那么，张颢任太尉在光和元年三月至九月，据《羊陟传》羊陟在张颢任太尉之后任河南尹，也未必没有可能。

赵壹在光和元年上计访羊陟之事，是《赵壹传》中唯一有明确时间记载的事件。在当时和此后一段时间中，关于赵壹，"光和元年"与"司徒袁滂""河南尹羊陟"都是传说的最重要因素。虽然有些可疑之处，但也不是没有存在的可能。

二、关于举荐赵壹的司徒究竟是谁的问题

如上所言，赵壹的地位并不高，又不在政治文化中心任职或生活，史书所载其事当来自私人记述。《赵壹传》载受计并举荐赵壹的是"司徒袁逢"，但光和元年光禄勋陈国公袁滂为司徒，至光和二年（179）三月方免（《后汉书·孝灵帝纪》《后汉书补表》）。我以为"袁逢"应作"袁滂"，因古代"逢""滂"同音，书此事者依音误书，而范晔以为据，故形成错误。诸以敦因为对赵壹在光和元年上计遇羊陟事有疑问，主张事在此之前，故说："考袁逢未为司徒，则'逢'乃'隗'之讹。"江文则说"虽无明证，却近事实"。然而这个推断并非更为近理。虽然袁隗为袁逢之弟，二人的表

---

① 诸以敦：《熊氏后汉书年表校补》，见熊方等撰，刘祜仁点校：《后汉书三国志补表三十种》，第222页。
② 熊方：《补后汉书年表》，见熊方等撰，刘祜仁点校：《后汉书三国志补表三十种》，第112页。
③ 熊方：《补后汉书年表》，见熊方等撰，刘祜仁点校：《后汉书三国志补表三十种》，第113页。
④ 熊方：《补后汉书年表》，见熊方等撰，刘祜仁点校：《后汉书三国志补表三十种》，第110页。

字也只一字之差，但二者致误的可能性小。因为在赵壹这样一般人的事迹的流传中，说到有关名人大臣，应是举名（只有在上层关系稍近的人中，才称说字）。《太平御览》卷543引《文士传》曰"赵壹郡举计吏，至京辇，是时袁阳为司徒，宿闻其名，时延请之"①云云。惠栋云："《文士传》曰袁阳。逢字周阳，举其字也。"②《文士传》50卷，晋张骘撰（裴松之斥之为"虚伪妄作"，见《三国志·魏书·王粲传》注，原书已佚，清杜文澜辑《经籍佚文》有辑本），其所据文字材料应与《后汉书》同源，而将"袁逢"以字称之，以显其博，又误丢"周"字。江文却说："惠栋说误，实'袁阳'中有脱字，袁阳为'袁次阳'而非'袁周阳'之讹省。"这也多少有点武断。

赵壹《报皇甫规书》中称皇甫规为"仁兄"，薛龙春有文与拙说相似，以为"赵壹与皇甫规年龄不会过于悬殊"。③江文二说："以赵壹之恃才倨傲，若能称大其20余岁者为'仁兄'，称大其10余岁，或30余岁，或40余岁者为'仁兄'，又有何不可？"如果这样，还有何道理可讲？我们从赵壹的《贻友人谢恩书》及其他的书信、赋来看，赵壹虽然捋公卿、哭激羊陟，但尚且重情记恩，讲究礼仪，只是看不惯一些人的卑躬屈膝和在位者的仗势轻才，并不似祢衡的轻薄狂妄，自称"狂病"。皇甫规追赵壹书中言"下笔气结，汗流竟趾"，不过是言其惭愧与激动，江文二却说，"由此来看，皇甫规此时身体状况已不很乐观，以至于时隔一年，以疾召还，途中死于谷城"，以牵就赵壹访皇甫规在熹平二年之说，又似有欠严谨。

三、关于赵壹的生年与卒年

江文二认为"赵壹约生于汉桓帝元嘉三年（153），熹平元年上计时还很年轻，年约20岁"。我原来因《广舆记》一书成书时间迟，其材料来源尚不确定④，因而对其所载长安世室宗连长妻以季女一点，考虑较少，而考虑陆侃如先生《中古文学系年》论断的因素太多，而认为其生于汉顺帝永建年间（126—132）前后，卒于汉灵帝中平年（189）前后。这个推断可能稍早了一点，但江文二的推断，似乎过迟。

江文二对赵壹生年是从三个方面来论证的：

一是"上计吏年龄"。《东汉会要》言东汉时"由儒科而进者，其选亦甚难。故才智之士，多由郡吏而入仕"⑤，举出一些名人当初曾为郡县吏的例子，其他文献中也确有些十七八岁甚至更小即为郡县小吏的例子，这是事实，但这并不能说明上计吏也一定都很年轻。江文二所举年纪轻轻而得任郡督邮、功曹之例，其实也都是特殊情形，所

---

① 李昉等：《太平御览》卷543，第3册，北京：中华书局，1960年，第2462页。
② 王先谦：《后汉书集解》卷70下引，北京：中华书局，1984年，第920页。
③ 见薛龙春：《论"匆匆不暇草书"——兼及〈非草书〉的可靠性》，《东南文化》2002年第7期。
④ 明陆应旸纂《广舆记》，明代钱塘陆敏树有《广舆记补》16卷（见《贩书偶记》卷7）；清代蔡方炳有《增订广舆记》，据江文二，早稻田大学图书馆藏有吴郡宝翰楼刻本，有关赵壹文字在其卷9。
⑤ 徐天麟：《东汉会要》卷27《选举下》，上海：上海古籍出版社，1978年，第405页。

以史书中写下了其年龄。其中有的也同家世或"人脉"有关。崔瑗为东汉世家之子，为什么"年四十余，始为郡吏"（《后汉书·崔瑗传》）呢？其本传中明言"家贫"，故一般作为"初为郡吏"（如《后汉书·吴良传》），或说明职务作"初为郡督邮"（如《后汉书·苏祐传》叙苏谦），"初仕郡功曹"（如《后汉书·周章传》）。戴宏"年二十二，为郡督邮"（《后汉书·吴祐传》引《济北先贤传》），《后汉书·吴祐传》中已言，吴祐为胶东侯相，"时济北戴宏父为县丞，宏年十六，从在丞舍。祐每行园，常闻讽诵之音，奇而厚之，亦与为友"①。可以看出这当中的特殊性。史弼二十为郡功曹，而《史弼传》中也明言"父敞，顺帝时以佞辩至尚书、郡守"②。所以，江文二认为"郡吏自十七八岁始至二十余岁为恰当其时"，恐难一概而论。同时，郡吏也有不同层次。至于史书中言及少为郡县吏者，本来是一些小吏类似打杂，给主吏作一些抄写、跑腿的事，也算不了什么。

江文二言："对于上计吏年龄的判断完全可以比照郡吏年龄进行。"究竟是否确当，还难说，其所举三个例证就具有上面所说的特殊性。第一，应奉，"少为上计吏"，而《应奉传》中明言其"曾祖父顺，字华仲，和帝时为河南尹、将作大匠……生十子，皆有才学。中子叠，江夏太守。叠子彬，武陵太守。彬生奉"③。第二，度尚，文中言"为上计吏年龄约在三十以内"，又言"参前注"，但前注中未见有关说明。查本传亦未言及举上计时年龄，只是说"乃为宦者同郡侯览视田，得为郡上计吏"④。侯览桓帝初为中常侍，后赐爵关内侯，进封高乡侯，上蔽国君而下凌公卿，则让度尚为上计吏，只要打个招呼下面就会赶着办。第三，公孙瓒，其本传云："家世二千石。瓒以母贱，遂为郡小吏……太守奇其才，以女妻之。后从涿郡卢植学于缑氏山中，略见书传。举上计吏。"⑤则不仅有家世的原因，还有岳丈的因素在内。而且后面两人举上计吏的年龄至少都在三十上下。

二是"羊陟'大奇之'之适应年龄"。江文二举了史书所言一些文士少通经书的例子，于所论问题关系不太大，可以不论。此外，举仕进功业一类例，也多属偶然或有家族背景。第一，任延，"年十二，为诸生，学于长安"，"显名太学"，才有"拜会稽都尉。时年十九，迎官惊其壮"⑥的事。第二，袁绍，本为世胄，不用多说。第三，邓禹，在游学长安之时与未来的东汉开国君主刘秀相遇，"遂相亲附"⑦。及刘秀起兵安集河北，邓禹"杖策北渡，追及于邺"⑧，其居于再高职位，也没有人敢说一句闲话。附带言及的前汉董贤是汉哀帝男宠，"常与上卧起"（《汉书·董贤传》），哀帝因之断袖的典故传于后世，其二十二岁为大司马，在整个中国历史上都算是特例。

---

① 范晔：《后汉书》卷64，第2101页。
② 范晔：《后汉书》卷64，第2108页。
③ 范晔：《后汉书》卷48，第1606–1607页。
④ 范晔：《后汉书》卷38，第1284页。
⑤ 范晔：《后汉书》卷73，第2357页。
⑥ 范晔：《后汉书》卷76，第2460页。
⑦ 范晔：《后汉书》卷16，第599页。
⑧ 范晔：《后汉书》卷16，第599页。

第四，孙策，策继其父孙坚而守东吴，此类事代代有之，仅数岁即立为帝的也不鲜见，难以为例。第五，诸葛亮，江文二言"赤壁之战时年仅二十八"。然而刘备之三顾茅庐，并非因为听到诸葛亮有多大学问，实因其为世家，富且豪，与四世三公之袁术及割荆襄的刘表相表里。上世纪四十年代林冠一先生即有文论之甚详①；大体在一两个月前看到报上又有人写文章论此。刘备"三顾茅庐"背后的原因，实与小说家所说并不一致。

另外，江文二还举出一些年轻而以学问才华被人"奇之"的例子。这恐怕是在位者欲举荐才俊都会有的表现。江文二言："赵壹名动京师，士大夫想望其丰采，亦非年轻、貌伟、才俊得全不足以如此动人。"我以为本传中那两句话应主要说其气质谈吐，与年龄无关。本传言其"美须豪眉望之甚伟。而恃才倨傲，为乡党所摈"②。根据赵壹生平看，其"美须豪眉"应是说赵壹上计京师时的容颜特征，而不是言其退居乡里时的容貌特征，须不长何能美？年不长须何能长？似其上计京师时，年纪也不是很轻。

三是"宗连长'妻以季女之适应年龄'"。这一条确实是应该予以考虑的。但赵壹在被举为上计吏之前已有过不少社会经历，如本传所言："而恃才倨傲，为乡党所摈，乃作《解摈》。后屡抵罪，几至死，友人救得免。"③特别说到"后屡抵罪"，非止一次，也不像是一个二十来岁人的经历。又其《报皇甫规书》中言其"关节疢动，膝炙坏溃"④，也同二十来岁青年的身体状况不相符。其《刺世疾邪赋》中"秦客"显然有自喻的意思。秦客之诗曰："河清不可俟，人命不可延。"⑤这无论如何不像一个二十来岁人的口气。所以，我以为是赵壹因屡遭困顿而无妻室或妻室已亡，虽然《周礼·地官·媒氏》中言说"令男三十而娶，女二十而嫁"⑥，不过是正常婚嫁时间的下限，但赵壹过完婚年龄而娶宗连长之季女，作为一种特殊情况也有可能。

故我以为江文二言"上计时很年轻，年约20岁"，"约在20上下"，从而定其生年在永建五年（130），又言其卒年应于汉献帝建安十七年（212）之后以求之，似过迟。

平心而论，江波同志的两篇论文都是下了功夫的，虽然从文献运用的角度说，也有欠严谨处（如前一文并注提到《熊氏后汉书年表校补》的作者共六次，五次作"褚以登"，一次作"褚氏"；其书名，三次作《熊氏后汉书年表校补》，一次作《熊氏〈后汉书年表〉校补》，一次作《熊氏〈《后汉书》年表〉校补》，较为随意）。但全面检索有关材料，对有关问题的论述也是很细致的。而且，这两文都是很认真的学术讨论，故作如上答复。

---

① 参林冠一：《诸葛亮躬耕陇亩辨》，《西北学术》1943年第4期。
② 范晔：《后汉书》卷80下，第2628页。
③ 范晔：《后汉书》卷80下，第2628页。
④ 范晔：《后汉书》卷80下，第2634页。
⑤ 范晔：《后汉书》卷80下，第2631页。
⑥ 《十三经注疏·周礼·地官司徒·媒氏》，北京：中华书局，1980年，第733页。

四、有关赵壹的几个新材料论析

以前论赵壹之生平者，主要据李贤注《后汉书》和王先谦《后汉书集解》，再就是司马彪《续汉书》和华峤《后汉书》中很少的几条佚文。二十多年以前我为了寻找有关赵壹的史料，翻阅了天水、陇南的一些方志，其中叙及赵壹者，多不出范晔《后汉书》的范围。唯有清代《阶州直隶州续志》引明人《广舆记》中一段文字，记述了长安世室宗连长妻以季女的事。后写成《赵壹生平著作考》，初刊于甘肃省文史馆内刊《文史与鉴赏》1996年第2期，并在当年台北召开的第三届国际辞赋学术研讨会上交流，被收入1996年台北政治大学编印之会议论文集。因为一直想搜寻新材料，对有关问题作进一步深入的研究，故至六七年后才正式刊出。其实，这几处刊本在文字上无任何改动，也就是说，此后六七年无任何新的收获。

现在看来，我因为过于谨慎，对《广舆记》中所记宗连长妻以季女之事重视不够，而倾向陆侃如先生之说。《广舆记》末尾一段文字即使来自《文士传》之类，总不至毫无依据、凭空捏造。陆侃如先生著《中古文学系年》考订赵壹生平时可能未见到这段材料。今据此将赵壹的生年、卒年在我原来所考定基础上均向后移十来年为宜。因为无论是因故晚婚还是再婚，年龄不宜过大（当然宗连长之女是再婚的可能性也有）。这样，赵壹生年可以定在汉顺帝永和（136—141）前后，卒年定在建安（196—219）可能更合理一些。

《赵壹生平著作考》正式刊出之后，倒发现了两条新的材料。为避免造成混乱和使一些急于了解具体情况的人知道状况，今述之如下。

一是甘肃天水市张川县城东25公里处的恭门乡河峪村马家涧关驿站观音殿以东，发现一面汉代摩崖，有的地方人士文中直接介绍作"东汉赵壹摩崖"。摩崖高3米，宽1.5米，略呈梯形，额刻一"汉"字，壁面刻字14行，隶书，每行约17字，每字10厘米见方，共250余字，而下部字迹剥落，可辨认者约三分之一强。开头有"和平元年岁庚寅"七字，末尾题记为"赵亿建造"。据有的地方学者认为，这"赵亿"即赵壹。如有一本书中说："据考证，赵亿即'赵查'，东汉辞赋家，汉阳西县（今甘肃天水南）人"①。（按：文中"查"乃"壹"字误植失校）此摩崖是东汉晚期的，又在天水境内，与赵壹情形大体可以相合。又其第二行的"古河阳太守□君讳福字伯会"，我疑"河"为"汉"字之残坏误识，"汉阳"正是赵壹之时天水郡名（东汉永平十七年改天水郡置，三国魏复名天水郡），"古"同于"故"，是碑碣摩崖中称说已去世的官宦时常加的字眼。这篇摩崖即是纪念故汉阳太守□福的。由这几点看，断赵亿为赵壹，与各方情形相合。如果这样，赵壹在汉桓帝和平元年（150）写摩崖，则如我在原来所推定，生于汉顺帝永建年间，建造摩崖之时二十五岁之谱，也还前后相合。

但是，我认为这个赵亿并非赵壹。原因有三。

首先，史书中不可能将传主之名写错。但范晔《后汉书》和司马彪《续汉书》、华

---

① 唐晓军：《甘肃古代石刻艺术》，北京：民族出版社，2007年，第120页。

峤《后汉书》都作"赵壹",没有作"赵亿"者。其次,范晔《后汉书》中赵壹"字元叔",华峤《后汉书》中作"字元淑","元"与"壹"意思相应,而作"亿"则两不相关。最后,本人也不可能将自己的名字写错。所以,可以肯定赵亿非赵壹。

不过,为了一些人的进一步研究,我还是据《甘肃古代石刻艺术》一书所录文字,录之如下:

> (汉)和平元年岁庚寅……
> 古河(赵按:似应作"汉")阳太守□君讳福字伯会……
> 已先汉景帝少子封爵……
> 君令幽州刺史部……
> 有虑深远之羌□尔难……
> 逼明从瑕元之不□□怨命……
> 俗乃睠西顾命君守邑……
> □怀远人岁丰……
> 吏民追思□惠□□怀……
> 伊君德□□绝口……
> 主子……
> 公素俭约□功实佳古……
> 封财费邽固……
> 赵亿建造……①

此篇碑文中太守的姓看不清。《后汉书》中名"福"而时代相近者有汉顺帝永和六年(141)任北地太守的贾福,《西羌传》永和六年:"罕种羌千馀寇北地,北地太守贾福与赵冲击之,不利。"②其下距和平元年仅九年,由北地迁汉阳,地亦相近,且汉阳当时也是防卫诸羌之要地,以太守之职平调的可能性大。但无他据,仅供参考。

二是由西和县委、县政府策划,西和县文联负责同志宁世忠等编印的《话说仇池》一书,其《人物》一辑,第一篇为《汉代辞赋家赵壹》,其第一段云:

> 从西和县城沿公路南行二十余里,距公路不远有一个村庄叫赵家河。平川开展,河水北流,是一块田良池美的好地方。这里,据传就是东汉辞赋家赵壹的故乡。农业学大寨的时候,村民们挖出了一块墓碑,碑上清清楚楚写着"赵壹之墓"。村里的头头以为坏了祖坟,人不知鬼不觉把石碑悄悄深埋地下,并告诫今后决不能泄露。后来,消息稍有走漏。关心地方史的几个人便去打听,村民们异口同声加以否认,后遂无问津者。墓碑的重见天日只好

---

① 唐晓军:《甘肃古代石刻艺术》,第119—120页。
② 范晔:《后汉书》卷87,第2896页。

再待他年，事实却再一次证明了民国《西和县志》的论断：这里确是赵壹长眠的地方。①

因当时我已不在西和，详情不知。民国三十六年朱绣梓撰《重修西和县志》卷9《耆旧上·群材》有《后汉赵壹传》，完全照录《后汉书·赵壹传》，唯省去了《刺世疾邪赋》，而于卷11《艺文志上》录赵壹《谢友人书》《穷鸟赋》《刺世疾邪赋》、《报皇甫规书》四篇。又其卷10《选举·历代征辟表》第一栏，文曰："赵壹，后汉光和年间，举郡上计名动京师。后十辟公府不就，终于家。有传详上。"②其说也来自《后汉书》本传。清康熙二十六年《西和县志》和清乾隆三十九年《西和县志》均未叙及赵壹；宋张士俭《西和州志》19卷，明代佚名《西和县志》两卷，今已佚，无从考察。朱绣梓为西和饱学之士，然文中未引及其他材料。

东汉汉阳西县一般书中言在天水西南。"汉阳"，顾名思义，在西汉水以北③，西县治地在今甘肃礼县东部西和县北部两水交汇之处④，其范围应包括今礼县东部、天水秦城区西南、西和县北部之地。西汉水在礼县东部南流，又折而向东，入西和县境南部，直东于成县、康县之间东南流入陕西。则西和其地归汉阳亦有据。据此，则赵壹出生地在今西和县境内也有可能。但当时挖出的碑文我并未亲眼看到，所以也不能表示什么看法。最后的结论，只有等以后新的发现。

以上只是提供这一线索，以便后之关注此事者多留心而已。

原载《中山大学学报（社会科学版）》2013年第4期

---

① 宁世忠等主编：《话说仇池》，西和县文联，2006年，第43页。
② 西和县志办公室校点：《西和县志·重修西和县志》，2006年，第290页。
③ 西汉以前，西汉水与东汉水是一条水，故《尚书·禹贡》中言"嶓冢导漾，东流为汉"。嶓冢山在今天水西南。西汉之时由于地震的原因，其上游部分流到略阳，折而向南流入嘉陵江，则发源于今陕西的沔水遂另为一条，后人称为东汉水。
④ 祝中熹《秦人早期都邑考》云："西和河（古建安水）由南而北，即从此小盆地的西端注入西汉水，这也正是由汉中出陇上的军事要道，古称'塞峡'，又曰'鹫峡'……我以为，西县故城即处此峡口与祁山之间十余里的地带内。"见《秦史求知录》上，上海：上海古籍出版社，2012年，第355页。

略说先秦的语体与语书

傅 刚

一、"语"的本义

语，先秦时本为文体，后发展成为语书。先秦及两汉学者著述，时有征引，然文本多已失传，作为文体，其原貌如何，似无以详细讨论。本文稍稽文献，对语体和语书略作分析，同时对《国语》即是语书之一亦略作讨论。

先秦明确说语是文体的，见于《国语·楚语》。其中，记申叔时对楚庄王问傅职曰："教之《春秋》，而为之耸善而抑恶焉，以戒劝其心；教之《世》，而为之昭明德而废幽昏焉，以休惧其动；教之《诗》，而为之导广显德，以耀明其志；教之《礼》，使知上下之则；教之《乐》，以疏其秽而镇其浮；教之《令》，使访物官；教之《语》，使明其德，而知先王之务用明德于民也；教之《故志》，使知废兴者而戒惧焉；教之《训典》，使知族类，行比义焉。"①这一段论述，是申叔时告诉楚庄王作为太子老师应该教太子什么样的书，而什么样的书具有什么样的作用。很明显，申叔时所言都是当时流行的文本。除《春秋》《诗》《礼》《乐》等后世的经书外，其余若《世》《令》《语》《故志》《训典》，往往并不为后人所熟悉。据韦昭注说，《世》指先王之世系，《令》指先王之官法时令，《故志》指所记前世成败之书，《训典》指五帝之书。据此，《训典》指《尚书》一类上古帝王遗书。伪孔《书序》说："《春秋左氏传》曰：'楚左史倚相，能读三坟、五典、八索、九丘，即谓上世帝王遗书也。'"②语与世、令、故志、训典相并，可见均是文体。据韦昭注说："语，治国之善语。"③这是上古以来有关治国的名言。申叔时称，教太子《语》，可以"知先王之务用明德于民"，据此，所谓"语"又特指先王治国之言。语是文体，而申叔时可以用之于教，则见其时已成书，即语书。

据申叔时所说，其时语书已成规模，那么语书是如何发展而来的呢？案，语在上古见于文献者，还有《诗经》。《诗·公刘》："于时言言，于时语语。"④《毛传》："直言曰言，论难曰语。"⑤此论"言""语"有别，但未定"语"为文体。宋王与之《周礼订义》卷38"以乐语教国子兴道讽诵言语"条，引宋郑节卿"抑扬高下使自得

---

① 韦昭注：《国语》卷17，北京：中华书局，1937年，第191页。
② 孔安国传，孔颖达等正义：《尚书正义》，上海：上海古籍出版社，1990年，第8页。
③ 韦昭注：《国语》卷17，第191页。
④ 毛公传，郑玄笺，孔颖达正义：《毛诗正义》，上海：上海古籍出版社，1990年，第617页。
⑤ 毛公传，郑玄笺，孔颖达正义：《毛诗正义》，第617页。

之,相酬酢谓之语,独自说谓之言。独说是教者自言,学者无所答问"句,宋郑锷注曰:"食不语,寝不言,则言语异矣。自言其己心之所蕴者曰言,以言而与人应答,则曰语。"①此亦阐述言、语之别。《说文》解言、语,亦用《毛传》。段玉裁引郑玄注《周礼·大司乐》曰:"发端曰言,答难曰语。"又引其注《杂记》曰:"言,言己事;为人说为语。"②均指说话的方式。然强分言己事和为人说,似乎分类太过苛细。《盘庚》说"迟任有言曰",其言则是格言警语,并不合"言己事"之义,故《正义》说:"其人既没,其言立于后世。"③迟任是古贤人,其言亦记录传于后世,是古时有与王言(若《尧典》一类)并传录于世之书,因非王言,故或称"语"以示区分。又《牧誓》:"古人有言曰:'牝鸡无晨,牝鸡之晨,惟家之索。'"④又《周书·多士》亦有:"我闻曰:'上帝引逸。'"《正义》释为"我闻人有言曰"⑤,恐未必准确,当亦如《盘庚》所引迟任之言一类。又《左传》僖公十五年记"且史佚有言曰:'无始祸,无怙乱,无重怒。'"杜预注:"史佚,周武王时大史,名佚。"⑥杨伯峻注说"史佚"即《尚书·洛诰》之"作册逸"⑦。迟任、史逸,都是古之贤人,或皆为史官,他们谙于史事,能够总结出警世之言,或即语书。先秦典籍常有引"言"或"闻"的记载,如《左传》宣公十二年随武子(士会)曰:"仲虺有言曰:'取乱侮亡。'"杜预注:"仲虺,汤左相。"⑧《左传》记时人引仲虺之言,还有襄公十四年,中行献子曰:"仲虺有言曰:'亡者侮之,乱者取之,推亡固存,国之道也。'"⑨又襄公三十年,子皮曰:"仲虺之《志》云:'乱者取之,亡者侮之。'推亡固存,国之利也。"⑩辞略异而意同,应该是同一出处。案,伪《古文尚书》有《仲虺之诰》,其辞曰:"兼弱攻昧,取乱侮亡,推亡固存,邦乃其昌。"⑪虽为伪《书》,但其辞当出自真《书》之《仲虺之诰》。是以上诸人所引皆出自《仲虺之诰》,然皆不称《书》,一则称"仲虺有言",一则称"仲虺之志",似后世之《尚书》,其时尚未编纂,《仲虺之诰》仅以贤者之语传世。称"言"、称"志",亦见其时"言""语""志"不甚区分。

此例还有《国语·周语》记王子晋谏周灵王引:"人有言曰:'无过乱人之门。'又曰:'佐饔者尝焉,佐斗者伤焉。'又曰:'祸不好不能为祸。'"⑫清徐元诰《国

---

① 王与之:《周礼订义》卷38,《通志堂经解》本,广陵书社2007年影印清同治年间钟谦均重刻本第12册,第26页。
② 许慎撰,段玉裁注:《说文解字注》,上海:上海古籍出版社,1988年,第89页。
③ 孔安国传,孔颖达等正义:《尚书正义》,第126页。
④ 孔安国传,孔颖达等正义:《尚书正义》,第155页。
⑤ 孔安国传,孔颖达等正义:《尚书正义》,第234页。
⑥ 杜预注,孔颖达等正义:《春秋左传正义》,上海:上海古籍出版社,1990年,第233页。
⑦ 杨伯峻编:《春秋左传注》修订本,北京:中华书局,2009年,第359页。
⑧ 杜预注,孔颖达等正义:《春秋左传正义》,第392页。
⑨ 杜预注,孔颖达等正义:《春秋左传正义》,第564页。
⑩ 杜预注,孔颖达等正义:《春秋左传正义》,第682页。
⑪ 孔安国传,孔颖达等正义:《尚书正义》,第108页。
⑫ 韦昭注:《国语》卷3,第37页。韦昭注:"犹财色之祸生于好之。"

语集解》以为是逸《诗》，因为"无过乱人之门"句，《吕氏春秋·原乱》引《诗》曰"无过乱门"，故徐元诰以为后二句亦是逸《诗》①。按《左传》昭公十九年子产引此语称为"谚"。陈奇猷《吕氏春秋新校释》引桂馥说："古者谣谚皆谓之诗。其采于遒人者，如国风是也。未采者，传闻里巷。凡周、秦诸书引诗不在四家编者皆得之传闻，故曰逸诗。或谓逸诗皆夫子所删，此浅学之臆说也。"②上古时言、语各自为书，言为王言，所谓左史书之；语则为贤人之语，非史官所掌，所谓有关治国之嘉言善语。至春秋时，以史官所记王言名《书》，语书则与谚、记诸书相杂，故时人所引或称"语"，或称"言"，或称"闻"。

先秦时亦有用"语"不可理解为文体者，如《论语》所记颜渊说"请事斯语"，清人有以为此处"语"当指上古贤人之语者，恐未必是。殿本《春秋左氏传注疏》卷45附四库馆臣《考证》引张氏说："按《国语》曰：'教之语。''语'者，先圣先师之嘉语也。《鲁论》颜子曰：'请事斯语。'冉子曰：'请事斯语。'知此皆非孔子自言，皆述古语也。故曰：'请事斯语。'"③此以颜渊所说之"语"为孔子所述古语。案，《论语·颜渊》载此事曰："颜渊问仁。子曰：'克己复礼为仁。一日克己复礼，天下归仁焉。为仁由己，而由人乎哉？'颜渊曰：'请问其目。'子曰：'非礼勿视，非礼勿听，非礼勿言，非礼勿动。'颜渊曰：'回虽不敏，请事斯语矣。'"又："仲弓问仁。子曰：'出门如见大宾，使民如承大祭。己所不欲，勿施于人。在邦无怨，在家无怨。'仲弓曰：'雍虽不敏，请事斯语矣。'"④观颜渊、仲弓所称"请事斯语"，意当为遵行孔子所言，而非指孔子所述为古语。

又如，《国语》："史献书、师箴、瞍赋、矇诵、百工谏、庶人传语、近臣尽规、亲戚补察。瞽史教诲，耆艾修之，而后王斟酌焉。"韦昭注："庶人卑贱，见时得失，不得达，传以语士也。"⑤此处"传语"之"语"，亦非文体。《左传》襄公十四年记师旷对晋侯云："自王以下，各有父兄子弟，以补察其政。史为书，瞽为诗，工诵箴谏，大夫规诲，士传言，庶人谤，商旅于市，百工献艺。"此"士传言，庶人谤"之"言""谤"，同于"庶人传语"之"语"。杜预注"士传言"说："士卑不得径达，闻君过失，传告大夫。"又注"庶人谤"说："庶人不与政，闻君过则诽谤。"⑥传告大夫和诽谤，明非用古《语》书。《说文》训"谤"为毁，则是妄谤不实之辞。韦昭《国语注》训"谤"为"诽"，段玉裁《说文解字注》说："诽之言非也，言非其实。"⑦据此，庶人所谤多是妄谤，是诋毁，则与邵公所谏不合，也与同列之史、瞽、工、大夫不等，故当依孔颖达疏《左传》语为解。按孔《疏》说："庶人卑贱，不与政教，闻君过失，不得谏争，得在外诽谤之。谤谓言其过失，使在闻之而自改，亦是谏之

---

① 徐元诰撰，王树民、沈长云点校：《国语集解》，北京：中华书局，2002年，第99页。
② 陈奇猷释：《吕氏春秋新校释》下，上海：上海古籍出版社，2002年，第1589页。
③ 《四库全书荟要》经部第30册，北京：世界书局，1988年，第329页。
④ 程树德撰，程俊英、蒋见元点校：《论语集释》，北京：中华书局，1990年，第817-824页。
⑤ 韦昭注：《国语》卷1，第4页。
⑥ 杜预注，孔颖达等正义：《春秋左传正义》，第562-563页。
⑦ 许慎撰，段玉裁注：《说文解字注》，第97页。

类也。昭四年传'郑人谤子产',《周语》'厉王虐,国人谤王',皆是言其实事,谓之谤。但传闻之事,有实有虚,或有妄谤人者,今世遂以谤为诬类,是俗易而意异也。"①故《左传》"庶人谤"即《国语》"庶人传语",其"语"即"谤"言,非古《语》书。

二、语体的发展

从申叔时所说,可证古时有语书,其特征是记治国之嘉言善语。这种语书,至楚庄王时还有流传,而且作为教育太子乃至贵游子弟的教材。其原貌如何,则今人已无从知晓。现在我们能够看到的语书,主要是《论语》和《国语》两部书。我们先说《论语》。《论语》系孔子门人所编,循名责实,是语书无疑。孔子是儒家创始人,后人尊为素王,但在当时,不过一家学说的创始人,徒众多,影响甚广,故门人辑其言成《论语》一书。其书至汉时据《汉书·艺文志》说是八寸策,与经书不同,是其时亦为子书而已。《论语》一书成于何时,其名最早何时而定,亦颇值得研究。王充《论衡·正说》说:"初孔子孙孔安国以教鲁人扶卿,官至州刺史,始曰《论语》。"②孔安国是武帝时人,至此书名始定,并不合于事实。盖《礼记·坊记》已引《论语》。《礼记》一书,学者谓成于汉儒之手,然近年上海博物馆所获楚竹书已有《礼记》中的《孔子闲居》《缁衣》《曾子》等篇,故《礼记》在战国时应已成形,是则可旁证《坊记》所引《论语》,或亦在战国时已经出现。《汉书·艺文志》说:"武帝末(当为景帝时),鲁共王坏孔子宅,欲以广其宫,而得《古文尚书》及《礼记》《论语》《孝经》凡数十篇,皆古字也。"③孔壁古文,当避战乱而藏,时当汉初,但其文字为古文,则其成书又当更早。《论语》是其中一种,可见成书甚早。《论语》一书记孔子之言,何以称为语?何晏《论语集解叙》引刘向说:"《鲁论语》二十篇,皆孔子弟子记诸善言也。"④记善言称语,与春秋前语书相合。《汉书·艺文志》说:"《论语》者,孔子应答弟子时人及弟子相与言而接闻于夫子之语也。当时弟子各有所记。夫子既卒,门人相与辑而论纂,故谓之《论语》。"⑤《汉志》所记当出刘向,此以"论纂"释"论"。颜师古注说:"辑与集同,纂与撰同。"⑥是"论"即纂辑的意思。孔子既卒,门人纂辑孔子生前应答弟子及弟子相与言而接闻于夫子之语,纂而成书,是为《论语》。梁皇侃《论语集解义疏序》又申说此义曰:"于是弟子佥陈往训,各记旧闻,撰为此书,成而实录。上以尊仰圣师,下则垂轨万代。既方为世典,不可无名。然名书之法,必据体以立称,犹如以孝为体者,则谓之《孝经》,以庄敬为体者,则谓之为《礼记》。然此书之体,适会多途,皆夫子平生应机作教,事无常准,或与时君抗厉,或共

---

① 杜预注,孔颖达等正义:《春秋左传正义》,第563页。
② 王充:《论衡》卷28,上海:上海人民出版社,1974年,第429页。
③ 班固撰,颜师古注:《汉书》,北京:中华书局,1997年,第1706页。
④ 皇侃义疏,何晏集解:《论语集解义疏》"论语集解序",北京:中华书局,1985年,第1页。
⑤ 班固撰,颜师古注:《汉书》,第1717页。
⑥ 班固撰,颜师古注:《汉书》,第1717页。

弟子抑扬，或自显示物，或混迹齐凡，问同答异，言近意深，诗、书互错综，典、诰相纷纭，义既不定于一方，名故难求乎诸类，因题'论语'两字，以为此书之名也。"①这是说《论语》之名，并非无意义，而是因为孔子平日所论深广，义难以定于一方，故题"论语"。《汉志》释"论"为纂辑，后儒则或解为伦。伦，伦而有理之谓，诸说平议，可参皇侃《序》文。后儒尊孔，未免深解，实则孔子门人以"语"名书，仍取古语书之义。皇侃据《毛传》"论难曰语"，说："按此书既是论难答述之事，宜以'论'为其名，故名为《论语》也。"②《论语》一书，主要记孔子之言，所谓善言嘉语，又多与门人问答讨论，故以"论难"解释，亦无不可。《论语》一书以记言为主，合于古语书体例。然偶亦有记事，若《子路曾皙冉有公西华侍坐》章，记事入微，作者旨在对话中显示人物的性格，与古语书明显不合，此受春秋以后叙事的影响至为显明。

就文体上看，《论语》为语书，当无疑义。如果是这样的话，我们在讨论先秦散文发展的进程时，可能会对已有的结论进行改写。据先秦散文研究的现有成果，认为先秦散文的发展经历了由语录体至论说体的过程，语录体即《论语》，其在散文史进程中属于早期论说逻辑不发达的产物。然若从文体的角度看，《论语》本身是语体书，与论语文发展的进程没有任何关系，《论语》与《墨子》《庄子》《荀子》等，不具有共同讨论的基础。事实上，至汉初，仍然有语体书的发展，如《新语》。《论语》与《墨子》《庄子》《荀子》《韩非子》是两种不同的文体，其发展与后人所论的先秦散文发展历程并不相符。

事实上，单纯记嘉言善语的古语书，至春秋以后的确发生了以事入语的变化，其代表者即是《国语》。

《国语》一书，《史记》和《汉书·艺文志》均称其为左丘明所作，这也是因为《国语》和《左传》极为接近。《国语》中的人和事，许多均可在《左传》中得到印证，至有称《左传》是内传，《国语》是外传的说法。《国语》与《左传》有关系，容或是一人所作，但绝不可能是内、外传的关系。其实这是两种完全不同的文体。《左传》是传释《春秋》的解经之作，是作者以叙事阐发孔子删述《春秋》大意的作品。史迁《太史公自序》载孔子说"我欲载之空言，不如见之于行事之深切著明也"，《左传》即详叙春秋242年间史事，以释《春秋》之"别嫌疑，明是非，定犹豫，善善恶恶，贤贤贱不肖"之大意，此谓"见之行事之深切著明"③。《国语》不同，它是语书，并不为释《春秋》而作。因此古人的争辨，实在是不明文体所致。《国语》以记言为主，当然，语书在这个时期已经发生了以事入语的变化。故《国语》与上古语书纯记嘉言善语不同，作者似乎比较关注"语"产生的背景，即着重交待"语"是在什么样的状况下发生的。出于这样的考虑，作者往往在记"语"之前，简要交待背景，这就是"语"前记事。作者不仅关注"语"产生的背景，还关注"语"的后果，因此在记"语"之后，往往又交待结局，以证实"语"的效果。当然，在全部的写作中，作者的

---

① 皇侃义疏，何晏集解：《论语集解义疏》"论语义疏序"，第1—2页。
② 皇侃义疏，何晏集解：《论语集解义疏》"论语义疏序"，第3页。
③ 司马迁：《史记》，北京：线装书局，2006年，第545页。

中心仍然是"语",事只是为"语"服务,所以《国语》一书虽然有许多记事,仍然和《左传》不同。对这个特点,台湾学者张以仁先生有过总结。他说:"《左传》重点在事的记述,《国语》则在言的铺张。有时言辞之首,或书史以交待其背景。言辞之末,或附史事以为之征验,皆无非是增加其说理的效果而已。"①

后儒或不同意,但均难有切实证据。无论如何,《国语》与《左传》具有密切的关系,是不可否认的。故《国语》一书,体裁因仍古语书,但却杂记事,有的部分甚或较《左传》更为曲折细致。这也是语书至春秋末时的新变化,这个变化影响到其后的语书写作。1973年末,在长沙马王堆汉墓中出土了一批帛书,其中有一种记述春秋史事的文献,无书名,整理者复原后定名为《春秋事语》。这批材料与《左传》有着密切的关系,有人认为是《左传》系统,也有人认为与《左传》无关,而是另一本古书②。帛书共有16章,其中有13章均与《左传》相近,故多数学者相信其与《左传》有关系。比如帛书第10章:

> 吴人会诸侯,卫君后,吴人止之。子赣见大宰喜,语及卫故。大宰喜曰:"其来后,是以止之。"子赣曰:"卫君之来,必谋其大夫,或欲,或不欲,是以后。欲其来者,子之党也;不欲其来者子之雠也。今止卫君,是堕党而崇雠也。且会诸侯而止卫君,谁则不惧?堕党崇雠,以惧诸侯,难以霸矣。"吴人乃□之。③

这一段记载是帛书中与《左传》最近者。《左传》哀公十二年记:

> 秋,卫侯会吴于郧。公及卫侯、宋皇瑗盟,而卒辞吴盟。吴人藩卫侯之舍。子服景伯谓子贡曰:"夫诸侯之会,事既毕矣,侯伯致礼,地主归饩,以相辞也。今吴不行礼于卫,而藩其君舍以难之,子盍见大宰?"乃请束锦以行。语及卫故,大宰嚭曰:"寡君愿事卫君,卫君之来也缓,寡君惧,故将止之。"子贡曰:"卫君之来,必谋于其众,其众或欲或否,是以缓来。其欲来者,子之党也;其不欲来者,子之雠也。若执卫君,是堕党而崇雠也。夫堕子者,得其志矣。且合诸侯而执卫君,谁敢不惧?堕党崇雠,而惧诸侯,或者难以霸乎?"大宰嚭说,乃舍卫侯。卫侯归,效夷言。子之尚幼,曰:"君必不免,其死于夷乎!执焉而又说其言,从之固矣。"④

上引帛书,学者多以为是依据《左传》简化而来,亦有疑《左传》因袭《春秋事语》者。其实这些观点可能并不正确。因为《左传》与帛书《春秋事语》是两种不同的

---

① 参张以仁:《春秋史论集·从〈国语〉与〈左传〉本质上的差异试论后人对〈国语〉的批评》,台北:联经出版事业公司,1991年,第109页。
② 参见《座谈长沙马王堆汉墓帛书》,《文物》1974年第9期。
③ 《马王堆汉墓帛书》叁,北京:文物出版社,1983年,第14页。
④ 杜预注,孔颖达等正义:《春秋左传正义》,第1026—1027页。

文体。《左传》叙事以释经，强调事件的详实，帛书《春秋事语》其实是语书，重点是记言。故《左传》记事在曲折上下力，如在交待事件的起因之后，又插入子服景伯对子贡的话，子贡束锦以行，以见大宰嚭。《春秋事语》重点在记言上，故在简单交待起因后，即径直记子贡对大宰嚭的话，省去了子贡之所以见大宰嚭的细节。这其实不是简化的问题，而是记事之体与语书之体的区别。所以，整理者将帛书定名为"事语"，是非常合于此书体例的。

《春秋事语》是语书，以记善言为主，也杂有记事。但其记事显然还是与《左传》的记事不同，这是因为尽管至战国时，语书已杂采事件，但仍保留着语书的特征。虽然如此，《国语》中的记事，仍然是为记言服务。对于此点，张以仁先生有很详细的分析。他说以《左传》和《国语》相比，同一件事，往往《左传》实而《国语》虚①。《左传》重点在事的叙述，《国语》则在言的铺张。其叙事，有时在前，有时在后，用来加强说理的效果而已②。这的确是《国语》的特点，其不以叙事为主，故不可以实录叙事来要求它。

先秦语书，除上述几种外，据史书记载，在西晋太康年间发现的汲冢古书里有一种亦是语书，整理者定名为《汲冢琐语》。此书后来失传，宋人类书如《太平御览》尚有引用。清人马国翰《玉函山房辑佚书·杂史类》辑有一卷，主要辑自《太平御览》。此书据《晋书·束晳传》："《琐语》十一篇，诸国卜梦妖怪相书也。"③《太平御览》卷908引《琐语》曰："晋平公梦见赤熊窥屏，恶之，而有疾，使问子产。子产曰，昔共工之御曰：浮游既败于颛顼，自没沉淮之渊，其色赤，其言善笑，其行善顾，其状如熊，常为天王祟，见之堂上，则止天下者死，见堂下，则邦人骇，见门，近臣忧，见庭，则无伤。窥君之屏，病而无伤。祭颛顼、共工则瘳。公如其言，而疾间。"④据此似合《晋书》所说。唐刘知己《史通》亦引此事，可见确为《琐语》所载。按《左传》昭公七年亦记此事，然称黄熊入门，则与赤熊窥屏不同。可见当日确有此种传说，《左传》亦采传说叙事，但《琐语》则旨在记语，此皆见"传"与"语"文体性质不同，故虽记同样的事，却不能视为同类之书。

三、语书体的变化

战国时语书变化而形成的这一特点，影响到汉初的语书写作。如汉初陆贾的《新语》，亦是语书，故以记言为主。其书实为论，与荀卿诸书相合。其以论杂记事，与古语书不同，故称"新语"。"语"称"新"，与汉以前"语"体示别也。《论衡·案书》说："《新语》，陆贾所造，盖董仲舒相被服焉，皆言君臣政治得失，言可采行，事美足观。鸿知所言，参贰经传，虽古圣之言，不能过增。"⑤是其内容主论政治得

---

① 参张以仁：《春秋史论集》，台北：联经出版事业公司，1990年，第108页。原注引《左传》孔颖达《疏》。按孔《疏》："凡有共说一事而二文不同，必《国语》虚，而《左传》实。"
② 张以仁：《春秋史论集》，第108—109页。
③ 房玄龄：《晋书》第5册，北京：中华书局，1974年，第1433页。
④ 李昉：《太平御览》第4册，北京：中华书局，1960年，第4024—4025页。
⑤ 王充著：《论衡》，上海：上海人民出版社，1974年，第438页。

失，引古事古义以为汉之镜鉴，讨论当代政事，故称"新语"。以"语"名其文者，盖体同古"语"，但事为新事，故称"新语"。以陆贾《新语》与《国语》相比，可以见出汉初的语书已经明显带有论的特征。当然，"语"的定义本就是论难，但陆贾此书显然受到荀子等论说文的影响。其以议论见长，颇骋文辞，《汉书·刑法志》："汉兴，高祖躬神武之材，行宽仁之厚，总揽英雄，以诛秦、项。任萧、曹之文，用良、平之谋，骋陆、郦之辩，明叔孙通之仪，文武相配，大略举焉。"①陆贾之以辩辞名世，固亦"新语"之义。

语书在先秦时流传应较广泛，时人颇有引证。《荀子·君道》："《语》曰：'好女之色，恶者之孽也。公正之士，众人之痤也。'"②《荀子·正论》："《语》曰：'浅不足与测深，愚不足与谋知，坎井之蛙不可与语东海之乐。'"③案，此条所引《语》"坎井之蛙"，典出《庄子·秋水》，则见《荀子》所见的这本《语》书，当是在庄子之后所编。故语书之编，各代皆有，且及《庄子》，或是战国之末，语书于古时已有变化，不尽是圣贤之言，亦不必出于儒家。又《荀子》皆称《语》而不加区分，与时人常引所谓《谚》同，或见语书的性质已经通俗化？又《荀子·大略》说："民语曰：'欲富乎？忍耻矣，倾绝矣，绝故旧矣，与义分背矣。'"④案，此"民语"，非出语书，当如"俗言"之义。又《荀子·大略》："《语》曰：'流丸止于瓯、臾，流言止于知者。'"⑤然其评论说："此家言邪学之所以恶儒者也。"⑥杨倞注说："家言，谓偏见，自成一家之言，若宋、墨者。"⑦如此，《语》所引乃宋、墨之言，亦见其时代晚出，且非儒家之说。又《荀子·哀公》："《语》曰：'桓公用其贼，文公用其盗。'"⑧此明是在春秋以后的语书。又《荀子·尧问》："《语》曰，缯丘之封人见楚相孙叔敖曰：'吾闻之也：处官久者士妒之，禄厚者民怨之，位尊者君恨之。今相国有此三者而不得罪楚之士民，何也？'孙叔敖曰：'吾三相楚而心愈卑，每益禄而施愈博，位滋尊而礼愈恭，是以不得罪于楚之士民也。'"⑨案，此《语》以事记言，与《国语》略同。

春秋末战国时人引语书甚多，足见当时语书的流行之广。从上述引文看，语书发生的变化具有两个特点：一是不限于记圣贤之嘉言善语；二是选择的范围也扩大至当世的格言。战国诸子及秦汉时人引《语》书的材料甚多，略举例如下：

> 是故子墨子言曰："古者有《语》曰：'君子不镜于水，而镜于人。镜于水，见面之容；镜于人，则知吉与凶。'"（《墨子·非攻中》）

---

① 班固撰，颜师古注：《汉书》，第1090页。
② 王先谦撰，沈啸寰、王星贤点校：《荀子集解》，北京：中华书局，1988年，第240页。
③ 王先谦撰，沈啸寰、王星贤点校：《荀子集解》，第331页。
④ 王先谦撰，沈啸寰、王星贤点校：《荀子集解》，第503页。
⑤ 王先谦撰，沈啸寰、王星贤点校：《荀子集解》，第516页。
⑥ 王先谦撰，沈啸寰、王星贤点校：《荀子集解》，第516页。
⑦ 王先谦撰，沈啸寰、王星贤点校：《荀子集解》，第516页。
⑧ 王先谦撰，沈啸寰、王星贤点校：《荀子集解》，第545页。
⑨ 王先谦撰，沈啸寰、王星贤点校：《荀子集解》，第551–552页。

《语》曰:"其母好者其子抱。"然则其为之反也,其母恶者其子释。(《韩非子·备内》)

《语》曰:"家有常业,虽饥不饿;国有常法,虽危不亡。"(《韩非子·饰邪》)

晏婴子聘鲁,哀公问曰:"《语》曰:'莫三人而迷。'"(《韩非子·内储说上》)

《语》曰:"诸侯以国为亲。"(《韩非子·难四》)

《语》曰:"不大其栋,不能任重。"(《淮南子·泰族训》)

《语》曰:"仁不轻绝,智不轻怨。"(《新序·杂事第三》)

《语》曰:"转败而为功,因祸而为福。"(《新序·杂事第四》)

《语》曰:"桓公任其贼,而文公用其盗。"(《新序·杂事第五》,案,《荀子》引用过)

《语》曰:"唇亡则齿寒矣。"(《新序·善谋》,案,此乃述晋借虞道伐虢事,宫之奇引《语》曰)

《语》曰:"愚者暗成事,知者见未萌。民不可与虑始,可与乐成功。"(《新序·善谋》)

《语》曰:"强者善攻而弱者不能守。"(《新序·善谋》,案,此记长平之战事)

《语》曰:"知命者不惑。"晏婴是也。(《说苑·权谋》,案,《韩非子·内储》晏婴曾引《语》书)

《语》曰:"文王不能使不附之民,先轸不能战不教之卒,造父、王良不能以敝车不作之马趋疾而致远,羿、逢蒙不能以枉矢弱弓射远中微。"(《说苑·指武》)

《语》曰:"鸢鹊蒙害,仁鸟增逝。"此之谓也。(汉赵岐《孟子·离娄下注》)

是自战国以来,时人对《语》书非常熟悉,随时称引其格言,此适可证明《语》书的功能主要是为当时人提供引据的格言。

原载《中山大学学报(社会科学版)》2013年第5期

《过秦论》三题

刘跃进

贾谊所撰《过秦论》是一代经典名篇，过去的研究，针对它独特的文体、成为经典的过程等问题，已经有过较多的着墨。学无止境，重读《过秦论》，本文想在三个方面提出一些讨论意见。首先，从文本本身出发，考察《文选》所收《过秦论》的文本来源为何。其次，《过秦论》之"过"字的内涵以及它的警示意义。再次，联系汉初的历史实际情况，讨论《过秦论》的历史意义和影响。

一、《过秦论》的分篇缀合

《过秦论》这篇文章，在汉代就已经受到充分的重视，颇获征引。《史记》在《秦始皇本纪》与《陈涉世家》两篇却取贾谊《过秦论》为"赞"文，以之为对秦朝的正统评价，而不是以"太史公曰"来作为议论收束，颇有将之作为历史定论之意。班固在《汉书》中同样引用了《过秦论》为史论，并表彰贾谊的"过秦"具有"暴秦之戒，三代是据"[1]的地位。虽然各家对《过秦论》都给予了很高评价，但是，《史记》《汉书》以及与流传于后世的贾谊《新书》，对《过秦论》的过录，分篇不同，文字也多有差异。《过秦论》为《文选》收录于卷51"论"首之后，影响很大。后世所传之《过秦论》，颇以《文选》所收之篇为依据。那么需要分辨的是，《文选》究竟是以贾谊《新书》还是《史记》《汉书》所过录之《过秦论》为底本的呢？针对这个问题，首先需要来分析《史记》和《汉书》关于《过秦论》的引录。

1）《史记·秦始皇本纪》载："太史公曰：秦之先伯翳，尝有勋于唐虞之际，受土赐姓。及殷夏之间微散。至周之衰，秦兴，邑于西垂。自缪公以来，稍蚕食诸侯，竟成始皇。始皇自以为功过五帝，地广三王，而羞与之侔。善哉乎贾生推言之也！"[2]下亦引有《过秦论》：

> 秦并兼诸侯山东三十余郡，缮津关，据险塞，修甲兵而守之。然陈涉以戍卒散乱之众数百，奋臂大呼，不用弓戟之兵，锄耰白梃，望屋而食，横行天下。秦人阻险不守，关梁不阖，长戟不刺，强弩不射。楚师深入，战于鸿门，曾无藩篱之艰。于是山东大扰，诸侯并起，豪俊相立。秦使章邯将而东

---

[1] 班固：《汉书》卷100下叙传第70下，北京：中华书局，1962年，第4252页。
[2] 司马迁：《史记》卷6《秦始皇本纪》，北京：中华书局，2014年，第349页。

征，章邯因以三军之众要市于外，以谋其上。群臣之不信，可见于此矣。子婴立，遂不寤。藉使子婴有庸主之材，仅得中佐，山东虽乱，秦之地可全而有，宗庙之祀未当绝也。

秦地被山带河以为固，四塞之国也。自缪公以来，至于秦王，二十余君，常为诸侯雄。岂世世贤哉？其势居然也。且天下尝同心并力而攻秦矣。当此之世，贤智并列，良将行其师，贤相通其谋，然困于阻险而不能进，秦乃延入战而为之开关，百万之徒逃北而遂坏。岂勇力智慧不足哉？形不利，势不便也。秦小邑并大城，守险塞而军，高垒毋战，闭关据阨，荷戟而守之。诸侯起于匹夫，以利合，非有素王之行也。其交未亲，其下未附，名为亡秦，其实利之也。彼见秦阻之难犯也，必退师。安土息民，以待其敝，收弱扶罢，以令大国之君，不患不得意于海内。贵为天子，富有天下，而身为禽者，其救败非也。

秦王足己不问，遂过而不变。二世受之，因而不改，暴虐以重祸。子婴孤立无亲，危弱无辅。三主惑而终身不悟，亡，不亦宜乎？当此时也，世非无深虑知化之士也，然所以不敢尽忠拂过者，秦俗多忌讳之禁，忠言未卒于口而身为戮没矣。故使天下之士，倾耳而听，重足而立，拑口而不言。是以三主失道，忠臣不敢谏，智士不敢谋，天下已乱，奸不上闻，岂不哀哉！先王知雍蔽之伤国也，故置公卿大夫士，以饰法设刑，而天下治。其强也，禁暴诛乱而天下服。其弱也，五伯征而诸侯从。其削也，内守外附而社稷存。故秦之盛也，繁法严刑而天下振；及其衰也，百姓怨望而海内畔矣。故周五序得其道，而千余岁不绝。秦本末并失，故不长久。由此观之，安危之统相去远矣。野谚曰"前事之不忘，后事之师也"。是以君子为国，观之上古，验之当世，参以人事，察盛衰之理，审权势之宜，去就有序，变化有时，故旷日长久而社稷安矣。

秦孝公据崤函之固，拥雍州之地，君臣固守而窥周室，有席卷天下，包举宇内，囊括四海之意，并吞八荒之心。当是时，商君佐之，内立法度，务耕织，修守战之备，外连衡而斗诸侯，于是秦人拱手而取西河之外。

孝公既没，惠王、武王蒙故业，因遗策，南兼汉中，西举巴、蜀，东割膏腴之地，收要害之郡。诸侯恐惧，会盟而谋弱秦，不爱珍器重宝肥美之地，以致天下之士，合从缔交，相与为一。当是时，齐有孟尝，赵有平原，楚有春申，魏有信陵。此四君者，皆明知而忠信，宽厚而爱人，尊贤重士，约从离衡，并韩、魏、燕、楚、齐、赵、宋、卫、中山之众。于是六国之士有宁越、徐尚、苏秦、杜赫之属为之谋，齐明、周最、陈轸、昭滑、楼缓、翟景、苏厉、乐毅之徒通其意，吴起、孙膑、带佗、儿良、王廖、田忌、廉颇、赵奢之朋制其兵。常以十倍之地，百万之众，叩关而攻秦。秦人开关延敌，九国之师逡巡遁逃而不敢进。秦无亡矢遗镞之费，而天下诸侯已困矣。于是从散约解，争割地而奉秦。秦有余力而制其敝，追亡逐北，伏尸百万，流血漂卤。因利乘便，宰割天下，分裂河山，强国请服，弱国入朝。延及孝文王、庄襄王，享国日浅，国家无事。

及至秦王，续六世之余烈，振长策而御宇内，吞二周而亡诸侯，履至尊而制六合，执棰拊以鞭笞天下，威振四海。南取百越之地，以为桂林、象郡，百越之君俯首系颈，委命下吏。乃使蒙恬北筑长城而守藩篱，却匈奴七百余里，胡人不敢南下而牧马，士不敢弯弓而报怨。于是废先王之道，焚百家之言，以愚黔首。堕名城，杀豪俊，收天下之兵聚之咸阳，销锋铸镰，以为金人十二，以弱黔首之民。然后斩华为城，因河为津，据亿丈之城，临不测之溪以为固。良将劲弩守要害之处，信臣精卒陈利兵而谁何，天下以定。秦王之心，自以为关中之固，金城千里，子孙帝王万世之业也。

秦王既没，余威振于殊俗。陈涉，瓮牖绳枢之子，氓隶之人，而迁徙之徒，才能不及中人，非有仲尼、墨翟之贤，陶朱、猗顿之富，蹑足行伍之间，而倔起什伯之中，率罢散之卒，将数百之众，而转攻秦。斩木为兵，揭竿为旗，天下云集响应，赢粮而景从，山东豪俊遂并起而亡秦族矣。

且夫天下非小弱也，雍州之地，崤函之固自若也。陈涉之位，非尊于齐、楚、燕、赵、韩、魏、宋、卫、中山之君；锄耰棘矜，非铦于句戟长铩也；适戍之众，非抗于九国之师；深谋远虑，行军用兵之道，非及乡时之士也。然而成败异变，功业相反也。试使山东之国与陈涉度长絜大，比权量力，则不可同年而语矣。然秦以区区之地，千乘之权，招八州而朝同列，百有余年矣。然后以六合为家，崤函为宫，一夫作难而七庙堕，身死人手，为天下笑者，何也？仁义不施而攻守之势异也。

秦并海内，兼诸侯，南面称帝，以养四海，天下之士斐然乡风，若是者何也？曰：近古之无王者久矣。周室卑微，五霸既殁，令不行于天下，是以诸侯力政，强侵弱，众暴寡，兵革不休，士民罢敝。今秦南面而王天下，是上有天子也。既元元之民冀得安其性命，莫不虚心而仰上，当此之时，守威定功，安危之本在于此矣。

秦王怀贪鄙之心，行自奋之智，不信功臣，不亲士民，废王道，立私权，禁文书而酷刑法，先诈力而后仁义，以暴虐为天下始。夫并兼者高诈力，安定者贵顺权，此言取与守不同术也。秦离战国而王天下，其道不易，其政不改，是其所以取之守之者无异也。孤独而有之，故其亡可立而待。借使秦王计上世之事，并殷周之迹，以制御其政，后虽有淫骄之主而未有倾危之患也。故三王之建天下，名号显美，功业长久。

今秦二世立，天下莫不引领而观其政。夫寒者利裋褐而饥者甘糟糠，天下之嗷嗷，新主之资也。此言劳民之易为仁也。乡使二世有庸主之行，而任忠贤，臣主一心而忧海内之患，缟素而正先帝之过，裂地分民以封功臣之后，建国立君以礼天下，虚囹圄而免刑戮，除去收帑污秽之罪，使各反其乡里，发仓廪，散财币，以振孤独穷困之士，轻赋少事，以佐百姓之急，约法省刑以持其后，使天下之人皆得自新，更节修行，各慎其身，塞万民之望，而以威德与天下，天下集矣。即四海之内，皆欢然各自安乐其处，唯恐有变，虽有狡猾之民，无离上之心，则不轨之臣无以饰其智，而暴乱之奸止矣。二世不行此术，而重之以无道，坏宗庙与民，更始作阿房宫，繁刑严诛，吏治刻深，赏罚不当，赋敛无度，天下多事，吏弗能纪，百姓困穷而主弗收恤。然后奸伪并起，而上下相遁，蒙罪者众，刑戮相望于道，而天下苦之。自君卿以下至于众庶，人怀自危之心，亲处穷苦之实，咸不安其位，故易动也。是以陈涉不用汤武之贤，不藉公侯之尊，奋臂于大泽而天下响应者，其民危也。故先王见始终之变，知存亡之机，是以牧民之道，务在安之而已。天下虽有逆行之臣，必无响应之助矣。故曰：安民可与行义，而危民易与为非，此之谓也。贵为天子，富有天下，身不免于戮杀者，正倾非也。是二世之过也。①

通常的看法，《史记·秦始皇本纪》所引《过秦论》止于"仁义不施而攻守之势异也"。"秦并海内，兼诸侯，南面称帝，以养四海"句下，裴骃《集解》引徐广曰："一本有此篇，无前者'秦孝公'已下，而又以'秦并兼诸侯山东三十余郡'继此末也。"②说明徐广所见，自"秦并海内，兼诸侯，南面称帝，以养四海"起，至"是二世之过也"止，为《过秦论》的另一篇，或曰下篇，讲二世之过。从"襄公立，享国十二年。初为西畤。葬西垂"起，又为司马迁语。司马贞《史记索隐》曰："此已下重序列秦之先君立年及葬处，皆当据秦纪为说，与正史小有不同，今取异说重列于后。"③所见尤是。

2）《史记·陈涉世家》所引《过秦论》，称为"贾生言"，当为《过秦论》之中篇，在"陈胜虽已死，其所置遣侯王将相竟亡秦，由涉首事也。高祖时为陈涉置守冢三十家砀，至今血食"④下所载"褚先生曰：地形险阻，所以为固也；兵革刑法，所以为治也。犹未足恃也。夫先王以仁义为本，而以固塞文法为枝叶，岂不然哉！吾闻贾生之称曰"⑤之后，其文曰：

秦孝公据殽函之固，拥雍州之地，君臣固守，以窥周室。有席卷天下，包举宇内，囊括四海之意，并吞八荒之心。当是时也，商君佐之，内立法度，务耕织，修守战之备；外连衡而斗诸侯。于是秦人拱手而取西河之外。

孝公既没，惠文王、武王、昭王蒙故业，因遗策，南取汉中，西举巴蜀，东割膏腴之地，收要害之郡。诸侯恐惧，会盟而谋弱秦。不爱珍器重宝肥饶之地，以致天下之士。合从缔交，相与为一。当此之时，齐有孟尝，赵有平原，楚有春申，魏有信陵：此四君者，皆明知而忠信，宽厚而爱人，尊贤而重士。约从连衡，兼韩、魏、燕、赵、宋、卫、中山之众。于是六国之

---

① 司马迁：《史记》卷6《秦始皇本纪》，第349–358页。
② 司马迁：《史记》卷6《秦始皇本纪》，第356页。
③ 司马迁：《史记》卷6《秦始皇本纪》，第358页。
④ 司马迁：《史记》卷48《陈涉世家》，第2378页。
⑤ 司马迁：《史记》卷48《陈涉世家》，第2379页。

士有宁越、徐尚、苏秦、杜赫之属为之谋，齐明、周聚、陈轸、邵滑、楼缓、翟景、苏厉、乐毅之徒通其意，吴起、孙膑、带他、儿良、王廖、田忌、廉颇、赵奢之伦制其兵。尝以什倍之地，百万之师，仰关而攻秦。秦人开关而延敌，九国之师遁逃而不敢进。秦无亡矢遗镞之费，而天下固已困矣。于是从散约败，争割地而赂秦。秦有余力而制其弊，追亡逐北，伏尸百万，流血漂橹，因利乘便，宰割天下，分裂山河，强国请服，弱国入朝。

施及孝文王、庄襄王，享国之日浅，国家无事。

及至始皇，奋六世之余烈，振长策而御宇内，吞二周而亡诸侯，履至尊而制六合，执敲扑以鞭笞天下，威振四海。南取百越之地，以为桂林、象郡，百越之君俯首系颈，委命下吏。乃使蒙恬北筑长城而守藩篱，却匈奴七百余里，胡人不敢南下而牧马，士亦不敢贯弓而报怨。于是废先王之道，燔百家之言，以愚黔首。堕名城，杀豪俊，收天下之兵聚之咸阳，销锋镝，铸以为金人十二，以弱天下之民。然后践华为城，因河为池，据亿丈之城，临不测之溪以为固。良将劲弩，守要害之处，信臣精卒，陈利兵而谁何。天下已定，始皇之心，自以为关中之固，金城千里，子孙帝王万世之业也。

始皇既没，余威振于殊俗。然而陈涉瓮牖绳枢之子，氓隶之人，而迁徙之徒也。材能不及中人，非有仲尼、墨翟之贤，陶朱、猗顿之富也。蹑足行伍之间，俯仰仟佰之中，率罢散之卒，将数百之众，转而攻秦。斩木为兵，揭竿为旗，天下云会响应，赢粮而景从，山东豪俊遂并起而亡秦族矣。

且天下非小弱也；雍州之地，殽函之固自若也。陈涉之位，非尊于齐、楚、燕、赵、韩、魏、宋、卫、中山之君也；锄耰棘矜，非铦于句戟长铩也；适戍之众，非俦于九国之师也；深谋远虑，行军用兵之道，非及乡时之士也。然而成败异变，功业相反也。尝试使山东之国与陈涉度长絜大，比权量力，则不可同年而语矣。然而秦以区区之地。致万乘之权，抑八州而朝同列，百有余年矣。然后以六合为家，殽函为宫。一夫作难而七庙堕，身死人手，为天下笑者，何也？仁义不施，而攻守之势异也。①

关于这里的引用，裴骃《史记集解》引徐广曰："一作'太史公'。骃案：班固奏事云：'太史迁取贾谊《过秦》上下篇以为《秦始皇本纪》、《陈涉世家》下赞文'，然则言'褚先生'者，非也。"② 司马贞《史记索隐》："徐广与裴骃据所见别本及班彪奏事，皆云合作'太史公'。今据此是褚先生述《史记》，加此赞首地形险阻数句，然后始称贾生之言，因即改太史公之目，而自题己位号也。已下义并已见始皇之本纪讫。"③

3)《汉书》赞曰"昔贾生之过秦曰"云云与《史记·陈涉世家》相近：

---

① 司马迁：《史记》卷48《陈涉世家》，第2379–2382页。
② 司马迁：《史记》卷48《陈涉世家》，第2379页。
③ 司马迁：《史记》卷48《陈涉世家》，第2379页。

秦孝公据殽函之固，拥雍州之地，君臣固守而窥周室，有席卷天下，包举宇内，囊括四海，并吞八荒之心。当是时也，商君佐之，内立法度，务耕织，修守战之备，外连衡而斗诸侯。于是秦人拱手而取西河之外。

孝公既没，惠文、武、昭襄蒙故业，因遗策，南取汉中，西举巴蜀，东割膏腴之地，收要害之郡。诸侯恐惧，会盟而谋弱秦，不爱珍器重宝肥饶之地，以致天下之士。合从缔交，相与为一。当此之时，齐有孟尝，赵有平原，楚有春申，魏有信陵。此四贤者，皆明智而忠信，宽厚而爱人，尊贤重士，约从离横，兼韩、魏、燕、赵、宋、卫、中山之众。于是六国之士有宁越、徐尚、苏秦、杜赫之属为之谋，齐明、周最、陈轸、召滑、楼缓、翟景、苏厉、乐毅之徒通其意，吴起、孙膑、带他、儿良、王廖、田忌、廉颇、赵奢之朋制其兵。常以十倍之地，百万之军，仰关而攻秦。秦人开关延敌，九国之师遁巡而不敢进。秦无亡矢遗镞之费，而天下已困矣。于是从散约败，争割地而赂秦。秦有余力而制其弊，追亡逐北，伏尸百万，流血漂卤，因利乘便，宰割天下，分裂山河；强国请服，弱国入朝。施及孝文、庄襄王，享国之日浅，国家亡事。

及至始皇，奋六世之余烈，振长策而驭宇内，吞二周而亡诸侯，履至尊而制六合，执敲扑以鞭笞天下，威震四海。南取百粤之地，以为桂林、象郡。百粤之君俯首系颈，委命下吏。乃使蒙恬北筑长城而守藩篱，却匈奴七百余里，胡人不敢南下而牧马，士不敢弯弓而报怨。于是废先王之道，焚百家之言，以愚黔首。堕名城，杀豪俊，收天下之兵聚之咸阳，销锋镝铸以为金人十二，以弱天下之民。然后践华为城，因河为池，据亿丈之城，临不测之川，以为固。良将劲弩，守要害之处，信臣精卒，陈利兵而谁何。天下已定，始皇之心，自以为关中之固，金城千里，子孙帝王万世之业也。

始皇既没，余威震于殊俗。然而陈涉，瓮牖绳枢之子，氓隶之人，迁徙之徒也，材能不及中庸，非有仲尼、墨翟之知，陶朱、猗顿之富。蹑足行伍之间，而倔起阡陌之中，帅罢散之卒，将数百之众，转而攻秦。斩木为兵，揭竿为旗，天下云合向应，赢粮而景从，山东豪俊遂并起而亡秦族矣。且天下非小弱也；雍州之地，殽函之固，自若也。陈涉之位，不齿于齐、楚、燕、赵、韩、魏、宋、卫、中山之君；锄耰棘矜，不敌于钩戟长铩；适戍之众，不亢于九国之师；深谋远虑，行军用兵之道，非及曩时之士也。然而成败异变，功业相反，何也？试使山东之国与陈涉度长絜大，比权量力，不可同年而语矣。然秦以区区之地，致万乘之权，招八州而朝同列，百有余年，然后以六合为家，殽函为宫。一夫作难而七庙堕，身死人手，为天下笑者，何也？仁谊不施，而攻守之势异也。①

以上所列三种不同的段落，除《史记·秦始皇本纪》所引第三段落外，皆见于贾谊

---

① 班固：《汉书》，第1821–1825页。

《新书》，但是编排不一致。这说明，司马迁、班固所见贾谊传世文字，可能来源不一样。《汉书》所引《过秦论》，与《史记·陈涉世家》相近，但是文字略有不同。现在无法证实的是，《汉书》对《过秦论》的引用，不知是直接引自《史记》，还是引自《新书》。

今日所见《新书》，宋人朱熹，清人孙志祖、孙诒让等人认为，是经过刘向整理而成。但如果真是刘向整理，班固应当看过，何以《汉书·食货志》所载贾谊《治安策》，《新书》中散见四五处，由此说明，这部《新书》可能班固也没有看过。但是《玉海》所载58篇名目，与今传完全一致。可能今传《新书》至少应当是班固以后的人整理的。后到什么时候呢？陈振孙《直斋书录解题》儒家类："《贾子》十一卷。汉长沙王太傅洛阳贾谊撰。《汉志》五十八篇。今书首载《过秦论》，末为《吊湘赋》，余皆录《汉书》语，且略节谊本传于第十一卷。其非《汉书》所有者，辄浅薄不足观，决非谊本书也。"①王应麟晚于陈振孙，由此或可推断，《新书》应出现在陈振孙与王应麟之间。

我所以作上述说明，目的是探讨《文选》中所收《过秦论》的来源，可以肯定不是来自《新书》，而是来自《史记》或者《汉书》。我在从事《文选旧注辑存》工作中发现，凡《文选》收录作品同时见于《史记》《汉书》的篇章，其文字多与《汉书》相近，只是《汉书》多古字、异体字、假借字，《文选》多改为通行字。由此可以推断，《过秦论》应取自《汉书》。

二、《过秦论》"过"字内涵及其警示

《过秦论》的篇题，可能也有一个形成过程。《汉书·陈胜项籍传》应劭注曰："贾生书有《过秦》二篇，言秦之过。"②应劭认为是指秦之过错。当然，这里用作动词。由此来看，原本无"论"字，论字或为后人所题。《吴志·阚泽传》称此篇为《过秦论》，则魏晋时期已有此称。

那么，秦之"过"在何处？作者在开篇并没有直接说出，而是用赞赏的口吻先描述秦国的强大。作者分两层来写，一是写秦孝公的奠定之功，二是写秦始皇的统一大业。

先说第一个层面："秦孝公据殽函之固，拥雍州之地，君臣固守，以窥周室。"秦孝公于周显王七年，即公元前362年继立，时年21岁。《资治通鉴》卷2记载秦国之兴，即始于孝公，称"是时河、山以东强国六，淮、泗之间小国十余，楚、魏与秦接界。魏筑长城，自郑滨洛以北有上郡；楚自汉中，南有巴、黔中：皆以夷翟遇秦，摈斥之，不得与中国之会盟。于是孝公发愤，布德修政，欲以强秦"③。第二年（公元前361），秦孝公下令，招纳贤人："昔我穆公，自岐、雍之间修德行武，东平晋乱，以河为界，西霸戎翟，广地千里，天子致伯，诸侯毕贺，为后世开业甚光美。会往者厉、躁、简公、出子之不宁，国家内忧，未遑外事，三晋攻夺我先君河西地，丑莫大焉。献公即位，镇抚边境，徙治栎阳，且欲东伐，复穆公之故地，修穆公之政令。寡人思念先君之

---

① 陈振孙：《直斋书录解题》，上海：上海古籍出版社，1987年，第270页。
② 班固：《汉书》卷31《陈胜项籍传》，第1821页。
③ 司马光等：《资治通鉴》卷2，北京：中华书局，1956年，第43页。

意，常痛于心。宾客群臣有能出奇计强秦者，吾且尊官，与之分土。"①于是商鞅西入秦，推动变法：①令民为什伍而相收司、连坐；②告奸者与斩敌首同赏，不告奸者与降敌同罚；③有军功者，各以率受上爵；④为私斗者，各以轻重被刑大小；⑤僇力本业，耕织致粟帛多者，复其身；⑥事末利及怠而贫者，举以为收孥；⑦宗室非有军功论，不得为属籍；⑧明尊卑爵秩等级，各以差次，名田宅、臣妾、衣服；⑨有功者显荣，无功者虽富无所芬华。"行之十年，秦民大说，道不拾遗，山无盗贼，家给人足。民勇于公战，怯于私斗，乡邑大治。"②殽函，又作"崤函"，指崤关和函谷关。雍州，在今陕西凤翔，秦国发力的地方。上世纪这里发现秦公大墓，规格极高，早已僭越。所以文称"有席卷天下，包举宇内，囊括四海之意，并吞八荒之心"，可谓写实。这个时期，秦国的内政是力推商鞅变法，重农轻商，外政则是合纵连横，为拓边战争而储备兵器。"于是秦人拱手而取西河之外。"谓轻松就取得西河之地。这时，秦国的野心就是面向中原。当时大国中，东齐、西秦、南楚，对中原形成合围之势。这时，如果与其他几个国家联合起来，形成纵向势力，齐、秦便无所作为。因此，很多有识之士早就看出这一点。公元前329年，楚威王卒，怀王立。这一年，魏人张仪入秦为相，倡导连横政策，主张秦、楚、齐这三个大国联合起来对付其他国家。而魏将公孙衍则推行合纵方略，发起魏、韩、赵、燕、中山等"五国相王"，抗击秦、楚、齐。在合纵联横的两大势力抗争中，楚国的态度至关重要，在很大程度上决定了战国形势的走向。故时人有"横则秦帝，纵则楚王"，或"非秦而楚，非楚而秦"之说。秦、楚本为姻亲国，自春秋战国以来一直通婚。两国的关系向来比较复杂，可以用又爱又恨来描述。就秦国方面来说，他们占有更多优势。譬如公元前316年，秦国乘乱攻占巴蜀，楚国失去可靠的大后方。《华阳国志》说："得蜀则得楚，楚亡，则天下并矣。"③同年，秦军东向，攻破赵、韩等地，魏、韩公开投入秦国怀抱。面对着这种不利局面，楚国内部也发生重要分歧。屈原力主联齐抗秦，楚怀王鉴于"秦之心欲伐楚"，赞同联齐主张，派遣"屈原为楚东使于齐，以结强党"。可惜，楚怀王没有把握住荣任"纵约长"的机会，致使秦国各个击破，使楚国逐渐处于更加不利地位。

占据西南之后，中原地区诸侯惊恐万状，合谋弱秦，合纵连横，成为当时的焦点。当时，战国四大公子，齐有孟尝，赵有平原，楚有春申，魏有信陵，纷纷招纳贤才，约纵离横。加之边界有韩、魏、燕、赵、宋、卫、中山各个小国，又有谋士挑拨离间，聚集各自的力量。"尝以十倍之地，百万之众，叩关而攻秦。"而结果却是"秦人开关而延敌，九国之师遁逃而不敢进"。纵散约解，割地赂秦。此后，秦国日益强大，为统一中国做好了各个方面的准备。

再看第二个层面："及至秦王，续六世之余烈，振长策而御宇内，吞二周而亡诸侯，履至尊而制六合，执棰拊以鞭笞天下，威振四海。南取百越之地，以为桂林、象郡。百越之君，俯首系颈，委命下吏。乃使蒙恬北筑长城而守藩篱，却匈奴七百余里，

---

① 司马迁：《史记》卷5《秦本记》，第202页。
② 司马迁：《史记·商君列传》，第2712页。
③ 常璩：《华阳国志校补图注》，上海：上海古籍出版社，1987年，第126页。

胡人不敢南下而牧马，士不敢弯弓而报怨。"六世余烈，至秦孝公、惠文王、武王、昭王、孝文王到庄襄王。"振长策而御宇内，吞二周而亡诸侯。履至尊而制六合，执敲扑以鞭笞天下。"长策，长鞭。敲扑，《秦始皇本纪》作"棰拊"[1]。《项羽本纪》作"敲朴"。《史记集解》徐广所见为"槁朴"[2]，《汉书》作"敲扑"[3]，都是敲打的意思。履至尊，为登基为始皇帝。此后，又平定岭南，建立边郡。"百越之君，俛首系颈，委命下吏。"百越，又作百粤。俛，即俯字。俯首称臣之意。至此，秦始皇已经完成了百代统一大业，功莫大焉。

作者意犹未尽，又继续写道，对外，秦始皇派蒙恬修筑万里长城。"却匈奴七百余里，胡人不敢南下而牧马，士不敢弯弓而报怨。"对内，实行愚民政策，"废先王之道，燔百家之言，以愚黔首"。又收罗天下兵器，在咸阳熔铸十二金人。锋镝，兵刃。然后以华山为天然屏障，以黄河作为城池。良将强兵把守关塞，可谓固若金汤，子孙万代繁衍。为此而自称始皇帝。在这段夸张描述中，有些是与史实有出入的。譬如灭二周，就是秦始皇祖上的业绩，如秦昭王五十一年灭西周，其后七年庄襄王灭东周，这里将功业都集中在秦始皇身上，其实是欲擒故纵，把好话说尽，就是为了和秦国的迅速崩溃作鲜明的对比。

"然而陈涉，瓮牖绳枢之子"数句，为转折之笔。瓮牖绳枢，即以绳系户枢，瓦瓮为窗，形容生活贫贱。"氓隶之人，而迁徙之徒"，形容地位卑下。氓，又作"甿""萌"，对人的贱称。就是这样一些无钱无权无地位的下贱之人，"蹑足行伍之间，俯起阡陌之中"。振臂一呼，天下云集，众生响应，如影随形，竟然一举推翻了强大的秦帝国。赢粮，担军粮。作者反问，按理说天下还是那个天下。雍州之地、殽函之固，也还是那样坚固。而论实力，陈胜、吴广等人远不能与六国相比。论兵力，陈胜等也远没有九国兵力之众。至于谋略，更是逊色于战国贤士。秦朝销毁兵器，那些农民只能"斩木为兵，揭竿为旗"。六国灭亡，而陈胜反而成功。"成败异变，功业相反。"再拿陈胜与秦国相比，秦国历经百年的奋斗，才打下天下。而"一夫作难而七庙堕，身死人手，为天下笑者，何也？"

行文至此，由对秦国的颂扬，转为对其失败的反思。作者的回答是："仁义不施，而攻守之势异也。"即不知道根据天下大势的变化而改变基本的治世方略。他认为，秦并六国，南面而王天下，是符合人民心愿的。经过长期分裂、战乱，疲敝不堪的广大人民，"冀得安其性命，莫不虚心而仰上"。这时统治者能否照顾人民的愿望和利益，是关系政权安危之所在。可是秦始皇仍以酷刑和暴政虐待治下的臣民，"故其亡可立而待"。这便是秦朝之"过"的核心所在。

如何避免这样的过失？贾谊在分析秦亡的教训中得出了"是以牧民之道，务在安之而已"的结论。就是说，统治者使百姓各安其处，百官各安其位，一句话，治国理民的办法，最重要的就在一个"安"字。

---

[1] 司马迁：《史记》卷7《项羽本纪》，第280页。
[2] 司马迁：《史记》卷7《项羽本纪》，第281页。
[3] 班固：《汉书》卷31《项籍传》，第1823页。

三、《过秦论》的意义及其影响

秦朝二世而亡的历史教训，促使西汉初年的思想家进行深刻的反思。鉴于秦代苛政，西汉初年思想家主张无为而治。陆贾《新语》专辟《无为》一节。萧何制礼作乐，曹参紧随其后。《汉书·循吏传》也说："汉兴之初，反秦之敝，与民休息，凡事简易，禁罔疏阔，而相国萧、曹以宽厚清静为天下帅，民作《画一》之歌。孝惠垂拱，高后女主，不出房闼，而天下晏然，民务稼穑，衣食滋殖。"①但是，这里所说的黄老之术，显然不仅仅是一种修身养性之术，而是一种权术。吕后之死，陈平与周勃一举击溃诸吕，就表现得非常明显。这说明，黄老之术也还是权宜之计。

汉文帝即位不久，就积极谋求发展之路。二年十一月，文帝作《日食求言诏》，举贤良方正及能直言极谏者。贾山为此而作《至言》，文章借秦为喻，言治乱之道，其宗旨与贾谊《过秦论》相近。与此同时，贾谊作《论积贮》。这个时期的重要思想家还有晁错等人，他们共同提出若干重要主张：第一，限定各地铸钱；第二，广开言路；第三，大规模徙边；第四，削夺地方权力；第五，重农轻商，囤积粮食。这些主张，为历史证明基本上是正确的，也为汉帝国的发展谋划了整体的蓝图。从这样的背景下看《过秦论》，其意义就会凸显出来。

从政治上说，《过秦论》的基本主张顺应了时代的潮流，强调劝农安民。《汉书·食货志》："文帝即位，躬修俭节，思安百姓。时民近战国，皆背本趋末，贾谊说上曰：'管子曰：仓廪实而知礼节。民不足而可治者，自古及今，未之尝闻……'于是，上感谊言，始开籍田，躬耕以劝百姓。"②按文中有"汉之为汉几四十年矣"之语，刘邦为汉王在公元前206年，至文帝二年，凡39年。另外，他秉承荀子的学说，不遗余力地弘扬传统的仁义礼乐，与申、商判然有别。《荀子》说："在天者莫明于日月，在地者莫明于水火，在物者莫明于珠玉，在人者莫明于礼义。"③贾谊生活在秦汉转型之际，强调以"仁义"治天下。所以刘熙载《艺概》说："贾生、陆宣公之文气象固有辨矣。若论其实，惟象山最说得好：'贾谊是就事实上说仁义，陆贽是就仁义上说事。'"④当然，这里所说的"仁义"也不无刑名权术的成分。文帝起于民间，深知稳定当时社会的主要方略应当是黄老无为之学。而贾谊的主张，在文帝看来不一定尽合时宜。但是历史发展充分证明贾谊的主张多有相当的超前性。

从学术上说，贾谊师从张苍学《左传》。而据许慎《说文解字后序》，张苍也传荀子之学。因此，贾谊可谓荀子的再传弟子。张苍为律学大师，是汉初重臣中最有学问的人，百家之说，无所不观，无所不通，著书18篇，涉猎颇广，在汉初文化方面影响颇为深远。因此，贾谊的学术传承与荀子有着千丝万缕的关系。而荀子之儒学，与孟子不同，如果说孟子学说具有形而上的特点的话，那么荀子学说则更多地涂抹了经世致用的色彩。因此，荀子的学说就易于为后学各取所需而分道扬镳。根据《汉书·楚元王传》

---

① 班固：《汉书》卷89《循吏传》，第3623页。
② 班固：《汉书》卷24上《食货志》，第1127–1130页。
③ 王先谦：《荀子集解》，北京：中华书局，1988年，第316页。
④ 刘熙载撰，袁津琥校注：《艺概注稿》，北京：中华书局，2009年，第99页。

等传记材料记载,文帝时代,天下众书丛出,皆诸子传说,广立学官,《论语》《孝经》《孟子》《尔雅》皆置博士,多达70余人。后来又置传记博士,独立五经而已。这又是一个思想活跃的时代,贾谊奋发扬厉,在政论文章中反复征引礼经,推阐新制,如《新书·辅佐》论述大相、大拂、大辅、道行、调谇、典方、奉常、挑师的职责,既非周制,也非汉制,很可能是贾谊自己制定出来的。又有《礼》篇,称:"道德仁义,非礼不成;教训正俗,非礼不备;分争辩讼,非礼不决;君臣、上下、父子、兄弟,非礼不定;宦学事师,非礼不亲;班朝治军、莅官行法,非礼威严不行;祷祠祭祀,供给鬼神,非礼不诚不庄。是以君子恭敬、撙节、退让以明礼。"①此外有《容经》,以《洪范》五事为纲,即貌、言、视、听、思,又以《周礼》保氏六仪为纬,即祭祀之容,宾客之容,朝廷之容,丧纪之容,军旅之容,车马之容,规定得非常详尽。其中一些文字与《大戴礼》中的《傅职》《保傅》《连语》《辅佐》《胎教》等多有重合。《礼记》中也有若干文字和条目见于《新书》。我们无法确切地分辨这是贾谊抄自《礼记》等书,还是这些书的编者取材于贾谊著作,抑或他们均本存于先秦典籍,但至少有一点是明确的,即贾谊的思想特立独行,在汉初的思想界占据相当重要的地位。正因为如此,刘歆说:"在汉朝之儒,惟贾生而已。"

若干年前,我曾撰写《贾谊的学术背景及其文章风格的形成》②、《贾谊所见书蠡测》③等文,专门探讨贾谊的学术背景与文学风格形成的相互关系,认为贾谊的文章风格与李斯相近,都受到了荀子的影响。贾谊师承链条中还有一个推荐他出仕的吴公。他是李斯的学生,又同郡,属长蔡人。由此来看,不论是张苍,还是吴公,均传荀子之学。李斯的《谏逐客书》层层递进,由远及近,从秦缪公求士写起,写到秦孝公用商鞅,秦惠公用张仪,秦昭王用范雎等,反复阐述了客卿游秦给国家带来的各种好处,如秦孝公用商鞅,"移风易俗,民以殷盛,国以富强"④。秦惠王用张仪,"拔三川之地,西并巴蜀,北收上郡,南取汉中"。所有这些,"客何负于秦哉!"在文章的最后,作者尖锐地指出,倘若此时逐客,正中其他诸侯国的下怀,既给百姓带来损害,又会增加人们对秦国的仇恨,结果"内自虚而外树怨于诸侯,求国无危,不可得也"⑤。文章列举事实,严密推理,晓以利害,动以情理,深深打动了秦王,于是收回逐客令,恢复李斯的官位。贾谊的《过秦论》也有类似的笔法,高屋建瓴,历数史实,层层推理,辨难析疑。尤其是开篇,用排比的句式写来,气势磅礴,雄浑高远,具有极大的艺术感染力。这种风格,可能与他们同传《左传》有关。《左传》襄公二十五年论述文与质的关系,认为"言以足志,文以足言""言之无文,行而不远"。贾谊的文章首先以气胜,像"奋六世之余烈,振长策而驭宇内,吞二周而亡诸侯,履至尊而制六合,执敲扑以鞭笞天下,威震四海。南取百粤之地,以为桂林、象郡。百粤之君俯首系颈,委命下吏。乃使蒙恬北筑长城而守藩篱,却匈奴七百余里,胡人不敢南下而牧马,士不敢弯

---

① 贾谊撰,阎振益、钟夏校注:《新书校注》,北京:中华书局,2000年,第214页。
② 刘跃进:《贾谊的学术背景及其文章风格的形成》,《文史哲》2006年第2期。
③ 刘跃进:《贾谊所见书蠡测》,《南京师范大学学报》2008年第4期。
④ 李斯:《谏逐客书》,见萧统编,李善注:《文选》,上海古籍出版社,1986年,第1756页。
⑤ 李斯:《谏逐客书》,见萧统编,李善注:《文选》,第1758页。

弓而报怨",写得文采飞扬,起到了惊听回视的艺术效果。《陈政事疏》是一些奏章的集合体,论及许多问题,似是多篇奏章的精华所在。《秦汉文钞》引黄贞甫曰:"通国体,入人情,药石蓍龟,莫喻其当,文章层迭驰骤,古桀深爽。原本经术,纵横策士之风,令贤良醉心,茂才短气,真千古书疏之冠。"①《汉文归》引林希元评:"贾谊所言皆三代秦汉之事,先王典故,可以概见。真有补于治道。先儒谓通达国体,信矣。看其词气,多是矢口成言,殊不费力,盖其时去古未远,其文字于苏秦、蔡泽、韩信、蒯彻立谈游说语相仿佛。要不可以书生操斛缀文论也。"②这些都指出其文章的深刻针对性,同时又具有高超的艺术性。

《文选》卷52所收曹冏《六代论》则完全受此影响。《晋书·曹志传》载,《六代论》相传是曹植所作。曹植的孙子曹志查阅曹植亲自撰写的著述目录,并无此篇,回答晋武帝的询问说:"以臣所闻,是臣族父冏所作。以先王文高名著,欲令书传于后,是以假托。"③《魏志》卷20《武文世王公传》裴注引《魏氏春秋》载宗室曹冏上书,其文论前有序一段,《文选》所录则无。正论部分全文载入。《六代论》前序曰:

> 臣闻古之王者,必建同姓以明亲亲,必树异姓以明贤贤。故传曰:"庸勋亲亲,昵近尊贤";《书》曰:"克明俊德,以亲九族";《诗》云:"怀德维宁,宗子维城。"由是观之,非贤无与兴功,非亲无与辅治。夫亲亲之道,专用则其渐也微弱。贤贤之道,偏任则其弊也劫夺。先圣知其然也,故博求亲疏而并用之,近则有宗盟藩卫之固,远则有仁贤辅弼之助,盛则有与共其治,衰则有与守其土,安则有与享其福,危则有与同其祸。夫然,故能有其国家,保其社稷,历纪长久,本枝百世也。今魏尊尊之法虽明,亲亲之道未备。《诗》不云乎,"鹡鸰在原,兄弟急难"。以斯言之,明兄弟相救于丧乱之际,同心于忧祸之间,虽有阋墙之忿,不忘御侮之事。何则?忧患同也。今则不然。或任而不重,或释而不任,一旦疆场称警,关门反拒,股肱不扶,胸心无卫。臣窃惟此,寝不安席,思献丹诚,贡策朱阙。谨撰合所闻,叙论成败。④

此文又载于《艺文类聚》卷11《帝王部》。黄侃《文选平点》卷6谓:"此文最善效《过秦》,殆非子建不办。"⑤亦推测为曹植所作。而文中有"大魏之兴,于今二十有四年矣"。以曹丕登基的黄初元年推断,此文之作当在魏齐王曹芳正始四年(243),而曹植已在十年前离世。因此,断为曹冏所作。曹冏,字符首,少帝完齐王曹芳族祖。当时,曹芳幼稚,曹冏作此论奉劝曹爽,希望他能接受历史教训。六代,指夏、殷、周、秦、汉、魏。作者从两个维度比较六代兴衰,一是六代兴替的比较,一是朝内兴衰

---

① 闵迈德等编:《秦汉文钞》,明万历四十八年吴兴闵氏朱墨套印本,1620年,第52页。
② 钟惺辑评:《汉文归》,《四库禁毁书丛刊补编》第43册,北京:北京出版社,2005年,第49页。
③ 房玄龄:《晋书》卷50《曹志传》,北京:中华书局,1974年,第1390页。
④ 陈寿:《三国志》卷19《魏书·曹志传》,北京:中华书局,1971年,第592页。
⑤ 黄侃:《文选平点》,上海:上海古籍出版社,1985年,第302页。

的比较。所以文章的开篇就提出问题："昔夏殷周之历世数十，而秦二世而亡。"夏自禹以至于桀，十七王。殷商为天子二十余世，周为天子三十余世，为什么秦二世而亡？结论是，兴盛王朝的君主"与天下共其民，故天下同其忧。秦王独制其民，故倾危而莫救"。与天下共其民，就是与其同安乐，共治之。这与《过秦论》所说"牧民之道，务在安之而已"，乃同一意思。这个结论可以贯穿于六代兴衰的始终。但是，仅有一个"安"字，也并不能解决全部问题。

夏商周之衰败，"王纲弛而复张，诸侯傲而复肃"，而秦之兴，看到了周朝的弊端，于是"废五等之爵，立郡县之官。弃礼乐之教，任苛刻之政"。以为依靠关中之固和高压苛政，便可以金城千里，子孙万代，却没有想到二世而亡。汉鉴秦失，封植子弟，又有尾大不掉之弊；景帝削黜诸侯，诱发吴楚七国之乱；武帝接受主父偃的建议，强化中央集团，却没有想到西汉后期大权旁落，外戚当政。东汉又进入另外怪圈，即外戚和宦官的矛盾伴随始终，又引发王权与士人的尖锐对立。魏武帝接受东汉的教训，努力吸引士人辅政，结果王室空虚。"内无深根不拔之固，外无盘石宗盟之助，非所以安社稷、为万代之业也。"当作者这样说的时候，正是曹爽、司马懿辅政的正始年间。"譬之种树，久则深固其根本，茂盛其枝叶。"曹冏希望曹爽要培植根基，"安而不逸，以虑危也。存而设备，以惧亡也。故疾风卒至，而无摧拔之忧。天下有变，而无倾危之患矣"。不幸的是，6年之后的正始十年，一切都被曹冏言中。曹爽带着小皇帝到高平陵祭奠明帝，司马懿在京城政变，一举端掉曹爽的全班人马，天下巨变，曹魏政权从此败落。

但是司马氏也不能摆脱历史轮回的命运。干宝面对着短暂的西晋历史，在《晋纪·总论》中也用了《过秦论》的笔法说：

> 于时天下非暂弱也，军旅非无素也。彼刘渊者，离石之将兵都尉。王弥者，青州之散吏也。盖皆弓马之士，驱走之人，凡庸之才，非有吴先主诸葛孔明之能也。新起之寇，乌合之众，非吴蜀之敌也。脱耒为兵，裂裳为旗，非战国之器也。自下逆上，非邻国之势也。然而成败异效，扰天下如驱群羊，举二都如拾遗。将相侯王，连头受戮，乞为奴仆而犹不获。后嫔妃主，虏辱于戎卒，岂不哀哉！①

我曾撰写《弥纶群言，研精一理——班固与干宝的史论》一文（待发），特别指出晋武帝励精图治，政治内外，颇见功效，当时国力已经积淀一些实力这样一个事实。刘渊、王弥不过是地方小吏，论智力，并无诸葛亮那样的才能；论实力，起兵闹事，也不过是乌合之众，拿起农具作兵器，撕裂衣裳作旗帜，并没有东吴巴蜀的军事实力。也没有战国时期的号召力。他们自下反叛，也没有邻国的支持，但是却成功地驱使天下如驱群羊，攻破大都如拾草芥，历史为此翻开新的一页。过秦、过魏、过晋，一代一代之过，周而复始，不绝如缕，历史又总是在一个新的层面重复着过去的故事。

原载《中山大学学报（社会科学版）》2016年第2期

---

① 房玄龄：《晋书》卷5《愍帝纪》，北京：中华书局，1974年，第134页。

《四库全书总目》论散文的文体形态特征

郭英德

《四库全书总目》（以下简称《总目》）是一部清廷组织、馆臣编撰的目录[①]，完成于清乾隆四十七年（1782），至乾隆六十年（1795）由武英殿、浙江杭州先后刊刻，流传海内[②]。作为一部"集大成"式的官修目录，《总目》无疑具有"辨章学术，考镜源流"的价值[③]，其中蕴含着极其丰富的文学批评理论和方法。20世纪以来，学者们或综论《总目》的文学观与文学批评方法[④]，或探讨《总目》的散文观与骈文观[⑤]，但迄未深入研究《总目》的散文文体理论[⑥]。

本文拟从散文的"文体"特性、散文的"体格"与"法度"、散文的"正变"与"文格"三个方面，梳理《总目》对散文文体形态特征的论述[⑦]。大要言之，中国古代散文可以包括"古文""骈文""制义""赋"等文体类型，本文秉承曹丕（187—

[①] 永瑢等：《四库全书总目》，北京：中华书局影印本，1965年。本文引用此书，均据此本，如在正文中引用，仅随文括注页码。

[②] 参见黄爱平：《四库全书纂修研究》第十二章第一节《〈四库全书总目〉的编纂》，北京：中国人民大学出版社，1989年，第311—326页。

[③] 章学诚：《校雠通义》卷1评刘向父子语，章学诚著，叶瑛校注：《文史通义校注》附录，北京：中华书局，1994年，第945页。

[④] 主要论文有叶永芳：《四库提要诗文评类之文学观》，《东吴大学中国文学系系刊》第7期（1981年5月）；黄琼谊：《浅论纪昀的文学观——以四库提要与简明目录为中心》，台湾《"国立"编译馆馆刊》第20卷第2期（1991年12月）；廖栋梁：《〈四库全书总目·诗文评类序（叙）〉对文学批评的认识》，台湾《辅仁国文学报》第9期（1993年6月）；成林：《试论〈四库提要〉的文学批评方法》，《南京大学学报》1998年第1期；吴承学：《论〈四库全书总目〉在诗文评研究史上的贡献》，《文学评论》1998年第6期；吴承学、何诗海：《论〈四库全书总目〉的文体学思想》，《北京大学学报》2007年第4期等。

[⑤] 如张宏生：《从〈四库提要〉看纪昀的散文观》，《中国古典文学论丛》第2辑，北京：人民文学出版社，1985年；于景祥：《〈四库全书总目〉中的骈文史论》，《文学遗产》2007年第4期；于景祥：《〈四库全书总目〉对六朝骈文的公正态度》，《社会科学辑刊》2009年第6期；莫山洪：《从〈钦定四库全书总目〉看清代中叶的骈文文体观念》，《东方丛刊》2007年第2辑等。

[⑥] 本文行文中所用"散文""文体"等文学批评词语，凡不加引号者，指现代通常意义；凡加引号者，指古人特殊意义。

[⑦] 吴承学《中国古代文体学研究》指出："文体形态是作品的语言存在体，是文本存在的基本要素。"北京：人民出版社，2011年，第238页。参看郭英德：《中国古代文体学论稿·中国古代文体形态学论略》，北京：北京大学出版社，2005年，第1–28页。

226)"文本同而末异"的观点①,在考察古代散文文体形态特征时,更多地着眼于求同而不是辨异。浅见肤言,敬祈方家教正。

一、散文的"文体"特性

在进入论题之前,我们不得不首先面对一个历来缠夹不清的学术难题:何谓"散文"?

近20年来,随着学术研究的拓展与深入,学界对古人语汇中的"散文"概念的辨析也愈益细致,但是直至今天仍然不免治丝愈棼,难以理出头绪,得到共识。我赞同罗书华的观点,即中国古代的"散文"概念有一个从词体到语体再到文体的演进历程②。稍作补充的是,虽然南北宋之间真正的文体"散文"概念已经确立,但在其后漫长的历史过程中,"散文"作为语体概念,仍然广泛地被人们运用于文学批评语境中。《总目》对"散文"概念的运用就是显例。

在《总目》中,"散文"一词凡八例,"散语"一词仅一例③。这九例之中,有二例为引用宋赵必㻌(1228—1279前)、明胡侍(1492—1553)对同时代人诗文的评论,可不具论。其余七例如下:

> 1.1 卷148清倪璠《庾子山集注》提要:"其中如《小园赋》前一段本属散文,而璠以为用古韵,未免失之穿凿。"(第1276页)
>
> 1.2 卷173《御制文初集、二集》提要:"伏考三古以来,帝王著作散见诸子百家者,大抵有韵之语为多。如黄帝《巾机铭》……皆诗之类也。其以文传者则殊不多见……惟我皇上心契道源,学搜文海,题咏繁富,亘古所无。而古体散文,亦迥超艺苑。凡阐明义理之作,多濂、洛、关、闽所未窥;考证辨订之篇,多马、郑、孔、贾所未及。明政体之得失,则义深乎《训》《诰》;示世教之劝惩,则理准乎《春秋》。至于体裁尽善,华实酌中,则贾、董、崔、蔡以还,韩、柳、欧、曾以上,号为作者,无不包罗。"(第1519页)
>
> 1.3 卷173清吴伟业《梅村集》提要:"此集凡诗十八卷,诗馀二卷,文二十卷……惟古文每参以俪偶,既异齐、梁,又非唐、宋,殊乖正格……盖词人之作散文,犹道学之作韵语,虽强为学步,本质终存也。然少陵诗冠千古,而无韵之文率不可读。人各有能有不能,固不必一一求全矣。"(第1520页)
>
> 1.4 卷174宋陈仁子《牧莱脞语》提要:"又多以表启骈词、语录俚字入之古文。如《与衡阳邹府教书》,通体皆散文,而其中忽曰'士修于身,

---

① 曹丕:《典论·论文》,萧统编,李善注:《文选》卷52,北京:中华书局影印清胡克家本,1977年,第720页。

② 罗书华:《"散文"概念源流论:从词体、语体到文体》,《文学遗产》2012年第6期。

③ "散语"为"散文"别称,参见马茂军:《宋代散文史论·散语考论》,北京:中华书局,2008年,第24–31页。

将用于天子之庭。春风莘野之耕，而升陑之规模已定；夜月磻溪之钓，而牧野之体段已成'云云。不惟自韩、欧以来无此文格，即'春风''夜月'四字，尚可谓之有根据乎？"（第1543页）

1.5 卷178明邵圭洁《北虞先生遗文》提要："其诗妥适而乏警策。惟散文笔力颇纵宕，然史论诸篇，纵横曼衍，已启后来顾大韶等之风。"（第1597页）

1.6 卷189明王志坚《四六法海》提要："志坚此编所录，下迄于元，而能上溯于魏、晋……大抵皆变体之初，俪语、散文相兼而用。其齐、梁以至唐人，亦多取不甚拘对偶者。俾读者知四六之文，运意遣词，与古文不异，于兹体深为有功。"（第1719页）

1.7 卷78明姚希孟《循沧集》提要："是编乃所作游记……其文体全沿公安、竟陵之习，务以纤佻为工。甚至《游广陵记》于全篇散语之中，忽作俪偶一联云'洞天深处，别开翡翠之巢；笑语微闻，更掣鸳鸯之锁。'自古以来，有如是之文格乎？"（第677页）

综上七例，《总目》所称"散文"（或"散语"），大抵有二义：

其一，"散文"与"古韵"（1.1）、"韵语"（1.3）、"诗"（1.5）对举，其义略近于现代与诗歌对举的散文。这一"散文"的称谓，虽然也含融语体的含意（1.1、1.3），但仍然堪称较为纯粹的文体，因此可以称为"文"，与"有韵之语""诗"（1.2）对举；或称为"无韵之文"，与"诗"对举（1.3）。而且，语体与文体这两种含意，甚至可以在上下文中混融而并用——"惟古文每参以俪偶"，乃就语体而言；"盖词人之作散文，犹道学之作韵语"，"少陵诗冠千古，而无韵之文率不可读"，此处的"散文"与"无韵之文"则显然指的是文体（1.3）。在这一意义上我们可以说，《总目》明确地认为，有韵和无韵构成诗歌和散文最为显著的不同形态特征。而且，与"诗"对举的"散文"（或"文"），还可以作为"文学"之下一级分类的文体类型，统辖"阐明义理之作""考证辨订之篇"（1.2）、"表启""语录""古文"（1.4）、"史论"（1.5）、"游记"（1.7）等二级分类的文体类型。

其二，"散文"（"散语"）与"骈词"（1.4）、"俪语"（1.6）、"俪偶"（1.7）对举，其义略近于现代与骈文对举的散文。在这一意义上，也可称为"古体散文"（1.2），或简称"古文"（1.3、1.4）①。这一"散文"（"散语"）的称谓，同样既包括语体的含意（1.3、1.4、1.6、1.7），特指"拘对偶"的修辞特征（1.6）；也包括文体的含意，与"四六之文"对举（1.6）。这两种含意同样可以在

---

① 《总目》中"古文"一词，用例数以百计，不胜枚举，大要可归结为二义：在小学语境中与"籀文"等并举，在经学语境中与"今文"对举，指上古的一种文字类型；在文学语境中与"诗"或"诗赋"并举，在散文语境中与"骈体""骈俪""骈偶"等对举，多指中唐以后兴起的一种文体类型。后一义的"古文"，也称"古文辞"或"古文词"。关于"古文辞"的来历、演化及背景，参见陈广宏：《"古文辞"沿革的文化形态考察——以明嘉靖前唐宋文传统的建构及解构为中心》，《文学遗产》2012年第4期。

上下文中混融而并用——"俪语、散文相兼而用",说的是在一个篇章中兼用骈词与散语,此处的"散文"显然指语体;而"四六之文,运意遣词,与古文不异",说的是骈体之文与散体之文的"法度"可以相通,此处的"古文"显然指文体(1.6)。在这一意义上我们可以说,用散语和用骈词构成散文和骈文最为显著的不同形态特征。

值得注意的是《总目》更为常用的,其实不是"散文"一词,而是"散体"一词,包括"散体古文""散体诸文""散体之文"等用法,全书凡十九例。细考其义,这十九例都可以分别归入上述第一义与第二义之中。兹各举一例如下,其中属第一义者,有1.10、1.11;属第二义者,有1.8、1.9。

  1.8 卷176明林希元《林次崖集》提要:"故其诗文皆惟意所如,务尽所欲言乃止,往往俚语与雅词相参,俪句与散体间用,盖其素志原不欲以是见长云。"(第1577页)
  1.9 卷157宋綦崇礼《北海集》提要:"今检《永乐大典》,载崇礼诗文颇多。中惟制、诰最富,表、启之类次之,散体古文较少,而诗什尤寥寥无几。盖其平生以骈体擅长故也。"(第1355页)
  1.10 卷173清张英《文端集》提要:"其散体诸文称心而出,不事粉饰,虽未能直追古人,而原本经术,词旨温厚,亦无忝于作者焉。"(第1524页)
  1.11 卷176明吴鼎《过庭私录》提要:"是集其仲子遵晦所录,故以《过庭》为名,皆散体之文,末附赋、骚、古诗数首。外集则皆诗也。文有整饬平雅者,亦有微近俗调者。金石文字,颇失剪裁。有韵之文则更逊矣。"(第1577页)

当然《总目》所称"散文"或"散体",无论是第一义还是第二义,都是"文"之一"体"(1.2、1.6、1.7、1.8、1.9)或一"格"(1.3、1.4、1.7),因此都必须符合"文"的一定之规(即"文体"或"文格")。凡符合"文"的一定之规的,就是"正格"(1.3)①,凡异于"文"的一定之规的就是"变体"(1.6)。这种"文"的一定之规,即散文文体的"体性"②,规定并制约着散文文体最根本的形态特征。因此,就《总目》所论散文文体形态特征而言,最值得我们关注的,不仅仅是有韵无韵、用散用骈等外在因素——这是一目了然、无须辨析的,而是何为"体"、何为"格"的内在特质——这正是本文力求深入考察的《总目》对散文"文体"特性的论述。

---

  ① "格"的本义,指一定的量度、式样或标准,《广韵》:"格,度也,量也。"在中国古代文学批评术语中,"格"通常意为法式、标准。参见张伯伟:《古代文论中的诗格论》,《文艺理论研究》1994年第4期;周裕锴认为"格"是"品味和力量的标准",参见其《宋代诗学通论》,成都:巴蜀书社,1997年,第287–295页。
  ② "体性"一词,"指称文体的审美对象和审美精神"。参见郭英德:《中国古代文体学论稿》,第17–21页。

二、散文的"体格"与"法度"

《总目》论散文的"文体"特性，就其"体性"而言，可细分为两个方面：一是论散文的"体格"与"法度"，二是论散文的"正变"与"文格"。前者偏重于文体的审美对象，后者偏重于文体的审美精神。本节先考察第一个方面。

如前所述，《总目》所称"散文"的第一义，是在"诗—文"对举中，揭示诗歌与散文文体形态特征的异同。此类例证极多，兹举三例为证：

> 2.1 卷165宋俞德邻《佩韦斋文集》提要："德邻诗恬淡夷犹，自然深远，在宋末诸人之中，特为高雅，文亦简洁有清气，体格皆在方回《桐溪（按，当为江）集》上。盖文章一道，关乎学术性情，诗品、文品之高下，往往多随其人品。此集亦其一征矣。"（第1415页）

> 2.2 卷197明何孟春《余冬诗话》提要："夫以讲学之见论文，已不能得文外之致；至以讲学之见论诗，益去之千里矣。则何如不作诗文更为务本也。"（第1800页）

> 2.3 卷189明胡松《唐宋元名表》提要："自明代二场用表，而表遂变为时文。久而伪体杂出。或参以长联，如王世贞所作，一联多至十余句，如四书文之二小比。或参以五七言诗句，以为源出徐、庾及王、骆。不知徐、庾、王、骆用之于赋，赋为古诗之流，其体相近，若以诗入文，岂复成格……松选此编，挽颓波而归之雅，亦可谓有功于骈体者矣。"（第1717页）

《总目》认为俞德邻（1232—1293）诗文根柢于"学术性情"，因此"体格"高于方回（1227—1305）[①]，批评何孟春（1474—1536）"以讲学之见"论诗、论文，不能"得文外之致"，这是瞩目于"诗—文"对举中二体之同。而《总目》批评明人撰表，"以诗入文"，以致"伪体杂出"，难以"成格"，则是瞩目于"诗—文"对举中二体之异。就其异而言，五七言诗句的体制特征与语体特征，与赋自有相近之处，而与"文"（2.3，特指骈文）相去较远，这是一般的文体常识，人所习知，兹不细论。而就其同而言，俞德邻诗文高于方回的"体格"何在，诗文如何才能"得文外之致"，直达其"本"，这的确是值得我们深思细究的。

在《总目》的批评话语中，无论是"诗"还是"文"，都是"文章"之一体

---

① "体格"一词，在古代文学批评中，可指文体风格，也可指体制标准。以之论诗，如唐封演《封氏闻见记》卷2《声韵》："自声病之兴，动有拘制，文章之体格坏矣"《景印文渊阁四库全书》第862册，台北：台湾商务印书馆，1986年，第425页。以之论文，如宋朱熹《朱子语类》卷139《论文》："汉末以后，只做属对文字，直至后来，只管弱。如苏颋着力要变，变不得。直至韩文公出来，尽扫去了，方做成古文。然亦止做得未属对合偶以前体格，然当时亦无人信他。"黎靖德编，王星贤点校：《朱子语类》，北京：中华书局，1986年，第3298页。

（2.1）。《总目》常用"文章"一词，概称诗、文，乃至词、曲等各体文学[①]。在清乾隆年间，这不仅是《总目》编纂者的"公共话语"，也是《总目》总纂官纪昀（1724—1805）所习用的"私人话语"[②]，由此展现出"文章"一词在当时的"普适性"。

那么，"文章"之"本"何在？何为"文外之致"？沿袭西汉中后期，尤其是东汉以降的学术文化传统，《总目》明确地在儒学/文章相对称的语境中，确立"文章"的性质与内涵[③]。在这一"儒学/文章"语境中，"文章"既是学术文化的一个独立自足的知识领域，更是文人主体的一种昭彰显著的能力结构。"文章"的这一文化特性，便成为散文最根本的"体格"与"法度"的灵魂。

着眼于学术文化的共同属性，《总目》认为"经义"与"文章"内质相通，甚至原非两事；同时又认为"经义"的品位高于"文章"，不得取其末而舍其本。

> 2.4 卷31清王源《或庵评春秋三传》（一名《文章练要》）提要云："经义、文章，虽非两事，三《传》要以经义传，不仅以文章传也。置经义而论文章，末矣；以文章之法点论而去取之，抑又末矣。"（第256页）

也正是在这一意义上，《总目》批评何孟春："何如不作诗文，更为务本也。"因为同"诗文"相比较，"讲学"等学术活动更能便捷地达至文化之"本"（2.2），亦即抉发"经义"之旨。因此，《总目》强调，以经术作为散文之本原，这是确保散文"体格"高尚、质性醇正的重要因素。如宋欧阳修（1007—1072）之所以"文章名一世"，根本上是因为他"经术亦复湛深"（第121页）。这一点，成为《总目》揭示"文章"（包括诗与文）"体格"的核心观点：

> 2.5 卷151唐皮日休《皮子文薮》提要："今观集中书、序、论、辨诸作，亦多能原本经术。其《请孟子立学科》、《请韩愈配飨太学》二书，在唐人尤为卓识，不得仅以词章目之。"（第1300页）

[①] 《总目》中"文学"一词，更多的是取其包含一切学术（包括典章制度、诗书礼乐等）的广义，而不限于指一般的诗文。在《总目》中，与"文章"一词同类的称名，还有"文辞""词章""文艺"等，都可以概称诗、文等各体文学。参见陈广宏：《中国文学史之成立·序章》，上海：上海古籍出版社，2016年，第16-26页。

[②] 如纪昀《纪文达公遗集·文集》卷12《嘉庆壬戌会试策问》第五道："屈、宋以前，无以文章名世者。枚、马以后，词赋始多；《典论》以后，论文始盛。至唐、宋而门户分，异同竞矣。"《续修四库全书》第1435册"集部·别集类"影印清嘉庆十七年（1812）纪树馨刻本，上海：上海古籍出版社，2006年，第420页。

[③] 郭绍虞《中国文学批评史》上卷，辨析两汉"文"与"学、"文章"与"文学"的意义区分，指出："至于不指学术而带有词章意义者，则称为'文章'或'文辞'。"（天津：百花文艺出版社，1999年，第42页）并见其《照隅室古典文学论集》上编《文学观念及其含义之变迁》，上海：上海古籍出版社，1983年，第91-94页。笔者亦指出："到了西汉中后期，尤其是东汉前期，当人们以'文章'与'儒学'、'儒雅'或'儒术'相对称时，'文章'一词就赋予了接近于现代所谓'文学'的含义，确立了独立的意义。"见《中国古代文体学论稿》，第50页。

2.6 卷152宋范仲淹《文正集》提要："仲淹人品事业，卓绝一时，本不借文章以传。而贯通经术，明达政体，凡所论著，一一皆有本之言。固非虚饰词藻者所能，亦非高谈心性者所及。"（第1311页）

2.7 卷152宋孙复《孙明复小集》提要："然复之文，根柢经术，谨严峭洁，卓然为儒者之言。与欧、苏、曾、王千变万化，务极文章之能事者，又别为一格。"（第1312页）

2.8 卷153宋刘敞《公是集》提要："敞之谈经，虽好与先儒立异，而淹通典籍，具由心得，究非南宋诸家游谈无根者比。故其文湛深经术，具有本原。"（第1316页）

2.9 卷162宋魏了翁《鹤山全集》提要："自中年以后，覃思经术，造诣益深。所作醇正有法，而纡徐宕折，出乎自然，绝不染江湖游士叫嚣狂诞之风，亦不染讲学诸儒空疏拘腐之病。在南宋中叶，可谓翛然于流俗外矣。"（第1391页）

2.10 卷166元郝经《陵川集》提要："而学问文章，亦具有根柢……《周易》《春秋》诸传，于经术尤深。故其文雅健雄深，无宋末肤廓之习。其诗亦神思深秀，天骨挺拔。"（第1422页）

2.11 卷167元黄溍《黄文献集》提要："其文原本经术，应绳引墨，动中法度。"（第1443页）

2.12 卷168元赵汸《东山存稿》提要："有元一代，经术莫深于黄泽，文律莫精于虞集。汸经术出于泽，文律得于集，其渊源所自，皆天下第一。故其议论有根柢，而波澜意度均有典型，在元季亦翘然独出……盖有本之学，与无所师承，剽窃语录，自炫为载道之文者，固迥乎殊矣。"（第1461页）

2.13 卷171明王鏊《震泽集》提要："然其古文亦湛深经术，典雅遒洁，有唐宋遗风。盖有明盛时，虽为时文者亦必研索六籍，泛览百氏，以培其根柢，而穷其波澜。鏊困顿名场，老乃得遇，其泽于古者已深，故时文工而古文亦工也。"（第1493页）

2.14 卷171明顾清《东江家藏集》提要："其诗清新婉丽，天趣盎然。文章简炼醇雅，自娴法律。当时何、李崛兴，文体将变，清独力守先民之矩矱。虽波澜气焰未能极傲奇伟丽之观，要不谓之正声不可也。"（第1497页）

《总目》认为，散文作为"文章"之一体，必须"原本经术"（2.5、2.11）、"贯通经术"（2.6）、"根柢经术"（2.7）、"湛深经术"（2.8、2.10、2.13）、"覃思经术"（2.9），成为"有本之言"（2.6）、"有本之学"（2.12）。在中国古代文学批评史上，"文本于经"实属老生常谈[①]，在清代更成为"钦定"的"主流话

[①] 参见吴承学、陈赟：《对"文本于经"说的文体学考察》，《学术研究》2006年第1期。

语"①。《总目》所论，不过沿袭和弘扬这一学术文化传统而已，此毋须具论。

但是，仔细考察以上各例，更值得我们注意的是，《总目》认为散文除了"根柢经术"以外，还必须"简炼醇雅，自娴法律"，这才是"文章"的"正声"（2.14），也才能"极文章之能事"（2.7）。"法律"即"法度"，指"应绳引墨"的文章规范（2.11）②，亦即所谓"文律"（2.12）。《总目》认为，诗歌有诗歌的法度，散文有散文的法度。而散文的"法度"，自有其独特的文体形态特征，例如"醇正有法，而纡徐宕折，出乎自然"（2.9），"议论有根柢，而波澜意度，均有典型"（2.12），"培其根柢，而穷其波澜"（2.13），"波澜气焰""极俶奇伟丽之观"（2.14），等等。

《总目》认为，散文"法度"的典型，是"唐宋八大家"，因为"欧、苏、曾、王千变万化，务极文章之能事"（2.7）。这也正是清廷极力标榜的"文章"典型。《总目》卷173《二希堂文集》提要，引录雍正八年庚戌（1730），乾隆帝在藩邸时，为蔡世远（1682—1733）《二希堂文集》亲制《序》文，称："今观其文，溯源于六经，阐发周、程、张、朱之理，而运以韩、柳、欧、苏之法度。所谓'蕴之为德行，行之为事业'，发之为文章者，吾于先生见之。"因此，乾隆二十四年己卯（1759），"谕正文体，举世远之文为标准"（第1528页）。

在《总目》看来，作文讲求"布帛菽粟之切于日用"③，用于"经说"固为正体，而用于"文章"则实为别调，难以行远。

    2.15 卷175明蔡清《蔡文庄集》提要："夫文以载道，不易之论也。然自战国以下，即已歧为二途，或以义理传，或以词藻见，如珍错之于菽粟、锦绣之于布帛，势不能偏废其一。故谓清之著作主于讲学明道，不必以声偶为诗，以雕绘为文，此公论也。谓文章必以清为正轨，而汉以来作者皆不足以为诗文，则主持太过矣。"（第1563页）

    2.16 卷187宋楼钥《崇古文诀》提要："宋人多讲古文，而当时选本存于今者不过三四家。真德秀《文章正宗》以理为主，如饮食惟取御饥，菽粟之外，鼎俎烹和皆在其所弃；如衣服惟取御寒，布帛之外，黼黻章采皆在其所捐。持论不为不正，而其说终不能行于天下。"（第1698页）

---

① 如乾隆十四年（1794）十一月初四日"上谕"云："圣贤之学，行，本也，文，末也。而文之中，经术其根柢也，辞章其枝叶也。"中国第一历史档案馆编：《乾隆上谕档》第2册，北京：中国档案出版社，1998年，第183页。

② "法度"一词用于文学批评，意为规范、规矩，始见于唐韩愈《柳子厚墓志铭》："其经承子厚口讲指画为文词者，悉有法度可观。"韩愈撰，马其昶校注，马茂元整理：《韩昌黎文集校注》卷7，上海：上海古籍出版社，1986年，第512页。

③ 语见《总目》卷2司马光《温公易说》提要（第5页），卷170倪岳《清溪漫稿》提要（第1490页）。语本朱熹《六先生画象赞·伊川先生》赞程颐："规员矩方，绳直准平。允矣君子，展也大成。布帛之文，菽粟之味。知德者希，孰识其贵！"戴扬本、曾抗美校点：《晦庵先生朱文公文集》卷85，朱杰人等主编：《朱子全书》第24册，上海：上海古籍出版社，2002年，第4002页。又见黎靖德编，王星贤点校：《朱子语类》卷31，第797页。

2.17 卷194清刁包《斯文正统》提要："然三代以前，文皆载道。三代以后，流派渐分。犹之衣资布帛，不能废五采之华；食主菽粟，不能废八珍之味。必欲一扫而空之，于理甚正，而于事必不能行。即如《文章正宗》，行世已久，究不能尽废诸集，其势然也。"（第1768页）

《总目》指出，"文章""体格"的"正轨"，绝不是像蔡清（1453—1508）那种"主于讲学明道，不必以声偶为诗，以雕绘为文"的著作（2.15）。人们更不应该以此为准的，权衡或取舍天下的"文章"。宋真德秀（1178—1235）编选《文章正宗》，"以理为主"，以至于捐弃"鼎俎烹和""黼黻章采"（2.16）。清刁包（1603—1669）编选《斯文正统》，力倡"载道"，以至于屏废"五采之华""八珍之味"（2.17）。像他们这种学术趋向，在"经术"固然堪称"正统"，在"文章"却必不可行。

因此，《总目》认为，作为"文章""体格"的"正轨"，不仅要以经术为根柢，还必须讲究"应绳引墨，动中法度"（2.11）。否则，如果仅仅"称心而出，不事粉饰"，即使"原本经术，词旨温厚"，也只能做到"无忝于作者"，而"未能直追古人"（1.10）。

在清前中期，经术较深，而又擅长阐扬并坚守"唐宋八大家"散文"法度"的文士，无疑以方苞（1668—1749）堪为典型。

2.18 卷173清方苞《望溪集》提要："苞于经学研究较深，集中说经之文最多，大抵指事类情，有所阐发。其古文则以法度为主。尝谓周、秦以前，文之义法无一不备；唐、宋以后，步趋绳尺而犹不能无过差。是以所作上规《史》《汉》，下仿韩、欧，不肯少轶于规矩之外。虽大体雅洁，而变化太少，终不能绝去町畦，自辟门户。然其所论古人矩度与为文之道，颇能沉潜反覆，而得其用意之所以然。虽蹊径未除，而源流极正。近时为八家之文者，以苞为不失旧轨焉。"（第1528页）

方苞深研经学，时有发明，散文根柢经术，直探"古人矩度与为文之道"，因此"源流极正"，"体格"自然高尚。而且，方苞坚守的"古文法度"，即他所说的"文之义法"，探源自"周、秦以前"，溯流于"唐、宋以后"，以《史》、《汉》、韩、欧为"规矩"，"沉潜反覆，而得其用意之所以然"，因此"不失旧轨"，足以彰显散文独特的文体形态特征。

既强调"文章"与"经术"相同的文化内质，从而称扬散文的高标"体格"，更倡导"文章"与"经术"不同的形态特征，讲求散文的严谨"法度"，这充分显示出《总目》审视散文文体形态特征的独到眼光和汲取学术文化传统的宽阔胸怀。

三、散文的"正变"与"文格"

为了提倡散文的"体格"与"法度"，《总目》进一步在"散—骈"对举的语境中，提出散文文体形态的"正变"之别，并进而揭示堪为典范的散文"文格"。

《总目》所称"文章"，除了兼指诗、文等各体文学以外，更常见的是作为散文的专称，既可专指"散体之文"，也可专指"骈体之文"，更可以作为二者的共名，成为与"诗"对举的文体类型。

  3.1 卷149唐张说《张燕公集》提要："其文章典丽宏赡，当时与苏颋并称，朝廷大述作多出其手，号曰'燕许'。"（第1279页）

  3.2 卷152宋穆修《穆参军集》提要："宋之古文，实柳开与修为倡。然开之学，及身而止。修则一传为尹洙，再传为欧阳修，而宋之文章于斯极盛，则其功亦不鲜矣。"（第1308页）

  3.3 卷152宋王珪《华阳集》提要："然其文章则博赡瑰丽，自成一家。计其登翰苑、掌文诰者几二十年，朝廷大典策，皆出其手。故其多而且工者，以骈俪之作为最。揖让于二宋之间，可无愧色。"（第1314页）

  3.4 卷190清蔡世远《古文雅正》提要："不知散体之变骈体，犹古诗之变律诗，但当论其词义之是非，不必论其格律之今古。杜甫一集，近体强半，论者不谓其格卑于古体也。独于文则古文、四六判若鸿沟，是亦不充其类矣。兼收俪偶，正世远深明文章正变之故，又何足为是集累乎？"（第1732页）

在以上数例中，张说（667—730）骈体、散体皆擅长（3.1），穆修（979—1032）开宋初"古文"风气（3.2），王珪（1019—1085）"以骈俪之作为最"（3.3），而《总目》皆称之为"文章"。蔡世远（1682—1733）纂辑《古文雅正》，选录历代"古文"，而"兼收俪偶"，《总目》称他"深明文章正变之故"，更是显而易见地将"古文"与"四六"二者统称为"文章"。

由此可见，在"散—骈"对举的意义中，《总目》所称"骈体"与所称"散文"（或"散体"）一样，也是指与"诗"对举的"文"中一体，二者都既可以各称为"文章"，也可以合称为"文章"，与"诗"相对举，归属为现代文体"四分法"中的散文。

或许因为"骈体"乃作为散文专称的"文章"之一体，而不像"散文"另有与"诗"对举的文体类型的含义①，因此在《总目》中，从未出现"骈文"一词。合书名一并统计，《总目》中指称骈文，最常见的是"四六"或"四六之文"，凡116例；其次为"骈体"或"骈体之文"，凡30例；复次为"俪偶"或"俪偶之文"，"骈偶"或"骈偶之文"，分别为24例、20例；此外尚有"俪语""骈俪""俪体""比偶之文"等若干用例。

---

① 也许正是因为在古人的语境中，从南北宋之交起，"散文"一词便具有与"诗"对举的文体类型的意味，因此20世纪以来，人们才选择"散文"作为"古文""骈文""制义""赋"等文体的共名，与诗歌、戏剧、小说并列为四种文体类型。

更值得注意的是，在"散—骈"对举的语境中，《总目》还明确地揭示出散文文体形态的两大特征：第一，"散体之变骈体"，原本就是"文章正变"（3.4），亦即散文文体形态特征嬗递、变化的一种历史现象①，并未背离"文章"的"体格"与"法度"；第二，犹如诗歌中有"古体"与"近体"之别一样，散文中也有"散体"与"骈体"之别②，二者都同"文章"之"格"的尊卑无关（3.4），"文格"尊卑，当另有标准。

《总目》认为，作为"文章"之一体的"散文"与"骈体"，在文体形态上，既有异，又有同。

> 3.5 卷189明王志坚《四六法海》提要："秦、汉以来，自李斯《谏逐客书》始点缀华词，自邹阳《狱中上梁王书》始叠陈故事，是骈体之渐萌也。符命之作则《封禅书》《典引》，问对之文则《答宾戏》《客难》，骎骎乎偶句渐多。沿及晋、宋，格律遂成；流迨齐、梁，体裁大判。由质实而趋丽藻，莫知其然而然。然实皆源出古文，承流递变。犹四言之诗至汉而为五言，至六朝而有对句，至唐而遂为近体，面目各别，神理不殊，其原本《风》《雅》则一也……志坚此编所录，下迄于元，而能上溯于魏、晋……大抵皆变体之初，俪语、散文相兼而用。其齐、梁以至唐人，亦多取不甚拘对偶者。俾读者知四六之文，运意遣词，与古文不异，于兹体深为有功。"（第1719页）

明万历末年，王志坚（1576—1633）既选编《四六法海》，又辑录《古文渎编》，可知他对"四六"与"古文"的文体类型之别，是了然于心中的。但他选编《四六法海》，却兼收魏、晋"俪语、散文相兼而用"的文章，甚至多取齐、梁以至唐人"不甚拘对偶"的"古文"，这应当如何评价呢③？

《总目》首先着眼于"骈体"与"古文"体裁之异，经由梳理从秦、汉至齐、梁的"骈体"演变历史，简明扼要地概括了"骈体"鲜明的形态特征，即"点缀华词""叠陈故事""偶句渐多""格律遂成"（3.5）④。

其次，《总目》对"骈体"形态特征的来源一一考实，旨在指出，不仅"骈体"的这些形态特征"实皆源出古文，承流递变"，也就是说，"骈体"的形态特征原本就潜

---

① 古代文学批评中的"正变"说，实为描述文学形态嬗递、变化的历史现象，体现出一种独特的历史观。参见陈伯海：《释"诗体正变"——中国诗学之诗史观》，《社会科学》2006年第4期。

② 将文的"散体"与"骈体"，类比于诗的"古体"与"近体"，早期用例如元吴澄（1249—1333）《吴文正集》卷63《跋吴君正程文后》："于文能俪语，又能散语；于诗能近体，亦能古体。才赡而学周若是。"《景印文渊阁四库全书》第1197册，616页。参见马茂军：《宋代散文史论》，第28页。

③ 以下论述参考于景祥：《〈四六法海〉在骈文批评上的贡献及其存在的问题》，《社会科学辑刊》2010年第6期。

④ 骆鸿凯（1892—1955）论骈文的文体形态特征，归纳为四大要素，即"先之以调整句度，是曰裁对；继之以铺张典故，是曰隶事；进之以渲染色泽，是曰敷藻；终之以协谐音律，是曰调声"。见其《文选学·读选导言第九·导言六》，北京：中华书局，1989年，第311页。此说当即导源于《总目》所论"骈体"形态特征。

藏于"古文"之中,"骈体"不过是将这些形态特征彰显化、规范化而已;而且当"骈体"演进为成熟的"四六之文"时,其"运意遣词",仍然"与古文不异",具有同样的"法度"。因此,同诗歌从古体变为近体一样,散文从"古文"变为"骈体",也是"面目各别,神理不殊"的(3.5)①。

大要言之《总目》认为,从"古文"到"骈体"的演变,呈现出散文"由质实而趋丽藻"的发展趋势(3.5)②。因此"质实"是散文之"正体",由"古文"得以传承;"丽藻"是散文之"变体",由"骈体"得以彰显。如果撰作"散体之文",而蹈习"骈体"流风,喜藻饰,尚隶事,则难免"流为别派"。如《总目》卷184清方楘如《集虚斋学古文》提要说:"其制义最有时名,而散体之文亦颇奥劲有笔力。然喜雕琢新句,襞积古辞,遂流为别派。盖其制义亦喜以新颖为工,天性然也。"(第1669页)③

然而,无论是"质实"还是"丽藻",无论是"正"还是"变",都无非指向散文文体形态的外在特征,而不是其内在特征。在内在特征上,"古文"与"骈体"既然都是"文章"之一体,必然有其共通的"神理"(3.5)。

那么,这种"神理"是什么呢?《总目》认为,这种"神理"指的是散文"文质彬彬"的文体形态特征:

> 3.6 卷190清蔡世远《古文雅正》提要:"夫乐本于至和,然五音六律之不具,不能呕哑吟唱以为和;礼本于至敬,然九章五采之不备,不能袒裼跪拜以为敬也。文质相辅,何以异兹?世远是集,以理为根柢,而体杂语录者不登;以词为羽翼,而语伤浮艳者不录。刘勰所谓扶质立干、垂条结繁者,殆庶几焉。(第1732页)

"以理为根柢",这就是"正";"以词为羽翼",这就是"雅"。散文本于经则正,修于词则雅。雅正相兼,便可以达臻"文质相辅""扶质立干、垂条结繁"的境界,这就是"古文"与"骈体"共通的"神理"。"文质彬彬"正是《总目》极力标举的"文章"形态特征。如卷166元吴澄《吴文正集》提要说:"(许)衡之文明白质朴,达意而止;(吴)澄则词华典雅,往往斐然可观。据其文章论之,澄其尤彬彬乎!"(第1428页)显而易见《总目》认为"文质彬彬"的散文优于"明白质朴"的散文。

---

① "骈体"与"古文"同源,这也是乾隆年间的"流行话语"。如孙梅(1739—1790)《四六丛话》卷32柳宗元案语云:"独子厚以古文之笔,而炉鞲于对仗声偶间。天生斯人,使骈体、古文,合为一家,明源流之无二致。"上海:商务印书馆,1937年,第587页。参见曹虹:《清嘉道以来不拘骈散论的文学史意义》,《文学评论》1997年第3期;陈志扬:《〈四六丛话〉:乾嘉骈散格局下的骈文研究》,《文学评论》2006年第2期。

② 此说本于萧统《文选序》:"盖踵其事而增华,变其本而加厉。物既有之,文亦宜然。"萧统编,李善注:《文选》卷首,第1页。

③ 清人认为制义实为骈体之文,如李光地(1642—1718)说:"时文对偶,本是四六体,然必定字字工致,便华缛伤雅。"李光地著,陈祖武点校:《榕村语录》卷30,北京:中华书局,1995年,第543页。

当然，就文体形态特征析而论之，可以说"古文"尚质，"骈体"尚文。但是，《总目》论"文格"①，却超越了不同文体的文质之别，对"古文"和"骈体"作为"文章"而应具的"体格"，提出了同样的标准。正是在这一意义上，卷199《花间集》提要说："文之体格有高卑。"（第1823页）

那么，什么是"文格"的高卑？或者说，"文格"高卑的审美标准是什么？这可以从《总目》结合时代风尚，对历代散文作家的批评中加以归纳。

3.7 卷152宋王禹偁《小畜集》提要："宋承五代之后，文体纤俪，禹偁始为古雅简淡之作。其奏疏尤极剀切，《宋史》采入本传者，议论皆英伟可观。在词垣时所为应制骈偶之文，亦多宏丽典赡，不愧一时作手。"（第1307页）

3.8 卷152胡宿《文恭集》提要："宿立朝以廉直著，而学问亦极该博。当时文格未变，尚沿四六骈偶之习，而宿于是体尤工。所为朝廷大制作，典重赡丽，追踪六朝。"（第1310页）

3.9 卷152尹洙《河南集》提要："至所为文章，古峭劲洁，继柳开、穆修之后，一挽五季浮靡之习，尤卓然可以自传。"（第1311页）

3.10 卷161宋李廷忠《橘山四六》提要："北宋四六，大都以典重渊雅为宗。南渡末流，渐流纤弱。廷忠生当淳熙、绍熙之间，正风会将变之时，故所作体格稍卑，往往好博务新，转伤繁冗。然织组尚为工稳，其佳处要不可掩。"（第1387页）

3.11 卷163宋李刘《四六标准》提要："自六代以来，笺、启即多骈偶。然其时文体皆然，非以是别为一格也……迨（李）刘晚出，惟以流丽稳帖为宗，无复前人之典重。沿波不返，遂变为类书之外编，公牍之副本，而冗滥极矣。"（第1396页）

3.12 卷170明彭韶《彭惠安集》提要："韶正色立朝，岿然耆旧。其文虽沿台阁之体，而醇深雅正，具有根柢，不同于神瘠而貌腴。"（第1488页）

3.13 卷179明于慎行《穀城山馆文集》提要："明中叶以后，文格日卑，学浅者蹈故守常，才高者破律坏度。慎行之文，虽不涉吊诡之习，至于精心结构，灏气流行，终未能与唐顺之、王慎中、归有光等并据坛坫。"（第1609页）

3.14 卷189明梅鼎祚《后周文纪》提要："然宇文泰为丞相时，干戈扰攘之中，实独能尊崇儒术，厘正文体……今观其一代诏敕，大抵温醇雅令，有汉、魏之遗风。即间有稍杂俳偶者，亦摛词典重，无齐、梁绮艳之习。"

---

① 《总目》所谓"文格"，大意指文体风格，犹如现代所称"文风"。如卷117《金楼子》提要："惟永明以后，艳语盛行，此书亦文格绮靡，不出尔时风气。"（第1010页）也可称为"文体"，如卷152宋王禹偁《小畜集》提要："宋承五代之后，文体纤俪。"（第1307页）为避免混同，本文取"文格"一词，而不用"文体"。在古代文学批评中，"文格"另有文章法式、标准的含义，参见祝尚书：《文格论》，收入王水照等主编：《中国古代文章学的阐释与建构——中国古代文章学三集》，上海：复旦大学出版社，2017年，第10—24页。

（第1722页）

3.15 卷195王铚《四六话》提要："其书皆评论宋人表、启之文。六代及唐，词虽骈偶，而格取浑成；唐末五代，渐趋工巧……宋代沿流，弥竞精切。故铚所论，亦但较胜负于一联一字之间。至周必大等，承其余波，转加细密。终宋之世，惟以隶事切合为工，组织繁碎，而文格日卑，皆铚等之论导之也。"（第1783页）

上举数例评论散文的"文格"，既有专评"古文"的（3.9、3.14），也有专谈"骈体"的（3.8、3.10、3.11、3.15），还有合论"文章"的（3.7、3.12、3.13）。

《总目》认为，"文格"高者，为"古雅简淡""宏丽典赡"（3.7），"典重赡丽"（3.8），"古峭劲洁"（3.9），"典重渊雅"（3.10），"醇深雅正"（3.12），"精心结构，灏气流行"（3.13），"温醇雅令"（3.14），"浑成"（3.15）等；而"文格"卑者，则为"纤俪"（3.7），"浮靡"（3.9），"纤弱""繁冗"（3.10），"流丽稳帖""冗滥"（3.11），"神瘠而貌腴"（3.12），"蹈故守常""破律坏度""吊诡"（3.13），"绮艳"（3.14），"工巧""精切""繁碎"（3.15）等。

绾结而言，《总目》赞许的"文格"，可归纳为典重、醇雅、浑成三个要素；《总目》贬斥的"文格"，可归纳为纤弱、浮靡、工巧三个要素。这三组相互对立的要素，分别指向散文文体的质地、品位和风貌。

在散文的文体质地上，《总目》褒"典重"而贬"纤弱"。"典重"原为"古文"的法度，以"语简事备"为表征，而区别于"格弱句冗"①。孙梅《四六丛话》论骈文，说"古之四六，句自为对，语简而笔劲，故与古文未远"②。"语简而笔劲"，不正意味着"典重"吗？因此，《总目》多以"典重"称"骈体"的"高格"（3.8、3.10、3.11、3.14），并与"纤俪"（3.7）、"纤弱"（3.10）相对比③。《总目》曾以"典重"指称散文的"风骨"，如卷172明黎民表《瑶石山人稿》提要："虽错采镂金，而风骨典重，无绮靡涂饰之习。"（第1506页）自从刘勰（466？—539？）标举"风骨"之后，"风骨"便成为历代文人赞赏的"文格"，无论诗、文，都以"风骨遒劲"为高标④。因此，不仅"古文"尚风骨，"骈体"也应尚风骨⑤。

---

① 北宋尹洙的文章"语简事备，复典重有法"。欧阳修向尹洙学"古文"，尹洙说："大抵文字所忌者，格弱字冗。"北宋释文莹著，邓世刚点校：《湘山野录》卷中，北京：中华书局，1984年，第38页。

② 孙梅：《四六丛话》卷33汪藻案语，第626页。

③ 何宗美、张晓芝详细地辨析了《总目》中"纤"这一批评词语的含义与运用，参见其《〈四库全书总目〉的官学约束与学术缺失》第五章第四节，北京：人民文学出版社，2017年，第454–471页。

④ 参见王运熙：《〈文心雕龙〉风骨论诠释》，《学术月刊》1963年第2期；牟世金：《从刘勰的理论体系看风骨论》，《古代文学理论研究》丛刊第4辑，上海：上海古籍出版社，1981年。

⑤ 乾隆十四年己巳（1749）吴宽说："窃谓文有风骨，骈体尤尚。盖体密则易乖于风，辞缛则易伤于骨。能为其难，则振采弥鲜，负声有力。"金兆燕：《棕亭文钞》卷首《吴序》，《续修四库全书》第1442册，影印清道光十六年（1836）赠云轩刻本，第275页。

在"散文"的文体品位上，趋"醇雅"而避"浮靡"。所谓"浮靡"，即北宋石介（1005—1045）批评杨亿（974—1020）所说的"穷妍极态，缀风月，弄花草，淫巧侈丽，浮华纂组"①。在《总目》的批评语汇中，"丽"是"文章"原本应有的修辞特征，并不决定散文文体品位的高卑。散文文体品位高者，可为"俶奇伟丽"（2.14）、"典丽宏赡"（3.1）、"博赡瑰丽"（3.3）、"宏丽"（3.7）、"赡丽"（3.8）；文体品位卑者，可为"流丽"（3.11）、"神瘠而貌腴"（3.13）、"绮艳"（3.15）。因此，《总目》称许"醇雅"，虽然首肯"质实"，却并不全然排斥"丽藻"（3.5）。由丽藻而显醇雅，"文格"仍然不失高迈，与"浮靡"之习迥然而异。如卷189明梅鼎祚《释文纪》提要说：六朝时"文士竞以藻丽相高，即缁流亦具有词采。故大抵吐属娴雅，论说亦皆根据经典，尤不类唐以后诸方语录，徒以俚语掉弄机锋。即论其文章，亦不失为斐然可观也。"（第1722页）卷199宋高观国《竹屋痴语》提要说："词自鄱阳姜夔句琢字炼，始归醇雅，而（史）达祖、观国为之羽翼。故张炎谓数家格调不凡，句法挺异，俱能特立清新之意，删削靡曼之词。"（第1820页）

在散文的文体风貌上，重"浑成"而轻"工巧"。"浑成"也可以指文章的"风骨"，如《总目》卷173《陈检讨四六》提要评清陈维崧（1625—1682）"才力富健，风骨浑成"（第1524页）。但是与"典重"偏重于浑厚坚实的文体质地不同，"浑成"更偏重于自然天成的文体风貌，即"精心结构，灏气流行"（3.13），"宏深肃括，不雕琢而自工"（第1527页）。而"工巧"则是一种人工雕琢的"文格"，《总目》卷176明王相《介塘文略》提要说："文格颇伤于雕琢，亦七子流派也。"（第1578页）大抵即五代欧阳炯（896—971）所谓"镂玉雕琼，拟化工而迥巧；裁花剪叶，夺春艳以争鲜"②。"浑成"原本为"散文"的文体风貌，因其体现古人的审美理想，也成为"骈体"努力达臻的审美境界。南宋周必大（1126—1204）说："四六特拘对耳，其立意措词，贵于浑融有味，与散文同。"③"立意措词，贵于浑融有味"，这是"四六"与"散文"共同的文体特征。

超越"古文"与"骈体"所谓"正变"的藩篱，洞悉二者作为"文章"之一体共有的"文质彬彬"的"神理"，从而倡导散文典重、醇雅、浑成的"文格"，这正是四库馆臣慧眼独具之处。

结　　语

众所周知，《总目》作为清廷官修目录，无疑代表着官方的、主流的、权威的、正统的学术立场和学术观点④。《总目》的文学批评理论与方法，既是从官方的、主流

---

① 石介：《徂徕石先生全集》卷5《怪说》，《北京图书馆古籍珍本丛刊》第85册，影印清康熙五十六年（1717）刻本，北京：书目文献出版社，2000年，第662页。
② 欧阳炯：《花间集叙》，赵崇祚辑，李一氓校：《花间集校》卷首，北京：人民文学出版社，1958年，第1页。
③ 罗大经：《鹤林玉露》甲编卷2《刘锜赠官制》引，北京：中华书局，1983年，第27页。
④ 何宗美、张晓芝对《总目》"官学"身份的生成、表征及对文学思想的作用有较为详细而深入的论述，见其《〈四库全书总目〉的官学约束与学术缺失》第一章第一节《四库纂修谕旨与〈总目〉明代思想》，第26—52页。

的、权威的、正统的角度对历代文学批评理论与方法的总结、继承与发展，也是从官方的、主流的、权威的、正统的角度对乾隆年间及其后文学批评理论与方法的引导、规约与启示。

继承南北宋之交以来流传久远的学术话语，《总目》在语体与文体的双重含意上，将"散文"与"韵语"、"散文"与"骈体"对举，认为无韵和有韵构成散文和诗歌最为显著的不同形态特征，用散语和用骈语构成散文和骈文最为显著的不同形态特征。由此，"诗文之辨"和"骈散之争"以及引而申之的"言文之辨"，成为清中后期文坛的一个热门话题和学术焦点。

但是，《总目》所称"散文"都是指称"文"之一"体"或一"格"，因此都必须符合"文"的一定之规。这种"文"的一定之规，规定并制约着"散文"最根本的文体形态特征。因此，就《总目》所讨论的"散文"文体形态特征而言，最值得我们关注的，不是有韵无韵、用散用骈等外在因素，而是何为"体"、何为"格"的内在特质。

《总目》认为，以经术作为散文之本原，确定不移地"根柢经术"，这是确保散文"体格"高尚、质性醇正的重要因素。与此同时，散文的"法度"仍应有其独特的文体形态特征，而其典型则是"唐宋八大家"，因为"欧、苏、曾、王千变万化，务极文章之能事"（2.6），这也正是清廷极力标榜的"文章"典型。可以说，经由《总目》的提倡与标称，"唐宋八大家"在中国散文史上的经典地位得以进一步确立，"唐宋八大家"在中国文化史上的独特面貌也得以进一步定型。

在"散—骈"对举的语境中，《总目》明确地揭示出散文文体形态的两大特征：第一，"散体之变骈体"，原本就是"文章正变"，并未背离"文章"的"体格"与"法度"；第二，犹如诗歌中有"古体"与"近体"之别一样，散文中也有"散体"与"骈体"之别，但是二者都同"文章"之"格"的尊卑无关（3.4）。

虽然从"古文"到"骈体"的演变，的确呈现出"由质实而趋丽藻"的发展趋势（3.5），然而无论是"质实"还是"丽藻"，都无非指向散文文体形态的外在特征，而不是其内在特征。在内在特征上，散文本于经则正，修于词则雅；雅正相兼，便可以达臻"文质彬彬"的审美境界，这就是"古文"与"骈体"共通的"神理"（3.5），也是辨别"文章"之"格"孰尊孰卑的根基所在。

因此，《总目》对"古文"和"骈体"作为散文而应具的"文格"，提出了同样的标准：在文体质地上，褒"典重"而贬"纤弱"；在文体品位上，趋"醇雅"而避"浮靡"；在文体风貌上，重"浑成"而轻"工巧"。这一标准的"文格"，充分彰显了中国古代正统的文学思想和文学观念。

作为中国古代传统文学批评理论的集大成者，《总目》对"散文"文体形态特征的多层面揭示，无疑具有不可低估的历史价值和文化价值，足以为我们今天探究中国古代散文的文体形态特征提供极其丰富的理论资源。

原载《中山大学学报（社会科学版）》2018年第4期

追寻中国文体学的向上一路

吴承学

新文化运动至今,已经一百年多了。20世纪80年代以来,古代文体学、文章学与文献学等传统学科,逐渐成为中国古代文学最具活力的学术领域。中国古代文体学更是逐渐从衰落走向复兴,从边缘理论发展成基础理论,并且成为中国文学研究发展最快的学术领域之一。学术研究往往需要"盈科而后进",先有广度,再求深度,从粗放式发展,走向高质量发展。从学术史的角度看,文体学研究范式的形成与流变,反映出文体学的发展趋势与学术水平。刘勰在《文心雕龙·序志》中谈到该书的"纲领"时,提出研究文体大致有几方面内容:"原始以表末,释名以章义,选文以定篇,敷理以举统。"其意大致是:论述该文体的源流,说明其含义与性质,列举最具代表性的文章,总结文体的体制与规范。刘勰首次明确提出的文体学研究范式与方法,不仅代表当时的最高水平,也是一千多年来传统文体学研究的不二法门。当代学者仍然需要赓续传统,继承和遵守刘勰所标举的经典范式与基本方法。但是,如果仅满足于循此古训,未能通变,那可能就"取法乎上,仅得其中"。要建立有现代意义的中国文体学,必须在范式与方法上既有所继承,又有新的开拓。既要"照着讲",又要"接着讲",在继承中国文体学传统范式和经典方法基础上,探寻具有当代学术高度,有思想内涵、文化视野、科技文明与现实关怀的独特路径。一方面努力消解现代学人对古代文体学原始语境的隔膜,另一方面尽可能发挥现代人所特有的学术条件优长之处。人文学者所追求的,应该是历史的事实,而不应该是希望看到的事实;其观点不应该是预设的,而应该是从历史事实中获得的。学术研究的共性就在于坚持严谨求实的科学态度,但是不同学科又各有特点。我曾提出,要建设有现代意义的中国文体学,必须在方法上有所继承、有所超越。继承传统的经典研究模式,然后"鉴之以西学,助之以科技,考之以制度,证之以实物"[1]。近年亦有一些学者对文体学研究方法加以总结和介绍[2]。我想在这个基础上,系统地探讨这个问题,同时思考目前文体学研究的不足,以追寻中国文体学研究的向上一路。

一、基于文献　察诸语境

文献是一切学术研究的基础。同样,文体学研究必须建立在扎实可靠的文献收集与

---

[1] 吴承学:《中国古代文体学研究·绪论》,北京:人民出版社,2011年,第4—5页。
[2] 如胡大雷:《中国古代文体学研究的现代视阈》,提出古代文体学研究的"十法",《学术研究》2012年第4期。吴承学:《建设具有现代意义的中国文体学》,《文学评论》2015年第2期。

文献阐释基础上。虽然，随着文献电子化、数据化的进展，"数字人文"已成为人文社会科学研究的一大趋势，文体学研究的文献基础工作仍具有无法代替的重要意义。与其他文史研究领域相比，文体学目前在这方面的建设仍存在明显欠缺。

史料的收集、整理与研究，是文体学研究的基础性工程，充分占有文体学史料是研究的前提。由于文体学史料散见于各类典籍之中，相关搜集、研判、整理工作极为繁重，难度也颇大。以传统典籍为基础，将文学文献和非文学文献、传世典籍和新发现史料结合起来，尽可能穷尽地搜集史料，鉴别、整理史料，阐述其文体学价值，使文体学研究建立在全面丰富、坚实可靠的史料学基础之上，需要学界的共同努力。对于初学者而言，首先需要重点关注传世的文体学经典文献，如《文心雕龙》《文选》《文章辨体》《文体明辨》《诗源辨体》《古文辞类纂》《骈体文钞》等名著。它们是经受了时光汰洗，并得到公认的学术精华，可以给初学者提供比较正确的知识，指示研究的入门路径。其次是与文体学关系比较密切的文献，如《独断》《释名》《墓铭举例》《游艺塾文规》《雅伦》《学范》《事物考》《读礼通考》等著作以及像《古今图书集成》等类书。这类文献在文学批评史上关注度不高，甚至很少被提起，但蕴含着丰富的文体学史料和文体批评思想。以上所说的，是文体学研究基本入门书，但如果要进一步拓展的话，则对经部、子部、史部、集部的相关文献也应该广泛涉猎，比如研究先秦文体学，则应关注《诗》《书》《礼》《易》以及《左传》《国语》、诸子文献等，这些基础文献不仅蕴含丰富的文体学史料，还揭示了古代文体存在的真实语境。初学者如果仅从经典文学批评著作入手，而不结合具体的作品，则容易犯先入为主、削足适履之病。两者结合不但有助于对传统文体学的经典论述加以检验与印证，更有助于贴近古代文体形成和存在的语境，进行独创性的研究。

对文献的"发现"与"发明"是相辅相承的。"文献发现"是指对未知或未见文献的发现，主要指考古发现。传世文献有可能经过历代传抄而产生文本变异，而沉睡地下的文献通常更为稳定可靠。20世纪以来，地不爱宝，各种重要文献陆续出土，极大地推动了文史研究，有些甚至是革命性突破。在文体学领域里，出土文献的重要性也越来越受到重视。文体学研究应该随时关注出土文献的新材料。比如，大量出土的文献表明，问答体是春秋战国流行的一种著述文体。史树青认为：

> 由于马王堆帛书的出土，我们联想银雀山的竹书，可以看出春秋战国时期出现的一种著书体例，即用问答体的形式以叙事。例如：银雀山竹书中的《孙子兵法》有为吴王阖庐与孙武问答之辞，《孙膑兵法》多为齐威王、田忌与孙膑问答之辞，《六韬》托言太公与周文王、武王问答之辞，《晏子春秋》多为齐景公与晏婴问答之辞，《尉缭子》多为梁惠王与尉缭问答之辞等等。马王堆帛书中的《黄帝外经》《十大经》《伊尹》等，也都是用问答体，可见这种文体在当时的风行。①

---

① 史树青：《座谈长沙马王堆汉墓帛书》，《文物》1974年第9期。

如果把丰富的出土文献与传世文献结合起来，我们可以看到，这种问答体在文章学史上已形成了一种传统模式。而且，这种以问答展开叙述与说理的形式，后来还渗透到诸种文体之中，如汉赋的宾主对问，论体文中的解、难等文体[①]。

"文献发明"指发现传世文献的特殊价值，读出寻常文献的不寻常意义。在学术研究上，"文献发现"极为重要，但带有很大的偶然性，若过分依赖"文献发现"，则近乎守株待兔。因此，持之以恒的"文献发明"更有可持续性。古代文体学与文学史、批评史研究相关而不相同，对文献的关注，既有共性和交汇，又有差异和特色。研究者敏锐地把握这种差异和特色，才能避免对许多有价值的文献视而不见。比如，从一般的文学批评角度看，《文章辨体》《文体明辨》《文章辨体汇选》等书的文学价值与影响不算大。《四库全书》甚至不收入《文章辨体》和《文体明辨》。但是，从文体学看，这些总集是明代辨体思潮高涨的产物，在文体分类和体性辨析上，具有集大成意义，同时又赋予总集"假文以辨体"的新功能，将选文与序题结合起来辨析文体，对明清文体学产生了深远影响。古代文体的辨体与分类观念，建立在文章评点、选本批评、文本细读的基础之上，其中经历了由个别文本的感性观察，上升到一般规律的经验总结。《文章辨体》《文体明辨》《文章辨体汇选》等选本的序题，现在已为学界所熟知，但真正对这些序题要有所"发明"，则一定要结合入选文章，才能够体会和印证古人对文体的感知。长期以来学界比较重视其序题，却往往忽略它们作为总集选本的特性，所以对其研究也就不易全面和真切，也难以有所发明。

在广泛收集文献的基础上，对于文本的释读与阐释是否恰当就成为进一步研究的关键。目前一些数据库差不多可以穷尽性地把握传世的古代文献，在这种情况下，对于文本的辨析与理论阐释就显得更为重要。要正确理解文本，就必须"察诸语境"，把握文体语境中的复杂性、丰富性，揭示其原初意义，对其丰富内涵进行既符合逻辑又不悖于历史的阐释。我曾提出，要回到中国文体学语境来发现中国文学自己的历史。文体学"语境"的内涵很丰富，也很复杂，有不同面向、不同层次的语境，也有互相纠缠的语境。文体学语境，首先是与西方不同的中国文体学大语境，其次也指各个不同时期的文体学语境。早期文体学语境、集部的文体学语境、晚清民国的文体学语境，这是中国文体学史上三个各具研究特色与意义的时代语境[②]。这里再补充文体学研究需要注意的"生成语境""文本语境""文体语境"和"修辞语境"。

"生成语境"即文本生成时所处的原始语境。今人所见的古代诸体文章，主要是被记录、传抄与整理的纸文本。在研究古代文体时，必须对文本生成的原始语境有所还原、想象与体察。中国古代许多作品在其产生的原始语境中，并不是作为阅读的文本，而是在现场观看和倾听的，是诉诸受众五官的总体感受。后来被文字记录并形成的纸文本，仅是其中部分内容甚至并非最重要的内容。这些作品经过抽象和剥离，最终以规范的文本形式，按不同文体收入各种文献中。这些文献只保留了原始语境的文字信息部

[①] 吴承学：《中国文体学：回归本土与本体的研究》，《学术研究》2010年第5期。以下引用该文，不再另行出注。

[②] 吴承学：《建设具有现代意义的中国文体学》，《文学评论》2015年第2期。

分,而失去了声音、背景、气氛等非文字信息。当人们将一些原始粗砺的形式作为文学文本处理时,离其原貌就更远了。早期一些祭祀歌舞,由于特定的语境,源于宗教,助之巫觋,配之舞蹈,伴之乐器,这种特定的热烈氛围给受众一种总体的感觉,歌辞的内容与形式并不一定是最重要的,有些祭祀歌舞辞甚至不押韵。这种情况在具体的音乐、舞蹈与宗教语境中,显得自然而然,毫无违和之感,但当这些歌辞被抽离为纯文字文本时,可能就显得怪异和不可理解。

"文本语境"主要指在理解古人的文体理论时,要通过上下文甚至全篇来确定其本意。今举文体学著作整理的一个小公案为例。吴讷《文章辨体·凡例》说:

> 文辞以体制为先。古文类集今行世者,惟梁昭明《文选》六十卷、姚铉《唐文粹》一百卷、东莱《宋文鉴》一百五十卷、西山前后《文章正宗》四十四卷、苏伯修《元文类》七十卷为备。然《文粹》《文鉴》《文类》惟载一代之作;《文选》编次无序……独《文章正宗》义例精密,其类目有四:曰辞命,曰议论,曰叙事,曰诗赋。古今文辞,固无出此四类之外者。然每类之中,众体并出,欲识体而卒难寻考。故今所编,始于古歌谣辞,终于祭文,每类自为一类,各以时世为先后,共为五十卷。仍宋先儒成说,足以鄙意,著为序题,录于每类之首,庶几少见制作之意云。①

《文章辨体》的版本,常见的有《四库全书存目丛书》本和《续修四库全书》本。按其版本说明,前者据吉林省图书馆藏明天顺八年刻本影印,后者据北京大学图书馆、北京图书馆藏明天顺八年刘孜等刻本影印。但是,两种《文章辨体》前50卷,所刻字体差异甚大,显非同一版本。此段文字,"每类自为一类",语意不通,核之"存目"本与"续修"本,原文皆是"每体自为一类",明显是整理者一时笔误。另一句"存目"本为"仍采先儒成说","续修"本则为"仍宋先儒成说"。于北山以嘉靖三十四年徐洛重刻刊本为底本,校以天顺八年本,而确定"仍宋先儒成说"。语感虽然不顺,语意勉强可通。因为"仍"字可以作依照、沿袭理解。"仍宋先儒成说",或可勉强解释为"沿袭宋代先儒的说法"。吴讷所撰《凡例》中高度赞美宋儒真德秀的《文章正宗》"义例精密",所以这种说法似乎是合理的,故为众人所取。通行的整理本如于北山本、《历代文话》本以及凌郁之《文章辨体序题疏证》本等,都坚持用"仍宋先儒成说"。笔者以为,应该是"仍采先儒成说"。从版本上看,现存最早版本即明天顺八年刻本是"仍采先儒成说",但版本的早晚并不是判断文字之正误的惟一依据,还应该从文本语境中去考辨。如果吴讷所说的是"仍宋先儒成说,足以鄙意,著为序题"的话,那么,"序题"所据应该只用或主要用宋代先儒的成说。从全书文本的内证来看,《诸儒总论作文法》所录,除宋人以外,从南北朝的刘勰、颜之推,唐代柳宗元,到金代的元好问等说皆有采涉。从体例来说,真德秀《文章正宗》仅论四大文类,不及具体文

---

① 吴讷著,于北山点校:《文章辨体·凡例》,《文章辨体序说》,北京:人民文学出版社,1962年,第9页。

体,《文章辨体》的序题皆分体而论,与之完全不同。序题广泛引用历代先儒之说,字书、史书、诗文评之语,无所不收,绝不拘于"宋先儒"。比如,对赋分类与叙说,几乎全取元代祝尧《古赋辨体》。这些都可以说是重要的文本内证。又彭时所作《文章辨体》序文,并没有强调吴讷"仍宋先儒成说",而是说,此书"一本于先儒成说,使数千载文体之正变高下,一览可以具见"①,这和《凡例》"仍采先儒成说"的意思是吻合的,可以说是重要的旁证。从《文章辨体》文本语境的内证和旁证来看,应以"仍采先儒成说"为是。

中国文学批评非常强调"知人论世",还应该包括"知体论世",在批评时必须考虑到"文体语境"元素。这点往往为文学批评者所忽略。"文体语境"是指不同的文体具有独特的表达惯例,读者在理解文本时,必须了解这种语境。古人写作文章最讲究"得体",在特定的文体语境中作出恰当的表达。文体具有其社会性与世俗性,有些文体是应人之请、受人所托而制作的,便与人情世故相关。为逝者写碑诔之文,言其德而不言其疵。为他人书籍写序跋,必多褒扬作者与作品。与人往来的书牍,对启者褒美之词,言不必由衷。当然,在这些文体中,也有批评他人与作品的,但非常少见,而且往往也是欲扬先抑。这反映的是一种世俗社会礼节与习惯。文学批评必须了解"文体语境",对序跋、碑诔、书牍这类文体持警惕态度,慎重对待其中的褒扬之辞,切不可轻易拈来作为对作家的定评。清代魏禧曾批评当时人所作书叙(序):"书之有叙,以道其所由作,或从而赞叹之,或推其意所未尽。古者美疵并见,后世有美而无疵,滥觞而下,数十年间,叙人之诗若文者,既已驾韩、欧,涤李、杜……如是则主人色喜,而叙之者意满。"②其实,古往今来,这类主人色喜、序(叙)者意满的序文并不少见。其中有些作序者写得比较高明蕴藉,而赞美之意难以迹求。韩愈《荆潭唱和诗序》是为当时达官贵人裴均与杨凭等人诗集写的序,历来解读者多认为韩愈此序倡导诗歌应该写"愁思之声"和"穷苦之言",和"诗穷而后工"是同一类说法。这种理解是一种有意无意的误读。其实,韩愈此文是为高官们诗集所写的序。在文中所说"欢愉之辞难工,而穷苦之言易好也","难"与"易"是关键字。韩愈的意思是,裴均与杨凭两人是达官,按理说,"欢愉之辞难工",但他们的诗歌居然写得"铿锵发金石,幽眇感鬼神",可见,他们的诗极为难得。在序文文体语境中,韩愈的主旨其实是巧妙地褒扬达官贵人的诗歌,而不是提倡"愁思之声"和"穷苦之言"。所以林云铭认为:"是篇赞裴、杨二公倡和之佳……与欧阳公所谓'诗能穷人'等语了不相涉,世人辄把'欢愉之辞难工'二语以为旧话置之,可谓真正俗眼。"③贺贻孙《诗筏》则进一步指出:"唐人作唐人诗序,亦多夸词,不尽与作者痛痒相中。"④他以杜牧的《李贺集序》为例,说明唐人序中的比喻多因夸张而失实。其实,不仅唐人如此。对所序之人之书多有"夸词",这是古今许多序文的文体通例。

了解古人"修辞语境"也是理解文本的重要前提。古人的话语往往使用修辞而语

---

① 吴讷著,于北山点校:《文章辨体序说》,第7页。
② 魏禧撰,胡守仁等点校:《魏叔子文集》,北京:中华书局,2003年,第361页。
③ 林云铭:《韩文起》卷之四,上海:华东师范大学出版社,2015年,第160页。
④ 郭绍虞编选,富寿荪校点:《清诗话续编》,上海:上海古籍出版社,1983年,第190页。

约义丰，一旦脱离其语境，就很容易导致歧义和理解障碍。传统文体学也往往用最精简的语言来把握某一文体的功能，显示其独特性。所以，对传统文体学的理解，就需要用当时实际使用的文本对文体规范加以验证和佐证。刘勰《文心雕龙·章表》总结汉代四种最重要的职官上行文体说："章以谢恩，奏以按劾，表以陈请，议以执异。"对章、奏、表、议四大文体的功能分别简化为谢恩、按劾、陈请、执异四种，学界遂多以此语概括四种文体的功能。其实，刘勰在骈文的修辞语境中，用四个词简明扼要地总体把握四种文体之别，而远非对文体功能的全面总结。在汉代的公文使用中，章、奏、表、议四种文体常常交叉混用，其功能之间的对应关系，远比这些概括复杂得多。《文心雕龙·奏启》提到奏体的功能"陈政事、献典仪、上急变、劾愆谬，总谓之奏"，就明显比"奏以按劾"要全面得多。刘勰说"章以谢恩"，但从汉代文章看，用以"谢恩"的，至少涉及上书（疏）、章、笺这几种文体。

二、考之制度　证以实物

中国古代大量的文体与礼乐和政治制度关系密切，是政治、礼乐制度的直接产物。只有深入了解这些制度、仪式，才可能真正理解这些文体。所以，研究古代文体与文体学时，一定要注意考察和梳理其礼乐与政治制度背景，还原其制度、仪式、程序等历史语境。

历史学家提出在政治与制度研究中，要"走向'活'的制度史"。"所谓'活'的制度史，不仅是指生动活泼的写作方式，而首先是指一种从现实出发，注重发展变迁、注重相互关系的研究范式。"[①]这种理论认为，制度的形成及运行本身是一个动态而非静止的历史过程，有"运作"和"过程"才有制度。中国文体与制度关系极为密切，如果说，制度是"活"的，那些依附于制度而发生的文体也必然具有随着制度变化而变化的"活性"。文体同相关的制度一样，也具有其"运作"和"过程"。所以，研究所有与制度相关的文体，都必须有"活"的观念与眼光，考察文体实际的"运作"与"过程"。如果仅从现成总集里所划定的文章文体出发，对于文体的阐释就可能出现"郢书燕说"的现象。

古代文体多因制度运作而产生。如果不掌握这些制度文献材料，就不可能真正厘清和探明这些文体的生成机制及初始意义。在中国古代政治制度中，有一些职官名称就已经标示其职责与文体之直接关系，这可称为制度安排的文体指向性。中国古代的官职名称，往往明确标明职官的职责。《周礼》列出一些职官所掌管的职事与言说方式，如《大祝》所掌之六祝、六祈、六辞、六号等，可以窥见百官执掌与对应文体类型之间的关系。战国时期，周王朝和各诸侯国的不少职官，已具有明确的文体指向性。如御史、太史、长史、卜史、令史掾、侍史、内史、筮史、计事内史、史、祝人、尚书、主书、掌书、主簿、苑计、尉计、箴尹、太卜、谒者等，其职官名称已明确其职责，即主要是对某种文体或言说形式的使用。汉代以降，"以文书御天下"成为常态，与之相关的文书式和政治、礼制运作关系紧密，规定了公文文体的基本形态与运行方式。《文心雕

[①] 邓小南：《走向"活"的制度史》，《浙江学刊》2003年第3期。

龙·书记》认为此类文体虽"艺文之末品,而政事之先务",但通过文书式的调整、变化,也能由此窥见相关文体"文意各异,或全任质素,或杂用文绮"的变动轨迹①。

礼仪制度是古代文体运作和衍生的重要基础。文体学有必要将古代礼制纳入其中加以考察,探讨礼制作用于相关文体的原则和规律以及历代礼制发展与文体演变之间存在的联动关系,考察相关文体发生和文体观念的演化。古文字学、历史学、考古学科对金文、简帛等材料中的礼制文体与文献以及礼器、祭祀、丧葬、建筑等制度的演变已有充分研究,其中许多内容与古代文体关联紧密。在借鉴其研究成果同时,也要开拓研究视野,进一步丰富礼制与文体的相关研究。中国是礼仪之邦,凡事皆讲究"得体"。所谓"得体",便是在特定的事境与语境之中恰当的表现或反应。无论从语源学还是文化学的角度来看,"体"(體)与"礼"(禮)都是密不可分的。《礼记·礼器》说:"礼也者,犹体也。体不备,君子谓之不成人。"②此语已经明确指出"礼"与"体"的相似性与相关性。而汉代《释名·释言语》又谓"礼,体也,得事体也"③。《礼记·礼器》以"体"为"礼"之喻体,刘熙的解释省略了"犹"字,直接认同"礼"与"体"的一致性。毕沅疏注说:"体不备,君子谓之不成人,设之不当,犹不备也,得事体,乃所谓当,乃所谓备也。"④从礼学的角度看,"得事体"就是"礼"。从礼学之"得事体"与文章学的"得文体"是异质同构的,文章学的得体,也可以看成是礼学的得体的一种延伸。所以,如果对于"文体"之"体"内涵的认识,只局限在文章内部,视野就略嫌狭隘。

探讨宗教制度与文体的关系,也属于"考之制度"的范围。宗教仪式是宗教制度的组成部分,与文体的关系尤其密切。许多宗教文体是在宗教仪式中产生和应用的,如道教的步虚词、佛教的梵呗。在原始语境中,这些文体伴有强烈的宗教仪式感。但文献记录往往把这些文体从具体仪式中抽取出来,成为纸面上只供阅读的文本文献,原先有声有色、庄重生动的宗教仪式感和强烈的宗教氛围,便消失大半。所以研究这些文体,一定要把它们还原到具体的仪式环境中,才能理解其丰富的真实意蕴。道教科仪、佛教仪式也是相关宗教文体流衍实践的基础,宗教文体研究要超越单纯的文本诠释,将文体探讨与具体的仪式制度考察深度融合起来,才能得出符合研究对象原始语境和学术传统的可靠结论。

文体物质形态研究,是文体学需要开拓的新领域,需要把文体学与考古学、出土文献学、图像学等学科结合起来。早期文体学研究要特别重视实物形态,以之为重要证据。出土文物可以给文体学研究提供"铁证"。《汉书·艺文志》说:"小说家者流,盖出于稗官。街谈巷语,道听途说之所造也。"所以原先不少学者以为"稗官"之称始于汉代。饶宗颐《秦简中"稗官"及如淳称魏时谓"偶语为稗"说——论小说与稗官》

---

① 参考杨宽:《战国会要》,上海:上海古籍出版社,2005年,第478-565页;吴承学等:《秦汉的职官与文体》,《北京大学学报》2018年第3期。
② 阮元校刻:《十三经注疏》下册,北京:中华书局,1980年,第1434页。
③ 刘熙著,毕沅疏证,王先谦补,祝敏彻、孙玉文点校:《释名疏证补》,北京:中华书局,2008年,第110页。
④ 刘熙著,毕沅疏证,王先谦补,祝敏彻、孙玉文点校:《释名疏证补》,2008年,第60页。

一文，从新出土云梦秦简秦律中发现"稗官"一词，从而推翻"稗官"始于汉代之说，认为："可见《汉志》远有所本，稗官，秦时已有之。"①他进而研究先秦时期稗官与小说、偶语的关系，把先秦文体研究推进了一步。最早的乐府起于何时？1976年考古工作者发现秦代的错金银编钟上刻有"乐府"二字②，2000年西安市郊相家巷的秦遗址中，又出土了很多秦封泥，其中有"乐府丞印""左乐丞印""外乐"各一枚③。证之班固《汉书·百官公卿表》记载"少府"为秦官制，其属官中就有乐府。可见，秦时已有设置乐府这个管理音乐的官方机构。汉代的乐府，是承秦制而设立的。这些出土文献为推进乐府研究提供了最直接有力的证据。

图像也是一种实物形态。从图像入手研究文体，也是值得探索的。在印刷术尚未普及之前，石刻是最为重要的文章传播形式之一。较之纸上文献，石刻文献不易改动，往往能够提供更为可靠的原始文本。石刻拓本，特别是早期的善拓和新出石刻的拓本或原石构成的图证，具有校勘、史料价值，通过图像获知的义例信息，对于文体学研究也有着极大的帮助。现在可见的石刻文献中所包含的文体如墓志、诏奏、记事、营造、表赞、榜告、题记、题名、谱牒、祭祝，最早可以上溯至汉代，此后历代都有存世和出土。不同的时代，文体所呈现的面貌也不尽相同，故应在吸收和借鉴文体学相关研究成果的基础上，重视从实物—图像的角度，阐释和举证相关文体的演变轨迹和时代特征。比如以图证的方式研究墓志的志铭关系与演变，造像记的图文关系与文体特征，表赞石刻与赞体文的生成流变等个案。石刻文献中的某些文体也常常呈现为一种"格套"式的写作，通过实物图证，可以从实际应用的角度进一步对写作"格套"产生更为深入的认识。石刻文献所提供的材料信息是多元的，其中还与政治、经济、文化、宗教、艺术等各方面存在联系，因而通过图证的方式展开多层面的研究，也有助于推进文体学研究的总体进程。

研究文体不能只依据文体理论文献，要尽可能找到现存原始文本的实物形态，考察其格式、书写载体等原始状态。对实物形态的考察可能会改变对于文体传统的认识。古人对于文体的定义，一般比较概括和简要，而实物形态表明文体的实际运用则是多元和复杂的。中国古代文体学著作往往缺少图证，不够清晰直观，失去相应实物、图像的比照，一些理论也难以理解。通过实物—图像—文体的研究方法，连接实物与纸上文献，无疑能够对文体的真实形态产生新的认识。比如，学界一般认为，"墓表"和"墓砖"不同，"表则树于墓外，砖或藏于墓中"④。但是，1930年新疆吐鲁番雅尔湖出土一批墓表，其中《令狐天恩墓表》《张买得墓表》《麹弹那及夫人张氏麹氏之墓表》《赵荣昌妻韩氏墓表》《田绍贤墓表》《任法悦墓表》《王阇桂墓表》与《史伯悦妻麹氏墓

---

① 饶宗颐：《饶宗颐二十世纪学术文集》卷3，台北：新文丰出版有限公司，2003年，第60页。
② 袁仲一：《秦代金文、陶文杂考三则》，《考古与文物》1982年第4期。
③ 刘庆柱、李毓芳：《西安相家巷遗址秦封泥考略》，《考古学报》2001年第4期。
④ 姚华：《论文后编目录中第三》，《弗堂类稿》，《近代中国史料丛刊续编》第2辑，台北：文海出版社，1974年，第69–70页。

表》，或用墨书，或用朱书，书于长、宽约40cm左右的砖上①。它们既是墓砖，置于墓内，砖上又明确写明是某人"墓表"。这些实物反映出实际生活中文体运用的复杂性。近年来简帛、石刻、写本、类书、图像、金石义例、文书程式等材料的发现和利用，既拓宽文体学研究口径，也反映了多学科交融的广阔学术前景。

三、跨越学科　佐以科技

中国早期学术浑融一体，后来才有经史子集之分，而细密的学科之别，则是近代以来受西方学术影响才发生的。文体本身就是跨越学科的问题，其研究虽然以文章学为本位，但不能局限在文学领域里，需要更宽阔的学科背景，不断打破学科边界，促进学科间相互渗透、交叉和互动。

中国传统文体学的特殊性很大程度上是由汉文字语言的特殊性所决定的，所以，与传统语文学关系非常密切。像《说文》《释名》等著作，本身就有丰富的文体学材料。如《说文·册部》："册，符命也，诸侯进受于王者也。象其札一长一短，中有二编之形。凡册之属皆从册。"②这是历来解释"册"体的权威文献。《说文》《释名》等语言学著作包含部分对文体词语的解释，这有助于我们理解汉代人的文体观念，并进一步追寻中国古人对于文体阐释的语言学渊源。刘勰《文心雕龙》"释名以章义"即用《释名·释言语》之音训之说，已是学界共知的例子。除此之外，历代许多文体学著作都明用或暗用《说文》《释名》以及相关的古代语文学著作来解释文体。明清许多文体学著作在这方面尤其显著。如明代黄佐《六艺流别》的序题就非常喜欢使用音训来解释文体。如卷1释"歌"："歌者何？歌，柯也，长言之也。"③此亦音训之法。按刘熙《释名》卷7《释乐器》："人声曰歌。歌，柯也。所歌之言，是其质也。以声吟咏有上下，如草木之有柯叶也，故兖、冀言'歌声如柯'也。"④又卷4释"骚"："骚者何也？骚之为言扰也，遭忧之扰情而成言也。"⑤此据《说文解字》卷10上："骚，扰也。"⑥

文体学中的文字阐释法，并非仅仅复制古人之说，往往是"五经注我"，引用古人对文字的解释来表达自己对于文体的理解。《说文解字》："诗，志也。从言寺声。""持，握也。从手寺声。""诗""持"皆从"寺"声，故"诗"可通假为"持"。如此，便出现"诗言志"与"诗，持也"两种不同的阐释。《尚书·尧典》谓"诗言志"，而汉代纬书则谓"诗，持也"（《诗含神雾》）。《文心雕龙·明诗》既谈及"诗言志"，又谓"诗者，持也，持人情性"。"诗言志"主张诗表达人的情志，

---

① 详见故宫博物院编：《高昌墓表八种》，《故宫珍藏历代墓志初集》，北京：紫禁城出版社，2010年。
② 许慎撰，段玉裁注：《说文解字注》，上海：上海古籍出版社，1988年，第85-86页。
③ 黄佐辑：《六艺流别》，《四库全书存目丛书》集部第300册，济南：齐鲁书社，1997年，第79页。
④ 刘熙著，毕沅疏证，王先谦补，祝敏彻、孙玉文点校：《释名疏证补》，第142页。
⑤ 黄佐辑：《六艺流别》，《四库全书存目丛书》集部第300册，第136页。
⑥ 许慎撰，段玉裁注：《说文解字注》，第467页。

而"诗,持也"则主张人的情性要归于正。这两种对于诗的阐释是有所不同的,故可用来互补。清代常州词派张惠言《词选序》阐释"词"体谓"《传》曰:意内而言外者谓之词"①。一般认为"意内而言外"说出于许慎《说文解字》。张德瀛《词征》则认为:"世以'意内言外'为许慎语,非其始也。"他对此阐释说:"《周易孟氏章句》曰:'意内而言外也',《释文》沿之。小徐《说文系传》曰,'音内而言外也',《韵会》沿之。言发于意,意为之主,故曰意内。言宣于音,音为之倡,故曰音内。其旨同矣。"②在张惠言之前,黄佐《六艺流别》释"词"体,就说过:"词者何也?思也,惟也。音内而言外。"③但黄佐所论的"词"和张惠言的"词"是不同的文体。笔者以为,无论张惠言"意内言外"之说来于何书,他都是借古训来倡导常州词派比兴寄托之词体宗旨,以推尊词体。

文学批评史上,也有人自我作古,创造性地运用音训、形训来阐释文体。唐代陆龟蒙的《野庙碑》:"碑者,悲也。古者悬而窆,用木。后人书之以表其功德,因留之不忍去,碑之名由是而得。"④这是利用"悲""碑"同音来释某些碑文的文体特点。又如刘熙载《艺概·赋概》解释赋体说:"赋从贝,欲其言有物也;从武,欲其言有序也。"⑤这种音训、形训阐释法是中国文学批评的一种特殊阐释模式。在文体学研究中,特别是在阐释单音字文体时,这种模式运用得更为普遍。究其原因,大概音训、形训阐释法显得信而好古,更具经典的权威性,而且言简意赅,便于记忆与传播。

文体学有时也需要用哲学的眼光来考察。比如,古代有一种文体叫"诸言体"。《文体明辨序说》"诸言体"条说:"自宋玉有《大言》《小言赋》,后人遂约而为诗。诸语、诸意,皆由此起。"⑥六朝人主要是写"大言"与"小言",如萧统《大言》《细言》,沈约、王锡、王规、张缵、殷钧都有《大言应令诗》《细言应令诗》,这种诗体是从宋玉的《大言赋》《小言赋》而来的。这种文体的特点就是夸张与谐趣,所以徐师曾称为"诙谐诗"。如果仅仅从文学的角度来看,这种文体并不重要,属于"大雅弗取"的"杂体"⑦。但是如果我们进一步从哲学的角度来看,"大言"与"小言"其实是有丰富的哲学意蕴的。诸言体的文体渊源,可以追溯到先秦的哲理论题。"大""小"之辩是先秦时代一个常有的话题。如《晏子春秋》卷8《外篇第八》中,晏子以形象和夸张的话语回答景公"天下极大"之问:"足游浮云,背凌苍天,尾偃天间,跃啄北海,颈尾咳于天地乎!然而漻漻不知六翮之所在。"又回答"天下极细"之

---

① 张惠言撰,黄立新点校:《词选序》,《茗柯文编》,上海:上海古籍出版社,1984年,第58页。
② 张德瀛:《词征》,唐圭璋编:《词话丛编》第五册,北京:中华书局,1986年,第4075页。
③ 黄佐辑:《六艺流别》,《四库全书存目丛书》集部第300册,第148页。
④ 陆龟蒙撰,何锡光校注:《陆龟蒙全集校注》,南京:凤凰出版社,2015年,第1008页。
⑤ 刘熙载:《艺概》,上海:上海古籍出版社,1978年,第101页。
⑥ 徐师曾著,罗根泽校点:《文体明辨序说》,北京:人民文学出版社,1962年,第163页。
⑦ 沈德潜《说诗晬语》说:"杂体有大言小言……近于戏弄,古人偶为之,然而大雅弗取。"见霍松林、杜维沫校注:《原诗 一瓢诗话 说诗晬语》,北京:人民文学出版社,1979年,第249页。

问:"东海有虫,巢于蚊睫,再乳再飞,而蚊不为惊。臣婴不知其名,而东海渔者命曰焦冥。"①洪迈《容斋随笔·容斋续笔》卷13"物之大小",谓"列御寇、庄周大言、小言,皆出于物理之外",引释氏"语大""语小"之说,最后引用《中庸》"故君子语大,天下莫能载焉;语小,天下莫能破焉",评论道:"明白洞达,归于至当,非二氏之学一偏所及也。"②可见语大、语小不仅是修辞问题,对于极大与极小的描述也是古人的哲学命题,而这个命题正反映出古人对于宏观世界和微观世界的理解,所以从这个角度来看"大小言",就有特别而重要的意味。

与"跨越学科"密切相关的是打通古今。中国传统文体的现代转化是沟通古今文学的关键,其中折射出语言、文学、社会、政治、体制的种种巨变以及中西文化的冲突。社会制度、社会生活、价值观念的变化以及文白的转换,势必反映到整个文体谱系的重新建构。在这方面,近现代文学史家已经先开风气。语言变化与文体发展的关系,是一个极大的题目,也是很有意味的。中国传统文体的现代转化是一个富有理论意义与魅力的学术话题。其实,有些看起来完全是新创的当代文体,仍可能与古代文体有某种若近若远、千丝万缕的关系。项楚《三句半诗话》指出20世纪六七十年代流行全国的一种群众文艺演出节目"三句半",其渊源是北宋的"十七言诗",十七言诗,由三句五言,加上末句二言构成。这种诙谐戏谑的风格仍存在当代的"三句半"中。项先生在论十七言诗的文体源流时说:"它的基础是中国传统的五言四句诗,同时又和中国传统的歇后语的表达方式结合,而把画龙点睛的最后一句凝缩成半句——两个字,甚至是一个字,从而增强了它的爆发性和震撼力。"③另有一些古今文体的相承关系则是文化精神方面的。比如,"文化大革命"时期全国各省市成立革命委员会时给毛主席的"致敬电",这是特定时期的特有文体,曾全国风靡,万口争诵,其影响之巨,一时无二。"致敬电"那种无所不用其极的赞扬谀美之辞,那种夸张、排比、铺张的修辞,就含有中国古代文体的某些文化基因。那些"致敬电"的写作者未必接触过古代的章奏、贺表、捷报等文体,但这些文体的文化基因却在标榜"革命"的"致敬电"中不知不觉地流露出来。

人文社会科学越来越倚重现代科学技术。"佐以科技"是近年人文社会科学研究发展的一大趋势,这也是广义上的"跨越学科"。利用大数据研究古典文学,将给文学研究的范式、方法、视角带来重大影响和变化④。相对而言,利用大数据进行文体学研究比较滞后,但也有学者开始尝试。海外已有computational stylistics,或可称为"计算文体学""计量文体学"。这里的"文体",主要是指风格。近年,清华大学刘石教授主持的国家社科基金重大招标项目"基于大数据技术的古代文学经典文本分析与研究"有一子课题为"基于文本深度挖掘的文体研究",较早明确提出基于数据库的文体研究方向。他们提出一些重要问题:经典的文体之间究竟如何区别;如何用数据定量的方法判

---

① 吴则虞:《晏子春秋集释》,北京:中华书局,1962年,第514页。
② 洪迈:《容斋随笔》,上海:上海古籍出版社,1978年,第371-372页。
③ 项楚:《三句半诗话》,《中国俗文化研究》第一辑,2003年。
④ 参考王兆鹏、郑永晓、刘京臣:《借器之势,出道之新——"数字人文"浪潮下的古典文学研究三人谈》,《文艺研究》2019年第9期。

断一种文体；如何通过特征分析，发现不同文体之间的影响和流变。这些研究设想值得期待。利用大数据研究文体学，当然不能解决文体学的所有问题，但可以提供比较精确和丰富的例证，更为直观地反映古代文体的分类和形态差别，为总结文体演变及规律提供更具体可靠的信息。国外有学者把人文学科分为"精确人文科学"与"不精确人文科学"①，借用这种提法，"佐以科技"的文体学研究可以用数据的"精确"性代替印象式的含混批评。

与理论研究相辅相承的是人工智能的快速发展。人工智能在一些文体的写作如新闻写作方面已经相当成熟，甚至读者难以分清稿件到底是机器还是人所写的。最近人工智能科技公司OpenAI开发的神经网络驱动的语言模型GPT-3，有1750亿个参数量。它像一个高智商的人，不但能与人类即时对话，而且能写各种文章，能写论文，也能写小说，能表达哲学思考，也能表现顽皮幽默②。近年在中国，人工智能文学创作引起学术界的重视，也引发争议。经过深度学习的人工智能神经网络，已经获得一定的智力，可以学习诸多诗人的作品，写出合格的作品。未来的人工智能是否可以写出优秀的各体古典诗文？这可能只是个时间、人力与投入的问题。考虑到科技的迅猛发展，人工智能具有强大的学习、认知能力，在极短时间内即可完成对人类已有知识的了解和掌握，如果经过学习，能获得人类的创造性、想象力以及个性等，达到甚至超越人类智慧也就指日可待了。这当然只是一种推测，不过机器人阿尔法狗开发两年之后，在数次与世界围棋大师之间的人机大战中，都毫无悬念获得胜利，这预示着人工智能令人惊叹的前景。也许人工智能写作比人工围棋设计更为复杂，但在科技迅猛发展的时代，一切皆有可能。人工智能对传统文体学研究既是重大的挑战，也可能是发展的契机。如果人工智能经过学习，可以写出各种古典文体的作品来，那么，它必然反过来可以给中国文体学研究以启示：人工智能（算法）的重要性，主要不在于可以提供各类文体的精细化查询，而在于它是如何学习和把握各种文体的特征并运用到具体写作中的。这对于我们思考如何利用大数据进行文体学研究这一问题，无疑有很大的帮助。这可能具有方法论上的启迪作用。比如，人工智能不但可能为上文提到"基于文本深度挖掘的文体研究"所考虑的可数字化特征提供准确的数据，更重要的是可能提供崭新的研究方法。人工智能的发展很可能引发文体学的革命性突破。

人文学者面对人工智能，处于两难境地。理论上，学者必须充分利用科学技术迅猛发展带来的便利，同时必须超越科学技术高度发展的某些局限，凸显人文学术的独特价值，既顺应潮流，又不被其所裹挟与淹没。但这种超越至少需要一个前提：人类必须明确地认识到，人工智能与人类智能的分界线在哪？到底存不存在人工智能永远无法达到与代替的人类独特的思维与智慧？这可能是人类未来所遇到最大的挑战与焦虑之一。对于人文学者而言，这种挑战与焦虑将更显突出。

---

① 可参考［德］Gerhard Lauer：《"精确人文科学"的价值》，《澳门理工学报》2020年第3期。

② 综合网上报道，并参考Tom B. Brown et al. *Language Models are Few-Shot Learners*，（2020）arXiv：2005，14165［cs. CL］。

四、本土情怀　国际视野

新文化运动以来，许多有识之士主张融会古今中外，站在本土文化的立场，借鉴外来的文化学术。如陈寅恪认为，在思想史研究上："其真能于思想上自成系统，有所创获者，必须一方面吸收输入外来之学说，一方面不忘本来民族之地位。"[①]朱自清主张治中国文学："自当借镜于西方，只不要忘记自己的本来面目。"[②]20世纪80年代以来，中国学术迅猛发展，其中一个重要原因就是得益于改革开放，借鉴了外来思想文化。

本土文化与外来文化的互相融通与碰撞，可能获得意外成果。在科学上，青蒿素的发现，就是一个绝佳的例子。屠呦呦的成功固然受到中国古代药学典籍《肘后备急方》"绞取汁"方法的启发，但如果没有借助现代医学的视野、方法与设备，青蒿素的提取是不可能有什么推进和突破的。人文学研究对西学的借鉴，当然要比自然科学复杂得多。近代以来，随着西学东渐，中国传统文体学开始走向式微，其原因除了中国传统文体学已不适合发生了巨变的政治体制与文化之外，与西学所具有的理论优势与科学魅力相比，中国传统文体学也存在明显的差异与差距。进入21世纪，情况发生了变化，中国传统文体学的独特性及价值，越来越受到重视，年轻学者的学术素质与研究能力也越来越高。尽管如此，文体学研究仍必须立足本土而借鉴外来文化，吸收海外学者中国文体学研究的成果，借鉴其研究范式、方法、理念等。

文体研究的理路、方法素来受到海外传统汉学和中国文学研究界的重视。正如孙康宜所指"任何文学史都可谓文体与风格的综合发展过程"[③]，海外研究者探讨和阐释中国古代文学时，早已注意到从文体体制与作家风格入手开展研究。如白之（Cyril Birch）20世纪70年代所编《中国文学体类研究》（*Studies in Chinese Literary Genres*）[④]即分别选录诗经、楚辞、乐府、诗、词、元杂剧、明传奇、白话小说方面有代表性的论文，以期展示当时汉学界对不同文体类别的研究进境。嗣后如康达维研究扬雄赋，关注到赋具有韵散结合、句式骈俪、文本铺张等文体特性，能够对接西方语境中的 rhapsody，从体制方面对赋进行译介和研究[⑤]；宇文所安从风格入手对韩愈、孟郊诗作进行解读，如指出"以文为诗"只是韩愈早期诗作的特殊面向，后期已经努力在诗歌叙事中尝试构建一种调和传统的个人风格[⑥]。孙康宜从文体角度研究晚唐至北宋词作体制

---

① 陈寅恪：《冯友兰中国哲学史下册审查报告》，《金明馆丛稿二编》，上海：上海古籍出版社，1980年，第252页。
② 朱自清：《中国文学系概况》，《朱自清全集》第八卷，南京：江苏教育出版社，1993年，第413页。
③ ［美］孙康宜著，李奭学译：《北美二十年来词学研究》，《晚唐迄北宋词体演进与词人风格》，台北：联经出版公司，1994年。
④ ［美］白之（Cyril Birch）：*Studies in Chinese Literary Genres*，University of California，1974。
⑤ 参考［美］康达维（David R. Knechtges）：*The Han Rhapsody: A Study of the Fu of Yang Hsiung*（53 B.C.–A.D.18）（《扬雄赋研究》），Cambridge University Press，1976。
⑥ 参考［美］宇文所安（Stephen Owen）：*The Poetry of Meng Chiao and Han Yu*（《孟郊和韩愈诗歌研究》），Yale University Press，1975。

与词人风格,指出"词"是通俗文学直接瀹启下的产物,在发展成"体"之前,乃为通俗曲词或娱众佳音。而词人不断把通俗曲词化为文人词的努力,在词体的发展史上亦辙迹分明①。浦安迪研究以"四大奇书"为代表的明代白话小说,指出这些具有文人特色的小说,可以视为一种特殊的"奇书文体",代表了中国散文小说体裁的成型。这些"奇书文体"与俗文学中的弹词、评话等文体关系疏远,反而与史传文学联系紧密②。齐皎瀚(Jonathan Chaves)通过梅尧臣这一个案,分析其人在对宋代前期诗风有所不满的同时,是如何受到启发而形成"平淡"诗风③。李德瑞(Dore J. Levy)研究汉末至唐代的叙事诗,通过蔡琰《悲愤诗》、白居易《长恨歌》《琵琶行》等经典篇章,分析叙事诗这一文体在中国古代是如何发展和演化的④。魏世德(John Timothy Wixted)对论诗诗这种特殊文体予以关注,并翻译和研究了元好问的论诗诗⑤。从这些论著中,能够窥见西方学界对中国古代文学领域各个体类和文学风格的学术倾向和研究旨趣。

如何深入文本内部开展中国文体学研究,西方学界也有所思考和关注。例如周文龙(Joseph R. Allen)即从内文性(intratextuality)和互文性(intertextuality)角度分析乐府文本,尝试深入研究乐府诗体裁特征⑥。梅维恒(Victor H. Mair)、梅祖麟考察近体诗律⑦、苏源熙(Haun Saussy)对《诗经》中韵律结构进行研究⑧、高德耀(Robert

---

① 参考〔美〕孙康宜(Kang-i Sun Chang):*The Evolution of Chinese Tzu Poetry:From Late T'ang to Northern Sung.* Princeton:Princeton University Press,1980。此书有李奭学译本,即《晚唐迄北宋词体演进与词人风格》(台北:联经出版事业公司,1994年)。后该译本增订为《词与文类研究》(北京:北京大学出版社,2004年)。

② 参考〔美〕浦安迪(Andrew Henry Plaks):*The Four Masterworks of the Ming Novel:Ssu Ta Chi-Shu.* Princeton University Press,1987。该书有沈亨寿译本《明代小说四大奇书》(北京:中国和平出版社,1993年;北京:生活·读书·新知三联书店,2006年再版)。

③ 参考〔美〕齐皎瀚(Jonathan Chaves):*Mei Yao-chen and the Development of Early Sung Poetry*(《梅尧臣与宋初诗歌发展》),Columbia University Press,1976。

④ 参考〔美〕李德瑞(Dore J. Levy):*Chinese Narrative Poetry:The Late Han Through Tang Dynasties*(《中国叙事诗:从东汉到唐朝》),Duke University Press,1988。

⑤ 参考〔美〕魏世德(John Timothy Wixted):*Poems on Poetry:Literary Criticism by Yuan Haowen*(《论诗诗:元好问的文学批评》),Southern Material Center,Inc. 1975。此书又有修订版(Quirin Press,2019)。

⑥ 参考〔美〕周文龙(Joseph R. Allen):《以他者的声音——中国乐府诗》(*In The Voice of Others:Chinese Music Bureau Poetry*,U Of M Center For Chinese Studies,1992)。

⑦ 〔美〕梅维恒(Victor H. Mair)、〔美〕梅祖麟:《近体诗律的梵文来源》(*The Sanskrit Origins of Recent Style Prosody*),《哈佛亚洲学报》(*Harvard Journal of Asiatic Studies*)1991年第51卷第2期。

⑧ 〔美〕苏源熙(Haun Saussy):《〈诗经〉中的复沓、韵律和互换》(*Repetition,Rhyme,and Exchange in The Book of Odes*),《哈佛亚洲学报》(*Harvard Journal of Asiatic Studies*)1997年第57卷第2期。亦参见卞东波、许晓颖译文,载苏源熙:《中国美学问题》附录,南京:江苏人民出版社,2011年。又见卞东波编译:《中国古典文学研究的新视镜——晚近北美汉学论文选译》,合肥:安徽教育出版社,2016年。

Joe Cutter）从句式和用韵入手探索中古诔文书写转变①等论文，也充分显示出西方学者细腻的研究方法和新颖的理论建树。作为他者，西方学者较为关注中国文化的独特性与影响，能够着眼于文学与文化之间的关联与互动。古代文体承载着制度和文化的多元内涵，在出土文献、物质文化、写本、抄本等综合性研究中所贡献的问题意识和方法创新，也对文体学研究产生积极的推进作用。如柯马丁（Martin Kern）利用出土文献和写本对早期文本的研究②，对考察中国古代文体发生具有一定的借鉴和启示意义。

中国文体学的相关经典文献的译介和研究，也一直受到西方的中国文论研究者关注和重视，如《典论·论文》《诗品》《文赋》《文选》《文心雕龙》等大都已有准确详尽的翻译，同时也涌现出很多富有理论意义的研究成果。而与古代文体学有关的挚虞、钟嵘、刘勰、严羽、章学诚等人物研究也层出不穷，观点和视角时常给人以别开生面之感③。例如宇文所安《中国文学思想读本》对上述经典文论文本的翻译与解说④，康达维对《文选》的翻译和研究⑤，不仅为西方学界同侪所推重，在国内也产生了很大影响。

从向上一路的角度，中国文体学应该超越中西的畛域，需要有国际视野。在这方面，饶宗颐导夫先路，他在20世纪70年代撰写的《'天问'文体的源流——"发问"文学之探讨》（1976年）一文，便是在国际视野下中国文体研究的经典之作。饶宗颐认为，《天问》在《楚辞》中有最独特的一面，其文体特点就在于"发问"。他主张："放开视野，把世界古代文学上的具有发问句型的材料，列在一起作出比较，以及从同样文体推寻它的成长孳生的经过，作深入的探讨……"⑥饶先生认为，"发问文学"不但在中国文学史上形成历代拟作传统，而且世界上一些最古老的经典，如印度《梨俱吠陀》、古伊朗《阿维斯陀》（Avesta）和《圣经·旧约》都有类似的发问诗歌。饶先生

---

① ［美］高德耀（Robert Joe Cutter）：《道别：中国中古前期的诔文转变》（Saying Goodbye: The Transformation of the Dirge in Early Medieval China），《中国中古研究》（Early Medieval China）2004年第10卷。亦参见何维刚中译本，载南京大学古典文献研究所编：《古典文献研究》第十四辑，南京：凤凰出版社，2011年。

② 参考［美］柯马丁（Martin Kern）：The Stele Inscriptions of Chin Shih-huang: Text and Ritual in Early Chinese Imperial Representation，American Oriental Society，2000。该书有刘倩译：《秦始皇石刻：早期中国的文本与仪式》，上海：上海古籍出版社，2015年。

③ 参考徐宝锋：《北美中国古代文论研究的汉学形态》，长春：吉林大学出版社，2014年，第24–40页。

④ 参考［美］宇文所安：Readings in Chinese Literary Thought，Harvard University Asia Center，1992。该书有王柏华译《中国文学思想读本：原典·英译·解说》，北京：生活·读书·新知三联书店，2018年。

⑤ 参考［美］康达维：Wen xuan or Selections of Refined Literature，Volume One: Rhapsodies on Metropolises and Capitals，Princeton University Press，1982；Wen xuan or Selections of Refined Literature，Volume Two: Rhapsodies on Sacrifices, Hunts, Travel, Palaces and Halls, Rivers and Seas，Princeton University Press，1987；Wen xuan or Selections of Refined Literature，Volume Three: Rhapsodies on Natural Phenomena, Birds and Animals, Aspirations and Feelings, Sorrowful Laments, Literature, Music, and Passions，Princeton University Press，1996。有关康达维对赋学与选学的研究，亦可参考张泰平等译：《赋学与选学：康达维自选集》，南京：南京大学出版社，2019年。

⑥ 饶宗颐：《饶宗颐二十世纪学术文集》卷11，第53页。

从比较文学的角度来讨论《天问》,不是为了罗列材料,而是为了"说明人类写作的共同心理"。从古今中外作品中,看到全世界早期文明普遍有一种独特的"发问"文体。他就这个人类普遍存在的"发问"文体,提出一个重要问题就是"文学人类学",探讨人类学与文学的关系。"文学作品是人类精神的产物,人类学领域中的奇葩异卉……屈原的《天问》,不特是卓绝的文学产品,亦是无可忽视的人类学上的素材。"[1]这就把一个古代文体的问题,自然地延伸到人类学领域,可见其研究视野之开阔。

国际视野,并不只是一种主观意图,而是研究者在适当的环境、具备相当能力之后自然而然地形成的。如果饶先生当时不是处于高度国际化、学术交流频繁的环境,或者他没有掌握多种语言的能力,他就很难形成国际视野。近几十年,中国学者的研究非常强调学术规范,每一话题展开之前,必先有文献综述,概述相关文献以及学术界已有之成果,但目光所及,往往只在国内。这种比较狭窄的学术视野,除了图书资料受限,还有语言的制约。20世纪五六十年代的学者,这方面的问题较为普遍。这些缺陷可能造成对于文献收集的遗漏,甚至是对国外已有成果的重复研究。但随着全世界许多图书馆与学术杂志在网络上的交流与开放,文献受限的问题已有明显好转。多年以来,西方学者与中国学者相比,普遍具有通晓多种语言的优势,但现在中国年轻学者掌握外语方面的能力已大为提升,优秀者已完全胜任与西方学者的交流对话。这些治学条件的改善,为中国学者研究的国际化提供了基础。随着学术研究的国际化和技术化,国际视野必然成为年轻人文学者的基本要求。

中国文学研究要走出去,在国际上产生影响,可能还遇到其他文化圈读者阅读与接受习惯的挑战。研究者光有本土情怀是不够的,还要有国际视野与国际交流的能力。在这方面,"中国的抒情传统"理论的产生与影响,就是一个富有启迪性的成功例子。陈世骧是中国抒情传统理论论述的奠基者,1971年他在美国发表《中国的抒情传统》,认为中国文学传统有别于西方的史诗和戏剧传统,从整体而言就是一个抒情传统[2]。高友工进一步推进抒情传统理论,提出抒情美典论,并且从文体学的角度,对律诗、小令、词、戏曲等的形式规则与文体演变进行了深入研究[3]。此后,"抒情传统"论日渐成为中国文学研究一个颇具范式意义的论述架构。王德威对"抒情传统"的现代意义进行探讨,更把这种传统引入现当代文学领域[4]。当然,这种理论也受到海内外一些研究者的质疑与批评[5],但这些讨论同时也扩大"抒情传统"影响。笔者并非讨论"抒情传统"理论本身,而是由此产生的感想。华裔汉学家是在现代文化背景下重建本土文学传统,目的是超越西方理论话语体系,或者提出可以和西方话语体系相提并论的中国文学

---

[1] 饶宗颐:《饶宗颐二十世纪学术文集》卷11,第52页。
[2] [美]陈世骧:《中国文学的抒情传统》,北京:生活·读书·新知三联书店,2015年。
[3] [美]高友工:《美典:中国文学研究论集》,北京:生活·读书·新知三联书店,2008年。
[4] 参考陈国球:《"抒情传统"论述与中国文学研究——以陈世骧之说为例》,《文化与诗学》2011年第1期。
[5] 参考李春青:《论"中国的抒情传统"说之得失——兼谈考量中国文学传统的标准与方法问题》,《文学评论》2017年第4期。

话语。他们借用西方的理论与分析方法，阐释中国本土理论。由于这些理论建构者都深受西学之影响，他们所阐释的抒情传统，已受到西方的哲学、语言学与文学理论及方法的影响，和中国本土的传统已经有所差异，当然也有所发展。他们的立意深处，不仅是在研究中国古代的文体传统，更是在于现代的文化建设。半个世纪以来，"中国的抒情传统"理论，成为中国文学最重要的研究范式之一，影响渐及海内外，甚至成为一种学术思潮。此前，很少有中国的文学理论在海内外产生过这么大的影响。究其原因，除了"抒情传统"理论的新意之外，还因为这些华裔汉学家对于中国本土文学已有较好的理解，对西方理论也多有接受，他们兼具本土情怀与国际视野，还有国际学术交流的能力。

随着广泛的国际学术交流，借用域外汉学的视野与文献研究中国文体，不但可能也非常重要。中国古代文体学与文章学曾经影响了日本、韩国、越南等亚洲汉文化圈国家，它们不但在异域留下传播踪迹，而且对这些国家的政治、文化与文章之学产生了深刻影响。所以，我们据此不但可以考察中国文体学的影响和海外对中国文体学的接受，还可以找到一些在中国本土已经散佚的文体史料。东亚汉文化圈深受中国文体学的影响，他们的诗文创作与研究，同样遵守"以体制为先"的传统与原则。比如日本的汉文学从一开始就很重视文体问题。从传统诗文评的角度看，日本的"文话"，也有丰富的中国文体学方面的文献。王宜瑗编撰《知见日本文话目录提要》（收入王水照主编《历代文话》第十册）著录了三十多种江户时代至明治时期的日本文话，可以视为考察中国文体学的"异域之眼"。从集部文献的角度来看，日本的文章总集，也是研究中国文体学的他山之石。日本最早的汉诗集《怀风藻》，即标明每一篇入选诗作的文体形态。平安期间，藤原明衡编选汉文学总集《本朝文粹》，命名仿诸《唐文粹》，分类拟诸《昭明文选》，将所录作品分为39类，含赋、诗、诏、敕书、敕答、位记、敕符等。江户时代的堀杏庵（1585—1642）在宽永六年（1629）的《本朝文粹序》中说，平安时代"文章盛行……词赋之绮雕，诰敕之谨严，叙事之体制，议论之精确，于是大备"[①]。另外如朝鲜半岛、越南等其他汉文化圈内的国家，也不例外。域外汉籍与文体学研究视角的融通发展，是中国古代文学研究的新趋势，有许多基础工作尚待展开。如在"以体制为先"的传统与原则的影响下，整个东亚汉文化圈产生了不少分体总集、别集及探讨文章体裁类别、语言特征、章法结构、风格体貌、诗文体用的文体学专著等，都可以成为开拓的领域。

纵观学术史，研究范式与方法的更新，往往能推动学术的发展。但学术研究并没有什么惟一可行的范式与方法，譬如登山，有许多路径可攀顶，但登山者的条件、所处方位不同，所选择的路径自然不同。研究范式与方法对学者而言，可谓"非知之艰，行之惟艰"。至于研究中如何使用，则正如古人所说的："阵而后战，兵法之常；运用之妙，存乎一心。"（《宋史·岳飞传》）过多讲究研究范式与方法，未必能解决学术问

---

① ［日］堀杏庵：《本朝文粹序》，见［日］藤原明衡：《本朝文粹》，《校注日本文学大系》第23卷，东京：诚文堂，1932年，第3页。参考刘瑞芝：《论〈本朝文粹〉的文体及其意义》，《浙江大学学报》2008年第9期。

题。宋代僧人宗杲说:"只有寸铁,便可杀人。"(《大慧普觉禅师语录》)从具体研究对象出发,只要能解决问题,就是最好的方法。

刘勰《文心雕龙·通变》说:"是以规略文统,宜宏大体。先博览以精阅,总纲纪而摄契;然后拓衢路,置关键,长辔远驭,从容按节,凭情以会通,负气以适变,采如宛虹之奋鬐,光若长离之振翼,乃颖脱之文矣。若乃龌龊于偏解,矜激乎一致,此庭间之回骤,岂万里之逸步哉!"这是刘勰在那个时代所提出的向上一路的宏图大略。建设具有现代意义的中国文体学,更应该向往"万里之逸步",而不是"庭间之回骤"。学术之难,不在范式与方法,而在格局和境界。但舍范式与方法,则难以言格局与境界。

当代中国文体学研究的目的不是复古,不是抵抗外来文化,而是为了更真实地、完整地理解中国文学文体话语的特点与价值,继承本土的学术传统,推动现代中国学术的发展。中国文体学研究要立足本土文化,回到本土理论传统与古代文章文体语境来"发现"中国文章学自身的历史,同时,超越中西的畛域,突破学科的樊篱,吸收和运用当代的理论成果,创造出能超越古代文体学的新辉煌。

这是我们所追寻的中国文体学的格局与境界,这是我们所追寻的中国文体学的向上一路。

原载《中山大学学报(社会科学版)》2021年第1期

陶渊明"心好异书"解

范子烨

元嘉四年（427）陶渊明去世，颜延之作《陶征士诔并序》（以下简称为"颜《诔》"）以表达悼念之情。作品流溢着对陶渊明的无限哀思，其文辞醇美简古，风格雄深雅健，令人回味无穷。而作为《昭明文选》中的经典名篇[1]，它也是记述陶渊明生平事迹和个人品节第一篇文献和第一手资料。诔中称陶渊明"心好异书，性乐酒德"[2]，对"性乐酒德"，我们无须赘言，但对"心好异书"，又如何解释？陶渊明喜欢的"异书"是什么书？对此，古今学者极少有正面的阐述。实际上，这句话可能包含着重要的文化密码，破解这个密码，对我们了解中古时期的文献流传乃至陶渊明的文学创作均具有重要的意义。

一、古人关于"异书"的诸多理念

古人对颜延之所言"好异书"偶有引述，我们可以由此推测古人对其所谓"异书"的理解。例如：

（1）笃志好学，博通史传，工诗能文……性好异书古文石刻，仕宦四十余年，所得禄赐，尽于藏书之费。[3]

（2）吾友李节之性好异书，自国史、郡史、家史以至山镌冢刻及稗官言，无不综览。[4]

（3）北魏常景性好异书，尝有《删正博物志》，惜不得见耳。[5]

（4）性好异书，自汗青、油素以至金石之文，断烟断楮，在千里内外者，无所不购致。[6]

---

[1] 参见邓小军：《陶渊明政治品节的见证——颜延之〈陶征士诔并序〉笺证》，《北京大学学报》2005年第5期。
[2] 萧统撰，李善注：《文选》卷57，北京：中华书局，1977年，第791页。
[3] 苏轼：《乞赙赠刘季孙状》，孔凡礼点校：《苏轼文集》卷35，北京：中华书局，1986年，第988-989页。
[4] 陈继儒：《陈眉公集》卷5《皇明世说新语序》，明万历四十三年刻本。
[5] 茅元仪：《野航史话》卷2，明末刻本。
[6] 缪昌期：《内兄李贯之先生七十寿序》，《从野堂存稿》卷3，明崇祯十年刻本。

（5）董谒性好异书，见辄题掌，还家，以片籍写之。①

例（1）"古文石刻"属于异书；例（2）国史、郡史、家史、山镌冢刻和稗官小说都属于异书；例（3）《博物志》一类的志怪属于异书；例（4）奇异的古简、书画和金石文字，均属于异书；例（5）则专指奇异的书法、书体。至现代，著名美学家朱光潜认为："颜延之在诔文里说他'心好异书'，不过从他的诗里看，所谓'异书'主要的不过是《山海经》之类。"②《隋书·经籍志二》："《山海经》二十三卷，郭璞注。"③"《山海经图赞》二卷，郭璞注。"④陶渊明《读〈山海经〉》十三首其一："流观《山海图》。"⑤由此可知，陶渊明所读《山海经》就是郭璞（276—324）的图赞本。这是晋宋时代的流行读物，颜延之所谓"异书"恐非此类。

无论如何，上举各例以及朱光潜的解释，已经彰显了古人所谓"异书"的一般意义，这在中古时代也符合读书人的一般认知。首先是五经之外的书。《南史》卷43《齐高帝诸子下》：

江夏王锋字宣颖，高帝第十二子也……至十岁，便能属文。武帝时，藩邸严急，诸王不得读异书，《五经》之外，唯得看《孝子图》而已。锋乃密遣人于市里街巷买图籍，期月之间，殆将备矣。⑥

江夏王在市里街巷购买的图籍，就是五经之外的书。唐刘知几《史通》卷10内篇《杂述》曰：

在昔《三坟》《五典》《春秋》《梼杌》，即上代帝王之书，中古诸侯之记。行诸历代，以为格言。其余外传，则神农尝药，厥有《本草》；夏禹敷土，实著《山经》……史氏流别，殊途并骛。权而为论，其流有十焉……盖语曰："众星之明，不如一月之光。"历观自古，作者著述多矣。虽复门千户万，波委云集。而言皆琐碎，事必丛残。固难以接光尘于《五传》，并辉烈于《三史》。古人以比玉屑满箧，良有旨哉！然则刍荛之言，明王必择；葑菲之体，诗人不弃。故学者有博闻旧事，多识其物，若不窥别录，不

---

① 顾起元：《说略》卷18《冥契上》，《文渊阁四库全书》第964册，上海：上海古籍出版社，1987年，第679页。
② 朱光潜：《诗论》第13章《陶渊明》，《朱光潜美学文集》第2卷，上海：上海文艺出版社，1982年，第211页。
③ 魏徵等：《隋书》卷33，北京：中华书局，1973年，第982页。
④ 魏徵等：《隋书》卷33，第984页。
⑤ 《陶渊明集》卷4，《宋本陶渊明集二种》，北京：国家图书馆出版社，2019年，第96页。此书之《陶渊明集》系国家图书馆藏宋刻递修本《陶渊明集》之影印本。
⑥ 李延寿：《南史》，北京：中华书局，1975年，第1088页。

讨异书，专治周、孔之章句，直守迁、固之纪传，亦何能自致于此乎？①

"夏禹敷土，实著《山经》"说的是《山海经》，而《隋书·经籍志二》也有类似的但更为清晰的表述："汉初，萧何得秦图书，故知天下要害。后又得《山海经》，相传以为夏禹所记。"②《山海经》在汉代即受到高度的重视。如刘歆《上〈山海经〉表》所言："孝宣帝时，击磻石于上郡，陷得石室，其中有反缚盗械人。时臣秀父向为谏议大夫，言此贰负之臣也。诏问何以知之，亦以《山海经》对。其文曰：'贰负杀窫窳，帝乃梏之疏属之山，桎其右足，反缚两手。'上大惊。朝士由是多奇《山海经》者，文学大儒皆读学，以为奇可以考祯祥变怪之物，见远国异人之谣俗。"③尽管如此，其流传范围仍然十分有限。而至魏晋时代，思想的多元化才使得《山海经》成为常见之书。郭璞《注山海经叙》云："世之览《山海经》者，皆以其闳诞迂夸，多奇怪俶傥之言，莫不疑焉。"④在郭璞注本出现以后，《山海经》流传益广，所以不可能是颜氏所谓"异书"。"五传"即《春秋左氏传》《春秋公羊传》《春秋穀梁传》《春秋邹氏传》和《春秋夹氏传》；"三史"即《史记》《汉书》和《东观汉记》。刘知几总结了我国古代史家著述的传统，将"史氏流别"分为十类，其所谓"周、孔之章句"是指经学著作，"迁、固之纪传"是指正史著作。在他看来，前两类著作如同"一月之光"，而"别录""异书"之类则是"众星之明"，前者虽然重要，但后者对扩大知识面也是颇有益处的。江夏王暗中在民间购买异书，原因在此。类似的情况如《北史》卷30《卢玄传》附《卢思道传》所载：

（思道）聪爽俊辩，通倪不羁。年十六，中山刘松为人作碑铭，以示思道，思道读之，多所不解。乃感激读书，师事河间邢子才。后复为文示松，松不能甚解。乃喟然叹曰："学之有益，岂徒然哉！"因就魏收借异书，数年间，才学兼著。⑤

南朝梁释慧皎《高僧传》卷1《魏吴建业建初寺康僧会传》记康僧会：

为人弘雅，有识量，笃至好学。明解三藏，博览六经，天文图纬，多所综涉，辩于枢机，颇属文翰……博览经籍，莫不精究，世间伎艺，多所综习，遍学异书，通六国语。⑥

---

① 刘知几撰，浦起龙释：《史通通释》卷10"内篇《杂述》第三十四"，上海：上海古籍出版社，1978年，第273-277页。
② 魏徵等：《隋书》卷33，第987页。
③ 袁珂：《山海经校注》，上海：上海古籍出版社，1980年，第477-478页。
④ 袁珂：《山海经校注》，第478页。
⑤ 李延寿：《北史》卷30《卢玄传》附《卢思道传》，北京：中华书局，1974年，第1075页。
⑥ 释慧皎撰，汤用彤校注：《高僧传》，北京：中华书局，1992年，第15页。

又《南史》卷49《刘怀珍传》附《刘峻传》：

> 齐永明中，俱奔江南，更改名峻字孝标。自以少时未开悟，晚更厉精，明慧过人。苦所见不博，闻有异书，必往祈借。清河崔慰祖谓之"书淫"。于是博极群书，文藻秀出。①

这些有关"异书"的记载，均足以表明这些正统经学以外的书籍对学术和文化的重要意义，其存在显示了文化的多元性，实际上对经学具有辅翼的作用。

其次是符合上述一般意义的原则且流传较少因而也比较稀见的书。晋葛洪《抱朴子外篇》卷50《自叙》云：

> 年十六，始读《孝经》《论语》《诗》《易》……曾所披涉，自正经、诸史、百家之言，下至短杂文章，近万卷……案《别录》《艺文志》，众有万三千二百九十九卷。而魏代以来，群文滋长，倍于往者。乃自知所未见之多也。江表书籍，通同不具。昔欲诣京师索奇异，而正值大乱，半道而还，每自叹恨……事平，洪投戈释甲，径诣洛阳，欲广寻异书，了不论战功。②

显然，在葛洪的心目中，正经、诸史、百家之书均非"异书"，而道教中鲜为人知的秘籍则属于"异书"的范畴。《抱朴子内篇》卷19《遐览》记述道书、符箓、仙药和变化等四类秘籍，其中道书类最为详尽，数量也最多，葛洪对此解释说："《遐览》者，欲令好道者知异书之名目也。"③至于西晋时代他去京城洛阳寻访的"异书"，则不是仙道之书，而是经学和正史以外的稀见之书。《北史》卷84《孝行列传·王颁传》附《王頍传》：

> 弟頍，字景文。年数岁而江陵亡，同诸兄入关。少好游侠，年二十，尚不知书，为其兄颙所责怒。于是感激，始读《孝经》《论语》，昼夜不倦，遂读《左传》《礼》《易》《诗》《书》，乃叹曰："书无不可读者。"勤学累载，遂遍通《五经》，究其旨趣，大为儒者所称。解缀文，善谈话。年三十，周武帝引为露门学士，每有议决，多頍所为。性识甄明，精力不倦，好读诸子，遍记异书，以博物称。④

这里所说的"异书"，乃是经书和子书之外的博物之书。《周书》卷34《裴宽传》

---

① 李延寿：《南史》，第1219页。"闻有异书，必往祈借"，又作"更求异书"。见姚思廉：《梁书》卷50《刘峻传》，北京：中华书局，1973年，第701页。
② 杨明照：《抱朴子外篇校笺》下册，北京：中华书局，1997年，第655-687页。
③ 王明：《抱朴子内篇校释》卷19《遐览》，北京：中华书局，1985年，第331-338页。
④ 李延寿：《北史》，第2835-2836页。

附《裴汉传》说"借人异书，必躬自录本"①，显然亦非常见之书。有时，中古时代所谓"异书"是指与众不同、举世罕见的杰作。《全梁文》卷56刘之遴《与刘孝标书》：

> 间闻足下作《类苑》，括综百家，驰骋千载，弥纶天地，缠络万品。撮道略之英华，搜群言之隐赜。铅摘既毕，杀青已就，义以类聚，事以群分。述征之妙，杨班俦也，擅此博物，何快如之。虽复子野调声，寄知音于后世；文信构览，悬百金于当时，居然无以相尚。自非沉郁澹雅之思，安能闭志经年，勒成若此，吾尝闻为之者劳，观之者逸，足下已劳于精力，宜令吾见异书。②

刘之遴所谓"异书"，是对刘孝标《类苑》的赞美。这是一部类书。《隋书·经籍志三》："《类苑》一百二十卷，梁征虏刑狱参军刘孝标撰。"③这部重要类书的问世，不仅是刘孝标辛勤劳作、闭志经年的结晶，而且与其"闻有异书，必往祈借"（参见前引《南史·刘峻传》）的求书欲以及由此形成的渊博学识有密切关系。

但是，经学之注疏类著作和某些经书的特殊本子，有时也称为"异书"，这是特例。《北史》卷36《薛辩传》附《薛胄传》：

> 少聪明，每览异书，便晓其义。常叹训注者不会圣人深旨，辄以意辩之，诸儒莫不称善。④

这里提到的"异书"，极可能是指经学注疏一类著作，"便晓其义"以及下文的表述可以为证。又如《隋书·经籍志》所言：

> 隋开皇三年，秘书监牛弘，表请分遣使人，搜访异本。每书一卷，赏绢一匹，校写既定，本即归主。于是民间异书，往往间出。及平陈已后，经籍渐备。⑤

这里说的"异书"可能就是民间所藏经书的特殊写本。

总之，中古士人所说的"异书"通常是指经学、正史乃至子书以外的书籍，是非主流文化的呈现。但是，与此相反的情况也是存在的，需要根据具体的语境进行辨析和甄别。

---

① 令狐德棻等：《周书》，北京：中华书局，1971年，第598页。
② 严可均：《全上古三代秦汉三国六朝文》，北京：中华书局，1958年，第3281页。
③ 魏徵等：《隋书》卷34，第1009页。
④ 李延寿：《北史》，第1329页。
⑤ 魏徵等：《隋书》卷32，第908页。

二、从《陶渊明集》看陶渊明"性好异书"的真相

基于上述认识,我们可以结合陶渊明的阅读史及其作品所反映出来的书目,揭示其"性好异书"的真相。

陶诗的用典频率可以局部反映陶渊明的读书情况。对此,朱自清曾依据古直《陶靖节诗笺定本》作过统计:"从《古笺定本》引书切合的各条看,陶诗用事,《庄子》最多,共四十九次,《论语》第二,共三十七次,《列子》第三,共二十一次。"①大体上,陶渊明读书的第一个阶段是以儒家经典为核心的。《饮酒》二十首其十六:"少年罕人事,游好在六经。"②《辛丑岁七月赴假还江陵夜行途中》:"《诗》《书》敦宿好,林园无俗情。"③而陶渊明读书的第二个阶段则是以诸子著作为核心的。至于陶渊明读书的第三个阶段,则以史部文献为主。《赠羊长史》:"得知千载外,政赖古人书。"④《癸卯岁十二月中作与从弟敬远》:"历览千载书,时时见遗烈。"⑤《读史述》九章序:"余读《史记》有所感而述之。"⑥在这一阶段他还广泛涉猎了经书、子书和正史三类之外的其他书籍。《读〈山海经〉十三首》其一的叙述颇为真切:

> 孟夏草木长,绕屋树扶疏。众鸟欣有托,吾亦爱吾庐。既耕亦已种,时还读我书。穷巷隔深辙,颇回故人车。欢然酌春酒,摘我园中蔬。微雨从东来,好风与之俱。泛览《周王传》,流观《山海图》。俯仰终宇宙,不乐复何如?⑦

《周王传》就是《穆天子传》,《隋书·经籍志二》:"《穆天子传》六卷,《汲冢书》,郭璞注。"⑧可见陶渊明所读《穆天子传》也是郭璞注本。但以上涉及的书均属于常见之书。

《四八目》比较集中地反映了陶渊明的读书以及当时社会某些文献的流传情况。《四八目》又名《圣贤群辅录》,是陶渊明撰写的一部读史札记。但自乾隆皇帝发布其"睿鉴指示"⑨开始,世人便视《四八目》为伪托赝作,近现代学者大都秉承乾隆皇帝

---

① 朱自清:《陶诗的深度——评古直〈陶靖节诗笺定本〉》(《层冰堂五种》之三),《朱自清古典文学论文集》,上海:上海古籍出版社,1981年,第568页。
② 《陶渊明集》卷3,《宋本陶渊明集二种》,第70页。
③ 《陶渊明集》卷3,《宋本陶渊明集二种》,第55页。
④ 《陶渊明集》卷2,《宋本陶渊明集二种》,第47页。
⑤ 《陶渊明集》卷3,《宋本陶渊明集二种》,第58页。
⑥ 《陶渊明集》卷4,《宋本陶渊明集二种》,第136页。
⑦ 《陶渊明集》卷5,《宋本陶渊明集二种》,第96页。
⑧ 魏徵等:《隋书》卷33,第964页。
⑨ 参见永瑢等:《四库全书总目》卷148"《陶渊明集》八卷",北京:中华书局,1965年,第1273-1274页;永瑢等:《四库全书总目》卷137"《圣贤群辅录》二卷",第1160页。

的旨意和四库馆臣的观点，基本上将《四八目》屏弃于陶渊明研究的视野之外①。1966年9月，潘重规（1908—2003）在《新亚学术年刊》第七期发表了《圣贤群辅录新笺》一文，不仅批驳了"睿鉴指示"的错误，而且与陶渊明诗文相印证，考定《四八目》确实出自陶渊明之手笔。《四八目》凡69条②，采用"合本子注体"③，由正文和子注和合而成。我们根据其第4—19条的陶渊明自注，将其所涉及的文献及征引的次数按照经史子集四部列举如下：

1）经部：《尚书》（2次），《尚书大传》（3次），《尚书郑玄注》（1次），《毛诗》（1次），《左传》（7次），《论语》（7次），《论语包氏注》（1次），凡7种；

2）史部：《春秋后语》（1次），《国语贾逵注》（1次），《战国策》（1次），《史记》（4次），《汉书》（8次），《后汉书》（8次），司马彪《续汉书》（4次），张璠《汉纪》（2次），《晋纪》（1次），《晋书》（1次），《魏书》（1次），张勃《吴录》（1次），《京兆旧事》（1次），《周氏谱》（1次），《荀氏谱》（1次），《崔氏谱》（1次），《三辅决录》（3次），嵇康《高士传》（2次），皇甫谧《逸士传》（1次），皇甫谧《高士传》（1次），袁宏《竹林七贤传》（1次），戴逵《竹林七贤传》（1次），孙统《竹林七贤传赞》（1次），《汝南先贤传》（1次），《济北英贤传》（1次），《三君八俊录》（1次），凡26种；

3）子部：《尸子》（3次），《文子》（1次），《孔丛子》（1次），凡3种；

4）集部：《楚辞·七谏》（1次），张衡《东京赋》（1次），孔融佚文（1次），吴质《答东阿王书》（1次），邯郸淳《纪碑》（1次），魏文帝《令》（1次），魏明帝《甄表状》（26次），刘琨《重赠卢谌》（1次），董京佚诗（1次），左思《二唐兄弟赞》（1次），张载《登成都白菟楼》（1次），《善文》（2次），杜元凯《女戒》（1次），凡13种。

以上共计49种文献，也没有"异书"的迹象。

以下是《四八目》第1—3条原文（序号为笔者所加）：

（1）明由晓升级**宋均曰：级，等差也，政所先后也。必育受税俗宋均曰：受赋税及徭役，所宜施为也。成博受古诸宋均曰：古诸侯职等也。陨丘④受延嬉宋均曰：延，长，嬉，兴也，主受此录也。**

右燧人四佐。燧人出天，四佐出洛**宋均曰：出天，天所生也；出洛，地所生也。**

---

① 如逯钦立《读陶管见》六《陶渊明诗文的再审定》，《吉林师大学报》1964年第1期，后收入逯钦立：《汉魏六朝文学论集》，西安：陕西人民出版社，1984年，第277-280页。

② 《陶渊明集》卷9、卷10，《宋本陶渊明集二种》，第165-219页。

③ 关于这个问题，可参看陈寅恪《支愍度学说考》和《读〈洛阳伽蓝记〉书后》二文，分别见《金明馆丛稿初编》，北京：生活·读书·新知三联书店，2001年，第159-187页；《金明馆丛稿二编》，北京：生活·读书·新知三联书店，2001年，第175-180页。

④ 宋本校记："丘，一作立。"

（2）金提①主化俗**宋均曰：为民除灾害也**。乌明主建福**宋均曰：福利民也**。视默主灾恶**宋均曰：为民除灾恶也**。纪通为中职**宋均曰：为田主，主内职也**。仲起为海陆**宋均曰：主平地兼统海也**。阳侯②为江海**宋均曰：主江海事**③。

右伏羲六佐，六佐出世**宋均曰：宓戏不及燧人，故增二佐。出世，人所生也**。

（3）风后受金法**宋均曰：金法，言能决理是非也**。天老受天箓**宋均曰：箓，天教命也**。五圣受道级**宋均曰：级，次序也**。知命受纠俗**宋均曰：纠，正也**。窥纪受变复**宋均曰：有祸变能补复也**。地典受州络**宋均曰：络，维络也**。力墨受准斥**宋均曰：准斥，凡事也，力墨或作力牧**。

右黄帝七辅。州选举翼佐帝德。

自燧人四佐至七辅，见《论语摘辅象》。④

最后一句是陶渊明的说明文字，据此可知，此三条均来自《论语摘辅象》一书。

《论语摘辅象》是纬书，属于《论语纬》（又称《论语谶》）之一。宋均是曹魏时期著名的谶纬学家。《四八目》以上三条征引"宋均曰"云云，凡19处，足见陶渊明对其著作的熟悉。《隋书·经籍志一》："《诗纬》十八卷，魏博士宋均注。"⑤而据《旧唐书·经籍志上》，《易纬》9卷、《诗纬》10卷、《礼纬》3卷、《乐纬》3卷、《春秋纬》38卷、《论语纬》10卷和《孝经纬》5卷，均有宋均注本⑥。所谓纬书，就是谶纬之书，"谶"即征验，通常是指特殊的自然或者社会现象；而"纬"与"经"紧密相关，正如论者所言，"以谶解经甚或经谶互释，是谶纬的又一个基本特质"，"在汉代，经学本身就是受制并服务于政治的文化思想；而谶纬依托经学而生，用经谶互释的思想方法获得自身的生存和发展"⑦。清蒋清翊《纬学原流兴废考》引汪师韩《韩门缀学》云：

至谶与纬异，而《唐志》有《论语纬》十卷，则谶亦称纬。谶有十，其可举者，曰《论语比考谶》《论语撰考谶》《论语阴嬉谶》《论语纠滑谶》《论语摘辅象谶》《论语素王受命谶》《论语崇爵谶》《论语摘衰圣承进谶》，尚有二者之名不知也。⑧

---

① 宋本校记："提，一作堤。"
② 宋本校记："侯，一作使。"
③ 宋本校记："一本'俱作江湖'。"
④ 《陶渊明集》卷9，《宋本陶渊明集二种》，第165–166页。
⑤ 魏徵等：《隋书》卷32，第940页。
⑥ 刘昫等：《旧唐书》卷46，北京：中华书局，1975年，第1982页。
⑦ 张峰屹：《谶纬的性征及其起源时代》，《中华读书报》2020年9月23日第15版。
⑧ 蒋清翊：《纬学原流兴废考》卷下，稿本。

古代的纬书主要包括"七纬",即《易纬》《诗纬》《礼纬》《乐纬》《孝经纬》《春秋纬》和《尚书纬》。《论语纬》属于"七纬"之外的纬书,已经亡佚,其佚文见于明孙瑴《古微书》、杨乔岳《纬书》,清殷元正《集纬》、黄奭《通纬》、赵在翰《七纬》、马国翰《玉函山房辑佚书》、乔松年《纬捃》以及日本学者安居香山、中村璋八的《纬书集成》等等。

纬书对陶渊明的文学创作产生了一定的影响。魏宋均注《乐纬叶图征》:

> 宫者君之象,人有君,然后万物成气,有黄钟之宫,然后万物调,所以始正天下也。①

在这里,宫＝君＝万物,黄钟之宫＝万物＝天下。类似的表述方式在《汉书·五行志》中比比皆是,如关于海昏侯刘贺的记载:

> 昭帝时,昌邑王贺闻人声曰"熊",视而见大熊。左右莫见,以问郎中令龚遂,遂曰:"熊,山野之兽,而来入宫室,王独见之,此天戒大王,恐宫室将空,危亡象也。"贺不改寤,后卒失国。②

其表达逻辑是:熊入宫＝危亡象＝卒失国。这种思维或者表达方式不仅多见于纬书,也屡见于陶渊明的涉及晋宋易代的作品,兹举三例于下。

1. 《述酒》

案宋刻递修本《陶渊明集》卷3,此诗题下有云:

> 仪狄造,杜康润色之。宋本云:"此篇与题非本意。诸本如此,误。"黄庭坚曰:"《述酒》一篇盖阙,此篇似是读异书所作,其中多不可解。"③

前二句,是陶渊明所作诗序,所谓"宋本"是指北宋的宋庠本《陶渊明集》,"此篇与题非本意"是说就内容而言,作品诗不对题,因为诗中无酒;而所引黄庭坚之言,也表达了对这首诗的困惑。但作为杰出的诗人,黄庭坚的直觉是正确的,他认为此诗"似是读异书所作",具有合理的内核。对《述酒》诗,古今研究者一般视为晋恭帝零陵王哀诗。宋汤汉曰:"按晋元熙二年六月,刘裕废恭帝为零陵王,明年,以毒酒一罂授张伟,使酖王,伟自饮而卒。继又令兵人逾垣进药,王不肯饮,遂掩杀之。此诗所为作,故以《述酒》名篇。诗辞尽隐语,故观者弗省,独韩子苍以'山阳下国'一语疑是义熙

---

① 王仁俊辑:《玉函山房辑佚书续编三种》,上海:上海古籍出版社,1989年,第85页。
② 班固:《汉书》卷27中之上,北京:中华书局,1959年,第1396页。
③ 《陶渊明集》卷3,《宋本陶渊明集二种》,第73页。

后有感而赋。予反覆详考，而后知决为零陵哀诗也。"①诗中有"重离照南陆""朱公练九齿"二句，对"重离"句，汤汉注曰："司马氏出重黎之后，此言晋室南渡，国虽未末，而势之分崩久矣。""朱公"句，汤汉注曰："朱公者，陶也。"在这里，重离＝重黎＝司马氏，朱公＝陶朱公＝陶渊明。因为此诗涉及晋宋易代之后发生的一起政治谋杀事件，故陶渊明隐讳其词，以这种特殊的方式表明自己的政治态度。

2.《饮酒》二十首其十八（"子云性嗜酒"）

对于此诗，宋人汤汉注云："此篇盖托子云以自况，故以柳下惠事终之。"②古直注：

> 《汉书·扬雄传赞》曰："家素贫，耆酒，人希至其门。时有好事者，载酒肴从游学。"此诗首四句即隐括赞语，靖节以雄自况者亦在此。《汉书·董仲舒传》："昔者鲁公问柳下惠：吾欲伐齐，何如？柳下惠曰：不可。归而有忧色，曰：吾闻伐国不问仁人，此言何为至于我哉？"此诗末四句本此。盖《法言》云："或问：柳下惠非朝隐者与？曰：古者高饿，显下禄隐。"姚信《士纬》曰："扬子云有深才，潜知屈伸沉浮，从容玄默，近于柳下惠朝隐之风。"（《御览》四百四十七引）子云以柳下惠自比，故靖节亦即以柳下惠比之。《抱朴子》曰："孟子不以矢石为功，扬云不以治民盖世。求仁而得仁，不亦可乎？"靖节称为仁者，亦当时之笃论矣。班固赞雄"恬于势利，好古乐道。用心于内，不求于外"，此岂肯言伐国者哉？不言伐国，从容朝隐，以希柳下之风，显默之际，宵乎远矣。靖节所以赞之曰："仁者用其心，何尝失显默。"③

也就是说，扬雄在其《法言》中，曾暗中以柳下惠自比，突出自己的朝隐之风与道德追求，而陶渊明也以柳下惠比扬雄，称之为"仁者"，可谓深知其用心，同时，陶公又以扬雄自比，表达个人的仰慕情怀和不凡心志。这种同构关系就是：柳下惠＝扬雄＝陶渊明。这种表达方式与《述酒》诗也是完全一致的。

3.《蜡日》④

就诗题而言，这应当是一首描写蜡日的诗，但是，诗中并没有关于蜡日节俗的描写。也就是说，《蜡日》诗无蜡是其基本特征，正如《述酒》诗中无酒一样。这是本诗的难点之一，而末句"章山有奇歌"尤其令人困惑。逯钦立指出：

---

① 汤汉：《陶靖节先生诗》卷3，《宋本陶渊明集二种》，第355-360页。王叔岷曰："案司马氏出重黎之后，见《史记·太史公自序》。汤氏以'重离'为'重黎'，古氏谓'重离喻君'，二者均有关。"王叔岷：《陶渊明诗笺证稿》，北京：中华书局，2007年，第348页。其所引古氏之说，见古直：《陶靖节诗笺》，台北：广文书局，1999年，第96页。
② 汤汉：《陶靖节先生诗注》卷3，《宋本陶渊明集二种》，第351页。
③ 古直：《陶靖节诗笺》，第93页。
④ 《陶渊明集》卷3，《宋本陶渊明集二种》，第76-77页。

> 章山，鄣山，即石门山。《水经注》二十九："庐山之北，有石门水，其下入江南岭，即彭蠡泽西天子鄣也。"庐山诸道人《游石门山诗序》："石门在精舍南十余里，一名鄣山。"①

逯氏发掘的文献是可靠的。与此说不同，潘重规提出"章山"就是"商山"，潘氏云：

> 商、章古声同。《说文》："商，从冏，章省声。"《汉书·律历志》上："商之为言章也。"《风俗通·声音》引刘歆《钟律书》云："商，章也。物成熟，可章度也。"《匡谬正俗》七："或问曰：'今市井之人谓算科量度为章估，有何义？'答曰：'《周书·费誓》云："我商赉汝。"孔安国云："我则商度汝功赐与汝也。"'徐仙音商，章。然则商字旧有章音。所云章估者，即商估也。"是商、章同音，本可通用。②

在此基础上，杨勇进一步补正说：

> 又陶公《四八目》"八厨"："少府东莱曲城王商，字伯仪。"自注云："海内贤智王伯仪。《后汉书》作王章。"是亦商、章字通之证。章山有奇歌，即商山四皓歌。③

所谓"自注"，即陶公《四八目》之自注。潘文称"此诗章山，盖即商山；以一字未了，致使全诗皆晦"，确实抓住了问题的关键，由此秦汉之际的高士"商山四皓"进入了我们的文化视野。由此可知，所谓"章山"，就是指商山，所谓"奇歌"，就是指四皓唱的歌（见下文所引《高士传》）。《陶渊明集》卷9《四八目》"商山四皓"条：

> **园公姓园名秉，字宣明，陈留襄邑人。常居园中，故号园公。见《陈留志》**。绮里季。**夏黄公姓崔名廓，字少通，齐人。隐居修道。号夏黄公。见《崔氏谱》**。甪里先生。
> 　　右商山四皓。当秦之末，俱隐上洛商山。皇甫士安云："并河内轵人。"见《汉书》及皇甫谧《高士传》。④

晋皇甫谧《高士传》卷中"四皓"条：

---

① 逯钦立校注：《陶渊明集》卷之三，北京：中华书局，1979年，第108页。
② 潘重规：《陶渊明〈蜡日〉诗解》，《国文月刊》第五十期，吕叔湘等编，1946年12月，本文简称为"潘文"。此文后收入潘重规：《陶诗析疑》，《清华学报》1968年新7卷第1期。
③ 杨勇：《陶渊明集校笺》卷3，香港：吴兴记书局，1971年，第183页。
④ 《宋本陶渊明集二种》，第185页。

> 四皓者，皆河内轵人也，或在汲。一曰东园公，二曰甪里先生，三曰绮里季，四曰夏黄公，皆修道洁己，非义不动。秦始皇时，见秦政虐，乃退入蓝田山，而作歌曰："莫莫高山，深谷逶迤。晔晔紫芝，可以疗饥。唐虞世远，吾将何归？驷马高盖，其忧甚大。富贵之畏人，不如贫贱之肆志。"乃共入商洛，隐地肺山，以待天下定。及秦败，汉高征之，不至，深自匿终南山，不能屈己。①

依逯钦立之说，匡庐之章山就在浔阳，这属于常识问题，而"章山"作为商山的代名词，则属于学问级别的问题，这是诗人在掉书袋。实际上，只有用人们熟知的"章山"这个名词（"章""商"相通），才能使诗人隐居的南山（庐山）与"四皓"隐居的商山发生关联，诗人如此表达的内在逻辑是：南山＝章山＝商山。颜延之《陶征士诔》："有晋征士寻阳陶渊明，南岳之幽居者也。"②《宋书》卷93《隐逸列传》："时彭城刘遗民遁迹庐山，陶渊明亦不应征命，谓之'寻阳三隐'。"③故此种表达方式正凸显了诗人的隐者风范。同时，面对时代的风云巨变，诗人只能采取隐晦的写作策略，以"章山"为纽带连接"南山"和"商山"，以南山比商山，以四皓自比，通过对"四皓"的歌咏来表达个人的思想情绪和绝不与刘宋王朝合作的政治态度。这是《蜡日》诗无蜡的深层原因，也是"章山有奇歌"的深隐背景。

倘若我们从逻辑思维的角度对以上三首诗加以抽绎，就可以发现一种"A＝B＝C"的表达方式，即表露A，浅藏B，深藏C，而C是真正的用意之所在。这是一种纬书式的思想表达和文学书写方式。再如《礼纬》之《礼斗威仪》：

> 人君乘金而王，其政象平，海出明珠。
> 人君乘土而王，其政太平，则曼竹常生。
> 人君乘木而王，其政升平，则福草生于庙中。
> 人君乘火而王，其政颂平，则南海翰八丈狐。④

在这里，"A＝B＝C"的关系被倒置了，但其逻辑思维的方式并未改变。从数学的角度看，这是一种等量传递的关系。根据上述情况，我们是否有理由认为颜延之所谓"心好异书"，乃是陶渊明"心好纬书"的隐语呢？

---

① 皇甫谧：《高士传》卷中"四皓"条，《四部备要》第46册，北京：中华书局，1989年，第14页。
② 萧统撰，李善注：《文选》，第791页。邓小军指出："颜《诔》'南岳之幽居者'，'南岳'用渊明《述酒》'南岳无余云'，及《饮酒》其五'悠然见南山'，'幽居'用渊明《答庞参军》'我实幽居士'，及《答庞参军并序》'乐是幽居'。"见邓小军：《陶渊明政治品节的见证——颜延之〈陶征士诔并序〉笺证》，第89页。
③ 沈约：《宋书》，北京：中华书局，1974年，第2280页。
④ 王仁俊辑：《玉函山房辑佚书续编三种》，第83页。

三、纬书的政治内涵与"心好异书"隐语的产生

在南北朝时期,纬书多次被官方纳入禁书之列,因为纬书的内容常常涉及天人革命和改姓易代的重大话题,极易触动人们的政治神经,职此之故,颜延之就绝不会公开说陶公"心好纬书"。宋晁公武《郡斋读书志》卷第一"《易乾凿度》二卷":

> 右旧题苍颉修古籀文,郑氏注。按唐《四库书目》有郑玄注《书》《诗纬》,及有宋均注《易纬》,而无此书。其中多有不可晓者,独九宫之法颇明。昔通儒谓纬书伪起哀、平,光武既以谶立,故笃信之。陋儒阿世,学者甚众。郑玄、何休以之通经,曹褒以之定礼。历代革命之际,莫不引谶为符瑞,故桓谭、张衡之徒皆深嫉之。自苻坚之后,其学殆绝。使其尚存,犹不足保,况此又非真也。①

因此,纬书在中古时代的传播时断时续,不绝如缕,其存在有实际的政治和文化需要,但这种需要又时刻受到限制。对多数君王而言,用过了谶纬,即开始废止谶纬,不许他人再用②,因此,在刘裕登基的前夕,傅亮可以为"长星竟天"而欢呼③,而在刘宋政权稳固之后,何承天则大肆渲染其禁止谶纬的意旨④。如此反反复复,直到梁元帝江陵焚书,纬书才彻底退出了历史舞台。又如《魏书》卷7上《高祖纪第七上》载:

> 九年春正月戊寅,诏曰:"图谶之兴,起于三季。既非经国之典,徒为妖邪所凭。自今图谶、秘纬及名为《孔子闭房记》者,一皆焚之。留者以大辟论。又诸巫觋假称神鬼,妄说吉凶,及委巷诸卜非坟典所载者,严加禁断。"⑤

《隋书·经籍志一》:

> 说者又云,孔子既叙六经,以明天人之道,知后世不能稽同其意,故别

---

① 晁公武撰,孙猛校证:《郡斋读书志校证》,上海:上海古籍出版社,2011年,第7-8页。
② 傅咸《桑树赋》序:"世祖昔为中垒将,于直庐种桑一株,迄今三十余年,其茂盛不衰。"又赋中云:"惟皇晋之基命,爰于斯而发祥。"世祖即晋武帝司马炎。而陆机《桑赋》、潘尼《桑树赋》亦皆歌咏此种晋朝龙兴之祥瑞。但《晋书》卷3《武帝纪》载泰始三年(282)十二月:"禁星气谶纬之学。"见房玄龄等:《晋书》,北京:中华书局,1974年,第56页。事实上,桑树作为晋朝祥瑞故实,陶渊明是给予了充分的关注的。《拟古》九首其九:"种桑长江边,三年望当采。"古直注:"案此首追痛司马休之之败也。《易》曰:'其亡其亡,系于苞桑。'休之为晋宗室之重,故以桑起兴也。"见古直:《陶靖节诗笺》,第113-114页。
③ 沈约:《宋书》卷43《傅亮传》,第1337页;参见顾炎武:《日知录》卷30"人事感天"条,陈垣:《日知录校注》,合肥:安徽大学出版社,2007年,第1703页。
④ 何承天的相关言论,见沈约:《宋书》,第231页。
⑤ 魏收:《魏书》,北京:中华书局,2017年,第184页。

立纬及谶,以遗来世。其书出于前汉,有《河图》九篇,《洛书》六篇,云自黄帝至周文王所受本文……起王莽好符命,光武以图谶兴,遂盛行于世。汉时,又诏东平王苍,正五经章句,皆命从谶。俗儒趋时,益为其学,篇卷第目,转加增广。言五经者,皆凭谶为说。唯孔安国、毛公、王璜、贾逵之徒独非之,相承以为妖妄,乱中庸之典……至宋大明中,始禁图谶,梁天监已后,又重其制。及高祖受禅,禁之逾切。炀帝即位,乃发使四出,搜天下书籍与谶纬相涉者,皆焚之,为吏所纠者至死。自是无复其学,秘府之内,亦多散亡。①

这里详述了谶纬之书产生和发展的历史过程,并且揭示了其被"严加禁断"的根本原因,那就是这类书籍往往成为改朝换代的舆论工具。《河图》《洛书》是天命帝王的象征,是记载将要改朝换代的预言,而所谓符命、瑞应、符应、瑞命乃是"易代之征",刘勰《文心雕龙》卷2《正纬第四》对此有更为详尽的论析:

夫六经彪炳,而纬候稠叠;《孝论》昭晳,而《钩谶》葳蕤;按经验纬,其伪有四:盖纬之成经,其犹织综,丝麻不杂,布帛乃成;今经正纬奇,倍摘千里,其伪一矣。经显,圣训也;纬隐,神教也。圣训宜广,神教宜约;而今纬多于经,神理更繁,其伪二矣。有命自天,乃称符谶,而八十一篇,皆托于孔子,则是尧造绿图,昌制丹书,其伪三矣。商周以前,图箓频见,春秋之末,群经方备,先纬后经,体乖织综,其伪四矣。伪既倍摘,则义异自明;经足训矣,纬何豫焉!原夫图箓之见,乃昊天休命,事以瑞圣,义非配经……是以桓谭疾其虚伪,尹敏戏其深瑕,张衡发其僻谬,荀悦明其诡诞,四贤博练,论之精矣。若乃羲农轩皞之源,山渎钟律之要,白鱼赤乌之符,黄金紫玉之瑞,事丰奇伟,辞富膏腴,无益经典,而有助文章。是以后来辞人,采摭英华,平子恐其迷学,奏令禁绝;仲豫惜其杂真,未许煨燔;前代配经,故详论焉。②

显然,刘勰对纬书是持否定态度的,他认为纬书违反了真实性的原则,属于"伎数之士"的胡编乱造,并指出"其伪有四"。但是,他又指出,某些纬书"辞富膏腴",虽然"无益经典","而有助文章"。上举陶渊明三首诗的纬书式的文学书写,为此说提供了可信的例证。其实,刘勰列举纬书记载的"羲农轩皞之源,山渎钟律之要,白鱼赤乌之符,黄金紫玉之瑞",又何尝不是一种奇幻的文学想象!至于对纬书在逻辑表达方面的揣摩和观察,更显示了陶渊明超越时代的文化眼光。而《搜神后记》的创作③,更

---

① 魏徵等:《隋书》卷32,第941页。
② 刘勰著,范文澜注:《文心雕龙注》,北京:人民文学出版社,1958年,第29—31页。
③ 《隋书·经籍志二》:"《搜神后记》十卷,陶潜撰。"魏徵等:《隋书》卷33,第980页。关于《搜神后记》作者为陶渊明之问题,参见李剑国:《新辑搜神记 新辑搜神后记·前言》,北京:中华书局,2007年。

足以彰显陶渊明的多元文化选择，在此种兼容并包的文化心态的驱使下，陶渊明读纬就是非常自然的现象。

从《四八目》援引的《论语摘辅象》来看，陶渊明对古代辅佐君王的贤哲是非常推崇的，如"燧人四佐""伏羲六佐"以及"黄帝七辅"之类，对于纬书有关易代的祥瑞的记载，他并没有表现出特别的兴趣。纬书的内容通常是比较驳杂的，其所记载的内容和思想也常常超出经史子集的范围。1905年，近代著名学者刘师培作《谶纬论》，从补史、考地、测天、考文、征礼与格物六个方面论述了谶纬的意义和价值，并作了深刻的总结：

> 若夫情由性生，仁从爱起，以敬胜怠，以义强躬。渐兰、渐鲍，证孔门"习远"之言；太素、太初，近老氏"真空"之旨。凡兹粹语，足辅九流……殷、周绝学，赖此可窥。及夫胪幽明之序，穷祸福之源，以五常法五行，以八风象八卦。九州咸有其分星，五纬或凭以推日。或以灾祥验行事，或以星象示废兴……亦复说邻荒谬，语类矫诬。此尹敏所由致疑，而君山所由耻习也。然敬天明鬼，实为古学之滥觞；以元统君，足儆后王之失德。是则汉崇谶学，虽近诬民，而隋禁纬书，亦为蔑古。学术兴替，不可不察也。若夫网罗散失，参稽异同，掇宋均之《注》，萃郗萌之书，删彼芜词，独标精旨，庶天文、历谱，备存《七略》之遗；《钩命》《援神》，不附《六经》之列，则校理秘文，掇拾坠简，殆亦稽古者所乐闻，而博物家所不废者与？①

所谓"网罗散失，参稽异同"，所谓"稽古者""博物家"，陶渊明皆足以当之。陶渊明在《四八目》之末总结说：

> 凡书籍所载，及故老所传，善恶闻于世者，盖尽于此矣。汉称田叔、孟舒等十人及田横两客、鲁二儒，史并失其名。夫操行之难，而姓名翳然，所以抚卷长慨，不能已已者也。②

"故老所传"属于口述史③，陶渊明亦将其纳入自己的文化视野，如此对某些纬书中的历史信息，他自然也不会忽略。

实际上，在晋宋时代庐山地区的高端知识分子群体中，经、纬是并行不悖的。《宋书》卷93《隐逸列传》：

---

① 刘师培：《仪征刘申叔遗书》，扬州：广陵书社，2014年，第4190–4191页。
② 《陶渊明集》卷10，《宋本陶渊明集二种》，第218–219页。
③ 《四八目》云："右晋中朝八达，近世闻之于故老。""右河东八裴，琅邪八王，闻之于故老。""右太原王、京兆杜，各称五世盛德，闻之于故老。"又陶渊明《连雨独饮》诗："故老赠余酒，乃言饮得仙。"《咏二疏》诗："促席延故老，挥觞道平素。"可见陶渊明平生与"故老"接触颇多。《陶渊明集》，《宋本陶渊明集二种》，第216页、第217页、第218页、第41页、第93页。

周续之字道祖,雁门广武人也。其先过江居豫章建昌县。续之年八岁丧母,哀戚过于成人,奉兄如事父。豫章太守范宁于郡立学,招集生徒,远方至者甚众,续之年十二,诣宁受业。居学数年,通《五经》并《纬》《候》,名冠同门,号曰"颜子"。①

范宁作为一代儒学宗师,平生以儒学著称,但其教授门徒,是经、纬并授,而非仅尊《五经》。《五经》是儒家之书,《纬》(与《五经》相配的《五纬》)、《候》(《尚书中候》,属于《尚书纬》之一)则是纬书。《莲社高贤传》:

周续之……十二,诣范宁受业,通《五经》《五纬》,时号"十经童子"。②

陶渊明与周续之有交往。《陶渊明集》卷2《示周掾祖谢》诗:

负疴颓檐下,终日无一欣。药石有时闲,念我意中人。相去不寻常,道路邈何因?周生述孔业,祖谢响然臻。道丧向千载,今朝复斯闻。马队非讲肆,校书亦已勤。老夫有所爱,思与尔为邻;愿言诲诸子,从我颍水滨。③

萧统《陶渊明传》亦载:

时周续之入庐山,事释慧远,彭城刘遗民亦遁迹匡山,渊明又不应征命,谓之"浔阳三隐"。后刺史檀韶苦请续之出州,与学士祖企、谢景夷三人,共在城北讲《礼》,加以雠校。所住公廨,近于马队。是故渊明示其诗云:"周生述孔业,祖、谢响然臻。马队非讲肆,校书亦已勤。"④

陶渊明的这首诗谈及三位青年学者在浔阳城北讲《礼》校书一事,显然他和周续之的关系是比较密切的,所以在学术上他们相互之间也就很可能发生某些影响。由此可知,尽管谶纬之学已被朝廷禁绝,却在暗中悄然流行于以庐山为中心的浔阳地区。在庐山地区如此兼容并包的文化氛围中,熟读传统经典的陶渊明自然也就偏爱纬书。潘文论《四八目》云:

陶公自为传曰:"好读书,不求甚解……酣饮赋诗,以乐其志。"其诗云:"诗书敦宿好,园林无俗情。""既耕且已种,时还读我书。""历

---

① 沈约:《宋书》,第2280页。
② 无名氏:《莲社高贤传》,《丛书集成初编》第3350册,北京:中华书局,1991年,第13页。
③ 《陶渊明集》,《宋本陶渊明集二种》,第36页。
④ 《陶渊明集》附录,《宋本陶渊明集二种》,第231-232页。

览千载书,时时见遗烈。"乃至颜延之诔谓其"心好异书,性乐酒德",足知陶公平居治学之勤……其集中《感士不遇赋》《读史述》诸篇,皆由读书尚友之精神孕育而成,而《四八目》则其尚友古人,读书札录之一斑也……盖读书不多,则见理不透,气度不弘,感情亦不能深厚笃至。故真正之文学家,绝非空腹高心之辈所能望其项背者也。①

"真正之文学家",也必然是真正的学问家,必然具有"读书尚友之精神",而读书广博,见理深透,气度恢宏,感情笃厚,正是陶渊明的突出特点。潘氏此论极为精审,足以发明陶公之深心和雅趣。

其实,不仅仅是陶渊明,颜延之也是爱读纬书的,他对纬书也非常熟悉。以下是《文选》中颜延之作品的片段和李善的注文(黑体):

1.《三月三日曲水诗序》

(1)晷纬昭应,山渎效灵。**《说文》曰:"晷,日影也;纬,五星也。"《易乾凿度》曰:"五纬顺轨,四时和粟。"山,五岳也。渎,四渎也。效灵,山出器车、渎出图书之类。**

(2)春官联事,苍灵奉涂。**《尚书帝命验》曰:"帝者承天立五府。苍曰灵府。"**②

2.《阳给事诔并序》

贞不常祐,义有必甄。**郑玄《尚书纬注》曰:"甄,表也。"**③

3.《陶征士诔并序》

(1)桂椒信芳,而非园林之实。**《春秋运斗枢》曰:"椒桂连,名士起。"宋均曰:"桂椒芬香,美物也。"**

(2)遭壤以穿,旋葬而窆。**《河图考钩》曰:"有壤者可穿。"《礼记》:"孔子曰:'敛手足形,还葬而无椁,称其财,斯之谓礼。'"《说文》曰:"窆,葬下棺也。"**④

4.《宋文皇帝元皇后哀策文》

用集宝命,仰陟天机。**谓文帝即位也。《尚书》曰:"用集大命。"又曰:"无坠天之降宝命。"天机,喻帝位也。《尚书考灵耀》曰:"璿玑玉衡,以齐七政。尚书为此玑。"**⑤

5.《赭白马赋》

(1)实有腾光吐图,畴德瑞圣之符焉。**《尚书中候》曰:"帝尧即政七十载,修坛河、洛,仲月辛日,礼备。至于日稷,荣光出河,龙马衔甲,

---

① 潘重规:《圣贤群辅录新笺》,《新亚学术年刊》1966年第7期。
② 萧统撰,李善注:《文选》卷46,第645—647页。
③ 萧统撰,李善注:《文选》卷57,第789页。
④ 萧统撰,李善注:《文选》卷57,第790—793页。
⑤ 萧统撰,李善注:《文选》卷58,第797页。

赤文绿色，临坛吐甲图。"宋均曰："稷，侧也。"

（2）昔帝轩陟位，飞黄服皂。《春秋命历序》曰："帝轩受图洛授历。"

（3）精曜协从，灵物咸秩。协，合也。《论语撰考谶》曰："下学上达，知我者其天乎！通精曜也。"《尚书》曰："龟筮协从。"又曰："咸秩无文。"秩，序也。

（4）将使紫燕骈衡，绿蛇卫毂。《尸子》曰："我得而民治，则马有紫燕、兰池。"……《尚书中候》曰："龙马，赤文绿色。"郑玄曰："赤文而绿地也。"

（5）惟德动天，神物仪兮。《尚书》："益赞于禹曰：'惟德动天。'"《春秋合诚图》曰："黄帝先致白狐白虎，诸神物乃下。"……禀灵月驷，祖云螭兮。《春秋考异记》云："地生月精为马。"①

李善注引用的《易乾凿度》，属于《易纬》之一；《尚书帝命验》《尚书考灵耀》《尚书中候》和郑玄《尚书纬注》，属于《尚书纬》；《春秋运斗枢》《春秋命历序》《春秋考异记》和《春秋合诚图》，属于《春秋纬》；《论语撰考谶》，属于《论语纬》之一，见清乔松年《纬攟》卷10②；《河图考钩》属于《河图纬》九篇之一，见《纬攟》卷11，蒋清翊《纬学原流兴废考》卷上引汪师韩《韩门缀学》称"今考《河图》九篇，具见《选注》，曰《括地象》，曰《帝览嬉》，曰《帝通纪》，曰《著命》，曰《闿包受》，曰《会昌符》，曰《龙文》，曰《玉版》，曰《考钩》，其数相符"。李善还引用了《尚书》和《礼记》，由此揭示了颜延之经纬兼容的治学特点。尽管李注未必都很精确，但也足以表明颜氏平生谙熟纬书之客观事实。《宋书》卷93《陶潜传》：

> 颜延之为刘柳后军功曹，在寻阳，与潜情款。后为始安郡，经过，日日造潜，每往必酣饮致醉。临去，留二万钱与潜，潜悉送酒家，稍就取酒。③

显而易见，"心好异书，性乐酒德"乃是陶渊明和颜延之的共同特点，其深厚的交谊当与此不无关系。而颜氏以此八字品陶，又何尝不是对自我的写照？

其实，在中古时代，用"异书"代指纬书，颜《诔》可能不是孤例。我们读梁元帝《金楼子》卷2《聚书篇》第六：

> 初出阁，在西省，蒙敕旨赍《五经》正副本。为琅琊郡时，蒙敕给书，并私有缮写。为东州时，写得《史》《汉》《三国志》《晋书》。又写刘选部孺家、谢通直彦远家书。又遣人至吴兴郡，就夏侯亶写得书……又得州民

---

① 萧统撰，李善注：《文选》卷14，第203–207页。
② 乔松年：《纬攟》，清光绪三年强恕堂刻本。
③ 沈约：《宋书》，第2288页。

> 朱澹远送异书。又于长沙寺经藏,就京公写得四部……法书,初得韦护军叡饷数卷,次又殷贞子钧饷。尔后又遣范普市得法书,又使潘菩提市得法书,并是二王书也……吾今年四十六岁,自聚书来四十年,得书八万卷。河间之俦汉室,颇谓过之矣。①

梁元帝详述其四十年聚书之始末,涉及经史子集乃至佛典、法书等等,基本都是经典图籍。值得注意的是"又得州民朱澹远送异书"一句,这与上文其他关于图书来源的表述迥然不同,因而在全文中显得非常突兀、孤立,这些"异书"显然是其所聚主流图籍以外的东西。关于朱澹远其人,许逸民发掘出这样一些信息:"《隋书·经籍志三》:'《语对》十卷,朱澹远撰。《丽语》十卷,朱澹远撰。'《直斋书录解题》卷一四《类书类》:'《语丽》十卷,梁湘东王功曹参军朱澹远撰。采摭书语之丽者,为四十门','澹远又有《语对》一卷,不传'。"②案《四库全书总目》卷135"《事类赋》三十卷"条云:"据《隋书·经籍志》所载,有朱澹远《语对》十卷,又有《对要》三卷,《群书事对》三卷,是为偶句隶事之始。"③既然朱澹远曾经是自己的功曹参军,既然他是学识渊博、造诣精深的学者,梁元帝缘何称他为"州民"?此"州民"进奉的又是何种"异书"?文中对此均没有说明。梁元帝博学多识,藏书甚富,其在文化上的包容力是很强的。《金楼子》卷2《说蕃》第八:

> 刘辅,性矜严,有盛名。深沉,好经书,善说《京氏易》,论集经传及图谶文作《五经通论》,儒者得以明事,世号之曰《沛王通论》。明帝甚敬之,赏赐恩宠加异。数访问以事。④

刘辅是光武帝刘秀之子,其平生笃好经书,也研习纬书,是一位经纬兼工的学者⑤,这当然与乃父对谶纬的推重有关。而梁元帝对刘辅的推崇,足以表明其学术和文化态度。从这些情况看,朱澹远的这批"异书"可能就是纬书,但以梁元帝的政治身份,毕竟不便公开个人收藏纬书的事实。倘若此种推测可以成立的话,那么,这无疑为我们关于颜《诔》"性好异书"的解说又提供了一个有力的旁证。

古之通儒皆不废纬书。清人马国翰在评论《论语比考谶》时说:"此书言尧率舜等游首山,观河渚,见五老人,相谓《河图》将来,告帝期,五老化为流星,上入昴云云。又言孔子欲居九夷,从凤嬉,颇近荒怪,然如燧人四佐,伏羲六佐,陶潜取之。黄帝九牧,《周礼》《礼记》序并取之。古之通儒于此书未尝废置,其醇其驳,分别观之可已。"⑥在马氏看来,陶渊明正是一位"古之通儒"。然而,他对纬书并非全盘接

---

① 萧绎撰,许逸民校笺:《金楼子校笺》,北京:中华书局,2011年,第515–517页。
② 萧绎撰,许逸民校笺:《金楼子校笺》,第531页。
③ 永瑢等:《四库全书总目》,第1144–1145页;参见魏征等:《隋书》,第1008页。
④ 萧绎撰,许逸民校笺:《金楼子校笺》,第619页。
⑤ 事见范晔《后汉书》卷42《沛献王辅传》,北京:中华书局,1965年,第1427页。
⑥ 马国翰:《玉函山房辑佚书》,上海:上海古籍出版社,1990年,第2205页。

受,他对谶纬之学中有关天人革命的诸多异象也并不认可,但纬书"A = B = C"的表达方式又被其悄然引入其表达易代之思的某些经典作品中,这种情况彰显了陶公对纬书的深入研究和细密体察。而陶公嗜纬,正体现了一种旺盛的求知欲,是对儒、道之外的知识体系和真理世界的积极探求。所以,颜《诔》"心好异书,性乐酒德"的表述,也正表现了颜延之对陶渊明的深刻知解,颜、陶之深厚友谊是建立在心有同嗜的基础之上的,无论是饮酒赋诗,还是诵经读纬。事实上,陶渊明确实具有俯视古今的文化视野和蕴大涵深的人文修养,他的阅读史,既是其主观世界和客观世界的互动史,也是其与古人乃至同时代人的精神交流史,从一个侧面反映了他的精神成长、思想发展乃至文学表达的历程,其读书生涯与其个人生活和文学创作都是密不可分的。"衡门之下,有琴有书。载弹载咏,爰得我娱。岂无他好?乐是幽居。"(《答庞参军》)[①]这就是陶渊明。

原载《中山大学学报(社会科学版)》2021年第2期

---

① 《陶渊明集》卷1,《宋本陶渊明集二种》,第19页。

重审中国的"文学"概念

张伯伟

一

今天国人自以为熟知的文学概念,也就是将想象性的、虚构性的、讲究语言艺术的书写文本看作"文学",其体裁四分为诗歌、小说、戏剧、散文,这在"文学"的概念史上,只有不到两百年的时间(如果不严格地说只有一百年的话)。中国现代流行的文学概念,是以日本为中介,受西方(主要是英国)19世纪中期"literature"概念的影响而形成①。这是一个错综复杂的过程。以我有限的阅读而言,自从英国的雷蒙·威廉斯(Raymond Williams)在其《关键词:文化与社会的词汇》(1976)一书中,对英语"Literature"含义的演变作出梳理之后,特里·伊格尔顿(Terry Eagleton)《文学理论导论》(1983)、乔纳森·卡勒(Jonathan Culler)《文学理论入门》(1997)等书,无一不认识到"文学"是一个变动的概念。所以,百年前中国学术界所接受的,只是欧美自19世纪以来逐步成为主流的"文学"概念。在此之前,这一概念泛指置于书架上的所有著作,意味着文雅和博学。"English literature"中赫赫有名者,即便在19世纪初期英国人的心目中,其代表竟是物理学家牛顿爵士(Sir Isaac Newton)和医生洛克(John Locke)②。而在20世纪后半叶,"literature"一词受到诸如"writing"(书写)或"communication"(传播)等概念挑战的原因,正是"试图恢复那些被狭义的literature所排除的普遍通用之意涵"③。所以,伊格尔顿在回答"什么是文学"的时候说,"如果仔细阅读火车时刻表不是为了换车,而是为了在心中激起对现代生活的速度和复杂性的一般思考,我可以说那就是在把它当文学读"④。而在本世纪出版的贝内迪克特·耶辛(Benedikt Jeßing)和拉尔夫·克南(Ralph Köhnen)《文学学导论》(2007)中,"文学的体裁类型"已经从传统的抒情诗、戏剧、叙事散文(小说)扩展到书信、日记、自传、游记、新闻报道、论说文甚至天气预报和广告等,原因就

---

① 鲁迅在《门外文谈》(1934)中说:"现在新派一点的叫'文学',这不是从'文学子游子夏'上割下来的,是从日本输入,他们的对于英文Literature的译名。"氏著《且介亭杂文》,北京:人民文学出版社,1975年,第76页。

② 参见 [英] 雷蒙·威廉斯著,刘建基译:《关键词:文化与社会的词汇》(Keywords: A Vocabulary of Culture and Society),北京:生活·读书·新知三联书店,2016年,第316–317页。

③ 参见 [英] 雷蒙·威廉斯著,刘建基译:《关键词:文化与社会的词汇》(Keywords: A Vocabulary of Culture and Society),第320页。

④ Terry Eagleton, *Literary Theory: An Introduction*, Basil Blackwell Publisher Limited, 1983, p. 9.

是,"在各种不同文学理论和美学纲领潮流的影响下,二十世纪出现了**文学概念的扩大化**"①,"在二十世纪七十年代之后,应用文本日益成为**文学学研究的对象**"②。所以卡勒认为:"文学就是一个特定的社会认为是文学的任何作品,也就是由文化权威们认定可以算作文学作品的任何文本。"它"不是具体的特性,而只说明不同的社会群体对它的不断变化的标准"③。上述三段文字分别出于英国、德国和美国学者之笔,皆属于"导论"性质的著作,体现的也是欧美学术界在近几十年的主流认识。不需要再作更多的引经据典,我们就可以发现,在西方"文学"概念的传统中,广义的、包括许多应用性文字在内的、大写的"Literature"的含义,无论是时间上还是空间上,都远远超过狭义的"literature"的含义。但这些基本知识在中国,仅限于文学理论界的关心和讨论,对文学研究几乎没有任何影响。这是因为,从事理论工作的"巨人"往往是实践方面的"矮子",而从事具体研究的"教授"又常常甘做理论课程的"差生"④。这种极大的对峙造成了我们对于包括中国传统"文学"概念在内的许多问题的理解和认识,还停留在百年前的水平,亟需重新予以审理。

二

几乎所有的中国文学批评史著作都要梳理"文学"一词在传统文献中的含义,其成绩有目共睹,但本文的重心不是在先贤"功劳簿"的巨帙上再添加浓墨重彩的一笔。借用兰色姆(J. C. Ransom)的话说:"时光的飞逝不允许我们将它浪费在忸怩作态的谦虚上。我认为批评存在于未来而非过去,而我们的批评工具远非尽善尽美。"⑤我想以两部书为例概括以往的研究模式,这就是郭绍虞和罗根泽的两部《中国文学批评史》。郭著在"总论"中将中国文学批评的发展划分为三期:"一是文学观念演进期",其中又分为三个阶段:"周秦为一期,两汉为一期,魏、晋、南北朝又为一期。"⑥其根

---

① [德]贝内迪克特·耶辛、[德]拉尔夫·克南著,王建、徐畅译:《文学学导论》(*Einführung in die Neuere deutsche Literaturwissenschaft*),北京:北京大学出版社,2016年,第115页。

② [德]贝内迪克特·耶辛、[德]拉尔夫·克南著,王建、徐畅译:《文学学导论》(*Einführung in die Neuere deutsche Literaturwissenschaft*),第123页。

③ [美]乔纳森·卡勒著,李平译:《文学理论入门》(*Literary Theory: A Very Short Introduction*),南京:译林出版社,2013年,第23页。

④ 如果同意旁观者清的道理,我们不妨听听美国学者的批评,尽管可能有"偏见"。比如理查德·特迪曼(Richard Terdiman)说:"中国学术界在文学史上盛产实证性的研究。"([美]希利斯·米勒(Hillis Miller)著,国荣译:《萌在他乡:米勒中国演讲集·编者的话》,南京:南京大学出版社,2016年,第2页)宇文所安(Stephen Owen)说:"中国古代文学研究者欠缺理论意识。"(卞东波:《宋代诗话与诗学文献研究·后记》引述,北京:中华书局,2013年,第440页)包弼德(Peter K. Bol)说:"大陆出版的最有价值的书是古籍整理,而不是研究著作。"(王希等:《开拓者:著名历史学家访谈录》,北京:北京大学出版社,2015年,第254页)

⑤ [美]约翰·克罗·兰色姆著,王腊宝、张哲译:《新批评》(*The New Criticism*)"前言",南京:江苏教育出版社,2006年,第4页。

⑥ 郭绍虞:《中国文学批评史》上卷,天津:百花文艺出版社,1999年,第4-5页。案:本书根据商务印书馆1934年重印。

据就是"文学"的不同含义和人们的不同认识,概括地说,周秦时期"兼有文章博学二义";两汉时期"把'文'与'学'分别而言了,把'文学'与'文章'分别而言了";魏晋南北朝"较两汉更进一步","'文学'一名之含义,始与近人所用者相同","更有'文''笔'之分:'笔'重在知,'文'重在情;'笔'重在应用,'文'重在美感。始与近人所云纯文学、杂文学之分,其意义亦相似"①。至此,中国传统文学观念的演进也就完成了。总之,这是循着历史线索作纵向梳理。虽然难免粗糙,断语亦不尽确当,但这一探索方向奠定了绝大多数后来者的基础,甚至成为后人研究思路的轨辙。其基本特征是:就名词而言,涉及文学、文章、文、笔;就时段而言,结束在唐以前②;而就参照系而言,则是西方19世纪形成的主流文学观(所谓"近人所用""近人所云")。与郭著不同,罗根泽采用了横向剖析的方法,在"绪言"中将"文学"的概念分为"广义的"(取章太炎《国故论衡》说)、"狭义的"(取萧子显《南齐书·文学传论》说)和"折中的"(取宋祁《新唐书·文艺传》说,未必恰当),并宣称自己所取的是"折中",既不同于"广义""狭义"以及宋祁,也不同于中国传统和西洋学说,这是一种截断众流、独抒己见的新说③,反而对后世的影响较弱。多数研究者采用的是郭著的思路,即历史梳理的方式,这与西方概念史的研究路径,在方向上也是一致的。本文也将以这一路径对"文学"概念重加检讨。

以往的研究主要有二失:一是将名词的演变等同于概念的演变(如文学→文章→文笔);二是用文献的胪列取代了意义的剖析。无论是广义的还是狭义的,表达"文学"这一概念的名词绝不仅仅限于文学、文章或文笔,而概念的内涵也绝不仅仅表现为名词的演变。从某种意义上看,我们可以把文学当作一个较为上位的概念,其中包含了若干单个概念,如文学、文章、文笔、诗文、文道等。单个概念本身有其含义的变化,而不同概念之间又有并置或替换。这整个过程就构成了中国文学概念的变迁,考察其衔接点(往往也意味着转折点)并注意其在语境中的涵义就是本文的重心。

以"文学"的词源来说,最早见于《论语·先进》,与德行、言语、政事并列云:"文学:子游、子夏。"④这里有两方面的意义需要剖析,首先是"文学"一词的含义,经过郭绍虞对古人注释的选择,人们通常接受了宋人邢昺的说法,即"文章博学"⑤。但这更多反映的是宋人对"文学"一词的理解,未必合于周秦时代人们的认识。所以我更愿意选择较为早期的注释,比如范宁云:"文学,谓善先王典文。"皇侃承之云:"文学指是博学古文。"⑥乃泛指古代流传下来的文献,精通者便可称为文

---

① 郭绍虞:《中国文学批评史》上卷,第5—6页。
② 郭绍虞在1927年写的《文学观念与其含义之变迁》一文,将考察范围延伸到唐宋时代的"文""道"关系。收入氏著《照隅室古典文学论集》上编,上海:上海古籍出版社,1983年,第88—104页。
③ 罗根泽:《中国文学批评史》(一),上海:上海古籍出版社,1984年,第3—4页。案:此书第一分册最早由商务印书馆1942年印,后来多次重印。
④ 皇侃撰,高尚榘校点:《论语义疏》卷6,北京:中华书局,2013年,第267页。
⑤ 邢昺:《论语注疏》卷11,阮元校刻:《十三经注疏》下册,北京:中华书局,1980年,第2498页。
⑥ 皇侃撰,高尚榘校点:《论语义疏》卷6,第267—268页。

学之士，子游、子夏即为其例。如果想要具体化一些，根据周代的教学内容，如《礼记·王制》所说的"顺先王《诗》《书》礼乐以造士"①以及《史记》记载的"孔子以《诗》《书》礼乐教"②，在孔子的心目中，儒家"六艺"（《诗》《书》《礼》《易》《乐》《春秋》）可以当作"文学"的杰出代表。这与欧洲中世纪到浪漫主义兴起之前"literature"（或法文littérature、拉丁文litteratura）的词义——"通过阅读所得到的高雅知识"③也大致相同。在20世纪以前的中国，"文学"一词的含义虽然有所变化，但上述意涵一直保留在这个词汇中。其次需要剖析的意义是，"文学"与德行、言语、政事的次序轻重。最早指出"四科次第"的是皇侃，这个次第也正反映了在教学体系中的轻重缓急。然而实际上，在《论语》的不同传本中本来就有不同的次第，《史记·仲尼弟子列传》中"政事"在"言语"前，刘宝楠《论语正义》认为"当出《古论》"④。程树德《论语集释》引用的多种文献表明，四科次第另有德行、政事、文学、言语者，还有德行、文学、政事、言语者⑤。皇侃勉强解释，实无必要。孔门教学，四者贯通，岂有空讲德行而不顾政事、文学？又岂有专讲文学而忽略德行、言语？《论语·述而》云："子以四教：文、行、忠、信。"李充释曰："其典籍辞义谓之文。"⑥也就是等同于一切文献总称的"文学"，以"四教"勉强与"四科"相匹配，则"行"为"政事"，"忠"为"德行"，"信"为"言语"，哪里有什么一成不变的轻重缓急？要是按"四教"之序，我们岂不可以说，孔子最重视的是"文学"？

"文学"一词产生分化，也就是从中析出"文辞"的意涵是在汉代，以此构成的"文章"一词也因此而获得了新义。《论语》中已有"文章"，如子贡云"夫子之文章，可得而闻也"，尽管皇侃解释为"文章者，六籍也"，也就是儒家《六经》⑦，"六籍者有文字章著焕然，可修耳目，故云'夫子文章可得而闻也'"⑧，但这个解释将"文章"等同于"文学"，是不确的。值得重视的解释出自朱熹："文章，德之见乎外者，威仪文辞皆是也。"⑨不仅指藉语言表现出的孔子思想，也包括由其体貌或人格显示出的圣人气象。而在汉代，"文章"一词便减省了"威仪"的含义，而突出了

---

① 孔颖达：《礼记正义》卷13，阮元校刻：《十三经注疏》上册，第1342页。
② 司马迁：《史记·孔子世家》，香港：中华书局香港分局，1969年，第1938页。
③ ［英］雷蒙·威廉斯著，刘建基译：《关键词：文化与社会的词汇》（Keywords：A Vocabulary of Culture and Society），第314页。案：威廉斯还指出，在18世纪中叶以前，"literature"的意涵实际上等同于"literacy"，"指的是阅读的能力及博学的状态"（第315页）。
④ 刘宝楠：《论语正义》卷11，北京：中华书局，1990年，第441页。案：皇侃《论语义疏》以《鲁论》为据。西汉时代所传《论语》有《古论》《鲁论》和《齐论》，文献上虽然没有明确记载司马迁所学之《论语》为哪一种，仅记载他从孔安国学《古文尚书》，但《史记·仲尼弟子列传》中说："论言弟子籍，出孔氏古文近是。余以弟子名姓文字悉取《论语》弟子问。"（第2226页）明确说明他所用《论语》乃"出孔氏古文"本。所以，刘宝楠的意见是可取的。
⑤ 程树德：《论语集释》卷22，北京：中华书局，1990年，第742页。
⑥ 皇侃撰，高尚榘校点：《论语义疏》卷4，第172页。
⑦ 班固《两都赋·东都赋》云："盖六籍所不能谈，前圣靡得言焉。"李善注："六籍，六经也。"（萧统：《文选》卷1，京都：中文出版社，1972年，第10页）
⑧ 皇侃撰，高尚榘校点：《论语义疏》卷3，第110页。
⑨ 朱熹：《论语集注》卷3，《四书章句集注》，北京：中华书局，1983年，第79页。

"文辞"的意义。《汉书·公孙弘卜式儿宽传赞》云:"汉之得人,于兹为盛。儒雅则公孙弘、董仲舒、儿宽……文章则司马迁、相如。"①"文章"与"儒雅"相对,就是"文"与"学"相对。而如果要将这里的"文章"作具体化的理解,最当之无愧的代表就是辞赋,《汉书·艺文志》就著录了司马迁赋8篇、司马相如赋29篇。此后,具备了新义的"文章"一词就普遍使用开来。这一现象已经为学术界注意,而另外应该关注的是,出现了可以置换"文学"的名词,这就是《汉书》中的"艺文"。班固面对"百年之间,书积如山"②的大量文献,经整理后有"六略三十八种,五百九十六家,万三千二百六十九卷"③,如果援用现成的名词来表示所有的文献,就是"文学",而班固乃新创"艺文"以代之。所有文献中最重要的是前三类:"六艺"代表"学"也就是"艺","诗赋"代表"文",而"诸子"则介于"学"与"文"之间(后面"兵书""数术""方技"三类亦属于"学")。这也导致了在后来的分歧,如《文心雕龙》列《诸子》,明确属于"文",而《文选》则以"老、庄之作,管、孟之流,盖以立意为宗,不以能文为本"④为由不入其书。《汉志》六类文献中,五类据文献内容(说什么)而划分,惟"诗赋"据其表达方式(怎么说)而独立为类。不仅于此,"诗赋略"再分五种,除歌诗一种外,又析为屈原赋、陆贾赋、孙卿赋、杂赋四种,也同样是据表达方式之异区分。按照章太炎的说法,"屈原方情;孙卿效物;陆贾赋……盖纵横之变也"⑤。顾实本其说而发挥云:"屈原赋之属,盖主抒情者也。""陆贾赋之属,盖主说辞者也。""荀卿赋之属,盖主效物者也。"⑥皆从如何结撰成篇的角度来区分。假如这些说法能够再现班固的用意,则《诗赋略》对于文学的认识,已经非常重视其表达方式。自"艺文"之后,至《隋书》而再立"经籍"之名,也是用以括称所有文献。从此以后,概指历代或一代文献的总称就多为艺文、经籍以及后来的文献、四库或古今图书等,再也不用"文学"一词。

到了魏晋时代,类似现代人理解的文学作品的概念,普遍用"文"或"文章"来总称。曹丕《典论·论文》、陆机《文赋》、荀勖《杂撰文章家集叙》、挚虞《文章志》《文章流别集》《文章流别论》、傅亮《续文章志》等,都是专论文学创作、汇聚文学作品以及纂集文人小传的著作。衍至南朝,其书更多,最著名的当然是《文心雕龙》和《文选》。而"文学"一词,其意涵已经变成了"文与学"或"文兼学"。《世说新语》有《文学》篇,现存本共104则,很显然,前65则为"学",自"文帝尝令东阿王七步作诗"始为"文"。王世懋在第65则下云:"以上以玄理论文学,文章另出一条,从魏始。盖一目中复分两目也。"李慈铭在第66则下云:"案临川之意分此以上为

---

① 班固:《汉书》卷58,北京:中华书局,1962年,第2634页。
② 刘歆:《七略》,《文选》卷38任昉《为范始兴作求立太宰碑表》李善注引,第532页。
③ 班固:《汉书》卷30,第1781页。
④ 萧统:《文选序》,《文选》卷首,第2页。
⑤ 章太炎撰,庞俊、郭诚永疏证:《国故论衡疏证》中之六《辨诗》,北京:中华书局,2011年,第593页。
⑥ 顾实:《汉书艺文志讲疏》,上海:上海古籍出版社,1987年,第173、177、181页。

'学'，此以下为'文'。然其所谓'学'者，清言、释、老而已。"①《南齐书·文学传》共载10人，自丘灵鞠以下6人偏于"文"，崔慰祖以下4人偏于"学"。其《论》为文学批评史上的重要文献，使用的名词皆为"文章"，绝不用"文学"：一云"文章者，盖情性之风标，神明之律吕也"，二云"在乎文章，弥患凡旧，若无新变，不可代雄"，三云"今之文章，作者虽众，总而为论，略有三体"。综合而言是"文章"，"流分条散"则为不同体裁，如诗（四言、五言、七言）、赋、颂、章表、碑、诔、谐隐等，并强调五言诗在各体中最为时尚，即"五言之制，独秀众品"②。《梁书·文学传》明言其记载范围，是"文兼学者"③。《陈书》承之，自叙《文学传》亦以"学既兼文"者而"备于此篇"④。但值得注意的是，"文"的比重已压过了"学"，凡入《文学传》者，都有文集传世。梁代阮孝绪撰《七录》："四曰《文集录》，纪诗赋。"⑤后来《隋书·经籍志》的"集部"之名，便承此而来。以"文集"为类名，就是文集兴盛的反映。其以"诗赋"代表各类文章，也是因为这两种体裁是艺术语言最为活跃的写作。后代皆沿此思路，至宋人邢昺将"文学"解释为"文章博学"，同样分释"文"与"学"。与周秦时代相比，这一名词中文章的比重不断提升，但博学的含义始终保存其间⑥。唐代的诗赋文章高度繁荣，作者林立，史书为这些人作传，为了有所突出，所以不再用《文学传》，《旧唐书》改用《文苑传》，虽是借用《后汉书》《魏书》《北齐书》《北史》⑦以来的旧称，但内容更为纯粹，皆属文人传记，等同于采录文集精要的《文苑英华》之"文苑"。《新唐书》则改为《文艺传》，"但取以文自名者"⑧。直到晚明张岱撰《石匮书·文苑列传》，"叙次文人，半收寒士，亦见文章一

---

① 引自刘强：《世说新语会评》，南京：凤凰出版社，2007年，第145-146页。
② 萧子显：《南齐书·文学传论》，北京：中华书局，1972年，第907-908页。
③ 姚思廉：《梁书·文学传》，北京：中华书局，1973年，第686页。案：《文学传》为"陈吏部尚书姚察曰"云云，可知该传采用了其父旧稿，能够代表南朝人对"文学"一词的理解。
④ 姚思廉：《陈书·文学传》，北京：中华书局，1972年，第453-454页。
⑤ 魏徵等：《隋书·经籍志》，北京：中华书局，1973年，第907页。
⑥ 郭绍虞《文学观念与其含义之变迁》认为："至南朝，于是文学一名，即是'文章'之义，不复带有学术的意义了。"（《照隅室古典文学论集》上编，第97页）案：我不能赞同郭先生的意见。萧子显《南齐书》有《文学传》而无《儒林传》，所以儒学、史学、三玄甚至数学方面的人才，也都列于其中。李延寿循其旧规而撰《南史》，虽然并列《儒林》《文学》二传，但《文学传》中还是收入了一些专以儒学、史学、三玄见长的人物，其《论》则多采《南齐书》，故专用"文章"一词。关于此问题，日本京都大学兴膳宏教授《"文学"与"文章"》（《暨南学报》1989年第1期）有很精彩的辨析，可参看。
⑦ 李延寿《北史》为通史，其《文苑传》乃增删北朝诸史（《魏书》《齐书》《周书》《隋书》）而成，但亦有微妙变化，如其《论》多承《魏书》"史臣曰"，却将原文"并编缃素，咸贯儒林"改为"并编缃素，咸贯辞林"，显然加重了"文"而弱化了"学"。
⑧ 欧阳修、宋祁：《新唐书·文艺传》，北京：中华书局，1975年，第5726页。

道,断非资格科名所能限量者也"①,不仅以"文人"区分于"学者",而且更重视创作了伟大作品的穷阎白屋之士。

三

沈约《宋书》未列《文学传》,其《谢灵运传论》就相当于萧子显的《南齐书·文学传论》。其中最值得注意的,是他提出了"文"与"非文"的区别,强调自觉地、有意识地"作文",这就是作品中的"音律调韵"问题:"若前有浮声,则后须切响。一简之内,音韵尽殊;两句之中,轻重悉异。妙达此旨,始可言文。"也就是说,只有对诗文音律有充分的认识和把握,写出的作品才谈得上"文"。此前文学史上固然有出类拔萃的作品,但只是"暗与理合,匪由思至"②。所以,沈约提出的就是要自觉遵守创作规范和技巧,以此区别于其他"非文"的撰作。而对于规范技巧的重视,是从曹丕开始的一段历史进程。

《典论·论文》指出:"夫文本同而末异。盖奏议宜雅,书论宜理,铭诔尚实,诗赋欲丽。"③从"本同"的角度认识,可以用"文"来命名;从"末异"的角度认识,又有不同的体裁所带来的不同的写作要求,分别为雅、理、实、丽。这既是一种作文规范,也代表了对"文"的新理解和新认识。作文规范一旦被作者和读者认可,写作者就会有意识地将自己的笔触控制在规范之中或超越于规范之外,读者会持同样的标准对各类文章判别其"妍蚩好恶",文学评论也由此而生。陆机《文赋》对作文的技巧和规范十分重视,他说:"普辞条与文律,良余膺之所服。"④先师程千帆释曰:"辞条即文律,谓为文之法式也。"⑤虽然陆机对具体法式的论述还颇为笼统,但用"条""律"等法律术语来论文,显然试图建立起文章规范的权威性。合乎规范就是"文"或"佳文",不合规范就是"非文"或"恶文"。这就逐步使人们普遍认识到,文章不是随意的文字组合,而是透过"技""术"的精心设计,是需要学习和掌握的。陶渊明《责子诗》描述他家二公子"阿宣行志学,而不爱文术"⑥,说明作"文"应有其"术"。钟嵘《诗品序》中说"至若诗之为技,较尔可知"⑦,可以根据"诗"之"技"较其优劣。所以沈约从规范技巧的角度区分"文"与"非文",不是一种偶然的现象,而是一种群体的自觉。在刘勰《文心雕龙》中,就专列《总术》篇讨论掌握(总)文术(术)

---

① 张岱:《石匮书》卷205,北京:故宫出版社,2017年,第3027页。案:后代史书中惟一的例外是《元史》,它将"儒林"和"文苑"合一,以"儒"代"儒林",以"学"代"文苑",新立"儒学"一目,强调"儒之为学一也……经艺、文章不可分而二也",可以看做是对传统史书体例的"逸出",用《四库全书总目》的评价,则亦"不合前史遗规"(《四库全书总目》卷64,北京:中华书局,1965年,第415页)。

② 沈约:《宋书》卷67,北京:中华书局,1974年,第1779页。

③ 萧统:《文选》卷52,第714页。

④ 萧统:《文选》卷17,第228页。

⑤《文学发凡》卷下,金陵大学文学院中国文学系丛书第二种,1943年,第10页。案:此书后来易名为《文论要诠》,又更改为《文论十笺》。

⑥ 逯钦立校注:《陶渊明集》卷3,北京:中华书局,1979年,第106页。

⑦ 曹旭:《诗品集注》,上海:上海古籍出版社,1994年,第66页。

的重要，并通过这一讨论，将文章与口语或不经意的文字之别凸显出来。作文的运思组织如同雕龙一般复杂精美，施友忠（Vincent Yu Chung Shih）在1959年曾经把《文心雕龙》译为 The Literary Mind and the Carving of Dragon，如果允许我僭妄地改动一下，就想把"and"改为"as"，让"文心和雕龙"变成"文心如雕龙"。刘勰指出："予以为发口为言，属笔曰翰。"口头表述者为言，笔墨描写者为翰，这反映了刘勰对于文采的重视。"翰"原指翠鸟的羽毛，晋以来常藉此形容富有文采的作品，如李充有《翰林》54卷，又有《翰林论》3卷，其中评潘岳诗"如翔禽之有羽毛"①；王俭撰《七志》，"三曰《文翰志》，纪诗赋"②；萧统《文选序》以"义归乎翰藻"③作为史赞的选文标准之一；《隋书·经籍志》描述总集的功能是"采摘孔翠"④，可见这是时代风尚。刘勰也不轻忽文采，故云："圣贤书辞，总称文章，非采而何？"⑤但一味追求辞藻华美如时尚所趋者，只是"各竞新丽，多欲练辞"而"莫肯研术"，无法鉴别优劣，甚至以劣为优，就不可能写出好作品，所以他一再强调"术"的重要："才之能通，必资晓术……执术驭篇，似善弈之穷数；弃术任心，如博塞之邀遇。"毕竟"文体多术，共相弥纶"⑥，辞采华丽只是其中一端。前人从辨析传统文学观念的角度涉及《总术》篇时，将注意力过多集中到以有韵、无韵为"文笔"之分，有人甚至误认为刘勰是赞同其说的⑦。对晋、宋以来"文笔说"予以重视，缘于清代阮元在广东学海堂策问，其《揅经室三集》卷5的《学海堂文笔策问》由其子阮福拟对，可窥一斑。章太炎《国故论衡·文学总论》又驳斥阮说，遂引起研治文学批评史学者的注意，断言文、笔之分代表了文学观念演进的一个重要标志，并将"文"附会为从日本进口的"纯文学"说，而将"笔"看成是"杂文学"⑧。这是对"文笔说"意义的不加节制的夸大，也是不合史实的。由于魏晋以来各体文章的涌现，为了方便称说，遂以有韵者为"文"，无韵者为"笔"，"文笔"即代表有韵无韵的各体文章，也能够作为文集的代名词。《魏书·文苑传》记温子升死后，宋游道"为集其文笔为三十五卷"⑨；《陈书·文学传》记江德藻"所著文笔十五卷"，许亨在"梁太清之后所制文笔六卷"，又记陆琰"所制文笔多不存本，后主求其遗文，撰成二卷"⑩等等。刘勰也是在这个意义上看待"文"和"笔"，他说自己"论文叙笔，则囿别区分"⑪，其书要分别论述各体文章。

---

① 钟嵘：《诗品》卷上潘岳条引，曹旭：《诗品集注》，第140页。
② 魏徵等：《隋书·经籍志》，第906页。
③ 萧统：《文选》卷首，第2页。
④ 魏徵等：《隋书·经籍志》，第1089页。
⑤ 王利器校笺：《文心雕龙校证·情采》，上海：上海古籍出版社，1980年，第205页。
⑥ 王利器校笺：《文心雕龙校证·总术》，第267-268页。
⑦ 例如，逯钦立《说文笔》指出，"以有韵无韵分的文笔说"成为"后代的文评家评文的恒式"，并举出其代表为《文心雕龙》《文笔式》《文镜秘府论》等（见氏著《汉魏六朝文学论集》，西安：陕西人民出版社，1984年，第355页）。
⑧ 参见郭绍虞：《文学观念与其含义之变迁》，《照隅室古典文学论集》上编，第95-99页。
⑨ 魏收：《魏书》卷85，北京：中华书局，1974年，第1877页。
⑩ 姚思廉：《陈书》卷34，北京：中华书局，1972年，第457、459、461页。
⑪ 王利器校笺：《文心雕龙校证·序志》，第295页。

但只要是文章，无论"文笔"，都有其规范技巧，故云"文场笔苑，有术有门"①；而文章的结构顺序，也是"情趣之指归，文笔之同致也"②，拥有共同的追求。诚如黄侃所云，刘勰"不以文笔为优劣"，故倡言"与其屏笔于文外，而文域狭隘，曷若合笔于文中，而文囿恢弘"③，正是针对时人强硬区分"纯文学"与"杂文学"，并且扬纯抑杂之弊。

刘勰对"文"的剖析是："立文之道，其理有三：一曰形文，五色是也；二曰声文，五音是也；三曰情文，五性是也……故情者，文之经，辞者，理之纬；情正而后纬成，理定而后辞畅，此立文之本源也。"形文、声文都依赖"文术"的制作，缺少视觉和听觉上的美感，就不成其文，故作为"理之纬"的"辞"成了区别"文"与"非文"的标准。作"文"的根本在于情，"为情而造文"值得推崇，但"为文而造情"④也不失为文，作为"文之经"的"情"是区别"佳文"与"恶文"的标准。一者在于判断是与非，一者在于判断优和劣。语言材料只有用具备俪对、音律的方式表现，才可以称作"文"，俪对和音律只有在感情的驱动下完成，才能够满足"佳作"的要求，也就是刘勰"形文""声文""情文"三位一体之意。

以语言形式上的要求判定"文"与"非文"，一直延续到初盛唐时代，仍然从形文和声文方面衡量。语言材料只有通过特定的组织程序来构造，才称得上是"文"。比如《文笔式》云："名之曰文，皆附之于韵。韵之字类，事甚区分。缉句成章，不可违越。若令义虽可取，韵弗相依，则犹举足而失路，弄掌而乖节矣。"⑤这里的"韵"指声律，含有韵字和四声，在一篇作品中，无论文笔（"笔之四句，比文之二句"），都有此要求。标准就是对"韵"的规则"不可违越"。假设立意甚佳而声律失当（"义虽可取，韵弗相依"），也不成其作品。形文方面也有类似标准，上官仪《笔札华梁》指出："在于文章，皆须对属。其不对者，止得一处二处有之。若以不对为常，则非复文章（若常不对，则与俗之言无异）。"⑥能够称为作品，在语言上就必须与"俗之言"相区别，仅以"俗之言"连缀就"非复文章"。唐人还引用萧绎《诗评》云："作诗不对，本是吼文，不名为诗。"⑦如果不能对偶，即便是韵语，也不能"名为诗"；就算是"文"，也是"吼文"。所以同样是文，若设置不当，则属"文病"。崔融《唐朝新定诗格》云："凡为文章诗赋，皆须对属，不得令有跛眇者。"⑧此处所举"跛""眇"就是两种诗病；王昌龄《诗格》云："凡文章不得不对。上句若安重字、双声、迭韵，下句亦然。"如果不是这样，就会产生"离支"和"缺偶"之病⑨。唐代

---

① 王利器校笺：《文心雕龙校证·总术》，第268页。
② 王利器校笺：《文心雕龙校证·章句》，第219页。
③ 黄侃：《文心雕龙札记》，上海：华东师范大学出版社，1996年，第267页。
④ 王利器校笺：《文心雕龙校证·情采》，第205-206页。
⑤ 张伯伟：《全唐五代诗格汇考》，南京：江苏古籍出版社，2002年，第97页。
⑥ 张伯伟：《全唐五代诗格汇考》，第67页。
⑦ 旧题王昌龄《诗格》引，张伯伟：《全唐五代诗格汇考》，第171页。
⑧ 张伯伟：《全唐五代诗格汇考》，第135页。
⑨ 张伯伟：《全唐五代诗格汇考》，第171页。

科举考试，自高宗调露二年四月刘思立"奏请帖经及试杂文，自后因以为常式"①，所谓"杂文"，即指诗赋，在当时就是律诗、律赋。因为有格律、声韵的客观标准，主考官以此定是非，举子也就究心于病犯、对偶，用独孤及批评时人的话说，就是"以八病、四声为梏拳，拳拳守之，如奉法令"②。"文"与"非文"、"诗"与"非诗"的区别，至此而深入人心。

四

在这样的背景下，我们才可以理解和认识韩愈对"文"与"道"关系的强调。通行本《论语》以德行、言语、政事、文学为序，皇侃已指出其中含有缓急之别，尚未以价值论高低。姚思廉《陈书·文学传》"史臣曰"则说："昔仲尼之论四科，始乎德行，终于文学，斯则圣人亦所贵也。"③认为四科并举，正体现了孔子对文学的重视。然而韩愈却发表了与前人不同的意见："德行科最高者……言非事文辞而已，文学科为下者。"④他理解的"文学"，已经在相当程度上偏于"文辞"了。这还影响了欧阳修和宋祁，《新唐书·文艺传》即云："夫子之门以文学为下科。"⑤韩愈眼中的"文"，铺天盖地者是当时的流行之作，即讲求声律病犯的律诗和骈四俪六的时文，这些都是形式感很强的作品，在注重规范技巧的同时，对于文章所应具的伟大的道德感是轻忽的。与韩愈相先后，已有公开的批评之声。如贾至《议杨绾条奏贡举疏》云："考文者以声病为是非，而惟择浮艳，岂能知移风易俗、化天下之事乎？"⑥又刘峣《取士先德行而后才艺疏》云："国家以礼部为孝秀之门，考文章于甲乙，故天下响应，驱驰于才艺，不务于德行。"⑦作为主管国家教育的最高学官——国子祭酒，韩愈对文学怀有很高的理想和期待，既云"国朝盛文章，子昂始高蹈"⑧，又云"李杜文章在，光焰万丈长"⑨，也因此对以追求"声病"和"浮艳"为鹄的的文学现状深恶痛绝。他更是在一种文化自觉的框架内思考文章应有的价值，当时最大的文化挑战就是佛教和道教，征服了社会的上层和下层——从帝王到民间。要能够与之抗衡，就要重建一个连贯的、伟大的道统，使文化承担者为"一"（士）而非"三"（外加僧道），同时要有能够体现、传承这一"道统"的"文"。这就是"尧以是传之舜，舜以是传之禹，禹以是传之汤，汤以是传之文、武、周公，文、武、周公传之孔子，孔子传之孟轲，轲之死，

---

① 王溥：《唐会要》卷76《贡举中·进士》，上海：上海古籍出版社，1991年，第1633页。
② 独孤及：《检校尚书吏部员外郎赵郡李公中集序》，《毗陵集》卷13，《四部丛刊》影印亦有生斋校刊本。
③ 姚思廉：《陈书》卷34，第473页。
④ 旧题韩愈、李翱：《论语笔解》卷下，景印文渊阁《四库全书》第196册，台北：台湾商务印书馆，1986年，第15页。
⑤ 欧阳修、宋祁：《新唐书·文艺传》，第5726页。
⑥ 董诰：《全唐文》卷368，上海：上海古籍出版社，1990年，第1652页。
⑦ 董诰：《全唐文》卷433，第1958页。
⑧ 韩愈：《荐士》，钱仲联集释：《韩昌黎诗系年集释》卷5，上海：上海古籍出版社，1984年，第528页。
⑨ 韩愈：《调张籍》，钱仲联集释：《韩昌黎诗系年集释》卷9，第989页。

不得其传焉"的"道统",和体现"先王之教"的始于《诗》《书》《易》《春秋》的"文"①,并将这两者融汇为"文道合一"。只有与"道"相合的"文",才是值得追求和推广的②。苏轼评价韩愈的历史功勋,也从这两方面着眼:"文起八代之衰,道济天下之溺。"③韩愈努力实践"将蕲至于古之立言者"的文化理想,"惟陈言之务去"。这个"陈言",不止于文法修辞,也包括流行理念。不仅要有"其观于人,不知其非笑之为非笑"的自信,而且有"笑之则以为喜,誉之则以为忧"的自警,并通过教育途径,向弟子"告生以其道",怀着绝望中的希望感叹"有志乎古者希矣!志乎古必遗乎今,吾诚乐而悲之",以期光大其说。尽管有如李翊这样"言不志乎利"的弟子可以"相为言之",但这有赖于坚定持久的人格修养,"无望其速成,无诱于势利,养其根而俟其实,加其膏而希其光"④。所以真正继承韩愈的并非其门弟子⑤,而是两百多年后的欧阳修等古文家和宋代的理学家。经过宋人的阐发,形成了新的文学概念。

宋人的新的文学概念,其最为人熟知的表述是"文以载道",语出周敦颐《通书·文辞》:"文所以载道也……文辞,艺也;道德,实也……不知务道德而第以文辞为能者,艺焉而已。噫!弊也久矣!"⑥这段文字在表面上往往给人以重道轻文乃至否定文辞的印象,但如果注意到其立说的针对性,也就是其陈述中想要回应的问题是什么,距离真正理解其答案的目标就不远了。这是柯林伍德(R. G. Collingwood)极为重视的作为人文学研究独特性的方法论问题——"问答逻辑":"除非你知道一个命题所回答的问题是什么,否则便不能说出它的意蕴……每一个命题都回答一个与自身严格相关的问题。"⑦周敦颐在这里讨论的是"文辞",自南朝宋齐以来,人们为了区分"文"与"非文",关注的焦点集中在声文和形文,也就是"声律"和"丽辞"(借用《文心雕龙》的篇名);在唐代,由于进士科试律诗、律赋,无论举子还是考官,最关心的也是在声病、对偶方面。而在了解"文学是什么"之后,如果要提出向上一路,就必然追问"文学应是什么",也就是价值问题。韩愈提出了"文道合流"的观念,但正如欧阳修所说,"学者未始不为道,而至者鲜焉",很大的原因就是文章"难工而可喜,易悦而自足……一有工焉则曰:吾学足矣。甚者至弃百事不关于心,曰:吾

---

① 韩愈:《原道》,阎琦校注:《韩昌黎文集注释》卷1,西安:三秦出版社,2004年,第22页。

② 从某种意义上说,韩愈的"文道合一"观念也是对刘勰重视"情文"的继承和发展,"道"在作品中不是以枯燥的、抽象的方式出现,而是裹挟着实际人生中真切的哀乐之感。葛晓音《论唐代的古文革新与儒道演变的关系》就指出,韩愈当时"视道德才学之士的不平之鸣为'道'的重要内容,推崇发自真性情的穷苦愁思之文"(氏著《汉唐文学的嬗变》,北京:北京大学出版社,1990年,第178页),其说可参。

③ 苏轼:《韩文公庙碑》,郎晔:《经进东坡文集事略》卷55,香港:中华书局香港分局,1979年,第878页。

④ 韩愈:《答李翊书》,阎琦校注:《韩昌黎文集注释》卷3,第254–257页。

⑤ 即便是亲承其音旨并蒙受其厚望的李翊,也没有任何证据表明他在道德或文章方面有什么突出表现,说他毫无表现似乎并不为过。

⑥ 周敦颐著,陈克明点校:《周敦颐集》卷2,北京:中华书局,1990年,第34页。

⑦ [英]柯林武德(R. G. Collingwood)著,陈静译:《柯林伍德自传》(*An Autobiography*),北京:北京大学出版社,2005年,第35页。

文士也，职于文而已。此其所以至之鲜也"①。满足于文辞技巧的玩弄，而不识文章中有博雅、高尚、深闳、伟大者还大有人在，所以在周敦颐眼中，这一"弊也久矣"。如果说，在区分"文"与"非文"的问题上，将重心置于构成文章的技巧上有其必要，那么，在这个问题已得到共识的基础上，就应该对"文"作"进乎技"而上升至"道"的努力，这是对"技"的提升而不是否定。朱熹意识到有人误解"文以载道"，解说时特加辨明曰："或疑有德者必有言，则不待艺而后其文可传矣。周子此章，似犹别以文辞为一事而用力焉。"②"艺"指技巧，徒事技巧不仅"为文而造情"，而且难以承担对人生社会的责任，也不能让读者通过阅读作品提升道德和文化修养。但"文辞"仍然别"为一事"，要达到"美则爱，爱则传焉"③的优秀作品的层次，离不开在技巧上"用力"。所以，这不是对现时的文学追求的附和，而是意在用某种理想警醒人们应该追求什么样的写作。杜甫在宋代是诗圣，"如今言能诗无如杜甫"，但在程颐看来，类似"穿花蛱蝶深深见，点水蜻蜓款款飞"一般的"闲言语"④，就属于可写可不写，不值得效仿，更无须迷恋。这与曹雪芹假借林黛玉之口教香菱学诗，告诫她对陆游"重帘不卷留香久，古砚微凹聚墨多"这类不失为描写细致、对偶工整、平仄协谐之作说的"断不可看这样的诗"⑤，用意无二。我思考"文道合一"的观念，常常想起英国19世纪末、20世纪初的阿诺德（Matthew Arnold）、艾略特（T. S. Eliot）、利维斯（F. R. Leavis）等人，他们都强调诗歌要"崇高而深湛地将思想应用于人生"⑥。用艾略特的话说："文学之'伟大'，不能单一地根据文学标准来确定；虽然我们必须记住，作品是否算得上文学，只能根据文学标准来确定。"也就是说，"艺术与非艺术之间的初步的取舍工作"可以用文学标准来衡量，而"断定是否'伟大'的工作，留待道德和神学方面考虑"⑦。所以，"伟大的传统"（借用利维斯的书名 The Great Tradition）不仅是文学传统，也是道德传统。这与唐宋时代"文道合一"的基本观念极为类似，但前者在批评史上有着体面的荣光，而百年前的中国学人，在五四运动强调个性解放的思潮淘洗下，对传统的"文道"观予以贬斥甚至"污名化"，如将中国文学传统观念分作两派："言志派"和"载道派"；将"言志派"看成是纯文学，"载道派"是杂文学；又将新文学看成是"言志派"，旧文学是"载道派"，两相对立⑧。

---

① 欧阳修：《答吴充秀才书》，《居士集》卷47，《欧阳修全集》上，北京：中国书店，1986年，第321–322页。

② 周敦颐著，陈克明点校：《周敦颐集》卷2，第34页。

③ 周敦颐著，陈克明点校：《周敦颐集》卷2，第34页。

④ 程颐：《伊川先生语四》，《河南程氏遗书》卷18，程颢、程颐：《二程集》第1册，上海：中华书局，1931年，第239页。

⑤ 曹雪芹：《红楼梦》第四十八回，北京：人民文学出版社，1964年，第597页。

⑥ 参见［美］雷纳·韦勒克（René Wellek）著，杨自伍译：《近代文学批评史》（A History of Modern Criticism）第四卷，上海：上海译文出版社，2009年，第228页。

⑦ 参见［美］雷纳·韦勒克（René Wellek）著，杨自伍译：《近代文学批评史》第五卷，第318页。

⑧ 参见周作人讲校：《中国新文学的源流》，北京：人文书店，1932年，第34、87页。案：郭绍虞在《文学观念与其含义之变迁》一文中说："唐人与宋人之文学观，其病全在以文与道混而为一。"（《照隅室古典文学论集》上编，第100页）其观点似，代表了时人的一般看法。

甚至到今天，人们竟习惯于把"文以载道"等同于文学为政治服务，成为媚上或媚俗的标签。学者不能也不敢堂堂正正地为"文道合一"的观念正名，至少是为其历史地位正名。尽管在西方（至少在美国），一百多年前"老派的观点"对伟大文学传统的推崇，把文学研究看作进入民族心理深处的康庄大道，将与不朽作品的相遇看成"是一条提升道德和文化修养的必经之路……今天已被弃置一旁，无人垂怜"①。在哈罗德·布鲁姆（Harold Bloom）这位崇尚西方文学伟大作家和不朽作品的学者的眼中，社会中人文学趣味的堕落早已不堪提及，就是常青藤校园中"现时的大学文化，已经用欣赏维多利亚时代女人内裤取代欣赏查尔斯·狄更斯和罗伯特·勃朗宁"，并且"实际上只是常规"②。用这样的眼光打量中国文学的伟大传统，以英国汉学家吴芳思（Frances Wood）几年前出版的《中国的伟大书籍：从古代到现代》为例，她用19世纪以前"literature"的通常含义来概指"书籍"，列入"伟大"行列的不仅有《三字经》《唐诗三百首》和《芥子园画传》等"俗书"，而且有色情小说《肉蒲团》③，可谓给布鲁姆的论断提供了一项阅读旁证。但这除了能说明文化价值的混乱，还能说明什么呢？"老派的观点"之被抛弃，也许还受到二战时期犹太人集中营大屠杀的震惊："一个人晚上可以读歌德和里尔克，可以弹巴赫和舒伯特，早上他会去奥斯维辛集中营上班。"然而，这也激发了有责任感的学者，"希望精神力量能够转化为行为力量"，探索"在高雅文化的精神心理定势和非人化的诱惑之间，存在着怎样的尚不为人所知的纽带"，并且在我们的时代，倡导体现"文明的典型形态：拒绝廉价和喧嚣"的写作④。美国批评家文森特·里奇（Vincent B. Leitch）曾引用左翼批评家弗兰克·兰特里夏（Frank Lentricchia）在《批评与社会变迁》（*Criticism and Social Change*）中的一个"马克思主义修辞"的命题，其结论是："这种对于'文学'的逐步限制与净化使文学越来越幼稚。"⑤也是意在对单纯以审美意义认识文学的纠偏。再看看伊格尔顿对诗的定义，除了人们熟知的"诗是虚构的、语言上有创造性的"之外，还加上"道德的陈述"，并且专门讨论了"诗和道德"⑥。

追溯"文道合一"的观念，可以上推到孟子和荀子。孟子强调"志"为气"帅"，由此修养而形成的"大勇"就不是不知"道"之勇或血气之勇，这一修养的关键是"勿

---

① 参见［美］芮塔·菲尔斯基（Rita Felski）著，刘洋译：《文学之用》（*Uses of Literature*），南京：南京大学出版社，2019年，第4页。案：此书英文本出版于2008年。
② ［美］哈罗德·布鲁姆著，黄灿然译：《如何读，为什么读》（*How to Read and Why*），南京：译林出版社，2011年，第8页。
③ Frances Wood, *Great Books of China: From Ancient Times to the Present*, New York: Blue Bridge, 2017.
④ ［美］乔治·斯坦纳（George Steiner）著，李小均译：《语言与沉默》（*Language and Silence*），上海：上海人民出版社，2013年，第3-5页。
⑤ ［美］文森特·里奇著，王顺珠译：《20世纪30年代至80年代的美国文学批评》（*American Literary Criticism from the Thirties to the Eighties*），北京：北京大学出版社，2013年，第387页。
⑥ ［英］特里·伊格尔顿著，陈太胜译：《如何读诗》（*How to Read a Poem*），北京：北京大学出版社，2016年，第32-40页。

正（不预期其效）、心勿忘（不间断）、勿助长（不急迫）"①，在韩愈就化为"无望其速成，无诱于势利"。荀子则举"子赣、季路，故鄙人也，被文学，服礼义，为天下列士"②，说明文学是道德提升的凭借，在韩愈就推演为"《记》所谓离经辨志、论学取友、小成大成，自下而上升者也"；其弟子李翱发挥道，"凡学圣人之道，始于文"，最终达到德行，"斯入圣人之奥也"③，也把文学看成提升道德的阶梯。《文心雕龙》首列《原道》《征圣》《宗经》，"道""圣""经"也是三位一体的。韩愈开始提倡的"文道合一"，对孟、荀以来的传统说法有所继承，也有所变化。他的文道观的重要一面是对当代人写作之文的要求，其样板仍是儒家经典，但既然作为"文道合一"的样板，其典范意义就不仅在于"道"，同时也在于"文"。所以到了宋代，在"文道合一"观念的不断强化之下，人们也就逐步重视对儒家经典作文"技法"的认识或再认识。陈骙《文则》一书，顾名思义就是"作文法则"，他要总结的"文则"，不同于此前"老于文者"（精通作文之人）的种种，因为这些人"有进取之累，所有告于我与夫我所得，惟利于进取"。此所谓"进取"即指科举，为了功名而作文，势必迎合当政者的口味，这不是作者心目中的理想之文。他崇尚的是"古人之作"，即"《诗》、《书》、二《礼》、《易》、《春秋》"，从中归纳各种技巧法则。陈骙说的"二《礼》"指的是《礼记》和《仪礼》，但《周礼》的《考工记》和《礼记》的《檀弓》一样，其中的"文则"也得到了归纳。他的作为，在经学史和文学史上都是破天荒的创举，守旧之士有所非议也可想而知，但陈骙以自嘲的方式展示了其自信："盖将所以自则也，如示人以为则，则吾岂敢！"④明人陈哲《书天台陈先生〈文则〉后》说："六经之文……真文字之准则也。第则其文，而不求其所以文，吾恐口气虽似，元气索然，非善则者。"⑤"所以文"就是如何作文，其中蕴含大量技巧性质的诀窍。不过陈哲的话里已带有八股文气息，明清科举试八股，要旨即代圣人立言，为要"求其所以文"，也就推动了用文学眼光看经学的风气。只是将儒家经典作为试场题目，最终结果不免"欲尊经术而反卑之"⑥。理学家也有同样的认识和实践，《诗经》"六义"，在汉唐经学解释的系统中，都与政教密切相关。孔颖达说："风雅颂者，皆是施政之名……风雅之诗，缘政而作。政既不同，诗亦异体。"郑玄对赋比兴的解释也具有同样特征："赋之言铺，直铺陈今之政教善恶。比，见今之失，不敢斥言，取比类以言之。兴，见今之美，嫌于媚谀，取善事以喻劝之。"⑦但朱熹的再解释就完全是从诗歌写作的技法着眼的："赋者，敷陈其事而直言之者也。""比者，以彼物比此物也。""兴

---

① 焦循：《孟子正义》卷6《公孙丑上》，北京：中华书局，1987年，第203页。
② 《荀子·大略篇》，王先谦：《荀子集解》，北京：中华书局，1988年，第508页。
③ 旧题韩愈、李翱：《论语笔解》卷下，景印文渊阁《四库全书》第196册，第15页。
④ 陈骙：《文则序》，王水照编《历代文话》第一册，上海：复旦大学出版社，2007年，第135页。
⑤ 王水照编：《历代文话》第一册，第194页。
⑥ 毕仲游：《理会科场奏状》，《西台集》卷1，景印文渊阁《四库全书》第1122册，第4页。
⑦ 以上俱见孔颖达：《毛诗注疏》卷1，阮元校刻：《十三经注疏》上册，第271页。

者，先言他物以引起所咏之词也。"①《孟子》原属子部，到宋代也上升为经，朱熹也同样注重其"文法"。他说："读《孟子》，非惟看它义理，熟读之，便晓作文之法：首尾照应，血脉通贯，语意反复，明白峻洁，无一字闲。人若能如此作文，便是第一等文章。"又说："某因读《孟子》，见得古人作文法，亦有似今人间架。"②所以到宋末元初，就出现了"六经皆文"的观念。方回说："古之经皆文也，皆诗也。"③其所谓"古之经"即指"六经"。明初唐桂芳云："夫六经皆文也。"④林俊说："夫史子百家皆文也，六经，文之至也。"⑤李濂说："六经，文之至者也。"⑥清人王立道再进一步说："六经皆文法。"⑦这些议论大多不出于名公巨卿之口，恰恰表明它属于一般性认识，是"文道合一"观念作用下的必然结果，以至于轮到文坛诗林领袖如钱谦益说"《诗三百》，诗之祖也……六经，文之祖也"⑧，袁枚说"六经，文之始也"⑨的时候，已经完全引发不出新鲜效应了。也是在同样的思想脉络下，清人陈澧对孔门四科的高下作了全新的解读："以文学承三科之后，非下也。"又云："《诗》教兼四科也。"⑩又云："文学为四科之总会，非下也。宋子京不识也。"⑪名义上是诠释古典，展示的却是后代新义。

五

前人研究文学概念的变迁，极为重视晋宋以来的"文笔说"，以为展示了"文学性"的自觉，案诸文献，难以证实。这不过是当时人对各体文章的一个总称而已，唯一与"文学性"相关的材料，见于《金楼子·立言篇》，但反映的只是萧绎个人的"特见"也是"私见"。而另一个重要概念"诗文"，却未得到学术界的重视。诗文的概念由"文笔"而来，冯班说："南北朝人以有韵者为文，无韵者为笔，亦通谓之文。唐自

---

① 分别见朱熹《诗集传·周南》之《葛覃》《螽斯》《关雎》注，上海：上海古籍出版社，1980年，第3、4、1页。
② 黎靖德编：《朱子语类》卷19，北京：中华书局，1986年，第436–437页。
③ 方回：《赠邵山甫学说》，《桐江续集》卷30，景印文渊阁《四库全书》第1193册，第634页。
④ 唐桂芳：《白云集序》，《白云集》卷首，景印文渊阁《四库全书》第1226册，第774页。
⑤ 林俊：《小录前序》，《见素集》卷6，景印文渊阁《四库全书》第1257册，第52页。
⑥ 李濂：《瞽言四首》，《嵩渚文集》卷47，《四库全书存目丛书》集部第71册，济南：齐鲁书社，1997年，第30页。
⑦ 王立道：《具茨集·文集》卷4《拟重刊〈文章正宗〉序》，景印文渊阁《四库全书》第1277册，第802页。
⑧ 钱谦益：《袁祈年字田祖说》，钱曾笺注，钱仲联校：《牧斋初学集》卷26，上海：上海古籍出版社，1985年，第826页。
⑨ 袁枚：《与邵厚庵太守论杜茶村文书》，《小仓山房文集》卷19，周本淳标校：《小仓山房诗文集》第三册，上海：上海古籍出版社，1988年，第1544页。
⑩ 陈澧：《东塾读书记》卷2，黄国声主编：《陈澧集》第2册，上海：上海古籍出版社，2008年，第25–26页。
⑪ 陈澧：《东塾读书论学札记》，黄国声主编：《陈澧集》第2册，第392页。

中叶以后，多以诗与文对言。愚按：有韵无韵，皆可曰文，缘情之作则曰诗。"① 按照冯班的认识，"诗文"对举要优于"文笔"对举。诗文是继文笔之后而起的概念，由于唐诗的高度繁荣，所以渐渐由"诗笔"取代"文笔"；古文运动之后，"文"的概念常与古文相联系，于是"诗笔"又再演变成"诗文"，成为一个新的总称各类文章或某人所有创作的概念。值得注意的是，在这样的一个概念中，人们也开始逐渐认识到其"文学性"是有差别的。韩愈《送孟东野序》云："人声之精者为言，文辞之于言，又其精也。"② 还只是区别口头语言（言）与书面语言（文）的精粗。司马光《赵朝议文稿序》云："言之美者为文，文之美者为诗。"③ 这是在"文"中再提炼出更为精美者即"诗"。谢枋得《与刘秀岩论诗》总括二人语意云："人之气成声，声之精为言，言已有音律，言而成文，尤其精者也……诗又文之精者也。"④ 宋末以下，这成为文人圈中的普遍认识，这里不妨稍作胪列。元好问《双溪集序》："诗与文同源而别派，文固难，诗为尤难。"⑤ 刘将孙《九皋诗集序》："人声之精者为言，言之又精者为诗。"⑥ 唐桂芳《江村诗会跋》。"言之精者为文，文之精者为诗。"⑦ 朱同《送副使丁士温赴召诗序》："夫言之精者为文，文之精者为诗。"⑧ 我们几乎可以把这句话视为套语，也正因为成了一句老生常谈，其中体现出来的观念就是一种共识。诗与文都是由语言材料构成的，"文"体现了第一个层次，即区别于"非文"；"诗"体现了第二个层次，即区别于"一般的文"。诗是文学性的表现最为丰富、最为活跃的场域。

假如继续追问，"诗"究竟是怎样区别于"一般的文"？在这个脉络下所作的回答，其深度就远远超过了以往的旧说。"诗言志"重心落在诗"说什么"，"情动于中而形于言"⑨，已经认识到"情"在"言志"过程中的根本作用，"诗缘情而绮靡"⑩，又进一步落实到"怎么说"，字形贵在"绮"，字音贵在"靡"，成为刘勰所谓"形文"和"声文"的先导。当这些议论成为文学常识以后，诗文因其具备"规矩准绳"而成为"专门之学"（借用元好问《陶然集诗引》语），也因此而很容易将追求的目标转移到这些技术层面，于是韩愈起而拯救其惑溺，指出文学发展的向上一路，并由宋人完成这一使命。元好问在此基础上总论诗文云："诗与文，特言语之别称耳。

---

① 冯班：《钝吟杂录》卷4，北京：中华书局，2013年，第65页。
② 韩愈：《送孟东野序》，阎琦校注：《韩昌黎文集注释》卷4，第349页。
③ 司马光撰，李文泽、霞绍晖校点：《司马光集》卷65，成都：四川大学出版社，2010年，第1364页。
④ 谢枋得：《叠山集》卷5，景印文渊阁《四库全书》第1184册，第865页。
⑤ 元好问：《元好问全集》卷36，下册，太原：山西人民出版社，1990年，第35页。
⑥ 刘将孙：《养吾斋集》卷10，景印文渊阁《四库全书》第1199册，第91页。
⑦ 唐桂芳：《白云集》卷7，景印文渊阁《四库全书》第1226册，第881页。案：唐桂芳与其父唐元、其子唐文凤在元末明初被时人称为"小三苏"，祖孙三代对此也有同样见解。如唐元《艾幼清汝东樵唱诗跋》云："言之精者为文，文之精者为诗。"（唐元：《筠轩集》卷11，景印文渊阁《四库全书》第1213册，第575页）唐文凤《文会堂记》云："言之精者为文，文之精者为诗。"（唐文凤：《梧冈集》卷6，景印文渊阁《四库全书》第1242册，第604页）
⑧ 朱同：《覆瓿集》卷4，景印文渊阁《四库全书》第1227册，第684页。
⑨ 孔颖达：《毛诗正义》卷1，阮元校刻：《十三经注疏》上册，第270页。
⑩ 陆机：《文赋》，萧统：《文选》卷17，第226页。

有所记述之谓文，吟咏性情之谓诗，其为言语则一也……何谓本？诚是也……故曰不诚无物。"①在钱谦益的理解中，元好问说的"不诚无物"是针对"不欢而笑，不疾而呻"②之弊而发，所以性情之"诚"是诗文共同之"本"。然而同样以情为本，诗情和文意无论是本质还是表达，都有所区别。如果说人生是谜，那么，这种不能理解、无法逃避、万不得已、无可奈何之"情"最适合于诗的表达。钱谦益说："所谓有诗者，惟其志意逼塞，才力愤盈……傍魄结轖，不能自喻，然后发作而为诗。"他用"不能自喻"来形容这种感情的不可理喻、难以排遣，并且言之再三："人不能解而己不自喻者，然后其人始能为诗，而为之必工。"③"必有深情畜积于内……朦胧萌折……于是乎不能不发之为诗，而其诗亦不得不工。"④并且也成为清人的一般观念。费锡璜说："千古绝调，必成于失意不可解之时。惟其失意不可解，而发言乃绝千古。"⑤袁枚说："夫诗者由情生者也，有必不可解之情，而后有必不可朽之诗。"⑥诗文虽然都需要"情动于中而形于言"，但在中国文学中，"文"以"达意"为最基本也是最高层的要求，所谓"辞至于能达，则文不可胜用矣"⑦；而"诗"不仅贵于"言在此而意在彼"，甚至"既非志之所存，而工拙亦在文字之外"⑧。所以在此基础上，更有人提出了诗与文在表达及审美效果上的差异。吴乔《围炉诗话》卷1云："问曰：'诗文之界如何？'答曰：'意岂有二？意同而所以用之者不同，是以诗文体制有异耳。文之词达，诗之词婉……意喻之米，饭与酒所同出。文喻之炊而为饭，诗喻之酿而为酒。文之措词必副乎意，犹饭之不变米形，啖之则饱也。诗之措词不必副乎意，犹酒之变尽米形，饮之则醉也。文为人事之实用……实则安可措词不达……诗为人事之虚用……必有哀恻隐讳之词，与文之直陈者不同也。'"⑨这个比喻极为著名，赵执信《谈龙录》评价他"论诗甚精"，且引用其语，赞叹曰"至哉言乎"⑩。就"文学性"的区分而言，吴乔的论述算得上是一个贴切的比喻了。

1907年鲁迅在《摩罗诗力说》中用到"纯文学"一词，显然借自于日本。据铃木贞美的考证，"美文学"的大量使用出现在明治二十三年（1890）前后，而"纯文学"最

---

① 元好问：《杨叔能小亨集序》，《元好问全集》卷36，下册，第37–38页。
② 钱谦益：《增城集序》，钱曾笺注，钱仲联校：《牧斋初学集》卷33，第958页。
③ 钱谦益：《冯定远诗序》，钱曾笺注，钱仲联校：《牧斋初学集》卷32，第939页。
④ 钱谦益：《虞山诗约序》，钱曾笺注，钱仲联校：《牧斋初学集》卷32，第923页。
⑤ 《汉诗总说》，王夫之等：《清诗话》下册，上海：上海古籍出版社，1978年，第943页。案：此书乃费氏与沈用济合撰之《汉诗说》卷首总论，各单行本皆署费氏一人之名，实为费、沈合撰。参见张寅彭《新订清人诗学书目》（上海：上海古籍出版社，2003年）、蒋寅《清诗话考》（北京：中华书局，2005年）之相关条目。
⑥ 袁枚：《答蕺园论诗书》，《小仓山房续文集》卷30，周本淳标校：《小仓山房诗文集》第四册，第1802页。
⑦ 苏轼：《答谢民师书》，郎晔：《经进东坡文集事略》卷46，第780页。
⑧ 朱彝尊：《天愚山人诗集序》，《曝书亭集》卷36，景印文渊阁《四库全书》第1318册，第68页。
⑨ 吴乔：《围炉诗话》卷1，郭绍虞编：《清诗话续编》，上海：上海古籍出版社，1983年，第479页。
⑩ 赵执信：《谈龙录》，王夫之等：《清诗话》上册，第311页。

早的用例出自内田鲁庵的《文学一斑》（1892）。此后的1895年，坪内逍遥在《战争与文学》中也频繁使用"纯粹文学"或"醇文学"，从而逐步取代了"美文学"一词①。朱自清在《什么是文学》一文中，也说"纯文学"和"杂文学"的名目是日本人根据英文的说法"仿造的"②。然而若追究其实，名词是从日本舶来，观念则属中国固有。而中国固有的"纯文学"观念，也只有"诗"可以置身其间，这在日本则要宽泛得多，中国人从日本舶来这一名词的同时，也把它的范围一并接纳了。研究者更是数典忘祖，完全遗忘了我们自己在13世纪以降已得到广泛认可的"纯文学"观念，虽然没有使用这一名词。"诗"与"文"的这一价值判断，建立在"文学性"的基础之上，所以就文学观念的演进而言极有意义。还有一种并行的价值判断，是从文体所担负的功能着眼的，这就是"文载道"和"诗言志"。前人将中国文学传统分作"载道派"和"言志派"，实属凿空立论。不存在这样的两派文学，只存在两类不同功能的文体③。

六

在东西方文化的接触中，"文学"与"literature"的结合也是一件有趣的事。据意大利学者马西尼（Federico Masini）说，最早将"literature"用汉语"文学"对译的是意大利传教士艾儒略（Jules Aleni），他在1623年译制的《职方外纪》一书中，用到"欧罗巴诸国尚文学"一语。其后，魏源在《海国图志》（1844）中提及马礼逊（R. Morrison）也曾将"文字"与"文学"对举。"由于十九世纪此词已以'literature'之意来使用了，所以不应该把它看成是日语借词；然而在十九世纪末至二十世纪初，日本对此词在汉语中的传播，肯定起过很大的作用。"④我们现在无法确认艾儒略翻译使用的底本究竟是什么语言，但在17世纪的欧洲，无论何种语言的"literature"，含义都类似于博雅的知识或著作的集成，与当时中国"文学"一词的基本含义非常契合。这种译法当然也为江户末期到明治时期的日本人所熟知⑤。随着英文"literature"词义在19世纪中叶出现的新变化，日本人遂完成了用汉字"文学"对译表示小说、戏曲、诗歌等文

---

① 参见［日］铃木贞美著，王成译：《文学的概念》，北京：中央编译出版社，2011年，第195-198页。
② 朱自清：《朱自清古典文学论文集》上，上海：上海古籍出版社，1981年，第3页。
③ 钱锺书1932年在评论周作人《中国新文学的源流》一文中，就针对周作人强调的"载道"和"言志"两派对立的观点指出："'诗以言志'和'文以载道'在传统的文学批评上，似乎不是两个格格不相容的命题，有如周先生和其他批评家所想者……'诗'是'诗'，'文'是'文'，分茅设蕝，各有各的规律和使命……它们在传统的文学批评上，原是并行不背的，无所谓两'派'。"收入氏著《钱锺书集·人生边上的边上》，北京：生活·读书·新知三联书店，2002年，第249-250页。他后来在《中国诗与中国画》一文中对此又再有重申。
④ ［意］马西尼著，黄河清译：《现代汉语词汇的形成——十九世纪外来词研究》（*The Formation of Modern Chinese Lexicon and its Evolution toward a National Language：The Period from 1840 to 1898*），上海：汉语大词典出版社，1997年，第250页。
⑤ 魏源《海国图志》出版不久便传入日本，日本人还抽出其中部分内容印出单行，并且翻译注释了部分内容，如《新国通志通解》（1854）、《海国图志训释》（1855）、《海国图志筹海篇译解》（1855）等。参见開国百年記念文化事業会編：《鎖国時代日本人の海外知識》，東京：原書房，1978年覆刻1953年原本。

学体裁的"literature"一词,根据礒田光一的意见,最早的用例是明治八年(1875)四月二十六日《东京日日新闻》刊福地樱痴的文章,"十九世纪欧洲成立的literature的概念,遂在日本以合适的方式落实下来"①,并广泛影响到中国。

中国文学史上直到1910年章太炎《国故论衡》出版,其《文学总略》首次为文学下一定义:"文学者,以有文字著于竹帛,故谓之文;论其法式,谓之文学。"②如果用现代语言解释一下,凡是书面文字,都属"文学";据文学作品而讨论其法则格式,就是"文之学"(即文学研究)。这一文学定义,包括了文学文本和文学研究,很值得注意。章氏定义并非中国传统旧说,他在日本关心吸收西洋新学③,强调"今中国之不可委心远西,犹远西之不可委心中国也",特别提及"言文歌诗,彼是不能相贸者矣"④。所以这一定义,是参照、反省中西文学概念之后而提出。其中有两处对同时人的批评,一为友人刘师培,一为门人周树人(鲁迅当时正在东京受教于章氏),故皆不斥言其名。刘师培承阮元之说,为传统之见;周树人据远西立场,为时尚新说。章太炎以著于竹帛的文字皆为文学,取广义之说,接近于中国周秦时代和欧洲19世纪以前的文学概念,但要比之更为广大。与欧洲相比,口头文学、民间文学不在"文学"之列;与中国相比,文学中又有等级之分(或以三代之文、秦汉之文与后代之文相对,或以圣人之文、诸子之文与文人之文相对)。而在章太炎的定义中,一切以文字呈现者皆名为文学,白话的、口头的、民间的都在其中。但这个定义在当时西潮澎湃的年代,并不为人真正接受。逝世于1932年的刘咸炘,在讨论"文学"之名时即云:"最近人又不取章说,而专用西说。"⑤胡适1922年推崇章太炎的《国故论衡》为有史以来堪称"著作"的七八部书之一,赞赏其文学定义"推翻古来一切狭陋的'文'论",并且能"实行不分文辞与学说",但最终只配充当"古文学很光荣的结局,他的失败使我们知道中国文学的改革须向前进,不可回头去"⑥。胡适看重章氏的文学定义,也只因该定义可以为他鼓吹的白话文学铺平道路,却未见得理解其意义。他热衷的文学实践是白话,所以其文最后两节《五十年来的白话文学》和《文学革命运动》篇幅最长,也最情见乎词。事实上,白话文学最后也成功地占据了文学和学术的主流地位。中国传统文学概念强调"言"与"文"的区别,也就是要自觉拉开甚至拉大两者的距离(所谓"言之精者为文"),而在某一体裁达到成熟之境时,又会自觉地回向"言"(俗语、口语)中汲取

---

① [日]礒田光一:《訳語「文学」の誕生——西と東の交点》,《鹿鳴館の系譜》,东京:文艺春秋,1983年,第19页。

② 章太炎撰,庞俊、郭诚永疏证:《国故论衡疏证》中之一《文学总略》,北京:中华书局,2011年,第340页。

③ 参见[日]小林武:《章炳麟と明治思潮》第一章《章炳麟と明治思潮——西洋近代思想への接近》、第三章《章炳麟『斉物論釈』の哲学——西洋近代思想との対抗》,东京:研文出版,2006年,第39-88、125-182页。

④ 章太炎撰,庞俊、郭诚永疏证:《国故论衡疏证》下之一《原学》,第655、660页。

⑤ 黄曙辉编校:《刘咸炘学术论集·文学讲义编》,桂林:广西师范大学出版社,2007年,第3页。

⑥ 胡适:《五十年来中国之文学》,欧阳哲生编:《胡适文集》三《胡适文存二集》,北京:北京大学出版社,2013年,第206-210页。

养分，扩大该体裁的表现力或形成一种新体裁。白话文学的观念则强调破除"言"与"文"的区别，把"文"降到"言"的层次使"言文"一致。经过其后"文艺大众化运动"和"工农兵文学运动"的改造，中国文学的语言发生了根本的变化。从梁启超开始到20世纪70年代末的百年间，"中国文学作为语言现象，是一个不断俗化、不断把文学语言降低为现实语言的流程"①。而无论是文学还是学术，如果"以功利名誉为目的"，在梅光迪看来，"昔日之迎合帝王，今日之迎合群众，其所迎合者不同，其目的则一也"②，只能导致文学和学术的衰败。

今天重审章太炎的文学定义，他反对以有韵无韵区分，视前者是"文"后者"非文"；他反对以学说文辞区分，视前者"启人思"后者"增人感"，或以前者为"纯文学"后者为"杂文学"，而主张"文"无论有韵无韵，无论成句读不成句读，无论纯杂，"包络一切著于竹帛而为言"③。他的这种极为宽泛的文学定义，看似一种没有定义的定义，竟然合上了最近50年欧美文学界对文学范围的理解④。仅举一例，法国的孔帕尼翁（Antoine Compagnon）在反思何谓文学时说："广义上讲的文学指所有印刷品（或书写品），包括图书馆里的所有藏书（以及已然笔录在案的口头文学）。"⑤因为"文学"是一个其含义处于不断变化中的名词，想要以一劳永逸的方式提供某种终极的定义注定是徒劳的。今日的网络文学甚至已经不是印刷品，明天还会有什么更新的媒介作为文学平台更是超出我们的想象力。如果说理论应该是对于存在的某种回应，我们也只能无可奈何地接受这种宽泛的定义。但不要忘记，文学理论讨论的文学定义，主要是在确立研究对象的范围以及特定的研究视角，期待从不同方面揭示被隐藏在文学背后的图景，从而在生活中对未来拥有更为多彩多姿的想象。所以，我们必须结合章太炎定义中的下一句话"论其法式，谓之文学"来继续思考。能够成为我们研究对象的"文学"，不仅有作者要表达者，还有如何表达。而"如何表达"在更多的场合下，是与特定的法式联系在一起的。这是两千多年来中国文学的"现实"，即以作者的"文心"为研究"核心"。陆机《文赋》开篇即云："余每观才士之所作，窃有以得其用心……每自属文，尤见其情。"李善注："作，谓作文也。用心，言士用心于文。"⑥以自身的

---

① 刘再复：《"五四"语言实验及其流变史略》，收入氏著《共鉴"五四"》，福州：福建教育出版社，2010年，第229页。另可参见郜元宝《汉语别史：中国新文学的语言问题》（增订本）对相关观念和文本的论述（上海：复旦大学出版社，2018年）。

② 梅光迪：《评今人提倡学术之方法》，《梅光迪文录》，杭州：国立浙江大学1948年，第8页。

③ 章太炎撰，庞俊、郭诚永疏证：《国故论衡疏证》中之一《文学总略》，第361页。

④ 有些欧美学者的仍然持较为传统或保守的意见，如初版于1977年，并于1979年、1991年、1998年、2013年不断新版（2014年推出第五版平装本）的《企鹅文学术语和文学理论辞典》，其对"literature"的解释是："一个含义广泛的术语，通常指属于这些主要体裁的作品：史诗、戏剧、抒情诗、小说、短篇故事、颂诗。"（J. A. Cuddon & M. A. R. Habib, *The Penguin Dictionary of Literary Terms and Literary Theory*, Penguin Books, 2014, p. 404）这是以具体的文体归属定义文学，却避免了对它作本体性的解释。

⑤ [法]安托万·孔帕尼翁著，吴泓缈、汪捷宇译：《理论的幽灵：文学与常识》（*Le démon de la théorie：Littérature et sens commun*），南京：南京大学出版社，2017年，第24页。

⑥ 萧统：《文选》卷17，第225页。

创作体验印证前人的"文心",就能够以心印心,张皇幽眇,揭示文学中隐藏的秘密。而其中的"辞条"和"文律"(即法式),更是陆机拳拳服膺、念念不忘者。刘勰《文心雕龙·序志》也这样开宗明义:"夫文心者,言为文之用心也。"其精美复杂如同雕龙,同样需要"割情析采,笼圈条贯"①。对于诗人呕心沥血的惨淡经营,元好问曾有详细描述,总而言之,自有"文字以来,诗为难;魏晋以来,复古为难;唐以来,合规矩准绳尤难"②。所以,文学研究也就应该将重心放在"法式"上,因为如何做到既"合规矩准绳"又富有个性地传情达意,正是作者心魂萦系之所在。这样理解章太炎的文学定义,即便是最广义的含蕴,也仍然保持了文学的独特性。所以在今天看来,章太炎的文学定义具有两大"异彩":第一是打破了狭隘的文学天地,其在当时的意义是有助于挣脱"纯文学"观念的作茧自缚,而在今天的意义则是可以与近50年来欧美的文学概念对话;第二是将文学研究纳入文学范围,其意义不仅结合了"什么是文学"和"怎样研究文学",而且引申出文学活动不是由作者和作品垄断,"研究"也不是"创作"的附庸的意涵。而后者在西方文学批评史上,直到诺斯罗普·弗莱(Northrop Frye)1957年出版了《批评的解剖》,"这种把批评家视为寄生虫或不成功的艺术家的观念"③才开始得到廓清。在此之后,越来越多的批评家以其理论著作加入到文学活动中,如伊格尔顿所说,"他们在评论文学的过程中也生产文学"④。这两大异彩也许可以看作是对章太炎文学定义的"激活"吧。

卡勒在几年前(2017)明确指出:"通过谈论文学是什么,批评家们推广了一些他们认为最适当的批评方法,摒弃了另外一些据称是无视文学之最基本和最特殊方面的批评方法。问'文学是什么'实际上是在论争应当如何研究文学。"⑤所以,重审"什么是文学",是一个与今天如何研究文学密切相关的问题。而经过20世纪形形色色不断翻新的理论风暴的冲击,当下欧美有识之士已经意识到,"知识的进步不必取决于新理论家和新理论的发现……挑战在于通过激活旧的思想家,重新审视理论正典,为思想提供新的路线"⑥。也因此,伊格尔顿斩钉截铁地说道:"激进文学批评的口号是清楚的:走向古代!"⑦所幸的是,在对中国传统"文学"概念重新审理的过程中,我们既遭遇了这种"挑战",也享受了"激活"传统的乐趣。

原载《中山大学学报(社会科学版)》2021年第4期

---

① 王利器校笺:《文心雕龙校证》,第294–295页。
② 元好问:《陶然集诗序》,《元好问全集》卷37,下册,第45页。
③ [加]诺斯罗普·弗莱著,陈慧译:《批评的解剖》(*Anatomy of Criticism*)第四版,北京:北京大学出版社,2021年,第2页。
④ [英]特里·伊格尔顿著,陈太胜译:《如何读诗》(*How to Read a Poem*),第2页。
⑤ [美]乔纳森·卡勒著,于嘉龙、郑楠译:《理论中的文学》(*The Literary in Theory*),上海:华东师范大学出版社,2019年,第21页。
⑥ [美]乔纳森·卡勒著,于嘉龙、郑楠译:《理论中的文学》(*The Literary in Theory*),中文版序言《当下的理论》,第2–3页。
⑦ [英]特里·伊格尔顿著,陈太胜译:《如何读诗》(*How to Read a Poem*),第21页。

战乱、民瘼与文图记忆

——论余治《江南铁泪图》

张宏生

太平天国战争绵延14年，波及18省，对社会秩序造成了极大冲击，江南尤其是重灾区。大乱过后，人们以各种不同方式反映这场战争，其中，余治的《江南铁泪图》是较为特别的一种。对于这部书，前人主要从社会史、生活史等角度作过一定的研究，本文则拟通过词、文、图的结合，从战争与记忆的角度展开思考。

一、《江南铁泪图》的缘起

余治（1809—1874），字翼廷，号莲村、晦斋、寄云山人，无锡人。科场不顺，曾五应乡试而不中，乃在乡里设馆教学，以行善事，挽风俗，正人心为使命，造成了很大影响。余治的社会活动在太平天国战争中达到高峰，他曾帮助筹办江南北团防事，著《劫海回澜说》《解散贼党启》《江南铁泪图》等，到处宣传，有效地配合了清廷平定局势的行动，因而先后被保举为训导，加光禄寺署正衔，又赏戴蓝翎，加五品顶戴。俞樾曾经高度评价余治在太平天国战争期间对社会做出的贡献："当江浙陷贼时，君著《劫海回澜文》，又绘《江南铁泪图》，见者无不感泣，乡愚妇竖咸切齿腐心愿与贼俱亡。东南之底定，固由师武臣力，而君之书未始无功也。"①而这一切，都是和他志在行善的追求结合在一起的，所以，当时人多称他为"善人"②。

《江南铁泪图》，光绪间刊本，其创作时间，据书中所言："江南自遭贼难，民不聊生，诡状殊形，惨难殚述。幸赖圣主洪福，大宪公忠，得以扫荡廓清，出离水火。"③因此可以得知是作于战后不久，或即同治三年（1864），即清军攻进南京城，

---

① 俞樾：《余莲村墓志铭》，《春在堂杂文续编》卷4，沈云龙主编：《近代中国史料丛刊》第412册，台北：文海出版社，1974年，第324-325页。

② 如李鸿章说："莲村余君，吴中善士，久耳其名。"（俞樾：《余莲村墓志铭》引，《春在堂杂文续编》卷4，沈云龙主编：《近代中国史料丛刊》第412册，第325页）应宝时说："余君莲村以好义积善闻于江南北，知与不知，称之曰'余善人'。"（《余孝惠先生年谱序》，吴师澄：《余孝惠先生年谱》卷首，《北京图书馆藏珍本年谱丛刊》第156册，北京：北京图书馆出版社，1999年，第297页）叶裕仁说："（余治）奔走劝募，如拯溺救焚，不遗余力，所救济者不啻亿万计，故'余善人'之名，遍吴越间。"（《尊小学集跋》，《清代诗文集汇编》第633册，上海：上海古籍出版社，2000年，第139页）

③ 余治：《江南铁泪图》，台北：学生书局，1969年据光绪刊本影印，第88页。

取得对太平天国的全面胜利之后。

《江南铁泪图》之得名，是因为"江南被难，情形较他省尤甚，凡不忍见、不忍闻之事，怵心刿目，罄笔难书，所谓铁人见之，亦当堕泪也"①。铁人堕泪，当然是一种比喻性的说法，但也有所本。据《三辅黄图》："神明台，武帝造，上有承露盘，有铜仙人舒掌捧铜盘玉杯以承云表之露，以露和玉屑服之，以求仙道。"②又《三国志·魏书·明帝纪》裴松之注引《汉晋春秋》："帝徙盘，盘折（拆），声闻数十里，金狄（即铜人）或泣，因留霸城。"③所以，李贺的《金铜仙人辞汉歌》诗序就说："魏明帝青龙元年八月，诏宫官牵车西取汉孝武捧露盘仙人，欲立置前殿。宫官既拆盘，仙人临载乃潸然泪下。"④金铜仙人为汉武帝所建造，矗立于神明台上，原是大汉强盛的象征，现在却被魏官强行拆离，因此，不觉眼中堕泪，伤感不已。前人所记铜人之泣和此处的铁人之泣，内容并不一样，但化无情为有情却是一样的，而且，都是经历了沧桑变化，其中的脉络也可以互参。

以付诸视觉冲击的直观性描写，打动读者心灵，唤起读者同情，是余治喜欢使用的方法。早在道光二十九年（1849），当时江南大水，苏州、常州一带成为泽国，"哀鸿遍野，呼号日闻"，余治"蒿目惨心"，日思夜想，认为绘图的形式有着特别的效果，能够唤起爱心，赈济灾民，于是创作了《水淹铁泪图》24帧，"日泐数十函，乞救于远近富人"，使得"见者动心"⑤，筹集了不少资金。15年后，他受到启发，又一次采取这种形式，进一步创作了42帧图⑥。

但是，虽然我们知道《水淹铁泪图》起到了较好的效果，可是由于暂时未能看到原图，尚不知其具体形式是怎样的。《江南铁泪图》无疑是继其后而作，但虽然声称是"图"，实际上是由词、文、图三个部分组成，文字和图像互相印证，互相阐发，构成了一种特别的书写模式。作者的创作初衷主要是为了赈灾，"以救灾恤邻之道，全委于江北之人"⑦。但是，其中对太平军暴虐和难民悲惨生活的描写，展示了一段历史，再现了当年的创伤，因此，在客观上就保存了一段回忆，并进一步试图唤起民众的回忆。

余治在这部著作中，对太平军给予了严厉的否定和批判，这里有他自己的动机、目的和观察角度，也有他自己的基本立场，并不能作为对太平天国运动的全面评价来看

---

① 余治：《江南铁泪图·序》，第3页。
② 李贺：《金铜仙人辞汉歌并序》，王琦：《李长吉歌诗汇解》卷2注引《三辅黄图》，王琦等：《李贺诗歌集注》，上海：上海古籍出版社，1978年，第95页。
③ 陈寿：《三国志》卷3《魏书》三，北京：中华书局，1959年，第110页。
④ 李贺：《金铜仙人辞汉歌并序》，王琦：《李长吉歌诗汇解》卷2，王琦等：《李贺诗歌集注》，第94页。
⑤ 吴师澄：《余孝惠先生年谱》道光二十九年，《北京图书馆藏珍本年谱丛刊》第156册，第320页。
⑥ 后来，铁人下泪的表述一再出现，《申报》记载："《河南奇荒铁泪图》，大约取虽令铁人见之亦应下泪之义也……今此图一出，虽野老、村夫、妇人、孺子，无不能阅，阅之亦必有因之感动者，其于赈捐必大有神益也。"《申报》第12册，上海：上海书店出版社，1983年，第229页，光绪四年二月十二日。
⑦ 余治：《江北劝捐启》，《江南铁泪图》，第93-94页。

待。李洁非在其近著《天国之痒》中对太平天国的既有研究和认识做了一番总结,指出"文革"之后,"对太平天国的一味赞颂渐为检省目光代替",而20世纪90年代以降,"对太平天国看法更多滑向负面,而突出地究问它自身的非理性以及于历史的破坏作用"①。李著有其高度和立意,不过在他的"对太平天国摈弃主观、不预设立场和倾向的精密梳理"②中,也有不少有关太平军残暴行径的记录,因此,《江南铁泪图》的描写应该有其一定的依据,或也可以从一个特定的角度,提供一点对太平天国研究的思考。

二、《江南铁泪图》的书写模式

《江南铁泪图》共42幅图,在次序上虽然不一定有着严格的分类,但大致由四个层面构成。

一是太平军的暴虐。《江南铁泪图》中有10幅直接写太平军的暴行,涉及的内容有奸淫抢掠、勒索钱财、掳人入伙、滥施酷刑、追逼难民、强抓壮丁、强暴妇女、逼人贡献、焚烧寺庙等,写出太平军所到之处对社会的破坏,对人民的残害。这是要说明祸患之由来,哀恸之根源。

二是战乱中百姓的悲惨生活。这部分内容较多,共23幅图。如逃亡中或倒毙为猪狗所食,或死在路旁无人安葬;父母死于战乱,遗下孤儿,哀哀痛哭;兵过之后,荒芜的田地,全无生理;浩劫之中,焚掠一空,耕织之具全无;到处饥民,无法谋食,只能投河自尽;饥民家中无法过活,万般无奈,卖儿卖女;难民家中断顿,全靠草根树皮为生;冬天到来,寒风呼啸,冻死者甚多;难民到处乞食,途中往往迎风倒毙;难民无以过活,至有售卖人肉者……这一部分是作者最重要的关注点,因为这不仅是曾经发生的事,而且是正在延续中的社会现实。

三是乱后重建。这部分共有6幅图,分别为皇帝下诏,赦免被胁迫加入太平军而主动归降者;各级官员关心难民生计;江南民众喜迎王师;光复各郡县后,凡主动投诚者,概行赦免;鼓励耕织,恢复生产。其中尤其强调了对于被太平军掳去当兵者一概赦免,有2幅图反复言之。这是因为,当时被太平军掳掠从军者不少,战争延续十几年,国家伤了元气,人口大减,急需补充,因此必须区别对待,安定人心。

四是乱后反思。这部分共有3幅图,号召民众痛定思痛,指出此一劫难,主要还是由于人事不修,应该深刻反思,才能求得社会的太平,特别提出要重视对乡约的宣传,以凝聚人心。

从这个脉络看,这42幅图,体现出回忆—行动—反省的模式,在这个模式中,给人以深刻印象的,至少有以下几点。

第一,从生活史的角度看,其中有很多细致、琐碎的记载,或者是为宏大的历史叙事所忽略的。如《假托盘查,团丁截杀》一图,文曰:"被掳难民,时时乘间逃出,或面有刺字,或身有银洋,或头发未剃。各处乡民,往往借名团练,以盘查为名,指为

---

① 李洁非:《天国之痒》,北京:人民文学出版社,2019年,第517页。
② 李洁非:《天国之痒》,第2页。

奸细。并不解官，抢其银物，剥其衣服，甚至害其性命。"①太平军所到之处，百姓争相逃难，造成大量难民。这些难民本身是战争导致的社会问题，同时也会衍生出其他社会问题，如依附当地的武装力量，引致动乱等。这幅图所说的是被强迫加入太平军的百姓，逃出后，由于脸上有刺字，或者留有头发，有明显特征，因而被地方武装截查，指为奸细，搜刮钱财，甚至害其性命，这就使得那些百姓才离狼群，又落虎口。这一类的描写，写出了难民悲剧的多元性，可能是大时代的小插曲，但也是珍贵的历史记录。余治所设想的读者多生活在较底层，这些细节，很可能多少在他们身边也发生过，或者耳熟能详，因此，能够使人感同身受。

第二，这种以词、文、图相结合的形式所呈现的画面，本身带有故事性。这其中固然追求的是普遍性，但往往也重视个人化的经验，以增强真实性。如《乞借难通，情极自尽》一图，写难民人人自顾不暇，经常借贷无门，文中即举例："有无锡北乡某，向其亲家借米一斗不得，徒手回，号哭一场，即自沉于河。"②又《吊打逼银，穷搜地窖》一图："尝有友为余言：有长洲某家巨富，应完钱粮入百金，庚申春，官以急用军事托友向借上忙银三百两，某托言无有。迨常郡警报至，雇船向钱庄提宝银八百只。正欲出城，而贼已到，遂并陷城中，被吊打逼出地窖银七万两而死。"③虽是听闻之词，但往往有时间，有地点，有人物，有事件，这就不是泛泛之言。有时，则更是他自己的亲眼所见，如《黄口孤儿，哀寻爹妈》一图，其文曰："向在莫城难民局，傍晚出向街头看视，见屋檐下有七八幼孩相拥卧，时值雨后，衣尽湿，地复沉滓，皆忍冻骨战。促起问之，则皆常郡人，或八九岁，或十二三岁，父母非死即掳，一无依赖。又幼年之人，照应不能入厂，故沿街露宿耳。"④又《罗雀掘鼠，人肉争售》一图，其文曰："壬戌秋，闻宜兴、溧阳人相食，犹信疑参半，以江南民风柔弱，当不至此。至癸亥秋冬，则常郡、阳湖、无锡各乡，竟有市卖人肉者。目击情形，至于此极，实为数千年来所仅见。"⑤正因为是自己亲眼所见，写得就更加具体，更加细致。显而易见，这样的书写，对于读者来说，也更加易于感知，所达到的效果也就更好⑥。

第三，记忆不完全是为了展示过去的一段历史，更重要的是总结经验教训，提出救世良方。如《创巨痛深，前车共凛》一图，谓"江南人民，共遭荼毒"，是"人心所自招，宜其痛定思痛，改过向善矣"⑦。《恐惧修省，劫海同超》一图也指出："此

---

① 余治：《江南铁泪图》，第34页。
② 余治：《江南铁泪图》，第38页。
③ 余治：《江南铁泪图》，第8页。
④ 余治：《江南铁泪图》，第22页。
⑤ 余治：《江南铁泪图》，第62页。
⑥ ［美］梅尔清（Tobie Myer-Fong）在其《浩劫之后：太平天国战争与19世纪中国》（*What Remains: Coming to Terms with Civil War in 19th Century China*, Stanford, CA: Stanford University Press, 2013）中对这些图像的真实性有所保留，认为带有修辞手段和象征性意义，这有一定道理，不过，余治强调自己的耳闻目睹，正是为了打消人们的这种看法。梅说见其所著第52页。按此书尚未翻译成中文，书名的中译取自张笑川《日常生活史视野下的太平天国战争研究——评梅尔清〈浩劫之后：太平天国战争与19世纪中国〉》，载《清史研究》2014年第1期。
⑦ 余治：《江南铁泪图》，第80页。

番大劫，亘古罕见，揆厥由来，总由人事。人事不修，天怒随之。"①明代思想家王阳明认为："心即理也。天下又有心外之事，心外之理乎？"②而要认识这个理，必须做到知行合一。"今人学问，只因知行分作两件，故有一念发动，虽是不善，然却未曾行，便不去禁止。我今说个知行合一，正要人晓得一念发动处，便即是行了。发动处有不善，就将这不善的念克倒了。须要彻根彻底，不使那一念不善潜伏在胸中。此是我立言宗旨。"③吉水认为，余治《庶几堂今乐》，"其最大题目，则根据王阳明《传习录》、刘蕺山《人谱》所载论戏之言，欲借梨园挽回人心世道，表彰忠孝节义，惩治奸盗邪淫。"④这一观念，也贯穿在《江南铁泪图》中，而余治提出的修"人事"，具体的做法就是奉行"乡约"。《江南铁泪图》的最后一幅题为《乡约重兴，宏宣教化》，词曰："不教终沦禽兽，由来世教堪忧。煌煌圣谕溯源头，无奈具文已久。　天道昭彰可畏，人心悔改能不。潜移默化釜薪抽，化俗全凭善诱。"文曰："乡约一事，为化俗一大端。而奉行不力，日久遂成具文，并以为迂而不行者有之。殊不知此事原为劝化愚民起见，圣谕十六条，不过一个式样，其因势利导，循循善诱，期于感动人心之处，全在于临时说法。如能实力奉行，无不可见成效。盖天下无不可化之人，惟在于诚心感动耳。"⑤"天下无不可化之人"，就是孟子所说的"人皆可以为尧舜"。王阳明认为："良知良能，愚夫愚妇与圣人同。"⑥"心之良知是谓圣。圣人之学，惟是致此良知而已。自然而致之者，圣人也；勉然而致之者，贤人也；自蔽自昧而不肯致之者，愚不肖者也。愚不肖者，虽其蔽昧之极，良知又未尝不存也。苟能致之，即与圣人无异矣。此良知所以为圣愚之同具，而人皆可以为尧舜者，以此也。"⑦奉行乡约就是从这一思路出发的，这是余治思想中的重要一环，也是其平生的四大愿望之一⑧。

乡约是清廷对基层民众进行教化的重要举措，一般在朔望宣讲，宣讲的最重要的内容即康熙的《圣谕十六条》："敦孝弟以重人伦，笃宗族以昭雍睦，和乡党以息争讼，重农桑以足衣食，尚节俭以惜财用，隆学校以端士习，黜异端以崇正学，讲法律以儆愚顽，明礼让以厚风俗，务本业以定民志，训子弟以禁非为，息诬告以全良善，诫窝逃以免株连，完钱粮以省催科，联保甲以弭盗贼，解仇忿以重身命。"⑨从立意上来说，清

---

① 余治：《江南铁泪图》，第82页。
② 王阳明：《传习录》上，《王阳明全集》，上海：上海古籍出版社，1992年，第2页。
③ 王阳明：《传习录》下，《王阳明全集》，第96页。
④ 吉水：《近百年来皮黄剧本作家》，梁淑安：《中国近代文学论文集》（戏剧卷），北京：中国社会科学出版社，1988年，第373页。按《传习录》载王阳明论戏之语云："若后世作乐，只是做些词调，于民俗风化绝无关涉，何以化民善俗？今要民俗反朴还淳，取之戏子，将妖淫词调俱去了，只取忠臣孝子故事，使愚俗百姓人人易晓，无意中感激他良知起来，却于风化有益。"王阳明《传习录》下，《王阳明全集》，第113页。
⑤ 余治：《江南铁泪图》，第84页。
⑥ 王阳明：《传习录》中，《王阳明全集》，第49页。
⑦ 王阳明：《书魏师孟卷》，《王阳明全集》卷8，第280页。
⑧ 余治曾这样说过："予生平有四大愿，一复小学，一行乡约，一毁淫书，一演新戏。"齐学裘：《见闻随笔》卷1《余晦斋杂论》，《续修四库全书》第1181册，上海：上海古籍出版社，1997年，第144页。
⑨ 《圣祖仁皇帝实录》卷34，《清实录》第4册，北京：中华书局，1985年，第461页。

人曾这样认为：" 《圣谕十六条》，尽善尽美，普天之下，共懔然于大哉王言矣。"①事实上，它也确实包罗广泛，涉及生活的各个层面。"地方官及绅士通过注解和演绎《圣谕》，又辑入前人嘉言以作宣讲时的辅助材料，致力于推广庶民教化，'圣谕十六条'也成为此后二百多年士民必读之教化条目。"②而这种"绵延有清一代，甚至民国之后仍保留讲约的方式，其宣讲对象涵盖各阶层各种族人民，用力不可谓不勤，学者由清初至清末一直有阐扬圣谕之书籍问世，也可看出其在清代社会的地位"③。不过，虽然立意高远，但是制度化以后，照本宣科、僵化呆板的宣讲形式，也可能影响其效果，往往"听之者寡，而讲之者亦怠"④，就如余治所说："日久遂成具文。"尽管如此，余治仍然很自信，认为乡约能否发挥作用，端看如何操作。而且，这也有他自己的具体实践予以证明。咸丰四年（1854），江阴各乡有抗完漕粮之事，余治奉命赴乡劝谕，"比至杨库镇，见民情震动，询知对江之寿兴沙有剧盗王锦标啸聚肆掠，军械悉备，官捕莫敢正视。时福山镇叶总戎奉制军密札，将会江常各营，刻期进剿"。余治通过综合分析，认为"此沙四面临江，向多私贩，民俗强悍，宜使散，不可使聚。若遽加剿办，各盗必铤而走险，既恐贻害沿江各邑，而本沙良善，反致玉石不分。万一剿办不能尽善，则莠民得志，害更无穷"。他的做法是"与朱朗夫上舍、门下徐子济茂才渡江"。到达那里，"集沙民宣讲乡约，晓以天理，惕以王法"，"老幼环听，且有感泣者"。余治见百姓心动，"即传学宪令：速缚盗魁以献，众皆免"。第二天，"众果擒锦标至，余党悉解散。未几又擒南岸盗首薛嘉禾"，"不烦一兵，而全沙悉平"⑤。这是他宣讲乡约立竿见影的效果。当然，他后来也根据自己的经验，对如何宣传乡约及时进行调整，务求达到更好的效果，如宣讲的通俗化："宣讲圣谕，惟直解最为明彻。惟恐照本读去，乡民尚未能尽解，故必须参以方言俚语，罕譬曲喻，引古证今，反复开导，方能耸听。尤须按切地方风俗，对症发药，惕以王法，动以人情，警以天理，更晓以果报，务使听者于欢欣鼓舞之中，有感动奋发之意，斯为得之。"⑥所以，最后这幅图，可以说是曲终奏雅，是对全书的一个收束。太平军起事是由于人心败坏，战乱中造成的种种伤害是由于缺少善良，恢复生产的关键在于聚拢人心。吴云说，太平军占领南京后，余治"往来江南北，足迹所至，辄举古今来福善祸淫之说，家喻而户晓之，思所以正人心、励风俗，以挽回劫运"⑦。正人心，正是全书的基本思想。所以，虽然《江南铁泪图》的基本目标是劝善，但蕴含其中的重要追求却是正心。在这个意义上，余治此

---

① 王鑫：《洙泾区乡约》，《王壮武公遗集》卷24，沈云龙主编：《近代中国史料丛刊》第244册，第2282页。
② 游子安：《从宣讲圣谕到说善书——近代劝善方式之传承》，《文化遗产》2008年第2期。
③ 戴宝村：《圣谕教条与清代社会》，《"国立"台湾师范大学历史学报》1985年第13期。
④ 《军机处录副奏折》（内政类·道光朝）第54号，转引自段自成：《论清代的乡村儒学教化——以清代乡约为中心》，《孔子研究》2009年第2期。
⑤ 吴师澄：《余孝惠先生年谱》咸丰四年，《北京图书馆藏珍本年谱丛刊》第156册，第323-324页。
⑥ 余治：《宣讲乡约新定条规》，《得一录》卷14，沈云龙主编：《近代中国史料丛刊三编》第913册，台北：文海出版社，2003年，第9-10页。
⑦ 余治：《学堂日记》，吴云序。

举，也可以视为其大力提倡、深入奉行乡约的一个侧面的表现。

三、俗调：庶民教化的文学选择

根据下层民众的特点而厉行教化是余治的重要思想，这一点，从《江南铁泪图》中的文学追求也可看出来。

《江南铁泪图》共42幅图，前面各配有一首《西江月》，这样的安排，并不是偶然的。

词兴起于唐五代，大盛于两宋，至清代，已经有了近千年的历史。词的重要文体特征之一，就是要求按谱填词，所以，择调就是一个基本的操作方式。按照龙榆生先生的看法，不同的词调，有着不同的声情与之相配合，但在创作实践中是否真的全部如此，尚可存疑，尤其在后世词史的实际发展中，还有非常复杂的情形。清人对词调有着非常全面的研究，除了对各调的前后传承、平仄声律等进行细致考辨外，有时，批评家们对词调高下等第也有思考，就如词的创作有雅俗之辨一样，词调也有雅俗之辨。比如，吴衡照在其《莲子居词话》中，就专门提出"俗调"的概念，在他所列举的诸俗调中，首先就提到《西江月》[①]。后来，这一看法也分别得到谢章铤和陈廷焯的同意[②]。那么，为什么他们都认为《西江月》是"俗调"呢？

这是一个不那么简单的问题。所谓雅俗，从内容、风格、情调等方面，都可以予以讨论，但我们在这里可以转换一个角度。

词发展到明代，进入低谷，这基本上是清人共同的看法，以至于有"词至于明，而词亡矣"的极端结论[③]。饶宗颐、张璋先生主编的《全明词》，仅收词20000首左右，后来周明初先生等的《全明词补编》，增补了5021首，这两个数字加起来，连《全清词·顺康卷》的这两个朝代都不如，可见词的创作，在明代的传统文坛上确实比较沉寂。

我这里特别指出是"传统文坛"，意味着还有一个可以与之进行对照的通俗文坛，如小说、戏曲、日用图书等，在这些文体中，词却非常活跃。例如，据龚宗杰统计，现存265种明代传奇中，就有词作1773首。在明代杂剧和传奇中，前者使用频率最高的词调是《西江月》，后者则是使用频率第二高的词调是《西江月》[④]。张仲谋和汪超曾分别指出，明代话本小说和日用类书中的常用词调，占前三位的是《西江月》《鹧鸪天》《临江仙》[⑤]，祝东则具体统计《三言》《二拍》中用词约190首，其中用《西江月》

---

① 吴衡照：《莲子居词话》卷3，唐圭璋：《词话丛编》，北京：中华书局，2005年，第2454页。
② 谢章铤：《赌棋山庄词话》卷2，唐圭璋：《词话丛编》，第3346页；陈廷焯：《白雨斋词话》卷7，唐圭璋：《词话丛编》，第3943页。
③ 陈廷焯：《白雨斋词话》卷3，唐圭璋：《词话丛编》，第3823页。
④ 龚宗杰：《明代戏曲中的词作研究》第一章《明代戏曲中词作的定量分析》，香港：中华书局（香港）有限公司，2019年。
⑤ 张仲谋：《明代话本小说中的词作考论》，《明清小说研究》2008年第1期；汪超：《明词传播述论》第四章《面向大众的民间书册传播》，北京：中华书局，2017年。

一调者有40首左右，数量上位居最前列①。从这个意义上，我们可以大致揣测为什么《西江月》被视为"俗调"：能够在一种"俗"的文体中受到如此的重视，一定与其在接受过程中的受欢迎程度有关。祝东分析"三言二拍"中之所以大量使用《西江月》一调，是由于其在格式声情上本身就带有俚俗化的倾向，词学创作批评史上以此调撰写形成了警世传统，以及在《草堂诗余》等一类通俗词选本与小说的互动关系中，此调成为首选之词②。有一定道理，不过，细究起来，暂时不说《西江月》一调的基本题材等，即使词在刚刚兴起时，词调确实与特定的声情有关，发展到元代以后，也大大淡化了。《西江月》一调在通俗文学中很受欢迎，可能更在于它的调式更加口语化，更加上口，六字句和七字句、平声韵和仄声韵交替，配上世俗化的内容，既浅显易懂，又具有一定的文学性。说书系统中的小说和说唱系统中的戏剧都喜使用，正说明这一点，而余治将这个本来多被挪移到小说和戏曲中的词调用来和图搭配，这并不仅仅来自题画词的传统，更能够说明余治本人的文化倾向。

在清末历史上，余治主要是作为慈善家和戏曲家而做出了卓越成就，这二重身份在他身上有机地交织在一起。

余治非常重视通俗文学的教化作用，他撰有《庶几堂今乐》，自序表述创作动机："余不揣浅陋，拟善恶果报新戏数十种，一以王法天理为主，而通之以俗情。"为什么起名为庶几堂？"《孟子》云：'王之好乐甚，则齐其庶几乎！'天下之祸亟矣，师儒之化导既不见为功，乡约之奉行又历久生厌，惟兹新戏，最洽人情，移易风俗，于是乎在，即以是为荡平之左券焉，亦何不可也。名曰《庶几堂今乐》。庶几哉，一唱百和，大声疾呼，其于治也，殆庶几乎！"③甚至认为戏曲的功能超过正统的儒家教化。他不仅撰写剧本，而且组织演出，陈去病《论戏剧之有益》一文曾记其效果："当洪杨时，梁溪有奇人余治者，独心知其意，尝谱新剧数十出，皆皮簧俗调，集优伶演之，一时社会颇欢迎焉。"④

他这样从事戏剧活动，也和天下局势有关，尤其是和对太平天国战争的认识有关。他认为，搞好教化，就能正人心，敦风俗，让社会走上正轨。正如他在《庶几堂今乐题辞》中说的："皇上待尔曹，也算得如天浩浩同怙冒（到底不会待差你），为甚的跳梁小丑奋螳臂，忘恩负义反面作长毛（可惜都是大清朝好百姓，不过念头一错，便反转面孔）。最可怜愚俗人被招摇，误归邪教，痴心都想天门跳（上了圈套，个个做梦）。"因此，为避免民众上当受骗，就要向他们灌输儒家的忠君爱国思想，而一般的文艺形式无此追求，也无此境界："古文词汗牛充栋，半多覆剖蠹鱼销（可惜），学时髦自诩风流，见几多艳曲淫词灾梨祸枣（文章之厄莫甚于此）。美年少习轻佻，伤风败俗人心蛊毒此中包（真堪痛恨）。""所以俺近年来编几本劝世文，带病医人，也不过是管中窥

---

① 祝东：《"三言二拍"多用〈西江月〉词原因探析》，《内蒙古大学学报》2009年第2期。
② 祝东：《"三言二拍"多用〈西江月〉词原因探析》，《内蒙古大学学报》2009年第2期。
③ 余治：《庶几堂今乐自序》，蔡毅编：《中国古典戏曲序跋汇编》第4册，济南：齐鲁书社，1989年，第2258页。
④ 阿英编：《晚清文学丛抄·小说戏曲研究卷》，北京：中华书局，1960年，第64页。

豹（老实话），只求他愚蒙易晓，初何敢效文人结习感愤更牢骚？"①这是他从事戏曲活动的夫子自道，是他功利主义的文学创作观的集中体现。

余治既然对戏曲创作和演出如此投入，则他当然了解词在戏曲中的作用和地位，也了解《西江月》一调在戏曲中所承担的角色。俞樾在为余治《庶几堂今乐》作序时曾指出："天下之物最易动人耳目者，最易入人之心，是故老师巨儒坐皋比而讲学，不如里巷歌谣之感人深也；官府教令张布于通衢，不如院本平话之移人速也。君子观于此，可以得化民成俗之道矣。管子曰：论卑易行。此莲村余君所以有劝善杂剧之作也。"②余治看到了戏曲的"感人"和"移人"的功用，看到《西江月》一调从词的领域挪移到戏曲的领域所发挥的作用，而在通俗文学的范围内，顺便再将其请回，作为图的导入者，就好像是戏曲中的开场词一样（戏曲也确实常见以《西江月》为开场词者），也正是题中应有之义。前面提到，余治重视乡约在地方治理中的作用，但对于"日久遂成具文"的讲说方式不以为然，认为要有效果，"感动人心之处，全在于临时说法"，最好还能够用当地的土话，容易懂，也容易打动人心。这些，都可以说是有"从俗"的目的。不避俗，正是他主动的追求。谢章铤曾指出："道录佛偈，巷说街谈，开卷每有《如梦令》《西江月》诸调，此诚风雅之蟊贼，声律之狐鬼也。"③这里用"巷说街谈"来给《西江月》等词调定位，再明确不过地说明了在一些批评家的心目中，所谓俗调的概念。与词相参照，余治也非常注重文学的说唱性，如针对社会上的溺女陋习，他认为，"虽有煌煌告示以禁之，种种篇章以劝之，而蚩蚩之氓，既不识字，又不明理，即诫之深，言之切，何能家喻户晓"，因此，"惟有将古今溺女、救溺彰彰报应，编成俚语，明白晓畅，或说因果，或唱道情，于乡村市镇各处宣扬"④。他选择《西江月》一调，也正是看中了其语言容易"明白晓畅"，节奏较为明快，篇幅也较为适中。

当然，在余治的文学创作中，除了《西江月》这样的词之外，诗也是如此。咸丰七年（1857），清廷和太平天国的战争正酣，他"念乡约为救时要务，而终患乡愚之不能家喻户晓，遂用俚语别撰诗歌各种劝世"⑤。用"俚语"，是他的重要文学精神。《西江月》只是一个词牌，创作时，当然可以用雅语，也可以用俚语，但在文学史的发展过程中，俚语入词无疑使得它有了另外的生命力，这也是余治如此使用的重要原因之一。

四、《江南铁泪图》的词史书写

从"俗调"的角度来看《江南铁泪图》中的《西江月》，体现了余治的教化思想的一个侧面，而从词这一文体的发展而言，这一组词也有特别的价值。

作为一个理论命题，"词史"之说主要是清人提出的。这一论述的渊源，当然

---

① 余治：《庶几堂今乐题辞》，《庶几堂今乐》，光绪六年得见斋刊本卷首。
② 俞樾：《余莲村劝善杂剧序》，《春在堂杂文续编》卷3，沈云龙主编：《近代中国史料丛刊》第412册，第294页。
③ 谢章铤：《赌棋山庄词话》卷2，唐圭璋：《词话丛编》，第3346页。
④ 余治：《得一录》卷2《保婴会规条》，沈云龙主编：《近代中国史料丛刊三编》第911册，第7页上。
⑤ 吴师澄：《余孝惠先生年谱》，《北京图书馆藏珍本年谱丛刊》第156册，第325–326页。

来自唐代以来人们对杜甫诗歌的认定，如唐代孟棨《本事诗·高逸第三》："杜逢禄山之难，流离陇蜀，毕陈于诗，推见至隐，殆无遗事，故当时号为'诗史'。"[①]宋代陈岩肖沿着这个思路，也说："杜少陵子美诗，多纪当时事，皆有据依，古号'诗史'。"[②]沿着这个传统，清初陈维崧提出词应该"存经存史"[③]的主张；清中后期的周济则认为："感慨所寄，不过盛衰，或绸缪未雨，或太息厝薪，或已（己）饥已（己）溺，或独清独醒，随其人之性情学问境地，莫不有由衷之言。见事多，识理透，可为后人论世之资。诗有史，词亦有史，庶乎自树一帜矣。"[④]如果说，陈维崧所说的"存经存史"，虽然暗示了具体事件的重要性，但更为强调的是一种观念的话，周济所论则多是从个人的感慨出发，通过个人的忧患意识、推己及人等，表现出时代的变化，带有常州词派浓厚的比兴寄托色彩。而至晚清，人们谈到词史时，在上述两种倾向外，又更为偏重回到唐宋人所体认的杜诗传统，即对时事的表现。如丁绍仪评价陶樑描写嘉庆十八年（1813）陈爽、陈文魁等率天理教徒突入大内滋事的《百字令》，就说："正可作词史读也。"[⑤]更为明显的是谢章铤在《赌棋山庄词话》中的论述："予尝谓词与诗同体，粤乱以来，作诗者多，而词颇少见。是当以杜之《北征》《诸将》《陈陶斜》，白之《秦中吟》之法运入减偷，则诗史之外，蔚为词史，不亦词场之大观欤。惜填词家只知流连景光，剖析宫调，鸿题巨制，不敢措手，一若词之量止宜于靡靡者，是不独自诬自隘，而于派别亦未深讲矣。夫词之源为乐府，乐府正多纪事之篇。词之流为曲子，曲子亦有传奇之作。谁谓长短句之中，不足以抑扬时局哉。"而赵起写于太平天国战争中的《晚唱词》，正是"诗史之外，蔚为词史"[⑥]之作。明确从"纪事"的角度，将诗史和词史接续起来。因此，余治所写的这42首《西江月》，也可以纳入这个系列中讨论，尽管其性质和赵起之作还有不同。

从对战争本身的描写来看，《江南铁泪图》最集中反映的是生灵涂炭，百姓被残杀。其开宗明义第一幅图，题为《逆焰鸱张，生民涂炭》，画面是太平军所到之处，杀人放火，百姓扶老携幼，四散奔逃。词曰："可恨跳梁小丑，频年扰乱江南。生灵荼毒痛心酸，约略死亡过半。　　到处情形惨酷，丹青难画难传。凭君铁石作心肝，肠断一声河满。"文曰："粤匪自咸丰癸丑陷金陵，大肆焚掠……庚申春，总统殉难，苏常相继失守。各属城乡，无在不遭毒害。屠戮之惨，罄笔难书。目击情形，曷禁痛哭！"[⑦]余治对江南的这种描写，在其他文献中，得到了证实。例如南城破后，"死难者十之

---

① 孟棨：《本事诗》（与《续本事诗》《本事词》合刻），上海：上海古籍出版社，1991年，第18页。
② 陈岩肖：《庚溪诗话》卷上，丁福保编：《历代诗话续编》，上海：上海古籍出版社，1983年，第167页。当然，陈岩肖这段话也是出自《新唐书》卷210《杜甫传》："甫又善陈时事，律切精深，至千言不少衰，世号'诗史'。"北京：中华书局，1975年，第5738页。
③ 陈维崧：《陈迦陵文集》卷2，《四部丛刊初编》本，上海：商务印书馆，1985年，第31页。
④ 周济：《介存斋论词杂著》，唐圭璋：《词话丛编》，第1630页。
⑤ 丁绍仪：《听秋声馆词话》卷12，唐圭璋：《词话丛编》，第2723页。
⑥ 谢章铤：《赌棋山庄词话续编》卷3，唐圭璋：《词话丛编》，第3529页。
⑦ 余治：《江南铁泪图》，第4—5页。

三，被贼杀者十之一，迫而为兵四出者十之五，逃散者十之一"①。"有仓卒路遇者俱被杀，城初破，尸横街巷皆满"②，"（城北）尚有百姓潜伏者，贼以搜物至其处，觉焉，乃惊散男子，驱女子赴水汉西门外，尽杀之，弃诸河"③。如果稍稍推开一些，如在南京的近邻扬州，太平军曾于咸丰三年、六年、八年，三次攻陷这座城市，当时的记载是："扬州因死尸堆积如山，不堪其臭……官军埋尸，有一、二里之长。"④而在靠近江苏的浙江，据左宗棠战后的说法："通计浙东八府，惟宁波、温州尚称完善，绍兴次之，台州又次之，至金华、衢州、严州、处州等处孑遗之民，则不及从前二十分之一矣。或壮丁被掳而老稚仅存，或夫男惨亡而妇女靡托。臣师行所至，灾黎环吁马前，泣诉痛苦情形，幽咽莫辨，亦惟有挥泪谢之而已。"⑤

另外，还有抓住这场战争的某些重要特性来写的，如第23幅《寺庙焚烧，神像毁坏》，绘一队太平军，手持兵器，高举火把，推倒菩萨，焚烧寺庙。词曰："邪说横流酿祸，托名天父为宗。何来三教庙重重，此日都归无用。　毁尽庄严法相，焚完金碧瑶宫。让他应劫一时雄，天福终归自哄。"文曰："贼借天主教为名，而又另造一种邪说，如赞美之类。文理既不可通，意见尤属可笑。因天主教不崇象教，遂胆敢焚烧寺庙，毁坏神象，自以为是，肆无忌惮……无数琳宫古刹，金碧辉煌，尽为灰烬，良可慨也。"⑥太平天国信天主，仇视佛教，"遇庙宇，悉谓之妖，无不焚毁。姑就金陵言，城外则白云寺、灵谷寺、蒋侯庙、高座寺、天界寺、雨花台亭、长干塔、吕祖阁、天后宫、静海寺，城内则鹫峰寺、朝天宫、十庙等处"⑦。"从南京直到安庆……寺庙尤其是他们摧毁的对象。我发现摧毁寺庙是他们的一贯举动，在他们曾经到过的任何地方，看不到一座供奉偶像的寺庙。"⑧江南一带，丛林发达，像唐代诗人杜牧笔下的"南

---

① 王永年：《出金陵》（癸丑七月十六日），《紫苹馆诗钞》，《太平天国史料丛编简辑》第6册，北京：中华书局，1963年，第394页。

② 张汝南：《金陵省难纪略》，戴逸、张同乐主编：《中国近代史通鉴·太平天国》，北京：红旗出版社，1997年，第463页。按张汝南作有《江南好》百咏，也是以组词的形式写太平天国战争造成的破坏，保留历史记忆，不过虽然也是意在"江南"，但全是写南京，和余治更大意义上的江南，仍有不同。

③ 谢介鹤：《金陵癸甲纪事略》，戴逸、张同乐主编：《中国近代史通鉴·太平天国》，第444页。

④ 鹤湖意意生：《癸丑纪闻录》，《太平天国史料专辑》，上海：上海古籍出版社，1979年，第515页。

⑤ 左宗棠：《浙省被灾郡县同治三年应征钱粮分别征蠲折》，《左文襄公全集·奏稿》卷9，沈云龙主编：《近代中国史料丛刊续辑》第641册，台北：文海出版社，1979年，第353-354页。按照左宗棠的估计，金华、衢州、严州、处州四府人口损失率高达95%，显得夸张。曹树基、李玉尚（《太平天国战争对浙江人口的影响》，《复旦学报》2000年第5期）通过研究，得出了战前和战后四府人口的变化：金华，战前约308万，战后185万；衢州，战前约122万，战后61万；严州，战前约101万，战后约46万；处州，战前约129万，战后约86万。

⑥ 余治：《江南铁泪图》，第48页。

⑦ 《粤逆纪略》，《太平天国史料丛编简辑》第2册，第31页。

⑧ 这是1859年西人伟烈亚力牧师的记载，见《伟烈亚力牧师的报道》，罗尔纲、王庆成主编：《太平天国》第9册，桂林：广西师范大学出版社，2004年，第210页。

朝四百八十寺，多少楼台烟雨中"①，至清代可能不复如此繁盛，但规模仍在，香火依然，更是江南人民生活的重要组成部分，余治记录此事，就不仅是对具体事件的记忆，而且还提到了文化根基的高度。

当然，余治此书以回忆的形式带入，目的还是募捐，所以他也会选择最具有刺激性的场景加以描写，如《四野流离，转填沟壑》一题，词曰："忽听一声贼到，人人胆落魂销。家财万贯愿甘抛，虎口余生暂保。　　随处风餐露宿，谁怜梗断蓬飘。强颜乞食学吹箫，半作他乡饿殍。"画面中，人们扶老携幼，或挑担，或拄杖，奔走于道途。道路两旁的沟壑中，随处可见倒卧的尸体。这是对孟子表述的形象展示："父子不相见，兄弟妻子离散……老弱转乎沟壑，壮者散而之四方。"②在中国传统文化中，人倒毙在野外而无人安葬，只能填充沟壑，堪称最悲惨的事情之一。词的上片写流离失所的原因，下片写沦为他乡饿殍的过程，无疑能够激起读者强烈的同情心。

所以，从词的发展历史来看，这42首词在艺术上，或许显得粗糙，但通过回忆所展示的内容，却非常珍贵。在表现社会政治生活的广度和深度上，在表现现实事件的具体和深切上，都是词体文学发展中以前所少见的，有着重要的文学史意义。

五、从流民图到耕织图

图像是《江南铁泪图》的重要组成部分，是构成历史记忆的重要元素。在余治看来，以效果论，图像有着独特的功能："图像挂幅，其感化比劝善诸书更捷更广。宜倩好手，绘善恶报应各图，刊刻传布，裱作挂屏，悬诸茶坊酒肆，或寺院庙宇……茶坊酒肆一日中属目者数十百人，较之以善书与人者，其广狭已殊，即不识字者皆可会意也。"③同治七年（1868），他重刊《学堂日记故事图说》，其引言曰："是编所集，善者可以劝，恶者可以惩，皆榜样也。而且绘而出之，近而可信，显而易明，更足资观感而动彝良，是榜样之最善者也。贤父师欲望子弟为好人，当无不乐为讲说而责其日记者，当勿以事近因果而忽之也。"④也是出于这个动机。

余治刊刻的42幅图，相关内容的说明，已见上述，而从传承的角度看，其来源主要有两个：一是流民图⑤，一是耕织图。余治将这两个传统结合在一起，很有创意，也体现了他的思想倾向。

流民图起于北宋，据说是政治斗争的产物。据《宋史·王安石传》："（熙宁）七年春，天下久旱，饥民流离，帝（神宗）忧形于色，对朝嗟叹，欲尽罢法度之不善者。安石曰：'水旱常数，尧、汤所不免，此不足招圣虑，但当修人事以应之。'帝曰：

---

① 杜牧：《江南春》，吴在庆：《杜牧集系年校注》第2册，北京：中华书局，2008年，第349页。
② 《孟子·梁惠王下》，徐洪兴：《孟子直解》，上海：复旦大学出版社，2004年，第29、54页。
③ 余治：《日记故事续集》卷下"建祠感化"条跋，无锡三沿堂刻本，第17页下。
④ 余治：《学堂日记故事图说》，清同治十三年温州府学署刻本。
⑤ 王一村已将"流民图"和"铁泪图"联系起来做了一定的考察，见其《清末民间义赈中的灾情画——以"铁泪图"为中心的考察》，《农业考古》2016年第4期。

'此岂细事？朕所以恐惧者，正为人事之未修尔。今取免行钱太重，人情咨怨……'监安上门郑侠上疏，绘所见流民扶老携幼困苦之状，为图以献，曰：'旱由安石所致。去安石，天必雨。'……慈圣、宣仁二太后流涕谓帝曰：'安石乱天下。'帝亦疑之，遂罢为观文殿大学士、知江宁府。"①郑侠绘制流民图，主要目的是"去安石"，推翻新法。其流民图今已不存，但在后人记载中一定程度上保留了其样貌，如明代鲁铎《观郑侠流民图》："旱风吹沙天地昏，扶携塞道离乡村。身无完衣腹无食，病羸愁苦难具论。老人状何似，头先于步足无气。手中杖与臂相如，同行半作沟中弃。小儿何忍看，肩挑褪负啼声干。父怜母惜留不得，持标自售双眉攒。试看担头何所有，麻糁麦麸不盈缶。道旁采掇力无任，草根木实连尘垢……"②于此可以了解，郑侠所画，是流民扶老携幼，奔走道途，鹑衣百结，缺吃少穿，贫病交加，甚至有饿死沟壑、售卖小儿者。这幅画面，影响后世至深。

沿着这一传统，明清两代都有《流民图》的创作。明代周臣的《流民图》（亦有人称之为《乞食图》）"原为册页，共有十二开，画24个乞丐形象，现分别收藏于美国克利夫兰博物馆和夏威夷火奴鲁鲁美术馆"③。对于这幅图，周臣有自题："正德丙子十一年秋七月，闲窗无事，偶记素见市道丐者往往态度，乘笔砚之便，率尔图写，虽无足观，亦可以助警励世俗云。"可见主要是画的乞丐。明人张凤翼更明确指出其思想："是册凡数种，其饥寒流离、疲癃残疾之状种种，其观此而不恻然心伤者，非仁人也。计正德丙子，逆瑾之流毒已数年，而彬宁辈肆虐方炽，意分符剖竹，诸君亦鲜有抚首其民者。然则舜公（周臣）此作，殆与郑君《流民图》同意，其有补于治道不浅，要不可以墨戏忽之也。"认为直接传承郑侠，有着批判现实的锋芒④。至于清代，2018年北京匡时的春拍中，有扬州八怪之一闵贞的《流民图》，据其拍卖介绍："此幅《流民图》长卷，纸本，设色，以小写意画法绘各色流民一百人……所绘的人物衣衫褴褛，表情哀伤。虽然人物众多，但在画家的笔下却无重复累赘的问题。妇女、儿童、老人、男子，不同的流民各有情态。他们有的人持竹板卖唱，有的人聚在一起生火煮食，还有人捕蛇，有人哺乳，也有持拐的盲人踽踽而行。没有对现实生活的提炼与观察，像这样具体而微的情境是画不出来的……观此图，当不难体会到闵贞作为一个艺术家悲悯的用心。"闵贞生活在所谓的"乾嘉盛世"，却敏锐地看到了盛世背后隐藏着的深刻的社会矛盾，作者虽然没有明说，其中或也蕴含着批判现实的精神。至于规模，里面人物达百人之多，显然又是对前人的一个发展。

余治的《江南铁泪图》虽然不叫"流民图"，但流民确是其中表现最多的内容，明显从这个传统发展而来。"东村（周臣）此笔，盖图写饥寒乞丐之态，以警世俗"⑤，

---

① 脱脱等：《宋史》卷327《王安石传》，北京：中华书局，1977年，第10547-10548页。
② 鲁铎：《观郑侠流民图》，钱谦益：《列朝诗集》丙集卷5，《续修四库全书》第1623册，第265页。
③ 陈传席：《海外珍藏中国名画·晋唐五代至明代》，天津：天津人民美术出版社，2010年，第310页。
④ 见周臣《流民图》，藏美国克利夫兰艺术博物馆。
⑤ 文嘉跋周臣《流民图》，见周臣《流民图》，藏美国克利夫兰艺术博物馆。

这个"警世俗",可以作普遍意义的理解,因此,就余治所作而言,反思灾难形成的原因并激发向善之心,也同样可以视为"警世俗"。从具体图像看,《江南铁泪图》从前代流民图中获得的资源甚多,包括衣着、行头、器具等,都大致一样,还有饿死沟壑、卖儿鬻女等,也是同样的书写模式。但是,整体而言,《江南铁泪图》也有自己的特色:其一,词、文、图结合的形式,或为以前所未有;其二,反映了特定的事件,如溺婴,有其地域性;其三,背景非常明确,具体指向一场特定的战争,容易引起集体回忆;其四,格局较大,构成了一个较为系统的序列。当然,上述郑、周、闵都是名家,郑作的绘画水平今已难考,但周臣是吴门画派的重要画家,闵贞更是以扬州八怪之一而为世人所熟知。在这一方面,余治所刊刻的作品无疑太粗糙了。这种粗糙,一方面可能确实是画工的水准不够高;另一方面,也不能忽视,余治所追求的,可能并不是细节上的精雕细刻,而是对内容的及时展示,其画面突出的是容易引起共鸣的视觉效果,从而吸引读者关注的目光。在这个方面,他的目的确实是达到了。

从赈济劝善的角度看,流民图和耕织图在某种意义上有着互相生发的作用。作者试图通过对战乱和流民惨象的渲染,激发社会的同情心,从而共同努力,改变命运,男耕女织,各安其位,这样,社会就能走向繁荣,人民就能安居乐业。

耕织图出现很早,在中国有着悠久的传统。南宋绍兴年间楼璹任于潜令时,曾绘制《耕织图》45幅,包括耕图21幅、织图24幅,各配以诗。其原本虽已散佚,但作品问世后,影响巨大,仿作不断,至清代,由于康熙皇帝的重视,宫廷画家焦秉贞仿楼本而绘制《御制耕织全图》46幅,耕、织各半。此后,各朝皇帝,大都有所绘制,由朝及野,形成热潮。这是因为,此种形式符合了帝王重视农桑、体恤民情的统治需求。康熙皇帝曾亲作耕织图,序曰:"古人有言,衣帛当思织女之寒,食粟当念农夫之苦。朕惓惓于此,至深且切也。爰绘《耕织图》各二十三幅,朕于每幅,制诗一章,以吟咏其勤苦,而书之于图。自始事迄终事,农人胼手胝足之劳,蚕女茧丝机杼之瘁,咸备极其情状,复命镂板流传,用以示子孙臣庶,俾知粒食维艰,授衣匪易。"①说得非常清楚。

《江南铁泪图》中共有耕织图各一,前者题为《牛种有备,惠及耕夫》,词曰:"粒食善谋全局,莱芜顿辟崇朝。多方补助护良苗,非种诛锄已早。 好趁一犁春雨,催耕布谷无劳。西成转盼庆丰饶,只有正供仰报。"文曰:"乱离之后,户口散亡,田多荒废,欲谋耕植而牛犁耒耜荡焉无存,买办无钱,耕夫束手。幸上宪垂情及此,给赀补助,设局劝农,并拨种粮,俾令播种。此生民大计,非区区小补也。苟有人心,能无感动。"图则绘犁田、锄草、车水、饷耕等②。后者题为《机杼代谋,欢腾织妇》,词曰:"但得机丝有赖,何愁日断炊烟。朝朝抱布见青钱,活命全叩恩宪。 久矣姬姜憔悴,顿看喜上眉尖。买丝争欲绣平原,妆阁心香一点。"文曰:"江南人民生计,最重耕织。耕之利固大,然必须先有资本,且必待夏秋两熟收成,为期甚远。若纺织则资本既轻,一举手间,便能得利。日获数十文,即可自糊其口。故俗

---

① 康熙:《耕织图序》,张廷玉《皇清文颖》卷首2,景印文渊阁《四库全书》第1449册,台北:台湾商务印书馆,1986年,第132-133页。
② 余治:《江南铁泪图》,第76-77页。

语有云：不怕升米六十钱，只怕棉贵布价贱。今布颇有利，苦于纺织无具，无可藉手。幸蒙上宪拨款制备绵车步机，且命立居劝织，从此老幼男妇，皆可自食其力。"图则是送机、纺线、织布、卖布等①。上海博物馆所藏南宋佚名的《耕织图》，构图分为上下两块，上部描绘"耕"，下部描绘"织"。耕图所绘，分别为开垦、除草、种稻、灌溉；织图中有两间房子，内容则涉及挑茧、收茧、拨茧和织作。二者相较，有类似之处。虽然艺术水准不可同日而语，但传统上还是一脉相承。

不过，余治专门绘制耕织二图，有着非常迫切的现实考虑，又和一般意义上的重视农桑不完全一样。因为太平天国战乱对江南造成了极大的摧残，战乱中，人民或死伤枕藉，或离乡背井，造成大量土地荒芜。"江、浙、皖三省，被贼蹂躏之地，几于百里无人烟。其中大半人民死亡，室庐焚毁，田亩无主，荒弃不耕"，"江南地方，自粤逆窜扰后，田地类多荒芜"②。平定浙江的主要指挥者之一的左宗棠有这样的描述："浙江此次之变，人物凋耗，田土荒芜，弥望白骨黄茅，炊烟断绝。见届春耕之期，民间农器毁弃殆尽，耕牛百无一存，谷、豆、杂粮种子无从购觅。"③可见，为了医治战争的创伤，为了安定人心，尽快恢复生产是迫在眉睫之务。在《江南铁泪图》中，如果说流民图是悯，则耕织图就是劝。这也正延续了长期以来的劝农传统。

劝农是汉代以来地方官员的重要职责之一。司马迁《史记·文帝纪》："农，天下之本务，莫大焉。今勤身从事，而有租税之赋，是为本末者无以异。其于劝农之道未备，其除田之租税。"④房玄龄等《晋书·职官志》："郡国及县，农月皆随所领户多少为差，散吏为劝农。"⑤由于这种社会氛围，劝农也成为文学创作的重要题材。如束皙《劝农赋》："惟百里之置吏，各区别而异曹；考治民之贱职，美莫当乎劝农。"⑥陶渊明《劝农》诗："六章节节相生。第三章言虞、夏、商、周，熙熙之世，士女皆农。第四章言叔季即贤达亦隐于农，矧众庶可游手乎？第五章正言劝农，第六章反言劝农，章法好绝。"⑦余治之重视劝农，自无别议，需要提出的是，他不仅一如既往，从前代汲取资源，注重用文学手段表达这一内容，而且特别注重通俗文学的功用。作为一个戏曲家，他对汤显祖的《牡丹亭》有着自己的见解。《牡丹亭》的第八出开宗明义，题为《劝农》。这一出在清代有着重要的影响，据说每年的三月初一，宫里都要应民间春耕之景上演此出。而有清一代的戏曲和曲谱选集中所选的《牡丹亭》折子戏，《劝

---

① 余治：《江南铁泪图》，第78–79页。
② 李文治：《中国近代农业史资料》，北京：三联书店，1957年，第157–158页。
③ 左宗棠：《沥陈浙省残黎困敝情形片》，《左文襄公全集·奏稿》卷4，沈云龙主编：《近代中国史料丛刊续辑》第641册，第198页。
④ 司马迁：《史记》卷10《文帝本纪》，北京：商务印书馆，1958年，缩印《百衲本二十四史》，第182页。
⑤ 房玄龄等：《晋书》卷24《职官志》，北京：中华书局，1974年，第746页。
⑥ 束皙：《劝农赋》，严可均：《全上古三代秦汉三国六朝文》之《全晋文》卷87，北京：中华书局，1958年，第1962页。
⑦ 吴菘：《陶论》，北京大学中文系文学史教研室教师56级4班同学编：《陶渊明诗文汇评》，北京：中华书局，1961年，第24页。

农》也都入选其中①。余治显然了解这一点,对通俗文学在教化中所起到的作用深深认可,但也是基于此,他对《牡丹亭》中的《劝农》感到美中不足:"院本《劝农》一出,想见循吏风流,与民同乐。近世梨园竞演之,田夫野老乐观之,诚佳剧哉!顾力田而不知孝弟,厚其生,未有以正其德,长吏之缺事也。"②"厚其生"的前提是必须"正其德",所以他有《后劝农》一戏,写一个县官,"劝农到乡",却对孝行非常鼓励。如至杏花村,见一乞丐,带着七十六岁老母,到处乞讨,非常孝顺,于是认为这是"地方风化之幸",因而"速取花红美酒,赏给孝子。再取衣服两件,与他母子更换",并进而指出:"世人真不可貌相,只在心头一点良。"③由此可见,余治非常用心地琢磨在通俗文学中写什么和怎样写,他将耕织二图放在《江南铁泪图》的系列中,既是他的一贯思想的体现,也是他在通俗文学上的追求。

另外还要指出的是,余治的耕织二图,前者说"幸上宪垂情及此,给赏补助,设局劝农,并拨种粮,俾令播种",后者说"幸蒙上宪拨款制备绵衣步机,且命立居劝织",都有一个"上宪"存在,这就将自己的来自民间的行为和朝廷的根本大计结合到了一起。结合全书最后对"乡约"的强调,就可以看出,这部著作又有了代言体功能,而突破了单纯的个人立场。全书的图像叙事大致都能在历史上找到符合国家意志的思路,从这一点出发,也能够更好地理解余治的基本思想。

结　　语

《江南铁泪图》是余治于同治三年所刊刻出版的一部书,主要目的是通过展示江南百姓在太平天国战争中所经受的苦难,激发同情心,从而募集款项,赈济难民。

这部书大致由四个部分组成,分别写太平军的暴虐,百姓的苦难,乱后的重建和反思。由于这样的内容和结构,其实际效果又大于仅仅追求同情的劝善书,注入了独特的历史记忆,并展示出难能可贵的反思。

这部书在形式上由词、文、图构成,应该是考虑了不同层面的读者需求,希望得到更为广泛的赞助。在此之前,余治曾有《水淹铁泪图》,形式可能较为单一,现在加上了词和文的部分,构成了一个独特的彼此呼应的序列。这或者是余治通过总结所进行的新尝试。

从词的部分说,余治选择了《西江月》一调,是用俗调表达特定的情怀,和他对通俗文学的提倡密切相关。而继承杜甫"诗史"的精神,以太平天国战争为中心,用联章词的形式来描写战争给人民生活带来的种种影响,这在清词发展过程中有一定的独特性,也是清初以来"词史"理论在一个方面的体现。

余治采用图像的方式叙事抒情,有他自己的创作习惯和现实考虑,而从传承的角度看,和北宋以降的流民图和耕织图的传统深有渊源。他将这一传统赋予了新的时代内容。

---

① 徐正芳:《浅谈〈牡丹亭劝农〉的作用与价值》,《北方文学》2012年第1期。
② 余治:《庶几堂今乐题解》,《庶几堂今乐》,光绪六年得见斋刊本卷首。
③ 余治:《后劝农》,《庶几堂今乐》,黄仕忠主编:《清车王府藏戏曲全编》第15册,广州:广东人民出版社,2013年,第196–197页。

说到图像，顺便还要提到的一点是，余治的历史记忆促使他采取了这种方式，并用这种方式去传达特定的历史记忆，可是这一作品一旦成型，本身也就成为历史，为后人提供了记忆。如"丁戊奇荒"①时期，谢家福等人撰有《河南奇荒铁泪图》，后又有《中州福佑图》《仳离啜泣图》《天河水灾图》《秦饥十二图》等，大约都是受到《江南铁泪图》的影响。朱浒曾经举例比较了《江南铁泪图》和《河南奇荒铁泪图》，如《江》有"草根挑尽，树皮劚光"一图，《河》有"树皮草根，剥掘充饥"一图，其中的人数、动作、背景、画面布局等要素都基本相同；《江》有"卖男鬻女，临别牵衣"一图，《河》有"卖男鬻女，饥肠分离"一图，基本结构也都差不多②。这就充分说明了余治《江南铁泪图》的影响力。

原载《中山大学学报（社会科学版）》2021年第5期

---

① 光绪三年（1877）和四年（1878）间，华北地区发生了严重的旱灾饥荒，由于这两年分别是丁丑年和戊寅年，因此史称"丁戊奇荒"。
② 朱浒：《地方性流动及其超越——晚清义赈与近代中国的新陈代谢》，北京：中国人民大学出版社，2006年，第177—179页。按朱氏也指出了二者的不同之处，即河南与江南在地理环境上的不同，所导致的细节处理上的一些变化，如江南的树上有叶子，河南的树上就是光秃秃的。关于铁泪图与"丁戊奇荒"的研究，还有［美］艾志端（Kathryn Edgerton-Tarpley）撰写的《铁泪图：19世纪中国对于饥馑的文化反应》（曹曦译，南京：江苏人民出版社，2011年），其中也简单提到余治之作对后世的影响。

易代之际子书的文学书写观念

左东岭

在元明之际,以浙东文人群体为核心,子书写作成为当时令人瞩目的一种文坛现象。其中既有宋濂《燕说》《龙门子凝道记》与刘基《郁离子》此类广为人知的名作,也有苏伯衡《空同子瞽说》,王祎《卮辞》《述说苑》《续志林》《演连珠》《丛录》,戴良《治平类要》,叶子奇《草木子》,甚至杨基《论鉴》,等等。至于其他文人别集中的同类作品,更是不胜枚举。早在明代胡应麟便已发现此一现象。他说:"吾郡宋、元二季词章、学术冠天下,独子书蔑闻,国朝《郁离》外有苏伯衡之《瞽说》焉,《凝道》外有宋景濂之《燕书》焉。《瞽说》几亚《郁离》,《燕书》大过《凝道》,皆斐中子书有秦、汉风者,足为明兴正始。"①从易代文学思想研究的角度看,这些子书类作品有两点不应被忽视:一是私人化写作的自由随意性,往往超越承平时期而呈现出相当的思维高度;二是文学化的书写方式,显示出丰富的文学观念与创造性的灵巧构思。

一、子书的私人化写作倾向与文人思想活力的释放

在中国古代,所有典籍被分为经史子集四部,则子书的类别属性往往是相对于经书而言的。有人曾将儒学分为两种基本形态:"一是疏离国家权力时期的原始儒学,二是与国家权力紧密结合的儒家经学。"②子书则是与儒家经学相对应的私人著述。最早对子书做出系统概括的是刘勰,他说:

> 诸子者,入道见志之书。太上立德,其次立言。百姓之群居,苦纷杂而莫显。君子之处世,疾名德之不章。唯英才特达,则炳曜垂文,腾其姓氏,悬诸日月焉……述道言志,枝条五经。其纯粹者入矩,踳驳者出规……身与时舛,志共道申,标心于万古之上,而送怀于千载之下,金石靡矣,声其销乎!③

按刘勰之意,子书内容乃是"入道见志",功能是"枝条五经",目的则是"疾

---

① 胡应麟:《九流绪论》,胡应麟:《少室山房笔丛》,上海:上海书店出版社,2009年,第279页。
② 任剑涛:《超越经学,回归子学:现代儒学的思想形态选择》,《文史哲》2019年第4期。
③ 刘勰著,范文澜注:《文心雕龙注》,北京:人民文学出版社,1958年,第307–310页。

名德之不章"而渴望"送怀于千载之下"的声名不朽,至于其具体写作状况,则呈现出"其纯粹者入矩,踳驳者出轨"的复杂形态。在此更为重要的还是刘勰对于子书写作前提的提示:"身与时舛,志共道申。"也就是作者遭逢现实困境,难以通过正常途径以建功立业、立身扬名,只能通过子书写作而"炳耀垂文,腾其姓氏"。证之以元明之际的子书写作情形,可知刘勰之所言为不虚。宋濂《龙门子凝道记题辞》曰:"濂学道三十年,世不我知,不能见其一割之用,颠毛种种而老将至矣。于是入小龙门山著书……百世之下,庶几有好之者。呜呼,德泽弗加于时,欲垂空言以昭来世,志士之深悲也。仰瞻宇宙,操觚兀坐者久之。"①宋濂的题辞,犹如对刘勰论述子书文字之诠释,他身处乱世不能有"一割之用"而又老之将至,只好入山著书以求"百世之下,庶几有好之者"。在中国历史上,子书虽不必然皆出现于易代之际,但易代之际出现子书的可能性更大且具有较高水平与思想深度,如徐幹之《中论》、王通之《文中子》、邓牧之《伯牙琴》、唐甄之《潜书》、黄宗羲之《明夷待访录》,等等,均因易代之政治动荡、思想多元而导致文人活力之得以释放。

元明之际所出现的子书同样彰显了当时文人的思想活力。首先是子书思想空间的极大扩张与丰富的包容性,其中儒释道交融是其显著特征。比如宋濂在其他著述中均严守儒者立场,但在入山为道士后所作《龙门子凝道记》却有鲜明道家色彩。尽管有人曾指出:"《龙门子凝道记》一书名义看似道教色彩浓厚,而实质内容却以儒学思想为核心,具有外道内儒的特点。"②但无论从作者道士身份还是"四符""八枢"与"十二微"的框架设计,均与道教有脱不开的关系。比如其中有二则有类于连珠体的格言曰:

> 龙门子曰:"人行仁义而恶衣服者,是素橐韫玄珠也:外若贱而内实贵。人徇利欲而美冠裳者,是芳绮覆粪丸也:外虽馨而内实臭。"③
>
> 龙门子曰:"象以牙而成擒,蚌以珠而见剖,翠以羽而招网,松以明而致爇,犀以角而就烹,麝以脐而被获,雉以采而受羁。当今之世,士以文自著者,盍视此数者以为戒哉?"④

孔子曾言,文质彬彬然后君子。但宋濂在此却将内外之美恶对立起来,已不符合圣人之本意。当然言行不一、表里不符乃是世俗社会之常态,尤其是在社会黑暗、政治混乱之末世,更是司空见惯之事,宋濂第一段议论尚不失儒者立场。然而文以害身的说法就很难再用儒家视角解释。《庄子》"人间世"说:"山木自寇也,膏火自煎也。桂可食,故伐之;漆可用,故割之。人皆知有用之用,而莫知无用之用也。"⑤庄子说带给人危害的是有用,宋濂说带给人危害的是有文,其论述思路如出一辙,在此很难说宋濂

---

① 黄灵庚编校:《宋濂全集》,北京:人民文学出版社,2014年,第2177页。
② 于淑娟:《〈龙门子凝道记〉名义考论——兼论元末明初婺州作家外道内儒的文风》,《文学评论》2013年第1期。
③ 黄灵庚编校:《宋濂全集》,2014年,第2219页。
④ 黄灵庚编校:《宋濂全集》,2014年,第2221页。
⑤ 郭庆藩:《庄子集释》,北京:中华书局,1961年,第186页。

没有受到道家思想影响。当然，最直接的诱发因素还是易代之际战乱频仍的现实，在一个诸方割据政权并立的时局中，都在争取文人为己所用，那么文名就成为危及生命的祸端，所谓隐姓埋名乃是那一时代隐逸文人的常见举措，则庄子的人生哲学就会成为必然选择。由此，宋濂在子书写作中并非仅只冒了释道的名头而为真正的纯儒。钱穆曾论元代之儒道关系说："盖其时之新道教，大抵皆阳道而阴儒，非儒术不足救世，而儒术非掌握政治教育之权势位望则其道扞格，故改修老子之道以自晦。"①此论是通观元代政治大势之概括，自有其历史真实性。但依一句"阳道而阴儒"似不足表述其复杂情状，以儒治国而以道安身，才是儒道融合的真正要义。

其次是通达的眼光与广博的学识，体现了浙东学派融道德、文章与事功为一体的通儒色彩。刘基《郁离子》充分体现了此一特色，徐一夔序曰："郁离者何？离为火，文明之象。用之，其文郁郁然，为盛世文明之治，故曰《郁离子》。其书总为十卷，分为十八章，散为一百九十五条，多或千言，少或百字。其言详于正己、慎微、修纪、远利、尚诚、量敌、审势、用贤、治民，本乎仁义道德之懿，明乎吉凶祸福之几，审乎古今成败得失之迹。"②《郁离子》内容相当丰富，绝不仅限于徐氏所言九项，因其目的为"盛世文明之治"③，故而涉及经国治世的方方面面。比如其论治国："太上以德，其次以政，其下以财。德久则怀，政弛则散，财尽则离。故德者主也，政者佐也，财者使也。致君子莫如德，致小人莫如财。可以君子，可以小人，则道之以政，引其善而遏其恶。圣人兼此三者，而弗颠其本末，则天下之民无不聚矣。"④以德治国，此为儒家基本理念，刘基必须坚守。但行政、财货亦不可或缺。因为天下由君子与小人所共同构成，不能指望人人皆为君子，那么为政便须德、政、财兼顾，而且不能颠倒主次关系。如此主张便非纯儒，而是兼容法家等治国理念，而这都不是儒家经生所能具备的。"天地之盗"篇则体现了刘基超越道德层面的思维，他认为最好的政治与生存方式乃是向自然索取，因为"天地善生，盗之者无禁"。圣人应"教民以盗"："春而种，秋而收，逐其时而利其生，高而宫，卑而池，水而舟，风而帆，曲取之无遗焉。而天地之生愈滋，庶民之用愈足。"结论是："遏其人盗，而通其为天地之盗，斯可矣。"⑤此种观念非但儒家经书所无，更非一般文人所能梦到。在一个以杀人越货、攘夺财物为普遍生存法则的时代，却想到向大自然获取不尽宝藏而遏制人间争夺之治理方式，只有在一个放松了思想控制的环境中才会孕育而出。

---

① 钱穆：《中国学术思想史论丛》第六册，合肥：安徽教育出版社，2004年，第206页。
② 徐一夔：《郁离子序》，徐永恩点校：《徐一夔集》，杭州：浙江古籍出版社，2017年，第407页。
③ 关于"郁离子"书名的解释，目前有几种不同说法。施杏姑《"郁离子"新解》（《浙江工贸职业技术学院学报》2003年第3期）释之为"郁离乃气郁而遁避"。晁中辰《刘基〈郁离子〉书名探源》（《社会科学辑刊》2013年第5期）认为"'郁离'二字是取自西汉文学家王褒'离离若缘坡之竹，郁郁若春田之苗'两句诗"。刘洪强《刘基〈郁离子〉命名考》（《济宁学院学报》2014年第4期）释之为"出自左思《咏史》之二'郁郁涧底松，离离山上苗'"。上述几种说法虽有一定道理，但均缺乏坚实的内证。徐一夔与刘基有师生之谊，其说法应有一定依据，故不宜轻易否定。
④ 林家骊点校：《刘基集》，杭州：浙江古籍出版社，1999年，第45页。
⑤ 林家骊点校：《刘基集》，第31页。

再次是鲜明的时代意识与大胆的批判精神。易代之际的子书作者因摆脱官方身份束缚而成为私人化写作,故而更能对种种社会弊端予以揭露与讽刺。比如关于民族矛盾与民族隔阂问题,乃是贯穿有元一代之政治弊端,但在承平时期文人很少涉及,即使提及也大都在诗文中婉转曲折地予以透露,刘基《郁离子》开篇便说,千里马本应"致诸内厩",但"马则良矣,然非冀产也",遂"置之于外牧"①。然后叙述如何以产地区分马之优劣及不同之待遇:"冀之北土纯色者为上乘,居天闲,以驾王之乘舆。其庞为中乘,居内厩,以备乘舆之阙,戎事用之。冀及济河以北居外厩,诸侯及王之公卿大夫及使于四方者用之。江淮以南为散马,以递传服百役,大事弗任也。"②此种马分四等之做法显然即为人分四等的直接表达,关键是后来"盗乘而攻之,内厩先奔,外厩视而弗救,亦奔。""王无马,不能师,天下萧然。"在刘基眼中,元政权之分崩离析,人分四等的民族隔阂乃是重要原因。无独有偶,宋濂《燕说》亦曰:"君子曰:大侠起南海中,杀人肝为脯,妻其女妇,事与庄硚正同。南海之人无缚之者,反北面事之,争权而矜宠。已焉哉,天实为之,谓之何哉?"③面对杀戮劫掠的江洋大盗,南方文人非但毫无抵御能力,反倒觍颜事敌,争权邀宠,作者无法解释此种荒唐现象,只好归之为"天实为之",自己惟叹息而已。叶子奇更曰:"元朝自混一以来,大抵皆内北国而外中国,内北人而外南人。"④此刻已是明初,尘埃落定,总结历史,不足为奇。其实,易代之际子书书写的可贵之处不在于一人一事的具体认知,而在于对于传统文化弊端之清算,宋濂《龙门子凝道记》曰:"科举之文兴,天下无文辞矣。孝悌之名闻,天下无善俗矣。循廉之行著,天下无良吏矣。贞操之事彰,天下无烈妇矣。记诵之习胜,天下无真儒矣。穿凿之学多,天下无六经矣。忠直之行显,天下无全节矣。是皆衰代之事也,治世则反是。"⑤如果说对于"科举之文""记诵之习"与"穿凿之学"的批评尚可理解其动机的话,那么对于"孝悌之名""循廉之行""贞操之事"与"忠直之行"一并否定,认为皆为"衰代之事",便只能视为易代之际的愤激之言了。其实,宋濂尚有更为激烈之言,其《燕说》曰:"民者,君之天也。君之则君,舍之则独夫耳。可不畏哉。"⑥在此,可以看到宋元之际邓牧《君道》、明清之际黄宗羲《原君》等相近的观念。易代之际不仅可以激发文人蓬勃旺盛的活力,更能鼓舞其批判现实的胆量。

无论是思想内涵的复杂丰富,还是知识的广博通达,抑或是对于时弊的犀利批判,均取决于子书的私人化书写性质,其作者或归隐山中,或退居林下,或身陷囹圄,从当时政治体制中抽身而出,拥有了自由身份与独立思考。没有了官方身份束缚,使之更少顾忌;没有了儒家经书限制,使之更加通达;没有了仕进机会诱惑,使之更加大胆。于是便有了贯通古今的眼光,天马行空的想象,关注现实的情怀,针砭时弊的勇气,因

---

① 林家骊点校:《刘基集》,1999年,第1页。
② 林家骊点校:《刘基集》,1999年,第4页。
③ 黄灵庚编校:《宋濂全集》,第2275页。
④ 叶子奇:《草木子》,北京:中华书局,1997年,第55页。
⑤ 黄灵庚编校:《宋濂全集》,第2201页。
⑥ 黄灵庚编校:《宋濂全集》,第2289页。

而也就具备了思想的活力与挺拔的人格,所有的这些又都导源于那个风云激荡的易代之际。文人思想的丰富与活力决定了文学观念与文学创作的水准与深度,当然也包括子书的书写。

二、子书创作与自我情志抒写观念之实现

子书从其基本属性看乃是阐述作者学术思想、哲学理念与政治主张为基本内容,故而许多人往往将其视为经书之辅佐。但从其私人化著述角度看,它又与经书有明显区别。它除了学理性议论之外,往往带有较强的个人情志抒写,将自我形象、性情感受与人生理想均一并写出。从作者期待中,他不仅希望以理服人,更希望以情动人,并通过子书写作将自我声名传之久远。从此一角度说,子书所产生的阅读效果不仅是理性认知,更是审美感受。就元明易代之际子书创作实际情况看,其中蕴含了作者抒情言志的三种主要观念。

其一是自我心迹的表白与自我形象的刻画。子书作者多为饱读诗书的儒士,具有较强的政治参与意识与入世情怀,隐居著述乃其不得已选择,无论是宋濂、刘基、王祎还是叶子奇都是如此。徐一夔曰:"公锐欲以功业自见,累建大议,皆匡时之长策。而当国者乐因循而悦苟且,抑而不行。公遂弃官去,屏居青田山中,发愤著书,此《郁离子》所以作也。"①宋濂也说:"濂学道三十年,世不我知,不能见其一割之用,颠毛种种而老将至矣,于是入小龙门山著书。"②《郁离子》"玄豹"曰:

> 郁离子学道于藐乾罗子冥,授化铁为金之术,遂往入九折之山,得跃冶之钢而炼之。以左目取火于太阳,右目取水于太阴,驱役雷风,收拾鬼神,以集于黄中。浑浑胚胚,如珠在胎;煜煜荧荧,如日将升。仙人皆仰之矣。山鬼窥而枭焉,啸其徒,谋之曰:"有怪,女知之乎?若不早图而待其成,悔无及矣。"乃使魍与魉挠之,百端不能破。乃群号而诉诸帝曰:"天生物而赋之形与性,寿夭贵贱司命掌之,弗可移也,夫是谓之天常。今彼将以智夺之,以窃天权,弗可假也。"帝怒,命方伯宵鼓之以椳鞬之鞴,铁跃弗可止,遂不能成金。③

刘基在元末官场曾备受委屈,时常遭人陷害攻讦,最终不得不隐居山中。在本则寓言中,他以学炼金之术而喻之,本已有望成功,但山鬼却视之为怪,怂恿一帮小人百般阻挠而不能得逞,最后只能诉之于帝。山鬼抓住了天帝最为敏感的命门"以窃天权",使得天帝派方伯以阻拦之,"遂不能成金"。刘基的失败是必然的,他并非缺乏忠贞与才气,而是打乱了从皇帝到官僚体制的正常秩序,必然遭致惩罚。刘基那首费人猜测的《二鬼》诗与此思路如出一辙,结璘、郁仪二鬼本打算帮助天帝整理天下:"启迪天下

---

① 徐一夔:《郁离子序》,徐永恩点校:《徐一夔集》,第406页。
② 黄灵庚编校:《宋濂全集》,第2177页。
③ 林家骊点校:《刘基集》,第12页。

蠢蠢氓，悉蹈礼义尊父师。""不意天帝错怪恚，谓此是我所当为，眇眇末两鬼，何敢越分生思惟。"最终被五百夜叉捉回天庭："养在银丝铁栅内，衣以文采食以糜。莫教突出笼络外，踏折地轴倾天维。"①刘基所描绘的人生遭遇，无论是在元末还是明初，都是一个非常敏感的话题，也是所有文人行道过程中绕不开的难题：推行仁政的理想与帝王权力的制约。刘基对此当然是深怀不满并深感悲伤的，然而他在任何时候都不能公开谈论此一话题，只好在子书中借助寓言方式曲为表达，其实《二鬼》诗也未尝不是一篇精彩寓言，这留在后面再加讨论。

宋濂的《龙门子凝道记》更是对其自我形象与自我心迹有过精彩描绘。"凝道"即修道之意，也就是对其修道原因、过程与结果之记述。宋濂之辞去朝廷聘任而入仙华山为道士，曾引起戴良以及后人的种种误解，他为此在《龙门子凝道记》中有过反复申述：

> 龙门子道不行于时，乃退隐小龙门山中，谓其二子瓒、璲曰："惟我宋氏，其先殷人，盖子姓也，与孔氏同所自出……处士君尝谓予曰：'吾幸逢六合真元之会，而弗克仕。不仕无义，古之训也。尔濂尚体予之训，以行其志哉！志行，道亦行也。'予窃谨识之。于是尽弃解诂文辞之习，而学为大人之事。以周公、孔子为师，以颜渊、孟轲为友，以《易》《诗》《书》《春秋》为学，以经纶天下为务，以继千载之绝学为志，子贡、宰我而下，盖不论也。学之积年，而莫有用之者，其命也夫！其命也夫！今之入山著书，夫岂得已哉！皋、夔、稷、契，不闻假书以自见，为得行其志也。予志之不行也，尔其识之哉！予家自文通君以来，无获仕以行其志者矣，尔其识之哉！当求为用世之学，理乎内而勿骛于外，志于仁义而绝乎功利。虽然，文通君尝有遗训矣：富贵外物也，不可求也。天爵之贵，道德之富，当以之终身可也。尔其识之哉！予之言止是而已。"②

在此，宋濂以训子的方式向世人揭示其内心志向。他本有强烈的用世追求，这无论从其家传教育，还是生平为学宗旨，均以"用世"为目的。但在元末混乱局势中，他并未获得出仕行道的机会，才会抱着深深的遗憾隐居著述。从更深一层看，其用世目的为"行道"，而非富贵功利之追求，故而即使隐居不仕，亦须坚守"天爵之贵，道德之富"的家族遗训，成为一位仁义之儒。当然，他的隐居不仕并非如此简单，在"终胥符"中，他又说："予岂若小丈夫乎？长往山林而不返乎？未有用我者尔，苟用我，我岂不能平治天下乎？虽然，荆山之玉非不美也，卞氏献之，而双足见刖。予不佞，窃受教于君子矣，其不能为卞氏决矣。"③平治天下自然是其最高人生追求，并认为自身拥有这样的能力。然而，在如此混乱的时局中，草率出仕有可能危及自我生命。由此，作

---

① 林家骊点校：《刘基集》，第279–281页。
② 黄灵庚编校：《宋濂全集》，第2238页。
③ 黄灵庚编校：《宋濂全集》，第2187页。

者向世人展示了其内心深处的巨大矛盾：他有行道愿望，却不能不隐居著述；他有治世才能，却又担心世情险恶。无论是刘基的烦恼还是宋濂的矛盾，均非儒家明道致用内涵，之所以被作者写进书中，显示了作者渴望读者了解其人生志向与心灵世界的痛苦，后人也通过其书写看到了他们的难言之隐与顽强不屈。

其二是作者苦闷情绪的抒发与人生困惑的展示。子书的主要内容乃是经国治世与人情物理的研讨，但同时也伴随着作者鲜明的情感倾向，与经书的板重与政论的谨严判然有别。在许多故事单元与论述段落中，甚至将作者的情感抒发作为主要写作宗旨，因而抒情成为作者设置故事、结构情节的主要目的。《龙门子凝道记》"河图枢"曰：

> 龙门子曰："古之君子城陷被执，虽刀锯在前，鼎镬在后，毅然而弗慑者，欲以杀身以成仁也。呜呼，人生斯世，终归一死耳，寿死，死忠，何不可哉？呜呼，今之君子胡为不能然也？今之君子见身而不见仁，古之君子见仁而不见身，此所以有异也。死生固大矣，然亦有定命存乎其间。纵得生矣，淫疠之为灾，不能死人乎。嗜欲之不慎，弗能死人乎？何独于死忠靳之也？呜呼，今之君子何为不能然也？言至于斯，涕泗汍澜而已。"①

作者在此对比古今君子面对死亡的不同态度，并非要从义理或人性上去探讨其原因，他只是感叹，人生有诸多死亡方式，为何不能为仁义而慷慨就义？此种感叹包含了丰富的时代内涵，在元末战乱中，大量朝廷官员、守城将领与读书君子，面对兵败城破的危局，很少有像余阙坚守安庆那般宵衣旰食并最终慷慨赴死，多数人均系望风而逃，甚至觍颜事敌。面对此种局面，作者无法解释古今何以差距如此之大，惟有"涕泗汍澜而已"！这不仅是自我绝望，更是对朝廷的绝望！这种笔法成为宋濂常用的一种子书书写方式。如"虞丹微"写虞丹子愤而欲焚六经，其原因为："古之学经者期以治身，今之学经者将以荣身；古之学经者期以化民，今之学经者将以诔民；古之学经者期以立德，今之学经者将以丧德。予奈何不焚之？"于是感叹曰："是故欲激衰俗也。"可知，抒发自我感慨及复杂情感，成为作者此刻的主要目的。

从人格类型看，刘基较之宋濂更偏于情感型人格，故而《郁离子》也具有更鲜明的抒情色彩，其"天道"篇设计了郁离子与从者的对话，其核心是郁离子与古贤相伊尹的对比。郁离子对百姓之疾苦具有强烈同情心，但其从者深不以为然。郁离子便拿伊尹作比，说是他念及天下有一夫未能被其恩泽，心中便感到愧耻。自己同样是人，看到百姓深陷困境却无所作为，能不感到悲伤？从者认为他与伊尹情形完全不同，伊尹深受天子信任而被委以重任，在其志得意满之时如若不能使百姓受益，自然应感到羞耻。而郁离子自己身处"逆旅"而郁郁不得志，有何能力与责任去同情百姓疾苦？即使你能够同情百姓，又能做些什么？言下之意，朝廷天子都无心去庇护百姓，那么作为失意文人的刘基也就只能"嗟嗟奈何"了。从"郁离子归，绝口不谈世事"的结语中，不难体会其绝望心情与愤激情绪。此类书写甚多，如："郁离子曰：'吾闻天之将雨也，穴蚁知之；

---

① 黄灵庚编校：《宋濂全集》，第2207页。

野之将霜也,草虫知之。知之于将萌,而避之于未至,故或徙焉,或蛰焉,不虚其知也。今天下无可徙之地、可蛰之土矣,是为人而不如虫也。'"①"郁离子之市,见坏宅而哭之恸。或曰:'是犹可葺与?'郁离子曰:'有鲁般、王尔则可也,而今亡矣,夫谁与谋?吾闻宅坏而栋不挠者,可葺。今其栋与梁皆朽且折矣,举之则覆,不可触已。'"②这些表述均饱含情感,能够产生动人的审美效果。最可瞩目的是"公孙无人"篇中的一则:

> 石羊先生倚楹而叹曰:"呜呼!予何为其生乎!人皆娭娭,我独离离;人皆养养,我独罔罔。谓天之弃之乎,则比人为有知;谓天之顾之乎,则何为使予生于此时?时乎命乎,我独于惧;东乎西乎,南乎北乎,吾安所归?独不如鱼与鳖乎,潜居于坻;又不如鸿与雁乎,插翅而飞。何不使之为土为石乎,而强生以四肢?又何不使之冥冥木木,不知痛痒以保其真乎,而予之以致寇之货,陷之以不测之机。"于是,悲风振天,四野凄凉,浮云不行。霰雪交零,日月为之无光七日。③

此段文字既无说理,也未叙事,作者唯一目的便是抒发动乱时代的人生感叹。此位石羊先生孤独彷徨、凄伤迷茫,他拥有较之常人更为敏感的心智,却遭遇到如此黑暗的时代。他没有归宿,既不能像鱼鳖那样潜藏水中,又不能像鸿雁那样飞翔天空。可谓上天无路,入地无门。作为一个鲜活的生命个体,他不得不忍受盗贼劫掠,身陷绝境的巨大痛苦。如此痛苦的人生体验,既是作者本人所亲历,又是文人群体甚至普通百姓之共同感受。为了烘托此种悲剧情调,作者特意进行环境描绘,所谓"悲风振天,四野凄凉,浮云不行,霰雪交零",显然是让苍天来见证这时代的不幸。如此笔法,虽非诗歌的抒情却饱含浓郁的诗意。

其三是著述以垂不朽观念的追求。中国古代文人深受儒家立德、立功与立言三不朽传统的影响,并做出各自的不同人生选择。在各类著述中,子书被文人视为可传之书。刘勰《诸子》篇称赞子书:"身与时舛,志共道申,标心于万古之上,而送怀于千载之下,金石靡矣,声其销乎!"④身处元明易代的浙东诸子,可谓正逢"身与时舛"之际,则著子书以求声名不朽,乃是其必然选择。宋濂《燕书》后记曰:"余为《燕书》四十篇,盖取郑人误书'举烛'之意。读者好之,谓有秦汉风。余愧汗弗止者何也?自婴忧患以来,神情销沮,见于觚翰之中,气苶而辞荒,恶在其能秦汉也。不犹优孟之似孙叔敖哉!"⑤作为有谦谦君子之风的宋濂,尽管出语谦逊,但心里眼里更在意的是"读者好之,谓有秦汉风"的评价,因为其子书既已具备秦汉风貌,则必传无疑了。其《龙门子凝道记》题记亦曰:

---

① 林家骊点校:《刘基集》,第2页。
② 林家骊点校:《刘基集》,第7页。
③ 林家骊点校:《刘基集》,第46页。
④ 刘勰著,范文澜注:《文心雕龙注》,第310页。
⑤ 黄灵庚编校:《宋濂全集》,第2299页。

间尝取而阅之，皆一时念虑所及之言，而潜思精索之功，盖蔑如也。故其辞芜以费，其理晦而不章，自度决不能行远。况自秦汉以来，著子书者不一姓，其果能流布于今者几家？似亦易知也。呜呼，濂何人斯而敢犯是不韪乎？多见其不知量也。非惟人笑，而亦自笑之。立言之难也盖如此。幸犬马之齿未衰，自时厥后，当求圣人之遗经，益精研而笺记之，以赎前者不知妄作之罪，或者其庶几云。①

　　此段委曲婉转的文后自我交代，需要悉心加以解读。从表面看，是宋濂对其著作的自我贬抑，"自度决不能行远"。但如仔细剖析，则可知自谦之下的自负。因为从"自秦汉以来，著子书者不一姓，其果能流布于今者几家"的表述中，他俨然已将其著作列之于先秦以来的子书序列，而从"濂何人斯而敢犯是不韪乎"里，已坦承自己也具有"流布"后世之期待。而从其"当求圣人之遗经，益精研而笺记之"的著述计划中，并没有另著或修改其子书的打算，则对其子书的自我认可与流传后世的期待也就不言而喻了。成化年间的徐礼在《龙门子凝道记序》已察觉其中端倪："观其在龙门之日，著书立言，有及乎此，虽若不敢以斯道自任，亦见其有不得而辞者矣。"②"虽若不敢以斯道自任"，指其自谦之辞；"亦见其有不得而辞者"，则是从书中所透露的宋濂志向、情感与理想，自然也包括其追求自我不朽的人生期待。

　　刘基著《郁离子》之动机已有诸多学者论及，其中何镗的序文评价最为到位："夫古昔圣贤，备具道德仁义之懿，施于政教，被及万汇，其礼乐章程，莫非文也，惟穷而在下者，不获有所张设，乃不得已而托之言，以寄其忧愤康济之怀，俟之后世……胡运式微，务为陵替，抚狨寇而引非族，言之者抵衅，起弊末由，痛心荼毒，于是乎厄言《郁离》，比类旁通，故三闾泽畔之吟，《离骚》惓恳之意也。"③此处有两点言之甚确。一是《郁离子》非但是论述治国理政之文，亦为"三闾泽畔之吟"的"惓恳"抒情之作；二是"穷而在下者，不获有所张设，乃不得已而托之言，以寄其忧愤康济之怀，俟之后世"的立言不朽观念。此乃元明之际子书的特殊属性，既是作者明道致用的展示，也是抒情寄愤的自我宣泄。证之以刘基本人写作实际，可知所言之不虚。《郁离子》最后一篇"九难"，借助与随阳公子的对话，显示了郁离子对于口福之乐、美景享受、富贵珍异、高官厚禄、得道成仙等世俗欲望的否定，因为在一个思想上九流杨墨之"淫辞横说，从横反复"、时局上如豺蛇虎狼之"奋爪张牙，饮血茹肉"的黑暗时代，既不能"慢弃伦理"以隐居，又不能"以富贵为乐"而贪图享受。其最大理想为："仆愿与公子讲尧舜之道，论汤武之事，宪伊吕，师周召，稽考先王之典，商度救时之政，明法度，肆礼乐，以待王者之兴。"④这与其说是刘基的现实追求，倒不

---

① 黄灵庚编校：《宋濂全集》，第2238页。
② 黄灵庚编校：《宋濂全集》，第2708页。
③ 林家骊点校：《刘基集》，第685–686页。
④ 林家骊点校：《刘基集》，第59–62页。

如说是自我形象塑造，因为他渴望留给后人一个崇高的儒师形象而供人瞻仰①。从太史公的《史记》到李卓吾的《藏书》，其创作动机无不如此，易代之际的子书写作自然也不例外。

以上所述三点，无论是自我心迹的表白与自我形象的刻画，苦闷情绪的抒发与人生困惑的展示，还是著述以垂不朽观念的追求，均展现出元明之际子书创作的文学审美属性。因为这些都是就作者自我个性、自我情感与自我生命价值所展开的书写，而且是作者有意识的创作策略与写作目的。在以前的研究中，学界更多关注的是此类子书的书写内容与思想价值，往往忽视了其文学观念的阐发。其实以文学书写方式阐释其自我明道致用的主张，并兼及自我情志之表达，才是此类子书最为鲜明的特点。

三、子书的寓言言说方式与想象空间的拓展

论及元明之际的子书创作，多数学者均会将其与寓言联系起来，并将此时之寓言作为一种文体加以研究②。其实子书与寓言并非同一层面问题，具体而言就是子书是一种文类，而寓言仅仅是子书所运用的一种手段而已。这无论从《庄子》"寓言""重言""卮言"的三种言说方式的并置，还是宋濂可以在杂说类中以"寓言"名篇③，同时人胡奎又可以在诗歌创作中以"寓言"为题④，都证明寓言作为言说方式的功能与性质。就当时文坛总体情况看，寓言并非某类固定文体，而是可以被各种文体诸如子书、传记与诗歌所采纳的言说方式，目的均为通过故事以寄寓作者之思想与情感。

元明易代之际的文人，尤其是浙东文人何以会对两千年之前的此种寓言书写方式产生浓厚兴趣，这牵涉到寓言思维方式问题。从表层看，寓言是一种表达方式，但从深层看，它更是对现实的一种理解方式、思维方式与把握方式。在先秦诸子中，儒、墨、法、兵诸家均将寓言表达方式视为立论的一种补充手段，而对寓言思维方式运用最为成熟，且有理论表述者无疑是庄子学派，此即为庄学中寓言、重言、卮言的所谓"三言"。因而对于寓言之理解必须放在"三言"的整体系统中才能得以实现。《庄子》"天下"曰："以天下为沉浊，不可与庄语，以卮言为曼衍，以重言为真，以寓言为广。"⑤意为由于天下处于"沉浊"乱世，不可用常规语言予以表述，所以采用"三言"的言说方式。身处元明之际乱世的浙东文人，大概理解了《庄子》的这些话，所以采取了相近的语言表达方式。《庄子》"寓言"篇则对"三言"具体解释曰：

寓言十九，重言十七，卮言日出，和以天倪。寓言十九，藉外论之。

---

① 关于《郁离子》的成书时间，一般认为是作于投奔朱明政权之前的至正十八年与至正十九年之间。此时正是元朝廷、张士诚与朱元璋之间的拉锯混战之际，因而刘基《郁离子》的创作目的也只能是垂言以"俟之后世"。有人认为《郁离子》成书当在明初（见程念祺《〈郁离子〉成书当在明初》，《文献》1993年第1期），所据为书中讨论用人方法与吴中重税均系明初所发生之事，但缺乏有力的直接证据，在此不予取。
② 如林淑君《元末明初寓言研究》、周婷《元明寓言研究》等。
③ 黄灵庚编校：《宋濂全集》，第2026页。
④ 永明点校：《胡奎诗集》，杭州：浙江古籍出版社，2012年，第21页。
⑤ 郭庆藩：《庄子集释》第4册，第1098页。

亲父不为其子媒。亲父誉之，不若非其父者也；非吾罪也，人之罪也。与己同则应，不与己同则反；同于己为是之，异于己为非之。重言十七，所以已言也，是谓耆艾。年先矣，而无经纬本末以期年耆者，是非先也。人而无以先人，无人道也；人而无人道，是之谓陈人。卮言日出，和以天倪，因以曼衍，所以穷年。①

关于此处"三言"的解释，历代注庄者分歧颇多，莫衷一是，在此无需具列。我以为"三言"乃是《庄子》文本构成的三个层面。寓言是其文本的基本故事单元，其特点是"藉外论之"，以虚拟之人物、动物所构成的故事以表达某种观点。这些观点不一定完全代表作者的立场与看法，具有相对独立性。而且寓言占据了《庄子》一书的主要篇幅，所谓"寓言十九"即此意。《庄子》寓言与先秦其他诸子寓言有明显差异，它们不是作者观点的传声筒，具有独立的生命与价值。重言就是重复地言说，也就是将相同、相近或相反的看法与观点前后说出，达到对比的效果。作者在此用"耆艾"与"陈人"为例加以说明，年长者可以称为"耆艾"，但如其"无人道"，则又可视为"陈人"。重言的目的是"已言"，也是用相同的表述来消解前边的说法。重言实质上是寓言的一种组合关系，它将寓言或并峙，或互补，或矛盾，或重复地组合起来，从而获得一种消解固定观念的解构效果。卮言乃是《庄子》文本的整体语言特色与论述效果，也就是重言所产生的言说效果。因为所有的固定观点都被"已"掉，因而就没有是非，没有起始，没有界限，没有结论。从语言层面看，这叫"和以天倪"，即消解了语言限制而直接与天地之道相通；从人生层面看，就叫"因以曼衍，所以穷年"，自由自在，平和自然地安度人生。作为儒家身份的浙东派作家，他们到底能够领会汲取多少庄学的思想资源，尤其是"三言"的言说方式给了他们何种启示，这都需要认真辨析。我以为，他们主要接受了"藉外论之"的寓言方式，而未能吸纳重言的笔法，因此也就没有形成卮言的效果。王祎所理解的"卮言"大概是"格言""警句"之意，包括他们创作的所谓连珠体也具有此种内涵，但距庄学"卮言"之意相去甚远。

尽管如此，他们即使仅容受了《庄子》寓言的言说方式，也对其构思、创作子书产生了巨大影响。从文学书写的角度，宋濂、刘基的子书创作即呈现出如下的文学构思特征。

首先是其虚拟性构想。在整个子书系统中，真正能够以虚拟主人公郁离子、龙门子之类贯穿全书始终的，除了《庄子》之外实属少见。其中郁离子或龙门子有时是作者的化身，但有时又不全是，完全按照行文需要做灵活处理。多数学者认为郁离子即刘基之别号，郁离子的观点即代表刘基看法，其实不然。就像《庄子》一样，无论是文中的庄子、孔子还是惠子，均系作者虚拟人物，各自承担其叙述角色。如"千里马"中的一则寓言：

王孙濡谓郁离子曰："子知荆巫之鬼乎？荆人尚鬼而崇祠，巫与鬼争

---

① 郭庆藩：《庄子集释》第4册，第947-949页。

神,则隐而卧其偶。鬼弗知谁为之也,乃孽于其乡。乡之老往祠,见其偶之卧,醮而起焉。鬼见,以为是卧我者也,殴之,踣而死。今天下之卧,弗可起矣,而不避焉,无益,只取尤耳。"①

此处的王孙孺与郁离子均系虚拟之人,但讲述者却并非郁离子而为王孙孺。故事中之巫、鬼与乡老自然亦为虚拟。依照故事情节,乡老自然是冤屈的,他本来好意去扶起卧倒的鬼之偶像,却被鬼误解殴打致死。可是王孙孺却由此引出教训说:目前天下大乱已无可救药,应该隐居躲避,否则便会像乡老一样而招祸。如此构思无疑出于作者精心安排,刘基当时本来要尽心竭力为朝廷平定叛乱,但却多次遭到误解打压,最终不得不隐居青田而著书。这一怨恨之情隐忍已久,但若令郁离子说出又多有不妥,故而虚拟一位王孙孺代言。其实,王孙孺的话是否真正能够代表刘基的真实立场也仍需考察,或者充其量也只是发泄其一种不满情绪而已。《龙门子凝道记》中的虚拟性叙述者也颇为讲究,比如"观渔微"中的"龙门子观渔于河"一则,龙门子见到捕鱼者以大网捕鱼将尽时,感叹先王之时鱼不"盈尺"不捕,结果遭致渔者讥笑,认为此乃龙门子过错,因为先王之时在位的公卿士大夫均为贤者,故而能够"治教休明而仁及鱼鳖"。可当今文人们却纷纷"肥遯"而隐,结果"国家失太平,干戈万里,掠人为粮,甚或载盐尸以行,生民之类不绝如缕,而况于鱼乎?非夫子之过而谁也!"。文末作者意味深长地写道:"龙门子弗应,瞠然视渔者,久之乃去。"②仕隐矛盾是当时文人均需面对的难题,儒者的责任感使其难以忘怀百姓疾苦,但混乱的世道又迫使其隐居山中。在此,渔者所承担的叙述角色显然要较之龙门子更为重要。在《寓言》五则中宋濂再次触及此一问题,此处角色变成了韩厥与饭牛者,饭牛者大谈自己隐居生活的轻松快活,韩厥问:"女自谋则善矣,如苍生何?"结果也是:"饭牛者不答,笑去。"③这些虚拟叙述者的灵活设置,显示了作者构思的精巧,并取得了发人深思的艺术效果,深得庄子寓言手法。

其次是对话体的设置,造成了生动曲折、形象传神的审美效果。在宋濂、刘基的子书创作中,其寓言书写大致由独白与对话两种行文模式构成,并形成不同的格调。独白较为精炼深刻而给人警醒,对话则婉转曲折而意在言外。在对话体创作上,宋濂《龙门子凝道记》在诸家子书中成就最为突出,其很多段落均由此体构成。如下一则:

丁鸿问于龙门子曰:"君子何以处贫也?"龙门子曰:"安之。"曰:"安之未能也,请问其次。"曰:"忍之。"曰:"忍之之道奈何?"曰:"茅茨土阶,视如华榱飞甍之丽;柴车蹇乘,视如文茵飞黄之良;垢裘敝屣,视如绣裳朱舄之珍;藜羹糗饭,视如五鼎八珍之美;丑妻恶妾,视如毛嫱西施之艳。则美念不生矣。是忍之之道也。忍之久,则自然矣。能自然,则安之矣。"虞丹子在旁,闻之哑然笑曰:"吾处贫四十年矣,居之以道

---

① 林家骊点校:《刘基集》,第3页。
② 黄灵庚编校:《宋濂全集》,第2220页。
③ 黄灵庚编校:《宋濂全集》,第2024页。

德，乘之以仁义，被之以礼乐，饱之以忠信，友之以廉洁。虽冻馁濒死者数四，未尝启齿一言，盖欣然若有晋楚之富，不知所谓贫也。是何也？心无愧怍也。苟有一毫外慕之念，则愧怍生矣。愧怍生，纵富，贫也。况实贫乎哉！夫子盍以是告之？而徒陈说彼区区者，不亦谬乎？"龙门子曰："子以君子之事望恒人，其不可也夫。"①

身处易代之际的战乱之中，隐居生涯首先面对的便是贫穷。如果不能忍受清苦生活，就难以坚守文人操守，从而失去内心平静而流于颓废。因此，如何"处贫"便成为需要讨论的重要话题。对此，龙门子提出"安之"与"忍之"的方式，并具体描绘如何"忍之"的措施。依照一般寓言书写方式，到此即可结束。不料作者又请出一位虞丹子发表不同看法：应具备高尚节操，达到不外慕、无愧怍的人生境界，也就处贫贱若富贵了。自《礼记·中庸》提出"守素"观念后，如何"守素"便成为士人不断思考的问题，尤其是"处贫贱素乎贫贱"更是牵涉到士人操守的重要环节。那么，如何评价龙门子与虞丹子二人的不同处理方式呢，便须读者做出认真思考。尽管龙门子认为虞丹子的说法是"以君子之事望恒人"而予以否定，但他开头就以"君子何以处贫"为问，可见其本人所回答者亦并非针对"恒人"。其实，宋濂在此已汲取庄子"重言"方式，即面对同一话题给予不同答案，以增加寓言之曲折性，并引起读者思考，从而产生意在言外的效果。《郁离子》对话设置之集中代表莫过于"九难"一章，作者通过郁离子与随阳公子九方面有关人生欲望的深入对话，充分展现了丰富复杂的人生追求，并最终凸显了郁离子"讲尧舜之道，论汤武之事"的最高理想，是一篇少见之奇文。但如果就全书看，《郁离子》的对话设计显然赶不上《龙门子凝道记》。这大概与二人个性有关，宋濂乃性情平和的谦谦君子，因而行文风格多迂曲舒缓，故而人物对话曲折生动，摇曳多姿；刘基乃性格峻急、思想深邃之谋士，故而其寓言往往精炼而深刻，通过人物对话以烘托叙述人郁离子的深刻见解。但偶尔亦有短小隽永之对话故事，如《天道》有盗子问郁离子："天道好善而恶恶，然乎？"郁离子答曰："然"。随后盗子举出从植物、动物到人类社会等一系列反常例子，尤其最后问道："自古至今，乱日常多，而治日常少，君子与小人争，则小人之胜常多，而君子之胜常少，何天道之好善恶恶而若是戾乎？"于是，"郁离子不对"。盗子得意地说："甚矣君子之私于天也！而今也辞穷于予矣。"②通过精彩对话，盗子得意而郁离子辞穷，引出一个发人深思的历史难题，而且是易代之际身处战乱之中令人迷茫不解的难题。这些对话性寓言更接近于《庄子》笔法，它们所看重的不是明晰的结论，而是引起读者对人生问题的思考。

再次是文学性语言的使用。子书寓言书写的文学性可以体现在虚幻的人物，曲折的情节，形象的描绘以及浓郁的情感诸方面，但这些又均须落实在文学语言的书写上。读《郁离子》与《龙门子凝道记》的直接感受，就是其语言的非逻辑性，而是具有较大的跳跃性与描述性，甚至带有明显的夸张铺陈性。如《郁离子》"螟蠓"曰：

---

① 黄灵庚编校：《宋濂全集》，第2221页。
② 林家骊点校：《刘基集》，第39—40页。

> 郁离子曰："呜呼！天下之乱也，天亦无如之何也矣！夫天下之物，动者、植者、足者、翼者、毛者、倮者，臧臧如也，沸如也，萃如也，森如也，出出而不穷，连连而不绝，莫非天之生也。则天之好生，亦尽其力矣。尽其力以生之，又尽其力以歼之，不亦劳且病哉？其生也非一朝，而其歼也在顷刻。天若能，如之何而为之？则亦不诚甚矣！"①

此段文字绝非刻意挑出，只因其短小精悍便于引用而已，它完全能够代表全书的语言风格。如果依据连珠体的体制特征，作者本可如此写："天之将乱也，天亦无如之何矣。天之生物也众，可谓有好生之德矣。而今歼之在顷刻，何也？天之不诚也甚矣。"刘基在此不仅运用大量排比手法极力夸张物类之繁多，而且刻意选用一些生僻字、异体字以凸显其陌生化效果。宋濂之文一向以平实著称，但《龙门子凝道记》却一改其平时文风。如"秋风枢"曰：

> 龙门子曰："秋风萧骚，百窍悲号。草木黄霣，兰蕙为之共凋。不亦悲乎？阴云四兴，阒阒冥冥，昼不睹日，夜不见月与星。不亦悲乎？猊啼我前，虎啸我后。择地而蹈，莫知其所。苍苍在上，曾不得告语。不亦悲乎？大江扬波，舟楫不通，鲸呿鳌掷，又辅以飓风。不亦悲乎？漆灯宵明，千里无人。蒿莱没垣。魑魅为邻。不亦悲乎？世变之极，一至于此乎？予欲上升钧天帝都，吸沆瀣而餐朝霞，天关不启，刚风迅急，不得而留也。予欲下诣清泠之渊，以明月为馆，以文贝为堂，天吴九首，变幻恍惚，又不得而往也。予欲婆娑人间，求灵皋秘壤而游之，大山限隔，风气不通，虽乘黄鹄，亦知其不能前也。呜呼悲乎！予将何所至乎？人龄逾百，亦流电之一明耳。嘉禾既实，不荐粢盛，肯零坠于中野乎？色丝已染，不补衮衣之阙，肯备红女之纫袞衣乎？雅瑟已调，不入清庙，肯沦辱于伶人之手乎？呜呼悲乎！予将何所至乎？虽然，我生不有命在天，天命已定，我尚何悲哉？"于是命琴弹为白石之操，而更之以落霞结云之音，欣然而忘其悲。②

在此，除了用了"黄霣""阒阒""鲸呿鳌掷""不荐粢盛"等个别较为生僻词语外，文笔还算流畅自然。但就其内容而言，却完全是文学性叙写方式。作者采用一系列自然景物的描绘以及一整套人生行为的叙述，构成一则完整的寓言隐喻模式，以寄托其乱世情怀与人生选择。如果用议论性文字，只需"生逢乱世，上天无路而入地无门，然绝不同流合污，而务须保持自我节操"一句足矣，可作者却用了四百余字极尽铺张叙写之能事。如果认真分析作者构思动机，除了必要的气氛渲染以利于抒发其悲愤无奈的情感外，有意显示其文笔才气当亦为重要因素。换言之，宋濂之创作子书当然有明道言志的儒家经世致用目的，但同时他又将其视为文章构思，以之自我表白，以之自我宣泄，

---

① 林家骊点校：《刘基集》，第28页。
② 黄灵庚编校：《宋濂全集》，第2194页。

以之自我娱乐，当然也以之展现自我之才情文笔。他在《燕书》题记中心心念念所牵挂的，乃在于是否有"秦汉风"，亦即是否具备秦汉文水平与体貌。其实刘基尽管不曾表白其创作《郁离子》的动机，但从其铺张扬厉的文笔，佶屈聱牙的字句，乃至远落天外的遐想，都昭示着那深深的文学情怀。

李濂《刘宋二子合刻序》中，如此评价《郁离子》与《龙门子凝道记》："惟夫道与时违，人莫我用，抱蕴弗施，何所表见？于是写我幽衷，托之觚翰，炳耀垂文，而名悬日月矣。其诸免于没世无闻之憾矣乎。抑亦远期后世，苟有能用我言者，则吾道之行于异时，亦何必吾身亲见之也。"①此处对于刘、宋二人之评价可谓全面。明清两代学者在论及二者子书创作时，大都瞩目于其传道功能与致用目的，比如刘熙载评《郁离子》曰："后世学子书者，不求诸本领，专尚难字棘句，此乃大误。欲为此体，须是神明过人，穷极精奥，斯能托寓万物，因浅见深，非光不足而强照者所可与也。唐、宋以前，盖难备论。《郁离子》最为晚出，虽体不尽纯，意理颇有实用。"②强调的就是刘基的见识超卓，故能因浅见深，达到"意理颇有实用"之目的。其实，二者所作子书，并非不"尚难字棘句"，更不是仅为"穷极精奥"的明道实用需求。李濂认为，他们由于遭逢末世，人莫我用，所以就"写我幽衷，托之觚翰"，实现其"炳耀垂文，而名悬日月"的不朽目的。同时，也并未忽视其政治情怀与传道功能，因为他们也渴望"苟能用我言者，则吾道之行于异时"。从李濂评价里，似可引申出如下结论：在元明易代的特殊境遇中，文人们的子书创作不仅可以迸发出巨大的思想活力，从而产生诸多大胆新见，更能激荡出艺术想象的活力，创作出具有鲜明特色的文学审美作品。这其中的独特寓言书写，便是其重要收获之一。

四、元明易代之后子书书写观念之演变

元明易代之后所创作的子书，今所知较为有名者有苏伯衡《空同子瞽说》与叶子奇《草木子》③。《草木子》非子书之常体而近于笔记，在此可暂不论及。能够代表元明易代之后子书创作特色者，应为苏伯衡《空同子瞽说》。

关于《瞽说》作者苏伯衡，相关文献有不同记载，《明史》撮合相关文献，所言较为可信，其曰：

> 苏伯衡，字平仲，金华人，宋门下侍郎辙之裔也。父友龙，受业许谦之门，官萧山令，行省都事。明师下浙东，坐长子仕闽，谪徙滁州。李善长奏

---

① 黄灵庚编校：《宋濂全集》，第2914页。
② 刘熙载：《艺概》，上海：上海古籍出版社，1978年，第36页。
③ 《草木子》有叶子奇之《自序》，明确署为作于洪武十一年。《空同子瞽说》未署写作时间，然根据苏伯衡入明时不到四十岁，故而在元末要写作内容丰富的子书似乎不大可能。而且刘基及宋濂为其文集所作序文均未提及其子书创作情况，只有胡翰的《苏平仲瞽言后跋》说："得告而归金华，奉其父母，处其兄弟之间，愉愉然。间读书为文，矻矻如也。余于是得其《瞽说》读之。"（胡翰：《胡仲子集》，影印文渊阁《四库全书》第1229册，上海：上海古籍出版社，1991年，第102页）观其文意，则《瞽说》似应作于苏伯衡辞官退隐之后，故此处将《空同子瞽说》定为入明以后所作。

官之，力辞归。伯衡警敏绝伦，博恰群籍，为古文有声。元末贡于乡。太祖置礼贤馆，伯衡与焉。岁丙午（至正二十六年）用为国子学录，迁学正。被荐，召见，擢翰林编修。力辞，乞省觐归。洪武十年，学士宋濂致仕，太祖问谁可代者，濂对曰："伯衡，臣乡人，学博行修，文词蔚赡有法。"太祖即征之，入见，复以疾辞，赐衣钞而还。二十一年聘主会试，事竣复辞还。寻为处州教授，坐表笺误，下吏死。二子括、怡，救父，并被刑。①

其中可注意者有二：一是关于其最终结局，此处所言为"坐表笺误，下吏死"，他像许多浙东文人的命运一样，以追求理想而出，以失望坐罪而终；二是朝廷政治环境的恶化，他曾一再地辞官归隐。这两点均与其《空同子瞽说》写作关系至为密切。

"瞽说"之典出于《庄子》之《逍遥游》"瞽者无以与乎文章之观"②，乃自谦之辞。其书名可能受到宋濂《燕书》之"郢书燕说"命名方式的影响，由此可知该书应产生于宋濂《燕书》之后。胡翰评价《瞽说》曰："托物以造端，比事以寓意，缘情以见义，明于国家之体，达于人情之变，如钩探物，连牵不绝，其出不穷，原其敝之所始，要其势之所必，至戚戚然，思以杜之、拯之，将以上承天子圣化，而措之乎太平之治。"在此概括了该书"托物以造端，比事以寓意"的子书寓言特点，同时称赞了其对于国家治理的重要作用。此类评价乃是朋友之间的场面话，倒是下面此句颇堪关注："《瞽言》者，本乎仁，发乎义，有进戒之忠，有虑远之智，非若世之郁悒悲愤不平而鸣者比也。"③这才应该是真正的有感之言。因为温厚和平与鸣国家之盛乃是入明后朝廷所倡导的主流文风，而"郁悒悲愤不平而鸣"则变得不合时宜。更进一步，文风不仅应平和盛大，还应起到尽忠虑远的政治实效，对于当时文人才是正面评价。这当然体现了胡翰的文章观念，关键是它是否符合《空同子瞽说》的创作实情，需要考察该书的具体内容。

关于作者的情感抒发问题，非但"郁悒悲愤不平而鸣"的负面情感确已大大减少，甚至其整体主观情志的抒写也已大大淡化，更不要说深刻犀利的批评讽刺了。从此一角度，《空同子瞽说》与《郁离子》《龙门子凝道记》相比已发生明显变化。在28则短文中，真正能够有点情感色彩的仅有两则，其一为："空同子掩书而起，曳杖而歌曰：'黜吾知，任吾真，佚吾形，抱吾神，两耳之存，六用之泯，人乎天乎，天乎人乎！'"④表达了一种隐逸超然情怀，但却没有任何背景描绘与原因揭示，亦即仅为个人情感的抒发而不涉及具体语境。另一则曰：

> 空同子行于河滨见渔者，视其网则缯也，观其所得之鱼，宛转唼喁鳞鬣莫辨，则其大者才如指而已。顾谓门弟子曰："先王发政，网罟之目必四寸，而鱼之鬻于市者必满尺。何其仁也！当是之时，鱼鳖之类咸遂其生。又

---

① 张廷玉：《明史》卷285，北京：中华书局，1974年，第7310-7311页。
② 郭庆藩：《庄子集释》，第30页。
③ 胡翰：《胡仲子集》，影印文渊阁《四库全书》第1229册，第102-103页。
④ 苏伯衡：《苏平仲文集》，影印文渊阁《四库全书》第1228册，第841页。

何幸也！今缯以为网，而鱼之如指大者登鼎俎焉，甚哉乎，鱼之不幸也！甚哉乎，渔者之不仁也！"渔者曰："嘻，是何足怪。古者取民率什一，后世则大半矣。古者役民岁三日，后世则终岁矣。古者山泽无禁关讥不征，后世则以山泽关市之征为经费矣。然则不幸岂直鱼哉？不仁岂直渔者哉？"空同子乃歌曰："冽彼下泉，浸彼苞稂。慨我寤叹，念彼周京。"歌已而归，归而颦蹙者累日。①

在此，作者通过古今捕鱼之不同，对比古今政治之变化，发出"念彼周京"的复古感叹。如果与宋濂"龙门子观于河"的寓言相比，具有明显的互文性。两则寓言同样是观察网眼与所捕之鱼的大小引发出政治话题，宋濂寓言中那位渔者所抨击的，乃是由于文人"肥遯"所导致的政治状况恶化，从而使得"国家失太平，干戈万里，掠人为粮，甚或载盐尸以行，生民之类不绝如缕"。其中既讥讽现实社会混乱，又反思自我隐逸行为优劣。而苏伯衡尽管也借用了此一寓言框架，却仅仅涉及赋役关税之轻重问题，批判广度与深度均已大大弱化。而且即使如此，这也是《空同子瞽说》中绝无仅有之孤例。

关于政治问题的思考，苏伯衡已从元末的批评性态度转向建设性立场。第一则从"玄高却秦师"故事里，获得如下结论："明以抚众，君之道也；忠以事上，臣之职也；谦以自居，民之行也。君明臣忠民谦，求国无治，不可得也。"②君、臣与民各守其义，乃是作者为王朝所设计的美好理想。第二则由"孟献子谏鲁宣公"引申出："君知国本之在民，是以用其贤能为其司牧，授其田宅，教其树畜，开其衣食，同其好恶，恤其疾苦，补其匮乏，遂其庶富，致其劝惩，兴其孝悌忠信。本既固矣，而后邦宁。三代异制，厥道一也。"③强调了民为邦本，衣食足而知礼义的儒家治国之道。第三则以"魏文侯问李克"的故事集中论述君与士如何相处而治理天下问题。所谓："知之则用之，用之则任之，任之则信之，信之则不以小人间之，则士之在天下者皆将竭蹶而至矣。"④君臣关系、君民关系乃至君与士的关系，都是明初政治的重要话题，其要义在于社会秩序的重建。对此苏伯衡也有过系统论述，第25则他以"规"与"矩"以成"方"与"圆"为例，以说明秩序建立之必要与重要。最后得出结论：

> 是故圣人之治天下，盖莫不因而为之制也。因民之不皆信也，于是乎为之权衡度量；因民之不皆善也，于是乎为之礼乐政教；因民之不皆从也，于是乎为之赏罚；因民之不皆治也，于是乎为之兵刑。使天下无人而不信，有权衡度量哉；无人而不善，有礼乐政教哉；无人而不从，有赏罚哉；无人而不治，有兵刑哉。之数者设焉，而后天下无不信、不善、不从、不治之民，然则权衡度量之立，礼乐政教之修，赏罚之用，兵刑之施，可一日少乎？虽然，不出于结绳之前，结绳之后斯出焉，吾固知圣人甚不得已也。虽不得

---

① 苏伯衡：《苏平仲文集》，影印文渊阁《四库全书》第1228册，第839页。
② 苏伯衡：《苏平仲文集》，影印文渊阁《四库全书》第1228册，第834页。
③ 苏伯衡：《苏平仲文集》，影印文渊阁《四库全书》第1228册，第835页。
④ 苏伯衡：《苏平仲文集》，影印文渊阁《四库全书》第1228册，第836页。

已,亦岂外人心而有为哉?是故赏因其好善之心而劝之云耳,罚因其恶恶之心而惩之云耳,礼乐刑政之类罔不皆然,亦犹马之性行也而乘之,乘之而羁靮作焉;牛之性耕也而服之,服之而楅衡作焉。而曲学者乃谓圣人之治天下削物之性,侵物之德,是乌足与论圣人。①

在此,苏伯衡非但强调了权衡度量、礼乐刑政及赏罚兵刑的必要性,而且还从人性角度说明制度规则建立的必然性。就像马应该被乘坐,必然要笼之以"羁靮";牛要用来耕地,必须配之以"楅衡"。这些均为社会稳定而有序的必要措施,是圣人治理天下不得不用的手段。庄子等道家认为儒家礼乐制度是对人天性的限制与扼杀,而苏伯衡则认为这并非"削物之性,侵物之德",乃是圣人为求得社会秩序的稳定而"甚不得已也"。苏伯衡所讨论的话题的确与元末有了重大差异,宋濂、刘基们所关注的是官府与百姓、官军与盗匪的对峙、相混及倒置的社会混乱,痛恨的是朝廷的黑暗与对人才的扼杀,困惑的是进退失据的人生矛盾。他们当然也渴望天下太平与秩序重建,但更看重战乱的平定与苦难的结束。元末文人更多的是从个体看社会,而明初学者则往往从社会看个体。这并非苏伯衡一人的想法,也是那一时期许多文人的共识。胡翰之所以能够做出上述概括与评价,说明他们在此一方面具有相近的见解。

然而,如果认为苏伯衡的立场已完全转向朝廷而丢失了浙东文人的理想,那更是严重的误解。通观《謷说》可以发现,作者从来都是从君臣、君民、君士之间的关系来论述政治如何稳定,天下如何有序的,而并非强迫臣子、士人及百姓以损害自我生命与利益而屈从于君主。比如他认为仕隐进退的原则应以"道"为依据,在第17则中他提出"贤者谋道而不谋食"的主张,出仕的前提是:"君知之至然后起,礼之恭然后留,信之笃然后用。"②否则宁可隐居守道以保持自我尊严。这一点依然与宋濂在元末的看法毫无二致。又比如明初朝廷多盘剥富家大户以均衡社会财富,而苏伯衡则明确表示非议,其第19则曰:"大抵一邑之间,一乡之内,数百户之中,田多者初不过三四户,今也服役于官惟多田之家而已。其余或贾于市,或商于途,或执百工技艺,虽积蓄有余以其无田也,役未尝及焉。则与使二三有力人服数百人奔走转移之劳无异矣,欲巨室无困其可得乎。"③如果这些田多的"巨室"将来都破了产,则"国将奈之何哉"!依然是在国家与巨室关系中讨论问题,但立场显然是在为巨室鸣不平,与朝廷政策拉开了距离。苏伯衡政治主张的核心是"行道",而"行道"的具体内涵则是"仁义",因而他说:"三代之后取天下不必皆由仁义,其才智高出于天下则取之矣。至于维持天下,系乎风俗;维持风俗,系乎政教,则无古今一也。"④可见在其心目中朱元璋的取天下也并非由仁义而得,只不过其才智高于其他群雄而已。但要维持天下却必须依赖"仁义"之行的政教风俗。有时为强调此一点,他甚至不惜搬出祸福果报予以警示。第20则曰:

天非穹然苍然之谓也,理而已矣。理无不在,故天无不体。逆乎理,逆

---

① 苏伯衡:《苏平仲文集》,影印文渊阁《四库全书》第1228册,第849页。
② 苏伯衡:《苏平仲文集》,影印文渊阁《四库全书》第1228册,第843页。
③ 苏伯衡:《苏平仲文集》,影印文渊阁《四库全书》第1228册,第844页。
④ 苏伯衡:《苏平仲文集》,影印文渊阁《四库全书》第1228册,第840页。

乎天也；顺乎理，顺乎天也。逆顺者，善恶之机也。善恶者，祸福之门也，而祸福未有无妄者也。故隐德之报，不自其身则自其祖父；隐恶之报，不在其身则在其子孙，而况万乘为天之子，居天之位，用天之道，执天之行，其感应又当何如？故汉高祖心乎宽仁，唐太宗心乎仁义，而吕后、武后不能移其祚。秦始皇心乎残暴，汉武帝心乎兵刑，而扶苏据雁其殃，所谓出乎尔者返乎尔者，岂独雨旸燠寒风见于岁月日时之间而已，善恶之机不可以弗之慎也。①

由上可知，作为浙东文人代表的苏伯衡，依然坚守"行道"的儒家理想，依然坚守自我的尊严，依然拥有自己的政治理念，依然希望进行独立的思考。尽管朝代已经变迁，环境已经变换，但浙东文人长期所形成的儒家理想却并不会迅即消亡。

不过，从《謷说》所显示的内容看，苏伯衡的坚守显然遇到了现实的困境。尽管这种困境所显示的迹象隐约闪烁，零碎而不完整，但依然能够给人以清晰的感受。比如第18则论教与学之间的地位尊卑，结尾忽发议论："今也在下位而为教则歉然不安，而人且以为倨；在上位而受教则阉然不屑，而人且以为辱。不中者终于不中，不材者终于不材，不贤者不至于贤，贤者不至于圣。不知卑贱者耻教人之过耶？不知尊贵者耻教于人之过也。"②联想到苏伯衡曾为国子学正的身份，他在教学过程中虽尽心竭力，但不仅效果堪忧，而且自身为师尊严似乎也遭人质疑。又比如第16则写群猫争抢"腐鼠"，忽而转笔写道："今之人平居，相与握手附耳，以致欢欣洽爱，自谓骨肉良不过是。及乎势位一接，幸于得而忘其所以为义，丑诋而深排，阴挤而阳夺，不得之不已。心术之移于利也如是，则与东郭氏之猫何异哉！"③可知当时官场之争权夺利已令其难以适应，联系到明初朝廷中淮右势力与浙东官员的权力之争，便可明了苏伯衡置身漩涡的恐惧与焦虑。《謷说》第21则是与《龙门子凝道记》中"何以处贫"相近的话题，即何以"处忧患"。苏伯衡的做法是"不动心""听其所为"，他将其喻之为乘船遇飓风而泰然处之。因为"夫穷达、得丧、死生、祸福莫非命也，"所以"处忧患惟听其所为而已矣。听其所为则不知忧患之为忧患而自然安焉"。④这种通达态度略近于庄子之命运观，所谓"知无可奈何而安之若命"，由于把握不了自我命运而不得不将生死置之度外。宋濂"观渔微"的处贫之道，无论是"羡艳不生"的"忍之""安之"，还是"居之道德"的"心无愧怍"，都是能够通过自我操持把控而实现的。而苏伯衡"听其所为"而安之若命的态度，无疑是更为消极无奈的。这也难怪，在明初官场中，升迁贬谪、生死祸福既不取决于品格之优劣，也不依据于政绩之有无，士人们始终处于一种变幻不定的局面中，所谓宦海风波，诚如乘舟于波涛之中，不知何时会葬身大海，除了安之若命外，似乎也的确找不出更好的生存方式。

环境的凶险与心灵的焦虑，终于酝酿出苏伯衡对于生命意义的怀疑与隐逸生活的向

---

① 苏伯衡：《苏平仲文集》，影印文渊阁《四库全书》第1228册，第845页。
② 苏伯衡：《苏平仲文集》，影印文渊阁《四库全书》第1228册，第844页。
③ 苏伯衡：《苏平仲文集》，影印文渊阁《四库全书》第1228册，第843页。
④ 苏伯衡：《苏平仲文集》，影印文渊阁《四库全书》第1228册，第850页。

往，第8则写空同子"过北邙山见丛冢"而大发感叹，认为无论何人，什么王侯将相、巨家富子、百工技艺、侠客释氏，最终都难逃一死，变为"华表摧折、穿碑剥落、草花磷蜎、牛羊砺角"的"败冢之累累而已"，则生命又有何意义可言。尤其是他对比了理想与现实的巨大落差："万物之间，众人之中，维贤维哲，立德立功，坤翕乾张，蟠地极穹，有生有死，虽众攸同，其英魂灵气则不随草木而腐坏，其令闻广誉则长并天地以无穷，苟能如是则善矣，尚何彼之悲为？唉！宇宙有不朽而不务之，方蝇营狙诈，舞文用机，竞浮荣于旦暮，较强弱于锱铢，俯有拾，仰有取，争势利，计崇库，将其肉未寒而名已泯，何举世之没没蚩蚩也！"在这举世皆蝇营狗苟的氛围中，自己立德、立功、立言的追求又是何其虚幻可笑！于是，他唯一的选择便是："去其鞿羁，脱其枚羁，放乎山林，弦琴诵诗，进德修业，惟恐后时。"①

就《空同子瞽说》实际情况看，的确代表了明初浙东文人的感受与思考。新朝建立，万象更新，他们希望为新王朝的礼乐制度重建贡献自己的才智。但他们依然渴望实现其行道的政治理想，以仁义治国，以民生为本，并保持自我的人格尊严。然而，儒家之道与帝王之势在新政权中必然无法达成共识，文人的美好理想与官场黑暗也必然产生冲突，于是只能徒然长叹，悻悻然而归隐山中。就创作水平上看，《瞽说》没有达到《郁离子》《龙门子凝道记》的高度，无论是其艺术想象力还是文字表现水平，《瞽说》显得都较为平庸。这与苏伯衡的诗文整体状况较为一致。宋濂《苏平仲文集序》言其文章"精博而不粗涩，敷腴而不苟缛，不求其似古人，而未始不似也"。刘基《苏平仲文稿序》则言其"语粹而辞达，识不凡而意不诡"。都是称赞其理精辞达的平和体貌。其实，以苏伯衡自身才气言，他未必没有写出好文章的能力。从其观念看，《瞽说》中有二则论及文章写作，第15则将辞达而自然，连用15个比喻以表现文章体貌之多样性；第20则将文章能够传事传人而使之不朽，都是很有见地的看法。此外，在《染说》中，他特意强调了文章之"妙"："天下之技莫不有妙焉，而况于文乎。不得其妙，未有能入其室者也。"②论文至"妙"处，就既超越了技巧层面，也超越了道德层面，苏伯衡的看法也许受到其祖上苏轼的影响，但起码他是认可此一看法的。而且，在《瞽说》中，苏伯衡也偶有精彩之笔，如第23则讲唇齿相依、末去本亡的道理，借用士蒍谋划铲除"群公子"以孤立桓庄之族的寓言，从离间富子到谋杀游氏二子再到尽杀游氏之族，将此道理足足讲了三遍，同时还穿插了大木与女萝的比喻。像如此完整而曲折的寓言，即使在宋濂与刘基的子书中也很难见到。由此可知，《瞽说》的创作之所以未能达到应有水平，并非作者才气不足而是时代环境所致。在一个动辄得咎、充满焦虑的境况里，苏伯衡显然无法自由发挥自我想象与充分施展自我才情。他的子书书写观念，包含了更多的制度建设的设想，规避风险的策略以及人生归宿的谋划，而艺术的想象，情感的抒发与文采的展露不能不有所忽视。

胡应麟曾选出《郁离子》《瞽说》《龙门子凝道记》《燕书》作为元明之际子书的代表，的确眼光独到，因为它们真正代表了那一特殊时代孕育的一种特殊文类所蕴含

---

① 苏伯衡：《苏平仲文集》，影印文渊阁《四库全书》第1228册，第838页。
② 苏伯衡：《苏平仲文集》，影印文渊阁《四库全书》第1228册，第572页。

的特殊文学观念。在那样一个战乱四起,社会动荡的时代,文人们存在着多种人生选择,并拥有了短暂的自由思考空间。于是,这些怀抱行道志向的浙东文人,选择子书文类进行政治与文学书写,不仅通过寓言方式畅论其经国治世方略,还能够尽情抒发自我情志与人生苦恼,并充分展现自我才情与文笔,以实现其流传后世的生命不朽追求。从实际效果看,他们更多达成了文学书写的目的,而政治理想不得不付诸东流。在朱明朝廷这一专制政体中,文人们如果要实现自我政治理想,就必须屈己降志与朝廷合谋或合作,否则他们在山中所谋划的种种远大目标与奇思妙想非但无法落实,甚至会为此丢掉生命。

原载《中山大学学报(社会科学版)》2021年第6期

论辛弃疾词的象征意象和灵境

陶文鹏

近三年来,我经常阅读辛弃疾词,撰写了几篇论文。在研究辛词的过程中,我越来越感到稼轩的比兴寄托亦即象征词在南宋词人中数量最多,思想艺术水平也最高。其中不少篇章堪称中国古代词史的经典之作,例如《摸鱼儿·淳熙己亥,自湖北漕移湖南,同官王正之置酒小山亭,为赋》《满江红·暮春》《祝英台近·晚春》《贺新郎·别茂嘉十二弟》《贺新郎·赋琵琶》《八声甘州·夜读李广传》《青玉案·元夕》《水龙吟·过南剑双溪楼》《菩萨蛮·书江西造口壁》《南乡子·登京口北固亭有怀》等。于是,就想写一篇探讨稼轩比兴象征词的文章。

什么是象征?它是来自西方的诗学概念,是诗歌写作的一种重要的表现手法。19世纪80年代法国象征主义运动的领袖人物斯特芳·马拉美指出,象征就是"暗示"和"隐语"[1]。正如钱锺书所说:"东海西海,心理攸同。"[2]中国的诗论家很早就把象征与比兴寄托看作名称不同实质一样的诗歌艺术手法。梁启超认为象征就是"把所感的对象隐藏过去,另外拿一种事物来做象征",又说:"三百篇的作家没有象征派,然而三百篇久已作象征的应用。纯象征派之成立,起自楚辞。篇中许多美人芳草,纯属代数上的符号,他意思别有所指。"[3]其后,梁宗岱说:"所谓象征是藉有形寓无形,藉有限表无限,藉刹那抓住永恒……它所赋形的,蕴藏的,不是兴味索然的抽象观念,而是丰富,复杂,深邃,真实的灵境"[4],而"最幽玄最缥渺的灵境要借最鲜明最具体的意象表现出来"[5]。梁先生融会贯通中西诗学,给象征下了精切的定义,并且创造性地提出了象征意象和象征灵境这两个概念,推进了中国诗坛对象征的研究和运用。

巩本栋在《辛弃疾评传》中,专设"以文为词兼用比兴:辛词的艺术特征之一"章节,指出辛词突出地运用了比兴寄托的艺术表现手法,颇具卓识[6]。但因"评传"文体与篇幅所限,其论辛词的比兴寄托,仅寥寥数百字,过于简略。笔者检阅已有辛词研究目录,也未看到专论其比兴寄托的论题。为此,笔者撰写此文,拟从象征意象的真切

---

[1] 伍蠡甫、蒋孔阳编:《西方文论选》,上海:上海译文出版社,1979年,第262页。
[2] 钱锺书:《谈艺录·序》,北京:中华书局,1984年,第1页。
[3] 梁启超:《中国韵文里头所表现的情感》,洪治纲主编:《梁启超经典文存》,上海:上海大学出版社,2003年,第91页。
[4] 梁宗岱:《诗与真·诗与真二集》,北京:外国文学出版社,1984年,第69-70页。
[5] 梁宗岱:《诗与真·诗与真二集》,第91页。
[6] 巩本栋:《辛弃疾评传》,南京:南京大学出版社,1998年,第242-243页。

性、鲜活性、多样性，象征灵境的雄奇性、戏剧性、层深性，象征词篇的多义性、歧义性、开放性这三个方面展开论述。

一、象征意象的真切性、鲜活性、多样性

辛弃疾约有数十首比兴象征词，长调、中调与小令兼备，题材内容宽广，艺术风格更是多姿多彩。这些象征词都营造出幽玄缥缈的象征灵境，其中蕴含着丰富深邃的情思，能引人入胜并动人心弦，更能发人感悟深思，这都得力于英雄词人辛弃疾感情充沛，感觉敏锐，观察细致，想象非凡，有灵巧的艺术手腕和强大的创新气魄。他在每首象征词中都能描绘出一两个或一连串具体真切、生动鲜活、饱含情意的比兴象征意象。我们先看咏物词《瑞鹤仙·赋梅》：

> 雁霜寒透幕。正护月云轻，嫩冰犹薄。溪奁照梳掠。想含香弄粉，艳妆难学。玉肌瘦弱。更重重、龙绡衬著。倚东风一笑，嫣然转盼，万花羞落。
> 寂寞。家山何在，雪后园林，水边楼阁。瑶池旧约。鳞鸿更，仗谁托。粉蝶儿只解，寻桃觅柳，开遍南枝未觉。但伤心、冷落黄昏，数声画角。①

稼轩巧妙地综合运用比喻、拟人、烘托、反衬等修辞手段，在描绘这一株梅花中注入了深挚的同情与怜爱。梅花在园林楼阁被弃置到野地溪头。她曾与天上瑶池有旧约，而今却无人传信；就连粉蝶儿也只顾寻桃觅柳，却对她不屑一顾。词人表现梅花以溪水为镜奁梳妆。在月光下，她宛若一个穿着鲛绡的仙姝独舞。"倚东风"三句，创造性地化用《诗经·卫风·硕人》和宋玉《登徒子好色赋》的词句，活画出梅花秋波流转、嫣然一笑的神情意态，可谓"化美为媚。媚就是在动态中的美"②。结韵再推出梅花在冷落黄昏数声画角中伤心的情景。全篇并无一字涉及政治与人生，但读者在梅花的遭遇中自然联想到作者被南宋朝廷冷落，受当权的主和派攻击弹劾，报国无门、知音难觅的孤独痛苦，感到梅花就是稼轩自我的象征。作者成功地刻画了梅花这一有性灵、有情思的象征意象，从而展现出一个要眇幽怨、深婉沉挚的象征灵境，强烈地扣响了读者的心弦。

咏物词基本上是每篇咏一物，篇中所写到的多种物象，都是为了衬托词题所标明的中心物象。辛弃疾诸多咏物词名篇，如《贺新郎·赋水仙》《贺新郎·赋海棠》《贺新郎·赋琵琶》《水龙吟·题瓢泉》《临江仙·探梅》等，都是塑造一个有性灵的象征意象从而营构出象征灵境的佳作。吴则虞说："稼轩咏物，必有寄托。已开姜白石、王碧山之风。"③指出稼轩比兴寄托的咏物词开启了姜夔、王沂孙咏物词创作的风气，可谓卓见。但他说"必有"，过于绝对；如说"多有"，则符合实际。

在稼轩的伤春怀人词中，也有不少比兴寄托的佳篇。《摸鱼儿·淳熙己亥，自湖北漕移湖南，同官王正之置酒小山亭，为赋》古今传诵，词云：

---

① 辛弃疾著，吴企明校笺：《辛弃疾词校笺》，上海：上海古籍出版社，2018年，第595页。本文所引辛词皆出此书，不再一一注出。
② [德] 莱辛著，朱光潜译：《拉奥孔》，北京：人民文学出版社，1979年，第121页。
③ 辛弃疾著，吴则虞选注：《辛弃疾词选集》，上海：上海古籍出版社，1993年，第15页。

> 更能消、几番风雨。匆匆春又归去。惜春长怕花开早，何况落红无数。春且住。见说道、天涯芳草无归路。怨春不语。算只有殷勤，画檐蛛网，尽日惹飞絮。　　长门事，准拟佳期又误。蛾眉曾有人妒。千金纵买相如赋，脉脉此情谁诉。君莫舞。君不见、玉环飞燕皆尘土。闲愁最苦。休去倚危栏，斜阳正在，烟柳断肠处。

此词上片生动地描写几番风雨，花残叶败，落红无数；天涯海角，芳草萋萋，使春天迷失了归路。作者以这一系列真切生动的暮春衰残景象，层层深入地抒发伤春、惜春、留春、怨春的感情，暗示他对南宋国势忧心如焚。而画檐蛛网、殷勤粘絮，也隐喻爱国志士欲挽救政局力不从心。下片由伤春所触发的"美人迟暮"拓展为"美人遭妒"。作者以被打入冷宫的陈皇后自喻，怒斥赵飞燕、杨玉环为争得君王专宠谗害他人，喻指当权小人千方百计阻挠抗金复国大业，表达他请缨无路虚度年华的悲愤。结韵描绘斜阳惨淡，烟柳迷蒙，危栏欲坠，正是行将坍塌的南宋小朝廷的象征。刘永济《唐五代两宋词简析》评云："此词所写身世之感极深。""观结尾之意，可知所惜之春非止一身之遭遇，实乃身、世双关。此词颇似屈子《离骚》。盖谗谄害明，贤人失志，为古今所同慨也。"①缪钺评析说："通篇皆用含蓄之笔，比兴之法，虽伤国事，抒壮怀，而所借以发抒者，如惜春之情，如落红，如芳草，如画檐蛛网，如男女幽怨，如斜阳烟柳，皆极美之意象。悲愤沉郁之情，映以凄美之光，遂成异采。既非仅豪壮之呼号，亦非只儿女之怨慕。此稼轩独创之境界，以前词人所未有也。"②评赞精切。

在辛弃疾的赠别会友词中，也有一些妙用比兴象征手法融入家国情怀和人生哲理的佳作，例如《鹧鸪天·送人》：

> 唱彻《阳关》泪未干。功名余事且加餐。浮天水送无穷树，带雨云埋一半山。　　今古恨，几千般。只今离合是悲欢。江头未是风波恶，别有人间行路难。

作者劝勉远行友人保重身体，努力加餐，少想功名余事。但细细品味，这是反语，其中透露出他不能为国杀敌立功的愤懑。对仗工致的写景联，展现出一幅寥远、阴沉、迷茫的山水图画，渗透了凄凉的行色与忧伤的别情。下片推进一层，抒写比离合更大更深的人生悲欢。而言外之意仍然是能否实现杀敌救国的壮志抱负。结尾写人间行路，比江上风波更为惊险，既蕴含哲理，又隐喻抗金大业因被投降派阻挠而困难重重。在送行题材的小词中表现出如此重大深邃的意蕴，可见稼轩运用比兴象征的高明。

古代不少诗人和词家喜欢写节令诗词，藉以表现民情风俗、节日欢乐，或抒发乡愁与岁月流逝之感。辛弃疾也有一些节令词，运用比兴象征，在写节令中倾吐国恨乡愁，诗情感人，寓意深长。《汉宫春·立春日》词云：

---

① 辛弃疾著，吴企明校笺：《辛弃疾词校笺》，第535–536页。
② 缪钺：《诗词散论》，上海：上海古籍出版社，1982年，第76页。

> 春已归来，看美人头上，袅袅春幡。无端风雨，未肯收尽余寒。年时燕子，料今宵、梦到西园。浑未办、黄柑荐酒，更传青韭堆盘。　　却笑东风从此，便薰梅染柳，更没些闲。闲时又来镜里，转变朱颜。清愁不断，问何人、会解连环。生怕见、花开花落，朝来塞雁先还。

据邓广铭考证，此词作于宋孝宗隆兴元年（1163），稼轩寓居京口，年24岁，已结婚安家。这是他南归以后的第一首词作①。全篇紧扣着立春日的见闻感受来写，却又暗用比兴象征手法，使节物风光带有更深更大的寓意。上片起韵写春回大地，妇女们头上装饰的春幡随风袅袅飘舞，但寒风冷雨，却要阻挡春天的脚步。词人料想那去年秋社时南来的燕子，今夜里一定会梦回北方故国的"西园"吧？于是，这只南来的小燕子，就成了词人思念故国的象征。由于思念故国，词人已无心去备办春日应有的黄柑腊酒、青韭春盘了。下片写他取笑东风忙着薰梅染柳，从此不得清闲；即使偶尔清闲，也不过是把他在镜中的朱颜换成衰老之颜。这两句饱含着词人对于岁月流逝、人生易老、壮志成空的悲哀。其后，词人妙用《战国策·齐策》的典故，表达他的家国愁恨，就像是玉连环一样无法解开。结尾写到暮春，他怕见花开花落，更怕见大雁北归而自己不能北归。明代沈际飞《草堂诗馀续集》卷下评此词："无迹有象，无象有思，精于观化者。"② 此词中的"无端风雨"、"梦到西园"之燕、"北还"的塞雁等意象，都被作者以其未能抗金北伐的痛苦情意渗透而带了象征性，共同营造出一个蕴藉深婉的象征灵境，既感动人心又发人深省。

辛弃疾的怀古咏史词如《八声甘州·夜读李广传》《永遇乐·京口北固亭怀古》《南乡子·登京口北固亭有怀》等篇，都巧妙地从历史人物的生平事迹中提炼出生动的情节、场景和传神的言语、动作细节，使李广、孙权、刘裕等英豪和诗人陶渊明的形象跃然纸上。其实，稼轩是借古讽今，用比兴寄托手法，以古人酒杯浇自己胸中块垒，以古代英豪激发自己的报国壮志，抒写不能征战沙场的悲愤。这些怀古咏史词也带着浓厚的象征色彩。《生查子·题京口郡治尘表亭》就是境界雄阔、涵义深沉、富于象征的杰作，词曰：

> 悠悠万世功，矻矻当年苦。鱼自入深渊，人自居平土。　　红日又西沉，白浪长东去。不是望金山，我自思量禹。

嘉泰四年（1204）春至开禧元年（1205）夏，辛弃疾65到66岁，任镇江知府，此词即作于任上。距其辞世仅二年多。词人登上城楼尘表亭，眺望着即将西沉的红日和依然白浪滚滚东流的大江，不禁想到远古英雄大禹，他胼手胝足，孜孜矻矻，治理了滔天洪水，使鱼入深渊，人归平土，神州大地，免于陆沉，子孙万代，平安幸福。结尾二句，表达词人怀念和颂扬大禹的丰功伟绩，他要以大禹为榜样，为了收复中原，拯救沦陷区苦

---

① 邓广铭校笺：《稼轩词编年笺注》，上海：上海古籍出版社，1993年，第5页。
② 辛弃疾著，吴企明校笺：《辛弃疾词校笺》，第628页。

难同胞，振兴神州而奋斗终生。稼轩此词，与初唐陈子昂的名篇《登幽州台歌》皆具大气魄与大抱负，有天地悠悠，上下千古之慨。但陈子昂诗通篇抒情，景寓其中，而稼轩此词却将叙事、写景、抒情、议论熔于一炉。子昂诗情调孤独寂寞，慷慨悲凉；稼轩词却豪迈自信，气象沉雄。吴则虞评赞此词："在稼轩词中为压卷之作。"①可谓眼光独到。

从上文对辛弃疾几首比兴象征词的分析可见，稼轩纯熟自如地运用"想象出象""借典造象""即景取象"这三种方法创造象征意象。《太常引·建康中秋夜为吕叔潜赋》写他在中秋节"把酒问姮娥"，又飞上月宫，"斫去桂婆娑"，使人间清光更多。这是大胆豪放的"想象出象"。"笑拍洪崖，问千丈、翠岩谁削。"（《满江红·游南岩和范廓之韵》）他手拍仙人洪崖的肩膀，问这千丈翠岩是谁削成。这是兼用"想象出象"和"借典造象"。稼轩在这里化用了郭璞《游仙诗》"左挹浮丘袖，右拍洪崖肩"之句。"青山幸自重重秀。问新来、萧萧木落，颇堪秋否？总被西风都瘦损，依旧千岩万岫。"（《贺新郎·用前韵再赋》）这几句写青山，采用拟人的修辞手法，"萧萧"是出自杜甫《登高》的语典，但主要是"即景取象"，并赋予青山瘦削而有神的独特气韵，借以象征他在世事无常政治失意中仍保持着倔强刚毅的个性品格。青山这个象征意象看似平常，其实颇为新奇鲜活。

在辛稼轩的一些比兴象征词中，交织运用了上述"想象出象""借典造象""即景取象"三种方法，三者结合得巧妙自然，犹如天孙织锦，色彩斑斓夺目。请读《水龙吟·过南剑双溪楼》：

举头西北浮云，倚天万里须长剑。人言此地，夜深长见，斗牛光焰。我觉山高，潭空水冷，月明星淡。待燃犀下看，凭栏却怕，风雷怒、鱼龙惨。

峡束苍江对起，过危楼、欲飞还敛。元龙老矣，不妨高卧，冰壶凉簟。千古兴亡，百年悲笑，一时登览。问何人又卸，片帆沙岸，系斜阳缆。

宋光宗绍熙五年（1194）秋，55岁的辛弃疾被诬告，罢免了福建安抚使。他回江西上饶，途经南剑州，登上双溪楼，遥望西北乌云蔽天，心潮汹涌，写下这首悲愤苍凉、怀古伤今之词。全篇除"千古兴亡"以下三句直抒胸臆外，几乎都是交错运用"想象出象""借典造象""即景取象"三种方法营构象征意象与象征灵境的。开篇即写他要用倚天万里的长剑扫荡西北妖氛，用了宋玉《大言赋》和《庄子·说剑》关于长剑倚天的典故，又发挥了非凡的想象与幻想，创造出雄奇壮丽、大气磅礴的象征意象。其下的"斗牛光焰"是借典造象，"潭空水冷，月明星淡"是即景取象，而"风雷怒，鱼龙惨"又是借典造象与想象出象结合。"峡束苍江"三句是即景取象结合想象出象，"元龙老矣"三句是借典造象结合想象出象。结韵三句皆是即景取象，词人以眼前所见白描写实之景物结情，兼用象征寄托，可谓信手拈来，天然入妙。英年早逝的邓红梅女史评曰："斜阳既是国运难振的象征，也是自己年华不再的隐喻，系缆止步的行人，是他遭

---

① 辛弃疾著，吴则虞选注：《辛弃疾词选集》，第277页。

逢这一风雷鱼龙把持着政局的时代，不得不放弃自己的政治追求的隐喻。"①真是灵心慧眼，评析精彩！

二、象征灵境的雄奇性、戏剧性、层深性

作为一位跃马沙场建立奇功的虎胆英雄，辛弃疾的主要性格特征是雄豪刚毅，智勇超群，善于出奇制胜。体现在审美趣味上，就是格外爱好雄奇、壮丽、神秘的事物。他晚年闲居瓢泉开山径，偶得一石壁，喜其嶙峋突兀，因以"苍壁"命名，并作词二首，其中《临江仙》一首有句云："莫笑吾家苍壁小，峻层势欲摩空。相知惟有主人翁。有心雄泰华，无意巧玲珑。"明白地表达他对泰山华岳这类雄奇、巍峨、险峻景物的钟爱。他在瓢泉山庄建有鹤鸣亭，赋诗云："翠竹栽成占一丘，清溪映带极风流。山翁一向贪奇趣，更引飞泉在上头。"②也坦率地宣称他"一向贪奇趣"。苏轼曾说："诗以奇趣为宗，反常合道为趣。"③可见，稼轩同他所钦佩的前辈文学大师苏轼都是酷爱奇趣者。在稼轩的比兴象征词中，我们就读到了一首首富于雄奇、怪诞、壮伟之趣的佳篇，如《兰陵王》：

恨之极。恨极销磨不得。苌弘事，人道后来，其血三年化为碧。郑人缓也泣。吾父攻儒助墨。十年梦，沉痛化余，秋柏之间既为实。　　相思重相忆。被怨结中肠，潜动精魄。望夫江上岩岩立。嗟一念中变，后期长绝。君看启母愤所激，又俄倾为石。　　难敌。最多力。甚一忿沉渊，精气为物。依然困斗牛磨角。便影入山骨，至今雕琢。寻思人世，只合化，梦中蝶。

此词有一个很长的题目，可以说是一篇志怪笔记小说。为省篇幅，不录。邓广铭评析说："此词上中片用苌弘、郑人缓、望夫妇、启母四人变化之事。苌弘化碧玉，玉自石出；缓化秋柏之实，实石音同；望夫妇、启母皆化为石。四例取证古来怨愤变化为石之事。下片以张难敌虽斗败，化为石而仍作困斗之状，赞扬张难敌抵死不屈之精神。则此记梦词亦托意甚微，藉以抒胸中激愤之气耳。"④邓先生指出此词运用象征寄托手法，而且"托意甚微"，乃中肯之论。稼轩运用以文为词与比兴寄托手法，满怀激情塑造斗败化石仍困斗不已的张难敌形象，乃是为了激励南宋爱国志士发扬其"抵死不屈之精神"，坚持奋斗，直到成就统一山河的大业。稼轩把五个死后化石的奇人奇事投入其如烈火燃烧的感情洪炉，精心炼出了这首雄奇恢诡、悲壮沉郁、动人心魄的象征词篇。

笔者曾发表《论稼轩词浪漫神奇的"造境"》⑤一文，文中有"梦天游仙的奇幻境界"与"模仿屈原的浪漫传统"两节，评析了《水调歌头》（我志在寥阔）、《山鬼谣》（问何年）、《蝶恋花·月下醉书雨岩石浪》等词篇。稼轩在这些作品中都营造出

---

① 邓红梅：《壮岁旌旗拥万夫·辛弃疾集》，郑州：河南文艺出版社，2015年，第33页。
② 辛弃疾著，辛更儒笺注：《辛稼轩诗文笺注》，上海：上海古籍出版社，1995年，第256页。
③ 吴文治主编：《宋诗话全编》第3册，南京：江苏古籍出版社，1998年，第2447页。
④ 辛弃疾著，吴企明校笺：《辛弃疾词校笺》，第23页。
⑤ 陶文鹏：《论稼轩词浪漫神奇的"造境"》，《汉语言文学研究》2020年第4期。

雄奇瑰丽、缥缈迷离的象征灵境。为避重复，本文不再细论。但为了使本文的读者对稼轩词象征灵境的雄奇瑰丽、缥缈迷离有具体真切的了解，这里再举一例：《满江红·建康史帅致道席上赋》上片云：

  鹏翼垂空，笑人世、苍然无物。又还向、九重深处，玉阶山立。袖里珍奇光五色，他年要补天西北。且归来、谈笑护长江，波澄碧。

  乾道五年（1169）辛弃疾30岁，任建康通判。史致道，名正志，时为建康知府，兼行宫留守、沿江水军制置使，当时他主张抗金，与稼轩相知相识。在史致道举办的宴会上，稼轩即席创作了这首词。词人一落笔就生动描绘庄子《逍遥游》中那只"背若泰山，翼若垂天之云"的大鹏鸟，它正展翅凌空翱翔，讪笑人世苍茫混沌，只有碌碌无为之辈，罕见气势恢宏的人物。于是，它就毅然飞回天宫深处，收敛双翼，宛若一座巍巍大山，仵立在玉阶天门之上。词人以大鹏象征史帅，赞扬他志向高远，气概豪迈，颇受天子器重。词人展开想象和幻想的灵翼，对神话传说与庄子笔下的大鹏形象作了新的发挥与创造，使此词开篇即弥漫着雄奇浪漫的抒情氛围。唐代大诗人李白《上李邕》起笔有"大鹏一日同风起，扶摇直上九万里。假令风歇时下来，犹能簸却沧溟水"之句。显然，稼轩是有意仿效李白，但他仍感意犹未尽，又妙用女娲炼石补天的神话，讴歌史帅恰似一尊补天之神将，衣袖里装着五色璀璨的珍奇之石，立志要修补好被象征金寇的妖魔砸破的西北半边天。可见，雄奇性乃是稼轩词象征灵境的第一特色。
  辛弃疾的象征灵境，又具有鲜明突出的戏剧性。他模仿、借鉴汉代东方朔《答客难》、班固《宾戏》、扬雄《解嘲》等文，用主客对话体结构，又发挥他诙谐幽默的艺术个性，创作了《沁园春》（杯汝来前）与《沁园春》（杯汝知乎）姊妹篇，前者写戒酒，后者写开戒。他在词中是主人，酒杯是仆人，主仆两个角色搬演了两出风趣诙谐的小喜剧，就像唐代流行的"参军戏"。但这是两出含泪的喜剧。词人运用比兴手法，曲折含蓄地抒发出他政治失意、借酒浇愁的深沉痛苦。这二首兼具戏剧性与象征性的佳作，是稼轩词的艺术创新。稼轩还有几首有戏剧性的象征词，请读《玉楼春·戏赋云山》：

  何人半夜推山去。四面浮云猜是汝。常时相对两三峰，走遍溪头无觅处。 西风瞥起云横度。忽见东南天一柱。老僧拍手笑相夸，且喜青山依旧住。

  开篇就是词人惊问："是谁半夜推走了这座高山？"其后他看见四面浮云弥漫，便道："我猜是你们干的。我时常面对着两三座山峰，今日我走遍了溪头，都找不着了。"下片描写西风骤起，浮云飞散，忽见东南边一座山峰宛如顶天巨柱拔地升起。老僧拍手大笑相夸道："好教人欢喜呵，青山你依旧住在这里！"这首词仅五十六字，却写了词人自我、老僧、浮云、青峰、山溪，写了词人与浮云的对话，写了老僧拍手笑夸青峰的言语动作及其心态变化，情节生动曲折，戏剧性更强。与《沁园春》（杯汝来前）相比较，它是喜气盈盈之剧，语言诙谐风趣，并非喜中含悲，却也有深邃的比兴象征。老僧赞扬云雾终究掩埋不住青山，在写景中蕴含哲理。如果联系稼轩其他词所写的"浮云"，如"举头西北浮云"（《水龙吟·过南剑双溪楼》），"快上西楼，怕天放、浮云遮月"（《满江红·中秋寄远》）；还有"东南"，如"凭栏望，有东南佳气"（《声声慢·滁州旅次登奠枕楼作和李清宇韵》），此词的"浮云"，可以看作是暗喻侵占神州西北中原的金兵，而冲破浮云跃出的"东南天一柱"，不就是南宋军民抗金救国坚强意志的象征吗？稼轩的友人刘过模仿稼轩，也创作了一首对话体的《沁园春·寄稼轩承旨》①，写他与白居易、林逋、苏轼一道看西湖、游天竺、访孤山梅花，其构思与情节更大胆、离奇、荒诞，富有艺术创新，但遗憾的是，刘过此词却没有稼轩词以比兴象征寄寓家国情怀，缺乏丰富深厚的思想内涵。

辛弃疾词的象征灵境更具层深性。不论中长调还是小令，多是转折顿挫，层层深入，毫不板滞，绝不单薄。恰似大江潮涌，波澜起伏；又如层峦叠嶂，路转峰回。上文所举《摸鱼儿》（更能消）词，清陈廷焯《白雨斋词话》卷1就赞叹："起句'更能消'三字，是从千回万转后倒折出来，真是有力如虎。"②俞平伯《唐宋词选释》亦云："上片以春去作为比喻，却分作多少层次。先说再经不得几回风雨了，这是一层。因怕花落，便常常担心花开太早了，何况今已落红无数，这又是一层。但春虽归去，春又何归？故反振一笔'春且住'。为什么要住？听说天涯芳草无归路，这又是一层。明明无处可去，它却偏偏去了，那更无话可说，算起来只有檐前蜘蛛网挂着的飞絮，是春光仅有的残痕。"③唐圭璋《唐宋词简释》评析下片："'长门'两句，言再幸无望，而所以无望者，则因有人妒也。'千金'两句，更深一层，言纵有相如之赋，仍属无望。脉脉谁诉，与'怨春不语'相应。'君莫舞'两句顿挫，言得宠之人化为尘土，不必伤感。'闲愁'三句，纵笔言今情，但于景中寓情，含思极凄婉。"④前文所举《玉楼春·戏赋云山》也被明代卓人月评赞为："一气呵成，无穷转折。"⑤我们再尝鼎一脔：

> 绿树听鹈鴂。更那堪、鹧鸪声住，杜鹃声切。啼到春归无寻处，苦恨芳菲都歇。算未抵、人间离别。马上琵琶关塞黑，更长门、翠辇辞金阙。看燕燕，送归妾。　将军百战身名裂。向河梁、回头万里，故人长绝。易水萧萧西风冷，满座衣冠似雪。正壮士、悲歌未彻。啼鸟还知如许恨，料不啼、清泪长啼血。谁共我，醉明月。（《贺新郎·别茂嘉十二弟》）

此词是稼轩闲居瓢泉之作。茂嘉是其族弟，排行十二，故称。其人才气纵横，有抗金救国壮志，因事被远贬桂林。词的起笔别具匠心地用三种鸟儿伤春的悲鸣声，烘染出兄

---

① 唐圭璋编纂：《全宋词》第3册，北京：中华书局，1999年，第2761页。
② 辛弃疾著，吴企明校笺：《辛弃疾词校笺》，第531页。
③ 辛弃疾著，吴企明校笺：《辛弃疾词校笺》，第537页。
④ 辛弃疾著，吴企明校笺：《辛弃疾词校笺》，第538页。
⑤ 辛弃疾著，吴企明校笺：《辛弃疾词校笺》，第1106页。

弟离别的浓重伤感氛围。其后即打破词分上下片的章法结构，连用五个典故，寄寓作者忧国愤世情怀。前三个古代薄命女子离别的典象，衬托他送别族弟的哀伤，也象征寄托他志大才高却被投闲置散的悲愤。后两个失败英雄辞家去国的典象，抒发古代英雄壮志未酬的悲慨，也寄寓着作者对抗金事业受挫的痛心。"啼鸟"二句回应开篇，又翻进一层，极言人间"长啼血"的别恨比春归之恨深重百倍。歇拍二句回归送弟，抒写茂嘉去世后他的孤独寂寞。俞平伯《唐宋词选释》指出此词是"借题发挥"，"将个人身世和家国兴亡打并成一片"①。王国维《人间词话删稿》赞赏此词："章法绝妙，且语语有境界。"②梁启勋《词学》下编说："伯兄（指梁启超）谓此词用语无伦次之堆叠法。于极倔强中显出极妩媚。"③笔者深感此词大气包举，沉郁悲凉，转折层深，针线细密，章法确实严谨绝妙，是词人呕心沥血、戛戛独造之作。笔者诵读稼轩比兴象征词，无论是长调还是小令，都感觉如同乘竹筏畅游武夷九曲，其"山重水复疑无路，柳暗花明又一村"的雄秀幽深风景，真使我身心俱醉！

三、象征词篇的多义性、歧义性、开放性

辛弃疾努力创造象征意象营构象征灵境，是为了使其词作的情思内涵丰富深厚，含蓄蕴藉，发人深思，耐人品味。闻一多论述比喻与象征的区别说："喻训晓，是借另一事物来把本来说不明白的说得明白点；隐（闻先生说的'隐语'即象征）训藏，是借另一事物来把本来可以说得明白的说得不明白点。"④闻先生深入浅出地说明了象征与比喻的明显区别，象征拥有比喻罕见的隐蔽性、暗示性、模糊性。为了说明这一点，我们先看一首辛词《行香子·三山作》：

> 好雨当春，要趁归耕。况而今、已是清明。小窗坐地，侧听檐声。恨夜来风，夜来月，夜来云。　　花絮飘零。莺燕丁宁。怕妨侬、湖上闲行。天心肯后，费甚心情。放霎时阴，霎时雨，霎时晴。

笔者初读此词，只感到稼轩模仿同乡前辈李清照，用口语白描福州地区清明时节春雨未晴、风云不定的气候和景色，抒发他意欲归耕不得，要游西湖因道路泥泞又不能的烦闷忧虑，写得情景交融，清婉灵秀，令人喜爱。而梁启超在《辛稼轩先生年谱》中考证此词是绍熙五年（1194）春，55岁的辛弃疾于福建安抚使任上作。他因为不堪忍受朝中及地方官场小人的谗谤迫扰，从上一年冬天到此时，已屡次上表请求退休，但朝廷一直不予答复。梁氏说，此词发端"要趁归耕"就"直出本意，文意甚明"。"小窗坐地"五句，"谓受谗谤迫扰，不能堪忍也"。"花絮飘零"三句，"尚虑有种种牵制，不得自由归去也"。"天心肯后"到结尾，"是君意难测，然疑间作，令人闷杀也"。梁氏最

---

① 辛弃疾著，吴企明校笺：《辛弃疾词校笺》，第86页。
② 辛弃疾著，吴企明校笺：《辛弃疾词校笺》，第84页。
③ 辛弃疾著，吴企明校笺：《辛弃疾词校笺》，第84页。
④ 闻一多：《神话与诗·说鱼》，上海：上海古籍出版社，1956年，第117页。

后总结云:"此诗人比兴之旨,意内言外,细绎自见。"① 可见辛弃疾词的象征灵境多具惝恍迷离、幽玄缥缈的艺术特色。其象征意蕴若隐若现,似无实有,空灵蕴藉,足以吸引众多的词评家和读者阅读的兴趣。而人们的文学欣赏水平不一,思维能力也不同,从而在解读中显现出辛弃疾比兴象征词的多义性、歧义性和开放性。我们看近代以来人们对辛词《青玉案·元夕》的解读情况,词云:

> 东风夜放花千树。更吹落、星如雨。宝马雕车香满路。凤箫声动,玉壶光转,一夜鱼龙舞。　蛾儿雪柳黄金缕。笑语盈盈暗香去。众里寻它千百度。蓦然回首,那人却在,灯火阑珊处。

此词题为"元夕",全篇描写南宋都城临安元宵夜的繁华热闹景象。词人绘声绘色,写光写香。粗心的读者可能只看到一幅满城狂欢的图画。词评家陈廷焯、俞陛云等人更注意词的结尾,把这首词看作是爱情词、艳体词②。梁启超评析此词是"自怜幽独,伤心人别有怀抱"(见梁令娴《艺蘅馆词选》)③。俞平伯说:"结尾只用'那人却在,灯火阑珊处'一语,即把多少不易说出的悲感和盘托出了。"④ 刘扬忠认为:"这个孤独美人的形象所反映出来的,就是作者自己在政治失意之后,宁愿幽居,甘受冷落,也不随大流的品质。"⑤ 王兆鹏指出:"这位美人,与其说是词人追寻的对象,毋宁说是词人自己的写照。临安人彻夜狂欢,直把杭州作汴州。而英雄辛弃疾却保持着清醒的头脑,孤独而无奈地审视着这表面繁华却暗藏危机的社会现实。"⑥ 可见,从古到今,越来越多的读者看到了这首词表面上是写寻觅美人,其实是用比兴象征手法寄托政治怀抱。但对词人所寄托的情意,却有失落感、孤独感、清醒感、忧患感等不同理解。身兼诗人、哲人、学者的王国维,在其《人间词话》论述"古今之成大事业大学问者必经之三种境界"时,别出心裁、独具只眼地把晏殊词句"昨夜西风凋碧树。独上高楼,望尽天涯路"视为第一境界;把柳永词句"衣带渐宽终不悔。为伊消得人憔悴"视为第二境界;而把辛弃疾此词的"众里寻它千百度。蓦然回首,那人却在,灯火阑珊处"看作是第三境界,即千百回求之不得却偶然得之的境界,为最高之境界⑦。正是辛弃疾高妙的艺术构思,运用对比强烈的美的意象,营构出一个复杂深邃、幽玄缥缈的象征灵境,向古今众多读者显示出其多义性、歧义性、开放性。此词恰似一朵盛开千载的宝石花,闪射着缤纷多彩、永不熄灭的光芒。

更令人赞叹的是,辛弃疾在篇幅短小的令词中,也能营造出生动、丰富、复杂、深邃的象征灵境,同样使读者见识到其多义性、歧义性、开放性。例如,被明人李濂《批

---

① 辛弃疾著,吴企明校笺:《辛弃疾词校笺》,第827页。
② 辛弃疾著,吴企明校笺:《辛弃疾词校笺》,第813页。
③ 辛弃疾著,吴企明校笺:《辛弃疾词校笺》,第813页。
④ 辛弃疾著,吴企明校笺:《辛弃疾词校笺》,第814页。
⑤ 刘扬忠评注:《辛弃疾词》,北京:人民文学出版社,2005年,第26页。
⑥ 王兆鹏:《辛弃疾词选》,北京:商务印书馆,2017年,第266页。
⑦ 施议对译注:《人间词话译注》,南宁:广西教育出版社,1990年,第47页。

点稼轩长短句》誉为"脍炙今古"①的《菩萨蛮·书江西造口壁》：

> 郁孤台下清江水。中间多少行人泪。西北望长安。可怜无数山。　青山遮不住。毕竟东流去。江晚正愁余。山深闻鹧鸪。

此词八句，前二句七言，后六句五言，两句一韵，平仄韵交替。通篇运用比兴象征手法，每一联都引发古今词评家截然不同乃至针锋相对的见解。南宋罗大经《鹤林玉露》甲编卷一"辛幼安"条云："南渡之初，虏人追隆祐太后御舟至造口，不及而还，幼安因此起兴。'闻鹧鸪'之句，谓恢复之事行不得也。"②近人陈匪石《宋词举》曰："'多少行人泪'，包括不少伤心事，不专指隆祐而言。'长安'指汴，遥望西北，'无数'之'山'隔之，喻恢复之事难也。"③邓广铭《稼轩词编年笺注》卷1评："罗大经谓'"闻鹧鸪"之句谓恢复之事行不得也'，殊为差谬。稼轩一生奋发有为，其恢复素志、胜利信心，由壮及老，不曾稍改，何得在南归不久即生'恢复之事行不得'之念哉！"④郑骞《稼轩词校注》卷1说："望长安而青山无数，伤朝士之蔽贤也。""闻鹧鸪之句谓还朝行不得也。赣江不受青山之遮，毕竟东流，己则终难东归京师。"⑤邓红梅认为，"可怜无数山"句的"山"，"就具有了象征阻挠他恢复故土之志的主和派力量的象征意义。而这两句合起来，又含蓄地表明了作者对中原未复、祖国南北分裂局面的忧心如焚"。"不畏青山遮挡而奔涌东去的流水，也具有特定的象征意义，它可以象征坚持抗金复土者不屈的斗志和胜利的愿望。"⑥

先师吴小如和学友王兆鹏也各有独到见解。吴先生解释"西北望长安"二句说："北宋刘攽《九日》诗：'可怜西北望，白日远长安'才是辛此词真正的出处。""刘攽的'可怜'是感伤情调，辛则为遗憾之词。盖青山无数，尽在北方。凭吊山河，当然大可怜惜了。"对于"青山遮不住"二句，吴先生说："山在江畔，再高大也拦不住江水奔腾……鄙意这两句真正含义，似应解为青山虽无数，却遮不住敌人兵马；而宋室半壁山河，最终恐仍不免付诸东流水。""白居易《山鹧鸪》诗云：'山鹧鸪，尔本此乡鸟，生不辞巢不别群，何苦声声啼到晓！啼到晓，唯能愁北人，南人惯闻如不闻。'……辛本北人，南来后偏偏遇上不争气的南宋小朝廷……这正是使得作为北人的辛幼安忧愁不已的主因。""罗大经揪住'行不得也'一句不放，真是近乎痴人说梦也。"⑦王兆鹏考证此词作于淳熙三年（1176）。由于前一年辛弃疾任江西提点刑狱时平定了茶商的武装叛乱，宋孝宗下诏推赏，先授秘阁修撰，次年又调任京西转运判官，于赴任途中路过造口，作此词。此时，词人内心欣喜、骄傲，对未来充满了梦想，又交

---

① 辛弃疾著，吴企明校笺：《辛弃疾词校笺》，第1211页。
② 辛弃疾著，吴企明校笺：《辛弃疾词校笺》，第1213页。
③ 辛弃疾著，吴企明校笺：《辛弃疾词校笺》，第1214页。
④ 辛弃疾著，吴企明校笺：《辛弃疾词校笺》，第1215页。
⑤ 辛弃疾著，吴企明校笺：《辛弃疾词校笺》，第1215–1216页。
⑥ 邓红梅编著：《壮岁旌旗拥万夫·辛弃疾集》，第12–13页。
⑦ 吴小如：《古典诗词札丛》，天津：天津古籍出版社，2002年，第400–402页。

织着失落、不满、怅惘、忧虑。因此,"'西北望长安',当然是思念中原沦陷的故都汴京"。"赣江滔滔而去的江水,让词人联想到了光阴易逝","不知道何时才能受到朝廷重用,让他统帅千军万马,杀向北方,收复中原失地"。而结尾二句,"词人恍然觉得那是江西的父老在声声挽留他"。"愁余,就是愁予,让我生愁的意思。语出屈原《九歌·湘夫人》","辛弃疾内心是把自己看作是屈原的化身","他就像屈原一样,徘徊在水边,充满了忧伤"①。

从上面的摘引可见,古今众多词评家对辛弃疾这首《菩萨蛮》小令词的解读与评析,观点相同的少,相异的多,相异的观点有的大相径庭,有的更是针锋相对,但大多持论有理有据,合情合理,孰是孰非,难以判定。词评家们都有一个共识:这是一首成功地运用了比兴象征的杰作,它小中见大,浅中寓深,"不仅抒个人身世之感,兼有家国兴亡之戚";"惜水怨山""慷慨生哀""血泪淋漓""宕逸中亦深炼",堪称"大声鞺鞳"的《菩萨蛮》经典之篇②,其所具有的多义性、歧义性、开放性,给现今与未来的读者提供了继续进行创造性解读与评析的广阔空间。又如上文所举《玉楼春·戏赋云山》,笔者认为:词中所写冲破浮云跃出的"东南天一柱",是南宋军民抗金救国意志的象征。吴则虞却说:"此用禅理作词也。慧忠曰:'念想由来幻,性自无终始。若得此中意,长波自当止。'浮云翳山山不见,念想幻也。云去山住,性自在也。此类词似写景,实似偈语。在《稼轩词》又是一格。"③我的观点和吴先生的解释简直就是南辕北辙,但各有理据,可谓见仁见智,共同见证与彰显稼轩比兴象征词的多义性、歧义性、开放性。

在辛弃疾词集中,也有一些几乎全篇或白描或彩绘景物,只在结尾一两句于写景中暗含比兴象征,使词篇陡然提升到象征灵境,并且产生了令人品味不厌、诠释不尽的多义性、歧义性、开放性。《鹧鸪天·代人赋》是精彩的一例:

> 陌上柔桑破嫩芽。东邻蚕种已生些。平冈细草鸣黄犊,斜日寒林点暮鸦。 山远近,路横斜。青旗沽酒有人家。城中桃李愁风雨,春在溪头荠菜花。

此词写江西上饶乡村的春景农事。作者像一位丹青妙手,寥寥几笔就描绘出一幅有声有色、动静结合、远近有致的风景画兼风俗画。画中景物都那么饶有生趣,散发出乡土的生活气息和早春的蓬勃朝气。词的结尾,作者推出了在溪头早春绽放的荠菜花的特写镜头,并将它同城市中愁风苦雨的桃李花作强烈对比,顿时使此词上升到一个隐含丰富深邃情意的象征灵境,引发人们对其美妙的象征意蕴的热烈探寻和讨论。刘永济《唐五代两宋词简析》说:"末尾二句,可见作者之人生观。盖以'城中桃李'与'溪头荠菜'对比,觉'桃李'方'愁风雨'摧残之时,而'荠菜'则得春而荣茂,是桃李不如

---

① 王兆鹏:《辛弃疾词选》,第23–26页。
② 辛弃疾著,吴企明校笺:《辛弃疾词校笺》,第1212–1213页。
③ 辛弃疾著,吴则虞选注:《辛弃疾词选集》,第246页。

荠菜，亦即城市生活不如田野生活也……城市繁华难久，不如田野之常得安适。再推言之，则热心功利之辈，常因失意而愁苦，不如无营、无欲者之常乐。此种思想与道家乐恬退、安淡泊之理相合。"①吴则虞说："春在野而不在城，此显然深有寄慨。"②邱俊鹏说：词人"由衷地体验和感受到真正的春光是在这广阔的农村。这固然反映了诗人爱好清新、朴素、健壮的美学观点，但更表现了对城市（特别是官场）熙熙攘攘生活的厌弃。"③余恕诚说："荠菜花不怕风雨，占有春光，在它身上仿佛体现了一种人格精神。""一方面借荠菜花的形象自我写照，一方面又隐隐流露这样的意思——不要做愁风雨的城中桃李，要做坚强的荠菜花，以此与友人共勉。"④郁贤皓说，这两句词"不但赞美农村比城市有生气，而且表达了这样的思想：在朝廷上做官，享受荣华富贵，就像桃花、李花那样娇弱，经不起风雨打击，经常担惊受怕；倒不如在农村里闲居，就像野荠菜那样不怕风吹雨打，自由自在，才是有生命力的"⑤。钟陵说："曲折地表达作者对官场风雨的厌恶，又悟出了美在自由朴素之中的真谛。"⑥如果笔者继续搜集对稼轩这一联词的评析言论，可能还要占几页稿纸。笔者认为，辛弃疾用朴素自然又精炼警策的语言，把写景、抒情、议论熔于一炉，在这两句词中创造了生动鲜活、写实兼象征的意象，使全篇展现出一个清新美妙的象征灵境。而这两句词蕴含着极其丰富深邃的哲理，激发那么多学者分别从哲学、政治学、社会学、美学、诗学，从人的生活、人格、个性、生命等视角探讨其奇趣妙谛，愈品愈觉其意味无穷。辛弃疾一生无限热爱伟大的东晋诗人陶渊明，作词也努力学习陶诗。笔者认为，辛词的"城中桃李愁风雨，春在溪头荠菜花"，可与陶诗的"采菊东篱下，悠然见南山"媲美，二者堪称中国古代田园归隐诗词的"点睛之笔"。

结　语

中国现代杰出诗人艾青说："象征是事物的影射；是事物互相间的借喻，是真理的暗示和譬比。"⑦但如此高妙的象征手法，在辛弃疾之前的唐宋词坛上却极少有人运用。只有苏轼和周邦彦各有几首运用比兴象征的词，颇为人赞赏。苏轼的《贺新郎》（乳燕飞华屋）、《卜算子》（缺月挂疏桐）、《念奴娇》（凭高眺远）、《水龙吟》（似花还似非花）等，在写景咏物中寄托了作者孤高失时、怀才不遇之慨；周邦彦的咏物词《花犯》（粉墙低）、《六丑》（正单衣试酒）、《大酺》（对宿烟收）等，借咏花和春雨含蓄深婉地抒发身世之感。詹安泰精辟地指出："（南宋）国势陵夷，金元继迫，忧时之士，悲愤交集，随时随地，不遑宁处；而时主昏庸，权奸当道，每一命笔，

---

① 辛弃疾著，吴企明校笺：《辛弃疾词校笺》，第981页。
② 辛弃疾著，吴则虞选注：《辛弃疾词选集》，第225页。
③ 邱俊鹏：《生意盎然的农村画卷》，齐鲁书社编辑：《辛弃疾词鉴赏》，济南：齐鲁书社，1986年，第361页。
④ 唐圭璋等：《唐宋词鉴赏辞典》，上海：上海辞书出版社，1988年，第1546页。
⑤ 唐圭璋主编：《唐宋词鉴赏辞典》，南京：江苏古籍出版社，1986年，第903页。
⑥ 钟陵：《辛弃疾》，孙望、常国武主编：《宋代文学史》下册，北京：人民文学出版社，1996年，第143页。
⑦ 艾青：《诗论》，北京：人民文学出版社，1980年，第201页。

动遭大僇，逐客放臣，项背相望；虽欲不掩抑其辞，不可得矣。故词至南宋，最多寄托，寄托亦最深婉。"①辛弃疾即是南宋较早写比兴寄托词，并且是写得最多最出色的词坛大家。辛词的象征意蕴，由北宋的抒写个人身世之感拓展到表达抗金救国壮志以及壮志难酬的悲愤，也表达出他对于自然、社会、宇宙、人生的哲理感悟，使其忧国忧民、热爱大自然、热爱生活、热爱美的诗魂长出了翅膀，翱翔在浩瀚的历史时空。其比兴象征词高超深邃的思想内容与"不伤峥露，不易指陈"②的表现艺术，对元明清比兴象征词创作的发展和周济等人"寄托说""词史说"理论的形成，都产生了重大深远的影响。清陈廷焯《白雨斋词话》卷1赞曰："辛稼轩，词中之龙也。"③信然，善哉！

原载《中山大学学报（社会科学版）》2022年第5期

---

① 吴承学、彭玉平编：《詹安泰文集·论寄托》，广州：中山大学出版社，2004年，第199页。
② 吴承学、彭玉平编：《詹安泰文集·论寄托》，第199页。
③ 辛弃疾著，吴企明校笺：《辛弃疾词校笺》，第1688页。

《陌上桑》的生成与汉代的"流行艺术"

赵敏俐

《陌上桑》是汉乐府名篇，今人对它评价极高，相关的研究文章甚多，并形成了一个固定的研究模式，即将这首诗看作是"民歌"，几乎所有的讨论都以此为基础，虽然这些讨论涉及了《陌上桑》一诗的本事来源、文化习俗、服饰打扮、人物形象、道德评价、欣赏接受等各个方面，但是基本上都建立在"民歌"这一立论基础之上[①]。所以产生这一现象，是因为自"五四"以来的中国古代文学研究，深受庸俗社会学影响，习惯于从阶级分析和道德评判的角度为这首诗定性，"民歌"说由此而兴，相沿成习。本文的目的，就是要深入探讨这首诗产生的历史和现实来源，通过对相关文献的认真研读，对其来龙去脉做深细的考察，超越"民歌"说的阐释误区，恢复其作为"相和歌曲"的本来面目，并对这首诗的艺术本质做出新的解释。让我们先看原文：

> 日出东南隅，照我秦氏楼。秦氏有好女，自名为罗敷。罗敷喜蚕桑，采桑城南隅。青丝为笼系，桂枝为笼钩。头上倭堕髻，耳中明月珠。缃绮为下裙，紫绮为上襦。行者见罗敷，下担捋髭须。少年见罗敷，脱帽著帩头。耕者忘其犁，锄者忘其锄。来归相怨怒，但坐观罗敷。（一解）
> 使君从南来，五马立踟蹰。使君遣吏往，问是谁家姝？秦氏有好女，自名为罗敷。罗敷年几何？二十尚不足，十五颇有余。使君谢罗敷，宁可共载不？罗敷前置词，使君一何愚！使君自有妇，罗敷自有夫。（二解）
> 东方千余骑，夫婿居上头。何用识夫婿？白马从骊驹。青丝系马尾，黄金络马头。腰中鹿卢剑，可直千万余。十五府小史，二十朝大夫，三十侍中郎，四十专城居。为人洁白皙，鬑鬑颇有须。盈盈公府步，冉冉府中趋。坐中数千人，皆言夫婿殊。（三解）（前有艳词曲，后有趋）

这首诗在现存文献中最早著录于沈约《宋书·乐志》，列在卷3《大曲》之下，题为"《罗敷》（歌名），《艳歌罗敷行》（曲调名），古词三解"[②]。郭茂倩《乐府诗集》将其列入"相和歌辞"中的"相和曲"之目，其解题曰："《古今乐录》曰：'《陌上桑》歌瑟调。古辞《艳歌罗敷行》"日出东南隅篇"。'"[③]崔豹《古今注》

[①] 查看"知网"，发现自20世纪80年代以来到2020年，相关的文章不下400篇，分析这些文章，大都属于简单的赏析。许多文章都用"汉乐府民歌"，或者径直用"民歌"的概念来讨论这首诗歌。
[②] 沈约：《宋书》，北京：中华书局，1974年，第617页。
[③] 郭茂倩：《乐府诗集》，北京：中华书局，1979年，第382页。标点略有改动。

曰：'《陌上桑》者，出秦氏女子。秦氏，邯郸人有女名罗敷，为邑人千乘王仁妻。王仁后为赵王家令。罗敷出采桑于陌上，赵王登台见而悦之，因置酒欲夺焉。罗敷巧弹筝，乃作《陌上桑》之歌以自明，赵王乃止。'《乐府解题》曰：'古辞言罗敷采桑，为使君所邀，盛夸其夫为侍中郎以拒之。'与前说不同。"①

从诗歌原文和上面的记载中可以抽出以下信息：

1）罗敷是个采桑女子，这首诗涉及采桑这一传统的文学题材。
2）关于罗敷婉拒使君的故事，在当时流传着不同的说法。
3）故事发生的地点与城市有关，罗敷的穿戴打扮也非同一般。
4）据《宋书·乐志》和《乐府诗集》，这首歌属于汉乐府相和曲或者大曲，歌瑟调。

这些信息为研究提供了线索，它告诉我们，《陌上桑》的故事背后有着非常复杂的文化内容，它的艺术本质和类型也值得重新思考。下面我们就从这些问题开始。

一、采桑题材的历史来源及其演变

《陌上桑》的故事来自于传统的采桑题材，对此，今人已经有比较充分的研究。早在20世纪40年代，游国恩就曾经写过文章，就采桑题材的来源进行过考查②。国外学者如法国著名汉学家桀溺也做过深入的讨论③，当代学者的相关探讨仍然不少，这关系到此诗的历史题材来源，为了下文的讨论，我们还要引述这些材料并略作概述。

关于桑树、采桑和与之有关的男女题材，在《诗经》中就多处提到：

《鄘风·桑中》：爰采唐矣？沬之乡矣。云谁之思？美孟姜矣。期我乎桑中，要我乎上宫，送我乎淇之上矣。

《魏风·十亩之间》：十亩之间兮，桑者闲闲兮，行与子还兮！

《豳风·七月》：春日载阳，有鸣仓庚。女执懿筐，遵彼微行，爰求采桑。

《小雅·隰桑》：隰桑有阿，其叶有难。既见君子，其乐如何！④

由上可知，在《诗经》时代，采桑是女子的劳动，也是男女相会之时机。这自然也是采桑故事得以发生的现实生活基础。在这些作品中，男女之间的相会是自然的，欢快的，也是自由的。这里面没有道德的说教，看不出阶级的对立，也没有表现其他方面的复杂主题，它比较真实地反映了那个时代的纯朴民风。这种情况，在宋玉、枚乘等人的赋作中有了改变。

---

① 郭茂倩：《乐府诗集》，北京：中华书局，1979年，第410页。标点略有改动。
② 游国恩：《论陌上桑》，原载1946年《开明书店二十周年纪念文集》，见《游国恩学术论文集》，北京：中华书局，1989年。
③ 桀溺：《牧女与蚕娘——论一个中国文学的题材》，钱林森主编：《牧女与蚕娘——法国汉学家论中国古诗》，上海：上海古籍出版社，1990年。
④ 本文所引《诗经》，均见于十三经注疏本《毛诗正义》，毛亨传、郑玄笺、孔颖达疏，北京：中华书局，1980年。

宋玉《登徒子好色赋》：是时向春之末，迎夏之阳，鹍鹆喈喈，群女出桑。此郊之姝，华色含光，体美容冶，不待饰装。臣观其丽者，因称诗曰：遵大路兮揽子祛，赠以芳华辞甚妙。①

枚乘《梁王菟园赋》：若乃夫郊采桑之妇人兮，袿裼错纡，连袖方路，摩肵长发。便娟数顾，芳温往来接，神连未结，已诺不分，缥并进靖，傧笑连便，不可忍视也。②

和《诗经》不同的是，在这两篇作品中，虽然也写到了采桑的女子，但是作者所关心的并不是她们的采桑故事，而是将其作为女子出场的背景，重点只是为了描写女性之美。将其和《陌上桑》相比较，可以明显地看到后者受这两篇赋作的影响。到了刘向的《列女传》，则记录了多起关于采桑女的生动故事，关注的重心则转向了对女子道德的考量。

（1）洁妇者，鲁秋胡子妻也。既纳之五日，去而官于陈，五年乃归。未至家，见路旁妇人采桑，秋胡子悦之……谓曰："力田不如逢丰年，力桑不如见国卿。吾有金，愿以与夫人。"妇人曰："嘻！夫采桑力作，纺绩织纴，以供衣食，奉二亲，养夫子。吾不愿金，所愿卿无有外意，妾亦无淫佚之志，收子之斋与笥金。"秋胡子遂去。至家，奉金遗母，使人唤妇，至，乃向采桑者也。秋胡子惭。妇曰："子束发辞亲往仕，五年乃还，当欣悦驰骤，扬尘疾至。今也乃悦路旁妇人，下子之粮，以金予之，是忘母也，忘母不孝。好色淫佚，是污行也，污行不义。夫事亲不孝则事君不忠，处家不义则治官不理。孝义并亡，必不遂矣。妾不忍见子改娶矣，妾亦不嫁。"遂去而东走，投河而死。

（2）宿瘤女者，齐东郭采桑之女，闵王之后也。项有大瘤，故号曰宿瘤。初，闵王出游，至东郭，百姓尽观，宿瘤采桑如故。王怪之，召问曰："寡人出游，车骑甚众，百姓无少长，皆弃事来观。汝采桑道旁，曾不一视，何也？"对曰："妾受父母教采桑，不受教观大王。"王曰："此奇女也。惜哉宿瘤！"女曰："婢妾之职，属之不二，子之不忘。中心谓何？宿瘤何伤？"王大悦之，曰："此贤女也。"

（3）辩女者，陈国采桑之女也。晋大夫解居甫使于宋，道过陈，遇采桑之女，止而戏之曰："女为我歌，我将舍汝。"采桑女乃为之歌曰："墓门有棘，斧以斯之；夫也不良，国人知之。"③

---

① 萧统编，李善注：《文选》，北京：中华书局，1977年，第269页。
② 费振刚、仇仲谦、刘南平校注：《全汉赋校注》，广州：广东教育出版社，2005年，第24页。按此文断句"芳温往来接"一句文辞不通，句式有异，可能存在着传承讹误，姑从其断句，存疑。
③ 以上分见刘向撰，郑晓霞、林家郁编：《列女传汇编》第一册，北京：国家图书馆出版社，2007年，第198-199、102、300页。

这三个故事中的女子各有特色，秋胡的妻子是一个贞节烈女，齐宿瘤女堪称贞静专一的女性典范，而陈辩女则是一个非常机智的女性。这说明，在从先秦到汉代的采桑女故事发展演变过程中，衍化出越来越多的文化主题。包括采桑劳动主题、男女相会主题、女性之美主题和道德品性主题，等等。

以上这些主题，说明采桑题材具有强大的文化功能和巨大的包容性。之所以如此，是因为蚕桑纺绩乃是中国古代女子的主要劳动。在中国人的文化记忆里，传说蚕桑纺绩是黄帝的妻子嫘祖发明的，它有着源远流长的历史。在传统的农业社会，男耕女织是家庭劳动的主要分工方式，帝王后妃也要遵循这一传统。虽然他们已经不再真正下田劳动和蚕桑纺绩，但是每年都要举行相关的仪式，要为天下人做出表率。如《汉书》记载汉代文帝景帝等都举行过相关的仪式。汉文帝十三年春二月甲寅，诏曰："朕亲率天下农耕以供粢盛，皇后亲桑以奉祭服，其具礼仪。"汉景帝中元二年四月下诏："朕亲耕，后亲桑，以奉宗庙粢盛祭服，为天下先。"①《礼记》等先秦典籍中也有相关的记载②。由此可见，蚕桑纺绩天然地就和女性的劳动生活联系在一起。另外，从实际的生活情况考虑，在男主外、女主内的古代农业社会里，女子很少和外面的男性接触，外出采桑也是男女交往的合理场所。正因为如此，这一由劳动生产和生活衍生出来的风俗，在文学创作中的实际功能越来越弱化，越来越成为具有象征意义的文化场景，由此而产生诸多有关男女相会的故事。

由采桑题材的历史溯源可以看出，《陌上桑》中的罗敷以采桑女的身份登场，并不意味着她就是一个真正的出身于下层的采桑女子，而只是将其置身于一个合于文化传统的题材之中。至于这首诗所要表达的主题，则需要结合诗中所体现的其他文化元素来作综合考量。所以，游国恩早在1946年就对此做过讨论。他推测了这首诗题材的来源，产生的时代，并对它的本事，包括和王仁妻的关系做了研究。他认为采桑女可能有一个民间故事，但是在传承的过程中会因为时地的不同而有所变化，因此才会有如诗中所言使君所邀与崔豹所言王仁妻巧弹筝而拒之等不同的故事。至于这首诗，也可能最初是由民间采集来的，但是现在看到的则可能是经过改编的。他最后说："从口唱的民歌到著于竹帛的民歌，这中间有极大的危险性存在着。就是采风的士大夫如认为某支歌谣言不雅驯时，往往会大胆地狂妄地删改它。等到被之管弦的时候，或者又以迁就音乐的缘故而被增损。于是列于乐府的'古辞'，较之民间原来的歌辞，他们中间的距离就可以想像的了。"③游国恩的研究很有历史和文化的眼光，他认为《陌上桑》的歌辞已经不是原来的出自民间的歌辞，也深有见地。可惜的是20世纪五六十年代的中国学者，受庸俗社会学的影响太深，不仅没有在游国恩等人研究的基础上对这首诗做更深入的文化探讨，反而脱离历史实际，先入为主，望文生义，硬生生地将这首文化内涵十分丰富的艺术杰

---

① 班固撰，颜师古注：《汉书》，北京：中华书局，1962年，第125、151页。
② 《礼记·月令》："（仲春之月）后妃齐戒，亲东向躬桑，禁妇女毋观，省妇使，以劝蚕事。蚕事既登，分茧称丝效功，以共郊庙之服，毋有敢惰。"《礼记·祭统》："是故天子亲耕于南郊，以共齐盛。王后蚕于北郊，以共纯服。诸侯耕于东郊，亦以共齐盛。夫人蚕于北郊，以共冕服。"郑玄注，孔颖达疏：《礼记正义》，北京：北京大学出版社，1999年，第470—486、1347页。
③ 游国恩：《论陌上桑》，《游国恩学术论文集》，第389页。

作，看作是一篇反映尖锐阶级对立的诗篇，其影响至今犹在。

相较而言，法国学者桀溺则以开阔的文化视野，对《陌上桑》一诗做了更为精彩的研讨，他在《牧女与蚕娘——论一个中国文学的题材》一文中，将汉乐府《陌上桑》一诗与12、13世纪法国普罗旺斯牧女诗（以马卡步律的诗为代表）作了比较，从《陌上桑》一诗中所存在的矛盾主题以及中国学者在解读这一作品中所处的困境出发，通过风俗文化等方面的历史考察，寻找《陌上桑》一诗的文化起点以及其"从民间传说到文学"的发展演变过程。他认为，《陌上桑》的故事题材，最早源出于中国古代的桑园祭祀和传说，这在《诗经》中有充足的例证。它的演变过程可以分成两个阶段：第一个阶段即民间或半民间文学阶段的存在，《诗经》中的作品可能是这个阶段的留存，"这些诗中同样弥漫着桑园所特有的愉快放纵气氛：对心上人的热情赞美，直爽大方的邀请，顺利无阻的幽会，以及诗人对复苏的春天和永胜的爱情的尽情歌唱"①；第二个阶段则为道德家的反对阶段，汉人对《诗经》的注释将《桑中》等诗视之为亡国之音可为代表，"关于桑园主题的前两种形式，即自发产生于春祭活动中的情歌和道德裁判家的谴责，可以说是这一主题发展中的两个极端。从此，这个令某些人怀恋而又引起某些人痛恨的内容，便始终摇摆于两极之间"②。他的这一分析是非常深刻的。

不仅如此，桀溺还敏锐地发现了《陌上桑》的故事与传统采桑女故事的不同。他尝试着从娱乐表演的角度对它的形成进行解释。他认为，"在中国，这一主题经历了歌颂、诋毁、乔装和道德化几个阶段后，终于有了被公开接受的模式——《陌上桑》。在这首汉代的半民间的诗歌中，几个世纪以来销声匿迹的《诗经》的原始风格又复活了"。作者由此而对《陌上桑》这首诗的出现做出了这样的评析："文学变迁的历史无论在东方还是在西方，都为产生真正的杰作提供了条件。在中国，《陌上桑》的女主人公把采桑女形形色色的特征集于一身。她特有的、令人欲进不能、欲退不舍的魅力，使风流俊俏和严守贞操的两种采桑女的性格浑为一体。如此奇妙惊人的结合不禁使批评家们目瞪口呆，从而激起他们的批评才能。"他接着又发出疑问："但罗敷这个人物可视为谁人的创造呢？会不会是常被引荐到汉朝乐府去的江湖艺人中的一分子？在这个供宫廷娱乐的圈子里，两种文化也许就在这些被视为出身平民，而又粗通文学的诗人音乐家间相遇熔合：一种是民间文化，即春季狂欢和对歌的文化；另一种是文人文化，即礼法和道德的文化。"③他的这一解释是富有启发意义的。

遗憾的是桀溺毕竟对中国古代文化不太熟悉，他对《陌上桑》作为汉代相和歌的艺术特征也没有做更深入的探究。事实上，有关《陌上桑》的文本和相关的历史记载非常丰富，为我们将它结合汉代文化来解读提供了坚实的依据。让我们还是先从作品文本入手。

---

① 桀溺：《牧女与蚕娘——论一个中国文学的题材》，见钱林森主编：《牧女与蚕娘——法国汉学家论中国古诗》，第181页。

② 桀溺：《牧女与蚕娘——论一个中国文学的题材》，见钱林森主编：《牧女与蚕娘——法国汉学家论中国古诗》，第195页。

③ 桀溺：《牧女与蚕娘——论一个中国文学的题材》，见钱林森主编：《牧女与蚕娘——法国汉学家论中国古诗》，第196–197页。

二、《陌上桑》与汉代流行的文化时尚

要弄清《陌上桑》一诗的艺术性质,需要先看一下罗敷其人的装扮。诗中开头对此做了生动的描写:"青丝为笼系,桂枝为笼钩。头上倭堕髻,耳中明月珠。缃绮为下裙,紫绮为上襦。"这显然不会是一个真正的采桑女子的打扮。20世纪50年代有人曾对此提出质疑,但是在那个时代这种质疑也是不允许的,因为他们会用艺术想象的说法给予反击,如有的人就说:"诗中描写罗敷服饰的华美,只应看作人民对罗敷的歌颂,人民是有权力将他们所心爱的典型打扮得漂亮一些的。"①但这种说法与此诗的创作背景是不符的。在现实社会中,一个人能够穿得起什么样的服饰,向来和这个人的经济状况与身份地位有直接关系。《诗经·豳风·七月》的作者,一方面说农夫们"无衣无褐,何以卒岁",另一方面又说"我朱孔阳,为公子裳","取彼狐狸,为公子裘"。可见,那个时代的下层百姓通常的穿戴是粗布衣服,是褐,它是用葛或者麻类的植物纤维纺织成布而缝制的。即便是养蚕女子,也不一定穿得起绮罗锦绣等丝织品,正所谓"遍身罗绮者,不是养蚕人"(张俞《蚕妇》)②,只有富贵人家才能穿得起那些华丽的衣服。《诗经·卫风·硕人》曰:"硕人其颀,衣锦褧衣。"《毛传》:"夫人德盛而尊,嫁则锦衣加褧襜。"正因为如此,在先秦时代关于衣服穿戴也形成了一些规定。如《周礼·地官·大司徒》记"以本俗六安万民……六曰同衣服",郑注:"民虽有富者,衣服不得独异。"③汉代初年经济尚未恢复,高祖八年曾专门下令:"贾人毋得衣锦绣绮縠絺纻罽,操兵,乘骑马。"④为了劝农和提倡节俭,汉代帝王也以身作则,如汉景帝在诏书中就说:"雕文刻镂,伤农事者也;锦绣纂组,害女红者也。农事伤则饥之本也,女红害则寒之原也。"⑤可见,罗敷这样的打扮,是不符合其作为一般采桑女子身份的。所以,对她的穿着打扮,我们只有从另外的角度来理解,那就是当时在城市流行的文化时尚,而这在诗中有明显的表现。

《陌上桑》一诗开头即言:"日出东南隅,照我秦氏楼。秦氏有好女,自名为罗敷。罗敷喜蚕桑,采桑城南隅。"可见罗敷生活的地点是在城中,她平时住在楼上,这让我们将《陌上桑》故事所发生的地点由农村转向都市,从汉代的城市文化中寻找它得以存在的文化土壤。我们知道,随着汉帝国的逐渐繁荣强盛,商业经济和文化也日渐发展,由此而引起了世风的变化。在汉初,商人曾被禁止穿戴锦绣罗绮之类。但是到了文帝之时,这种限制便被商人打破。晁错《论积贮疏》说当时的商人"衣必文采、食必粱肉","乘坚策肥,履丝曳缟"⑥。商人和贵族大都生活于城市,商品经济带来了对财富的追求,官僚贵族们则带来了对权势的炫耀。两者竞相攀比,形成了汉代城市中竞尚奢侈的风气。《后汉书·马援列传》记马廖上疏长乐宫云:"臣案前世诏令,以百姓不

---

① 彭梅盛:《"陌上桑"的人物和主题思想》,《乐府诗研究论文集》,北京:作家出版社,1957年,第77–78页。
② 北京大学古文献研究所编:《全宋诗》第7册,北京:北京大学出版社,1992年,第4715页。
③ 郑玄注,贾公彦疏:《周礼注疏》,北京:北京大学出版社,1999年,第262页。
④ 班固撰,颜师古注:《汉书》,第65页。
⑤ 班固撰,颜师古注:《汉书》,第151页。
⑥ 班固撰,颜师古注:《汉书》,第1132页。

足,起于世尚奢靡。"作为例证,他引用了当时的长安谚语:"城中好高髻,四方高一尺;城中好广眉,四方且半额;城中好大袖,四方全匹帛。"① 可见这种奢侈之风正是从汉代的城市逐渐在社会上推广开来的。

东汉时代城市的这种奢侈之风比西汉更甚,体现在人物的服饰风尚方面,在汉代的著述中多有记载。如王符《潜夫论》就说:"京师贵戚,衣服饮食,车舆文饰庐舍,皆过王制,僭上甚矣。从奴仆妾,皆服葛子升越,筩中女布,细致绮縠,冰纨锦绣……骄奢僭主,转相夸诧。"② 杜笃《京师上巳篇》:"窈窕淑女美胜艳,妃戴翡翠珥明珠。"③《后汉书·梁冀传》:"诏遂封冀妻孙寿为襄城君……寿色美而善为妖态,作愁眉,啼妆,堕马髻,折腰步,龋齿笑,以为媚态。"李贤注引《风俗通》:"愁眉者,细而曲折。啼妆者,薄拭目下若啼处。堕马髻者,侧在一边。折腰步者,足不任体。龋齿笑者,若齿痛不忻忻。始自(梁)冀家所为,京师翕然皆放效之。"④ 崔豹《古今注》曰:"堕马髻,今无复作者。倭堕髻,一云堕马之余形也。"⑤ 由此可见,罗敷的打扮,正体现了城市中这种炫耀富贵、崇尚奢侈的风尚。她梳的是城市当时最流行的发式,戴的是当时最珍贵的首饰,穿的是当时最华丽的衣裳。因而,罗敷这一人物,不是一般的劳动妇女,而是一位住在城市之中代表风俗时尚的贵族或富家女子。

其实,《陌上桑》中反映的人物时尚,不但在罗敷身上有鲜明的体现,在罗敷对她"夫婿"的夸赞中也得以体现。她称赞他"为人洁白皙,鬑鬑颇有须。盈盈公府步,冉冉府中趋",这同样符合当时男子的审美标准,而且有帝王和名臣的原型。《汉书·高帝纪》描写刘邦的外表是:"高祖为人,隆准而龙颜,美须髯。"⑥《汉书·霍光传》说霍光:"为人沉静详审,长财七尺三寸,白皙,疏眉目,美须髯。"⑦《后汉书·光武帝纪》曰:"光武年九岁而孤,养于叔父良。身长七尺三寸,美须眉。"⑧《后汉书·光武十三王传》说:"(刘)苍少好经书,雅有智思,为人美须髯。"⑨ 甚至连罗敷夸其夫所佩之剑,"腰中鹿卢剑,可直千万余""东方千余骑,夫婿居上头"的派头,也与那个时代的奢侈风尚有关,如《史记·货殖列传》所言:"游闲公子,饰冠剑,连车骑,亦为富贵容也。"⑩ 可见,《陌上桑》中的人物描写,并非出于艺术家的凭空想象,它来自于生动的现实生活,有着深厚的文化背景,与当时所流行的文化时尚是紧密相关的。

由此再来讨论时代文化风尚与传统文学题材之间的关系。将《陌上桑》人物描写

---

① 范晔撰,李贤等注:《后汉书》,北京:中华书局,1965年,第853页。
② 王符:《潜夫论》,《诸子集成》第8册,上海:上海书店出版社,1986年,第54–55页。
③ 虞世南编:《北堂书钞》,北京:学苑出版社,1998年,第389页。
④ 范晔著,李贤等注:《后汉书》,第1179–1180页。
⑤ 崔豹:《古今注下》,《百子全书》,杭州:浙江古籍出版社,1998年,第1105页。
⑥ 班固撰,颜师古注:《汉书》,第2页。
⑦ 班固撰,颜师古注:《汉书》,第2933页。
⑧ 范晔著,李贤等注:《后汉书》,第1页。
⑨ 范晔著,李贤等注:《后汉书》,第1433页。
⑩ 司马迁:《史记》,北京:中华书局,2014年,第3969页。

所体现的时代风尚与采桑主题相比较,我们很容易发现它们之间的联系与变化。首先,《陌上桑》借用了传统文学题材,说明这个题材有强大的生命力。究其根本,是因为蚕桑纺织在汉代仍然是女子所从事的工作,是人们所熟悉的生活场景,它将当下的文学与历史传统紧密地结合起来,从而具有了丰厚的历史背景,让我们把秦罗敷这个人物纳入到文化传统当中来认识。第一,她是勤劳的,她虽然生在城中,不是一般的下层的采桑女子,但是"罗敷喜蚕桑,采桑城南隅",这一行动符合人们对她的文化期待,会增加对她的文化认可。第二,她是美丽的,她的美远远超出了一般人,她符合所有人的审美理想。所以她迷倒了行者、少年、耕者、锄者,也迷倒了如使君这样的上层社会人物。

其次,需要注意的是,这个秦罗敷又不同于此前任何一个文学作品的采桑女,在她身上体现了鲜明的汉代城市社会的风尚。她的活动地点不是在桑野田间,她不是农村女子,而是住在城里楼上的都市女郎,她的穿戴打扮都与东汉上流社会炫耀富贵、追求时髦有关,也就是说她既是一个符合传统审美观的采桑女子,更是一个符合汉代城市时尚审美观的"现代"女子。正因为如此,在她的性格中,既没有秋胡妻那样的贞节刚烈,也没有如齐宿瘤女那样的贞静专一。她更接近那个敢于直接痛斥晋国使者解居甫的陈辩女,但是却比她更为聪明机智。同样,那个被她倾倒的使君也没有像晋国使者那样过于轻薄的"戏之"的举动,而只是颇有礼貌的相邀,所以,罗敷也就聪明机智地借夸夫的手法婉拒了这个好色的使君。由此可见,《陌上桑》一诗,非常巧妙地将传统的采桑文学题材中的采桑劳动主题、男女相会主题、女性之美主题和道德品性主题有机地融合起来,并将其由原来的正剧、悲剧轻松地转化为喜剧,完成了在传统题材基础上的艺术再创造,从而使之成为新的经典。

三、汉代"民歌"与"相和歌"的本质区别

当我们深入探讨了《陌上桑》与传统题材和汉代时尚之间的关系,回头再看当代学者对它所作的阐释存在的严重不足。

我们知道,受庸俗社会学影响,自"五四"以来人们便习惯于简单地对包括《陌上桑》在内的汉代乐府诗进行性质归类,将其称之为"汉乐府民歌",但是这种说法是有问题的。"汉乐府"和"民歌"本来是两个不同的概念。乐府本来属于国家的礼乐机构,在秦代就已经设立,汉承秦制,其主要职能是用于宫廷内部的音乐活动,因此与掌管朝廷雅乐的太乐官署有别。汉武帝时期将其职能扩大,同时承担了郊祀天地之乐的制作,用新声为这些乐歌配曲,并有意识地搜集"赵代之讴,秦楚之风"等各地歌诗,在乐府中得到保存。但是,乐府这一机构,到西汉哀帝时就已经罢废,汉武帝时代所搜集起来的乐府诗,后来也大都失传。后人所说的汉乐府诗,都是经过后代不断搜集整理而重编在一起的,到宋代郭茂倩编辑《乐府诗集》而集大成,其内容颇为庞杂,里面所搜集的汉代乐府诗,就分别被编在"郊庙歌辞""鼓吹歌辞""相和歌辞""琴曲歌辞""舞曲歌辞""杂曲歌辞""杂歌谣辞"这七部分里,它们之间的差异很大。其中在《史记》《汉书》《后汉书》等传世文献中所记载的四十多首汉代"民歌",基本都收录于《乐府诗集》中的"杂歌谣辞"之中。比较有代表性的如《画一歌》,据《史记·曹相国世家》所记,萧何死后,"参代何为汉相国,举事无所变更,一遵萧何

约束。择郡国吏木讷于文辞,重厚长者,即召除为丞相史。吏之言文刻深,欲务声名者,辄斥去之……参为汉相国,出入三年。卒,谥懿侯。子窋代侯。百姓歌之曰:'萧何为法,顜若画一;曹参代之,守而勿失。载其清净,民以宁一。'"①。此歌也见于《汉书·萧何曹参传》,这是汉代民歌中的一首和时政紧密相关的颂美之作,语言质朴。再如《民为淮南厉王歌》,据《史记·淮南衡山列传》,淮南厉王长自视为高祖之子,又与文帝最亲近,不遵法度。文帝不忍置于法,乃载以辎车,处蜀严道邛邮,遣其子母从居,长不食而死。"孝文十二年,民有作歌歌淮南厉王曰:'一尺布,尚可缝。一斗粟,尚可舂。兄弟二人不能相容。'上闻之,乃叹曰:'尧舜放逐骨肉,周公杀管蔡,天下称圣。何者?不以私害公。天下岂以我为贪淮南王地邪?'乃徙城阳王王淮南故地,而追尊谥淮南王为厉王,置园复如诸侯仪。"②这首歌很短,但是有极丰富的意味。淮南厉王长身为诸侯王而犯法,理当受到制裁,在王法面前本不应该徇私情。但是淮南厉王绝食而死又让汉文帝受到来自舆论和道德的压力。淮南王本是刘邦所封,在当初与汉文帝同为诸侯王,而汉文帝当了皇帝之后就发生了这样的事情,民间以为是汉文帝要夺他弟弟的封地。所以,汉文帝听到这首歌之后感到非常痛苦,于是在淮南厉王死后做了很好的善后处理。可见,这首歌有强烈的批评时政意识,在当时曾经产生过重大的社会影响。这些真正来自于下层民众的"歌",从文学传统的角度来讲,上承了《诗经》以来的美刺精神,这正是中国古代所谓"陈诗以观民风"和"采诗"说的现实根据。汉代的这些"民歌"也的确有"观风俗,知薄厚"的社会功能,体现了中国古代文化的特色。

但是《陌上桑》与这些汉代的"民歌"是大不相同的,它是汉代的"乐府诗",用于表演。即便它最初可能采自民间,现在我们所见到的歌辞也与原生态相差很远,对此,游国恩和桀溺都已经敏锐地看到。可惜的是他们都没有再结合相关记载,对这首歌的性质做更深一层的讨论,而这正是我们理解这首诗的关键。

《陌上桑》在《宋书·乐志》中属于"大曲",曲名叫《罗敷》,歌名叫《艳歌罗敷行》,古词有三解。在《乐府诗集》中属于"相和歌"中的"相和曲"。两者的记载有些不同,相较而言,沈约所处的齐梁时代远较郭茂倩的赵宋时代要早,相关记载也更为可靠。但是郭茂倩的说法也有他的根据,他将《陌上桑》归为"相和曲",主要采纳了《古今乐录》转引的张永《元嘉技录》的说法。郭茂倩在《乐府诗集·相和曲上》中说:

> 《古今乐录》曰:"张永《元嘉技录》:相和有十五曲,一曰《气出唱》,二曰《精列》,三曰《江南》,四曰《度关山》,五曰《东光》,六曰《十五》,七曰《薤露》,八曰《蒿里》,九曰《觐歌》,十曰《对酒》,十一曰《鸡鸣》,十二曰《乌生》,十三曰《平陵东》,十四曰《东门》,十五曰《陌上桑》。十三曲有辞,《气出唱》《精列》《度关山》《薤露》《蒿里》《对酒》并魏武帝辞,《十五》文帝辞,《江南》《东

---

① 司马迁:《史记》,第2464-2466页。
② 司马迁:《史记》,第3745页。

光》《鸡鸣》《乌生》《平陵东》《陌上桑》并古辞是也。二曲无辞,《觐歌》《东门》是也。其辞《陌上桑》歌瑟调,古辞《艳歌罗敷行》'日出东南隅'篇。"①

按《古今乐录》是南朝陈沙门智匠所编,而《元嘉技录》又名《元嘉正声技录》,为南朝刘宋张永撰,大约成书于宋元嘉年间(424—453)。而沈约生于441年,卒于513年,《宋书》始撰于齐永明五年(487),最后完成已经到了梁武帝即位(502)以后。如此看来,张永的《元嘉技录》又比沈约的《宋书·乐志》成书更早五十年左右。其实,郭茂倩在编《乐府诗集》的时候,还引用了王僧虔《大明三年宴乐技录》等著作。根据他的总结,我们大致可以认定,"相和"是一个大的类别,细分的话包括相和六引、相和曲、吟叹曲、四弦曲、平调曲、清调曲、瑟调曲、楚调曲、侧调曲、大曲等多种类型。

这些丰富的记载充分说明,像《陌上桑》这样的相和歌曲与民歌是有非常大的区别的,它们属于两种不同的艺术类型。当然,汉代的这些相和歌曲最初也没有这么复杂,沈约《宋书·乐志》说:"《相和》,汉旧歌也。丝竹更相和,执节者歌。本一部,魏明帝分为二,更递夜宿。本十七曲,朱生、宋识、列和等复合之为十三曲。"②《晋书·乐志》则说:"凡乐章古辞,今之存者,并汉世街陌谣讴,《江南可采莲》《乌生十五子》《白头吟》之属也。"③我们上引张永《元嘉技录》也说这几首曲,包括《陌上桑》属于古辞。如此而言,像《陌上桑》这样的相和歌曲也有一个不断演化的过程,变得越来越复杂。但无论如何,这些相和歌曲在最初产生的时候其特点就是"丝竹更相和,执节者歌",是用于歌唱表演的艺术。因此,《晋书》中虽然将这些相和歌称之为"街陌谣讴",但是我们千万不要产生误解,认为这些相和歌曲就属于"民歌",二者在本质上是不同的。如果我们借用当代美国学者阿诺德·豪塞尔的观点来表述的话,像《画一歌》《民为淮南山厉王歌》那些汉代的民间歌谣,大致相类似于"民俗艺术",而相和歌之类的歌诗则大致相类于"流行艺术"④。如果说,像《陌上桑》这样的相和歌辞最早可能来自于汉世的"街陌谣讴",它的题材也有自《诗经》以来形成的长久的文化来源,但是经过汉代歌舞艺人的改造,也已经由原来的"民俗艺术"成功地转化成

---

① 郭茂倩:《乐府诗集》,第382页。
② 沈约:《宋书·乐志》,第603页。
③ 房玄龄等:《晋书》,北京:中华书局,1974年,第716页。
④ 按,我在这里使用"流行艺术"这一概念,借鉴了豪塞尔的说法。在豪塞尔的著作里,"流行艺术"是和"民俗艺术"相区别的概念,有特定内涵。他说:"民俗艺术是指那些未经教育,没有城市化或工业化的社会阶层的诗歌、音乐和绘画活动。""流行艺术可以理解为是为了满足半受教育的大众,一般是指城市及喜爱集体活动的民众的要求而形成的艺术或准艺术的作品。"显然这与我们所讨论的汉代相和歌诗与民间歌谣的情况并不相同。但是他所指出这两种艺术的特点,与两汉时代的相和歌与民间歌谣的各自特点的确有相一致之处。他为我们辨析二者之间的关系提供了一条很好的可以借鉴的思路,故本文借用之。相关论述,参见[美]阿诺德·豪塞尔著,陈超南、刘天华译:《艺术史的哲学》,北京:中国社会科学出版社,1992年,第271—275页。更详细的讨论可以参看此书第五章《艺术史中的教育层次:民俗艺术和流行艺术》。

"流行艺术"。所以在这里，我们有必要对这两种不同的艺术类型做一些辨析。

两者主要的不同，一是功能不同，二是创作和欣赏的对象不同。以《陌上桑》为代表的这些"流行艺术"，它们是为了满足汉代社会各阶层享乐需要而产生的，主要是流行于都市街头，出入于宫廷、贵族和达官显宦之家的表演。它需要与音乐、歌舞等紧密配合，表演者需要有专门的艺术训练，掌握专门的表演技能。而像《画一歌》和《民为淮南厉王歌》这样的"民间艺术"，则主要是为了干预或批评时政。它们在社会各阶层的民众间口头传播，不需要专门的艺术生产者，没有专门的管弦等乐器相配，曲调简单，而民谣甚至连音乐章曲也没有，只是徒歌而已。它们只是民间群众的即兴歌唱，不是供它人娱乐的艺术消费品。"在民俗艺术中，创造者和欣赏者几乎是不能区别的，他们之间的界限总是流动和不定的。相反，流行艺术却有着不进行艺术创造，完全是消极感受的欣赏大众，以及完全适应大众要求的职业的艺术产品创造者。"①豪塞尔的这一分析，有助于我们认清汉代的"民歌""民谣"与"相和歌"等乐府诗的不同。当代学者将《陌上桑》这样的乐府诗称之为"民歌"，其实正好把这两种不同的艺术形式混淆了，不但忽略了两者之间的区别，而且把像《陌上桑》这样用于表演娱乐的"流行艺术"的本质特征遮蔽了。

作为汉代"流行艺术"的相和歌，有专门的表演场所和艺术表演者。对此，郭茂倩《乐府诗集》虽然没有引用文献直接说明，但是我们从其他相关记载中也可能略知一二。如《相逢行》："堂上置樽酒，坐使邯郸倡。"可见，那个时候有专门的歌舞倡伎，而且燕赵中山等地的倡伎特别著名。邯郸就属于赵地。对此，司马迁在《史记·货殖列传》中有生动的描述："中山地薄人众，犹有沙丘纣淫地余民，民俗懁急，仰机利而食。丈夫相聚游戏，悲歌慷慨，起则相随椎剽，休则掘冢作巧奸冶，多美物，为倡优。女子则鼓鸣瑟，跕屣，游媚富贵，入后宫，遍诸侯。""今夫赵女郑姬，设形容，揳鸣琴，揄长袂，蹑利屣，目挑心招，出不远千里，不择老少者，奔富厚也。"②据《史记·外戚世家》和《汉书·张释之传》，汉文帝的宠妃慎夫人是邯郸人，能歌善舞。又据《史记·佞幸列传》和《汉书·外戚传》所记，汉武帝时的著名音乐家李延年就是中山人，其"父母及身兄弟及女，皆故倡也"③，也就是说，李延年出身于中山的倡伎世家，他的全家世世代代都以从事歌舞艺伎为生。李延年擅长新声变曲，他的妹妹则妙丽善舞，因而得到了汉武帝的宠幸。又据《汉书·外戚传》所记，汉宣帝的母亲王翁须本出身于歌舞艺伎，也是燕赵之人（汉时涿郡，今河北涿县）。《古诗十九首·东城高且长》又云："燕赵多佳人，美者颜如玉。被服罗裳衣，当户理清曲。"④这些歌舞艺伎从小受到很好的专门训练，长大后专门从事歌舞艺术表演，一些幸运者甚至得到帝王的宠幸。《盐铁论》云："古者土鼓㯺枹，击木拊石，以尽其欢。及后卿大夫有管磬，士有琴瑟。往者民间酒会，各以党俗，弹筝鼓缶而已。无要妙之音，变羽之转。

---

① ［美］阿诺德·豪塞尔著，陈超南、刘天华译：《艺术史的哲学》，第271页。
② 司马迁：《史记》，第3960、3969页。
③ 司马迁：《史记》，第3881页。
④ 逯钦立编：《先秦汉魏晋南北朝诗》，北京：中华书局，1983年，第332页。

今富者钟鼓五乐，歌儿数曹，中者鸣竽调瑟，郑舞赵讴。"①汉成帝永始四年下诏中也说："方今世俗奢僭罔极，靡有厌足。公卿列侯亲属近臣……或乃奢佚逸豫，务广第宅，治园池，多畜奴婢，被服绮縠，设钟鼓，备女乐……吏民慕效，寝以成俗。"②东汉明帝以后，甚至一些宦者家中也是"嫱媛、侍儿、歌童、舞女之玩，充备绮室"③。对此，仲长统曾有这样的描述："汉兴以来……豪人之室，连栋数百，膏田满野，奴婢千群，徒附万计……妖童美妾，填乎绮室。倡讴妓乐，列乎深堂。"④通过这些记载，我们可以想见这些相和歌曲在当时的表演情况。至于表演的地点，则是上至宫廷，下至达官显宦和富贵之家的宅院厅堂，专门用于这些皇室贵族、达官显宦和富商大贾的审美娱乐。如《艳歌何尝行》所言："今日乐相乐，延年万岁期。"《古歌·上金殿》："主人前进酒，弹瑟为清商。""今日乐相乐，延年寿千霜。"⑤《陌上桑》作为汉代流行艺术的代表，就是在这种场合表演的，它与那些汉代文献中所记载的《画一歌》《民为淮南厉王歌》是性质完全不同的两种艺术⑥。

四、《陌上桑》的演唱形态及其艺术开创

《陌上桑》既然是汉代时尚文化的产物，是用于表演观赏的"流行艺术"而不是"民俗艺术"，它的本质是审美和娱乐而不是说教，那么，我们不能直接用儒家的诗教观来分析它，也不能把它作为表现那个时代对统治阶级的斗争和道德批判的范本来看待。而应该从它的艺术体式和表演方式入手，结合文本自身和相关记载，寻找一种合于其艺术本质的方法与理论。

根据沈约的《宋书·乐志》，我们知道《陌上桑》的文本是按照歌的表演需要而写成的。它分为"三解"。曲前有"艳"，曲后还有"趋"。何为"解"？郭茂倩在《乐府诗集·相和歌辞》解题中有过介绍："凡诸调歌词，并以一章为一解。《古今乐录》曰：'伧歌以一句为一解，中国以一章为一解。'王僧虔启云：'古曰章，今曰解，解有多少。当时先诗而后声，诗叙事，声成文，必使志尽于诗，音尽于曲。是以作诗有丰约，制解有多少，犹诗《君子阳阳》两解，《南山有台》五解之类也。'"⑦根据上述记载，可知"解"是相和歌的一个重要特征。它与古代乐歌的"章"有一定的关系，但是与"章"有较大的区别，它的音乐表演特征更为明显。这种比较明显的音乐特征，可能是汉代以后逐渐流行起来的。据陈释智匠的《古今乐录》，"伧歌以一句为一解，中国以一章为一解"，"伧"本义用以讥刺人的粗俗与鄙陋，"伧歌"在这里和"中国"对举，则"伧歌"当指北朝的乐府歌诗，而"中国"则指以相和歌为代表的南朝乐

---

① 桓宽：《盐铁论》，《诸子集成》第8册，第34页。
② 班固撰，颜师古注：《汉书》，第324–325页。
③ 范晔撰，李贤等注：《后汉书》，第2510页。
④ 仲长统：《昌言·理乱篇》，《全上古三代秦汉三国六朝文》第一册，北京：中华书局，1958年，第949页。
⑤ 逯钦立编：《先秦汉魏晋南北朝诗》，北京：中华书局，1983年，第272、289页。
⑥ 按，此处可参考拙作《汉代社会歌舞娱乐盛况及从艺人员构成情况的文献考察》，《中国诗歌研究》2002年第1期。
⑦ 郭茂倩：《乐府诗集》，第376–377页。

府歌诗。北朝乐府"一句一解"如何表演，我们已经不得而知。"相和歌"的表演，据王僧虔"当时先诗而后声，诗叙事，声成文，必使志尽于诗，音尽于曲"可以想见，当是在每一段歌辞演唱结束之后一段集中而又尽兴的音乐演唱。

何谓"艳"和"趋"？郭茂倩说："又诸调曲皆有辞、有声，而大曲又有艳，有趋、有乱。辞者其歌诗也，声者若羊吾夷伊那何之类也，艳在曲之前，趋与乱在曲之后，亦犹吴声西曲前有和，后有送也。"①按此，可知当时的相和诸调曲都是有辞有声的。所谓"辞"就是我们现在所看到的歌词，所谓"声"就是在演唱时配唱的衬声，"若羊吾夷伊那何之类也"。而大曲则又有"艳""趋""乱"。其中"艳"在曲之前，"趋"与"乱"在曲之后。这三者不一定每一首曲子都全有，如《陌上桑》就是在曲前有"艳"，曲后有"趋"，但是没有"乱"。"艳"是在正式曲调演出之前的一段音乐表演，而"趋"与"乱"则是"三解"正曲演奏结束之后的一段音乐表演。

郭茂倩在《乐府诗集》中又说："大曲十五曲，沈约并列于瑟调。"②这说明《陌上桑》虽是大曲，在演唱的时候要"歌瑟调"。关于瑟调曲的演唱方式，郭茂倩在《瑟调曲》解题中又说："其器有笙、笛、节、琴、瑟、筝、琵琶七种，歌弦六部。张永录云：'未歌之前有七部弦，又在弄后。'"③由此可见，瑟调曲的演奏是非常复杂的，有七种乐器和"歌弦六部"，在未歌之前还有"七部弦"和"弄"。这些专用术语，我们今天已经不太清楚，但是从这些记载中可以看出瑟调曲表演的复杂性。

我们把以上相关介绍做一整合，可以对《陌上桑》的表演体式有一个大概的了解。它是一个复杂的乐章，其主体的部分共有三解，也就是由三个完整的乐段构成，每一个乐段的内容都有一个相对完整的叙事。第一解的核心内容是夸耀罗敷之美，第二解的核心内容是写使君与罗敷的对话，第三解的核心内容是罗敷夸夫。《陌上桑》的演奏要有七种乐器，歌弦六部，在正曲之前还有"艳"段，在正曲之后还有"趋"，它的表演程式应该是相当复杂的。

由此再来讨论歌辞与整个曲调表演之间的关系。我猜测，作为一个有着生动故事的乐曲，在《陌上桑》的音乐表演中，应该有罗敷这个人物的显现，这个人物，也可能是那个"执节"的歌者，也可能还有其他帮唱的人分别扮演旁观者、扮演使君或者是罗敷的夫婿。杨荫浏经过分析后认为，当代民间歌舞《二人台》的表演，有男女两个人物出场，先是在台上唱歌，唱完一节之后，接下来就有一段热烈欢快的舞蹈，这样反反复复。"可以不可以把民间歌舞中这种歌唱的部分比之《相和大曲》中分节歌唱的部分，而把它活跃舞蹈的部分比之《相和大曲》的'解'的部分呢？"④没有文献记载，我们不能将其落实，但是杨荫浏的推测是有道理的。因为按前引王僧虔的说法，可知大曲本来就包括诗和声两部分，"当时先诗而后声，诗叙事，声成文，必使志尽于诗，音尽于曲"。另外从《陌上桑》的歌辞来看，它有头无尾，中间缺少一些必要的交代，这可能是因为在表演时有人物出场，观众自然可以感受得到，所以在诗文中不必交代，作为歌

---

① 郭茂倩：《乐府诗集》，第377页。
② 郭茂倩：《乐府诗集》，第377页。
③ 郭茂倩：《乐府诗集》，第535页。引文标点有调整。
④ 杨荫浏：《中国古代音乐史稿》，北京：人民音乐出版社，1981年，第117页。

辞，只是记录下歌唱时的核心唱词。受音乐表演的限制，它并没有更多的展开，而只是抓住关键要素，选取了这个故事中三个最重要场景而进行片断叙事。但是在这个片断叙事当中，又运用了夸张、排比、映衬、对话、议论等多种方式，显得欢快而热烈。总之，《陌上桑》的语言艺术表现是独特的，它是作为乐歌的歌唱文本而被保存下来的，我们不能按照文人案头写作的模式来对它进行分析。

由此可见，作为文学史上的经典，《陌上桑》无疑是一首具有创新意义的艺术作品。其意义主要表现在以下几个方面：

第一，它首先充分利用了具有原型意义的历史文化题材。如我们前面所论，采桑文学的题材，源自于中华民族古老的生产生活习俗，它本身就具有巨大的文化包容性，在长期的历史演化中形成了包括采桑劳动主题、男女相会主题、女性之美主题和道德品性主题。这些主题和每一个人的生活习习相关，和他们的心灵息息相通。这使它具有了文化原型的意义，可以唤醒他们的文化潜意识，从作品当中去体现符合自己内在心理预期的原素，从而产生心灵的感动和审美的愉悦。

第二，它成功地加入了时代的流行元素。这使它里面所描写的人物不再是原初的采桑女子，而是一个充满了当代感的时髦人物。它的穿着打扮新鲜入时，符合汉代城市的审美标准，她的美丽倾倒众人，无论是行者、少年，还是耕者、锄者，也无论是平民百姓还是"使君"，她是当时人心中的理想女子。正因为如此，她的丈夫也是当时天下最理想的男人，年少得志，身居高位，英俊潇洒，风度翩翩。总之，它的题材是来自历史的，但是它的人物表现却是当代的，它迎合了欣赏者的当下心理，因而会得到他们强烈的心理共鸣。

第三，它采取了当时最流行的艺术形式，是一种新的艺术创造。它把传统的"民俗艺术"成功地转换成"流行艺术"，同时也把传统的严肃的道德主题变成了充满喜剧色彩的娱乐。它的产生，摆脱了汉代儒家传统诗教理论的束缚，体现了作为娱乐文化的艺术本质，将创作的动力由作者主体转变为以消费者为主体，把符合艺术的欣赏与消费需求当作艺术生产的目标，它迎合了大众的消费心理。它没有显示作者的创作意图，没有作者的主观说教，而是调动了所有的历史资源和现实资源，将十分丰富的文化内容，成功地转化为合于审美目的的形式表现，用传统的说法就是"寓教于乐"。它是一种新的艺术类型，开魏晋六朝以后娱乐艺术的先河，并且成为新的典范。

原载《中山大学学报（社会科学版）》2022年第6期

辛弃疾《菩萨蛮·书江西造口壁》的现场勘查与历史钩沉

王兆鹏　肖　鹏

　　文学作品总是产生于特定的时空并表现特定的时空。我们将产生作品的时空称为创作现场,将作品所表现的时空称为表现现场。创作现场和表现现场有时是同一的,有时是分离的。如欧阳修《醉翁亭记》的创作现场和表现现场都在滁州,是同一的;而范仲淹《岳阳楼记》的创作现场是邓州,表现现场是岳州,二者是分离的。

　　无论是创作现场还是表现现场,时间上可分为两个维度,一是过去时态的历史现场,一是现在时态的当下现场。历史现场与当下现场,有的没有太大变化,有的则是沧桑巨变。当下现场,需要到现场进行实地勘查才能了解其真实样貌;历史现场,则需通过文献钩沉来"复原"其旧貌。空间上,现场可分为点线面三个维度:点是平面的空间位置,主要了解其所属行政区划及经纬度;面是立体的地形地貌和人文环境,了解其地形地貌和人文环境的特点及变化;线指交通路线,主要了解某个地点或某个路线的交通状况。传统的文学研究,虽然也考察作品的创作地点,但往往只是作为一种知识、史实来处理,而且只停留在弄清地点所属的行政区划,没有注意创作地的地形地貌、交通状况,更没有进一步追问和探讨特定的地形地貌、交通状况对作者生活、心态的影响及其在创作中的体现。

　　本文以辛弃疾《菩萨蛮·书江西造口壁》词为例,对其创作现场和表现现场进行实地勘查,切实弄清现场的地形地貌,探讨交通路线和交通状况对词人情感心态的影响及其在词作中的表现,钩沉其词作背后隐含的历史事件和历史人物,以透彻理解文本多重的审美空间和丰富的情思意蕴。

一、写作现场的空间定位

　　《菩萨蛮·书江西造口壁》词的写作现场,有两种理解,一种理解是在赣州郁孤台所作,辛弃疾离赣州北上赴襄阳任职之前,特意登临郁孤台,俯看台下江水滔滔,有感而作《菩萨蛮》,后经造口,把此词题写在造口的墙壁上;另一种理解是,离赣州北上路过造口时所作,并将其题写在墙壁上[①]。

[①] 如辛更儒《辛弃疾词选》持前一种理解,认为此词"咏唱的是赣江","并没有咏及造口及在造口发生的事,词题只是表明这首词创作完成后题写在造口山间"(辛更儒:《辛弃疾词选》,北京:中华书局,2005年,第33页)。邓小军则是后一种理解,说此词"从百余里之外的郁孤台,顺势收至眼前之造口。造口,词境之核心也"(唐圭璋等:《唐宋词鉴赏辞典》,上海:上海辞书出版社,1988年,第1504页)。而多数注本和赏析文章都不在意也没深究此词究竟作于什么地方、写什么地理环境。

《菩萨蛮》是在郁孤台作还是写于造口，似乎是个小问题，但涉及对词作地理空间的定位和对词作意蕴的理解。就像一张照片，要了解它的机位在哪里、是从哪个角度拍摄的，不同的机位、不同的角度，拍摄出的场景是不同的。所以，有必要考查清楚《菩萨蛮》的创作地点。单纯从作品文本和文献记载出发，创作地点有时难以确定，因为作品文本和文献记载的信息有限，我们必须到作品的创作现场去一探究竟。就像侦破刑事案件一样，不到案发现场进行实地考察，就很难发现有价值的线索和证据。王夫之《姜斋诗话》曾说，诗歌中的情景，无论大景小景，都是诗人亲历亲见的："身之所历，目之所见，是铁门限。即极写大景，如：'阴晴众壑殊'、'乾坤日夜浮'，亦必不逾此限。非按舆地图便可云'平野入青徐'也，抑登楼所得见者耳。隔垣听演杂剧，可闻其歌，不见其舞，更远则但闻鼓声，而可云所演何出乎？"①我们要真切地理解诗人的诗心、诗境，就必须亲历其地其境，见其所见，闻其所闻。

辛弃疾《菩萨蛮》词中涉及的现场有两处：一是题中的造口，一是首句的郁孤台。表现现场环境有"清江水""无数山""山深"和"鹧鸪"啼。

先说郁孤台的位置。

郁孤台，位于赣州城区的贺兰山顶。从城中看去，贺兰山只是一座低矮的土冈，海拔131米。由于它的周围都是江边平地，唯独这座山冈郁然孤立，故得名郁孤台。南宋祝穆《方舆胜览》卷二十有记载："郁孤台，在丽谯。坤维隆阜，郁然孤起平地数丈，冠冕一郡之形势，而襟带千里之江山。"②郁孤台下不远，是章水和贡水的汇合处。登上郁孤台，可以俯看发源于武夷山山脉的贡水从东边流来，发源于南岭山脉的章水从西边流来，两条河流在郁孤台前面的龟角尾汇合成赣江，向北流向鄱阳湖，最后汇入长江。

次说郁孤台的视野。

登上郁孤台，能否看到词中描写的"无数山"和"深山"？我们先查看卫星地图（图1），地图显示，赣州地处三江平原，地势非常开阔。站在郁孤台上举目四望，正北面，是赣江的河谷，到造口的直线距离是五十一公里，河道距离是七十公里。西北面最近的山峰，直线距离为十公里。东北面最近的山峰，直线距离为九公里。西面的山峰距离最远，直线距离有三十公里。东南面的山峰，尽管与辛弃疾的眺望视线没有任何关系，但直线距离也有十五公里。东面数公里之外，有一座小小的马祖岩。宋人也把它称为马祖峰，是八景之一。它的相对高度只有128米，也就是一片低矮的小山冈而已。郁孤台与它之间的距离为3700米，用三角函数计算看山的仰视夹角，α值只有1.98度，站在郁孤台上看去，几乎完全是平视。

郁孤台上西北方向所见，除了章江对岸的低矮山岗，极远处可见依稀青山，却看不到"可怜无数山"的景象。正北方向和东北方向因乔木遮蔽，已经无法远眺。而赣州八境台，位于郁孤台北面820米两江汇合处的龟角尾。原建筑为石楼，北宋嘉祐年间知

---

① 王夫之：《姜斋诗话》卷下，王夫之等：《清诗话》，上海：上海古籍出版社，1978年，第9页。

② 祝穆撰，祝洙增订，施和金点校：《方舆胜览》卷20，北京：中华书局，2003年，第356页。

州孔宗翰建造。重建的八境台视野开阔,前无遮挡,视点高度与郁孤台相当,是郁孤台的替代观察原点。登上八境台,从西北方向遥望,远处青山依稀,是辛弃疾"西北望长安"的原始景象,但不符合"可怜无数山""山深闻鹧鸪"的场景描述;东北方向望去,但见远山隐隐,看不到"无数山",更感受不到"山深";正北方向所见,是赣江北去情景,沿江而下七十公里处即是造口;正东方向,也看不到"无数山"的景象。

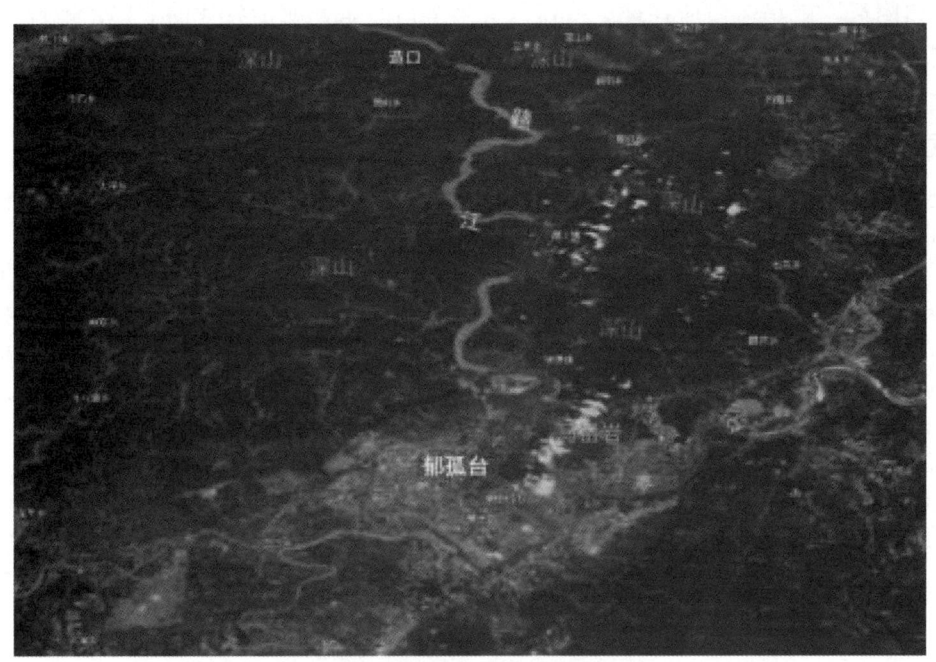

图1 郁孤台与赣江流域地形图
依据国家地理信息公共服务平台"天地图"制图,底图未作修改。

总之,站在郁孤台和八境台上放眼眺望,视野都非常开阔。尽管西北和东北方向的极远处依稀可见青山,但四周水天空阔,毫无山峦遮挡。用元人萨都剌《念奴娇》的词句来形容,是"望天低吴楚,眼空无物"。吟咏、回味辛弃疾的词句,站在郁孤台上,即使可以想象远处的"无数山",但无论如何,是不可能闻听到深山鹧鸪声的。也就是说,"山深闻鹧鸪",与郁孤台周围的环境不符合,此词不可能是在郁孤台上所作。

郁孤台附近没有深山,无法听到山中传来的鹧鸪声,会不会是词人的虚拟想象之辞?不会!因为,全词句句是写实,结拍不可能虚构出深山的环境和鹧鸪的叫声来。赵翼《瓯北诗话》说:"凡诗必须切定题位,方为合作。"[①]词作亦然。如果没有深山、没有鹧鸪,辛弃疾杜撰"山深闻鹧鸪",那就不"切题定位",算不上是合乎法度的理想之作。

此词的写作现场,应该是在深山里。而题目中的造口,是在深山吗?能听到鹧鸪的啼叫吗?

---

① 赵翼著,江守义、李成玉校注:《瓯北诗话校注》卷3,北京:人民文学出版社,2013年,第99页。

且看造口的位置。辛弃疾词题中的造口，在赣州北面的赣江边上，与郁孤台的直线距离五十一公里，宋代属吉州，今属吉安市万安县。据《万安县志》记载，造口在万安县西南六十里。查阅古代地方志中的地图和谭其骧主编的《中国历史地图集》，那里原来有一条不长的河流，叫造口河，有的方志称为皂口江、皂口溪，河水自西向东流入赣江。它流经的地方，有上造、下造。上造村保留至今，下造村现改名为夏造镇。流入赣江的河口附近，就是造口所在地。造口，又名皂口。宋元明清各代的造口，地理位置都在赣江边。但史书记载名称稍有不同，有的说是镇，有的说是村，有的说是驿，也有的说是渡。据清代著名地理学家顾祖禹考证，元代在赣州至吉安沿赣江的附近设置有攸镇站、造口站、水西站等，明代洪武年间改为驿，设水西驿、攸镇驿、皂口驿等，并设置递运所、巡检司①。而宋代的造口，曾经是有兵驻守的砦②，有渡口，还有驿站，是赣江水路和赣州陆路的转接点。

造口驿站，有杨万里的诗为证。淳熙七年（1180）正月，杨万里从家乡吉州赴广州任提举广东常平，乘船沿赣江逆流而上，过太和、万安、赣州、南康，越过大庾岭，取道南雄、韶州、英州，最后抵达广州③。途经造口时写有四首诗纪游，其中《宿皂口驿》《晚过皂口岭》二诗写道：

倦投破驿歇征骖，喜见山光正蔚蓝。不奈东风无捡束，乱吹花片点春衫。
夜渡惊滩有底忙？晓攀绝磴更禁当。周遭碧嶂无人迹，围入青天小册方。半世功名一鸡肋，平生道路几羊肠？何时上到梅花岭，北望螺峰半点苍。④

杨万里过造口，在辛弃疾离赣州后四年，可谓前脚跟后脚。杨万里所称地名为皂口，可见当时已经是造口、皂口混用。杨万里前诗说，皂口驿，条件非常差，屋舍破旧不堪。后诗表明：这里有一处渡口，由水路转陆路，"夜渡"赣江"惊滩"，天明后走陆路，翻越造口山岭，前往赣州；山岭的驿道很陡峭，需要攀登陡峭的石阶"绝磴"；驿道弯曲如九羊肠。明代邓云霄也有《皂口问渡》和《乌兜夜雨》诗说："高滩问渡处，何异斗边槎。""问津才皂口，旅宿又乌兜。落叶迷官路，流云锁驿楼。"⑤郭谏臣《午过皂口驿》也有"肩舆度危岭，雨歇众峰青"云云⑥，可见明代延续宋代设置，造口既是津渡，也是水路陆路转接的驿站。

---

① 顾祖禹撰，贺次群、施和金点校：《读史方舆纪要》卷87《江西》、卷88《江西》，北京：中华书局，2005年，第4006、4077页。
② 《宋史》卷192《兵志》："吉州十六砦：富田、走马塍、永和镇、观山、明德、沙溪、西平山、杨宅、栗传、禾山、胜乡、造口、秀洲、新砦、北乡、黄茅峡。"（脱脱等：《宋史》，北京：中华书局，1985年，第4793页）
③ 于北山：《杨万里年谱》，上海：上海古籍出版社，2006年，第241页。
④ 杨万里著，辛更儒笺注：《杨万里集笺校》，北京：中华书局，2007年，第752-753页。
⑤ 邓云霄：《越鸟吟》，《明别集丛刊》第4辑第98册，合肥：黄山书社，2016年，第524页。
⑥ 郭谏臣：《鲲溟诗集》卷3，《影印文渊阁四库全书》第1288册，台北：商务印书馆，1983年，第182页。

我们用Google地球实测，造口岭山道最高处海拔210米，赣江江面海拔89米，水淹约30米，故宋代当年造口岭的相对高度为210 - 89 + 30 = 151米（参图2）。而Google卫星图显示的造口岭上的道路（应是当年的古驿道）确如九回羊肠，蜿蜒曲折（参图3）。

再看造口的空间环境。造口，在深山之中。从杨万里诗的描述来看，造口山高地狭，抬头仰望，只能见很小的一片天。上引杨万里《晚过皂口岭》说造口"周遭碧嶂无人迹，围入青天小册方"，很生动地告诉我们，造口周围都是莽莽苍苍的山峰岩嶂，跟范仲淹《渔家傲》词所说的"千嶂里"差不多。所谓"册方"，是形容一小片地方，杨万里《西斋睡起》的"开门山色都争入，只放青苍一册方"①，也说到睡起开门，但见远处一片苍青山色扑面而来。站在皂口驿仰望蓝天，只能看到一片小小的青天，四周都被山峰挡住，据此可以想象造口深山之深。

查看卫星地貌图（图4、图5），更能清楚看到造口前后左右都是高山，而且近在咫尺，相连的赣江，四周也都是险峻的高山。

我们实地考察的结果，造口也是在深山里。2020年8月26日，我们专程去郁孤台和造口实地考察，赣南师范大学文学院吴中胜教授、井冈山大学文学院龚奎林教授和万安县副县长李桂平陪同并作向导。李副县长1985年起在造口一带工作多年，又是乡土作家，对本地人文地理和历史掌故相当熟悉。他特地安排一只游船，从万安水库（又名万安湖）大坝出发，从水上去造口村考察。船行水上，可见水库四周的青山多被淹至半山腰，已经看不到山高、山深的景象。但可以想象，如果是在水库建成之前乘小船行走在现在水面30米以下的赣江，江面狭窄，仰看两岸青山，应该是很高峻的。

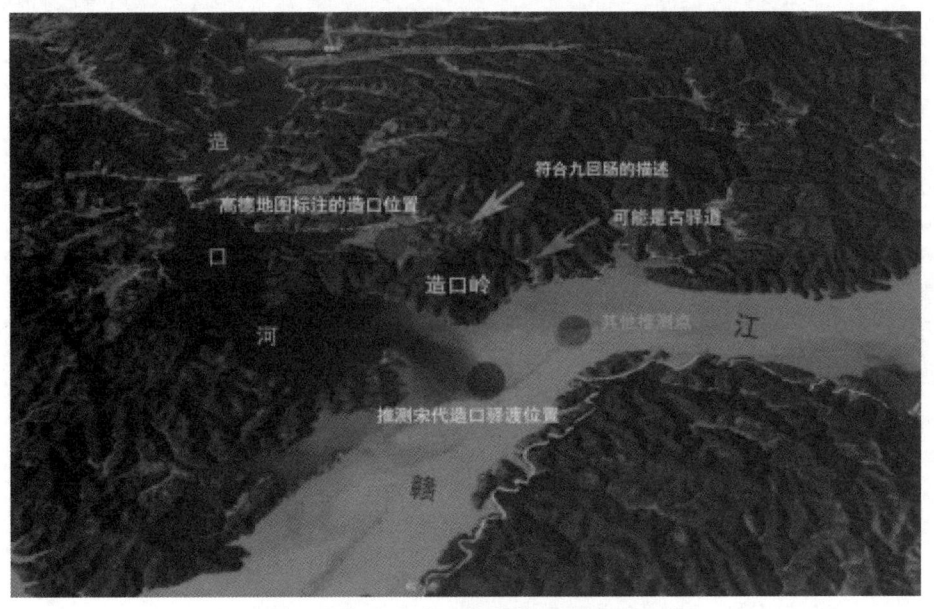

图2　宋代万安造口驿渡推测位置卫星图
依据国家地理信息公共服务平台"天地图"制图，底图未作修改。造口村所在山岭，应是杨万里所说"造口岭"。

---

① 杨万里著，辛更儒笺注：《杨万里集笺校》，第717页。

图3　造口岭和造口古驿道
依据国家地理信息公共服务平台"天地图"制图，底图未作修改。

图4　造口附近地形地貌卫星图
依据国家地理信息公共服务平台"天地图"制图，底图未作修改。

图5 造口附近地形地貌卫星图
依据国家地理信息公共服务平台"天地图"制图,底图未作修改。

　　船行一小时左右,来到造口村。李副县长告诉我们,20世纪90年代修建的万安水库,已将造口村大部分淹没,只有几户人家还住在水边。原古渡口和驿站遗址也淹没在水下数十米。由于水面宽阔,现在的造口村,已难见到辛弃疾当时所亲历的山深之景。但造口四周是绵延起伏的山峦,如果穿越回到未建万安水库的30年前或更远的年代,完全可以想象和感受造口村深处群山之中的情景。清初著名诗人王士禛《皂口雨泊》诗可为佐证:"急雨孤篷湿,高峰四面同。茫茫送滩水,飒飒会江风。山鬼幽篁里,枫人苦雾中。"①造口附近被高耸的山峰所包围,不能放眼远眺。他所描写的现场景象,与辛弃疾笔下的深山相同,也与今天造口的地貌特点吻合。

　　总之,从历史记载、卫星图像和实地现场感受来看,往昔的造口是在深山环抱之中。

　　接着的问题是,造口此地能听到鹧鸪啼叫吗?李桂平副县长说,当年他在造口时经常可以听到鹧鸪叫。我们还可以举清初诗人的描写作为现场耳闻目击的旁证。清代诗人施闰章《从制府江行》诗写道:"棹入双江路,云迷皂口西。昨宵愁不寐,恰有鹧鸪啼。"②造口附近的深山里,到处听得见鹧鸪啼鸣。清任又班夜泊十八滩时,见"夹岸阴岩暗薜萝,鹧鸪拍拍拂船过"③,可以想见造口一带鹧鸪甚多,有时随船飞逐。

　　还有一疑问:依据我们的日常经验,鹧鸪往往是春天啼鸣,而辛弃疾此词是秋天所

---

① 王士禛著,李毓芙、牟通、李茂肃整理:《渔洋精华录集释》卷11,上海:上海古籍出版社,1999年,第1658页。

② 施闰章著,何庆善、杨应芹校点:《施愚山集》第3册,合肥:黄山书社,2018年,第468页。

③ 任又班:《夜泊》,陈诗辑:《皖雅初集》卷9,合肥:黄山书社,2017年,第366页。

作，秋天的鹧鸪也啼鸣吗？答案是肯定的，这有唐宋元明人的诗歌为证。唐李群玉《九子坡闻鹧鸪》的"落照苍茫秋草明，鹧鸪啼处远人行"①，即明说秋日听见鹧鸪啼。北宋李彭《重游草堂》诗写道："今年森木挂秋暑，鹧鸪钩辀向我啼。"②也是写秋暑时鹧鸪"向我啼"。宋末元初艾性夫《古驿》说："旧时邻曲各东西，野蔓荒藤压树低。过尽路牌无客影，一冈秋雨鹧鸪啼。"③元人刘敬《赋得潇湘曲送复上人之湖南》有"鹧鸪啼雨苍梧秋，渺渺吴云天尽头"之句④，明人史杰《竹石图》也写到秋天在潇湘听到鹧鸪啼："记得推篷湘水曲，满林秋色鹧鸪啼。"⑤毛绍龄《闻鹧鸪》同样写有"倦客未归秋又尽，鹧鸪啼破隔江烟"的情景⑥。

如果说，上面这些诗句，只是表明秋天可闻鹧鸪啼鸣，但不能据此推论造口的秋天也可以听到鹧鸪啼鸣，那么，明代诗人乌斯道的《过十八滩》，描写的正是赣江两岸的秋景："鹧鸪又复啼秋雨，便合重题蜀道难。"⑦可见造口一带秋天确实是可以听到鹧鸪啼鸣的。清彭孙贻《储潭》诗也同样写到秋天在造口听鹧鸪的啼唱："离家三月到虔南，又见吴霜落晓簪。听尽鹧鸪行不得，伤心秋色满储潭。"⑧虔南，即赣州；储潭，在赣州城北二十里的赣江中⑨。

造口与深山、鹧鸪，是同一现场的景象。因此，我们有理由相信，辛弃疾《菩萨蛮·书江西造口壁》词的创作现场，就是在造口驿。也就是说，词是在造口驿创作，并题写在驿壁上。词一路写来，先从来时的郁孤台写起，再顺江而下，写到造口所处的深山。

二、"清江水"的变化与"复原"

"中间多少行人泪"的"多少"，意为许多，既是说过往行人多，也是说行人眼泪多。"清江"，即赣江。赣江上往来的行人多，容易理解；为什么说赣江上的行人都会泪多？换个问法，"行人"经过赣江"中间"，为什么都会流泪？这就需要了解赣江赣州段的地貌特点和交通状况。江山道路，古今多有变化。我们既要了解现在的山川道路，也要了解历史上的交通状况，体悟古代诗人词家创作时的"现场感"。

从赣州郁孤台下到万安县造口的赣江江段，原来有十八个险滩。文天祥《过零丁

---

① 李群玉：《九子坡闻鹧鸪》，彭定求等编，陈尚君补辑：《全唐诗》卷569，北京：中华书局，1999年，第6654页。
② 李彭：《日涉园集》卷5，《影印文渊阁四库全书》第1122册，第661页。
③ 艾性夫：《古驿》，杨镰主编：《全元诗》第19册，北京：中华书局，2013年，第178页。
④ 刘敬：《赋得潇湘曲送复上人之湖南》，杨镰主编：《全元诗》第51册，第317页。
⑤ 史杰：《竹石图》，朱彝尊：《明诗综》卷23，北京：中华书局，2007年，第1160页。
⑥ 毛绍龄：《闻鹧鸪》，张邦翼：《岭南文献》卷31，《四库全书存目丛书补编》第22册，济南：齐鲁书社，2001年，第530页。
⑦ 乌斯道：《春草斋集》卷4，《影印文渊阁四库全书》第1232册，第165页。
⑧ 彭孙贻：《茗斋集》卷4，《清代诗文集汇编》第51册，上海：上海古籍出版社，2010年，第425页。
⑨ 参陈梦雷编纂，蒋锡廷校订：《古今图书集成·方舆汇编·职方典》卷919，成都：巴蜀书社，1985年，第15946页。

洋》诗中"惶恐滩头说惶恐"的惶恐滩,就是十八滩之一。在实地考察中,我们乘船从万安水库大坝到造口,由于水面宽阔,已经感受不到行船、行路的艰难。但李桂平副县长告诉我们,我们的船,其实就是行进在十八滩之上,如今的十八滩,已淹没在30米深的水下。我们忽然领悟,"中间多少行人泪",一定跟十八滩有关。假如我们现在是乘着木船行进在修建万安水库之前的十八滩上,就能真切感受到行船行路的艰难。

历史现场已经改变,那让我们通过文献的梳理,回归到当年的十八滩现场,看看1990年代修建水库以前唐宋元明清文人诗客笔下的赣江十八滩,是怎样的情形。

十八滩,起于赣州城区郁孤台下章、贡二水合流之后的赣江,止于万安县境内。十八滩的名称,古籍记载不一,明人唐文凤写有《考满舟经十八滩因分各滩名赋诗》组诗,一滩一诗,诗中所题十八滩名称为:鳖滩、古镜滩、天柱滩、小湖滩、狗迹滩、石人滩、貉獭滩、铜盘滩、清洲滩、梁滩、昆仑滩、晓滩、铁索滩、小蓼滩、大蓼滩、锦津滩、漂神滩、惶恐滩。林则徐道光十九年己亥(1839)赴广东,途经赣州十八滩。他在日记中详细考证了十八滩的来历与名称,记载了舟行十八滩的行程和日期。他引《万安县志》说,赣州"一百里至万安,其间滩有十八,旧皆属虔州,宋熙宁中割地立县,自赣城下二十里曰储,曰鳖,曰横弦,曰天柱,曰小湖,曰铜盆,曰阴,曰阳,曰会神,以上九滩,属赣;自青洲以下至梁口,乃万安县地,其滩曰金,曰昆仑,曰晓,曰武朔,曰小蓼,曰大蓼,曰绵,曰漂神,曰黄公。滩水湍急,惟黄公为甚"。"赵清献守虔州,尝疏凿十八滩,以杀水势,盖十八滩为尤险。""今之滩名,与志载多有参差。"①

十八滩全程,古人号称有三百里,实际空间距离只有七十多公里。宋庄季裕《鸡肋编》说:"贡水在东、章水在西,夹城北流一里许,合流为赣江。江中巨石森耸如笋,水湍激,历十八滩,凡三百里,始入吉州万安县界为安流。"②最早书写十八滩的孟浩然《下赣石》诗写道:"赣石三百里,沿洄千嶂间。"③后人说十八滩延绵三百里,或是源于孟浩然的感受。

十八滩,遇春夏涨水,顺流而下(由南至北,赣州到吉州方向),船行飞快,一日可达。南宋徐鹿卿有诗说:"闻道春江潋滟时,滩平如掌棹如飞。""北来快顺一篙驶,南去间关百丈牵。""储潭初发未朝餐,一日经行十八滩。"④如果是逆水而上(自北至南,由吉州到赣州方向),则船行缓慢,有时一天才过一滩⑤,有时半日过

---

① 林则徐全集编辑委员会:《林则徐全集》第9册《日记卷》,福州:海峡文艺出版社,2002年,第378页。

② 庄绰著,萧鲁阳点校:《鸡肋编》卷下,北京:中华书局,1983年,第96页。

③ 孟浩然著,佟培基笺注:《孟浩然诗集笺注》卷中,上海:上海古籍出版社,2000年,第204页。

④ 徐鹿卿:《清正存稿》卷6《七月二十一日重过赣滩十绝句》其八、其五、其十,《影印文渊阁四库全书》第1178册,第930、929、930页。

⑤ 唐文凤:《梧冈集》卷1《考满舟经十八滩因分各滩名赋诗》其四《小湖滩》说:"凌晨此经过,涉深鲸波碧。陟西雨晕虹,向东风退鹢。毋肆以弗虞,每慎而自慄。迫晚获平安,至喜情尤适。"(《影印文渊阁四库全书》第1242册,第529页)凌晨过小湖滩,晚上才平安通过。

一滩:"半日过一滩,一滩数惊喘。况有十八滩,滩滩皆惊险。"①有时半日可过五滩:"半日过五滩,滩滩各殊状。"②林则徐两天走完十八滩,他正月十三日庚戌(2月26日)从万安县惶恐滩出发,行舟五十里,过五滩,到皂口司;当日过九滩,行程一百一十里。次日,舟行一百一十五里,到赣州③。

十八滩,因怪石林立,江水迂回曲折,形成众多漩涡,故行船艰难而惊险。前人诗中描述最多的,是乱石丛生,浪高涛急,时有船毁人亡的恐惧。明张天赋《歇皂口驿》诗说:"十八滩头乱石多,舟穿石罅似抛梭。"④船在石缝中穿行,怪石槎牙如列戟像是在梳中穿梭。罗亨信《癸巳谪交趾过十八滩》就写到怪石形成的漩涡急流:"湍流迅急似倾盘。"⑤在这种急流漩涡中行船,艰险可知。故李之世《即事》诗说:"十八滩头滩浪高,雨声滴滴水嘈嘈。万丈巉崖挽不上,漩涡一挂没长篙。舟人相顾戒舟楫,小港洄波冲舟入。"⑥稍有不慎,船身触到岩石,就会船毁人亡。清初彭孙贻诗说:"飞湍直下三百尺,十八滩溜殷其雷。怪石如鬼出水底,蠹者虎牙伏者豼。轻舟一叶触即粉,江鱼鼓腹不我哀。"⑦晚清金武祥《十八滩》也感叹:"章贡此合流,一束惊奔湍。大石踞江面,似欲相遮拦。小石砺锋刃,波底排巉岏。深潭讶莫测,下有蛟龙蟠。捩舵石罅中,手刺群篙攒。迟速倘失势,倏忽性命拌。"⑧

乘船者既倍感艰险,纤夫也十分辛苦。清施闰章《百丈行》诗说:"十八滩头石齿齿,百丈青绳可怜子。赤脚短衣半在腰,饭颗寒吞掬江水。北来铁骑尽乘船,滩峻船从石窟穿……沿江沙石多崩峭,引臂如猿争叫啸。秋冬水涩春涨湍,渚穴蛟龙岸虎豹。伐鼓鸣铙画舸飞,阳侯起立江娥笑。不辞辛苦为君行,梃促鞭驱半死生。君看死者仆江侧,火伴何人敢哭声!"⑨

凡是乘船经过十八滩的行人,都会切身感受到船行的艰难,进而体悟整个人生的行路难。南宋徐鹿卿《之官过赣滩》其二就说:"滩声嘈杂怒轰雷,顽石参差拨不开。行客尽言滩路险,谁教君向险中来。"⑩明梁维栋《过十八滩》也说:"陆路崎岖不易行,波流湍激倍心惊。世途倾险都如此,那得停桡舟不横。"⑪金武祥过十八滩时,闻

---

① 金武祥:《江上草堂诗稿》之《十八滩》,载《近代中国史料丛刊续编》第22辑,台北:文海出版社有限公司,1975年,第38页。
② 王士禛著,李毓芙、牟通、李茂肃整理:《渔洋精华录集释》卷4《上十八滩》,上海:上海古籍出版社,1999年,第1656页。
③ 林则徐全集编辑委员会:《林则徐全集》第9册《日记卷》,2002年,第378-379页。
④ 陈永正主编:《全粤诗》卷255,第8册,广州:岭南美术出版社,2013年,第418页。
⑤ 罗亨信:《觉非集》卷8,《明别集丛刊》第1辑,第33册,合肥:黄山书社,2013年,第203页。
⑥ 李之世:《鹤汀诗集》卷2,《明别集丛刊》第5辑,第25册,合肥:黄山书社,2016年,第55页。
⑦ 彭孙贻:《茗斋集》卷4《虔山之行》,《清代诗文集汇编》第51册,上海:上海古籍出版社,2010年,第398页。
⑧ 金武祥:《江上草堂诗稿》,第37-38页。
⑨ 施闰章撰,何庆善、杨应芹校点:《施愚山集》第2册,第346页。
⑩ 徐鹿卿:《清正存稿》卷6,《影印文渊阁四库全书》第1178册,第928页。
⑪ 陈永正主编:《全粤诗》卷529,第15册,第657页。

"滩师偶绝叫，心胆犹为寒"，同样"叹息行路难"①。赣江十八滩的艰难险阻，足以让"行人"步步惊心而落泪。明乎此，就不难理解"中间多少行人泪"了。

而"中间多少行人泪"，既是书写过江"行人"的普遍感受，也包含词人自我的独特感受。辛弃疾从北方济南投奔南宋，本是"江南游子"。如今宦游，从京城临安来到赣州，又由赣州北上去襄阳，四处奔波，居无定所。数年前在建康登赏心亭，想起"江南游子"的飘泊，请缨无路，壮怀难以实现，不免英雄泪满襟，发出"倩何人唤取红巾翠袖，揾英雄泪"的浩叹②。如今壮怀理想，依旧遥遥无期，而岁月流逝，又作"行人"更远行，时不我待的焦虑更会催落人生行路难的伤心泪。

除了"行人""游子"的现实身份，辛弃疾还有一重"归正人"的历史身份。当时从北方金人占领区投诚归顺回到南宋的人，被称为归正人。南宋前期，有些归正人从北方带些情报回到南宋，领取一些奖赏之后，又重返北方，首鼠两端，导致南宋朝野对归正人不很信任③。尽管辛弃疾有坚定的爱国之心、远大的恢复之志，但受归正人的身份拖累，不大受朝廷信任，屡遭猜疑，本来就深感人生行路难。而且他从临安到赣州，或先沿运河北上至扬州，转入长江西行，经鄱阳湖入赣江，或由浙江过衢州，陆行入江西玉山，越铅山，经抚州、吉州入赣江，都要经过十八滩，亲历了十八滩的艰险，对人生行路难的体验会更加深刻。他在《鹧鸪天·送人》词中曾感叹："江头未是风波恶，别有人间行路难。"④在辛弃疾心中，江头风波再险恶，也比不上人间的行路难。念及过往行人的伤心泪、拉船纤夫的辛酸泪，联想起自身归来江南十几年光阴逝去，却功业未就、理想未成，种种人生况味袭上心头，禁不住潸然泪下。所以，这"行人泪"，既是他人之泪，也是自我之泪；不仅为江头行船之艰险而落泪，也为人生行路之难而下泪！

三、写作现场的历史掌故与文本的深层关联

古代纪实性的诗词作品，不仅要描写创作现场、表现现场的地景实景，还要含融当地特有的历史掌故、人物、事件，以突显地域性，强化历史感。

辛弃疾写词，非常注意结合创作地的山川景象和历史故事来抒情写景。歌建康赏心亭，赋滁州奠枕楼，咏南剑州双溪楼，无不融汇当地特有的自然景观和历史掌故于一炉。这首《菩萨蛮》也不例外。表面上看，此词全是写现实的所见所感，实则包含有三度空间的历史掌故：郁孤台的改名，造口见证的国难，赴任地点襄阳的人事。不了解词中隐含的这三度空间的历史信息，就无法透切而深入地理解词作的丰富蕴含和词人的写作思路。

"郁孤台下清江水"，开篇确立全词的抒情方向和情思脉络，以下即分别由"郁孤台"和"清江水"展开。第二句"中间多少行人泪"承"清江水"而来。第三句"西北

---

① 金武祥：《江上草堂诗稿》之《十八滩》，《近代中国史料丛刊续编》第22辑，第38页。
② 辛弃疾：《水龙吟·登建康赏心亭》，邓广铭：《稼轩词编年笺注》，上海：上海古籍出版社，2007年，第35页。
③ 参辛弃疾：《美芹十论·屯田第六》，邓广铭辑校审订，辛更儒笺注：《辛稼轩诗文笺注》，上海：上海古籍出版社，1995年，第37–38页。
④ 邓广铭：《稼轩词编年笺注》，第57页。

望长安",承"郁孤台"而来,写在郁孤台上向西北遥望。第二句是在郁孤台上俯视所感,第三句是在台上仰望所思。然则,长安,无论是代指北宋都城汴京还是南宋都城临安,在郁孤台上都是无法望见的。

词人为什么会"望长安"?知晓郁孤台曾改名为望阙台的掌故,就很容易理解词人的创作思路。据祝穆《方舆胜览》卷20载:"唐李勉为虔州刺史,登临北望,慨然曰:'余虽不及子牟,而心在魏阙一也。郁孤岂令名乎?'改为望阙。"①虔州,南宋初改名为赣州。唐代李勉任刺史时,曾登郁孤台北望,叹息说,我虽然比不上战国时的魏公子牟,但也像他一样,身在江湖,心存朝廷。郁孤,不是好名称,于是将郁孤台改名为望阙台。辛弃疾词的"西北望"三字,来源于李勉的"北望";而"望长安",则是跟李勉一样望阙、望都城、望朝廷。他是从临安来赣州任江西提刑平定茶商赖文政之乱的。他期待能以平叛之功回到朝廷受重用,不料新的任命却是让他到襄阳任京西路转运判官,又使英雄无用武之地,心中不免失落怅惘。所以,"西北望长安"一句,是巧妙运用李勉盼望回归朝廷、忧念朝廷的典故;而"可怜无数山"则是表现回临安而不可得的失落怅惘,有如李白《登金陵凤凰台》的"总为浮云能蔽日,长安不见使人愁",但辛弃疾的失落情绪更深藏不露。知道了郁孤台曾经改名望阙台,则"西北望长安"句中隐含的词人盼望回归朝廷得到重用之意,就豁然明白。这与北宋诗人杨亿所说的"子牟江海心应在,频上高楼望帝京"意思差不多②。同时,辛弃疾又跟范仲淹一样,有"处江湖之远,则忧其君"之意。

郁孤台,有李勉望阙忧君的故事。造口,又有什么故事?最令辛弃疾这位爱国者伤心的,莫过于隆祐太后带着六宫逃难到造口的国耻。

建炎三年(1129)秋八月,高宗赵构行朝驻跸建康。因防秋迫近,高宗将朝廷一分为二,自己统领部分朝官往江浙避敌;隆祐太后则率领六宫、百司前往南昌,以避免整个朝廷被金兵覆灭。《宋史·后妃传》说:

> 会防秋迫,命刘宁止制置江、浙,卫太后往洪州,百司非预军事者悉从。仍命滕康、刘珏权知三省枢密院事从行,凡四方奏谳、吏部差注、举辟、功赏之类,皆隶焉。复命四厢都指挥使杨惟忠,将兵万人卫从。帝虑敌人来侵,密谕康、珏缓急取太后旨,便宜以行。③

李心传《建炎以来朝野杂记》载:

> 建炎己酉秋,高宗自金陵将幸浙西避狄,先请隆祐皇太后奉祖宗神主、神御往南昌,六宫百司皆从。时庶事草创,六宫洎先朝旧人通不满四百;皇

---

① 祝穆撰,祝洙增订,施和金点校:《方舆胜览》卷20,第356页。
② 杨亿:《武夷新集》卷2《史馆阮比部知衢州因归建阳别墅二首》,杨亿、杨载:《武夷新集 杨仲弘集》,福州:福建人民出版社,2007年,第24页。
③ 脱脱等:《宋史》卷243《后妃传·哲宗昭慈孟皇后传》,第8636页。

太后殿五十二人……总三百八十三人。①

亲历其事的李正民也记载：

> 建炎己酉秋七月，车驾在金陵。初一日下诏，奉隆祐太后六宫，外泊六曹百司，皆之南昌。命签书枢密院事滕康、资政殿学士刘珏同知从卫。三省、枢密院治常程有格法。细务及从官郎吏，皆分其半从行。八月十六日，隆祐登舟，百司辞于内东门。②

隆祐太后此行，不是个人行为，而是负有续江山、存社稷的使命。她携带的神主是祭祀用的祖宗牌位、御容是皇帝的画像。这些都是皇权的象征与物证。一旦金兵攻陷江浙，高宗有不测，太后就可藉此"便宜行事"，号令天下，再续南宋王朝命脉。这就是《宋史·后妃传》里所说"帝虑敌人来侵，密谕康、珏缓急取太后旨，便宜以行"的用意。李心传《建炎以来系年要录》同样说"隆祐皇太后登舟发建康。百官辞于内东门，上犹虑金人侵犯，密谕滕康、刘珏令缓急取太后圣旨，便宜以行"③。

隆祐太后一行，有一万多人，仅扈卫的将兵就有一"万人"，六宫有三百八十人，其他负责"四方奏谳、吏部差注、举辟、功赏之类"的各行政部门，即"百司"的官员也会有成百上千人。可以说，隆祐太后率领着一半朝廷、朝官往南昌避难。

隆祐太后一行，八月十六日从建康出发，沿长江西上，过鄱阳湖，入赣江，抵南昌。一路颠沛流离，死伤无数。先是过南康落星寺，舟船倾覆，溺死宫女数十人④。十一月九日，金兵进逼，太后匆忙离开南昌往南逃避，先次吉州，因金兵急追，乘舟夜行，至太和县，从行的两位大臣滕康、刘珏扔下太后，各自逃离；扈卫杨惟忠及部下士兵也纷纷溃散⑤。太后及潘妃由农夫抬轿而行。十一月二十三日，金兵追至太和县，太后乘船急行至万安县。太和至万安，水路五十多公里。因是枯水季节，赣江滩多，船行艰难，到了皂口，就舍舟陆行，翻越造口岭直趋赣州。《三朝北盟会编》载：

> 隆祐皇太后离吉州至生米市，有人见金人已到市中者，乃解维夜行。质明，至太和县，又进至万安县。兵卫不满百人。滕康、刘珏、杨惟忠皆窜山谷中。惟有中官何渐、使臣王公济、快行张明而已。金人追至太和县，太后

---

① 李心传：《建炎以来朝野杂记》乙集卷3，北京：中华书局，2000年，第555页。
② 王明清：《挥麈录》第三录卷1引，上海：上海书店出版社，2001年，第176–177页。
③ 李心传著，辛更儒点校：《建炎以来系年要录》卷26，上海：上海古籍出版社，2018年，第537页。
④ 《宋史》卷243《后妃传·哲宗昭慈孟皇后传》："过落星寺，舟覆，宫人溺死者十数，惟太后舟无虞。"（脱脱等：《宋史》，第8636页）
⑤ 李心传《建炎以来朝野杂记》乙集卷3："兵薄南昌，卫尉皆溃。太后仓卒南去，后与贤妃皆村夫荷轿而驰。六宫死亡散失者甚众。"（李心传：《建炎以来朝野杂记》，第555页）。《挥麈录》第三录卷1引《中书舍人李正民乘桴记》载，建炎三年十一月二十一日，"有中使自洪来云：'隆祐一行，已于十一月初八日起发往虔州矣。'"（王明清：《挥麈录》，第177页）

乃自万安县至皂口，舍舟而陆，遂幸虔州。①

隆祐太后到达赣州（即虔州）时，一万多人的六宫、百司、扈卫，不是死亡就是散失，最终剩下的不到一百人②。

杨万里淳熙七年正月，从吉州到赣州行走的路线，跟隆祐太后完全相同，都是乘船经太和、万安到皂口后，舍舟登陆，翻越造口岭而至赣州。辛弃疾沿赣江北上的路线，正好与隆祐太后自南昌南行的路线相同而方向相反。辛弃疾离开赣州时，也是秋冬间，赣江已进入枯水季节③。辛弃疾应该是从赣州出发，先陆行过造口岭，到造口后再乘船沿赣江顺流而下，过万安、太和、吉州北上，入长江，渡汉水，然后到达襄阳（参图6）。

图6　辛弃疾北上襄阳路线图
依据国家地理信息公共服务平台"天地图"制图，底图未作修改。

熟悉本朝历史的辛弃疾，青年时代曾在建康任职多年，应该了解或者听说过隆祐太后离开金陵到南昌、赣州避难的故事。来到赣州任提刑，赣州正是当年隆祐太后驻跸的地方，城里的文武百官和黎民百姓有可能向他讲述这段历史，郁孤台上也能够直接看到隆祐太后当年驻跸的王城。而这次亲身经历隆祐太后当年逃难的路线，即使他不主动去

---

① 徐梦莘：《三朝北盟会编》卷135，上海：上海古籍出版社，1987年，第979页。
② 《宋史》卷243《后妃传·哲宗昭慈孟皇后传》："既至洪州，议者言：'金人自蕲、黄渡江，陆行二百余里，即到洪州。'帝忧之，命刘光世屯江州。光世不为备，金人遂自大冶县径趣洪州。康、珦奉太后行，次吉州。金人追急，太后乘舟夜行。质明，至太和县，舟人景信反，杨惟忠兵溃，失宫人一百六十，康、珦俱遁，兵卫不满百，遂往虔州。太后及潘妃以农夫肩舆而行。"（脱脱等：《宋史》，第8636页）
③ 每年的秋冬季10—12月和1、2月是赣州地区降水量最少的时段。隆祐太后逃难虔州、杨万里自吉州经赣州、辛弃疾来到造口，都是在全年降雨量最小的枯水季节。参廖红玲等：《近48年赣州市降水量变化特征分析》，《江西农业学报》2010年第10期。

了解，途中轿夫、船夫，也会跟他讲隆祐太后的传说故事。特别是造口那么小，而隆祐太后的事件那么大，辛弃疾不可能不知道。这段历史，是伤心史，是国难史，更是"国耻"。具有强烈爱国情怀的辛弃疾，不能不被这段国难史而深深刺痛着。刘子翚《隆祐太后挽歌辞》其三曾说"伤心南渡日，一棹赣江船"①。辛弃疾身在造口，对隆祐太后的遭遇，岂能无感慨？南宋罗大经早就注意及此，说"虏人追隆祐太后御舟至造口，不及而还"。辛弃疾《菩萨蛮》词"因此起兴"②。所以，"行人泪"中，除了赣江难行、感叹人生行路难的辛酸泪，一定包含着隆祐太后带着六宫百司逃难而死伤无数的国难泪、国耻泪。

造口地方虽小，却是从江西进入广东的必经之路，乘船沿赣江经吉州、太和、万安，必须经过造口，才能至赣州，然后由章水南下，过南康和南安军（今江西大余），再陆路翻越大庾岭，进入广东南雄。淳熙七年杨万里进入广州走的是这条路线，绍圣年间苏轼贬谪惠州，走的也是这条路线。苏轼经过造口时，写有《木兰花令·宿造口闻夜雨寄子由才叔》词：

> 梧桐叶上三更雨，惊破梦魂无觅处。夜凉枕簟已知秋，更听寒蛩促机杼。　　梦中历历来时路，犹在江亭醉歌舞。尊前必有问君人，为道别来心与绪。③

苏轼夜宿造口，再次证明造口有供行人歇宿的驿站。苏轼是仲秋八月途经并夜宿造口，或者也是在此舍舟登陆，越造口岭至赣州。到造口之前，苏轼过万安县赣江上的惶恐滩时，写有《八月七日初入赣过惶恐滩》诗：

> 七千里外二毛人，十八滩头一叶身。山忆喜欢劳远梦（自注：蜀道有错喜欢铺，在大散关上），地名惶恐泣孤臣。长风送客添帆腹，积雨扶舟减石鳞。便合与官充水手，此生何止略知津。④

比辛弃疾年少30岁的徐鹿卿过十八滩时，想起苏轼此诗，不禁毛骨悚然："玉局诗中惶恐滩，闻之已为骨毛寒。"⑤饱读诗书又熟悉苏轼诗词的辛弃疾，来到造口，他记忆的海洋里自然会回荡起苏轼这两首诗词。所以，"行人泪"中，也包含苏轼这类"孤臣"的泣泪。

"青山遮不住，毕竟东流去。"似是写眼前景，其实这两句跟辛弃疾此行北上的目

---

① 刘子翚著，杨国学校注：《屏山集校注与研究》，北京：中国书籍出版社，2012年，第248页。
② 罗大经撰，王瑞来点校：《鹤林玉露》甲编卷1，北京：中华书局，1983年，第13页。
③ 苏轼著，龙榆生笺注：《东坡乐府笺》，上海：上海古籍出版社，2017年，第304–305页。
④ 苏轼著，王文诰辑注，孔凡礼点校：《苏轼诗集》卷38，北京：中华书局，2009年，第2053页。
⑤ 徐鹿卿：《清正存稿》卷6《之官过赣滩》，《影印文渊阁四库全书》第1178册，第927页。

的地襄阳有关系。初唐诗人崔湜有《襄城即事》诗说："子牟怀魏阙，元凯滞襄城……为问东流水，何时到玉京？"①滞留在襄阳城的元凯，即西晋著名的军事家杜预。他长期驻守襄阳，缮甲兵，耀威武，后来大破东吴，是辛弃疾景仰的人物。辛词中"东流去"三字，即来源于崔湜的《襄城即事》诗。弄清了"东流去"的语源，就可明白，辛弃疾是隐含着像杜预那样回"到玉京"的念想的。创作现场关联的每一种历史掌故和创作传统，都给文本提供了不同的意义指向，丰富充实着文本的多层意蕴，与文本形成一种共生性审美效应。

  完成此词的现场勘查和历史钩沉后，我们体会到，古典诗词的现场勘查，要注意四个结合。一是点线面结合，即创作地点与地形地貌、交通路线相结合。确定地点的具体位置，才能了解其地及其周边的地形地貌。弄清作者在什么地点活动和创作，他从哪里来、到哪里去，才能了解他行走的交通路线和交通状况，也才能进一步了解他的情感体验因何而生、作品中表现的情景从何而来。知道了辛弃疾是从临安来赣州，在北上去襄阳的途中，经造口写作《菩萨蛮》，词作的创作思路、深层意蕴乃至典故语源，都可弄得清楚明白。二是实地勘查与文献考证结合。无论是确认历史现场，还是考查当下现场的变化，复原历史现场的原貌，都需要历史文献的佐证。现场勘查不能替代文献考订、历史钩沉。当地的历史掌故、文脉与作品文本的深层关联，需要细心探究与体察。三是客观的现场勘查与主观的情感体验结合。文学的现场勘查，与社会学的田野调查、考古学的现场发掘不同，勘查者需要现场的情感体验，沉吟体会作者的处境，想其所想，感其所感，才能真切感悟文本中的幽微要妙。我们乘船行进在赣江的十八滩之上，受现场环境的激发，才领悟到"中间多少行人泪"的内在意蕴。四是文本细读与现代技术结合。既要文本细读，剖析文本深层、隐含的意蕴，也要利用现代技术手段，如卫星地图、GPS定位、无人机航拍等，辅助我们进行空间定位，从不同的角度观察地形地貌和交通路线，增进对作品现场的深度了解。

原载《中山大学学报（社会科学版）》2022年第6期

---

① 崔湜：《襄城即事》，《全唐诗》卷54，第665页。

第三辑 中国近现当代文学研究

关于未名社结束情况再答客问

李霁野

《关于鲁迅先生佚简答客问》在《中山大学学报》发表后，一些读者来信表示欢迎，认为基本上解开了一个疑团。但也有读者来信说，鲁迅先生的书信、日记中多处涉及未名社结束时的经济情况，如有可能，何不将情况写得具体明白，使人一目了然呢。我很感谢读者们的关怀，但事隔几十年，不容易满足他们的希望。今年五月，我到北京访友，无意中听说，北京鲁迅博物馆存有一份鲁迅先生保存下来的未名社结束时的清单。我去查看，有一份台静农、韦丛芜和我具名盖章给鲁迅先生的信和结算清单，是李何林（竹年）亲笔代写。这个清单的主要项目是：

一、成员交付未名社的印书费：鲁迅466.16元，曹靖华50元，韦素园、台静农、韦丛芜、李霁野各50元共200元。（此款原系借来，社结束时，照借款人之意，提出捐助家乡女学。清单只言提出。）

二、成员应实得之版税（15.5%计）：鲁迅2607.5元，曹靖华988.3元，韦素园280元，台静农669.375元，韦丛芜2152.3元，李霁野1264.37元。

三、收不回的代销处欠款，各成员版税原可增4.5%，只好不计在应得版税内。清单亦列入说明。

四、成员对未名社支存欠款情况：鲁迅存印费466.16元，版税2607.5元，共3073.66元。曹靖华支108.55元，除支尚存印费及版税共929.75元。台静农支276.746元，除支尚存版税392.629元。韦素园支1947.668元，除应得280元，欠社1667.668元。韦丛芜支3006.233元，除应得2152.3元，欠社853.933元。李霁野支662.4元，除支尚存601.97元。

五、欠社员款如何偿还，清单规定：①韦丛芜欠社款853.933元，以开明将付韦之版税约860元，照五与三比例付鲁迅534.65元，付曹靖华319.283元。②开明书店应付未名社之款分三期付鲁迅；韦丛芜之开明版税亦分期付鲁迅。③李霁野存社版税601.97元，台静农存社版税392.629元，代韦素园偿还欠款；曹靖华尚存之款611.017元，由台静农、李霁野、韦丛芜筹付。加上分不开的社余款62.6元，韦素园因病欠社款即基本还清。

实际偿还情况：韦素园、台静农、李霁野在结算后已无存无欠，只存在韦丛芜偿还鲁迅和曹靖华欠款问题。事在清单寄鲁迅后很久，文字凭证只有鲁迅日记和书信。

1）偿还鲁迅欠款情况：据《鲁迅日记》记载，1933年3月14日、9月5日、9月14日共收开明书店代未名社付款三次，共2299.83元；1933年6月14日、10月24日、1935年2

月20日、7月10日、11月4日开明书店代韦丛芜付款五次，共487.51元。两次共2787.34元。尚欠286.32元。但鲁迅于1935年11月14日给开明书店章锡琛去信说："……此项欠款，大致已清，所以不拟续收。"可见鲁迅是处事公正，宽以待人的，因为他知道几个成员几年中为未名社是尽义务。

2）偿还曹靖华欠款情况：（一）韦丛芜未如约从开明所付他的版税中付曹靖华款。（二）清单原定由台静农、韦丛芜、李霁野筹还的611.017元，除李霁野付255元，韦丛芜付200元外，台因屡遭事故，经济困难，我们未让他再付。而最主要的原因是，（三）清单写明：社结束时，韦丛芜从开明书店预支950元，他说用作他办结束去沪车费及生活费，并付印他的译稿《罪与罚》印费。我们原说以开明书店款首先付清鲁迅和曹靖华应得之款，韦丛芜未事先得我们同意，竟自擅支滥用此款，并于结束时还抢印自己的译稿，以致鲁迅、曹靖华的存款都未能付清。我的错误是既承认了韦丛芜造成的既成事实，又未在以后进行监督。所以曹靖华除支108.55元及455元共563.55元外，尚应由韦丛芜付还的474.75元未付。

《鲁迅书信集》第313信（1931.10.27致曹靖华）中说，韦丛芜从开明取款八百元，第314信（1931.11.10致曹靖华）中说，韦丛芜从开明共取千元去，就是指上面说的950元。韦丛芜和我付曹靖华455元事，见《鲁迅书信集》第469及第470致曹靖华信。

以上就是未名社结束时的经济情况。我个人固然要感谢鲁迅先生留下这些文字记录，一般读者大概也不会只把这些看作毫无意义的旧流水帐，而会从中看出鲁迅先生办事一丝不苟的精神一斑吧。

一九七七年九月二十四日

原载《中山大学学报（社会科学版）》1978年第1期

读鲁迅《秋夜有感》诗

——兼与张恩和同志商榷

严迪昌

鲁迅诗歌中的重要篇章《秋夜有感》诙谐而深沉地展现了伟大共产主义战士的革命情怀,记录着他粉碎反革命文化"围剿"的光辉战斗业绩。可是对这一宝贵的革命诗篇,长期以来众说纷纭,还有待深入研究。最近高兴地读到张恩和同志的《鸡鸣风雨,斗志弥坚——对鲁迅诗〈秋夜有感〉的理解》(载《中山大学学报》哲学社会科学版一九七七年第四期),感到文章有一些很好的意见,但也有些问题还值得商榷。

在对《秋夜有感》的理解上,除了认为这诗是写张梓生年青时"艳遇"的游戏说纯属荒唐,可置之不论外,三十年来大致有这样几种看法:①有感于半年前的"时轮金刚法会"而讽刺"求神拜佛";②对当时"残山剩水小朝廷的内内外外,种种反动事实"的"伤时感怀";③对"文坛景况的抒怀",写的是当时文坛斗争和文人变节;④"不是仅限于文坛方面的抒怀之作",而是"讽刺两种反革命'围剿'的破产"。对各种理解这里不可能细加辨正,只想指出,尽管分歧众多,但在诗的内容与书赠对象究竟有无关系这一点上,却基本上都持"无关"说。即使也有同志把张梓生回忆当年与鲁迅谈话的情景作为理解的线索,然而在具体论述时却又撇开了此诗与张梓生及《申报·自由谈》的关系。离开了事实的论断,当然不免有隔靴搔痒之感。事实上,当时鲁迅与张梓生及其接编的《自由谈》的关系恰恰是理解《秋夜有感》的一把锁匙,由此入手,诗的内容不难理解,并不如有的研究者所说的这是"涵义幽微"的"曲晦之笔"。在这一点上,即在诗的"本事"的探索上,我们和张恩和同志的看法是接近的。

但问题是否象张恩和同志所说:是"对《自由谈》的生命和作用,实在不能不取更多的否定态度",是"尖锐而又委婉的批评"张梓生主编的刊物轻则"无补于事",重则"是给杀人者帮忙"呢?我认为这个论断欠审慎,与史实不符。为了准确地理解诗的主题,有必要查考鲁迅与《自由谈》的关系以及利用它与各类狐鼠之辈战斗的概况。

《自由谈》于一九三二年年底进行"改革",由黎烈文接替原来的鸳鸯蝴蝶派的编辑。鲁迅与《自由谈》发生关系,是在一九三二年年底经郁达夫代为约稿开始的,看起来多少"为了朋友的交情",但更重要的是出于斗争的需要。鲁迅说过:"我知道《自由谈》并非同人杂志,'自由'更当然不过是一句反话,我决不想在这上面去驰骋。"他之所以给它投稿是"在给寂寞者以呐喊,也还是由于自己的老脾气"(《伪自由书·前记》)。这个"老脾气"无疑就是"论时事不留面子,砭锢弊常取类型"的大无畏革命精神。可见，鲁迅是出于坚决打破国民党法西斯文化"围剿"，在网密犬多的文坛上呼啸反抗而杀上《自由谈》的。从此，它便为鲁迅后期与各类丑物鏖战的重要阵地之一。

数字是很有说服力的。自一九三三年一月起在不到两年的时间里，鲁迅发表于《自由谈》的杂文近一百七十篇之多，这就是后来收入《伪自由书》、《准风月谈》的全部和《花边文学》的大部分作品。只要看一下这个数目在鲁迅杂文总量中的比重，联系到一九三三、一九三四年后反革命文化"围剿"的实际情况，分析一下当时鲁迅战斗的艰辛，发稿的不易，是无论如何得不出鲁迅会对《自由谈》持否定态度的结论的。

从《自由谈》当时所受到的攻击，也可说明它并非是"超度亡魂"的刊物，更不是"给杀人者帮忙"的帮凶，如张恩和同志所说的那样。对《自由谈》及其编辑，文氓们在主子的号令下，极尽诬蔑攻击之能事。是非横起，谣言丛生，这在《伪自由书·后记》中有着历史的笔录。他们漫骂《自由谈》"是'乌鸦''阿Q'的播音台"，并一再暗示鲁迅、茅盾等是"台柱"，甚至说成刊物操纵在鲁迅等人手中等等。有些不明真相的朋友也以为鲁迅成了《自由谈》编辑。敌人之所以这样做，是想压《申报》老板撤销现任编辑。对此，鲁迅明确说过："假使《自由谈》上没有我们投稿，黎烈文先生是也许不致于这样的被诬陷的。"（《鲁迅书信集》425页）

虽然黎烈文在当时并不是革命文化人，但鲁迅是从革命文化事业考虑而团结、帮助他的。当然，在原则问题上鲁迅从不让步。这样的事例很多，不必一一列举。大量的事实充分表明，鲁迅对敌、我、友分得极清，为团结一切可以团结的力量，化了无数的心血。他对《自由谈》的"生命"是希冀其延续，"于读者有所贡献"，并未持否定的态度。

但黎烈文终于在一九三四年五月中旬被解职。继黎烈文而任编辑的就是张梓生。鲁迅分析了当时的形势，预计到《自由谈》是"总归难办"的，因为"梓生忠厚，然胆小，看这几天，投稿者似与以前尚无大不同，但我看文氓将必有稿勒令登载，违之，则运命与烈文同"（《鲁迅书信集》546页）。这说明争夺战将更激烈，张梓生是颇难应对的。对此，鲁迅虽说对张梓生"爱莫能助"，但事实上却没有袖手旁观。许广平同志在《鲁迅回忆录》中有一段极明白的记载："敌人低能，其实是无能的，例如《申报》的《自由谈》取消了原来的编辑，调换一个老编辑张梓生先生，这样，他们以为能弹冠相庆，可以高枕无忧了。殊不知张与鲁迅也是老相识，更重要的是读者爱读这些辛辣的痛击时弊的文字，这是时代推移，人心归向，没法阻挡得住的。"（155—156页）查一九三四年五月十四日到写《秋夜有感》为止的四个月里，鲁迅在《自由谈》上继续发表的杂文仍有二十多篇，看不出他"对《自由谈》的生命和作用，实在不能不取更多的否定态度"，也不可能从《秋夜有感》中得出讽喻张梓生不要搞"名实不副，浪费时光"的刊物的意思来。所以我的理解和张恩和同志恰好相反，《秋夜有感》通过对文化战线斗争的高度概括，无情地嘲讽了反革命文化"围剿"的惨败，揭露了"莲花六郎"式的"北门学士"的丑态，证明他们只是一堆"空壳"而已，以此来鼓舞激励张梓生"为于读者有所贡献"而继续努力。

下面具体地谈谈我对全诗各句的理解。

"绮罗幕后送飞光，柏栗丛边作道场。"对这首联中谁"送飞光"，"作道场"，历来的讨论几乎都认为是反动势力，并把前六句全都说成是敌方，而最后"起燃烟卷觉新凉"也就显得"觉"得突兀，一首七律的首尾脉络被弄得不相贯通。同时，"幕后"也成了赘词。试问反动阶级的纸醉金迷，奢侈淫靡，几曾躲在"幕后"？这一点张恩和同志已有所指出。但在具体理解上我们不能同意。按照首联起对的七律格调，"绮罗幕"与"柏栗丛"相对偶，前指高张的文网，后指横设的屠场。首句是说自己这些年来在严酷的文网迫害下，"流光飞快"地过去了。"幕后"，同下句的"丛边"一样，是对反动派的白色恐怖的讽刺嘲笑，也是革命战士的胜利自豪。这既揭露了敌人"前台的架子，总与在后台的面目不相同"，嘴上高唱出版新闻自由，暗地里却刀笔齐挥，戕害革命文化。战斗在文化战线上的鲁迅，从"幕后"戳穿他们鬼蜮们的嘴脸。同时在这里，鲁迅又表示了对敌人的极端蔑视。他在这前后与友人信件中不只一次地说过："文坛所受压迫日甚，然而我们仍悠闲度日。"（《鲁迅书信集》1167页）集中表现了鲁迅"无怨于生，亦无怖于死"的革命乐观主义精神。对句"柏栗丛边作道场"，则是说尽管你屠刀高举，我却依然要在"柏栗丛边"唱一唱对台戏，因为"天下究竟非文氓之天下"，"我也要住住"。

对"道场"的理解，牵动着全诗。过去，一般都把它理解为求神拜佛的法事，这样比较省事，但并不确切。其实，在历代诗作中，"道场"并不少见，从来不作祭神拜佛的法事。试举二例说明之。一是范成大诗："仙坞逊半坐，精庐迁古幢。槁衲昔开山，至今坐道场。"（《包山寺》，《范石湖集》卷二十）这里的"道场"是指现身说法传经布道的场所，即寺院。二是陆游的"苦热惟忧不复凉，转头忽已见清霜。道人若悟无寒暑，堕指流金总道场"（《陆游集》卷五十五《杂感》之六）；"睡着何曾厌夜长，老人少睡坐何伤。无灯无火春寒恶，破絮粗毡即道场"（卷六十一《自咏绝句》之八）。这两首诗中的"道场"是指参透觉悟后的一种境界：自在自得，别开生面，别有天地。鲁迅在这诗中的"道场"，极为风趣地把自己在《自由谈》等刊物上发表杂文与各色文丑作斗争，喻为别有天地的一种境界。这是再贴切不过的。敌人步步逼来，暗杀、幽禁、秘密处死等等，无所不用其极，似乎"一统"了文坛，然而鲁迅却在敌人的屠刀下战斗着。"要战斗下去吗？当然，要战斗下去！无论它对面是什么。"（《鲁迅书信集》888页）鲁迅在写这诗前两个月，在给日本友人山本初枝的信中说道："我现在也不能离开中国。倘用暗杀就可以把人吓倒，暗杀者就会更跋扈起来。他们造谣，说我已逃到青岛，我更非住在上海不可，并且写文章骂他们，还要出版，试看最后到底是谁灭亡。"（《鲁迅书信集》1184页）"柏栗丛边作道场"，形象鲜明地概括了鲁迅的这一思想。这还可从江浙方言中得到佐证。宁绍方言中有"螺蛳壳里作道场"的说法，意指地方虽逼狭，但仍能有所作为。鲁迅随手拈来化为诗句，嘲笑"这种白色恐怖也无用"（《鲁迅书信集》1135页），用意十分明显。

第二联"望帝终教芳草变，迷阳聊饰大田荒"，是紧承上联第二句而来的，"望帝"是"柏栗丛"的具体化，"迷阳"则是"作道场"的"生发"。最易纠缠的是"望帝"一词，它到底是正面形象还是反面借喻？不少研究者认为"望帝"即杜鹃，向来是作为正面形象的。可是试问，正面形象的"望帝"又怎么"终教芳草变"呢？众所周知，芳草在传统比兴中，从来喻为正面人物及其作品。鲁迅诗用香草美人的也屡见不鲜。张恩和同志想把"望帝"和"芳草"统一起来，说"鲁迅从血泪的意义上"，把"望帝""比作甚受迫害仍然坚持斗争的革命作家"，而"'芳草变'即指当时中国文艺界的现状"，"指出望帝啼血，也表明了百草消歇的气候的到来"。照这样说法，"终教"便落空了，"芳草"的"变"不是被"变"而成了自"变"。这是很叫人费解的。

"望帝"是杜鹃的别名，如同杜鹃还叫做鹈鸠、子规等一样。杜鹃在传统诗词中一向是诗人同情歌咏的鸟类，在比兴上也作为正面的象征。但问题是杜鹃虽名望帝，而望帝却不就是杜鹃。《华阳国志》中有个故事："周失纲纪，蜀王杜宇称帝曰望帝。……后禅位，升西山隐焉。时适二月子规鸣，因名子规，曰杜宇，曰望帝。"后又演化为望帝"魂化为鸟，名曰杜鹃"的传说。这个典故告诉我们，望帝生前原已有杜鹃，一是人一是鸟。后来的典故才把两者等同起来。杜甫的"我见常再拜，重是古帝魂"（《杜鹃》），李商隐的"望帝春心托杜鹃"（《锦瑟》），都在涉及这个典故时，把"望帝"和杜鹃理解为有分有合的概念。作为生前的蜀王望帝，与杜鹃原是不相干的。鲁迅诗中的"望帝"，我认为是借用"蜀王"来隐喻反动统治者，并结合杜鹃啼鸣而百花凋落这一传统说法，形象地表现反动统治者的罪恶。

当时有一种报纸登过"文坛贰臣传"，其中第一个"贰臣"就是鲁迅。为此，鲁迅讽刺说："可见他们的'文坛'上是有皇帝的了。"（《二心集·序言》）"望帝终教芳草变"，反动统治阶级总是力图使他们眼中的"贰臣"变为他们的"忠臣"。这一句概括了当时文坛上文武老爷们在"皇帝"的指挥下无时无刻不在"献检查之秘计，施离析之奇策，对革命作家或囚禁、杀戮，或诬陷、压迫；对革命文艺或销毁、禁止，或抽删、涂改。妄图以此扼杀、毁灭正在萌发的"芳草"，造成"椒焚桂折佳人老"的局面。

但是，战斗的杂文却似"迷阳"这带刺的野草挺立着，勃发着，为肃杀荒凉的文坛增添了革命的生气。这就是鲁迅自己并希望朋友们作的"贡献"，也是他对《自由谈》编辑支持下去的着眼点。

鲁迅常常把革命文学比作荒凉中的野草，如"我自爱我的野草，但我憎恶这以野草作装饰的地面"（《〈野草〉题辞》）；"因为这乃是荒野中的萌芽，除此以外，中国已经毫无其他文艺"（《二心集·黑暗中国的文艺界的现状》）；"我还更乐观于杂文的开展，日见其斑烂。第一是使中国的著作界热闹，活泼；第二是使不是东西之流缩头；第三是使所谓'为艺术而艺术'的作品，在相形之下，立刻显出不死不活相"（《且介亭杂文二集·徐懋庸作〈打杂集〉序》）。"迷阳聊饰大田荒"的"聊饰"，实乃开拓。在那豺狼当道，狐鼠横行的年代，荒野中的荆棘不正是革命文化战士开拓文艺园地的业绩么？第二联精深地概括了文化战线的斗争形势，又是整个三十年代革命形势的写照。

第三联"何来酪果供千佛，难得莲花似六郎"，笔锋一转，鲁迅以艺术大师的笔力，辛辣地画出了黑暗势力的鬼脸，挑出了"带着假面，从指挥刀下挺身而出的英雄"们的灵魂。这一联，借用鲁迅自己的话来说，"其功用与铸了魑魅魍魉的形状的禹鼎相同"（《"题未定"草（八）》）。

鲁迅说，反动派肆意虐杀、疯狂蹂躏革命文艺，而他们自己则"早已腐烂到连所谓'为艺术的艺术'以至'颓废'的作品也不能生产"（《黑暗中国的文艺界的现状》），他们还有什么东西拿来孝敬"千佛"——反动统治阶级呢？还拿得出什么好东西来粉饰太平，歌功颂德呢？鲁迅以最大的轻蔑指出"难得莲花似六郎"，这是指文坛"皇帝"麾下，有一群出卖灵魂的"莲花六郎"在献媚舔肥。鲁迅用唐代武则天宠臣张昌宗的典故，轻轻一笔，把一群帮闲帮忙邀宠的叭儿们的嘴脸揭露无遗。它写尽了诸如"民族主义文学家""第三种人""自由人""幽默大师"以及"驸马文人"、洋场恶少的丑态，扒去了他们披着的麒麟皮，露出了"永含着恋主的哀愁"而"满是油污兼雪花膏"的扮相。特别是揭露了用革命同志的鲜血作为"酪果"供献"千佛"的叛徒姚蓬子之流的卑鄙灵魂。在此前不久，鲁迅在给一个姚姓青年的信中提到姚蓬子的叛卖行径："先生所认识的贵同宗，听说做了小官了，在南京助编一种杂志，特此报喜。"（《鲁迅书信集》620页）鲁迅在诗里揭去了姚蓬子之流甘作"千佛"护法神的一切假面。

张恩和同志说，鲁迅运用"莲花六郎"的典故"不外乎说明：决不做统治者宠幸的张昌宗，也决不会去阿谀奉承张昌宗这样得势的权贵"。这解释背离了原意，不仅文理上得不出这样的"说明"，而且事理上也得不出这样的论断。三十年来的战斗业绩，谁敢怀疑鲁迅去干"莲花六郎"般的秽事？作为同乡兼老友的张梓生，对鲁迅的为人，难道还不了解么？张恩和同志这个解释，且会使人误解张梓生是"得势的权贵"，或者他对鲁迅有什么荒唐的谋求。

末联"中夜鸡鸣风雨集，起燃烟卷觉新凉。"回顾战斗的历程，倍增无穷的力量，面对黑暗现实，预见光明前景。鲁迅正是以这样的思想感情强烈地感染、鼓舞同道的。

在那风沙扑面，虎狼成群的年月里，照穿"莲花六郎"们的真相的难道不是党所领导的"聊饰大田荒"的革命文艺么？陷沙鬼们的种种形象不是全被收在鲁迅和他的战友们的著作中了么？鲁迅写到这里，心情是欢快的、欣慰的，信心倍增，乐观地正视着黑暗的现实，展望着光明的未来，写下了最后两句。

风雨如晦，中夜难寐，鲁迅"起燃烟卷觉新凉"，他"觉"的是与历史一起前进的欢欣，"觉"的是在坚决斗争中获得"新凉"的空气。鲁迅从自己的斗争生涯中，从几十年的往事的回顾中，敏锐地预见未来，决心以新的战斗来争取新的胜利。

综上所述，《秋夜有感》是鲁迅的彻底革命精神的艺术结晶，是伟大的共产主义战士勇猛进击的形象体现。他充满必胜的信心讴歌光明，坚韧不拔地反击恶浊。这种精神至今仍强烈地激励着我们。特别是在深入揭批"四人帮"的滔天罪行的今天，学习这首诗更有意义。我们从诗中不是看到了"四人帮"与当年的国民党反动派的血缘关系么？不是从"四人帮"及其御用文人的身上又一次看到了"莲花六郎"与"文坛皇帝"的嘴脸么？既然"四人帮"一伙妄图倒转历史车轮，重张文网，再辟屠场，陷我们于长夜难明的深渊，我们就更要学习鲁迅痛打落水狗的精神，穷寇深追，不获全胜，决不收兵！

原载《中山大学学报（哲学社会科学版）》1978年第1期

抗战文艺在中国现代文学史上的地位

吴宏聪

抗日战争是近代中国震撼人心的事件。但抗战文艺在文学史上却没有得到它应有的历史地位。这一矛盾说明什么呢？近年已有人著文对这文学现象作了解释，颇引人注目。我认为这个问题牵涉到对这场战争意义的认识和对抗战文艺的评价。我们必须充分认识这场战争的伟大意义，对抗战文艺作出正确评价，才能还历史本来的面目。

毫无疑问，中国抗日战争是世界反法西斯战争的重要组成部分。反法西斯战争的胜利，不仅使德、意、日为首的妄图征服全世界的穷凶极恶的侵略势力遭到彻底覆灭，而且在战后出现了一系列社会主义国家，还有大批被奴役的民族、被统治的落后国家，挣脱了殖民主义的锁链，纷纷宣告解放、独立。反法西斯战争的胜利，成为世界近代史的伟大转折点。

中国抗日战争，进行得最早。如果从一九三一年日本帝国主义制造"九·一八"事件侵占东三省算起，到一九四五年抗日战争胜利结束为止，长达十四年。这场正义战争，一九三七年全面爆发后，由于国共两党再度合作，全国各族爱国人民和爱国侨胞，敌忾同仇，奋起抗战。战争是如比残酷，中国人民为了保卫和平反抗侵略作出了最大的民族牺牲，赢得了全世界进步人民的广泛支持和帮助，同时也得到苏、美等国的合作。甚至一些反对侵略战争的日本友人和德国友人也积极参加中国人民的英勇斗争。正是在这个意义上，"中国抗日战争的历史，也是全世界主持正义、反对侵略的政府和人民的共同斗争的历史"[①]。后来，国民党当局在抗战结束后执意重新发动内战。抗日战争的胜利结果导致解放战争的胜利，建立了人民当家作主的新中国。"这决不是出于什么偶然性，而是完全合乎历史规律和逻辑规律的必然发展"[②]。我们必须把抗日战争提到这样的高度来认识，才有利于抗战文艺的深入探索，确立研究抗战文艺的基本观点——抗战文艺是世界反法西斯战争文艺的一个组成部分。抗战文艺应该在现代文学史上占有一席重要地位。

就文艺本身而论，抗战文艺是五四革命文学的继承和发展，跟三十年代的文艺是互相衔接的。"九·一八"事变后出现的反映东北人民在敌人统治下生活和斗争的作品，如萧军、萧红等东北作家群的许多抗日作品更是抗战文艺的先声。"七·七"全面抗战

---

① 胡乔木：《加强抗日战争和世界反法西斯战争历史的研究》，《红旗》一九八五年第十八期。

② 胡乔木：《加强抗日战争和世界反法西斯战争历史的研究》，《红旗》一九八五年第十八期。

后，大量作品更普遍地表现了中国人民不畏强暴、永不屈服的反帝精神，值得我们从不同角度来做一番细致的分析。但时代不同，形势在发展，从"历史地位"这点立论，拿抗战文艺同二十、三十年代文艺作比较研究，就不难发现，抗战文艺弥补了二十、三十年代文艺的欠缺或表现不充分的地方。

首先是抗战文艺表现的那种前所未有的民族意识的觉醒。二十年代的"五四"运动是第一次思想解放运动。随着民主科学思潮的兴起和马克思主义的传播，唤起了在沉睡中的中国人民的民族觉醒，以反帝反封建为主要内容的五四文学就是在这个浪潮中涌现的。早在十月革命前，列宁就象一位"先知"，预言亚洲的觉醒，"标志着二十世纪初所揭开的全世界历史的一个新的阶段"[①]。但是中国人民革命胜利的果实却落到了封建军阀的手里。这一挫折使中国人民的民族自尊心和自信心受到严重的损害，没法抹掉几千年封建社会给人们思想上打下的旧烙印。试看当年鲁迅笔下的人物形象，愚昧、麻木、落后。那位住在土谷祠，革命来了想参加革命的阿Q，被"革命党"拉去枪毙前画押的时候，还自怨画的圆圈不够圆，离"觉醒"实在太远。三十年代的农民形象，当然有了新的发展，象叶紫《丰收》中敢于反抗地主压制的立秋，毕竟还是少数。抗日战争爆发后，情况完全变了。四十年代的农民，各自走出土谷祠，为民族生存而战斗，奋不顾身。例如沙汀艾芜的小说便写了抗战烽火中人物性格的变化。在这些平凡的人物身上，使我们看到了时代的曙光。再以抗战初期描写农民在战争中的觉醒变化的姚雪垠的短篇小说《差半车麦秸》中的主人公"差半车麦秸"（意即"不够数儿"，不够聪明）为例，也足以说明四十年代的觉醒了的农民同二十、三十年代的农民何等不同。"差半车麦秸"原是带有某些落后意识而又非常憨厚、纯朴、善良的农民。他抱着"鬼子不打走，庄稼做不成"的朴素的认识参加了游击队。经过战争的磨炼，他终于成长为一名坚强的战士，表现了不怕牺牲的英勇精神。类似这样的作品很多，不胜枚举。这些作品最大特征是贯串着"中国不会亡"的民族自尊、自信和自豪的觉醒意识。这在抗战初期的报告文学、诗歌、戏剧中表现得更为突出。丘东平的报告文学《一个连长的战斗遭遇》和萧乾的《刘粹刚之死》便是传诵一时的作品。前者描写连长林青史在爱国士兵高昂的战斗情绪鼓舞下，拒不执行国民党的军令，英勇无畏，主动出击。最后，连队被自己人击溃，林青史也惨遭枪毙。后者以空军少尉刘粹刚这个真人为主人公，描写他在极端困难的条件下如何顽强作战。他不顾疲劳，毅然接受任务，率领两架飞机掩护八路军反攻娘子关，夺回失地。在返航途中，飞机油尽，刘粹刚为了保护飞机，坚持不跳伞，结果保住机身而自己却英勇献身。故事虽然带有浓厚的悲剧色彩，但它洋溢着为中华民族而献身的自豪感，向世人宣告，中华儿女，为了民族的生存，视死如归。象这样的作品是前所未有的。直到今天，仍有教育意义。至于抗战诗歌、戏剧中揭露敌人的凶残，歌颂人民英勇抗战，宣扬爱国主义的作品那就更多了。抗战时期，进步作家用不同的文艺形式反映了广大群众如何遭受敌人蹂躏，如何坚持抗日民族统一战线进行艰苦卓绝的斗争，又如何赢得辉煌的胜利。如果说，反映四十年代反法西斯战斗的文学在世界文学中占有崇高的地位，那么抗战文艺更具有无可取代的历史价值。因为这场反法西斯战争的

[①] 《亚洲的觉醒》，《列宁选集》第二卷，第448页。

第一枪是在中国战场上打响的。中国人民为战败法西斯作出了不可磨灭的贡献。

其次是对抗战文艺的评价问题。毋庸讳言，建国以后直到近年出版的《中国现代文学史》，对延安和根据地以外的其他地区的抗战文艺，评价是不高的。按照一般说法，我们习惯地把抗战文艺分为国统区文艺和解放区文艺两大类。这种分法，不够精确，不够科学。这反映了我们对抗战时期文学地域分布上发生的变化认识不足。"七·七"事变后，随着形势的发展，战局的转移，不仅有国民党统治区，延安和抗日民主根据地这两大地区，还有一九四一年太平洋战争爆发后的上海"孤岛"，日伪统治下的沦陷区（包括"九·一八"事变后被日本帝国主义占领的东北伪满地区），以及早已在殖民主义统治下的香港地区和台湾地区。这些地区由于政治、社会环境的不同，思想意识也很不一致，创作倾向、艺术形式等都具有各自的特点。尽管在抗日大前提下，也不可能用一个尺子来衡量，作出科学的概括。"孤岛文学""东北沦陷时期的文学"和"日伪统治时期的台湾文学"被列为抗战文艺研究的对象还是近几年的事，评价有偏颇，是可以理解的。特别是一九四八年香港出版的《大众文艺丛刊》第一期发表了《对当前文艺运动的意见——检讨、批判和今后的方向》一文，提出"这十年我们的文艺运动处在一种右倾状态中"的说法以后，全国第一次文代会上茅盾《在反动派压迫下斗争和发展的革命文艺》的报告中，基本上重复了这个观点。许多建国后出版的文学史也有类似的提法，没有改变《对当前文艺的意见》中，认为抗战时期有一部分人"忽略了统一战线内部的原则斗争的严肃批评"，产生了"右的倾向"的结论。这就不可避免地影响对国统区文艺的评价。十一届三中全会后，已有人著文对所谓抗战文艺运动"右倾"问题进行分析，指出"右倾""左倾"这类概念一般是指党内的某种倾向，党内的路线斗争。随便套用，势必会在思想上造成混乱。有的文章还进一步指出："抗战文艺运动右倾的结论的出现并不是孤立现象，它与三十年代以来，我们在文艺思想理论战线上逐步发展的'左'的思潮有密切联系。"[①]我认为上述意见是很中肯的。

抗战八年，由于军事、政治形势的变化，有许多作家，生活工作在同一地区也不能不根据军事政治形势的变化，对生活中的巨大事件作出自己的反应，选择创作的题材。因此评价这些作品就更需要进行具体分析、评论得失，给它恰当的地位。抗战初期，民族矛盾急剧上升为中国社会的主要矛盾，抗战成为压倒一切的主题。当然这里也有一些不是直接反映战斗生活的作品，但它与抗战有密切的关系。例如张天翼的《华威先生》便是讽刺抗战官僚的力作，是一部深刻反映现实生活的作品，应该充分肯定。皖南事变前后，中国抗战进入相持阶段，国民党对内对外政策都有所改变，文学创作主题进一步深化。在反映民族矛盾的同时如何反映阶级斗争的问题被提出来了，争取民主、反对独裁，坚持抗战、反对投降的斗争十分突出。这个时期，暴露黑暗的讽刺文学和借古喻今的历史剧应时而起。茅盾的《腐蚀》、郭沫若的《屈原》都是在这个时期出现的。这些作品针对性很强。它吸引着大后方众多的读者，在抗战中产生了巨大的影响。延安和根据地的文学创作，表现抗日民族矛盾，虽然始终居于主导地位，然而暴露和歌颂的问题在延安也进行过争论。不过国统区的暴露主要对象是国民党统治集团。这与延安和根据地的情况有

[①] 徐迺翔：《抗战时期文学发展的几个特点》，《抗战文艺研究》一九八三年第四期。

本质的区别，不能混为一谈。对具体作品进行评价时，掌握分寸失当，同样对作品也会作出不合实际的评价。延安整风时期对丁玲等人一些作品的批判，就是最明显的例子。

也许有的同志感到八年抗战，我们似乎还没有写出与这伟大时代相称的史诗般的作品，微嫌美中不足。其实这也是与如何评价抗战文艺，如何认识其在现代文学史上的地位联系在一起的问题。文学是一种社会意识形态，它的每一个发展变化，每一部作品的出现，都与这个时代的政治、经济以及其它意识形态的发展变化分不开。评论抗战文艺的得失和它的历史地位有两种观点必须澄清：第一，认为抗战初期大量出现的反映中国人民抗日战争的小型创作，算不了什么，能否上文学史还得考虑；第二，认为通俗文艺是"等而下之"，不值一谈。殊不知抗战初期，"小型作品的创作和它产生的影响，是现代文学与人民群众关系的一次考验，在形式的变革上，它是文学面向群众的一次大规模的突破，也是文学大众化的一次广泛的实践"①。通俗化文艺的产生更是文艺群众化大众化的重大进展，这是从三十年代开始便有所争议而没有很好解决的问题。抗战期间，由于作家生活环境的改变，跟群众有了广泛的接触，在理论和实践上都得到比较圆满的解决。毛泽东同志《在延安文艺座谈会上的讲话》发表后，延安和根据地的作家，有意识地运用文学的民族形式，创作了大量群众喜闻乐见的作品。赵树理便是其中的代表。这些描写新的主题、新的人物的人民文艺，在现代文学史上的地位不容低估。谁能否认抗战初期小型作品的"好一记鞭子"等所产生的社会效果？谁能抹杀田间和晋察边区诗人的街头诗，蒲风、光未然和高兰等人的朗诵诗在群众中的影响？又有谁能无视老舍等人创作的抗战通俗文艺当年所起的作用？抗战文艺是五四以来反帝反封建文艺的继承和发展，又是新的人民文艺的开端。它的地位如此重要，是不容忽视的。

抗战时期优秀的报告文学、诗歌、戏剧、小说、散文等都表现了最强烈的爱国主义的时代精神和崇高的民族情操。抗战文艺在特殊的历史条件下，反帝反封建精神比任何时期的文艺作品表现得更加强烈，富有最鲜明的时代特色。难道艾青在抗战时期写的《北方》《向太阳》《火把》不比《大堰河》更富时代气息？难道巴金《寒夜》中对严峻生活的描绘，对主人公内心世界的挖掘和命运的安排不使人感到"大后方"那股令人窒息的气氛？离开了抗日战争这个伟大时代去评价作品，那就根本谈不上什么"历史地位"了。

目前，抗战文艺还是一个亟待开拓的文学新领域。抗战文艺作为统一战线的文艺，作家队伍、作品内容都是十分复杂的。由于战争环境的限制和作家自身条件的局限，抗战文艺也存在着不少缺点和问题，加上我们研究工作起步较迟，理论准备不足，资料不全，尚有许多工作要做。好在最近几年，上海、四川、东北等地的研究工作者在资料搜集整理等方面做了许多实实在在的工作，起了很好的促进作用。香港和台湾地区抗战文艺的研究更扩大了我们的视野，增添了新的内容。我们相信，抗战文艺研究必将出现一个崭新的局面。

原载《中山大学学报（哲学社会科学版）》1985年第4期

---

① 徐迺翔：《抗战时期文学发展的几个特点》，《抗战文艺研究》一九八三年第四期。

中国现代文学史的建构、解构和重构

黄修己

中国现代文学学科的建立,当始于中华人民共和国成立后。1950年5月,当时的政务院教育部颁布了《高等学校文法两院课程草案》,规定在中文系讲授"五四"后的新文学史。此后,中国现代文学史课便成了各高等学校中文系的一门基础课,此当视为这一学科的创建之始,至今已半个多世纪了。自有了现代文学学科后,它的发展经历了曲折的历程,大体上又可分为建构(1949~1966)、解构(1966~1999)和重构(2000~)3个段落。中国现代文学的研究和现代文学史的编写,则在1949年之前便已经开始。

"历史"这个概念含有两种涵义。本文所谈的"历史",指的是后人用文字记录的"历史",也就是"历史著作""历史书写"[①]。这种"历史"是一种主观的精神产品。从1917年开始的文学革命,创造了中国的新文学,大概过了10多年,即进入1930年代后,才有可能回过头去回顾并总结这一段开创中国新文学的过程。代表这一次总结新文学历史之举的,是1935年起出版的《中国新文学大系》。这套《大系》聘请了最著名的新文学的创造者,编选各文学部门的有代表性的作品,并用长篇导言的形式,对各部门都做了总结;又由蔡元培写了总序。从各个方面来看,这套《大系》都是权威性的,但它是由创造历史的当事人来写自己如何创造历史的,不可避免地带着他们强烈的主观色彩。这种我写我的"自述""自评"式的历史会有某种优势,多一点"现场感"和亲历者的感受,有其真切性。但其主观性的局限随着时间的流逝已经渐渐地显露出来了。就在这部《大系》建立自己对新文学第一个十年史的权威解释之时,现代文学已经进入了第二个十年。这时文坛上发生的论战,次数之多,范围之广,其猛烈的程度,都超过了第一个十年,而这些争论又无不牵涉到对新文学发展历史的看法。作为新生事物的左翼文学(无产阶级文学),为了反驳各种否定论,就必须尽力地证明自己的合法性、必然性。许多左翼作家都对这一段的文学史做出了自己的解释,其中以鲁迅、瞿秋白等的言论影响为大。由于"身在此山中",尤其在阶级斗争很激烈的条件下,这种"自述""自辩"式的言论便不可能是很客观的。到了第三个十年,即1940年代,中共已经在敌后根据地建立了自己的政权,有可能来对中国的文化革命进行理论的总结。这就有了毛泽东的一系列关于文化问题的言论,如《新民主主义论》《在延安文艺座谈会上的

[①] 为了区别"历史"的两种内涵,我把已经发生过的历史称为"实史"(即"历史本体"),把后人对过去的"实史"的记载称为"编史"(即"历史书写")。参见拙作《中国现代文学史研究的"势大于人"》,《东方文化》2002年第5期。

讲话》等。尤其是《新民主主义论》，以高屋建瓴之势，系统总结鸦片战争后的中国文化运动，连历史的分期也很细致地做了描述。此后，所有研究中国革命史和现代文学史的人，都无法不受毛泽东的影响。1949年后，毛泽东的观点更成了现代文学研究的惟一的指针，而毛泽东是从政治革命的要求来总结历史的，所以他认为五四新文化运动已经是无产阶级思想所领导的，以后中共对文化运动的领导不断加强，新文化中的"社会主义因素"也就越发增多。他要论证的就是中共对民主革命的文化运动的领导权。

以上是三次大的对现代文学的历史回望和总结：1930年代对"五四"新文学的诞生的回顾；同时期对无产阶级文学的论证；1940年代对包括文学在内的文化运动的全面总结。在这个过程中，也有对历史资料的积累和发掘，但主要的成果是提供对现代文学历史发展的认识，所留下的主要是评价性的精神产品。这些产品有的是"自述"，有的是根据政治的需要。1949年后，建立中国现代文学的新学科，这时的建构并非白手起家，凭空而起，而是在以上的特定条件下，在前人做了这么多准备、提供了这么多认识成果的基础上进行的。这个基础建立了比较高的起点，对后来的建构有其价值，但是这些主观的认识和主观选择的资料，毕竟有许多局限性。这时有两种可能：或是后人自主地对这一基础进行检验、选择、批判，使之便利地超越前人；或是它变成了个大框框，后来人都往里跳，都被框在了里面。

建国之初，参与建构中国现代文学史的人，是否清醒地认识到自己面对的历史条件，具有运用这些条件去超越前人的意识呢？那时新政权刚建立，需要在舆论上说明其必然性和正义性。建国初期理论界立即着手的，并不是为前朝修史，以总结其失败覆灭的教训，而是迅速地为新朝建史，以宣传其取胜的必然性和正义性。为了让更多的人，特别是当时对中共尚较陌生的新解放区的群众，了解中共领导的革命，此举在当时就是很有必要的。1951年出版的胡乔木的《中国共产党的三十年》，就是这方面最有代表性的著作。当时从解放区出来的理论工作者，很多人在做这一工作。1950年5月，廖盖隆的《新中国是怎样诞生的》面世（上海海燕书店出版），到1952年印了13版，发行7万5千册。此书曾被教育部和出版总署选为高中二年级的代用课本。1951年1月，廖先生又将此书删节后以《中国人民解放战争简史》之名出版。该书《初版后记》说："中国人民伟大的革命战争已经得到胜利，新中国已经诞生，但这个革命是怎样胜利的呢？新中国是怎样诞生的呢？这是许多人，特别是新解放地区的许多年青朋友们所需要知道的。这本小书，就是为了企图回答这个问题而写作的。"①当时这类著作还有何干之的《中国现代革命史讲义》（高教出版社1954年出版）、叶蠖生的《人民的胜利》（工人出版社1956年出版）等，都是应运而生的同类著作。何干之的《讲义》成为建国初期较流行的大学中国革命史课程的教材。

由于新文学与中共的密切关系，它的历史也具有帮助群众了解中共的业绩的可能。当时，教育部所规定的中国新文学史课程的教学目的就是"了解新文学运动与新民主主义革命的关系"，要求让学生了解"新文学不是'白话文学''国语文学''人的文学''平民的文学'等等"，"新文学是新民主主义的文学"，即"无产阶级思想领

---

① 廖盖隆：《新中国是怎样诞生的》，上海：海燕书店，1952年，第228页。

导"的、"统一战线"的,以"大众化(为工农兵)"为方向的、"新现实主义"(即"社会主义现实主义")的①,等等。在这种特定的情势下,文学史家的任务,与其说是整理历史、总结历史经验,毋宁说是运用历史事实,以宣传群众,教育群众。对他们来说,重要的不是写出"历史是什么样的",重要的是写出"为什么历史一定是这样的",以此参加对于胜利者必然胜利的宣传,实现编史设课的目的。一句话,这不是可以客观地、冷静地来回顾、反思的时候,也不是可以用纯学术的态度来研究文学的时候。这时需要热烈的激情,像站在新解放区的街道上的宣传队员,在秧歌锣鼓的伴奏下,用最炽热的赞语,来歌颂新文学在中共领导下"从胜利走向胜利"的光荣历程。这就决定了参与建构者充满主观激情,不可能十分客观地来总结历史经验。正如当时建构者中成就最杰出的王瑶先生后来说的,他的那部建国后首创的现代文学史著——《中国新文学史稿》,"撰于民主革命获得完全胜利之际,作者沉浸于当时的欢乐气氛中,写作中自然也表现了一个普通的文艺学徒在那时的观点。譬如对于解放区作品的尽情歌颂,以及对于国统区某些政治态度比较暧昧的作者的谴责"②。

有人评论王瑶说,他担当写作建国后第一部现代文学史的任务,"在接受体制的光荣任务"的同时,也接受了体制规定的"政治思维模式及表述语式",这是他盼望"归队"、盼望"再革命"的表现③。这确在一定程度上描述了王瑶的心态,却并不全面。王瑶毕竟是学者,身上少不了俗语所谓的"书生气"。他既明白自己"在接受体制的光荣任务",又总想在这当中多保留一点学术性,包括客观地对历史的描述,因而他不能完全接受体制规定的"政治思维模式及表述语式"。这就注定了他的成果一出世就遭到当头一棒,受到的批评要比得到的表扬多得多。与王瑶相比,有过解放区生活经验的学者,就心明眼亮多了。论现代文学史的知识,他们可能不及王瑶,然而却能够用最尖锐的语言直截了当地批评王瑶的"错误",因为他们更了解、更能掌握体制规定的"政治思维模式及表述方式"。

至于历史为什么一定是"这样"的呢?这个根本性的问题,在1949年已经有了权威性、经典性的回答。这就是上面提到的毛泽东在1940年代对中国的文化革命所做的结论。所以这时的现代文学史的建构有一个鲜明特点:力求走向、达到一个事先已经构筑好了的理论体系。研究家们的任务在于用自己掌握的文学史资料,用自己分析、评论文学的知识、技能,用尽可能精心描画的历史图像,去证明某一理论的正确性。这也是衡量一切现代文学史研究的得失、优劣的标准。现代文学研究的空间基本上被这种要求所占据,剩下的可供个人驰骋的领域是很小的。按照权威的理论,新文学研究家的使命,便在于证明"五四"前和"五四"后的文学性质的新旧区别;证明五四新文化运动(包含文学革命)是无产阶级思想所领导的;证明这种领导作用经过4个时期不断得到发展,现代文学中的社会主义因素不断得到加强;证明鲁迅是文化新军的旗手和主将;批

---

① 《中国新文学史》教学大纲(初稿),1950年5月政务院教育部颁发。(这个大纲曾于1951年7月发表于《新建设》杂志第4卷第4期,亦刊载于同月新建设杂志社出版的《中国新文学史研究》。)

② 王瑶:《中国新文学史稿》,上海:上海文艺出版社,1982年,第782-783页。

③ 夏中义:《王瑶和他的〈中国新文学史稿〉》,《南方文坛》2000年第3期。

判新文化队伍中的资产阶级右翼和国民党的文化"围剿",等等。从王瑶开始,经过丁易、张毕来、刘绶松,到1958年后青年学生的集体科研,便是一个探讨现代文学史的编写如何完整地体现他们各自所理解的《新民主主义论》的过程。可惜的是,他们都只注意接近、靠拢《新民主主义论》,却忽略了史家的任务是追求历史的真实。

不过在当时,人们还是认为历史的描述,只有符合《新民主主义论》的论述,才是符合历史真实的,也才能具有那时的"当代性"。1949年的这一场胜利真是太辉煌了。这是自鸦片战争以来长时间里中国人民的最根本的追求,是几代人流血牺牲、前仆后继所未曾实现的,用毛泽东的话说就是"斗争,失败、再斗争,再失败,直至胜利"①。为什么多少次斗争都以失败告终,而中共领导的这一次却胜利了呢?伟大的胜利不仅使中共当时在全国人民中享有极崇高的威望,而且人们也认为其胜利的取得必有异常的、非凡的道理,因此对毛泽东给予中国革命历史的解释,大都心悦诚服地接受。就是自以为善于独立思考的知识分子,大多数或绝大多数也是这样的。有所质疑者,哪怕对局部的具体观点的质疑,也是非常少的,往往得不到大多数人的认同。像梁漱溟、陈寅恪这样的知识分子,是极个别的。这是特定时期、特定条件下的历史现象,脱离了这特定条件,便不易理解,不易解释。于是,我们看到的是第一代以及继起的第二代(建国后在五六十年代成长的学人)建构者,只能照着某种理论所预设的路子走下去。

历史事实既然只是用于作为某种理论的注释,其身价必然大跌,客观上形成了重论轻史、重观点轻资料的偏向。在学术上,势必产生一种研究程序、一种治学的途径。这便是论在史先,先论后史,史为论存,史以证论,便引出了"以论带史"的方法,而且发展为"以论代史",成了建国后占主导地位的学术研究方法,至今不衰。其间虽然有主张"论从史出"的挣扎、抗衡,但无力分庭抗礼。

与此相关的,是上世纪五六十年代文化建设中关于"破与立"关系的理论。这对那时的学术研究工作,也对中国现代文学研究,产生过重大影响。毛泽东多次解释"破与立"的关系,在1940年代论述建设新民主主义文化时,就认为先要打倒帝国主义、封建主义文化,"不把这种东西打倒,什么新文化都是建立不起来的。不破不立,不塞不流,不止不行……"②在领导延安文艺整风时,他又提出要破坏封建的、资产阶级的和其他种种非人民大众非无产阶级的创作情绪:"应该彻底地破坏它们,而在破坏的同时,就可以建设起新东西来。"③到了1966年讲到社会主义时期的文化革命,他更明确地提出"破字当头,立在其中",不仅"先破后立",而且"破就是立"了。于是导致重破轻立的偏向,实际上是只破不立。加以中国现代文学学科的整个建构过程是处于文化战线的不间断的"兴无灭资"的背景之下,其全部过程无不涉及对现代文学史上作家、作品、事件的再评价,在连绵不绝的政治运动中从文学史上扫掉一批批作家,现代

---

① 毛泽东:《丢掉幻想,准备斗争》,《毛泽东选集》(第4卷),北京:人民出版社,1960年,第1491页。
② 毛泽东:《新民主主义论》,《毛泽东选集》(第2卷),北京:人民出版社,1952年,第688页。
③ 毛泽东:《在延安文艺座谈会上的讲话》,《毛泽东选集》(第3卷),北京:人民出版社,1953年,第876页。

文学史入史和可供研究的面便越来越窄。到了"文革",现代文学已经被破得面目全非,只剩下一句"鲁迅走在金光大道上"了。以破为立的严重后果还在于全盘地否定了学术规范,使1949年以后成长的许多人不知学术规范为何物,搞坏了一代学风。

中国现代文学学科的建构,就是在这样的特殊的历史条件下进行的。这些条件不利于这一门学科的建立,严重影响了其建构期的成就。

二

1966年"文化大革命"爆发,从此,现代文学学科在短短10多年建构之后,进入了长达20多年(从"文革"到上世纪末)的解构阶段。

由于原有的建构是建立在最权威的理论基础之上,如果没有一定的条件,轻易解构不得,条件之一是提出权威性理论的人改变了观点。"文革"中"砸烂"现代文学的依据,正是毛泽东自己的批示和他审阅、修改的江青的那个《部队文艺座谈会纪要》。《纪要》用"无产阶级专政下继续革命"的思想,颠覆了《新民主主义论》和《在延安文艺座谈会上的讲话》对中国新文学的评价,解构了此前所有的现代文学史范式,企图重构江青领导中国新文学运动的神话。因为荒诞性太鲜明了,以致她的企图终未实现,但造成"文革"十年整个学科的停顿。因此我们把这一次解构称为"非常的解构"。这种解构由于外力,由于政治阴谋,摧毁了原先的架构,所以是"非常的解构"。随着"四人帮"的覆灭,原先的架构便可以复原了。现代文学研究领域的拨乱反正,就是返回《新民主主义论》,以此作为对"非常解构"的否定。

紧接着,可以说是不停顿地开始了第二度的解构。权威性理论被解构的另一个条件就是思想解放运动,从而再一次地解构了五六十年代所建构的现代文学史的整体架构。

第一,现代文学历史框架的解体。关于五四新文化运动的领导思想的争论,这是一个关键性的问题。五四文学革命是无产阶级思想领导的观点,缺少实证的支持。1940年代以前的共产党人都认为"'五四'是中国资产阶级的文化革命运动"[①],所以才有瞿秋白的开展"无产阶级五四"的呼吁[②]。为了证明、维护"五四"是无产阶级领导的这一权威性观点,许多文学史家努力发掘,提供了李大钊的《什么是新文学》等文章,但毕竟证据不足,于是便采用逻辑推理的方法进行推论。这并不能真正解决人们心中的困惑。进入1980年代以后,受思想解放运动的推动,便开始有质疑这一权威性观点的论文和著作,其中最有影响的是许志英的《"五四"文学革命指导思想的再探讨》。文章指出:"根据马列主义开始传播和马列主义文艺思想'开始零星地'传播,就断定'五四'文学革命的指导思想是无产阶级文化思想,这个立论是难以成立的。"又经论证指出:"与其说'五四'文学革命的指导思想是无产阶级文化思想,不如说是小资产阶级革命民主主义思想和资产阶级民主主义思想更符合历史实际。"[③]这篇论文产生很大影响,曾受到诸多驳难,但许氏提出的问题其实是许多研究家心中早有的疑惑,事过

---

① 瞿秋白:《"五四"和新的文化革命》,《瞿秋白文集》(第3卷),北京:人民文学出版社,1985年,第22页。
② 史铁儿:《普洛大众文艺的现实问题》,《文学》1932年第1卷第1期。
③ 许志英:《五四文学革命指导思想的再探讨》,《中国现代文学研究丛刊》1983年第1期。

之后其观点反倒得到默认。随着思想解放的扩展，人们认为这样的学术问题，不妨争鸣或各持己见。此后新编的现代文学史著，也就不再纠缠它，不再给新文化运动定性了。这种对权威性理论的挑战，在以前是难以想像的。

文艺思想斗争原先是建构现代文学的梁与柱，是支撑整部现代文学史的骨架子。原先认为自"五四"以后文学上始终贯穿着阶级斗争，从批判封建（复古）主义（如批《学衡》《甲寅》），到批判资产阶级、买办资产阶级（如批现代评论派、新月派、"自由人"、"第三种人"、"与抗战无关"论），再到批判披着马列外衣的"修正主义"（如批冯雪峰、胡风），斗争一步步地深入，推动着现代文学的进步。此时对所有的文艺论争都做了重新评价，如对文化保守主义的客观评价，使《学衡》派摘去了封建复古主义的帽子。人们发现原来认为绝对正确的一方，往往有左倾的倾向，不能再用"绝对正确与绝对错误的对立"的机械模式。对文艺论争的重新评价，等于抽梁换柱，影响整部现代文学史的面貌。

延安文艺整风运动原是现代文学史上继五四文学革命之后最重要的事件，其意义更在"五四"之上。王瑶首创以1942年为界，将抗战时期的文艺分为"抗战前期"和"抗战后期"，其目正在于显示延安文艺整风的划时代的重大意义。1982年纪念《讲话》发表40周年时，通过胡乔木的《当前思想战线的若干问题》①，传达了中共中央关于放弃文艺从属于政治，文艺批评标准政治第一、艺术第二，把人性完全归结为阶级性等的提法。胡文并且指出毛泽东《讲话》中对小资产阶级知识分子的批评不确切。此后，随着在延安文艺整风时受过批评、后来又受到错误处理的作家得到平反，随着对解放区文学评价的滑落，便开始有了对毛泽东《讲话》的批评、质疑，如夏中义的《历史无可避讳》②等。此后在大多数现代文学史著中，对过去极力突出、占有大篇幅的延安文艺整风运动的叙述变得相当简略了，有的不在章节上标出题目，叙述客观化、简约化或做含蓄的批评。五四文学革命不一定是无产阶级思想所领导；此后一系列与文学发展紧密相关的文艺思想斗争中，被认为先进的、革命的一方并非总是正确的；本来认为有划时代意义的文艺整风，对其评价有了很大的变化。于是，五六十年建构的现代文学史的大框架，几乎解体了。

第二，作家格局的变化。以往在现代文学史中占有高位的左翼作家，有不少受到批评和质疑。地位最高的鲁迅首当其冲。如毛泽东之走下神坛，鲁迅也被请回人间。从鲁迅一切正确、完全正确，到对他做具体分析，把他还原为一个作家、一个普通的人，这是思想解放的收获，实事求是作风的胜利。贬鲁之风也不时地冒出来。有人编了一本《鲁迅：最受污蔑的人》③，其中收录建国后发表有损鲁迅的言论，就有夏衍、徐铸成、千家驹、李准、王蒙、施蛰存等名家，还未列入王朔、葛红兵等。郭沫若被奉为鲁迅后的又一面文化战线的旗帜，他受到的冲击就更猛烈了，几乎从人品到文品都遭到否定。批评者中也包括一些名人，如姚雪垠、王元化等。丁东编有《反思郭沫若》，收

---

① 胡乔木：《当前思想战线的若干问题》，《红旗》1981年第23期。
② 夏中义：《历史无可避讳》，《文学评论》1989年第2期。
③ 房向东编：《鲁迅：最受污蔑的人》，上海：上海书店出版社，2000年。

批郭文章数十篇。封底上书:"一代文豪的悲喜剧。""深刻反思中国现代知识分子精神人格。""编后记"说:"把郭沫若作为一个生活在19世纪末到20世纪70年代中国知识分子加以考察,从而看到他身上所体现的中国知识分子的悲剧。"[①]蓝棣之的《一份高级形式的社会文件》认为《子夜》只是一堆社会档案的堆砌[②]。王一川等主编《20世纪中国文学大师文库》的小说卷时,未将茅盾列入,而置金庸于第四的位置,曾引起一阵轰动[③]。"鲁、郭、茅"本是中国现代文学史上的三巨头,三位领军人物,又都是从"五四"先驱变成左翼作家,现在无一例外地受到冲击,这等于是要在三军中夺帅。1988年,《上海文论》第4期开辟"重写文学史"专栏,陆续发表对现当代文学作家的重新评价。到1989年第6期该专栏结束。所批评的对象,大多为左翼作家、解放区作家以及一些政治上转向左翼的作家,如茅盾、丁玲、赵树理、柳青、郭小川、何其芳等。

与左翼作家受到冲击相对应的,是对另一些作家,主要是自由主义作家的评价,在节节上升。1980年代初,出现了"徐志摩热""沈从文热",这时,美国华裔学者夏志清的《中国现代小说史》中译本传入大陆,立即引起人们的兴趣。这部书在西方汉学界颇有影响,其所特别推崇的主要也是自由主义作家,如给沈从文以高度评价,对大陆的"沈从文热"起了推波助澜的作用。书中给予高度评价的钱锺书、张爱玲两位小说家,被大陆学者遗忘已久,五六十年代的现代文学史里见不到他们的名字。这两个作者的小说,又的确各有特色,艺术上都达到很高水平。从此,大陆出现延续多年的"钱锺书热""张爱玲热"。1980年代还出现了"散文热"。此时文学逐渐边缘化,文学的娱乐、消闲功能突出了。自由活泼、短小精悍的散文适应了这种需要。出版现代文学史上散文名家名作成了热潮,其中尤以林语堂和梁实秋的散文更受欢迎。出版家抓住"卖点"大出林、梁的旧作,这又促使研究家对他们特别关注。

在现代自由主义知识分子当中,最重要的当然要数胡适,他是自由主义知识分子的领袖人物。70年代末恢复学科时已肯定胡适的反封建性,改变以往把他当做帝国主义分子施以无情批判的态度;继而比较客观地评述他的学术生平和文学业绩,为他写传或评传;再到全面肯定胡适,他已走近"胡圣人"了。因此,在中国现代文学史上,胡适和鲁迅的地位的比较,也许会有一场论争。对胡适的褒扬,绝不仅仅是对一个作家、学者的评价问题,而是对自由主义道路的同情、支持和肯定,反过来也包含着对文化或政治的激进主义的质疑。还有,对周作人的重新评价,不仅是为了不因人而废言,同时也为肯定他在文化上、文学上的地位。胡适研究和周作人研究都曾出现过热潮,他们在文学史上地位的抬高,对现代文学史整体面貌的改观当然是很有关系的。

第三,现代文学历史内容的扩展,冲破了原有的框架。在现代文学史上究竟哪些内容应该入史,作为新问题摆到了人们的面前。随着改革开放、社会转型,通俗文学兴盛了起来,通俗文学已被纳入研究家的课题。对民国后以鸳鸯蝴蝶派为代表的通俗小说的研究有长足的进步,人们发现这种文学不仅有一定的反封建意义,而且所反映的生活正

[①] 丁东编:《反思郭沫若》,北京:作家出版社,1998年,第417–418页。
[②] 蓝棣之:《一份高级形式的社会档案》,《上海文论》1989年第3期。
[③] 王一川、张同道编:《20世纪中国文学大师文库》,海口:海南出版社,1994年。

是新文学所忽略的，于是认为数量多、影响大的通俗小说与"雅文学""纯文学"在文学史上应该"两翼齐飞"。1990年代不仅有大部头的通俗小说史问世，而且许多新编的现代文学史增加了这方面的内容。另一个争议更大的，是旧体诗词可否入现代文学史。文学革命是从反对文言文、提倡白话文开始的，旧体诗词正是革命对象。"五四"后白话新诗的艺术成就不尽人意，而旧体诗词仍有生命力，产生了一批思想艺术都达到很高水平的作品，甚至有专家认为已经"超唐迈宋"。于是，旧体诗词应入文学史的呼声日盛，而且已有现代文学史著设了旧体诗词的章节。更有人提出"现代旧体文学"的概念，因为不仅有旧体诗词，还有旧戏，或用现代观念加以改编，或是新编历史戏，或是用旧戏曲编现代戏。这些都是发生在"现代"的文学现象和创作成就，当然应该入史。还有台湾、香港文学以前被忽略了。少数民族文学也很少引起注意，中国文学史往往是汉文学史。这些都应该或已经入史。清汤寡水的现代文学已经变得内容丰富甚至有点庞杂了。这么多内容如何整合？于是有"大文学史"观念出现。其结果，必定要突破原有的框架，必定要有一番新的重构。

解构的时期，也是中国现代文学研究取得了巨大成绩的时期。几乎是动员全国的力量参与的大规模的史料建设；一批大型的资料丰富的作家传记作品；各类体裁的专史，如小说史（小说流派史、通俗小说史）、散文史（杂文史、报告文学史）、戏剧史等；社团、流派的研究；现代文学与文化关系（地域文化、宗教文化、出版文化等）的研究；现代文学历史渊源的研究；现代文学与外国文学关系的研究——都有相当优秀的成果。上世纪的最后20年，是现代文学学科的丰收季节。这是因为解构的时期也是思想解放的时期，是有利于学术发展的时期。同时政治运动的结束，比较安定、宽松、开放的环境，也适于学术的发展。

三

正如中国现代文学史的建构是在特定时代背景下进行的，受特定条件的制约，形成其历史特征；现代文学史范式的解构，也是在特定的时代背景下发生的，也受特定条件的制约，带着特定的历史特征。

最重要的是改革开放的大背景。中国现代文学史从建构到解构，正遇上了二战后两个不同社会制度阵营间的冷战，意识形态的冲突此消彼长。上世纪末叶，由于中国"文革"等的错误，苏联的解体，社会主义阵营的消失，国际共运跌入了低谷，使马列主义的威望跌落。结束"文革"之后，中国实行改革开放，改变了对外封闭的状态，西方文学思潮得以涌入中国，作为强势文化迅速地填补了"文革"后由于"三信危机"（信仰、信任、信心）出现的大片思想空隙。这在文学研究领域的表现就是，从西方19世纪后期到20世纪末的，从被认为过时的到最新的文学理论、学术思潮，各式炫异斗巧，在中国兴波扬浪。人们的"创新"要求强烈，要突破旧理论框架，采纳西方新理论、新方法、新途径，制作新框架，以"改变这门学科的性质，使之……成为一门独立的、审美的文学史学科"[①]。1980年代中期，文学研究界出现了"方法热"，同时，海外汉学研

---

① 陈思和：《笔走龙蛇》，台北：强业出版社，1991年，第78页。

究成果（如夏志清的《中国现代小说史》）更直接地对现代文学研究形成巨大的冲击波。之后，文艺理论界又出现"语言学转向""后现代主义""现代性"研究的热潮，西方的文学理论、方法成了中国现当代文学研究的最重要的思想资源。在"全球化"的大背景下，西方无论经济或文化，都以强势的一方发挥巨大的影响。在以马列主义为指导的左翼文学价值跌落的同时，作为资本主义思想基础的自由主义得到的评价不断攀高，这就有了我们在现代文学研究中所看到的左翼作家受质疑和自由主义作家评价步步高的现象。

从内部来考察，则因为纠正"文革"的失误，要求做历史的反思。在文学领域，为追溯"文革"中的文化专制主义的根源，可以顺着先前作为主流文学的那条线，溯流而上去追根问底。反思五六十年代的"十七年文学"，进而反思40年代的文艺整风、30年代的左翼文艺，最后也反思"五四"，使人看到了文学上"左"的思想由来已久。1980年代，当林毓生的《中国意识的危机》在大陆出版时，因为反思"五四"的激进主义，把它视为"文化大革命"的历史渊源，在大陆受到一些学人的反驳。现代文学研究界也有人倡议反击，发表过几篇反对林毓生观点的文章。只是由于学术准备不足，只能敲几声边鼓。此外，在现代文学研究中虽然"后现代"的影响尚不很大，但他们对启蒙主义的反思，仍然触动了现代文学研究界。解构现象中有许多方面，如对文化保守主义的重新评价，对通俗小说流派的承认，便都是反思"五四"的结果。这景象正可谓"历史的反思，直逼'五四'"①。这种时候人们不会去为反思对象评功摆好，反而为了反思的深刻性，还可能有某些激烈的评论。某些人的思想摇摆和极端化倾向，导致不仅对左翼文艺的否定，甚至对现代文学也全盘否定，要为其写"悼词"②。不过这还只是极端的特例。

事实告诉我们，中国现代文学史从建构到解构，受时代背景的巨大影响和制约，历史评价的变化所反映的、印证的，其实是背景的变换。这是史学的特点，有力地证明"历史书写"的强烈的主观性，同时也说明中国现代文学史还不是一个纯学术的研究部门，它与国际国内的政治、文化的风云变幻还有着不能切断的牵连。随着时势迁移，好比是随着剧情的变化，在场上出将入相变换主角，一门学科内容的更新，应该是科学研究、学术研究的新成果，取代了原有认识，突破了原有架构。作为人文社会科学的一些部门，例如中国现当代文学研究，其更新有时不完全是学术研究新成果的积累促成的，而是由于时势的变动造成人们价值标准的变化，于是改变旧观点，产生新认识。目前尚难以完全摆脱这种隐在背后影响甚至支配着我们观念的时势的力量。

四

到了1990年代后，人们看到现代文学学科逐渐有了学术化的趋向，引起普遍兴趣的课题更带有纯学术的色彩。

1992年邓小平在"南方谈话"中，提出了"不争论"的主张，这无论在90年代的政

---

① 黄修己：《历史的反思，直逼"五四"》，《中国现代文学研究丛刊》1997年第1期。
② 葛红兵：《为20世纪中国文学写一份悼词》，《芙蓉》1999年第6期。

治生活或学术研究中，都产生了深远的影响。"不争论"造成的相对宽松的文化环境，有助于研究者们比较自由地选择研究课题。发表学术见解。在现代文学研究中政治价值的跌落，又有助于学术价值的升值。以前曾经激动人心的争论，包括像启蒙与救亡的关系这样的话题，不再能引起太大的兴趣，人们更愿意选择一些学术性强，与政治、现实生活不一定有密切关系的课题。于是现代文学研究出现了"学院化"的趋向。知识分子待遇在1990年代有所提高，也有助于人们的心回归书斋。大概这种环境氛围，利于冷静的回顾和思考，利于学术研究与现实拉开距离，人们逐渐感到学术独立存在的可能性，因而开始有了这种追求。世纪之交安徽教育出版社出版的《20世纪中国文学研究丛书》可作为例证。这套丛书主要是新近的一批博士生在其学位论文基础上写成的，因为主要从文化、文学思潮角度观察研究现代文学，其学术色彩就比较浓厚。同时，这也表现了一种沉稳的学院风，如严家炎在《总序》中说的："作者们不尚空谈，甘坐冷板凳去查阅大量旧报刊，扎扎实实地占有原始材料，然后一点一滴地形成自己的学术见解"，因此希望"借此提倡一种刻苦、严谨、务实、求真的学风"。这就是1990年代出现的回归学术、冷静思考、严谨治学的新现象。跨过世纪之后，这种风气进一步发展，2003年在北京召开的"中国现代文学的文献问题座谈会"，把现代文学研究的基础性、科学性问题提了出来。这个本应在学科创建之初提出的问题，晚了半个世纪才比较隆重地摆上桌面，反映了当前学科发展的重要动向。2004年的几个重要的现代文学学术会议，也都以讨论史料问题为题，越发鲜明地标示我们的研究走向学术化的势头。

有人曾经把粉碎"四人帮"后最早培养的一批研究生，称为现代文学研究的"第三代"，如钱理群、王富仁等[①]。他们在80年代登上现代文学研究的高峰，是解构的主力军。有人这样来概括他们的学术见解："历史研究的目的不在复原和理解历史，而在以历史说明现在，用过去预示未来，并通过以当代的尺度解释、评价往昔的事实来干预现实、参与社会实践和社会变革。"因此他们"尽管从事的是文学史研究，最关心的却是当代意识形态的变革，主体性和现实功利性主宰着他们的学术成果"[②]。并非"第三代"学者人人如此，但上述的概括可能道出了他们的最引人注目的特点。他们并不满足于作个"纯学者"，更希望能够成为新历史条件下的启蒙者，这构成了80年代现代文学研究的一大特色。但是到了90年代，上面提到那套丛书的作者，显然开始埋下头来，从旧报刊上一条一条地收集资料，至于其成果与现实的社会实践和社会变革有多大关系，恐怕不是他们最关心的了。

于是现代文学研究呈现出多元发展的趋势。一些人仍不忘社会现实，不忘知识分子可能承担的社会角色。或以"主体投入式"的研究，借着对客观历史的评论，表达个人主观的感受。或提倡回应社会，认为学术研究如果学院化了，与现实拉开距离，就会降低学术的社会价值，令人担忧。另一些人则希望学术能够独立于现实之外，选题也主要看其学术的含量。现代文学研究在新世纪，已经不可能只有一个中心或一个重点，不可能再有千百人挤着走一条路、过一座桥的现象。如果发展得好，有可能逐渐形成不同的

---

① 第一代指建国前成长的李何林、王瑶等，第二代指五六十年代培养的樊骏、严家炎等。
② 尹鸿等：《现代文学研究的第三代：走向成功和面临挑战》，《文学评论》1989年第5期。

学派，各走各的路，互参互动，开创一个新生面。所谓"重构"也绝不会是追求一种模式的现代文学史，而可能是多种观念、视角观照下的不同模式的中国现代文学史。

事物的发展路线，往往是一正一反地曲折前行。梁启超认为清学（朴学）是宋明理学的反动。宋明的理学、禅宗专用内观功夫，论天谈性而学问空疏，于是到了清朝在特定历史背景之下，学术便由理学的虚学，返回到实学。17、18、19世纪的学术主潮是"厌倦主观的冥想而倾向于客观的考察"①，"学风自然要由蹈空而变为核实"②，但之后考据学变成了烦琐考证，钻牛角尖，捡芝麻粒，便失去了生命力。鸦片战争爆发后，民族危机上升，人们争相寻求救国之道，要求"学以致用"，各派理论蜂起，学术又由"核实"而转为"务虚"为上了。到了"五四"后，马列主义传播开来，更相信"没有革命的理论，便没有革命的运动"（列宁），理论价值看涨，在研究室里读书考证，成了脱离实际的劣行而受到谴责。这种作为乾嘉学风的反动，重理论而轻实学，论在史先、以论带史的风气，可以说一直持续到今天。加以商品经济的冲击，浮躁之风甚嚣尘上，以致有人惊呼"今日学风败坏渐呈史无前例的态势"③，发出"中国之大，何处还能'安放得下一张平静的书桌'"的呼喊④。这表明已有人对于重虚轻实学风不仅厌倦，对其恶劣后果甚至厌恶了。因此在条件具备之时，学风又会向求实的一方转去。中国现代文学学科的发展中已经有了这种趋势，这就是上述学院化趋向的出现。这样的背景对"重构"应该是有利的。

梁启超总结古代学术史时说过，秦以后的学术称得上形成了思潮的，只有汉之经学、隋唐之佛学、宋明之理学和清之朴学。这四学发达的时间，均不在立朝之初，而在立朝开国百年之后，远离了动乱年代，国力强盛，社会安定，允许"荒江野老"和"素心人"坐在小屋里安心商量培养，孕育出学术精品。从现在开始再过约50年，也就是中华人民共和国建国100周年了，如果发展得好，也就可能出现新时代的学术思潮。中国现代文学研究应该成为这一新学术思潮的组成部分。

原载《中山大学学报（社会科学版）》2004年第6期

---

① 梁启超：《中国近三百年学术史》，北京：东方出版社，1996年，第24页。
② 梁启超：《中国近三百年学术史》，第29页。
③ 罗厚立：《打倒与建立：也说学术打假》，《东方文化》2001年第6期。
④ 侯志川：《明星化了的"考古学家"》，《南方周末》2001年12月06日。

古典散文的现代阐释

陈平原

20世纪中国学界,专研"文学史"且成绩卓著的大有人在。以文体研究为例,脱口而出,你马上可以举出王国维的《宋元戏曲考》、鲁迅的《中国小说史略》,还有郭绍虞的《中国文学批评史》、顾颉刚的《孟姜女故事研究》等,这些都是"一代名篇"。唯独古典散文研究,你很难找到众口一词的经典之作。

这与古典散文在大转折时代的尴尬处境有关。清末民初的文白之争,吸引了众多读者及专门家的注意力;而在这场惊天动地的"文体变革"中,落败一方的古文,背负着沉重的历史包袱。虽说白话文站稳脚跟后,新文化人有效地调整了论述策略,不再严守死(文学)活(文学)的边界;但研习古典散文的必要性,始终没有得到广泛的认可。日常生活里,古文(广义的,兼及骈散)的功用迅速消退,不再激起巨大的学习及研究的热情。

传统中国"文"——约略等于今人所说的古典散文,曾经发挥巨大的作用。所谓"经国之大业,不朽之盛事",主要指的不是唐诗宋词,更不是小说戏曲,而是不太被今人看好的"文"。晚清以降,随着西方"纯文学"观念的引进,作为"杂文学"(五四时期新文化人普遍使用的概念)的"散文",由中心文类一转而为边缘文类[1],无法吸引大量研究者的目光,自在情理之中。

相对于迅速崛起的小说戏曲之学,以及可与西方文学观念直接对话的唐诗宋词,散文研究显得十分落寞。散文之未受学界重视,既有今人文类等级观念的偏颇,也受中外理论资源的限制。这一"妾身未明"、连准确界定都有困难的特殊文类,其理论预设及阐释框架,至今没有很好解决。所谓"文章千古事,得失寸心知"——古典诗歌的理论阐释,前景相当开阔;而散文的研究,则仍处在体会与感悟阶段[2]。

即便如此,千古文脉并未断绝。有志于研究中国文章的,代不乏人,其学术成果,值得认真钩稽。这里关注的,主要是晚清及五四那两代人的眼光及思路。因为,在我看来,中国古典散文的研究范式,是在他们手里建立起来的。1940年代以后的中国学者,关于古典散文的分析日见精细,但基本上是"萧规曹随",研究思路上并没有太大的拓展。

---

[1] 参见拙著《中华文化通志·散文小说志》(上海人民出版社1998年版)第7章《从白话到美文》,以及洪焌荧《中国现代散文话语的建构》(北京大学博士论文,2003年)、季剑青《文体变迁与文类自觉——五四前后的散文》(北京大学硕士论文,2003年)。

[2] 参见拙著《从文人之文到学者之文——明清散文研究》(三联书店2004年版)的《开场白》。

一、古文义法之调整

随着西学东渐步伐的日渐紧凑，现代中国的高等教育开始转型。1898年京师大学堂的创立以及1903年《奏定大学堂章程》的颁布，使得如何进行文学教育成了一个迫在眉睫的难题。课程设计可以"旁采泰西"，教学活动则只能取材当地。早年北大的文学教育，受制于学部章程，更受制于其时中国教师的趣味与学识。一切只能在原有的轨道上滑行，并在滑行中逐渐调整姿态。一是文学眼光，二是学术趣味，三是著述方式，所有这些，都在某种程度上延续了有清一代众多中国文人的思考。

"天下文章，其在桐城乎"，京师大学堂乃至民国初年的北大，这一神话尚未彻底破灭。校长及文科教员中，吴汝纶、严复、林纾、马其昶、姚永朴、姚永概等，不是桐城嫡系，就是桐城知己。只是时代变了，教育宗旨不同，桐城所独尊的古文义法，也不能不有所变通。科举制度已经取消（1905），撰写古文（准确地说，是以古文为时文）的能力，不再是衡量读书人良莠高低的主要指标。古文之由"看家本领"转为"基础知识"，其教学方式，也逐渐从技能训练转为知识传授。在此期间，早年北大的两种国文讲义——林纾的《春觉斋论文》（1916）和姚永朴的《文学研究法》（1914），其对于桐城义法的阐释，便出现某种新气象。

1906年，对桐城文章情有独钟的古文家兼翻译家林纾（1852~1924）进入京师大学堂，先后任经学教员和经文科教员，直到1913年被迫去职。就在离开北京大学的这一年，林纾撰写了《送大学文科毕业诸学士序》，对古文未来的命运忧心忡忡："欧风既东渐，然尚不为吾文之累。敝在俗士以古文为朽败，后生争袭其说，遂轻蔑左、马、韩、欧之作，谓之陈秽文，始辗转日趣于敝，遂使中华数千年文字光气一旦暗然而燼，斯则事之至可悲者也。"①此文体现出来的忧患意识与卫道热情，已经蕴涵着日后与五四新文化人的直接冲突。至于文章结尾之呼吁"彬彬能文"的"同学诸君"奋发图强，"力延古文之一线，使不至于颠坠"，与其表彰左、马、韩、欧的《春觉生论文》之开始在《平报》连载（1916年由都门印书局出版单行本时改题《春觉斋论文》），都发生在1913年，并非偶然的巧合。作为晚清文论名著，《春觉斋论文》初次露面，是在作者刚离开北大之时，据此不难推测，此稿应是林纾任教北大时的讲义。

《春觉斋论文》不同于林传甲的《中国文学史》，劈头就是"论文之言，犹诗话也"，明显回到传统文论的套路。"应知八则""论文十六忌""用字四法"等，偏于具体写作经验的传授，与新学制的规定不尽吻合。从1903年的《奏定大学堂章程》到1913年教育部公布大学规程，讲授文学研究法及中国文学史的要求有增无减。"应知八则"等勉强可算文学研究法；至于文学史（散文史）的任务，只能由"流别论"15节来承担了。比起先辈刘大櫆《论文偶记》、吴德旋《初月楼古文绪论》来，《春觉斋论文》之强调文体演变，明显带入文学史眼光；至于讲求"筋脉""风趣"等，更是与其译述西洋小说的经验大有关系。关于史迁笔法的论述，既见于其文论，也见于其小说序跋，二者如出一辙。将《左传》《史记》与狄更斯、司各特的小说相比拟，强

---

① 林纾：《送大学文科毕业诸学士序》，《畏庐续集》，上海：商务印书馆，1916年。

调外国小说"处处均得古文义法",这一思路,明显背离"忌小说"的桐城家法。不过,所谓古文,既是语言风格,也含叙述技巧——后者更带普遍性,不太受文类以及民族的牵制①。林纾所指认的西方小说往往于伏线、接笋、变调、过脉处,"大类吾古文家言"②,不是没有道理的。经过西洋小说洗礼的林纾,其"古文义法"已经不太纯正了——当然,这正是其价值所在。

另一位正宗的桐城传人姚永朴(1862～1939),在北大任教的时间是1910年2月至1917年3月,亲身经历了最高学府里桐城势力之由盛而衰,以致被章门弟子及师友"扫地出门"的全过程。不曾主动出击、但也身不由己地介入文派之争的姚永朴,任教北大7年,倒是留下了完整的讲义。与《春觉斋论文》相似,《文学研究法》的主要着眼点,不是"文学研究",而是"写作指导"。据门生张玮称,应京师大学堂之聘后,姚氏开始在以前所作《国文学》的基础上撰写《文学研究法》,每成一篇,辄为弟子诵说:"危坐移时,神采奕奕,恒至日昃忘餐,仆御皆环听户外,若有会心者。"③户外的"仆御"是否真的能听懂,我很怀疑;但讲究"别有会心",确是此书的特长。作者发凡起例,模仿的是古老的《文心雕龙》,而不是刚刚传入的文学史,故不以文学历史的发展为叙述线索,而是集中讨论文学(以"古文"为中心)创作的各种要素。作者不愧桐城传人,谈"神理"与"气味"、说"格律"与"声色"、辨"刚柔"与"雅俗"时,均能旁征博引,折中各家意见,故此书不妨作为桐城文派最后的总结来阅读。

从清末的京师大学堂到民初的北京大学,桐城派曾经占有绝对优势。民国初建,章太炎的弟子大批北上,北京大学里的新旧之争,首先体现在六朝文之逐渐取代唐宋文。据沈尹默回忆,章门弟子也有趋新守旧之分,可"大批涌进北大以后,对严复手下的旧人则采取一致立场,认为那些老朽应当让位,大学堂的阵地应当由我们来占领"④。这一纠合着人事、意气、学术观念的"新旧之争",当然也会落实在文派上。林、马、姚等之很快去职,与章门弟子大举进攻有关。在《现代中国文学史》中,钱基博曾述及民初北大校园里力持唐宋与推崇魏晋两派之消长起伏,并进而解释林纾后来之所以"不晓时变",独与浩浩荡荡的新文化潮流相抗争⑤,所说大致可信。

二、散文历史之叙述

作为第一部借鉴西方文学史著而编撰的教材,京师大学堂国文教员林传甲(1877～1922)的《中国文学史》(1904),历来备受关注。既是"开山之作",缺陷在所难免,论者往往宽厚待之,甚至努力发掘其实际上并不存在的"自创体例"与"独出机杼"。《奏定大学堂章程》的提醒,以及林氏的自述,使得世人较多关注此书与其

---

① 钱锺书:《林纾的翻译》,《七缀集(修订本)》,上海:上海古籍出版社,1994年,第94页。
② 林纾著,陈平原、夏晓虹编:《撒克逊劫后英雄略》序,《二十世纪中国小说理论资料》(第1卷),北京:北京大学出版社,1989年,第144页。
③ 张玮:《文学研究法》序,《文学研究法》,合肥:黄山书社,1989年。
④ 沈尹默:《我和北大》,《文史资料选辑》(第61辑),北京:中华书局,1979年。
⑤ 钱基博:《现代中国文学史》,长沙:岳麓书社,1986年,第193-199页。

时已有中译本的《历朝文学史》（笹川种郎作）的关系。这自然没错，只是林著对于笹川"文学史"的借鉴，尤其是将其改造成为"一部中国古代散文史"①，并非一时心血来潮，而是大有来头。

林著共16篇，各篇目次如下：一、古文籀文、小篆、八分、草书、隶书、北朝书、唐以后正书之变迁；二、古今音韵之变迁；三、古今名义训诂之变迁；四、古以治化为文，今以词章为文关于世运之升降；五、修辞立诚、辞达而已二语为文章之本；六、古经言有物、言有序、言有章为作文之法；七、群经文体；八、周秦传记杂史文体；九、周秦诸子文体；十、《史》《汉》《三国》四史文体；十一、诸史文体；十二、汉魏文体；十三、南北朝至隋文体；十四、唐宋至今文体；十五、骈散古合今分之渐；十六、骈文又分汉魏、六朝、唐、宋四体之别。对照《奏定大学堂章程》，不难发现，此16章目，与"研究文学之要义"前16款完全吻合。至于后25款，牵涉到古今名家论文之异同、文学与地理之关系、有学之文与无学之文的分别、泰西各国文法的特点等，与"文学史"确实有点疏远，不说也罢。

对此写作策略，林著《中国文学史》的开篇部分其实有相当明晰的交代："查《大学堂章程》中国文学专门科目所列研究文学众义，大端毕备，即取以为讲义目次。又采诸科关系文学者为子目，总为四十有一篇。每篇析之为十数章，每篇三千余言，甄择往训，附以鄙意，以资讲习。夫籀篆音义之变迁，经史子集之文体，汉魏唐宋之家法，书如烟海，以一人智力所窥，终恐挂一漏万。诸君于中国文字，皆研究有素，庶勖其不逮，俾成完善之帙。则传甲斯编，将仿日本笹川种郎《中国文学史》之意以成书焉。"②此乃作者最初的设计，希望亦步亦趋，让"章程"的41款款款得到落实。可在实际写作过程中，因担心体例过于紊乱，放弃了后25款。讲义刊行前夕，作者撰写"题记"，对其"大胆取舍"做了辩解："大学堂'研究文学要义'，原系四十一款，兹已撰定十六款，其余二十五款，所举纲要，已略见于各篇，故不再赘录。"③其实，在已知的京师大学堂讲义中，林著堪称遵守章程的模范。王舟瑶编《经学科讲义》与《中国通史讲义》、屠寄编《史学科讲义》、邹代钧编《中国地理讲义》，以及陈黻宸编《中国史讲义》，这些讲义的章节安排，均与《奏定大学堂章程》有很大出入。或许，这正好说明了其时"文学史"研究的尴尬位置——既不像"经学"那样标准自定不待外求，也不像"地理学"那样基本取法域外著述，于是，只好照搬现成的大学堂章程。

正因如此，谈论林著之得失，与其从对于笹川著述的改造入手，不如更多关注作者是如何适应《奏定大学堂章程》的。比如，常见论者批评林著排斥小说戏曲，可那正是大学堂章程的特点，林君只是太循规蹈矩罢了。还有，林著的论述大都蜻蜓点水，几无任何独创性可言，这也与其"依样画葫芦"的论述策略大有关系。"每篇自具首尾，用纪事本末之体也；每章必列题目，用通鉴纲目之体也"，以及全书章节匀称，每篇字数相当，更是为了便于讲习。说到底，这是一部普及知识的"讲义"，不是立一家之言的

---

① 黄霖：《近代文学批评史》，上海：上海古籍出版社，1993年，第783—785页。
② 林传甲：《中国文学史》，武林谋新室，1910年，第1页。
③ 林传甲：《中国文学史》，武林谋新室，1910年。

"著述"——时人正是从这一角度接受此作的。

从"文章源流"向"文学史"过渡，由共时性的文章辨体一转而成历时性的历史叙述，这点林著基本做到了；可文学观念的陈旧，使得其仍然以"文"为中心，拒绝小说戏曲等其他文类。反过来，新文化运动后出现的各种文学史著，在尽量拓展文学视野的同时，对于声誉及地位已经一落千丈的"古文"，缺乏"了解之同情"①，所论难免隔靴搔痒。在我看来，对于古典散文研究有所贡献者，综合性著作可举出谢无量的《中国大文学史》（1918）、胡小石的《中国文学史讲稿》（1928）、刘永济的《十四朝文学要略》（1945），专题性著作则有瞿兑之的《中国骈文概论》（1935）、方孝岳的《中国散文概论》（1935），以及卢前的《八股文小史》（1937）等。在这里，我更愿意表彰无锡国学专修学校诸位先生拾遗补阙的努力。

几乎所有的老校友，回忆起无锡国专来，都会集中在如下四点：修心养性、专书教学、书声朗朗、作文比赛。以"文章"（而非一般意义上的"国学"）为中心，借助"熟读精审，循序渐进，虚心涵咏，切己体察"的"十六字诀"，既实现"性情教育"，又完成学业训练，这与现代大学分门别类的课堂讲授，自是大有差异。

所谓"学者欲穷理以究万事，必读文以求万法"②或者"读文一事，虽属小道，实可以涵养性情，激励气节"③，单是追究其与程朱理学的离合在我看来，还远远不够。唐文治立说的深层原因，乃是直接针对五四新文化人之排斥文言写作。无锡国专要求学生在抑扬顿挫、缓急轻重的诵读中，玩味文章的起承转合，以及文气的阴阳清浊，长久地沉浸于诗文的境界中，而后豁然开朗，一通百通。如此教学，从内容到方式，都与桐城文派大有关联。实际上，唐文治的诵读与作文，受晚期桐城大家吴汝纶的影响很深，这一点，《茹经先生自订年谱》中有明确的表述。

作为校长，唐文治本人的文章不太可观，更没有什么像样的文学史著述；但其聘请的教授们，却在散文研究方面做出了巨大贡献。1927年起任无锡国学专修学校教授兼校务主任的钱基博（1887～1957），其撰述的《现代中国文学史》（1932）和《明代文学》（1933）二书，兼及诗文，但仍以明文、清文以及近代文章变革的论述最为精彩。对于其在《明代文学》谈到戏曲时一笔带过——"吾友吴瞿安先生梅有专书备论之，兹不具述"，弟子周振甫曲为辩解，称是此文学史著的一大特点④。可这何尝不是因作者囿于传统文学观念，无视或无力处理小说戏曲落下的毛病？不过，单就散文论述而言，钱先生还是本色当行。

另一位无锡国学专修学校教授陈柱（1890～1944），1937年为商务印书馆的"中

---

① 陈寅恪：《冯友兰中国哲学史上册审查报告》，《金明馆丛稿二编》，上海：上海古籍出版社，1980年，第247页。
② 《国文经纬贯通大义自叙》，《唐文治教育文选》，西安：西安交通大学出版社，1995年，第188页。
③ 《无锡国专校友会春季大会训词》，《唐文治教育文选》，西安：西安交通大学出版社，1995年，第313页。
④ 周振甫撰，钱基博著：《中国文学史》后记，《中国文学史》，北京：中华书局，1993年，第1136页。

国文化史丛书"撰写《中国散文史》，分"骈散未分时代之散文""骈文渐成时代之散文""骈文极盛时代之散文""古文极盛时代之散文""以八股为中心时代之散文"5编，总算第一次完整地勾勒了整个中国散文发展的历史①。此书日后不断重印，影响极大。实际上，此书除了借用一点文学史眼光、以骈散分合为主线、串连起整部散文史，没有多少自己的独到见解。好在此君遵守那时刚刚成型的学术规则，引述他人见解时大都注明出处。这样一来，我们很容易发现，此书第一编倚重林传甲，最后一编借用钱基博，而主体部分则大量引述"吾师陈石遗先生"。

"既不反对桐城，亦不以桐城为足"的陈衍（1856～1937）②，是清末民初著名的诗文评家，早年任教北京大学，1930年代曾应唐文治聘，讲学于无锡国专。此君关于中国文章的见解，除了无锡国学专修学校印行的《史汉文学研究法》（1934）、《石遗室论文》（1936），还有黄曾樾记录的《陈石遗先生谈艺录》（上海：中华书局，1931）和钱锺书的《石语》（北京：中国社会科学出版社，1996）。要说不立门户、兼及骈散，对两汉文章、六朝文章、唐宋文章均有精彩评述的，当推此陈老先生。阅读陈柱所著《中国散文史》，让你眼睛一亮的，大都来自此薄薄一册的《石遗室论文》。该书共5卷，分论上古至周秦、两汉、三国六朝、唐、宋等文章，以作品点评为主。偶有综合论述，体例介于传统文评与新兴的文学史著之间。

三、六朝文章之重构

在《自述学术次第》中，章太炎（1868～1936）自称先慕韩愈为文奥衍不驯。后学汪中、李兆洛，及至诵读魏晋文章并宗师法相，方才领略谈玄论政舒卷自如的文章之美，逐渐超越追踪秦汉文的唐宋八大家以及追踪唐宋文的桐城派，又与汪、李等追摹六朝藻丽俳语的骈文家拉开了距离，形成兼及清远与风骨的自家面貌③。《太炎先生自定年谱》"光绪二十八年（1902年）三十五岁"则，有这么一段话，可与上述总结相呼应："既复综核名理，乃悟三国两晋文诚有秦汉所未逮者，于是文章渐变。"④这段"文章渐变"的自述，针对的是《訄书》以及《国故论衡》的文体探索。比起"其辞取足便俗、无当于文苑"的"论事"，章太炎更看重自家"博而有约，文不奄质"的"述学"（《与邓实书》）⑤。

《訄书》（1900）、《国故论衡》（1910）等对于三国两晋文辞的借鉴，须与太炎先生此前此后对于六朝文的阐扬相结合，才更能显示其转化传统的意义。章太炎之推崇魏晋文，最著名的莫过于《国故论衡·论式》中的一段话："魏晋之文，大体皆埤于汉，独持论仿佛晚周。气体虽异，要其守己有度，伐人有序，和理在中，孚尹旁达，可

---

① 曾在无锡国学专修学校任教或就读的蒋伯潜、蒋祖怡父子，1942年出版了合撰的《骈文与散文》（上海：世界书局）。该书分两编，前编"骈散文历史上的演变"共12章，约8万字，以骈散文的分合作为论述框架，甚至论及"白话文体由酝酿而至成功"，惜创见不多，基本上是通俗性解说。
② 陈柱：《中国散文史》，上海：商务印书馆，1937年，第311页。
③ 《太炎先生自定年谱》，香港：龙门书店，1965年。
④ 《太炎先生自定年谱》，香港：龙门书店，1965年，第9页。
⑤ 《章太炎全集》（第4卷），上海：上海人民出版社，1985年，第169-170页。

以为百世师矣。"在章氏看来，汉文、唐文各有所长，也各有所短，"有其利无其病者，莫若魏晋"。魏晋文之所以值得格外推崇。因其长于持论："夫持论之难，不在出入风议，臧否人群，独持理议礼为剧。出入风议，臧否人群，文士所优为也；持理议礼，非擅其学莫能至。自唐以降，缀文者在彼不在此。"①在《检论·通程》中，章氏表达了大致相同的意见："魏晋间，知玄理者甚众。及唐，务好文辞，而微言几绝矣。"②在众多清峻通脱、华丽壮大的魏晋文章中，太炎先生对嵇、阮大有好感："嵇康、阮籍之伦，极于非尧、舜，薄汤、武，载其厌世，至导引求神仙，而皆崇法老庄，玄言自此作矣。"（《訄书·学变》）③

章氏的好友刘师培（1884～1919），对嵇、阮文章之精彩有进一步的发挥。嵇、阮历来并称，所谓"嵇康师心以遣论，阮籍使气以命诗"，正如刘师培所说的，乃互言见意④。虽则诗文俱佳，嵇、阮实际上各有擅场：阮长于诗，而嵇长于论。在《中国中古文学史》第4课中，刘氏是这样比较嵇、阮之文的："嵇、阮之文，艳逸壮丽，大抵相同。若施以区别，则嵇文近汉孔融，析理绵密，阮所不逮；阮文近汉祢衡，托体高健，嵇所不及：此其相异之点也。"表面上嵇、阮不分轩轾，可同课还有正面表彰嵇康的文字。一是引述李充《翰林论》后称："李氏以论推嵇，明论体之能成文者，魏晋之间，实以嵇氏为最。"一是评述嵇文之"析理绵密"："嵇文长于辨难，文如剥茧，无不尽之意，亦阮氏所不及也。"⑤

清末民初，最早接受西方文论的中国学人，如王国维、黄人、周氏兄弟等，都曾对"纯文学""超功利"之类的说法感兴趣，并以此批评传统中国的"文以载道"。六朝文章，此前因拒绝载道、沉缅于声色藻绘而受到严厉的谴责，如今则因"纯文学"口号而获益。但是，刘师培"骈文之一体，实为文类之正宗"的预言⑥，依旧无法实现。换句话说，六朝文章的复兴，并不等于骈文派的胜利。姑且不说"纯文学"的想像，受到章太炎、梁启超以及后来的陈独秀、胡适之等人的狙击，而没能真正展开；落实在文学史层面上的重新阐释六朝，也与骈文派的初衷大相径庭。

与文学观的革新同样值得重视的，还有"文学史"写作的引进。中国古代的文论家，当然也有"史"的意识，但其著述体例迥异于晚清传入的"文学史"。比起"文苑传"和"诗品"来，"文章流别"算是比较接近"文学史"的。可也正是这"文章流别"与"文学史"的微妙差异，导致"六朝文章的复兴"逸出骈文家的视线。1903年颁布的《奏定大学堂章程》中，对"中国文学门"的科目设计，有一醒目的变化：此前之"考究历代文章源流"，乃"练习各体文字"的辅助；而今则以"文学史"取代"源流"，以"文学研究法"包容"文体"。这就使得史家观察的角度，由"文体"转为"时代"。

---

① 章太炎：《论式》，《国故论衡》，上海：大共和日报馆，1912年（再版）。
② 《章太炎全集》（第3卷），上海：上海人民出版社，1984年，第453页。
③ 《章太炎全集》（第3卷），上海：上海人民出版社，1984年，第145页。
④ 参阅刘勰《文心雕龙·才略篇》及刘师培《中国中古文学史》第4课。
⑤ 刘师培：《中国中古文学史·论文杂记》，北京：人民文学出版社，1959年，第43、46页。
⑥ 刘师培：《文说》，《中国近代文论选》，第552页。

讲"文体",注重的是体制的统一与时间的连续;讲"时代",关注的则是空间的展开与风格的多样。这里的以"时代"为考察单位,不同于焦循、王国维、胡适之的"一时代有一时代的文学",唐诗宋词元曲明清小说之类的表述,着眼的是某一时代的代表性文类。唐诗无法涵盖有唐一代的文学精华,宋词更不足以穷尽宋代文学的魅力。同样道理,骈文也不能作为"六朝文学"的唯一代表。这么一来,史家撰写中古(或魏晋南北朝)文学史,完全可以兼及骈散。孙德谦的《六朝丽指》不妨独尊骈偶,刘师培的《中国中古文学史》则眼界要开阔得多,建安、魏晋、宋齐梁陈各有春秋,并不以任、沈或徐、庾为惟一归宿。

比刘师培的思路更具挑战性的,是章太炎的全面颠覆策略:六朝确有好文章,但并非世代传诵的任、沈或徐、庾,而是此前不以文名的王弼、裴頠、范缜等。1922年,章太炎在上海做系列演讲,论及"文章之派别"时,赞扬晋文华妙清妍,舒卷自如,平易而有风致。至任昉、沈约,"每况斯下";到了徐陵、庾信,"气象更是不雅淡了"。"至当时不以文名而文极佳的,如著《崇有论》的裴頠,著《神灭论》的范缜等;更如孔琳(宋)、萧子良(齐)、袁翻(北魏)的奏疏,干宝、袁宏、孙盛、习凿齿、范晔的史论,我们实在景仰得很。"①如此立说,整个颠覆了传统学界对于"八代之文"的想像。章氏这一惊世骇俗的高论,乃长期酝酿,且渊源有自。早在1910年的《国故论衡·论式》中,章氏便如此谈论六朝文:"近世或欲上法六代,然上不窥六代学术之本,惟欲厉其末流……余以为持诵《文选》,不如取《三国志》《晋书》《宋书》《弘明集》《通典》观之,纵不能上窥九流,犹胜于滑泽者。"在《自述学术次第》中,章氏对有清一代追慕六朝最成功的骈文大家汪中、李兆洛表示不以为然,而格外推崇综核名理、清和流美的魏晋玄文:"观乎王弼、阮籍、嵇康、裴頠之辞,必非汪、李所能窥也。"在章氏看来,文章的好坏,关键在于"必先豫之以学"。深深吸引太炎先生的,首先是六朝学术(或曰"魏晋玄理"),而后才是六朝文章(或曰"魏晋玄文")。六朝人学问好,人品好,性情好,文章自然也好,后世实在望尘莫及——如此褒扬六朝,非往日汲汲于捍卫骈文者所能想像。直到晚年讲学苏州,太炎先生仍坚持其对于六朝文的独特发现。

刘师培1917年方才讲学北大,可10年前已在文坛上独树一帜。《广阮氏文言说》还只是接续清人的争论,重提文章必须是"沉思翰藻""有韵偶行";而《文说》《文章源始》《论近世文学之变迁》《论美术与征实之学不同》以及《论文杂记》等,已初步构建起一个颇具特色的文论体系。这里还想指出,刘氏很早就对"文学史"的研究与写作感兴趣:1905年的《文章源始》引述涩江保的《罗马文学史》,用以论证文体变迁乃"事物进化之公例";同年,年仅22岁的他,甚至独立撰写出《中国文学教科书》一册。到了讲学上庠,刘师培更将文学史的写作作为名山事业来苦心经营。《搜集文章志材料方法》开篇曰,"文学史者,所以考据历代文学变迁也";结尾又称,"此则征实之学也"。此等自我表白,再辅以《汉魏六朝专家文研究》之十七"论各家文章之得失

---

① 章太炎主讲,曹聚仁记述:《国学概论》,香港:学林书店,1971年(港新6版),第85—86页。

应以当时人之批评为准",不难理解其研究策略与撰述体例[①]。申叔先生在北大的讲义《中国中古文学史讲义》（1917），日后备受学界推崇，连眼界极高的鲁迅，也对此书颇有好感[②]。在现代中国学界，真正将"文学史"作为一"专门学问"来深入探讨，而且其著述的影响历久不衰者，此书很可能是第一部。

四、晚明小品之发现

周作人（1885~1967）对晚明小品的推崇，20年代中期便已开始形诸文字；但是，1932年辅仁大学的系列演讲，以及《中国新文学的源流》（1932）的出版，仍是其学说大为普及的关键。作为一种文学史诠释框架，借助于晚明小品来解读五四文章，自有其合理性。但有趣的是，真正谈得上承继三袁衣钵的，不是周作人，而是林语堂。周氏文章不以清新空灵为主要特征，其"寄沉痛于幽闲"，以及追求平淡、厚实与苦涩，均与明末小品无缘。周氏可谓明末小品的知音，却绝非其传人。强调公安三袁与现代散文有明显的历史联系，可并非佩服得五体投地；周氏的文章趣味，与晚明小品实有不小的距离。

如何解释这种文学史主张与个人阅读趣味的差异，不妨就从《风雨谈·〈梅花草堂笔谈〉等》说起。文中不仅对"假风雅"的"山人派的笔墨"表示不以为然，就连屡受表彰的公安、竟陵，周氏也多有讥讽。一方面欣赏晚明非正统文人的"勇气与生命"，以为"里边包含着一个新文学运动"，另一方面又对其作品的艺术价值表示怀疑："我常这样想，假如一个人不是厌恶韩退之的古文的，对于公安等文大抵不会满意，即使不表示厌恶。"[③]换句话说，相对于世人顶礼膜拜的唐宋八大家，周氏更欣赏其反叛者；基于此文学史判断，晚明小品方才值得表彰。

新文化运动初期，胡适、陈独秀、钱玄同、傅斯年等，都对桐城文章有过严厉的批评。20年代中期以后，桐城已成死老虎，昔日的反对者也已不屑挥拳相向[④]。唯独周作人，认定兹事体大，战斗尚未结束，因此锲而不舍地挖桐城的祖坟。之所以称为"挖祖坟"，因周氏不但批桐城，而且更批桐城追摹的唐宋八大家；不但批八大家，而且主要火力集中在领头的韩愈。清人之批桐城，多将其与唐宋八大家区别对待，若蒋湘南《与田叔子论古文书》称："非八家之弊古文，乃学八家者之弊八家也。"章太炎开始批评"宋世吴蜀六士"，可对韩愈尚有恕词[⑤]。周作人则大不一样，批的正是这"文起八代之衰"的韩文公。

---

① 《搜集文章志材料方法》初刊《国故》第3期，1919年出版；又见《中国近代文论选》第586~589页。《汉魏六朝专家文研究》由罗常培记录，抗战末年刊行于重庆，现收入辽宁教育出版社1997年出版的《中古文学论著三种》。

② 鲁迅对刘师培《中国中古文学史》一书的好感，除了体现在《魏晋风度及文章与药及酒之关系》一文的引述与发挥，更落实在1928年2月24日致台静农信中的褒扬。参见《鲁迅全集》第3卷第501-517页、第11卷第609-610页，人民文学出版社1981年版。

③ 周作人：《风雨谈·〈梅花草堂笔谈〉等》，上海：北新书局，1936年。

④ 钱基博在答李详书中称："曩时固不欲附桐城以自张，而在今日又雅勿愿排桐城已死之虎，取悦时贤。"此信收在《李审言文集》（江苏古籍出版社1989年版）第1051页，可参阅。

⑤ 参阅章太炎《与人论文书》（《章太炎全集》第4卷第168页）及《自述学术次第》。

周作人对于桐城派及唐宋八大家的批判，颇多精彩之处。如《苦口甘口·我的杂学》称"八大家的古文在我感觉也是八股文的长亲，其所以为世人所珍重的最大理由我想即在于此"[1]。《苦茶随笔·杨柳》断言八大家这一路的作品"一无可取"，理由是："文章自然不至于不通，然而没有生命"；"可是很不幸的是却易于学，易于模仿"[2]。在《中国新文学的源流》第4讲中，周氏承认桐城派的文章"比较那些假古董为通顺"，但更强调"他们的文章统系也终和八股文最亲近"，故"对他们的思想和所谓'义法'，却始终是不能赞成"。以上的论述，多借用清人的言论，并做进一步的发挥。周氏的文论中，更具独创性的，还是其对于韩愈的批判。30年代中期，周作人常提及韩文的"装腔作势"[3]，而收入《秉烛谈》的《谈韩文》，更称"韩退之留赠后人有两种恶影响"，一是求统制的道，一是讲腔调的文。周作人的"不赞成统制思想，不赞成青年写新八股"[4]，有对左翼文学旁敲侧击的意味，可并不背离其文学观及其构建的文学史图像。直到50年代初，周作人依然将韩文作为"情理不通""文理不通"的"坏文章"的代表[5]。

周之批韩，很大程度是批桐城思路的延伸。而在论证桐城文与八股文之联系，批评桐城文家学识空疏、于人情物理之变幻处缺乏阅历揣摩，以及空谈义法之不可取时，周氏倚重的是王闿运、伍绍棠、蒋湘南的论说[6]。清人对于桐城文章的批判，主要出于汉学家及骈文家。蒋的思路大致属于前者，王、伍则当归入后者。对于伍绍棠，周氏反复引用的，其实只是其《〈南北朝文钞〉跋》；王则不一样，其学汉魏六朝诗文，到了出神入化的地步，论者甚至称其"简直是六朝人的脱胎，六朝人的返魂"[7]。清代的骈文家及六朝文章的拥护者，乃桐城之"死敌"，其论说很可能正是周氏最适用的批判武器。倘若左右开弓，以选学批桐城、以桐城攻选学，固然也有成效，但未免过于机巧，并非论辩的正道。以批桐城为主要志向的周作人，对推崇六朝者的论说有所倚重，自然不能不对"选学"有所宽恕。谈及韩文的做作与虚骄，周氏称"八代的骈文里何尝有这样的烂污泥"[8]——这未免有些过分了，似乎更多地带有策略性的考虑。

在《中国新文学的源流》中，周作人特别提出桐城的"学行继程朱之后，文章在韩欧之间"，作为批判的靶子。谈及桐城"文即是道"的抱负，前人多讥其名不符实，乃拉大旗做虎皮。周氏反过来，站在新文化立场，最想批判的，正是其所载之"道"，连带及其自以为手握真理，因而为文时的装腔作势、搔首弄姿。对于朝廷提倡的程朱理

---

[1] 周作人：《苦口甘口》，上海：太平书局，1944年。
[2] 周作人：《苦茶随笔》，上海：北新书局，1935年。
[3] 舒芜：《中国新文学史的"溯源"》，《周作人的是非功过》，北京：人民文学出版社，1993年，第207–231页。
[4] 周作人：《秉烛谈》，上海：北新书局，1940年。
[5] 参见收入《知堂集外文·〈亦报〉随笔》（岳麓书社1988年版）中的《坏文章（二）》和《古文的不通》二文。
[6] 参见《古文与理学》（《知堂乙酉文编》，上海书店1985年版）、《关于家训》（《风雨谈》）及《蒋子潇〈谈艺录〉》（《苦竹杂记》，良友图书公司1936年版）等。
[7] 瞿兑之：《中国骈文概论》，上海：世界书局，1936年，第51页。
[8] 周作人：《文学史的教训》，《立春以前》，上海：太平书局，1945年。

学，桐城文家普遍奉为圭臬，且不容他人置疑，动辄将对手判为"邪说"，必诛之而后快。周作人曾引方苞、姚鼐诅咒"欲与程朱争名"者必定断子绝孙的书札，说明其"识见何其鄙陋，品格又何其卑劣"（《谈方姚文》）[①]。桐城文家学殖不厚、见识不高，但卫道的立场坚定，很容易因此而派生出为文的蛮与悍。努力追求平淡、温润的周作人，对此尤为深恶痛绝。与朝廷提倡的学说结盟，即便无力参与意识形态的建构，起码也因"积极捍卫"而使文章显得"有用"。可时过境迁，"冰山既倒"，则可能变得"一无所有"。提倡六朝文者，一般没有那么大的野心，只讲文章的美感，反而容易取得某种独立性，不大受意识形态变迁的拖累。周氏等人之狠批桐城，而对选学手下留情，与五四新文化人对程朱理学极为反感大有关系。

不说对于六朝文章的强烈趣味[②]，单就明清之文而言，周作人也有诸多奇妙的发现。慑于《中国新文学的源流》的盛名，世人多关注作者之表彰公安三袁，其实，对于明清文章，周作人还有不少精彩见解。从反正统、通人情、有雅趣、能文章的角度，周极力表彰李贽、王思任、叶绍袁、张岱、傅山、冯班、李渔、袁枚、章学诚、郝懿行、俞正燮、蒋湘南等一大批此前不太被看好的文章家，这点很有见地。只是因其藏学问于随笔，不曾将明清之文的思考系统化并形成完整著述，学界一般不太关注。在我看来，周作人关于明清文章的论述，比许多专门家还要深入、还要精彩。其中的主要原因是，周氏的阅读不受传统诗评文论的束缚，更多地体现现代人的眼光与趣味。而这，未尝不是一种值得欣赏的路径。

五、如何面对"古典散文"

谈论历代文章得失，主要的立足点在哪？是尊重时人的趣味（如刘师培），还是信任自家的体会（如周作人），这是个两难的选择。既强调"历史感"，又希望突出"问题意识"，这需要特立独行的姿态以及别出手眼的论述。林纾、姚永朴之拓展桐城义法，林传甲、钱基博之以散文为中心建立文学史，章太炎、刘师培之重构六朝，以及周作人之发现晚明，所有这些，都在某种意义上指向并达成了"古典散文的现代阐释"。

时至今日，国人之谈论"中国散文史"，已在上述诸君所建立的根基上向前推进了好几步，但在我看来，仍有若干困扰影响散文研究的问题深入展开。这里提出的几点设想，有待进一步的检验与落实。

首先，今人所理解之"散文"，与传统中国之"文"有很大距离。潜移默化影响今人思路的，不单是早已盖棺论定的文白之争，还有尚未尘埃落定的文类等级观念。研究传统中国或现代中国的"散文"，必须清醒地意识到，这是一个被强力建构起来的概念，并非自然而然，更说不上"天意如此"。既然今人所谈论的"散文"是一个历史性的概念，以金人王若虚"定体则无，大体须有"（《滹南遗老集·文辨》）的开放姿态，去面对这一文类的诸多变异，以及力图理解这一变异背后的审美及意识形态因素，

[①] 周作人：《秉烛谈》，上海：北新书局，1940年。
[②] 陈平原：《现代中国的"魏晋风度"与"六朝散文"》，《中国现代学术之建立》，北京：北京大学出版社，1998年。

便是题中应有之义。

其次，在中国，"散文"作为文类源远流长，但被正式命名，则是晚近的事情。这一名与实之间的缝隙，形成某种张力，要求研究者必须首先进行概念的清理与界定。今人之谈论散文，大都在以下三个层面来回滑动：与诗歌、小说、戏剧相对应；与韵文相对应；与骈文相对应。所谓与小说、诗歌、戏剧并驾齐驱的散文，乃是五四以后拥抱并改造西方"文学概论"的成果。依照其时普遍接纳的西方文学观念，"散文"与其说是一种独立的文类，不如说是除诗歌、小说、戏剧以外无限广阔因而也就难以定义的文学领域。宋明两代文人，更愿意沿用韩柳的术语，将长短错落、无韵律骈俪之拘束、不讲求词藻与用典的文章，称为"古文"。直到清人重提骈散之争，"散文"作为与"骈文"相对应的概念，方才屡被提及。不只唐宋以下自觉与骈文相对抗的"古文"是"散文"，先秦两汉不曾着意讲求韵律与对偶的诸子之文与史传之文，也是"散文"。这里有个明显的区别：秦汉之文乃骈散未明，故无意讲求；唐宋以下则是骈散已分，而刻意避免。至于在与"韵文"相对的意义上谈论"散文"，则有点不今不古，缺乏明确的界定，但此说也有可取之处，即打破了明清以下古文家为求精致而日趋小气的格局。不必有意为文，更不必以文人自居，述学文字照样可能充满风采与神韵。这一点，刚好对应了中国散文的一大特性：兼及文与学、骈与散、审美与实用。在我看来，"散文"概念的不确定性，既是陷阱，也是机遇。

第三，所谓的"文学性"，并非研究中国文章的最佳视角。五四新文化人当初引进"纯文学"与"杂文学"这一对概念，在瓦解"文以载道"传统以及提倡"美文"方面，曾发挥很大作用。但是，这一论述思路，过分依赖某一时期西洋流行的"文学概论"，并将其绝对化、本质化，相对漠视了中国文章的特性及演进的历史。传统中国的"文"或"文章"，不只具有审美价值，更牵涉政治、学术、人生等。将"文"从具体的历史语境中剥离开来，满足于纯粹的文本分析，很容易回到神理、气味、格律、声色等老路。谈论魏晋玄言而不及乱世中文人的生命体验，谈论晚明小品而不及江南城市经济，谈论八股文章而不及科举考试制度，谈论春秋笔法而不及历史著述体例，我以为，都很难有令人满意的解答。

第四，如果说传统中国不登大雅之堂的小说戏曲以及民间说唱等，因作者模糊、版本不清，某种程度上可以"就文章谈文章"，那么，散文的情况恰好相反：离开了确定的时代氛围与作者生平，很难做深入的探讨。在"明清散文研究"一课的"开场白"中，我讲了这么一段："在我看来，无论是研究文学史、文化史，还是谈论思想史、学术史，归有光、李贽、陈继儒、袁宏道、王思任、徐弘祖、刘侗、张岱、傅山、黄宗羲、李渔、顾炎武、全祖望、袁枚、姚鼐、章学诚、汪中、龚自珍等，都是无法完全绕开的重要人物。描述如此生气淋漓的人生与文章，似乎比用简略的语言，粗线条地勾勒几百年间中国散文发展的脉络要有趣得多。"① 除了强调从具体对象入手，步步为营，抽丝剥茧，将自家对明清散文的感觉、体味与判断渗透其中；更因为谈散文而不及"生

---

① 陈平原：《从文人之文到学者之文——明清散文研究》，北京：生活·读书·新知三联书店，2004年，第2页。

气淋漓"的人生，几乎是不可能的事。

第五，小说与散文之间的"边界"，一直处于很不稳定的状态。纵观两千年中国文学进程，散文与小说互为他者，其互补与互动的关系，值得认真探究。这里指的不是同一作家兼擅小说与散文，或者同一作品跨越两大文类；也不是插叙、倒叙笔法在散文与小说中的不同命运，或者旅行记对于散文与小说的共同启迪——这些虽然奇妙，却都并非不可思议。作为中国文学的基本文类，散文与小说在各自发展的紧要关头，都曾从对方获得变革的动力与方向感。因此，在谈论散文发展时，关注小说的刺激；而描述小说变迁时，则着眼于散文的启迪。这一努力，不只合理，而且可行①。

第六，之所以在"散文"前面加上"古典"二字，是不得已而为之。世人谈论散文，往往先辨别文言与白话，而后分而治之。但是，所谓的古典散文与现代散文之间，在我看来，并不存在无法逾越的鸿沟。章太炎的重构六朝、周作人的发现晚明，以及胡适的撰写"白话文学史"，都既是历史研究，也是文学实践。正是在一次次成功的古今对话中，中国文章得以移步变形，生生不息。作为研究者，具体论述时不妨攻其一点不及其余；只是相对于其他文类研究，"文章之学"无疑更需要"古今贯通"。

附记：此乃提交给"北京论坛（2004）——文明的和谐与共同繁荣"（北京，2004年8月23日—25日）中国文学分会的发言稿，部分观点及材料取自笔者此前所撰四文（《现代中国的"魏晋风度"与"六朝散文"》《中国散文与中国小说》《新教育与新文学——从京师大学堂到北京大学》《传统书院的现代转型——以无锡国专为中心》），特此说明。

原载《中山大学学报（社会科学版）》2004年第6期

---

① 在《小说史学的形成与新变》（《文学的周边》第151-188页，新世界出版社2004年版）中，我从小说研究的角度，同样提及此话题。

特色文论与兴辞诗学

王一川

对于在新世纪初从事文学理论的人们来说，面对现成种种诗学或文论模式可能会产生两种截然不同的感受：一是幸运感，似乎正遇上文论走向多元繁荣的新盛世，俯拾即是崭新的理想的文论模式；二是不幸感，仿佛坠入文学理论模式的多元碎片之中，无所适从。也许，比较起来，后一种感受可能会更具有代表性。尤其是随着20世纪90年代以来各种"后"理论和"文化研究"的全球旅行，文论已经变得越来越难以"学习"和"掌握"了：来自大众文化、边缘文化、媒体、跨学科等领域的如此繁多的生疏术语已经形成"信息爆炸"之势，整日忙于应对各式各样信息或知识的人们，又如何可能在短时间内顺利地理解和掌握如此众多而又彼此不同的文论模式呢？历史上曾经出现过的几种主要文学观念如摹仿论、表现论、实用论、体验论、语言论和文化论等，在人们眼里当然可以清晰地显露出种种合理性和片面性，但这并不等于说我们就高明到拥有了一种充足资格——可以充满自信地超越于上述几说之上去提出并证明一种全新而又没有片面性的完美理论。如果真的那样幻想，实在是太不自量力了。理由很简单：今天已经不可能存在着任何一种全新而又完美无缺的文学理论了。

从今天的视角回望上述几种文学观念，可以看到，任何一种文学理论都可能存在这样或那样的不足或局限。原因何在？这本来是见仁见智的事情，但在我看来，如下4方面的原因需要特别提出：第一，从文学的发展来看，文学在社会生活中的角色在不断地变化和更新，决定了现有的文学理论总会存在滞后的问题，它需要有一个把握和适应这种变化和更新状况的过程。第二，从文学研究者来看，他们各自的个人和社会条件决定了他们只是对文学的某个方面感兴趣，而不可能做到"全知全能"。第三，从社会变化导致的认识范型演变看，随着当代世界知识生活的进展，人们已经倾向于认识到一种学科理论总是有局限的，它不可能把生活中的一切都说清道明。正由于单一学科理论的局限性，两种或两种以上学科之间的交汇即跨学科研究正受到推崇和广泛采用，但即便是跨学科研究，也只是对多种学科的某些方面的吸收和汇通，而不可能形成有机整体式的融会贯通。第四，就文学本身来说，这种人类体验的语言结晶更是充满令人沉醉而又错综复杂的内涵，在不同的时代会向不同的读者闪现出奇异的光芒，谁又敢宣称能把它一劳永逸地弄清呢？例如，借助移动网络技术的飞速发展，短信笑话在今天的传播量、传播面和传播效果都变得如此令人称奇，放在10年前谁会预料到呢？去年传诵很广的《这年头》这样说："这年头，警察横行乡里，参黑涉黄，越来越像流氓；流氓各霸一方，敢做敢当，越来越像警察。医生见死不救，草菅人命，越来越像杀手；杀手出手麻利，不留后患，越来越像医生。教授摇唇鼓舌，周游赚钱，越来越像商人；商人频上讲坛，著书立说，越来越像教授。明星风情万种，给钱就上，越来越像妓女；妓女楚楚动人，明码标价，越来越像明星。谣言有根有据，基本属实，越来越像新闻；新闻捕风捉影，夸大其辞，越来越像谣言……"这则短信以角色对换的方式把当前社会中影响广泛的几个社会群体的一种普遍恶习揭露了出来，警察与流氓、医生与杀手、教授与商人、明星与妓女、谣言与新闻等，一股脑地成了嘲讽的对象。这则短信笑话虽然不可避免地有着把所涉人物都绝对化的偏颇，但毕竟对于当前的几种流弊给予了空前辛辣的讽刺，尤其是不到一分钟就能迅速感染读者，产生令人震惊的社会传播效果，这比起通常的诗歌、散文和小说来，速度和影响力不知要强多少倍！可以说，这则短信笑话利用移动网络新媒介，以简捷的角色对换和对比修辞体方式，尖锐地传达现实生活色相和揭露社会病症，堪称当前短信笑话中不可多得的"经典"。它是文学，但又突破了我们以往关于文学的常规思维方式，完全有可能让现成的文学理论丧失足够的自信力和权威概括力。所以说，我们实在不可能而且也没必要在今天这个文学媒介和形式急剧变换的年代冒险创造全新而又完美无缺的文学理论。

不过，不应当把完美文学理论的不可能当做一个冠冕堂皇的借口，从而无限期推迟探索文学的奥秘，或者干脆放弃这种探索的责任和义务。尽管建立一个完美的文学理论在当前条件下已不可能和不必要，但仍可以根据当前新的文学状况和现有条件，寻求建立起合适的和可操作的文学概念分析框架，以满足当代人探索文学奥秘的渴望。无论社会如何演变，在生活中扮演不可或缺角色的文学，总会要求我们做出分析，它往往改头换面地以高雅小说、先锋小说、实验诗、古典小说精品、周末娱乐报道、报刊连载读物、畅销书、口头表述、民间流言、影视文学剧本、短信笑话、手机文学等多种形式出现，影响我们的日常生活，从而迫使我们以这样或那样的方式去加以回应（赞扬、批评、痛斥，或者无所谓等）。我们的日常回应方式本身显然已经包含着或多或少的文学分析因素了，而从事专门的文学工作的人则更需要从理论上对此加以说明，这就使得建立特定的文学概念分析框架成为必要。这种文学概念分析框架不可能只有惟一正确的或正宗的一个，应当而且可能存在可供选择或参酌的若干。若干文学概念分析框架的同时存在及彼此比较、争鸣，才有可能大体满足人们的上述渴望。当然，若干文学概念分析框架的共存是从当前文学理论的整体格局来说的，而就具体的个人来说，他也只能提出这"若干"之一种。这一种文学概念分析框架应当有助于从一个独特的视角去考察文学，发现其令人感兴趣的意义。

置身在这种新状况中，文学概念的探索自然应当寻求新思路。在这里，人们完全可以大胆提出带有某种综合特点而又具有独特特色的文学概念分析框架。"综合"意味着从以政治或审美本质为中心的单一分析转向对文学的多重属性的综合探究，这就是将文学的审美分析与政治、经济、社会、商业等属性分析结合起来；"特色"意味着从对文学知识或方面的面面俱到式的全面介绍转向对其某些特色知识或方面的追寻，是指对文学的某方面属性的富于论者个性色彩的独特分析。一种文学概念分析框架并不需要寻求对文学的全部属性的全面把握，而应当突出对其某方面属性的独特探索，并由此特定方面入手而力图对文学的其他属性做适当的兼顾性把握。如果文论工作者都自觉地放弃全面与完美文论的追逐而全身心投入具有个性特色的文论探索，那么，文论界的浮躁就会得到改善而实绩就会增多起来。这样一种开放的特色化文论建构及其多元并存局面是有利于文论的发展的，有可能释放出文论工作者个体的更多的创造活力。

就我自己而言，我这些年尝试提出一种我认为可行并具有一定可操作性的特色文论框架。它是我综合有关现成文论模式、自己10余年来的修辞论美学实践及近来对文学的兴辞属性的理解而提出来的。这是一个尽可能吸收多种文论模式并针对具体文本分析实践的特色文论框架。为了理解方便，暂且可将之称为感兴修辞诗学，简称兴辞诗学。兴辞诗学直接地来自笔者在20世纪80年代后期所标举的"体验美学"与1991年以来提出的"修辞论美学"（或"修辞论阐释"）之间的一种新综合，而这种综合的基础则是我现在对文学及文学理论的理解。笔者认识到，置身在今天这个全球化或中西对话时代，需要从中国自己的文论传统中提取属于这个传统而又能存活于现代并且富于阐释活力的合适的概念或观念，参酌进行中的中外现代文论，加以必要的转换和改造，构建一种既属于中国传统而又富于个性特色的现代文论框架。

这样，发端于先秦、兴盛于魏晋、定型于唐代而又在现代获得再生的"感兴"或"诗兴"观念，就必然地受到关注。我意识到，需要把自己这10多年来对感兴（体验）和修辞的先后思考综合到一起，把文学规定为一种感兴修辞，即兴辞。而相应地，在思考文学理论与批评时，也需要把兴辞视为其主要的焦点，这就形成兴辞诗学。兴辞诗学，无疑正是当今的一种可能的富于个人特色的文学理论框架。今人叶嘉莹就明确地认识到并提出，应当把古典诗论中注重"自然感发"的"兴"概念提取出来，作为现代批评的重要概念："西方诗论中的批评术语甚多，如明喻、隐喻、转喻、象征、拟人、举隅、喻托、外应物象等，名目极繁，其所代表的情意与形象之关系也有多种不同之样式。只不过仔细推究起来，这些术语所表示的却同是属于以思索安排为主的'比'的方式，而并没有一个是属于自然感发的中国之所谓'兴'的方式。当然，西方作品中也并非没有由外物引起感发的近于'兴'的作品，只不过在批评理论中，他们却并没有相当于中国之所谓'兴'的批评术语。经过以上的比较，我们自不难看出，对于所谓'兴'的自然感发之作用的重视，实在是中国古典诗论中的一项极值得注意的特色。"①这种主张是富于见地的，值得重视。我的新工作正是集中表现在，把古典"兴""感兴"或"诗兴"同中国古今"修辞"观念及其传统紧密联系起来考虑，融汇出"感兴修辞"或"兴辞"这一古人没有的新概念并形成兴辞诗学思路。

感兴与修辞在文学中实际上是紧密结合在一起的东西，它的意思是感物而兴，兴而修辞，也就是感物兴辞。换言之，感兴修辞就是富于感兴的修辞，是始终与体验结合着的修辞。文学正是这样一种感兴凝聚为修辞、修辞激发感兴的艺术。而文学的感兴修辞性，正是指文学具有感物而兴、兴而修辞的属性。单说感兴，它是指人对自身的现实生存境遇的活的体验；单说修辞，它是指语效组合，即为着造成特殊的社会效果而调整语言。但感兴与修辞组合起来，则生成新的特殊含义：感兴属修辞型感兴，而修辞属感兴型修辞。在这里，感兴本身内在地要求着修辞，而修辞则是感兴的生长场。感兴修辞是指文学通过特定的语效组合而调达或唤起人的活的体验。简言之，感兴修辞是指

---

① 叶嘉莹：《比兴之说与诗可以兴》，《光明日报》1987年09月22日。

以语效组合去调达或唤起活的生存体验。从古到今，诗人和作家创作都离不开"兴"与"辞"，即都要以"兴辞"方式力图传达个体的生存体验和社会关怀。大到长篇小说或系列长篇，小到上面引述的《这年头》，都是以独特的修辞组合体凝聚人的活生生的感兴。

文学作为兴辞，并不神秘，而实际上是人类符号实践的一种特定形式。实践是人有意识地改造世界的创造性活动，如制造生产工具或符号以改造自然、创造产品等。按照马克思的学说，人类实践具有如下特点：第一，它是"有意识的"生命活动。"有意识"就是从盲目的机械世界和动物的本能世界中解放出来，形成对于自然和自我的理性掌握能力，人类由此超越自身的原初动物本能。第二，它是"自由自觉的"生命活动。作为"有意识的存在物"，人类实践具有"自由自觉"的特性。"自由自觉"是指人类作为主体，在把握、控制和改造自然世界中体现出来的能动性和目的性。第三，它是"按照美的规律来造型"的活动。"美的规律"来自人类实践对客观存在的规律的认识和把握，是人类支配自然世界的内在主体尺度。马克思以人与蜜蜂的对比说明这个道理：尽管蜜蜂建造蜂房的本领能让人间建筑师"感到惭愧"，但是，"最蹩脚的建筑师从一开始就比蜜蜂高明的地方，是他用蜂蜡建筑蜂房以前，已经在自己的头脑中把它建成了"①。人比蜜蜂高明的地方，正在于蜜蜂的工作只是本能性的，而人的创造则是有意识的和自由自觉的。第四，它总是符号实践。如果从马克思逝世以后的学科进展去进一步理解和丰富马克思主义，就必然要看到和重视有关符号与文化研究的新成果。

"符号"通常有两个含义：一是指一件事物可以表达一定的意义，二是指一件事物暗示着另一件事物或某种意义。按照德国哲学家卡西尔的看法，人的特点在于通过劳作制造"符号"，形成人类文化的世界，这就是"符号的宇宙"（universe of symbol）："人不再生活在一个单纯的物理宇宙之中，而是生活在一个符号的宇宙之中。语言、神话、艺术和宗教则是这符号宇宙的各部分，它们是组成符号之网的不同丝线，是人类经验的交织之网。"②因此，人在本性上与其说是"理性的动物""言语的动物""使用和制造工具的动物"，不如说是"符号的动物"。正是符号提示了人的本质，符号化思维和行为构成人类生活中最富代表性的特征。按照马克思的观点，人类的符号活动归根到底是人类社会实践的具体形态，因而应当理解为符号实践。符号实践是人类创造和运用符号以便认识和改造世界与自我的社会过程。作为兴辞的文学，应当被理解为人类符号实践的一种形式，其任务是在语言这种符号组织中去创造性地建构人的独特的而又具有可理解性的个体体验，帮助人认识世界与自我，沟通个体与社会，并转而微妙地影响社会。人类符号实践具有若干形式，如语言、神话、宗教、科技、艺术等，而兴辞只是其中特殊的一种，其特殊性在于，作为人类语言符号与艺术符号的结合形式，它将个体感兴与语言修辞行为紧密结合起来，通过创造富于兴辞的语言作品去认识和改造世界。

我所谓兴辞诗学，即感兴修辞诗学，是由注重个体体验的感兴论与突出特定语境中的语言效果的修辞论两者融汇起来的文论框架。这是一种在特定语境中阐释文本语言并由此显示其感兴蕴藉的文论方式。文本就是指作者创造的供阅读的特定语言构成品，而语境则是包含几重含义——特定文本中的上下文、这一文本所生成于其中的特定时段的

---

① 马克思著，刘丕坤译：《1844年经济学哲学手稿》，北京：人民出版社，1979年，第50页。
② 卡西尔著，甘阳译：《人论》，上海：上海译文出版社，1985年，第34—35页。

更大而丰富的文化文本、最终影响这种文本意义生成的与生产方式相关的最基本的历史情境。兴辞诗学的一个显著特色，是致力于文本体验、文本修辞论分析与文化语境阐释汇通的路径：首先阅读文学文本，唤起直接的个体感兴；进而做具体的文本修辞细读，揭示文本语言的个别或独特特色，以便为文本意义及意蕴阐释提供语言基础；再根据对文本的感兴及语言的独特性分析，建构起与之相关的更为广泛的文化语境阐释模式；最后把上述文本感兴与语言特色带入具体的语境中加以阐释，发现文本的深层无意识意蕴。兴辞诗学还具有批评理论品格，也就是说，它本身不再是通常意义上的可与批评脱离的普遍有效的理论，而总是以具体批评方式呈现的理论形态。

这就决定了兴辞诗学应当形成自身的文本阐释圈。"阐释圈"这个想法借鉴自杰姆逊[①]，在我这里是指兴辞诗学特有的由若干循环互动的同心圆组成的阐释程序。这一循环互动阐释过程可以包括如下5个阐释圈：文本感兴激活、文本语言阐释、文本深层结构阐释、文本与语境的相互阐释、文本独特意义阐释。①文本感兴激活。阐释者的首要任务是在阅读基础上激活自身的感兴，即唤起对于文本的活生生的个体感性直觉，在这种直觉中尽可能抓取文本的独特意蕴。②文本语言阐释。这是指在激活感兴基础上细致阅读文本的语言形式，以便发现富于特殊意义的个别特点。例如，寻找文本中独特的关键词、词法、句法、辞格、语体等语言构造以及符号矩阵、三角结构等语言学模型。这种以寻找个别语言特点为特征的文本语言阐释，是兴辞诗学展开的第一步骤。③文本深层结构阐释。这是指基于文本语言阐释而发掘深层隐伏的无意识语言及其意义。例如，根据找出的独特的关键词、词法或句法等而发现更深层的幽微的无意识蕴涵，而要理解这种无意识蕴涵，又不能仅仅局限于文本内部，而是需要结合现实生活状况。因为文学文本总是要与现实生活发生这样或那样的联系，从而指向人对现实生活的意义阐释。④文本与语境的相互阐释。这是指把上述语言阐释与深层结构阐释置放到特定语境中去做具体的修辞效果阐释，揭示文本与现实生活之间微妙而又重要的修辞性联系。这种修辞性联系是说，文学文本这种语言构成物的意义既不完全在于它本身，也不完全在于它之外的现实生活，而是存在于它与现实生活的象征性关联之中。文学文本正是现实生活的种种矛盾的一种象征性解决方式。可以说，要理解文本，就需要阐释它的语境；而要理解这种语境，就需要回头阐释文学文本。⑤文本独特意义阐释。这是指在如上分析的基础上最终阐发文本的独一无二的审美与文化意义——文本的感兴修辞内涵。对于具体文学文本展开文学批评，决不要求面面俱到，那种对文本的每一方面都加以评论的要求实在不切实际，更无必要。一次独特而又有效的文学批评理论，应当着力发现特定文本所显示的与众不同的独特的审美与文化意义。这5个阐释圈其实是相互渗透和相互依赖的，尤其是前4个阐释圈有时彼此密切渗透或交织而难以分别，它们都指向或服务于第5个阐释圈——对文本独特意义的追寻。

与上述5个阐释圈相应，兴辞诗学可以有如下具体操作步骤：触辞起兴、借型窥意、叩显开隐、文境互赖、学科串释、依文立论。第一，触辞起兴。这是指阐释者由

---

① Fredric Jameson：*The Political Unconscious：Narrative as a Socially Symbolic Act*，Ithaca，New York：Cornell University Press，1981，第74-102页。

接触文本兴辞而唤起个体感兴的过程。这是阐释者从普通读者阅读进展到文学批评的过渡环节，也可以视为文学理论的最初步骤。第二，借型窥意。这是指阐释者借助语言学模型而窥见文本中的意兴的过程。并非每个文本都适宜于运用语言学模型，但确实有些文本在引入语言学模型后能够开放出一种新的意义空间。语言学模型决不是万能的，但语言学模型如果运用得当，也确实可以起到发掘文本深层意义的作用。第三，叩显开隐。这是指阐释者叩探文本的显在意义层面而开启其隐在意义层面的过程。文学文本总是一种由双重文本组成的文本，第一重文本是显在文本，这是普通读者按常规阅读时把握到的较为明显地呈现的语言与意义形态，又称意识文本。这一重文本往往与作者的明确的创作意图相关，或者有时甚至就直接受制于作者的创作谈，依据这种创作谈而形成。同时，这一重文本也与特定文本阅读所需要的通常规范如节奏、音律、文法、辞格等有关，在这些阅读常规的规范下形成。第二重文本则是隐在文本，这是阐释者所要寻求的被隐匿的语言与意义形态，又称无意识文本。这一重文本常常忽略或瓦解作者创作意图而出人意料地开启出新的语言与意义空间，从而显示出文本的无限阐释的可能性。这样，文学文本总是包含显在文本和隐在文本的双重文本，具有双重文本性。双重文本性，是指文学文本内部存在着彼此密切关联的显在文本与隐在文本现象。文学批评的任务之一，正是通过细致地叩探显在文本而找到进入隐在文本的隐秘通道，由此开掘出隐在文本，从而显示出文学文本的语言与意义构成的复杂性。第四，文境互赖。这是指阐释者根据特定语境阅读文本，又根据这种文本阅读而回头阐释语境，从而形成文本与语境在阐释上的相互依赖特点的过程。这包含两方面：一方面，文本阐释依赖于语境阐释。这要求阐释者把文本置放在特定语境中去阐释，而特定语境则是阐释者根据自身对社会、文化或历史的理解而建构起来的，通过建构这种语境，阐释者为进入文本而开辟出富于历史感的合适通道，也可以阻止对文本的纯个人化的或非历史的畅想。另一方面，语境阐释依赖于文本阐释。阐释者对于语境的建构也极大地依赖于文本的独特的意义构成的分析。正是独特的文学文本可以为理解语境提供富于魅力的象征性凝缩模型。这样，阐释者通过语境而阐释文本，又通过文本而阐释语境，这种文境互赖性阐释也正是阐释的乐趣之所在。第五，学科串释。这是指阐释者运用多种学科知识去通串地阐释文本的过程。在当代文论中，由语言学、哲学、社会学、人类学、政治学、地理学等多学科组成的跨学科阐释受到理论家们的青睐。这种跨学科阐释是要揭示文本的多元意义构成及其复杂关联。就一部（篇）文学文本来说，跨学科阐释诚然是可能的，不过也不能被无限延伸，即不能置文学的审美属性于不顾而无限地扩展到任何一种文化领域，甚至直到让文论泛化成文化论。第六，依文立论。这是指依据对文学文本的具体阐释而确立新的理论。兴辞诗学要求阐释者致力于理论探索，但是却不能抽象地阐述形而上理论，而必须通过对文学文本的阐释提出可从文本分析中得到证明的具体的新理论。

上面关于兴辞诗学的阐述还是初步的，我自己不敢说它称得上我所心仪的那种特色文论。我相信，在新世纪的文论天空下，应当出现多种多样富有个性或特色的中国现代文论，以便承担起在新的语境中富于多样性地阐释文学的任务。

原载《中山大学学报（社会科学版）》2006年第3期

我们见证历史

——从中国当代文学的研究现状和问题意识谈起

谢 冕

学问做久了，甘苦自知，也总有一些体会和教训。说出来，也许对别人不无裨益。这次陆耀东先生倡议，由我们几位"老家伙"来个"纸上聊天"。难得他有这般用心，我不敢拂了他的好意。自是不揣浅陋，紧随诸位学长之后，也赶来凑趣。

我从事中国当代文学的教学和研究工作已有多年。这个学科隶属发端于"五四"新文学革命，并与中国古典文学予以区分的中国现代文学。它是中国现代文学的一个部分。虽说是其中的"一个部分"，却是一个相对独立和不断发展的、而且愈来愈庞大的部分。都说现代文学是当代文学的兄长，但是兄长的年龄不再增长，而作为小弟的当代文学，它的年限却已超过半个世纪了。

中国现、当代文学学科如何调适二者的关系，或者说如何再命名，这都是亟待学界同人关注并解决的问题。此问题有点复杂，这里不想触及，只是想借这个机会谈谈本人长久从事这一工作的一些感想和体会。

一、行进中的文学

中国已有的文学，包括写进古典和现代文学史的，都是已完成的文学。唯独当代文学例外，它没有完成，始终都在行进中。以研究这段文学为目标的中国当代文学学科，其特点就是始终看不到它的边界。每天都在发生新的现象，每天都在出现新的研究对象，我们的工作只能是不停顿也不间断地追逐。

新的作家和作品，新的理论和批评，新的文学团体和刊物、书籍，无以数计的发表在报纸副刊和网络上的文字、图像和其他信息，每天都似潮水般涌来，让人目不暇接。这里的问题不是材料的匮乏，而是资讯的膨胀——泛滥的信息挤压得让人喘不过气来。这是行进中的文学的一种常态，做得久了，一切也都看得平常，当然也有了处理应对的一些办法。

当然，传统的研究理念和手段在这里显得不够用了。我们不能仅仅从已经占有却并非稳定的材料出发，对文学做固定性的分析研究，更不能无视近前甚至是当下迅疾产生、并同样迅疾地变化的文学现象做匆忙的定论。跟踪式的描述和辨析，在这个学科领域显得十分必要——一切都在不停地变化着，研究者稍不留意，就有可能失去第一手把握重要文学事实的机会。

作品的层出不穷是一个原因，而更为重要的是，作家是不稳定的。作家也在这种文学大潮的影响下变动着自己的创作目标和追求，也在不断地改变自己的写作策略和风格。从《鸡窝洼人家》到《废都》，贾平凹创作的变化，恐怕不是把场景由乡村转到城市的变化，作家的心态和趣味都在这种时代的大转型中产生巨大的变动。事实上不仅是贾平凹，几乎所有的作家都在这万花筒般迅疾转动的文学世界里不断地适应、调整着自己的方位。淌过"北方的河"的张承志，再行进到他的"心灵史"；曾经"在细雨中呼喊"的余华，再行进到充满周星驰喜剧色彩的《兄弟》①的写作，足以说明这时代对于作家是怎样的一座鲜活舞台。

若是把这种充满活力而又多变的文学当成了不再变化的、凝固的"资料"，以传统的治学方式对之做静态的归纳描写，那就是不当的。一个最基本的事实遭到了忽视：当代文学是不断生长着的文学，当代文学的研究也是永不停顿的、与发展着的文学保持同步的研究。不意识到这一点，或者无视这一点，就会造成学理上的缺失。

这个学科的学术范畴当然也有传统意义上的"史"的内容，但这种具有相应固定形态的"史"，是建立在对于那些随时发生的、流动的、散漫而又充满了偶然性的"事实"的基础之上的。研究者需要随时对零碎而不定型的材料进行淘筛、提炼和归纳，从而赋予这些材料以学术的价值。从事当代文学的研究，就是这样不断地追逐、又不断地整理的过程。不断生长的新鲜的文学现象，也不断地激活着研究者的智慧和热情，同时又不断地考验着研究者的耐心和承受力。

这个学科忌讳把活学问当做死学问来做。怀有成见的人们轻视它，认为它没有什么"学问"，甚至根本不是"学问"。其实，它的学理性可能就建立在研究者对于文学行进的方式和姿态的敏锐、及时和准确的把握上。要是离开了对于无数随时发生的零散的文学现象的考察和审视，不能对它们及时地予以概括和提炼，几乎就没有当代文学的学术研究。

当然，行进中的文学也有"不行进"的相对静止，这一状态也即我们说的"史"的归纳。不间断地跟踪考察，不间断地总结综合，使无数无价值的表象得到扬弃，使有价值的素材得到提升，从而呈现出此一阶段文学规律性的运行轨迹，这就是文学史了。由此我们得知：当代文学这一学科是由及时的文学批评和同样及时的文学史总结两大部分构成的，从事当代文学的研究者必须身兼驾御上述两方面的才能和素质。

二、特殊的学术环境

这里还需要对"当代"这一概念稍作解释。20世纪40年代后期，中国政局变动，原先由统一文化母体衍生的中国文学，也开始了以台湾海峡为标志的、现今称为"两岸四地"（大陆、台湾、香港和澳门）的既一致又有差别的文学形态。不同的社会制度和不同的意识形态，深刻地影响着这些产生于同一文化传统而又各怀旨趣的文学。这些文学无疑

---

① 南帆在《夸张的效果》中评论余华的《兄弟》时这样写道："也许，余华正在企图向'大话'的风格靠拢？不管怎么说，周星驰的走红肯定是这个时代一个意味深长的文化症候。"参见《文艺报》2006年4月25日。

均属于共同的中国文学范畴。但一个不争的事实是,这些地区的文学过去是、现在也还是按着各自选择的方向,以各自确定的方式进行着。当然,良好的环境以及日益紧密的交流和沟通,正在逐步消除过去形成的森严壁垒,并有效地促进彼此的认同与融汇。

谈论中国当代文学,不能无视"当代"所具有的由历史原因造成的上述事实。就整体而言,中国大陆的文学依然是中国文学的主体,它对周边各地区的文学起着深刻而广泛的影响。单从大陆文学发展的事实来看,考量它的所有的正反两面的价值,都不能也无法回避特定的意识形态对于文学的涵盖与渗透。在中国大陆当代文学的发展进程中,影响面最大、时间最久远的因素,是当代的政治。政治对于文学的影响甚至超过了文学自身,这是研究当代文学无法绕过的问题。

政治对于文学的要求和期待有一个长期演进的过程。其基本动因,在于中国的特殊国情:在相当长的时间内,文学的意义需要在政治的实际效应中得到确认,"纯粹的文学"被认为是不存在的或无意义的。文学与政治的"联姻"可以追索到很远以前。开先是由于国势凌弱,政治的目标是振兴国运,处于弱势的政治期待通过文学达到救助的目的,所谓"欲新一国之民,不可不先新一国之小说",就最明确地表达了政治对于文学的热切期待;再后就到了"革命"对于文学的期待了,"革命"当初也是处于弱势,文学当然也是顺理成章地成了"救助"的工具,所谓的"革命的功利主义"当然也表明需要通过文学或其他艺术形式以达到推进革命意识的目的。

文学的地位因政治的推动而愈来愈"显赫"起来,与此同时,文学也因此受到遮蔽、约束乃至控制,日益失去其自身的意义。这就促使并形成了当代文学与政治的无限纠缠的事实。这也是一种常态,也就是这一学科在中国大陆地区生存发展的基本环境。人们进入当代文学这一研究领域,首先要面对的就是这种常态。所有的人都必须具备处理政治与文学关系的能力,而后才能有效地面对文学的事实。

中国新文学的发展始终受到意识形态的浸漫,特别是进入当代文学之后,这种浸漫几乎是全方位的。因此,研究者需要对"纯文学"的理念保持应有的警惕。事实上所谓的"纯文学"几乎不会在这样的环境中出现,即使是出现了也不会被允许并生存下去。研究当代文学,其实就是研究文学如何依附于政治、政治又如何步步进逼并最后控制文学这一历史进程。

但是,话说回来,文学毕竟是文学,即使是在夹缝中,文学也依然顽强地甚至是悲壮地坚守着那怕是所剩无几的空间。从总体上看,在"大跃进"过后"文革"到来之前的间隙中,在频繁进行阶级斗争的缝隙里,诗歌和散文甚至小说都有着悄悄的"松动",甚至可称为一个"小繁荣"①。类似这样的文学现象,其他时段也时有发生,当然情况各异。如在极端严厉的文革时期,在离政治中心不远处出现的"白洋淀现象"以及在其他边缘地区的"知青部落"涌动的文学暗潮等,都说明文学无所不在的挣扎和坚持。

上面所述,是从整体的被遮蔽状态来看文学的生命力。研究者需要有必要的思想准

---

① 杨朔和秦牧的一些散文、郭小川和贺敬之的一些诗歌、李准的小说《李双双小传》,都在此一时期发表。以诗歌为例,有李瑛的《红柳集》(1963)、贺敬之的《西去列车的窗口》(1964)、郭小川的《厦门风姿》(1961~1962)和《林区三唱》(1962)、李冰的《巫山神女》(1963)等。

备，一方面面对的是意识形态的森严壁垒，一方面又要以充分的耐心，如沙里淘金般在尘封中发现并珍惜文学的这种艰苦卓绝的生存挣扎——我们要在沙漠深处发现生命的痕迹。

文学被意识形态所充盈着并膨胀着，这是漫长时空中不容否认的事实。但即使是这样环境中生长出来的文学，即使是在被笼罩得非常严重的那些作家作品中，我们依然可以寻找到留在沙漠深处的生命痕迹。这种寻找需要理性，更需要耐心。举例说，李准的《李双双小传》和王汶石的《新结识的伙伴》的背景是农村集体化，但这两部作品中几个乡村女性形象，却生发出超越意识形态的魅力。以此类推，我们还可以从魏巍《谁是最可爱的人》的漫天炮火中，发现温暖的诗意；在杨朔的《茶花赋》中发现"大饥饿"中人们的希望和梦想；在郭小川《团泊洼的秋天》的饱满政治情绪中，发现激情以及音韵的美。

也许今天的读者不再为这些作品所感动，但是，拨开那些蒙蔽在作品表面的尘灰，我们依然可以发现文学顽强的生命力。只是这种表现是浸漫在政治的或意识形态的语境之中，所有的人在阅读这特殊时代的作品时，都应有足够的耐心，他们必须从浓重的遮蔽和覆盖中发现那些艰难存活的诗意

三、减法前提下的积累

一个人从最初的"学"，到后来的"治学"，从来都遵循一条基本法则，即积累。学问是靠积累获得的，关于学问的经验也是靠积累获得的。这个规律，在当代文学这个领域同样要受到尊重，也就是说，它的运行基本上是一种加法。但是这个学科实行加法的前提却是减法。这是由开始我们说到的这一学科的特性所决定的——当代文学学科的基本形态是动态的，它始终都在行进中。

当代文学给人最为鲜明的印象，是每时每刻都在生产无以数计的作品和关于作品的言说。要是用传统的治学方式来对待这一学科与日俱增的"材料"，恐怕难以产生预期的效果。单就阅读一项，恐怕倾以全力——即使是什么事都不做，也难以应付那惊人的信息爆炸。阅读如此，更不用说其他了。置身于当代文学，用前人教诲我们的"笨办法"治学，肯定难收成效。

我不知道别人如何，就我个人的经验而言，单就阅读一端，也需有新的应对策略。普遍阅读不可能，即使可能也会劳而无功。幸好在当代文学领域，在生产作品和评论研究的同时，也在相应地生产着各式各样的选刊和选本，以及各式各样的评奖、研讨、发布会、各种手段的资料汇集、各种类型的"排行榜"等等，都为专业的研究者提供了前期的准备——研究者可以很容易地进入当前文学的动人的"全景"之中。

我们可以通过各种出版人、编辑和选家的辛苦劳作，享受到他人阅读和研究的成果，使我们在浩如烟海的资讯中有所依傍。但是还要指出，这样的阅读也不尽可靠。选本的阅读仍然不能全然替代研究者第一时间的阅读，因为所有的编辑和选家在不断生产的当代文学面前，都有一种难以穷尽的无奈。也就是说，他们的阅读也是有限的，况且，他们和享用他们的成果的人之间，也存在着审美和价值取向的差异。

作为专业的研究者，其最重要的品质是在阅读中有独特的"发现"。这样看来，经常性的第一手阅读和思考就是必不可少的。学者和专家与一般读者和文学爱好者的区

别，就在于是否具有独特发现的能力。作为专业人员，他需要的是基于对文学发展历史的体认以及长期养成的审美概括的比较所赋予的一双"慧眼"。他能在众口一词中发现"个别"，也能在旁人习焉不察中发现"另类"，从而得出独特而精辟的判断和辨析。

因此，平日的浏览对于专业研究者来说就是非常必要的。研究者不可全然依赖别人提供的"前期工作"，他自己还必须始终站在学术的前沿"身先士卒"，他要有一种综合的能力，他要善于吸取他人阅读的成果，但又必须始终对此怀有警惕和质疑，他要用自己的"发现"去补充和修正别人的"发现"。

古人讲"积学以储宝"。在当代文学领域，专业人员究竟应当如何"积学"并达到"储宝"？简单地，对于这一学科来说，其侧重有别于一般学术研究的"加法"，其有效运作的前提是"减法"。首先是，研究者必须果断而无情地"删除"那些没有"收藏"价值的材料。要是用一般的治学方法不加节制地"收藏"那些资料，其后果只能是让人不堪重负。因此，研究者必须以坚定的姿态减去那些不重要或不很重要、无价值或很少价值的资讯，在淘汰的基础上，如沙里淘金，积累那些有用的研究素材。

所以这里的规则是以非常规的"减法"为前提，而后在此基础上实行常规性的"加法"。也许所有的学科均应遵循"积学储宝"的规律，但对于当代文学这样资讯过剩的领域，那种不加分析和无节制的"材料占有"，可能是一场灾难。一个不会放弃即不会否定的治学习惯，可能会毁了一个学者的心力和才情。需要补充的是，"删除"的过程，并不是无意义的操作，其本身也是一场认知、"获得"和"添加"。

以上所述，意在强调对于当代文学来说是至关重要的"先减后加"的处理材料的方法。只有这样，一个学者方有可能把最需要和最有价值的知识，放入他的"收藏夹"，而其中最为珍贵的可能还是学者自己在第一时间的阅读中，所呈现的那些仅仅属于他的独特的发现。可能正是由于这个发现给他的研究带来了精彩和光辉。

四、创新意味着探险

本文反复强调了当代文学的非纯粹性。在当代中国，事实上并不存在、也不期许文学的"纯粹"。文学是社会现实的一种，而社会现实总是纠缠着展开，混合着政治和社会思潮的诸多杂质。同样，当代文学的研究也不会游离这个环境而变得"纯粹"起来。中国新文学的兴起和指归，始终都伴随着社会兴亡的考虑，所谓的"救亡"和"启蒙"两大主题[①]，就是对这种考虑的归纳。这种文学史的"遗传"，在当代文学阶段得到充分的甚至是极端的延展。在至少长达半个世纪的时段里，当代文学和当代政治的捆绑愈

---

① 严家炎最近对"启蒙"和"救亡"的关系，做过精辟的分析，他说："当'文革'的噩梦刚刚过去，人们吃尽了封建专制主义的苦，因而痛定思痛，思考'五四'的启蒙任务为什么几十年后还没有完成的时候，有些学者用救亡和启蒙的关系来作解释，这是可以理解的。但我以为，这可能是一种误读，还没有搔到真正的痒处。'五四'前夕启蒙任务的提出，本来就是为了挽救国家民族的危亡，因此，不能设想救亡形势一紧张，反而会压倒了启蒙。启蒙任务后来所以被消解，真正的原因是在革命队伍内部，是封建主义侵袭革命队伍的结果。而一旦封建思想侵袭到革命队伍内部，它有了'革命'做护身符，以'革命'的名义这时的封建就很难反了。反对它就成了'反革命'，启蒙者本身就成了蒙昧者，成了应该接受启蒙的人。而王实味、丁玲也就必须为此而付出代价。"见《明报月刊》2005年3月号。

来愈紧，以至于在一个相当长的时期，文学沦为政治的附庸。

文学成为挽救国运、改造社会的第一使命，这是由于中国自晚清以来的处境所决定的。当时的救国志士奔走无门，急切中想到了文学，并目之为救国救民的"药"。开始是启蒙，后来是救亡。其实，不论是启蒙还是救亡，在人们的心目中文学总是一味能医百病的药。当别的办法不能奏效之时，文学被人们理所当然地视为药到病除的灵丹。这在近代小说界革命、诗界革命的诸多论述中均有充分的强调。这是前期，大约自五四始而至抗战兴，都是如此。

随后，中国出现了革命。原先支持启蒙和救亡的，现在转而要求支持革命。这是一种自然而然的"置换"。文学是顺理成章地为革命而存在的。作为为革命的文学，它的一切都应服从于革命的目标。革命要求消除"个人主义"，把文学改造为"集体主义"；革命还要求文学在功能和价值、内容和形式、语言和风格等方面符合革命的利益。当文学不能与之相适应时，革命便要对文学施以改造。这种"改造"其实早在创造社后期就开始了，其经典的表述就是——"从文学革命到革命文学"[①]。

自此以后直至"文革"结束，在漫长的时间里，深刻关联着社会命运的政治，对文学的"关切"与日俱增，以至于在涉及文学的批评标准时提出政治标准的第一性。这就事实上忽略了或淡化了文学的艺术属性。在长期的文学实践中，政治对文学愈来愈严酷，政治要把文学改造为单一的和统一的形态。

这种文学标准的形成，是以堂皇的"革命功利"的名义，即一切均以是否符合革命利益为要义，文学自身的规律及特点则是可以略而不论的，此则所谓"艺术标准第二"的原则。许多文学或诗歌的悲剧，都是由此而生。作家表现和坚守个人的风格，被认为是自私的甚而是反动的，所有的个人风格都必须在"集体主义"的目标下被改造。中国当代文学在它的行进中所发生的事件，不论叫做改造或是叫做批判，其实质则一，那就是为了建立一个统一的文学模式。

在这样的背景下，我们面对当代文学的研究，可能意味着是面对一个布满险情的雷阵。这里随时都可能发生"爆炸"，或者是由于不够小心而触雷，或者是由于别的需要而"引爆"。这个现象，已为半个世纪的文学运动和文学批判的事实所证明。文学事业，显得是前所未有的艰难。远的如"武训传批判""反胡风集团"，近的如"反对精神污染""反自由化"，万变不离其宗，都是为了建立一种据说是最纯净的统一的文学。当然，这都是旧话了。

这个学科曾经是这样的布满雷阵的危险地带。研究者要想在这里有所作为，就必须有足够的心理准备，那就如同在到处都是"禁区"的现场劳作，要冒着随时都可能"爆炸"的风险而谨慎前行。除非不为，无可逃脱，这是宿命。但正如浪里搏击，风中翱翔，苦在其中，乐也在其中。

原载《中山大学学报（社会科学版）》2006年第4期

[①] 这也是成仿吾论文的题目《从文学革命到革命文学》，见1927年9月《创造月刊》第1卷第9期。

回眸与前瞻

——中国现代文学研究的"入场"与"水磨工夫"

陆耀东

新中国"文革"前17年的中国现代文学学术研究，取得的成果很有限。在"反胡风"和"反右"后，真正的学术研究很难进行。"文革"期间，学者受摧残，学术研究完全中止。在新时期，随着大环境的改善，经过学者们的努力，中国现当代文学研究成了新时期文学研究中最早趋于活跃并较早取得一系列成果的学科。在新时期初期，学术研究会一类组织起了一定作用。1979年1月，在北京成立了原有"高教"帽子、不久即去掉了这个帽子的中国现代文学研究会。1980年在包头召开了首届学术讨论会。会后的报道说："这次会议的中心议题是：在中国现代文学领域里如何真正贯彻'百花齐放，百家争鸣''实事求是'的科学精神，恢复中国现代文学史的本来面目，提高现代文学教学和研究水平。代表们就中国现代文学史的性质、范围、任务以及多年来的教学与科研中存在的极'左'的倾向，发表了很好的意见。"这，如实地反映了会议的情况。与会的绝大多数学者分别从不同角度、以不同实例揭露了多年来在极"左"思潮下产生的恶果，着重从政治上纠偏。在当时，如不从政治上纠偏入手，一切努力都是白费气力。在会议的后期，不少与会者还是习惯性地问会议主持人、会长王瑶先生：如何向会员传达会议精神？似乎学术研究也得听号令，齐步走。好在以后学会的作用越来越小，人们对学会的重视度渐趋微弱，而研究课题却越来越多样，理论、思潮、流派、作家作品，几乎所有领域都有论著涉及。

从70年代末、80年代初开始，用欧美新的文学研究方法研究现当代文学日益增多，诸如文化学方法、心理学方法、比较（含影响比较研究和平行比较研究）分析方法、形式主义方法、原型批评方法、新批评方法、现象学批评方法、阐释学方法、结构主义分析方法、解构主义方法、系统论分析方法，除一直援用的社会学分析方法外，都是几乎同时蜂拥般出现在我国学术界。但搬用者众，融化不够，传世之作不多，成为20世纪最后20年的共同现象。1994年5月在西安召开的中国现代文学研究会年会，分别对新时期15年来现代文学研究进行了回顾和前瞻，其中有分量很重的总体概括，也有对小说、诗歌、文学史、戏剧、散文、杂文、理论批评的分论，还分别对比较文学、通俗文学、鲁迅研究、郭沫若研究、茅盾研究、巴金研究、老舍研究、曹禺研究、沈从文研究、艾青研究、丁玲研究、赵树理研究，做了回顾与展望。其中"回顾"学理性较强，"前瞻"展现了前途多多，个别则略嫌狭隘、武断。

根据不少人的学术道路和我个人的经验教训，我以为一般的学术研究不必和政治挂钩，更不能等同。正如有的学者所说：学术问题同时是政治问题的只是极少数，绝大多数是纯学术问题，或主要是学术问题。学术问题的正确与错误，往往不是绝对的鲜明的。许多回答正确中有错误，错误中有正确，而且有些问题要经过长期的历史检验，有的即使经过一两千年，仍然难以确定。

选题在某种意义上起着决定成败的关键作用。如果可以将选题分为大、中、小3个档次，客观条件和主观条件应是选题的依据。客观条件包括：经费、时间、资料等。这里着重谈一下学者所在机构的图书资料状况，还有所在地区的图书资料馆藏质量。中国目前的图书资料主要集中在京、津、沪、宁、台北。杨义先生出版了《中国现代小说史》，在约5000部小说中他读了2500部左右，他虽然到全国各地搜集、寻阅，但主要是北京图书馆、中国社会科学院文学研究所资料室藏书多[①]。我从1978年起着意搜集1950年以前出版的新诗，学界虽盛传刘福先生和我手头这期间诗集较多，其实我不过有初版、复印本、手抄本等约800本左右。好在不少名家已出"全集"或"诗全编"，可补个别缺失的诗集或诗篇。大的项目，如小说史、戏剧史、散文史、杂文史、诗史等，如果是认真研究，必须重新审读全部史料，重新感悟，重新选择。有的作品，在当时评价高影响大，但日久天长，变化甚巨。今天的研究者既不能不顾及历史情况，也不能不顾及后来读者盛衰的变异，而且不能不深究历史的和今日现实的评价差异等原因，特别是像郭沫若的《女神》和田间的《给战斗者》这样的作品，离开了历史感和研究者的现实感，离开二者的兼顾，就无法正确历史地评价。这是史料和史观的融合，缺少任何一方面，都会留下遗憾。客观条件不止于此，还有整个学术界的学术水平等等。

主观条件主要是学者的素养、艺术感受力。这非一旦之功，而要靠先天品质和日积月累的磨练。这不是三言两语能说完全，也不是三言两语能说清楚的。仅就研究新诗的学者在文学理论的准备和择取而言，我以为宜宽不宜窄，对中外音乐、绘画的理论，对中国古典诗词的理论，对世界文学特别是诗，都应大致有所了解。因为音乐、绘画、中国古典诗词，其理论在某些方面是相通的，但在吸取、运用某种理论时，切忌只取一家之言，只取一家之言，难免一家的局限，同时难免生硬搬用之嫌。这在初学者，可不以为大病；但作为学者，则是一大忌。成熟的学者应着力于融合，应着力于重新构造，应着力于独立创造。即使是大学者，也不可能处处是原创性的；但既然是大学者，必须有原创性的理论或实践，否则就不是大学者。

资料的占有是每个学者治学的基本条件，不管你是哪一方面的学者，特别是史家，一个起码的条件就是你占有资料之多超越了他人。李何林、王瑶、唐弢、刘绶松等中国现代文学史学科开创者，只需翻翻他们个人专著，就知道他们掌握资料之多。北京、天津、上海、南京的学者，这一方面有优势条件，别地的学者则需要付出两倍甚至三倍的努力才能达到同样的水平。应该着重指出，资料的缺陷，会严重影响研究成果的质量，造成无法弥补的遗憾。郭沫若1928年对《女神》的修改，有些学者不知初版本后1928年版有重大修改，发一通与事实完全不符的议论，是一显例。郭氏《文艺论集》有些篇

[①] 据我所知，文学资料室50年代中前期每年购书款有30万元，比一般重点大学全校各学科一年购书款还多。

章修改得面目全非，如原题的《文艺上的节产》，《沫若文集》改为《文艺的生产过程》，末段完全改写；列宁的"宁可少些，总要好些"加上了；解放后常用的"用集体的力量来搞"也加上了。如果不了解版本的变异，就会闹出笑话来。过去，在资料的收集、整理、出版方面，上海文艺出版社和湖南文艺出版社做了一些贡献；新时期之初，孙玉石先生发现鲁迅的散文诗《自言自语》，这些学术上的贡献远远超过了一些论著。近几年，金宏宇等年轻学者对部分长篇小说版本研究做了一些前人未做的研究，成绩可喜。史料、版本的掌握既是研究的基础，又是研究的一部分。

研究者固然应全面了解前人的研究状况，尤应以个人阅读文本的感受为最重要的依据。每一次阅读有不同的艺术感觉，这是最可宝贵的研究素材，循此研究、探索，方有望获得宝贵的成果。

对于和自己不同的见解，特别是相反的观点，应该视为宝贵的思考资源。言之有理者可免除你重复劳动；言之无理者或理不足者可促使你再思考。学术上"一鸣惊人"的机会不多，更多的往往是在前人基础上再进一步，但囿于祖师之见者无大出息。宋朝戴复古《论诗十绝》说："须教自我胸中出，切忌随人脚后行。"虽然是对诗创作而言，其实对研究来说，这告诫也是合理的。治学与祖师异途，是正常现象。学术上做祖师的叛逆而富有生命力者，应该鼓励嘉许；儒家的"尊师重道"，如果有碍于后辈创见的凸显应予重新估价，不能成为死守陈规、不敢突破不敢超越的藉口。在这方面，要学一学尼采，要敢于闯，敢于叛逆；在客观环境，要允许闯，允许叛逆，允许创造。某大学某博士屡发奇论，人斥之为胡言乱语，也有人推为创见。仔细客观地品评，有百分之二十的发人深思之处，较之人云亦云的陈腐之见，则有可嘉许之处。我不是鼓励青年学者都去学某君的浮躁之举，而是出于对创新的保护。既然理工科可以有几百次试验的失败，为什么文科学者不能有几次失误，尤其是初出茅庐者。"习惯思维"有时是病态，应该反省。他人提出忠告，是正常的，但不必大惊小怪，任何人炒作新闻都是别有用心，那与学术是两码事。

现在学术界一是受"量化科研成果"制度影响，二是自身队伍中存在不良分子，抄袭事件层出不穷。这是防不胜防的癌症。如果能从制度上和学术道德上入手，从严惩治，禁止包庇、捂盖子，也许可在一定程度上有所减轻。

学术著作的历史价值和地位以及学术生命的短长取决于著作本身，而不取决于广告、宣传、鼓吹，也不取决于权威的声音和倚仗人多势众。朱光潜先生的学术著作《文艺心理学》《诗学》《悲剧心理学》《西方美学史》，当时虽然受到较高评价，但真正的准确评价是在他晚年及逝世之后；钱锺书先生的作为大学者的标志性著作《谈艺录》《管锥编》，过去并无轰动效应，也未做多少宣传，但却奠定了他的大师地位。朱光潜在新中国初期近30年内多次受到批判，无论是夸奖或否定，都不会使其学术著作本身的价值增加或减少，长远地说，也不会使它的历史地位有所变异。陶渊明、杜甫的诗，在一段时期评价不高，陶渊明在《诗品》中仅列中品，唐诗当时许多选本不选杜诗，但不能改变陶诗的巨大影响，也不能改变杜甫作为伟大诗人的永久性评价。有人说编选本算不上学术研究，但钱锺书的《宋诗选注》，有人评价非常高，好像比高级学术研究更高级。鲁迅曾对《选本》说了一些中肯的话，他先是从选本的历史说起，再谈到"影响最广大的"《世说新语》和《文选》，再谈及《古文观止》，指出："选本可以借古人的文章，寓自己的意见。搏览群籍，采其合于自己的意见的为一集，一法也，如《文选》是。择取一书，删其不合于自己意见为一新书，又一法也，如《唐人万首绝句选》是。……选本既经选者所滤过，就总只能吃他所给与的糟或醨。"①选本与专题研究不是一回事。选本固然也有质量高低的区别，但因它无需做理论上的阐明，也无需将比较过程说清，相对来说，理论性和学术层次要低一些，因此，《宋诗选注》与《谈艺录》《管锥篇》还是有所不同，至少在学术价值上有区别。

对单篇论文，我觉得有"底线"和"上限"。"底线"我以为就是我曾说过的三点："新"一点，"深"一点，"细"一点。也就是比前此专题发表过的文字，有一点新意；或者在前人的基础上，深入一些；或者从分析上说，细一些，就像国外学人常采用的"细读"一样。如果要高标准，那就是该专题的历史阶段性标志，如1956年前后为纪念鲁迅逝世20周年而发表的陈涌先生的《论鲁迅小说的现实主义》、唐弢先生的《鲁迅杂文的艺术特征》、王瑶先生的《论鲁迅作品与中国古典文学的联系》等，可视为代表作。它们的共同特色是：①宏观和微观相结合，既有灵敏的艺术感，又有理论高度和深度。②所论及的专题，其在学术上为前人和同时代人所不及，达到那个时代所能达到的顶尖水平。如唐弢的《鲁迅杂文的艺术特征》，第一次全面系统地并且有说服力地论说了鲁迅杂文形式的多样，风格的多样，艺术手法的多样，进一步发展了鲁迅杂文是"诗与政论的结合"这一观点，深入地论述了它的形象性和形象思维特色，它的无可反驳的逻辑力量，卓越的艺术技巧等。不是简单地归纳成几条，然后举例说明，不是用某一理论做框架去套，而是从鲁迅杂文中提炼出来。

回眸近百年的中国现代文学研究，现代文学史方面有王瑶的《中国新文学史稿》，唐弢、严家炎主编的3卷本《中国现代文学史》，钱理群、温儒敏、吴福辉主编的《中国现代文学三十年》。现代小说史方面有夏志清（美）的《中国现代小说史》、严家炎的《中国现代小说流派史》、杨义的3卷本《中国现代小说史》等，都堪称"史"的标志性成果。它们在当时多方面超越了别的著作：在史料上有新的发现，在论述、评价上有重大突破或较大突破，对文学及其"史"的看法有自己的独特见解。我认为，从学术上讲，在别人著作的基础上小修小补的"文学史"，一般说无必要编写，即使编写也无多大积极作用。

中国现代（含当代）文学这个学科不过百年左右。展望前景，我不悲观。因为不管是小说、诗歌（含旧体诗）、戏剧、散文，都有不朽的作品在；而只要有不朽的作品在，这个学科就有存在的生命力，就有存在的理由。至于这个学科如何存在，如何发展，应该让21世纪的学者决定，其他人不能做主，不能代为决定。当然，我们主要作为20世纪的过来人，也有建议权，不过，仅仅只是建议而已。

作为21世纪的学者，既不能完全与20世纪"割裂"，也不应原地踏步。应充分利用21世纪的新科技，进行资料处理和研究。例如用互联网等高新技术，搜集国内外有关中国现代文学及其研究的资料。现在这一方面的工作还很不系统、完整，尚无一家图书馆

---

① 鲁迅：《选本》，鲁迅：《集外集》，北京：人民文学出版社，1973年，第144页。

或企业将可以公开的信息，系统完整地制作成数据库，发布到互联网上或发行光盘，供读者复制、采用。当然，其间还包含知识产权保护等问题。

现在我们的大环境较前大有改善，有了"百花齐放""百家争鸣"的可能。但不能说学者已没有顾虑，应该说马克思当年说过的话仍可成为我们的自我要求："在科学的入口处，正像在地狱的入口处一样，必须提出这样的要求：'这里必须根绝一切犹豫，这里任何懦怯都无济于事。'"①可见坚持科学的不易和艰难。记得在朦胧诗大盛时，我和谢冕先生有同感，但不敢发表文字，仍然只就1950年以前的新诗发言，所以我很佩服谢冕等先生的学术勇气。在21世纪，很难说类似朦胧诗的争论不会重演，文学既然不能不沾社会的风尘，也就难免不会有卷入政治性风暴的危险。所以从事中国现当代文学研究的学者必须学问与勇气并重，缺一不可，即使从事的是纯学术，也可能受到非议与围攻。

学术事业没有一蹴而就的捷径，必须有长期作战的准备，要有水磨工夫。大点的论题，如中国现当代文学与外国文学（影响）比较研究，认真地去做，必须把中国现代文学受外国某作家影响一一记载下来，或者分门别类登记、统计，切忌随意抓住一两个例子就不再继续。我们现在把馒头啃半口、啃一口的现象太多，少有认真为研究做准备工作的。这工作很枯燥，但容不得半点马虎。

学术研究的资料准备工作，愈细愈准确愈好。在这基础上，概括、抽象、理论思维就不应拘谨、放不开，而应"思接千载"，"视通万里"，"至变""至精"，不要轻易停下幻想、联想的翅膀，应穷尽一切思路，包括顺向和逆向的思维。我们既要把握艺术的丰富的个性特征，同时注意从无数的艺术个性中，抽象出带有共性的东西，特别是具有理论高度和深度的部分，进行系统性、原创性的理论总结。《文心雕龙》尽管有这样那样的局限性，它高于中国其他文论之处也在于此。

我们的目标是大致明确的，真正的具体明确却有待于众多的成果出现以后。任何"展望"都只是雾里看花，有价值的"展望"只能建立在已有学术成果的基础上。这带有很大的主观随意性，是"展望"者个人的"展望"，可能很不可靠。必须自己去了解，去研究，去预计，去"展望"，才有可靠性。研究方法、途径有千条万条，"条条道路通罗马"，这是我自己和看到别人做了多次成功和不成功的"展望"之后的一个看法。

原载《中山大学学报（社会科学版）》2006年第4期

---

① 马克思：《政治经济学批判·序言》，《马克思恩格斯选集》，北京：人民出版社，1972年，第985页。

分论易　整合难

——现代通俗文学的整合入史研究

范伯群

一

　　1951年我进入大学中文系学习，那时正是"新文学史"这门专业主课开设之际。在学习中我体会到这是无产阶级取得政权后，对自己在登上政治历史舞台以来在文学领域中的丰功伟绩要有一番回顾与颂扬。因此，对作家往往都贴上政治标签，诸如革命作家、小资产阶级作家、资产阶级作家、反动作家、文学逆流之类。那时鲁迅被封为"党外布尔什维克"，这样许多问题才能说得通。文学的审美性往往略而不论。以后改为"中国现代文学史"，情况有所变化，特别是新时期以来，在改革开放的大好形势下，开始承认文学的多元性，"鸳鸯蝴蝶派"也摘掉了"逆流"的帽子，被认为是20世纪上半叶通俗文学中的一个重要流派。现在大学中的有关系科，开设通俗文学选修课的也日益增多，有的新编"中国现代文学史"也增加了通俗文学的章节，这无疑是承认文学多元化的一例。但是，我认为要将现代通俗文学融入现代文学史，成为一个有机的组成部分，还有一段漫长的路要走——主要是学术研究之路。选修—分论，在大学讲堂上给予一定的位置，是较为容易的，但要有机整合到现代文学史中去，还有很大的难度。我觉得，现代通俗文学在时序的发展上，在源流的承传上，在服务对象的侧重上，在作用与功能上，均与知识精英文学有所差异。如果不看到这一点，那么中国现代通俗文学的特点也就会被抹杀，使它只能作为一个"附庸"存在于中国现代文学史中。我的意思并非要数量上达到50%才不算附庸，问题在于如何进行有机地整合。

　　过去的中国现代文学史大多是以1917年肇始的文学革命为界碑，可是中国现代通俗文学步入现代化的进程要比这个年代整整提早了四分之一世纪。因此，在发展时序上，中国现代通俗文学就不可能"削足适履"地去就中国现代知识精英文学史的框架。即使是写"20世纪中国文学史"，我们也往往对通俗文学缺乏足够的评估。

　　在源流承传上，雅俗之间也显然有所不同。鲁迅对知识精英文学的源流有过非常直率的界说："现在的新文艺是外来的新兴的潮流，本不是古国的一般人们所能轻易了解的，尤其在这特别的中国。"①那就是说，就源流而言，中国知识精英的主流文艺是借

---

① 鲁迅：《关于〈小说世界〉》，《鲁迅全集》（第7卷），北京：人民文学出版社，1963年，第308页。

鉴了外国的文艺思潮，特别是其精华部分，而在中国发起了一场文学革命，使中国的文学与世界的先进文化接轨，争取成为自立于世界文学之林中的佳木。

知识精英文学侧重于"借鉴革新"，而中国现代通俗文学则侧重于"继承改良"，主要继承的还是中国古典小说中志怪、传奇、话本、讲史、神魔、人情、讽刺、狭邪、侠义等小说门类，随着时代的进展而加以改良和发展，并进行新的探索和开拓。至于现代通俗文学的服务对象当然是对知识精英文学不易了解的"古国一般的人们"，尤其侧重于市民大众，其功能则是"极摹世态人情"，"主在娱心，而杂以惩劝"①。鲁迅一直认为古代的话本和传奇的作用与功能是主在"娱目悦心"②，他对明人的拟宋人小说就有这样的批评："宋市人小说，虽亦间参训谕，然主意则在述市井间事，用以娱心；及明人拟作末流，乃告诫连篇，喧而夺主。"③因此，鲁迅在《中国小说的历史的变迁》中进一步发挥说："但文艺之所以为文艺，并不贵在教训，若是把小说变成修身教科书，还说什么文艺。"④借用鲁迅对古代市人小说作用与功能的精辟论述，可以反观现代通俗文学也基本上继承了这一传统。

现代通俗文学既然在时序、源流、对象、功能上均与知识精英文学有所差异，那么就要有若干学术问题得到基本的解决，取得较为一致的认同，才能达到有机的整合。2002年我曾提出《海上花列传》是现代通俗文学的开山之作⑤，面对同行学者"根据何在"的询问，我指出《海上花列传》有6个"率先"可以说明在这一作品中，中国文学的现代化已经开始萌发：①《海上花列传》是率先将频道锁定、将镜头对准"现代大都会"的小说，不仅都市的外观在向着现代化模式建构，而且人们的思想观念也在发生着深刻的变异，所以鲁迅也认为它"甚得当时时态"⑥。②上海开埠后成为一个"万商之海"，而《海上花列传》以商人为主角⑦，也以商人为贯串人物。在封建社会中，商人

---

① 鲁迅：《中国小说史略·宋之话本》，《鲁迅全集》（第8卷），北京：人民文学出版社，1963年，第90页。

② 鲁迅：《中国小说史略·明之人情小说》（下），《鲁迅全集》（第8卷），北京：人民文学出版社，1963年，第159页。

③ 鲁迅：《中国小说史略·明人拟宋市人小说及其后来选本》，《鲁迅全集》（第8卷），北京：人民文学出版社，1963年，第166页。

④ 鲁迅：《宋人之"说话"及其影响》，《鲁迅全集》（第8卷），北京：人民文学出版社，1963年，第331页。

⑤ 范伯群：《在19世纪20世纪之交建立中国现代文学的界碑》，《复旦学报（社科版）》2002年第4期。

⑥ 鲁迅：《中国小说的历史的变迁》，《鲁迅全集》（第8卷），北京：人民文学出版社，1963年，第351页。

⑦ 说到以商人为主角的问题，《谭瀛室笔记》中说："书中人名，大抵皆有所指。熟于同光间上海名流事实者，类能言之。"接着点出了书中人物在现实生活中的10个名流的姓名。日本平凡社出版的《中国古典文学大系（49）〈海上花列传〉》的译者太田辰夫按图索骥地找到了其中8个人的传记，除小柳儿是京剧名武生外，其他7人的背景皆与商界有密切的关联。在这里我们不想指出真名实姓，对小说的原型可做考证，但也不宜一一坐实，因此下面只做介绍，说明原型的某些背景，使读者有所参照。如黎篆鸿乃"红顶"巨商，曾得钦赐黄马褂；王莲生从事外事工作，担任过招商局长；李鹤汀是财界大亨，曾任邮传部大臣等等。

位于"士农工商"的"四民之末",而在这个工商发达的大都市中,商人的社会地位迅速提升,一切以"钱袋"大小衡量个人的身份。在鲁迅提到的狭邪小说中,《海上花列传》率先打破了该类题材"才子佳人"的定式,才子在这部小说中不过是扮演"清客"的陪衬角色。③在当时的小说中,《海上花列传》率先选择了"乡下人"进城这一视角——农村的式微使贫者涌向上海,即使是内地的富户,也看好上海,将资金投向这块资本的"活地"。作品以此为切入点,反映了上海这个新兴移民城市形成过程的一个重要侧面,显示了新兴都会的巨大吸引力以及形形色色的移民到上海后的最初生活动态。④《海上花列传》是吴语文学的第一部杰作,胡适曾认为其在语言上是"有计划的文学革命"。吴语当时是上海民间社会的通行语言,这部书成了学习和研究吴方言的"语言教科书"。⑤作者韩邦庆曾自报其小说的结构艺术是首先使用了"穿插藏闪"的方法,小说行文貌似松散,但读到最后,会深感它的浑然一体。胡适对作者的文学技巧极为钦服,以致说《红楼梦》"在文学技巧上,比不上《海上花》"①。⑥韩邦庆是发行"个人文学期刊"的第一人,连载《海上花列传》的《海上奇书》期刊又利用《申报》这一新闻传媒为他代印代售,用一种现代化的运作方式从中获取脑力劳动的报酬,有开风气之功。由此可见,《海上花列传》从题材内容、人物设置、语言运用、艺术技巧乃至发行渠道等方面都显示了它的原创性,作为中国文学"转轨"的鲜明标志,应该当之无愧。鲁迅、胡适、刘半农、张爱玲等4位文学大家都对它颇有佳评,张爱玲在晚年两译《海上花》(先译成英语,后译为普通话),其在内容上与艺术上的成就,就更显得不同凡响。

韩邦庆使自己的小说走上现代化之路当然是不自觉的,但惟其是自发的,就从另一个角度说明了中国通俗文学的现代化是中国社会推进与文学发展的自身的内在要求,是中国文学运行的必然趋势,是中国社会的阳光雨露催生的必然结果。由于现代工商业的繁荣与发达,大都市的兴建以及社会的现代化,民族文化必然要随着社会的转型而进行必要的更新,敏感的作家也必然会对此有所反映和回馈。《海上花列传》就是这种反映和回馈的优秀的文学作品之一。知识精英文学是受外来新兴思潮的影响而催生的,但中国通俗文学则证明,即使没有外国文学思潮的助力,我们中国文学也会走上现代化之路,我们民族文学的自身就有这种内在的动力。

二

如果将上述内容作为一得之见在选修课上讲授,是可以作为参考的"一家之言"的,可是要整合到中国现代文学史中去,成为一个有机组成部分,说中国现代文学是以1892年开始连载、1894年成书出版的《海上花列传》为起步标志,恐怕就不易得到认同。

依循上述思路生发开去,我认为,从19世纪末到20世纪"五四"前夕这四分之一世纪中,通俗作家们已肩负起启蒙先行者的重任。在中国,文学的现代化之路是应该与启蒙主义有内在联系的,但将通俗文学与启蒙相联系,乍听起来近乎"痴人说梦",不过

---

① 胡适:《胡适〈红楼梦〉研究论述全编》,上海:上海古籍出版社,1988年,第290页。

我认为中国早期的通俗社会小说——谴责小说，已经具备了启蒙的因素。鲁迅认为这些小说就是表示当时的"有识者则已幡然思改革"，这是"特缘时势要求"①而出现的一股创作潮流。鲁迅在肯定它们的同时，也对其中艺术性的粗糙提出了批评。胡适在1927年为李伯元的《官场现形记》写序时，事先已读过鲁迅的《中国小说史略》，他除了同意鲁迅的意见外，也补充了相当有益的见解，认为《官场现形记》有几回是大有《儒林外史》的讽刺韵味的，但为了回应"浅入社会的要求"，"不得不牺牲他的艺术而迁就一时的社会心理"，导致作者把小说写成了谴责小说："当时中国屡败之后，政制社会的积弊都暴露出来了。有心的人都渐渐肯抛弃向来的夸大狂的态度，渐渐肯回头来谴责中国本身的制度不良，政治腐败，社会龌龊。故谴责小说虽是浅薄、显露、溢恶种种短处，然他们确能表示当日社会的反省的态度。这种态度是社会改革的先声。……我们回头看那班敢于指斥中国社会的罪恶的谴责小说家，真不能不脱下帽子来向他们表示十分的敬意了。"②胡适评价《官场现形记》，认为这种"反省的态度"是"社会改革的先声"，也就是说，其中蕴涵着"启蒙"的因素，因此有必要向"幡然思改革"的先行者表示自己的敬意。

1904年狄葆贤（楚卿）创办《时报》，由陈景韩（冷血）出任主笔。1909年又创办《小说时报》，由陈景韩与包天笑联袂主编。这一报一刊就颇有改革的锐意。胡适是带着深厚的感情色彩，甚至用"爱恋"两个字来回顾《时报》对他的"启蒙"，认为《时报》的"内容与办法也确然能打破上海报界的许多老习惯，能够开辟许多新法门，能够引起诸多新兴趣。……我那年只有14岁，求知的欲望正盛，又颇有一点文学的兴趣，因此我当时对于《时报》的感情比对于别报更好些。我在上海6年，几乎没有一天不看《时报》的。……我把当时《时报》上的许多小说诗话笔记长篇的专著都剪下来分黏成小册子，若有一天的报遗失了，我心里便不快乐，总想设法把他补起来。……《时报》在当日确能引起一般少年人的文学兴趣。……《时报》出世以后每日登载'冷'或'笑'译著的小说，有时每日有两种冷血先生的白话小说，在当时译界中确要算很好的译笔。他有时自己也做一两篇短篇小说，如福尔摩斯来华侦探案等，也是中国人做新体小说最早的一段历史。……自从《时报》出世以来，这种文学附张的需要也渐渐的成为日报界公认的了"③。1909年创刊的《小说时报》不用"发刊词"，但在首期首篇发表了陈景韩的小说《催醒术》，我认为可以称之为"1909年发表的'狂人日记'"。陈景韩的"催醒"乃是"启蒙"的同义词。他用象征的手法，写出当时的先进分子觉醒后的孤军奋战与内心苦闷的"窘境"。世人反而笑他是狂人，说他患了"神经病"。这篇小说内容的深刻度与艺术的完整性当然不及鲁迅1918年发表的《狂人日记》，可是其立意却表明了他们所办的《小说时报》是以"催醒"为宗旨的。以"启蒙者"的姿态办文艺

---

① 鲁迅：《中国小说史略·清末之谴责小说》，《鲁迅全集》（第8卷），北京：人民文学出版社，1963年，第239页。

② 胡适：《官场现形记·序》，《胡适文存》（第3集），合肥：黄山书社，1996年，第393页。

③ 胡适：《十七年的回顾》，《胡适文存》（第2集），合肥：黄山书社，1996年，第284-286页。

刊物，流风所及，对后来文艺刊物的创办，不乏影响之力。

就源流而言，中国现代通俗文学虽然继承的是中国古代小说的传统，但在做现代化的迈步时，却决不排外。梁启超所办的《时务报》，于1896年9月27日第6册刊登了张坤德翻译的《英包探勘盗密约案》之后，柯南道尔笔下的福尔摩斯从此东来，引发了侦探热。这比日本首译柯南道尔的作品还早了3年。对外来引进的侦探小说，后来的知识精英作家对它绝无兴趣，将这一小说门类拱手让给了通俗作家。可是在19世纪末20世纪初，中国现代通俗作家却已经嗅出了这一小说门类为中国吹进了一股"科学"与"人权"的新风。吴趼人的亲密合作者、翻译家周桂笙在1902年就说：

> 侦探小说，为我国所绝乏，不能不让彼独步。盖吾国刑律讼狱，大异泰西各国，侦探之说，实尝未梦见。互市以来，外人伸张治外法权于租界，设立警察，亦有包探名目。然学无专门，徒为狐鼠城社。会审之案，又复瞻徇顾忌，加以时间有限，研究无心。至于内地谳案，动以刑求，暗无天日者，更不必论。如是，复安用侦探之劳其心血哉！至若泰西各国，最尊人权，涉讼者例得请人为辩护，故苟非证据确凿，不能妄入人罪。此侦探学之作用所由广也。而其人又皆好学之士，非徒以盗窃充捕役，无赖当公差者，所可同日而语。①

侦探小说使周桂笙联想到两个词语——"人权"与"科学"，重证据的科学的"侦探学"对中国无疑有极大的启蒙意义。那么中国的读者是如何来欢迎这种新兴的小说类型的呢？他们读了之后又有何感想？对此，吴趼人做过"调查"："一般读侦探案者，则曰：侦探手段之敏捷也，思想之神奇也，科学之精进也，吾国之昏官、聩官、糊涂官所梦想不到者也。吾读之，聊以快吾心。或又曰：吾国无侦探之学，无侦探之役，译此者正以输入文明。而吾国官吏徒以意气用事，刑讯是尚，语以侦探，彼且瞠目结舌，不解云何。彼辈既不解读此，岂吾辈亦彼辈若耶！"②这就是中国读者在当时的反应。值得特别注意的是，当时的中国读者首先不是着眼于故事的新奇与巨大的吸引力，而是首先对"科学之精进"与"输入文明"倍感兴趣，而对中国黑暗的甚至是地狱般的司法现状提出了严厉的质询。可见他们更关心的还是社会的公平与正义，最迫切需要还是"人权"，其次才是受到这类小说情节磁石般的强劲吸引力的牵引，对之趋之若鹜。"启蒙的视角"成为中国作家和读者看待这种新引进的小说门类的"共同的眼光"，也构成了通俗文学吸引广大读者的一个新的"生长点"。

在文学语言的运用与革新方面，现代通俗作家也大多承传了中国古代白话小说的传统。包天笑很早就主张"小说以白话为正宗"：

---

① 周桂笙：《歇洛克复生侦探案·弁言》，《新民丛报》（第55号）1904年10月23日。
② 吴趼人：《中国侦探案·弁言》，陈平原，夏晓虹编《20世纪中国小说理论资料》（第1卷），北京：北京大学出版社，1989年，第194页。

> 盖文学进化之轨道，必由古语之文学变而为俗话之文学。中国先秦之文多用俗话，观于楚辞、墨、庄，方言杂出，可为证也。自宋而后，文学界一大革命即俗话文学之崛然突起。①

因此，他在1917年1月创办《小说画报》时，开宗明义即说："小说以白话为正宗，本杂志全用白话体，取其雅俗共赏，凡闺秀、学生、商界、工人、无不咸宜。"②就在《小说画报》创刊的同年同月，胡适发表《文学改良刍议》于《新青年》上，而陈独秀则为《文学改良刍议》一文加了跋语："白话文学，将为中国文学之正宗，余亦笃信而渴望之。吾生倘亲见其成，则大幸也。"由于对通俗文学的忽视，他还不知道一个通体白话的文学期刊已经诞生。至于包天笑从1909年起所译著的教育小说，也是希冀输入新式教育法，他想否定的是"填鸭式"的旧式书塾教育。

以上我们几乎是按着时序排列了通俗文学在"五四"之前所做的与启蒙有关的若干事例，说明中国现代通俗文学作家在创作和翻译上，在办报办刊上，在文学语言的革新上，都有显示它曾是先行者和启蒙者的实绩。可是它也有其时代局限，它不像"文学革命"提出后，紧接着有"五四"新文化运动的推波助澜，形成巨大的洪流。在通俗作家作为启蒙先行者的时段内，没有这样大好的机遇，他们只是较为分散地星星点点地做着艰苦的工作，辛亥革命也没有在文化启蒙上给它以多少助力。但我认为，在"五四"前的四分之一世纪中，通俗作家在文学现代化进程中的劳绩是一段被忽略了的历史。

三

"五四"以后，知识精英作家高举"德先生"和"赛先生"两面大旗，大众通俗作家已不属启蒙主流了。但是我认为在知识精英文学与大众通俗文学之间的"互补性"方面有很多问题可以进一步深入探讨。限于篇幅，这里只想就继承民族美德问题发表一点意见。在"五四"以后，通俗作家受到空前严峻的挑战，他们也在这一过程中逐步扬弃头脑中的封建糟粕，例如扬弃"从一而终"的"节烈观"，分清"孝"与"愚孝"之间的界线等等。当时有几场关于"孝"文化的论争。像周瘦鹃等作家是坚持在自己的作品中承传与宣扬"孝道"等中国传统美德的，他在1926年的一篇《说伦理影片》中写道："平心而论，我们做儿子的不必如24孝所谓王祥卧冰、孟宗哭竹行那愚孝，只要使父母衣食无缺，老怀常开，足以娱他们桑榆晚景，便不失其为孝子。像这样极小极容易做的事，难道还做不到么。"③他既提出要分清"孝"与"愚孝"，同时又理直气壮地宣扬孝道。

知识精英作家中也有不少人是孝子。这里只举两位，那就是胡适与鲁迅。他们的孝心"最突出地表现在个人婚姻上。以鲁迅为例，他很不愿意同完全没有感情基础的朱安女士结婚，牺牲了自己的个人幸福以满足母亲的要求。……同样的情形在胡适身上也

---

① 包天笑：《短引》，《小说画报》（创刊号）1917年第1期。
② 包天笑：《例言》，《小说画报》（创刊号）1917年第1期。
③ 周瘦鹃：《说伦理影片》，《儿孙福》1926年特刊。

发生了。这位被人们视为五四时期反传统的领袖人物，也遵从母亲之命同江冬秀女士在1918年初（或1917年底）结婚。他在1918年5月2日给少年时代朋友胡近仁的信中说："吾之就此婚事，全为吾母起见。故从不曾挑剔为难（若不为此，吾决不就此婚事。此意但可为足下道，不足为外人言也）'"①。鲁迅说过，朱安是他母亲送给他的礼物，他不能不接受，可是说得更确切一点，这也是他回赠给母亲的孝礼。母亲还很年轻时就守寡，将他们兄弟3人拉扯成人是很不容易的，现在儿子远离故乡，不能事孝，就让朱安陪伴在老人家身边。

鲁迅、胡适在对待母亲的态度上是"东方式"的，在对待儿子的态度上是"西方式"的。例如，胡适在1919年8月曾发表了一首诗《我的儿子》："我实在不要儿子，/儿子自己来了。/'无后主义'的招牌，/于今挂不起来了！/譬如树上开花，/花落天然结果。/那果便是你，/那树便是我。/树本无心结子，/我也无恩于你。/但是你既然来了，/我不能不养你教你，/那是我对人道的义务，/并不是待你的恩谊。/将来你长大时，/这是我所期望于你的：/我要你做一个堂堂的人/不要你做我的孝顺的儿子。"②这当然是一个"开明"父亲的形象。知识精英作家是从来不敢正面用文字去宣扬"孝"的，他反而"劝"儿子"不要你做我的孝顺的儿子"，实际是一种"矫枉过正"。周瘦鹃却不同意这种"矫情"："然而做父母的，抚养子女到长大成人，供给他们衣食住，以及求学问题、婚嫁问题，样样都要操心，而幼稚时代的提携保抱，更足使为母的耗尽心力，做子女的受了这样的深恩，难道竟可以一辈子辜负而不知图报么？有人说，这是父母的应尽的义务，说不上深恩的。我说姑且撇开深恩二字，但是尽了义务，也应当享受权利，父母尽了这么大的义务，子女也应当给他们享些权利啊！"③

周瘦鹃的这一段话不是针对胡适讲的，但却好像是为与胡适的《我的儿子》商榷而说的。再说，作为一个高级知识分子，胡适敢于这样说，可是如果是一个靠出卖体力劳动的劳动者，他就不敢这样讲。当他一旦年迈而丧失劳动力时，在社会保障还不完善的情况下，他是要靠子女来赡养的。也许有人会说，既然儿子成了一个"堂堂正正"的人，是否要孝顺父母，他是会自己判断的；也许有人还会说，儿子与父母有一种天生的血缘关系，你不要子女孝顺，他们也会善待自己年老的父母的。但根据中国目前（目前是21世纪！）又大力重提"孝"文化的教育来看，"孝"的品质是并不会随着乳汁的哺入而自然产生的。由于中断了中国传统美德的教育，使"老无所养"成了一个严重的社会问题；而独生子女若不经过民族美德教育，则容易将自己视为"小皇帝"，父母、祖父母和外祖父母6位尊长仅是他不需出钱雇佣的"保姆"。传统美德只有在加强教育中，在形成一种良好的社会氛围时，才能代代相传。

现在距"五四"已有80多年了。回顾19世纪20世纪之交，中国现代通俗作家曾以文学现代化的先行者和启蒙者的姿态出现，而到了"五四"之后，他们珍视传统美德，又成为中华民族美德的"捍卫者"。虽然开始在某些领域中还一时分不清精华与糟粕，但

---

① 严家炎：《论"五四"作家的西方文化背景与知识结构》，《上海鲁迅研究》（第16期），上海：上海文艺出版社，2005年，第15–16页。
② 胡适：《我的儿子》，《每周评论》1919年第33期。
③ 周瘦鹃：《说伦理影片》，《儿孙福》1926年特刊。

他们也随着时代的前进，在不断地提高和改良自己。从整体而言，他们坚持承传民族美德的大方向是正确的。相反，在怎样对待中国的传统美德上，却是若干知识精英作家的"软肋"。这种局限性，也只有到20世纪21世纪之交，才逐渐被人们看得更清。

　　由于存在着"分论易、整合难"的状况，要写出一部全面展示文学的多元性的"中国现代文学史"，还需集思广益，进行认真的学术研究。我们要对过去以"知识精英话语"为主导视角的中国现代文学史进行必要的修正，打破这种长期累积的、根深蒂固的思维定势，转而为多元性的中国现代文学历史叙述铺平道路。我赞成凡能"言之成理""自成一说"的，可通过选修课的实践与考验，各自先做"分论"；重写文学史的"整合"阶段，应该在充分的科学论证与审美辨析的双重权衡中慎重推进。以我们老中青三代人的群策群力，或许可期待在未来由一位大智者总其大成，完成一部经得起历史打磨淘洗的《中国现代文学史》。这是一项历史性工程，我们应为此努力前行。

原载《中山大学学报（社会科学版）》2006年第4期

华语语系文学：边界想像与越界建构

[美] 王德威

华语语系文学（Sinophone Literature）在海外汉学研究领域里是一个新兴观念。历来我们谈到现代中国或中文文学，多以Modern Chinese Literature称之。这个说法名正言顺，但在现当代语境里也衍生出如下的含义：国家想像的情结、正宗书写的崇拜以及文学与历史大叙述（master narrative）的必然呼应。然而有鉴于20世纪中以来海外华文文化、文学的蓬勃发展，中国或中文一词已经不能涵盖这一时期文学生产的驳杂现象。尤其在全球化和后殖民观念的激荡下，我们对国家与文学间的对话关系，必须作出更灵活的思考。

Sinophone Literature一词可以译为华文文学，但这样的译法对识者也就无足可观。长久以来，我们已经惯用华文文学指称广义的中文书写作品。此一用法基本指涉以中国为中心所辐射而出的域外文学的总称。由是延伸，乃有海外华文文学、世界华文文学、大陆离散华文文学之说。相对于中国文学，中央与边缘、正统与延异的对比，成为不言自明的隐喻。

但是Sinophone Literature在英语语境里却有另外的脉络。这个词的对应面包括了Anglophone（英语语系）、Francophone（法语语系）、Hispanophone（西语语系）、Lusophone（葡语语系）等文学，意谓在各语言宗主国之外，世界其他地区以宗主国语言写作的文学。如此，西印度群岛的英语文学、西非和魁北克的法语文学、巴西的葡语文学等，都是可以参考的例子。需要强调的是，这些语系文学带有强烈的殖民和后殖民辩证色彩，都反映了19世纪以来帝国主义和资本主义力量占据某一海外地区后，所形成的语言霸权及后果。因为外来势力的强力介入，在地的文化必然产生绝大变动，而语言以及语言的精粹表现——文学——的高下异位，往往是最明白的表征。多少年后，即使殖民势力撤退，这些地区所承受的宗主国语言影响已经根深蒂固，由此产生的文学成为帝国文化的遗蜕。这一文学可以铭刻在地作家失语的创伤，但同时也可以成为一种另类创造。异地的、似是而非的母语书写和异化的后殖民创作主体是如此驳杂含混，以致成为对原宗主国文学的嘲仿颠覆。

回看华语语系文学，我们却发现相当不同的面向。19世纪以来中国外患频仍，但并未出现传统定义的殖民现象。中文创作即使受到压抑扭曲，也依然不绝如缕。不仅如此，由于政治或经济因素使然，百年来大量华人移民海外，尤其是东南亚，他们建立各种社群，形成自觉的语言文化氛围。尽管家国离乱，分合不定，各个华族区域的子民总以中文书写作为文化——而未必是政权——传承的标记。最明白的例子是马华文学。从

19世纪末出使南洋的黄遵宪到寓居新加坡的邱菽园再到漂流东南亚的郁达夫、小驻新加坡的老舍，都曾经为文记录他们的马来西亚、新加坡体验，也都被视为中国文学的域外插曲。但随着马来西亚、新加坡在20世纪中期以后独立建国，又一辈华文作家所形成的谱系就难以中国文学视之。从国家立场而言，马华作家的写作不折不扣是外国文学，但他们和中国大陆以及其他华文地区文学传统的唱和，却在在显示域外华文的香火，仍然传递不辍。

引用唐君毅先生的名言，我们要说历经现代性的残酷考验，中华文化不论在大陆或是在海外都面临花果飘零的困境，然而有心人凭借一瓣心香，依然创造了灵根自植的机会。这样一种对文明传承的呼应，恰是华语语系文学和其他语系文学的不同之处。

但我们毋需因此浪漫化中华文化博大精深、万流归宗式的说法。在同文同种的范畴内，主与从、内与外的分野从来存在，不安的力量往往一触即发，更何况在国族主义视域下，同声一气的愿景每每遮蔽了历史经验中断裂游移、众声喧哗的事实。以往的海外文学、华侨文学往往被视为祖国文学的延伸或附庸。时至今日，有心人代之以世界华文文学的名称，以示尊重不同国别地区的创作自主性，但在罗列各地样板人物作品之际，收编的意图似乎大于其他。相对"原汁原味"的中国文学，彼此高下之分立刻显露无遗。别的不说，大陆现当代文学界领衔人物行有余力，愿意对海外文学的成就作出细腻观察者，恐怕仍然寥寥可数。

在一个号称全球化的时代，文化、知识讯息急剧流转，空间的位移、记忆的重组、族群的迁徙以及网络世界的游荡，已经成为我们生活经验的重要面向。旅行——不论是具体的或是虚拟的、跨国的或是跨网络的——成为常态。文学创作和出版的演变，何尝不是如此？王安忆、莫言、余华的作品多在港台地区同步发行，王文华、李碧华的作品也快速流行大陆，更不提金庸所造成海内外阅读口味的大团圆。海峡西岸及东南亚还有欧美华人社群的你来我往，微妙的政治互动，无不在文学表现上折射成复杂光谱。从事现当代中文文学研究者如果一味以故土或本土是尚，未免显得不如读者的兼容并蓄了。

Sinophone Literature或华语语系文学研究的出现，正呼应了我们所面对的现当代文学的课题。顾名思义，这一研究希望在国家文学的界限外，另外开出理论和实践的方向。语言，不论称之为汉语、华语、华文还是中文，成为相互对话的最大公约数。这里所谓的语言指的不必只是中州正韵语言，而必须是与时与地俱变，充满口语方言杂音的语言。用巴赫金的观念来说，这样的语言永远处在离心和向心力量的交汇点上，也总是历史情境中个人和群体、自我和他者不断对话的社会性表意行为。华语文学提供了不同华人区域互动对话的场域，而这一对话应该也存在于个别华人区域以内。以中国为例，江南的苏童和西北的贾平凹、川藏的阿来都用中文写作，但是他们笔下的南腔北调以及不同的文化、信仰、政治发声位置，才是丰富一个时代的文学的因素。

对熟悉当代文学理论者而言，如此的定义也许是老生常谈。但我的用意不在发明新的说法，而在将理论资源放置在历史情境内，探讨其作用的能量。因此，我们与其将华语语系文学视为又一整合中国与海外文学的名词，不如将其视为一个辩证的起点。而辩证必须落实到文学的创作和阅读的过程上。就像任何语言的交会一样，华语语系文学所呈现的是个变动的网络，充满对话也充满误解，可能彼此唱和也可能毫无交集，但无论如何，原来以国家文学为重点的文学史研究，应该因此产生重新思考的必要。

举例而言，由山东到北京的莫言以他瑰丽幻化的乡土小说享誉文坛，但由马来西亚到台湾的张贵兴笔下的婆罗州雨林不一样让人惊心动魄？王安忆、陈丹燕写尽了她们的上海，而香港的西西、董启章，台北的朱天心、李昂也构筑了他/她们心中精彩的"我城"。山西的李锐长于演义地区史和家族史，落籍台湾的马华作者黄锦树，还有曾驻香港现居纽约的台湾作家施叔青也同样有傲人的成绩。谈到盛世的华丽与苍凉，马来西亚的李天葆和中国台湾地区的朱天文都是张爱玲境外的最佳传人。书写伦理和暴力的幽微转折，余华曾是一把好手，但马来西亚的黎紫书和中国港台地区的黄碧云、骆以军已有后来居上之势。白先勇的作品已被誉为离散文学的翘楚，但久居纽约的夫妻档作家李渝、郭松棻（2005年去世）的成就，依然有待更多知音的鉴赏。华语语系文学因此不是以往海外华文文学的翻版，其版图始自海外，却理应扩及大陆中国文学，并由此形成对话。作为文学研究者，我们当然无从面面俱到，从事一网打尽式的研究：我们必须承认自己的局限。但这无碍我们对其他华文社会的文学文化生产的好奇以及因此而生的尊重，一种同一语系内的比较文学工作，已经可以开始。

从实际观点而言，我甚至以为华语语系文学的理念，可以调和不同阵营的洞见和"不见"。因为不如此又怎能体现"大"中国主义的包容性？如果还一味以正统中国和海外华人/华侨文学做区分，不正重蹈殖民主义宗主国与领属地的想像方式？另一方面，以"离散"（diaspora）观点出发的学者必须跳脱顾影自怜的"孤儿"或"孽子"情结，或是自我膨胀的阿Q精神。只有在我们承认华语语系欲理还乱的谱系以及中国文学播散蔓延的传统后，才能知彼知己，策略性地——套用张爱玲的吊诡——将那个中国"包括在外"。

基于这样的理念，哈佛大学东亚系在2006年春天邀请了10位来自美国、马来西亚和中国港台地区的中文作者：聂华苓、李渝、施叔青、也斯、平路、骆以军、黎紫书、纪大伟以及现居剑桥的作者艾蓓、张凤、李洁，还有在东亚系就读中国现代文学专业的博士生、硕士生与本科生，一起参与讨论华语语系文学的可能。除了创作之外，所触及的议题更包括了：

1）旅行的"中国性"：中国经验与中国想像如何在地域、族裔、社会、文化、性别等各种层面移动与转化；华语语系文学如何铭刻、再现这些经验与想像。

2）离散与迁移：随着华裔子民在海内或海外的迁徙、移民甚至殖民经验，华语语系文学如何体验它的语言、族裔、典律的跨越问题。

3）翻译与文化生产：翻译（从文学、电影、戏剧到各种的物质文化的转易）如何反映和再现华人社群与世界的对话经验，相关的文化生产又如何被体制化或边缘化。

4）世界想像：中文文学如何承载历史中本土或域外书写或经验，多元跨国的现代经验如何在歧异的语言环境中想像中国—华人—历史。

聂华苓是当代海外中文创作的"祖师奶奶"。从租借时期的武汉到抗战时期的重庆，到战后的北平、南京，再到台北，再到美国，她生命和写作所经历的"三生三世"道尽了作家创作位置、视野的转移，怎能为一本护照所限制？同样地，生于大陆长于香港的也斯自谓"一出生就经历了迁徙"，他的作品反映的不只是岛和大陆的简单对应，也是"岛中有大陆,大陆中有岛"。纽约的施叔青更理解她生命中与岛的不解之缘:来自台湾,在香港度过盛年,终又定居纽约中心——曼哈顿岛。李渝生在四川,长在台北,前半生为了家国的理想漂流拼搏,竟要在纸上发现永恒的梦土。"身份走失了,定义模糊了",不变的是对中文书写的不悔的执着。而曾经定居美国的平路,回到台湾后又转驻香港,一如她所言,"既然选择文字为居所,可一点也不在意本身(在别人定义里、在各种分类系统中)是离散的、歧义的、边陲的、异域的……因为文学本应该自矜自持,文学经验亦必然自珍自重"。

　　来自中国的艾蓓在经过几番风浪后,深居美东埋头创作,也同样在最精致的文字中安顿了自己。仍然就读哈佛大学的李洁生在上海,11岁出国,却保留了对中文的敏锐感受。她的上海故事出手不同凡响,益发让我们理解母语的神奇召唤。骆以军是生长在台湾的外省第二代作家,岛上的经验总也不能抹去他"记忆父亲"的中国记忆。这成为他的忧郁书写的重要隐喻。中国,父亲的中国,是他不能书写却又不能忘记书写的雾中风景,那永恒的远方诱惑与伤痛。而到了台湾出身、留学并任教美国的纪大伟笔下,他要问海内还是海外,种种原乡想像,可曾留下性别的、酷儿的印记?来自马来西亚的黎紫书则告诉我们"这里的华语粗糙、简陋、杂乱又满布伤痕,它到处烙印着种族与历史的痕迹",然而她和她的写作却化不可能为可能,让华语在南洋的土地上开出奇花异果。"因为接受了'芜杂'的现实并且以'芜杂'自喜,马华文学才得以开天辟地,探索出自己的路向和语境来。"

　　频繁的文学行旅,移动的边界想像,从马来西亚,从美国,从中国大陆及港台地区,这10位作家有缘聚在哈佛,谈中文书写越界和回归的可能,也谈海外文学对中国的建构和解构,也就是在这样的对话声中,华语语系文学的探索开始展开。

原载《中山大学学报(社会科学版)》2006年第5期,收录时有修改

后现代语境下的文学价值理论

[美] 顾明栋

在所谓的"大分野"①终结之后的后现代语境中,文学评价已日益成为一个难以把握的课题,因为众多文学理论与批评流派一再质疑传统的经典建构理论,并打破了高雅文学与通俗文学、主流文学与亚文学、公认经典与大众文学之间的界限。接受理论和读者反应批评则使文学评价的问题更加扑朔迷离。然而,文学价值确实存在。有些读者喜爱古今中外经典著作,另一些则爱读言情通俗小说,还有人热衷于武侠小说、科幻小说和侦探故事——仅凭这一点就足以说明不同的文学作品对不同的读者具有不同的价值。但是,后现代的到来使得文学价值理论复杂化,并引出了一系列新的问题,其中包括但并不局限于这些问题:在后现代语境下文学还能像前现代那样产生价值吗?审美、教化、认知、娱乐等功能还是决定文学价值的基本参数吗?在一切都无法逃脱商品经济规律的情况下,人们怎样才能超脱市场价值的影响,对一部作品的内在价值作出中肯的解释和合理的评判?针对这些问题,我们需要一种新的价值形成和评估的理论。该理论应该既不抛弃传统的价值理论,又顾及后现代的条件;既适用于大街上对流行作品跟风赶时髦的普通大众,也适用于躲在卧室或书斋里阅读创作的个别读者和作者。

英国文艺理论家特里·伊格尔顿(Terry Eagleton)指出,文学价值的形成与读写所经历的快感似乎有着某种天然的联系。他说:"文学的价值和快乐的问题似乎存在于精神分析、语言学和意识形态相结合的某个地方,但至今还未在此取得什么进展。"②的确,虽然文学评价一直是文学理论和批评的核心,几百年来有关的观点层出不穷③,但是,很少有人在后现代语境下运用综合的方法,即综合文本、作者、读者(批评家)、个体的读写无意识、群体的阐释策略以及阅读与创作的动因来探讨该课题。本文旨在从阅读与写作如何给人以有意识和无意识的快感这一视角出发,结合对传统和现存的文学价值理论的重新思考,探讨文学价值的深层结构和内核,并提出一个适应后现代

---

① 所谓"大分野"是指西方学术界在后现代之前曾坚持的高级文化和低级文化相区别的主张。请参见Andreas Huyssen, "Introduction" to *After the Great Divide*: *Modernism*, *Mass Culture*, *Postmodernism*(Bloomington: Indiana University Press, 1986)。

② Terry Eagleton, *Literary Theory*: *An Introduction*(Oxford and New York: Basil Blackwell, 1983), 192.

③ 相关的例子,请参见Jan Mukarovsky's *Aesthetic Function*, *Norm*, *and Value as Social Fact*(1970), Pierre Bourdieu's *Distinction*: *A Social Critique of the Judgement of Taste*(1984), and Barbara H. Smith's *Contingencies of Value*: *Alternative Perspectives for Critical Theory*(1988)。

条件的文学价值理论和评估模式。

一、文学价值的本质

　　文学价值的研究不可避免地要谈到文学作品的意义，因为如果一个文学文本没有产生意义，又何来评价呢？而文学作品的解释必须考虑读者在意义形成中的作用。自诺斯罗普·弗莱（Northrop Frye）以来的现代阅读理论，早已摈弃了将读者看作非独立的中介甚至是文本的"寄生虫"的观点：弗莱认为读者（批评家）部分地参与了意义的生成①；费希（Stanley Fish）认为读者通过阐释成为意义的唯一生产者②；霍兰德（Norman Holland）则认为读者通过与阅读的交流成为意义的共同创造者③。无论是费希激进的观点还是霍兰德温和的态度，读者都或多或少地充当了创作者的角色。将读者的地位提升到创作者的高度，进一步证明了马克思主义研究方法将文学当作生产、交换和消费的过程的正确性。但是，运用纯粹的马克思主义方法进行评价并不能真正解决文学评价的问题，因为有几个基本原因：

　　其一，意义和价值分属不同的范畴。作为文本效应的文学价值或作为对读者产生影响的文学价值皆为主观而非客观。一个读者能看出作品的意义，但仍会因为作品不符合其口味而排斥它。

　　其二，既然价值判断是主观的，那么基于商品交换理论的马克思主义价值判断模式因其采用了外部研究的方式而显得有所欠缺。

　　其三，我们需要注意的是，所谓的文学价值其实是一个隐喻。"价值"是借自经济学的一个术语。在商业领域，它被分为使用价值和交换价值。许多文学理论家，尤其是以瓦尔特·本雅明（Walter Benjamin）、贝托尔特·布莱希特（Bertolt Brecht）、雷蒙德·威廉姆斯（Raymond Williams）和特里·伊格尔顿为代表的马克思主义理论家们，已经广泛讨论了作为文学生产和消费之间交易结果的文学价值④。他们的研究方法可被视为外部的，与一些学者在研究商业生产的价值时所采用的方法有几分相似；与一些文学理论家将文学价值看作由个人或群体附着在作品之上而非作品的内在属性时所用的方法也相去不远⑤。

　　笔者认同文学是一种商品的观点，但是与马克思主义批评家有所区别的是，笔者要指出，文学是一种特殊的商品，不能将其等同于市场上的其他商品进行研究。市场商品具有价值是因为其满足了某种社会需求，而且其价值可依据社会劳动计算出来。与此不同的是，文学作品的价值来自于它满足读者情感和精神需求的能力，这不能用同样的方

---

① Northrop Frye, *Anatomy of Criticism*（New York：Norton, 1957）, 3-29.
② Stanley Fish, *Is There a Text in This Class*（Cambridge, MA：Harvard University Press, 1980）, 323-327.
③ Norman Holland, *The Critical I*（New York：Columbia University Press, 1992）, 90-91, 231.
④ 相关的例子，请参见Walter Benjamin, "The Author as Producer"，此文是该观点的集中表述。参见他的*Understanding Brecht*（London：1973）; and Terry Eagleton's *Marxism and Literary Criticism*（Berkeley and Los Angles: University of California Press, 1976）.
⑤ Rien T. Segers, *The Evaluation of Literary Texts*（Lisse：The Pete de Ridder Press, 1978）, 60.

法进行量化评价。文学价值类似于艺术品、古董、珠宝和考古发掘的文物的价值,它们都不囿于普通的评价方式。在这一点上,笔者希望将文学文本当作具有价值的产品来看待,只是这种产品应属于资本主义的生产方式将人类生活的方方面面都商业化之前的时代。如果商业领域中的一件商品拥有使用价值和交换价值,那么个别读者眼前的文本只具有潜在价值和现实价值。马克思定义使用价值时考虑的是注入商品中的社会劳动和商品满足社会需要的能力。他的交换价值的定义则建立在不同商品可以依据抽象的社会劳动进行等价交换的逻辑之上。使用价值总是具体和特定的,而交换价值则是抽象和宽泛的。鲍德里亚(Jean Baudrillard)认为,正如索绪尔(Saussure)将符号元素区分为能指和所指,并且把所指和指示对象看作"不在场的依托"(alibis),政治经济学也将商品区分为使用价值和交换价值,但是只把使用价值当作交换价值的不在场的依托[1]。他提出:"正如交换价值不是商品的本质属性,而是体现社会关系的形式一样,使用价值也不再能被当作物品的固有功能,而是一种(结合了主体、对象和他们的关系的)社会性的判断。"[2]

鲍德里亚论述的使用价值的概念似乎有别于正统的马克思主义,但在本质上是与其一致的,因为两者都认为使用价值是一种社会性判断。笔者必须指出,如果应用于阅读,其理论无法很好地适应阅读过程,因为任何阅读都是具体而个性化的过程,普遍独立于社会和历史的判断。笔者认为,阅读也许是所剩不多的、未被无孔不入的商业化甚至社会化所完全侵蚀的领域之一。为什么如此认为呢?拉康(Jacques Lacan)令人信服地提出,社会性的评价要在个人身上生效,必须要在个人进入象征秩序之后,即个人通过语言的习得开始形成自我同一性的感知之后[3]。在本文中,笔者试图说明阅读快感有数种类型,其中一些在个人落入语言和象征秩序的罗网之前即可获得。文学意义的使用价值在很大程度上是无意识的、前语言的、先于社会关系的。只有当文学作品在"市场"上流通之后——在课堂或研讨班上用语言讨论过,以评论文章或研究论文出版过——才具有交换价值,从而服从社会和公共需求的制约并且满足社会或公共的需要。从这一点来看,文学价值属于极少数还未完全被商品化和社会化的个人需要的范畴。也就是说,它仍然保持着许多大规模商品化之前的产品的使用价值。

在商品的分析中,如果我们从商品的内在用途而非耗费在商品生产上的劳动时间的角度出发,就会发现使用价值和交换价值的二元对立本质上是错误的。文学亦可以相同方式考察。例如,杯子用于满足人们盛水、茶、酒或咖啡的需要,由此它证明了自己具有使用价值;文学作品的使用价值直到它被读者阅读和理解之后才得以产生。即使这样,其使用价值也不能得到保障——鉴于读者可能因为发现其不能满足自己特定的需求而拒绝认可它。与鲍德里亚的观点相反,笔者坚持认为一件商品有其内在固有的价值,

---

[1] Jean Baudrillard, "For a Critique of the Political Economy of the Sign," in *Selected Writings*, ed. by Mark Poster (Stanford: Stanford University Press, 1988), 64.

[2] Jean Baudrillard, "For a Critique of the Political Economy of the Sign," in *Selected Writings*, ed. by Mark Poster (Stanford: Stanford University Press, 1988), 69.

[3] Jaques Lacan, *Écrits: A Selection*, translated by Alan Sheridan (New York: Norton, 1977), 65–71.

即使这种价值不被当作使用价值。除了惯常的盛水、茶或咖啡的用途,一只杯子也可用于盛放墨水、血液和其他液体。归根结底,盛物的能力就是杯子的内在价值。那么,什么是文本的内在价值呢?或者笔者可将问题改述成:为什么我们认为文学文本有价值?对于这个问题,一个普通读者可能会简单地回答:因为阅读让我乐在其中。这个常识性的答案表达了阅读快感和文学价值之间的内在联系。的确,如果阅读文学作品不让人心情愉快,那么为什么人们会自觉地去读书,而不像有些大学生为了应付作业不得不阅读他们不喜欢的文学作品呢?这种常识性的解答与弗洛伊德(Freud)、拉康和巴特(Barthes)等理论家深奥的见解倒也相距不远。弗洛伊德一直强调不会奢望自己能够解决艺术作品价值来源的问题,然而,他也一直在力图证明艺术家原始的潜意识幻想或欲望在艺术价值创造中的作用①。追随着弗洛伊德的脚步,拉康称艺术品为"欲望的产物"。拉康用自己的话重述了弗洛伊德的思想:"如果一个欲望的产物……具有商业价值……是因为它的作用有益于社会……一般来讲,可以说作品通过展示至少有些人能够生存于欲望的压榨,来抚慰人们内心的躁动不安。"拉康继续谈到,但是对于让人满足的艺术,"一定还有其他的作用,换句话说,它满足了人们苦思人生的渴望。它提升了内心修养……鼓励了自我克制"②。

二、文学的初始价值

笔者认为,无论一个人持有什么样的意识形态,文本的初始价值可能在于它所引起的快乐或不快的反应。文学是人类的创造物,作为人造的产品,它应人类需求而开始存在。广为接受的观点认为,文学的主要功能之一便是娱乐。自从亚里士多德以来,学者们都同意文学的价值在于其能带给读者快乐的特性。正如贺拉斯在《诗艺》中所言,诗人的职责就是教书育人和提供娱乐,诗歌不仅要给人以美感,还要给人以愉悦③。锡德尼在《为诗一辩》中重申了贺拉斯的主张,并更直截了当地宣称诗歌的两大功能之一就是娱人④。虽然文学的新古典主义推崇文学的另一大功能,即道德教化,但是这丝毫不影响他们强调文学的娱乐作用。当代的理论家更强调审美体验与快感的密切联系。比如,西尔瓦诺·阿瑞提(Silvano Arieti)指出:"审美愉悦不仅是认知行为,更主要的是愉快的体验。"⑤那么,文学的价值究竟是如何与身心快感发生关系的呢?笔者认为,这种关系可能有两种基本形式:寻求快乐的渴望和减少紧张的需求。这两种动机其

---

① 他对米开朗基罗的"摩西"和达·芬奇的"蒙娜·丽莎"的分析是其观点的典型例证。参见 Sigmund Freud, "The Moses of Michelangelo," in *Character and Culture* (New York: Collier Books, 1963), 80–108; and *Leonardo Da Vinci: A Study in Psychosexuality* (New York: Vintage Books, 1947).

② Jacques Lacan, *The Four Fundamental Concepts of Psychoanalysis*, translated by Alan Sheridan (Harmodsworth: Penguin Books, 1977), 111.

③ Horace, *Ars Poetica*, in Vincent Leitch et al., eds., *Norton Anthology of Theory and Criticism* (New York: Norton, 2010), 124, 130.

④ Philip Sidney, "An Apology for Poetry," in Hazard Adams, ed., *Critical Theory since Plato* (San Diego and New York: Harcourt Brace Jovanovich, 1971), 158.

⑤ Silvano Arieti, *Creativity: The Magic Synthesis* (New York: Norton, 1979), 180.

实属于一种，即追求快乐。简而言之，文学通过提供情感和精神的满足使读者感到愉悦。亚里士多德在声称摹仿的冲动是诗的最初动机时，也强调了在摹仿中暗藏的追求愉悦的动机①。在强调摹仿能够带来愉悦的特性时，亚里士多德涉及了认知愉悦——这是笔者将要在下文展开讨论的三种审美愉悦的基本形式之一。

现代学者们断言追求愉悦不仅是写作的动机，而且是阅读的动机。巴特明确地表达了自己的立场："如果我愉快地读一句话或一个故事，这是因为它们是被愉快地写出来的（这种快乐与作者的怨言并不矛盾）。"②如果愉悦是文学价值的关键因素，那么下一个问题就是：文学的愉悦来自何方？为了回答这个问题，我们可以调查意义建构的模式来得到一些线索。接受理论告诉我们，意义既不存在于文本中，也不存在于读者的思想中。它存在于文本和读者之间的虚拟空间。诺曼·霍兰德在其精神分析的阅读模型中提出：每个读者都有建造在个性幻想和防御机制的结构之上的固定的身份认同；同样地，每个文本都建造在作者幻想和防御机制的结构之上；意义是读者的身份认同和作者的幻想防御机制的结构之间交流的结果③。他的模型建立在阅读的认知心理之上，因而分析意义形成的过程非常有说服力。然而，就阅读快感而言，笔者需要构想出一套基于此的新模型，因为快乐并非等同于意义，而是意义的效果；而且其位置处于读者的思想中，并不在于读者和文本之间的虚拟空间里。在笔者的观念中，意义是快乐的基础。通过读者和文本的交流产生的意义引起了快乐或不快的体验，而这种体验存在于读者的思想中。意义能够被交流但是快乐不能，因为一旦你用语言或符号表达出了快乐，它就不再是快乐，而是对快乐的再现，至少一度离开过原初的快乐。在此意义上，阅读快感是自我导向、自我中心并自我反省的。它具有两面性：既是阅读交流本身也是阅读的效果。

在确定了读写快感在文学价值构成中的位置之后，我们可继续探讨另一问题：文学愉悦的本质是什么？弗洛伊德曾经说过，人类幸福的最原始的形式就是性快感："性爱给了我们的压倒一切的快感以最强烈的体验，并给我们提供了寻求幸福的一个模式。还有什么比我们坚持沿着我们最初遭遇的路径寻找幸福更自然的呢？"④根据这样的思维路径，有些学者干脆提出了艺术起源于性欲的观点。这一观点也曾被叔本华（Schopenhauer）、劳伦斯（D. H. Lawrence）、弗洛伊德、特里林（Lionel Trilling）、拉康、巴特以及克里斯蒂娃（Julia Kristeva）等学者更加巧妙地加以论证。此观点足以诱惑学者们得出文学的满足本质上与性有关的结论。这种关于文学快感的看法尽管有一定的依据，但也有几分狭隘，因为它仅仅将审美愉悦从病原学角度设想为

---

① 请参见Aristotle, "Poetics", in Hazard Adams, ed., *Critical Theory since Plato*, 50.
② Roland Barthes, *The Pleasure of the Text* (New York: Hill and Wang, 1975), 4.
③ 霍兰德的阅读模型经历了从文本中心转移为读者中心，再演变为读者与文本的交流。这个演变过程可从他对阅读心理的一系列研究中清晰地发现，从*The Dynamics of Literary Response* (New York: Oxford University Press, 1968), 3–30；到*Five Readers Reading* (New Haven: Yale University Press, 1975), 13–40, and *The Brain of Robert Frost* (New York: Routledge, 1988), 135–153, 及*The Critical I* (New York: Columbia University Press, 1992), 48–57。
④ Freud, *Civilization and Its Discontent* (New York: Norton, 1961), 29.

精神紧张的释放。诚如欧内斯特·沙克特尔（Ernest Schachtel）批评的那样，这种观点用来解释性快感的来源都远远不足，因为它没有区分人类和动物不同的性满意度①。此外，性快感只是身体愉悦的一种形式。文学愉悦作为精神愉悦的延展要比性愉悦包含更宽泛的领域。弗洛伊德意识到了性起源说的缺陷，因而为文学的快感提出了"前期快感"的概念："作者通过变形和伪装软化了白日梦的利己性质，他在描述自己的幻想时，提供了其中纯形式的——即美学的——愉悦，并以此来收买我们这些读者。我们给这类愉悦命名为'额外刺激'（incentive bonus）或'前期快感'（fore-pleasure）。作者向我们提供这种愉悦是为了有可能从更深的精神源泉中释放出更大的愉悦。我认为，一个创造性作家带给我们的所有的审美愉悦都具有这种'前期快感'的性质，而我们对一部充满想像力的作品的欣赏实际来自我们精神上紧张状态的消除。"②

弗洛伊德、拉康、巴特、福柯（Foucault）、德里达（Derrida）、克里斯蒂娃、伊格尔顿、特里林、布鲁姆（Bloom）和詹明信（Jameson）等学者，尽管他们的论题和关注点各不相同，但是都认为文学快感本质上是身体感官的。巴特声明："文本的愉悦在于我的身体自寻其乐时——因为我的身体和我自己各有所爱。"③詹明信总结了巴特有关愉悦的看法："已故的巴特的观点……也许可用下面的话阐述（道理已经不言而喻，但下文能使其更明晰）：他教我们用身体阅读——也要经常用身体写作。"④阿瑞提在他有关创造性的研究中，假定了一个感觉和知觉的基础："艺术需要一个令人愉快的感知背景，通常具有视觉、听觉和性的本质。感性认识就像建造美轮美奂的大厦所需的砖块。"⑤无论这些理论家们的理论背景如何，他们都持有一个共同的信念，即文本满足人们追求快乐的需求。

因此，文学的价值来源于阅读与创作时的快感，而文学快感是一种生理心理学现象。对此，如果从拉康给弗洛伊德的驱动力（trieb或drive）的概念重新下的定义来看，我们能够得到更充分的理解。拉康用一个由"需要"（need）、"渴求"（demand）和"欲望"（desire）构成的三位一体的体系来取代弗洛伊德的驱动力（drive）。"需要"是一个纯粹的本能的欲望，来源于身体本能对真实对象的需求，例如食物、水、空气、爱等等。读者在文学作品中有意识地寻找令人兴奋的浪漫、冒险、色情等内容而获得的愉悦，就属于这个满足的范畴。渴求和欲望两者互相关联，且很大程度上是无意识的。一个人在阅读中获得的难以名状的快乐就属于这个无意识的领域。渴求是对他者的渴求，通常渴望得到他人的爱。"渴求"是前语言的，"揭示了在有意识的生活中存在着的，处于刻意的语言压力之下的无意识欲望和自恋"。"欲望"是脱离于渴求的某一

---

① Ernest Schachetel, *Metamorphosis: On the Development of Affect, Perception, Attention, and Memory* (New York: Basic Books, 1959), 68.
② Sigmund Freud, "Creative Writers and Day-Dreaming," in *The Freud Reader*, ed. Peter Gay, (New York: Norton 1989), 443.
③ Roland Barthes, *The Pleasure of the Text*, 17.
④ Fredric Jameson, "Pleasure: A Political Issue," in *Formations of Pleasure* (London and Boston: Routledge & Kegan Paul, 1983), 9.
⑤ Silvano Arieti, *Creativity: The Magic Synthesis*, 173.

特定的满足。它和弗洛伊德的愿望（wish）相似，但不完全等同。它"既不是对满足的需要，也不是对爱的渴求，而是一种来自于从后者中剥离出前者之后的不同的状态，即它们之间分裂（Spaltung）的结果"①。欲望与"缺失"（lack）相关，就拉康而言，这一点可界定主体的身份。拉康认为，欲望的产生是因为主体从一出生就有缺陷；更确切地说，他的缺陷从子宫里性别分化的那一刻就开始了。拉康一再援引柏拉图的《会饮》（*Symposium*）中由阿里斯多芬尼斯（Aristophanes）讲述的故事，并由此声称失落或"真正的缺乏"来源于性，与主体不能恢复雌雄合体有关②。这种"真正的缺乏"源于主体内心与自己存在的疏离。主体能够补偿这种疏离的唯一方法，就是超出自己的"男性"或"女性"，与异性成员形成新的性别结合。换句话说，一个主体只有通过性别"结合"才能恢复失去的同一性。这种原始的失落在某种程度上与弗洛伊德、D. W. 温尼科特（D. W. Winnicott）、梅兰妮·克莱茵（Melanie Klein）、玛格丽特·S. 马勒（Margret S. Mahler）等儿童观察者所持有的失落观，如离开子宫或与母体分离，有所不同。因为这种失落似乎包含了胎儿期和性器期，而且拉康似乎还暗示了可以通过性的结合重新获得。除了原始失落，拉康还在其客体关系理论（Object Relations theory）中设想了一种相当于自体客体（self-object）分化的次级失落或缺乏。

通过对弗洛伊德婴儿身体区域分配理论的扩展，拉康也扩展了母亲在塑造主体感知快乐时的作用。在拉康和弗洛伊德的体系中，母亲都被当作欲望的原始对象——第一个自体以外的爱的对象。对母亲产生爱的原因如下：①婴儿出自于她；②她更有可能给婴儿提供营养和舒适；③她是主体在生长经历中所想像的、拉康所谓的"小它物"（objets petit autre）的重要来源：她的乳房、声音、注视、触摸和摇晃等都是与自体没有清晰区分开的、和其他事物一样的没有完全掌握的对象。在主体生活中有许多这样的对象。这些对象的价值源自对主体自体所缺失的部分的认同，无论这些缺失的部分是因为身体构造的原因而天生缺乏，还是其他的一些原因造成的。笔者认为，文学在很大程度上是一种"小它物"，因为它可被视为人们产生与缺失有关的欲望的原因。另一方面，文学体现了对他者的欲望。读者看完一本书就会想读另一本，这样的事实证明了文学象征性的"小它物"的地位。因为既然一个人不再渴望已经拥有的东西，那么他渴望的对象便不断地延展。文学也可看作拉康的镜像，因为它反映了读者想像中与自体对应的角色，确认了一种虚幻的整体认同感。不论一个人在作品中读出了什么样的实际意义，将自己当作读者这一事实本身就根植于主体一再确认其稳定的身份的需要。

尽管拉康对失落的起源的看法稍有不同，但他与弗洛伊德和其他心理学家一样，认为失落开启了欲望，欲望的满足产生了快感，尽管拉康所指的欲望永远不会得到满足，永远存在，不断地被替换和改造成新的快感的形式。笔者希望将它们称为口唇快感、性器快感和胎儿之乐。胎儿之乐或称迷醉（jouissnce），指"与母体分离之前胎儿所感受到的一种身心统一极度幸福的体验，此时的母体可隐喻为狡猾的蛇带给人类原罪之

---

① Jaques Lacan, *Écrits: A Selection*, 287.
② Jacques Lacan, *The Four Fundamental Concepts of Psychoanalysis*, 204-205.

前的伊甸园"①。在这些快感的形式中，我们可以确定文学的以无意识方式存在的内在价值。

三、文本愉悦是文学价值的核心

在《文本愉悦》一书中，巴特提出了一个核心问题："快乐的写作能否保证我、作者、读者的愉悦呢？一点也不。我必须找出读者（必须'搜寻'他），因为我不知他在何处。一个极乐的空间因此被营造出来。对于我来说，必要的不是读者'本人'，而是这个空间。在这里，充满矛盾的欲望和难以预测的极乐都有可能存在：赌注还没有下，游戏还可以进行。"②由此可见，读者要体验文本的欢愉所需的不仅是写作快感。还需要什么？巴特给出了下面的答案：

无论我何时试图"分析"给我带来愉悦的文本，体会到的不是我的"主体性"，而是"个体性"，即把我的身体和其他身体区别开来，并适应自身的痛苦和愉悦的特性：我体会到的是自己极乐的身体。而这种极乐的身体也是"我历史的主体"；因为正是传记、历史、社会学、神经症等因素（如教育、社会阶层、童年时期的状态等）的复杂发展过程的综合，我才掌握了（文化的）愉悦和（非文化的）极乐之间充满矛盾的互相影响，我才把现在的自己写作一个不是来得太早就是来得太晚的尴尬的主体［这个"太"表示的并非遗憾、缺陷或时运不济，而只是表达不在场（non-site）之意］：漂泊者的不合时宜的主体。③

尽管这段引文认可了阅读中的个性化特征，巴特似乎还陈述了与之矛盾的观点：

欢愉的文本，即满足、充盈、引发精神欢快的文本：来自文化而不与之背离的文本，与舒适的阅读体验联系在一起。极乐的文本：表现失落状态的文本，令人不舒服（也许到了某种厌烦的地步），扰乱了读者历史、文化、心理的定势，动摇了读者品味、价值观和记忆的稳定性，造成了读者和语言的关系的危机。④

这段引文为阅读快感分配了明确的价值标准的层次。巴特假设了两种阅读快感："愉悦"（plaisir），这似乎来自于更简单直接的阅读；"迷醉"（joussance），这似乎来自于一种崩溃或断裂感。他的假想存在一些问题。首先，它暗示了精英式的对待阅读快感的态度。巴特所谓的"欢愉的文本"意指以传统方式写作的"读者文本"，而"极乐的文本"意指用后现代风格创作的"作者文本"。确实，从某些普遍采用的标准

---

① Ragland-Sullivan, *Jacques Lacan and the Philosophy of Psychoananlysis*, 75.
② Roland Barthes, *The Pleasure of the Text*, 4.
③ Roland Barthes, *The Pleasure of the Text*, 62—63.
④ Roland Barthes, *The Pleasure of the Text*, 14.

来看，文本具有不同的品质。但是，阅读快感并没有通用标准。笔者在本文开始就指出阅读快感是因人而异的。读者对文本的喜爱程度主要取决于他的教育、教养和身份。无论是何背景，阅读快感的价值都只能由读者的个人尺度来衡量，而不能依赖通用标准。鉴于不同的个人经历，一个中等文化程度的读者在侦探故事中获得的愉悦，和一个受过良好教育的读者在乔伊斯、普鲁斯特或贝克特作品中收获的愉悦，具有同等的价值。其次，巴特的极乐概念可能在理论上是合理的，但从常识来看过于简单。如果一个文本动摇了读者的文化、心理和历史的设想，读者就很可能放弃阅读，或者不得不忍受情感的不适甚至痛苦。在这种情况下，毫无快乐可言。巴特谈论的极乐似乎和一位解答了数学难题的数学家体会到的快乐别无二致。普通读者从不敢奢望享受。对于普通读者，它不能产生愉悦，因而没有个人价值。

在《诗歌、快乐和政治》一文中，特里·伊格尔顿提供了更合适的有关文学愉悦的分析。他设想文本中存在着三层快感或不快：①内驱力在经济上或文本符号上的表现；②体现为不同形式的意识形态内容的心理机制和策略；③任何具体的历史的读者所依恋的或放弃依恋的意识形态意义。就阅读快感而言，这三个"层次"可被视为处于不断的错综复杂的权衡交易状态中："对于一个具体的历史的读者，这些'层次'可能合谋、冲突，或者一方与另两方互相对抗。但是，这些'层次'的结合不仅取决于具体的历史的读者，而且取决于历史本身；历史本身就是意识形态。"①换句话说，这三个层次可被理解为快感、意识形态和符号为了占据优势地位而博弈的过程。

伊格尔顿关于权衡交易的观点说明了文学意义和价值的形成来源于快感、符号和意识形态相互作用的假设。让人欣喜的一个巧合是，这三个概念正可与弗洛伊德最终确定的心理机制的模型相应，即本我、自我和超我。他早期在《梦的解析》中构建的冰山模式从根本上区别于这个结构模型。拉康并不喜欢这个晚期的模型，因为他认为它隐含着一种综合，而且在语言上缺乏早期模型的暗示性。因此，他呼吁回归早期的弗洛伊德理论，尤其是他早期的心理结构理论。

即便如此，笔者仍然认为弗洛伊德后期的模型对于文学研究更有说服力，因为它不仅保留了早期结构的本质特征，还涉及了个体和社会环境的关系。准确地说，因为所有的文化活动都包含在一个综合体中，这个模型对于文化研究尤其有力。此外，后期的模型在语言上也具有暗示性，只不过其暗示需要梳理提炼。弗洛伊德的后期模型及其对文学分析的解释在表面上存在不足，是因为人们在想像中而非直接地关注其意义，从而低估了这种模型。尽管弗洛伊德没有明确提及，但他暗示了自我在本质上是符号性的中介。用他自己的话说，这就是"我"。笔者认为，"我"就是一个符号性的中介，因为它是各方互相联结的结果，代表了一个结构原理。弗洛伊德明确指出："自我是一个组织，它依赖于所有构成要件之间自由地互相联系和相互作用的可能性。"②作为"我"的自我或多或少与拉康和艾米尔·本维尼斯特（Emile Benveniste）的主体理论有相同

---

① Terry Eagleton, "Poetry, Pleasure and Politics," in *Formations of Pleasure* (London: Routledge & Kegan Paul, 1983), 63.

② Freud, *Dictionary of Psychoanalysis*, ed. Nandor Fodor and Frank Gaynor (New York: Premier Books, 1965), 55.

之处。拉康、本维尼斯特、巴特等理论家已令人信服地说明了没有主体的话语无法实现其功能，主体只能由话语构成。如此而言，话语和主体几乎是同质的。本维尼斯特强调："主体性确实是以语言的运用为基础的。"①因此，笔者认为自我本质上具有符号的功能。

四、文学价值的综合评估模式

文本的愉悦相当于本我。它不断地争取实现欲望。从读者的立场看，文本一定得有愉悦性，否则读者不会麻烦去读它了。意识形态相当于超我，它包含着一整套可接受的社会、道德和政治等价值观。它总是力行自己快乐形式的标准并传递着价值观。符号作品就像自我，它在追求快感的本性和意识形态之间充当调节者，协商着意义和价值的实现。意识形态和愉悦以互不相让的倾向性为特征，语言符号则是一个中立的代言人。愉悦根据快乐原则行事，力争体验到快感。意识形态依据完美原则行事，而且总是寻求将其强加到愉悦上。通过符号的调停，两个竞争者达成了交易，文学价值也随之产生和实现。于是出现了这样一个价值形成模型：文学价值 = 愉悦 + 意识形态 + 符号。在笔者所构想的文学价值模型中，这些术语间的交互作用可凭借图1的格式塔的三角简图来表现。

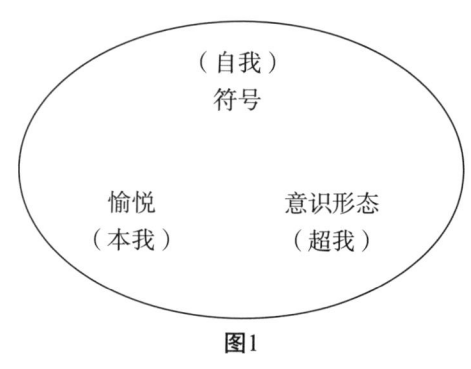

图1

在这个模型中，愉悦是阅读的效果，也是阅读的动机。符号来自克里斯蒂娃研究阅读的语言学的方法。克里斯蒂娃假定在身体内驱力和节奏、声音、运动等现象之间有一个符号性的相互影响，这种相互影响出现于它们在语言表达之前。但是意识形态要起到超我的作用似乎略显不足。笔者用"身份"（identity）来取代它。身份与奥托·费尼谢尔（Otto Fenichel）的性格理论②、列克滕斯坦（Lichtenstein）的身份主题③以及霍兰德的身份理论④有关。它包括一个人心理结构中（无）意识的幻想和防御机制，特有的寻

---

① Emile Benveniste, *Problems in General Linguistics*, translated by Mary Elizabeth Meek (Coral Gables: University of Miami Press, 1971), 226.

② 费尼谢尔将性格定义为"将内在需求和外在世界中的任务和谐地统一起来的特有风格"和"自我解决问题时优先选择的方式的恒定性"。参见Otto Fenichel, *The Psychoanalytic Theory of Neurosis* (New York: Norton, 1945), 467。

③ 列克滕斯坦设想每个人都有一个核心身份主题，该身份主题由多种变体体现，正如音乐家为了创造一种主题和变奏，能够无限地使音乐主题多样化。参见Lichtenstein, *The Dilemma of Human Identity* (New York: Jason Aronson, 1977), 141-204。

④ 在综合了前人主要的身份认同理论，并且用文学理论家的精确性修改了这个综合理论之后，霍兰德同时从三个方面定义身份认同：中介、结果和表现。"身份是一个构想，一种我们在一个人身上看到的连贯性的代表方式。身份是一种表现，一种用语言探测和调查一个自我和其他自我互动的方式。"参见Norman Holland, *The I* (New Haven: Yale University Press, 1985), 33-34 and *The Critical I* (New York: Columbia University Press, 1992), 27-28。

求快感的方式，特定社会意识形态的接受以及道德原则和文化的制约作用等。这是一个价值形成的操作模型吗？不完全是。人们可能会质疑，既然对一首诗有各种解释，这个模型就是不完整的，因为它忽视了作者的动机。上述模型最多只反映了读者的价值观。我们需要另一个能反映作者的价值构成的模型。正如读者追求阅读的快感，作者也受制于追求愉悦或减少紧张的欲望。当作者将自己的快乐投入于创作时，他（她）就受控于一套属于意识形态范畴的信念和关注。作者不能公然表达自己追求的快感，他必须依靠充当防御机制的语言符号。如此我们就得出了一个稍有区别的如图2的三角关系，即愉悦、身份和符号。

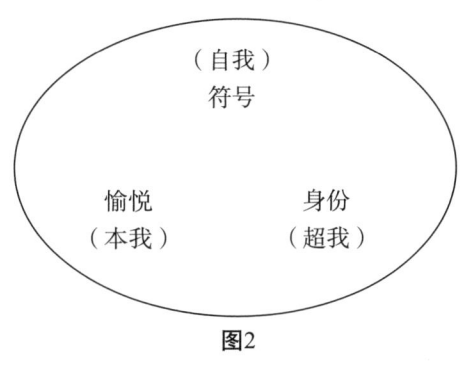

图2

一个文学文本的核心作用可能就是它有能力提供愉悦——既有作者的也有读者的。作者愉悦和读者愉悦可能相符，但更有可能互不相同。从作者的立场来看，一首诗也许是一首真正纯朴的爱情颂歌；但在读者眼里，它提供的愉悦可能与作者的感受正好相反。因此，我们需要一个更复杂的文学价值形成的理论模型。既然意义是文本和读者通过经验协商产生，文学价值就不限于文本。它处于文本和读者之间的虚拟空间。这个虚拟空间当然存在于读者的思想中。我们可以将其想像为两个连锁的格式塔结构中两个三角关系的相互作用。但如此产生的价值仍是个体的价值。换句话说，这是使用价值，不是交换价值。文学评论家是一类特殊的读者，弗莱（Frye）称其为"中间人"，他们最重要的功能就是在文学价值的实现中发挥"消费者的研究"的作用。因此我们需要在连锁的读者和作者的格式塔结构中加上批评家的格式塔。这三个互相咬合的格式塔形成了波罗米安结①，如图3。这可能是文学评价的完整模型。

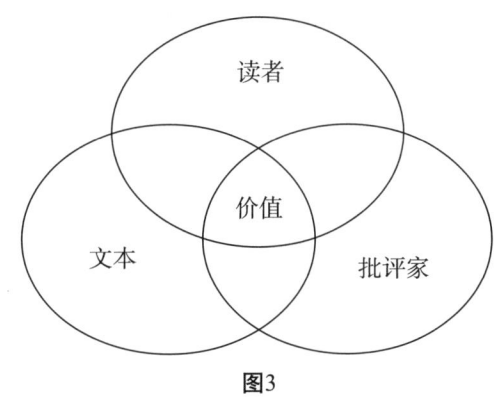

图3

波罗米安结是由三个圆环连接成的一组结构，如果其中一环断裂，整个结构将会散架。这似乎是一个适当的图形，阐明了文学评价中读者、文本和批评家的互相依存的关系。

---

① 波罗米安结是在博罗梅奥家族的盾形纹章上发现的一种图形。拉康用以说明想像、象征和现实这三种秩序的互相依赖。参见Lacan，*Le Séminaire*，*Livre XX*，*Encore*，1972–1973，ed. Jacques-Allain Miller（Paris：Seuil，1975），112。

结　　语

　　笔者的文学价值模型的演变展现了两个层次的协商过程：第一层权衡了愉悦、符号和身份的关系，第二层协调了读者、文本和批评家的作用。笔者的出发点是文本的价值在于能够给读者带来愉悦。该出发点的复杂性在于：文本如何产生愉悦？考虑到这个问题，出发点就必须改成：当文本通过某些记号或编码的符号交流给读者带来愉悦时，就产生了价值。这些符号交流也结合了身体愉悦的体验。这第二个出发点又因另一问题而更加复杂：为什么同样的文本给不同读者带来的快感可能不同呢？这个问题引导我们超越愉悦和符号的层次，将在快感产生过程中发挥重要作用的身份问题包括进来。至此可以清楚地看出，文学价值是一个包含了愉悦、身份和符号的三重结合体。这又引出了第三个观点：当一个文本通过代码和符号的交流开始成形，并且受到特定身份的约束，由此给读者带来愉悦时，它就具有了价值。这个观点可演变成前文所述的数学公式：文学价值＝愉悦＋身份＋符号。但这不是最终的模型，因为由此产生的文学价值仍是满足个人消费的个体价值。笔者最终的观点包括读者的个体模型、作者和批评家。这三种格式塔完形的意义协商可能为文学评价提供了一个完整的范围，涉及文本价值、读者价值和批评家价值。在读者阅读的单一格式塔中，价值实现的空间是最大的。在读者和文本的双重格式塔中，文学价值受限于读者和文本的意义协商，价值形成的空间被压缩了。在三重格式塔中，文学价值被进一步限制，价值形成的空间最小。但是，在这样小的空间阐述的文学价值代表了对文本的一个平衡的评价。受限制的空间意味着文学价值也是有限制的。本文的结论是：文学价值的内核是阅读和写作带来的身心快感，后现代的到来并没有改变这一内核，后现代的文学价值评判因此不应该忽视这一维度。

原载《中山大学学报（社会科学版）》2014年第2期

一场未曾发生的文白论争

——林纾一则晚年佚文的发现与释读

夏晓虹

晚年佚文的发现与作者认定

近日受托整理、校注林纾家书，在合作者、负责联系林纾后人的包立民先生打包寄来的文稿中，发现了一篇题为《读〈益世报〉芸渠〈偶谈〉书后》的文字。此文作者署名"张铭"，经阅读原文及末后所附林仲易致林圣明函，始知此乃一则很可能会引发新一轮文白论争的林纾晚年佚文。

其实，早在2008年写作《阅读林纾训子书札记》时，笔者已注意到有此一文，并因林纾在与林仲易末后一信中嘱其"摧烧之"，而遗憾此举"却使我们今日少了一份可贵的论争文本"[①]。如今见到这份原稿历经沧桑，仍然完好地保存于世，实在大为欣喜。此稿连同林仲易四十年后所写信札，均盖有"圣明藏书"印，可知其为林纾侄孙林圣明的收藏。而其流传经过，在林仲易函中亦有交代：

> 得六月十六日来函，知近与孟銶兄同访伯森，并为诊察，由足下破费也。四十年前，藏有琴叔托登北京《晨报》一稿，未为发表。老人有两函寄我，前曾抄寄孟銶兄，备选入书牍，足下可借阅。原稿托名张铭，实老人自拟，文中更改及圈点皆老人亲笔。特以寄赠足下藏之。

其中所言"伯森"，即福州文史老人萨伯森（1898—1985），与林仲易有戚谊，称林为"表姊丈"；"孟銶"疑当为孟玺，即林纾弟子胡尔瑛别字，与萨氏为好友，胡尝辑抄《畏庐尺牍》一卷，现藏福建省图书馆。林圣明亦居福州，业医[②]。由信中所言可知，大抵是为了感谢林圣明为萨伯森治病，多有破费，林仲易故将珍藏四十年之此稿相赠。

这篇《读〈益世报〉芸渠〈偶谈〉书后》全文如下：

> 余从琴南师廿年，学画山水。师每日必译书三千六百言，成书一百五十三

[①] 夏晓虹：《阅读林纾训子书札记》，《现代中国》第10辑，北京：北京大学出版社，2008年，第191页。

[②] 均参见萨伯森著，萨本珪编校：《识适室剩墨》，福州：自印本，2003年，第369、356、482页。

种。读者多，诟者亦有，其寔于师无毫末之损益也。近读《益世报》阑中有芸渠《偶谈》一则，谓林译《声影录》，写一俄国穷妇，作古文腔调祈祷，大为世诟，不期哑然失笑。师不会俄文，既以文言迻译，自然是古文腔调；若径抄俄文，何必用译。譬如直隶人译广东话，若仍作广东腔调，何人能懂？自然以直隶之词，达广东之意，有何可诟？至云"拂袖而起"，"拂"字当是"挽"字之讹。即言"拂袖"，亦不过一时语病，何至将一百余种之文，因兹一言，概行抹煞。吹毛求疵，弄些小聪明，此所谓"寸朽弃连抱"也。无聊不平，敬以《偶谈》一阑，褒贬间出，上之吾师。师笑曰：有趣极矣。他说余倒霉，吾本来是倒霉人，何用他说！且吾力谶［诚］名誉，即有百个胡适之，亦扶不起；即有千个某杂说［志］，亦踩不倒。今日到清闲无事，不妨与他说说。他说吾七十老翁，卖文为活，至此当自嗒然。然我不嗒然，我的奴子，周四，他到欣然。吾每译小说，与舌人对分，一月不过六百元。今舍译卖画，一月到得千元。周四随封加一，岂不欣然？他既欣然，我也不嗒了。《偶谈》中却说到洛阳纸贵，方今吴子玉用武力统一，那有功夫瞅字？即传抄吾书一万年亦说不到，况吾书悉用洋纸，不用洛阳之纸。且洛阳并不出纸，商务馆掌柜，岂肯白跑到洛阳，蹈空而回？此着又废话矣。若提起《茶花女》一书，是我四十年前游戏之作。今有了《新茶花》，上海人呼吾书为"老茶花"。"老茶花"不走运，《新茶花》却有坤角演唱。前此骂我之人，今乃寻觅此书不得。我意寻《老茶花》是死的，无可言晤；不如找《新茶花》是活的，可以吊膀，到还有趣。未知觅书诸君，以为何如？至胡适之比我为司马迁，几乎吓我老大一跳。司马迁是没有东西的人。我前年患癃闭，拉不出尿，比司马迁更糟。幸亏西医克利，中医陆仲安，合治而愈，至今视这个东西，为极大忌讳。而胡君忽提起司马迁栽我身上，我只好战战兢兢，写一个心领谢帖，挡驾完事。此外又蒙欧人温彩嗣先生，为我辩护，说林先生为当代作家，感极感极！唯律师辩护，例有酬劳。当择吉日，在六国饭店，购三数瓶香槟酒，恭候台光，即请胡君作陪，或能赏脸也。吾师说至此，仍大笑不止。予拾而记之，以供芸渠先生一粲。

因此引发的问题是，此文何时所写？为何署名"张铭"？是否出自林纾之手？芸渠所作《偶谈》对林纾有怎样的批评？林纾抱着什么心态写作此文，以及文章最后因何未能刊出？最终所要探究的是其中透露的林纾晚年心事。

前述林仲易致林圣明书，已言及林纾为此稿曾"有两函寄我"。此二函已收入商务印书馆1993年出版的《林纾诗文选》，原未署写信时间，编者说明为林纾"1924年所作"。查其中所言"廿二日六小儿行娶，吉帖想已收到矣"及"余七十有三之年"①，"六小儿"指大排行为第六子、小排行为第四子的林琮。据《贞文先生年谱》民国十三

---

① 林纾：《寄林仲易侄书（二）》、《寄林仲易（三）》，李家骥、李茂肃、薛祥生整理：《林纾诗文选》，北京：商务印书馆，1993年，第334、335页。

年（1924）记，"春二月，为四子琮取马逸高之女淑端"①，且林纾是年正为七十三岁，则系年无误。

更进一步，由春二月廿二日为林琮结婚日，可推知《益世报》芸渠文的大致刊载时段以及林纾的回应时间。因林纾与林仲易书开篇即提到，"昨读《益世报》，中有《偶谈》一节"②，可见其文乃是读报之后，即刻援笔写作。而锁定1924年阴历二月，即西历3月的时段查找，果然在《（北京）益世报》当年3月10日的"益世俱乐部"中见到了这则《偶谈》短文。因此可以确定，《读〈益世报〉芸渠〈偶谈〉书后》一文写于1924年3月10—11日，林纾此札也可精确到3月11日所作。

作者"张铭"为何许人，抑或是林纾的托名，在林纾3月11日所写信中也可找到答案。所谓"经敝徒性甫作论辩驳"，《林纾诗文选》亦注出："性甫，即张汤铭，号烟樵，画家。福建闽侯人。"③《林氏弟子表》记林琮言，称其"为先公画弟子中佼佼者"；张氏挽林纾词亦有"侍笔砚有年"，"病榻弥留，遗属丁宁传画册"等语。后者乃指林纾病重时，书《遗训十事》，亦特意交代："四王吴恽画，送性甫。"④显然，其人为林纾爱重的绘画弟子，形同子弟，故于专言家事安排的遗嘱中也不忘道及。

既然此文乃张汤铭"作论辩驳"，何以林仲易指为林纾"自拟"？这在林纾写与仲易的信中也有揭晓。不过，前后两函所言略有不同：3月11日称，因张氏的驳论"搔不着搔[痒]"，"余率性作白话一篇，将他奚落"，是明言其全为林纾自撰；后一信则言，"张生不平，以文抵御。下半余改为游戏之文"⑤，又仅承认后半篇才是越俎代庖之作。如查看原稿，可见全文字迹为别一人手笔，且显系眷清稿，或即为张汤铭抄写；至于"文中更改及圈点"处，确如林仲易所言，乃林纾"亲笔"。据此可以断定，因张汤铭的原作不得要领，未能令林纾满意，于是林亲自出马，故而此文至少大半篇幅，即"师笑曰"以下均为林纾草拟。这从文章起初用文言，林纾自拟部分转为白话亦可见出。全文既经林纾改写、点定，自当认作是吐露了其心声。

由《偶谈》引出的五年前《新潮》公案

惹恼林纾及其弟子的《偶谈》，若仔细阅读，其实笔锋所向，主要是针对胡适。文章不长，却以花线分隔为三小节。第一小节主要批评世人大多凭借耳食，故"一社会之势力，常为一二天才家所独占"，因其总揽了引导舆论的话语权。对林纾以古文译小说的批评构成了第二小节，而其概述的林译小说几年间由冷落到热销的局面，最终被归结为由于胡适近来褒扬林纾古文所致。故第三小节的结论为："社会上之文学评论空气，亦时为一二天才家所左右，此亦'以耳代目'之类也。"仍然回到了开篇"消鄙夫无

---

① 朱羲胄述编：《贞文先生年谱》，上海：世界书局，1949年，第62页。
② 林纾：《寄林仲易侄书（二）》，《林纾诗文选》，第334页。标点有调整，下不再注。
③ 林纾：《寄林仲易侄书（二）》，《林纾诗文选》。
④ 朱羲胄述编：《林氏弟子表》，第13页；《贞文先生年谱》，第65页。
⑤ 林纾：《寄林仲易侄书（二）》、《寄林仲易（三）》，《林纾诗文选》。

识，嗤为'耳食'或谓之为'以耳代目'"①的感叹，意在指责引导文学风气的胡适言论失当，产生了不良后果，背离了五四文学革命提倡白话文的初衷。

林纾最关切的自然是第二小节的文字：

> 林译小说，五年前曾以古文腔调，大为世诮。某杂志称其译《社会声影录》，写一俄国穷妇，作"古文腔调"之祈祷，藉使俄之穷妇，人人皆能作古文腔调，则《社会声影录》可以无作矣。又译侦探小说，用"拂袖而起"一语，经人指摘，令人阅之，不觉失笑。是后林译书，销路大落，竟无过问者。七十老翁，卖文为活，至此当自嗒然。今则畏庐小说，市摊上又累累满架。游人常三五游谈，语及《茶花女》，叹赏累日，或攒目［眉］互语，叹林译小说，何竟走遍市廛无处购也。此中人多三五年前痛骂林纾译书拸扯不伦类者，今竟视为瓒［瑰］宝！五年前之林琴南，今又洛阳纸贵矣！

林纾对此节文字的总体感受是"于余身上若嘲若讽"，让他颇感难受②。

这里先说"五年前"的公案。根据下文引述，"某杂志"可以落实为北大激进学生所办的《新潮》。在1919年1月的创刊号上，发表过罗家伦的《今日中国之小说界》。而下半篇"对中国译外国小说的人说"的"四条意见"中，有两条关涉到林纾，正与《偶谈》文字相应。意见第二条认为：

> 欧洲近来做好小说都是白话，他们的妙处尽在白话；因为人类相知，白话的用处最大。设如有位俄国人把Tolstoy的小说译成"周诰殷盘"的俄文，请问俄国还有人看吗？俄国人还肯拿"第一大文豪"的头衔送他吗？诸君要晓得Tolstoy也是个绝顶有学问的人，不是不会"咬文嚼字"呢！近来林先生也译了几种Tolstoy的小说，并且也把"大文豪"的头衔送他；但是他也不问——大文豪的头衔，是从何种文字里得来！他译了一本《社会声影录》，竟把俄国乡间穷得没有饭吃的农人夫妇，也架上"幸托上帝之灵，尚留余食"的古文腔调来。③

《社会声影录》为林纾与陈家麟合译的托尔斯泰小说，内含两篇作品。罗家伦所批评的部分出自第一篇《尼里多福亲王重农务》（英文译作名为 *A Morning of a Landed Proprietor*）。此书列入"说部丛书第三集第廿二编"，商务印书馆1917年5月初版，封面大书"俄国大文豪托尔司泰著"，并印有托氏大幅图像。

罗家伦的第四条意见是：

---

① 芸渠：《偶谈》，《益世报》（北京）1920年3月10日，第2张第8版。感谢博士生宋雪代为查找此文。
② 林纾：《寄林仲易侄书（二）》，《林纾诗文选》。
③ 志希：《今日中国之小说界》，《新潮》1卷1号，1919年1月，第113–114页。

译外国小说还有一个重要条件，就是不可更改原来的意思，或者加入中国的意思。须知中国人固有中国的风俗习惯思想；外国人也有外国的风格习惯思想。中国人既不是无所不知的上帝；外国人也不是愚下不移的庸夫。译小说的人按照原意各求其真便了！现在林先生译外国小说，常常替外国人改思想，而且加入"某也不孝"，"某也无良"，"某事契合中国先王之道"的评语；不但逻辑上说不过去，我还不解林先生何其如此之不惮烦呢？林先生以为更改意思，尚不满足；巴不得将西洋的一切风俗习惯，饮食起居，一律变成中国式，方才快意。他所译的侦探小说中，叙一个侦探在谈话的时间，"拂袖而起"。所以吴稚晖先生笑他说："不知道这位侦探先生所穿的，是以前中国官僚所穿的马蹄袖呢？还是英国剑桥大学的大礼服呢？"其余这类的例子，也举不胜举了！林先生！我们说什么总要说得像什么才是。设如我同林先生做一篇小传说："林先生竖着仁丹式的胡子，戴着卡拉Collar，约着吕朋Ribbon，坐在苏花Sofa上做桐城派的小说。"先生以为然不以为然呢？若先生"己所不欲"，则请"勿施于人"！①

可以看出，罗家伦在这里还是抱着与人为善的"建设"态度。不过，关于吴稚晖的批评，恐怕是罗氏误记，此一出典还应着落在其师胡适身上。

此前一年，胡适在《新青年》发表《建设的文学革命论》，文中也拟了三条"翻译西洋文学名著的办法"，第二条谈的是坚持白话文的立场："全用白话韵文之戏曲，也都译为白话散文。用古文译书，必失原文的好处。"举例中即包括了林纾的翻译："如林琴南的'其女珠，其母下之'，早成笑柄，且不必论。前天看见一部侦探小说《圆室案》中，写一位侦探'勃然大怒，拂袖而起'。不知道这位侦探穿的是不（是）康桥大学的广袖制服！——这样译书，不如不译。"实则，商务印书馆1907年出版的"侦探小说"《圆室案》，署"商务印书馆编译所译述"，与林纾无干。罗家伦以及包括芸渠先生在内的读者之所以发生误会，实在是因为胡适在此例前后，评论的对象均为林纾。但如果细味接下来的几句："又知〔如〕林琴南把Shakespeare的戏曲，译成了记叙体的古文！这真是Shakespear的大罪人，罪在《圆室案》译者之上。"②则胡适在林纾与《圆室案》的译者之间还是作了区分。

不过，张汤铭，甚至林纾在辩解时，都没有注意到这一批评的张冠李戴，反而甘愿代人受过，只辩称"拂袖"当为"挽袖"之笔误。由此侦知，林纾其实并不清楚其说原始出处，故不惜大包大揽。更重要的是，胡适与罗家伦对于林译小说的不满，根本在于其不用"活"的白话，专取"死"的文言，走失了原作的口吻与精神。张、林却搁置此白话更宜于翻译小说的前提绝口不论，实在也是因为对外文的语体毫无感受能力。辩词的出发点于是落在认定以古文译小说为既成且当然的事实，论题也转弯成为译文语言风格的统一，与对手并未接上榫。

---

① 志希：《今日中国之小说界》，《新潮》1卷1号，1919年1月，第115–116页。
② 胡适：《建设的文学革命论》，《新青年》4卷4号，1918年4月，第305–306页。

与胡适《五十年来之中国文学》的纠葛

还须考述的是何以五年间,林译小说出现了从"无过问者"到"洛阳纸贵"的巨变。芸渠认为,那根由端在胡适不负责任的表彰:

> 胡适之《五十年来之中国文学》,推崇林纾备至,谓林纾为有文学天才的人,甚至谓"古文之应用,自司马迁以后,都没有林纾这样的成绩"。可谓将林抬到天上了。
>
> 温彩嗣Wenchester 谓文学须有永久的价值,一时毁誉,无伤毫末。林先生要为当代作家,却是自胡适这几句话一把他抬起来,他才不倒霉了,又要走运了。

其实这里所说抬高林纾的只是胡适。至于在美国大学任教的温彩嗣,又译温彻斯特(C. T. Winchester,1847—1920),此前一年,商务印书馆刚刚出版他的《文学评论之原理》中译本①。芸渠撮述其意,在此乃偏重"誉"之无用,即谓胡适虽"将林抬到天上",林译照样不具"永久的价值"。实则温氏本人连同其书,与林纾毫不相干。不过,林纾明显发生了误会,他没有注意或不了解新式标点中句号的功能,以为已经去世四年的温氏曾称道他,为之辩护,故言"感极感极",甚至说要在六国饭店设宴酬谢。此话当然是戏言,但还是反映出林纾对外国"知己"的感恩心情。

而让芸渠大为不满的《五十年来之中国文学》,本是胡适1922年3月为《申报》创办五十周年专门撰写的一篇长文,收在申报馆1923年2月出版的《最近之五十年》纪念专刊中,次年又出版了单行本。其中对于林纾最高的评价,乃是与严复对举,许为:"严复是介绍西洋近世思想的第一人,林纾是介绍西洋近世文学的第一人。"说到林译小说,胡适发表了这样的意见:

> 他(指林纾)的大缺陷在于不能读原文;但他究竟是一个有点文学天才的人,故他若有了好助手,他了解原书的文学趣味往往比现在许多粗能读原文的人高的多……
>
> 平心而论,林纾用古文做翻译小说的试验,总算是很有成绩的了。古文不曾做过长篇的小说,林纾居然用古文译了一百多种长篇小说,还使许多学他的人也用古文译了许多长篇小说,古文里很少滑稽的风味,林纾居然用古文译了欧文与迭更司的作品。古文不长于写情,林纾居然用古文译了《茶花女》与《迦茵小传》等书。古文的应用,自司马迁以来,从没有这样大的成绩。

---

① 温彻斯特著,景昌极、钱堃新译,梅光迪校:《文学评论之原理》,上海:商务印书馆,1923年。

这是胡适站在文学史家的立场，对林译小说所作的历史评定，自有合理性。芸渠却只顾坚守白话本位，因而对历史人物与文本缺乏必要的同情。何况，胡适在上述赞语之后，立刻表示："但这种成绩终归于失败！这实在不是林纾一般［班］人的错处，乃是古文本身的毛病。"因为"古文究竟是已死的文字"①，从而透显出以白话为"活文学"仍是胡适论述的归宿与一贯主张。芸渠有意无意忽略了此点，对胡适的本意不免有所歪曲。

关于文言与白话的"死""活"，倒使林纾念念不忘，并假托茶花女之老书新戏，调笑一番。林纾自嘲其初涉译坛的成名作《巴黎茶花女遗事》为"老茶花"，乃是因有时事新戏《新茶花》自晚清以来一直以京剧、话剧等形式在上海舞台热演。于是，针对芸渠所述时人"语及《茶花女》，叹赏累日，或攒目［眉］互语，叹林译小说，何竟走遍市廛无处购也"，林纾故意调侃："我意寻《老茶花》是死的，无可言晤；不如找《新茶花》是活的，可以吊膀，到还有趣。"只是，这样的嘲笑在林纾固然颇为自得，然而已有些无聊。

更有甚者，胡适称赞林译小说对于古文的应用，取得了司马迁以来所没有的大成绩，本是诚心言好；林纾反而就此发难，用司马迁的受宫刑与自己1922年8月间的大小便不通②类比，称为"极大忌讳"，"只好战战兢兢，写一个心领谢帖，挡驾完事"，表示拒绝。尽管林纾自白，"有时称许不伦，颇为难受"③，应是其回应胡适诸言率性而出的原因，但迹近恶俗仍不免是笔者读后的印象。而如果稍微留心胡适所说，不难发现，其并未犯下林纾嘲讽的"比我为司马迁"一类的错误。只是，林纾对司马迁实在是高山仰止，研读有年，故翻译小说时，也会发出"西人文体，何乃甚类我史迁也"④的感叹，以致错会了胡适文意，引司马迁自比。实则，林氏对自家古文已有定位，所谓"六百年中，震川外无一人敢当我者"⑤。正因有着这样的高度自信，林纾才放出"即有百个胡适之，亦扶不起；即有千个某杂说［志］，亦踩不倒"的豪言。根本说来，林纾始终最看重的是其古文，而非翻译小说，按照老友陈衍的说法，那情形竟至为"琴南最恼人家恭维他的翻译"⑥。无怪乎胡适的好心，因赞的不是地方，林纾并不领情，反会生气。

而真正让林纾最动怒的，应该还是芸渠所挖苦的"七十老翁，卖文为活"，故"师笑曰"最先承接"不倒霉"的话头，就此展开。林纾先后诞育七子五女，家累甚重，又常接济族人及故交，日用开支很大。翻译小说以获取稿酬，确为其重要的养家之道。甚至1913年准备搬家时，地点的选择也兼顾到距口译合作者较近，"便于译书也"⑦。在

---

① 胡适：《五十年来之中国文学》，上海：申报馆，1924年，第18、23—24页。
② 参见朱羲胄述编：《贞文先生年谱》，第54页。
③ 林纾：《寄林仲易侄书（二）》，《林纾诗文选》。
④ 林纾：《〈斐洲烟水愁城录〉序》，朱羲胄述编：《春觉斋著述记》，上海：世界书局，1949年，第26页。
⑤ 钱锺书：《林纾的翻译》，《旧文四篇》，上海：上海古籍出版社，1979年，第94页。
⑥ 钱锺书：《林纾的翻译》，《旧文四篇》，上海：上海古籍出版社，1979年，第91页。
⑦ 林纾：《训林璐书》（1913年4月7日）。

写给三子林璐的信中，因其游惰成性，林纾每常叹苦，故要求其"当念尔父百般劳瘁，所为何来？切须学好，用功做人"；语气中甚至不乏恳求："一钱来处均不易，父老而力疲，须从俭为是，亦以体贴老父，即为孝子。"由于长期劳累，林纾的身体早已出现病状。在训子书中亦不妨说得明白："吾年已六十有四，在理喘嗽之病日相侵寻，亦是老年常事。而吾蒙天之佑，常能耐劳，试问吾身尚有何望？"所望者即在儿子们的自立①。为子女笔耕不息的林纾老人，也正有值得人尊敬处。郑振铎于林纾身后，誉之为"实是一个最劳苦的自食其力的人"，"实可算是最可令人佩服的清介之学者"②，相当中肯。与此相比，芸渠的讥讽不免失之尖刻。但其说仍不过是沿袭了傅斯年五年前在《新潮》对林纾反对白话文学心理的揣测："苟不至于如林纾一样，怕白话文风行了，他那古文的小说卖不动了，因而发生饭碗问题，断不至于发恨'拼此残年'，反对白话。"③这也是浅之乎视林纾了。

而由芸渠"洛阳纸贵"一语带出的"方今吴子玉用武力统一，那有功夫瞅字"，实为《书后》文中惟一关系时事之言。吴佩孚（字子玉）为直系军阀首领，当时在北洋各系中军事实力最强，驻守洛阳，操控政局。1923年4月，吴在洛阳大做五十寿庆，有人出多金请林纾作画，林"却之弗为"，《贞文先生年谱》谓为"久不直其骄横佳兵也"④。但其间亦不排除林纾亲近的徐树铮为皖系军阀的缘故。1920年的直皖战争中，皖系落败，徐亦被通缉。林纾或不无衔恨，故在此顺便偶刺之。

不过，在林纾的反唇相讥中，倒也透露出其当年真实的谋生情况："吾每译小说，与舌人对分，一月不过六百元。今舍译卖画，一月到得千元。"可知，起码到1924年，卖画已成为林纾最主要的收入来源。按照1913年所收女弟子王芝青的回忆："晚年求画者甚多，先生自定润笔，与其他画家不同的是索画先付润笔，茶几书架上常常堆满了纸绢，直到病榻上难以握管还在纸上摸索，他死后还欠了许多画债。"⑤老友陈衍的记述更为传神："纾有书画室，广数筵，左右设两案：一案高将及胁，立而画；一案如常，就以属文。左案事毕，则就右案，右案如之。食饮外，少停晷也。"故陈衍"戏呼其室为'造币厂'，谓动即得钱也"⑥。如此辛劳，仍是为了儿辈。以至在去世前，林纾已病势沉重，"犹日作画数事，自谓以分诸子也"⑦。

至于林纾的翻译情况，此文也作了总结："师每日必译书三千六百言，成书一百五十三种。"前者可视为林纾与合作者通常约定的译书字数，后者则为其自家认定的译书数目，尽管我们现在知道的林译小说成书已超过此数。而谓为"总结"，实在是因为此时距林纾病逝之日——1924年10月9日已经不远。

---

① 林纾：《训林璐书》（1913年4月20日、约1916年、1915年秋）。
② 郑振铎：《林琴南先生》，《小说月报》15卷11号，1924年11月，郑文第3页。
③ 傅斯年：《白话文学与心理的改革》，《新潮》1卷5号，1919年5月，第914页。
④ 朱羲胄述编：《贞文先生年谱》，第61页。
⑤ 王芝青口述，范文通整理：《我的绘画老师林琴南》，《人物》1982年第2期，第177页。
⑥ 陈衍：《福建通志·林纾传》，朱羲胄述编：《贞文先生学行记》，上海：世界书局，1949年，第4—5页。
⑦ 朱羲胄述编：《贞文先生年谱》，第64页。

游戏文中的正经事业

《读〈益世报〉芸渠〈偶谈〉书后》完成，林纾将其寄给林仲易，附信曰：

> 方今盛行白话，余率性作白话一篇，将他奚落。不便付与他报，祈吾侄登在附张，与白话文及白话诗一堆混去，略略开心。余近来身子极健，故有此闲情。①

在此先要说明的是林仲易的身份。林氏本名秉奇（1893—1981），福建闽县（今福州）人。父亲林作舟与林纾为友，林纾曾因仲易之请，为其父撰《清奉直大夫阳山县知县长乐林君墓志铭》。1917年冬，林纾在北京开设古文讲习会，林仲易亦来听讲。故1918年林赴日留学时，林纾为作《送林生仲易之日本序》②。1920年自日本早稻田大学毕业归国后，林仲易即加盟北京《晨报》，并专任次年创办的《晨报副刊》编辑，编发了大量卓有影响的新文学作品③。而撰写《偶谈》一文的芸渠应为北京《益世报》编辑王芸渠，该报"益世俱乐部"即由其主编④。可想而知，有此一层关碍，林纾的反击文章自不便在北京《益世报》发表。于是，交给以刊发白话文学为主的《晨报副刊》编辑、弟子林仲易，便是最合适的选择。

此文的出之以白话体，在林纾也有戏谑意，算是"即以其人之道，还治其人之身"。不过，林纾并非反对白话文，而是反对"尽弃古文行以白话"⑤。因此，早在1901年的《杭州白话报》上，林纾即发表过白话道情多篇⑥。1922年8月9日至9月15日，《晨报副刊》刊出署名"淑兰女士"撰写的《晋鄂苏越旅行记》，林纾也致函林仲易，大赞其文"用语体，字里行间，咸有卷轴之气，闲闲以白描之笔，写南中山容水态，均栩栩欲活"，以为"必如是始成语体文字"。既极称其为"不易才"，故特意探问："未知为何处人，吾贤曾否认识此人，可否介绍与老人相见。"⑦爱才之情溢于言表。而林氏也果然有眼光，此"淑兰女士"即为日后的著名学者冯沅君。于此亦可见出，林纾实将书卷气视为白话文必须具备的质素与底蕴。

---

① 林纾：《寄林仲易侄书（二）》，《林纾诗文选》。
② 林纾所撰二文分别收入《畏庐续集》与《畏庐三集》中。
③ 参见闽客、张正宇：《林仲易与二十年代的北京〈晨报〉——访旧京〈晨报〉总编辑林仲易之女林薇女士》，《北京档案史料》1999年第2期，第318—321页。
④ 蹇先艾《向艰苦的路途走去》提及："在我投稿的初期中，我不得不提到几位认识或不认识的编辑先生的奖掖，并向他们表示感谢之忱。在北平《益世报》的《益世俱乐部》中刊登我的处女作《人力车夫》的编者是王芸渠先生……不久就到山东教书去了。"（《蹇先艾文集（三）》，贵阳：贵州人民出版社，2004年，第276页）此条材料由宋雪提供，特此致谢。
⑤ 林纾：《论古文白话之相消长》，原载《文艺丛报》第1期，1919年4月；录自林薇选注《林纾选集》（文诗词卷），成都：四川人民出版社，1988年，第156页。
⑥ 参见郭道平：《〈杭州白话报〉上林纾的白话道情》；胡全章：《林纾"白话道情"考论》，《福建工程学院学报》2012年第5期。
⑦ 林纾：《寄林仲易侄书（一）》，《林纾诗文选》，第333页。

而这篇师生合作的戏仿白话文终究没有刊出。据林纾事后写给林仲易的信中"伏卢先生识高于顶"一语可知,主要原因是当时的《晨报副刊》主编孙伏园反对发表此文;而"吾侄见事,良有卓识",说明林仲易也赞同孙氏的意见。虽然孙伏园令林纾"拜服无地"的"持平论"现在不得其详,林仲易的劝解信亦未现身,但二人不愿挑起文坛新事端的息争之意还是可以明白体会出的。林纾回应林仲易"卓识"的"余那顾与此辈争雄头〔斗〕角",以及针对孙伏园"持平论"所说"余七十有三之年,何必与人争无为之气",都在剖白此点。尤其是《书后》文中对胡适的讥讽,在林纾说来,是既有些得意又有些不平的"且胡适之经余指斥,而尚以诶词加我,本不必哓哓与辩"①;若在旁人如孙伏园与林仲易看来,可能生出的倒是不识好歹,甚至好心当作驴肝肺的感觉。

自我解释作文的目的与心态,林纾初时的"颇为难受"与"将他奚落"显然更本真;后来辩解为"如方朔之《解嘲》,以博阅者一笑,并无诋谰之词",起码孙伏园并不相信。不过,寻"开心"、"游戏"为文,确也是林纾前后二书一致的表白,只是后信于此更多强调,且言及与性情相关:"然好游戏之作,效颦作白话一篇。"②采用调侃语气作文,自然可降低或缓和论争中的敌意,使其处在若有若无之间。但分寸其实很难把握,戏谑也很容易从善意的调笑滑向恶意的讽刺。但无论如何,林纾的性喜"游戏"并非遁词。熟悉其人者,多对林纾自认的"好谐谑"印象深刻。《福建文史资料》第五辑登载过两篇回忆文章,对此竟有相同的记述。世交子吴家琼(其父吴畲芬与林纾同任教于北京五城学堂)称:"林琴南平日风趣洒脱,快言快语,不存芥蒂。"晚年亲近的弟子胡孟玺亦说:"先生性极诙谐,居常以隽永洒脱之辞,作深入浅出之语,其脍炙人口者不可胜纪。"③只是,这样的隐情细节不可能为人人道,并期待人人知。为避免引发新一轮的文白之争,想来也有为林纾老人不致惹火烧身、安度晚年计,《晨报副刊》因此决意"不登"这篇"游戏之作"。林纾此时或许也觉得孟浪,不愿此文再现于世,故信末嘱林仲易"摧烧之可也"④。

虽说是笔墨游戏,在林纾其实也相当郑重。此稿篇首本有林纾所写"登出此文时,祈将贵报送我一分"的嘱咐,分明有留存意。如果放在林纾生命中的最后一年来看,更可见其为延续古文命脉而拼死努力的悲壮心态。这场最终夺去林纾性命的大病起于1924年6月10日。其间,林纾曾扶病去孔教大学讲授《史记》中《魏其武安侯列传》一篇,随即辞讲席,并作《留别听讲诸子》诗:

---

① 林纾:《寄林仲易(三)》,《林纾诗文选》,第335页。
② 林纾:《寄林仲易侄书(二)》《寄林仲易(三)》,《林纾诗文选》。
③ 吴家琼:《林琴南生平及其思想》;胡孟玺:《林琴南轶事》,政协福建省委员会文史资料编辑室编:《福建文史资料》第5辑,福州:福建人民出版社,1981年,第102、106页。"好谐谑"出自林纾文言小说《庚辛剑腥录》,述"吾乡有凌蔚庐(按:谐音林纾之号畏庐)者……其人好谐谑";钱锺书《林纾的翻译》中亦有引例(《旧文四篇》,第69、92页)。
④ 林纾:《寄林仲易(三)》,《林纾诗文选》。

> 任他语体讼纷纭，我意何曾泥《典》《坟》。驽朽固难肩此席，殷勤阴愧负诸君。学非孔孟均邪说，话近韩欧始国文。荡子人含禽兽性，吾曹岂可与同群？①

留给学生的遗言，仍与1919年致蔡元培信中对"覆孔孟，铲伦常"、"尽废古书，行用土语"②的忧惧相同。临终前一日，林纾已无力说话，"然犹以指书子琮掌曰：'古文万无灭亡之理，其勿怠尔修。'"③这已是真正意义上的遗嘱，其中凸显的是林纾对古文至死不渝的关切。

一篇游戏文，关联的仍然是林纾一生倾力的古文事业。

原载《中山大学学报（社会科学版）》2015年第1期

---

① 朱羲胄述编：《贞文先生年谱》，第62页。
② 林纾：《答大学堂校长蔡鹤卿太史书》，《畏庐三集》，上海：商务印书馆，1924年，第26、27页。
③ 朱羲胄述编：《贞文先生年谱》，第65—66页。

文化的应激反应

——再论五四新思潮

林 岗

五四新思潮所高张的正面"立论"无论是科学还是民主,其实都算不上前无古人,都可以从晚清寻到它的涓涓细流。真正石破天惊的是它的"驳论",新思潮以布告天下的姿态宣示中国以往数千年历史文化是"罪恶"。这种决绝的姿态是中国思想文化史所未见,也是欧洲国家无论原发还是后起的现代化国家走向现代历程所不见。它是思想文化在罕见的时空节点上发生的异常现象,同时也是中国思想文化史上的孤例。正是新思潮的决绝姿态开启了此后如何理解它的长久争议,这使我想起周策纵在超过半个世纪前出版的《五四运动史》里说过的话:"在中国近代史上,再也没有任何主要事件像五四运动这样,惹起各种争论,广泛地被讨论……对部分中国人而言,五四运动是中国新生和解放的标志;而另一些却把它看成是国家民族的浩劫。"[①]五四已过百年,今天或不至于那样极端,但争议仍然以各种面貌出现。这说明如何合乎事实地理解百年前所发生的新思潮运动,依然是具有挑战性的课题。笔者借用病理学的术语,将新思潮的决绝姿态看成是文化上的应激反应——在环境高强度刺激下发生的超越自身正常承受能力的特异反应。它跟先前的思想文化传统的联系,不是顺承接受,而是反逆再接,故只有用"逆接"一词描述比较合适。用鲁迅的话说,就是"抉心自食"。五四新思潮虽然只有短短数年,但因其决绝的姿态,既划开时代,又在当代史上长久地留下它的痕迹。

一

无论是新思潮致力的输入西方学理,还是它致力的改变因循旧俗,这些中国社会的变化都在晚清逐渐开始了,只是这个变革的广度和深度没有后来那样迅猛而已。西方的文化学术在晚清以降的逐渐输入是无法一笔勾销的,这种渐变也值得我们此处略为回顾。1843年英国传教士麦都思(Medhurst, 1796—1857)等人在上海创办墨海书馆,从事西方科技、宗教与历史类的书籍译述,催生了王韬等思想开通的口岸文人。英国传教士傅兰雅(Fryer, 1839—1928)1874年创办格致书院,出版科普期刊《格致汇编》,翻译科技图书达113种之多。自1897年至1909年,严复翻译了赫胥黎《天演论》等8种英

---

① 周策纵著,陈永明等译:《五四运动史》"英文初版自序",北京:世界图书出版公司北京公司,2014年,第18页。

法思想家探索现代社会原理的奠基性著作。与此同时，桐城派古文家林纾也开始用文言翻译欧美小说。语言形式的变化也与此相似，来华传教士译经遇到了难题，曾经长期徘徊于译文到底采用"深文理"还是"浅文理"，传教士内部争议不息。经过多年翻译实践的探索，也终于在1891年确定被称为官话和合本的翻译原则：译文必须白话，并且也是全国通用语言。这两大原则与27年之后胡适对于"国语"的期待完全相合。戊戌变法失败后梁启超办报所采用"笔锋常带感情"的报章体，也是晚清这个在现代意识引导下的语言变革浪潮里的一部分。至于说到文学的裂变，如果包括修辞形式在内，最早可以追溯到通商口岸"华夷杂处"的环境所产生的海外经验，也包括后来奉旨出洋的外交官所面临的处境。当他们用诗语表达自己的感受和经验的时候，势必使诗的用语和诗体产生变化以求两者的适应，由此而开始了诗及其修辞方式的变化。变革的欲求积累到1895年5月，傅兰雅终于发出了"时新小说"的征文启示①，要小说为移风易俗两肋插刀。要除掉鸦片、时文和缠足这阻碍中国文明进步的三弊，为百姓大众通俗易懂的小说被派上了大大的用场。这个执念与日后严复办《国闻报》刊登《本馆附印小说缘起》和梁启超鼓吹"新小说"是一脉相承的。

  从上述简略的事例推断，如果政治经济的局面不是发生日后如此急遽的转变，晚清思想文化将会依循这种逐渐累积的方式向着文明开化的方向渐变。其实，在漫长的中国历史上，无论由内生形势导致的改变还是由外生刺激引导的变化，都是在相对漫长的时程里逐渐发生的：孔子祖述尧舜，称自己思想文化的所作所为是"述而不作"；由佛教传入中原的东汉永平年间至本土教派天台宗形成的隋朝，期间超过5个世纪；由东土佛学融入儒学而形成为南宋理学，也经历超过4个世纪。思想文化说到底是人的认识和价值观，与物质实利和群体势力不同，在后人眼里不可能成为需要非克服不可的对象。后人对之有因有革，可以从容进行。即使在后人所当"革"的方面，澄清前人不合时宜的认识和价值观，就于事已经足够，无论如何也不必进行到宣布前人所谓"罪恶"的地步。所以当我们观察思想文化变迁的时候，几乎都是按照有因有革的渐变累积方式进行的。这是思想文化变迁的惯例。就算是新思潮，在它"立论"的部分，即寄望正面建树的部分，也是沿着晚清开启的文明进步的方向进行的。它们输入学理再造文明的宗旨，可以说与晚清毫无二致。

  新思潮真正特异之处在于它对先前思想文化累积采取不容分说的坚决的拒斥姿态，笔者将新思潮的这一面比喻为"驳论"。《新青年》同人痛责二千年中国社会历史、政治、思想和文化，将之视为倾江汉而不可浣的"罪孽"。中国的历史文化在这种决绝的拒斥面前简直就成了"吃人"的文化。《新青年》同人面向未来选择之际，其政治文化立场或有左右的差异，但面对既往的历史文化，其姿态立场却惊人地一致。陈独秀、鲁迅的激烈言辞，人们耳熟能详，就不在此称引。以下这三位，政治立场不是模糊就是中间偏右的。他们的决绝姿态，与陈独秀、鲁迅不遑多让。钱玄同写道："欲废孔学，不可不先废汉文；欲驱除一般人之幼稚的野蛮的顽固的思想，尤不可不先废汉文……欲使中国不亡，欲使中国民族为二十世纪文明之民族，必以废孔学，灭道教为根本之解决，

---

① 傅兰雅《求著时新小说启》刊登于1895年5月25日的《申报》和6月份《万国公报》第77卷。

而废记载孔门学说及道教妖言之汉文,尤为根本解决之根本解决。"①胡适将以往的文学一概称为"死文学":"中国这二千年何以没有真有价值有生命的'文言的文学'?我自己回答道:这都因为这二千年的文人所做的文学都是死的,都是用已经死了的语言文字做的。死文字决不能产出活文学。所以中国这二千年只有些死文学,只有些没有价值的死文学。"②傅斯年更将中国历史一笔抹倒:"中国政治,自从秦政到了现在,直可缩短成一天看,人物是独夫、宦官、宫妾、权臣、奸雄、谋士、佞幸;事迹是篡位、争国、割据、吞并、阴谋、宴乐、流离。这就是中国的历史:豪贵鱼肉乡里,盗贼骚扰民间,崇拜的是金钱、势力、官爵,信仰的是妖精、道士、灾祥。这就是中国的社会,这两件不堪的东西的写照,就是中国的戏剧。"③因为对前代的历史语言文化怀有如此痛切的感受,他们对作为文化表征的"国粹"如中医和戏曲,一样充满不信任的恶感。这些言辞的曲直是非是一回事,它至今都使不能设身处地看历史的人陷入困惑中。但笔者认为更重要的是应当探究这种对传统文化决绝的姿态在思想文化的变迁中到底起了什么样的功能作用。晚清思想文化点滴累积的方式何以来到《新青年》同人聚合之际而无以为继?是那时中国社会突然出现一帮特别偏激而无知的人误入了歧途,还是特别的历史时刻给了他们一个机遇以这种罕见的方式开辟未来?

二

新思潮凭借决绝的姿态彻底改变了晚清思想文化点滴累积而变迁的方式。由于这个改变,原本追随政治经济后起变化的思想文化走到了时代舞台的前沿,扮演起社会变革的主角,而政治经济这本来的主角反倒退居舞台的一边只能充当起配角。这一根本性的改变宣示了中国近现代史一个重要节点时刻的到来。

纵观鸦片战争至《新青年》创刊前的中国近代史,我们可以得到一个总体的观察,这就是政治经济的变革远远跟不上局势日渐严峻所要求它们要达到的那种程度,而且两者的差距随着时间的流逝距离越来越大。《南京条约》签订之后,国家的政治经济面貌不是丝毫没有改变,而是它们的改变太过微弱,以致根本回应不了国家羸弱面临瓜分的严峻形势的挑战。严峻的形势像根鞭子,虽然不停抽打着大清帝国这架老牛破车,可是驾驭它的主人却不思振作不思回应,不是方寸大乱胡作一通就是因循固步。包括前来染指中国的列强在内所构成的国际大环境,是不会等待你国家内政调整好了再来提出要求的。国家越是在政治经济上不能作出适应形势的回应,列强就越是进逼,乘可乘之机,瓜分中国。鸦片战争之后的近代史,由于政治经济变革日益严重滞后,国难的危机就逐渐积累加深。如果将这段历史分为三段,以太平天国结束1864年和甲午海战1894年为分界线,那在经济上,鸦片战争至太平天国的20多年,对清朝来说就是失去的年代。经济面貌纹丝未动,白白浪费殖产兴业的大好时光。而第二段的20年是迟滞的年代,虽然官绅中有识之士意识到实业的重要,也确实起步,但却步履蹒跚,成效不彰。其后的20余

---

① 钱玄同:《通信》,《新青年》第4卷第4号,1918年4月。
② 胡适:《建设的文学革命论》,《新青年》第4卷第4号,1918年4月。
③ 傅斯年:《再论戏剧改良》,《新青年》第5卷第4号,1918年10月。

年，经济才迎来了初兴的年代，但这时国家的政治秩序已经陷于混乱，不能保证经济有序的健康发展。这三个时段的政治也可以作如是观。第一个时段的政治同样是失去的年代，遭受列强如此胁迫割地赔款之后朝政还是毫无思改革的气象，20余年一潭死水。第二个时段可称为中兴的年代，可惜中兴的力度不足，以致仅有的成效毁于一旦。其后第三时段20年的中国政治，无论是清朝还是辛亥革命之后建立起来的北洋政府，可概称之为挣扎的年代。大势已去，任何人事努力，无论固守还是维新改革，看上去都更像无效的挣扎。古人讲到朝廷将灭亡时，谓之气数已尽。所谓气数其实就是陷于业已废弛的朝政在无效地挣扎。凡朝政面临挣扎之际，就是到了将亡之时，再有能臣干吏力挽狂澜也无济于事。

本来，一国的政治经济是其思想文化的基础，而思想文化通常是受政治经济制约的。在稳定秩序有保证的前提下，通常是政治经济首先发生改变从而引导思想文化渐次发生变化。以舞台表演为喻，政治经济绝对是社会舞台上的主角，而思想文化只是它的配角。没有1688年奠定英国现代政制基础的"光荣革命"，洛克（John Locks，1632—1704）也不会将其权力制衡的思想写成《政府论》；没有18世纪60年代工业革命前后英格兰地区蓬勃发展的工业和贸易，大概也不会有亚当·斯密（Adam Smith，1723—1790）1776年《国富论》的出版；同样，离开了1867年日本倒幕运动和"大政奉还"，也难以想象1880年福泽谕吉（1835—1901）结集出版《劝学篇》。一个社会的现代变革，如果其政治经济实践是"摸着石头过河"，那么它的思想文化沉淀更像是"事后诸葛亮"。历史的道路从来就不是预定的，正常的情况是经济政治先行，而思想文化跟进。等到思想文化挺身而出，扮演先行者的角色，那已经证明了经济政治的失能达到了无药可救的地步。同时思想文化的先行，本质上是呼唤另一波经济政治的变革。因为观念形态终将不能独自开辟社会历史的道路，实践形态的政治经济才能让社会达到这一目标。

新思潮之走到前台，它与当时日益恶化环境的关系是清晰可见的。中国面临国家民族的危机是新思潮走到社会舞台中心扮演社会变革主角的直接推手。当时国家民族危机的严重程度，无论是原发性现代化国家英国，还是后发性现代化国家日本，均在国家现代化过程中未曾遭遇到。盖有非常严峻之国家局面，方能激发非常之思想文化反应。1899年海约翰（John Miton Hay，1838—1905）的门户开放照会似乎客观上为崩坏的朝政提供了喘息的时机，但照会真正的用意并不是维护中国的领土完整，而是保存关税一致可供列强榨取中国财富时获得可靠担保。当某个列强的国力强大到使列强之间的势力失去平衡之际，最后的瓜分局面必然出现。危机累积至1915年日本向袁世凯政府递交企图霸占和奴役中国的"二十一条"密约就是一个警讯。虽经北洋政府百般推诿、拖延、讨价还价，最后签订的《中日民四条约》，比之"二十一条"有所挽回，但也不能改变丧权辱国的根本局面。甲午海战之后，一面是国外列强的觊觎和瓜分，另一面是内政的混乱。戊戌之后是庚子，庚子之后是辛亥，辛亥之后是南北党争和政争。这种内政的持续混乱是其时政治经济严重失能的症候。所谓失能，不是说没有人事的努力，而是说无论何种朝政的努力，或何种对于朝政的反抗，它们都不能合格地回应环境的挑战，让国家度过难关。所有人事努力除了让国家陷于更深的危机之外，没有其他结果。辛亥之后南北党争和议会政争削弱了行政的效率，而袁世凯对于这局面的回应居然是改制称帝；由政治的失败而人心涣散，但康有为等保守势力的回应却是尊孔立孔教为国教；袁世凯死后北洋各系争权，而张勋的反应居然是率辫子军入京"赞襄复辟大业"，请12岁的废帝溥仪出山。后人或难以理解民初的政坛何以如此荒唐混乱。站在个人的角度，这些握有政权、军权或话语权的人物或许各有苦衷，但从根本上说，他们都是一些行将就木的人物。国家危机的加深使他们和时代社会渐行渐远，而这些人内心抹不去的是"日暮途远"的悲凉之感，所以认知以及行为便只能"倒行而逆施之"。他们不能向未来学习便只好向过去学习。辛亥次年康有为写信给梁启超，颇道出这些即将退出历史舞台的官僚士绅的末年心境："近者连接外埠书，皆极怨散之言……十余年辛苦经营，今真尽矣。呜呼！从前乱时，吾等犹可以不破坏自解，今者各处党发如麻，而吾党无声无臭……安得不令人愤绝望绝而散。吾坐卧于是，愧恶欲死。"①康有为聪明绝顶而预感准确，但历史的反讽恰好在于纵然聪明绝顶，也无以挽救退出历史舞台的命运。

清末民初所遭遇列强胁迫瓜分的危机放在整个近现代史观察，严格来说不是最深重的。其后日本侵占东北并全面侵华造成的民族危机远甚于民初，但民初却是政坛最不上路的时期。这个现象与曾经支配中国社会数千年的官僚士绅阶级来到命运的终点行将谢幕退出社会舞台有关，而它又直接促使了从这个阶级蜕化出来的新一代人物登上社会舞台发动新思潮运动。士绅官僚士大夫是中国传统社会的栋梁柱石，以往中国的政治文化成就与他们的作为密切相关，但是时间来到从农耕社会迈向工业社会的转型阶段，这个曾经创造文治武功的骄人成就的阶级却面临黯淡的命运。到底是命运的神秘还是自身的努力不够有以致之或者需要史学研究继续提供答案，但事实是官僚士绅自鸦片战争之后逐渐衰朽，迷恋其辉煌的过去远甚于面向可能的未来。其间虽有卓识人物如曾左之徒站出来力挽狂澜，但无从改变大的趋势。辛亥前后十数年间，士绅官僚作为中国社会的中坚阶级支配和引领社会就来到了这个漫长过程的末端。对他们自身来说，这是最后的机会窗口，通过挽救自身也挽救国家。然而征诸这个阶级鸦片战争之后的表现，他们实际上无法承担重任。既辜负国家，又辜负子民。对国家而言，短短的十数年，莫说由经济的提升而富国强兵如望梅止渴，期待经由政治力凝聚而应对列强挽救时局根本就如同痴人说梦。于是在强敌环伺，内外交困，良也改过，命也革过，却统统无效的情形下，在中国社会经济、政治严重失能的状况下，思想文化走到前台，扮演它勉为其难的角色。

三

站在今天回望五四，最令人纠结的恐怕莫过于新思潮的反传统问题。是之者谓之是，非之者谓之非。由当年事起直至今日舆论学界从无所谓"共识"，互不认同的双方，颇似死对头，立场泾渭分明。惟百年来双方的势力时起时伏，一时此大，一时彼大，要之依当时的政治文化大环境为转移。反传统的力量最大的时候当然就是新思潮运动期间的短暂岁月，用摧枯拉朽来形容也不为过。1917年初胡适才揭出文学改良的

---

① 张荣华编校：《康有为往来书信集》，北京：中国人民大学出版社，2012年，第655页。

"刍议",1920年初北洋政府就通令小学低年级课本采用白话文。不过,传统之为物,也并未有在如此打击之下消亡废绝。新思潮当初的打击反而成了文化传统重生的洗礼,国学之重出江湖就是很明显的例子。简言之,百年来凡国家有艰难,时局有危机的时候,传承五四新思潮的反传统认知会获得更多的同情,而富裕升平的日子继承历史文化传统的国学潮流会更加高涨。这种现象使我们不能孤立地理解新思潮的反传统问题,而要从新思潮的决绝姿态入手反思百年前思想文化的特异反应。

新思潮的先驱们姿态决绝,不容商量不容申辩,将过往的思想文化传统置于审判席上。他们的"判词",与其说是一种关于中国思想文化传统的新知识,不如说是一种思想文化取舍抉择关头的价值选择。价值选择通常不在乎指涉对象的本来面目是什么,而在乎选择主体作出怎样的选择,它会阻止某些选择而加强另一些选择。换言之,新思潮对于传统文化的"判词"是以知识形式表达出来的主体选择。它似乎是在讲述旧的文化传统是什么,然而实际上它并不是站在知识的立场论述,仅仅是徒有关于旧文化传统是什么的表象,并无被指涉对象的实质知识。就像陈独秀认为中国历史二千年的罪恶倾江汉而不可浣,鲁迅从陈年历史的纸背读出只有"吃人"两字,胡适说二千年的文学都是"死文学"等一样,他们对旧文化传统的言说不是知识论的。他们并不是像今天的学者做学术一样探讨中国历史、传统文献和古典文学到底真相如何,而只是寄寓负面的生活感受时的"托物言志"。以往的思想文化传统就是他们言志之时所托之物。人们对于此点或有疑问:新思潮何以托此物而不托彼物?何以不干脆明心见性?这种借题发挥式的"托物言志"正是思想文化特异反应所具有的特点。社会逢当剧烈转型变革的时期,终究有赖于政治经济走上轨道所开启的实践工夫。如上文所述,其时中国社会的政治经济实践已经陷于走投无路,新思潮勉力挺身而出,它在思想文化的范畴内,不得不借批判来开路,批判的对象唯有落在既往的思想文化的身上。唯其如此才能让思想文化运动贯通社会改造的目标,而不落在抽象层面的知识探讨。就像人们为了发力向前需要借助一个后助起跑器一样,这时候既往的文化传统就临时充当了那时中国社会的起跑器。陈独秀《本志罪案之答辩书》说:"要拥护那德先生,便不得不反对孔教、礼法、贞节、旧伦理、旧政治;要拥护那赛先生,便不得不反对旧艺术、旧宗教;要拥护德先生又要拥护赛先生,便不得不反对国粹和旧文学。"[①]以我们今天的眼光看,德先生与孔教礼法、贞节旧伦理和旧政治都无直接的因果关系,赛先生与旧艺术、旧宗教更是风马牛不相及,但陈独秀却用"不得不"三字将它们联系起来。陈独秀当年说的"不得不"就是笔者现在说的助跑器的意思。"不得不"三字隐含的逻辑,不是事实探讨的知识论逻辑,而是社会文化批判的逻辑。当思想文化在社会危急关头替代政治经济冲锋陷阵之际,思想文化也唯有以反身批判的方式来完成这种本来不属于它的使命。

新思潮以前古无有的决绝姿态反传统常为人诟病,轻之者谓矫枉过正,重之者谓断绝传统文化之根。重温《新青年》先驱的议论,其急进极端,确实出人意表。如陈独

---

① 见《新青年》第6卷第1号,1919年1月。

秀"吾人宁取共和民政之乱，而不取王者仁政之治"①。这种表达如非设身处地回到民初的环境，便是难以理解的。然而新思潮的可敬可爱正是在此毫不容情的决绝姿态。靠了这种义无反顾的决绝，新思潮才能使中国"于无所希望中得救"②。本来，对于社会转型而言，新思潮之前中国社会的最大问题是追求变革的动能不足，各个领域的变革远远不能匹配环境压力的要求，整体社会陷入"无所希望"的境地。新思潮透过其决绝姿态反传统为中国社会立下的最大功绩就在于在最短的时间里凝聚和累积充足的推动社会变革的动能，一举扭转变革欲求未能匹配环境压力的状况。作为特异反应，新思潮运动如同绝地反击，短短数年便扭转老大中国的颓势，换上少年中国、青春中国的新颜。在广大的社会底层，虽然局面依旧，新思潮渗透力有所不逮，未能进入沉默多数的灵魂，但是在有影响力决定社会未来命运的都市，它已经造就起新的思想文化和政治力量的阵容。五四学生运动爆发就是新思潮短短数年凝聚和累积起来的变革动能焕发于社会运动的表现。被新思潮凝聚焕发起来的变革动能，不仅表现为学生运动，也表现为旧政党的改造，还有新政党的产生。从这个凝聚和累积变革力量的摇篮，源源不断地走出推动中国社会迈向光明和进步的力量。从"无所希望"到"得救"，看似不可能，看似有万里之遥，然而新思潮变不可能为可能，万里之遥大步迈过。若要归根究底追问，新思潮所仰赖的正是对旧有思想文化传统决绝的批判。

新思潮对固有思想文化传统的批判淋漓酣畅又壮怀激烈。以长远的眼光看，这种批判为数千年绵延的思想文化传统注入了充满现代气息的新鲜血液。从这意义看，新思潮运动不但是起点，而且也是源泉。起点迈过即可告别，源泉则奔涌不息，灌注未来。它和固有的思想文化传统一样，同时滋润我们的当代心灵。一个是古代中国所传承的老传统，一个是五四诞生的现代中国的新传统，它们共同成为我们面对当代生活不可或缺的源头活水。1919年6月陈独秀上街散发传单被拘禁，9月出狱。这时新思潮运动已经开始分化并行将终结。10月举行的《新青年》编辑同人聚会决定由第7卷第1号起，发还陈独秀一人编定③，《新青年》又回到创刊时陈独自编辑的状态。他出狱之后接手编的这一期，刊发了《本志宣言》。无疑这是他的手笔，并且也没有资料显示这篇宣言经过诸同人过目审定。但这不是关键所在，关键是《新青年》已经出版发行了4年有余，已经造成了广泛的全国影响，它的言论已经成了全国舆论的风向标，这个时候显然不需要再来说明刊物的编辑方针，而且陈独秀办杂志想做的事早在发刊首号相当于发刊词的《敬告青年》上说过了。笔者推测，陈独秀这个时候以本志创刊以来未曾发过宣言为名而发表《本志宣言》，其用意是要总结概括杂志4年来推动的思想文化究竟是什么，将它们好好沉淀形成为根本性的论述，为将来的社会改造确定根本的精神纲领。《本志宣言》所讲的不是他要做的事，而是《新青年》同人已经做过的事。所以陈独秀选择的语气是复数而不是单数。笔者认为如下一段话特别重要。陈独秀写道："我们理想的新时代新社会，是诚实的，进步的，积极的，自由的，平等的，创造的，美的，善的，和平的，

---

① 见《新青年》第2卷第4号"通讯栏"，1916年12月。
② 鲁迅：《野草 墓碣文》，《鲁迅全集》第2卷，北京：人民文学出版社，1981年，第202页。
③ 见唐宝林、林茂生《陈独秀年谱》，上海：上海人民出版社，1983年，第106页。

相爱互助的，劳动而愉快的，全社会幸福的。希望那虚伪的，保守的，消极的，束缚的，阶级的，因袭的，丑的，恶的，战争的，轧轹不安的，懒惰而烦闷的，少数幸福的现象，逐渐减少，至于消灭。"①这段话几乎全由形容词组成，不涉任何具体的政治文化诉求但又涵盖和包纳合乎该词形容的所有政治文化诉求。陈独秀用苦良心，而这特别重要。他说出了新思潮最根本的精神气质：新思潮不是任何一种具体的政治思想文化诉求，它不局限于任何一种"主义"；它只是为所有符合时代社会需要的具体的政治思想文化诉求鸣锣开道的开拓性的舆论力量。因此它能包容互有歧异的不同的政治文化诉求，包容符合时代潮流的不同的"主义"。这是一种青春的精神，追求光明和进步的精神。新思潮所凝聚积淀下来的此种精神气质为重造一个新的中国奠定了基础。具体的政治文化诉求会随环境的变迁而变化——往日新鲜今已陈旧，往日动听今已成老调子。不过只要它们变得不符合人们心灵里追求光明和进步的理念，新思潮那种精神气质就会被重新召唤，鼓舞新一代人追求光明和进步。这就是人们常说新思潮既是历史的又是现实的隐秘所在。

四

认为新思潮运动是启蒙性质的思想文化运动，这是学界比较一致的看法。从古代到现代转型的历程里，无论是原发性国家还是后发性国家，经历一个思想文化的启蒙阶段，也大都符合历史事实。然而由于社会历史环境的不同，虽然同为启蒙，彼此或存在重要的差别。认识这些差异也应该构成我们关于新思潮启蒙论述的内容。欧洲思想史上的启蒙是学者个人独立的"原理探索"。欧洲自文艺复兴、宗教改革、海外殖民以来科学和文化的积累达到相当程度，加上工业革命逐渐加速的社会转变，一种与古代社会迥然不同的社会前景逐渐清晰地浮现其轮廓。这个时候那些深思熟虑的学者出来论述之、概括之、总结之，使之成为关于新的社会形态的系统知识，为现代社会奠定思想文化的基础。这个在欧洲国家出现的思想文化过程被称作启蒙运动。很显然，五四新思潮的启蒙与欧洲国家的启蒙在这一点上有很大的不同。中国是后发的现代化国家，它的启蒙不是由于内部新的社会要素的自身累积而催生萌发的，而是由于鸦片战争以来"落后挨打"而慢慢有了改弦更张的觉悟才发生的。所改的"弦"是数千年的旧"弦"；所更的"张"是欧美国家的新"张"。尽管新思潮内部有"师英美"还是"师俄"的争议，但共同的是有所师法。在这种历史条件下的启蒙显然是无从进行"原理探索"的。虽然将所师法的蓝本落实到本土实践还需要解决水土合不合的问题，但这已经是后来者的任务了，新思潮发起的年代则无须顾及这些具体问题。五四新思潮的启蒙是觉醒者用自己所觉醒再来照亮他人，使更多人因此而觉醒，用鲁迅的话说，就是"自悟者悟人"②。这种启蒙是舆论性的。先驱者纠集同志，发起杂志，同人奋笔为文，呐喊疾呼，这就是五四时代的启蒙。《新青年》如是，《每周评论》《新潮》亦复如是。正是在这种意义上，我们称新思潮启蒙为思想文化运动。这种启蒙不是穷究学理，发为新论，而是登高

---

① 见《新青年》第7卷第1号，1919年12月。
② 鲁迅：《文化偏至论》，《鲁迅全集》第1卷，第54页。

呐喊，警醒迷人。若是要问，启蒙有效，迷人惊醒之后要做什么呢？答案当然是救亡。

上世纪80年代启蒙与救亡的关系一时成了议论的热题。这两者虽然不同，一为思想与文化的，一为政治的、军事的和社会运动的。前者是舆论，后者是实践。然而这种不同并不妨碍它们一脉贯通。如果我们将近现代中国历史看成挽救国家衰亡、争取民族解放和独立的过程，那思想文化的启蒙不过是这个持续过程里的一个环节。启蒙与救亡因为具体的社会环境变化而出现缓急先后的不同而已。一时历史的选择侧重在此，一时历史的选择侧重在彼。五四新思潮的启蒙既是其前的救亡陷入绝境的结果，也是其后的救亡兆启新途的初啼。1914年即陈独秀创办《青年杂志》的前一年，他在章士钊主办的《甲寅》上发表《爱国心与自觉心》。此文既是前代救亡走投无路的归穴，也是即将发起的舆论启蒙的萌蘖。陈独秀在文中认为，时政国家颠倒乖违已到极点："以今之政，处今之世，法日废耳，吏日贪耳，兵日乱耳，匪日众耳，财日竭耳，民日偷耳，群日溃耳，政纪至此，夫复何言？"有鉴于此，陈独秀为中国将来的时局谋划，以为仅有爱国心是不济事的，因为"其理简，其情直，非所以应万事万变而不惑。应事变而不惑者，其惟自觉心乎？爱国心，具体之理论也。自觉心，分别之事实也。具体之理论，吾国人或能言之；分别之事实，鲜有慎思明辨者矣。此自觉心所以为吾人亟需之智识，予说之不获已也"①。在陈独秀看来，具体的国已无可爱了，或者说爱之，适日毁之，只得另辟蹊径，发起国人的亟需之智识——自觉心。从其"不获已"一语看，他的主张已经在友朋圈子说开去了，但赞同者稀少。一年之后，他不顾势孤力单而一意孤行创办《新青年》，宣传推动他心目中的"亟需之智识"。这就是我们现在称作的五四新思潮启蒙。由清末民初政治实践活动与思想文化活动之间的脉络关系看，当国人的自觉心发起之后，国人"亟需之智识"具备之后，它们会走向何方呢？毫无疑问，是走向救亡。因为没有救亡，启蒙将毫无意义。启蒙不但为救亡陷于绝境所触发，也因开启新的救亡而为历史的先声。陈独秀的认知也和鲁迅《呐喊·自序》里铁屋子隐喻的逻辑一致。鲁迅虽然怀疑铁屋子的呐喊是否奏效，然而可以断定，万一奏效，则铁屋子里的人醒来，定然不甘心束手就毙，必定要做掀翻那铁屋子的事情。笔者十分赞同李泽厚将现代史上的启蒙与救亡比作"双重变奏"②。唯此"双重变奏"不是同时奏响，而是时间有先后，有侧重变化，两者的关系相辅相成而一脉相通。上世纪80年代，所以有两者断裂或救亡压倒了启蒙的感受，这与其说是符合历史的真相，不如说表达了上世纪80年代中国社会的思想氛围。

站在历史和事实的角度，中国数千年的思想文化传统并没有新思潮布告天下那样的罪恶，它们与外来思想文化的差异，也不是那样判然对立。但是由于新思潮的决绝姿态，它确实创造了与既往思想文化传统的鸿沟。因为有了这道标明新旧的分界线，使其后为了新中国的奋斗能够轻装上阵，但也撕裂了本为浑然一体的思想文化传统，留下了尚待治愈的文化裂痕。这与其把它理解为新思潮的过错而轻率责备，不如把它理解为历

---

① 陈独秀：《爱国心与自觉心》，《甲寅》第1卷第4号，1914年11月。
② 李泽厚：《启蒙与救亡的双重变奏》，《中国现代思想史论》，北京：东方出版社，1987年。

史留给当代人完成的重任而加以努力。有数千年农耕历史的中国转型为一个现代国家，一代人无法一蹴而就。先驱者也只能在机会窗口开启的时候做其力所能及的事情。责备、懊悔和叹息都不是历史主义的应有态度。倒是需要看到漫长的古今汇通融合是一个历史过程。于是，弥合一百年前新思潮创造的古今裂痕和传统与现代的鸿沟是当代人义不容辞的责任。五四时期，外来学理、观念只是被强行镶嵌进入中国的文化语境，它们毕竟与现实情境有隔。由镶嵌进入到汇通融合，由"隔"到"不隔"，需要数代人累积和机缘巧合，而经历过四十年改革开放的现在，古今中西汇通融合的机会窗口再次开启，而历史主义地认识过去才是我们迈向未来应该选择的初始路径。

原载《中山大学学报（社会科学版）》2020年第2期

第四辑

外国文学研究

论布莱克的《伦敦》

戴镏龄

一、《伦敦》这首诗

在布莱克诞生二百年后的今天，我们重来读他的《伦敦》这首诗，觉得它的意义特别深长。这虽是布莱克的比较重要的一篇创作，长期以来却不为人所重视。直到不久以前，一些进步的批评家才发现它有深厚的感情，有作者自己独到的风格，并忠实地反映了十八世纪英国资产阶级社会的丑恶。全诗的大意是这样：

> 在独占的泰晤士河的近旁，
> 我游过每一条独占的街道，
> 在我遇见的每个人的脸上，
> 都有弱者和灾难者的记号。
>
> 从每人发出的每一声叫呼，
> 从每个婴儿的惊怯的啼号，
> 从每一个声音，每一句咒诅，
> 都听到用心智铸成的镣铐。
>
> 我听到扫烟囱孩子的叫喊，
> 惊吓了每一座污黑的教堂，
> 还有那不幸的兵士的悲叹，
> 带着鲜血流下宫殿的壁墙。
>
> 尤其我听见夜半的街道上，
> 一个年轻的妓女开口咒骂，
> 咒诅新生的婴儿啼哭喧喧，
> 并毒骂那葬送结婚的丧车。

从上面我们可以看出，诗人是怎样敏锐地去观察他周围的生活，有效地描写各种发生的事情；而且对于这些呼号悲叹，他不只是一个旁听者，还表示出他同情什么，仇视什么。

他首先提起"独占的泰晤士河",以及附近的"独占的街道",从"独占的"这个字眼,他巧妙地指出,这里是富人的世界,一切繁华奢侈是专供他们享受的,根本没有穷人的分。那些穷人是弱者和灾难者,他们中成人叫喊,婴孩啼哭。从这些声音里,他听到用心智铸成的镣铐。这儿的教堂不是象征光明,而是黑黝黝的,当扫烟囱的孩子的叫喊的声音掠过时,它也不能不战战栗栗。这儿有曾经为英国统治者拼过性命的士兵,如今漂泊街头,唉声叹气;统治者高巍的宫殿依然无恙,只是墙上多涂了一层战争的腥血;兵士的悲叹恰好和着墙上的鲜血流下,交织成一幅凄惨的景象。还有妓女,资产阶级伦敦社会越来越多的一种最不幸的人,也在诗人的笔下出现了。她几乎咒诅一切,因为她对一切充满了绝望。

　　布莱克深深体会到资产阶级统治的罪恶,同情那些在这种制度下受到牺牲的人们。工厂越来越多的英国只是使财富日益集中在少数工厂主手里。受雇用的无法维持生活的贱价劳动迫使更多的人家破人亡。而在近代的资本主义社会里,童工女工往往是首先遭到剥削摧残的主要对象。布莱克在诗里特别强调了儿童和妇女的不幸,他提到"婴儿的惊怯的啼号","扫烟囱孩子的叫喊",以及"新生的婴儿的啼哭";至于妇女,则在全诗结尾时,他提出卖淫生涯的苦痛。中间"心智铸成的镣铐"是一个意味深长的譬喻。十八世纪伦敦社会的丑恶,通过布莱克的简洁而生动的描写,在这首诗里得到很广泛的概括。

　　下面我想就诗里所提到的几点分别作进一步的阐述。由于布莱克的诗往往语言朴素,而含义深奥,且对个别字句的解释,历来的评述家不一定意见一致,所以我在本文所提出的某些意见,只是商量性质的,有待于高明的指正。在个别论点上,我引证实了布莱克的其他诗篇,或当时史实,这样做是有一定的好处的,可以增加我们对于这首诗的了解。

二、扫烟囱的孩子

　　布莱克是最关心儿童幸福、最向往儿童天真无邪的美丽生活的诗人,但是在《伦敦》这首诗里,他听到的不是儿童的欢笑声,乃是儿童的啼叫声,原来如他在另一首诗"升天节"里所说,"在一块肥沃多产的土地上,孩子们却过着悲惨的生活,养他们的是冷酷无情的吝啬鬼"。而在最不幸的儿童当中,布莱克是常常想起扫烟囱的孩子的,因为这是伦敦当日最触目惊心的景象之一。《伦敦》这首诗里说:

　　　　我听到扫烟囱孩子的叫喊
　　　　惊吓了每一座污黑的教堂。

这两行描写集中有力,第一行所说到的"叫喊"是异常生动真实的。和布莱克同时的英国散文家兰姆在他的《伊里亚文集》里把这种叫喊描写成"一只小麻雀的唧唧声",可见它是当时很能给人一种深刻印象的叫喊声。但究竟它指的什么,还只有从布莱克自己的诗里去找到解释。在他的《天真歌集》中有以"扫烟囱的孩子"为题的一首诗,开头的一节便是这样的话:

> 妈妈死时，我的年纪还小，
> 当我被爸卖去，还不会叫：
> "扫烟的！扫烟的呀！"就这样，
> 我来扫，烟煤子里把身藏。

悲剧就在于：这些孩子不是无父，便是无母，或是父母俱无，也有的由于家人在饥饿线上挣扎，他们在很小的年纪便被卖出去干扫烟囱的苦役；尽管他们之中谁也不情愿干，主人们却有防止他们不尽职的妙法，那就是他们必须立在烟囱顶上叫出"扫烟的！"这才足以证明他们从室内炉口爬进后，已经从下而上巡行过一遍，达到上面的出口，既不曾中途折回，应该算是完成了工作。如历史家所记载：

> 孩子必须从壁炉爬到烟囱顶，然后喊出"扫烟的！"以报告他的使命已经完成，这时他出现在烟囱口，一头一脸尽是煤烟。（墨卡瑟：《十九世纪史》，一册，二六九面）

"扫烟的"这个叫喊声是含有无限的悲痛酸辛的，尤其从一个孩子口里叫出。另一个历史家这样记载说：

> 英人之居家或列厂者，类烧煤以御寒，兼以工作。其烟囱中若有积灰，必雇小孩以通之，囱尚热，皮焦骨烂，固属苦不胜言，即囱冷而过小者，亦复难以忍受。（《泰西新史揽要》，中译本，卷四，十）

所以"扫烟的"一声叫喊是孩子用皮焦骨烂的代价换来的。不是想象当日的真情实景，今天我们读起布莱克的诗，就不容易了解何以每一座教堂都为这种叫喊声而惊愕沮丧的。

在《经验歌集》里，布莱克又有《扫烟囱的孩子》一首，对于上面所说的是个更好的注脚：

> 雪天里一个污黑的娃娃，
> "扫烟的！扫烟的！"悲哀地叫！
> "你的爸你的妈那儿去啦？"
> "他们都到教堂去做祷告，
>
> "因为在荒野我欢欢喜喜，
> 在冬天大雪里我也嬉笑，
> 他们给我穿死亡的黑衣，
> 又教我哼出悲哀的声调。

"因为我快乐，还唱唱跳跳，
他们并不认为待我糟糕，
就称赞上帝以及上帝的牧师和国王，
我们的痛苦被牧师和国王当做天堂。"

严冬的天气，富人在室里围炉取暖，黑孩子却飘零在风雪里。他不但衣服污黑，皮肤上也是一层烟煤，甚至口里也含的煤灰，他就这样披起象征死亡的"黑衣"，如诗里所说的。他一清早就起来扫烟囱，永远吃不饱肚子，身上一个钱没有（据当时记载），在风雪天里如何能不"悲哀地叫"呢？所谓天堂，是社会的上层人物特享的，建筑在被压迫者的痛苦上面。这就是人们到教堂做祷告的秘密。布莱克通过具体的形象的描写，使得读者深深体会到教会的黑暗腐化，人类幼小的一代的悲哀不幸。诗人说的"污黑的教堂"是语义双关的，不但指它的外形说。可是尽管它是那般"污黑"，听到扫烟囱的孩子的叫喊，也不能不受到惊吓。

看到作者对教会、对牧师和信徒们的讽刺，我们就觉得扫烟囱的孩子的悲惨生活更真实而动人。同时读者对于这个社会和它的上层人物，不能不有强烈的厌恨。他也会想到富人的专横垄断，这样在诗的开首出现的"独占的"这个形容语就具有一种特殊的意义。

三、独占的泰晤士河及街道

所谓"独占的泰晤士河"，它意味着，在有产阶级垄断一切的时候，这条伦敦最著名的河流也不得不归富人专用。18世纪的伦敦发展很快，泰晤士河上除原有的一张桥外，还加了两张新桥。河内舟楫林立，来来往往，川流不息，尽是载的货物。尤其伦敦周围的四乡八镇，把农产物用船运来，供给伦敦市民消耗。泰晤士河的支流，如怀河、利河、美德威河，都是通往伦敦的兴隆的水道，把吃的喝的以及其他生活必需品源源不断送来。由于船舶拥挤，泰晤士河里可以时刻听到船夫彼此争航道的口角声和詈骂声。更有运载车马的渡船在南北两岸行驶，岸前有一连串的旅客上卸的码头，十分便利。这条河就赛如伦敦的大动脉。但尽管泰晤士河这样繁华，伦敦却有很多家庭断炊，很多工人失业，很多妇女卖淫，很多儿童被迫去作超时的成年人的劳动。贫民窟和路上倒死的饿殍已经不是伦敦的特殊少见的现象，而是司空见惯。我们不禁要问：塞萨克斯·哈姆普这些地方送到伦敦的粮食那儿去了。彻希尔以及西部其他各郡送来的奶饼那儿去了。这些明明是当时不断成批水运到英国的首都的。原来一切为了富人的消用和享受，这就证明泰晤士河不是伦敦老百姓所公有，好象是少数有产者所"独占的"了。

布莱克这样地形容泰晤士河，对于伦敦社会的确是个有力的抨击。而且这个抨击之所以深中要害，乃由于诗人不但指泰晤士河上所见到的为剥削阶级服务的繁华，也包括临河两岸的熙熙攘攘，一片热闹景象。诗人说，不但泰晤士河是"独占的"，那些街道也是"独占的"，因为如和诗人同时的一位戏剧家小考尔门的《法定继承人》里面所歌唱的，"伦敦的街道尽是用黄金做成的"，既然如此，不也是某些少数人所"独占"的么？这样，整个伦敦社会就可以想象只是有钱人的世界了。

从这方面如果把布莱克和英国其他诗人相比，我们就不难看出布莱克独特的地方。比布莱克早生约两百年的英国名诗人斯宾叟在他的《新婚曲》中说：

来到我的最慈爱的保姆，快乐的伦敦。

又说：

美丽的泰晤士河！轻轻地流，直到我的歌曲告终。

不可讳言，这些句子是很美的。但是这个在爱尔兰过够了地主生活和镇压人民为事的作家，自然只可能歌颂伦敦和泰晤士河的美，而不可能看到它们的阴暗的一面。伦敦桥上屡见不鲜的示众的首级，正是这个时代的残暴的特征之一，桥下的河流，怕不一定如诗人所说的那么"美丽"。比布莱克早生四十多年的约翰生，虽然在《伦敦》这首模仿的讽刺诗里，借一个要离别的朋友的口吻，在泰晤士河岸旁把这座城市大大地挖苦了一番，但骨子里他是从个人失意以及羡慕田园隐逸的思想出发，所以他对于伦敦上流社会以及种种不良现象的攻击还不能那么深入，究不免陷于一般化、概念化。诗里的主人公厌恨罪恶充斥的伦敦，向它告别，要到威尔斯去。可是等到约翰生成了名，领到年金，他对伦敦，不是厌恨，而是恋恋不舍。"一个人觉得伦敦腻烦，就是觉得生活腻烦；因为凡是生活中的一切，伦敦都有。"他后来这样对鲍斯威尔说，表明他与伦敦的资产阶级社会早已和谐一致了，因为他这时所说的伦敦当然指的那儿热闹繁华的上层社会。

和布莱克同时的另一个英国大诗人威兹威斯，对金钱支配一切的商业城市伦敦是不满意的，但同时当他走过泰晤士河的韦斯敏斯德桥上，看见那许多亭台楼阁照耀在朝日的光辉里，又不禁高声赞叹，觉得世上没有比这些更美的了，他忘记了他曾经说过在伦敦"最有钱的人在我们中间最吃得开"，因此他不能看出尽管伦敦有许多可以供人们享受的东西，但有权利去享受的究竟是少数人。

贫富间的尖锐对比，在剥削的社会制度下穷人的苦难，布莱克了解比较深切，因此他对那不合理的现状，也揭露得比较有力。他非常简洁扼要地提出泰晤士河和街道，按上一个形容词，这样，伦敦富人的专横垄断就自然不言而喻了。威兹威斯站在没落的地主阶级立场，对资产阶级提出抗议，因此，他和约翰生一样，终于还是和资产阶级妥协了。布莱克的诗句，表示出他对资产阶级坚决而明朗的仇恨态度，没有丝毫妥协的意图，当然他也落得个潦倒终身，不象约翰生和威兹威斯后来都成了英国的名流。

恰巧在布莱克发表这首诗的50年后，恩格斯在他的《英国工人阶级的状况》里谈到伦敦城时首先给泰晤士河以显著的地位，其次便是那些街道。这时伦敦已是世界的第一个大商业城。恩格斯对于泰晤士河的繁荣景象曾加以尽情的描写，觉得它十分动人。但是他又觉得伦敦街上尽管熙熙攘攘，却嗅不出真正的友爱和同情，一切是残忍和冷淡。"充满伦敦的文明奇迹是伦敦人民在被逼迫的情况下牺牲自己的最善良的人性来造成的。"恩格斯作出了这样的以及其他的断言，而且指出了无产阶级的前途。布莱克不曾也不能作出象恩格斯那么精湛的分析，但是他在短短的不朽诗句里把有产阶级垄断社会财富的丑恶形容得非常淋漓尽致，比起运用同一题材的一些其他英国杰出的诗人，他的确是很了不起的了。

四、心智铸成的镣铐

在诗的第二节，布莱克提到"用心智铸成的镣铐"。诗人作出这样的譬喻，首先因为从一切叫呼和哀号中，他听出这样的一种恶势力，它把锁链加在人们身上，剥夺他们的生活权利，限制他们的自由，甚至毁灭他们的天真，如镣铐一般束缚住他们，而铸成这镣铐的即是心智。

从字面上讲，心智通常相当于我们所说的理智或理性。布莱克既然这样看待理性，而在许多诗里他又惯于用象征的手法，表达出他对质朴纯洁的心灵的歌颂，对未来美好的世界的憧憬；他的含义深长的用语不是那么一目了然，但的确反映了他所体会到的一种真实，于是不少资产阶级的批评家认为布莱克完全是一个神秘主义者。按照传统的说法，神秘主义者可以有下面这样的解释。第一，他是基督教教会里所指的直接从上帝那儿得到灵感对一切超经验的事物能写出或说出自己的见解的人。总之，这种人是从神得到灵悟的，他的灵悟是从天下掉下来的。其次，在形而上学一派哲学家看来，神秘主义者能通过虔诚的信仰和静修的工夫，获得不是凭推理或感觉器官所能获得的知识。这也是一种灵悟，不过它的原动力是内在的。但是，不管神秘主义者从神还是从自己得到灵悟，据说他是能和非物质的世界打交道的人，所以在我们看来，这种人根本是附会，是宗教唯心主义者的捏造，因为非物质的世界是不存在的。

资产阶级批评家把布莱克说成是十足的神秘主义者，是为了企图降低他的诗歌的现实意义，并且企图歪曲他对于资产阶级社会的揭露和攻击。一个神秘主义者的语言，往往是很玄妙的，不是通常人所能理解的，因此我们不要去理会他吧！这就是资产阶级批评家的诡计。事实上，布莱克对于腐朽丑恶的社会的厌恨，对于美好光明的事物的向往，态度异常清楚，不是不能理解，而是资产阶级不肯去理解，故意避而不谈。因此，虽然长久以来，布莱克的许多美丽的诗句，早就为人民大众所传诵，甚至受到广大儿童的欢迎，资产阶级文学史家先是不肯提起布莱克这个人，及至后来不得不提起他，又把他描写成是个十足的神秘主义者，是个难以理解的人。

不少批评家已经指出，布莱克反对当时的社会秩序，而资产阶级偏把这种社会秩序，包括它的制度法律，说成非常正当公道，涂上了合理化的外衣。这就是资产阶级的所谓的理性，它并且得到一些学者用流行的机械唯物论的观点来说明支持。于是这个非法的社会秩序就更加猖獗，有产阶级就更便于统治，人民群众就更苦不堪言。不难看出，资产阶级的所谓的理性，是为它自己的政治和法权作辩护的，对镇压和压迫劳动者起了很大的作用。恩格斯说得好，"这个理性的王国，正是资产阶级理想化的王国"（《反杜林论》，人民出版社，第14页）。所以布莱克认为劳动者身上的镣铐，是心智亦即是理性铸成的。当诗人叙述他听到弱者灾难者的一声声的哀号，资产阶级社会中的理性是怎样地残酷不仁，就不言而喻。

把这个理性从社会秩序领域内运用到文学艺术上，只可能使文艺的花朵枯萎，而不可能使它繁荣。就诗歌说，布莱克曾认为诗歌的女神已经从英国逃开，诗人写出的东西已经不能引起读者情感的共鸣和打动读者的心弦。他对诗歌女神们说：

> 曾经是古诗人所欣赏的你们，
> 先前的爱物，你们竟弃而不问！
> 欠生气的弦琴要动人很难，
> 那声音既生涩，调子也简单！

在所谓理性的支配下，当时英国诗人大部分脱离实际生活，轻视劳动人民的命运，仅仅搬用教条，玩弄词藻，写出的东西是没有血肉，没有生命的。布莱克说的正是这个实况。

高尔基在给亚伦斯·加凯尔女士的信里说："真正的诗——往往是心的诗，往往是心的歌。"这就是布莱克理想中的诗歌，也是过去英国伟大诗人所写作过的诗歌。布莱克对于文艺复兴时代英国的几个杰出诗人，尤其对于英国诗歌之父的乔叟，不能不发出思古之幽情。布莱克看出，使得乔叟不朽的，乃是他诗里热爱人民的精神和灿烂的人道主义。因为这一切是从他心里流露出的，所以真诚动人，所以他塑造出的人物形象永远是生气蓬勃的。

因此布莱克不但厌恶加在社会秩序上的"心智铸成的镣铐"，也厌恶在诗歌界里"心智铸成的镣铐"。他向诗歌女神们申诉了，而在写作实践中，他又力求语言质朴，感情真挚；他所歌颂的不是时髦社会的繁华热闹，而是劳动人民的痛苦感受。他写诗不是为了流连光景，附庸风雅，而是为了吐露出他对那怕最平凡的事物的看法。在这方面，他的确打破当时英国诗歌界的镣铐，起了巨大的革新作用。

"心智铸成的镣铐"他认为也桎梏了英国艺术界的发展。这时金钱势力支配了艺术，资产阶级学者累诺尔兹以皇家学院首任院长的身份，教条式地大谈其艺术法则。布莱克认为，"这人是被雇用来贬低艺术的"。他看到累诺尔兹金银成堆，而他自己却受尽了这个御用艺术家以及他的同伙的摧残。他把累诺尔兹在学院的讲稿看成是从虚伪者口里说出的一派谎言。他在讲稿上写了很多条旁注，对它攻击不遗余力。总地说来，他认为英国的艺术界是由贵族老爷们在发号施令，有本领和天才的人不受重视，而以阿谀服从为事的奴才则受到照顾。任何不同意贵族老爷们的艺术见解的人就得饿肚子。皇家学院院长累诺尔兹是轻视天才创造的努力的，却同时大谈其一般的原则。布莱克觉得原则本身是死板板的东西，离开具体的事物，离开特殊，这个原则便是空洞的，机械的。他把培根说得很糟，因为培根的机械唯物主义对英国有不好的影响。布莱克要求艺术作品必须有创造性和自己的特征，他说这是伟大的风格始终具备的二大优点。从机械唯物主义出发的一切教条公式不能使艺术家运用自己的想象力去别出心裁地处理他的题材，不能使他在创作时沈醉在狂热和赞赏的心情里。正如同他反对社会秩序中"心智铸成的镣铐"，他也反对艺术领域里"心智铸成的镣铐"，他说，

> 能忍受桎梏的人决非天才。天才是桎梏不得的；它会愤激起来，和采取强暴的态度的。

从这些话，我们看出了诗人反抗的精神是多么强烈。在资产阶级社会里，生活没有自由，创作没有自由。诗人要打破这付束缚自由的镣铐，揭穿资产阶级的虚伪理性。他在泰晤士河畔的愤怒，对诗神的申诉，向御用学者累诺尔兹的进攻，都同样表明他对于资产阶级社会秩序的仇视。因此"心智铸成的镣铐"这个譬喻在布莱克诗里是含义深广的。

五、兵士和妓女

诗里还着重地提起两种人，一是兵士，一是妓女，因为这两种人都属于当时最不幸者之列。当时水兵饱受虐政，固已苦不堪言。陆军兵士也是过的非人的生活，没有军营可住，而且动不动就挨鞭子。有的兵士挨过几千鞭子。施鞭的人稍不用力，即另换一个鞭手；受鞭的人如负痛晕死，养息后次日仍须补足鞭数。入伍的兵士大都由于生活困难。他们在国外为统治阶级作战，镇压殖民地的人民，掠夺财富；在国内替反动政府镇压起义的人民，执行缉私的警察职务。他们作了统治者的爪牙，手上沾满了腥血，而从统治者所得的赏赐却是流离失所，过的牛马不如的生活。他们的叹气带着鲜血从统治者宫殿的墙壁流下。统治阶级不但屠杀国内外人民，挑动战争，而且对忠于自己的奴仆，也是那么无情，这就令读者更清楚地看出他们的罪恶。

另外的一面是年轻妓女的咒骂声。妓女虽不是18世纪英国伦敦所独有的，但对于它来说，却是很本质的东西。这个时代正如恩格斯所说，"初夜权从封建的领主之手转让于资产者工厂主。卖淫增加到空前的程度"（《社会主义从空想到科学的发展》，人民出版社，三八——三九页）。在布莱克发表这首诗的前后两三年中，伦敦的居民可能只有1百万人左右，可是据娼妓史专家桑格尔所引当时伦敦官方人士的一个非正式的统计，1796年，即在布莱克的诗写成两年后，伦敦的娼妓已有5万人之多。这个数字是非常惊人的。工厂的贱价劳动，对妇女及儿童尤其极尽剥削之能事。妇女卖淫在伦敦事实上是公开的。伦敦的警察对于保护资产阶级的生命财产是忠于职守的，但对于妓院娼寮的开设从不禁止。只有当妓女们成群结队上街拉客，警察才认为妨碍了所谓公共秩序，出而干涉。象萧伯讷所描写的华伦夫人，我们可以在布莱克的时代找到她的原型。这一切我们只可归之于失业和贫穷。资本家说，为了拯济失业及贫穷，我们设有救贫法和教养院。然而这全是资本家把钱剥削到手后，对穷人所耍的花招。救贫法有种种清规戒律，实行起来正是教穷人非常难以取得救济。教养院在这方面也不是例外，如住院的人必须夫妇分居，父母和子女必须不在一处等等，使穷人丧失自尊心，视教养院为畏途。后来狄更斯在《奥列佛尔·退斯特》中所暴露的教养院的罪恶，在布莱克时代也有它的原型。环绕这个时代，还有一些专事以救济妇女为名义的机构，我们不必一一去叙述，但这些基本上反映出一个事实，即因贫困饥饿而引起的妇女卖淫问题是严重的。布莱克所描绘的图画，的确是大胆的本质的暴露。可是他明白，问题的严重性还不止于此。贫困饥饿是资产阶级社会的产物，它逼迫妇女去卖淫，这是事实。可是资产阶级社会的虚伪的道德，那种灭绝人性的清教徒般的礼教观念，如布莱克所说的那种"心智铸成的镣铐"，也往往能逼良为娼。这种情况，英国的历史学家是承认的。资产阶级学者屈味陵在他的《英国社会史》里甚至也不能讳言此点。布莱克在他的《经验歌集》里有一首诗名叫"一个姑娘的堕落",就是对它的抗议,和《伦敦》这首诗里所描写的年轻妓女不能无关。一个姑娘在资产阶级社会里被认为是"堕落"了,父母便不把她当人,把她看成玷辱了门风,她便找不到工作,甚至找不到容身的地方,因为工厂固然不收她,连教养院也不要她。她结果如不做娼妓,还有什么路可走呢?

布莱克描写的这个姑娘,本来天真无邪,在光天化日之下,陶醉在伟大的纯洁的爱里,和一个少年在一起,两下情意缠绵,结成不解之缘。然而等到她的父亲知道,他竟非常气愤,厉声训斥她。布莱克在叙述的开始,说在那"黄金时代",曾经有这样一对男女相爱相悦,其实他是用反面写法指的英国社会,因为只有在英国的社会里,一个女孩子才会因在这样的恋爱情形下而犯罪。"她受到一种压迫,好象全世界都压在她身上一般,使她不得不走上娼妓之途。"一个批评家论述这首诗时,对于这个姑娘的前途,是做的这样的估计。这个估计是符合当时的实况的。所以布莱克不得不在全诗前写出下面的小引:

> 未来一代的孩子们,
> 充满愤慨的这首诗
> 会告诉你们:在从先,
> 爱,甜蜜的爱,被看成是罪行。

许多聪明天真的姑娘,曾经因为这个莫须有的"罪行"而为家庭为社会所摈弃!泰晤士河边街道上开口咒骂的年轻妓女,除掉有许多由于贫穷而变成无家无业的,难道里面没有上面说的这样的姑娘么?从布莱克对娼妓及妇女问题所写的诗句,我们可以看出资产社会罪恶的形形色色。那种不合理的经济制度,乃至那种腐朽的道德观念,都可以是妇女受到摧残的根源。我们通过布莱克的其他诗篇,增加了对《伦敦》这首诗的内容的理解,并使我们进一步体会出作者描写的真实如生和讽刺的尖锐有力。

原载《中山大学学报(社会科学)》1957年第3期

涵化与本土化：18—19世纪法国文学界对中国诗歌艺术的诠释

［法］包世潭著　郭丽娜译注

　　诗歌①是一种高雅的文学体裁，反映一个民族的精神内核及其精英阶层的面貌。中国诗歌法译一直是近现代中法文学和文化交流活动的重要组成部分。本文要解决两个问题：18—19世纪法国文学界如何认识中国诗歌；他们如何再现中国诗歌的意境及其语言之美。

一、法国文学界的四种中国诗歌述评及其基本认知："诗不可译"

　　1714年，中国诗歌首次进入法国学术界的视野。尼古拉·弗莱雷（Nicolas Fréret，1648—1749）在法兰西铭文与美文学院作过一场口头报告，提及中国诗歌的翻译②。《法兰西铭文与美文学院备忘录》1723年期存有该报告的笔录。尼古拉·弗莱雷是一位学者和语言学家，师从黄嘉略（Huáng Jiālüè，1679—1716）学习汉语。黄嘉略是中法文化交流史上的知名人物，出生在一个天主教徒家庭，1702年跟随巴黎外方传教会四川代牧梁弘仁（Artus de Lionne，1655—1713）赴法。他放弃罗马神职，接受路易十四的邀请，到法国皇家图书馆供职，管理中国藏书部并教授汉语，弗莱雷便成了他的学生。

　　《法兰西铭文与美文学院备忘录》中，尼古拉·弗莱雷报告笔录仅有两页纸。弗莱雷一开始就解释汉语的语言机制，指出汉语具有单音节特征，"汉字是逐个读出来的"③，并试图解释其声调现象：

　　　　汉语是至今为人所知的最具音乐性和最和谐的语言，汉字多变化，不仅

---

　　① 法国诗学领域有un poème（诗篇）、la poésie（诗歌）和la poétique（诗学）三个概念。《诗经》在法语中翻译为le classique des poèmes，意为"诗篇之经典"。法语诗歌（la poésie）分格律诗和自由诗，本文适用广义，包含各种诗体。——译注
　　② Voir Virgile Pinot, *Documents inédits relatifs à la connaissance de la Chine en France, de 1685 à 1740. Thèse pour le Doctorat ès-Lettres*, Paris, Librairie orientaliste Paul-Geuthner, 1932, p. 82, n. 2.
　　③ Nicolas Fréret, «De la poësie des Chinois», Histoire de l'Académie des Inscriptions et Belles-Lettres, avec Les Mémoires de Littérature tires des Registres de cette Académie depuis l'année M. DCC. XI jusques et compris l'année M. DCC. XVII, Paris, Imprimerie Royale, tome III, p. 289.

声有长短，而且音分高低，调有曲折，与我们的音乐相似。①

接着弗莱雷对中国人没有在诗歌创作中充分挖掘汉语的音乐资源感到吃惊（这点他显然是错误的），也对汉语韵律学只关注韵律②和诗节的形式感到讶异：

可是中国人却一直不懂得利用声调节奏来编排诗句，使诗歌产生音乐感，他们作诗只考虑音步，添加韵脚而已。③

于是弗莱雷先根据音节数对中国诗歌进行分类：把《诗经》划入"如今已少为人作的"④四音节诗，与之相对的是五、七、九音节的诗句；接着他又区分了诗节，有四、六、八、十、十二行诗的诗节；最后他试图解释韵脚体系。他在报告结尾用罗马字给韵脚注音，并引用黄嘉略生前翻译的中国小说《双美奇缘》（*Yù Jiāo Lí*，《玉娇梨》）中的诗歌译文，来佐证观点。弗莱雷报告的笔录具有学术意义，但也过于简单扼要。

第二篇关于中国诗歌的法语述评出现在一个世纪以后，即1826年，是雷慕沙（Jean-Pierre Abel-Rémusat，1788—1832）所写。雷慕沙与弗莱雷都是研究中国的法国学者，不仅如此，他还是职业汉学家，1814年法兰西公学院"汉、鞑靼—满语言文学"讲席专门为他而设。雷慕沙作过一场关于中国诗歌的报告，形成了一篇两页长的述评，收录于《学者学刊》（*Journal des Savans*）。报告谈及1824年汤姆斯（Peter Pering Thoms）翻译的中国小说《花笺记》⑤，那实际上是一部木鱼书，即一种叙事长诗。雷慕沙补充弗莱雷的观点，并以进步论阐述中国诗歌发展史，指出早期中国诗歌只有简单的"韵脚"⑥，最常见的情况是"重复同一个字"（他或许想到了《诗经》），后来形式越来越复杂，有了各种音步，并形成韵脚体系。雷慕沙还在报告一开始就指出，汉字"句"（jù）恰巧有"诗句"（le vers）与"句子"（la phrase）⑦两个含义，因此中

---

① Nicolas Fréret, «De la poësie des Chinois», Histoire de l'Académie des Inscriptions et Belles-Lettres, avec Les Mémoires de Littérature tires des Registres de cette Académie depuis l'année M. DCC. XI jusques et compris l'année M. DCC. XVII, Paris, Imprimerie Royale, tome III, p. 289.

② 法语诗歌的韵律和格律概念与中国诗歌的相关概念并不一致。此处原文为"le mètre"，意为诗歌的"韵律"，指"诗句的音节数"。本译文倾向于异化，因为异化译文有助于揭橥中西方诗歌概念的差异，也能说明法国汉学界从本土视角出发理解中国诗歌。——译注

③ Nicolas Fréret, «De la poësie des Chinois», Histoire de l'Académie des Inscriptions et Belles-Lettres, avec Les Mémoires de Littérature tires des Registres de cette Académie depuis l'année M. DCC. XI jusques et compris l'année M. DCC. XVII, Paris, Imprimerie Royale, tome III, p. 289.

④ Nicolas Fréret, «De la poësie des Chinois», Histoire de l'Académie des Inscriptions et Belles-Lettres, avec Les Mémoires de Littérature tires des Registres de cette Académie depuis l'année M. DCC. XI jusques et compris l'année M. DCC. XVII, Paris, Imprimerie Royale, tome III, p. 290.

⑤ Voir Peter Pering Thoms, *Hao-tsian: Chinese Courtship in verse*, London and Macao, 1824.

⑥ Jean-Pierre Abel-Abel-Rémusat, *[Compte rendu sur] Hoa-tsian: Chinese courtship in verse, to which is added an appendix treating of the revenue in China, &c.*; by P. Perring Thoms. London and Macao (China), 1824, in-8°, Journal des Savans, Paris, Imprimerie Royale, février 1826, p. 68.

⑦ 在法语中，le vers专指诗句，la phrase指其他文字文本的"句子"。——译注

国诗歌的基本特征之一是诗句不能跨行：

> 每个汉语诗句必须是一个完整的意义，跨行是绝对不能允许的。"句"也指"诗句"。①

最后雷慕沙指出中国诗歌常用隐喻，不仅有关于"我们一无所知的事实、逸闻、观点和中国习俗"的隐语，也有大量"比喻和迂回的表述"，因此中国诗歌"晦涩难懂"，不过这恰恰是"中国诗歌魅力之所在"②。

19世纪中叶，确切地说是1862年，雷慕沙的讲席继任者德理文侯爵（le marquis Léon d'Hervey de Saint-Denys, 1822—1892）出版了《唐诗选》。他在长达100页的序言中谈及对中国诗歌史与唐代诗歌韵律的理解③，首先介绍《诗经》、屈原的《离骚》④、汉"赋"、三国时代的部分诗歌，重点是唐诗。接着是唐诗的韵脚和格律、平仄规则以及虚词和实词的用法，还有部分作诗规则，尤其是赋比兴和对仗。他还尝试探究诗歌的意境，比如"景"和"情"的关系。最后他分析诗歌的结构类型。这是一篇真正的学术论述，与弗莱雷和雷慕沙相比，德理文对中国诗歌的理解更加全面深刻，学术路径更为清晰。

要对近代中国诗歌法译史作一阶段性总结，还须提一下德·莫朗（George Soulié de Morant, 1878—1955）。德·莫朗的汉语老师是朱迪特·戈蒂耶和丁敦龄。他确实有一定的语言知识，但并非严格意义上的学者，始终不同于弗莱雷、雷慕沙和德理文。他对中国诗歌的理解走的是一种民科路线。《中国文学随笔》（1912年）里有一章专门讨论中国诗歌，但这篇评论仅20来页，以翻译为主，研究时限并未超越唐代。

那么，接下来的问题是法国文学界如何再现中国诗歌语言之美呢？基本看法是：诗不可译。这也是1779年《北京传教士关于中国人的历史、科学、艺术、风俗、习惯等的回忆录》（*Mémoires concernant l'Histoire, les Sciences, les Arts, les Mœurs, les Usages, etc. des Chinois*，下文简称《北京传教士回忆录》）的作者们给出的诊断：

> 中国人作诗使用一种所有的字都表达动作与图像的言语。难以想象能

---

① Jean-Pierre Abel-Abel-Rémusat, *[Compte rendu sur] Hoa-tsian: Chinese courtship in verse, to which is added an appendix treating of the revenue in China, &c.; by P. Perring Thoms. London and Macao (China), 1824, in-8°*, Journal des Savans, Paris, Imprimerie Royale, février 1826, p. 68.

② Jean-Pierre Abel-Abel-Rémusat, *[Compte rendu sur] Hoa-tsian: Chinese courtship in verse, to which is added an appendix treating of the revenue in China, &c.; by P. Perring Thoms. London and Macao (China), 1824, in-8°*, Journal des Savans, Paris, Imprimerie Royale, février 1826, p. 69.

③ Voir Léon d'Hervey de Saint-Denys, *L'art poétique et la prosodie chez les Chinois, Poésies de l'époque des Thang (VIIe, VIIIe et IXe siècles de notre ère), traduites du chinois pour la première fois, avec une étude sur l'art poétique en Chine et des notes explicatives*, Paris, Amyot, 1862.

④ Voir Le Marquis d'Hervey de Saint-Denys, *Le Li-sao, poème du IIIe siècle avant notre ère, traduit du chinois, accompagné d'un commentaire perpétuel et publié avec le texte orignal*, Paris, Maisonneuve, 1870.

够在毫无损害诗意的情况下把诗句翻译出来。中国诗歌辞藻华丽，反映了传统、经书（孔夫子的经典）、文学和习俗、观点和成见，还有看待事物和表述看法的方式。毫无疑问，中国人的思维和观念与我们的千差万别，这一差距比两个国家之间的实际地理距离更加遥远。用我们的语言再现中国的诗歌语言，是不伦不类的，翻译是不可能的。①

中国诗歌之所以不可译，一方面是因为汉字具有表意特征，另一方面是因为诗歌常用隐喻，语言内在隐含着一种文化机制。这两点也是19世纪后期法国汉学家经常强调的。

尽管雷慕沙反对当时流行的汉语"难学"和"怪异"②等成见，并在1822年出版的《汉语语法要素，国文、古文、官话的普通原则即中华帝国的日常用语》（*Eléments de la grammaire chinoise, ou principes généraux du Kou-wen, ou style antique, et du Kouan-hoa, c'est-à-dire de la langue commune généralement usitée dans l'Empire chinois*）一书中说明"学习汉语因此变得不比其他语言更加艰难"③，但他仍然承认汉字的表意特性使中国诗歌难以用欧洲语言来翻译：

的确，汉字画面感强，从属于视觉，不是约定俗成的、贫瘠的听觉符号。它们表述事物本身，刻画事物的基本特征，以至于需要用好几句话才能诠释一个字的意义。这种文字具有强大的生命力，我认为将它们翻译成任何一种语言都是不可能的。④

德理文侯爵也在《唐诗选·序》中重申上述观点：

逐字翻译是不可能的。偶尔会有一些汉字，正如我们看到的一样，表达一个完整画面，只能通过代用语来释义；某些汉字则需要用一个完整的句子才能有效地诠释。读懂一个汉语诗句，需要进入画面，悟透意境，努力把握其基本特征，体会作者的用情力度或诗歌的感情色彩。⑤

两位学者均指出中国诗歌具有画面感，对于译者而言，这就更难翻译了。德理文

---

① Joseph Amiot et al., *Mémoires concernant l'histoire, les sciences, les arts, les mœurs, les usages, etc. des Chinois*, Paris, Nyon, 1779, tome 4, p. 168.

② Jean-Pierre Abel-Abel-Rémusat, «Programme du cours de langue et de littérature chinoises et de tartare-mandchou, précédé du Discours prononcé à la première séance de ce cours, dans l'une des salles du Collège Royal de France, le 16 janvier 1815», Paris, Charles, 1815, p. 5.

③ Jean-Pierre Abel-Abel-Rémusat, *Élémens de la grammaire chinoise*, Paris, imprimerie Royale, 1822, p. xxvii.

④ Jean-Pierre Abel-Abel-Rémusat, *Essai sur la langue et la littérature chinoises*, Strasbourg, Treuttel et Wurtz, 1811, pp. 11-12.

⑤ Léon d'Hervey de Saint-Denys, *Poésies de l'époque des Thang*, Préface, p. ciii.

在《离骚》法译本序中再次强调："不能逐字翻译。译文将晦涩难懂。"①雷慕沙早在1826年就抱怨过中国诗歌的言外之意过于丰富，翻译是十分棘手的：

> 不仅细微之处很容易出现误读，而且词若不达意，即失之千里，与原意背道而驰。总之，即便是忠实的翻译，也只是逮住某些字句的意义，无法彻底诠释隐含之义，表达特殊或附加的婉转之意。②

尽管如此，从18世纪起法国文学界还是前赴后继，努力把中国诗歌翻译成法语。18世纪为诗歌翻译的起步阶段，以《诗经》翻译为主；19世纪起开始致力于唐代以及唐代之后的诗歌翻译。从翻译模式来看，18世纪以索隐式诠释为主；19世纪出现"汉学翻译"和"自由翻译"的分野。

二、18世纪先行者的索隐式翻译：策略性偏离

18世纪的诗歌翻译当然以《诗经》翻译为主，不过也有其他诗歌的翻译，比如上文提到的黄嘉略《玉娇梨》法译本中的诗歌。这首诗被弗莱雷引用，发表在1723年《法兰西铭文与美文学院备忘录》上。从理论上讲，这篇笔录的作者不应该是弗莱雷本人，不过目前法国学术界还是推定为他本人所写。如果确认弗莱雷在法兰西铭文与美文学院的口头报告引用了此诗，那么可以推断中国诗歌法译的最早时间极有可能是1714年③；如果他仅在1723年的学院《备忘录》上引用此诗，那么中国诗歌法译的最早时间要推迟到黄嘉略去世当年，即1716年。

至于为何翻译小说中的诗歌？是因为中国典籍的外译最早是从儒家经典开始的，毫无疑问，欧洲人认为儒家经典凝聚了中国文化的精粹。在儒家典籍中，若要翻译诗歌，当然只有《诗经》——后文将回到这一主题，除此之外没有其他典籍包含诗歌；接着进入欧洲译者视野的是中国小说和戏剧，在欧洲人的认知中，虚构文学悖论式地建构了一个更加真实的中国风俗形象。中国小说翻译成为显学，而大部分小说都夹插有诗作，所以黄嘉略翻译了里面的一首，可能在1714年被弗莱雷引用。最后，诗最为难译，甚至被认为是不可译的，是汉学界最晚介入的文类。

---

① Le Marquis d'Hervey de Saint-Denys, *Le Li-sao*, Préface, p. xx.
② Jean-Pierre Abel-Abel-Rémusat, *[Compte rendu sur] Hoa-tsian*, pp. 69-70.
③ 法国国家图书馆藏有皇家图书馆译员黄嘉略手稿一册，编号为NAF 280，可以证实黄嘉略亲自作了翻译。手稿第141-208页（也即第274-409面）为《玉娇梨》前两章的译文，然而诗歌所在的第6章并没有出现在手稿中。黄嘉略这一未完成的译稿在时间上先于雷慕沙和儒莲。雷慕沙译本在1826年出版，儒莲译本是1864年。参见Jean-Pierre Abel-Résumat（tr.）, Iu-Kiao-Li, ou les Deux Cousines, roman chinois précédé d'une préface où se trouve un parallèle des romans de la Chine et de ceux de l'Europe ［*Yù Jiāo Lí* 玉娇梨］, Paris, Moutardier, 4 vol., 1826；Stanislas Julien（tr.）, Les Deux Cousines, roman chinois ［*Yù Jiāo Lí* 玉娇梨］, Paris, Didier, 1864, 2 vol. Voir aussi mon article, «Deux Traducteurs pour deux cousines. La traduction en français du roman chinois Yu Jiao Liau XIXe siècle», in Christine Lombez（dir.）, La Retraduction, Nantes, Éditions Cécile Defaux, «Horizons comparatistes», 2011, pp. 137-183。

下文为黄嘉略所译诗歌原文：

绿暗红稀正得时，天然羞杀桃杏枝。
已添深恨犹开挂，偏断柔魂不乱垂。
嫩色陌头原有悔，画眉窗下岂无思。
如何不待春蚕死，叶叶枝枝自吐丝。

黄嘉略的译文为：

À peine la saison du printemps est-elle venuë, que le Saule couvre d'une robbe verte la couleur jaune de son bois, Sa beauté fait honte au pescher, qui de dépit arrache les fleurs qui le parent & les répand sur la terre ; l'éclat des plus vives couleurs ne peut se comparer aux graces simples & touchantes de cet arbre. Il prévient le Printemps, & sans avoir besoin des vers à soye, il revest ses feüilles & ses branches d'un duvet velouté que cet insecte n a point filé.①

实际上，无需对译本作细致分析（弗莱雷作为黄嘉略的学生，极可能参与了这项工作），就可以注意到诗歌的大意是被翻译出来的，不过语言形式，尤其是节奏和诗句的基本格式，已经荡然无存：诗似乎成了散文（la prose）。

第二部诗歌译本来自18世纪末北京宫廷耶稣会士钱德明（le Père Jospeh-Marie Amiot，1718—1793）。那是乾隆皇帝的著名诗篇《御制盛京赋》（*Yùzhì Shèngjīng fù* 御制盛京赋，c. 1743）。钱德明在1770年作了翻译，法译本标题为"Éloge de la ville de Moukden"②，翻译的目的是歌颂路易十五和乾隆两位君主的友谊，政治动机明显。

此后，有更多《诗经》之外的中国诗歌被翻译成法语。1776年开始刊行的百科全书③《北京传教士回忆录》有将近30首之多。除了首卷出现《诗经》以外的诗歌译本，1777年第2卷还介绍了一首题为"Le jardin de la joie solitaire"的诗歌，是著名历史学家、《资治通鉴》作者司马光（Sīmǎ Guāng，1019—1086）的《独乐园记》法译本。不过按照中国文学传统，《独乐园记》并非一首严格意义上的诗歌，应该属于散文（les

---

① Cité dans Nicolas Fréret, «De la poësie des Chinois», op. cit., p. 291.
② Voir Joseph-Marie Amiot (tr.), *Éloge de la ville de Moukden et de ses environs, composé par Kien-long, empereur de la Chine & de la Tartarie, actuellement régnant*, Paris, M. Tilliard, 1770.
③ 18世纪是百科全书出版的世纪，除了著名的狄德罗和达郎贝世俗《百科全书》之外，还有耶稣会的百科全书，专门介绍传教士对域外异族的认识。此类百科全书中与中国有关的，有基歇尔（Athanase Kircher）的《中国图解》（*la Chine illustrée*，1667）、李明的《中国现势新志》（*les Nouveaux Mémoires sur l'état présent de la Chine*，1696）和白晋的《中国现状图解》（*L'État présent de la Chine en figures*，1697），不过这些书籍均无诗歌译本。1785年格鲁贤（Jean-Baptiste Grosier）的百科全书《中国概述》（*De la Chine, ou Description générale de cet empire, rédigée d'après les Mémoires de la Mission de Pé-kin*, par Jean-Baptiste Grosier, Paris, Moutard, 1785）也无诗歌翻译。1735年杜赫德的《中华帝国全志》倒是有几个诗歌译本，均来自《诗经》。

sǎnwén）。译文的序言还说："了解中式花园是必要的。"①这说明翻译的目的不是向欧洲读者介绍一个有代表性的中国文学文本，而是让读者了解中国风俗和中式花园的设计风格。韩国英（Pierre-Martial Cibot，1727—1780）在第4卷开设了诗歌系列翻译专题，14首为一组，试图诠释广义（实际上是狭义）的"道德"观念：

> 我们无意于闪烁着思想火花的宏篇巨著，而是关注孝道，试图从最平实的、为民众所熟知的书本中探寻真理，让（欧洲读者）更好地感受到孝道如何在中国世代相传，对不同层次的公民施以教育。②

换言之，诗歌是孝道③这一道德原则的见证文本，"孝道"是《北京传教士回忆录》这部百科全书第4卷的主题，而所有诗歌都被翻译成散文。因此可以说，韩国英并非为了翻译诗歌而翻译诗歌，而是将诗歌视若儒家道德思想的文本。需要进一步指出的是，这些诗歌有一半来自《诗经》，另一半来自其他诗集，如上述引文所言，选自各种民间文本。这从另一侧面说明耶稣会士的中国研究并非学术界一贯所认为的，只集中于传统典籍文本。

更加有意思的是1788年出版的《回忆录》第13卷，里面有另一组诗歌，也是14首④，译者也是韩国英。其中只有一首诗歌选自《诗经》的《国风·召南》，即第4首《甘棠》，译为"Le poirier"⑤。至于其他诗歌，有三首是有作者的，分别是：第10首"Chanson"，作者是明永乐帝（Míng Yǒnglè，1360—1424），但是这一说法令人生疑⑥；第11首是"Docteur Jean *Ting*"所写的"L'ancien Ministre"，这可能是一位皈依天主教的汉人，因为韩国英提及该诗献给1603年在利玛窦处受洗的徐光启（Paul Siu，1562—1633）⑦，徐光启墓所在地徐家汇在19世纪中叶成为耶稣会会院，罗马字记音为Zi-ka-wei，汉语拼音记为Xujiahui；最后是第14首"La Tranquillité"，作者是"Docteur

---

① Joseph Amiot et al., *Mémoires concernant l'Histoire, les Sciences, les Arts, les Moeurs, les Usages, etc. des Chinois, par les missionnaires de Pékin*, Paris：Nyon, 1777, tome Ⅱ, p. 643.
② Joseph Amiot et al., *Mémoires concernant l'Histoire, les Sciences, les Arts, les Moeurs, les Usages, etc. des Chinois, par les missionnaires de Pékin*, Paris：Nyon, 1777, tome Ⅱ, p. 168.
③ "孝道"被翻译成"la piété filiale"，本身就有明显的宗教色彩。——译注
④ Voir«Traduction de quelques pieces de poésie chinoise, par feu M. Cibot, Missionnaire à Péking», dans Joseph Amiot et al., *Mémoires concernant l'Histoire, les Sciences, les Arts, les Moeurs, les Usages, etc. des Chinois, par les missionnaires de Pékin*, 1788, tome ⅩⅢ, pp. 513-534.
⑤ Voir«Traduction de quelques pieces de poésie chinoise, par feu M. Cibot, Missionnaire à Péking», dans Joseph Amiot et al., *Mémoires concernant l'Histoire, les Sciences, les Arts, les Moeurs, les Usages, etc. des Chinois, par les missionnaires de Pékin*, 1788, tome ⅩⅢ, p. 521.
⑥ Voir«Traduction de quelques pieces de poésie chinoise, par feu M. Cibot, Missionnaire à Péking», dans Joseph Amiot et al., *Mémoires concernant l'Histoire, les Sciences, les Arts, les Moeurs, les Usages, etc. des Chinois, par les missionnaires de Pékin*, 1788, tome ⅩⅢ, p. 529.
⑦ Voir«Traduction de quelques pieces de poésie chinoise, par feu M. Cibot, Missionnaire à Péking», dans Joseph Amiot et al., *Mémoires concernant l'Histoire, les Sciences, les Arts, les Moeurs, les Usages, etc. des Chinois, par les missionnaires de Pékin*, 1788, tome ⅩⅢ, p. 532.

Lean",可能是一位刚刚受洗的汉人①。

事实上,这些诗歌的来源应该是相当多样的。正如译者在第4卷中强调的那样,有意选自民间作品。他为第4卷第9首"Chanson"加了一条注释,提及古代皇帝"有不断地为人民创作小颂歌(«ko»,gē 歌)的习俗"②,讴歌农耕、播种、收获以及其他农忙活动。由此可以推断,这些诗歌是中国历朝历代传承下来的,从周朝的《诗经》到清代的民间诗歌,如韩国英在注释中所说,第11首"L'ancien Ministre"中提到宋代灭亡,这实际上是暗示"明朝灭亡,圣贤们从宋代的种种迹象中窥见先兆"③。

大部分诗歌的选译是为了说明中国的伦理道德状况,首推孝道,比如第3首"Chanson":

> Qu'aurais-je gagné à mes études, si je n'etois un fils ingrat & dénaturé? ④
> (回译大意:我若为不肖子,如何能考取功名?)⑤

与"天"相关的内容,译者都刻意回避不译,直接用罗马字母注音,比如下面几例:

> [Q]ue mes derniers jours, comme ceux du bon Yao, se passent à bénir le

---

① Voir «Traduction de quelques pieces de poésie chinoise, par feu M. Cibot, Missionnaire à Péking», dans Joseph Amiot et al., *Mémoires concernant l'Histoire, les Sciences, les Arts, les Moeurs, les Usages, etc. des Chinois, par les missionnaires de Pékin*, 1788, tome XIII, p. 534. Peut-être pourrait-on en savoir davantage en consultant les manuscrits de Pierre-Martial Cibot signalés par Joseph Dehergne («Une grande collection: *Mémoires concernant les Chinois*(1776–1814)», *Bulletin de l'École française d'Extrême-Orient*, Année 1983, n° 72, p. 286): ceux qui sont conservés à la Bibliothèque nationale de France, dans le fonds Bréquigny(n° 1, ff. 307–318)et ceux qui sont conservés aux Archives des jésuites de Paris, dans le fonds Brotier(n° 129, ff. 162–163).

② Voir «Traduction de quelques pieces de poésie chinoise, par feu M. Cibot, Missionnaire à Péking», dans Joseph Amiot et al., *Mémoires concernant l'Histoire, les Sciences, les Arts, les Moeurs, les Usages, etc. des Chinois, par les missionnaires de Pékin*, 1788, tome XIII, p. 527.

③ Voir «Traduction de quelques pieces de poésie chinoise, par feu M. Cibot, Missionnaire à Péking», dans Joseph Amiot et al., *Mémoires concernant l'Histoire, les Sciences, les Arts, les Moeurs, les Usages, etc. des Chinois, par les missionnaires de Pékin*, 1788, tome XIII, p. 532.

④ «Traduction de quelques pieces de poésie chinoise, par feu M. Cibot, Missionnaire à Péking», dans Joseph Amiot et al., *Mémoires concernant l'Histoire, les Sciences, les Arts, les Moeurs, les Usages, etc. des Chinois, par les mission-naires de Pékin*, 1788, tome XIII, p. 519; voir aussi le poème n° X,«Chanson», p. 529.

⑤ 如本文作者包世潭所言,传教士所译中国诗歌的原文很难稽考。因此本文根据法文诗歌进行回译,无查实原诗。特此说明。——译注

Tien & à purifier mon cœur.①

［J］'aurai vécu en homme qui doit mourir, & qui craint le *Tien*.②

［À］la campagne, on ne connait que les［loix］du *Tien* suprême.③

Puisque le *Tien* me veut pauvre, je courrois en vain après des richesses qu'il pousse［sic］loin. Le *Tien* est mon Roi, il est mon père.④

在同一首诗歌中，还有如下诗句：

Ô *Tien*！Je te bénis de m'avoir conduit dans ces montagnes sauvages！Tu ne m'as ôté que mes illusions & mes peines, & tu m'as donné le repos et la sagesse.⑤

对于拒绝翻译"天"字，蓝莉（Isabelle Landry-Deron）在《请中国作证：杜赫德的〈中华帝国全志〉》中认为这是一种策略：

选择不翻译"天"……是指望读者潜移默化，自行领悟其含义……因此，读者在不同语境和不同文本中与之相遇，逐步熟悉，最后形成自己对这些词语的语义内容的判断。⑥

此举试图让欧洲人相信该字作为孔夫子思想的关键概念，暗示存在一种与基督宗教相似的自然宗教形式，提示基督主义和儒家主义之间存在共通之处；起码在其他思想比

---

① Voir «Traduction de quelques pieces de poésie chinoise, par feu M. Cibot, Missionnaire à Péking», dans Joseph Amiot et al., *Mémoires concernant l'Histoire, les Sciences, les Arts, les Moeurs, les Usages, etc. des Chinois, par les missionnaires de Pékin*, 1788, tome XIII, poème n° II, «L'hiver», p. 518.

② Voir «Traduction de quelques pieces de poésie chinoise, par feu M. Cibot, Missionnaire à Péking», dans Joseph Amiot et al., *Mémoires concernant l'Histoire, les Sciences, les Arts, les Moeurs, les Usages, etc. des Chinois, par les missionnaires de Pékin*, 1788, tome XIII, poème n° III, «Chanson», pp. 520-521.

③ Voir «Traduction de quelques pieces de poésie chinoise, par feu M. Cibot, Missionnaire à Péking», dans Joseph Amiot et al., *Mémoires concernant l'Histoire, les Sciences, les Arts, les Moeurs, les Usages, etc. des Chinois, par les missionnaires de Pékin*, 1788, tome XIII, poème n° X, «Chanson», p. 529.

④ Voir «Traduction de quelques pieces de poésie chinoise, par feu M. Cibot, Missionnaire à Péking», dans Joseph Amiot et al., *Mémoires concernant l'Histoire, les Sciences, les Arts, les Moeurs, les Usages, etc. des Chinois, par les missionnaires de Pékin*, 1788, tome XIII, poème n° XI, «L'ancien Ministre», p. 529.

⑤ Voir «Traduction de quelques pieces de poésie chinoise, par feu M. Cibot, Missionnaire à Péking», dans Joseph Amiot et al., *Mémoires concernant l'Histoire, les Sciences, les Arts, les Moeurs, les Usages, etc. des Chinois, par les missionnaires de Pékin*, 1788, tome XIII, p. 530.

⑥ Sabelle Landry-Deron, *La Preuve par la Chine*, Paris, Éditions de l'EHESS, 2002, pp. 253-254.

如佛教思想影响儒家之前，儒家主义是这样的。为了说明这一点，同一首诗歌中有这样的诗句：

  Hélas！Quoiqu'éclairée de la sainte doctrine des *King*, toute la Chine etoit plongée dans les stupides ténebres de mille Sectes etrangeres, & l'herbe croissoit souvent sur l'autel du *Chang-ti*, encore plus inconnue du Peuple, qu'oublié des Lettrés et de la Cour.①

  （回译大意：啊！王圣德贤明，可是国家弥漫着外来异教的毒沴恶雾，上帝的祭台上野草丛生，士子宫廷已忘却己任，百姓更是一无所知。）

  总之，索隐主义者试图揭示中国儒家思想中隐含着基督宗教真理：上帝（*Shàngdì*）类同于基督的神（Dieu）。因此，即便诗歌译文在中国礼仪之争结束良久之后才出版，对于选译的诗歌以及翻译方式的理解，仍需回到中国礼仪之争的大背景当中，从耶稣会、教宗以及有义务从事福音传播的欧洲世俗君主三者之间的角力中寻找解释。归根结底，耶稣会试图说服欧洲人，孔夫子思想具有合法性，耶稣会士在中国传播福音的行为是合法的。不过也须承认，除了工具论的政治意义之外，这些诗歌译文也在一定程度上反映了一种真实的审美趣味。诗歌通常刻画从官场隐退的文人形象及其享受避世生活的乐趣，这极大地迎合了18世纪下半叶法国人的审美期望。比如下列诗句：

  Ni Mandarins, ni Marchands ne songent à venir dans cet humble séjour.②
  （回译大意：官商士子，无不想回归山林。）
  Qu'ai-je à faire de cours & d'avant-cours, de salle d'entrée & de cabinet, de colonnes peintes & demeubles précieux？Les murailles de ma maison sont de terre, & le toit de roseaux.③
  （回译大意：朝堂之上，殿陛之间，与我何干？于我而言，地为席，茅为屋。）
  Que d'autres aiment la gloire & les richesses, pour moi j'aime l'eau & les

---

  ① Voir «Traduction de quelques pieces de poésie chinoise, par feu M. Cibot, Missionnaire à Pékin», dans Joseph Amiot et al., *Mémoires concernant l'Histoire, les Sciences, les Arts, les Moeurs, les Usages, etc. des Chinois, par les missionnaires de Pékin*, 1788, tome XIII, poème n° XI, «L'ancien Ministre», p. 531.
  ② Voir «Traduction de quelques pieces de poésie chinoise, par feu M. Cibot, Missionnaire à Pékin», dans Joseph Amiot et al., *Mémoires concernant l'Histoire, les Sciences, les Arts, les Moeurs, les Usages, etc. des Chinois, par les missionnaires de Pékin*, 1788, tome XIII, poème n° VI, «Le Village», p. 522.
  ③ Voir «Traduction de quelques pieces de poésie chinoise, par feu M. Cibot, Missionnaire à Pékin», dans Joseph Amiot et al., *Mémoires concernant l'Histoire, les Sciences, les Arts, les Moeurs, les Usages, etc. des Chinois, par les missionnaires de Pékin*, 1788, tome XIII, poème n° VIII, «Le Séjour du Village», p. 524.

rochers.①

（回译大意：他人贪功名利禄，我爱青山绿水。）

Enfermé dans cette solitude, je repais mes regards des grands spectacles que m'y donne le Ciel, & des décorations nouvelles qui embellissent la terre.②

（回译大意：独处寒舍，无相景幽远，山屏四面开。）

中国的田园体（tiányuántǐ）与承袭自拉丁传统的牧歌格调之间存在共通之处，后者因卢梭的思想流传及其追随者的阐发而在法国社会复活。两者相遇最终引发共鸣：摒弃充满喧嚣的城市生活，回归乡村，从事乡村生产。又如：

Vive la campagne, vive les champs pour être libre !③

（回译大意：乡村美好，田园美好，自由如故。）

[L]e soc de la charrue m'attend ; adieu mes livres, adieu pour jamais.④

（回译大意：耕犁在等我；再见，书本；永别了。）

[J]e pris la bêche & me mis au travail.⑤

（回译大意：我拿起镐去劳作。）

这种牧歌情趣还偶尔流露出"伊壁鸠鲁式"腔调：

Après l'Automne il n'y a plus de beaux jours ; & le Printems fini, on ne voit plus eclorre de belles fleurs. Hâtons-nous de les cueillir avant qu'elles ne

---

① Voir «Traduction de quelques pieces de poésie chinoise, par feu M. Cibot, Missionnaire à Péking», dans Joseph Amiot et al., *Mémoires concernant l'Histoire, les Sciences, les Arts, les Moeurs, les Usages, etc. des Chinois, par les missionnaires de Pékin*, 1788, tome XIII, poème n° XIII, «Solitude de Si-pin», p. 532.

② Voir «Traduction de quelques pieces de poésie chinoise, par feu M. Cibot, Missionnaire à Péking», dans Joseph Amiot et al., *Mémoires concernant l'Histoire, les Sciences, les Arts, les Moeurs, les Usages, etc. des Chinois, par les missionnaires de Pékin*, 1788, tome XIII, poème n° I, «Le Plaisir», p. 516.

③ Voir «Traduction de quelques pieces de poésie chinoise, par feu M. Cibot, Missionnaire à Péking», dans Joseph Amiot et al., *Mémoires concernant l'Histoire, les Sciences, les Arts, les Moeurs, les Usages, etc. des Chinois, par les missionnaires de Pékin*, 1788, tome XIII, poème n° X, «Chanson», p. 528.

④ Voir «Traduction de quelques pieces de poésie chinoise, par feu M. Cibot, Missionnaire à Péking», dans Joseph Amiot et al., *Mémoires concernant l'Histoire, les Sciences, les Arts, les Moeurs, les Usages, etc. des Chinois, par les missionnaires de Pékin*, 1788, tome XIII, poème n° 3, «Chanson», p. 519.

⑤ Voir «Traduction de quelques pieces de poésie chinoise, par feu M. Cibot, Missionnaire à Péking», dans Joseph Amiot et al., *Mémoires concernant l'Histoire, les Sciences, les Arts, les Moeurs, les Usages, etc. des Chinois, par les missionnaires de Pékin*, 1788, tome XIII, poème n° 7, «La Modération», p. 513.

fletrissent.①

（回译大意：秋后无良景，春逝不见花。有花堪折直须折。）

最后须提一笔，此类"牧歌"中还有一篇神秘译文，至今未知出处。诗名为"春"（"Le Printemps"②），译者是查理-列奥巴尔·玛窦（Charles-Léopold Mathieu，1756—1834 ?），完成于1816年。这篇长达17页的诗歌散发着浓浓的田园气息，颂扬路易十八的政治业绩。译本的特色是在语言形式上作了创新：这是首部格律体译本，或许译者有意保留了中国诗歌的风格。

上述为《诗经》之外的诗歌翻译，下文梳理一下《诗经》翻译。马若瑟（Joseph de Prémare，1666—1736）曾因翻译纪君祥（Jǐ Jūnxiáng）的《赵氏孤儿》（*Zhàoshì gū'ér*，法译本标题为《*L'Orphelin de la famille Zhao*》）而出名，他与另外一名北京耶稣会士一起翻译过《诗经》中的8首诗，为杜赫德的《中华帝国全志》所收录。这8首诗不是选自"风"（airs），而是选自"雅"（odes）和"颂"（éloges），反映了作者选诗的意图是强调历史或政治层面意义，而非侧重风俗传统介绍。诗歌或阐述"良好的管治"，比如《Un jeune Roy prie ses ministres de l'instruire》（《周颂·闵予小子·敬之》的译文）和《Conseils donnez à un Roy》（《大雅·荡之什·抑》的译文）；或讴歌明君，比如《À la loüange de Ven vang》（《周颂·清庙之什·天作》的译文）和《À la loüange du même》（《大雅·文王·皇矣》的译文）；或反之，鞭挞昏君，比如《Sur la perte du genre humain》（《大雅·荡之什·瞻卬》的译文）、《Lamentations sur les misères du genre humain》（《小雅·祈父之什·正月》的译文）、《Sur le même sujet. Exhortation》（《大雅·生民之什·板》的译文）和《Avis au Roy》（《大雅·荡之什·荡》的译文）。

以《大雅·文王·皇矣》（标题译文为"À la loüange du même"）为例。这实际上是一首歌颂周文王的诗歌：

皇矣
皇矣上帝，临下有赫。监观四方，求民之莫。
维此二国，其政不获。维彼四国，爰究爰度。
上帝耆之，憎其式廓。乃眷西顾，此维与宅……

---

① Voir «Traduction de quelques pieces de poésie chinoise, par feu M. Cibot, Missionnaire à Péking», dans Joseph Amiot et al., *Mémoires concernant l'Histoire, les Sciences, les Arts, les Moeurs, les Usages, etc. des Chinois, par les missionnaires de Pékin*, 1788, tome XIII, poème n° IX, «Chanson», p. 526 ; voir aussi la célébration du vin dans le poème n° XII, «Chanson», p. 532.

② Voir Charles-Léopold Mathieu, *Le Printemps, premier chant du poème chinois des Saisons*, Nancy, de Hoener, 1816. Ce traducteur aurait traduit d'autres poèmes chinois, restés à l'état de manuscrit, si l'on en croit un passage de *La France littéraire ou Dictionnaire bibliographique* de Jospeh-Marie Quérard, Paris, Maisonneuve & Larose, tome V, 1964, p. 617, que cite Yu Wang, op. cit., p. 72, n. 46.

法译本为：

> Celui qui seul est Roi & Suprême Seigneur, abaisse sa Majesté jusqu'à prendre soin des choses d'ici-bas. Toûjours attentif au vrai bonheur du monde, il promene ses regards sur la face de la Terre. Il voit deux peuples qui ont abandonné ses Loix, & le Très-Haut ne les abandonne pas encore : il les examine, il les attend ; il cherche partout un homme selon son cœur, & il veut étendre lui-même son Empire. Dans ce dessein, il arrête avec amour ses yeux vers l'Occident. C'est là qu'il doit habiter, & regner avec ce nouveau Roi...①

译本显然游走于中法文化语境之间。首先，"上帝"（*Shàngdì*）一词先是译成"Suprême Seigneur"，后是"le Très-Haut"，这就将中国思想作了欧式处理，更准确地说是作了基督教式的规训；接着，后文的"天"（*tiān*）被翻译成"Ciel"，指向法语语言传统中的"神"：

> 天立厥配，受命既固。
> ［L］e Ciel veut se donner un égal. Jamais volonté ne fut plus absoluë.②

此句可以理解为对法兰西王国君权神授的绝对君主制政体的肯定。讴歌文王等于讴歌法兰西君主；儒家伦理道德约束着文王所管治的中国社会，如同基督教伦理和政治原则约束着西欧君主所统治的社会一样。

概言之，北京耶稣会士的翻译有明显的"归化"倾向。这不仅表现在语言层面，而且从文化层面上看，中国思想也被作了欧式处理。原因有两个：一是耶稣会士仍然捍卫索隐原则，立志向欧洲读者说明中华文化蕴含着基督教真理遗迹，同时试图皈依中国人；二是一种策略性行为，试图吸引欧洲宗教当局和世俗君主的注意力，在1735年"中国礼仪之争"进入白热化时期为耶稣会在华活动辩护。

18世纪在法国出版的第二部传教士中国大百科全书《北京传教士回忆录》收录了《诗经》的11首诗歌。与《中华帝国全志》收录的《诗经》诗歌不同，这些诗篇都选自"颂"，不属于政治范畴，而是属于道德伦理范畴；关于家庭伦理，而非政治伦理。至于《诗经》全译本，在18世纪只有一本拉丁文手写稿，是耶稣会士孙璋（Alexandre de

---

① Jean-Baptiste du Halde（éd.）, *Description géographique, historique, chronologique, politique, et physique de l'empire de la Chine et de la Tartarie chinoise, enrichie des cartes générales et particulieres de ces pays, de la carte générale et des cartes particulieres du Thibet, & de la Corée; & ornée d'un grand nombre de figures & de vignettes gravées en tailledouce*, Paris: J-B Mercier, vol. 2, p. 309.

② Jean-Baptiste du Halde（éd.）, *Description géographique, historique, chronologique, politique, et physique de l'empire de la Chine et de la Tartarie chinoise, enrichie des cartes générales et particulieres de ces pays, de la carte générale et des cartes particulieres du Thibet, & de la Corée; & ornée d'un grand nombre de figures & de vignettes gravées en tailledouce*, p. 310.

La Charme，1695—1767）所著。他自1728年起服务于北京宫廷，手稿后经旅居巴黎的德意志籍东方学家儒勒·莫尔（Jules Mohl，1800—1886）精心整理，在1830年出版。译本有一篇幅颇长的导言，类似于"大序"，特意解释"赋""比""兴"等概念，将它们分别对应西方诗歌的"描写""对比"和"影射"等写作手法；导言也解释了诗歌的韵律；手稿结尾提供了中国经学家的注释，尤其是朱熹（1130—1200）的注释。因此这部《诗经》拉丁手稿试图从历史角度和道德层面诠释中国文化传统。这篇翻译无疑和孙璋神父的词典书稿①一样，专供耶稣会内部使用。从此意义上讲，这篇拉丁文手稿在法国学术界并没有产生太大的影响，即使当时流传着几种手抄本②。不过，它对于早期世俗汉学家的翻译工作还是有帮助的。雷慕沙在孙璋译本1830年版发行前，手里有一部写满注释的手抄本③；另外德国诗人弗里德里希·冯·舒伯特（Friedrich von Rückert）参考孙璋译本1830年版，在1833年出版德语版《诗经》④。

  上述译本均是耶稣会士所译，有明显的导向性，存在意义偏离。原因不外两个：译者或有意无意地试图从中国诗歌中读出基督教真理，或力图使译本易为法国普通大众接受（从此意义上讲，译本可谓是"美丽的不忠者"），或为所在修会或政治势力的负责人接受（鉴于其历史背景是"中国礼仪之争"）。即便如此，译本在字里行间还是透露出审美信息，译者极力渲染当时流行的归隐自然的风气，说明他们对于中国的诗学资源和法国诗歌的审美潮流并非毫无知觉。他们甚至对于18世纪欧洲信仰的构建也是了然于心的，当时基督教自诩为一种"自然"宗教。总体而言，译本证明耶稣会士们首先是受一种智识好奇心的驱动而从事翻译工作的，并非单一的宗教动机。他们用特有的方式加

---

  ① Voir Henri Cordier, *Bibliotheca sinica, Dictionnaire bibliographique des ouvrages relatifs à l'empire chinois*, Paris, Ernest Leroux, 1878, tome 1, p. 744.

  ② Voir Ernest Clerc de Landresse, «Traduction d'une ode chinoise, tirée du *Chi-King* ou *Livre des vers*», Journal asiatique, août 1822, tome I, p. 78.

  ③ 参见《已故法兰西公学院汉语和满洲—鞑靼语言文学教授、铭文与美文学院院士、巴黎亚细亚学会主席雷慕沙藏书和手稿目录》（*le Catalogue des livres, imprimé's et manuscrits, composant la bibliothèque de feu M. J. -P. Abel-Rémusat : professeur de langue et de litté'rature chinoise et tartare mandchoue au Collé'ge royal de France, Membre de l'Acadé'mie des Inscriptions et Belles-Lettres, Pré'sident de la Société asiatique de Paris, etc. : dont la vente se fera, le lundi, 27 mai 1833 et jours suivans, 6 heures de relevée*, Paris, J. -S. Merlin, 1833）。《目录》第67页636条目是孙璋手稿，第67页635条目是1830年版本。与此同时181—182页第1631条目指出"雷慕沙……在1823年，开始誊抄他自己收藏的一部《诗经》，那是孙璋神父根据朱熹注释所作的翻译"。这一说法也出现在1905年版《中国书目》中（参见*la Bibliotheca sinica*, Paris, Librairie orientaliste et américaine E. Guilmoto, 1905, vol. II, fascilue I, colonne 1381）。

  ④ Voir Friedrich von Rückert (tr.), *Schi-king; chinesiches Liederbuch*, gesammelt von Confucius, dem deutschen Angeeignet von Friedrich Rückert, Altona, J. F. Hammerich ; p. iii, au début du sommaire des poèmes, il est fait référence à la traduction de La Charme : «Verzeichniß der Lieder und Nachweisung ihrer Texte une Motive in *Confucii Chi-King*, ed. Jul. Mohl 1830» («Sommaire des poèmes dont les textes et les motifs sont justifiés dans Confucii Chi-King, édité par Julius Mohl en 1830» Voiraussi Henri Cordier, *Bibliotheca sinica*, 1878, tome 1, p. 650, citant Ernst Johann Eitel, «The Shih King—A Review of the 4th volume of Dr. Legge's "Chinese Classics"», in China Review, vol. I, n° 1, 1872, p. 3：«The German poet Rückecrtturned Lacharmeinto German verse…».

入启蒙思想大潮,事实上参与了中国文化、思想和文学在欧洲的传播活动。

18世纪末耶稣会先后在好几个国家被遣散,1763年在法国,到了1773年教宗发布敕令,彻底解散耶稣会。因为教宗和欧洲宗教当局认为,耶稣会在海外活动中表现出过度的宗教宽容,尤其是允许中国人用中文而非拉丁文做天主教弥撒。这就是所谓的"中国礼仪之争"。后果是钱德明(Joseph-Marie Amiot)成为最后一名在华耶稣会士。1793年他在北京去世,18世纪末中国再无欧洲人了[①]。

三、19世纪汉学家的学术翻译:有心无力的忠实

具有学术价值和汉学研究意义的诗歌翻译起步较晚,学者的态度相当克制。如前所述,法国学术界先是从事儒家经典翻译,接着才是小说和戏曲翻译。至于诗歌翻译,特别是《诗经》之外的格律诗翻译,那是在世俗汉学建制打破了耶稣会"垄断"法国汉学的局面之后才出现的。

世俗汉学建制的标志是法兰西公学院[②]设立汉语语言文学教席(包括鞑靼-满洲语言文学,因为当时是满洲王朝,绝大多数汉学家需先习得满语)。19世纪教席席位先后由雷慕沙、儒莲(Stanislas Julien,1797—1873)和德理文执掌,三位均是中国诗歌的大翻译家。除了他们之外,还有两位雷慕沙的门生从事过《诗经》中的诗篇翻译。

雷慕沙本人只翻译语法教材和小说中的诗歌[③],而其门生、法国宪章学校前学生埃尔内斯特·克勒克·德·朗德莱斯(Ernest Clerc de Landresse,1800—1862)曾模仿雷慕沙的译风,在《亚细亚学会会刊》1822年8月号上发表《小雅·祈父·节南山》的译文。他在导言中说:

> 我尽量逐字翻译,小心翼翼,避免打乱诗句原有顺序,保留诗歌朴素简洁的特色……这使我下定决心,逐字把整篇"颂"翻译成拉丁文。我为每个字注音,让读者更好地体会汉语的韵律。[④]

翻译工作确实按照这一方案实施。译者最后提供了一部既细致又忠实的译本,显然是在导师的指导下完成的。以"忧心如惔"为例,译文是"le cœur [du peuple] est comme brûlé par la tristesse",回译大意为(民)心为忧伤所焚烧[⑤]。原诗中"忧"意为"chagrin"("忧郁"之意),"惔"意为"brûler"("焚烧"之意),含一竖心旁,与两个"火"字组合成字。两个字一起被翻译成"brûlé par la tristesse"("被

[①] 原文如此。实际上,参与"中国礼仪之争"的另一个法国传教团体——巴黎外方传教会在雍正禁教之后,仍然在中国西南秘密活动。——译注

[②] 法兰西公学院为16世纪法国国王弗朗索瓦一世所创办,代表法国大学教育和科学研究的一个历史顶峰。

[③] Voir Jean-Pierre Abel-Résumat (tr.), *Iu-Kiao-Li*, op. cit. J'ai proposé une analyse comparée de la traduction par Rémusat et Julien des poèmes insérés dans ce roman :«Deux traducteurs pour deux cousines. Retraduction du roman chinois *Yu Jiao Li* au XIXe siècle», art. cit., pp. 163–166.

[④] Jean-Pierre Abel-Résumat (tr.), *Iu-Kiao-Li*, p. 79.

[⑤] Jean-Pierre Abel-Résumat (tr.), *Iu-Kiao-Li*, pp. 79–80.

忧伤所焚烧"），是相当忠实的。

雷慕沙的另一门生玛丽-费理希特·布罗赛（Marie-Félicité Brosset）撰写《评〈诗经〉和中国古代诗歌》时，翻译了《诗经》中的几首诗。1830—1859年间，雷慕沙的席位继任者儒莲也作过翻译。1894年5月18日，爱德华·施佩希特（Édouard Specht）在法兰西铭文与美文学院的例会上，宣读《斯塔尼斯拉斯·儒莲手稿点注》一文，列出"《诗经》11首附有注释的颂歌译文"①，但没有说明儒莲的译文是拉丁文还是法文。后来亨利·考狄（Henri Cordier）根据伯希和的查证，在1922年《中国学书目》（Bibliotheca sinica）增补本中指出梵蒂冈图书馆保存有一部儒莲手稿，是《诗经》的拉丁文全译本："一部属于斯塔尼斯拉斯·儒莲的《诗经》拉丁文译本手稿存放在梵蒂冈。"②确实，在梵蒂冈图书馆目录上可以检索到这部手稿③，图书馆在1859年收藏了这部共326页的手稿。它可能是儒莲开始汉学家职业初期，把《孟子》翻译成拉丁文（1824年出版）④时顺手完成的工作。这部手稿虽是拉丁文本，却是现存唯一一部由法国世俗汉学家完成的全译本⑤，足以从中国典籍翻译史角度证明法国学术界对中国诗歌的兴趣。一般认为，《诗经》全译本以耶稣会顾赛芬神父译本为佳，该译本为拉法双语、汉语对照⑥，具备专业汉学翻译的优点，不过不足之处也是明显的：译本遵循孙璋神父的翻译逻辑，整合朱熹的注解，从政治和伦理角度诠释诗篇的思想内容。

回到儒莲的翻译工作上，他与雷慕沙一样，翻译小说和戏曲作品里面的诗歌。值得一提的是，1834年儒莲出版《赵氏孤儿》（原著纪君祥）法译本⑦，附录有4首诗歌；1859年印度寓言故事《百喻经》（Les Avadânas）⑧法译本出版，这4首诗歌被再次使用，作为故事的结尾。它们分别是：著名抒情诗《木兰诗》（Mùlán shī），流传很久，最早的版本可以追溯到4世纪；两首来自蒲松龄（1640—1715）《聊斋小曲》的俚

---

① Édouard Specht, «Note sur les manuscrits de Stanislas Julien», Comptes rendus des séances de l'Académie des Inscriptions et Belles-Lettres, année 1894, 38ᵉ année, 3ᵉ trimestre, p. 226.

② Henri Cordier, Bibliotheca sinica, Supplément et Index, Paris, Librairie orientaliste Paul Geuther, Fasciule Ier, 1922, colonne n° 3792.

③ Sous la cote «Vat. estr. or. 17».

④ Voir Stanislas Julien（tr.）, Meng Tseu, vel Mencium, inter Sinenses philosophos ingenio, doctrina, nominisque claritate Confucio proximum, edidit, latina interpretatione...et perpetuo commentario...illustravit Stanislaus Julien..., Paris, 1824, 3 tomes en 2 vol.

⑤ Les traductions de Marcel Granet（Fêtes et chansons anciennes de la Chine, Paris, Ernest Leroux, 1919）et de Rémi Mathieu [Shi jing（chinois-français）. Le classique des poèmes, Paris, Gallimard, Folio bilingue, 2019] sont partielles.

⑥ Voir Séraphin Couvreur（tr.）, Cheu king, texte chinois avec une double traduction en français et en latin, une introduction et un vocabulaire, Ho Kien fou [Hejianfu 河间府], Imprimerie de la Mission catholique, 1896, rééditée à Taipei, Kuang Chi Press, 1966.

⑦ Voir Stanislas Julien（tr.）, «Poésies chinoises», in L'Orphelin de la Chine, Paris：Moutardier, 1834, pp. 323–352：«Romance de Mou-lan, ou La Fille Soldat», «Ballade：Ni-kou-sse-fan, ou La Religieuse qui pense au monde», «Kouan-fou-youan, élégie sur la mort d'une épouse» et «Le Village de Kiang».

⑧ Voir Stanislas Julien（tr.）, Les Avadânas, contes et apologues indiens, Paris, Benjamin Duprat, 1859, 3 tomes, tome 2, pp. 157–192.

曲《尼姑思俗曲》和《夜雨鳏夫思妻曲》；唐代著名诗人杜甫（712—770）的《羌村三首》。儒莲的译文严谨科学。首先，译文一字不漏，甚至使用注音方式翻译某些词，这是一种不损害原意的翻译方式。比如《木兰诗》开头句拟音词"唧唧复唧唧"直接音译为"Tsi-tsi, puis encore tsi-tsi"①，儒莲还在此句结尾加了一个竖杠，这是法国学术界首次对中国诗歌韵律进行标识的尝试：

Tsi-tsi, puis encore tsi-tsi. / Mou-lân tisse devant sa porte. ②
唧唧复唧唧，木兰当户织。

译文还有一处汉学翻译特征，即附有译者评论：首尾两首诗歌各有一个前言，还有几处注释。不过注释量不多，1859年诗歌再版时，儒莲干脆删去所有注释。后期的汉学家在翻译诗歌时却偏爱增加注释。

事实上，儒莲并未认真对待诗歌翻译。1859年《百喻经》出版时，他把诗歌翻译描述为"长期繁重和艰巨工作之余的一种娱乐"③。这说明他把佛学经典或相关文本的翻译与小说、诗歌翻译区分开来，诗歌译文被置于《百喻经》书末，也说明他并未高度重视此类翻译。

儒莲翻译的中国诗歌多为欧洲读者喜闻乐见的内容，读者不难理解诗歌意义：《木兰诗》描写的是一位乔装打扮替父从军的女子，类似于欧洲的英雄历险史诗；杜甫诗歌的主题是夫妻分离，父子重逢，场面悲怆；最后是尼姑思凡。寡妇与诗人杜甫涉及个人的不幸遭遇，木兰和尼姑指向女性解放，诸如此类均为欧洲读者熟悉的浪漫主义主题。此外在诗歌题目的处理上，儒莲也迎合风气，将之与浪漫主义风气相关联，比如木兰诗被译成"罗曼司"，尼姑思凡被译成"抒情诗"。

儒莲之后，德理文侯爵是19世纪法国汉学界翻译中国诗歌最具代表性的人物。他有两本译作。第一本是1862年的《唐诗选》，大概250页，以李白（701—762）和杜甫（712—770）的诗歌为主，两位诗人各有超过20首诗入选，其他诗人有一至三首。这部诗集最少有三处汉学翻译的特征：其一，有一篇近百页的长序，阐释中国诗歌史及诗歌的音韵规律；其二，介绍大诗人的生平；其三，儒莲用竖杠标识诗歌韵律，德理文则在《唐诗选》中试图区分汉语"句"的类型。德理文十分用心，力图重现中国诗歌的意境和形态，译本语言流畅，也难免有失忠实之处。德理文有时增添一些名词或其他词汇，来解释诗歌的隐含义，有时则舍弃一些对法国读者来说晦涩难懂的隐喻。

以李白的《江上吟》为例，直译是"Sur le fleuve. Chant"，德理文翻译成"En Bateau"④。

首先，译文用分行的形式表现诗句的韵律：

---

① Stanislas Julien（tr.），«Poésies chinoises», *L'Orphelin de la Chine*, p. 327.
② Stanislas Julien（tr.），«Poésies chinoises», *L'Orphelin de la Chine*.
③ Stanislas Julien（tr.），Les Avadânas, tome I, p. xvi.
④ Léon d'Hervey de Saint-Denys, *Poésies de l'époque des Thang*, p. 9. Toutes les citations suivantes se référeront à cette page, sauf mention contraire.

木兰之枻沙棠舟，玉箫金管坐两头。
Un bateau de *cha-tang* avec des rames de *mou-lan*;
De jeunes musiciennes sur les bancs, avec des flûtes d'or et de jade.

德理文沿用儒莲的注音式翻译，把"沙棠"和"木兰"分别译为"cha-tang"和"mou-lan"，并加了注释："沙棠"是"非常轻的木头"，"木兰"是"非常硬的木头"。增补此类注释是汉学翻译的典型特征，无疑是向普罗大众（不限于专家学者）传播知识。此外德理文也为专名加注，解释专名的文化内涵，比如"五岳"：

兴酣落笔摇五岳。
Quand l'ivresse m'exalte, j'abaisse mon pinceau, j'ébranle de mes chants les cinq montagnes sacrées.

德理文为此句补充的注释是"［Wǔ Yuè 五岳］是五座高山。自远古时期起，中国皇帝便代表所有人在此祭天，他是百姓的父亲。原先只有四座山，分别指中国的传统方位概念"①。这条注释长达十几行，说明译者非常认真地向读者介绍相关的中国文化知识。德理文在翻译"屈平辞赋悬日月，楚王台榭空山丘"一句时，也为历史人物增补生平：

屈平辞赋悬日月，楚王台榭空山丘。
Les sublimes inspirations de Kio-ping⁽⁵⁾ nous restent comme un monument qui s'élève à la hauteur des astres;
Que sont devenus les tours et les pavillons du roi de Tsou, jadis accumulés sur ces collines désertes!

德理文在此加了注释（5），说明"屈平"即"屈原"："屈平是《离骚》的作者、诗人屈原的别名。《离骚》是中国著名诗篇。关于屈原的故事，上文有提及，请见第XXIV—XXV页。"不过他却没有为楚王加注。译本中确实有篇幅很长的注释，但并非所有专名都加注。换句话说，加注并没有标准，也不完整，可以理解为德理文侯爵不希望注释量过多，使译本看起来臃肿累赘，令读者心生厌烦。

这种增补还体现在对诗歌原文的改编上。比如德理文在"海客无心随白鸥"和"诗成笑傲凌沧洲"两句中分别增加了主语"我"（je）：

海客无心随白鸥……
Tandis qu'insouciant et tranquille, je vogue au milieu des mouettes blanches...

诗成笑傲凌沧洲。

---

① Léon d'Hervey de Saint-Denys, *Poésies de l'époque des Thang*, pp. 9–10.

> Je suis joyeux et je suis fier, je me ris de toutes les grandeurs.

出于同样的灵活处理原则，德理文把诗歌标题翻译成"En Bateau"，而不是"Sur le fleuve"。总之《唐诗选》提供了一个介于18世纪"完美的不忠实"与19世纪汉学界"逐字翻译"之间的典型翻译范例。

德理文的第二个译本是屈原的《离骚》。这本出版物更加符合新汉学（即经院汉学）的科学标准。译本开头有一篇长达36页的序言，讲述屈原生平，译自司马迁所写的《屈原列传》，内容充实，材料丰富。同时德理文在译文结尾提供了汉语全文。译本还具有其他学术翻译特征，以前几句诗为例：

> 帝高阳之苗裔兮，朕皇考曰伯庸。
> 摄提贞于孟陬兮，惟庚寅吾以降。
> Ti kao-yang est mon ancêtre；
> Mon noble père s'appelait Pe-yong⁽¹⁾；
> Le Che-ti étant précisément au premier des angles，
> Au temps appelé kang-yn, je descends (en ce monde)⁽²⁾.①

每个诗句（实则两个半句，前半句以"兮"结尾）都被翻译成两行，处理成四行诗，而且押韵。每句诗中都有一处注音。总体而言，译本尽量逐字翻译，当然有增补成分，旨在明确意义，置于圆括号之中（目前汉学界也使用方括号）。诗歌还有篇幅很长的注释，有的超过半页纸。比如上述这两句诗就有两个注释，分别长达22行和20行。

1886年，另一位法国汉学家于雅尔（Camille Imbault-Huart，1857—1897）出版了一本诗歌译著。诗歌选自六位中国诗人，分别是刘基（1311—1375）、杨基（1326—1380）、袁子才（或称袁枚，1716—1798）、曾国藩（1811—1872）和一位至今未为学界识别出来的诗人②，译者记之为Soung Chi。每位诗人有四至五首诗。于雅尔遵循汉学翻译原则，将每句诗翻译成两行，不过他没有严格遵守韵律规律，也没有全部押韵。他提供诗人生平，增补注释，不过注释量比德理文的《离骚》少得多。

从中国诗歌法译史看，于雅尔译本实际上是一个里程碑式的转折。这体现在下面几点：首先于雅尔是首位翻译中国现代诗歌的汉学家，诗集向读者展示了"横跨大约八个世纪，从宋代（12世纪）到当代的"③中国诗歌状况；其次他拒绝遵循先辈的逐字翻译原则：

---

① Léon d'Hervey de Saint-Denys, *Le Li-sao*, pp. 1–2.
② Voir Camille Imbault-Huart (tr.), *La Poésie chinoise du XIVe au XIXe siècle, extraits des poètes chinois traduits pour la première fois, accompagnés de notes littéraires, philologiques, historiques et de notices biographiques*, Paris, Ernest Leroux, 1886.
③ Camille Imbault-Huart (tr.), *La Poésie chinoise du XIVe au XIXe siècle, extraits des poètes chinois traduits pour la première fois, accompagnés de notes littéraires, philologiques, historiques et de notices biographiques*, p. ix.

逐字逐句翻译文本是不充分的，翻译是一种前景更为广阔的职业，甚至是一种尊贵的职业。译者必须诠释作者，洞察其意图和所属群体的情感，不仅要呈现作者的文字，而且要再现精神。①

此外，于雅尔也不增添过量的评论，只保留有助于理解的部分：

在注释里……我们毫不留情地删去不合时宜的评论，只留下有助于理解译本和文本的内容。②

四、19世纪的自由翻译：创作性接受

19世纪中国诗歌法译的第二种方式是自由的文学翻译。朱迪特·戈蒂耶（Judith Gautier，1845—1917）是这种非学术性自由翻译的代表性人物。她是帕纳斯诗人戴奥菲勒·戈蒂耶（Théophile Gautier，1811—1872）之女，少时跟随丁敦龄（1831—1886）学习汉语。丁敦龄是汉学家传教士伽利略（Joseph Marie Callery，1810—1862）的秘书。1867年，朱迪特在帕纳斯派作品的专门出版公司阿尔丰斯·勒梅尔（Alphonse Lemerre）那里出版了诗集《玉书》③，署名朱迪特·瓦尔特（Judith Walter）。1902年《玉书》再版④，新版本在首版的基础上增补了部分未出版的诗歌和一篇"序"。新诗集共有110首诗，分属不同年代，由情人、月、旅者、战争等8个主题组成。

且以李白的《采莲曲》为例，看看朱迪特译本和德理文的异同。《采莲曲》原文为：

采莲曲
若耶溪边采莲女，笑隔荷花共人语。
日照新妆水底明，风飘香袂空中举。
岸上谁家游冶郎，三三五五映垂杨。
紫骝嘶入落花去，见此踟蹰空断肠。

---

① Camille Imbault-Huart（tr.）, *La Poésie chinoise du XIVe au XIXe siècle*, extraits des poètes chinois traduits pour la première fois, accompagnés de notes littéraires, philologiques, historiques et de notices biographiques, pp. xxi-xxii.

② Camille Imbault-Huart（tr.）, *La Poésie chinoise du XIVe au XIXe siècle*, extraits des poètes chinois traduits pour la première fois, accompagnés de notes littéraires, philologiques, historiques et de notices biographiques, p. xxxii.

③ Voir Judith Walter（tr.）, *Le Livre de jade*, Paris, Alphonse Lemerre, 1867. Auparavant, elle avait publié dans deux livraisons de *L'Artiste*（du 15 janvier 1864 et du 1er juin 1865）neuf, puis huit poèmes, sous le titre «Variations sur des thèmes chinois».

④ Voir Judith Gautier（tr.）, *Le Livre de jade*, poésies traduites du chinois, nouvelle édition augmentée et ornée de vignettes et de gravures hors texte d'après les artistes chinois, Paris, Félix Juven, 1902. en fait, elle avait publié en 1901, dans la *Revue de Paris*, vingt-quatre poèmes（«Poèmes chinois de tous les temps», juin）, puis neuf（dont deux retraductions de 1867, «Quelques grands poèmes chinois et la poétesse Ly Y-Hane», 1er décembre）.

德理文的译文为：

Li-Taï-Pé Sur
les bords de la Jo-yeh⁽¹⁾

Sur les bords de la Jo-yeh，les jeunes filles cueillent la fleur du nénuphar.

Des touffes de fleurs et de feuilles les séparent⁽²⁾；elles rient et，sans se voir，échangent de gais propos.

Un brillant soleil reflète au fond de l'eau leurs coquettes parures；

Le vent，qui se parfume dans leurs manches，en soulève le tissu léger.

Mais quels sont ces beaux jeunes gens qui se promènent sur la rive？

Trois par trois，cinq par cinq，ils apparaissent entre les saules pleureurs.

Tout à coup le cheval de l'un d'eux hennit et s'éloigne，en foulant aux pieds les fleurs tombées.

Ce que voyant，l'une des jeunes filles semble interdite，se trouble，et laisse percer l'agitation de son cœur.

⁽¹⁾ Rivière du Tche-kiang, qui alimente le lac King-hou. Voir la note 2 de la pièce précédente.

⁽²⁾ Les jeunes filles sont en bateau. ①

朱迪特的译文为：

Au bord de la rivière
Selon Li-Taï-Pé.

Les jeunes filles se sont approchées de la rivière；elles s'enfoncent dans les touffes de nénuphars.

On ne les voit pas, mais on les entend rire, et le vent se parfume en traversant leurs vêtements.

L'une d'elles a senti son cœur battre et son visage a changé de couleur.

Mais les touffes de nénuphars l'enveloppent.②

首先，德理文在第一时间介绍诗人，而朱迪特却用一种相当随意的方式提及诗人 selon Li-Tai-Pé，意为"根据李白诗歌改编"，这说明译者主张改编的自由。另外，标题《采莲曲》应译为 Chant de la cueillette dulotus，两篇译文都不甚忠实。德理文的译文是 Sur les bord de la Jo-yeh（在若耶溪边），他把第一个诗句中的河流名称处理成

---

① Léon d'Hervey de Saint-Denys（tr.），Poésies de l'époque des Thang, op. cit., p. 133.

② Judith Walter（tr.），*Le Livre de jade*，1867，op. cit., pp. 9–10. et Judith Gautier（tr.），*Le Livre de jade*，1902，op. cit., pp. 25–26.

标题。朱迪特则译成Au bord de la rivière（在河边），试图淡化诗歌意境，以便更好地进行改编，诗歌正文也没有出现"若耶溪"这个地名，只是简单地翻译成"溪"。朱迪特在此适用了魏尔兰和象征主义者的"不确定性"[1]原则。从某种意义上讲，朱迪特译本存在归化现象，这种归化是出于一种审美逻辑需要，而非18世纪传教士翻译《诗经》的政治或意识形态逻辑。

此外，德理文译本拘泥于字义，显得严谨，比如增补了两个注释；相反，朱迪特译本不拘一格，最后一个诗句紫骝马嘶叫的情节被删去，取而代之的是朱迪特自己编写的故事情节，似乎影射溺死在河里、身边飘着花朵的奥菲利亚，指向浪漫主义时期英国著名画家约翰·艾佛雷特·米莱（John Everett Millais, 1829—1896）创作于1851年的名画[2]。

2006年，斐迪南·斯多塞（Ferdinand Stocès）曾指出朱迪特诗集存有"欺诈"行为[3]。他认真考证了《玉书》的所有版本，认为朱迪特译本有将近四分之一的诗歌借鉴自德理文译本（包括《采莲曲》在内），其次是顾赛芬（Séraphin Couvreur, 1835—1919）的《诗经》译本。在1867年版本中，她本人大概翻译了14%的诗歌；在1902年版本中，她先后得到丁敦龄和德·莫朗（George Soulié de Morant）的帮助，翻译了30%[4]。她的翻译方法似乎是选取诗歌的个别汉字进行发挥改写。根据斯多塞统计，朱迪特在《玉书》1867年版本中，选取了李白《玉阶怨》[5]一诗共20个汉字中的7个[6]，再根据德理文译文来修饰这几个字，或根据想象自由发挥。至于其他诗歌，除了借用和自行翻译之外，基本上是朱迪特自己创作的。她把这些经过乔装打扮的诗歌嫁接到某著名诗人（比如杜甫或李白）身上，或自行编造了作者。在1867年版本中，这种情况有60%；1902年版有47%。朱迪特译本因此可以理解为一篇介于翻译——通常强调接近原文——和纯粹的诗歌创作之间的文学作品。

从翻译的角度看，朱迪特译本无疑存在很多不值得肯定之处，但是换一个角度看，或许这些不足也有正面效果。那是一种面向读者而尽力为之的改编，使《玉书》在法国诗歌发展史上产生了重大影响。1873年查理·克罗斯（Charles Cros）在《檀香匣子》（Coffret de santal）上发表了《李太白》（Li-taï-pé[7]）一诗，中国诗人李白自此进入世界诗人的行列。随后《玉书》1902年版、1908年版、1928年版和1933年版成功

---

[1] Paul Verlaine, «Art poétique», *Jadis et Naguère*, Paris: léon Vanier, 1884. pp. 23-25. 这首诗被视为法国象征主义诗歌运动的宣言。

[2] John Everett Millais, Ophelia, Londres, Tate Gallery, 76, 2 x 11, 8 cm, c. 1851.

[3] Voir Ferdinand Stocès, «Sur les sources du *Livre de jade* de Judith Gautier（1845-1917）»（remarques sur l'authenticité des poèmes）, *Revue de littérature comparée*, 2006, n° 3, pp. 335-350.

[4] 斐迪南·斯多塞分析《玉书》的几个版本，并区分"近似翻译"（les«traductions approximatives»）和"翻译未果"（les «tentatives de traduction»）两种情况。参见Ferdinand Stocès, «Sur les sources du *Livre de jade* de Judith Gautier（1845-1917）»（remarques sur l'authenticité des poèmes）, *Revue de littérature comparée*, 2006, n° 3, 第344和348页的两个表格。

[5] Voir Judith Walter（tr.）, *Le Livre de jade*, 1867, op. cit., pp. 47-48.

[6] Ferdinand Stocès, art. cit., p. 342.

[7] Voir Charles Cros, «Li-taï-pé», in *Le Coffret de santal*, Paris, Alphonse Lemerre, 1873, pp. 32-34.

发行。朱迪特的作品接着多次被模仿和再次改写，比如1887年埃米尔·布莱蒙（Émile Blémont）出版诗集《中国诗歌》（*Poèmes de Chine*①）；1920年弗兰兹·杜尚（Franz Toussaint）借鉴朱迪特译本，出版诗集《玉笛》（*La Flûte de Jade*②），还自行把诗集翻译成好几种语言出版③。《玉书》因而穿越法国边界，在意大利、葡萄牙、英国有着难以计数的仿制本和译本，有的是全文翻译，有的是部分翻译④。以影响力最大的仿制本——汉斯·贝特格（Hans Bethge，1876—1946）1907年出版的诗集《中国之笛》（*Die Chinesische Flöte*）⑤——为例，这本诗集基本上转译自《玉书》，也有部分来自德理文的《唐诗选》⑥，出版之后，音乐家古斯塔夫·马勒（Gustave Mahler，1860—1911）根据里面的6首诗歌创作了《大地颂》（*Lied von der Erde*）。

从诗歌体裁看，也必须承认《玉书》（包括此前出版的《唐诗选》）即便存在"创造"的痕迹，也有其正面影响。诗集发行推动了法国散文诗（poème en prose）的发展。在法国文学史上，阿洛伊修斯·贝尔特朗（Aloysius Bertrand，1807—1841）是"散文诗"这一完全"现代的"诗歌体裁之父，他1842年出版的诗集《夜之幽灵》（*Gaspard de la Nuit*）是法国散文诗的标杆性作品。不过学术界认为，1869年波德莱尔（Charles Baudelaire，1821—1867）遗作《巴黎的忧郁》（*Spleen de Paris*）或称《散文小诗集》（*Petits Poèmes en prose*）刊行，才意味着法国诗歌从严格的格律阶段（une poésie versifiée）向更加自由的诗歌阶段（une poésie plus libre）过渡。在此时段中，德理文和朱迪特分别于1862年和1867年用短小段落的形式翻译中国诗歌，这种诗歌译文形式随后被法国诗学界定义为"诗句集合"（les versets），对法国诗歌创作产生了影响，使法国诗歌在形式上获得自由，摆脱格律的限制。

总之，尽管朱迪特的翻译相对于19世纪法国汉学家的翻译而言，是有失严谨的，

---

① Voir Émile Blémont, *Poèmes de Chine*, Paris, Alphonse Lemerre, 1887.

② Voir Franz Toussaint, *La Flûte de jade*, *traduit du chinois*, Édition d'Art Henri Piazza, Paris, 1920.

③ Voir Ferdinand Stocès, art. cit., p. 349, n. 26 : «en allemand（Nachdichtungen）, en polonais（Tsao-Chang-Ling Fletina chinska, Warszawa, Morzkowicz, 1922）et, partiellement, en espagnol（Tsao-Chang-Ling Cathay）»; voir aussi ibid., p. 349, n. 28.

④ Voir Ferdinand Stocès, art. cit, p. 345, où se trouvent les références : Tullo Massarini（tr.）, *Il libro di Giada dell' estremo Oriente*, Florence, successori Le Monnier, 1882 ; Antonio Castro Feijo（tr.）, *Canconiere chinez*, Lisbonne, 1890 ; Stuart Merill（tr.）, *Pastels in Prose*, New York, Harper, 1890. Voir aussi ibid., p. 339, n. 13 où sont cités cinq recueils de langue anglais où un poème du Livre de jade a été traduit.

⑤ Voir Hans Bethge, *Die chinesische Flöte. Nachdichtungen chinesischer Lyrik*. Leipzig, Insel Verlag 1907.

⑥ Voir Hans Bethge, *Die chinesische Flöte. Nachdichtungen chinesischer Lyrik.*, p. 110-111, où le traducteur cite trois de ses sources : «Es sei bemerkt, daß die Nachdichtungen dieses Buches auf die Prosatexte der folgenden Werke zurückgehen : HansHeilmann, *Chinesische Lyrik*, Verlag von. R. Piper und Co., München, o. J. ; Judith Gautier, *Le Livre de jade*, bei Felix Juven, Paris, o. J. ; Marquis d'Hervey de Saint-Denys, *Poésies de l'époque des Thang*, Paris 1862. Für die Diechter des neunzehnten Jahrhunderts habe ich englische Prosaquvellen benutzt».

但她还是成功地使用通俗易懂的方式,在"翻译"和自创的诗歌中再现她对中国诗歌的感受。这种感受既与诗人作为女性自身的敏感知性一致,也与她所在时代的审美趣味趋同。穆里埃·德特里(Muriel Détrie)指出,与汉学家的工作相比,《玉书》是19世纪中国诗歌进入法国文学的一个里程碑,是中国诗歌在法国文学中再现的一次转折。这种创造性接受让中国诗歌对于法国诗学界而言变得亲和并且具有吸引力:

> 朱迪特是首位通过发行一本小巧可爱的诗集,用迷人感性的笔触向西方读者展示中国诗歌的女诗人。她的译本向西方人说明中国诗歌不是那种过分雕琢的学究式艺术,不是辞藻华丽、精雕细琢、不食人间烟火的离奇之作,而是一种朴素的、表达人类普世情感的艺术,语言自然,具有亲和力。①

结　语

综上所述,18—19世纪中国诗歌在法国的翻译主要有三种模式。首先是"偏离式翻译"(une traduction biaisée),其背后或多或少受到一种必然的意识形态或政治需要所驱使。当然,从事此类翻译的主要是耶稣会士,即使他们用自己特有的方式参与面向全球文化的启蒙运动,也不能否定他们的意识形态动机。目前这种翻译模式或许还没彻底消失,一旦译者将翻译作为表达自身思想的手段,他肯定会有意或无意地将原文本与他想表达的观点捆绑在一起。第二种模式是汉学家翻译,这种模式的出现与19世纪中文语言教学在法国的开展相辅相成②。当下的互联网时代有其特殊的学习工具,而在缺乏互联网时代技术支持的19世纪,汉学翻译模式的出现推动了语言学习工具走向多

---

① Muriel Détrie, «*Le Livre de Jade* de Judith Gautier : un livre pionnier», *Revue de littérature comparée*, 1989, n° 3, juillet-septembre, pp. 323-324.

② Voir Marie-Claire Bergère, Angel Pino (dir.), *Un siècle d'enseignement du chinois à l'école des langues orientales*, *1840–1945*, Paris, L'Asiathèque, 1995.

样化，比如语法书①和词典（介绍汉字②、文学和历史隐语③的词典，还有汉语音韵④词典）的出版以及百科全书的编撰。第三种翻译模式是自由翻译，其翻译原则与翻译的基本职业要求相距甚远，其优点是亲近广大读者，《玉书》的案例甚至说明这种翻译模式有助于推动法国诗歌语言走向现代化。它的存在可以理解为法国诗歌在接受外来诗歌的过程中作了一种"真正的选择"，然而其负面效果也是显而易见的，它对中国文化的认识存在明显的局限。总之这种翻译模式如今似乎处于消退或转型之中，确切地说，或许正走向所谓的"诗人翻译"（traduction de poète）⑤，最典型的例子是英语世界的埃兹拉·庞德（Ezra Pound，1885—1972）和法语世界的程抱一⑥。

上述区分三种翻译模式是为了方便讨论，实际上，任何一种翻译均在某种程度上兼备三种模式的特征。德理文侯爵的《唐诗选》既是汉学翻译，又是自由的文学翻译，不论其汉学翻译特征如何明显，译本整体上反映了译者所在时代的审美"现代性"。耶稣会士韩国英在后期的翻译工作中化身为田园诗人，译文打上了18世纪下半叶回归自然的美学烙印。同理，儒莲是一位具有浪漫主义色彩的译者，而朱迪特代表的是象征主义潮流。

笔者认为，在当下，三种翻译模式以学术翻译为主，与19世纪的译者相比，现在的法国译者绝大多数在巴黎东方语言与文化研究院或其他大学高等教育机构接受过正规的汉语教育，已经懂得如何既讲究文本的科学严谨，也表现文本的文学性。

原载《中山大学学报（社会科学版）》2021年第6期

---

① 西方首部现代汉语语法书是雷慕沙1822年著的《汉语语法要素》，其现代意义体现在如下三点：放弃以往参照拉丁语语法来编写汉语语法的模式；注重现代汉语语法结构；从小说中提取句式和例子。雷慕沙开启了汉语语法书编写的新风气。19世纪汉语语法学者巴赞著《官话语法》（*Grammaire mandarine, ou Principes généraux de la langue chinoise parlée*, Paris, Imprimerie impériale, 1856）和儒莲著《新汉语句法》（*Syntaxe nouvelle de la langue chinoise fondée sur la position des mots, suivie de deux traités sur les particules et les principaux termes de grammaire, d'une table des idiotismes, de fables, de légendes et d'apologues, traduit mot à mot*, Paris, Maisonneuve, 1869 et 1870, 2 vol.），均受雷慕沙影响。

② 有汉字和解释双音节词是西方现代汉语字典的两大标准。首部具有现代意义的西方汉语字典是新教传教士马礼逊所著的《华英字典》（Robert Morrison, *A Dicionary of Chinese Language, in Three Parts. Part the first: Chinese and English, Arranged According through the Radicals; Part the second: Chinese and English, Arranges Alphabetically; Part the third: English and Chinese*, Macao et Londres, entre 1815 et 1823）。随后法国人顾赛芬也出版了华法字典（*Dictionnaire Classique de la langue chinoise*, Ho Kien fou［Hejianfu 河间府］, Imprimerie de la Mission catholique, 1896, rééditée à Taipei, Kuang Chi Press, 1966），不过顾赛芬字典只收录古代汉语。

③ Voir Corentin Pétillon, *Allusions littéraires*, *Variétés sinologiques*, n° 8（Premier fascicule），1895 et n° 13（Second fascicule），1898, Chang-hai［Shanghaï］, Imprimerie de la mission catholique.

④ 9世纪初法国图书馆收藏了邓恺、任廷鉴和邓云鹗的《佩文韵府约编》（*Palais des rimes du cabinet impérial*）1711版本。

⑤ Voir Christine Lombez, «Traduire en poète», *Poétique*, 2003/3, n° 135, pp. 355–379.

⑥ Voir François Cheng, *L'Écriture poétique chinoise, suivi d'une anthologie des poèmes des T'ang*, Paris, Le Seuil, 1977.

后　记

《中山大学学报（社会科学版）》自1955年创刊以来，始终秉持"立足学术前沿，推动学科发展"的宗旨，致力于搭建高水平学术交流平台。七十年间，学报历经风雨，见证了中国社会科学研究的蓬勃发展。在语言文学领域，始终以严谨的学术态度和开放的学术视野，推动着相关研究的深化与创新。值此创刊七十周年之际，我们精选语言文学研究领域的代表性论文结集成卷，既是对学报学术传统的回望，亦是对未来发展的期许。

本卷下设"中国语言文字学研究""中国古代文学研究""中国近现当代文学研究""外国文学研究"四辑，收录63位学者的论文，共计59篇。这些论文涵盖语言文字学、文学以及文化研究等多个领域，充分展现了学报优秀的作者群体在语言文学领域的学术积累和研究成果。在编纂体例上，我们遵循"名家名稿"的原则，依照论文发表的时序选文，注重展示学术的传承性，既收录了已故大家如容庚、商承祚等前辈的经典之作，也遴选了当下学林中坚的代表性成果。同时，本卷还收录了知名海外学者的论文，如美国的孙康宜、王德威、顾明栋，日本的浅见洋二，法国的包世潭，等等，充分体现了我刊在作者队伍建设和刊物国际化等方面的努力与成果。

本卷所选论文皆含圭璧之学术价值，或是在理论探索上独树一帜，或是在史料挖掘上卓有建树，或是在研究方法上开拓创新，共同构建了语言文学领域丰富多彩的学术图景。这些论文不仅反映了不同历史时期学术研究的热点和趋势，也体现了学者们对语言文学现象深入细致的观察和思考，为后续研究筑牢了坚实的理论根基，点亮了前行的启示明灯。

本卷的编纂工作，得到了学报编辑部和出版社同仁的鼎力支持。主编彭玉平教授、李青果编审统筹全局，为书稿的编纂工作提供了有力保障；出版社的同事们细致审校，确保了书稿的出版质量。在此，我们谨向所有参与本卷编纂工作的同仁表示衷心的感谢。

在编纂过程中，我们力求全面展现创刊以来学报在语言文学研究领域的学术成就，同时兼顾研究的系统性与前沿性。然而，囿于篇幅与选文标准，部分优秀论文未能收入本卷，实属遗憾。此外，尽管我们尽力确保书稿的学术质量，但限于编者水平，难免存在疏漏与不足，恳请广大读者与学者不吝赐教。

七十年栉风沐雨，七十年春华秋实。《中山大学学报（社会科学版）》始终与时代同行，与学术共进。未来，我们将继续秉持学术初心，坚守学术品质，为推动中国社会科学研究的繁荣发展贡献力量。期待本卷的出版能够为语言文学研究提供有益的参考，也期待更多的学者能够关注和支持学报的发展，共同书写学术研究的新篇章。

张慕华

2025年5月20日